Vor der Reise
Der Norden

Reisetipps A–Z
Der Westen

Land und Natur
Der Süden

Kultur und Gesellschaft
Der Osten

Das Inselinnere

Anhang

Kartenatlas

Peter Höh, Kristine Jaath
<u>Sardinien</u>

„Sardinien ist etwas anderes!"
D. H. Lawrence aus: Das Meer und Sardinien, 1921

Impressum

Peter Höh, Kristine Jaath
Sardinien

erschienen im
REISE KNOW-HOW Verlag Peter Rump GmbH
Osnabrücker Str. 79, 33649 Bielefeld

© Peter Rump 2000, 2002, 2004
4., komplett aktualisierte und erweiterte Auflage 2006

Alle Rechte vorbehalten.

Gestaltung
  Umschlag: M. Schömann, P. Rump (Layout);
    Michael Luck (Realisierung)
  Inhalt: Günter Pawlak (Layout);
    Angelika Schneidewind, Michael Luck (Realisierung)
  Fotos: die Autoren (jh), Peter Höh (ph)
  Titelfoto: Peter Höh
  Karten: Catherine Raisin, der Verlag, Bernhard Spachmüller (Atlas)
  Bildbearbeitung: Ulrich Gröne und Becker Reprotechnik

Lektorat: Timm Küster
Lektorat (Aktualisierung): Michael Luck

Druck und Bindung: Fuldaer Verlagsagentur GmbH und Co. KG, Fulda

ISBN-10: 3-8317-1464-9
ISBN-13: 978-3-8317-1464-3
Printed in Germany

Dieses Buch ist erhältlich in jeder Buchhandlung
Deutschlands, der Schweiz, Österreichs, Belgiens
und der Niederlande.
Bitte informieren Sie Ihren Buchhändler
über folgende Bezugsadressen:
Deutschland
  Prolit GmbH, Postfach 9, D-35461 Fernwald (Annerod)
  sowie alle Barsortimente
Schweiz
  AVA-buch 2000
  Postfach, CH-8910 Affoltern
Österreich
  Mohr Morawa Buchvertrieb GmbH
  Sulzengasse 2, A-1230 Wien
Niederlande, Belgien
  Willems Adventure
  Postbus 403, NL- 3140 AK Maassluis

Wer im Buchhandel trotzdem kein Glück hat,
bekommt unsere Bücher auch
über unseren **Büchershop im Internet:**
www.reise-know-how.de

Wir freuen uns über Kritik, Kommentare
und Verbesserungsvorschläge.

Alle Informationen in diesem Buch sind von
den Autoren mit größter Sorgfalt gesammelt
und vom Lektorat des Verlages gewissenhaft
bearbeitet und überprüft worden.

Da inhaltliche und sachliche Fehler nicht aus-
geschlossen werden können, erklärt der Verlag,
dass alle Angaben im Sinne der Produkthaftung
ohne Garantie erfolgen und dass Verlag
wie Autoren keinerlei Verantwortung und
Haftung für inhaltliche und sachliche Fehler
übernehmen.

Die Nennung von Firmen und ihren Produkten
und ihre Reihenfolge sind als Beispiel ohne Wer-
tung gegenüber anderen anzusehen. Qualitäts-
und Quantitätsangaben sind rein subjektive
Einschätzungen der Autoren und dienen keinesfalls
der Bewerbung von Firmen oder Produkten.

Peter Höh, Kristine Jaath

Sardinien

REISE KNOW-HOW im Internet

Aktuelle Reisetipps und Neuigkeiten
Ergänzungen nach Redaktionsschluss
Büchershop und Sonderangebote

www.reise-know-how.de
info@reise-know-how.de

Wir freuen uns über Anregung und Kritik.

Vorwort

Sardinien ist die zweitgrößte Insel im Mittelmeer. Doch während viele ihrer Schwestern zu sehr bekannten und beliebten Reisezielen aufgestiegen sind, ist das italienische Sardegna ein vom Meer umspültes Stück Land geblieben, über das man erstaunlich wenig liest, hört und weiß. Erst seit die neuen Billigfluglinien die Insel in ihr Programm aufgenommen haben, ist Sardinien als Reiseziel etwas aus dem Wahrnehmungsdunkel gerückt.

Von der Zeit der Römer bis in die 50er Jahre des 20. Jahrhunderts war die Erwähnung des Namens „Sardinien" hauptsächlich mit Schrecken verbunden. Denn von der Antike bis zur Ära *Mussolini* diente die bitterarme Insel als gefürchteter Verbannungsort, dessen Küsten malariaverseucht waren und in dessen unzugänglichen, schroffen Bergen ein ebenso stolzes wie rätselhaftes Volk zu Hause war, das sich hartnäckig allen feindlichen wie freundlichen Vereinnahmungsversuchen widersetzte. „Barbaria" nannten die alten Römer diese verschlossene Welt, „Banditeninsel" die Massenmedien unserer Zeit.

Während andernorts mit dem romantischen Italienfieber des 18. Jahrhunderts bereits die Vorläufer des modernen Tourismus Einzug hielten, galt Sardinien noch zu Beginn des 20. Jahrhunderts als fremdartiges *India de por acá*, ein „Indien mitten in der westlichen Welt", das niemand freiwillig besuchte und das von Hunderttausenden Bewohnern aus nackter Not verlassen wurde.

Die Malaria ist ausgerottet, die Banditen sind Folklore, und mit der mondänen Urlaubswelt der Costa Smeralda hielt auch der Fremdenverkehr Einzug, welcher seit einigen Jahren deutlich wächst. Geblieben ist trotz allem eine Insel, die ihre Rätsel und Geheimnisse auch im 21. Jahrhundert bewahrt. Wahrzeichen sind die Nuraghen, prähistorische Wehranlagen von zum Teil gewaltigen Ausmaßen, die den „kleinen Kontinent" in großer Zahl wie Pocken bedecken und deren Zweck sich der Wissenschaft bisher ebensowenig erschließt wie jenes unbekannte sardische Urvolk, das die Steingebilde einst auftürmte.

Das Symbol der Insel ist die wilde Pfingstrose, eine Blume, die nur in intakter Natur gedeiht und die ihre Schönheit – wie die gesamte Insel – nur demjenigen in ihrer ganzen Pracht und Schönheit offenbart, der sich aufmacht, sie zu suchen. Denn auf den ersten flüchtigen Blick scheint Sardinien sperrig und unnahbar. Doch hinter der oberflächlichen Fassade verbergen sich abwechslungsreiche Landschaften und eine außergewöhnliche Natur, die in all ihren Facetten kennen zu lernen wohl ein ganzes Leben bräuchte.

Wie die Insel, so auch ihre Bewohner – auf den ersten Eindruck zurückhaltende Menschen mit wettergegerbten Gesichtern, geprägt vom einsamen Dasein als Hirten. Doch die Sarden entpuppen sich beim näheren Kennenlernen als überaus gastfreundliches und stolzes Volk, das seine Seele noch nicht an Zeitgeist und Mammon verkauft hat. Ihre Haupteinnahmequelle sind Landwirtschaft und Viehzucht geblieben, nicht der Tourismus. Seelenlose Betonburgen sucht man auf Sardinien vergeblich, weil die Inselbewohner nicht der Verlockung des schnellen Geldes erlagen, sondern sich erfolgreich gegen die großen Touristikkonzerne und den zerstörerischen Massentourismus zur Wehr setzten. Fest in ihren alten Bräuchen verwurzelt, ist ihre Folklore noch nicht zum billigen Touristenspektakel verkommen, sondern im Alltag gelebtes „Wissen des Volkes".

Die Insel hat sich ihre Seele und eine kraftvolle Authentizität bewahrt. „Sardinien ist ganz anders", schrieb 1919 *D.H. Lawrence* über seine Reise. „Man hat hier das Gefühl von Weiträumigkeit, das man in Italien vermisst, es ist wie die Freiheit selber".

Sardinien ist schlicht zu groß, zu vielfältig, zu unentdeckt, um es in allen Facetten zwischen zwei Buchdeckeln vorzustellen, auch wenn diese wie hier fast 700 Seiten umfassen. Ich habe mich bemüht, mit diesem Band so viel als möglich von der Insel und ihren Bewohnern zu vermitteln. Und doch stelle ich fest, dass jede Reise immer wieder Neues, Unbekanntes hervorbringt, dass meine Neugierde auf das und meine Liebe zu dem meerumspülten Stück Land am Rande Europas sowie zu seinen Bewohnern von Reise zu Reise immer größer und tiefer wird.

Dieser Reiseführer möchte mit seinen Hintergrundinformationen helfen, die Insel und ihre Bewohner kennen und verstehen zu lernen. Ebenso möchte er mit vielen aktuellen Tipps vor der Reise ein Entscheidungshelfer und unterwegs ein hilfreicher Begleiter sein, auf den Sie sich verlassen können. Vor allem aber will er auch Interesse wecken und Anregung geben, selbst auf Entdeckungsreise zu gehen und den Menschen und ihrer Kultur persönlich zu begegnen.

Ich möchte Sie bitten, mir Ihre ganz persönlichen Eindrücke, Erfahrungen und Entdeckungen mitzuteilen. Denn Sardinien ist groß und viele Augen sehen mehr als nur zwei. So werden alle Zuschriften (bitte immer mit Nennung der Auflage!), Tipps und Hinweise mit dazu beitragen, die nächste Auflage dieses Reisebegleiters weiter zu ergänzen und zu verbessern.

Herzlichen Dank all jenen, die mit ihren zahlreichen Zuschriften maßgeblich dazu beigetragen haben, diese 4. Auflage ebenso umfassend wie aktuell und informativ zu machen. Doch der Mensch ist fehlbar und so wird es auch in dieser Auflage hier und da eine falsche, lückenhafte oder überholte Information geben. Sollten Sie eine solche Stelle entdecken, bitte teilen Sie mir diese „faule Stelle" möglichst gleich mit.

Besonderen Dank will ich all jenen Inselbewohnern aussprechen, die mich bei meiner Arbeit unterstützt, bei Fragen und Problemen weitergeholfen und auch mit den Köstlichkeiten der Insel verwöhnt haben! Nur dank ihrer großartigen Hilfe und Unterstützung war und ist es überhaupt möglich, ein so umfassendes Sardinien-Buch zu veröffentlichen. Viele von ihnen sind mir gute Freunde geworden. So gibt mir jede Reise nach Sardinien ein Stück mehr das schöne Gefühl, nach Hause zu kommen.

Wer mit offenen Sinnen und offenem Herz durch Sardinien reist, wird verstehen, was ich meine. In diesem Sinne wünsche ich Ihnen viel Neugierde und Entdeckergeist auf Ihrer Reise durch eine der geheimnisvollsten, ursprünglichsten und nicht zuletzt auch schönsten Inseln Europas!

Peter Höh

Inhalt

Vorwort 7
Hinweise zur Benutzung 13

Vor der Reise

Klima und Reisezeit 16
Informationsstellen 17
Reiseanbieter und -vermittler 19
Einreisebestimmungen 21
Versicherungen 23
Diplomatische Vertretungen 25

Reisetipps A–Z

Anreise 28
Einkaufen 43
Elektrizität 46
Essen und Trinken 47
Feiertage 48
Fotografieren 50
Geldfragen 51
Gesundheit 53
Haustiere 55
Informationsstellen auf Sardinien 56
Karten 58
Kinder 60
Kleidung 61
Medien 62
Notfälle 63
Öffnungszeiten 63
Post 64
Sicherheit 65
Sport und Aktivitäten 66
Sprache und Verständigung 75
Telefonieren 76
Trinkgeld 79
Uhrzeit 79
Unterkunft 79

INHALT

Verhaltensregeln	87
Verkehrsmittel auf Sardinien	89
Wandern und Trekking	102

Land und Natur

Geographie und Geologie	108
Klima	111
Regionen und Landschaften	113
Strände	117
Flora und Fauna	120
Ökologie und Naturschutz	127

Kultur und Gesellschaft

Geschichte	138
Politik und Verwaltung	148
Wirtschaft	150
Archäologie, Kunst und Literatur	157
Traditionen und Brauchtum	164
Feste	168
Kunsthandwerk	176
Kulinarische Spezialitäten	180
Wein – der göttliche Tropfen	186
Sardische Sprachen und Dialekte	190
Die sardische Gesellschaft heute	193

Der Norden

Gallura — 200
Überblick	200
Olbia	201
Um das Capo Ceraso	207
Die Halbinsel von Golfo Aranci	209
Costa Smeralda	213
Hinterland der Costa Smeralda	220
Golfo di Arzachena	224
Palau	225
La-Maddalena-Archipel	229
Porto Puddu	234
Santa Teresa di Gallura	238
Rund um Santa Teresa	241
Von Santa Teresa nach Badesi Mare	243
Innere Gallura	245

Anglona und Turritano — 256
Landschaft und Kultur	256
Valledoria und Umgebung	257
Castelsardo	259
Die innere Anglona	263
Die Küste zwischen Castelsardo und Porto Torres	267
Porto Torres	269
Monte d'Accoddi	271
Sassari	271

Nurra — 282
Landschaft und Kultur	282
Die Halbinsel Stintino	284
Durch die Nurra-Berge	286
Capo Caccia	289
Porto Conte	292
Fertilia	292
Nördlich von Alghero	295
Alghero	296
Östlich von Alghero	305
Panoramastraße von Alghero nach Bosa	308

Der Westen

Planargia und Marghine — 312
Landschaft und Kultur	312
Bosa	313
Das Umland von Bosa	319
Die Hochebene von Campeda	320
Das Bergland des Goceano	322

Arborea — 326
Der Garten Eden Sardiniens	326
Die Nordküste der Arborea	327

Inhalt

Halbinsel Sinis	332
Cabras	339
Oristano	343
Arborea und Umgebung	353
Marceddì	356
Cuglieri	356
Monte Ferru	358
Santuario Santa Cristina	363
Fordongianus	365
Ghilarza	366
Rund um den Lago Omodeo	367

Der Süden

Iglesiente und Sulcis	**372**
Der karge Südwesten Sardiniens	372
Die Nordküste des Iglesiente	374
Guspini und Umgebung	375
Costa Verde	377
Fluminimaggiore und Umgebung	381
Die Bucht von Buggeru	384
Golfo di Gonnessa	386
Iglesias	388
Domusnovas und Umgebung	393
Carbonia	396
Das Hinterland von Carbonia	397
Die Südwestküste des Sulcis	399
Isola di Sant'Antioco	401
Isola di San Pietro	409
Costa del Sud	414
Hinterland der Costa del Sud	417
Santa Margherita di Pula	420
Pula	421
Sarroch	425
Riserva di Monte Arcosu	425
Cagliari	**428**
Der Nabel der Insel	428
Die Altstadt	432
Praktische Tipps	442
Östlich des Stadtgebietes	448

Der Osten

Baronie	**454**
Landschaft und Kultur	454
San Teodoro	455
Capo Coda Cavallo	459
Budoni	460
Posada	462
Von La Caletta nach Santa Lucia	465
Siniscola	466
Das Hinterland von Siniscola	467
Vom Capo Comino nach Orosei	469
Orosei	473
Galtellì	475
Von Orosei nach Dorgali	477
Dorgali	478
Archäologische Stätten bei Dorgali	481
Im Norden des Nationalparks Golfo di Orosei	482
Ogliastra	**490**
Die sardischen Dolomiten	490
Im Süden des Nationalparks Golfo di Orosei	493
Santa Maria Navarrese	498
Im Norden der Küstenebene	501
Tortolì	502
Arbatax	504
Barisardo	509
Torre di Bari	510
Cardedu/Marina di Gairo	512
Lanusei	513
Arzana	515
Um den Lago Alto del Flumendosa	516
Villagrande Strisaili	518

Exkurse

Die ältesten Menschen der Welt 49
Ichnusa – der kleine Kontinent 109
Der Ölbaum 121
L'Oasi Faunistica Assai – ein sardischer Modellwald 122
Flamingos – die rosa Farbtupfer der stagni 126
Cane Fonnese – eine römische Kampfmaschine 131
Sardinien in Flammen 132
S'Ozzastru – Sardiniens ältester Olivenbaum 135
Das sardische Wappen 149
Hirten – ein Leben in Einsamkeit 154
Grazia Deledda 162
Festtagskalender 172
Urzeitliche Mythologie und christliche Symbolik – das sardische Gebildebrot 185
Die Hochprozenter: Eisendraht und Liebestrank 188
Sardischer Separatismus 192
Giuseppe Garibaldi – Abenteurer und Volksheld 235
Kork 254
Die weißen Esel und schweren Jungs der Isola Asinara 286
Uno, due, tre – das sardische Spiel „Sa Murra" 325
Cooperativa Turistica 330
Marina Protetta Area Sinis 333
Mit dem Schilfboot über das Mittelmeer 341
Eleonora d'Arborea – Kämpferin für die Freiheit 352
Eine himmlische Oase – die Sorgente Sant Antioco 357
Antonio Gramsci – Kommunist aus Überzeugung 367
Bosco San Pantaleo 419
Sagra di Sant'Efisio – das Fest der Feste 447
Schlemmen in Maracalagonis 451
Mehr als ein Grund zu feiern – die Sagra di San Francesco 468
Die Grotta di Ispinigoli und der Karst des Supramonte 476
Der Eleonorenfalke – das erste unter Schutz gestellte Tier der Welt 497
Padre Padrone – der Schriftsteller Gavino Ledda 561
Sa Resolza – das sardische Hirtenmesser 570
Von stolzen Hirten und ehrenwerten Banditen 576
Murales – stummer Protest an der Hauswand 595
Die Wildpferde der Giara di Gesturi 626

Inhalt

Talana	519	**Barbagia**	**572**
Gairo Vecchio	520	Das Dach der Insel	572
Ossini/Ulassai	520	Rund um Bitti	573
Jerzu	524	Nuoro	578
		Supramonte	586
Sarrabus	**526**	Barbagia Ollolai	596
Der Südostzipfel Sardiniens	526	Gennargentu-Gebirge	599
Sa Foxi Manna/		Barbagia Belvi	607
Marina di Tertenia	528	Barbagia Mandrolisai	610
Salto di Quirra	528	Barbagia Seulo	611
Flumendosa-Tal	530		
Torre Salinas	533	**Sarcidano, Marmilla,**	
Costa Rei	535	**Campidano und Trexenta**	**614**
Cala di Sinzias	538	Das südliche Inselinnere	614
Villasimius und Umgebung	539	Sarcidano	615
Zwischen Villasimius		Marmilla	619
und Cagliari	544	Campidano	632
Sarrabus-Gebirge	546	Trexenta	636
Gerrei	549		

Das Inselinnere

Anhang

Logudoro und Meilogu	**556**	Literaturtipps	640
Landschaft und Kultur	556	Wörterverzeichnis	642
Das sardische Kirchendreieck	558	Weinkellereien	
Meilogu	558	und Olivenölproduzenten	644
Das Tal der Nuraghen	561	Register	660
Westlich von Ozieri	563	Kartenverzeichnis	671
Ozieri	566	Die Autoren	672
Östlich von Ozieri	569	**Kartenatlas**	**nach Seite 672**

Hinweise zur Benutzung

Preise und Öffnungszeiten

Da kein Reiseführer so aktuell sein kann wie eine Tageszeitung, liegt es nahe, dass manche aktuell eingeholte Informationen mit kurzer Haltbarkeit wie z.B. Preise oder Öffnungszeiten schnell wieder überholt sind.

Alle **Preisangaben zu Unterkünften** sollen deshalb mehr als Richtwert zur Orientierung dienen und sind ohne Gewähr. Zur Orientierung ist jeweils der niedrigste in der Nebensaison (NS) und der höchste Hauptsaisonpreis (HS) für ein Doppelzimmer (DZ) mit Frühstück genannt. Es wird dringend empfohlen, sich vor der Buchung nach den aktuellen Preisen zu erkundigen.

Auch die Nennung von **Öffnungszeiten** ist eine relative Sache, denn nicht selten werden diese kurzfristig an den Bedarf angepasst oder auch einfach nicht eingehalten. Wo bei Sehenswürdigkeiten wie Nuraghen oder Großsteingräbern keine Öffnungszeiten angegeben sind, können diese ohne Einschränkung frei besucht werden.

Kartenverweise

Neben den Kartenverweisen in der **Kopfzeile** steht hinter allen wichtigen Orten und Sehenswürdigkeiten ein Hinweis auf den **Kartenatlas**, so etwa ⌀ **XVII/D1**. Dabei verweist die römische Zahl auf die Atlasseite, die Buchstaben und arabischen Ziffern geben das Planquadrat an, in dem der Ort zu finden ist – in diesem Falle also Seite XVII, Planquadrat D1.

Adressenangaben

Bei vielen Ortsangaben außerhalb der Ortschaften werden als Orientierungshilfe die Kilometerangaben auf den **Meilensteinen** entlang der Überlandstraßen verwendet. Dabei sind der Straßenname (z.B. SS 125) sowie die Entfernung vom Ausgangsort (z.B. km 44,3) angegeben. So sind Sehenswürdigkeiten, Unterkünfte und vieles mehr mit Angaben wie „SS 125, km 44,3" einfach zu finden.

In vielen Adressen außerhalb von Ortschaften findet sich anstelle des Straßennamens die Abkürzung **„loc."** (= **località**). Das Kürzel samt dem folgenden Ortsnamen beschreibt in der Regel eine winzige Ansiedlung oder eng umrissene Region. Manchmal ist damit auch ein einsames Gehöft gemeint, genauso wie es sich auch um einen abgelegenen Ortsteil oder eine Meeresbucht handeln kann. Grundsätzlich ist eine *località* keine selbstständige Gemeinde, sondern Teil einer Kommune. Die Bezeichnung wird überall dort benutzt, wo es keine präzise Anschrift mit Straße und Hausnummer gibt, was auf Sardinien sehr häufig ist.

Ortsnamen

Selbst in den auf Sardinien erhältlichen Landkarten unterscheidet sich die **Schreibweise** vieler Ortsnamen oftmals etwas. Das hängt im Wesentlichen davon ab, ob die italienische oder sardische Variante der Namensgebung verwendet wurde.

Telefonnummern

Die **Vorwahlen** zu den bei den Ortsbeschreibungen angegebenen Telefonnummern finden sich jeweils bei den „Praktischen Tipps" unter „Post und Telefon".

Die **Internet- und E-Mail-Adressen** in diesem Buch können – bedingt durch den Zeilenumbruch – so getrennt werden, dass ein Trennstrich erscheint, der nicht zur Adresse gehören muss!

VOR DER REISE

Vor der Reise

An der Spiaggia Budoni

Gassenidyll in Orgosolo

Nuraghe Santu Antine
im Valle dei Nuraghi

Klima und Reisezeit

Obwohl Sardinien eine weit südlich gelegene Mittelmeerinsel ist, besitzt sie doch **ausgeprägte Jahreszeiten.** Der sardische Winter dauert von November bis März und ist in der Regel kühl und feucht, kann aber auch längere sommerliche Abschnitte haben. Besonders gegen Ende Dezember und im Januar stellt sich oft das so genannte „Mittelmeerhoch" ein, eine stabile Wetterlage mit viel Sonne und frühlingshaften Temperaturen. Im Süden der Insel ist es zwischen November und März zumeist deutlich wärmer und sonniger als im Norden. Ab März beginnt der Frühling. Es regnet weniger, die Temperaturen steigen, aber das Meer ist zum Baden noch zu kalt. Spätestens Ende Mai enden die Regenfälle. Wassertemperaturen von 25° C und Lufttemperaturen bis zu 40° C kennzeichnen den sardischen Sommer. Ab Mitte September sinken die Temperaturen allmählich wieder. Abgesehen von gelegentlichen Wolken- oder Regentagen ist die Zeit bis Mitte Oktober von der Luft- und Wassertemperatur her eine sehr schöne Reisezeit.

> **Buchtipp:**
> • Hans Hörauf, **Wann wohin reisen?**
> (REISE KNOW-HOW Praxis)

In den Monaten Juli und August ist Sardinien sehr stark besucht, besonders rund um **Ferragosto** (Mariä Himmelfahrt) am 15. August! Das Fest ist der absolute Höhepunkt der italienischen Urlaubssaison; dann machen fast 57 Millionen Italiener gleichzeitig Urlaub, die überwiegende Mehrheit im eigenen Land, wobei Sardinien das begehrteste Urlaubsziel ist. Die Küste und alle küstennahen Orte sind dann restlos ausgebucht, brechend voll und sehr teuer. Im bergigen Inselinneren wie im Gennargentu sind aber auch zu dieser Zeit noch Zimmer frei.

Für **Trekking, Biking** und ähnliche körperlich anstrengende Beschäftigungen sind die Monate Juli und August ungeeignet, weil viel zu heiß.

Geschälte Korkeichen

Informationsstellen

Fremdenverkehrsämter im Heimatland

Allgemeine Auskünfte zu Italien und seinen Provinzen, also auch Sardinien, erteilt das **staatliche italienische Fremdenverkehrsamt ENIT.**

Für kostenlose **Prospektbestellungen** gilt von Deutschland, Österreich und der Schweiz die gebührenfreie Service-Telefonnummer 00 80 00 04 82 542. Für mündliche Auskünfte wendet man sich telefonisch an die jeweilige ENIT-Landesvertretung (Adressen s.u.). Im Web kann man sich unter www.enit-italia.de, www.enit.at oder www.enit.ch informieren.

ENIT in Deutschland
- Kaiserstr. 65, 60320 **Frankfurt/Main,** Tel. (069) 23 74 34, Fax 23 28 94, E-Mail: enit.ffm@t-online.de, Mo–Fr 10–17 Uhr.
- Kontorhaus Mitte/Friedrichstr. 187, 10117 **Berlin,** Tel. (030) 24 78 398, Fax 24 78 399, E-Mail: enit-berlin@t-online.de, Mo–Fr 10–17 Uhr.
- Lenbachplatz 2, 80333 **München,** Tel. (089) 53 13 17, Fax 53 45 27, E-Mail: enit-muenchen@t-online.de, Mo–Fr 10–17 Uhr.

ENIT in Österreich
- Kärntner Ring 4, 1010 Wien, Tel. (01) 50 51 639, Fax 50 50 248, E-Mail: delegation.wien@enit.at, Mo–Do 9–17 Uhr, Fr 9– 15.30 Uhr.

ENIT in der Schweiz
- Uraniastr. 32, 8001 Zürich, Tel. (043) 46 64 040, Fax 43 46 64 041, E-Mail: info@enit.ch, Mo–Fr 10–17 Uhr.

Fremdenverkehrsämter auf Sardinien

Die Informationslage auf Sardinien selbst ist derzeit leider katastrophal. Denn sowohl das einst gut funktionierende und für die gesamte Insel zuständige Büro von **ESIT** *(Ente Sardo Industrie Turistiche)* als auch die von den Provinzen betriebenen **EPT-Büros** *(Ente Provinciale del Turismo)* wurden nach einer Phase des kontinuierlichen Niedergangs 2005 sämtlich ersatzlos geschlossen. Das bedeutet, das es derzeit **keinerlei inselweite oder regionale Tourist-Information** mehr gibt. Wann sich dieser Zustand wieder ändern wird, vermag derzeit niemand zu sagen. Denn es soll der gesamte Bereich völlig neu strukturiert werden, was in einem Land wie Sardinien lange, ja sehr lange Zeit dauern kann. Erschwerend kommt hinzu, dass die Insel seit 2005 nicht nur in vier, sondern nun in acht Provinzen aufgeteilt ist, von denen jedoch noch nicht einmal die klaren Grenzen feststehen. So ist zu befürchten, dass der Urlauber für längere Zeit mit dieser misslichen Situation leben muss.

Derzeit funktionieren also nur die lokalen **AAST-Büros** und die der **Pro Loco,** die jedoch kaum Informationen ins Ausland versenden werden.

Informationsstellen und -quellen

Umso wichtiger sind andere Informationsquellen wie die Büros der erfahre-

INFORMATIONSSTELLEN

nen Sardinienspezialisten und solche im Internet.

Sardinien-Spezialisten

Obwohl eigentlich kommerzielle Reisebüros, sind die Sardinien-Anbieter **Turisarda, Oscar Reisen und Sard Reisedienst** (Adressen s.u.) nun noch wichtigere Informationsstellen als sie bisher schon waren. Alle drei, besonders jedoch Turisarda in Düsseldorf ist nach meinen eigenen Erfahrungen eine sehr kompetente Adresse für Informationen aller Art rund um das Thema „Sardinien". Mehr als 30 Jahre Engagement und beste Kontakte auf die und der Insel, gepaart mit spürbarer Sympathie für die Insel und ihre Bewohner, machen Turisarda zu einer Art inoffizieller Sardinien-Infostelle.

Sardinien im Internet

Eine ebenso gute wie wichtige und überaus vielfältige Informationsquelle ist das Internet. Das Angebot im Web ist immens, wirklich aktuelle, gute und nützliche Adressen sind jedoch ziemlich rar.

● Besonders aktuell und informativ ist die Sardinienplattform **www.sardinien-information.de,** auf der der Autor dieses Buches nicht nur ein öffentliches Forum für alle und alles rings um das Thema „Sardinien" bietet. Hier kann man sich treffen, diskutieren, fragen und antworten, Tipps geben und Ratschläge holen. Und zwar zu allem und jedem: Von A wie Anreise über G wie Gänsegeier gucken bis zur fundamentalen Frage „Wie herum liege ich auf der Fähre richtig?" wird hier alles täglich neu erörtert. Darüber hinaus stellt der Autor unter dem Stichwort „latest news" alle Änderungen und Korrekturen zu diesem Reisebuch ein, die sich zwischen den Auflagen ergeben und die man sich herunterladen kann. Das Portal wird ständig erweitert.

Reiseanbieter und -vermittler

- Eine gute, weil ebenfalls sehr aktuelle und vielfältige Infoseite ist **www.sardinien.com**. Die von dem kommerziellen Anbieter MMV Consulting mit Sitz in Cagliari betriebene Website bietet neben einem umfangreichen Stichwortkatalog und Informationsangebot zu Sardinien auch den direkten Weg zum empfehlenswerten und zuverlässigen Internet-Reisebüro **www.ferien-in-sardinien.com,** das ein ebenso breites wie gut sortiertes Angebot bereithält.
- **www.regione.sardegna.it** (offizielle Seite der Autonomen Region Sardinien, italienisch).
- **www.campingsardinien.de** (informatives Spezialforum zum Thema Camping, deutsch).
- **www.sardegnanet.net** (umfangreiche Seite mit Infos aller Art, mehrsprachig).
- **www.faitasardegna.org** (Seite des Campingplatzverbandes Sardinien mit allen Mitgliedsplätzen, mehrsprachig).
- **www.bikesardegna.it** (Mtb-Seite Sardinien, italienisch).
- **www.sardiniaclimb.com** (Kletterseite Sardinien, italienisch).
- **www.isolasarda.it** (interessante Seite zum Südwesten der Insel, in 35 (!!) Sprachen).
- **www.helmut-zenz.de** (sehr umfangreiche Linksammlung zu Sardinien, deutsch).
- **www.sardinienwetter.com** (mit 4-Tageprognose zu zahlreichen Orten, deutsch).
- **www.mobilsarda.de** (Seite zu Camping/Caravaning mit Wintercamping auf Sardinien, deutsch).
- **www.reise-know-how.de** (aktuelle Infos zu diesem Buch und zum Verlagsprogramm mit zahlreichen Reiselinks, Shop, Latest news u.v.a.).

Sardinien Info-Hotline

- **Tel. 070-640 23 34** (aus dem Ausland).
- **Tel. 800-01 31 53** (aus Italien/Sardinien; kostenlos).

Vater und Sohn – Traditionen werden von Generation zu Generation weitergereicht

Reiseanbieter und -vermittler

Turisarda

Turisarda hat keinen eigenen Katalog, sondern bietet ausschließlich Lösungen für Individualreisende. Gruppen jeder Art und Größe können sich hier nach eigenen Wünschen und Möglichkeiten Teil- oder Komplettprogramme ausarbeiten lassen, die von der Anreise über die Unterkunft bis

Anjas bunter Basar – www.terranuragica.de

Was darf es sein? Wohlfühl-Reisen auf Sardinien, Relaxen oder aktiv Urlauben, Urlaub im Kloster, Bed & Breakfast bei Mama, Schlemmerurlaub im Agriturismo, Frauenurlaub, Kultururlaub, Natururlaub, Urlaub in der Mühle, Hotel, Ferienhaus, Klosterwochen, Archäologische Wochen, Skifahren im Gennargentu, Tauchen an der Tavolara, Nordic walking an La Cinta, die klassische Sardinien-Rundreise oder die einzigartige, noch nie dagewesene Trans-Sardegna by bike?

Wann darf es sein? Im Frühling, im Sommer, im Herbst oder im Winter? Auch wenn nicht immer alles zusammen und zu jeder Zeit, unter der Adresse www.terranuragica.de, hinter der sich die glücklich in der Gallura gelandete, ebenso fantasievolle wie tatendurstige Deutsche *Anja Liebert* verbirgt, findet man immer einen besonders bunten Strauß an Angeboten, die man sonst so nirgends nicht findet. Und wenn Sie nicht finden, was Sie suchen, fragen Sie *Anja*, sie wird es für Sie finden!

- **Kontakt:** Terranuragica, *Anja Liebert*, Web: www.terranuragica.de.

REISEANBIETER UND -VERMITTLER

zur Reiseleitung alles einschließen. Aber auch Einzelreisende erhalten sämtliche Informationen und Dienstleistungen. Darüber hinaus bietet Turisarda einen hervorragenden Vor-Ort-Service wie Kontaktvermittlungen aller Art oder den Besuch von Veranstaltungen und archäologischen Stätten, die man sonst oft vergeblich sucht.

Über das Büro können alle Fähren zu Originalpreisen gebucht werden. Turisarda verfügt außerdem über aktuelle Belegungszahlen von Flug- und Fährlinien, Unterkünften und Campingplätzen.

- **Turisarda,** Richardstr. 28, 40231 Düsseldorf, Tel. (0211) 22 94 000, Fax 22 94 00 29, Web: www.turisarda.de.

Oscar Reisen

Ein kompetenter Sardinien-Spezialist mit langjähriger Erfahrung. Er bringt einen gut sortierten Katalog mit vielfältigen Pauschal-Angeboten vom Hotelurlaub über Studien-, Sport und Wanderreisen bis zu Ferienhäusern etc. heraus. Oscar-Spezialitäten sind Golf-Reisen und der Versand von köstlichen sardischen Weinen sowie anderen in Deutschland kaum oder gar nicht erhältlichen Spezialitäten.

- **Oscar Reisen,** Bäckergasse 8, 86150 Augsburg, Tel. (0821) 50 95 50, Fax 15 80 96, Web: www.oscarreisen.de.

SARD-Reisedienst

Freundliches und kompetentes Familienunternehmen mit langjähriger Sardinien-Erfahrung: Komplett-Angebote, Fly&Drive, Rundreisen, Fähr-/Flugtickets u.v.m. Breites Angebot an Ferienhäusern und -dörfern.

- **SARD-Reisedienst,** Erwin-Renth-Str. 1, 55257 Budenheim, Tel. (06139) 766, Fax 14 88, Web: www.sard.de.

Ferienhäuser und -wohnungen

Neben den drei genannten Sardinien-Büros, die inselweit ein breites Angebot an Ferienhäusern und Ferienwohnungen offerieren, bieten auch folgende Anbieter vorwiegend in bestimmten Regionen Objekte an:

- **Sardegna Verde,** Hopfenstr. 34, 73430 Aalen, Tel. (07361) 55 98 00, Fax 55 98 01, www.sardegna-verde.de; zahlreiche gute und ausgesuchte Adressen im Norden an der Küste zwischen Budoni und Valledoria, mit Servicebüro im Tempio Pausania.
- **Reiseagentur Fröhlich,** Kerkepad 2, 8024 AD Zwolle Nederland, Tel. 0031-38-45 32 932, Fax 45 41 494, www.frohlich.nl; deutsche Agentur mit Sitz in Holland, geprüfte Objekte an der Küste zwischen San Teodoro und Cala Gonone.
- **Giustina Braccu,** Via Nationale 247, 08020 Budoni (NU), Tel. und Fax 0039-07 84-84 30 40, www.sardinien-private-ferienwohnungen. com; sehr rührige und nette einheimische Vermittlung mit vielen Angeboten im Raum Budoni; Frau *Braccu* spricht gut deutsch und hilft gerne und überall, wo sie kann!
- **Sardegna GmbH,** Rungestraße 11, 81479 München, Tel. (089) 74 98 660, Fax 74 98 66 10, www.sardinien.de; zahlreiche Objekte, darunter auch kleine, charmante Hotels vorwiegend im Süden mit Schwerpunkt Villasimius, Costa Rei.
- **Agenzia Dessena,** Orosei, Loc. Sos Alinos, Tel. 0038-07 84-91 084, Fax 91 237, www. dessena.com; seriöse und sehr gastfreundliche sardische Agentur mit Sitz und gutem Angebot in Cala Ginepro, Sos Alinos und Fuli e Mare nahe Orosei; Herr *Dessena* spricht perfekt deutsch!

Einreisebestimmungen

- **Agenzia Nord Sardegna,** Via Maria Teresa 60, 07028 Santa Teresa Gallura (SS), Tel. 0039-0789-75 56 71, Fax 75 55 51, Web: www.agenzianordsardegna.it; schöne und gepflegte Objekte in und um Santa Teresa di Gallura, Vermietung und Verkauf, vermittelt von der dort ansässigen Deutschen Frau *Lühning*.
- **Fois Ferienhäuser Sardinien,** Lohrheimer Str. 24, 65629 Niederneisen, Tel. (06432) 91 15 65, Fax 64 40 338, Web: www.sardinien-fois.de (inselweit).

Verband der Reiseleiter AGI

Sardiniens bester Verband für Reiseleiter ist die AGI, in der sich eine Gruppe besonders **erfahrener Guides** zusammengeschlossen hat. Alle Mitglieder kennen ihre Insel exzellent und sprechen fließend mehrere Sprachen. Das Angebot ist allumfassend, reicht von der Stadtführung über Rundreisen bis zur speziell nach Wunsch ausgearbeiteten und persönlich betreuten Bootstour. Besonders zu empfehlen ist die AGI auch für die kompetente Ausarbeitung von **Programmen für Gruppenreisen.** Aber auch Einzelreisende finden hier individuelle Betreuung. Neben Reiseleitung und -begleitung bietet der Verband auch einen Übersetzungsservice an.

- **AGI Verband der Reiseleiter,** Viale Merello 23, 09100 Cagliari, Kontakt: *Uschi Richter,* Tel. 0039-339-19 64 467 (deutschsprachig).

Reisedokumente

Für Bürger der EU entfallen Kontrollen an den Grenzen zu den Mitgliedsstaaten. Abgesehen vom Transit durch das Nicht-Mitgliedsland Schweiz ist auf der Fahrt nach Sardinien also mit **keinen Grenzformalitäten** mehr zu rechnen.

Das bedeutet jedoch nicht, dass keine Dokumente mehr mitgeführt werden müssen. Für die Einreise nach Italien, nach Österreich oder in die Schweiz ist für Bürger der EU und für Schweizer nur der **Personalausweis** *(carta d'identita)* oder alternativ der Reisepass erforderlich. Kinder unter 16 Jahren müssen im Pass der Eltern eingetragen sein oder einen eigenen Kinderpass besitzen.

Wer sich **länger als drei Monate** in Italien/Sardinien aufhalten möchte, braucht eine **Aufenthaltserlaubnis,** die es bei der örtlichen Polizeibehörde, der *questura,* gibt.

Bestimmungen für Autofahrer

Wer mit dem PKW reist, muss den nationalen Führerschein und den Kfz-Schein bei sich führen. Die Mitnahme der **Grünen Versicherungskarte** wird empfohlen, da sie als Nachweis dient und z.B. bei einem Unfall die Abwicklung erleichtert. Wer sein Fahrzeug mit einem Euro-Nummernschild ausgestattet hat, braucht kein Nationalitätskennzeichen mehr am Auto zu haben.

Einreisebestimmungen

In Italien muss am Heck mitgeführtes und nach hinten **überstehendes Dachgepäck** mit einem 50 x 50 Zentimeter großen, rot-weiß gestreiften Schild gekennzeichnet werden. Die Schilder sind bei den Automobilclubs, an den Grenzstationen und an Tankstellen erhältlich. Über die Vorderkante des Wagens darf keinerlei Ladung überstehen. Für Motorboote ab 10 PS ist die bei Automobilclubs erhältliche Blaue Versicherungskarte notwendig.

Seit 2004 muss man in Italien eine **Warnweste** tragen, wenn man bei Pannen oder Unfällen außerorts und auf Autobahnen das Fahrzeug verlässt. Die Westen (1 Stück pro Auto) sind für ca. 10 Euro bei Automobilclubs oder an Tankstellen erhältlich.

In Österreich und Italien muss **außerhalb geschlossener Ortschaften auch am Tag mit Abblendlicht** gefahren werden!

Weitere Tipps für notwendige und sinnvolle KFZ-Versicherungen erhalten Sie im Kapitel „Versicherungen". Zu besonderen Verkehrsregeln, zum Verhalten bei Pannen usw. finden sich genauere Hinweise unter „Verkehrsmittel auf Sardinien".

Zoll

Im privaten Reiseverkehr innerhalb der EU dürfen **Waren zum eigenen Verbrauch** unbegrenzt mitgeführt werden. Bei Überschreiten folgender Freigrenzen muss nachgewiesen werden, dass keine gewerbliche Verwendung beabsichtigt ist:

- **Alkohol:** 90 Liter Wein (davon höchstens 60 Liter Schaumwein), 110 Liter Bier, 10 Liter Spirituosen über 22 % Vol. und 20 Liter unter 22 % Vol.; für Schweizer jedoch nur 2 Liter bis 15 % Vol. und 1 Liter über 15 % Vol.
- **Tabakwaren:** 800 Zigaretten, 400 Zigarillos, 200 Zigarren, 1 kg Tabak; für Schweizer jedoch nur 200 Zigaretten oder 50 Zigarren oder 250 g Pfeifentabak.
- **Sonstiges:** 10 kg Kaffee, abgabenfrei sind darüber hinaus alle Waren, die in regulären Geschäften erworben wurden, d.h. im so genannten „zoll- und steuerrechtlich freien Verkehr". Hat man dagegen im „Duty-Free-Einkauf" erworben, gelten die Bestimmungen für so genannte „Drittländer", also ein Reisefreibetrag von 175 €. Für Schweizer gilt grundsätzlich die eingeschränkte Wareneinfuhr bis zu einer Grenze von maximal 175 € pro Person in ein EU-Land.

Darüber hinaus gelten in allen EU- und EFTA-Mitgliedsstaaten weiterhin **nationale Ein-, Aus- oder Durchfuhrbeschränkungen**, z.B. für Tiere, Waffen, starke Medikamente, Drogen und auch für Cannabis-Besitz und -Handel. Des Weiteren muss man bei Mitführung von mehr als 15.000 Euro Bargeld in, aus oder durch die Bundesrepublik Deutschland belegen, woher das Geld stammt und wozu es verwendet werden soll (Verdacht auf Geldwäsche). **Nähere Informationen** gibt es:

- **Deutschland:** www.zoll.de oder beim Zoll-Infocenter, Tel. 069-46 99 76-00.
- **Österreich:** www.bmf.gv.at oder beim Zollamt Villach, Tel. 04 242-33 233.
- **Schweiz:** www.zoll.admin.ch oder bei der Zollkreisdirektion in Basel, Tel. 061-28 71 111.

Versicherungen

Die gesetzlichen Krankenkassen von Deutschland und Österreich garantieren eine Behandlung auch im akuten Krankheitsfall in Italien, wenn die medizinische Versorgung nicht bis nach der Rückkehr warten kann. Als Anspruchsnachweis benötigt man seit Januar 2005 die **Europäische Krankenversicherungskarte,** die man von seiner Krankenkasse erhält.

Im Krankheitsfall besteht ein Anspruch auf ambulante oder stationäre Behandlung bei jedem zugelassenen Arzt und in staatlichen Krankenhäusern. Da jedoch die Leistungen nach den gesetzlichen Vorschriften im Ausland abgerechnet werden, kann man auch gebeten werden, zunächst die **Kosten der Behandlung** selbst zu tragen. Obwohl bestimmte Beträge von der Krankenkasse hinterher rückerstattet werden, kann doch ein Teil der finanziellen Belastung beim Patienten bleiben, also zu Kosten in kaum vorhersagbarem Umfang führen.

Aus diesem Grund wird zusätzlich der Abschluss einer **privaten Auslandskrankenversicherung** dringend empfohlen. Diese sollte außerdem eine zuverlässige Reiserückholversicherung enthalten, denn der Krankenrücktransport wird von den gesetzlichen Krankenkassen nicht übernommen. Diese sind z.B. in Deutschland ab 5–10 Euro pro Jahr auch sehr günstig (für Empfehlungen siehe z.B. „FinanzTest" 07/05).

Schweizer sollten bei ihrer Krankenversicherungsgesellschaft nachfragen, ob die Auslandsdeckung auch für Italien inbegriffen ist. Sollte man keine Krankenversicherung mit Auslandsdeckung haben, kann man kostenlos bei Soliswiss (Gutenbergstr. 6, 3011 Bern, Tel. 031-38 10 494, info@soliswiss.ch, www.soliswiss.ch) Informationen zu einem attraktiven Krankenversicherer einholen.

Murales in Orgosolo – Gesundheitsaufklärung an der Häuserwand

Zur **Erstattung der Kosten** benötigt man ausführliche **Quittungen** (mit Datum, Namen, Bericht über Art und Umfang der Behandlung, Kosten der Behandlung und Medikamente).

Der Abschluss einer **Jahresversicherung** ist in der Regel kostengünstiger als mehrere Einzelversicherungen. Günstiger ist auch die **Versicherung als Familie** statt als Einzelpersonen. Hier sollte man nur die Definition von „Familie" genau prüfen.

Andere Versicherungen

Egal welche weiteren Versicherungen man abschließt, hier ein **Tipp:** Für alle Versicherungen sollte man die **Notfallnummern notieren** und mit der Policenummer gut aufheben! Bei Eintreten eines Notfalles sollte die Versicherungsgesellschaft unverzüglich telefonisch verständigt werden!

Ob es sich lohnt, weitere Versicherungen abzuschließen wie eine Reiserücktritts-, Reisegepäck-, Reisehaftpflicht- oder Reiseunfallversicherung, ist individuell abzuklären. Aber gerade diese Versicherungen enthalten **viele Klauseln,** sodass sie nicht immer Sinn machen. Man beachte auch, dass man oftmals schon über die **Kreditkarte** oder **Automobilclubmitgliedschaft** für bestimmte Fälle versichert ist. Die Versicherung über die Kreditkarte gilt aber nur für den Karteninhaber!

Veranstalter: Pleite!

Wer eine Rundreise oder eine Pauschalreise bucht, sollte sich idealerweise vergewissern, ob der Veranstalter gegen **Zahlungsunfähigkeit oder Insolvenz** versichert ist – das gilt vor allem für eher kleine oder Billigveranstalter. Denn nur wenn diese versichert sind, bekommt man die gezahlten Beträge und gegebenenfalls anfallenden Rückflugkosten von der Versicherung des Veranstalters im Pleitefall zurückerstattet. Als Nachweis dient der so genannte **Sicherungsschein,** den man spätestens bei der ersten (An-)Zahlung vom Veranstalter bzw. Reisebüro ausgehändigt bekommen sollte.

Aber **Achtung:** Im Mai 2005 hatte der Reiseveranstalter Interflug die Versicherungspolice nicht bezahlt, und die Urlauber blieben auf den Kosten sitzen. Will man absolut sicher gehen, dass der Reiseveranstalter wirklich versichert ist, kann man sich direkt bei der auf dem Sicherungsschein vermeldeten Versicherungsanstalt nach der Gültigkeit des Versicherungsschutzes erkundigen.

Bei den deutschen Verbraucherzentralen kann man für 7,15 € die **Broschüre „Recht auf Reisen"** erwerben, die im Fall von Ärger mit Veranstaltern weiterhilft (www.verbraucherzentrale.com).

Europaschutzbrief

Ist man von Europa mit einem Fahrzeug unterwegs, ist der Europaschutzbrief eines Automobilclubs eine Überlegung wert. Wird man erst in der Notsituation im Ausland Mitglied, gilt diese Mitgliedschaft auch nur für dieses Land und man ist in der Regel verpflichtet, fast einen ganzen Jahresbeitrag zu zahlen, obwohl die Mitgliedschaft nur für einen Monat gültig ist.

Diplomatische Vertretungen

Italienische Botschaften

- **Deutschland:** Hiroshimastraße 1, 10785 **Berlin,** Tel. (030) 25 44 00, Fax 25 44 01 20, Web: www.botschaft-italien.de.
- **Österreich:** Rennweg 27, 1030 **Wien,** Tel. (01) 712 51 21, Fax 71 39 719, Web: www.ambitaliavienna.org.
- **Schweiz:** Elfenstr. 14, 3000 **Bern** 16, Tel. (031) 35 00 777, Fax 35 00 711, Web: www.ambberna.esteri.it.

Wird der **Reisepass oder Personalausweis im Ausland gestohlen,** muss man diesen bei der örtlichen Polizei melden. Darüber hinaus sollte man sich an die nächste diplomatische Auslandsvertretung seines Landes wenden, damit man einen Ersatz-Reiseausweis zur Rückkehr ausgestellt bekommt (ohne kommt man nicht an Bord eines Flugzeuges!).

Auch in **dringenden Notfällen,** z.B. medizinischer oder rechtlicher Art, sind die Auslandsvertretungen bemüht, vermittelnd zu helfen.

Deutsche Vertretungen

- **Rom:** Ambasciata di Germania, Via San Martino della Battaglia 4, Tel. (06) 49 21 31.
- **Mailand:** Consolato generale di Germania, Via Solferino 40, Tel. (06) 49 21 31; im Notfall tägl. bis 24 Uhr unter Mobil-Tel. 0335-79 04 170 erreichbar.
- **Genua:** Consolato onorario di Germania, Ponte Morosini 41/1, Tel. (010) 27 15 969.
- **Cagliari:** Consolato onorario di Germania, Via Raffa Garzia 9, Tel. (070) 30 72 29.

Neugierde auf fremde Kulturen ist ein wesentlicher Grund zum Reisen

Österreichische Vertretungen

- **Rom:** Ambasciata d'Austria, Via Pergolesi 3, Tel. (06) 84 40 141.
- **Mailand:** Consolato generale d'Austria, Piazza del Liberty 8/4, Tel. (02) 78 37 43.
- **Genua:** Consolato onorario d'Austria, Via Assarotti 5, Tel. (010) 83 93 983.

Schweizer Vertretungen

- **Rom:** Ambasciata di Svizzera, Via Barnaba Oriani 61, Tel. (06) 80 95 71.
- **Mailand:** Consolato generale di Svizzera, Via Palestro 2, Tel. (02) 77 79 161.
- **Genua:** Consolato generale di Svizzera, Piazza Brignole 3/6, Tel. (010) 54 54 11.
- **Cagliari:** Consolato di Svizzera, Via XX Settembre 16, Tel. (070) 66 36 61.

Praktische Reisetipps A–Z

Praktische Reisetipps A–Z

Warten auf die Fähre in Golfo Aranci

Hirtenessen in der Barbagia

Oliven, Salami und Käse – sardische Spezialitäten

Anreise

Sardinien ist nah und doch fern. Zwar liegt die Insel kaum zwei Flugstunden von Berlin entfernt und ist seit dem Einstieg von Billigfliegern in den Sardinienflugverkehr im Jahr 2002 ein ganzes Stück näher gerückt. Ob mit der Bahn, dem Bus, dem Flugzeug oder dem eigenen Auto: Die Anreisezeit ist, je nach Jahreszeit und Route, und vor allem durch die unumgängliche Fährpassage, oft recht lang.

Mit dem Auto

Das Gros aller Sardinienfahrer reist mit dem PKW an. Welche Strecke bei der Anreise gewählt wird, ist vom Wohnort, vom Fährhafen, von der verfügbaren Zeit und der Art des Wagens abhängig. Von Deutschland aus stehen **zwei Hauptstrecken** zur Verfügung; die westliche Route führt durch die Schweiz und den St.-Gotthard-Tunnel, die östliche durch Österreich über den Brenner.

Die Benutzung der Autobahnen kostet in der Schweiz, in Österreich und in Italien **erhebliche Mautgebühren.** Da die Alpenrepubliken nicht zu umgehen sind, bleibt nur Italien, um Zeit und Geld zu sparen. Zwar ist die kürzeste und preiswerteste Fährverbindung nach Sardinien die Strecke von Civitavecchia bei Rom nach Olbia an der sardischen Ostküste. Da die Anreise zum Fährhafen jedoch erheblich länger dauert, sind für Reisende aus Deutschland, Österreich und der Schweiz die **Häfen Genua, La Spezia und Livorno** empfehlenswerter. Die **Überfahrt** mit einer Cruise Ferry dauert etwa 10–12 Stunden, mit den neuen supermodernen Schnellfähren nur noch runde 6 Stunden. Ideal ist die **Nachtpassage mit Kabine,** weil man auf diese Weise nicht nur einen Urlaubstag spart, sondern ausgeruht am Morgen auf der Insel ankommt, während man bei einer Tagespassage erst am Abend die Insel erreicht und so mit einer Nachtfahrt weiter bis zum endgültigen Ziel muss. Die Schnellfähren kommen zwar bereits am frühen Nachmittag an, sodass genügend Zeit zur Weiterreise bleibt, starten aber früh am Morgen, sodass man zum Fährhafen entweder nachts anreisen oder dort übernachten muss.

Für Reisende mit dem **Caravan** oder **Wohnmobil** bietet die Fährgesellschaft Linea dei Golfi spezielle Fähren, auf denen das Gefährt auf Deck nachts als Kabine genutzt werden kann (siehe unter „Anreise"/„Fähren").

Weststrecke Frankfurt – Livorno

Die Strecke mit einer Gesamtlänge von ca. **965 Kilometern** ist **durchgängig auf Autobahnen** zu befahren. In der Schweiz ist die N 2 (E 35) von Basel nach Luzern zu empfehlen. Reisende aus Richtung Stuttgart/Singen und Schaffhausen werden das ärgerliche Nadelöhr Zürich jedoch kaum umgehen können. Zwar wird Jahr für Jahr ein Stück mehr der flotten vierspurigen Stadtautobahn eröffnet, aber nach wie vor muss der gesamte Transitverkehr noch ein erhebliches Stück auf ei-

> **Tipp**
>
> Wer in der Kolumbusstadt **Genua** einschifft und auf die Fähre warten muss, der sollte es nicht versäumen, das 2004 eröffnete **Aquarium** zu besuchen. Das spektakuläre Museum ist mit seinen 59 Becken das größte der Welt und liegt unweit der Fähranlieger im Porto Antico, der seit seiner Umgestaltung durch den Stararchitekten *Renzo Piano* mit Panoramakran, Meerespavillon und Kinderstadt eine der Hauptattraktionen der Stadt wurde. Ebenfalls im Hafenbereich findet man das **Antarktis-Museum.**
>
> ● **Aquarium:** Mo–Mi + Fr 9.30–19.30 Uhr, Do 9.30–22 Uhr, Sa/So 9.30–20.30 Uhr.
> ● **Antarktis-Museum:** Di–Fr 9.45–17.30 Uhr, Sa/So 10–18 Uhr.

nem von Ampeln gespickten Abschnitt quer durch die Stadt. Wer hier in die Rushhour gerät, hat schnell 1 oder auch 2 Stunden verloren. Wer Zürich nicht umfahren kann, sollte zumindest seinen Zeitplan so legen, dass er den Großraum Zürich außerhalb der Rushhour passiert.

Für alle ein Hindernis ist der **St.-Gotthard-Tunnel** in der Schweiz, der nur zwei Fahrspuren hat und mit über 16 Kilometern der längste Alpentunnel ist. Eine Alternative zum Tunnel ist der St.-Gotthard-Pass, der in Sachen Straßenbaukunst wie Hochgebirgsnatur ungemein beeindruckend ist. Ein Erlebnis, das den etwas höheren Zeitaufwand unbedingt aufwiegt.

Hat man das Gotthardmassiv hinter sich gebracht, geht es problemlos bis zum italienischen Grenzübergang Chiasso und weiter über Como hinab in die Po-Ebene und den **Großraum Mailand.** Das Fernstraßengewirr um Milano ist gewaltig, und der Verkehr ebenso. Der Autobahnring um die Metropole ist jedoch durchgehend mindestens dreispurig und gut beschildert, so dass das Durchkommen trotz des meist hohen Verkehrsaufkommens kein größeres Problem darstellt.

Wer die Fähre ab Genua (Genova) oder La Spezia gebucht hat, fährt von Mailand die A 7 (E 62) und A 12 (E 54) weiter. Da besonders das letzte Stück vor Genua sehr kurvenreich ist und mit starkem LKW-Verkehr, empfiehlt sich als Alternative die parallel zur A 7 verlaufende und sehr viel angenehmer zu befahrende A 26. Den Großraum Mailand spart man sich, wenn man von Lugano über Varese fährt oder gleich über den Simplonpass anstatt durch den Gotthard-Tunnel. Wer in Livorno einschifft, dem steht ab Mailand eine Alternative zu der verkehrs-, kurven- und tunnelreichen Küstenautobahn A 12 (E 54) zwischen Genua und La Spezia zur Verfügung. Wesentlich weniger befahren und kaum länger ist die Route von Mailand auf der A 1 (E 35) über Parma. Von dort geht es weiter auf der verkehrsarmen und landschaftlich reizvollen A 15 (E 33) über den 1039 Meter hohen Passo della Cisa quer durch den Apennin nach La Spezia, von wo eine schnurgerade Piste bis Livorno führt. Die Autobahnausfahrten zu den verschiedenen Häfen sind gut beschildert („porto"). Achtung: Wer zum Fährhafen Genua will, muss nach der letzten Zahlstelle (Ausfahrt „Genova ovest") sofort auf die äußerste linke Spur. Diese führt nach wenigen Hundert Metern unmittelbar nach einer Kurve in einer Schleife direkt zur Hafeneinfahrt *(terminal traghetti)*. Die rechte führt auf die Hochstraße! Also am besten bereits die Mautstation möglichst weit links anfahren.

Oststrecke München – Livorno

Die Strecke mit einer Gesamtlänge von ca. **745 Kilometern** ist durchweg auf Autobahnen befahrbar. Erstes Hindernis ist der **Großraum München,** in dem sich der Verkehr trotz des Autobahnrings häufig staut. Berüchtigt für Verkehrsbehinderungen ist auch die E 52 München – Salzburg, die man bis kurz hinter Rosenheim nehmen muss. Hier zweigt die E 45/E 60 nach Innsbruck ab und erreicht bei Kufstein die österreichische Grenze.

Die Alpen werden auf der **Brennerautobahn** (mautpflichtig!) durchquert, die als wichtigste Nord-Süd-Verkehrsader sehr stark befahren ist (viele Lkw). Die Passhöhe bildet die Staatsgrenze zu Italien.

In Italien geht es dann via Bozen (Bolzano) in die Po-Ebene hinab. Wer nach Genua (Genova) muss, nimmt ab Verona die Strecke Brescia – Cremona – Piacenca (E 70 und E 25). Nach La Spezia und Livorno führt die E 45 nach Modena, und von dort geht es weiter auf der E 35 bis kurz hinter Parma. Dort zweigt die E 33 nach Süden ab, die quer durch die Berge des Apennins nach La Spezia führt. Die E 60 von La Spezia nach Livorno führt schnurgerade die Küste entlang.

Vignetten und Mautgebühren (alle Angaben für PKW bis 3,5 t)

In Österreich muss für die Benutzung der Autobahn eine Vignette gelöst werden. Diese gibt es bei den Automobilclubs oder an der Grenze für zehn Tage (7,60 €), zwei Monate (21,80 €) oder ein Jahr (72,60 €). Zu beachten ist, dass die Vignette nicht die Benutzung der Brennerautobahn einschließt. Der Abschnitt von Innsbruck/Süd bis Brennerpass kostet 8 € extra.

Reisemobile über 3,5 t müssen eine aufladbare „Go-Box" haben, die die Maut vollelektronisch nach den gefahrenen Kilometern erhebt. Sie ist gegen eine Gebühr von 5 € in ausgewiesenen Verkaufsstellen an allen Hauptzufahrtsstrecken nach Österreich sowie in den ÖAMTC-Grenzbüros erhältlich. Gebührenfreie Info zum Go-System: Tel. 0800 40 01 14 00, Web: www.gomaut.at.

In der Schweiz muss bei Benutzung der Autobahn für ca. 40 SFr (27 €) eine Vignette gelöst werden, die ein Jahr gilt und bei den Automobilclubs oder an der Grenze erhältlich ist. Anhänger benötigen eine eigene Vignette.

Für Wohnmobile über 3,5 t muss in der Schweiz auf allen Straßen bei der Einreise am Schweizer Zollamt eine **Schwerverkehrsabgabe** entrichtet werden: 650 SFr pro Jahr, zeitanteilig mind. 25 SFr. Man erhält einen nicht übertragbaren Zahlungsnachweis, der bei Kontrollen vorzuweisen ist.

In Italien muss die Maut an Zahlstellen entrichtet werden. Hierbei ist

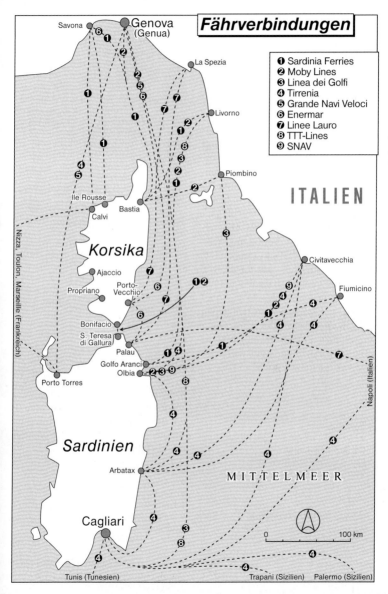

ANREISE

zu beachten, dass auf der Strecke zwischen Como und Milano die Gebühr im „offenen System" direkt bar kassiert wird (Kleingeld bereithalten!). Auf allen anderen Strecken gilt das „geschlossene System". Dort muss an der „stazione" ein roter Knopf gedrückt und ein Automatenticket gezogen werden, damit sich die Schranke öffnet. Das Ticket keinesfalls vergessen oder verlegen! Sonst wird beim Verlassen der Autobahn, auch wenn man nur zehn Kilometer weit gefahren ist, unumgänglich die Höchstgebühr fällig. An allen Zahlstellen stehen für gängige Kreditkarten und VIACARD separate Spuren zur Verfügung. VIACARDS sind im Wert von 25 und 50 € bei Automobilclubs, an Raststätten und an der Grenze zu kaufen. Bei Anfahrt an eine Zahlstelle *(Alt stazione)* auf die Markierung achten, damit man nicht in die falsche Spur gerät. Denn an Zahlstellen rückwärts zu fahren ist strengstens verboten und wird entsprechend hart bestraft.

Ausgebuchte Fähren

Sardinia Ferries, Moby Lines, Tirrenia und auch Linea dei Golfi haben auf den Sardinienlinien neue hochmoderne und teils gigantisch große Fähren in Betrieb genommen und somit die Transportkapazität enorm vergrößert. Damit ist es zu normalen Reisezeiten heute überwiegend kein Problem mehr, auch kurzfristig einen Platz zu erhalten. Doch wer **im Juli, August, an Ostern** oder sonst einem **italienischen Feiertag** reist, der sollte nach wie vor möglichst frühzeitig sein Fährticket buchen. Denn dann sind hier oft alle Fähren restlos ausgebucht.

Tipp: Wenn Sie nirgends mehr eine Fährpassage erhalten, fragen Sie beim Sardinien-Spezialisten Turisarda nach (Adresse siehe unter „Vor der Reise/Reiseanbieter- und Vermittler"). Er bucht sämtliche Fährlinien ohne Aufschlag und findet dank guter Verbindungen meist noch einen freien Platz.

Buchtipp:
- RA Holger Backu, Friedrich Köthe
Bordbuch Südeuropa für Unfall, Panne und Verkehr
(REISE KNOW-HOW Praxis)

Mautgebühren in Italien
- Strecke Como – Genua ca. 12 €
- Strecke Como – Livorno ca. 27 €
- Strecke Brenner – Livorno ca. 32 €
- Strecke Brenner – Genua ca. 27 €

Autofähren

Routen

Vom italienischen Festland verkehren aus den folgenden Hafenstädten Autofähren nach Sardinien (von Norden nach Süden):

- Genua (Genova)
- La Spezia
- Livorno
- Piombino
- Civitavecchia
- Fuimicino
- Neapel (Napoli)

Auf Sardinien werden folgende Häfen angelaufen:

- Olbia (nördliche Ostküste)
- Golfo Aranci (bei Olbia)
- Palau (im Nordosten)
- Santa Teresa di Gallura (im Nordosten)
- Porto Torres (im Nordwesten)
- Arbatax (zentrale Ostküste)
- Cagliari (im Süden)

Die kürzeste Überfahrt ist die von Civitavecchia nach Olbia bzw. Golfo Aranci. Da hier jedoch eine wesentlich längere Anreise auf der mautpflichtigen Autobahn anfällt (von Livorno ca. 300 Kilometer), empfehlen sich die Fähren von Genua, La Spezia oder Livorno (10–13 Stunden). Noch schneller geht es mit den neuen, hochmodernen Fast Cruise Ferries wie z.B. der „Moby Aki" (knapp 6 Stunden).

Die normalen Fähren verkehren in der Saison zweimal täglich, jeweils am Morgen und am Abend. Ideal ist hier eine **Nachtpassage** mit Kabine, im günstigeren Schlafsessel oder auf der Isomatte, da man die Fähre als Schlafquartier nutzen kann und am Morgen frisch auf Sardinien ankommt.

Preiswerter als die beliebte Nachtfahrt ist eine **Tagespassage,** bei der man bei einigen Linien für einen Spottpreis eine Kabine zubuchen kann. Ihr entscheidender Vorteil: Man macht eine richtig geruhsame lange Schiffsreise, was zweifelsohne die schönste und für einen Inselurlaub auch angemessenste Art der Anreise ist. Wohnwagen- und Wohnmobil-Reisende können sich auch bei einer Nachtpassage die Kabine einsparen, wenn sie mit der Linea dei Golfi fahren, bei der auf Deck geparkt und das Gefährt als Kabine genutzt werden kann.

Eine sehr schöne Alternative zur direkten Anreise ist das **Inselhüpfen über Korsika.** Hierbei geht man in Bastia auf Korsika an Land, zuckelt je nach Zeit und Lust auf irgendeinem Weg durch das landschaftlich zauberhafte Korsika bis nach Bonifacio (kürzeste, aber nicht unbedingt schönste Route entlang der Ostküste von Bastia nach Bonifacio ca. 180 Kilometer) und setzt dort über den schmalen Meereskanal (ca. eine Stunde) nach Santa Teresa di Gallura auf Sardinien über.

Fährpreise/Buchung

Die Frage „Was kostet eine Fährpassage nach Sardinien?" kann Ihnen heute niemand mehr beantworten. Denn der harte Konkurrenzkampf der Reedereien untereinander und gegen die übermächtige Konkurrenz der Billigflieger hat die Fährlinien zu einem **Preisgewirr** veranlasst, das für den Laien nur noch schwer zu durchschauen ist. So gibt es nun nicht mehr nur spezielle Preise für spezielle Wochentage oder spezielle Abfahrtstermine, sondern zusätzlich zahlreiche Rabatte, Sondertarife, Jackpot-Preise oder sonstige Spezialangebote und Vergünstigungen. Zusätzlich haben die beiden Marktführer Moby Lines und Sardinia Ferries zum größten Teil gar keine festen Preise mehr, sondern setzten ihre Preise im sog. „Yield-management"-System fest, das sie den Billigfliegern abgeschaut haben. In Kurzform bedeutet das, dass es bestimmte, jedoch sehr eng begrenzte Ticket-Kontingente zu extremen Niedrigpreisen gibt (wie z.B. bei Moby

Lines ab 1 € für PKW). Die Ticketpreise sind von der Buchungslage abhängig und können sich ständig und schnell ändern.

Am einfachsten und schnellsten ist das **Buchen im Internet.** Alle Fährlinien haben auf ihrer Homepage diese Möglichkeit eingerichtet. Vorteil: tatsächlich schnell und unkompliziert. Aber eben nur solange keine Komplikationen auftreten. Denn gibt es welche, sitzt ihr Ansprechpartner dafür möglicherweise in Savona oder La Spezia. Dazu ist es ziemlich zeitaufwendig, sich selbst durch den Tarifdschungel zu kämpfen und die Angebote zu vergleichen. Zudem hat es sich gezeigt, dass dem Kunden im Internet längst nicht immer der beste Preis angezeigt wird.

Wer sich diese Mühsal ersparen möchte, der kann sich entweder **telefonisch** direkt an die jeweilige Reederei oder, noch besser, an Spezialisten wie z.B. die Fa. Turisarda in Düsseldorf wenden. Diese vergleicht für Sie die Tarife der einzelnen Linien und bucht das Ticket ohne Aufschlag. Es ist damit also nicht teurer als online selbst gebucht.

Vorteil beim Vorabbuchen: **Je früher gebucht, desto billigere Tarife.** Dazu ist man auf der sicheren Seite, auch tatsächlich nach Sardinien zu kommen und nicht im Hafen auf einen freien Platz warten zu müssen.

Dank der starken Kapazitätserweiterung ist es zumindest in der Vor- und Nachsaison nun auch problemlos möglich, **direkt im Hafen** sein Ticket zu buchen. Das ist jedoch fast immer deutlich teurer, weil ja dann immer sehr kurzfristig gebucht werden muss.

Schnellfähren (Express Ferries)

Neben den gewöhnlichen gemächlichen Cruise Ferries und den flotten neuen Fast Cruise Ferries verkehren auf einigen Strecken auch Express Ferries. Diese Schnellfähren sind bis zu 70 km/h schnell und benötigen deshalb für die Überfahrt weniger als die Hälfte der Zeit. Sie verkehren jedoch **nur in der Hauptsaison,** sind recht klein und vor allem **erheblich teurer.** Es gibt nur Sitze, keine Kabinen. Ihr größter Nachteil: Die Rennfähren sind sehr wetteranfällig; ist der Wind zu stark und das Meer zu unruhig, können sie nicht auslaufen.

Moby Lines

Die Fähren mit dem dicken blauen Fisch sind der Marktführer im Sardinien-Geschäft. Das kommt nicht von ungefähr, sondern von der **Qualität, Pünktlichkeit, Sauberkeit** und dem **guten Service** der Reederei und ihrer Schiffe. Besonders die neuen Luxusfähren „Moby Aki", „Moby Freedom" und „Moby Wonder" haben in Größe und Ausstattung weit mehr Ähnlichkeit mit Kreuzfahrtschiffen als mit klassischen Fähren. Die Kabinen stehen einem guten Hotelzimmer in nichts nach – im Bad mit Dusche und WC findet man selbstverständlich einen Föhn vor. Das gilt nicht für die „Moby Rider". Diese Fähre ist ein betagtes und einfaches Frachtschiff ohne weiteren Komfort für LKW-Verkehr, aber das einzige Schiff der Reederei, auf

dem man „Camping an Bord" machen kann.

Moby-Sondertarife sind z.B. der Frühbucher-„Best-price"-Tarif ab 1 € fürs Auto, der auf allen Verbindungen zur Verfügung steht und mit allen weiteren Sonderpreisen wie „Moby Pex", „Fast Moby Pex" oder „Wohnmobil spezial" kombinierbar ist. Moby Lines verkehrt ganzjährig **direkt nach Sardinien** auf den Linien:

- Livorno – Olbia
- Genua – Olbia
- Civitavecchia – Olbia

Die **Korsika-Route** von Moby Lines verkehrt wie folgt:

- Genua – Bastia bzw. Livorno – Bastia und weiter Bonifacio – Santa Teresa di Gallura

Buchungsmöglichkeiten gibt es im Reisebüro, bei den Sardinienspezialisten (s. „Vor der Reise") oder online unter **www.mobylines.de.**

- **Deutschland:** Moby Lines Europe GmbH, Wilhelmstraße 36–38, 65183 Wiesbaden, Tel. (0611) 14 020, Fax 14 02 244.
- **Hafenbüro Genua:** Tel. (010) 25 41 513.
- **Hafenbüro Livorno:** Tel. (0586) 89 99 50.
- **Hafenbüro Piombino:** Tel. (0565) 22 12 12.
- **Hafenbüro Olbia:** Tel. (0789) 27 927.
- **Hafenbüro Santa Teresa di Gallura:** Tel. (0789) 75 14 49.

Moby Lines – Der dicke Fisch nimmt auch kleine Krabben mit

ANREISE

Sardinia Ferries

Ohne Einschränkungen empfehlenswert ist auch Sardinia Ferries. Die eleganten, gelb-weißen Fähren sind sehr gut ausgestattet, sauber und pünktlich. Die neuen und modernen Schiffe „Mega Express" und „Mega Express 2" sind sehr komfortabel ausgestattete Zwitter. Sie fahren von Livorno nach Golfo Aranci tagsüber als 50 km/h schnelle Expressfähren, nachts als normale Linienfähren. **Direkt nach Sardinien** verkehrt Sardinia Ferries wie folgt:

- Livorno – Golfo Aranci
- Civitavecchia – Golfo Aranci

Via Korsika fährt die Gesellschaft unter dem Namen Corsica Ferries auf den Linien:

- Savona – Bastia
- Livorno – Bastia
- Savona – Calvi
- Savona – Ile Rousse
- Toulon – Ajaccio
- Nizza – Calvi
- Nizza – Bastia
- Bonifacio – Santa Teresa di Gallura (in Kooperation mit Saremar)

Spezialtarife der Linie sind z.B. der Jackpot-Tarif (ab 7,40 €/PKW, 50 % Rabatt auf die Rückfahrt bei Buchung von Hin- und Rückfahrt, 50 % Rabatt für Kinder (4–12 Jahre) bei Deckpassage) oder das Open Ticket, bei dem Restplätze zum günstigen Orange-Tarif zu haben sind. **Buchen** kann man im Reisebüro, bei den Sardinien-Spezialisten (siehe „Vor der Reise") oder im Internet unter **www.sardinia-ferries.de**.

- **Deutschland:** Sardinia Ferries, Georgenstr. 38, 80799 München, Tel. 0180 50 00 483 (12 Cent/Min.), Fax 38 99 91 13.
- **Schweiz:** Tourship AG, Wehntalerstr. 102, 8057 Zürich, Tel. (044) 36 41 600, Fax 36 41 606.
- **Hafenbüro Savona/Porto Vado:** Tel. (019) 21 56 247.
- **Hafenbüro Livorno:** Tel. (0568) 88 13 80.
- **Hafenbüro Civitavecchia:** Tel. (0766) 50 07 14.
- **Hafenbüro G. Aranci:** Tel. (0789) 46 780.

Linea dei Golfi

Besonders interessant für Caravan- und Wohnmobilreisende ist die Linea dei Golfi. Sehr komfortabel sind die beiden neu in Dienst gestellten Fähren „Golfo Aranci" und „Golfo degli Angeli", die mit Duschen, Kabinen mit Bad, Restaurant, Bar, Boutique und Kinderspielraum ausgestattet sind. Auf deren Fähren kann man zwischen dem 1.4. und 31.10. **„Camping an Bord"** machen, d.h. das auf Deck geparkte Fahrzeug als Kabine nutzen (Ausnahme: schlechtes Wetter oder stürmische See). Ein weiterer Vorteil: Dachladungen wie Surfbretter o.Ä. sind auf Deck kostenlos, ebenso Haustiere. Sonderpreise sind z.B. der „Flipper-Tarif" oder 50 Prozent Rabatt auf die Rückfahrt bei Buchung von Hin- und Rückfahrt. Die Gesellschaft verkehrt auf den Strecken:

- Piombino – Olbia
- Livorno – Olbia
- Livorno – Cagliari

Buchungsmöglichkeiten gibt es z.T. im Reisebüro, bei den Sardinienspezialisten (s. „Vor der Reise") oder online unter **www.lineadeigolfi.it**.

Karte Fährverbindungen Seite 31

- **Buchungszentrale Piombino:** Piazzale Premuda, 57025 Piombino, Tel. (0565) 22 23 00, Fax 22 57 50.
- **Reservierungsbüro Olbia:** Tel. (0789) 21 411, Fax 25 483.
- **Hafenbüro Livorno:** Tel. (0568) 40 99 25.

Tirrenia

Die **staatliche Tirrenia,** der in der Vergangenheit nicht gerade der beste Ruf vorausgeeilt ist, hat in Sachen Pünktlichkeit, Service und Sauberkeit deutlich zugelegt. Das liegt nicht zuletzt an den neu in Dienst gestellten Fähren, die der privaten Konkurrenz in nichts mehr nachstehen. Einzige Einschränkung: Als Staatsunternehmen ist Tirrenia sehr streikanfällig.

Tirrenia unterhält die **meisten Linien nach Sardinien.** Die Linien im einzelnen sind:

- Genua – Porto Torres/Olbia/Arbatax
- Civitavecchia – Olbia/Arbatax/Cagliari
- Fiumicino – GolfoAranci/Arbatax
- Napoli – Cagliari
- Cagliari/Palermo/Trapani (Sizilien)
- Olbia – Arbatax – Cagliari

- **Web:** www.tirrenia.it.
- **Deutschland/Österreich:** Armando Farina GmbH, Schwarzwaldstr. 82, 60505 Frankfurt/M., Tel. (069) 66 68 491, Fax 66 68 477.
- **Österreich:** Christophorus Reisen, 6290 Mayrhofen, Karghaus 371, Tel. (05285) 60 69 62, Fax 63 042, Web: www.christophorus.at.
- **Schweiz:** Avimare, Oerlikoner Str. 47, 8057 Zürich, Tel. (01) 31 58 060, Fax 31 58 078, Web: www.avimare.ch.
- **Hafenbüro Genua:** Tel. (010) 27 58 041.

Grandi Navi Veloci/Grimaldi Group

Sehr komfortabel und elegant sind die fürstlichen Fähren der Grimaldi Group, die eher schwimmenden Hotels der gehobenen Art gleichen. Entsprechend gestalten sich auch die Preise etwas höher als bei der Konkurrenz. Die Schiffe verkehren auf folgenden Linien:

- Genua – Olbia (nur Juni bis September)
- Genua – Porto Torres

Die Fähren sind online buchbar unter **www.gnv.it.**

- **Deutschland:** J.A. Reinecke GmbH, Jersbeker Str. 12, 22941 Bargteheide, Tel. (04532) 20 550, Fax 22 566, Web: www.jareinecke.de.
- **Österreich:** Terra Schiffsreisen, Ferdinand-Hanusch-Platz, 1, 5020 Salzburg, Tel (0662) 80 41 300, Fax 80 41 51.
- **Schweiz:** Cosulich AG, Beckenhofstraße 26, 8035 Zürich, Tel (01) 36 35 255, Fax 36 26 782.

ENERMAR

ENERMAR, an der Moby Lines beteiligt ist, verkehrt nur auf der Linie Genua – Palau. Buchen kann man online unter **www.enermar.it** buchbar oder über:

- **Buchungsbüro Genua:** Via IV Novembre 6/2, 16128 Genova, Tel (010) 19 97 67 676, Fax 89 91 03 330.
- **Hafenbüro Genua:** Tel. (010) 19 97 60 003.

Linee Lauro/Medmar

Neu im Geschäft ist die Linee Lauro. Sie verkehrt von Juni bis September auf der **Strecke Napoli – Palau.**

Buchungsmöglichkeiten online unter **www.lineelauro.it** oder über:

- **Neapel:** Medmar Travel, Piazza Municipio 88, Tel. (081) 55 26 485, Fax 55 21 633.
- **Hafenbüro Palau:** Tel. (0789) 70 60 80.

ANREISE

TTT Lines

Ganz **neu** im Sardiniengeschäft ist Tomaso Turismo Transporti, kurz TTT Lines. Ihre Fähren verkehren derzeit nur auf der **Strecke Livorno – Cagliari**. Die Linie ist nicht online buchbar, aber über Turisarda Düsseldorf.

- **Neapel:** Tel. (081) 58 02 744, Fax 42 06 159, Web: www.tttlines.it.
- **Hafenbüro Livorno:** Tel. (0586) 42 57 08.
- **Hafenbüro Cagliari:** Tel. (070) 64 04 524.

Mit der Bahn

Umweltfreundlich und prinzipiell, aber leider nicht immer stressfrei ist das Reisen mit der Bahn. Eine Bahnreise nach Sardinien ist jedoch spätestens seit den Taxipreis-Fliegern nur noch für eingefleischte Bahnfans eine ernsthafte Alternative. Denn in puncto Fahrzeit und Preis sowie Service und Komfort ist das schienengebundene Reisen hoffnungslos ins Hintertreffen geraten. Wer es dennoch wagen will: Eine **Bahnreise nach Sardinien ist "zweigeteilt":** Insgesamt problemlos ist die Anreise **bis zum Fährhafen**. Eilig darf man es dabei jedoch nicht haben: So dauert die Fahrt von Frankfurt/Main nach Livorno rund 15 Stunden, von München nach Genua 12 Stunden.

Ganz anders ist das Bahnreisen **auf Sardinien**. Es ist wenig anzuraten, da die staatliche FS *(Ferrovie del Stato)* gerade einmal eine Linie von Olbia nach Cagliari mit je einem Abzweig nach Porto Torres und nach Carbonia unterhält. Die schmalspurige, museale FdS *(Ferrovie della Sardegna)* betreibt ihre drei noch existierenden und untereinander nicht verbundenen Strecken leider nur noch auf wenigen Abschnitten ganzjährig fahrplanmäßig. Der Großteil wird nur noch in der Saison vom reinen Touristenzüglein „tenino verde" befahren. So ist es eine zeitraubende und mühselige Sache, mit der Bahn zu reisen. Da große Teile der Insel auf dem Schienenweg nicht erreicht werden können, ist man auf die Nutzung des guten und dichten Busnetzes angewiesen.

Wer sich auf die lange Reise macht, der sollte sich auf jeden Fall eine **Platzkarte** leisten. Besonders im Sommer, denn dann sind die Bahnen nach Süden oft brechend voll.

- **Bahnauskunft Deutschland:** Web: www.bahn.de, Tel. 11 861 (0,03 €/Sek., ab Weiterleitung zum Reiseservice 0,39 €/Min.), automatische Fahrplanauskunft unter 0800-15 07 090 (kostenlos) bzw. aus Mobilfunknetzen 01805-22 11 00.
- **Bahnauskunft Österreich:** Web: www.oebb.at, Tel. 05-17 17 (zum Ortstarif).
- **Bahnauskunft Schweiz:** Web: www.sbb.ch, Tel. 0900-30 03 00 (1,19 SFr/Min.).
- **Bahnauskunft Italien:** Web: www.trenitalia.com.

Fahrradmitnahme im Zug

Wer mit der Bahn nach Sardinien reist und sein Rad mitnehmen will, muss für 12,30 € eine **Internationale Fahrradkarte** lösen. Eine Reservierung ist in Italien nicht möglich. Nähere Auskünfte erteilt die Radler-Hotline der Bahn AG:

- **Radfahrer-Hotline der Bahn AG:** Tel. (01805) 15 14 15 (0,12 €/Min.), tägl. 8–20 Uhr.

DB AutoZug

Sehr komfortabel und entspannt ist das Reisen mit dem Autozug. Während das voll bepackte Auto hinten auf dem Zug huckepack mitreist, genießt man die lange Fahrt im eigenen Liege- oder Schlafabteil mit eigenem Waschbecken und teils eigener Dusche und WC. Für das leibliche Wohl sorgen das Bordrestaurant und im Abteil das Servicepersonal. So kommt man ausgeschlafen, frisch geduscht und gut gefrühstückt am Zielort an.

Ideal für Sardinien-Reisende ist der im Sommer verkehrende Autozug **nach Livorno** von Düsseldorf, Frankfurt/M., Hildesheim und Hamburg. Die einfache Fahrt mit dem PKW und zwei Personen im Liegewagen ist z.B. von Hamburg aus ab 169,90 Euro zu haben.

Rechnet man die eingesparten Benzinkosten, Mautgebühren und Übernachtungskosten, die gesparte Automietgebühr auf Sardinien, die geschonten Nerven und die Umweltfreundlichkeit der Bahn zusammen, so ist der Autoreisezug wirklich eine **empfehlenswerte Alternative.** Nicht nur für Autofahrer, sondern auch für Motorradfahrer, für die eigene Gruppenabteile angeboten werden.

Wichtig! Auf allen Strecken nach Italien können **nur Fahrzeuge bis maximal 1,67 Meter** Gesamthöhe verladen werden!

- **DB AutoZug,** Königswall 21, 44137 Dortmund, Tel. 01805-24 12 24 (0,12 €/Min.), tägl. 8–22 Uhr, Fax 01805-12 20 00 (0,12 €/Min.), Web: www.dbautozug.de.

Mit dem Flugzeug

Auf Sardinien gibt es vier Flughäfen. Die größten sind die Flughäfen **Olbia/Costa Smeralda** bei Olbia in Nordsardinien und **Elmas** bei Cagliari im Süden, die auch Ziele der meisten internationalen Flüge sind. An der Westküste gibt es den Flughafen **Fertilia** bei Alghero und an der Ostküste den Flughafen **Arbatax** bei Tortolì. Diese werden überwiegend vom italienischen Festland aus und von innersardischen Linien angeflogen.

Die wichtigsten Linienfluggesellschaften mit **Verbindungen nach Sardinien** sind:

- **Air Dolomiti,** Web: www.airdolomiti.it/de. Im Sommer von München nonstop nach Olbia.
- **Alitalia,** Web: www.alitalia.de. Von vielen Flughäfen in Deutschland, Österreich und der Schweiz über Mailand oder Rom nach Olbia und Cagliari.
- **Cirrus Air,** Web: www.cirrus-world.de. Von Mannheim nonstop nach Olbia.
- **Edelweiß Air,** Web: www.edelweissair.ch/d/. Von Zürich nonstop nach Olbia und Cagliari.
- **LTU,** Web: www.ltu.de. Im Sommer von Düsseldorf nonstop nach Olbia und Cagliari.
- **Lufthansa,** Web: www.lufthansa.com. Im Sommer von München nonstop nach Cagliari sowie von vielen anderen Flughäfen in Deutschland, Österreich und der Schweiz über München nach Cagliari.
- **Meridiana,** Web: www.meridiana.it. Von zahlreichen Städten in Italien nach Olbia und Cagliari.
- **Tyrolean Airways,** Web: www.tyrolean.at. Im Sommer von Friedrichshafen, St. Gallen/Altenrhein und Wien nonstop nach Olbia.
- **Welcome Air,** Web: www.welcomeair.com. Im Sommer von Innsbruck und Graz nonstop nach Olbia.

Je nach Fluggesellschaft, Jahreszeit und Aufenthaltsdauer in Sardinien bekommt man ein Economy Ticket für einen Flug von Deutschland, Österreich und der Schweiz nach Sardinien und zurück **ab 250 Euro**.

Meistens preisgünstigere Flüge sind mit den **Jugend- und Studententickets** (je nach Airline alle jungen Leute bis 25 Jahre und Studenten bis 34 Jahre) möglich. Dann gibt es einen Flug z.B. von Frankfurt nach Cagliari und zurück ab etwa 200 Euro.

Für die Tickets der Linienairlines kann man bei folgenden **zuverlässigen Reisebüros** meistens günstigere Preise als bei vielen anderen Reisebüros finden:

- **Jet-Travel,** Buchholzstr. 35, D-53127 Bonn, Tel. (0228) 28 43 15, Fax 28 40 86, E-Mail: info@jet-travel.de, Web: www.jet-travel.de. Auch für Jugend- und Studententickets. Sonderangebote auf der Website unter „Schnäppchenflüge".
- **Globetrotter Travel Service,** Löwenstrasse 61, CH-8023 Zürich, Tel. 01-22 86 666, E-Mail: zh-loewenstrasse@globetrotter.ch, Web: www.globetrotter.ch. Weitere Filialen siehe Website.

Billigfluglinien

Preiswerter kann man es bei den so genannten Billigfluglinien haben, sofern man sehr früh auf der jeweiligen Website bucht (bei den jeweiligen Callcentern wird eine Zusatzgebühr fällig, der Anruf selbst kostet 0,12–0,20 € bzw. 0,12 SFr pro Minute). Es werden **keine Tickets** ausgestellt, sondern man bekommt nur eine Online-Bestätigung mit einer Buchungsnummer. Mit dieser und einem gültigen Lichtbildausweis kann man direkt am Schalter einchecken. Zur Bezahlung wird in der Regel eine Kreditkarte verlangt.

Im Flugzeug gibt es dann oft keine festen Sitzplätze, sondern freie Platzwahl. Alle **Serviceleistungen** werden extra berechnet. So ist ein Frühstück an Bord u.U. teurer als der Flug selbst, weshalb man an die Mitnahme von Proviant denken sollte.

Mit der Aufnahme von planmäßigen Verbindungen der Superbillig-Fluglinien Ryan Air, HLX und easyJet hat für Sardinien eine neue Epoche begonnen. Das Auftauchen dieser Preisbrecher hat den bisherigen klassischen Flugreisemarkt nach Sardinien wie ein Erdbeben erschüttert.

Die „Billigheimer" verführen dazu, einfach mal blind zu buchen, denn „für 19,99 € kann man ja nichts falsch machen". Abgesehen von der bedenklichen Ökobilanz solcher Flugtrips sollte man vor der Buchung etwa wissen, dass im Januar die meisten Unterkünfte auf der Insel geschlossen sind (im Juli und August sind sie dafür ausgebucht). Viele Billig-Flugreisende, die nur mit Flugticket in der Tasche aufbrachen, sind schon am Ankunftsflughafen gestrandet, weil sämtliche Unterkünfte oder Mietwagen ausgebucht oder für die schmale Reisekasse unerschwinglich waren.

Deshalb unbedingt vorausschauend buchen und auch nicht vergessen, dass Sardinien **kein Billigreiseziel** ist. Das Problem haben auch die Fluglinien erkannt und bieten deshalb auf ihren Websites gleich noch die Mög-

ANREISE

lichkeit, Unterkunft und Mietwagen mitzubuchen.

Eine **Übersicht über alle Billiglinien** und ihr Streckennetz bietet z.B. www.billig-flieger-vergleich.de. Für die Region interessant sind:

- **Air Berlin,** Web: www.airberlin.com oder (D)-Tel. 01805-73 78 00. Von Düsseldorf und Frankfurt/M. nach Olbia.
- **Easy Jet,** Web: www.easyjet.com oder (D)-Tel. 01803-65 432. Von Berlin-Schönefeld nach Olbia.
- **Fly Baboo,** Web: www.flybaboo.com oder (CH)-Tel. 0848-44 54 45. Von Genf nach Olbia.
- **Hapagfly,** Web: www.hapagfly.com oder (D)-Tel. 01805-75 75 10. Von Köln/Bonn, Hannover, Stuttgart und München nach Olbia sowie von Köln/Bonn, Stuttgart und München nach Cagliari. Partnerflüge von HLX.
- **Hapag-Lloyd Express (HLX),** Web: www.hlx.com oder (D)-Tel. 0180-50 93 509. Von Köln/Bonn, Hannover, Stuttgart und München nach Olbia sowie von Köln/Bonn, Stuttgart und München nach Cagliari.
- **Helvetic,** Web: www.helvetic.com oder (CH)-Tel. 043-55 79 099. Von Zürich nach Olbia und Cagliari.
- **InterSky,** Web: www.intersky.biz oder (CH)-Tel. 05574-48 80 046. Von Friedrichshafen nach Olbia.
- **Ryan Air,** Web: www.ryanair.com oder (D)-Tel. 0190-17 01 00. Von Hahn im Hunsrück nach Alghero. Achtung: nur 15 kg Gepäck!
- **Transavia,** Web: www.transavia.com oder (D)-Tel. 0695-09 85 446. Von Amsterdam nach Alghero.

Flughäfen auf Sardinien

Auf Sardinien gibt es vier Flughäfen. Die größten sind die Flughäfen **Olbia/Costa Smeralda** bei Olbia in Nordsardinien und **Elmas** bei Cagliari im Süden, die auch Ziel der meisten internationalen Flüge sind. An der Westküste gibt es den Flughafen **Fertilia** bei Alghero und an der Ostküste den Flughafen **Arbatax** bei Tortolì. Diese werden überwiegend vom italienischen Festland aus und von innersardischen Linien angeflogen.

Last Minute

Wer sich erst im letzten Augenblick für eine Reise nach Sardinien entscheidet oder gern pokert, kann Ausschau nach Last-Minute-Flügen halten, die von einigen Airlines mit deutlicher Ermäßigung **ab etwa 14 Tage vor Abflug** angeboten werden, wenn noch Plätze zu füllen sind. Diese Last-Minute-Flüge lassen sich nur bei Spezialisten buchen (bei den Rufnummern werden 0,12–0,20 € bzw. 0,12 SFr pro Minute berechnet):

- **L'Tur,** Web: www.ltur.com; (D)-Tel. 01805-21 21 21, (A)-Tel. 0820-60 08 00, (CH)-Tel. 0848-80 80 88, sowie 140 Niederlassungen europaweit. Unter „Super Last Minute" gibt es Angebote für den Abflug innerhalb der nächsten 72 Stunden.
- **Lastminute.com,** Web: www.de.lastminute.com, (D)-Tel. 01805-77 72 57.
- **5 vor Flug,** Web: www.5vorflug.de, (D)-Tel. 01805-10 51 05.
- **www.restplatzboerse.at:** Schnäppchenflüge für unsere Leser in Österreich.

Fly & Drive

Für Flugreisende geradezu ein Muss ist ein **Mietwagen,** denn ohne eigenes Fahrzeug ist die Fortbewegung auf Sardinien trotz des guten Busnetzes beschwerlich und zeitraubend. Nationale und internationale Anbieter stehen dafür an allen Flughäfen zur Verfügung. Doch Mietwagen sind auf Sardinien nicht eben billig. Nationale bzw. sardische Anbieter sind dabei etwas günstiger als die internationalen Giganten, wobei man bei den lokalen Anbietern genau die Konditionen und Verträge studieren sollte. Bucht man den

ANREISE

Mietwagen gleich mit dem Flug, bekommt man wiederum günstigere Tarife als beim individuellen Mieten vor Ort, weil die Sardinien-Veranstalter und Airlines als Großkunden deutlich bessere Konditionen erhalten und diese zum Teil an den Endkunden weitergeben. Den allergünstigsten Preis bekommt man bei Internet-Vermittlungsagenturen wie **www.autoeurope.de** oder **www.holidayautos.de**, da diese unter allen Anbietern für die angegebene Zeit den aktuell billigsten heraussuchen. Atemberaubend billig sind die – allerdings nur in der Vor- und Nachsaison von den Fluggesellschaften angebotenen – Pakete „Mietwagen & Hotel", wo beides zusammen schon für 29 € pro Tag zu haben ist. Auch hier sollte man früh buchen, da die Angebote, je näher die Hochsaison rückt, rarer und teurer werden.

Optimal – Einkaufen direkt beim Hersteller

Der Tagespreis sollte jedoch nicht das einzige Kriterium bei der Wahl des Wagens sein. Auch Sauberkeit und Zuverlässigkeit sollte man berücksichtigen. Und noch etwas: Beim Mieten im Sommer unbedingt an die Klimaanlage denken!

Mini „Flug-Know-How"

Check-in:

Nicht vergessen: Ohne einen **gültigen Reisepass oder Personalausweis** kommt man nicht an Bord.

Bei den innereuropäischen Flügen muss man mindestens **eine Stunde vor Abflug** am Schalter der Airline eingecheckt haben. Viele Airlines neigen zum Überbuchen, d.h., sie buchen mehr Passagiere ein, als Sitze im Flugzeug vorhanden sind, und wer zuletzt kommt, hat dann möglicherweise das Nachsehen.

Das Gepäck:

In der Economy Class darf man in der Regel nur **Gepäck bis zu 20 kg pro Person** einchecken (steht auf dem Flugticket) und zusätzlich ein Handgepäck von 7 kg in die Kabine mitnehmen, welches eine bestimmte Größe von 55 x 40 x 23 cm nicht überschreiten darf. In der Business Class sind es meist 30 kg pro Person und zwei Handgepäckstücke, die insgesamt nicht mehr als 12 kg wiegen dürfen. Man sollte sich beim Kauf des Tickets über die Bestimmungen der Airline informieren.

Aus Sicherheitsgründen gehören Waffen, Explosivstoffe, Munition, Feuerwerke, leicht entzündliche Gase (z.B. in Sprühdosen, Campinggas), entflammbare Stoffe (z.B. in Benzinfeuerzeugen, Feuerzeugfüllung) sowie Aktentaschen oder Sicherheitskoffer mit installierten Alarmvorrichtungen nicht ins Passagiergepäck.

Buchtipps:
- Frank Littek, **Fliegen ohne Angst**
- Erich Witschi
Clever buchen, besser fliegen
(beide Bände REISE KNOW-HOW Praxis)

Mit dem Reisebus

Sicher nicht jedermanns Sache ist die Anreise per Bus. Auch wenn die Fahrt in so genannten Komfortbussen stattfindet, so sind Busreisen auf langen Strecken grundsätzlich kaum als komfortabel oder gar erholsam zu bezeichnen. Die Gesellschaft mit dem größten Omnibus-Liniennetz in Europa ist **Touring**. Für Sardinien-Reisende am interessantesten ist die **Linie T 38 Frankfurt/Main – Genua**. Mit Zusteigemöglichkeiten in Heidelberg, Karlsruhe, Stuttgart und Ulm geht es via Como und Milano (Fahrzeit 16 Stunden, ab 111 € hin und zurück) nach Genua.

Aktuelle **Infos** unter Tel. (069) 79 03 50, Fax 79 03 219, Web: www.deutsche-touring.com. Den Ticketkauf und Reservierungen kann man in DTG-Ticket-Centern in 14 deutschen Städten sowie in DER-Reisebüros und den Reisezentren der Deutsche Bahn vornehmen.

Wer **mit Bus und Rad** reisen will, der kann dies mit den speziellen Fahrradbussen von **Natours**. Der Veranstalter bietet zwei Routen an: Die Route ITS führt von Oldenburg über Livorno und Piombino bis Portoferraio (Fahrzeit bis Livorno 22 Stunden, hin und zurück 225 €); die Route GRO verbindet München mit den beiden Fährhäfen Livorno und Piombino (Fahrzeit bis Livorno 12 Stunden, hin und zurück 125 €).

●**Natours:** Untere Eschstr. 15, 49179 Ostercappeln, Tel. (05473) 92 290, Fax 82 19, Web: www.natours.de.

Kassenbelege

Bei Einkäufen jeglicher Art, also auch beim Stehbier in der Bar, muss man den Kassenbeleg *(scontorino fiscale)* mitnehmen! Die Guardia di Finanza kann in bis zu 100 Metern Entfernung vom Laden diesen kontrollieren und jeden, der den Bon nicht vorweisen kann, mit saftigen Bußgeldern oder gar wegen Steuerhinterziehung belangen. Da dies auch dem Verkäufer Ärger bereitet, ist dieser normalerweise auch sehr darauf bedacht, Ihnen den Bon auszuhändigen. Falls nicht, nachfragen!

Einkaufen

Ladenschlusszeiten

Italien und damit auch Sardinien ist ein Schlaraffenland für Gegner gesetzlich geregelter Ladenschlusszeiten. Befreit von obrigkeitsstaatlichen Vorgaben, macht es jeder, wie er kann und will. Dennoch haben sich gewisse Kernzeiten herausgebildet, nach denen man seine Einkaufspläne ausrichten kann.

Wichtigste und demnach strikt eingehaltene Schließzeit ist die **Siesta zur Mittagszeit**. Zwischen 13 Uhr und 16 Uhr, spätestens 17 Uhr ist alles geschlossen. Und da die Siesta den Sarden eine heilige Institution ist, sollte sie in nur wirklich dringenden Fällen gestört werden.

In der Regel sind **Bäckereien, Lebensmittelläden, Einzelhandelsgeschäfte** und ähnliche Versorgungseinrichtungen Mo–Fr 8.30/9–13 Uhr und 16/17–19.30/20 Uhr geöffnet. Während der Saison verlängert sich in der

Ferienorten oft die Verkaufszeit am Abend um etwa eine Stunde. Samstags haben sie meist nur vormittags geöffnet. Frische Backwaren gibt es allerdings fast immer auch sonntags, denn wenigstens ein Bäcker im Ort öffnet auch dann seine Tür, allerdings nur am Vormittag.

Apropos **Backwaren:** Wichtig ist zu wissen, dass man Brot und Brötchen besonders auf Campingplätzen, Supermärkten etc. möglichst früh am Tage, auf jeden Fall vor der Siesta einkaufen sollte. Denn zur abendlichen Öffnungszeit steht man nicht selten vor den alten Resten des Vormittages oder gar leeren Brotregalen. Kauft man direkt beim Bäcker *(panificio)*, was immer das Beste ist, ist das nicht so, weil dieser für den Abend bei Bedarf eine zweite Backrunde einlegt, also ganz frische Ware hat.

Souvenirshops, Geschäfte für Tourismus- und Freizeitbedarf, Kioske u.Ä. haben während der Sommersaison häufig auch bis weit in die späten Nachtstunden geöffnet.

Lebensmittel

Grundsätzlich können auf Sardinien sämtliche angebotenen Lebensmittel ohne Bedenken oder Vorsichtsmaßnahmen verzehrt werden. Die **Preise** sind relativ hoch. Das Preisgefälle zwischen Tante-Emma-Laden und Shopping Center ist wesentlich geringer als in Deutschland.

Wer zum Frühstück seinen gewohnten **Bohnenkaffee** nicht entbehren kann, der sollte sich diesen samt Filtertüten mitbringen. In den Regalen vor Ort findet man fast ausschließlich Espresso. Auch Quark, Müsli, dunkles Brot und andere Vollkornprodukte werden nur selten angeboten.

Tabakwaren

Tabakwaren kann man, anders als bei uns, nicht in jedem Laden und an jeder Tankstelle kaufen. In Italien gibt es dafür speziell lizensierte **Tabacchi-Verkaufsstellen,** die man an einem schwarzen Schild mit einem weißen „T" erkennt. Meist handelt es sich dabei um eine Bar, einen Zeitschriftenladen oder einen Kiosk. In kleinen Orten fungiert der Tabacchi-Laden oft als

---

Vorsicht Diebstahl!

Ideal für die umfassende Proviantierung zu Beginn des Urlaubs und zu vergleichsweise günstigen Preisen sind die beiden riesigen **Einkaufszentren** nördlich und südlich von Olbia. Jeweils am Stadtrand gelegen und schnell über die breiten Ausfallstraßen Richtung Costa Smeralda oder Orosei zu erreichen, bieten sie so ziemlich alles, was das Herz begehrt.

Die beliebten Shopping Center, Auchan im Süden und IperStanda im Norden, sind leider zu Kriminalitätsschwerpunkten geworden. **Autoaufbrüche** und der Diebstahl von ganzen Wohnmobilen und -wagen sind leider keine Seltenheit. Wer unbedingt hier einkaufen will oder muss, der sollte sein Fahrzeug niemals alleine lassen. Die Präsenz von Sicherheitspersonal auf den Parkplätzen sollte Sie nicht in falscher Sicherheit wiegen, denn im Ernstfall sind die martialisch aussehenden Security-Jungs eher uninteressiert denn hilfsbereit.

erste Anlaufstelle, wo neben Infos auch Bustickets, Postkarten, Briefmarken, Telefonkarten u.v.m. zu haben sind. Nur Tabak und Blättchen zum Drehen sind so gut wie nie erhältlich.

Schlechte Nachricht für Raucher: Seit 2005 ist das **Rauchen in allen öffentlichen Räumlichkeiten verboten!** Das heißt auch in Restaurant und Bar. Wer glaubt, dass das in Italien ja eh keiner beachtet, der irrt sich sehr!

Sardische Produkte

Gut und günstig kauft man immer **direkt beim Produzenten** ein. Dies ist einerseits bei den vielen Obst- und Gemüseständen möglich, an denen die Bauern ihre Produkte am Straßenrand oder aus der Garage heraus anbieten. Andererseits gibt es in zahlreichen Orten die so genannten *Cantine Sociali* – Erzeugergenossenschaften, die vom Käse über Wein bis zur Pasta viele weiterverarbeitete Produkte und Waren anbieten. Die Verkaufsräume liegen praktisch immer, gut ausgeschildert, außerhalb der Ortszentren in Gewerbegebieten, haben aber im wesentlichen dieselben Öffnungszeiten wie die Ladengeschäfte im Zentrum.

Wer im Supermarkt Wert auf regionale Produkte legt, kauft am besten in den inselweit vertretenen **ISA-Supermärkten.** Die *Industria Sarda Agroalimentari* ist in sardischem Besitz und führt unter dem Markenzeichen „Nonna Isa", einer Sardin in Tracht, rund 1000 regionale Produkte. Die anderen auf der Insel vertretenen Konzerne wie SISA oder VIP sind im Besitz von Festlandsitalienern oder Ausländern. Das Warenangebot ist dementsprechend „international" sortiert, und die Einnahmen bleiben nicht auf der Insel.

Kunsthandwerkliche Produkte, Reiseandenken und Ähnliches werden in den Badeorten an der Küste in vielen Geschäften feilgeboten. Da sich hier jedoch Kitsch, im Ausland produzierter Billigramsch und authentische sardische Qualitätsprodukte mischen, empfiehlt es sich, Einkäufe dieser Art in ISOLA-Geschäften zu tätigen (siehe auch unter „Kunsthandwerk" im Kapitel „Kultur und Gesellschaft"). Die dort angebotenen Produkte haben zwar ihren Preis, sind jedoch garantiert kein Ramsch, sondern auf Sardinien nach traditionellen Methoden hergestellte, hochwertige Waren.

Das gibt's nicht!

Wer seinen geliebten **Bohnenkaffee** nicht missen möchte, der sollte sich einen ausreichenden Vorrat davon mitbringen. In den Regalen vor Ort findet man ausschließlich Espresso. Auch **Quark, Müsli und Vollkornprodukte** werden nur selten angeboten. Ebenfalls nur im Ausnahmefall erhält man zertifizierte **Bio-Produkte.** **Fruchtsäfte** gibt es zwar in großer Zahl, doch Geschmack, Farbe (!!) und vor allem die dafür geforderten abenteuerlichen Preise sind Grund genug, einen Vorrat vom heimatlichen Discounter mitzunehmen.

Sonnenschutzcreme gibt es in allen Varianten und Schutzfaktoren zuhauf, allerdings zu irrwitzigen Preisen. Deshalb gleich genügend davon einpacken – Sie brauchen mehr als Sie glauben!

Elektrizität

Die Netzspannung beträgt auf Sardinien wie bei uns 220 Volt. Üblich sind jedoch die flachen Eurostecker, nicht die in Deutschland vorherrschenden runden Schuko-Stecker. Für diese wie auch zur Stromversorgung auf Campingplätzen benötigt man häufig einen **Adapter**. Wer einen solchen nicht bei sich hat, kann ihn vor Ort in zahlreichen Fachgeschäften (für Haushaltswaren, Campingbedarf, Elektroartikel etc.) erwerben.

Lokale und Restaurants

- **Bar:** Klassischer Treffpunkt und beliebte Plauderstelle zu jeder Tages- und Nachtzeit für alle, vom *bambino* bis zum Greis. Morgens nimmt man schnell einen Espresso, mittags ein eisgekühltes Getränk und nach der Arbeit Bier und Wein, alles im Stehen am Tresen. Eis, *panini* und *tramezzini* (belegte Brötchen bzw. Toastecken) und Knabbereien sorgen für das leibliche Wohl. **Achtung:** Um der Versuchung des Kellners entgegenzuwirken, die Bestellung nicht ordnungsgemäß einzubongen, sondern den Gast am Finanzamt vorbei abzukassieren, wird häufig erst am Tresen bezahlt, anschließend erhält man gegen den Kassenbon seine Order.
- **Pizzeria:** In meist schlichtem Ambiente werden Pizza, Pasta & Co. zu günstigen Preisen aufgetischt.
- **Spaghetteria:** Der Zwilling der *pizzeria*, mit Schwerpunkt auf Nudelgerichten.
- **Agriturismo:** Praktisch durchweg hervorragendes Essen bieten die Agriturismi, die es in puncto Qualität mit den besten Restaurants aufnehmen können. In familiären Gasträumen wird nach Hausfrauenart zubereitete regionale Küche serviert. Vom Käse bis zum Schinken, selbst der Wein oder der Schnaps, alles stammt überwiegend aus eigener Herstellung und vom eigenen Hof. Gekocht wird nur ein Gericht und nur für eine bestimmte Personenzahl. Das garantiert absolute Frische, macht Reservierung aber obligatorisch.
- **Rosticceria:** Ursprünglich ein Grill mit Schnellküche. Mittlerweile sind nicht wenige *rosticcerie* zu Restaurants mutiert.
- **Osteria:** Ursprünglich ein Landgasthof mit deftiger lokaler, traditioneller Küche. Da diese sich immer größerer Beliebtheit erfreut, sind viele dieser „Gasthäuser" längst in die Kategorie Gourmettempel aufgestiegen.
- **Trattoria:** Ursprünglich die Schwester der *osteria* mit preiswerten Gerichten von Muttern; die Kinder servieren, der Vater kredenzt Wein und Brot. Doch die Zeiten dieser Familienbetriebe sind bis auf wenige Ausnahmen vorbei. Meist handelt es sich bei den *trattorie* heute um Speiselokale, die in Qualität und Preis den *ristoranti* nicht nachstehen.
- **Ristorante:** Die Königin der Lokale. Das Ambiente ist von gepflegter Eleganz, der Service zuvorkommend, die Speisen delikat, der Weinkeller ausgewählt. So sollte es jedenfalls sein.
- **Tavola Calda:** Selbstbedienungs-Lokal, wie man es auf den Fähren und an Autobahn-Raststätten findet.

Kaltes Buffet mit Languste

Essen und Trinken

Esskultur

Die **sardische Küche** ist kräftig, abwechslungsreich, von schlichter Raffinesse und sehr mächtig! Näheres zu regionalen Leckereien finden Sie auch im Kapitel „Kultur und Gesellschaft"/ „Kulinarische Köstlichkeiten".

Gegessen wird viel und gerne und **vor allem Fleisch und Gemüse.** Raffinierte Salate und Meeresküche ist der sardischen Küche eigentlich fremd. Da jedoch nicht wenige der sardischen Spezialitäten aus Innereien oder ähnlichen, nicht für jedermann bekömmlichen Zutaten bestehen, hat sich daneben längst eine andere Küche etabliert. Besonders **in den Küstenregionen** wird die klassische italienische Kochkunst mit ihren leichten, mediterranen Gerichten mit viel **Fisch und Meeresfrüchten** angeboten. Oft vermischen sich die Rezepturen vom Festland mit den insularen Kochtraditionen zu neuen Leckereien. Zwar hat das Essen im Restaurant seinen Preis, jedoch würde man viel versäumen, wenn man sich in Sardinien nur von Pizza und Pasta ernähren würde.

Egal ob sardisch oder italienisch, die **Speisenabfolge im Restaurant** ist stets dieselbe: Zunächst werden *antipasti* (Vorspeisen) aus leckeren Klei-

> **Alles Kaffee oder was?**
> - **caffè:** der berühmte „kleine Schwarze", also Espresso
> - **caffè doppio:** doppelter Espresso
> - **caffè latte:** Espresso mit viel Milch bzw. Milch mit etwa Espresso
> - **caffè lungo:** mit Wasser „gestreckter" Kaffee
> - **caffè macchiato:** „fleckiger" Kaffee (mit wenig Milch)
> - **latte macchiato:** „fleckige" Milch (mit wenig Kaffee)
> - **caffè ristretto:** besonders starker Kaffee
> - **caffè nero:** schwarzer Kaffee
> - **caffè decaffeinato:** entkoffeiniert
> - **caffè alla tedesca:** Filterkaffee
> - **caffè zuccherato:** Kaffee mit Zucker
> - **caffè corretto:** mit Grappa veredelter Espresso
> - **cappucino:** Kaffee mit aufgeschäumter Milch

nigkeiten gereicht, z.B. *antipasti di terra*, meist deftige Salami und Schinken vom Wildschwein, Schafskäse und zu Würstchen gedrehte Innereien, garniert mit Oliven. Als *primo piatto* (erster Gang bzw. zweite Vorspeise) schließt sich eine Pasta an, gefolgt vom *secondo* (Hauptgericht) mit Fisch oder Fleisch, das grundsätzlich ohne *contorni* (Beilagen) gereicht wird. „Sättigungsbeilagen" wie Kartoffeln, Gemüse oder Salate müssen grundsätzlich extra bestellt werden.

Gedeck und Coperto

Wie in Italien üblich, zahlt man auch in sardischen Restaurants das so genannte **„pane e coperto"** (Brot und Gedeck). Das heißt nichts anderes, als dass Sie für den leeren Teller, das Besteck und das Brot extra bezahlen müssen. Der dafür jeweils erhobene Betrag ist in der Speisekarte separat ausgewiesen und sollte zur Vermeidung von unliebsamen Überraschungen besser vor der Bestellung zur Kenntnis genommen werden. Denn die Beträge sind nicht unerheblich: Üblich sind zwischen 1 und 2,50 € pro Person. Begründet wird diese (Un)Sitte damit, dass man dafür dann einen – tatsächlich – meist sehr schön gedeckten Tisch erhält.

Feiertage

Auf Sardinien gibt es neben den nationalen Feiertagen unzählige Feste und Feiern. Jede Region, jede Stadt und jedes Dorf hat seine eigenen Anlässe zu feiern. Näheres hierzu finden Sie im Kapitel „Kultur und Gesellschaft" unter der Rubrik „Feste".

Nationale Feiertage in Italien

- **1. Januar:** *Capodanno* (Neujahr).
- **6. Januar:** *Epifania* (Heilige Drei Könige).
- **Ostermontag:** *Lunedì Santo, Pasquetta.*
- **25. April:** *Liberazione* (Tag der Befreiung vom Faschismus).
- **1. Mai:** *Festa del Lavoro* (Tag der Arbeit).
- **15. August:** *Ferragosto* (Mariä Himmelfahrt).
- **1. November:** *Ognissanti* (Allerheiligen).
- **8. Dezember:** *Immacolata Concezione* (Mariä Empfängnis).
- **25./26. Dezember:** *Natale* (Weihnachten).

Die ältesten Menschen der Welt

Einer der ältesten Menschen unserer Zeit hieß *Antonio Todde* und lebte auf Sardinien in dem kleinen Bergdorf Tiana nahe Nuoro. Er verstarb im Januar 2002 wenige Tage vor seinem 113. Geburtstag in seinem Bett friedlich an Altersschwäche.

Zu seinem 112. überbrachte der italienische Agrarminister *Alfonso Pecoraro Scanio* dem ehemaligen Hirten und überzeugten Fleischesser persönlich seine Glückwünsche mit den Worten. „Sie sind das beste Symbol für den Kampf gegen BSE". Sein Alter war von der Universität Bologna wissenschaftlich gesichert, und *Signor Todde* war damit lange offizieller, im Guinnessbuch verzeichneter Rekordhalter.

Sein Nachfolger als ältester Sarde und Europäer wurde *Giovanni Frau*, genannt „Tziu", aus dem 3500-Seelendorf Orroli im Sarcidano. Der 1890 geborene Bauer verstarb im Juni 2003 im Alter von 112 Jahren. Das höchste Alter, das jemals ein Mensch erreicht hat, war 122 Jahre und 164 Tage. Geschafft hat dies die Französin *Jeanne-Louise Calment* (1875-1997).

In keiner Region der Erde gibt es so viele uralte Menschen wie auf Sardinien. Warum dies so ist, ist nicht geklärt. Die Wissenschaft vermutet, dass ein gewisses Maß an Inzucht unter der jahrhundertelang völlig abgeschieden lebenden Inselbevölkerung dafür verantwortlich ist (immerhin, so zeigen Untersuchungen, stammen z.B. 75 Prozent der heutigen Bevölkerung des Bergdorfs Talana von nur vier (!) Paaren ab). Das Geheimnis liegt hier wohl in den Genen. Tatsächlich gibt es Anhaltspunkte, dass das Y-Chromosom auf Sardinien leicht veränderte Erbanlagen enthält und dass das Immunsystem der Sarden außerordentlich widerstandsfähig ist.

Ein interessantes Forschungsergebnis der Uni Bologna bestätigt dies statistisch: In Ländern, aus denen gesicherte Daten vorliegen, kommt im Schnitt auf fünf hundertjährige Frauen ein Mann in diesem Alter. In den Dörfern Sardiniens aber ist das Verhältnis schon zwei zu eins, und im gebirgigen Innern der Insel steht es sogar eins zu eins zwischen Männern und Frauen.

An der risikoarmen, gesunden Lebensführung liegt es wohl kaum. Viele der heute Überhundertjährigen Sardiniens waren jahrzehntelang starke Raucher, und als Jugendliche waren sie genauso risikofreudig wie alle jungen Männer dieser Welt. *Signor Todde* jedenfalls war felsenfest davon überzeugt, dass ihn seine Lebensführung so alt werden ließ. Sein Motto: „Liebe deinen Nächsten, esse täglich ein Stück gutes Fleisch und trinke jeden Tag ein ordentliches Glas guten Rotwein".

Also, nichts wie hin nach Sardinien, entspannen, gut essen, die gesunde Luft genießen und vor allem den herrlichen Rotwein probieren!

Alter Hirte beim Wein

Fotografieren

Filme und Ersatzteile

Prinzipiell gibt es auf Sardinien Filme, Batterien und anderes Standardmaterial für analoge und digitale Bildgeräte in gewohnter Qualität. Naturgemäß ist das Angebot in den Urlaubsorten an der Küste und in großen Städten wesentlich breiter als im Inneren der Insel. Auf dem Filmmarkt ist Kodak dominant. Wer nach anderen Marken sucht, wird nur in größeren Fachgeschäften, also recht selten, fündig.

Da sämtliches Film- und Fotomaterial **deutlich teurer als in Deutschland** ist, sollte man sich mit dem voraussichtlich benötigten Material bereits vor Reiseantritt versorgen. Besonders gilt dies für spezielles Filmmaterial mit hohen ASA-Werten, Kunstlicht- bzw. Profifilme sowie Batterien, Akkus in Sondergrößen oder Speichermedien, die vor Ort nur in den großen Städten erhältlich sind.

Wichtig ist es, Filme (besonders nach der Belichtung) so **kühl und trocken** wie möglich zu lagern, weil Hitze zu Farbstichen oder flauen Bildern führen kann. Deshalb niemals in die pralle Sonne legen oder bei Hitze im Auto lassen!

> **Buchtipps:**
> - Helmut Hermann
> **Reisefotografie**
> - Volker Heinrich
> **Reisefotografie digital**
> (beide Bände REISE KNOW-HOW Praxis)

Die **beste Jahreszeit** zum Fotografieren ist April und Mai. Im kurzen sardischen Frühling ist die Luft noch klar, die Farben intensiv, die ganze Insel saftig grün und von einem prachtvollen Blütenmeer überzogen. Im Sommer ist das beste Fotolicht früh am Morgen oder am späten Nachmittag. Gegen den am Tag aufziehenden, die Luft verschleiernden Sommerdunst helfen bedingt Filter.

Rücksichtnahme beim Fotografieren

Das Fotografieren oder Filmen von **militärischen Anlagen** ist, wie überall, verboten. Ebenfalls untersagt ist das Fotografieren in den **Höhlen** mit Ausnahme der Neptungrotte. In vielen **Museen** und **Kirchen** ist das Fotografieren mit Blitzlicht nicht erlaubt, in einigen grundsätzlich auch ohne Blitz verboten. In manchen Einrichtungen ist eine Fotoerlaubnis erforderlich, die man an der Kasse erwerben kann. Das Ablichten von archäologischen Stätten ist ohne Einschränkung möglich.

Besonderes Taktgefühl sollte man beim **Fotografieren von Menschen** walten lassen. Allgemein sind die Sarden nicht fotoscheu, sondern erstaunlich aufgeschlossen und duldsam. In vielbesuchten und -fotografierten Orten wie etwa dem „Banditendorf" Orgosolo reagieren die Einwohner angesichts allzu vieler aufdringlicher und respektloser Motivjäger jedoch zunehmend allergisch auf Kameras.

Grundsätzlich gebietet es nicht nur die Höflichkeit und der Anstand, vor dem Fotografieren die betreffenden Personen anzusprechen und ihr Einverständis zu erbitten. Nur selten wird man dann eine abschlägige Antwort, aber fast immer die besseren Fotos erhalten. Darüber hinaus kommt man so mit den Menschen ins Gespräch, was nicht nur der Völkerverständigung dienlich ist, sondern auch die Möglichkeit eröffnet, aus erster Hand Interessantes zu Land und Leuten zu erfahren.

Geldfragen

Geld- und Kreditkarten

Italien ist ein echtes **Plastikgeld-Paradies.** Internationale Kreditkarten werden von sehr vielen Stellen akzeptiert, nicht selten auch vom kleinen Hinterhofhändler oder der Gemüsefrau. Im Supermarkt ist das Bezahlen mit Kreditkarte durchweg möglich und üblich. Bezahlt man hier noch bar, wird man mancherorts bereits erstaunt angeschaut. Am verbreitetsten sind Visa Card, American Express, MasterCard und Diners Club. Plastikgeld wird also weitestgehend, aber eben nicht immer und überall akzeptiert. Etwas Bargeld sollte man schon bei sich haben.

Ebenso flächendeckend verbreitet sind **Bankautomaten** *(bancomat)* mit mehrsprachiger, darunter auch deutscher Menüführung, an denen man sich rund um die Uhr ohne Schlangestehen mit Bargeld versorgen kann. Inzwischen akzeptieren die meisten Automaten auch **Maestro-Karten** (in Deutschland oft „EC-Karte" genannt). Innerhalb der EU-Länder sollte die Barauszahlung per Kreditkarte nach der EU-Preisverordnung nicht mehr kosten als im Inland, aber je nach ausgebender Bank können das bis zu 5,5 % der Abhebungssumme sein (am Schalter in der Regel teurer als am Geldautomaten). Für das bargeldlose Zahlen per Kreditkarte innerhalb der EU darf die ausgebende Bank keine Gebühr für den Auslandseinsatz veranschlagen; für die Schweizer wird jedoch ein Entgelt von 1–2 % des Umsatzes berechnet. Der maximale Abbuchungsbetrag pro Tag beträgt normalerweise 250 €, er kann jedoch auch mal bei 300 € liegen.

Das Geldabheben mit dem **Postsparbuch** ist nicht mehr möglich. Dafür bietet die Postbank nun die **Sparcard,** mit der im Ausland an allen Geldautomaten mit dem Zeichen für Visa Card bis zu 1500 € pro Monat abgehoben werden können. Im Gegensatz zur Kreditkarte sind bei der Sparcard die ersten vier Transaktionen gebührenfrei (danach 5 €).

Bei **Verlust oder Diebstahl** der Geldkarte oder Reiseschecks sollte man diese umgehend sperren lassen. **In Deutschland** gibt es dafür seit Juli 2005 die **einheitliche Sperrnummer 0049-116116** für Maestro-, Kredit-, Krankenkassen-, Handykarten u.a.

In **Österreich** und der **Schweiz** gelten hingegen:

● **Maestro-Karte,** A: Tel. 0043-1-20 48 800; CH: Tel. 0041-1-27 12 230; UBS: Tel. 0041-84 88-88 601; Credit Suisse: Tel. 0041-80 08-00 488.

GELDFRAGEN

- **MasterCard und VISA,** A: Tel. 0043-1-71 70 14 500 (Euro/MasterCard) bzw. 0043-1-71 11 17 70 (VISA); CH: Tel. 0041-44-20 08 383 für alle Banken außer Credit Suisse, Corner Bank Lugano und UBS.
- **American Express,** A: Tel. 0049-69-97 97 10 00; CH: Tel. 0041-1-65 96 666.
- **Diners Club,** A: Tel. 0043-1-50 13 50; CH: Tel. 0041-1-83 54 545.

Bei **Maestro-Karten** muss man für die computerisierte Sperrung seine Kontonummer nennen können.

Banken

Das italienische Bankensystem ist ein unerschöpflicher Quell für Lästermäuler. Es steht in dem wenig schmeichel-

Das Schild warnt:
„Acqua non potabile" – kein Trinkwasser

haften Ruf, in seiner Arbeitsweise und Effizienz etwa auf dem Stand eines zentralafrikanischen Staates zu stehen, und leider stimmt das tatsächlich. Die Einheimischen ertragen diese Bürde mit einer schicksalhaften Ergebenheit, als wäre dies so unabänderlich wie der Untergang der Sonne. Für Fremdländer gilt: die Banken am besten generell meiden und sich an die Automaten halten. Ist dies einmal nicht möglich: erst einmal erkundigen, ob man am richtigen Schalter ansteht, bevor man sich in eine der zermürbend langen **Warteschlangen** einreiht. Die Schlangensteher vor Ihnen sind da durchaus hilfsbereit.

Zusätzliche Komplikationen lösen die **Sicherheitsschleusen** aus, die man beim Betreten der meisten Banken passieren muss. In diese meist klaustrophobisch engen Hindernisse dürfen keine großen Gepäckstücke wie Taschen, Rucksäcke o.Ä. mitgenommen werden. Diese muss man in Schließfächern deponieren. Da ein Urlauber jedoch meist alles Wichtige und Wertvolle bei sich führt, ist die Tasche oder der Rucksack oft schlicht zu groß für die kleinen Schließfächer. Das bedeutet, man kommt überhaupt nicht in die Bank hinein! Wer den (Opfer-) Gang in den Schalterraum nicht vermeiden kann, geht also am besten zu zweit zur Bank, damit einer draußen das Gepäck bewachen kann.

In Banken ist neben Bargeldwechsel prinzipiell die Einlösung von **Reiseschecks** und anderen bargeldlosen Zahlungsmitteln möglich. Euroschecks werde jedoch gar nicht mehr akzeptiert und Travellerschecks nicht selten nur sehr widerwillig.

Bei **Verlust oder Diebstahl** muss der Kaufbeleg mit den Seriennummern der Reiseschecks sowie der Polizeibericht vorgelegt werden, nur dann wird der Geldbetrag von einer größeren Bank vor Ort binnen 24 Stunden zurückerstattet. Also muss der Verlust oder Diebstahl umgehend bei der örtlichen Polizei und auch bei American Express bzw. Travelex/Thomas Cook gemeldet werden:

- **American Express Reiseschecks,** D: Tel. 0049-69-97 97 18 50; A: Tel. 0043-1-54 50 120; CH: Tel. 0041-17 45 40 20.
- **Travelex/Thomas Cook Reiseschecks,** mehrsprachiger Computer für alle Länder, Tel. 0044-17 33 31 89 49.

Die überwiegend einheitlichen **Öffnungszeiten der Banken** sind Mo–Fr 8.30–13.30 und 14.30–16 Uhr.

Gesundheit

Lebensmittel und Getränke

Alle Lebensmittel und Getränke sind ohne jede gesundheitliche Gefahr zu genießen. Eventuell auftretende Verdauungs- und Darmprobleme haben ihre Ursache fast immer in der Klimaveränderung oder in für manche Mägen noch immer ungewohnte Nahrungsmitteln wie Olivenöl. Abhilfe schafft hier die Zeit oder, in schwereren Fällen, Kohletabletten bzw. rezeptfrei erhältliche Medikamente.

Auch das **Trinkwasser** ist auf ganz Sardinien ohne Gesundheitsgefährdungen zu genießen. Einschränkend sei darauf hingewiesen, dass im regenfreien Sommer in einigen Orten an der Küste das Trinkwasser stark gechlort ist. Zumindest bei der Versorgung von Kleinkindern sollte man dort zur Nahrungszubereitung besser natürliches kohlensäurefreies Mineralwasser (*acqua minerale naturale*) verwenden.

Besonders rein ist das Wasser, das im Inselinneren aus **zahlreichen Quellen** sprudelt. Überall dort, wo man Sarden mit Kanistern an Quellen zapfen sieht, kann man das Wasser bedenkenlos trinken. Quellen ohne Trinkwasserqualität sind mit dem Hinweis „acqua non potabile" versehen.

Tiere

Giftige Schlangen kommen trotz immer wieder auftauchender gegenteiliger Behauptungen auf Sardinien definitiv nicht vor, harmlose Nattern dagegen sehr wohl. Selten kann man unter Steinen, Dachziegeln oder an ähnlichen Orten kleine **Skorpione** finden, deren Stich zwar nicht angenehm, aber auch nicht gefährlich ist. Bisse der **Schwarzen Witwe** dagegen können sehr schmerzhaft sein und für Kinder und Personen mit schwachem Kreislauf auch gefährlich. Die Spinne, die in Erdnestern lebt, ist schwarz mit roten Punkten; ihr begegnet der Nor-

---

Informationen zu gesundheitlichen Belangen unter **www.travelmed.de**.

Gesundheit

maltourist aber nie. Anders sieht das mit **Feuerquallen** aus, die des Öfteren mal auftauchen können. Der Kontakt mit den Tentakeln ist sehr schmerzhaft, es bilden sich wochenlang sichtbare Quaddeln. Noch übler ist die Begegnung mit dem zwar seltenen, aber im gesamten Mittelmeerraum vorkommenden **Petermännchen.**

Das gemeinste und am häufigsten auftretende Getier, unter dem der Normalbesucher zu leiden hat, ist die fiese Stechmücke, gegen die bislang noch kein wirklich wirksames Mittel gefunden wurde. Hier hilft neben dem Einsatz der bekannten Gegenmittel nur, die Plagegeister so gut wie möglich zu ignorieren.

Das Petermännchen

Das Petermännchen *(Trachinus draco,* sardisch: *tracina)* ist ein **beliebter Speisefisch** und gleichzeitig **eines der gefährlichsten europäischen Gifttiere.** Vor allem zur Laichzeit (Frühjahr und Sommer) sucht es flache Gewässer auf und gräbt sich in den Sand ein, sodass nur noch die Augen sichtbar sind.

Schon geringste Mengen seines Giftes können schwerwiegende Symptome hervorrufen. Der sofort einsetzende rasende Schmerz breitet sich schnell aus, das Gewebe schwillt stark an, es bilden sich Blasen. Es kann zu Erbrechen, Fieber und Kreislaufkollaps kommen. Im Fall des Falles die Wunde möglichst sofort von Stacheln oder Geweberesten befreien und desinfizieren. Unbedingt ärztliche Hilfe in Anspruch nehmen! Falls dies nicht sofort möglich ist, die betroffene Körperstelle in möglichst heißes Wasser (45 °C) eintauchen. Die beste Vorbeugung: beim Laufen im flachen Wasser Badelatschen tragen.

Sonneneinstrahlung

Die für Urlauber größte Gefahr ist die intensive Sonneneinstrahlung, die durch den weißen Sand und das Wasser noch verstärkt wird. Besonders Neuankömmlinge sollten nicht der Versuchung erliegen, sondern beim Sonnenbaden Vorsicht walten lassen. Ein *gambero cotto,* ein „gekochter Krebs", wie man in Italien Sonnenbrand nennt, versaut nicht nur Urlaubstage, sondern ist wirklich gefährlich. Besonders Kleinkinder müssen unbedingt davor geschützt werden.

Nicht nur am Strand, sondern auch beim Wandern oder Radfahren ist es besonders wichtig, Kopf und Augen mit Sonnenhut und -brille zu schützen.

Ein **Sonnenstich** kündigt sich durch starkes Unwohlsein und Erbrechen an. In diesem Falle sollte man möglichst bald einen Arzt aufsuchen.

Medizinische Versorgung

Mit der im Kapitel „Vor der Reise/Versicherungen" vorgestellten **Europäischen Krankenversicherungskarte** kann man direkt zu einem Arzt oder in ein Krankenhaus gehen, die dem staatlichen italienischen Gesundheitsdienst **Unità Sanitaria Locale (USL)** angeschlossen sind und einen kostenlos behandeln. Der bisher nötige Umweg über das örtliche USL-Büro entfällt!

In touristischen Zentren gibt es einen speziellen Gesundheitsdienst für Touristen, den **„servizio di guardia turistica",** an den man sich ebenfalls direkt wenden kann.

Achtung: Ganz schlaue Ärzte wollen Sie eventuell überzeugen, die eine oder andere überhaupt nicht erbrachte Leistung auf Ihre Rechnung schreiben zu lassen, weil man zu Hause ja sowieso alles von der Kasse erstattet bekäme. Lassen Sie sich darauf auf keinen Fall ein! Denn meist gibt es für diese „Zusatzleistungen" kein Geld zurück, und Sie handeln sich womöglich den Vorwurf des Betrugs ein!

Häufig wird nur ein Teil der Kosten anerkannt und erstattet. Um das Risiko auszuschließen, empfiehlt sich der Abschluss einer zusätzlichen **Auslandskrankenversicherung,** die im Notfall auch den teuren Rücktransport in die Heimat einschließt (siehe Kapitel „Vor der Reise/Versicherungen").

Sind Sie **auf spezielle Medikamente angewiesen,** die Sie regelmäßig einnehmen müssen, dann bedenken Sie, dass diese in Italien teils gar nicht oder nur in anderer Zusammensetzung/Dosierung erhältlich sind. Nehmen Sie also eine ausreichende Menge der benötigten Medikamente mit!

USL-Zentralen

- **Sassari,** Via Maurizio Zanfarino 44, Tel. (079) 22 05 00.
- **Oristano,** Via Carducci 35, Tel. (0783) 31 78 36.
- **Nuoro,** Via A. Demurtas 1, Tel. (0784) 38 89 27.
- **Cagliari,** Via Lo Frasco 11, Tel. (070) 66 81 00.

Krankenhäuser

Ein **ospedale** gibt es nur in den größeren Städten. Sie erfüllen im Wesentlichen dieselben Aufgaben wie im Heimatland. Zumindest die staatlichen Kliniken können direkt mit der Europäischen Krankenversicherungskarte (s.o.) aufgesucht werden, ohne dass zuvor ein USL-Büro bemüht werden müsste. Die Untersuchung und Behandlung in der Notaufnahme ist kostenlos.

Apotheken

Eine oder mehrere Apotheken (**farmacia**) findet man in allen größeren Ortschaften. Sie haben gewöhnlich von 8.30–13 und 16–20 Uhr geöffnet. Nachts, an Wochenenden oder Feiertagen gibt es einen Apotheken-Notdienst. Welche Apotheke Dienst hat, erfährt man an den Aushängen der Apotheken, aus der Zeitung oder bei der örtlichen Tourist-Information. In Italien sind weit mehr Medikamente als in Deutschland **rezeptfrei erhältlich.** Wer also weiß, was ihm hilft, kann sich den Arztbesuch erst einmal ersparen und sich zuerst in der Apotheke informieren.

Haustiere

Wer plant, Hund oder Katze mit auf die Reise nach Sardinien zu nehmen, sollte folgendes beachten: In Italien und auf Sardinien haben Haustiere, insbesondere Hunde, einen gänzlich anderen Stellenwert als in Deutschland. Es gelten deshalb **recht strikte Vorschriften,** die man allein schon aus Höflichkeit und Respekt vor dem Gastgeberland auch einhalten sollte.

Das Mitführen von **Leine und Maulkorb** für Hunde ist zwingende Vorschrift. Generell verboten sind Hunde in allen öffentlichen Gebäuden, in allen öffentlichen Wäldern sowie an allen Stränden (Ausnahme sind drei spezielle Hundestrände, s.u.).

Frei laufende Vierbeiner können nicht nur den Ärger der Einheimischen erregen, sondern den Besitzer wegen empfindlich hoher Geldstrafen auch teuer zu stehen kommen. Absolut unüblich ist es, Tiere mit ins **Restaurant** zu nehmen! Mit Ausnahme von Sardinia Ferries ist auf allen **Fähren** die Mitnahme von Hunden in die Kabinen strikt verboten! Teilweise dürfen sie auch nicht in Bereiche wie Restaurant o.Ä. mitgenommen werden. Manche Reedereien schreiben vor, dass Hunde während der Überfahrt im Schiffszwinger untergebracht sein müssen. Erkundigen Sie sich bei Ihrer Fährlinie besser vor der Buchung ganz genau, welche Regelungen für Haustiere gelten. Dies gilt auch für eventuelle Aufenthalte auf **Campingplätzen,** auf denen Hunde nicht selten ebenfalls unerlaubt sind.

Wer dennoch sein Tier mitnehmen will, muss den neuen blauen **EU-Heimtierpass** mit sich führen. Dieser gilt in allen EU-Staaten und im Nicht-EU-Land Schweiz und kostet 10 €. Er identifiziert das Tier mittels Kennnummer und attestiert, dass es gegen Tollwut geimpft ist. Die zweifelsfreie Identitätskennung durch implantierten Mikrochip oder Tätowierung ist zwingend. Die Tollwutimpfung muss mindestens 30 Tage und maximal 12 Monate vor Grenzübertritt erfolgt sein.

Hundestrände auf Sardinien

- **Insel Sant'Antioco:** Spiaggia Is Prunis und Coa Quaddus.
- **Cagliari:** Baubeach am Spiaggia del Poetto.
- **Arzachena:** Spiaggia Lu Postu.

Informationsstellen auf Sardinien

ESIT/EPT

Nachdem es den Sarden eingefallen ist, aus ihren bisher vier Provinzen per Gesetz acht zu machen und somit die vier EPT-Büros keine Grundlage mehr haben und allesamt in „phase di liquidazione" sind und dazu der neue Inselpräsident *Soru* die Idee hatte, per Dekret Nr. 79 vom 23. Mai 2005 die 1950 ins Leben gerufene, gute alte ESIT zu liquidieren, steht das **touristische Informationssystem der Insel** quasi **kopflos** und nackt da und der händeringend nach Information suchende Reisende reichlich dumm.

Niemand weiß derzeit, wie es weitergeht und so bald wird sich gemäß inoffiziellen Verlautbarungen gewöhnlich gut unterrichteter Kreise und mit Blick auf die allgemeinen Erfahrungswerte mit mediterraner Mentalität da-

---

Buchtipp:
- Mark Hofmann
Verreisen mit dem Hund
(REISE KNOW-HOW Praxis)

ran auch nichts ändern. Es gibt also 2006 keine offiziellen Messeauftritte von Sardinien und weder neue Unterkunftsverzeichnisse noch neue Info-Adressen bzw -büros.

Das bedeutet, dass sich der Sardinien-Reisende bei der Suche und Findung von Informationen aller Art ganz auf sich selbst gestellt sieht. Gott sei Dank nicht ganz, denn es gibt ja das **Internet** als Informationsquelle. Solange dieser ebenso unglaubliche wie unhaltbare Zustand andauert, versucht der Autor dieses Reiseführers, mit seiner Internet-Adresse **www.sardinieninformation.de** diese Lücke wenigstens ein kleines bisschen zu schließen. Solange es keine neuen aktuellen gibt, sollen unter dieser Adresse wenigstens die regionalen Unterkunftsverzeichnisse 2005 gegen eine Bearbeitungsgebühr per download erhältlich sein.

Lokale Informationsstellen

Von den Umwälzungen nicht betroffen und soweit **funktionstüchtig** sind die Büros der lokalen AAST und Pro Loco.

AAST (Azienda Autonoma di Soggiorno e Turismo) erfüllt etwa die bekannte Funktion einer städtischen Tourist-Information. Hier erhalten Sie Informationen zur Gemeinde und ihrer unmittelbaren Umgebung sowie Hilfe bei der Findung einer Unterkunft.

Kleine Gemeinden und Dörfer haben meist eine **Pro Loco.** Diese in der Regel ehrenamtlich arbeitenden Vereine haben nicht nur die Aufgabe, touristische Informationen zu vermitteln, sondern kümmern sich oft auch noch um das weitere kulturelle Leben der Gemeinde. Mit teuren Hochglanzbroschüren können diese naheliegenderweise nicht glänzen, dafür aber oft mit besonders viel Kenntnis der lokalen Sehenswürdigkeiten und heimatkundlichem Sachverstand. Ihr Nachteil: Da sie ohne viel Geld auskommen müssen, schließt mancher Pro Loco über den Winter, um sich für die nächste Saison eine neue temporäre Bleibe zu suchen. Das bedeutet, dass die An-

Majolika-Schild der Tourist-Information in Orosei

schriften oft wechseln und die angeschlagenen Öffnungszeiten meist eher freundlich bemühte, aber eben unverbindliche Willenserklärungen sind.

Die Adressen der AAST und Pro Loco finden Sie unter dem Punkt „Praktische Tipps" am Ende der jeweiligen Ortskapitel.

Karten

Straßenkarten

Als reine Auto-Straßenkarte ist die von dem sardischen Verlag Carlo Delfino im September 2005 herausgegebene **Straßenkarte „Sardegna in strada"** im Maßstab 1:350.000 die aktuellste. Sie zeigt neben den klassifizierten Straßen und den Entfernungen zwischen den Orten als erste und derzeit einzige alle neuen und neu eröffneten Schnellstraßen sowie den Verlauf der noch nicht fertig gestellten Abschnitte. Dazu gibt es auf der Rückseite eine Liste aller 377 Orte auf Sardinien samt Adressen der Rathäuser. Erhältlich ist diese Karte leider nur auf Sardinien oder online (www.sardinienshop.de).

Überall erhältlich ist die im world mapping project von REISE KNOW-HOW erschienene **Landkarte „Sardinien"** im Maßstab 1:200.000. Ihre kaum zu schlagenden Vorzüge: Sie ist genau und aktuell, und sie ist absolut reiß- und wasserfest, da sie aus einem (normalem Papier verblüffend ähnlichen) synthetischen Papier besteht. Die Karte stellt das Terrain mit Höhenlinien und -schichten dar, zeigt ein top-aktuelles Straßenbild sowie UTM- und Gradgitter, ist also GPS-tauglich. Gesteigert wird der hohe Gebrauchswert der Karte dadurch, dass sie auf diesen Reiseführer abgestimmt ist. Das heißt, alle im Reiseführer erwähnten Orte sind im ausführlichen Ortsregister farblich herausgehoben und somit schnell auffindbar.

Gut, genau und entsprechend beliebt und gern gekauft ist auch die **Generalkarte „Sardinien"** im Maßstab 1:200.000, Verlag MairDumont, die im Juni 2005 in der neuesten Auflage erschien.

Wanderkarten

Brauchbare Wanderkarten für Sardinien gibt es fast nicht. Zwar sind in der letzten Zeit von einigen Regionen neue Wanderkarten erschienen, doch die sind eher der Tropfen auf dem heißen Stein als die Wende zum Besseren. Derzeit sind folgende Wanderkarten erhältlich:

●**Wander- und Mountainbike-Karte Barbagia, 1:50.000:** Aktuelle touristische Trekking- & Mtb-Karte der Comunita Montana del Nuorese. Das Gebiet umfasst den Großteil der Barbagia, den Gennargentu mit Punta La Marmora und den Supramonte sowie den Golf von Orosei bis Cala di Luna. In der Karte sind zahlreiche Trekking- und Mountainbike-Routen sowie archäologische Pfade eingezeichnet. Neben Angaben zu Beschaffenheit, Länge und Schwierigkeitsgrad auch solche zu archäologischen Stätten, Naturdenkmalen, Höhlen etc.
●**Wanderkarte Urzulei, 1:25.000:** Aktuelle und genaue touristische Wanderkarte für den Supramonte von Urzulei. Das Gebiet bildet den nördlichen Rand der Region Ogliastra. In

der Karte sind 19 Routen verzeichnet. Neben Angaben zu Länge, Schwierigkeitsgrad und Dauer auch archäologische Stätten, Naturdenkmale, Höhlen, Aussichtspunkte u.a. enthalten. Unter den markierten Touren finden sich auch die Routen zu Gola Su Gorropu, Codula di Luna, Teletotes – Cala di Luna.
- **Wanderkarte Siniscola, 1:25.000:** Wanderkarte der Region Siniscola. Der Ausschnitt umfasst etwa das Gebiet zwischen Küste und Lula, enthält also den Monte Albo und den Küstenabschnitt von La Caletta bis zur Spiaggia Berchida.
- **Wanderkarte Arzachena, 1:30.000:** Die Karte umfasst das Gebiet der Gemeinde Arzachena, also etwa das Gebiet zwischen Küste und dem Fiume Liscia und den Küstenabschnitt von Porto Rotondo/Golfo di Cugnana und Golfo di Arzachena/Cannigione inkl. der gesamten Costa Smeralda.
- **Wanderkarte Isola di San Pietro, 1:25.000:** Brandneue Trekkingkarte der Isola di San Pietro. Eingezeichnet sind u.a. Routen für Mtb-ler, Wanderpfade, die wenigen Unterkünfte außerhalb von Carloforte, die Strände und die besten Tauchreviere. Als derzeit einzige besitzt sie das zur GPS-Navigation notwendige UTM-Raster.

Diese und andere Karten sind außerhalb Sardiniens nur im Internet unter **www.sardinienshop.de** erhältlich.

IGM-Karten

Neben diesen gibt es von Sardinien im bruchbaren Wandermaßstab nur noch die Karten des **Istituto Geografico Militare,** kurz IGM. 295 Blatt im Maßstab von 1:5000 bis 1:50.000 decken die gesamte Insel ab. Sie sind topographisch zwar sehr genau, aber durchweg seit vielen Jahren nicht mehr aktualisiert worden. In Sachen Straßen und neu angelegter Wege sind sie also teilweise völlig veraltet, trotzdem für Wanderer, Moutainbiker usw. dennoch nützlich, wenn nicht mangels Alternative unentbehrlich. Welche Blätter zu Sardinien in welchem Maßstab vorliegen, ist auf der IGM-Website übersichtlich dargestellt. Beim Klick auf den jeweiligen Ausschnitt wird dieser herausgezoomt und dazu angezeigt, wann die letzte Aktualisierung des jeweiligen Blattes stattgefunden hat.

Die Karten kosten 9–10 €; die **Bestellung** direkt beim IGM ist langwierig – wenn man überhaupt Antwort bekommt. Deshalb sollte man es besser zuerst im Heimatland über geographische Spezialbuchhandlungen für Karten und Reiseliteratur versuchen.

Bezugsadressen

- **Istituto Geografico Militare,** Via F. Strozzi 10, 50129 Firenze, Tel. (055) 27 32 775, Fax 48 97 43, Web: www.igmi.org.
- **Landkartenanstalt Schropp,** Potsdamer Str. 129, 10783 Berlin, Tel. (030) 23 55 73 20, Web: www.schropp.de.
- **Götze Land & Karte,** Alstertor 14–18, 20095 Hamburg, Tel. (040) 35 74 630, Web: www.drgoetze.com.
- **Därr Expeditionsservice,** Theresienstr. 66, 80333 München, Tel. (089) 28 20 32, Web: www.daerr.de.
- **Reisebuchladen,** Kolingasse 6, 1090 Wien, Tel. (01) 31 73 384.
- **Travel Book Shop,** Rindermarkt 20, 8001 Zürich, Tel. (01) 25 23 883, Web: www.travelbookshop.ch.

> **Buchtipp:**
> - Wolfram Schwieder
> **Richtig Kartenlesen**
> (REISE KNOW-HOW Praxis)

Spezialkarten

Sehr nützlich und informativ sind die teils aufwendig produzierten thematischen Spezialkarten, die es einst einmal bei ESIT kostenlos gab. Heute sind sie nur noch im Buchhandel oder an Kiosken auf Sardinien und im Internet unter www.sardinienshop.de zu finden. Für Leute, die sich für spezielle Themen besonders interessieren, sind sie von unschätzbarem Wert. Denn so viel Fachinformation und auch Kontakt- bzw. Bezugs- oder Herstelleradressen, wie sie auf den Themenkarten vereint sind, findet man sonst nur schwer und mit aufwendiger Suche.

Derzeit gibt es diese Sonderkarten zu folgenden **Themen:**

- **Agriturismo auf Sardinien** (nur italienisch).
- **Archäologische Stätten und Museen Sardinien** (auch deutsch).
- **Kunst- und Kunsthandwerk auf Sardinien** (nur italienisch).
- **Olivenöl auf Sardinien** (nur italienisch).
- **Strände und Häfen Sardiniens** (auch deutsch).
- **Tauchkarte Sardinien** (auch deutsch).
- **Weinkarte Sardinien** (englisch oder italienisch).

Kinder

Selbst meist mit Kindern gesegnet, sind Italiener wie Sarden weit **mehr als nur kinderfreundlich.** Sie sind geradezu vernarrt in *bambini*. Für einen Familienurlaub ist Sardinien deshalb

ohne Einschränkung zu empfehlen. Niemand wird sich an spielenden und fröhlich umhertobenden Kindern stören. Sonderwünsche beim Essen im Restaurant sind ebenso *no problema* wie kleine Racker, die neugierig durch den Gastraum wandern und mal den Nebentisch inspizieren. Diese sympathische Wesensart sollte allerdings nicht dazu missbraucht werden, die lieben Kleinen ohne jede Einschränkung und Aufsicht schalten und walten zu lassen.

Wie wichtig Kinder im Leben der Italiener und Sarden sind, zeigt sich auch an der ausgesprochen **kinderfreundlichen Ausstattung** vieler touristischer Einrichtungen. Bereits auf den Fähren stehen Spielecken, teils gar mit Aufsicht, zum Toben zur Verfügung. Ebenso kindgemäß und gut mit Spiel- und Sportplätzen, Planschbecken, Wasserrutschen o.Ä. ausgestattet sind zahlreiche Hotels, Ferienanlagen und Campingplätze. In größeren Anlagen wird häufig in so genannten Miniclubs unter Aufsicht und Anleitung von geschultem Personal ein spezielles Kinderprogramm geboten, das es den Eltern ermöglicht, unbesorgt auch mal ohne die Kleinen den Tag verbringen zu können.

Der größten Lust der Kleinen, im Wasser zu planschen, im Sand zu baggern oder Schlammlöcher zu buddeln, sind an den unzähligen Sandstränden Sardiniens keine Grenzen gesetzt. Ebenso groß ist das Angebot an Ausflügen, Unternehmungen oder Besichtigungsmöglichkeiten, die Eltern wie Kindern gleichermaßen **Spaß und Spannung** bereiten. Sei es eine Fahrt mit der niedlichen Schmalspurbahn Trenino Verde, eine spannende Höhlenbesichtigung, das Kriechen durch die Gänge einer Nuraghe, die Tour mit dem Landrover auf Abenteuerpisten durch die wilde Bergwelt, die Entdeckerfahrt mit dem Schiff zu einsamen Robinsonbuchten, die Radtour ins Reich der Wildpferde oder Ferien mit Hühnern, Hunden, Eseln und Katzen auf dem Bauernhof: Die Möglichkeiten für einen Urlaub mit Kindern sind auf Sardinien so zahlreich wie vielfältig.

Kleidung

Für einen reinen sommerlichen **Badeurlaub** bleibt hier eigentlich nicht viel zu sagen. Für den Strand braucht man Badesachen, Sonnenbrille und -schirm sowie für den heißen Sand Badelatschen. Ansonsten leichte Kleidung, und davon viel, um die verschwitzten Sachen wechseln zu können. Für den Abend eine leichte Jacke oder Pulli, mehr braucht man eigentlich nicht.

Wer jedoch plant, auch mal eine kleine Wanderung zu unternehmen oder einen **Ausflug in die Berge,** der sollte auch wärmere und regensichere Kleidung und festes Schuhwerk mit sich führen. Ohne lange Hose und feste, geschlossene Schuhe ist auch ein kurzer Spaziergang durch die stachelige Macchia nicht angebracht. In den Bergen kann es abrupte Wetterwechsel geben, und man kann von heftigen Sommergewittern überrascht werden.

Für eine Reise in der **Vor- und Nachsaison** ist warme, regensichere Kleidung unerlässlich. Auch wenn man sie eher selten wirklich benötigt, so muss zu diesen Zeiten auch an der Küste mit kühlen, sehr windigen Regentagen gerechnet werden.

Abendgarderobe

Für den **abendlichen Ausgang,** sei es ins Restaurant, ins Konzert, die Disco oder einfach nur zum Spazieren auf der Flaniermeile, macht man sich in Italien und auf Sardinien schick. Deshalb ist jeder gut beraten, neben dem legeren Urlaubs-Outfit auch ein paar bessere Stücke im Reisegepäck zu haben. Wer im Strandlook oder Shorts ein Restaurant betritt, fällt nicht nur auf wie ein bunter Hund, sondern muss zumindest mit Unwillen rechnen oder auch damit, hinauskomplimentiert zu werden.

Kleidung und Moral

Auch wenn sich die Strände immer mehr mit Barbusigen bevölkern und bei den Bekleideten die Bedeckungen immer weniger bedecken und auch in Bergdörfern die hübschen Töchter des Landes in quietschengen Blusen und mit freiem Nabel flanieren, so ist und bleibt Sardinien doch ein **katholisches Land.** Die Lockerung der Kleiderordnung und Umgangsformen sollte nicht darüber hinwegtäuschen, dass dahinter oft noch immer eine recht strenge Moral steht.

Aus Respekt vor den sardischen Sitten sollte man, besonders aber frau sich abseits vom Strand nicht allzu freizügig zeigen. Besonders beim Besuch sakraler Stätten wie **Kirchen, Klöstern oder Pilgerorten** sind auf jeden Fall Blößen zu bedecken. Und wer als Frau beim Bummel durch ein Bergdorf tief blicken lässt, der sollte die eindeutigen Blicke der Männer, aber auch die ablehnenden der alten Frauen aushalten können.

Medien

Es gibt zwei wichtige **Tageszeitungen:** die in Sassari verlegte „La Nuova Sardegna" und die „L'Unione Sarda" aus Cagliari. Beide enthalten neben einem internationalen und nationalen Teil einen umfangreichen, nach Provinzen gegliederten Regionalteil. Neben Lokalem zu Politik, Wirtschaft und Kultur findet man hier auch viele nützliche Tipps und interessante Hinweise zu Veranstaltungen, Festen, Konzerten, Fahrplänen, Öffnungszeiten usw. sowie Artikel zu aktuellen Diskussionen auf der Insel, die interessante Hintergrundinformationen liefern.

Deutschsprachige und internationale Zeitungen und Zeitschriften gibt es in den großen Hafenstädten und während der Reisesaison in allen größeren Urlaubsorten.

NOTFÄLLE, ÖFFNUNGSZEITEN

- **La Nuova Sardegna:** www.lanuovasardegna.quotidianiespresso.it.
- **L'Unione Sarda:** www.unionesarda.it.

Notfälle

Notrufnummern

- **Rettungsdienst** *(Ambulanza)*: Tel. 118 (Notruf bei schweren oder lebensbedrohlichen Fällen). Die 118 sollte eigentlich überall auf Sardinien für Notfälle funktionieren, was jedoch faktisch noch immer nicht so ist. Bei Verbindungsproblemen die Notrufnummer der Polizei 113 wählen.
- **Polizei:** *Polizia* Tel. 113 (öffentlicher Polizeinotruf) oder *Carabinieri* Tel. 112 (auch europaweiter Handy-Notruf).
- **Feuerwehr** *(Vigili del Fuoco)*: Tel. 115.
- **Küstenwache** *(Guardia Costiera)*: Tel. 15 30.
- **Forstpolizei** *(Guardia Forestale)*: Tel. 15 15.
- **Zollpolizei** *(Guardia di Finanzia)*: Tel. 117.
- **Berg- und Höhlenrettung** *(Corpo Nazionale Soccorso Alpino e Speologico)*: Tel. 118; bei Verbindungsproblemen die Funkzentrale in Cagliari unter Tel. (070) 38 30 90 anrufen.
- **Pannenhilfe** *(Soccorso Stradale)*: Tel. 80 31 16, Mobil-Tel. 80 01 16 800.

Weitere wichtige Rufnummern

- Der **deutschsprachige ADAC-Hilfsdienst** ist in Italien unter der Telefonnummer 02/66 15 91 erreichbar; der des **ÖAMTC** unter 02/66 15 95 53, und der **TCS** ist nur in der Schweiz selbst erreichbar unter Tel. 0041-22-41 72 220.
- **ADAC-Ambulanzdienst München:** Tel. (0049) 89-76 76 76 (24 Std). Medizinische Hilfe wie Krankenrücktransport, Medikamentenversand, Vermittlung deutschsprachiger Ärzte vor Ort u.a.
- **Deutsche Rettungsflugwacht Stuttgart:** Tel. (0049) 711-70 10 70 (24 Std.).
- **DRK-Flugdienst Bonn:** Tel. (0049) 228-23 00 23 (24 Std.).

Weitere Hinweise zu Ärzten, Apotheken usw. erhalten Sie im Kapitel „Medizinische Versorgung", mehr zum Umgang mit der Polizei unter „Sicherheit". Maßnahmen bei Verkehrsunfällen und Kfz-Pannen werden unter „Verkehrsmittel auf Sardinien/Auto" erläutert.

Verlust von Dokumenten oder Geld

- Von der **Polizei** sollte bei Verlusten ein ausführliches Protokoll ausgestellt werden.
- Den **zuständigen Stellen** sollte der Verlust zügig gemeldet werden, möglichst zusammen mit Nummern bzw. Kopien der verlorenen Dokumente (Pass: Botschaft bzw. Konsulat; Tickets: Fluggesellschaft; Schecks, Kreditkarten: Bank).
- **Botschaften** bzw. **Konsulate** stellen bei Passverlust einen Ersatzpass aus, nachdem die Identität geklärt ist. Beste Voraussetzung dafür ist eine Fotokopie des Originals. Sonst wird beim Einwohnermeldeamt der Heimatstadt angefragt, was Zeit und Geld kostet.

Öffnungszeiten

Banken haben überwiegend einheitliche Öffnungszeiten, und zwar Mo–Fr 8.30–13.30 und 14.30–16 Uhr, in den großen Städten auch durchgehend.

Postämter öffnen ihre Schalter in der Regel Mo–Fr 8/8.30–13 und 16–18.30 Uhr, am Sa 8–13 Uhr. Die Hauptpostämter in den großen Städten haben Mo–Fr meist auch auch über Mittag und bis 20 Uhr geöffnet.

Lebensmittelläden und Einzelhandelsgeschäfte sind in der Regel Mo–Fr 8.30/9–13 und 16/17–19.30/20 Uhr geöffnet, Souvenirshops sowie Geschäfte für Tourismus- und Freizeitbedarf auch bis in die späten Nachtstunden (Näheres unter „Einkaufen").

Tankstellen bedienen im Sommer (1.4.–30.9.) meist Mo–Fr 7.30–12.30 und 15.30–19.30 Uhr, im Winter 15–19 Uhr. Samstags sind nur wenige Stationen geöffnet, sonntags noch weniger. 24-Stunden-Stationen gibt es nur in den großen Städten und an den großen Hauptverkehrsadern. An den Wochenenden und während der Mittagspause kann man an vielen Stationen mit Geldscheinen oder Kreditkarte an Automaten tanken.

Alle staatlichen und die meisten privaten **Museen** sind montags geschlossen. Da ihre Öffnungszeiten sehr unterschiedlich sind, finden sich jeweils bei den praktischen Tipps der Ortskapitel genaue Angaben. Entsprechendes gilt für die **archäologischen Stätten,** wenn sie nicht frei zugänglich sind. **Kirchen** halten ihre Portale oft ab der Frühmesse bis 12 Uhr offen, nachmittags von 16 bis 19 Uhr.

Post

Briefpost

Das *ufficio postale,* die Poststation, ist neben Kirche und Rathaus die dritte Institution, die auf Sardinien praktisch in jedem Ort, auch in kleinen Bergdörfern, vertreten ist. Hier kann man die gewohnten postalischen Dienstleitungen erledigen. Man muss jedoch am Schalter mit langen Warteschlangen rechnen, da hier auch häufig Telefon-, Wasser- oder Stromrechnungen bezahlt werden oder die Rente abgeholt wird. **Briefmarken** *(francobolli)* gibt es auch in Tabakläden *(tabacchi)* sowie in manchen Bars, Kiosken und Souvenirgeschäften.

Briefe und Postkarten sind nach Deutschland etwa sieben bis zehn Tage unterwegs, einige sogar länger. Neben der normalen *posta ordinaria* bietet die italienische Post den **Eilservice posta prioritaria,** mit dem Briefe und Pakete bis zwei Kilogramm befördert und angeblich weltweit in der Rekordzeit von ein bis zwei Tagen zugestellt werden. Hierfür gibt es selbstklebende Briefmarken. Auf jeden Brief klebt man eine blaue Marke mit der Aufschrift

---

Briefkästen und Porto

Der normale **Briefkasten** ist in Italien nicht gelb, sondern rot. In den größeren Orten hat er zwei Einwurfschlitze: In den linken kommt ausschließlich die innerstädtische Post, rechts hinein alles andere. Neben den roten Briefkästen gibt es auch noch rot-blaue für Eilsendungen und blaue für Post ins Ausland. Briefmarken heißen auf Italienisch *francobolli*.

Das **Porto** beträgt zurzeit:
- **Postkarte:** 0,45 €
- **Standardbrief** *(posta ordinaria):* 0,45 €
- **Eilbrief** *(posta prioritaria):* 0,60 €
- **Paket** *(pacco ordinario)* bis 20 kg: 7 €
- **Eilpaket** *(paccocelere 1)* nationale Zustellung innerhalb eines Tages, bis 30 kg: 13 €
- **EU-Eilpaket** *(Quick Pack Europe):* Zustellung innerhalb von 3–5 Tagen; bis 3 kg: 22,75 €, bis 5 kg: 26,15 €, bis 15 kg: 39,80 €, bis 30 kg: 54 €
- **Postlagernder Brief** *(posta raccomandata):* fünf Tage kostenfrei, dann fallen täglich 0,52 € Gebühr an

„posta prioritaria" und die eigentliche Wertmarke. Achtung: Postkarten und Briefe ins EU-Ausland müssen grundsätzlich als *posta priorita,* also mit 60 Cent, frankiert werden.

Postlagernde Sendungen *(posta restante)* werden in allen Postämtern abgewickelt. Die Aufbewahrungsfrist beträgt 30 Tage. Beim Abholen ist man verpflichtet, den Personalausweis vorzulegen. Beim Absenden ist zu beachten, dass der Nachname des Empfängers deutlich unterstrichen und auf der Sendung der Vermerk „Fermo Posta" stehen muss.

Sicherheit

Italien hat nicht gerade den Ruf eines besonders sicheren Reiselandes, und Sardinien wird auch heute noch oft mit dem Klischee der Banditeninsel bedacht. Im Gegensatz zum italienischen Festland, wo die Kleinkriminalität nicht ignoriert werden kann, ist Sardinien jedoch noch ein **recht sicheres Reiseziel.** Selbst die sonst in Italien so aktive Mafia hat auf der Insel kaum Fuß fassen können. Gleiches gilt für separatistischen Terrorismus, wie er die Nachbarinsel Korsika häufig in Verruf bringt; er ist auf Sardinien ein gänzlich unbekanntes Phänomen. Das Reisen auf Sardinien ist also so gefährlich oder harmlos wie das in Deutschland.

Gastfreundschaft hat bei den Sarden traditionell einen hohen Stellenwert, und Betrügereien oder gar üblere Übergriffe gegenüber Fremden gelten als gravierende Verfehlung. So gehen die leider verstärkt zu beobachtenden **Diebstähle, Autoaufbrüche** und die vor einigen Jahren noch praktisch unbekannte Entwendung ganzer Wohnmobile und -wagen besonders in und um Olbia, aber auch an anderen touristischen Schwerpunkten überwiegend auf das Konto von Diebesbanden vom Balkan, die dafür in der Saison zielgerichtet anreisen. Dort, wo ganze Sippen lagern und betteln wie z.B. an Supermarkt-Parkplätzen oder in den Wartezonen im Hafen, ist also besondere Vorsicht geboten!

Tipp: Blicken Sie beim Parken stets auf den Boden. Entdecken Sie dort die typischen kleinkrümeligen Reste zerbrochener Autoscheiben, so sollten Sie besonders vorsichtig sein!

Auch in Sardinien wird das soziale Klima rauer. Die **hohe Arbeitslosigkeit,** verbunden mit einer steigenden Anzahl Drogenabhängiger, hat in den großen Städten unter Jugendlichen die alten Ehrenkodizes teilweise verschwinden und die Zahl der Taschendiebstähle sowie Autoaufbrüche steigen lassen.

Besondere Vorsicht ist überall dort geboten, wo Autos von Touristen für längere Zeit unbeaufsichtigt stehen, wie z.B. die großen Parkplätze in Hä-

---

Buchtipp:
● Matthias Faermann
Schutz vor Gewalt und Kriminalität unterwegs
(Reise Know-How Praxis)

Sport und Aktivitäten

Trekking im Gennargentu-Gebirge

fen, an Flughäfen, Sehenswürdigkeiten oder Supermärkten. Dass man Geld und Wertsachen nicht im Auto zurücklässt, versteht sich wohl von selbst.

Im Falle eines Falles

Wer dennoch Opfer eines Diebstahls wird, sollte diesen umgehend bei der nächsten **Polizeidienststelle** *(Posto di Polizia* oder *Stazione di Carabinieri)* anzeigen und sich dort den Vorfall, die Schäden und abhanden gekommene Gegenstände protokollieren lassen. Viele Polizeidienststellen halten für diese Anzeige ein mehrsprachiges Formular bereit. Lassen Sie sich auf jeden Fall eine Zweitschrift des Polizeiprotokolls aushändigen. Diese Verlust- bzw. Diebstahlsanzeige *(denuncia di smarrimento/denuncia di furto)* ist für die eigene Auto-, Diebstahls- und Gepäckversicherung sehr wichtig. Die Wahrscheinlichkeit, die entwendeten Gegenstände wiederzusehen, ist leider erfahrungsgemäß sehr gering.

Wem **Ausweispapiere** entwendet wurden, benötigt das Polizeiprotokoll auch, um auf der Botschaft Ersatzpapiere zu erhalten. Werden **Scheck- und Kreditkarten** gestohlen, lassen Sie diese möglichst sofort sperren! Die Kartengesellschaften akzeptieren in der Regel auch ein R-Gespräch, das von jedem öffentlichen Fernsprecher aus gebührenfrei geführt werden kann. Man wählt für Deutschland die einheitliche **Telefonnummer 116 116** für alle Anbieter (siehe Kapitel „Geldfragen" für weitere Details).

Sport und Aktivitäten

Mit 2000 Kilometern Küstenlinie, ungezählten großen und kleinen Stränden, gewaltigen Steilufern, vorgelagerten Inseln und kristallklarem Wasser ist Sardinien ein Eldorado für jede Art von **Wassersport.** Baden, Segeln, Surfen, Tauchen, Jetski, Seakajaking oder Bootsausflüge an unzugängliche Küstenstriche – kein Wunsch, kein Hobby, keine Leidenschaft, die irgendwie mit Wasser zu tun hat, bleibt unbefriedigt. Im Gegenteil – die mehr als nur abwechslungsreiche, geradezu „inflationäre" Auswahl, die die Insel bietet, verschafft eher die Qual der Wahl.

Sport und Aktivitäten

Weniger im öffentlichen Bewusstsein, aber in Vielfältigkeit und Angebot ähnlich grandios sind die **Freizeitmöglichkeiten zu Lande.** Sei es Tennis, Reiten, Golfen, Wandern, Jeep-Exkursionen, Höhlenerkundungen, Paragliding, Canyoning, Bergsteigen, Bungeejumping, Freeclimbing, Mountainbiking, Tierbeobachtung oder Kräuterkurs. Auch hier bleibt kaum ein Wunsch offen. Tipps zum Wandern und Trekking finden Sie in einer eigenen Rubrik am Ende dieses Kapitels.

Wassersport

Surfen

Der beste Surfground Sardiniens ist die **Nordküste** zwischen Palau und dem Capo Testa bei Santa Teresa. Hier ist es fast immer windig, und der schmale Meereskanal zwischen Sardinien und Korsika wirkt wie eine Düse. Dazu bietet das vorgelagerte La-Maddalena-Archipel mit seinen Eilanden vielfältige Möglichkeiten, mit dem Brett von Insel zu Insel zu hüpfen.

Der absolute Top-Surfertreff Sardiniens ist **Porto Puddu** bei Palau, das als einer der besten Surfspots Europas gilt. Hier versammeln sich im Surfvillage und auf dem Campingplatz Isola dei Gabbiani Windsurffreaks aus aller Welt. Eine sehr gute Einstiegsmöglichkeit für Starkwindfahrer ist auch der Damm zur windexponierten Halbinsel Capo Testa bei Santa Teresa und der kleine Badeort Vignola Mare, wenn der Maestrale bläst.

Beliebte Surfpoints an der **Ostküste** sind die Strände von San Teodoro, Torre di Bari und Marina di Gairo. Wegen der überwiegend anlandigen Winde ist der Osten für Surfer aber weniger geeignet. **Im Süden** Sardiniens finden Surfer am Capo Carbonara bei Villasimius und an der Costa del Sud bei Wind herrlichen Wellengang. An der **Westküste** findet man besonders günstige Surfmöglichkeiten auf der Halbinsel Sinis, an der Costa Verde und in der Bucht von Buggeru.

Segeln

Obwohl Sardinien ein ausgesprochen schönes und abwechslungsreiches Segelrevier ist, ist es noch erstaunlich unbekannt. Die außerordentlich vielfältige Küste und die vorgelagerten Inseln bieten Seglern zahlreiche Ankerplätze in Robinsonbuchten mit Sandstränden, die nur vom Wasser aus zu erreichen sind.

Buchtipps:
Zu sportlichen Betätigungen und aktiver Freizeitgestaltung bietet REISE KNOW-HOW eine Reihe von Praxis-Ratgebern an, z.B.:
- RALLE K.!

Handbuch Mountainbiking
- Klaus Becker

Tauchen in warmen Gewässern
- Alexander Maier

Höhlen erkunden
- Rainer Höh

Kanu-Handbuch
- Rasso Knoller, Michael Stritzke

Paragliding-Handbuch
- Gunter Schramm

Trekking-Handbuch

Sport und Aktivitäten

In den Gewässern um Sardinien ist eine fortgeschrittene Segelerfahrung notwendig. Wer diese besitzt, kann die ganze Insel umrunden. Für den **Rundum-Törn** sollte man etwa drei Wochen veranschlagen. Aber auch Anfänger finden gute Einstiegsmöglichkeiten in den „weißen Sport". Besonders gut für Anfänger und Jollensegler ist der tiefe, landschaftlich sehr reizvolle Golf von Cannigione, der durch das vorgelagerte La-Maddalena-Archipel geschützt wird.

Eine ausgezeichnete **nautische Infrastruktur** bieten die Marinas, die rings um die Insel im Abstand von etwa 30 Seemeilen angelegt wurden. Segelschulen und Jachtcharter mit und ohne Skipper findet man in vielen größeren Küstenorten. Die genaue Beschreibung aller 81 Ankerplätze entlang der Küste findet man in der im Internet unter www.sardinienshop.de erhältlichen Spezialkarte „Die Häfen Sardiniens" mit detaillierten nautischen Infos.

● **Info:** Italienische Seglervereinigung, Viale Merello 41, 09123 Cagliari, Tel./Fax (070) 66 30 05, Web: www.federvela.it.

Tauchen

Ebenso vielgestaltig wie die Landschaft über Wasser ist das Meer um Sardinien unter der Oberfläche. Es ist kristallklar, und die zahlreichen Klippen und Felsküsten beherbergen eine große Artenvielfalt an Meereslebewesen. Schiffswracks und abgestürzte Flugzeuge sind für passionierte Aqua-

nauten ebenso spannende Ziele wie der Meerespark am Capo Carbonara oder die zahlreichen Unterwasserhöhlen und -grotten.

Tauchausflüge unternimmt man am besten und sichersten in Begleitung eines ortskundigen Tauchführers. **Tauchbasen** findet man in zahlreichen Orten an der Küste. Dort trifft man nicht nur Gleichgesinnte zum Fachsimpeln, sondern kann sich die Ausrüstung ausleihen, die Sauerstoffflaschen auffüllen oder das Tauchen erlernen.

Für den Tauchgang mit Flaschen ist auf Sardinien keine besondere Erlaubnis notwendig. Strikt verboten ist aber das Beschädigen oder Abreißen von **Korallen.** Da die Korallenbänke vor Alghero und Bosa durch Einheimische wie Urlauber bereits schwer in Mitleidenschaft gezogen bzw. fast zerstört wurden, werden Zuwiderhandlungen zu Recht unnachsichtig geahndet.

Ebenso in Mitleidenschaft gezogen wurde durch den bei Italienern besonders beliebten Unsport der **Harpunenjagd** die Unterwasserfauna. Zwar ist das Jagen mit der Harpune für Schnorcheltaucher am Tag offiziell erlaubt. Verboten ist es aber für Schnorchel- und Flaschentaucher bei Nacht und unter Verwendung von künstlichen Lichtquellen. Um dem märchenhaften Unterwasserreich Gelegenheit zu geben, sich zu erholen, sollte man jedoch auf jegliche Jagd verzichten.

Einen sehr detaillierten Überblick über die Tauchreviere bietet die Internetadresse **www.divingsardegna.it,** die die Insel in acht interaktiven Zonen zeigt, bei deren Anklicken nicht nur die einzelnen Tauchreviere dargestellt werden, sondern auch die Adressen der örtlichen Tauchschulen -clubs angezeigt werden. Für unterwegs ist die Spezialkarte „Tauchen auf Sardinien" ideal, die dieselben detaillierten Informationen zu den 80 Tauchrevieren zeigt und im Internet unter www.sardinienshop.de erhältlich ist.

●**Info:** Italienische Vereinigung für Unterwassersport FIPSAS, Via dello sport s.n.c., 09125 Cagliari, Tel./Fax (070) 30 47 23, Web: www.fipsas.it.

Kanu und (See-)Kajak

Kanu- und Kajaksportlern bieten einige **Flüsse und Stauseen** im Inselinneren vielfältige Möglichkeiten. Abwechslungsreiche Strecken ermöglichen die Flüsse Coghinas in der Gallura, der im Gennargentu-Massiv entspringende Flumendosa sowie der Tirso und der Temo, die bei Oristano bzw. bei Bosa an der Westküste ins Meer münden.

Im Gennargentu-Gebirge ist es – allerdings nur bis Ende Mai – sogar möglich, auf dem Oberlauf des Flumendosa **Wildwasserfahrten** zu unternehmen.

Gut geeignete **Seen** für Kanu- und Kajakfahrten sind der Lago del Coghinas in der Gallura, der Lago di Gusana in der Barbagia oder der vom Tirso gespeiste Lago Omodeo.

Mit dem Kajak auf dem Cedrino

Sport und Aktivitäten

Immer beliebter wird das so genannte **Sea-Kajaking,** das Kajakwandern auf dem Meer. Besonders attraktive Reviere sind die unzugänglichen Steilküsten und zahlreichen Felsenkaps sowie die Inselwelt des Maddalena-Archipels.

Eine außergewöhnliche Angelegenheit ist eine Art **Canyoning,** bei dem man sich mit leichten Schlauchbooten in tiefe Karstschluchten mit kleinen Seen abseilt. Diese ebenso abenteuerliche wie sportliche Herausforderung sollte man zur eigenen Sicherheit aber nur mit erfahrenen Veranstaltern unternehmen, die über professionelle Führer und Ausrüstung verfügen.

●Informationen rund um Kanu und Kajak bietet der Verband **Federazione Italiana Canoa Kayak (FICK),** c/o G. Marco Patta, Via Amsicora 43, 09170 Oristano, E-Mail: sardegnafick@libero.it.

Aktivitäten zu Lande

Reiten

Sardinien ist ein **traditionelles Pferdeland** und die Sarden sind große Pferdeliebhaber, -züchter und -kenner. So überrascht es nicht, dass Anhänger des Reitsports auf der Insel viele Angebote finden: Vom Ponyreiten für die Kleinen über mehrtägige Exkursionen durch kaum besiedelte, wildromantische Bergregionen bis zum Ausritt im Bikini und mit Badetuch im Gepäck zum einsamen Strand – Gelegenheiten gibt es mehr als genug.

Neben großen Reitsportzentren, die oft einem Hotel, Campingplatz oder Feriendorf angeschlossen sind, aber für alle offenstehen, bietet der auf Sardinien der immer beliebter werdende **Agriturismo,** eine Art Urlaub auf dem Bauernhof, besonders schöne Reitgelegenheiten. Die Höfe liegen einerseits häufig landschaftlich schön und abseits aller Hektik in stiller Natur, kennen die versteckten Schönheiten der Umgebung und halten für ihre Gäste fast immer Reitpferde bereit.

Für Pferdefreunde sicher besonders interessant ist das sardische Pferdezuchtzentrum Santulussurgiu im Monteferru, die Begegnung mit einer der letzten Wildpferdherden Europas auf der Giara di Gesturi sowie das Rodeo von Aritzo, bei dem im Gennargentu-Gebirge eingefangene, halbwilde Pferde geritten werden. Spektakulär sind auch die sardischen **Reiterfeste,** bei denen, wie in der halsbrecherischen Ardia in Sedilo, die Sarden ihre verwegenen Reitkünste demonstrieren.

●**Istituto Incremento Ippico della Sardegna,** Piazza Borgia 4, 07014 Ozieri, Tel. (079) 78 78 52, Web: sardegnacavalli.it.
●**Federazione Italiana Sport Equestri,** Via Cagliari 242, 09170 Oristano, Tel./Fax (0783) 30 29 32, Web: www.fisesardegna.com.

Golf

Wer es liebt, in seiner Freizeit kleine, harte weiße Bälle mit interessant geformten Eisen durch schöne Landschaften zu schlagen, der findet dazu auf Sardinien schöne Gelegenheiten. Im Norden an der gediegenen Costa Smeralda liegt das bekannteste und renommierteste Green Sardiniens, der 18-Loch-Platz des **Pevero Golf Club.** Obwohl es in Sichtweite des Super-

Sport und Aktivitäten

edelhotels Cala di Volpe in einmalig schöner Landschaft liegt, steht der Platz auch Normalsterblichen offen.

Ganz im Süden liegt, ebenfalls landschaftlich wunderschön, das **Golf-Hotel Is Molas** mit angeschlossenem 18-Loch-Platz. Ebenfalls mit 18 Löchern ausgestattet und von seiner Lage kaum weniger attraktiv ist der dem gleichnamigen Hotel angeschlossene **Golf-Club Puntalida** bei San Teodoro an der Ostküste. Zum 18-Loch-Platz ausgebaut wurde auch der **Club Is Arenas** an der Westküste nördlich von Oristano. Neu eröffnet ist der Neun-Loch-Platz vom **Golf Club Villasimius.** Neu entstanden sind auch der 18-Loch-Platz **Chia Golf Club** an der traumhaften Costa del Sud sowie der Neun-Loch-Platz **Borgo di Campagna Golf Club** nahe Olbia.

Wer auf Sardinien gerne golfen möchte, der wendet sich am besten an den Sardinien- und Golfreisen-Spezialisten *Oscar Reisen* in Augsburg (siehe „Reiseanbieter und -vermittler").

- **Pevero Golf Club,** 07020 Porto Cervo, Loc. Cala di Volpe, Tel. (0789) 95 80 00, Fax 96 572, Web: www.costasmeraldaresort.com.
- **Is Molas Golf Club,** 09010 S. Margherita di Pula, SS 195, km 30,6, Tel. (070) 92 41 013, Fax 92 41 21 21, Web: www.ismolas.it.
- **Golf Club Puntalida,** Loc. Punta Sabbatino, 08020 San Teodoro, Tel. (0784) 86 44 75, Fax 86 40 17, Web: www.duelune.com.
- **Is Arenas Golf & Country Club,** 09070 Narbolia, SS 292/km 113,4, Tel. (0783) 52 036, Fax 52 235, Web: www.isarenas.it.
- **Golf Club Villasimius,** 09049 Villasimius, Via degli Oleandri, Handy 0362-35 44 81.
- **Chia Golf Club,** Domus de Maria, Loc. Chia, Via delle Ginestre, Tel. (070) 92 30 111, Fax 92 30 539, Web: www.chiagolfclub.it.
- **Borgo di Campagna Golf Club,** Loc. Trudda, 07020 Loiri Porto San Paolo, Via Regina Elena 52, Tel./Fax (0789) 41 321, Web: www.borgodicampagna.it.

Klettern

Mit seinen schroffen Gebirgen und gewaltigen, aus schwindelnder Höhe lotrecht ins Meer hinabfallenden Felsklippen hat sich Sardinien mittlerweile zu einer der ersten Adressen für den Klettersport in Europa gemausert. Dabei hält die Insel für alle Anhänger des Kletterns das Passende parat. Aufgrund der Beschaffenheit des sardischen Felsens gibt es zwar vergleichsweise wenig reine Anfängertouren, fortgeschrittene Kletterer finden hier allerdings ein reiches und vor allem abwechslungsreiches Betätigungsfeld vom französischen sechsten bis zum oberen achten Schwierigkeitsgrad. Dazu sind besonders die Gebirge im Inselinneren noch kaum für den Klettersport erschlossen, sodass auch Kraxler mit einem gewissen Pioniergeist voll auf ihre Kosten kommen und auf jeden Fall niemand in einen Kletterstau gerät.

Das bekannteste Kletterzentrum der Insel ist das Gebiet rund um **Cala Gonone** an der Ostküste. Sportkletterer, aber auch Alpine finden hier in den Ausläufern des Supramonte-Gebirges ideale Bedingungen von leichten Übungspartien für den Anfänger bis hin zu zahlreichen 8a- und 8b-Routen für den Topclimber. Beliebt ist besonders die **Cala Fuili,** da die kleine Bilderbuchbucht mit dem Auto zu erreichen ist und die nicht kletternden Angehörigen sich sonnen, baden und

Sport und Aktivitäten

gleichzeitig dem Kletterer vom Strand aus zuschauen können.

Südlich davon bietet der **Supramonte di Baunei** ebenfalls hervorragende Klettermöglichkeiten, seien es die langen und anspruchsvollen Mehrseillängentouren an der Punta Girardili und der Cala Goloritze oder entspanntes Sportklettern wie im Sektor Villagio Gallico. Im **Supramonte von Oliena** warten ebenfalls abwechslungsreiche Felsformationen. An der gewaltigen Felswand der Punta Cusidore unweit der Quelle Su Gologone bei Oliena finden sich regelmäßig die Alpinisten der italienischen Armee zum Üben ein.

Zu den anspruchsvollsten und ursprünglichsten Klettergebieten der Insel zählen die enormen, fast spiegelglatten Kalkwände um das Bergdorf **Jerzu** südlich von Lanusei, die wegen des technisch äußerst anspruchsvollen Kletterstils allerdings nur relativ selten besucht werden. Eines der bekanntesten und wegen seiner hervorragenden Felsqualität beliebtesten Kletterzentren ist **Isili** im südlichen Inselinneren. Auch als „Reich der Überhänge" bekannt, bietet Isili guten Kletterern ein unendliches Betätigungsfeld mit einem Schwerpunkt auf den französischen Schwierigkeitsgraden sieben und acht. Das besonders abwechslungsreiche Klettergebiet von **Domusnovas** im Iglesiente bietet von leichten Plattenklettereien bis zu extremen Überhängen Routen aller Schwierigkeitsgrade und für alle Kletterstile. Ein einmaliges Kletterparadies in Nordsardinien sind die Schwindel erregenden Felsklippen rings um das **Capo Caccia** bei Alghero. Gleiches gilt für die kolossalen Küstenklippen von **Masua** und **Buggerru** gegenüber des Pan di Zucchero bei Nebida an der südlichen Westküste.

● **Info:** *Der* Kletterpapst schlechthin auf der Insel ist *Maurizio Oviglia*, der auch Autor des Sardinien-Sportkletterführers „Pietra di Luna" ist. Auf knapp 400 Seiten beschreibt der Führer 98 Klettergebiete mit über 2000 Touren. 150 Farbfotos und 180 anspruchsvolle Skizzen runden den Band ab. Übersetzt wurde er von *Ralf Glaser*. Man kann ihn für 29,90 € plus Versandkosten im Web unter www.pietradiluna.de bestellen. Auf Maurizios Website www.sardiniaclimb.com findet man regelmäßige Updates zu Neutouren und Infos zur sardischen Kletterszene.

● **Nuovi Equilibri – Sport and Tourism in Nature**, 09123 Cagliari, Corso Vittorio Emanuele 118, Tel. (070) 65 30 19, mobil 338-13 26 156 (Handy von *Luca*), Web: www.nuoviequilibri.com. Empfehlenswertes Outdoor- und Kletterfachgeschäft, in dem man neben Ausrüstung von den beiden hilfsbereiten Bestreibern *Flady* und *Luca* (spricht gut englisch) auch wertvolle Tipps und Hilfe rund ums Klettern bekommt. Auf Anfrage bieten die beiden zu absolut günstigen Tarifen auch Kletterkurse an, begleiten auf der ganzen Insel oder organisieren kompletten Aufenthalt nach individuellen Wünschen!

Mountainbiking

Die zahllosen unbefestigten Forst-, und Hirtenwege, die Sardinien durchziehen, sind ein wahres Eldorado für das sportliche Radeln im Gelände. Eine detaillierte Karte und ein guter Orientierungssinn sind fast überall unerlässlich. Gleiches gilt für Rücksichtnahme gegenüber anderen, da manche der besonders spektakulären Bikerouten gleichzeitig auch Wanderwege sind. Doch das **Streckenangebot** ist

Sport und Aktivitäten

so immens, dass man auch tagelang durch die Einsamkeit touren kann und dabei höchstens ein paar Hirten begegnet.

> ⚠️ Bitte verschließen Sie unbedingt alle passierten Gatter und Tore wieder sicher!

Leichte Strecken für Ungeübte bieten beispielsweise der mäßig steile Monte Ferru bei Santulussurgiu an der Westküste oder die wildromantische Hochfläche rings um die Codula sa Mela bei Urzulei (zwischen Dorgali und Baunei). Familienfreundlich ist das wildromantische Hochplateau Giara di Gesturi, das auf einem 33 Kilometer langen Rundkurs per Rad gemütlich in drei Stunden entdeckt werden kann.

Gute Kondition und Erfahrung erfordern Landschaftsprofile wie die der Codula de Sisine bei Baunei, die mit ihren tiefen Canyons landschaftlich mit zu den schönsten Moutainbikerevieren zählt. Ganz Topfitte können sich mit Herausforderungen wie der Codula di Luna bei Dorgali oder den unwegsamen Gebirgsregionen des Supramonte messen. Besonders spannende Moutainbikereviere sind auch die menschenleeren Gebirge im Iglesiente und Sulcis. Sie durchzieht ein dichtes, verwirrendes Netz aus ehemaligen Bergwerksstraßen und -pisten. Wegweiser oder Hinweisschilder sucht man hier vergeblich; ein Kompass ist deshalb unverzichtbar.

Der Mountainbike-Pionier auf Sardinien und Präsident des Bike Club Sardegna, *Roberto Zedda,* stellt auf seiner Website detaillierte Routenbeschreibungen und mehr vor. Im Inselnorden ist der Anlaufpunkt der Gallura Bike Point von *Anja* aus Deutschland. Hier erhält der Freund des muskelbetriebenen Zweiradfahrens alles, was er braucht, vom Leihrad über die Wartung bis zur geführten Tour und sogar einen inselweiten Pannen-Notruf!

- **Gallura Bike Point,** Via Grazia Deledda 10, 07020 Luogosanto, Tel. (079)-65 90 13, Web: www.gallurabikepoint.com (Mo–Fr 9–12 und 17–19 Uhr, Sa 9–12 Uhr).
- **Bike-Notruf:** mobil/SMS 0039-34 06 16 85 04 (inselweiter Fahrrad-Pannenservice).
- **Bike Club Sardegna** *(Roberto Zedda)*, Via Costa 35, 09128 Cagliari Tel. (070) 41 779, mobil 328-97 66 845, Web: www.bikesardegna.it.
- **Art of Bike**, Via P. Nervi 16, 09025 Sanluri, mobil 0349-88 35 029, Fax (070) 93 01 597, Web: www.artofbiking.com (Zwei- bis Sechstagestouren auf ganz Sardinien).
- **Ichnusa Bike,** Via Fratelli Cervi 17, 09028 Sestu, Tel. 32 94 48 24 19, Fax (070) 26 12 87, Web: www.ichnusabike.it; *Marcello Meloni* bietet gut ausgearbeitete ein- bis siebentägige Gruppen- und Individual-Touren mit Trekkingrad und Mountainbike in den Regionen Cagliari, Nuoro und Oristano mit Rund-um-Service an.
- **Literaturtipp:** Sehr guter Mountainbikeführer „Sardinien/Gallura" von *Susi Plott* und *Günter Durner,* der 21 Mountainbike- und neun Straßen-Touren im Norden der Insel beschreibt; für jede Tour gibt es eine eigene Karte für die Lenkertasche; online direkt zu bestellen unter www.am-berg-verlag.de.

Radwandern

Radwandern erfreut sich auf Sardinien zunehmender Beliebtheit. Vor wenigen Jahren praktisch noch unbekannt, gibt es inzwischen ein gutes Angebot an geführten Radtouren für alle Ansprüche, von der gemütlichen Familientour bis zum Extremsport.

SPORT UND AKTIVITÄTEN

Der Traum vom Fliegen

Wer schon immer davon träumte, einmal wie ein Vogel einfach über die Welt hinwegzufliegen, der sollte am *aerosuperficie* von San Teodoro Halt machen. Dort hält *Salvatore* gemeinsam mit seinem deutschen Kollegen *Fritz* eine Reihe verschiedenster Ultraleichtfluggeräte bereit, mittels derer man à la „tollkühne Männer in fliegenden Kisten" eine der allerschönsten Küstenlinien Sardiniens mal aus der Vogelperspektive genießen kann. Gleichgültig, ob man erst einmal nur schauen möchte, eine Schnupperrunde über den Strand von La Cinta fliegen, um die Tavolara herum oder über „Schimanski" *Götz Georges* Privatreich (mit einem der erfahrenen Piloten) oder ob man gleich den UL-Flugschein in Theorie und Praxis absolvieren will: *Salvatore* und *Fritz* freuen sich über jeden Interessierten Besucher. *Fritz Gietl*, ein UL-Pionier der ersten Stunde und mit 17-jähriger Flugpraxis einer der erfahrensten UL-Piloten Deutschlands, bietet auch geteilte Ausbildung in Deutschland und Sardinien an.

- **Aviosuperficie,** San Teodoro, an der SS 125 bei km 293, Tel. (0789) 25 356, Web: www.santeodoroulm.it (UL-Charter, Kurse, Rundflüge, Verleih von Fahrrädern, Motorrädern, Jeeps).
- **Flugschule Skyrider,** 92533 Wernberg, Tel. (09604) 16 35, Fax 10 23, Web: www.skyrider-ul.de.

Bungeejumping, Paragliding, Drachenfliegen

Die zahlreichen Steilküsten, Hochplateaus und Berggipfel Sardiniens bieten mit ihrer starken Thermik und grandiosen Landschaft Drachenfliegern und Paraglidern ein ebenso **ideales Revier** wie die Steilküsten und Schluchten den Bungeejumpern. Vor einigen Jahren noch unbekannt, hat sich nun auch auf Sardinien im Schlepptau einiger wagemutiger Pioniere im Bereich „Extremsport" ein gewisses Angebot und Know-how entwickelt. Dennoch bleibt hier noch viel Raum für Entdeckungen und Eroberungen auf eigene Faust.

Kontaktadressen Paragliding:
- **I Fenicotteri Rosa, Francesco Cubeddu,** Web: www.tiscali.it/parapendioinsardegna, www.paratrek.it. Einer der Pioniere für Paragliding auf Sardinien und Mitbegründer des

„Bungee mortale" – nichts für schwache Nerven!

Für den Normalmenschen ein simulierter Selbstmord, für den Freak jedoch einer der ultimativen Gummiseil-Sprünge der Welt ist der Sprung an der Steilküste im **Golf von Orosei.** Erst muss man sich 60 m bis zum in der senkrechten Felswand angebrachten Absprungbrett abseilen, bevor man sich 150 m in die Tiefe stürzen kann. Den „Überlebenden" sammelt unten ein Boot auf und bringt ihn zurück nach **Cala Gonone.** Wer diesen höchsten Sprung Europas für 80 € machen will, muss vorher einen Termin vereinbaren.

- **Kontakt:** Mai bis Okt. Camping Sos Alinos, Tel. (0784) 91 044, mobil *Roberto* 339-13 30 188.

Geführte Radtouren bietet neben den genannten Adressen auch z.B. folgender Veranstalter:

- **Dolcevita Bike Tours,** Viale Segni, 16, 09010 Pula, Tel./Fax (070) 92 09 885, Web: www.dolcevitabiketours.com; organisiert Touren ab Olbia und Alghero.

Clubs I Fenicotteri Rosa ist *Franceco Cubeddu*. Auf der Website des Clubs findet man u.a. eine interaktive Karte von Sardinien mit zahlreichen markierten Flugpunkten inklusive Detailinfos dazu.
- **I Grifoni Paraglider,** Chiaramonti, Viale Brigate Sassari, Tel./Fax (079) 56 90 58, Web: www.igrifoniparaglider.it.

Kontaktadresse Deltadrachen:
- **Aeroclub Obia Costa Smeralda,** Aeroporto Olbia, 07026 Olbia, Tel. (0789) 69 000-03 68/26 20 67.

Kontaktadresse Fallschirmspringen:
- **AeroClub „Renato Semplicini",** Aeroporto Civile, Via dei Trasvolatiori, 09032 Elmas (CA), Tel./Fax (070) 24 01 53.

Höhlenerkundungen

Surfing, Climbing, Biking, Trekking – alles schon gemacht? Wie wär's dann mal mit Caving? Sardinien ist nicht nur die Insel der Strände und Berge, sondern auch die **Insel der Höhlen.** Mehr als 3000 dieser geheimnisvollen Unterwelten wurden bislang entdeckt. Viele davon sind weit verzweigte Labyrinthe mit bis zu 35 Kilometern Länge. Erforscht sind nur wenige davon, und für Besucher zugänglich gerade einmal ganze acht.

Es bleiben also mehr als genug übrig, die auf ihre Erforschung warten. Auf eigene Faust in die Zauberwelt der Tropfsteine und dunklen Seen hinabzusteigen, sollte man aber auf keinen Fall, sondern ausschließlich unter der Leitung geschulter und ortskundiger **Höhlenführer.** Hier ist man gut beraten, auf die GAE-Mitgliedschaft der jeweiligen Anbieter solcher Expeditionen zu achten. Ausgerüstet mit Helm, Karbidlampe, Strickleitern und Schlauchbooten steigt man gemeinsam mit geprüften Führern in kleinen Gruppen in die unbekannte Welt des Schweigens hinab. Unten in endloser Stille und ewiger Dunkelheit erwarten einen nicht nur märchenhafte Tropfsteinskulpturen, kristallklare Höhlenseen oder eigentümliche Grottensalamander, sondern auch eine neue und tief beeindruckende, mystische Art der Wahrnehmung von Körper und Geist. Wer diese außergewöhnliche Erfahrung machen will, der wendet sich am besten in der Nähe seines Urlaubsortes an einen der in der **Federazione Speleologica Sarda (FFS)** organisierten Höhlenclubs (Adressen siehe unter www.sardegnaspeleo.it).

Informationen zu Höhlen und deren Erkundung sind auch bei den **Speleo-Clubs** erhältlich, die es in zahlreichen Orten gibt. Die Adressen kann man bei der lokalen Tourist-Info erfragen.

- **Federazione Speleologica Sarda,** Corso Vittorio Emanuelle 129, 09124 Cagliari, Tel. (070) 65 58 30, Web: www.sardegnaspeleo.it.

Sprache und Verständigung

Amtssprache auf Sardinien ist Italienisch. Die Sarden unter sich sprechen aber zumeist Sardisch mit seinen vielen lokalen Dialekten und Ausformungen, die mit der Staatssprache oft nur wenig gemein haben (Näheres hierzu unter „Kultur und Gesellschaft"/„Sardische Sprachen").

Obwohl Fremdsprachen in der Schule obligatorisch sind, beherrschen in der Praxis die wenigsten Englisch oder Französisch. Daher kann es im Reisealltag auf Sardinien teilweise erhebliche **Verständigungsprobleme** geben. Das gilt insbesondere für nicht ausschließlich touristische Einrichtungen wie Ämter, Geschäfte, Banken etc. und oft auch für kleine oder abgelegene Familienrestaurants bzw. -unterkünfte. Nur in besseren Hotels und auf Campingplätzen darf man auf jeden Fall mit englisch- und oft auch deutschsprachigem Personal rechnen.

Aber keine Angst: Man erwartet von Ihnen als Reisender kein Italianistik-Diplom, sondern geht ganz selbstverständlich auf Sie zu und versucht, Ihnen **mit Händen und Füßen** weiterzuhelfen oder einfach nur zu erfahren, wer Sie sind und woher Sie kommen. Genauso sollten auch Sie im Zweifelsfall vorgehen, wenn Sie eine Frage oder ein Problem haben.

In beinahe jedem Dorf und in vielen Familien gibt es außerdem jemanden, der sich einige deutsche Sprachkenntnisse aus seiner Zeit als **Gastarbeiter** im kalten Norden bewahrt hat und diese mit Freude zur Anwendung bringt. Auch einige Basiswörter anderer romanischer Sprachen können gelegentlich weiterhelfen.

Einige wenige angelernte Brocken Italienisch helfen trotzdem nicht nur in Sachen Verständigung weiter, sondern wecken noch mehr Sympathie und Neugierde bei den Sarden. Viele italienische und sardische Begriffe für das Reisen auf der Insel sowie Fachtermini zu Land und Leuten finden Sie mit deutscher Übersetzung im **Glossar** am Ende des Buches. Wer sich einfach und praxisnah etwas Italienisch aneignen möchte, dem sei der Kauderwelsch-Sprechführer **„Italienisch – Wort für Wort"** von REISE KNOW-HOW empfohlen, der auch in einer **digitalen Version** für den PC erhältlich ist. Speziellen Wortschatz vermitteln die beiden Kauderwelsch-Bände **„Italienisch kulinarisch** – Wort für Wort" und **„Italienisch Slang** – das andere Italienisch" (alle auch unter www.traveltext-shop.de erhältlich).

Telefonieren

Öffentliche Telefonzellen

Ebenso wie ein Postamt findet man im kleinsten Dorf auch fast immer eine Telefonzelle. Das Telefonieren mit Münzen geht nur in den alten orangefarbenen Apparaten, die inzwischen jedoch praktisch vollständig durch die

---

Telefongebühren

Gespräche von Italien nach Deutschland sind erheblich teurer als umgekehrt. Deshalb entweder anrufen lassen oder die Billigtarifzeiten nutzen. Etwa 30 Prozent günstiger wird es Montag bis Freitag von 18 bis 22 Uhr, nochmals etwa 20 Prozent von 22 bis 8 Uhr, außerdem sonntags.

Erfreulich: Immer mehr Dienstleister auf Sardinien haben eine so genannte Numero Verde. Diese 800er-Nummern sind generell für den Anrufer kostenfrei!

TELEFONIEREN

neuen silberfarbenen Apparate ersetzt wurden; diese funktionieren nur noch mit **Telefonkarte** (*carta telefonica*). Man erhält sie an zahlreichen Stellen wie Postämtern, Tankstellen, Camping-, Hotelrezeptionen, Tabakläden, Kiosken oder in Bars. Die Karten sind für 3, 5 und 10 € erhältlich und in Italien im Gegensatz zu Deutschland nur begrenzt (ein oder zwei Jahre) gültig, d.h. beim nächsten Italien-Urlaub sind die noch nicht verbrauchten Beträge eventuell verfallen.

Wichtig: Beim Kauf ist darauf zu achten, dass die perforierte Ecke noch an der Karte ist, die vor der ersten Benutzung abgebrochen werden muss. Telefoniert man eine Karte leer, so kann ohne Gesprächsunterbrechung eine weitere nachgeschoben werden.

Wer viel ins Ausland telefoniert, für den empfiehlt sich eine **internationale Telefonkarte** (erhältlich für 6, 15, 25 oder 50 €). Mit ihr kann man sowohl vom öffentlichen als auch vom Haustelefon telefonieren. Denn sie wird nicht ins Telefon gesteckt, sondern man muss die auf der Karte abgedruckte Nummer wählen und dann den Anweisungen der elektronischen Ansage folgen.

Als Alternative zur Telecomkarte gibt es, wiederum in Bars, Tabakläden und Kiosken, die **Tiscalicard** der privaten sardischen Telefongesellschaft. Auf der Rückseite befinden sich eine Telefonnummer und eine Geheimnummer, die beim Kauf der Karte durch ein Rubbelfeld geschützt ist. Die Tiscalicard wird nicht in das öffentliche Telefon gesteckt, sondern man wählt die erste Nummer auf der Rückseite der Karte, wartet auf die Freigabe der elektronischen Ansage, rubbelt dann die Geheimnummer frei, gibt diese ein, und dann erst kann man die gewünschte Rufnummer wählen. Mit der Tiscalicart kann man bis zu 70 Prozent billiger telefonieren, sowohl bei Fern- und Auslandsgesprächen als auch im Ortsnetz.

Telefonieren ohne Geld

Im Notfall kann man mit dem Telekom-Service „Deutschland direkt" auch ohne Bargeld in Deutschland anrufen. Von jedem beliebigen Telefon in Italien erreicht man unter der Telefonnummer 800-17 24 90 die Telekom in Frankfurt. Die weitere Verbindungsherstellung erfolgt automatisch im Dialog, allerdings nur zu Nummern im Festnetz der Deutschen Telekom und wenn der Angerufene bereit ist, die anfallenden Gebühren für das R-Gespräch (R = *reverse*) zu übernehmen.

Mit Null oder ohne Null?

Das Telefonieren auf/nach Sardinien ist nicht ganz unkompliziert:

Ruft man eine italienische Festnetznummer an, muss die 0 der Ortsvorwahl immer mitgewählt werden! Diese Ortsvorwahl muss auch bei innerstädtischen Gesprächen mitgewählt werden.

Ruft man dagegen eine sardische Mobilnummer an, muss man die 0 grundsätzlich weglassen!

Mobiltelefon

Das eigene Mobiltelefon lässt sich in Italien problemlos nutzen. Wegen hoher Gebühren sollte man bei seinem Anbieter nachfragen oder auf dessen Website nachschauen, welcher der **Roamingpartner** günstig ist und diesen **per manueller Netzauswahl voreinstellen.**

Gut zu wissen: Im so genannten **Roaming-Verfahren** zahlt der Anrufer nur die nationalen Gebühren, Sie als Angerufener jedoch die italienischen, die bei ca. 0,55–0,70 € pro Minute liegen. Noch teurer wird es, wenn man von Sardinien ein deutsches Handy auf Sardinien anruft, da der Anruf erst nach Deutschland und von dort aus zurück geht und damit **doppelte Gebühren** fällig werden. Telefonieren mit dem Handy wird so schnell zum teuren Spaß. Deshalb vorher genau nach den Konditionen und Gebühren des jeweiligen Netzbetreibers erkundigen!

Wesentlich preiswerter ist es, sich von vornherein auf **SMS** zu beschränken, der Empfang ist dabei in der Regel kostenfrei.

Falls das Mobiltelefon **SIM-lock-frei** ist (keine Sperrung anderer Provider vorhanden ist), kann sich derjenige, der viel telefonieren muss, eine **SIM-Karte** von einem der vier auf Sardinien vertretenen Betreiber (TIM, Omnitel, Wind, Blue) zulegen. Offiziell ist dies zwar nur gegen Nennung einer italienischen Steuernummer *(codice fiscale)* möglich, in der Praxis reicht jedoch oft die Vorlage eines gültigen Ausweises und die Nennung einer (Urlaubs-) Anschrift aus. Hat man eine italienische SIM-Card, kann man diese in sein Handy einlegen und sich von

Je feiner das Restaurant, desto höher das Trinkgeld

Buchtipps:
- Volker Heinrich
Kommunikation von unterwegs
- Günter Schramm
Internet für die Reise
- Volker Heinrich
Handy global
(alle Bände REISE KNOW-HOW Praxis)

Jugendherbergen

Gerade einmal zehn Adressen nennen sich **ostello die gioventu,** was in etwa Jugendgästehaus bedeutet. Nur fünf davon sind jedoch Mitglied des italienischen JH-Verbandes; für diese benötigt man den internationalen JH-Ausweis, den man im Heimatland besorgt haben muss. Tipp: kann man auch als Familie beantragen.

- **Deutsches Jugendherbergswerk,** Bismarckstr. 8, D-32756 Detmold, Tel. 05231/74 010, Web: www.jugendherberge.de, 12–20 €.
- **Österreichischer Jugendherbergsverband,** Schottenring 28, A-1010 Wien, Tel. 01/ 53 35 35 30, Web: www.oejhv.or.at, 10–20 €.
- **Schweizer Jugendherbergen,** Schaffhauserstr. 14, CH-8042 Zürich, Tel. 01/36 01 414, Web: www.youthhostel.ch, 22–55 SFr.

Die anderen Jugendherbergen firmieren ebenfalls unter dem Namen „ostello", sind jedoch preislich und ausstattungsmäßig schon eher Hotels mit einfachem Standard vergleichbar.

Aufgrund der **häufig unklaren und wechselnden Schließzeiten** sollte man besser immer vorher anrufen oder sich auf der Website des Italienischen Jugendherbergsbandes www.ostellionline.org über den aktuellen Stand informieren!

- **Alghero/Fertilia:** Hostal de l'Alguer, Via Parenzo, 07040 Alghero, Tel. (079) 93 04 78, Fax 93 20 39, ganzjährig geöffnet, 99 Betten, B&B 16 €, Familienzimmer 18 €, DZ 20 €.
- **Bosa:** Ostello Malaspina, Via Sardegna 1, Bosa Marina, Tel./Fax (0785) 37 50 09, ganzjährig geöffnet, 48 Betten, Bett 10,50 €, Frühstück 1,60 €.
- **Castelsardo:** Ostello Golfo di Asinara, Via Sardegna 1, Loc. Lu Bagnu, Castelsardo, Tel. (079) 47 40 31, Fax 58 70 08, geöffnet 1.6.–15.9., 110 Betten, B&B 12 €, Zwei- und Dreibettzimmer 16 €, Vierbettzimmer 14 €.
- **Lanusei:** Via Independenza 31, Tel. (0782) 41 015, Fax 48 03 66, geöffnet 1.3.–31.10., 24 Betten, DZ 18,50 €, 4-Bettzimmer 14,60 €.
- **San Vito:** Ostello San Priamo, Via Rio Cannas, Loc. San Priamo, Tel. (070) 99 97 20, Fax 99 98 56, Web: www.ostellosanpriamo.it, 86 Betten, 1.3.–31.10., B&B 14 €, Familienzimmer 17 €.

Nicht im Verzeichnis des italienischen JH-Verbandes verzeichnet sind:
- **Arbus:** Ostello della Torre, Loc. Torre die Corsari, Tel./Fax (070) 97 71 55, Web: www.costatour.it, Bett in 6-Bettzimmer 20–24 €, DZ 45–50 €.
- **Alghero/Fertilia:** Ostello dei Giuliani, Via Zara 1, Fertilia, Tel. (079) 93 03 53, Fax 93 03 53, ganzjährig geöffnet, 50 Betten, ab 7,75 €.
- **Tonara:** Il Castagneto, Via Muggianeddu 2, Tel. (0789) 61 00 05, mit Zeltplatz, Pizzeria und deutsch sprechendem Betreiber, DZ 32 €, Bett in 8-Bettzimmer 11 €, Frühstück 1,60 €.
- **S.M. Navarrese:** Ostello Bellavista, Via Pedra Longa, Tel./Fax (0782) 61 40 39, herrliche Lage mit grandiosem Blick aufs Meer! Ganzjährig geöffnet, p.P. im DZ B&B 18–40 €, mit Balkon 22–45 €.

Bed & Breakfast (B&B)

Stark wachsend ist das Bed & Breakfast-Angebot auf Sardinien. Vor wenigen Jahren praktisch noch unbekannt, sind nun in jedem Dorf meist gleich eine ganze Anzahl dieser Unterkunftsmöglichkeiten zu finden. Der große Vorteil dieser Art der Beherbergung ist, dass man **fast immer im Privathaus des Gastgebers** untergebracht ist und so direkten Kontakt zu den Menschen vor Ort bekommt. Hier bemüht sich die Familie persönlich um

Massenquartieren verschandelt. Die zahlreich vorhandenen Hotels sind **überwiegend ansprechend** und hinsichtlich Lage und Architektur oft wirklich schön, ja sogar wunderschön.

Wichtig: Zwar nimmt die Zahl der ganzjährig geöffneten Hotels ständig zu, die große **Mehrzahl** ist jedoch nur **von April bis Oktober geöffnet.**

Hotelkategorien

- **5 Sterne:** verschwenderischer Luxus (ab 300 € bis nach oben offen).
- **4 Sterne:** luxuriös und höchst komfortabel (ca. 150–350 €).
- **3 Sterne:** gute bis gehobene Mittelklasse (ca. 60–180 €).
- **2 Sterne:** einfache Mittelklasse, mit oder ohne Bad (ca. 40–80 €).
- **1 Stern:** einfache Herberge (ca. 20–50 €).

Zahlreiche Drei-Sterne-Hotels der gehobenen Preiskategorie bieten den Luxus und Komfort eines Vier-Sterne-Hotels, verzichten jedoch aus subventions- und steuerrechtlichen Gründen auf den vierten Stern. Man sollte sich deshalb nicht allzu sehr auf die Sterne-Kategorisierung verlassen. Ein eigenständiger Preisvergleich lohnt sich allemal.

Ein kleines Paradies – das Hotel La Torre in Torre di Bari

UNTERKUNFT

auch hier findet man immer eine (wenn auch vielleicht einfachere) Unterkunft. Im Juli und August, vor allem um den 15. August (Ferragosto/Mariä Himmelfahrt), ist an Sardiniens Küste alles restlos ausgebucht. Ganz gleich, ob Küste oder Berge – für die **Hochsaison** empfiehlt es sich, die Unterkunft **frühzeitig** zu **buchen.**

Davor und danach leert sich die Insel schlagartig wieder, und ebenso die Hotels, Feriendörfer und Campingplätze. Die **Vor- und Nachsaison** ist nicht nur klimatisch die schönste Reisezeit, sondern auch finanziell. Denn in der Hochsaison explodieren die Preise für alle Unterkünfte auf wenigstens das Doppelte, wenn nicht das Drei- oder gar Vierfache.

Preise und Bettenverzeichnisse

Generell muss man konstatieren, dass ein Hotelurlaub auf Sardinien **kein ganz billiges Vergnügen** ist. Die Festlands-Italiener, deren beliebtestes Urlaubsziel Sardinien ist und die bislang praktisch jeden Preis klaglos zahlten, haben angesichts der alljährlichen Preissteigerungen im Sommer 2003 erstmals die Gefolgschaft verweigert. Seither kommt es zu der bis dato unvorstellbaren Situation, dass im Juli und sogar in der „altissima stagione" an der Küste noch Zimmer und Ferienwohnungen frei sind, die dann zu Last-Minute-Preisen angeboten werden. Die Entwicklung ist für den Unterkunftsuchenden gut, sollte aber nicht dazu verführen, Mitte August auf gut Glück nach Sardinien zu reisen und darauf zu vertrauen, dann ad hoc eine Bleibe zu finden. Das ist nach wie vor ein ziemlich riskantes Spiel.

Alle **in diesem Buch genannten Preise** beziehen sich auf ein Doppelzimmer (DZ) mit Frühstück in der Nebensaison (NS) und Hochsaison (HS). Es sind also Mindest- und Maximalpreis genannt. Wo nur ein Preis genannt wird, gibt es keine saisonalen Unterschiede. Auch wenn absolute Zahlen genannt werden, verstehen sich die Preise nur als **Richtwerte,** um vergleichen zu können. Vor der Buchung sollte man sich unbedingt nach den aktuellen Preisen erkundigen.

Ein **Frühstück** ist auf Sardinien öfter nicht im Preis inbegriffen. Da hier oft überhöhte Preise verlangt werden, erkundigt man sich besser vorab, zumal das meist gebotene schlichte „Italienische Frühstück" von den nördlich des Alpenhauptkamms vorherrschenden Frühstücksvorstellungen meilenweit entfernt liegt.

Achtung! Zur Vermeidung unglücklicher Nächte: Wer ein Doppelzimmer mit zwei getrennten Betten möchte, bucht eine *camera doppia*. Wer ein **Doppelbett** bzw. Französisches Bett bevorzugt, der muss nach einer *camera matrimoniale* fragen!

Hotels

Seelenlose Betonsilos und Bettenburgen braucht man auf Sardinien nicht zu fürchten. Denn die Sarden haben, mehr als erfreulich, der Versuchung des schnellen Geldes widerstanden und ihre Insel nicht mit hässlichen

TRINKGELD, UHRZEIT, UNTERKUNFT

der jeweiligen Gesellschaft Prepaid-Karten *(scheda)* kaufen, die es im Kiosk, Bar, Tabakladen etc. zwischen 10 und 50 € in unterschiedlichen Preisabstufungen gibt. Der Betrag muss dann mittels der auf der Karte angegebenen Servicenummer in einer auch auf Deutsch verfügbaren Dialogroutine frei geschaltet werden.

Am Autosteuer darf nur mit **Freisprechanlage** telefoniert werden!

Vorwahlen

Die Ländervorwahlen von Sardinien in die Heimat lauten:

- nach **Deutschland:** 0049
- nach **Österreich:** 0043
- in die **Schweiz:** 0041

Die Ländervorwahl nach Italien ist von Deutschland, Österreich und der Schweiz aus 0039.

Was darüber hinausgeht, gilt auch auf Sardinien als Ausdruck besonderer Zufriedenheit, über die sich selbst die zurückhaltenden Sarden freuen. Sich jedoch für Einladungen mit Geld dankbar zeigen zu wollen, ist für Sarden eine Kränkung, ja sogar eine Beleidigung. Das beste Dankeschön ist hier eine Gegeneinladung.

Auch bei den überwiegend nicht zur Selbstbedienung vorgesehenen **Tankstellen** freut sich die Servicekraft, wenn man nicht auf jeden Cent Wechselgeld besteht.

Im **Restaurant** wird die Rechnung in einem kleinen Schälchen serviert, in das man den zu zahlenden Betrag legt. Das Schälchen wird vom Kellner mit dem Wechselgeld zurückgebracht. Das Trinkgeld lässt man diskret einfach im Schälchen zurück und gibt es nicht direkt in die Hand.

Trinkgeld

Die Trinkgeldfrage ist immer ein heikles Thema, wenn man zum ersten Mal in einem Land ist. Grundsätzlich sind die Italiener recht **spendable Trinkgeldgeber.** In Restaurants und Trattorien sind 5–10 Prozent des Verzehrpreises üblich, in Bars und Cafés 10–15 Prozent. Ebenso gibt man im Hotel dem Gepäckträger 0,50–1 € pro Stück, dem Zimmermädchen pro Woche 2–5 € und der Rezeption für die Erfüllung von Sonderwünschen einen Dankesobulus. Im Taxi rundet man die Rechnung in der Regel auf.

Uhrzeit

Auf Sardinien gilt die **Mitteleuropäische Zeit** (MEZ), es gibt also keine Zeitverschiebung. Auf die Sommerzeit wird parallel zu allen anderen EU-Staaten umgestellt.

Unterkunft

An **Unterkunftsmöglichkeiten aller Arten und Kategorien** ist auf Sardinien kein Mangel. Besonders vielfältig ist das Angebot an den Küsten, etwas weniger üppig im Inselinneren. Doch

ihren Gast, welcher auf Sardinien ja traditionell einen sehr hohen Stellenwert hat. So erhält man noch zusätzliche wertvolle Tipps für Ausflüge, wo man was einkauft u.Ä. Oft steht dem Hausgast auch Fahrrad, Boot, Pferd oder anderes Inventar des Hauses zur Verfügung.

Dazu ist B&B vergleichsweise **preiswert** (35–80 € für ein DZ) und trotzdem mit Blick auf den Standard und Charme oft mindestens so attraktiv wie ein Hotel.

Das **Problem:** Die Anbieter kennzeichnen ihr B&B oft nicht, weil sie ja „persönliche Gäste" haben wollen und keine „unpersönlichen Zahlkunden". Das ist sehr sardisch und sehr lauter, aber der Suchende tut sich schwer, die Adressen vor Ort ohne Hinweisschild ausfindig zu machen. Erschwerend kommt hinzu, dass es wegen der Schließung der EPT-Büros derzeit keine aktuellen Unterkunftsverzeichnisse mehr gibt und die wenigen Internet-Verzeichnisse zu B&B sehr lückenhaft sind, da sie nur gegen Bezahlung Adressen aufnehmen. Um dies zu mildern, habe ich die B&B-Adresslisten 2005 der vier Regionen gegen einen Unkostenbeitrag von je 1,50 € unter **www.sardinienshop.de** zum Download ins Netz gestellt.

Informationsquellen

- **Posidonia,** Via Umberto I 64, 09070 Riola Sardo, Tel./Fax (0783) 41 16 60, Web: www.sardegnabb.it (600 Adressen inselweit).
- **Galaveras,** Via Grazia Deledda 32, 08025 Oliena, Tel. (0784) 28 56 40, Fax 28 63 24, Web: www.insardegnabb.it (nur für die Provinz Nuoro).

Agriturismo

Ebenfalls immer beliebter und im Angebot breiter und vielfältiger ist *Agriturismo* – eine Art **Urlaub auf dem Bauernhof,** wobei hier der Schwerpunkt weniger auf der Unterkunft an sich, sondern mehr auf dem meist vorzüglichen und opulenten Essen liegt. Auch agriturismo ist eine gute Möglichkeit, Land und Leuten direkt zu begegnen. **Besonders geeignet** ist der Landurlaub **für Kinder,** da die Höfe zumeist weitab gefährlicher Straßen in herrlicher Landschaft liegen, sodass die Kleinen auch unbeaufsichtigt mit den Hoftieren spielen sowie die Umgebung erkunden können. Viele Anbieter offerieren ihren Gästen Reitmöglichkeiten und andere Aktivitäten wie Wanderungen, Mountainbiking, Freeclimbing oder Ähnliches.

Die Anzahl der Schlafmöglichkeiten ist meist auf maximal 20 Betten beschränkt. WC und fließendes Wasser sind nicht immer im Zimmer vorhanden. Die **Preise** für eine Übernachtung mit Halbpension liegen zwischen 35 und 60 € p.P., eine einfache Übernachtung mit Frühstück kostet zwischen 20 und 30 €.

Bei einigen Anbietern kann man gegen ein geringes Entgelt sein **Wohnmobil** auf den Hof bzw. auf die Weide stellen. Beim sog. **Agricamping** ist dies auch mit dem Zelt möglich.

Wichtig: Bei Agriturismo sollte man sich das jeweilige Angebot genau anschauen, bevor man etwas aus der Ferne bucht. Es gibt große Unterschiede in Qualität und Ambiente. Dazu ist so manche deutsche Vorstellung von idyllischem Landleben und Bauernhofromantik nicht kompatibel mit der sardischen Realität und den baulichen Gegebenheiten vor Ort.

Verköstigung

Agriturismo kann meist nur mit **Halbpension** gebucht werden, was jedoch keinesfalls ein Nachteil ist, denn die gebotene **Verköstigung** ist meist **exzellent** und für Italiener der eigentliche Grund, sich in einem Agriturismo einzumieten. Die aufgetischten Köstlichkeiten stammen vom Käse über die Wurst und den Wein bis zum Brot fast immer aus eigener Herstellung – frischer, authentischer und leckerer kann man also kaum essen. Auch wer kein Quartier nimmt, kann die lokale Küche kennen lernen, allerdings immer nur gegen Voranmeldung *(prenotazione)*, denn gekocht wird stets nur für die erwarteten Gäste. Besucher müssen mit 20–30 € rechnen.

Probleme beim Agriturismo

Bei nicht wenigen Anbietern von Agriturismo (und Bed & Breakfast) gibt es **Verständigungsprobleme,** da die Betreiber meist keine Fremdsprache beherrschen und die etwas sprachkundigeren Kinder gerade in der Schule oder beim Studieren in der fernen Stadt sind. Da das in Situationen wie beispielsweise dem Abendessen im Kreis der Familie bei manchem eine gewisse Beklemmung auslösen kann, kann es nicht schaden, wenigstens ein paar italienische Wörter und Redewendungen zu beherrschen. Andererseits fördern der Wein und die fröhlich und entspannt baumelnde Seele das problemlose Kommunizieren und Verstehen, auch wenn rein sprachlich eher Schweigen herrscht.

Die Höfe liegen meist nicht in Meeresnähe und sind teilweise wegen ihrer **abgeschiedenen Lage** bzw. der fehlenden Beschilderung oft schlecht zu finden. In den meisten Fällen ist man auf ein eigenes Fahrzeug angewiesen. Außerdem sind viele Betriebe außerhalb der Saison nicht auf Gäste eingestellt, sodass man vor verschlossenen Toren stehen oder Zimmer ohne die sommerliche Standardausstattung vorfinden kann. Immer vorher anrufen!

Informationen zum Agriturismo

Auch beim Agriturismo ist das Fehlen von aktuellen Unterkunftsverzeichnissen ein Problem. Zwar gibt es gleich mehrere Dachverbände, die im Intenet Informationen und Adressverzeichnisse ihrer Mitglieder bereitstellen, aber eben nur die ihrer Mitglieder. Und das sind mal mehr, mal weniger, immer jedoch nur ein Bruchteil der existierenden Betriebe. Gesamtlisten der Agriturismo-Anbieter in den vier Regionen Sardiniens mit genauen Adress- und Preisangaben zum Download gegen einen Unkostenbeitrag fin-

---

Buchtipp:
- Erich Witschi, **Unterkunft und Mietwagen clever buchen** (REISE KNOW-HOW Praxis)

det man im Internet unter **www.sardinienshop.de**.

Weitere Informationen erhält man bei folgenden Verbänden:

- **Agriturist Sardegna,** Via Bottego 7, 09123 Cagliari, Tel. (070) 30 34 86, Fax 30 34 85, Web: www.agriturist.it.
- **Terranostra Sardegna,** Via dell'Artigianato 13A, 09122 Cagliari, Tel. (070) 21 10 296, Fax 21 10 024, Web: www.terranostra.it.
- **Turismo Verde,** Via Libeccio 31, 09126 Cagliari, Tel. (070) 37 26 28, Fax 37 20 28, Web: www.turismoverde.it (naturverträglicher Tourismus auf geprüften Bio-Höfen).

Camping

Wildes Campen

Sardinien ist ein wunderbares Campergebiet. Wildes Campen ist aber **auf ganz Sardinien verboten.** Das Verbot wird besonders in der Saison und in den Urlaubszentren an der Küste streng überwacht, Zuwiderhandlungen werden häufig mit happigen Bußgeldern bestraft. Die einst besonders bei Reisemobilisten verbreitete und lange geduldete Überzeugung, dass einmaliges Übernachten kein wildes Campen sei, gilt so nicht mehr. Bereits ein geöffnetes Sonnendach oder auch nur ein Stuhl im Freien oder das Auffahren auf Nivellierkeile wird als Campen bewertet und bestraft. Dazu haben alle Provinzen ihre Strände und Strandzugänge mit saisonalen Verbotsschildern gepflastert und oft mit Schranken und Sperren versehen, sodass man gar nicht mehr bis zum ersehnten Strand kommt. Das Verbot ist ganzjährig gültig, verfolgt wird es jedoch regional unterschiedlich und fast ausschließlich in der Saison. Von Oktober bis Mai bleibt man zwar überwiegend unbehelligt, verboten ist wildes Campen und freies Stehen allerdings auch dann.

Eigentlich gar keine andere Möglichkeit, als sich irgendwo in der Natur zu installieren, hat man **im Inneren der Insel:** Hier gibt es nur vier offizielle Campingplätze, die meist nur in der Saison offen sind. Solange man sich anständig verhält, kein Feuer macht und keinen Müll entsorgt, wird man hier auch nicht vertrieben werden.

Campingplätze

An der Küste bieten etwa 100 Plätze beste Campinggelegenheiten. Am besten versorgt sind der Inselnorden und die Ostküste. Weniger zahlreich sind die Plätze an der West- und Südküste. Auf vielen Anlagen werden auch kleine Bungalows für zwei bis sechs Personen angeboten. **Im Landesinneren** existieren zurzeit vier offizielle Campingplätze: der Camping Supramonte bei Orgosolo, der Camping La Pineta bei Monti, der Camping Sennisceddu im Monte Arci bei Pau und der Zeltplatz beim Ostello Il Castagneto in Tonara. Diese sind jedoch, abgesehen vom Platz von Orgosolo, wegen ihrer Anlage und steilen Hanglage nur für Wanderer oder für kleine PKW mit Zelt geeignet.

Manche Plätze, wie etwa der Piscina Rei an derselben oder der Camping Garden Cala Sinzias, sind inzwischen bereits zu gepflegten *villagios* mit Ferienhütten und adretten Bungalows mutiert, auf denen „richtige" Camper höchstens noch ein geduldetes Randdasein führen.

Die Mehrzahl der Campingplätze öffnet erst im Mai oder Juni und schließt Ende September. Die Preise fallen je nach Saison und Kategorie sehr unterschiedlich aus. Von Mitte Juli bis Ende August sind viele Plätze belegt bis überfüllt. In der Hochsaison ist deshalb **frühzeitige Reservierung** angeraten. Die beste Campingzeit ist im Juni und September.

Information und Buchung

Rund 50 Plätze haben sich im **Campingplatzverband FAITA** zusammengeschlossen, der für die Qualität der Mitgliedsplätze garantiert. Der engagierte Verband gibt ein jährlich aktualisiertes, übersichtliches und für unterwegs recht praktisches Verzeichnis mit den Plätzen seiner Mitglieder heraus; dieses ist in Deutschland kostenlos unter anderem bei Turisarda erhältlich, kann aber auch bei der unten aufgeführten Adresse angefordert werden. Alle FAITA-Plätze können zentral gebucht werden.

●**FAITA Sardegna:** Via Ampurias 1 c.s., 07039 Valledoria, Tel. (079) 58 21 09, Fax 58 21 91, Web: www.faitasardegna.org.

Wohnmobile

Mit dem Verbot des freien Stehens für Wohnmobile hat auch auf Sardinien endgültig die Ära der sog. **Wohnmo-**

Verhaltensregeln

bil-Stellplätze eingesetzt. Vor wenigen Jahren noch völlig unbekannt, eröffnen nun ständig neue dieser Übernachtungsplätze. Qualität und Ausstattung sind noch sehr unterschiedlich, oft mangelhaft und ihre Zahl ist nicht ausreichend. Doch die Situation verbessert sich von Saison zu Saison. Auch gibt es nun in einigen Städten und Urlaubsorten kostenlose Ver- und Entsorgungsstationen.

Um dieser neuen Entwicklung Rechnung zu tragen, hat der Autor gemeinsam mit dem Verlag REISE KNOW-HOW, Bielefeld, das Konzept der Reihe „Wohnmobil-Tourguides" ausgearbeitet und als Pilotband im Sommer 2005 den Titel **„Die schönsten Routen durch Sardinien"** veröffentlicht. Dieser spezielle Wohnmobil-Reiseführer enthält neben umfangreichen Spezialinfos für den Wohnmobilreisenden sämtliche Stellplätze, Ver- und Entsorgungsstationen sowie zahlreiche Quellen zu Trinkwasserversorgung (alle mit GPS-Koordinaten) und stellt in sieben beliebig kombinierbaren Touren die schönsten Seiten Sardiniens vor.

● **Wohnmobil-Tourguide „Die schönsten Routen durch Sardinien"**, von *Peter Höh*, REISE KNOW-HOW Verlag, 1. Auflage 2005.

Andere Länder, andere Sitten. Reisende sollten wie überall sonst auf der Welt auch auf Sardinien daran denken, dass sie nicht zu Hause sind und aus Respekt vor dem Gastland und seinen Bewohnern, aber auch um sich selbst peinliche Auftritte oder gar handfesten Ärger zu ersparen, die örtlichen Verhaltens- und Benimmregeln beachten.

Privatsphäre

Beim Fotografieren von Menschen, Betreten von Privatland und in ähnlichen Situationen möglichst vorher Kontakt aufnehmen und um Erlaubnis bitten, dann werden Sie praktisch nie ein „No" hören. Wenn sich aber die ansonsten sehr gastfreundlichen Sarden zum vogelfreien Exoten gemacht fühlen oder ihr Land als Campingplatz missbraucht sehen, können sie durchaus sehr unwirsch reagieren.

Wasserverschwendung

Wasser ist das kostbarste Gut der Insel. Besonders im niederschlagsarmen Sommer kommt es trotz zahlreicher Stauseen regelmäßig zu **Wassermangel** und zu Rationierungsmaßnahmen. Deshalb ist dann für alle, also auch für Touristen, sparsamer Umgang mit dem kostbaren Nass erste Pflicht. Die gilt nicht nur für das Autowaschen oder ähnliche Verschwendungen, die grundsätzlich zu unterlassen sind, sondern auch beim Duschen im Hotel oder beim Abwasch auf dem Campingplatz!

Der Traum eines jeden Wohnmobilisten

VERHALTENSREGELN

> **Verschmutzung von Quellbecken**
>
> Die Quellen und Brunnen auf Sardinien sind sehr wichtige Trinkwasserspender für Mensch und Tier. Jede Verunreinigung der Quellbecken führt dazu, dass die Hirten teils stundenlang warten müssen, um ihre Tiere zu tränken, bis sich das gesamte Wasser im Becken ausgetauscht hat. Deshalb **niemals Seife, Spül- oder Waschmittel etc. in die Tröge einbringen!** Gegen die Entnahme von Trinkwasser ist hingegen nichts einzuwenden.

FKK

Sardinien ist ein katholisches Land, und Nacktbaden ist wie in ganz Italien generell verboten. Aber das nahtlose Bräunen ist dennoch an einigen wenigen abgelegenen Stränden oder versteckten Buchten möglich. Ferner hat es sich an den Stränden der Urlaubszentren inzwischen dank der freizügigen Urlauberinnen vom Festland durchgesetzt, dass frau ohne weitere Probleme auch den blanken Busen bräunen kann.

Doch der Umgang mit der Materie verlangt nach wie vor **gesteigerte Sensibilität**. So ist es unangebracht, sich an überwiegend von sardischen Familien besuchten Stränden oben ohne zu sonnen, noch weniger in direkter Nachbarschaft derselben. FKK ist, wenn überhaupt, nur an abgelegenen Orten möglich. Wer es an besuchten Stränden versucht, wird mit ziemlicher Sicherheit Ärger bekommen.

Kleiderordnung

Ebenso rücksichtsvoll wie am Strand sollte man mit dem Moralgefühl der Einheimischen umgehen, wenn man sakrale Stätten besucht oder in Bergdörfern unterwegs ist.

In Italien und auf Sardinien machen sich die Einheimischen nicht nur für den abendlichen Theater- oder Konzertbesuch schick, sondern auch zum Essen im Restaurant. Es ist daher absolut unangebracht, in legerer Freizeitkleidung oder gar in Badehose bzw. Bikini ein Restaurant zu betreten.

Vermeidung von Waldbränden

Während der trockenen Sommerzeit herrscht auf der gesamten Insel akute Brandgefahr! Trotz strikten Verbotes von jeglichem offenen Feuer werden dennoch Jahr für Jahr durch vorsätzliche Brandstiftungen, aber auch durch achtlos weggeworfene Zigaretten, Funken vom Grill, Lagerfeuer etc. große Naturflächen durch Busch- und Waldbrände vernichtet. Deshalb offenes Feuer grundsätzlich unterlassen, grillen nur an den dafür eingerichteten, gesicherten Stellen! Wer zuwiderhandelt, muss zu Recht mit hohen Geldbußen rechnen!

Naturschutz

Verbote, Einschränkungen und andere restriktive Maßnahmen in Naturschutzgebieten, Nationalparks oder

> **Buchtipps:**
> - Birgit Adam
> **Als Frau allein unterwegs**
> - Harald A. Friedl
> **Respektvoll reisen**
> (beide Bände REISE KNOW-HOW Praxis)

Verkehrsmittel auf Sardinien

Ähnlichem wurden nicht erlassen, um Sie böswillig in Ihrem Betätigungsfeld und Forscherdrang einzuengen, sondern zum Schutz der sensiblen Natur und ihrer Bewohner. Deshalb sind die jeweiligen Einschränkungen auch von Touristen zu beachten. Das gilt insbesondere für den Müll, der trotz der vielen schlechten Vorbilder nicht in die Bäume gehängt, sondern wieder mitgenommen werden sollte.

Drogen

Alle bei uns illegalen Drogen sind auch in Italien verboten. Behauptungen, geringfügige Mengen zum Eigenverbrauch seien legal, sind falsch. Der Besitz wird strafrechtlich rigide verfolgt.

Eigenes Fahrzeug

Das mit Abstand **wichtigste Verkehrsmittel auf Sardinien** ist für Einheimische und Urlauber gleichermaßen das Auto. Zuerst gilt es hier mit dem hartnäckigen Vorurteil aufzuräumen, dass man in Italien Vorschriften nicht so genau nehme und jeder fahre, wie er wolle. Wenn es je gestimmt hat, so ist das seit 1993 Geschichte. Mit dem Erlass zahlreicher neuer Vorschriften und der drastischen Verschärfung der Bußgelder und insbesondere mit der rigorosen Überwachung und Durchsetzung von diesen sind Italiens Autofahrer zu „zivilisierten" und gesetzestreuen Verkehrsteilnehmern geworden. Denn nun wird auch in Sardinien geblitzt, Alkohol gemessen und ein Punktekatalog à la Flensburg geführt. Das hat nicht nur den Straßenverkehr deutlich beruhigt, sondern auch die Unfallzahlen drastisch gesenkt.

Höchstgeschwindigkeiten

	Pkw/Motorrad/ Wohnmobil bis 3,5 t	Wohnmobil über 3,5 t	Gespann
●Innerhalb geschlossener Ortschaften	50 km/h	50 km/h	50 km/h
●Außerhalb geschlossener Ortschaften	90 km/h	80 km/h	70 km/h
●Schnellstraßen	110 km/h	80 km/h	70 km/h
●Autobahn	130 km/h	100 km/h	80 km/h

VERKEHRSMITTEL AUF SARDINIEN

Gehupt wird viel und ständig, vor allem innerhalb geschlossener Ortschaften. Das akustische Signal dient jedoch allermeist dem Begrüßen von Bekannten. Es muss erfolgen, sagen einem die Sarden auf die verwunderte Nachfrage nach dem Dauergehupe, wenn man sich den Bekannten gegenüber nicht respektlos verhalten wolle. Gehupt wird also als Zeichen der Ehrbezeugung, jedoch nie vor Kurven, auch wenn diese Meinung in manch mitteleuropäischem Kopf vorherrscht.

Sarden sind entweder sehr flotte Fahrer oder aber sie schleichen im Ziegenzockeltempo über die meist **endlos kurvigen Straßen.** Auf kurvenreichen Strecken – und das sind auf Sardinien fast alle Straßen – sollte man immer ein Auge im Rückspiegel haben. Erblickt man dort ein schnelleres Fahrzeug oder eine Schlange derselben, am besten bei der nächsten Möglichkeit passieren lassen. Die Fahrer werden es Ihnen sehr freundlich mit Hupen und Winken danken.

Straßennetz

Sardiniens Straßen sind sozusagen eine fortwährende Aneinanderreihung aller nur denkbaren Varianten von **Kurven** und führen **ununterbrochen bergauf und bergab.** Bis auf wenige Ausnahmen ist an ein schnelles Fortkommen also nicht zu denken. Dafür ist die Qualität der Straßen, auch von kleiner Nebenstraßen, fast durchweg ausgezeichnet. Besonders in den letzten Jahren wurde massivst in das Straßennetz investiert.

Auch Sardiniens **Schnellstraßennetz** wird mit großem Aufwand ausgebaut und abschnittsweise dem Verkehr übergeben. Ob um Sassari oder an der Ostküste von Barisardo nach Muravera oder von Villasimius nach Cagliari – überall auf der Insel sind in den letzten Jahren große Abschnitte neuer Schnellstrecken eröffnet worden. So ist es nun beispielsweise möglich, ohne Unterbrechung ab dem Fährhafen Olbia vierspurig bis nach Cagliari durchzufahren. Das Rückgrat der Schnellstraßen sind die autobahnähnlich ausgebauten, aber mautfreien **SS 131 und SS 131 dir,** auf denen man die Insel in knapp 3 Stunden von Porto Torres nach Cagliari, also von Nord nach Süd, durcheilen kann. Ein seit 2005 endlich durchgehend befahrbarer Abzweig bei Abbasanta (SS 131 d.c.n.) führt bis in den Fährhafen von Olbia. Sehr wichtig ist auch die neue schnelle Verbindung **von Nuoro nach Lanusei,** die die Fahrt in die Ogliastra deutlich verkürzt. Die in erheblichen Teilen fertig gestellte **SS 125** zwischen Tortoli und Muravera bringt dank Brücken und Tunneln viel Zeitersparnis auf dem Weg von Olbia zur Costa Rei, ebenso die teilweise dem Verkehr übergebene Schnellstraße von Cagliari nach Villasimius. So werden die kurvenreichen und zeitraubenden, aber landschaftlich wunderschönen Küstenstraßen stark entlastet und stehen nun dem gemütlichen Spazierenfahren zur Verfügung.

Dieser rasanten Entwicklung hinken fast alle **Straßenkarten** von Sardinien erheblich hinterher. Die derzeit aktu-

VERKEHRSMITTEL AUF SARDINIEN

ellste und momentan einzige, die alle neuen Straßen und ihren Ausbauzustand zeigt, ist die im Herbst 2005 erschienene „Carta Stradale Sardegna in Strada" (1:350.000). Sie ist nur vor Ort erhältlich oder im Internet unter www.sardinienshop.de.

Alle Straßen Sardiniens, auch die großen vierspurigen, sind verglichen mit deutschen Verhältnissen sehr **verkehrsarm**. Auf kleineren Straßen ist man oft allein unterwegs.

Ausnahmen bilden hier die **Ortszentren**. Besonders zwischen 9 und 13 und ab 17 Uhr bricht in diesen engen, zusätzlich durch massiven Fußgängerverkehr und falsch parkende Autos verstopften Straßen das Verkehrschaos aus. Wer es meiden will, sollte entweder bereits sehr früh am Morgen oder zur stillen Siestazeit in oder durch die Orte fahren.

Beschilderung und Orientierung

Die Beschilderung auf Sardiniens Straßen ist gut. Und wenn hie und da doch einmal nicht, dann liegt das meist daran, dass Hinweisschilder entweder eingewachsen, völlig verblasst oder auch abmontiert sind oder derart von Kugeln durchsiebt, dass auf ihnen kaum noch etwas zu entziffern ist.

Neben den bekannten blauen Wegweisern zu den Ortschaften existiert ein gutes Netz **brauner Hinweisschilder,** die den Weg auch zu kleinen, unbekannten touristischen Attraktionen und Sehenswürdigkeiten wie Stränden, Naturparks, Kirchen, archäologischen Stätten usw. weisen. So ist es auch hier selbst bei abseits und versteckt gelegenen Zielen kaum mehr möglich, in die Irre zu fahren. Und wenn doch, dann sind die Ursachen oft bei verärgerten Bauern und Hirten zu suchen, die die Schilder verdrehen oder entfernen, weil ihnen ignorante Urlauber die Felder zertrampeln oder die Weidegatter nicht wieder verschließen.

Entlang der Überlandstraßen finden sich deutlich sichtbare **Meilensteine** mit Kilometerangaben, die als Orientierungshilfe dienen. Auf den Steinen bzw. den modernen Varianten aus Blech sind der Straßenname (SS 125) sowie die Entfernung *vom* Ausgangsort und/oder *zum* nächsten markanten Punkt angegeben. So sind viele Sehenswürdigkeiten, Unterkünfte, kleine Kreuzungen und vieles mehr in Broschüren und auch in diesem Buch mit Angaben wie „SS 125, km 44,3" exakt lokalisierbar und einfach zu finden.

Verkehrsregeln

In Italien und auf Sardinien gelten weitestgehend die üblichen Verkehrsregeln. Die wichtigste Besonderheit auf der Insel: Schafe, Ziegen, Schwei-

---

Italienische Verkehrsschilder

- *Deviazione* = Umleitung
- *Divieto di accesso* = Zufahrt verboten
- *Inizio zona tutelata* = Beginn der Parkverbotszone
- *Rallentare* = Langsam fahren
- *Sbarrato* = Gesperrt
- *Senso unico* = Einbahnstraße
- *Tenere la destra* = Rechts fahren
- *Tutte le direzioni* = Alle Richtungen
- *Zona di silenzio* = Hupverbot

Verkehrsmittel auf Sardinien

ne, Kühe, Omnibusse, Schienenfahrzeuge und andere derartige, hier häufig vorkommende Verkehrsteilnehmer haben immer Vorfahrt. Des Weiteren gibt es Folgendes zu beachten:

- Wenn nicht anders geregelt, gilt im sehr häufig anzutreffenden **Kreisverkehr** grundsätzlich rechts vor links.
- Auch wenn sich viele Sarden nicht daran halten, besteht **Anschnallpflicht.**
- **Motorräder** bis 149 ccm sind auf Autobahnen verboten.
- In schlecht beleuchteten Tunneln und Galerien muss immer **Abblendlicht** eingeschaltet werden.
- Privates **Abschleppen** auf der Autobahn ist verboten.
- **Parkverbot** besteht an schwarzgelb markierten Bordsteinen. An weißen kann gratis geparkt werden, an blauen Streifen ist es gebührenpflichtig, an gelben ist das Parken für Busse und Taxis reserviert.
- Das **Parken in Landschaftsschutzgebieten** außerhalb der dafür ausgewiesenen Stellen ist verboten.
- **Telefonieren** ist während der Fahrt nur mit Freisprechanlage gestattet.
- **Wenden, Rückwärtsfahren** oder unerlaubter **Spurwechsel** im Mautstellenbereich und auf Autobahnauf- bzw. -abfahrten wird mit hohen Bußgeldern, oft auch mit Fahrverbot geahndet.
- Bußgelder drohen auch, wenn Fahrmanöver wie z.B. das Wechseln der Fahrspur oder Anhalten nicht per **Blinker** angezeigt werden.

Tankstellen

Tankstellen *(distributore)* öffnen von April bis Ende September in der Woche meist von 7.30–12.30 und 15.30–19.30 Uhr, im Winter von 15–19 Uhr. Samstags sind nur wenige Stationen geöffnet, sonntags noch weniger. 24-Stunden-Stationen gibt es nur in den großen Städten und an den Hauptverkehrsadern. Wer spät in der Nacht auftanken will, fährt eine der Nachttankstellen an, die in den Tageszeitungen „L'Unione Sarda" und „La Nuova Sardegna" verzeichnet sind. Kreditkarten werden an den meisten Tankstellen akzeptiert.

Fast alle Tankstellen sind mit einem **Tankautomaten** ausgestattet. Die funktionieren immer dann, wenn geschlossen ist, also über die Mittagszeit, an Festtagen oder nachts. Die Automaten stehen in der Regel zwischen den Tanksäulen und funktionieren mit Geldscheinen oder Kreditkarten. Diese werden zuerst in die Öffnung gesteckt. Alle Zapfsäulen haben eine Nummer, die sich auf dem Kontrollfeld

---

Neue Verkehrsregeln und Bußgelder

Seit 2003 gelten in Italien einige neue Verkehrsregeln. Die wichtigsten:
- Außerhalb geschlossener Ortschaften muss man auch am Tag **mit Abblendlicht** fahren.
- Die **Promillegrenze** wurde von 0,8 auf auf 0,5 ‰ gesenkt.
- Beim Verlassen des Fahrzeuges außerhalb von geschlossenen Ortschaften in Notfallsituationen ist das Tragen einer **Warnweste vorgeschrieben** (gilt auch für Österreich!). Diese muss erreichbar sein, ohne dass das Auto verlassen werden muss (also nicht im Kofferraum!).
- Die **Bußgelder** wurden deutlich erhöht. So kostet bereits einfaches Falschparken 33,60 €. Beim unerlaubten Überholen und „Übersehen" einer roten Ampel ist man ab 70 € dabei. Besonders teuer werden Geschwindigkeitsüberschreitungen: zwischen 10 und 40 km/h: 140 €, alles darüber mindestens 350 € sowie sofortiges Fahrverbot.

des Automaten wiederholt. Man drückt einfach die entsprechende Taste, wartet, bis die grüne Lampe an der Zapfsäule aufleuchtet und tankt dann. Bleifreies Benzin *(benzina senza piombo)* ist meist grün gekennzeichnet, Diesel *(gasolio)* ist schwarz markiert.

Achtung: Es kommt vor, dass man schon einen Geldschein in den Automaten gesteckt, die entsprechende Taste gedrückt hat und dann vergeblich auf das Aufleuchten der grünen Lampe an der Zapfsäule wartet. Dann ist kein Treibstoff mehr im Tank. In diesem Falle unbedingt den Kassenbon per Knopfdruck anfordern, aufbewahren und dem Tankwart als Beweis vorlegen.

Dort, wo ein Zeichen „Self service" angebracht ist, kann man selber tanken. Die überwiegende Mehrheit der Tankstellen sind jedoch keine **Selbstbedienungsstationen,** sondern funktionieren mit Bedienungspersonal.

Panne und Unfall

Der Straßenhilfsdienst des Automobil-Club d'Italia (ACI) ist in ganz Italien unter **Tel. 116** erreichbar (Mobiltelefon 800-11 68 00). Pannenhilfe ist grundsätzlich kostenpflichtig. Die beiden ADAC-Partnerclubs ACI und TCI unterhalten in den größeren Städten Geschäftsstellen.

Im Falle eine Unfalls mit **Sachschaden** möglichst umgehend die Polizei (Tel. 112) zur Schadens- und Hergangsaufnahme rufen, im Falle eines **Personenschadens** die Unfallrettung unter Tel. 113. Bei allen, auch leichten Unfällen sollte man sich auf jeden Fall das KFZ-Kennzeichen des Beteiligten sowie dessen Versicherungsnummer notieren, die an einem in Italien vorgeschriebenen Aufkleber an der Windschutzscheibe abzulesen ist.

Tipp: Auf der ADAC-Homepage kann man sich das **Merkblatt „Unfall in Italien"** ausdrucken lassen, dass neben genauen Verhaltensregeln und Handlungsanweisungen auch Adressen deutscher Anwälte nennt.

ADAC-Partnerclubs:
- **Automobil-Club d'Italia (ACI):** Via Marsala 8, 00185 Rom, Tel. (06) 49 981, Fax 49 98 22 34, Web: www.aci.it.
- **Touring-Club Italiano (TCI):** Corso Italia 10, 20122 Mailand, Tel. (02) 85 261, Fax 85 35 99 347, Web: www.touringclub.it.

Literaturtipp:
- Das **„Bordbuch Südeuropa für Unfall, Panne und Verkehr"** von *Friedrich Köthe* und *Michael Nissen* informiert über spezielle Verkehrsregeln und Einreisebestimmungen, Strafen, Notrufe und viele weitere Fragen rund ums Autofahren und hilft, Unfälle und Pannen zu regulieren und seine Rechtsansprüche durchzusetzen. Erschienen in der Praxis-Reihe von REISE KNOW-HOW.

Wohnmobile und Caravans

Wildes Campen ist auf Sardinien zwar schon länger nicht mehr erlaubt, es wurde bis 2002 jedoch fast immer geduldet. Das ist nun endgültig vorbei. Alle vier Provinzen haben ihre Küsten und Strände mit Parkzeitbegrenzungen bis 22 Uhr, Durchfahrtverbotsschildern, Höhenbegrenzungen und anderen Abwehrmitteln gegen frei stehende Reisemobile verbarrikadiert. Zwischen Mai und Ende September ist es offiziell nicht mehr möglich, auch

VERKEHRSMITTEL AUF SARDINIEN

nur für eine Nacht am Strand zu stehen. Wer es dennoch versucht, muss mit Geldbußen von 70 € und mehr rechnen. Besonders im Norden wie z.B. rings um Santa Teresa ist es in dieser Zeit oft noch nicht einmal möglich, mit dem Wohnmobil zum Baden an den Strand zu fahren. Auch das Capo Testa, immerhin eine *der* Sehenswürdigkeiten Sardiniens, ist per Reisemobil dann nicht mehr erreichbar. Dort, wo man legal am Strand oder wenigstens in Strandnähe parken kann, sind für ein Wohnmobil **Parkgebühren** von 5-10 € oder gar mehr fällig.

Im Gegenzug entstehen zwar mehr und mehr so genannte **Wohnmobil-Stellplätze;** sie sind jedoch noch viel zu selten und meist wirken sie noch improvisiert. Dazu liegen sie oft wenig attraktiv, weil kilometerweit vom Strand entfernt. Auch kann so mancher Betreiber der Verlockung nicht widerstehen, die Unterversorgung auszunutzen und für seinen „Acker mit Schranke" überzogene Gebühren zu verlangen.

Die **Ortsdurchfahrten** sind fast immer ausgesprochen eng; Nebenstraßen hier am besten gänzlich meiden! Diese sind sehr eng und werden garantiert an einer Stelle noch enger, sodass man mit dem breiten Wohnmobil nicht weiterkommt.

Ver- und Entsorgungsstationen gibt es auf praktisch allen Campingplätzen und den meisten Wohnmobil-Stellplätzen sowie in diversen Orten wie Oristano, San Teodoro, Nuoro oder Ghilarza. Die derzeit einzige Liste aller Womo-Stellplätze *(area di sosta camper)* und Ver-/Entsorgungsstationen *(carico/scarico)* findet man in dem Wohnmobil-Tourguide „Die schönsten Routen durch Sardinien", Verlag REISE KNOW-HOW (s. „Unterkunft", „Wohnmobile").

Wohnmobil-Vermietung

Statt die lange, teure und anstrengende Anfahrt selbst zu machen, kann man auch bequem mit dem Billigflieger anreisen und sich auf Sardinien ein Wohnmobil mieten. Wohnmobil-Verleihstationen gibt es nahe den Flughäfen Olbia, Alghero und Cagliari. Während man über den Anbieter Autocaravan Rent Saiu (Stationen in Elmas/Cagliari und Olbia) diverse Klagen hört (teuer, ungereinigte/defekte Fahrzeuge, schlechter Service), sind die beiden folgenden **Anbieter** zu empfehlen:

● **SardiniaRent,** c/o Europcar, Frau *Barbara Pirisi,* 07100 Sassari, Via Predda Niedda 6, Tel. (0039) 079-26 75 118, Fax 26 75 443, Web: www.sardiniarent.de. Verschiedene Modelle des italienischen Herstellers Sky von 2-6 Personen. Übernahme an den Flughäfen Olbia und Alghero. Frau *Pirisi* spricht deutsch!
● **Sardinien-Wohnmobil-Vermietung,** Firma Travelplan, Lindwurmstr. 62, 80337 München, Tel. (089) 543 91 41, Fax 77 06 71, Web: www.sardinien-wohnmobil-vermietung.de. In Deutschland zugelassene, sehr handliche und wendige Ford Nugget, mit denen auch der normale PKW-Fahrer sich auf Sardinien problemlos bewegen kann. Übernahme an den Flughäfen Olbia, Cagliari und Alghero.

Literaturtipp

● **„Clever reisen mit dem Wohnmobil"** von *Rainer Höh,* ebenfalls aus der REISE KNOW-HOW-Praxis-Reihe. Das Buch hilft bei der Planung und Durchführung der Reise und begleitet den Leser Schritt für Schritt vom Wohnmobil-Kauf bis zu den Details unterwegs, etwa Kochen, Ver- und Entsorgung, Fahrtechnik u.v.m.

VERKEHRSMITTEL AUF SARDINIEN

Mietwagen

Mietautos werden **an allen Flughäfen und Städten von internationalen und nationalen Gesellschaften** angeboten. In den **Urlaubszentren** an der Küste kann man sich meist nicht nur PKW, sondern auch Motorroller, Mopeds und zunehmend auch Fahrräder leihen. Voraussetzung für ein Mietauto ist ein Mindestalter von 21 Jahren, ein mindestens seit einem Jahr gültiger Führerschein und die Hinterlegung einer Kaution von etwa 150–300 €. Sehr wichtig zur Anmietung ist eine **Kreditkarte.** Wer diese nicht vorlegen kann, bekommt meist überhaupt kein Fahrzeug, und wenn doch, dann in der Regel zu einer sehr hohen Kaution!

Im Mietpreis inbegriffen ist die **Haftpflichtversicherung** und, mit Einschränkungen, eine **Diebstahlversicherung,** nicht jedoch das Benzin. Zusätzlich kann man für ca. 5 € eine Unfallversicherung abschließen. Mit etwa 10 € pro Tag zu Buche schlägt eine zusätzliche **Vollkaskoversicherung** mit Eigenanteil. Um Ärger zu vermeiden, empfiehlt es sich, bei Übernahme das Fahrzeugs genau auf sichtbare Schäden und Vollständigkeit (Ersatzrad etc.) zu checken sowie Kühlwasser- und Ölstand zu prüfen.

Mietwagen sind auf Sardinien **nicht eben billig.** Zwar schwanken die Preise zwischen den verschiedenen Anbietern, die jeweils wiederum Sonderangebote wie Wochen- oder Wochenendtarife o.Ä. offerieren. Im Durchschnitt sind die nationalen bzw. sardischen Autoverleiher etwas preisgünstiger als die internationalen wie Sixt oder Europcar, die man auch im Reisebüro buchen kann. Ein Fiat Punto kostet z.B. bei einem internationalen Verleiher 60 € für 24 Stunden, für eine Woche 300 €. Ein Fiat Marea liegt bereits bei ca. 100 € pro Tag. Günstiger ist es, den Mietwagen möglichst früh bereits von zu Hause aus zu buchen, am besten gleich zusammen mit dem Flugticket. Zu den so genannten „Fly & Drive"-Angeboten lesen Sie auch unter „Anreise/Flugzeug".

Besonders **günstige Preise** findet man bei Internet-Vermittlungsagenturen wie www.autoeurope.de oder www.holidayautos.de.

Mietwagenfirmen

Olbia (Flughafen Costa Smeralda):
- **Sixt,** Tel. (0789) 66 383.
- **Europcar,** Tel. (0789) 69 548.
- **Hertz,** Tel. (0789) 66 024.

Cagliari (Flughafen-Elmas):
- **Sixt,** Tel. (070) 21 20 59.
- **Europcar,** Tel. (070) 24 01 26.
- **Hertz,** Tel. (070) 24 00 37.
- **Avis,** Tel. (070) 22 40 081.

Alghero (Flughafen Fertilia):
- **Sardinya,** Tel. (079) 93 50 60.
- **Europcar,** Tel. (079) 93 50 32.
- **Hertz,** Tel. (079) 93 52 27.

Bahn

Normalspur der FS

Sardiniens Eisenbahnnetz ist zu bescheiden, um die Insel ausschließlich mit der Bahn bereisen zu können. Die staatliche italienische Eisenbahngesellschaft **Ferrovie dello Stato (FS)** unterhält nur wenige Strecken zwischen den großen Städten. Die **Verbindun-**

Verkehrsmittel auf Sardinien

gen sind **sehr spärlich.** Die Fahrzeit von Cagliari nach Olbia bzw. Porto Torres beträgt 4–6 Stunden. Wichtigster Bahnknotenpunkt ist Chilivani, wo man fast immer umsteigen muss. Eine Direktverbindung Olbia – Cagliari gibt es derzeit nicht. Das drückt das ohnehin schon sehr bescheidene Tempo der FS noch weiter, weshalb man auf die viel schnelleren und komfortableren Expressbusse zurückgreifen sollte.

●**Ferrovie dello Stato (FS):** Piazza Matteotti (im Hbf), Cagliari, Auskunft/Information/Reservierung: Tel. 89 20 21 (24 Std.), Web: www.trenitalia.com/it/treni_stazioni/servizi_stazione/sardegna/index.html, www.trenitalia.com.

Schmalspur der FdS

Neben der FS-Normalspurbahn gibt es noch die Schmalspurbahn **Ferrovie della Sardegna (FdS),** die auf der Insel drei Strecken betreibt. Im Norden die Strecke Palau – Alghero über Sassari mit Abzweig nach Sorso. Diese Strecke hat in Sassari Anschluss an die FS-Bahn. Im Zentrum der Insel gibt es die FdS-Strecke Bosa – Nuoro, die in Macomer Anschluss an die FS hat. Von Cagliari führt die Schmalspurbahn nach Mandas, wo sie sich zweigt und auf der einen Route bis Sorgono in der Barbagia führt, auf der anderen bis Arbatax an der Ostküste.

VERKEHRSMITTEL AUF SARDINIEN

Die Schmalspurstrecken sind extrem kurvenreich und das Bähnlein bummelig. So ist es kein Wunder, dass die Strecken seit Jahren von der Schließung bedroht sind, weil die Stationen auch mit schnelleren Bussen zu erreichen sind. So wird der Fahrplan immer mehr eingeschränkt. Zurzeit verkehrt die FdS ganzjährig nach Fahrplan noch auf folgenden Strecken:

- Cagliari – Mandas – Isili
- Macomer – Nuoro
- Sassari – Sorso
- Sassari – Alghero
- Sassari – Nulvi

Da die Strecken sämtlich nur eingleisig sind, sind jedoch die Zugfrequenzen gering. Eine Fahrt mit dem niedlichen Puppenstubenbähnlein ist aber auf alle Fälle sehr zu empfehlen, da die Strecken meist durch ansonsten nur zu Fuß zu erreichende Landschaften führen, was sie auch zum idealen Zubringer für Wanderausflüge und Exkursionen macht. Aber Achtung: Einige Bahnhöfe liegen weit von den namensgebenden Orten entfernt, sodass man entweder zusätzliche Kilometer per pedes oder mögliche Anschlüsse mit Bussen bedenken sollte.

Für Urlauber besonders interessant ist der **Trenino Verde,** der „Grüne Zug" des FdS, der in der Saison auf landschaftlich besonders reizvollen Streckenabschnitten verkehrt. Soweit es die Brandgefahr zulässt, wird die nostalgische Museumsbahn von alten Dampflokomotiven gezogen, die schon ihren Dienst taten, als 1919 der englische Schriftsteller *D. H. Lawrence* mit der Bummelbahn die Insel bereiste und dieses Abenteuer in seinem lesenswerten Buch „Das Meer und Sardinien" beschrieb.

Bahnverbindungen

══ Normalspurbahn FS
━━━ FdS-Schmalspurbahn (ohne Fahrplaneinschränkung)
▬▬▬ FdS-Schmalspurbahn (touristische Linien im Sommer)

Auf schmaler Spur
von Arbatax nach Seui

VERKEHRSMITTEL AUF SARDINIEN

Die schönste aller Schmalspurstrecken ist der Abschnitt **von Arbatax bis Seui oder Mandas,** der von den paradiesischen Sandstränden der Ogliastra hinauf in eine grandiose Bergwelt führt. Der Trenino Verde verkehrt in der Saison täglich auf folgenden **Streckenabschnitten:**

- **Arbatax – Mandas:** 19.6.–11.9. 2 x tägl., Länge 159 km, Fahrzeit: ca. 4,5 Std.
- **Isili – Sorgono:** 19.6.–11.9., nur auf Vorbestellung ab 30 Pers., Länge 83 km, Fahrzeit: 2,5 Std.
- **Macomer – Bosa Marina:** 2.7.–28.8., 1 x nur Sa, Länge: 46 km, Fahrzeit 1,3 Std., Teilstrecke Tresnuraghes – Bosa Marina 2 x So, Fahrzeit: 45 Min.
- **Palau – Tempio – Nulvi:** 22.6.–7.9., Mi–So 2 x tägl., Länge: 116 km, Fahrzeit bis Tempio: 1,5 Std., bis Nulvi 3 Std.
- **Sassari – Tempio:** 22.6.–7.9., 1 x, So, Länge: ca. 50 km, Fahrzeit 2,4 Std.

FS- oder Interrail-Tickets gelten bei der FdS nicht. Der Trenino Verde ist nicht ganz billig. Die Strecke Arbatax – Sadali kostet beispielsweise hin und zurück 18 €, die Strecke Palau – Tempio Pausania 14 €. Kinder bis 11 Jahre zahlen die Hälfte, Gruppen erhalten einen Rabatt von 20–30 Prozent.

- **FdS/Trenino Verde,** Via Cugia 1, 09129 Cagliari, Tel. (070) 34 23 41, Fax 34 07 80, Web: www.ferroviesardegna.it; Info/Fahrplan/Buchung: gebührenfreie Numero Verde 800-46 02 20 (8–14 Uhr), sonst Tel. (070) 58 02 46.

Bus

Fahrpläne

So löcherig das Schienennetz, so dicht geknüpft ist das sardische Busnetz. Mit den verschiedenen Bussystemen ist praktisch **jeder Ort zu erreichen.** Auch das kleinste Bergdorf wird wenigstens ein- oder zweimal täglich angefahren. Da Busfahren zudem preiswert ist, wird das Verkehrsmittel von den Einheimischen stark genutzt. Deshalb richten sich die Fährpläne auch nach deren Bedürfnissen, d.h. sie fahren für die Pendler und Marktbesucher früh morgens und nach Feierabend. Daher sollte man sich rechtzeitig nach den Abfahrtszeiten und besonders den Anschlüssen informieren, um nicht den halben Tag an Bushaltestellen verbringen zu müssen. Fahrplaninfos sind rar, da es kein Gesamtverzeichnis aller Busgesellschaften Sardiniens gibt. Man muss sich also für jede Strecke beim jeweiligen Betreiber, in den Tageszeitungen, im Web oder vor Ort informieren.

Haltestellen und Fahrkarten

Alle großen Ortschaften und Städte verfügen über einen zentralen **Busbahnhof** *(stazione),* der kaum zu verfehlen ist. In kleineren Orten und Dörfern, die keinen speziellen Busbahnhof besitzen, liegt die Haltestelle *(fermata)* fast immer zentral. Dort, wo sie nicht eindeutig auszumachen ist, kann man Passanten fragen. Die Station kennt jeder, meist auch noch die Fahrpläne. Da jedoch **private Linien** häufig ihren eigenen Abfahrtspunkt haben, wird das Reisen mit dem Bus komplizierter. Hier hilft oft nur, sich in den Tageszeitungen oder besser bei den Einheimischen vor Ort zu erkundigen.

Verkehrsmittel auf Sardinien

Informationen über die **Fahrzeiten** und **Tickets** hält in kleinen Orten fast immer auch die der Haltestelle nächstgelegene Bar bereit, auf Busbahnhöfen die Schalter der Betreibergesellschaften. Die Tickets sollten möglichst vor Fahrtantritt erworben werden.

Stadtbusse

Die meist klapprigen, traditionell bislang einfarbig orangenen Stadtbusse, die nach und nach durch neue, weiß-orangene Fahrzeuge ersetzt werden, bedienen innerstädtische Linien und diejenigen in die Vororte. Es gibt sie nur in den großen Städten. Wenn sich in deren Umgebung touristische Einrichtungen (Campingplätze, Strände etc.) befinden, werden dorthin in der Saison ebenfalls Stadtbusse eingesetzt.

Tickets kauft man nicht beim Fahrer, sondern an den Schaltern auf den Busbahnhöfen, Kiosken, Bars und ähnlichen Einrichtungen in unmittelbarer Nähe der Haltestelle. Ein einfaches Ticket kostet etwa 0,50 bis 0,80 €. Wer häufiger Bus fährt, kann eine Mehrfahrtenkarte *(carnet)* erwerben.

Der **Einstieg** erfolgt an der hinteren Tür (dort hängt der Entwertungsstempler), der **Ausstieg** immer an der Mitteltür. Vorn beim Fahrer steigt nur ein, wer eine Dauerkarte besitzt. Bushaltestellen sind mit einer orangenen Info-Tafel versehen, die die Linie(n) und ihre Haltestellen nennt. Die Busse stoppen nicht automatisch an jeder Haltestelle. An **fermate a richiesta**, d.h. „Halten auf Anfrage" winkt man beim Herannahen des Busses sichtbar mit der Hand.

Italienische Begriffe rund ums Busfahren

- *pullman* – Überlandbus
- *corsa semplice* – einfache Fahrt
- *ritorno* – zurück
- *partenza* – Abfahrt
- *arrivo* – Ankunft
- *fermata* – Haltestelle
- *biglietto* – Fahrschein
- *autista* – Busfahrer
- *controllore* – Kontrolleur
- *entrata* – Eingang
- *uscita* – Ausgang

Überlandbusse

Die blauen Überland-Omnibusse *(pullman)* der staatlichen Gesellschaft **ARST** fahren praktisch jeden Ort an. Die ARST-Busse verkehren immer von den zentralen Busbahnhöfen aus.

Die sardische Bahngesellschaft **FdS** betreibt ebenfalls ein dichtes, oft das der ARST ergänzendes Netz von Busverbindungen, besonders in den Provinzen Cagliari und Nuoro.

Außerhalb der Ortschaften halten die Busse meist auch auf Handzeichen und an vielen Straßeneinmündungen *(bivio)*. Größeres Gepäck verschwindet in den Außenklappen.

Der Fahrschein sollte rechtzeitig gekauft werden. Besonders in kleinen Orten läuft deren Verkauf fast ausschließlich über Bars oder Tabak- und Zeitschriftenläden. Wenn die dann geschlossen sind, steht man dumm da. Die Überlandbusse kosten etwa so viel wie die Bahn (ca. 8 € auf 100 km).

Die zur FdS gehörende **FMS** *(Ferrovie Meridionali della Sardegna)* betreibt im Süden und insbesondere im Südwesten Sardiniens ihre Verbindungen

Verkehrsmittel auf Sardinien

und bindet diese Region an die Hauptstadt Cagliari an. FdS hat seit Januar 2006 die Expressbuslinien von PANI übernommen und betreibt nun die Verbindungen Sassari – Macomer – Nuoro (Linea 341), Nuoro – Cagliari (Linea 342) und Sassari – Macomer – Oristano – Cagliari (Linea 343).

- **ARST** *(Azienda Regionale Sarda Trasporti)*, Via Zagabria 54, Cagliari, Tel. (070) 40 981, kostenloses Info-Tel. 800-86 50 42, Web: www.arst.sardegna.it.
- **FdS** *(Ferrovie della Sardegna)*, Via Cugia 1, Cagliari, gebührenfreies Info-Tel. 800-86 41 46, Web: www.ferroviesardegna.it/elenco%20generale.htm.
- **FMS** *(Ferrovie Meridionali Sarde)*, Via Crocifisso 92, Iglesias, Tel. (070) 66 61 21, gebührenfreies Info-Tel. 80 00 44 553, Web: www.ferroviemeridionalisarde.it.

Express-Busse

Die private Gesellschaft **Turmo Travel** bedient die Strecke Cagliari – S. Teresa di Gallura über Oristano, Siniscola, Olbia, die Strecke Olbia – Flughafen Alghero über Sassari sowie die Strecken Sassari – Oristano – Nuoro und Cagliari – Nuoro. Die Strecke Olbia/Flughafen – S.T. Gallura wird nur in der Saison angeboten.

Neu ist der Service **Fly & Bus,** unter dem Turmo Travel spezielle, mit dem Schriftzug „Fly & Bus" gekennzeichnete und auf die Ankunfts- und Abflugzeiten abgestimmte Buslinien von und zu den Flughäfen betreibt.

- **Turmo Travel,** Via Tavolara 4, Olbia, Info-Tel. (0789) 21 487, Web: www.turmotravel.it.

Die private Gesellschaft **Logudoro Tours** fährt auf den Strecken Cagliari – Alghero-Flughafen (abgestimmt auf die An- und Abflugzeiten von Ryanair) mit Halt in Macomer, Oristano sowie Porto Torres – Orune mit zahlreichen Zwischenstopps z.B. in Ardara, Ozieri, Pattada oder Budduso.

- **Logudoro Tours,** Viale Dante 3, Sassari, Info-Tel. (079) 28 17 28, Web: www.logudorotours.it.

Die **NicosGroup** betreibt im Norden Sardiniens unter den Namen **Nuragica, Sardabus und Caramelli** 16 regionale Linien.

- **NicosGroup,** Via Quarto 4, Tempio Pausania, Tel. (079) 67 06 13, Web: www.nicosgroup.it.

Die private Gesellschaft **Sunlines** unterhält von Olbia zur Costa Smeralda (bis Cannigione) und entlang der Küste via Valledoria und Castelsardo bis nach Porto Torres Buslinien.

- **Sunlines/Autolinea Cassitta,** Via Pozzo 9, Olbia, Tel. (0789) 69 134, Fax 50 885, Web: web: www.sunlines.org.

Taxi

Preise

Funktaxen und Taxi-Stationen gibt es nur in den großen Städten (von 5.30–2 Uhr). Komfortabel mit dem Taxi fahren ist auf Sardinien **recht teuer.** Auf die Grundgebühr von ca. 2,60 € kommen pro Kilometer je nach Ort zwischen etwa 0,70 und 1 € hinzu. Nachts und an Sonn- und Feiertagen ist ein Zuschlag von ca. 1,50 € fällig.

VERKEHRSMITTEL AUF SARDINIEN

Da sich die meisten Betreiber in den größeren Orten zu Kooperativen zusammengeschlossen haben, kostet es bei allen Mitgliedern dasselbe. So verlangt man für eine Fahrt vom Flughafen Elmas bis Cagliari etwa 15 €. Längere Strecken werden zum Festpreis angeboten (z.B. Cagliari – Villasimius 80 €). Wird ein weit entfernter Ort angesteuert, unbedingt vor Abfahrt den Festpreis vereinbaren!

Anbieter

Alle zugelassenen Taxen sind weiß, haben ein Taxischild auf dem Dach und ein geeichtes Taxameter an Bord. Es sind aber auch so genannte *abusivi*, also **Fahrer ohne Lizenz**, unterwegs. Unter Umständen fährt man mit diesen billiger; kennt man sich mit den örtlichen Gegebenheiten jedoch nicht aus, auch mal erheblich teurer. Besonders teuer, wenn man bei der *guardia financia* in den Verdacht der Beihilfe zur Steuerhinterziehung gerät. Deshalb besser stets mit der offiziellen, zugelassenen Taxe fahren.

Autorisierte Fahrer sind in Kooperativen organisiert und entweder über Rufzentralen anzufordern oder am Taxistand zu finden, den es in allen größeren Orten entweder am Bahnhof, Flughafen, Hafen, der Piazza oder an ähnlichen Knotenpunkten gibt.

Taxi-Rufzentralen

- **Cagliari:** Tel. (070) 40 01 01.
- **Nuoro:** Tel. (078) 34 14 11.
- **Sassari:** Tel. (079) 23 46 30 oder 23 47 34.
- **Oristano:** Tel. (078) 37 02 80.
- **Olbia (Flughafen):** Tel. (0789) 69 150.

Trampen

Trampen ist in Italien erlaubt, auf Sardinien jedoch eine eher **seltene Erscheinung**. Derjenige, der den Daumen hochhält, will meist nur ein kurze Strecke zurücklegen wie vom Campingplatz in die Stadt oder von dort zurück. Genauso merkt man als Tramper anhand der wilden Gesten der Autofahrer, dass die meisten nicht weiter als bis zum nächsten Ort wollen.

Insgesamt ist Sardinien nicht gerade ein Paradies für Tramper, aber mit ein wenig Geduld und in Kombination mit dem Bus kommt man fast immer weiter. Das gemeinsame Auftreten als Pärchen und, bei verzwickter Streckenführung, ein Schild mit dem Zielort können die Wartezeit evtl. reduzieren. Meiden sollte man hingegen freie „Rennpisten" sowie Sonn- und Feiertage.

Weit öfter als der klassische trampende Rucksacktraveller, der kaum anzutreffen ist, sieht man ältere Menschen an der Straße winkend stehen, die vom Markt zurück in ihr Heimatdorf möchten. Ihnen macht man nicht nur eine große Freude, wenn man sie mitnimmt, sondern man kommt bei der Gelegenheit auch fast immer ins Gespräch, wobei man viel Interessantes erfährt. Einzelne, irgendwo in der Landschaft stehende und winkende Männer wollen meist nicht mitgenommen werden, sondern eine Zigarette, die man ihnen, so man eine hat, auch geben sollte.

Wandern und Trekking

Wer Freude an Bergtouren hat, findet inselweit ein unglaublich vielfältiges Angebot, das wohl auch in einem ganzen Leben nicht ausgeschöpft werden könnte.

Kleidung

Wer eine Wanderung im Gebirge plant, der sollte wärmere und regensichere Kleidung sowie festes Schuhwerk mit sich führen. In den Bergen kann es abrupte Wetterwechsel mit heftigen Sommergewittern geben. Außerdem ist ohne lange Hose und feste, geschlossene Schuhe auch ein kurzer Spaziergang durch die stachelige Macchia nicht angebracht.

Wanderwege

Die durchweg nur sehr dünn besiedelten, von der Zivilisation unberührten Berggebiete sind kaum von Straßen erschlossen. Die wenigen vorhandenen Pisten sind entweder Forststraßen oder nur mit geländegängigen Jeeps zu befahren. Auch angelegte und ausgeschilderte Wanderwege sind auf Sardinien selten. Zwar wurden in den letzten Jahren immer wieder neue Wanderwege geschaffen und markiert, die jedoch meist mangels unterhaltender Pflege schnell wieder zuwuchern. Dafür durchzieht die wilden Gebirge ein Netz von unbezeichneten Wegen und Pfaden, auf denen seit Generationen die Hirten mit ihren Herden wandern. Wer sich auf eigene Faust auf Bergtouren macht, der sollte neben Erfahrungen auf diesem Gebiet vor allem einen guten Orientierungssinn und einen Kompass mitbringen. Hinweise zu Wanderkarten finden Sie im Kapitel „Karten".

Geführte Wanderungen

Den Mangel an gekennzeichneten Wanderrouten gleicht das große Angebot von geführten Exkursionen aus, die in sämtlichen Regionen von **zahlreichen Kooperativen** durchgeführt werden. Diese kennen nicht nur ihre Heimat wie die sprichwörtliche Westentasche und ermöglichen es, Wege und Plätze zu entdecken, die der Ortsfremde niemals alleine finden würde. Da die Mitglieder darüber hinaus meist persönlich stark in Sachen Natur engagiert sind, hat man bei ihren Exkursionen stets einen fachkundigen Führer bei sich, der sich in der Tier- und Pflanzenwelt bestens auskennt und fast jede Frage beantworten kann.

GAE-Kooperativen

Für die Buchung geführter Exkursionen besonders empfehlenswert sind die Mitglieder der GAE *(Associatione Italiana Guide Ambientali Escursionistiche)*, in der sich zahlreiche Kooperativen zusammengeschlossen haben. Ihre Mitglieder sind alle geprüfte und trainierte Führer, die regelmäßig an Fort- und Weiterbildungen teilnehmen und neben Italienisch meist entweder Deutsch, Englisch oder Französisch

WANDERN UND TREKKING

sprechen. Die GAE ist darüber hinaus der Versuch besonders engagierter, meist junger Sarden, das ewige gegenseitige Misstrauen untereinander und so die traditionelle Zersplitterung ihres Volkes zu überwinden und im Interesse ihrer Insel gemeinsame solidarische Strukturen zu schaffen.

- **GAE-Sardegna**, *Roberta Melis*, Via Punta Argoi 2, 09031 Arbus, Loc. Ingurtosu, Tel. (070) 97 58 076, Web: www.gae.it, E-Mail: sardegna@gae.it.
- **Keya Tours**, Via Tirana, 09047 Selargius, Tel. (070) 84 84 80, Fax 84 80 67, Web: www.keya-sardegna.it; Exkursionszentrum Orosei, Tel. (0784) 98 295.
- **Cooperativa Turistica Enis**, Monte Maccione, 08025 Oliena, Tel. (0784) 28 83 63, Fax 28 84 73, Web: www.coopenis.it.
- **Pentumas**, Via Roma 40, 09016 Iglesias, Tel. (0781) 23 348, Fax 33 25 59.
- **Cooperativa Sa Jara Manna**, an der SS 197, km 44, 09021 Barumini, Tel./ Fax (070) 93 68 170, Web: www.sajaramanna.it.
- **Barbagia No Limits**, Via Cagliari 85, 08020 Gavoi, Tel. (0784) 52 90 16, Fax 52 91 91, Web: www.barbagianolimits.it.
- **Benthos**, Via Lamarmora 15, Seneghe, Tel. (0783) 54 562, Web: www.benthos.3000.it.
- **L'Argonauta**, Via dei Lecci 10, 08020 Cala Gonone, Tel./Fax (0784) 93 046, Web: www.argonauta.it.
- **Cooperativa Monte Sette Fratelli**, Piazza Centrale, 09040 Castiadas, Tel./Fax (070) 99 47 200, Web: www.montesettefratelli.com.
- **Barbagia Insolita**, Corso Vittorio Emanuele 48, 08025 Oliena, Tel. (0784) 28 60 05, Fax 28 56 61, Web: www.barbagiainsolita.it.
- **Società Gorropu**, Via Preda Lada 2, 08040 Urzulei, Tel. (0782) 64 92 82, Fax 64 92 53, Web: www.gorropu.com.
- **Esedra**, Corso V. Emanuelle 64, Bosa, Tel. (0785) 37 42 58, Web: www.esedrasardegna.it.
- **Società Gennargentu**, Via Lamarmora 204a, 08022 Dorgali, Tel./Fax (0784) 94 385, Web: www.gennargentu.it.
- **Società Philia**, Via Lombardia 13, 08030 Sadali, Tel./Fax (0782) 59 90 04, Web: www.grottesadali.it.
- **Società Start Uno**, Via Vittorio Emanuele 225, Fluminimaggiore, Tel./Fax (0781) 58 09 90, Web: web.tiscalinet.it/startuno.

Die schönsten Wanderregionen

Das spektakulärste Gebiet für Trekking und Exkursionen ist das gewaltige, zerrissene **Supramonte-Massiv**, das sich von Nuoro bis Baunei an der Ostküste hinzieht und mit seinen Karstschluchten, -schlünden und -höhlen zahllose Möglichkeiten bietet. So gibt es im Supramonte di Oliena in einer verborgenen Höhle am Monte Tiscali die letzte Zufluchtsstätte des steinzeitlichen Nuraghiervolks zu entdecken. Im Supramonte di Dorgali findet man die Gola su Gorruppu, eine der gewaltigsten Schluchten Europas, oder im Supramonte di Baunei die wildromantische Hochebene Su Golgo mit der Voragine di Golgo, einem sagenhaften, 180 Meter tiefen Karstloch.

Bis in die Gipfellagen grün und fast mild ist die Gebirgslandschaft im **Gennargentu-Massiv** rings um den höchsten Berg der Insel, die 1834 Meter hohe Punta la Marmora. Fast in deutsche Mittelgebirge versetzt fühlt man sich in den Laubmischwäldern der nur sanft hügeligen Barbagia di Ollolai.

Im Gegensatz zum Supramonte, dessen Gipfelgrate nur erfahrene, gut ausgerüstete Bergwanderer auf eigene Faust erkunden sollten, sind die Giare, die eindrucksvollen **Tafelberge der Marmilla**, ohne Problem auch mit

WANDERN UND TREKKING

Kindern zu entdecken. Das oben flunderflache und von unberührter Natur mit zahlreichen Tieren, darunter auch Wildpferden, bevölkerte Hochplateu der Giara di Gesturi ist ideal zum familiären Wandern.

Endlos einsam sind die zerfurchten, von Macchia überzogenen Gebirgszüge des **Iglesiente** und **Sulcis** ganz im Südwesten Sardiniens. Die Besonderheit dieser Region sind die zahllosen Relikte des Bergbaus von der Antike bis in die Gegenwart. Auch hier bieten Cooperativen abenteuerliche Exkursionen in stillgelegte Bergwerke und Stollen oder in längst verlassene Geisterstädte an. Mitten in diesem Gebiet versteckt sich das vom WWF initiierte Naturreservat **Monte Arcosu**, eine der unberührtesten Regionen Sardiniens mit außerordentlicher Tier- und Pflanzenwelt.

Genauso menschenleer, aber noch unerschlossener ist das bewaldete **Sarrabus-Gebirge** ganz im Südosten der Insel. Mit lauschigen Picknickplätzen und ausgeschilderten Wanderpfaden wartet mittendrin der Naturschutzpark **Monte Sette Fratelli** auf, in dem der stark gefährdete Sardische Hirsch noch heimisch ist.

Mehrtägige Touren

Eine der eindrucksvollsten Trekkingrouten Sardiniens ist der **Sentiero Selvaggio Blu,** der direkt an der fantastischen Steilküste des Golf von Orosei entlangführt. Er beginnt an der Felsnadel Perda Longa bei Baunei und endet in Cala Gonone. Wer die landschaftlich umwerfende, rund einwöchige Tour angehen will, muss allerdings fortgeschrittene Alpinistenkenntnisse haben, da einige Abschnitte bis Schwierigkeitsgrad IV reichen. Unerfahrenen sind lediglich kürzere Teilabschnitte dieses grandiosen Panoramaweges an der Grenze zwischen Gebirge und Meer zu empfehlen, und das auch nur mit Führer.

Der Weitwanderweg **Sentiero Italia,** der von Triest quer durch Italien bis nach Kalabrien führt, berührt auch Sardinien. Bislang sind jedoch nur Teilabschnitte davon ausgewiesen, sodass eine unterbrechungslose Durchquerung der Insel nicht möglich ist.

Bei mehrtägigen Wanderungen ist unbedingt vorab die **Wasserversorgung** zu klären, da viele Quellen nicht einfach zu finden sind oder nur zu bestimmten Jahreszeiten Wasser führen. Der Flüssigkeitsmangel kann in den trockenen, heißen Bergregionen ein lebensgefährliches Problem darstellen. Wer in den National-, Natur- und Forstparks mehrtägige Wanderungen plant, braucht für die dann anfallenden Übernachtungen in den Schutzgebieten eine Erlaubnis, die man bei den regionalen Forstverwaltungen erhält (Adressen s.u.).

Wichtige Verhaltensregeln

Sardinien ist Bauern- und Hirtenland. Deshalb kommt man bei praktisch allen Spaziergängen, Wanderungen, Radtouren oder Ausflügen fast zwangsläufig an Tore, Gatter und andere Vorrichtungen, durch die der Weg hin-

WANDERN UND TREKKING

durchgeht. Da diese Absperrungen dazu dienen, dass den Bauern und Hirten die Tiere nicht weglaufen, müssen sie unbedingt und in jedem Fall wieder **geschlossen werden!**

> Unbedingt alle passierten Gatter und Tore wieder sicher verschließen!

Achtlose oder ignorante Zeitgenossen, die dies nicht tun, machen den Besitzern immer wieder viel Ärger und fördern natürlich nicht gerade die Beliebtheit von Wanderern oder Mountainbikern bei den Betroffenen. Mancherorts sehen sie sich deshalb genötigt, Hinweisschilder zu Sehenswürdigkeiten auf ihren Weiden zu verdrehen oder zu entfernen, um auf diesem Wege dem Ärgernis der offengelassenen Tore aus dem Weg zu gehen.

Informationen und Literatur

Italienischer Alpenclub CAI
- **Sektion Cagliari**, Via Piccioni 13, Tel. (070) 66 78 77 Web: www.caica.sardegna.it.
- **Sektion Nuoro**, Via Campania 22, Tel./Fax (0784) 34 926, Web: www.cainuoro.it.

Forstverwaltungen
- **Ente Forestale Sardegna**, Viale Merello 86, 09123 **Cagliari**, Tel. (070) 27 991, Fax 27 20 86, Web: www.enteforestesardegna.it, E-Mail: efs.ca@enteforestesardegna.it.

Weiterführende Literatur
- *Gunter Schramm:* **Trekking Handbuch**, Reise Know-How Praxis. Grundregeln für Trekking-Touren; Tipps und Tricks, die dem Newcomer den Einstieg erleichtern und dem alten Hasen zeigen, dass man immer noch etwas dazulernen kann.
- **Wandern auf Sardinien**, DuMont aktiv. Sehr gründlich ausgearbeiteter Wanderführer des Reiseleiters *Andreas Stieglitz*, der selbst Wandergruppen führt. 35 Touren mit exakten Karten, Wegbeschreibungen und Höhenprofilen.
- **Wanderführer Sardinien**, Rother Wanderführer. Die erfahrene Wanderführerin *Mithra Omidvar* hat in diesem handlichen Buch 50 der schönsten Touren auf Sardinien detailliert beschrieben. Jede Tour mit Anfahrt, Ausgangspunkt, Wegskizze und anderen wichtigen und nützlichen Angaben.

Trekking im Gennargentu: der Frühling ist die allerschönste Wanderzeit

LAND UND NATUR

Land und Natur

Das Wahrzeichen Sardiniens:
der Felsbär auf dem Capo d'Orso bei Palau

Die Cascata Su Mulinu bei Santulussurgiu

Die Planargia – endloses Weideland

Geographie und Geologie

Lage und Ausdehnung

Sardinien liegt im Zentrum des westlichen Mittelmeeres. Mit 24.089 Quadratkilometern inklusive der vorgelagerten Inselchen ist sie nach Sizilien die **zweitgrößte Mittelmeerinsel**. Ihre maximale Nord-Süd-Ausdehnung beläuft sich auf 270 Kilometer, ihre äußerste Ost-West-Breite beträgt 145 Kilometer. Nur durch die zwölf Kilometer breite Meeresstraße von Bonifacio ist die sardische Nordküste vom französischen Korsika getrennt. Keine 180 Kilometer trennen die Südküste der Insel von Tunesien, wogegen die geringste Entfernung nach Italien immerhin fast 200 Kilometer beträgt. Das bedeutet, Sardinien liegt näher an Frankreich und Afrika als am politischen Mutterland.

Eine weitere Zahl dürfte für Badeurlauber von großem Interesse sein: Sardinien ist stolz auf **1850 Kilometer Meeresküste,** was beinahe einem Viertel der gesamten italienischen Küstenlinie entspricht! Sie zeigt sich mal fjordartig zerlappt und, wie in der Gallura im äußersten Norden, tief eingeschnitten. Dann bietet sie sich als zerklüftete, mit winzigen Robinson-Crusoe-Stränden betupfte, steil ins Meer herabstürzende Felsenkulisse dar, wie etwa an der mittleren Ostküste. Oder sie modelliert sanft geschwungene Buchten mit puderzuckerweißen, endlos wirkenden Sandstränden, die man z.B. im Nordwesten, an der mittleren Westküste und im Südosten findet.

Das Relief

Mit einer durchschnittlichen Höhe von 334 Metern erscheint die Insel gegenüber Korsika oder dem italienischen Festland vergleichsweise flach. Es gibt in Bezug auf die Höhenmeter keine hochalpinen Gebirge, obwohl das Relief **teilweise recht schroff** wirkt, und die Höhenunterschiede aufgrund der Nähe zum Meer oft sehr imposant erscheinen. So trennen ganze 15 Kilometer Luftlinie den Meeresspiegel vom Monte Corrasi, der sich im Supramonte-Massiv zu einer Höhe von 1463 Metern erhebt. Keine 30 Kilometer vom Meer entfernt schwingt sich im Gennargentu-Gebirge der gewaltigste Gipfel der Insel auf, die 1834 Meter hohe Punta la Marmora, gefolgt vom benachbarten Bruncu Spina, dem mit 1829 Metern zweithöchsten Berg. Insgesamt ist jedoch nur ein knappes Fünftel Sardiniens von Gebirgen bedeckt, beinahe zwei Drittel machen Mittelgebirgs- und Hügelland aus. Weniger als ein Sechstel der Fläche sind Tiefebenen.

Flüsse und Seen

Kreuz und quer über den viel zitierten „kleinen Kontinent" (siehe beistehenden Exkurs) zieht sich ein relativ **dichtes Netz von Flüssen.** Mit 159 Kilometern Länge ist der Tirso an erster Stelle zu nennen, es folgen der 127 Ki-

GEOGRAPHIE UND GEOLOGIE

Ichnusa – der kleine Kontinent

Sardinien hat viele Namen. *Ichnusa*, „die Schuhsohle", tauften die alten Griechen die zweitgrößte Insel im Mittelmeer nach ihren geographischen Umrissen. Danach wurde Sardinien lange Zeit „Die vergessene Insel" genannt. Von strafversetzten römischen Legionären über pisanische und genuesische Söldner bis hin zu den Verwaltungsbeamten des modernen italienischen Staates Anfang des 20. Jahrhunderts wollte niemand freiwillig auf die malariaverseuchte, unwirtliche Insel.

Schon bei der Erschaffung der Welt – so erzählt es die Sage – übersah der liebe Gott die arme Schuhsohle zunächst. Nackt und bloß habe sie im Mittelmeer gelegen, und erst ein Engel musste den Schöpfer auf das vergessene Aschenputtel aufmerksam machen. Wonach er reumütig ans Werk ging und ein bisschen von allem nahm, was er sich an wundervollen Dingen für die Welt ausgedacht hatte: ein wenig schneebedeckte Alpen und grün bewaldetes Mittelgebirge, eine gute Portion karibische Traumstrände, eine Prise Sahara und sogar eine kleine Ecke vom Mond. Dies alles verstreute der Schöpfer auf der Insel und schenkte Sardinien damit ihren schönsten Spitznamen, nämlich „Kontinent im Kleinen".

lometer lange Flumendosa und an dritter Stelle der Coghinas, der es immer noch auf stolze 123 Kilometer Länge bringt. Die meisten Süßwasserläufe führen nur periodisch Wasser und trocknen schon im Frühsommer weitgehend aus. Lediglich der Temo, der bei Bosa an der Westküste ins Meer mündet, ist auf seinen letzten acht Kilometern schiffbar.

Als einziger natürlicher Süßwassersee im wasserarmen Sardinien muss der winzige Lago Baratz bei Alghero natürlich Erwähnung finden. Bei allen anderen Seen handelt es sich um **Stauseen,** deren Funktion für die Wasserversorgung und -speicherung, die Wasserstandsregulierung sowie die Energiegewinnung auf der Insel gar nicht wichtig genug genommen werden kann.

Geologie

Die Entstehung Sardiniens

Ohne unhöflich zu sein, darf man Sardinien geologisch ruhig als einen **Methusalem unter den europäischen Regionen** bezeichnen – der „kleine Kontinent" ist über eine halbe Milliarde Jahre (!) alt. Im Erdaltertum (Paläozoikum) vor 500 bis 250 Millionen Jahren stellte er zusammen mit Korsika eine einheitliche Landmasse dar, den so genannten sardisch-korsischen Festlandsblock. Dieser war bis in die Erdneuzeit (Känozoikum) hinein auf Höhe des Golfs von Lyon fest mit dem europäischen Urkontinent verbunden. Im Tertiär vor etwa 65 Millionen Jahren brach er im Rahmen der Kontinentaldrift vom Festland ab und schwenkte gegen den Uhrzeigersinn in seine gegenwärtige Lage.

Die Gesteine

Sardinien besitzt vom Kalkstein über den Granit bis zum Basalt und Trachyt praktisch alle vorkommenden Gesteinsarten und ist deshalb ein Mekka für jeden Geologen. Das Fundament

GEOGRAPHIE UND GEOLOGIE

der Insel besteht vowiegend aus **Granit**. Wo dieses Tiefengestein im Lauf der Jahrhundertmillionen zutage trat, beeindruckt es heute oft mit fantastischen Formen, etwa skurrilen Felsfiguren (Tafoni), von denen der „Bär" am Capo d'Orso und der Fungho („Pilz") in Arzachena die berühmtesten sind. Aus Granit sind unter anderem die spröden, zu märchenhaften Felsgärten verwitterten Landschaften in der Gallura; zu Füßen der Monti di Ala östlich von Ozieri wird Granit in großem Stil in Steinbrüchen abgebaut. Auch der Sarrabus im Südosten der Insel ist durch graue Granitmassen geprägt.

Im Erdmittelalter (Mesozoikum) vor 225 bis 65 Millionen Jahren setzten sich infolge Jahrmillionen währender Überflutungen gewaltige Flachwassersedimente aus **Kalken** und **Dolomiten** auf der Insel ab. Die markanten Landschaftsformationen in der südlichen Barbagia, dem Sarcidano und der Nurra entstammen ebenso diesem Erdzeitalter wie die leuchtend weißen, mit steil aufragenden Felsnadeln *(tacchi)* gespickten Kalksteinmassive des imposanten Supramonte und des Monte Albo im Herzen Sardiniens. An ihrer Oberfläche sind die verkarsteten Berge von Spalten, Schlucklöchern und abgrundtiefen Schluchten durchzogen. Unterirdisch verbergen sie ein weit verzweigtes Hohlraumlabyrinth mit spektakulären Tropfsteinhöhlen, von denen bis heute nur ein Bruchteil entdeckt und erforscht wurde.

Während sich im Zuge der Kontinentaldrift zu Beginn des Känozoikums vor 65 Millionen Jahren durch Kollision kontinentaler Platten vielerorts riesige Gebirge auffalteten, prallte Sardinien mit keiner anderen Landmasse zusammen, weshalb auf der Insel keine hochalpinen Gebirge entstanden. Das Gennargentu-Massiv als der höchste sardische Bergzug bleibt unter 2000 Metern. Seine silbrig glänzenden Schiefergesteine formen sanft geschwungene, ausladende Kuppen, die eher Mittelgebirgen als hochalpinen Gebirgswelten gleichen.

Stattdessen wurde Sardinien tüchtig gedehnt und gezerrt, wodurch vor etwa 50 Millionen Jahren ein **gigantischer Graben** einbrach, der sich vom Golf von Asinara im Nordwesten bis zum Golf von Cagliari im Süden erstreckte. Nach weiteren Absenkungen entwickelten sich daraus im Pliozän vor etwa fünf Millionen Jahren die wenigen Tiefebenen der Insel: der Campidano im Südwesten und der Nurragraben im Nordwesten.

Zwischen 40 bis 20 Millionen Jahren vor unserer Zeitrechnung herrschte auf dem „kleinen Kontinent" aufgrund der bruchtektonischen Belastungen eine **intensive Vulkantätigkeit.** Die Erdkruste bekam dabei Risse, durch die sich Lava, insbesondere Trachyt und trachytische Tuffe ergossen, aus denen beispielsweise die Tafeln bestehen, die man im Bergland zwischen Alghero und Bosa erblickt. Vor rund fünf Millionen Jahren kam es zu einer zweiten, schwächeren Periode vulkanischer Tätigkeit. Nun flossen basaltische Lavaströme aus. Sie überzogen die Hochebenen Zentralsardiniens, modellierten die Basalttafelberge *(giare)* in der Marmilla und die vielen stumpfen Vulkankuppen im Schafwirtschaftszentrum Meilogu südlich von Sassari. Weitere für Sardinien typische Ergussgesteine sind Trachyt, aus dem z.B. der berühmte „Elefant" bei Castelsardo besteht, und Porphyr, der die Isola Rossa an der Nordwestküste und die roten Klippen von Arbatax formte. Trotz jener regen Vulkantätigkeit in der frühen erdgeschichtlichen Neuzeit weist Sardinien außer dem Monte Ferru und dem Monte Arci nahe der Provinzhauptstadt Oristano kaum prägnante Kegelvulkane auf.

Indes ist die Insel dank ihrer vulkanischen Gesteine **reich an Bodenschätzen.** Von der Antike bis in die jüngste Zeit wurde vor allem im Sulcis und Iglesiente Bergbau betrieben, man schürfte Blei, Zink, Silber und Braunkohle. Am Monte Arci bauten die Menschen schon in der Jungsteinzeit das dunkle Gesteinsglas Obsidian ab, das schwarze Gold der Vorgeschichte, aus dem man Waffen und Werkzeuge fertigte und das bis nach Italien und Frankreich exportiert wurde.

Klima

Die Jahreszeiten

Obwohl Sardinien eine weit südlich gelegene Mittelmeerinsel ist, besitzt sie doch ausgeprägte Jahreszeiten. Der sardische **Winter** dauert von November bis März. Besonders im November und Dezember kann es zu lang anhaltenden, kalten und stürmischen Regenperioden kommen. An der Küste ist es dann ungemütlich klamm, und im Bergland fällt Schnee. Sardinien besitzt Wintersportzentren mit Skiliften! Ebenso können auch mitten im Winter längere, sommerlich warme Perioden vorkommen, besonders im grundsätzlich wärmeren Südteil der Insel.

Ab März beginnt der **Frühling.** Die Temperaturen steigen, und die Regenfälle gehen zurück. Zwar ist das Meer zum Baden noch zu kalt, aber die Luft ist mild. Gelegentliche Regenfälle verwandeln mit der bereits warmen, zum ausgiebigen Sonnenbaden einladenden Sonne die ganze Insel in ein üppig grünes, fantastisch farbenfroh blühendes Blumenmeer, weshalb der Frühling für viele die schönste Zeit für eine Sardinienreise ist. Der Mai kann bereits sommerlich heiße Phasen haben.

Spätestens ab Mitte Juni enden die Regenfälle, und die Temperaturen klettern steil und rapide nach oben. In kurzer Zeit verfärbt sich die Insel vom saftigen Grün zum vertrockneten Braun. Tagtäglich strahlend blauer Himmel, Wassertemperaturen von 25° C und Lufttemperaturen von bis zu 40° C kennzeichnen den sardischen **Sommer,** der von Ende Juni bis Mitte September dauert. Über 40° C kann die Quecksilbersäule steigen, wenn sich der „Atem Afrikas", der Wüstenwind Scirocco, lähmend über die Insel legt.

Ab Mitte September sinken die Temperaturen allmählich wieder, der **Herbst** hält Einzug. Abgesehen von eventuellen gelegentlichen Wolken-

KLIMA

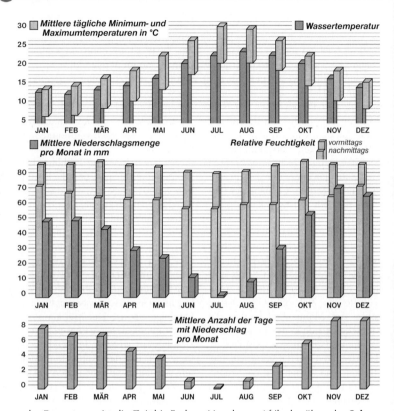

oder Regentagen ist die Zeit bis Ende Oktober von der Luft- und Wassertemperatur her wie der Frühling eine sehr schöne Reisezeit.

Die Windrichtungen

Auf Sardinien wehen sechs Hauptwinde: Der **Maestrale** ist der vorherrschende Wind. Er weht aus Nordwest und kann extrem böig sein. Mehr als drei Tage lang bläst er jedoch selten. Aus Südosten weht im Sommer ein Hauch von Afrika herüber, der **Scirocco.** Der heiße Wüstenwind legt eine lähmend drückende Hitzeglocke über das Land und verwandelt das Blau des Himmels in ein dunstiges Grau. Der aus Osten kommende **Levante,** der aus Norden wehende **Tramontana** und der **Greco** aus Nordosten können recht scharf blasen und Wolken mit sich führen, die der kräftig aus Westen wehende **Ponente** wieder wegfegt. Wenn der Ponente vorherrscht, ist die Luft besonders klar.

Regionen und Landschaften

Der Norden

Gallura

Mit fantastischen Traumstränden, bizarr verwitterten Granitfelsen und einer wilden, beinahe urweltlichen Landschaft aus dichter Macchia und sprödem Gestein zählt die Gallura im **äußersten Nordosten Sardiniens** zu den beliebtesten Ferienregionen. Im Westen vom Coghinas-Fluss begrenzt, erstreckt sich ihre Küste als Mosaik aus Wasser und Land mit vorgelagerten Eilanden, tiefen fjordähnlichen Meereseinschnitten und malerischen Buchten bis südlich der Hafenstadt Olbia.

Der berühmteste Küstenabschnitt ist die Costa Smeralda, dem die Strände am Golf von Arzachena, dem Maddalena-Archipel, zwischen Palau und Santa Teresa sowie bei Vignola an Schönheit jedoch kaum nachstehen. Landeinwärts steigen mit Korkeichen bewaldete Berge schnell zum Limbara-Massiv an, dessen Granitmassen sich an der Punta Balistreri als dem höchsten Punkt auf 1362 Meter auftürmen. Im Zentrum der Gallura dominiert rund um Tempio Pausania die Korkgewinnung.

Anglona und Turritano

Der landschaftlich ebenso vielgestaltige **Norden und Nordwesten Sardiniens** ist reich an Kulturschätzen, darunter einige der schönsten Landkirchen der Insel, sowie herrlichen Stränden. Als kilometerlange Sandbänder ziehen sie sich vom lebhaften Badeort Valledoria über das pittoreske Castelsardo, den Hauptort der sardischen Korbflechterei, bis zum Hafen von Porto Torres. Der Turritano rund um die Provinzhauptstadt Sassari, zugleich die zweitgrößte Metropole Sardiniens, ist dicht besiedelt. Östlich erhebt sich bis zur Mündung des Coghinas die Anglona als ein mit weiten Gemüsefeldern bedecktes, sanftwelliges Hügelland, das sich über baumlose, rundliche Kuppen mit saftigen Weiden zum stattlichen Mittelgebirge aufbaut.

Nurra

Der **äußerste Nordwestzipfel Sardiniens** präsentiert auf engstem Raum drei sehr unterschiedliche Landschaften: Die Halbinsel Stintino schmückt sich am Capo del Falcone mit einem schneeweißen Sandstrand vor einem hellblau bis ultramarin funkelnden Meer. Im stark frequentierten ehemaligen Fischerort Stintino legen heute mehr Jachten als Fischkutter an. Im äußersten Westen der Region werden flache Äcker und Viehtrifte durch die spröden, fast menschenleeren Nurra-Berge vom Meer abgeriegelt. Ein Anziehungspunkt in diesem von dürrer Strauchvegetation (macchia) bestandenen Hügelland ist die verlassene Bergwerkssiedlung Argentiera. Südlich schließt sich bis zur „spanischen Stadt" Alghero eine fruchtbare, für Landwirtschaft und Weinbau genutzte Ebene an. Die Steilküste zwischen Alghero und Bosa zählt zu den schönsten Küstenabschnitten Sardiniens.

REGIONEN UND LANDSCHAFTEN

Der Westen

Planargia

Im **Westen der Insel** prägen endlose Schafweiden die Campeda-Hochebene, an deren Südrand die Käsehochburg Macomer mit Blick auf das Abbasanta-Plateau liegt. Richtung Meer schließt sich bis Bosa eine einsame Welt dunkler Vulkanfelsen an, die sich an der Steilküste hier und da mit winzigen Badestellen schmückt. Das malerische Kleinod Bosa am Temo – die einzige an einem Fluss erbaute Stadt Sardiniens – wird erst langsam vom Tourismus entdeckt. Der grüne Gebirgszug des Monte Ferru begrenzt die Planargia im Süden.

Arborea

Brettflach, wasserreich und fruchtbar, dient die Schwemmlandebene des Tirso **südlich des Monte Ferru** der Landwirtschaft und dem Weinbau. Oristano erlangte Bedeutung als Vermarktungszentrum für Agrarprodukte. Ausgedehnte Lagunen, in denen die Fischer von Cabras ihre Netze auswerfen, trennen Oristano und die Halbinsel Sinis voneinander, deren Attraktionen die „Reiskornstrände" und die punisch-römische Stadt Tharros sind.

Schneeweiße Klippen am
Torre Argentina bei Bosa

REGIONEN UND LANDSCHAFTEN

Der Süden

Iglesiente

Inmitten einer grünen Mittelgebirgslandschaft sind im klassischen Bergbaugebiet Sardiniens eindrucksvolle Hinterlassenschaften zu entdecken. Von nuraghischer Zeit an wurden hier **an der südlichen Westküste** Bodenschätze abgebaut, den heutigen Reiz machen die Ruinen stillgelegter Bergwerke aus. Sehenswert sind inmitten dichter Korkeichenwälder die Kirchenstadt Iglesias und der Antas-Tempel bei Fluminimaggiore. Landschaftliche Höhepunkte der Insel sind die atemberaubende Steilküste rings um den markanten Pan di Zucchero bei Nebida und die „Sahara Sardiniens", die grandiose, völlig einsame Sanddünenlandschaft der Costa Verde. Letztere stellt eines der wichtigsten Naturschutzgebiete Italiens dar.

Sulcis

Die **südlichste Region Sardiniens** verfügt über Erz- und Kohlevorkommen, die schon die Punier und Römer für sich entdeckten. Die Ruinen von Nora bei Pula sind das Vermächtnis der antiken Römer, eine ausgedehnte Gräberstadt auf der Insel Sant'Antioco erinnert an die punische Zeit. Nördlich von Sant'Antioco liegt die „ligurische" Insel San Pietro. Gegenüber verunzieren Industrieanlagen bei Portoscuso den Küstenstrich, ebenso bei Sarroch am Golf von Cagliari. Das Landesinnere ist nahezu unbewohnt, Macchia und dichter Wald bedecken beinahe 500 Quadratkilometer. Die Hitze Afrikas ist in den puderzuckerfeinen Dünengebirgen von Chia an der Costa del Sud schon deutlich spürbar.

Der Osten

Baronie

Die Baronie erstrecken sich **an der Ostküste** südlich des Golfs von Olbia bis zum Südende des Golfs von Orosei. Von den vielbesuchten Ferienorten San Teodoro und Budoni über das markant auf einem Felsstock hockende Posada und das reizende Landstädtchen Orosei im Mündungstal des Cedrino bis auf Höhe des Weinbau- und Kunsthandwerkszentrums Dorgali dehnen sich nahezu ununterbrochen kilometerlange Puderzuckerstrände aus. Südwärts erheben sich die gewaltigen Kalksteinmassen des Supramontemassivs senkrecht aus dem Meer und bilden die gewaltigste Steilküste des Mittelmeerraums. Entlang des gesamten als Nationalpark geschützten Golfs von Orosei finden sich in tief in die turmhohen Felskathedralen eingeschnittene Minischluchten paradiesisch schöne Badebuchten. Diese sind auf dem Landweg zu Fuß nur in anstrengenden, aber landschaftlich überwältigend schönen Wanderungen zu erreichen. Einfacher und bequemer geht es mit dem Boot.

Ogliastra

Von der außerordentlichen Schönheit der **mittleren Ostküste** zwischen den Badeorten Santa Maria Navarrese und Marina di Gairo lassen sich zunehmend mehr Gäste bezaubern. Hinter der Küstenebene um das quirlige Regionalzentrum Tortoli, das verschlafene Barisardo und den Hafen Arbatax bauen sich, einem gewaltigen Amphitheater gleich, die Berge schnell bis über 1000 Meter Höhe auf. Hoch oben thront auf einer riesigen Aussichtsterrasse Lanusei, die Verwaltungshauptstadt der Region Ogliastra. Links und rechts sind die Bergkämme von tiefen Tälern mit extrem steilen Hängen gesäumt. Der geologisch sehr instabile Untergrund im steilen Einschnitt des Riu Pardu lässt die Bergflanken immer wieder ins Rutschen kommen und hat aus den sich gegenüber liegenden Dörfern Gairo und Osini Geisterdörfer gemacht. Zu den touristischen Highlights zählt eine Fahrt mit der Schmalspurbahn von Arbatax quer durch die spektakuläre Berglandschaft der Ogliastra und der Barbagia Seulo nach Mandas.

Salto di Quirra

Keine Siedlung, kein Ort befindet sich in diesem fast wegelosen, spröden Hügelland **im Südosten der Insel,** das sich südlich der Ogliastra bis zum Mündungstal des Flumendosa zwischen Villaputzu und Muravera hinzieht. Nur die Strada Orientale Sarda SS 125 durchschneidet als graues Asphaltband das Niemandsland aus Granitfelsen, in dessen Sperrgebieten sich zahlreiche militärische Einrichtungen verbergen.

Sarrabus

Der **Südostzipfel Sardiniens** umfasst rund um die Berggruppe Sette Fratelli, die „Sieben Brüder", ein granitenes Meer der Stille, überzogen von Macchia sowie Wäldern aus Steineichen und Erdbeerbäumen. Wundervolle Sandstrände erstrecken sich, nur einmal unterbrochen durch das Capo Ferrato, vom beliebten Ferienort Villasimius am südöstlichsten Zipfel der Insel über die Costa Rei hinauf bis zur Flumendosa-Mündung ins Meer. Die Südküste zwischen Villasimius und der sardischen Hauptstadt und Metropole Cagliari ist durchweg von Villensiedlungen und Hotelanlagen belegt.

Das Inselinnere

Logudoro und Meilogu

Im **Herzen Nordwestsardiniens** liegt das weltabgeschiedene, von Hügeln umkränzte flache Hirtenland des Logudoro, des „Goldenen Ortes", mit dem Landwirtschafts-, Viehzucht- und Käsezentrum Ozieri im Mittelpunkt. Zahlreiche bedeutende romanische Sakralbauten befinden sich hier, darunter Santissima Trinità di Saccargia als die bedeutendste Landkirche Sardiniens. Im Meilogu befindet sich im Tal der Nuraghen südöstlich einer eindrucksvollen Tafelberglandschaft der Nuraghenkomplex Santu Antine, der zweitgrößte auf Sardinien.

Barbagia

Barbagia, „Barbarenland", nannten die Römer das **Bergland im Herzen Sardiniens.** Es umringt wie ein Kranz das zentrale Gennargentu-Gebirge mit der 1834 Meter hohen Punta La Marmora als dem höchsten Inselgipfel.

Westlich des Gennargentu erstreckt sich die Barbagia Mandrolisai: eine wild zerklüfte Landschaft mit Felszacken und steilen Schluchten, von Geröll und dichter Macchia übersät, mit Sorgono im Zentrum. Die Barbagia Belvi mit dem Hauptort Aritzo umfasst die waldreichen Südhänge des Gennargentu. Südlich davon liegt die Barbagia Seulo: Steil aufragende Kalksteinplateaus und Felstürme (*tonneri* und *tacchi*) bestimmen hier das Bild. Nördlich des Zentralmassivs dehnt sich die Granithochfläche der Barbagia Ollolai mit Mamoiada und dem berühmt-berüchtigten „Banditendorf" Orgosolo aus. Gegenüber klemmt die Provinzhauptstadt Nuoro wie ein struppiges Rabennest zwischen den Bergen.

Sarcidano und Marmilla

Über die bewaldeten Bergrücken des Sarcidano geht die Barbagia Seulo in die Marmilla über, die Kornkammer Sardiniens, eine eigentümliche, fast magische Landschaft. Busenförmige Hügel (*brunkus*) tauchen hier **im südlichen Inselinneren** aus den hitzeflirrenden Ebenen auf. Dazwischen erheben sich mehrere hundert Meter hohe Basaltplateaus (*giare*). Diese „glatt rasierten", felsigen Hochflächen stürzen an ihren Rändern abrupt ab.

Die Marmilla ist seit alters besiedelt, viele Nuraghen zeugen noch davon. So die größte Nuraghenfestung der Insel, Su Nuraxi bei Barumini. Überreste einer bedeutenden nuraghischen Kultstätte sind auf der Giara di Serri erhalten. Auf der naturgeschützten Giara di Gesturi leben zwischen mannshoher Macchia, windschiefen Korkeichen, Granitgeröll und Sumpfseen seltene Vogelarten, Wilschweine, Rinder und zierliche halbwilde Pferde, die *cavallini della giara*.

Campidano

Die fast baumlose größte Tiefebene Sardiniens dehnt sich **im Südwesten der Insel** vom Golf von Oristano südöstlich bis Cagliari aus. Es wird intensiv Landwirtschaft betrieben, auf weiten Feldern werden Getreide, Obst und Gemüse angebaut. Touristisch ist die Region weniger interessant.

Strände

An der Ostküste

Nördlich von Olbia bietet die extrem zerlappte Küste der legendären **Costa Smeralda** zahlreiche perfekte Badebuchten zwischen malerischen Felsklippen. An den Stränden von Cala di Volpe, Porto Rotondo oder Liscia de Ruja ist es durchaus nicht ungewöhnlich, dass der Kellner den kalten Drink direkt an den Liegestuhl vom Hotelstrand serviert. An der Edelküste lassen sich aber auch noch verborgene Strandbuchten ohne jede Serviceeinrichtung finden.

Kilometerlange, weiße Sandstrände von karibischer Qualität und Schönheit findet man **südlich von Olbia** bis zum Capo Comino bei Siniscola. Hier liegen die viel besuchten Touristen-

STRÄNDE

hochburgen San Paolo, San Teodoro, Budoni, Posada und Santa Lucia, die an ihren erschlossenen, umfangreich ausgestatteten Stränden sämtliche Wassersportfreuden im Überfluss anbieten. Südlich vom Capo Comino bis Dorgali sind die Strände ebenso zahlreich und schön, aber noch kaum oder gar nicht erschlossen und deshalb ideal für diejenigen, die ruhige Strandtage ohne Trubel verbringen möchten.

Den **Golf von Orosei** säumt die kolossalste Steilküste des gesamten Mittelmeerraums. An dem von Land kaum zugänglichen Küstenabschnitt haben Bäche kleine und kleinste Traumbuchten von unübertrefflicher Schönheit mit Sandstränden, Grotten und Höhlen in die bis zu 300 Meter senkrecht aufragenden Felswände gegraben.

Südlich davon beginnt die **Ogliastra,** deren Küste praktisch ein einziger durchgehender Sandstrand ist. Angenehm belebt, aber nicht überfüllt sind im nördlichen Abschnitt die Strände bei Santa Maria di Navarrese und Arbatax, jungfräulich unberührt und nur von einigen Einheimischen frequentiert der darunterliegende Küstensaum. Das südlichste Badeparadies der Ostküste ist die **Costa Rei,** ein zehn Kilometer langer Superstrand.

An der Südküste

Italienisch turbulent zeigen sich die herrlichen Sandstrände rings um den

STRÄNDE

von Italienern und Cagliaritanern vielbesuchten Badeort Villasimius am **Ostzipfel der Südküste.** Zwischen dem Capo Carbonara und der Hauptstadt Cagliari liegen an der Felsküste eine Handvoll schöner Strandbuchten, die jedoch sämtlich von Hotelanlagen und Privatvillen beherrscht werden. Sardiniens ausgedehntesten und breitesten Strand mit zwölf Kilometern Länge besitzt mit dem **Poetto** die Hauptstadt Cagliari.

Westlich von Cagliari beginnt bei Santa Margherita ein ebenfalls kilometerlanger Strand, der von Ferienanlagen, Hotelresorts und Campingplätzen beherrscht wird. Zwischen dem Capo Spartivento und dem Capo Teulada erstreckt sich die kleine, aber feine **Costa del Sud** mit ihren zahlreichen kleinen Stränden zwischen steilen Küstenklippen. Herzstück ist die herrliche Südseebucht Baia Chia mit türkisgrüner Lagune und goldgelben Dünen.

An der Westküste

Der **südliche Teil der Westküste** ist touristisch noch kaum berührt. An den dortigen Stränden treffen sich hauptsächlich Einheimische. Einmalig ist die „Sahara Sardiniens", das Naturparadies **Costa Verde,** das sich zwischen dem Capo Pécora und Marina di Árbus hinzieht. Die fantastische Sandwüste mit bis zu 30 Meter hohen Dünen ist eines der ökologisch wertvollsten Gebiete Italiens. Der völlig unberührte Küstenabschnitt ist nur über miserable Schotterpisten zu erreichen.

Berühmt für seine schneeweißen, aus kleinen Quarzsteinchen bestehenden Reiskornstrände ist die **Halbinsel Sinis.** Die an der Außenküste liegenden unerschlossenen Quarzsandstrände sind Teil des hiesigen Natur- und Meeresparks. Ein Camperparadies ist der kilometerlange, breite Sandstrand Is Arenas bei Narbolia, hinter dessen Dünengürtel sich im schattigen Kiefernwald gleich drei Campingplätze aneinanderreihen.

Einmal abgesehen von Bosa Marina ist die **mittlere Westküste** bis Alghero strandfrei. Quasi im Zentrum von Alghero beginnt der herrliche Strand Lido di Alghero, der sich um die gesamte weite Meeresbucht bis nach Fertilia hinzieht. Zauberhaft schön und vom gewaltigen, senkrecht aus dem Meer aufragenden Capo Caccia beherrscht ist die Strandbucht von Porto Conte. Nur wenige Kilometer nördlich davon findet man bei Torre de Porticciolo und Baia di Conte ebenso verführerisch schöne, einsame Naturstrände ohne touristische Einrichtungen.

An der Nordküste

Die **Nordwestküste** bei Platamona Lido und Marina di Sorso ist ein einziger herrlicher Endlosstrand, ausgestattet mit Schatten spendendem Kiefernwald, vielen Strandzugängen mit großen Parkplätzen und Strandbars sowie einigen Campingplätzen. Nördlich der Isola Rossa schließt sich ein noch na-

In der Cala Mariolu am Golf von Orosei

hezu unberührter Küstenstrich an, zu dessen Höhepunkten die grandiosen roten Klippen der Costa Paradiso zählen. Auch die sich südlich des stark wachsenden Ferienorts Santa Teresa di Gallura weit öffnende Bucht zwischen Vignola Mare und der Cala Vall'Alta, die ebenfalls unter Naturschutz steht, lockt mit zauberhaften Badesträndern, deren schönster die bekannte Rena Majore ist.

Die Nordwestküste zwischen Santa Teresa und Palau ist bei Surfern besonders beliebt, weil dort fast immer ein kräftiger Wind weht. Der beste Badestrand erstreckt sich bei Porto Faro an der tiefen, windgeschützen Mündungsbucht des Riu Liscia. Auf der **Isola Maddalena** badet es sich am schönsten an der Spiaggia Spalmatore an der Ostküste und bei Porto Massimo an der Westküste.

Flora und Fauna

Pflanzenwelt

Sardinien gehört zur **immergrünen mediterranen Vegetationszone.** Im Winter herrschen feuchte Witterungsbedingungen vor, aber es bleibt in der Regel mild und frostfrei. Die Sommer sind trocken und heiß, und das Wasser ist beinahe ganzjährig knapp.

An diese nicht einfachen Verhältnisse hat sich die einheimische Pflanzenwelt hervorragend angepasst. Während der **sommerlichen Dürrezeiten** sorgen die meist hartlaubigen, schmalen, vorne spitz zulaufenden Blätter dafür, dass so wenig wie möglich vom kostbaren Nass in der Hitze verdunstet. Bis zu den ersten Regenfällen im Spätherbst oder Frühwinter stoppen die meisten Pflanzen ihr Wachstum. Manche Gewächse werfen zum Wassersparen sogar einen Großteil ihrer alten Blätter ab, und einige wenige, wie die baumartige Wolfsmilch, verlieren vorsorgehalber gleich vollständig ihr Blätterkleid.

Wie im übrigen Mittelmeerraum finden sich auch auf Sardinien zahlreiche **uralte Pflanzenarten,** die weiter nördlich die letzte Eiszeit bis vor 10.000 Jahren nicht überdauerten: der Johannisbrotbaum, von dessen Früchten sich der Legende nach Johannes der Täufer in der Wüste ernährte, der Weinstock und der Oleander, der wild wachsend von zartrosa bis dunkelrot die Schluchten und Täler der im Sommer oft trockengefallenen Flüsse ziert. Außerdem findet man die betörend duftende Myrte, deren ätherische Öle seit alters her gegen Atemwegsbeschwerden eingesetzt werden und die in der Parfümherstellung Anwendung finden; aus deren roten Beeren destilliert man auf Sardinien den bekömmlichen Likör *Mirto*.

Ferner gedeihen in dem milden Klima der Harzlieferant Mastix und der Ölbaum, der Charakterbaum des mediterranen Kulturlands. Dieser anspruchsvolle Öllieferant duldet keine durchschnittlichen winterlichen Temperaturen unter 3°C. Auf Sardinien kommt er überwiegend in Anpflanzungen, oft aber auch als wilder Baum

Der Ölbaum

Der Echte Ölbaum (*Olea europea*) ist auf Sardinien wie im übrigen Mittelmeerraum gar nicht wegzudenken. Von alters her bildet dieser bis zu zehn Meter hohe knorrige Öllieferant, der mehrere 1000 Jahre alt werden kann und meist in lichten Hainen steht, mit seinen Oliven eine der Grundlagen der menschlichen Ernährung im mediterranen Raum. Zusammen mit der Taube ist der Ölbaumzweig seit alttestamentarischer Zeit das Symbol des Friedens.

Seine relativ schmalen, hartlaubigen, an der Unterseite silbrig glänzenden Blätter haben sich an das warme Klima gut angepasst. Die Blüten sind weiß, klein und entfalten sich in traubigen Ständen; die mit einem Kern versehenen Früchte (Oliven) sind grün oder im vollreifen Stadium schwarz.

Ölärmere Oliven kommen – handgepflückt und verlesen – nach ihrer Entbitterung als Speiseoliven in den Handel. Die für die Ölproduktion kultivierten Oliven mit einem Ölgehalt von 40–50 Prozent werden dagegen vom Baum auf Netze geschüttelt und zusammengeklaubt, anschließend zerquetscht und danach kalt gepresst, wodurch das beste Speiseöl (*olio extra vergine*) entsteht. Die zweite Pressung (*olio olive*) erfolgt warm; sie ist besonders gut zum Braten und Kochen geeignet. Die dritte unter großer Hitze erfolgende Pressung dient nur noch zur Gewinnung von Brenn- und Schmieröl.

Tausendjähriger Olivenbaum in Santa Maria Navarrese

vor. Andere köstliche Früchte liefern der Mandelbaum, der Nussbaum und die Kastanie, die vor allem in den Mittelgebirgslagen der Barbagia und des Gennargentu gedeihen.

In den Ebenen und den Mündungstälern der Flüsse werden Getreide, Obst und Gemüse angebaut: Tomaten, Kartoffeln, Paprika, Artischocken, Zitrusfrüchte, Feigen u.v.m.

Einen australischen Einwanderer, den Eukalyptusbaum, pflanzte man dank seiner gewaltigen Wasseraufnahmekapazität ab den 1930er Jahren in den sardischen Malaria-Sümpfen an. Weitere Immigranten aus Übersee sind Palmen, Akazien, Agaven und Feigenkakteen, nicht zu vergessen die Bougainvillea, die mit ihren leuchtend rosa über blutrot bis tiefviolett prangenden Blütenkaskaden Häuser, Gärten und Terrassen ziert.

Einen dritten Faktor für die Entstehung der besonderen sardischen Flora bildet neben Klima und Import die isolierte Insellage als eine natürliche Barriere gegen Austausch und Vermischung, weshalb Sardinien über eine Reihe **endemischer Arten** verfügt, also Pflanzen, die nur hier existieren.

FLORA UND FAUNA

Wälder

Wäre der „kleine Kontinent" von Menschenhand unberührt geblieben, würde ihn ein mehrere Stockwerke hoher dunkler Wald aus immergrünen Bäumen bedecken, vornehmlich Eichen und Kiefern, wie er als sog. Klimax-Gesellschaft nur noch in wenigen Inselregionen zu finden ist: so im Sulcis, im Sarrabus, in der Barbagia und an den Hängen des Gennargentu.

Diese immergrünen Wälder sind vor allem von der **Steineiche** geprägt, dem Charakterbaum der natürlichen Vegetation nicht nur auf Sardinien, sondern annähernd im ganzen europäischen Mittelmeergebiet. Die mit einer grauen Rinde und ledrigen Blättern versehene Verwandte unserer Traubeneiche, die bis zu 25 Meter hoch wird, bildet naturgemäß dichte Wälder, die mittlerweile jedoch selten geworden sind. Häufiger ist sie in lichten Beständen zu finden, mit einer Schicht aus Sträuchern und niedrigen Bäumen. Hierzu gehören beispielsweise der dunkelgrüne Mastix, aus dessen Stamm man das Mastixharz als Kitt oder Klebemittel für medizinische Zwecke gewinnt, der Erdbeerbaum, dessen rote, essbare (aber roh wenig schmackhafte) Früchte ein bisschen an Erdbeeren erinnern, Lorbeer, Kreuzdorn, Schneeball und andere mehr.

L'Oasi Faunistica Assai – ein sardischer Modellwald

Dort wo die Hänge der Barbagia Mandrolisai zu den fruchtbaren Ebenen um Oristano abfallen, hat sich zwischen den Orten Neoneli, Nughedu und Austis um den 818 Meter hohen Monte Santa Vittoria mit dem **Complesso Forestale Barigadu** ein besonders ökologisch intakter und naturbelassener Wald erhalten. 1400 Hektar dieses Idylls wurden zur Oasi Faunistica Assai erklärt und derart für den Besucher erschlossen, dass er einerseits Zugang zu den Besonderheiten von Flora und Fauna dieses intakten Ökosystems hat, andererseits der Wald nicht in seinem natürlichen Zustand beeinträchtigt ist.

Das sonnige und warme, aber nicht zu trockene Klima sowie die guten Böden und die mittlere Höhenlage lassen hier eine besondere Vielfalt von Pflanzen und Tieren gedeihen. Durch die ausgedehnten Eichenwälder mit Stein-, Kork- und Stieleichen führen angelegte Wege. In dieser zauberhaften mediterranen Waldlandschaft kann der Besucher in einigen artgerecht angelegten Gehegen Tiere beobachten, die er in freier Wildbahn nur schwer oder niemals zu Gesicht bekommen wird. Darunter auch acht Exemplare des **„cervo sardo"**, des ebenso seltenen wie scheuen Sardischen Hirschs. Am Eingang in den Naturpark bei Neoneli zeigt ein kleines Museum die Pflanzen und Tiere des Waldes.

Nähere Informationen:
- **Corpo Forestale,** Neoneli, Vico Antonio Scanu, Tel. (0783) 67 754.
- **Coop Andromeda,** Aradauli, Via Frà Tommaso, 137, Tel./Fax (0783) 65 11 91.

Flora und Fauna

Anders als die wenig wählerische Steineiche, die in jedem Boden wurzelt, bevorzugt die **Korkeiche** höhere Niederschläge und saure Böden. Mit reichlich Unterwuchs bildet sie gewöhnlich lichte Haine, wie sie insbesondere in der Gallura rund um Tempio Pausania anzutreffen sind. Ihre wulstige graue Borke wird für die Korkgewinnung geschält, und manchem Beobachter mag es beim Anblick des nackten, rostrot leuchtenden Stammes erscheinen, als blute der arme Baum.

Der dritte unverkennbare Vertreter im immergrünen Wald ist die weit verbreitete **Aleppo-Kiefer,** die in offenen Beständen bis auf 1000 Meter Höhe emporklettert, aber ebenso sehr sandige Standorte an den Küsten liebt. Hier gesellt sie sich zur Pinie, die zwischen Stranddistel und Strandhafer mit ihren majestätisch ausladenden Schirmkronen die Sanddünen beschattet.

Während die Steineiche vereinzelt noch Höhen über 1000 Meter erklimmt, gehen die immergrünen Wälder über 500 Meter im Allgemeinen in sommergrüne Wälder aus laubabwerfenden Flaumeichen, Nussbäumen und Kastanien über, wie sie am schönsten unterhalb des Gennargentu-Massivs zwischen Fonni und Aritzo zu bewundern sind. Ab etwa 900 Me-

La Peonia: die Wilde Pfingstrose ist Sardiniens Nationalblume

FLORA UND FAUNA

ter dominieren subalpine Nadelbaumforste aus Tannen und Kiefern.

Macchia

Wo sich der natürliche Wald nicht mehr erholen oder erneut entwickeln konnte, veränderte sich das Erscheinungsbild der Insel nachhaltig. Die Macchia (niederer Buschwald), Garigue (Felsenheide) und, als letzte Degradationsstufe, Steppe breiteten sich aus – sei es durch die massiven Rodungen ab dem letzten Drittel des 19. Jahrhunderts, sei es durch anschließende Beweidung ebenso wie durch die Feuersbrünste, unter denen Sardinien noch bis heute leidet.

Als Macchia werden die von bis zu fünf Meter hohen, immergrünen Bäumen durchsetzten Strauch-, Busch- und Hartlaubformationen bezeichnet, die weite Teile Sardiniens bedecken. Vom korsischen Wort *maquis* („undurchdringlicher Buschwald") abgeleitet, wäre für diese Landschaften streng genommen die Anwendung des Plurals *le macchie* korrekt, den auf Sardinien jedoch niemand benutzt. Entgegen sämtlichen naturwissenschaftlichen Sachverstand bürgerte sich schon vor langem der Singular *la macchia* ein. Auch unterscheiden die Sarden nicht zwischen Macchia und Garigue, der Felsenheide, die sich mit vielen aromatisch duftenden Kräutern, Büschen und Zwergsträuchern bis zu einen halben Meter Höhe auf trockenen, heißen, kargen und felsigen Böden ausdehnt – auf Sardinien wuchert überall Macchia, und die Grenzen sind ohnehin fließend.

Vorzugsweise breitet sie sich in den Küstenregionen und den dahinter aufsteigenden Bergen aus, die sie im einbrechenden Frühling in ein in vielerlei Farben **blühendes Blütenmeer** verwandelt: weiß die Salbeiblättrige Zistrose und die Französische Zistrose, gelb die unterschiedlichsten Ginsterarten und, wie der Name schon sagt, die Blüten der Gelben Zistrose, eines silbergrauen Strauches, der nicht selten bestandsbildend die Macchia prägt, aber ebenso Sand und Dünen liebt; ferner Mastix, Wolfsmilchgewächse in zahlreichen Arten, Stechwinde, Myrte, Wacholder, die stammlose Zwergpalme, Lorbeer, Erdbeerbaum und in der Krautschicht Affodill, Thymian, Rosmarin, Salbei, Lavendel.

Mit zunehmender Hitze verändert die Macchia ihr Antlitz und erscheint nun als graugrüner Teppich. Die spitz zulaufenden, dunkelgrün glänzenden Zistrosenblätter werden in der Tagesglut bräunlich und beginnen, stark aromatisch zu duften. Zahlreiche Pflanzen sondern ätherische Öle ab, die zusammen mit dem Aroma von Rosmarin, Salbei und dem „Hirtenkraut" Thymian („portano i pastori addosso", sagt man, „die Hirten tragen den Thymiangeruch am Körper") den **würzigen Macchiaduft** komponieren, der für Sardinien so typisch ist.

Die Tierwelt

Bejagte und bedrohte Tiere

Alles in allem kann von Artenvielfalt keine Rede sein, was teils naturgegeben an der Insellage, teils aber auch

Flora und Fauna

am **traditionellen Jagdtrieb der Sarden** liegt. Alljährlich ab Mitte September schultern sie, ausgerüstet mit Dreitagebart und martialisch-finsterem Blick, zur Jagdsaison ihre Gewehre und schießen auf alles, was Flügel oder vier Beine hat. Die jüngeren Generationen teilen dieses Hobby ihrer Väter allerdings zusehends weniger.

Neben Singvögeln, Fasanen und Rebhühnern nimmt man am liebsten Hasen und Wildschweine unter Beschuss, aber auch ihre nahen Verwandten, die halbwilden Hausschweine, werden ins Visier genommen. Gelegentlich müssen sogar die unter strengstem Naturschutz stehenden Mufflons, die kleinste Wildschaf-Unterart und Mutter aller europäischen Hausschaf-Rassen, dran glauben.

Es gibt aber auch gute Nachrichten: Über den Gipfelregionen des Gennargentu-Gebirges kreisen neben Falken und Bussarden wieder Adler. Ihre Aas fressenden Verwandten, die sand- bis braunfarbenen Gänsegeier, bevorzugen als mittlerweile letzte Kolonie in ganz Italien die Bergwelt an der Nordwestküste zwischen Bosa und Alghero sowie die Berge des Monte Ferru südlich von Bosa.

Die einst in den Grotten und Höhlen am Golf von Orosei beheimatete, akut vom Aussterben bedrohte Mönchsrobbe *(bue marino)* ist vor Jahren endgültig verschwunden, die meisten erschlagen und erschossen von den Fischern, der Rest vertrieben von den Ausflugsbooten.

Im endlosen Sand der Costa Verde im Westen Sardiniens legt die ebenfalls streng geschützte Meeresschildkröte ihre Eier ab. Auf der Welt einzigartig sind die kleinen weißen Esel auf der vorgelagerten Nationalpark-Insel Asinara im Nordwesten sowie die zierlichen Wildpferde auf der Giara di Gesturi im südlichen Zentrum Sardiniens.

Waldbewohner

Das **Mufflon** ist das Symbol der sardischen Tierwelt. Mit bis zu achtzig Zentimeter langen, gewundenen Hörnern, wie sie der Widder spätestens nach sieben Jahren entwickelt hat, gleicht das „Ur-Schaf" eher einer Gemse als unseren bekannten nordischen Wollknäulen. Lange Zeit war es sehr stark gefährdet, doch konnte es inzwischen in vielen europäischen Gegenden wieder eingebürgert werden, in Andalusien ebenso wie im mecklenburgischen Müritz-Nationalpark. Egal, wo einem Muffelwild begegnet, seine Vorfahren stammen allesamt aus Korsika und Sardinien.

Der vom Aussterben bedrohte **Sardische Hirsch** konnte mit wenigen hundert Artgenossen im WWF-Naturreservat Monte Arcosu im Sulcisgebirge sowie in den völlig menschenleeren Bergen des Sarrabus westlich von Cagliari ein letztes Refugium finden.

Die Tierwelt der Salzseen

Die großen Lagunen (**stagni**) – sehr seichte, vom offenen Meer abgetrennte Brackwasserseen, die meist von Dünen gesäumt sind – bilden einen besonderen Lebensraum. Das Wasser in diesen Strandseen wird in oft komplizierten Vorgängen vom Meer eingeschwemmt. Aufgrund der starken Verdunstung ist es **extrem salzhaltig** und daher artenarm. In den großen *stagni* bei Cagliari, Oristano und auch auf der Isola San Pietro werden jährlich viele Tausend Tonnen Meersalz gewonnen.

In den flachen Seen ist für Rebhühner, Kormorane, Reiher, Fischadler, zahlreiche Sumpfvogelarten und die prächtigen **Flamingos** (siehe Exkurs) dennoch eine mit Fisch und Krustentieren reich gedeckte Tafel bestellt. Sardinien verweist stolz auf 13.000 Hektar unter Naturschutz gestellte *stagni*, das ist ein Viertel aller in Italien nur Zugvögeln und heimischen Wasservögeln vorbehaltenen Lagunen.

Flamingos – die rosa Farbtupfer der stagni

Die stark salzigen Brackwasser der *stagni*, wie sie sich am weitläufigsten am Golf von Oristano und am Golf von Cagliari ausdehnen, bilden die Lebensgrundlage für einige wenige Spezies. In flachen Strandseen können nur Tiere leben, die gegenüber Salz eine hohe Toleranz aufweisen. Unter ihnen sind auch die eleganten „Verkehrtschnäbler" zu finden, besser bekannt unter ihrem spanischen Namen „Flamingos". Die grazilen, stelzbeinigen rosa Langhälse mit ihren winzigen Köpfchen sind hochspezialisiert und reagieren gegenüber Änderungen des Salzgehalts derart empfindlich, dass sie bei Unterschreiten eines bestimmten Salzwertes sogar ihre Brut vergessen.

Nahrung finden sie im organischen Weichschlamm in Form von Plankton, Algen, Weichtieren und winzigen Krebsen, die sie mit ihren Stelzfüßen aufwirbeln. Ist das Wasser infolgedessen trübe genug, filtern sie mit ihrem kurios nach unten abgeknickten Schnabel die Nahrung heraus, indem sie den Kopf in solcher Form abwärts zur Wasserfläche senken, dass der Unterschnabel mit der dicken Zunge nach oben und der kleine Oberschnabel nach unten weist. Nun wird das Wasser durch diesen Verkehrt-Schnabel – daher der Name – gesogen, wobei die nahrhaften Kleinstlebewesen dort an feinen Hornzähnen und -lamellen hängen bleiben. Mit den winzigen Krebstierchen und Algen wird auch der Farbstoff aufgenommen, der den Flamingos die rosa Färbung verleiht.

Die gerne auf nur einem Bein stehenden, bis zu anderthalb Meter großen Stelzvögel sind äußerst gesellig und brüten in riesigen Kolonien. Nach 29 Tagen schlüpfen die Jungen aus dem Ei. Nur ganze vier Tage lang wird der Nachwuchs von den Eltern gefüttert, danach muss er sich seine Nahrung alleine erschnattern und stelzt als Nestflüchter davon.

Ursprünglich waren die Flamingos Zugvögel, die nur einen Teil des Jahres auf Sardinien verbrachten. Seit einigen Jahren verbleiben die Tiere aber dauerhaft auf der Insel, ohne dass es eine plausible Erklärung dafür gibt (vermutlich wissen sie einfach mehr von Klimaveränderung als der Mensch). Erst blieben sie in den *stagni* von Cagliari. Dann bauten sie dort eines schönen Tages plötzlich Nester und brüteten. Von dieser Basis bereiteten sie sich von Jahr zu Jahr mehr aus; sie sind heute in praktisch allen Strandseen Sardiniens bis hinauf nach San Teodoro anzutreffen.

Ökologie und Naturschutz

Wasserknappheit

Von allen Seiten vom Meer umspült, zählt Wasser zu den knappen und damit wertvollsten Gütern Sardiniens. Auf der Insel herrscht **ausgeprägter Süßwassermangel** – trotz ausreichender Niederschläge im Frühling und Spätherbst. Während sich in diesen Zeiten bei oft sintflutartigen Regengüssen selbst das kleinste Flüsschen binnen weniger Augenblicke in eine gurgelnde braune Flut verwandelt, blickt man schon bald darauf wieder auf ausgetrocknete Flussbetten. Besonders betroffen ist der Süden der Insel, während der etwas kühlere und niederschlagsreichere Norden weniger Probleme mit Trinkwasser hat. Deshalb ist man dabei, in einem gigantischen Wasserpipelineprojekt den Süden an die Wasservorräte des Nordens anzuschließen, was wiederum den Norden überhaupt nicht begeistert und die traditionellen Querelen zwischen Nord und Süd sicher nicht verkleinert.

Der einzige natürliche See ist der winzige Lago Baratz in der Nähe von Alghero. Alle anderen Süßwasserspeicher wurden aufwendig aufgestaut. **Über 40 Stauseen** entstanden, überwiegend an den größeren Flussläufen wie dem Temo, Coghinas, Flumendosa und Tirso, manche in Verbindung mit einem Wasserkraftwerk. Doch selbst die großen Wasserreservoirs trocknen in außerordentlich heißen Sommern manchmal nahezu aus. Nur in den höheren Bergregionen sprudeln die Quellen ganzjährig. Die Qualität des klaren Quellwassers ist erheblich besser als das oft gechlorte Trinkwasser in den Küstenorten.

Dramatisch entwickelt sich die Situation, wenn nach der Sommerdürre der spätherbstliche Regen ausfällt, so dass sich die Stauseen nicht ausreichend füllen können. Landwirtschaftsbetriebe, Privathaushalte, Hotels und Feriensiedlungen sammeln das kostbare Nass für den Fall aller Fälle vorsorglich in Zisternen. Dennoch darf man sich nicht wundern, wenn vorzugsweise an den Küsten die erfrischende Dusche im Juli/August nach wenigen Minuten versiegt.

Wasser sparen

Um den Wasserverbrauch besonders im Sommer und an den Küsten so gering wie möglich zu halten, sollte man sich als Gast auf Sardinien möglichst um einen sparsamen Umgang mit dem kostbaren Nass bemühen. Stundenlanges Duschen reizt nicht nur die sonnenstrapazierte Haut, sondern verbraucht auch eine Menge Trinkwasser.

Lebensraum Meer

Die Unterwasserwelt rund um die Insel ist erheblich dezimiert. Besonders kärglich zeigt sich die Meeresfauna und -flora vor der Nordküste Sardiniens, die Fanggründe sind schon seit langem überfischt. Dieser Tendenz

ÖKOLOGIE UND NATURSCHUTZ

versucht man nach langen Jahren der Untätigkeit nun von verantwortlicher Seite mit der Ausweisung von Schutzzonen entgegenzusteuern, in denen Fischer und Hobbytaucher nicht mehr nach eigenem Gutdünken schalten und walten können. Immer mehr und größere Gebiete der Küste und des davorliegenden Meeres werden als geschützte *aree protette marine*, **Meeresparks,** ausgewiesen.

Eine weitere Nachricht, die hoffnungsvoll stimmt: Das Meer rings um Sardinien ist **eines der saubersten im gesamten Mittelmeer.** Die Insel Maddalena und der Golf von Aranci tragen das „Blaue Band" für erstklassige Wasserqualität. Insgesamt 25 Regionen und ihre Strände sind im „Guida Blu" aufgeführt, in dem die Umweltschutzorganisation Lega Ambiente die besten Strände Italiens veröffentlicht. Spitzenreiter war 2005 mit 96 Punkten Bosa, gefolgt von der Costa Verde bei Arbus mit 93,8 Punkten. Den beiden Fünf-Sterne-Stränden folgen zahlreiche mit vier Segeln prämierte wie Chia an der Costa del Sud (92,7), Golf von Orosei (91,9), Alghero (91,3), Costa Smeralda (90,8), Pula (89,6), Tortolì (88) oder Villasimius (87,7). Auf den hinteren Rängen landen mit nur zwei Segeln La Maddalena (77) und Palau (75). Schlusslicht der ausgezeichneten Strände bildet mit immerhin noch 69,1 Punkten die Küste von Castiadas.

Bislang gibt es an den Küsten Sardiniens insgesamt sieben große und zahlreiche kleinere **Schutzgebiete.** Höchsten Schutzstatus haben der La-Maddalena-Nationalpark, der Asinara-Nationalpark sowie der Nationalpark Golfo di Orosei. Besonders geschützte *aree marine protette* sind: Tavolara und Punta Coda Cavallo, die Halbinsel Sinis und Isola Mal di Ventre sowie das Capo Carbonara, weiterhin das Capo Testa und das Capo Caccia, die Isola San Pietro sowie die Costa del Sud zwischen Capo Spartivento und Capo Teulada.

Lagunen und Küsten

Italienweit sind über 40 Lagunen und Strandseen mit einer Fläche von insgesamt 50.000 Hektar als Naturschutzgebiet ausgewiesen, ein gutes Viertel (rund 13.000 Hektar) steuern die geschützten sardischen **Stagni** um Cagliari und Oristano bei, die Lebensraum und Nistplätze für zahlreiche bedrohte Vogelarten bieten.

Waldvernichtung

Abholzung

Eine der größten ökologischen Herausforderungen stellt die fortschreitende Verdrängung des Waldes dar. Die ausgedehnten Laubmischwälder, die noch Mitte des vergangenen Jahrhunderts fast die ganze Insel bedeckten, wurden mit beginnendem Industriezeitalter **hemmungslos abgeholzt.** Bis 1910 war die unglaubliche Fläche von 5860 Quadratkilometern Wald verschwunden, das entspricht rund einem Viertel der gesamten Inselfläche. Das Holz verwendete man zum Eisenbahnbau auf der Insel, aber vor allem

ÖKOLOGIE UND NATURSCHUTZ

in Norditalien, oder man brannte es in Meilern zu Holzkohle.

Waldbrände

Von dem, was übrig blieb, fallen noch heute alljährlich Hunderte von Hektar der Zerstörung anheim, inzwischen aber vorwiegend durch verheerende Flächenbrände. Die Feuersbrünste in Wald und Macchia werden allerdings nur selten von der Sonne entfacht. In den meisten Fällen ist Brandstiftung die Ursache.

Die **Motive der Brandstifter** könnten unterschiedlicher nicht sein: Fast vier Millionen Schafe, zwei Millionen Rinder und ungefähr 400.000 Ziegen grasen auf der Insel. Zirka 30.000 Hirten suchen für ihr Milchvieh ständig nach neuen Weidegründen. Und wo die Macchia zu dicht verwächst, dort wird gezündelt. Anstelle von Mastixgestrüpp, dessen Blätter die Schafe verschmähen, gedeiht auf den verbrannten Flächen schon im nächsten Jahr saftiges Gras. Die Folge solcher „Urbarmachung" sind Erosion und Versteppung der Böden. In kürzester Zeit dörrt die Erde aus, wird unfruchtbar, und die Herden müssen weiterziehen, was neue solcher verheerenden

Das wilde Supramonte-Gebirge

Ökologie und Naturschutz

Wichtige Regeln zur Verhütung von Waldbränden

- Werfen Sie niemals Streichhölzer (auch keine abgebrannten) und Zigarettenkippen in die Natur!
- Gleiches gilt für leere Flaschen oder Plastikabfälle, die z.B. mit Morgentau wie Brenngläser wirken können.
- Sammeln Sie solch gefährlichen Abfall ein, auch den anderer Leute.
- Rauchen im Wald ist streng verboten.
- Selbstverständlich verbietet sich offenes Feuer in der Natur, auch Grillen.
- Parken Sie Ihren Wagen nicht auf ausgedörrtem Boden! Die Hitze des Auspuffs könnte ein Feuer entfachen.
- Sollten Sie einen Brand entdecken, geben Sie unverzüglich Alarm unter den **Telefonnummern 113** und **115** oder unter der Warnnummer des *Corpo forestale* (Forstpolizei) **15 15.**

Informationen zum Umweltschutz

- **Italia Nostra** (Heimatverband), Via Bacaredda 11, 09127 Cagliari, Tel. (070) 48 87 91, Web: www.italianostra.org.
- **Lega Ambiente** (Umweltschutzverband), Via Garibaldi 5, 09125 Cagliari, Tel./Fax (070) 65 97 40, Web: www.legambientesardegna.it.
- **LIPU** (Liga für Vogelschutz), Via Tilso 33, 09170 Oristano, Web: www.lipu.it.
- **WWF Sardegna** Via dei Mille 13, 09127 Cagliari, Tel. (070) 67 03 08, Fax 65 44 52, Web: www.wwf.it/sardegna, www.soscostesardegna.it.

„Brandrodungen" nach sich ziehen kann. Dazu kommen Überweidung und Pflanzenverbiss, die ein nicht minder drängendes ökologisches Problem darstellen.

Streitigkeiten, Missgunst und Neid sind weitere Beweggründe, aus denen gezündet wird (womöglich sind die Früchte auf Nachbars Feld größer als auf dem eigenen). Einer Art „heißer Erschließung" neuer Grundstücke widmet sich mancher rührige Bauunternehmer, und die Konkurrenz in der Tourismusbranche schläft ebenfalls nicht. Ein weiterer Verdacht: Spezialfirmen für Wiederaufforstung lassen die Wälder abfackeln, um danach für gutes Geld neu anpflanzen zu können. Andere meinen, Arbeitslose würden in der Hoffnung zündeln, einen Job bei der Aufforstung zu erhalten. Des Öfteren bekommt man, wenn auch nur hinter vorgehaltener Hand, zu hören, dass hinter so manchem Feuer wohl auch Firmen mit den Löschflugzeugen stecken, die sich so Arbeit und Einkommen sichern wollen.

Um der weiteren Erosion und Versteppung entgegenzuwirken, wird der Wald zum einen mit einem unglaublichen Aufwand von allem leicht brennbaren Tot- und Unterholz befreit, wofür im Herbst und Winter ganze Heerscharen von Arbeitern angeheuert werden. Zum anderen wird mit ebenso großem Aufwand **aufgeforstet,** allerdings leider eher mit Pinien, Kiefern und Wasser saufendem Eukalyptus anstatt mit den einheimischen, langsam wachsenden Stein-, Flaum- und Korkeichen.

Ökologischer Tourismus

Die Sarden wissen mittlerweile wenigstens teilweise sehr gut, dass eine intakte Natur in Kombination mit sanftem Tourismus die Pfunde sind, mit denen sie wuchern können. Die Natur ist das Kapital, mit dem sie beständig erfolgreicher wirtschaften, in der Landwirtschaft ebenso wie im Tourismus. Bausünden, wie sie beispielsweise an der spanischen Mittelmeerküste begangen wurden, versucht man zu vermeiden. **Strenge Vorschriften** sorgen dafür, dass keine Bettenburgen die Küstenstriche verunzieren und dass nicht näher als 500 Meter an den Strand heran gebaut werden darf. Der neue, links gerichtete Inselpräsident *Soru* hat gar per Dekret verfügt, dass zum Schutz der Insel in einem zwei Kilometer breiten Küstenstreifen kein neues Bauprojekt genehmigt werden darf, und hat gefordert, die bisher bereits vorhandenen touristischen Kapazitäten qualitativ nachhaltig zu steigern. Natürlich gibt es, wie so oft in Italien, wenn es um die Einhaltung von Verordnungen geht, immer auch Ausnahmen von der Regel. Dass aber gegen Bausünder durchaus auch rigoros durchgegriffen wird, zeigt das Hotel Baia delle Ginestre an der Costa del Sud. Die zum großen Teil illegal zu nahe an der Küste erbaute Luxusherberge wurde im Jahr 2001 geräumt und gesprengt.

Teil des Öko-Tourismus ist auch der **Agriturismo,** der sich staatlicher Förderung und wachsender Beliebtheit erfreut (siehe auch „Unterkunft").

Umweltbewegung

Zahlreiche Gruppen setzen sich für den Umweltschutz auf Sardinien ein. So die Umweltorganisation Italia Nostra und der World Wildlife Fund (WWF), der immer wieder mit spektakulären Aktionen für Aufsehen sorgt: 1985 kaufte er beispielsweise ein 3600 Hektar großes Gebiet rund um den Monte Arcosu im Sulcis im Inselsüden, wo die letzten Exemplare des

Cane Fonnese – eine römische Kampfmaschine

Selbst Hundekennern ist er kaum bekannt, der *cane pastore fonnese*, auf den man in den Bergen der Barbagia hier und da noch trifft. Oder besser nicht, denn hinter dem freundlich klingenden Namen „Hirtenhund" verbirgt sich eine große und kraftvolle, äußerlich eher wuschelig nett aussehende schwanzlose Hunderasse. Doch der *mastino fonnese*, so sein amtlicher Name, ist ein gefährliches Überbleibsel der Römer. Diese hatten, um endlich die in konventioneller Kriegsführung offensichtlich nicht zu bezwingenden „Barbaren", sprich Sarden, niederzuwerfen, diese Hunderasse speziell als Kampf- und Killermaschine zur Menschenjagd gezüchtet und auf die Insel gebracht. Heute wird der *mastino fonnese* noch von einigen wenigen Hirten im Gennargentu gezüchtet und gehalten – wer eines der seltenen Exemplare (aus sicherer Distanz) sehen möchte, der besuche den Agriturismo Parco Donnortei bei Fonni.

Sardinien in Flammen

*Los han falados a fogu
sos montes de idda mia
a carbone alluttu ebbia
han reduidu su logu.*

("Sie haben die Wälder meiner Heimat angezündet, sie haben alles in einen Haufen glühender Kohle verwandelt.")

Dieses von dem Gründer des berühmten Männerchores *Tenores di Neoneli* geschriebene (An)klagelied „Su ballu 'e su fogu" entstand im Jahr 1982, als ein enger Freund von *Tonino Cau* bei einem Löscheinsatz sein junges Leben verlor.

Alljährlich gehen auf Sardinien zahllose Hektar Wald, Macchia und Weideland in Flammen auf. In über 90 Prozent der Fälle werden die Brände entweder durch Fahrlässigkeit entfacht oder sogar in böser Absicht gelegt. Die Opfer sind Pflanzen, Tiere und allzu oft leider auch Menschen, wie es in den katastrophalen Feuer-Sommern von 1983, 1989 und 1993 der Fall war.

Ende Juli 1983 beklagte man im Herzen der Gallura rund um Tempio Pausania fünf Tote und 15 teils schwer Verletzte. Bevor das Feuer auf die Granithäuser des alten Gallura-Städtchens übergriff, hatte es bereits unzählige Korkeichen vernichtet. Eine Spur der Verwüstung zog sich südöstlich bis in die Barbagia hinein, von einem gigantischen Kohlebecken war die Rede. 600 Hektar Wald verbrannten am Monte Arci bei Oristano im Westen der Insel, drei Dörfer wurden völlig zerstört. Im Sulcis im Süden loderten ebenfalls die Flammen, ein Dorf mit 800 Einwohnern musste geräumt werden. In der Nähe der Provinzhauptstadt Sassari erstickte ein Helfer im Feuersturm.

Halb Sardinien stand in Flammen, und Zweifel wurden laut, ob die landläufige Auffassung noch zuträfe, dass entweder zur Weidegewinnung zündelnde Hirten oder Familienfehden für die Feuersbrünste verantwortlich zeichneten. Angesichts der präzise kalkulierten Art und Weise, in der die Brände gelegt wurden, so dass sie schnell auflodern und sich ausbreiten konnten, sprachen sardische Politiker erstmals öffentlich von ruchlos ausgeführten terroristischen Anschlägen.

Dass der Wahnsinn Methode hatte, wurde 1989 bestätigt. Abermals brannte es in der Gallura, doch diesmal – das war neu – in einer der beliebtesten Ferienregionen der Insel. Angesichts des verheerenden Feuersturms schrieb die Tageszeitung „Sardegna Nuova": „Eine Apokalypse. Ein Inferno. [...] Er hat den Maestrale abgewartet [ein Wind, der in dieser Gegend sehr stark bläst], dieser Brandstifter, der sich in den Kopf gesetzt hat, die halbe Gallura zu zerstören."

Tatsächlich zog sich ein Flammenmeer von Arzachena bis zur berühmten Costa Smeralda; südlich von Olbia dehnte sich ein Flächenbrand von Porto San Paolo bis vor die Tore des Urlauberzentrums San Teodoro aus. Nachweislich wurden die Feuer systematisch gelegt. Die Idee dabei war: das Dorf Loiri in den Bergen im Hinterland mit Flammen einzukreisen, so dass sich sämtliche Rettungsmaßnahmen auf die Evakuierung der Dorfbewohner konzentrierten, während zur selben Zeit Feuer an der dicht besiedelten Küste zwischen Porto San Paolo und San Teodoro ausbrachen. Allein bei Porto San Paolo wurden acht Brandherde entdeckt. Etwa 2000 Menschen, Urlauber wie Einheimische, mussten evakuiert werden. Das erste Mal in der langen und dramatischen Brandkatastrophengeschichte Sardiniens waren unmittelbar touristische Zentren betroffen.

Eine weitere Heimsuchung ereignete sich nur vier Jahre später, abermals in der Gallura. Insgesamt verloren in jenen drei Sommern 18 Menschen ihr Leben, darunter drei kleine Kinder.

SARDINIEN IN FLAMMEN

Mittlerweile spricht man laut über die einschlägigen finanziellen Interessen, die hinter den entsetzlichen Brandschatzungen stehen könnten, sei es eine gewinnversprechende Boden- und Bauspekulation, sei es die sizilianische Mafia, die in dieser Form ortsansässige Unternehmer in der Tourismusbranche entweder zur Aufgabe zwingt, um selbst einzusteigen, oder aber die mit Sizilien konkurrierende Urlaubsinsel Sardinien unpopulär machen will. Lukrativ ist womöglich auch das Geschäft mit den Löschflugzeugen. Zwar durchziehen gewaltige Feuerschneisen wie tiefe Narben die Berge, zwar leisten sich die Bewohner der einzelnen Ortschaften gegenseitige Löschhilfe. Wird aber der Brand an acht weit voneinander entfernt liegenden Punkten gleichzeitig gelegt, helfen oft nur noch Löschflugzeuge. Aus Norditalien fliegen dann die teuren Waldbrandbekämpfer an und füllen Einsatz für Einsatz die Taschen ihrer festländischen Eigner. Doch sind das selbstverständlich alles nur Gerüchte, nachweisen lässt sich nichts, zumal es nur sehr selten gelingt, einen Täter zu überführen.

Auch wenn in den letzten Jahren die ganz großen Katastrophen ausblieben und sich die vorsätzlich gelegten Brände auf kleinere Vorfälle beschränkten, so steigt die Brandgefahr durch die klimatischen Ausnahmezustände der letzten Zeit weiter an. Wenn, wie im Sommer 2003, die Temperatur für drei Monate bei 40 C° oder darüber liegt, dann genügt tatsächlich der allerkleinste Funke!

Ein Funke kann alles zerstören

ÖKOLOGIE UND NATURSCHUTZ

Sardischen Hirschen ums Überleben kämpften, und stellte den Besitz sofort unter Naturschutz; 1995 konnte das Gebiet um noch einmal 600 Hektar Wälder und Berge erweitert werden.

Überall auf der Insel wirken **engagierte Initiativen und Kooperativen** im Sinne des Umweltschutzes und sanften Tourismus. Die Cooperativa Enis in Oliena und die Cooperativa Turistica Sinis in der Nähe von Oristano seien hier als Vorreiter einer inselweiten Umweltbewegung erwähnt. Im Verbund mit der sardischen Presse gelingt es ihnen allmählich, das Bewusstsein eines Teils der Bevölkerung für dieses Thema zu sensibilisieren, was nach wie vor nicht selbstverständlich ist. So löste im Sommer 2003 das Bekanntwerden von Plänen der Berlusconi-Regierung, auf Sardinien **Atommüll** zu deponieren, inselweit eine nie dagewesene, gewaltige Protestwelle aus, die alle gesellschaftlichen Kräfte, politi-

ÖKOLOGIE UND NATURSCHUTZ

schen Lager und Menschen unter der blauen Fahne von „No alle scorie in Sardegna" vereinte und die Regierungspläne fürs Erste vereitelte. Ein für Sardinien ungewöhnlicher Vorgang, aber umso hoffnungsvolleres Zeichen.

Naturschutzgebiete

Durch das Engagement der Umweltschützer konnten bis heute zahlreiche Gebiete unter Naturschutz gestellt werden: die Dünengebirge an der unberührten Costa Verde, die Giara di Gesturi mit ihren kleinen Wildpferden, die Wälder am Montarbu in der Barbagia ebenso wie die Wälder der Sette Fratelli, die Strände und der Forst von Biderosa, Monte Albo, Monte Arci, Teile des Sulcis und vieles mehr.

Auch von den angestrebten **Nationalparks** sind inzwischen einige verwirklicht worden. Die Nationalparks der ehemaligen Gefängnisinsel Asinara und des Maddalena-Archipels, beide an der Nordküste Sardiniens, sind heute Realität. Dagegen scheiterte vorerst das länderübergreifende Projekt Parco delle Bocche, das die Straße von Bonifacio zwischen Korsika und Sardinien unter Schutz stellen wollte.

Nach über 30 Jahren Diskussion und Konfrontation ist nun auch der **Parco Nazionale Gennargentu e Golfo di Orosei** Wirklichkeit geworden. Der Nationalpark, der sich vom Golf von Orosei an der Ostküste bis zum Gennargentu-Gebirge erstreckt, war vor allem am Widerstand der lokalen Bevölkerung immer wieder gescheitert. Auch wenn die Gegensätze noch nicht überbrückt sind, das Gebiet bislang nur unter provisorischem Schutz steht und keine Parkverwaltung existiert, so ist der Nationalpark doch praktische Realität geworden.

Im unwegsamen Gebirge geht es oft nur zu Fuß, Pferd oder mit Jeep weiter

S'Ozzastru – Sardiniens ältester Olivenbaum

Ein Naturdenkmal ganz einzigartiger Art findet man nahe dem kleinen Galluradörfchen Luras. Dort wurzeln beim Landkirchlein Santu Baltolu di Carana am Lago di Liscia einige der ältesten und gewaltigsten Olivenbäume der Insel. Der größte und älteste dieser geschützten Methusalems weist eine Höhe von 14 m und einen Stammumfang von sagenhaften 12 m auf. Sein Alter wird von Experten auf rund 3000–4000 Jahre geschätzt. Das bedeutet, dass unter seiner Krone schon Mensch und Tier Schatten suchten und Siesta hielten, als in Ägypten Pharao *Phiops II.* Pyramiden bauen ließen und man im unwirtlichen Germanien noch in Höhlen hauste und die ersten Nuraghier über die Insel streiften. Der wohl älteste Olivenbaum der Welt steht übrigens in Griechenland und zählt nach Expertenmeinung an die 5000 Jahresringe.

Kultur und Gesellschaft

Kultur und Gesellschaft

Murales auf der Rathausfassade in Orgosolo

Sardische Trachten

Verlassene Bergwerksanlagen in den Nurra-Bergen

Geschichte

„Furat chie venit da'e su mare", lautet eines der ältesten sardischen Sprichwörter – „Wer über das Meer kommt, will uns bestehlen."

Seit dem Eintritt Sardiniens aus dunkler Vorzeit in die Historie war die Geschichte der Insel gleichzeitig auch immer die ihrer Besatzer und Kolonialherren. In mehr als zweieinhalb Jahrtausenden **Fremdherrschaft** eroberten, besetzten und plünderten Phönizier, Karthager, Römer, Byzantiner, Araber, Pisaner, Genuesen, Spanier, Piemontesen sowie schließlich die Italiener die Insel. Ausbeutung und Unterdrückung, Armut, Hunger und Not bestimmten das Leben der Menschen noch weit bis in die zweite Hälfte des 20. Jahrhunderts.

Die Prähistorie

Wer die ersten Menschen waren, die jemals Sardinien betraten, woher sie kamen und wie sie dort hingerieten, ist bis heute nicht bekannt. Die Anfänge der sardischen Geschichte liegen im Dunkeln, doch lassen sie sich anhand archäologischer Funde teilweise rekonstruieren.

Steinzeit

Älteste Spuren einer menschlichen Besiedlung fand man bei Perfugas in der Provinz Sassari. Die Werkzeuge,

die man dort aus dem Boden grub, stammen aus der Altsteinzeit und sind rund 150.000 Jahre alt. In der Jungsteinzeit (Neolithikum, etwa 5000–500 v. Chr.) kannte man auf der Insel bereits die Technik der **Keramikherstellung.** Die im gesamten Mittelmeerraum verbreitete Cardium-Keramik, bei der der Handwerker die Tongefäße mit dem gezackten Rand der Herzmuschel *(cardium edule)* verzierte, war auch auf Sardinien zu Hause.

Am Monte Arci, einem erloschenen Vulkan in der Nähe von Oristano, grub man nach **Obsidian,** dem schwarzen Gold der Steinzeit. Da sich aus dem dunklen, glasartigen Gestein rasiermesserscharfe Werkzeuge und Waffen herstellen ließen, die bis in die Anfänge der Bronzezeit nahezu konkurrenzlos Anwendung fanden, trieben die Menschen mit dem Material lebhaften (Übersee-) Handel.

Angehörige der so genannten **Bonu-Ighinu-Kultur** schufen um 4000 v. Chr. eine schwarzbraune Keramik und trieben backofenförmige Löcher in weiche Felsen, um ihre Toten darin zu bestatten. Mit diesen Gräbern ist aus jener Zeit erstmals ein Totenkult auf Sardinien nachgewiesen. Ob es sich bei der Bonu-Ighinu-Kultur nun aber um neue Einwanderer oder um eine frühe Stufe der nachfolgenden, sardischen **San-Michele- oder Ozieri-Kultur** handelt, darüber gehen die wissenschaftlichen Auffassungen auseinander.

Letztgenannte, nach ihrem wichtigsten Fundort, der Grotte San Michele bei Ozieri benannte Zivilisation (um 3300–2500 v. Chr.), entwickelte die so genannten Backofengräber aus der Bonu-Ighinu-Zeit zu größeren Mehrkammergräbern weiter, den **domus de janas,** wie die Sarden die teils labyrinthähnlichen Felskammergräber nennen. Häufige Grabbeigaben waren dickbusige weibliche Idolfiguren, Erd- und Muttergottheiten, die den friedfertigen Charakter der Menschen verdeutlichen. Während die späteren, kriegerischen Hirtenvölker dem Stiergott huldigten, handelte es sich bei den Angehörigen der Ozieri-Kultur um friedliche Ackerbauern. Sie lebten in Hüttendörfern und ernährten sich von den Früchten der Felder sowie von Viehzucht, Kleintierjagd und Fischfang. Die Bildmotive auf ihren kunstvoll gefertigten Keramiken zeigen augenfällig ihre Verbindung zum östlichen Mittelmeerraum.

Die Ozieri-Kultur brachte Sardiniens erste kulturelle und ethnische Einheit hervor. Nur in der Gallura konnte sie nicht Fuß fassen. Von der übrigen Insel durch das Limbara-Massiv abgeriegelt, entwickelte sich hier in der kargen Granitlandschaft im dritten Jahrtausend vor unserer Zeitrechnung stattdessen die **Arzachena-Kultur,** eine arme Hirtengesellschaft, benannt nach dem wichtigsten Fundort ihrer Relikte. Ihre einzige Hinterlassenschaft sind Steinkreise und Steinkistengräber.

Ein Steinkreisgrab der Nekropole Pranu Mutteddu bei Goni

GESCHICHTE

Die Nuraghier-Zeit

In der Kupferzeit entwickelten sich ab 2500 v. Chr. verschiedene Kulturphasen und Stile: die Abealzu-Filigosa, Monte-Claro-, Glockenbecher- und Bonnanaro-Kultur, von denen jedoch keine mehr die Bedeutung der Ozieri-Kultur erlangte. Kriegerische Hirtenstämme wanderten ein und brachten ein größeres Know-How in der Metallverarbeitung mit. Ihre Herkunft ist bisher ungeklärt, man weiß nur, dass in diese Epoche, etwa ab 1800 v.Chr., die Anfänge der berühmten Nuraghenkultur fallen.

Vom geheimnisvollen Volk der **Nuraghier** weiß man bis heute nur sehr wenig. Waren sie Immigranten aus dem östlichen Mittelmeerraum, worauf die kultischen Stiermotive und die so genannten „falschen Gewölbe" in ihren Gebäuden hindeuten, die auch die Minoer auf der Insel Kreta kannten? Kamen sie aus dem Westen, wofür ihre beeindruckende Megalith-Architektur spräche? Oder entwickelten sie sich aus den Vorgängerkulturen auf Sardinien?

Ihren gemeinsamen Namen erhielt diese in verschiedenen, untereinander verfeindeten Clans organisierte Hirtengesellschaft nach ihrer wichtigsten Hinterlassenschaft, den kegelförmigen gewaltigen Steintürmen – den **Nuraghen.** Heute sind sie die Wahrzeichen Sardiniens, von ihnen gibt es immer noch rund 7000 auf der Insel. Von den obersten Terrassen der Wehranlagen, die oft um eine vorspringende, hölzerne Brüstung erweitert waren, konnten die Turmbewohner mit weitem Blick über das Land ihre Herden und Felder im Auge behalten und außerdem sich nähernde Feinde rechtzeitig erspähen.

Da Viehdiebereien und Gebietsstreitigkeiten zwischen den einzelnen Clans keine Seltenheit waren, ließen sich viele Siedler im Schutz der Nuraghen nieder. Im Verteidigungsfall flohen sie in den Turm und konnten sich aus gesicherter Position ihrer Angreifer erwehren.

Während der **Spätbronzezeit** bis 900 v. Chr. wurden viele der stolzen Bauten mit Ringen kleinerer Türme und mächtigen Außenmauern verstärkt, wodurch allmählich wehrhafte Trutzburgen entstanden. In Belagerungszeiten beschützte die Burg den lebensnotwendigen Brunnen im Innenhof sowie das außerhalb der Mauern gelegene Rundhüttendorf. Su Nuraxi, Sardiniens bedeutendster Nuraghenkomplex, war eine solche Anlage. Erst um 600 v. Chr. konnten die Phönizier die Festung bezwingen.

Antike

Die Herrschaft der Phönizier

Schon im 9. Jahrhundert v. Chr. ließen sich die Phönizier an den sardischen Küsten nieder, trieben Handel mit den nuraghischen Stämmen und gründeten Städte wie Karali (Cagliari), Nora bei Pula, Tharros auf der Halbinsel Sinis oder Sulkis auf der Insel Sant' Antioco. Doch dabei blieb es nicht. Bald lenkten sie ihren begehrlichen Blick auch auf die reichen Silber-, Kupfer- und Eisenerzvorkommen im Inselinneren. Es kam zu kriegerischen Auseinandersetzungen mit den nuraghischen Stämmen, die entweder versklavt oder von den Küsten, aus den Bergbauregionen und fruchtbaren Ebenen ins unwegsame Landesinnere vertrieben wurden.

In den kargen, landwirtschaftlich nutzlosen Gebirgen, der „Barbaria" (die spätere Barbagia), entwickelte sich fortan eine sardische **Hirtengesellschaft,** die noch bis weit ins 20. Jahrhundert hinein archaische Züge trug. Seit jener ersten Vertreibung von ihren Küsten waren die Sarden keine Fischer mehr. Sie wurden reine Bewohner des Binnenlandes, und das Meer wurde ihr Feind.

Unter dem Joch Karthagos

Um 540 v. Chr. folgte die neue, aus einer phönizischen Kolonie in Nordafrika hervorgegangene Weltmacht Karthago dem Lockruf des Silbers. Damit war nicht nur der Untergang der Nuraghier besiegelt. Am Ende des Jahrhunderts hatten die von den Römern *poeni* („Punier") genannten Westphönizier aus Karthago überdies sämtliche älteren phönizischen Ansiedlungen auf Sardinien unter ihre Gewalt gebracht.

Sie gestalteten die Insel zur **Kornkammer Karthagos** um und beuteten die schier unerschöpflichen Erzvorkommen aus. Als „Gegenleistung" schleppten sie die Malaria ein, die die Sarden noch bis ins 20. Jahrhundert geißelte. Zugleich begann ein bis fast in die Gegenwart hinein fortwährender Belagerungszustand, bei dem stets nur die jeweiligen Machthaber wechselten.

Die Zeit der Römer

Nach dem Ersten Punischen Krieg okkupierten ab 238 v. Chr. die Heere des nahegelegenen Rom das Land. Im Zweiten Punischen Krieg (218–201 v. Chr.) brachten sie den nun mit den Karthagern verbündeten Sarden eine entscheidende Niederlage bei und errichteten eine bis dahin beispiellose **Schreckensherrschaft.** Fast hundert-

Auf phönizischen Fundamenten erbaut – die Römerstadt Nora bei Pula

Römische Thermen in Fordongianus

tausend Inselbewohner wurden auf das Festland verschleppt und in die Sklaverei verkauft. In der Gegenrichtung kamen strafversetzte römische Beamte und verbannte Kriminelle, Juden und Christen auf die den Römern verhasste, da malariaverseuchte und gefährliche Insel.

Die freien Hirten im so genannten „Barbarenland", der heutigen Barbagia, führten blutige Raubzüge gegen die Okkupanten durch und fielen in Guerillataktik über die besetzten Gebiete her, so dass neben dem Ausdruck „Fellsarden" *(Sardi pelliti),* wie ihn der römische Geschichtsschreiber *Livius* (59 v. Chr.–17 n. Chr.) gebrauchte, nun auch die Bezeichnung „fellbehangene Banditen" auftauchte. Für die folgenden 650 Jahre blieb Sardinien römische Provinz.

Mittelalter

Die byzantinische Herrschaft

Nachdem mit der Völkerwanderung im 4. und 5. Jahrhundert nach Christi Geburt das römische Weltreich zerfallen war, stürmten die Vandalen die Küsten. Im Jahr 534 mussten sie den Truppenverbänden der Byzantiner weichen. Sardinien fiel unter die Herrschaft Ostroms, und eine Zeit bis dahin ungeahnter Unterdrückung und Ausbeutung begann. In Anbetracht der offenkundig „ungläubigen" Barbagia-Hirten förderte *Papst Gregor I.* (590–604) erstmals planmäßig die Christianisierung. „Tatsächlich leben alle Barbaren wie die Tiere, ohne Verstand, den wahren Gott leugnend, Steine und Bäume anbetend", schrieb er voll des Entsetzens über die verachtenswürdigen Heiden.

711 stießen Araber auf die nun byzantinische Insel vor. Die von den Oströmern **Sarazenen** genannten Muselmanen plünderten und brandschatzten nach besten Kräften und versklavten diejenigen Einwohner, denen es nicht gelang, sich rechtzeitig ins Landesinnere zu retten. Städte wie Sassari fernab der Küsten wurden gegründet.

Zur effektiveren Verteidigung gegen die Sarazenen teilte der byzantinische Statthalter die Insel außerdem in vier eigenständige Wehrgemeinschaften auf, die „Judikate". In diese Verwaltungsgebiete – Cagliari, Arborea, Torres und Gallura – entsandte er je einen so genannten Richter als seinen Stellvertreter. Zunächst durch die Wahl bestimmt, wurde dieses Amt im Verlauf der so genannten **Richterzeit** unter den alteingesessenen byzantinischen Familien allmählich erblich. Sardinien zerfiel in vier kleine Quasi-Königreiche, die sich mit lokalpatriotischer Versicherung durch Klerus und Großgrundbesitzer nun untereinander das Leben schwer machten.

Die Zeit der italienischen Stadtstaaten

1015 besetzte ein vom spanischen Sarazenen *Mugahid* aus dem Kalifat Cordoba geführter Flottenverband Südsardinien. Dies rief den römisch-katholischen Papst auf den Plan, der die Republiken **Pisa** und **Genua** aufforderte, das vor seiner Haustür liegende Sardinien von den „Ungläubi-

GESCHICHTE

gen" zu befreien. Im Jahr darauf zogen die beiden rivalisierenden Seemächte mit ihren Heeren über das Tyrrhenische Meer und vertrieben die Araber gemeinsam mit den Landtruppen der vier sardischen Judikate.

Pisaner und Genuesen fanden schnell Gefallen am blühenden Sardinien mit seiner fruchtbaren Landwirtschaft, den reichen Bodenschätzen und ausgedehnten Wäldern, die ja praktisch nur darauf warteten, ausgepresst, ausgebeutet und abgeholzt zu werden.

Streitigkeiten zwischen den Judikaten um die Vormachtstellung auf der Insel und daraus resultierende wechselnde Bündnisse mit Pisanern oder Genuesen machten sie zur leichten Beute für die beiden Seerepubliken. Über ausgefeilte Intrigen und eine ausgeklügelte Heiratspolitik brachten diese nach und nach die Richterämter an sich. Mit dem ausklingenden 13. Jahrhundert **erloschen die Judikate** bis auf das von Arborea, das bis Anfang des 15. Jahrhunderts bestand und dem zuletzt die hochverehrte und legendäre Richterin *Eleonora von Arborea* vorstand.

Doch erstmals in der Geschichte wurde Sardinien von seinen Eroberern

San Giovanni di Sinis – Sardiniens älteste Kirche

GESCHICHTE

nicht nur geplündert. Pisaner und Genuesen trugen auch zur ökonomischen und kulturellen Blüte bei. Sie ließen öde Landstriche urbar machen und riefen die Mönchsorden ins Land, die die bedeutenden Klöster und Landkirchen erbauten, die heute zu den schönsten architektonischen Perlen zählen.

Unter spanischer Herrschaft

Nachdem *Papst Bonifatius VIII.* im Jahr 1297 *König Jakob II.* von Aragon Sardinien als Lehen überlassen hatte, geriet die Insel für die folgenden 400 Jahre unter das drückende Joch der spanischen Herrschaft. Ende Februar 1323 trafen die aragonische und die pisanische Streitmacht zur entscheidenden Schlacht bei Cagliari zusammen, was mit einer vernichtenden Niederlage für Pisa endete. Anschließend errichtete **Aragon** ein feudales Terrorregime brutalster Manier. Bis zum Pesttod der Richterin *Eleonora* 1404 leistete das Judikat Arborea noch erbitterten Widerstand, danach versank Sardinien im Abgrund. Es wurde einem Vizekönig unterstellt und in Lehnsgüter aufgeteilt, Korruption und Bestechung waren gang und gäbe. Mit bewaffnetem Geleitschutz rückten Steuereintreiber bis in die entlegensten Gebirgsdörfer vor. Pest und Malaria wüteten, und während die Landbevölkerung hungerte, ließ es sich eine winzige Oberschicht gut gehen. Missernten und Hungersnöte lösten blutige Revolten aus, und das Banditentum griff in Form von Raubzügen und Überfällen auf die Reichen um sich.

An den Küsten entstanden zum Schutz vor den Arabern die Sarazenentürme.

Neuzeit

Königreich Sardinien

Im Zuge des Spanischen Erbfolgekrieges, der mit der Niederlage Spaniens endete, wurde Sardinien 1713 Österreich zugesprochen, kam durch einen Gebietstausch 1718/20 aber an das Herzoghaus **Savoyen** und bildete zusammen mit Piemont und weiteren Ländereien im herzöglichen Besitz das Königreich Sardinien. *Vittorio Amedeo II. von Savoyen,* der Herzog von Piemont, dekorierte sich mit dem Titel „König von Sardinien".

Die meisten Menschen auf der völlig ausgebluteten Insel knüpften zunächst große Hoffnungen an den Wechsel von der spanischen Knute unter die Herrschaft Piemont-Savoyens. Anstelle von Kastilisch bzw. Katalanisch erhob man im frisch gebackenen sardischen Königreich Italienisch zur Amtssprache und führte ein paar Reförmchen durch. Doch an der herrschenden Not änderten sie wenig.

Erst 1820 schuf der Sardinienminister und spätere König von Sardinien, *Carlo Felice,* mit dem *Editto delle Chiudende* („Erlass zur Einfriedung") endlich neue, wenn auch nicht glücklichere Realitäten. Die meisten Anstrengungen hinsichtlich eines landwirtschaftlichen Fortschritts waren bisher an der Tatsache gescheitert, dass es keinen privaten Grundbesitz gab. Dem sollte mit der **Bodenreform** abgeholfen werden, doch sie verschärfte letztendlich die bestehende Misere.

Über viele Jahrhunderte hinweg hatten die Dorfgemeinden über die Verteilung und das Nutzungsrecht des Landes gemeinschaftlich verfügt. Der Erlass zur Einfriedung besagte nun, dass jedermann die Erde, die er gerade bewirtschafte, behalten könne, sofern er sie nur kennzeichnete, d.h. sie umfriedete. Mit der Losung „tanca de bonde" („zäunt ein, was das Zeug hält") schickten wohlhabende Padrones und Granden spanischer Abstammung ihre Arbeiter und Knechte los, um Abertausende Hektar Land in Mauern zu fassen, und auch die Kleinbauern sperrten ab, was sie konnten.

Hatte bis 1820 in den Gemeinden ein freies Verfügungsrecht über Grund und Boden für Bauern wie für Hirten bestanden, mussten die Hirten für ihre angestammten Weiden nun eine Pacht an die neuen Grundbesitzer entrichten, die *mezzadria,* die die Hälfte des wegen der hohen Steuerlast ohnehin kläglichen Verdienstes ausmachte.

Ständige Auseinandersetzungen zwischen Kleinbauern und **verarmten Hirten** waren die Folge. Viehdiebstähle und organisierte Raubzüge nahmen zu, und das überkommene, über viele Jahrhunderte erprobte Sozialgefüge innerhalb der Dorfgemeinschaften wurde nachhaltig gestört. Als Erbe des Einfriedungsgesetzes überziehen noch heute kniehohe Trockenmäuerchen, die *tancas,* Sardinien wie ein feinmaschiges Netz. 1820 besiegelten sie die Armut der Hirten, und *Carlo Felice* wurde fortan nur noch *Carlo Feroce* („Carlol der Grausame") genannt.

Dreizehn Jahre später hob man den verheerenden Erlass schrittweise wieder auf, wodurch die Gemeinden verarmten, die gewaltige Entschädigungssummen an die ehemaligen Grundbesitzer zu zahlen hatten. Die Malaria wütete, und Heuschrecken fielen über die Felder her. Aus Not **verließen viele Menschen die Insel.** Manche, die nicht emigrierten, ritten eine *bardana,* einen Raubzug gegen die Reichen. Hungernde Hirten zogen aus den Bergen zu gutsituierten Padrones hinab, steckten ihre Besitztümer in Brand und zerstörten die Äcker der abhängigen Bauern.

Die wirtschaftliche Situation war schließlich so katastrophal, dass viele in der Integration Sardiniens in den piemontesischen Staat einen letzten Ausweg erblickten. Ende November 1847 wurde der Bitte der Sarden um Fusion mit dem Mutterland nachgegeben und die Vereinigung vollzogen.

Vom Risorgimento zur Autonomie

Im *Risorgimento* („Wiederaufblühen"), der **nationalen Einigung Italiens** 1861, wurde Sardinien-Piemont unter *König Vittorio Emanuele II.* Teil des neuen italienischen Einheitsstaates. Der Freiheitskämpfer, Politiker und temperamentvolle Nationalheld der Italiener im Risorgimento, *Giuseppe Garibaldi* (1807–82), wählte sich das Eiland Caprera vor der Nordostküste Sardiniens als seinen Altersruhesitz und ließ sich dort in den siebziger Jahren des 19. Jahrhunderts nieder.

Die Geschichte Sardiniens im Überblick

- **Ca. 4000–3300 v. Chr.:** Bonu-Ighinu-Kultur
- **Ca. 3300–2500 v. Chr.:** Ozieri- bzw. San-Michele-Kultur, in der Gallura Arzachena-Kultur
- **Ca. 2500–1800 v. Chr.:** Abealzu-Filigosa-, Monte Claro-, Glockenbecher- und Bonnanaro-Kultur
- **Ca. 1800–500 v. Chr.:** Nuraghenkultur
- **Ab 9. Jh. v. Chr.:** Besiedlung der Küsten durch die Phönizier
- **Um 540 v. Chr.:** Eroberung Sardiniens durch die Punier
- **238 v. Chr.:** Annexion der Insel durch die Römer
- **440 n. Chr.:** Die Vandalen okkupieren Sardinien
- **534 n. Chr.:** Beginn der byzantinischen Herrschaft
- **8.–11. Jh.:** Vorstoß der Araber an die sardischen Küsten
- **9.–14. Jh.:** Judikate und Richterzeit
- **12./13. Jh.:** Pisanische und genuesische Hegemonie
- **13.–18. Jh.:** Spanische Feudalherrschaft
- **1718/20:** Bildung des sardisch-piemontesischen Königreiches
- **1861:** Gründung des italienischen Einheitsstaates mit dem Piemontesen *Vittorio Emanuele II.* als König
- **1946:** Proklamierung der parlamentarisch demokratischen Republik Italien
- **1948:** Sardinien wird autonome Region in der Republik Italien
- **2004:** Der Kandidat des Mitte-Links-Bündnisses „Sardegna Insieme", *Renato Soru,* gewinnt am 12.6.04 die Regionalwahlen mit 50,16 % und wird neuer Präsident der Autonomen Region Sardinien.
- **2005:** Mit der Annahme per Volksabstimmung des 2001 beschlossenen Gesetzes zur Neuordnung Sardiniens besteht Sardinien seit dem 8.5.2005 aus nun acht statt bislang vier Provinzen.

An der **sozialen Schieflage** auf der Insel änderte die nationalstaatliche Einigung indessen wenig. Im Gegenteil geriet Sardinien, zusätzlich zu der unverhältnismäßig hohen Steuerlast, die nach wie vor auf die Bevölkerung drückte, in die Hände italienischer und ausländischer Spekulanten. Diese holzten die sardischen Wälder ab, um sie in norditalienische Eisenbahnschwellen zu verwandeln, forcierten die Ausbeutung der Minen und Kohlegruben, bauten das Straßennetz aus und legten Schienenwege an, um ihre Reichtümer so schnell wie möglich in die Häfen und damit Richtung Festland abzutransportieren.

Allzu wenig vom Gewinn verblieb auf der Insel, und trotz Bergbauboom herrschten weiterhin Hunger und Not. Zahlreiche Hirten, denen unterdessen die Wanderschäferei untersagt worden war, wanderten entweder aus oder wurden zu Banditen. Nach einer Lebensmittelteuerung brachen Hungerrevolten aus. Missernten und Malaria bestimmten das Bild.

Erster und Zweiter Weltkrieg

Der Blutzoll, den Sardinien im **Ersten Weltkrieg** entrichtete, war außerordentlich hoch. Beinahe 14.000 Gefallene waren zu beklagen, die Sarden hatten damit, gemessen an der Gesamtbevölkerung, das größte Opfer in Italien gebracht. Über die italienischen Grenzen hinweg erlangte die *Brigata Sassari* Ruhm, die sardische Truppenabteilung im italienischen Heer, welche hochdekoriert nach Sardinien zurückkehrte.

GESCHICHTE

Veteranen aus ihren Reihen gründeten 1921 die *Partito Sardo d'Azione* **(PSd'A),** die „Sardische Aktionspartei". Als erste öffentliche Institution formulierte sie Inselinteressen und engagierte sich im Sinne einer regionalen politischen Selbstverwaltung. Doch da mancher Kamerad Gefallen am aufkommenden Faschismus fand, stieß die Partei nicht nur auf Sympathie. Besonders die Kommunisten (PCI) standen der Aktionspartei misstrauisch gegenüber, allen voran ihr auf Sardinien geborener Begründer und herausragender Kopf, *Antonio Gramsci* (1891–1937).

Nach der **faschistischen Machtübernahme** durch *Mussolini* 1922 trieb man den unrentabel gewordenen Bergbau wieder voran. Um der Malaria Herr zu werden, nahm man die Entwässerung der Sümpfe in Angriff. Bewässerungssysteme für die Felder wurden eingerichtet und der Staudammbau intensiviert. 1923 weihte man eine erste Staumauer am Tirso ein, hinter der sich der Lago Omodeo aufstaute. Die Reißbrettstädte Fertilia bei Alghero, Arborea bei Oristano und Carbonia in der Bergbauregion des Iglesiente entstanden.

Alle oppositionellen Parteien wurden verboten und die Führer des antifaschistischen Bündnisses verhaftet, darunter *Emilio Lussu*, der Chef der Sardischen Aktionspartei. 1943 fielen Bomben der Alliierten auf Olbia, La Maddalena, Alghero, Porto Torres und die Hauptstadt Cagliari. Letztere wurde zu zwei Dritteln zerstört, ansonsten blieb Sardinien vom Zweiten Weltkrieg weitgehend verschont.

Die Nachkriegsära

In einer Volksabstimmung am 2. Juni 1946 entschieden sich die Italiener gegen die Monarchie zugunsten einer **parlamentarisch demokratischen Republik,** die man 16 Tage später proklamierte. *König Vittorio Emanuele III.,* der *Mussolini* zur Macht verholfen hatte, musste abdanken und ging ins Exil. Im Jahr 1948 trat die italienische Verfassung in Kraft. Sardinien wurde eine **autonome Region** in Italien (siehe auch unter „Politik und Verwaltung").

1949 war Italien Mitbegründer der **NATO.** Zahlreiche Militärbasen entstanden seitdem auf der strategisch bedeutenden Mittelmeerinsel Sardinien. Ebenfalls 1949 begründete Italien zusammen mit anderen europäischen Staaten den **Europarat,** 1951 die Montanunion, 1955 die Westeuropäische Union und 1958 die Europäische Wirtschaftsgemeinschaft, den Vorläufer der EG und späteren EU (weitere Hintergründe zur Wirtschaftsentwicklung finden Sie im Kapitel „Wirtschaft und Beschäftigung").

Für Sardinien entscheidend waren jedoch nicht diese europäischen Gründungsdaten, sondern das Jahr 1960, in dem der orientalische Ismailiten-Prinz *Karim Aga Khan* während einer Kreuzfahrt die Insel für sich entdeckte. In ihrem Nordosten kaufte der Prinz einen 55 Kilometer langen Küstenstrich, bebaute ihn für die Schönen und Reichen der Welt, nannte ihn „Costa Smeralda" und läutete damit auf Sardinien das **Zeitalter des Tourismus** ein.

Politik und Verwaltung

Rund 1,6 Millionen Menschen leben auf der 24.089 Quadratkilometer großen Insel, die mit 68 Einwohnern pro Quadratkilometer die am dünnsten besiedelte Region Italiens ist. Über 400.000 Menschen, also ein Viertel der sardischen Bevölkerung, wohnt im Großraum der Hauptstadt Cagliari. Mehrere Hunderttausend Sarden befinden sich in der Arbeitsemigration in Italien und anderen Ländern.

Die autonome Region Sardinien

Seit Inkrafttreten des *Statuto speciale per la Sardegna* (Autonomie-Status) Ende Februar 1948 ist Sardinien eine autonome Region der Republik Italien mit relativer Unabhängigkeit von der römischen Zentralregierung sowie gewissen Gestaltungsspielräumen in den fiskalischen, legislativen und exekutiven Angelegenheiten der Insel. Der Autonomie-Status garantiert den Sarden die Selbstverwaltung inklusive einer eigenen Finanzverwaltung sowie im eingeschränkten Rahmen gesetzgeberische Kompetenz, vorwiegend hinsichtlich Fragen der wirtschaftlichen Entwicklung, Verwaltung, Landschafts- und Verkehrsplanung.

Als autonome Region verfügt Sardinien über ein alle vier Jahre gewähltes **Regionalparlament** (*Consiglio regionale*), das als gesetzgebendes Organ fungiert und den Präsidenten der Region wählt, der als Chef der Exekutive wiederum die zehn Mitglieder (*assesori*) seiner Regierung (*giunta*) ernennt. Sitz der Regionalregierung ist Cagliari.

Offizielles **Wappen** ist seit 15.4.1999 ein rotes Kreuz auf weißem Grund, dessen Felder vier nach rechts blickende Mohrenköpfe mit Stirnbinde enthalten. Bis zu diesem Datum zeigte das offizielle Wappen vier nach links blickende Mohrenköpfe mit Augenbinde.

Die Provinzen

Bis zum 8. Mai 1995 gliederte sich Sardinien in die vier Provinzen Sassari (SS), Cagliari (CA), Nuoro (NU) und Oristano (OR), wobei letztere die kleinste und mit Gründungsjahr 1974 auch die jüngste war. Seit der Provinzwahl vom 8. Mai 2005 ist diese Aufteilung Geschichte. Denn mit der durch ein Referendum erfolgten Annahme des Gesetzes zur Neuaufteilung Sardiniens sind zu den bisher vier existierenden die vier neuen Provinzen Carbonia-Iglesias, Medio Campidano, Ogliastra und Olbia-Tempio hinzugekommen.

Damit sind die vier alten aufgelöst, doch die **acht neuen** zwar Gesetz, aber leider noch längst nicht eingerichtet. So weiß man bei den neuen oft noch nicht einmal, wo genau die Grenzen verlaufen sollen, welches die Hauptstadt werden soll usw. Deshalb herrscht auf der Insel derzeit ein (nicht nur) **verwaltungstechnisches Chaos,** was sich u.a. auch auf den Tourismus auswirkt. Denn nun sind zwar die vier touristischen EPT-Informationsbüros der vier alten Provinzen geschlossen, neue jedoch noch nicht einmal im Ansatz in Sicht.

Die acht neuen Provinzen

- **Provinz Cagliari (CA):** Größe 3613 km², Einwohner 517.000, Einw./km² 143; größte Städte: Cagliari (163.000), Quartu S. Elena (86.500), Selargius (27.900).
- **Provinz Carbonia-Iglesias:** Größe 1741 km², Einwohner 136.000, Einw./km² 78; größte Städte: Carbonia (30.700), Iglesias (28.200), Sant' Antioco (11.700).
- **Provinz Medio Campidano:** Größe 2063 km², Einwohner: 128.000, Einw./km² 62; größte Städte: Villacidro (14.700), Guspini (12.700), Serramanna (9550).
- **Provinz Nuoro (NU):** Größe 4143 km², Einwohner: 58.500, Einw./km² 32; größte Städte: Nuoro (36.900), Macomer (11.100), Siniscola (11.000).
- **Provinz Ogliastra:** Größe 1854 km², Einwohner: 58.500, Einw./km² 32; größte Städte: Tortolì (10.100), Lanusei (5800), Bari Sardo 3850).
- **Provinz Olbia-Tempio:** Größe 3368 km², Einwohner: 138.500, Einw./km² 41; größte Städte: Olbia (46.200), Tempio Pausania (14.000), La Maddalena (11.500).
- **Provinz Oristano (OR):** Größe 2972 km², Einwohner: 166.500, Einw./km² 56; größte Städte: Oristano (31.700), Terralba (10.200), Cabras (8700).
- **Provinz Sassari (SS):** Größe 4337 km², Einwohner: 327.000, Einw./km² 75; größte Städte: Sassari (121.100), Alghero (39.600), Porto Torres (21.500).

Das sardische Wappen

Um das Wappen Sardiniens gibt es viel Unklarheit und Falschinformationen, dafür viel Spekulationen, Gerüchte und Mutmaßungen. Sicher ist, dass das offizielle Wappen ein rotes Kreuz auf weißem Grund mit **vier Mohrenköpfen** (sardisch: *Bator Moros*) zeigt. Die Mohrenköpfe sind höchstwahrscheinlich ein Mitbringsel der Besatzer aus Aragon. Sie symbolisieren vermutlich die vier Staaten, die die christlichen Spanier den muslimischen Mauren entreißen konnten. Sie stehen jedoch nicht für die vier sardischen Provinzen, die es damals noch gar nicht gab und heute nicht mehr gibt.

Auf Sardinien tauchen sie erstmals Mitte des 14. Jahrhunderts auf, wo sie Veröffentlichungen, Drucke und andere Dokumente besiegelten, Geldmünzen schmückten und als Banner im Krieg gegen die Türken dienten.

Die Entstehung der sich Mitte des 17. Jahrhunderts ausbreitenden Darstellung mit vier nach links schauenden Mohrenköpfen mit verbundenen Augen ist ungeklärt; vermutet wird jedoch ein schlichter Irrtum eines unaufmerksamen Kopisten. Andere meinen, die herrschenden Piemontesen hätten den Köpfen absichtlich eine Augenbinde verpasst, um so die Rückschrittlichkeit der „beschränkten" Inselbevölkerung augenfällig zu demonstrieren. Auf jeden Fall erscheint diese Darstellung auf allen militärischen Gegenständen der Piemontesischen Dynastie.

1952 wird das Wappen mit den vier nach links blickenden Mohren mit verbundenen Augen offizielles Wappen und Wahrzeichen Sardiniens. Mit dem Regionalgesetz Nr. 10 vom 15.4.1999 werden die Köpfe gewendet und die Augenbinde gehoben. Auch wenn das alte noch sehr häufig Verwendung findet – das offizielle Wappen zeigt vier nach rechts blickende Köpfe mit Stirnbinde!

Wirtschaft

Bizarre Bergbaurelikte an der Costa Verde

Arbeitslosigkeit

Von 650.000 Sarden im arbeitsfähigen Alter stehen etwa 520.000 in Lohn und Brot, davon 41 Prozent im Dienstleistungssektor, 33 Prozent in der Industrie und immerhin noch immer 26 Prozent in der Landwirtschaft. Das bedeutet, rund 130.000 sind ohne Arbeit, was etwa **20 Prozent der Bevölkerung** entspricht (in ganz Italien sind es 11 Prozent). Auffallend ist, dass arbeitslose Frauen überwiegen. Weitere 400.000 Menschen leben in der Arbeitsemigration und tragen mit ihren regelmäßigen Überweisungen nach Hause einen sehr bedeutenden Teil zum Gesamthaushalt der Insel bei.

Trotz des in den 1960er Jahren einsetzenden Tourismus, der der Insel neben Bergbau, Land- und Weidewirtschaft noch ein weiteres ökonomisches Standbein bescherte, und trotz zahlreicher staatlich finanzierter Beschäftigungsmaßnahmen, ist der **Bedarf an Arbeitsplätzen** nach wie vor nicht annähernd gedeckt. Zwar sinken die Gesamtarbeitslosenzahlen langsam, aber vor allem die **Jugendarbeitslosigkeit** (15-25 Jahre) liegt noch bei Schwindel erregenden 38 Prozent und klettert in manchen Regionen außerhalb der Saison auf über 50 Prozent. Diese Zahlen sind eine schwere Bürde für die Zukunft.

Wirtschaftsstruktur

Die meisten Versuche, im größeren Stil **Industrie anzusiedeln,** schlugen auf Sardinien fehl, sei es durch eine fatale Fehleinschätzung der Wirtschaftsverhältnisse, die gigantische Fehlinvestitionen zufolge hatte, sei es durch halbseidenes Unternehmertum, das die Fördergelder der *Cassa per il Mezzogiorno* (staatlicher Hilfsfond für den unterentwickelten Süden Italiens) lieber in die eigenen Taschen steckte als zum Wohl Sardiniens zu wirtschaften, oder sei es aufgrund der „kolonialen Ausbeutung" durch die Italiener, wie es nicht wenige Sarden lauthals beklagen. In der Tat findet ein nicht unerheblicher Teil des auf Sardinien erwirtschafteten Mehrwertes keinen Eingang in regionale Investitionen, sondern fließt direkt in die Kassen von auf dem Festland beheimateten Firmen und Konzernen zurück.

Dies ist nicht erst seit heute so. Neben der Insellage und den meist kärglichen Böden trug stets die **ökonomische Ausbeutung** der Insel zur problematischen Wirtschaftslage, sprich zur Armut der Sarden bei. Schon die Punier und Römer interessierten sich weniger für das Wohlergehen der Inselbewohner als für die reichen Blei-, Zink-, Kupfer-, Kohle- und besonders Silber-Vorkommen, die in der Nurra im Nordwesten und vor allem in den Bergen des Sulcis und Iglesiente im Südwesten schlummerten.

Bergbau

Seit jener fernen Zeit wird auf Sardinien, mit Unterbrechungen während der byzantinischen und spanisch-aragonischen Herrschaft, Bergbau betrieben. Im 19. Jahrhundert erlebte er mit der Industriellen Revolution seine größte und zugleich letzte Blüte, schon kurze Zeit später waren die Gruben **nicht mehr rentabel.** Entweder erschienen die Förderkosten zu hoch, oder, wie es das Beispiel der sardischen Braunkohle zeigt, erwies sich das Produkt im Vergleich zur Konkurrenz als minderwertig.

So mussten auch die großen Anstrengungen wirkungslos bleiben, die letztmalig im Faschismus unter *Mussolini* zugunsten der sardischen Braunkohleförderungen unternommen wurden. Im Jahr 1936 entstand dazu eigens vom Reißbrett die Stadt Carbonia. Bis in die 1970er Jahre hinein wurden die meisten Zechen geschlossen, wovon heute pittoresk verfallende Bergarbeitersiedlungen, stillgelegte Minen und romantisch verrostende Förderanlagen im Sulcis und Iglesiente schweigend Zeugnis ablegen.

Industrie

Das Industrialisierungsmodell des *Piano di Rinascita per la Sardegna* (**"Plan für die Wiedergeburt Sardiniens"**) seit Anfang der 1960er Jahre zeigte wie die Anstrengungen in den dreißiger Jahren nicht den gewünschten Effekt. Zu zwei Dritteln aus Mitteln der Zentralregierung, Gemeinden und der *Cassa per il Mezzogiorno*, zu einem Drittel von privater Hand finanziert, sollte das Programm der Schaffung von Arbeitsplätzen, dem Ausbau der Infrastruktur sowie der Einkommensverbesserung dienen.

Drei lokale Schwerpunkte wählte man dafür aus: Sarroch bei Cagliari und Porto Torres im Norden, wo jeweils Erdölraffinierien entstanden, sowie das damals fast noch archaische Hirtendorf Ottana im Herzen Sardiniens, wo man eine Kunstfaserfabrik aus dem Boden stampfte. Im absoluten Mittelpunkt der Insel und fern jeglicher industrieller Infrastruktur gelegen, hätte man keinen schlechteren Standort zur Herstellung von Chemiefasern auswählen können. Ottana ist das traurigste Beispiel für eine falsche Industriepolitik, wie sie selbst eine sozialistische Planwirtschaft nicht miserabler hätte gestalten können – oder

aber, so lautet ein Verdacht, der beste Beweis dafür, dass es nie darum ging, Wohlstand nach Sardinien zu bringen.

Cattedrali nel deserto, „Kathedralen in der Wüste", werden die **Investitionsruinen** unterdessen genannt, die Industrielle in die sardische Landschaft setzten, nicht selten, um die öffentlichen Kassen zu plündern, günstige staatliche Kredite einzustreichen und sich jeden potenziellen neuen Arbeitsplatz schon im Vorfeld vergolden zu lassen.

Insgesamt erwies sich das gewaltige Industrialisierungsprogramm bereits mit Abschluss der ersten Phase des Plans 1974 als fruchtlos. Die neuen petrochemischen Anlagen standen bereits wenige Jahre später vor dem Konkurs und konnten nur durch **massenhafte Entlassungen** von Beschäftigten saniert werden. Mit 70.000 neuen Stellen hatte man gerechnet, keine 8000 waren schließlich entstanden – mithilfe der kolossalen Summe von 800 Milliarden Lire Fördergeldern (ca. 400 Millionen Euro).

Es stellte sich als ein entscheidender Fehler heraus, dass zugunsten kapitalintensiver Großindustrien Investitionen in die Weiterverarbeitung einheimischer Erzeugnisse, z.B. Kork, hintangestellt wurden, wie das Negativbeispiel der Papierfabrik von Arbatax verdeutlicht: Das Produktionsmaterial erst per Schiff auf die Insel zu schaffen – im Fall der Papierfabrik Baumstämme auf das waldarme Sardinien – trieb die Herstellungskosten in die Höhe und war somit ökonomisch sinnlos. 1999 ging die Fabrik bankrott, und der Betrieb wurde eingestellt.

Dass die Industrie dennoch knapp ein Viertel des regionalen Bruttosozial-

WIRTSCHAFT

produkts erwirtschaftet, ist vor allem der **Energiegewinnung** sowie einer regen **Bautätigkeit** zu verdanken, von der auch die sardischen Steinbrüche profitieren. Im Südwesten der Insel werden immer noch rund um Iglesias und Carbonia Zink, Blei, Kupfer, Bauxit sowie Antimon abgebaut. Andere große Arbeitgeber sind das Elektrizitätswerk bei Carbonia und die Aluminiumfabrik von Portovesme.

Landwirtschaft

Anders als noch in den 1960er Jahren steuert die Land- und Weidewirtschaft heute keine vier Prozent mehr zum regionalen Bruttosozialprodukt bei. Waren 1961 noch fast die Hälfte der Sarden in der Landwirtschaft tätig, finden dort zwischenzeitlich nur noch 26 Prozent Inselbewohner Lohn und Brot – aus den unterschiedlichsten Gründen: In der **Viehwirtschaft,** insbesondere der Schäferei als dem traditionell starken landwirtschaftlichen Erwerbszweig konkurrieren etwa 30.000 Hirten um Weideflächen. Da die ökonomische Existenz eines Hirten erst ab einer Herdengröße von zirka 300 Schafen gesichert ist und dazu reichlich EU-Fördergelder flossen, verfünffachte sich die Zahl der Tiere von ca. 800.000 im Jahr 1981 auf heute knapp vier Millionen. Zusammen mit zwei Millionen Rindern und rund 400.000 Ziegen beanspruchen die Schafe insgesamt etwa die Hälfte aller landwirtschaftlichen Nutzflächen. Ausweichmöglichkeiten stehen kaum mehr zur Verfügung, was Expansion verhindert und die Bodenpacht in die Höhe treibt. Ungeachtet der knappen Weideflächen erwirtschaften die Hirten trotzdem beinahe zwei Drittel des landwirtschaftlichen Bruttosozialprodukts. Allein 16.000 Tonnen köstlicher Schafskäse werden jährlich hergestellt und in alle Welt exportiert.

Selbst für den extensiven **Ackerbau** stehen im bergigen Sardinien kaum Flächen zur Verfügung. Hauptsächlich in den weiten Ebenen der Arborea und des Campidano sowie den Mündungstälern der großen Flüsse werden Obst und Zitrusfrüchte, Gemüse und Getreide angebaut, nahezu inselweit kultiviert man Oliven und Wein.

In der Gallura liegt der ökonomische Schwerpunkt auf der **Korkproduktion** als der wichtigsten Einkommensquelle der Region – Sardinien ist Italiens größter Korkhersteller. Doch auch hier, wie überall auf der Insel, ist der Grund- und Bodenbesitz extrem parzelliert, viele Bauern bestellen nur eine winzige Fläche, die kaum die eigene Familie ernährt. Außerstande allein rentabel zu wirtschaften und die Produkte effektiv zu vermarkten, haben sich zahlreiche Kleinerzeuger deshalb zu Produktionsgenossenschaften und Kooperativen zusammengeschlossen.

Sonstiges produzierendes Gewerbe

Neben Viehwirtschaft, Baumkulturen, Wein- und Ackerbau stellt die **(Meer-) Salzgewinnung** einen wichtigen Faktor dar, wie sie in den Lagu-

---

Rund vier Millionen Schafe kommen auf 1,6 Millionen Einwohner

Hirten – ein Leben in Einsamkeit

Die Musik der Insel ist der Klingklang der Schafglöckchen – oder, je nach Wahrnehmung, auch das „schrille Geschepper", wie sich *D. H. Lawrence* in seinem Buch „Das Meer und Sardinien" ausdrückte. Monatelang von dieser Musik begleitet, durchstreifen die Hirten *(pastori)* in ihrem entbehrungsreichen Leben unter freiem Himmel, stets auf der Suche nach frischen Weidegründen, mit ihren Herden die einsame Bergwelt. „Ich führte oft Selbstgespräche", notiert *Gavino Ledda* in seinem Lebensbericht „Padre Padrone". „Aber da ich ja immer allein war und mich mit mir selbst wie mit der Natur nur schweigend unterhielt, verlor das gesprochene Wort allmählich an Bedeutung. Zunge und Kehle, Atem und Stimmbänder benutzte ich nur, um rufend und schreiend die Füchse zu vertreiben."

Tag und Nacht *solu che fera* („allein wie ein wildes Tier"), nur mit den Schafen zusammen, kann der Hirte jedes einzelne schon am Blöken und seinem Glöckchenbimmeln identifizieren. Zum **Beschützer der Herde** ausgebildet, sagt er Sonne, Wind und Regen voraus, kennt alle giftigen und ungiftigen Pflanzen und vermag sich in der Dunkelheit selbst im unwegsamsten Gelände zu orientieren. Er versteht sich darauf, mit der Waffe umzugehen und Tierkrankheiten zu heilen, er ist Geburtshelfer der Lämmer und darüber hinaus Scherer, Melker und Schlachter.

Hirten – ein Leben in Einsamkeit

In der Morgendämmerung werden die Schafe gemolken, und zwar jedes einzelne in einer akrobatischen Prozedur von Hand. Dazu klemmt der Hirte den Tierkopf fest zwischen seinen Beinen ein, neigt sich über den Tierrücken und presst dabei den Schafsschwanz mit seinem Kopf fest an den Schafallerwertesten, damit nur Milch und nichts anderes in den Eimer fällt.

Im Oktober werden die Zibben trächtig, und die Euter versiegen, bis sich drei Monate später Nachwuchs einstellt. Rechtzeitig vor Ostern werden die armen Jungböcklein auf die Schlachtbank geführt und die Zibbenlämmer von der Muttermilch entwöhnt, so dass der Hirte das Muttertier wieder melken kann. Die unerquicklichste, da beschwerlichste und gleichzeitig unrentabelste Tätigkeit, die **Schafschur**, findet ebenfalls im Frühjahr statt. Die unsaubere, zu grobe, mithin schlechte Wolle bringt keinen einzigen Cent Gewinn, nichtsdestoweniger müssen die Schafe vor der anstehenden Sommerhitze geschoren werden.

Mittlerweile arbeiten in diesem sardischsten aller Berufe nur noch rund 30.000 Männer. Sie hüten um die vier Millionen Schafe, im Mittel sind das keine 150 Tiere pro Hirte.

Wird die Milchwirtschaft im Logudoro und Meilogu sowie auf den Hochebenen rund um die Käsehochburg Macomer inzwischen auch im großen Stil betrieben, zieht mancher Hirte noch nach Art seiner Väter und Vorväter umher. Dies beinhaltet, die Tiere erst auf gemeindeeigenen oder staatlich bezuschussten Flächen zu weiden, und wenn diese abgegrast sind, entweder weiter hinauf in die dürren Gebiete zu wandern, wo die Schafe an mageren Grasnarben zupfen, oder sie auf die Scholle eines Bauern zu treiben, der sich die Pacht jedoch dann teuer bezahlen lässt.

Vor Wintereinbruch muss die Herde schließlich aus den erfrierenden Regionen hinab zu den Winterweiden in die wärmeren Küstengegenden geführt werden. Noch bis weit in die sechziger Jahre unternahmen diesen **mühsamen Abtrieb** die selten älter als fünfzehnjährigen Hirtenknechte zu Fuß. Wenigstens drei Monate waren sie ihren Heimatdörfern fern, allein und umringt von Schweigen. Viele von ihnen blieben deshalb eines Winters einfach in der Stadt. Wer nicht Carabiniere oder Soldat wurde, wanderte aus. Die letzte große Emigration fand in den fünziger und sechziger Jahren des 20. Jahrhunderts statt.

Heutzutage wird der aufreibende Wechsel zwischen Sommer- und Winterweide mit dem Viehtransporter durchgeführt. Auch die Milch wird nicht mehr zu Fuß oder per Esel, sondern in einem Fiat Cinquecento in die Molkerei transportiert. Dank der hervorragenden Qualität der sardischen Ziegen-, Schafs- und Kuhmilch, aus der man unter anderem den berühmten Pecorino Sardo herstellt, hat sich die ökonomische Situation der sardischen Hirten deutlich verbessert. Immerhin, was kaum jemand weiß, wird auch der berühmte französische Roquefort zum Teil aus sardischer Milch hergestellt, weil die in Frankreich gewonnene Menge nicht ausreicht und es keine qualitativ bessere gibt. Die weltweit große und stetig weiter steigende Nachfrage nach dem auf der Insel produzierten Pecorino hat dessen Produktionsmenge ebenso wie den Export und nicht zuletzt die Preise kontinuierlich steigen lassen.

Ziegenhirte auf
der Giara di Gesturi

nen vor allem bei Cagliari betrieben wird. Die **Fischerei** fällt weniger stark ins Gewicht, trotz Insellage sind die Sarden traditionell keine Fischer und Seefahrer. Auch das **Handwerk** hat nur geringfügig Anteil am sardischen Bruttosozialprodukt, allenfalls das traditionsreiche **Kunsthandwerk** befindet sich im Zuge der Rückbesinnung auf die überlieferten kulturellen Werte im Aufwind. Töpfereierzeugnisse, Holzarbeiten sowie Flecht-, Schmiede- und Webkunst erfreuen sich immer größerer Beliebtheit.

Dienstleistungen

Den größten Zuwachs verzeichnet, wie allenorts, auch auf Sardinien der Dienstleistungssektor, auf den rund zwei Drittel des regionalen Bruttosozialproduktes entfallen. Über die Hälfte der Gewinne durch Dienstleistungen werden in Handel und Gewerbe erwirtschaftet, ein weiterer Teil entfällt auf Verwaltungsdienste und das Transportwesen. Spitzenreiter bei den Zuwachsraten ist seit einigen Jahren der Tourismus.

Tourismus

Auch der Tourismus schreibt ehrgeizige schwarze Zahlen. Seit sich der milliardenschwere Ismaeliten-Prinz *Karim Aga Khan* 1960 auf Sardinien verliebte, den Hirten einen 55 Kilometer langen Küstenstrich inklusive 82 Traumstränden zwischen dem Golf von Arzachena und dem Golf von Cugnana abkaufte, ihn „Costa Smeralda" nannte und die Insel damit auf die touristische Landkarte setzte, entwickelte sich das Fremdenverkehrswesen zu einer **entscheidenden Erwerbsquelle** für viele Familien. Kleine Hotels, Bars und Pizzerien entstanden ebenso wie touristische Dienstleister und Agenturen.

Dennoch streichen auch hier den Löwenanteil Investoren vom Festland ein, die in den 1960er und 70er Jahren das Land für Pfennige erwarben, um darauf ausgedehnte Hotelanlagen und Feriensiedlungen zu errichten. Vom **Ausverkauf der Insel** spricht mancher Kritiker, wenngleich ein Gesetz zum Schutz der Küsten seit 1989 die Bebauung eines 500 Meter breiten Streifens bis zum Wasser verbietet und auch Baugenehmigungen heute nicht mehr blindlings erteilt werden.

Ein anderes Problem stellt die **kurze Urlaubssaison** dar. Zwar geht dem Ansturm der Festlandsitaliener im August schon ab Mai eine Vorhut deutscher, schweizer, englischer und niederländischer Feriengäste voraus und folgt im September noch eine entsprechende Nachhut, doch spätestens Mitte Oktober sind die Sarden wieder unter sich. Tourismusunternehmen, Herbergen, Campingplätze und Restaurationsbetriebe schließen über die kühlere Jahreshälfte ihre Tore, und bis weit in den nächsten Frühling hinein erscheinen die verwaisten riesigen Ferienanlagen wie Geisterstädte. Wer im Tourismus beschäftigt ist, muss sein gesamtes Jahreseinkommen binnen maximal fünf Monaten im Sommer erwirtschaften.

Doch bei allen Problemen, eines müssen selbst die unermüdlichsten

Tourismuskritiker einräumen: Nebst neuen Arbeitsplätzen, wiewohl sie meist saisonal sind, brachte die Entwicklung des Fremdenverkehrs auf Sardinien **viel Positives mit sich**. Die Entdeckung der grünen Bergwelt fern der Strände im touristisch kaum erschlossenen Binnenland durch naturverbundene Urlauber führte nach anfänglicher Verblüffung zum Umdenken bei den Sarden zugunsten eines sanften Tourismus.

Agriturismo eröffnete neue Perspektiven für minderbegüterte Kleinbauern; und zahlreiche **Kooperativen** gründeten sich, die von Unterkünften und Restaurants über Radeln und Reiten sowie Trend-Sportarten wie Climbing oder Mountainbiking vielfältige Touren, Exkursionen und geführte Wanderungen anbieten.

So ist es einerseits der EU, die mit Strukturfördermitteln Sardiniens Straßennetz und Infrastruktur massiv ausgebaut hat, die Landwirtschaft subventioniert und zur Schaffung von Arbeitsplätzen zahlreiche Projekte fördert und finanziert, und andererseits dem bei hohem Preisniveau weiter wachsenden Tourismus und zaghaften Ausdehnung der Saisonzeiten zu verdanken, dass es inzwischen auch das einst arme **Inselinnere** zu einem zwar noch bescheidenen, jedoch deutlich sichtbaren Wohlstand gebracht hat.

Archäologie, Kunst und Literatur

Nach Sardinien kommen heißt, ein reiches kulturelles Erbe zu entdecken. Nirgends in der Alten Welt findet man so viele und so spannende archäologische Stätten wie auf dieser Insel. Felskammergräber, Dolmen, Altarberge, Brunnenheiligtümer, Nuraghen, Gigantengräber, Tempel, Kirchen und Kastelle aus prähistorischer, punisch-römischer, frühchristlicher, romanischer und aragonischer Zeit bezeugen die Vielfalt des künstlerischen und architektonischen Schaffens auf der Insel.

Archäologische Funde aus der Prähistorie

Frühe Zeugnisse

Aus der Jungsteinzeit ab 6000 v. Chr. stammen die ersten Keramiken, die die Menschen der Bonu-Ighinu-Kultur brannten. In poröse Felswände trieben die prähistorischen sardischen Völker als Grablage für ihre Toten wie Backröhren geformte, kleine Löcher hinein. Diese so genannten **Backofengräber** (sardisch *forredus* = Backöfen) wurden ab etwa 3300 v. Chr. von der Ozieri-Kultur weiterentwickelt. Neben der Einraum-Gruft tauchten nun auch Mehrkammergräber von gelegentlich solcher Größe auf, dass sie ganze Sippen aufnehmen konnten. Schrittweise wuchsen die Grabstätten im Lauf der Zeit zu regelrechten Kleinsiedlungen und schließlich zu labyrinthischen Totenstädten an.

Archäologie, Kunst und Literatur

Die dahingeschiedenen Stammesfürsten verfügten über besonders komfortable, prachtvoll ausgeschmückte Grabwohnungen, in denen ihnen aufgemalte Scheintüren den Weg in die Ewigkeit wiesen. Mit mannshohen Vorräumen versehen sowie mit roten Spiral- und Stiermotiven bemalt – Symbole für die weibliche und die männliche Gottheit –, hielten ihre Palastgräber jedem Vergleich mit den Häusern der lebenden Herrscher stand.

Sant'Andria Priu bei Bonorva und das Palastgrab von Santu Pedru bei Olmedo sind zwei hervorragende Beispiele für die **domus de janas,** wie die Sarden diese Felskammergräber tauften. *domus* bedeutet „Haus", und *janas* sind die grazilen Feen, die der Sage nach in ihnen leben: gute und böse Wesen, die aus goldenen Fäden prächtige Stoffe weben, unschätzbare Kostbarkeiten hüten und den Menschen Glück und Wohlstand bringen – aber auch unartige Kinder fressen.

An der Wende vom dritten zum zweiten vorchristlichen Jahrtausend begannen die Menschen, ihre Grabstätten mit **Menhiren** (*perdas fittas*) zu umgeben – bis zu zwei Meter hoch aufragende Hinkelsteine, wie man sie an der Nekropole Pranu Muteddu bei Goni entdeckt. Hier reihen sich 60 *perdas fittas* zu einer eindrucksvollen Hinkelsteinsammlung aneinander.

Des Weiteren entstanden von gigantischen Steinblöcken (Megalithen) bedeckte **Galeriegräber** sowie **Dolmen** (vier bis sechs Meter hohe Steintische) aus wuchtigen Wand- und Deckenplatten. Insgesamt 70 Dolmen wurden auf der Insel gezählt. Der bedeutendste und zugleich größte nicht nur auf Sardinien, sondern im gesamten Mittelmeerraum, ist der eindrucksvolle Dolmen Sa Coveccada bei Mores.

Das nuraghische Erbe

Mit den Nuraghiern tauchten im zweiten Jahrtausend v. Chr. die so genannten **Gigantengräber** auf. Die Nuraghier seien mit titanischen Kräften versehene Riesen gewesen, mutmaßten die Sarden, und nannten ihre bis zu 15 Meter langen, megalithischen Gemeinschaftsgräber *tomba dei giganti* („Gigantengräber"). Tatsächlich fanden in den halb überirdisch, halb unterirdisch erbauten, von massiven Steinplatten eingefassten und abgedeckten Felsgängen – statt einem einzigen Riesen – bis zu zweihundert Verstorbene Platz. Die Kopfseite der Grabstätten verzierten die Nuraghier mit aufrecht stehenden, imposanten Steinplatten, den **Stelen.** Die schönste, da am besten erhaltene, findet man am Gigantengrab Coddu Vecchiu bei Arzachena in der Gallura.

Eine andere wichtige Hinterlassenschaft aus nuraghischer Zeit sind die meist unterirdisch gelegenen **Heiligen Brunnen** (*pozzo sacro*). Auf einem schlüssellochförmigen Grundriss gebaut, fassten sie Sardiniens kostbarstes Gut, das Quellwasser, ein. Die Quelle als Herzstück der Kultstätten befand sich oft einige Meter tief in der Erde, wohin eine Treppe aus Steinquadern

Nuraghe Burghidu bei Ozieri

ARCHÄOLOGIE, KUNST UND LITERATUR

führte. Bei Paulilatino befindet sich in einem Olivenhain das schönste nuraghische Brunnenheiligtum der Insel, das Sanktuarium Santa Cristina.

Die eindrucksvollste architektonische Leistung der Nuraghier aber sind fraglos ihre gewaltigen Steintürme, die **Nuraghen,** die dem geheimnisvollen Volk seinen Namen schenkten. Noch 7000 dieser steinernen Wahrzeichen Sardiniens sind als Ruinen erhalten, stolze 10.000 sollen es einmal gewesen sein.

Die bedeutendsten Nuraghen auf Sardinien

- **Su Nuraxi** (1 km westlich von Barumini in der Marmilla): Größter und bedeutendster Nuraghenkomplex Sardiniens mit Mittelturm und vier Ecktürmen auf über 1000 Quadratmetern Fläche sowie Grundmauern eines Rundhüttendorfes vor den Festungsmauern
- **Santu Antine** (7 km östlich von Thiesi im Lugudoro): Die „Königsnuraghe". Von einem Mauerring umzogene, imposante Anlage mit drei Ecktürmen und einem gewaltigen Mittelturm, von dem zwei der ursprünglich drei Stockwerke erhalten sind.
- **Nuraghe Losa** (2 km südwestlich von Abbasanta in der Arborea). Die drittschönste Nuraghe Sardiniens. Der 13 Meter hohe, mächtige Mittelturm ist umgeben von einer Bastion mit dreieckigen Innenräumen und zwei Mauerringen.
- **Nuraghe Primavera** (3 km westlich von Fertilia in der Nurra): Beeindruckende Nuraghenfestung mit zwei zusammenhängenden Türmen und Fundamenten eines Nuraghendorfes.
- **Nuraghe Arrubiu** (ca. 7 km südöstlich von Orolli): Der noch wenig bekannte, aber sehr imposante und eindrucksvolle Nuraghenkomplex mit seiner den Mittelturm umringenden siebentürmigen Bastion, der noch bis ins 5. Jahrhundert n. Chr. von den Römern u.a. als Weinkellerei genutzt wurde, kann auf eigene Faust durchklettert und durchstreift werden.

Im Verlauf ihrer Deutungsgeschichte wurden ihnen die skurrilsten Funktionen zugeschrieben. Sie galten schon als Schweigetürme und Skelettaufbewahrungsanstalten, Mückenunterschlupf, Hochöfen, Getreidespeicher oder sogar Refugien von Außerirdischen. Mittlerweile steht ihre **militärische Funktion** außer Zweifel. Sie wurden nahezu durchgängig an strategisch herausragenden Punkten erbaut, in besonders fruchtbaren Regionen gab es besonders viele Türme, manchmal mehrere pro Quadratkilometer.

Die ältesten Nuraghen, z.B. die Protonuraghe Brunku Madugui in der Marmilla, wurden in der Zeit um 1800 v. Chr. errichtet. Mit Rollen und Rampen schichteten die Bauarbeiter tonnenschwere Granitquader viele Meter hoch übereinander, doch fehlt den Türmen noch die für die klassische Nuraghenzeit charakteristische Kragkuppel, weshalb sie eher umgestülpten Rieseneimern gleichen und man sie **Protonuraghen** nennt.

In der nuraghischen Blütezeit ab Mitte des zweiten Jahrtausends vor

ARCHÄOLOGIE, KUNST UND LITERATUR

Christus entstanden dann Türme mit **Kragkuppeln,** die, aus gewaltigen Steinblöcken in Trockenbauweise spitz zulaufend übereinandergesetzt, nun überdimensionalen Brombeeren oder gigantischen Bienenstöcken glichen. Ihr beinahe lichtloses Inneres bestand aus mehreren, sich nach oben verjüngenden Etagen, die eine enge Wendeltreppe miteinander verband. Im untersten Stockwerk führten finstere schmale Flure in einen zentralen, runden Raum, den manchmal zusätzlich ein Wehrgang umzog.

Während der Spätbronzezeit ab 1200 v. Chr. verstärkte man die wehrhaften Bauten noch einmal mit Ringen kleinerer Türme und massiven Außenmauern, wodurch schrittweise machtvolle **Burgenkomplexe** entstanden.

Angesichts solch riesiger und grober Ausmaße und Formen sind die **nuraghischen Grabbeigaben** ab etwa 1000 v. Chr. umso bezaubernder: Bis maximal dreißig Zentimeter große, filigrane Bronzefiguren von höchster künstlerischer Vollendung. Die *bronzetti* genannten Plastiken verkörpern Hirten, Krieger, Priester, Häuptlinge und andere Angehörige der nuraghischen Gesellschaft. Die schönsten Beispiele stellt das Archäologische Museum in Cagliari aus.

Literaturtipp

● Einen sehr guten Ein- und Überblick in die Kunst, Kultur und Architektur der Nuraghier bietet das 95-seitige, reich illustrierte Buch **„Nuraghierkultur"** von *Paolo Melis*. Erhältlich vor Ort oder in deutscher Fassung unter www.sardinienshop.de.

Zeugnisse der Antike

Seit der Besiedlung und schließlich der Eroberung der sardischen Küsten durch die Phönizier ab 1000 v. Chr. und dem sich parallel vollziehenden Rückzug der nuraghischen Völker ins Landesinnere setzten sich mehr und mehr **fremde Einflüsse** in der Inselkunst und -architektur durch. Phönizier, Karthager und Römer hinterließen in Gestalt von Amphitheatern, Brücken, Thermen, Stelen, Säulen und Villen mit meisterhaft gefertigen Mosaikböden zahlreiche Spuren, insbesondere auf der südlichen Inselhälfte.

Beispiel hierfür sind auf der Insel Sant' Antioco die Nekropole und das Tophet von **Sulki,** eine Brandstätte für Kinder, deren Asche dort in rund 2000 Urnen beigesetzt wurde, sowie die Ruinen der antiken punisch-römischen Stadt **Nora** südlich von Cagliari. Und die bis heute größte Ausgrabung, die beeindruckende punisch-römische Stadt **Tharros** auf der Halbinsel Sinis. Aus römischer Zeit stammen u.a. das Amphitheater in Cagliari, die Thermen von Fordongianus zu Füßen des Monte Arci und der elegante kleine Antas-Tempel im Iglesiente.

Mittelalterliche Relikte

Frühchristliche Kirchen

Im Wüstensand der Halbinsel Sinis duckt sich neben dem punischen-römischen Tharros das archaisch anmutende Gotteshaus **San Giovanni di Sinis.** Die vermutlich schon im 6. Jahrhundert in römischer Quaderbauwei-

ARCHÄOLOGIE, KUNST UND LITERATUR

se auf einem kreuzförmigen Grundriss erbaute byzantinische Kuppelkirche ist eines der ersten Zeugnisse aus frühchristlicher Zeit auf Sardinien. Nur die Basilika San Saturno (5. Jahrhundert) in Cagliari ist älter, und auch die Kirche Sant'Antioco auf der gleichnamigen Insel verdeutlicht in ihrer kargen, erhabenen Würde den frühchristlichen Kirchenbau auf Sardinien.

Romanische Landkirchen

Unter dem Einfluss der Mönchsorden, die sich in die Epoche der pisanischen und genuesischen Hegemonie im 12. und 13. Jahrhundert auf Sardinien niederließen, entwickelte sich eine einzigartige Architektur, die sich am schönsten in den romanischen Landkirchen offenbart. Im **pisanischen Stil** wurden die Gotteshäuser mit einheimischen Materialien bunt gewürfelt oder quergestreift aufgebaut: schwarz der Basalt, weiß der Kalk und rot oder auch grünlich die Farben des Trachytgesteins. Der berühmte Sardinienforscher *La Marmora* verglich die Kirchen daher mit einem Geistlichen, der sich als Harlekin verkleidet.

Wie ein Zebra schwarzweiß gestreift zeigt sich die Schönheitskönigin unter den pisanischen Landkirchen, die bezaubernde **Santissima Trinità di Saccargia** südlich von Sassari. Dunkler Trachyt und heller Kalkstein zieren auch die kleine Perle **San Pietro di Sorres** oberhalb des Örtchens Borutta.

Im Dorf Ardara erhebt sich der „Schwarze Dom" **Santa Maria del Regno,** ein weiteres von vielen herrlichen Beispielen für die romanische Kirchenbaukunst auf Sardinien. Im Inneren birgt die Basilika einen von *Giovanni Murru* im 16. Jahrhundert geschaffenen, wertvollen Altaraufsatz *(retablo),* der zugleich eines der wenigen Exemplare originärer sardischer Malerei darstellt.

Ebenfalls in die Epoche der pisanischen und genuesischen Hegemonie im 12. und 13. Jahrhundert fallen die Errichtung zahlreicher **Wehranlagen** und **Kastelle,** darunter die Festung von Castelsardo und die Zitadelle in Cagliari.

Eine der schönsten Kirchen Sardiniens: Santissima Trinità di Saccargia

Grazia Deledda

„Zuerst war dort der weiße Berg von Oliena, der aus Luft zu bestehen schien, dann rechts die Berge von Dorgali und links die blauen und schwarzen Berge von Nuoro; auf einmal schien der ganze Himmel von goldenen Wolken zu blühen ..."

Grazia Deledda (1871–1936), die zähe kleine sardische Dame der großen Weltliteratur, liebte ihr Heimatland zutiefst – die kargen Bergmassive des Monte Albo und des Supramonte, auf die sie von ihrer Geburtsstadt Nuoro aus blickte, die uralten Dörfer unten im Tal und die kleinen Orte, die sich mit schmalen, granitgepflasterten Gässchen an den steilen Hängen hochwinden, die endlosen Weingärten, die sich die Berge hinaufziehen, die weiten Felder und steinigen Hochebenen, wo im dichten Gesträuch Ziegen und Schafe an spärlichen Grasnarben rupfen. Sie liebte den Sonnenaufgang über dem Strandsee bei Orosei, wo Flamingos und Reiher im Schilf die Morgenröte begrüßen, und das ewige Meer, wie es in ihren Augen erschien.

Deledda liebte ihre Heimat so sehr, dass sie darüber schrieb und immer weiterschrieb. Rund 50 Romane verfasste sie, in denen stets Nuoro, die ungekrönte Hauptstadt der Barbagia, eine Hauptrolle spielte, selbst als die Schriftstellerin mit ihrem Mann längst nach Rom übergesiedelt war. Im Jahr 1900 verließ das frisch getraute Ehepaar die Insel. Grazia, die nun den Nachnamen Madesani trug, lebte von da an in Rom, brachte zwei Söhne zur Welt und schrieb und schrieb.

1926 erhielt sie für ihren Roman „Schilf im Wind" den Nobelpreis für Literatur. „Canne al Vento", so der Originaltitel, spielt in einem kleinen Dorf Anfang des 20. Jahrhunderts und handelt vom alten Knecht *Efix* und seinen drei würdevollen, wiewohl nahe am Bankrott stehenden Hausherrinnen. Man versinkt in einer Welt von alten Frauen, die Schafswolle spinnen und Kranke besprechen, von wettergegerbten, vierschrötigen Männern, die sich beim Kartenspiel von der misslichen Ernte erholen. Es ist eine Welt irrlichternder Dämone, die durch die düsteren Berge geistern, und wunderbarer *janas*, guter und böser Feen, die goldene Stoffe weben oder den Kindern das Blut aus den Adern saugen. Man wird Teilnehmer der gottesfürchtigen Pilgerfahrten der Barbaricini, wie die Einwohner der Barbagia genannt werden, zu ihren zerbröckelnden Wallfahrtskirchen, wo sich die inbrünstigsten Augenblicke der sardischen Frömmigkeit abspielen, und hat an den vieltägigen, rauschenden Festen teil, die sie begleiten.

Fast siebzig Jahre sind seit dem Tod *Grazia Deleddas* vergangen, doch noch immer huschen die schwarzen Alten wie Schatten aus ihren Häusern über den Platz in die verwitternden Dorfkirchen, und auch heute noch sitzen Männer am Straßenrand auf Steinbänken beim Kartenspiel.

Zum Andenken an die große alte Dame hat man die Häuser in den Gassen rund um ihr Geburtshaus in der Altstadt von Nuoro mit Zitaten aus ihren Werken geschmückt. Das Haus selbst ist heute ein der Schriftstellerin gewidmetes Museum. Ihre letzte Ruhe fand sie in der kleinen Kapelle Nostra Signora della Solitude zu Füßen von Nuoros Hausberg Monte Ortobene.

Deledda-Zitat
an einer Hauswand in Nuoro

Gotische und barocke Einflüsse

Mit den spanischen Eroberern im 14. Jahrhundert halten die verspielte katalanische Gotik und später der Barock Einzug. Die im historischen Kern insgesamt katalanisch erbaute Stadt Alghero, die Kirchen San Michele in Cagliari und San Francesco in Iglesias oder die überbordend barocke Fassade der Kathedrale von Sassari stammen aus jener Epoche. Ebenso das von *Juan Figuera* und *Raphael Thomas* geschaffene Retabel von San Bernardino, das sich heute im Nationalmuseum in Cagliari befindet.

Als einziges komplett erhaltenes und datiertes Werk des unbekannten Meisters von Castelsardo ist der Altaraufsatz in der Kirche San Pietro in Tuili zu nennen. Bei den Skulpturen jener Zeit ist besonders das prachtvolle Nikodemus-Kruzifix in San Francesco in Oristano erwähnenswert.

Neuere Kunst

Die piemontesische Herrschaft ab 1720 und schließlich der Zusammenschluss mit dem italienischen Einheitsstaat 1861 förderten die Annäherung Sardiniens an die italienische Kunst. Parallel dazu entwickelten die Sarden erstmalig ein selbstbewusstes eigenständiges Künstlertum. Maler wie *Guiseppe Biasi* (1885–1945) treten dabei hervor und hinterließen in einem unermüdlichen Schaffensakt ein beachtliches Werk, angesiedelt irgendwo zwischen *Gustav Klimt, Gaugin* und naiver folkloristischer Malerei. Sie befinden sich technisch und handwerklich auf der Höhe der Zeit, doch bleiben sie künstlerisch immer auch Nachahmer der jeweilig geltenden europäischen Kunstauffassung.

Literatur

Zu seinem ureigenen Ausdruck gelangt das moderne Sardinien in der Schriftstellerei. In den Romanen der Nobelpreisträgerin für Literatur von 1926, *Grazia Deledda* (1871–1936, s. Exkurs), spiegelt sich das ländliche, archaische Zentralsardinien mit seinen uralten Riten und Sitten wider. Außerdem wurde *Sebastiano Satta* (1867–1914) bekannt, der die Insel in seinen Gedichten wie kein anderer beschreibt. In der zweiten Hälfte des 20. Jahrhunderts erregte *Gavino Ledda* (geb. 1938) mit „Padre Padrone" beträchtliches Aufsehen, einem autobiographischen Roman über sein entbehrungsreiches, einsames Leben als Hirtenjunge inmitten einer feindlichen, bedrohlichen Natur.

Traditionen und Brauchtum

Lebendige Traditionen im 21. Jahrhundert

Das Zutreffendste, was man über das typisch Sardische sagen kann, ist wohl, dass es auch im Zeitalter des Massentourismus und Internet in vielen Ausprägungen, besonders aber in Brauchtum und Traditionen spürbar **echt geblieben ist.** Folklore ist auf Sardinien noch nicht zum billigen, inhaltsleeren Touristenspektakel verkommen, sondern nach wie vor das im Alltag integrierte, authentisch überlieferte Wissen des Volkes.

Welch außerordentlich hohen Stellenwert die eigenen Traditionen sowie deren Bewahrung und Pflege im Dasein der Sarden besitzt, lässt sich bei einer Reise über die Insel in vielfältiger Weise erleben. Zwar sind die **Trachten** aus dem Alltag weitgehend verschwunden und auch in abgelegenen Bergdörfern tragen die Jugendlichen heute dasselbe trendige Outfit wie ihre Altersgenossen in den Küstenstädten oder sonstwo auf der Welt. Doch zu entsprechenden Anlässen, von denen es mehr als genug gibt, wird die heimische Tracht vom Kind bis zum

Greis voller Stolz und mit einer Selbstverständlichkeit getragen, die die tiefe Verwurzelung der Sarden in ihrer Kultur sichtbar macht.

Zwar werden in den Vergnügungsstätten der Insel dieselben internationalen MTV-Hits gespielt wie in Rom, Berlin oder Barcelona. Wenn aber die Stimmung steigt, dann verdrängen **sardische Klänge und Tänze** die hippen Discorhythmen und -schritte.

Nicht nur auf den unzähligen Festen steht die eigene Tradition in Küche, Musik, Gesang und Tanz im gesellschaftlichen Mittelpunkt. Auch bei privaten Familienfeiern wie Taufe oder Hochzeit vereint sich die Festgesellschaft irgendwann zum *ballu tundu*, dem uralten sardischen Nationaltanz. Nicht selten bricht sich das sardische Kulturgut auch außerhalb von offiziellen Rahmen Bahn. Männer beim Wein stimmen spontan *canti sardi* an, jene eindringlichen polyphonen A-cappella-Chorgesänge, deren Magie sich auch Fremde nicht entziehen können, und singen die ganze Nacht.

Hintergründe der Traditionsverbundenheit

Die intensive Verbundenheit mit den eigenen Traditionen und deren Verwirkung in den Alltag lässt sich mit der **Geschichte** dieses kleinen Volkes und der isolierten Lage ihrer Heimatinsel, die noch nach dem Ersten Weltkrieg als unbekanntes *India de por acá*, als „ein Indien mitten in der westlichen Welt" bezeichnet wurde, erklären. Seit die ersten Fremden an den Küsten landeten, sie besetzten und versuchten, die Bevölkerung zu unterwerfen, zogen sich die ebenso eigensinnigen wie freiheitsliebenden Sarden in die unzugängliche Bergregionen im Inselinneren zurück.

Nicht nur physisch zogen sie sich „ins Innere" zurück, sondern auch seelisch. Sie wandten dem Meer und der restlichen Welt den Rücken zu. Dem Assimilierungsdruck der jahrtausendelangen Fremdherrschaft konnten die Sarden nur widerstehen und so als Volk überleben, indem sie an den gemeinsamen kulturellen Wurzeln mit großer Beharrlichkeit festhielten. Aus ihnen schöpfen sie auch heute ihre individuelle Kraft, ihren inneren Halt und ihre **kollektive Identität** als kulturelle Einheit.

Lokale Unterschiede

Fast jedes Inseldorf hat seine eigene Trachten- und Tanzgruppe, seine Dichter, Sänger oder Musikanten, seine traditionellen Handwerke und natürlich eigene Anlässe, Feste zu feiern. Hat man einmal erlebt, mit welcher Inbrunst die Sarden ihre Künstler verehren, mit welch Intensität sie ihre Kirchenfeste begehen und mit welcher Leidenschaft sie alles Sardische pflegen (ohne dabei chauvinistisch zu sein!), wird deutlich, dass es sich dabei nicht um inhaltsleeren Folklorekitsch handelt, sondern um authentische Bedürfnisse und Gefühle.

Sardische Trachten –
Schönheiten aus Maracalagonis

Traditionen und Brauchtum

Die Hirtenflörte Launedda ist das sardische Nationalinstrument

Selbst die großen Inselfeste, die zwischenzeitlich in jedem touristischen Kalender als Attraktionen aufgeführt werden, haben dadurch nicht ihren **ursprünglichen Charakter** verloren, sondern sind eindrucksvolle und aufregende Anlässe geblieben, bei denen der Besucher einen tiefen Einblick in die sardische Seele gewinnen kann.

Tanz und Musik

Praktisch alle sardischen Feste werden von Gesang, Musik und Tanz umrahmt. Von ihrer Natur her eigentlich zum Feiern und Fröhlichsein gedacht, haben die traditionellen Gesänge, Tänze und Instrumente der Sarden jedoch sämtlich auch einen ausgeprägt schwermütigen und **melancholischen Zug.** Ob beim schrillen Klang des sardischen Nationalinstruments, der *launedda,* beim Nationaltanz *ballu tundu* oder bei den eigenartig mystischen Chorgesängen der *canti sardi* – in allen kommt die sardische Wesensart mehr als deutlich zum Ausdruck.

So ist es auch wahr, dass, wie der Schriftsteller *Salvatore Cambrosu* in seinem Buch „Bitterer Honig" schreibt, die Sarden zwar sehr gerne und viel feiern, meist jedoch nicht, um sich zu amüsieren, sondern um sich gegen den Schmerz des oft tragischen Daseins zu betäuben. Und nicht umsonst in den Sprachgebrauch eingegangen ist das *ghigno sardonico,* das im Gegensatz zum heiteren, lustigen, lebensfrohen eher bedrohliche, teuflische, dröhnende "sardonische Lachen".

Die sardische Hirtenflöte

Das sardische Nationalinstrument, die **launedda,** ist eines der ältesten Instrumente der Welt. Es gilt als ziemlich sicher, dass es bereits von der Urbevölkerung der Insel, den Nuraghiern, gespielt wurde. Die *launedda* ist eine dudelsackartige Hirtenflöte, die jedoch keinen Balg besitzt. Sie besteht aus drei unterschiedlich langen Schilfpfeifen, die jeweils über eine spezifische Tonreihe verfügen. Durch ein Stück verschiebbares Bienenwachs lassen sich die Schwingungen der Pfeifen und ihre Tonreihen verändern und Akkorde bilden.

Das Instrument ist schwer zu erlernen, u.a. auch deshalb, weil der fehlende Blasebalg von dem Spieler durch eine **spezielle Atemtechnik,** die unterbrechungsloses Blasen ermöglicht, ersetzt werden muss. Ihr Klang erscheint eigenartig fremd: Die auf ihr gespielten Melodien sind gleichzeitig aufstachelnd schrill und schleppend monoton, was dem Instrument den Ruf eingebracht hat, sein Widerhall sei der „Ausdruck der sardischen Krankheit", jenem von Wortkargheit, Einsamkeit und Melancholie geprägten Seelenzustand, der den Sarden nachgesagt wird.

Traditioneller Tanz

Von gleicher Wesensart ist auch der uralte **ballu tundu,** der sardische Nationaltanz, der ebenso feurige und wollüstige Elemente enthält wie gravitätische und ernste. Bei dem Rundtanz bilden Paare lange Reihen und folgen mit vibrierenden Trippelschritten dem strengen Takt der Musik. Auch wenn sich die Tänzer und Tänzerinnen mitreißend und voller Energie schnell im Kreise drehen, so haftet den Schrittfolgen sowie den Bewegungen des Tanzes gleichzeitig etwas sehr Strenges, Schweres und Trauriges an. „Getanztes Schweigen" sei der *ballu tundu,* sagt man, „ein getanzter, mittelalterlicher, sakraler Chor".

Die polyphonen Chorgesänge

Unwillkürlich an mittelalterliche Mönchschöre erinnert fühlt man sich auch bei den **canti sardi,** den traditionellen sardischen Chorgesängen. Dieses ebenfalls uralte sardische Kulturgut wird stets a cappella von einem vierköpfigen Männerchor, den *Tenores,* vorgetragen.

Die Gesänge stellen eine Art **gesungene Zwiesprache** dar. Der reihum wechselnde Vorsänger rezitiert dabei Verse, die von den drei anderen gemeinsam beantwortet werden. Dabei werden die Verse zwar aus dem Stegreif frei improvisiert, folgen aber in ihrer inneren und äußeren Struktur dennoch komplizierten traditionellen Regeln. Die Meisterhaftigkeit dieser Improvisations- und Erzählkunst hat der Insel den Ruf eingetragen, sie sei *terra di poesia,* das „Land der Dichtung".

Der starken suggestiven Kraft der monotonen Gesänge kann man sich kaum entziehen. Sie entsteht durch eine spezielle, schwer zu erlernende Stimmtechnik, bei der sich die Einzelstimmen vibrierend überlagern und so eine eindringliche, schwebende polyphone Klangwolke erzeugen.

Die **Ursprünge** dieser Chorgesänge sind, wie so vieles auf Sardinien, ungeklärt. Es wird vermutet, dass ihre Wurzeln älter als das Christentum sind und sich in ihnen die verschiedensten Einflüsse von nordafrikanischen Berbergesängen bis zum (Sprech-) Gesang der Kopten aus dem alten Ägypten mischten, die die jeweiligen Fremdherrscher im Laufe der Jahrhunderte mit nach Sardinien brachten.

Bekannte **Interpreten** des sardischen Chorgesanges sind etwa die Gruppe Coro di Orune oder die Tenores di Bitti „Remundu 'e Locu" und die „Barones", die Tenores aus Neoneli.

Nicht traditionell weil weiblich, aber dennoch sehr interessant ist der „coro polifonico femminile Tonara", der Frauenchor aus Tonara. Wie inspirierend die sardischen Chöre sind, zeigt die Liste großer Namen aus der Jazz- und Rockwelt, wie *Lester Bowie, Ornette Coleman, Frank Zappa* oder *Peter Gabriel,* die mit ihnen zusammengearbeitet haben.

Feste

„In ballos e in festas si connoschen sa testas" („Bei Fest und Tanz lernt man die Köpfe kennen"), lautet ein sardisches Sprichwort. Wer sich in seinem Urlaub für mehr als Strand und Sonne interessiert, dem bieten die Feiern dafür Gelegenheiten ohne Zahl. Jeden Tag finden im Schnitt, so hat ein fleißiger Mensch errechnet, 2,73 Feste auf Sardinien statt, was auf das Jahr gerechnet fast 1000 ergibt.

Die Eigenart der sardischen Seele

Wie so oft beim näheren Betrachten Sardiniens und seiner Bewohner fällt auch beim Thema Feste und Feiern ein offensichtlicher Widerspruch auf. So gelten die Sarden gemeinhin als ein in sich zurückgezogenes, **verschlossenes Volk,** das dem Rest der Welt eher misstrauisch und abwartend als offen und spontan entgegentritt. Ihr Charakter wird als einsilbig und eigenbrötlerisch beschrieben, als engstirnig, eher schwerfällig und schwerblütig, und leichtlebigen Oberflächlichkeiten wenig aufgeschlossen.

Auch wenn Klischees grundsätzlich stets mit Vorsicht zu genießen und nie als die ganze Wahrheit zu nehmen sind, völlig falsch ist diese Kategorisierung der Sarden jedoch nicht. Ihre Mentalität hat tatsächlich mit dem sprichwörtlichen, heißspornigen, lebensfrohen und sangesfreudigen *dolce vita* („süßes Leben") und *dolce far niente* („süßes Nichtstun") der Italiener wenig gemein.

Betrachtet man aber den Festtagskalender Sardiniens, so wird man angesichts der überwältigenden Fülle von regelmäßig begangenen Festen und Feiern aller Art feststellen, dass der introvertierte Aspekt die sardische Seele nur zum Teil beschreibt. Und wer schon einmal einer spontanen Einladung gefolgt ist, die durchaus auch zufällig vorbeikommenden Fremden gegenüber ausgesprochen wird, wird beim gemeinsamen Essen, Trinken, Feiern und Singen die Menschen Sardiniens von einer ganz anderen Seite kennen lernen und von der beeindruckenden **Gastfreundlichkeit** und **Freigiebigkeit** viel zu erzählen haben.

Lokale Feste

Nur teils mitgerechnet sind dabei meist die kleinen lokalen Dorffeste, Feiern und Prozessionen, die zu Ehren des Schutzheiligen, für die Saubohne, zur Schafschur wie zum Thunfischfang, zur Weinernte wie zum Andenken an die Exilanten begangen werden. Um einen **Anlass** zeigen sich die

Insulaner tatsächlich nie verlegen. So feiert man in Guspini den Honig, in Mandas den Käse, in Domus de Maria das Wildschwein, in Gesico die Schnecke, in Luras die Emigranten, in Bortigiada das Bier, in Telti den Myrto-Likör, in Fluminimaggiore die Ziege, in Mogoro den Teppich, in Siligo die Wurst und gleichzeitig den neuen Wein dazu, in Alghero das Meer und in Badesi die Gastronomie an sich.

Religiöse Feste

Die überwiegende Zahl der traditionellen Feste sind jedoch religiöser Natur. Ganz gleich, ob der kleine Dorfheilige, die inselweit verehrte Schutzpatronin geehrt werden oder die heilige Osterwoche gefeiert wird – in den intensiv und leidenschaftlich begangenen Wallfahrten, Prozessionen und religiösen Riten drückt sich die tiefe Verwurzelung der sittenstrengen Sarden im christlichen Glauben katholischer Prägung aus.

Die Osterwoche

Bedeutendster Termin im Kirchenjahr ist die **settimana santa,** die Osterwoche. Sie wird inselweit in zahllosen, regional teilweise sehr unterschiedlichen Zeremonien und Feierlichkeiten begangen. Besonders aufwendige, große Osterprozessionen finden in Cagliari, Alghero, Oliena, Nuoro und Sassari statt.

Neben **Passionsspielen** wie dem *iscravamentu,* dem „Ziehen der Nägel" zum Karfreitag, oder der *incortu,* der „Begegnung", bei der zwei Prozessionen aufeinandertreffen und dabei Jesus und Maria vereinen, sind besonders die düsteren **Büßerprozessionen** bemerkenswert. Zu den berühmtesten zählt die seit dem Mittelalter abgehaltene Prozession *Lu Lunissanti* im malerischen Küstenstädtchen Castelsardo. Dabei tragen Mitglieder der Bruderschaft zum Heiligen Kreuz, in lange weiße Gewänder gehüllt und die Gesichter unter großen Kapuzen verborgen, zum monotonen mehrstimmigen Chorgesang die Christusfigur sowie die Symbole der Passion Christi durch die Stadt. Dann zieht der Leidenszug zur 10 Kilometer entfernten Abtei in Tergu, wo ein Gottesdienst mit anschließendem Picknick stattfindet. Nach Einbruch der Dunkelheit geht es noch einmal durch die dann nur von Fackeln düster beleuchteten Gassen der Altstadt von Castelsardo.

Sagra di San Efisio in Cagliari

Auch fast alle großen, von der ganzen Insel gemeinsam begangenen Volksfeste sind religiöser Natur. Das **größte Fest Sardiniens** ist die *Sagra di San Efisio* in Cagliari. Zu dem viertägigen Fest strömt vom 1. bis 4. Mai die ganze Insel in die Hauptstadt, um in einer ungemein bunten Trachtenprozession die Statue des heiligen Efisio von Cagliari in die 15 Kilometer entfernte kleine Kapelle Sant'Efisio bei Pula zu tragen, wo der christliche Märtyrer einst von den Römern hingerichtet wurde. Mit einem imposanten Feuerwerk findet die Feierlichkeit am dritten Tag dort ihren Höhepunkt, bevor die

Statue wieder nach Cagliari zurückgetragen wird.

Weitere große religiöse Feste

Bei der **Sagra del Retendore** in Nuoro ziehen im August die Einwohner der Barbagia-Hauptstadt gemeinsam mit zahllosen Besuchern aus allen Ecken der Insel in einer imposanten, farbenprächtigen Trachten-Prozession hinauf auf den Hausberg Monte Orto-

bene zur dortigen Statue des *Retendore,* des Erlösers.

Nicht weniger beeindruckend ist die feierliche **Sagra I Candelieri,** die seit dem 16. Jahrhundert im August in Sassari stattfindet. Zur Erinnerung an das Ende einer Pestepidemie tragen die *gremi,* die Zünfte der Stadt, riesige, bemalte und reich geschmückte Kerzen auf ihren Schultern durch die Stadt.

Wieder ganz anders zeigt sich die **Sagra di San Salvatore** von Cabras in der Nähe von Oristano, bei der jährlich im September Hunderte weiß gekleideter junger Männer barfuß und im Laufschritt eine Holzstatue des heiligen Salvatore von der gleichnamigen Kapelle auf der Sinis-Halbinsel über zwölf Kilometer nach Cabras tragen.

Kleinere Prozessionen und Wallfahrten

Neben den großen religiösen Umzügen finden über das ganze Jahr auch Prozessionen zu den zahlreichen kleinen Wallfahrtskirchen statt, die, meist in landschaftlich exponierter, wunderschöner, einsamer Lage über ganz Sardinien in großer Zahl verteilt sind. Viele dieser idyllischen Pilgerstätten sind von *cumbessias,* winzigen, Puppenstuben ähnlichen Pilgerhütten, umgeben. Hier verweilen die Gläubigen vor den ansonsten ausgelassenen Feierlichkeiten in innerer Einkehr bei den **Novenen** mit Andachten und Messen.

Viele dieser ländlichen Wallfahrten dauern mehrere Tage und verwandeln sich nach dem offiziellen, von kirchlichen Riten bestimmten Teil, in heitere **Massenpicknicks,** bei denen sich die andere Seite der sardischen Mentalität Bahn bricht.

Eines der größten und interessantesten dieser ländlichen Pilgerfeste führt am 8. September zu der kleinen, festungsartigen Kirche **Nostra Signora di Gonare,** die nahe Orani in 1083 Metern Höhe auf dem Gipfel des Monte Gonare hockt. Nicht weniger grandios ist die landschaftliche Lage der Wallfahrtsstätte **San Pietro di Golgo** auf der wilden, völlig einsamen Hochebene Su Golgo oberhalb von Baunei. Hier ehren die Einwohner des Bergdorfes am 29. Juni den Apostel Petrus, um bei dieser Gelegenheit ein kollektives Picknick zu feiern. Die längste, besonders innig begangene Wallfahrt ist die **Sagra di San Francesco,** die zu dem Kirchlein auf dem Monte Cresia bei Lula hinaufführt (siehe entsprechenden Exkurs). Zehn Tage lang wird erst gebetet und dann gemeinsam üppig gegessen und gefeiert.

Reiterfeste

Cavalcada Sarda in Sassari

Nicht religiöser, sondern historischer Natur sind die spektakulären Reiterfeste Sardiniens. Zwar ohne Tradition, weil erst 1950 aus der Taufe gehoben, aber dennoch die größte und farbenfroheste dieser Darbietungen ist die Cavalcada Sarda, die Ende Mai in Sassari stattfindet. Zum Auftakt zieht ein kilometerlanger Festzug durch die Stadt, der mit seinen Trachten- und Musikgruppen, Reiterformationen, Ochsenkarren und vielem mehr eine Art **Leistungsschau der sardischen Folklore** ist.

Traditioneller Höhepunkt sind die Reiter, die auf dem Rücken ihrer Pferde stehend im halsbrecherischen Galopp durch die Straßen jagen. Da es jedoch hierbei immer wieder zu schweren Stürzen und tödlichen Unfällen kam, finden die Reiterdarbietungen nun offiziell im Stadion statt, was die Sarden jedoch nicht davon abhält, sich mit den Ordnungshütern anzulegen und weiterhin auch auf dem gefährlich glitschigen Straßenpflaster ihre tollkühnen Künste vorzuführen.

Sartiglia di Oristano

Ähnlich bedeutend ist die dreitägige Sartiglia di Oristano an Fasching. Bei dem berühmten, farbenfrohen Turnier versuchen prachtvoll kostümierte und hinter Masken verborgene Reiter, im gestreckten Galopp mit der Lanze einen aufgehängten Stern zu durchbohren.

L'Ardia di Sedilo

Das wildeste und tollkühnste Reiterfest der Insel ist die L'Ardia in Sedilo (5.–7.7.), bei der „sa pandela matzore", der mutigste Reiter, in einem wilden Galopp um die Kirche von anderen Reitern gejagt wird und versucht, seine Verfolger abzuschütteln. Der Verfolgte stellt den von den Sarden als

Reiter auf der Cavalcada in Sassari

Mamuthone in Mamoiada

Festtagskalender

Hier eine Auswahl der bekanntesten und schönsten Feste:

Januar

- **Alghero** (24.1.): *Sagra del Riccio di Mare*. Große Meeresprozession mit Gastronomiemesse.
- **Aglientu** (25.1.): *Santu Palau di Lu Laldu*. Landfest an der Wallfahrtskirche San Pancratio.
- **Bultei** (19./20.1.): *Festa di San Sebastiano*. Fest mit den Fabelwesen *gosos* und religiösen Gesängen.

Februar

- **Baratili** (22.-24.2.): *Carnevale Baratilese*. Dorfkarneval, Wein u. *dolci sardi* für alle.
- **Bosa:** *Giolzi*. Karneval, bekannt für seine Sinnlichkeit.
- **Ghilarza** (15.2.): *Su Carrudzu a S'Antiga*. Tradionsreicher Karnevalsumzug.
- **Mamoiada:** *Carnevale*. Berühmt wegen seiner Fabelwesen *mamuthones* und *issohadores*.
- **Oristano** (22.-24.2.): *La Sartiglia*. Karnevalspektakel mit historischem Reiterfest.
- **Orotelli:** *Carnevale*. Mit den traditionellen Figuren der *thurpos*.
- **Ottana:** *Carnevale*. Mit den Fabelwesen *merdules* und *boes*.
- **Santulussurgiu** (22.-24.2.): *Sa Carrela 'e Nanti*. Karneval mit Reiterumzug.
- **Turri** (2. Monatshälfte): *Sagra di vini locali*. Lokales Weinfest mit Prozession.

März

- **Cagliari** (24.3.): *Sagra di N. S. di Bonaria*. Große Prozession zu Ehren der Schutzheiligen Sardiniens.
- **Giba** (18.-20.3.): *Sagra del Carciofo*. Prozession mit Festa di San Guiseppe.
- **Muravera** (Monatsende): *Sagra degli Agrumi* Prozession. Fest der Zitrusfrüchte.
- **Nuoro:** *San. Guiseppe*. Religiöses Fest mit Kultur-, Folkloreprogramm.
- **San Vero Milis** (8.3.): *Sa Cursa de sa Lorgia*. Reiterfest.

April

- **Loculi:** *Sos Passios*. Passionsspiele am Palmsonntag.
- **Orosei:** *Santa Lucia*. Landfest mit Folklore und *Canti Sardi*.
- **Posada:** *Madonna del Soccorso*. Große Trachtenprozession mit Folkloregruppen.
- **Uras** (14.4.): *Sa Cursa di Su Pannu*. Traditionelles Reiterfest, bei dem die siegreiche Schlacht von 1470 von Leonardo von Oristano gegen die Aragonesen in historischen Kostümen gefeiert wird.

Mai

- **Aglientu** (12.5.): *San Pancrazio*. Trad. Landprozession mit Kulturprogramm.
- **Ardara** (8.-10.5.): *Nostra Sign. del Regno*. Großes Landfest mit Beiprogramm.
- **Bono** (8./9.5.): *San Gavino*. Prozession/Landfest an der Kirche San Gavino.
- **Cagliari** (1.-4.5.): *Sagra di San Efisio*. Größtes Fest Sardinien mit Trachtenumzug.
- **Carloforte:** *Sagra del Tonno*. Thunfischfest mit Prozession.
- **Dorgali:** *Sagra del Pesce*. Fischfest mit Folklore und Kunsthandwerk.
- **Genoni:** *Madonna del S. Cuore*. Trachtenfest mit Reitern u. Folkloregruppen.
- **Lula** (1.-10.5.): *Sagra di San Francesco*. Besonders innig begangene Prozession zur Wallfahrtskirche am Monte Cresia.
- **Marrubiu** (3.5.): *S. Maria Zuarbara*. Prozession/Fest zur Wallfahrtsstätte im Monte Arci.
- **Olbia** (1.5.): *N. s. di Cabu Abbas*. Volksfest mit Gesangs- und Dichterwettstreit.
- **Orosei:** *N. S. del Mare*. Bootsprozession mit geschmückten Fischerbooten.
- **Paulilatino** (10.5.): *Santa Cristina*. Religiöses Fest auf dem archäolog. Gelände von S. Cristina.
- **Sassari:** *Festa die Falegnami*. Seit 1538 begangene Leuchterprozession.

FESTTAGSKALENDER

Juni

- **Berchidda** (5.6.): *S. Caterina d'Allesandria* trad. Landfest mit gemeinsamem Essen der *zuppa berchiddese.*
- **Bono:** *Sagra di San Giovanni.* Nachtprozession mit Ritus *Sas Funtanas.*
- **Bosa:** *San Pietro.* Landfest mit Bootsprozession.
- **Carloforte** (29.6.): *Fiesta di San Pietro.* Große Fischerbootsprozession mit Volksfest.
- **Fonni:** *Madonna dei Martiri.* Trachtenprozession mit Pferden und Folklore.
- **Illorai** (1.6.): *Madonna della Neve.* Landfest mit viel lokalen Spezialitäten.
- **Macomer:** *Mostra Regionale Pecorino Sardo.* Große Käsemesse.
- **Nuraminis:** *Sagra d. Mietitura e Trebbiatura del Grano.* Fest zu Ernte und Dreschen des Getreides.
- **Ozieri:** *Fogarones e Compares de Santu Juanne.* Großes Fest mit viel Folkloredarbietungen.
- **Sanluri:** *Sa Battala.* Hist. Fest zum sard. Sieg über den König von Aragon.
- **Santulussurgiu** (1.–3.6.): *Fiera Regionale del Cavallo.* Größter Pferdemarkt Sardiniens mit viel Fest.

Juli

- **Arborea** (19.7.): *Cristo Retendore.* Prozession mit Volksfest und viel Spezialitäten der Region.
- **Assemini:** *Is Pariglias.* Großes internat. Folklorefest.
- **Baratili** (5.7.): *Regata de Is Fassonis.* Regatta mit *Fassonis* (hist. Schilfbooten).
- **Gonessa:** *Sagra del Pane.* Prozession, Volksfest zur Ehre des Brotes.
- **Guspini:** *Arresojas.* Markt und Fest um das *Coltello Sardo*, das sard. Hirtenmesser.
- **Ittireddu** (25./26.7.): *San Giacomo.* Prozession/Landfest zur herrlich gelegenen Wallfahrtskirche.
- **Ittiri** (4./5.7.): *Sant'Antonio da Padova.* Große, innig begangene Wallfahrt mit Kunstmarkt.
- **La Maddalena** (21./22.7.): *Festa S. M. Maddalena.* Eindrucksvolle Prozession mit Sport- und Folkloreprogramm.
- **Mandas:** *Sagra del Formaggio.* Prozession, Volksfest zur Ehre des Käses.
- **Nulvi** (5.7.): *Madonna del Rimedio.* Große Trachtenprozession mit Musik und Tanz.
- **Pozzomaggiore** (7.7.): *Sagra di San Constantino.* Eindrucksvolles, der S'Ardia von Sedilo ähnl. Reiterfest.
- **Santa. T. di Gallura** (12.7.): *Sagra del Pesce.* Fischerfest mit Meeresspezialitäten und viel Wein.
- **Sedilo** (6./7.7.): *S'Ardia.* Spektakulärstes Reiterfest Sardiniens.
- **V. Monteleone:** *San Antonio da Padova.* Prozession mit Reitern und Pferderennen *Palio del Pony Sardo e del Giare.*

August

- **Benetutti** (18.8.): *Sagra di Sant'Elena Imperatrice.* Seit 1400 begangene Prozession mit Fest.
- **Bono** (30.8.–1.9.): *Sagra di San Raimondo Nonato.* Große Trachten-, Reiterprozession mit Volksfest.
- **Bortigiadas** (12.8.): *Sagra della Birra* – kein Kommentar.
- **Bultei** (16./17.8.): *Nostra Signora dell'Alltura.* Relig. Fest bei der 1000 m hoch gelegenen Wallfahrtskirche.
- **Busachi** (10.–12.8.): *Santa Susanna.* Eindrucksvolle Wallfahrt mit zehn Prozessionszügen.
- **Castiadas:** *Sagra die Culurgiones e Malloreddus.* Fest rund um die beiden sard. Spezialitäten.
- **Fordongianus** (20.–29.8.): *SS. Lussurio e Archealo.* Großes Volksfest mit viel Kultur und Folklore.
- **Iglesias** (13.8.): *Corteo Storico Medievale.* Großes Kostümfest.
- **Luras** (1. Monatshälfte): *Festa dell'Emigrato.* Emigranten-Fest mit viel Folklore und Dichterwettstreit.
- **Nuoro** (letzter So): *Sagra del Retendore.* Bedeutende Trachtenprozessionen von Nuoro auf den Monte Ortobene.

- **Olbia** (15.8.): *Sagra del Pesce e Calamaro*. Meeresfrüchtefest mit viel marit. Spezialitäten.
- **Osilo** (9.-11.8.): *San Lorenzo Martire*. Reiter-, Trachtenprozession mit Volksfest.
- **Osilo** (14.-16.8.): *Cavalcada Osilese*. Reiter- und Trachtenumzug mit trad. Reiterspiel Corsa all'Anello.
- **Palau** (1.8.): *Mostra del Dolce Sardo e dei Vini*. Messe/Markt zu sard. *dolci* und Wein.
- **San Vito**: *Sagra delle Launedda*. Fest zu Ehren des sard. Nationalinstruments *launedda*.
- **Sassari** (14.8.): *Candelieri* eindrucksvolle Leuchterprozession der *gremi* (Zünfte).
- **Santa Giusta**: *Regata de Is Fassonis*. Wettrennen mit hist. Schilfbooten.
- **Telti** (22.-25.8.): *Sagra del Mirto*. Großes Volksfest um die sard. Likörspezialität.
- **Tempio Pausania** (9./10.8.): *Carrasciali Timpiesu*. Sommerkarneval mit Masken aus der Barbagia.

September

- **Arzachena**: *Festa di San Giacomo*. Volksfest mit Gallura-Spezialitäten.
- **Barisardo**: *Nostra Signora di Monserrato*. Prozession mit Fest, Dichterwettstreit, Folklore.
- **Berchiddeddu** (10.-12.9.): *Sagra del miele amaro*. Prozession und Volksfest zum bitteren Honig.
- **Cabras** (6.9.): *Sagra di San Salvatore*. Große, erlebenswerte Prozession im Laufschritt.
- **Mogoro** (13.9.): *Santa Maria di Cracaxia*. Prozession mit geschmückten Ochsenkarren.
- **Oliena**: *Nostra Signora di Monserrato*. Volksfest mit Folklore und viel Cannonau di Oliena.
- **Samugheo** (1.9.): *San Basilio*. Kirchenfest mit Folklore und Pferderennen.
- **Settimo San Pietro**: *Sagra del Malvasia*. Weinfest.
- **Thiesi** (7.-9.9.): *Nostra Signora di Seunis*. Wallfahrt mit Volksfest, Folklore und Pferderennen.

Oktober

- **Alghero** (3./4.10.): *Festa di San Francesco*. Prozession durch die Stadt mit Votivlampen.
- **Aritzo**: *Sagra delle Castagne*. Großes Fest zur Kastanienernte.
- **Gesico**: *Sagra delle Lumache*. Schnecken-Fest.
- **Ghilarza** (22.10.-1.11.): *San Serafino e Archangelo Raffaele*. Eindrucksvolles Landfest am Lago Omodeo.
- **Monserratto**: *Sa Festa sa Binnenna*. Weinlese-Fest.
- **S. Teresa di Gallura** (14.-16.10.): *Festa dei SS Vittorio*. Patronats- und Volksfest.

November

- **Arbus**: *Mostra del Fungho*. Pilzmarkt mit Rahmenprogramm.
- **Burgos** (6.11.): *Festa di San Leonardo*. Volksfest mit Folklore- und Kulturprogramm.
- **Nuoro**: *Nostra Signora delle Grazie*. Trachtenprozession mit Kulturprogramm.
- **Ozieri** (13.11.): *Festa di Sant'Antioco di Biscario*. Fest an der Basilika mit Sakralgesängen Gosos de Sant'Atiogu.

Dezember

- **Alghero** (24.12): *Signum Judicii*. Feier in der Kathedrale mit mittelalterl. Sakralgesängen.
- **Bultei** (30.12.): *Sagra de Sa Pertusitta, Sa Zuada e Su Cabude*. Volksfest rund um die sard. Brotspezialitäten mit trad. Goceano-Chorgesängen.
- **Siligo**: *Sagra della Salsiccia e Vino Novello*. Fest rund um die Wurst und den neuen Wein.
- **Tortolì**: *Santa Lucia*. Trachten- und Reiterprozession.

Heiligen *Antonio Abate* verehrten Römerkaiser *Konstantin* dar.

Das Spektakel geht auf die Sage um die Schlacht am 29. Oktober 312 an der milvischen Brücke in Rom zurück, in der **Kaiser Konstantin** gegen seinen Schwager und Konkurrenten *Maxentius* kämpfte. Damals erschien *Konstantin* im Traum ein Engel und sprach den berühmten Satz „In hoc signo vinces – Unter diesem Zeichen (gemeint ist das Christenkreuz) wirst Du siegen!" Bekanntlich siegte er gegen eine große Übermacht, womit die „Konstantinische Wende" eingeleitet wurde, die das Verhältnis von Kirche und Staat bis zur Französischen Revolution bestimmen sollte. Dass der Heilige *Konstantin,* Schutzheiliger bei Unfällen aller Art, bei der halsbrecherischen Verfolgungsjagd auf dem Reiterfest nicht immer zur Stelle ist, zeigen die teils tödlichen Unfälle, die es bei dem gefährlichen Rundkurs um die Kirche immer wieder gibt.

Heidnische Feste

Dämonen, Feen und Hexen

Die dunkle Seite der Sarden zeigt sich in ihrem nach wie vor stark verwurzelten Aberglauben. Neben der römisch-katholischen „Sonntagsreligion" wird ihre Welt nach wie vor von dunklen Kräften, Geistern und Dämonen beherrscht, gegen die bislang weder Papst noch Aufklärung etwas ausrichten konnten. In den zerrissenen Klüften haust *s'Amuttadore,* der Angst einflößende Alp, die grauenhafte Gestalt *su Bruttu,* das wüste Fabelwesen *su Traigorzu* und böse *janas,* Feen, die den Kindern das Blut aussaugen. Auch *Brusha,* die Hexe und *s'Érchitu,* der Ochsenmann, in den sich Mörder verwandeln, sind gefürchtete Gestalten. In den Brunnen und Quellen hausen Wassergöttinnen, die Unvorsichtige in die Tiefe ziehen.

Diese und andere böse Wesen versuchen die Sarden mit *herbos,* **magischen Zaubersprüchen** und archaischen Beschwörungsformeln, zu bannen. Besonders gefürchtet ist noch heute *malocchio,* der „Böse Blick". Gegen ihn hilft ein Stück gelber Wollstoff in der Tasche oder ein Mufflonhorn. Außerdem ein besprochenes Amulett, das man, wenn nicht um den Hals, doch wenigstens unter dem Kopfkissen hat. Hat man sich den Blick jedoch eingefangen, so kann man nur von Personen mit besonderen Fähigkeiten von ihm befreit werden. Das Haus schützt man mit einem Bündel vor das Fenster gehängten Besenkrauts oder mit einer Garbe Ähren.

Das Geheul der Hunde, der Ruf der Eule oder ein hinkendes Pferd sind hingegen Vorzeichen schrecklicher Geschehnisse.

Faschingsbräuche

Besonders eindrucksvoll zeigt sich die sardische Dämonenwelt bei den Faschingsbräuchen in den Bergdörfern der Barbagia. Während in den Küstenorten wie Alghero, Bosa oder Cagliari Karneval mit bunten, fröhlichen Umzügen begangen wird, regieren in den Bergen schaurige, furchteinflößende Gestalten. In Ottana herrschen dann die *boes,* zottelige Wesen mit Stiermasken, und die hinter einer schwarzen Monstermaske verborgenen *merdules*. In Orotelli treiben die finsteren, in schwarze Kutten verhüllten *thurpos* ihr Unwesen.

Am bekanntesten ist der **Karneval von Mamoiada,** der auch volkskundlich interessant ist. Hier beherrschen die *mamuthones* die wilden Tage – unheimliche Wesen, mit gewaltigen Glocken behangen, in zottelige Felle gehüllt und hinter schwarzen, verzerrten Masken verborgen. Die schaurigen Figuren, so wird vermutet, gehen auf den phönizischen Wasserkult zurück. Die schwarzen Masken stellen den Regendämon *Maimòne* dar, aus dem sich auch der Ortsname ableitet.

Die schwerfälligen und grimmigen *mamuthones* werden dabei von den flinken, in rot-weiße Trachten gekleideten *issohadores* gejagt, mit Stricken eingefangen und durch die Gassen gehetzt. Die ungleiche Hetzjagd der leichtfüßigen, eleganten *issohadores* auf die plumpen, archaischen *mamuthones* ist den Sarden Symbol ihres historischen Schicksals als Volk. Die flinken Häscher stellen die fremden Eroberer dar; die *mamuthones* stehen für die Sarden, die gefangen, verlacht und zum Vergnügen wie wilde Tiere vorgeführt werden.

Kunsthandwerk

Ein wichtiger Teil der Inselfolklore ist das *artigianato sardo,* das sardische Kunsthandwerk. Wie die anderen Elemente der Inselkultur ist es noch nicht zum Souvenir-Lieferanten kitschiger Massenware für Touristen verkommen, sondern wird mit großem Aufwand gepflegt und weitergegeben. Der jahrhundertelange Zwang durch Armut und Abgeschiedenheit, sich die alltäglichen Dinge des Lebens selbst zu fertigen, bescherte der Insel eine originelle und facettenreiche volkskunstliche **Handwerkstradition.**

Nicht nur die einzelnen Handwerke und Techniken sind zahlreich. Jede Region, in der Barbagia und anderen Berggebieten gar jedes Dorf, entwickelte darüber hinaus seine speziellen typischen Muster, Formen und Eigenarten. Beispielhaft seien hierfür die traditionellen Trachten genannt.

Einen guten Überblick, was wo hergestellt wird, bietet die **Spezialkarte** „Carta Artigianato Artistico Sardegna", die im Internet unter www.sardinienshop.de erhältlich ist. Neben erläuternden Texten zu den einzelnen Produktgruppen enthält sie auch nach Handwerk und Provinzen geordnete Adressen der jeweiligen Hersteller-Kooperativen, bei denen man meist direkt einkaufen oder an eine Besichtigung teilnehmen kann.

Weberei und Teppicharbeiten

Kunsthandwerkliche Webarbeiten sind die am weitesten verbreitete Produktgruppe. Neben Trachtenstoffen, Tischtüchern oder Wandbehängen *(tappeti)* sind es insbesondere Teppiche *(tessuti),* die oft noch zu Hause am selbstgebauten Handwebstuhl hergestellt werden. Sie werden aus *orbace,* praktisch unbehandelter Schafwolle, produziert. Die Ornamentik ist äußerst vielgestaltig und reicht von nuraghischen Motiven bis ins Abstrakte.

Die aufwendige und zeitintensive Herstellung hat aber ihren Preis. Nach Mustervorlagen werden von ISOLA auch individuelle Wünsche für den ganz persönlichen Teppich erfüllt.

Stickereien

In vielen Dörfern hat sich die Tradition der Stickerei und Häkelei erhalten. Hier und da sieht man die Frauen vor dem Haus bei der Arbeit und man kann die schönen Stücke direkt bei der Künstlerin erwerben. Berühmt sind die filigranen Filetstickereien von Bosa, besonders farbenprächtig die Motive von Oliena und Dorgali.

Flechtarbeiten

Wie die Stickereien sind auch die Flechtarbeiten ein traditioneller Nebenerwerb der Frauen. Aus Zweigen der Zwergpalme, Stroh, Binsen, Fasern des Affodill oder Schilf werden vielerlei Dinge des täglichen Gebrauchs wie Schalen, Körbe oder Vorratsbehälter hergestellt. Die eingeflochtenen überlieferten Muster sind meist geometrischer Natur. Das Korbflechterzentrum ist Castelsardo. Dort verdrängen jedoch auf den Kundengeschmack ausgerichtete, bunte Muster die traditionellen Farben. Die Flechtarbeiten sind ein preiswertes und praktisches Mitbringsel für die Lieben daheim.

Gold- und Silberschmuck

Von alters her gehört zu jeder Tracht ein ganz bestimmer Schmuck aus Gold oder Silber. Das beschert dem sardischen Schmuckangebot großen Variantenreichtum. Die filigranen Kleinodien werden nach alten, spanisch beeinflussten Vorlagen gefertigt. Führend sind die Gold- und Silberschmiede von Cagliari, Sassari, Dorgali und Bosa. Besonders bei wertvollem Schmuck ist der Einkauf bei der Organisation ISOLA (siehe hierzu den nachfolgenden Infokasten) oder bei einem ausgewiesenen Juwelier dringend angeraten.

Hirtenmesser

Sa Resolza, das Hirtenmesser, ist ein Stück sardischer Identität und sicher eines der attraktivsten Reiseandenken, die man sich von der Insel mitbringen kann. Das handgefertigte Werkzeug ist ein nicht feststehendes Klappmesser, dessen klassisch geschwungene Klingenform dem Blatt der Myrte nachempfunden ist. Der Griff wird aus hochwertigem Horn gefertigt. Näheres zum Messer und Bezugsadressen finden Sie im Exkurs „Sa Resolza – das sardische Hirtenmesser" im Kapitel „Logudoro".

KUNSTHANDWERK

Korallenschmuck

Nein danke! Speziell in Alghero wird traditionell Schmuck aus Korallen hergestellt und in zahlreichen Läden angeboten. Da jedoch die Korallenbänke bei Alghero und Bosa bereits schwer geschädigt sind, kommen die Korallen nun aus tropischen Gewässern. Zum Schutz der ebenso sensiblen wie ökologisch wertvollen Unterwasserlebensräume sollte vom Kauf von Korallenschmuck unbedingt abgesehen werden, egal woher er stammt!

Keramik

Keramische Gebrauchsgegenstände wurden einst in großer Zahl auf der ganzen Insel hergestellt. Besonders zahlreich waren die Töpfereien wegen den abgelagerten Tonerden in den Ebenen des Südens der Insel und an den Flussläufen.

Die handwerkliche Herstellung glasierter Keramik ist stark zurückgegangen. Heute bestimmen industriell gefertigte Keramikwaren das Angebot. Schöne, von Hand gedrehte und mit traditionellen Mustern verzierte Keramik und Terrakotta findet man vor allem in den Dörfern in der Ebene des Campidano, in bescheidenerem Umfang über die ganze Insel verstreut.

Produkte aus Kork

Sardinien ist der wichtigste Korkproduzent Italiens. Neben etwas zweifelhaften Produkten wie buntbedruckten Korkpostkarten oder -aschenbechern werden zunehmend wieder schön gestaltete Dinge wie Taschen hergestellt. Auch Korktapeten oder Korkbodenbeläge sind hochwertige Produkte. Das Zentrum der Korkherstellung und Verarbeitung ist Tempio Pausania, wo man direkt beim Hersteller preisgünstig einkaufen kann.

Lederarbeiten

Traditionell stellten die Hirten ihre Taschen, Rucksäcke und Ähnliches aus Leder her. Besonders in den Dörfern der Barbagia hat sich diese Tradition erhalten. Gute Einkaufsmöglichkeiten für Lederwaren bieten Dorgali und Santu Lussurgiu.

Möbel

Schwere, meist aus Eiche oder Kastanie gefertigte und mit aufwendigem Schnitzwerk verzierte Bauernmöbel und Truhen, wie sie bei den Hirten und Landwirten zu jeder Aussteuer gehörten, findet man insbesondere in Aritzo, Budduso, Isili, Tonara und in Dorgali.

Masken

Einzigartig und wunderschön sind die düsteren Masken aus der Barbagia. Die auf uralte Riten zurückgehenden, schaurig-schönen Karnevalsmasken sind sicherlich mit das Eindrucksvollste und Orginärste, was das sardische Kunsthandwerk zu bieten hat. Sie werden aus Holz geschnitzt oder aus Ton geformt. Besonders interessante Masken aus der regionalen Dämonenwelt werden in Mamoiada und Ottana hergestellt.

Il maestro delle maschere:
der Maskenschnitzer von Mamoiada

Kulinarische Spezialitäten

Die sardische Küche ist kräftig, vielfältig wie die Landschaft, bodenständig und von schlichter Raffinesse – und **nichts für die „bella figura"**! Die Grundlage bilden Brot, Fleisch und Käse, die unter sparsamer Zugabe von Gewürzen, insbesondere von Myrte und Petersilie, zu gehaltvollen, deftigen Speisen verarbeitet werden, wie sie traditionell die armen Hirten und Bauern während ihres kräftezehrenden Arbeitstages aßen. So sollte man, um all die Gaumenkitzel unbeschwert genießen zu können, sicherheitshalber auch ein, zwei geräumigere Kleidungsstücke mit auf die Reise nehmen.

Da viele der beschriebenen Spezialitäten sicherlich nicht jedermanns Geschmack sein dürften, werden in beinahe jedem Restaurant, insbesondere in den Touristenorten entlang der Küste, auch **klassisch italienische Gerichte** angeboten.

Vegetarische Gerichte

Diätapostel und **Vegetarier** haben es auf Sardinien nicht ganz leicht. Vor allem im Inselinneren besteht nur geringe Aussicht, eine Auswahl an reinen Gemüsegerichten auf den Speisekarten zu entdecken. Neben Tomaten und Artischocken werden traditionell meist dicke, süße *fave* (Saubohnen) aufgetischt, entweder mit Knoblauch nach cagliaritanischer Art, oder nach sassaresischem Rezept mit Zwiebeln.

ISOLA – das Gütesiegel für Kunsthandwerk

Um die außergewöhliche Vielfalt und die überlieferten Techniken ihres volkskünstlerischen Erbes zu bewahren und die hohe Qualität der Produkte sicherzustellen, wurde 1984 das *Istituto Sardo Organizzazione Lavoro Artigianato* (ISOLA) gegründet, das sich nicht nur um den Vertrieb und Verkauf kümmert, sondern auch eigene Ausbildungs- und Produktionsstätten unterhält.

Der Name bürgt für **Originalität** und **Qualität**. Angesichts des Ramsches, der in den Touristenorten als sardisches Kunsthandwerk feilgeboten wird und bei dem es sich häufig um billige Massenware aus Ex-Jugoslawien, Hongkong oder Taiwan handelt, ist der Einkauf in einem Laden dieser vorbildlichen Organisation eine sichere Sache. Darüber hinaus werden damit nicht nur die Institution und ihre angeschlossenen Kooperativen unterstützt, sondern auch dringend benötigte Arbeitsplätze auf der Insel geschaffen. **ISOLA-Läden** gibt es in vielen größeren Ortschaften auf der ganzen Insel.

ISOLA-Zentrale
● Via Bacaredda 184, 09127 **Cagliari**, Tel. (070) 40 47 91

ISOLA-Verkaufsläden
● **Cagliari:** Via Bacaredda 176–78, Tel. (070) 40 47 91.
● **Nuoro:** Via Monsignor Bua 8, Tel. (0784) 31 507.
● **Oristano:** Piazza Eleonora 21, Tel. (0783) 76 90 05.
● **Porto Cervo** (Costa Smeralda): Sottopiazza, Tel. (0789) 94 428.
● **Sassari:** Viale Mancini (Kunstpavillon im Stadtpark mit großer Dauerausstellung), Tel. (079) 23 01 01.

Fisch und Meeresfrüchte

Fisch kommt mit Ausnahme von *trota* (Forelle) **meist nur in den Küstenregionen** auf den Tisch. Am Golf von Oristano serviert man *muggine* (Meeräschen) und *anguille* (Aale), die zum Ablaichen in die seichten Lagunen kommen. *Bottarga di muggine,* der „sardische Kaviar" aus dem Rogen der Meeräsche, ist eine besondere Spezialität. Erst luftgetrocknet, dann gepresst, geräuchert und anschließend in dünne Scheiben geschnitten, wird er als Vorspeise angerichtet oder in Pulverform für Nudelsoßen verwendet. Um Cagliari bereitet man gebackene Meeräsche mit einer Soße aus Sardellen, Knoblauch und Petersilie zu, gekrönt von etwas geriebenem Käse und einem Lorbeerblatt zur Verfeinerung des exquisiten Aromas.

Tonno (Thunfisch) ist der Spitzenreiter unter den lokalen Delikatessen auf der Halbinsel Stintino im Nordwesten sowie auf den kleinen Inseln Sant'Antioco und San Pietro im Südwesten Sardiniens. Doch die Liebe der Sarden galt nie dem Meer und der Fischerei. Die Venusmuscheln *(vongole),* Miesmuscheln *(cozze),* Krabben *(scampi),* Krebse *(gamberi),* Langusten *(aragoste)* und anderes Meeresgetier, das an der Küste angeboten wird, sind denn auch meist *alla italiana* zubereitet.

Brot und Teigwaren

Pane carasau

Statt Weißbrot isst man zum Menü *carta di musica* („Notenblatt"), wie die Italiener das hauchdünne, knusprige runde **Fladenbrot** nennen, das bei den Sarden *pane carasau* heißt. Als typisches Hirtenbrot ist das ursprünglich aus der Barbagia stammende Gebäck aus Hartweizengrieß, Gersten- oder Eichelmehl die Versinnbildlichung der sardischen Küche. Zur Konservierung schoben einst die barbaricinischen Frauen den leicht gesalzenen Teig nur kurz in den Holzofen, warteten, bis er sich aufblähte, zogen ihn noch weich heraus, teilten ihn längs und gaben die pergamentdünnen Schnitten zum *carasare* („Rösten") abermals in die Röhre. Dank dieses zweifachen Backvorgangs konnte das Brot haltbar gemacht werden, so dass es die Hirten auf ihre oft monatelange Wanderschaft mitnehmen konnten.

Pane carasau wird auf unterschiedliche Art und Weise verspeist. Eine ganz einfache, aber delikate Zubereitungsart ist, das Knusperbrot leicht zu salzen, mit einigen Tropfen fruchtigem Olivenöl zu beträufeln und mit frischem Rosmarin zu bestreuen. Um Nuoro stellt man *pane carasau* als *su limpidu* („das Feuchte") auch mit Weizenmehl her. Heiß mit Wasser überbrüht, Tomatensauce und Ei beigefügt, wird es zu *pane frattau,* der gehaltvollen „sardischen Pizza".

Mittlerweile erfreut sich das Brot auch in Italien so großer Beliebtheit – und hat so viele Imitatoren gefunden – dass sich ein Konsortium um die Einführung eines Qualitätssiegels bemüht, welches dem Kunden die original sardische Herstellung garantiert. Überhaupt bedeutet Brotbacken auf

Kulinarische Spezialitäten

Sardinien wesentlich mehr, als nur ein grundlegendes Nahrungsmittel zu produzieren; es handelt sich vielmehr um eine echte **Brotback-Kunst**. In zahllosen Variationen werden die Backwaren von Dorf zu Dorf nach überlieferten Rezepten zu Feiern und Festen in höchster Formvollendung geschaffen: *Pane di Pasqua* („Osterbrot") – ein filigranes Flecht- und Schnitzwerk aus Teig, vom Bäcker rund um ein Ei zu fantasievollen Skulpturen geformt, *pane'e Gherda* – nach uralter Methode im Dezember zubereitete Fladen mit herzhaften Schweinestückchen, *pane'e apostolos* – zur Fastenzeit nach der Anzahl der Apostel in zwölffacher Ausführung gebackenes Brot, das Unglück von der Familie abwenden soll, und viele Varianten mehr. Wundervolle Beispiele der Backkunst kann man im **Volkskundemuseum in Nuoro** (siehe im Kapitel „Barbagia") besichtigen – oder einfach in der nächsten sardischen Feinbäckerei (s. auch Exkurs „Das sardische Gebildebrot").

Pasta als „prima piatta"

In der klassischen Speisenreihenfolge von „prima" und „seconda" stellen die sardischen Teigwaren den Löwenanteil als erster Gang. Der Klassiker schlechthin sind handgemachte *malloreddus*, eine Art mit Safran bereitete Nockerl aus Hartweizengrieß, meist mit Tomaten- oder Fleischsauce angerichtet. Kaum weniger beliebt sind die *culurgiones*, eine Art frisch gemachte Riesenravioli mit einer Kartoffel-Schafskäsefüllung, teils unter Zugabe von Minze oder Basilikum. Sehr lecker ist auch die in Butter und Salbei geröstete und mit Tomatensauce und geriebenem Pecorino bestreute Variante.

Etwas weniger bekannt sind die *maccarones furrìaos*, ein raffiniert-einfaches Nudelgericht aus der Gegend um Nuoro, bei dem Makkaroni mit geschmolzenem frischen Schafskäse und zerdrückten Pfefferkörnern serviert werden.

Vornehmlich als Beilage in Suppen finden die beliebten *fregula* Verwendung, kleine, von gemehlter Hand geribbelte Kügelchen aus Hartweizengrieß.

Eine besondere, im Restaurant aber nur selten erhältliche Köstlichkeit ist *fillindeu*, eine Art feines Netz aus geschmolzenen und danach getrockneten Schafskäsefäden, das auch Suppen als Beilage zugefügt wird.

Fleischgerichte

Fleisch als Hauptgericht galt im armen Sardinien noch bis vor wenigen Jahrzehnten als absoluter Luxus. Nur zu hohen Anlässen wurde geschlachtet, wobei man das kostbare Tier komplett verarbeitete. Lammköpfe und -haxen, mit Zwiebeln und Petersilie in passierten Tomaten und Minze gekocht (*piedini e testini d'agnello*), zählen ebenso zu den althergebrachten Delikatessen wie die vielfältigen Rezepte für **Innereien**. Da wären z.B. *sa tratalia*, ein mit Speck gefüllter Lamm- bzw. Ziegen-

Das sardische Leib- und Magengericht: Porcheddu

Kulinarische Spezialitäten

darm, oder *zimino,* über dem Rost gegarte, nur leicht gesalzene Lamminnereien. Eine weitere, vielleicht nicht jedem ganz geheuer erscheinende Besonderheit ist *sa cordula,* eine mit Zitrone und schwarzem Pfeffer gewürzte Speise aus Herz, Leber, Lunge und Darm von Ziege oder Schaf.

Spanferkel

Die **arrosti** (Braten) stammen überwiegend von Lämmern und Zicklein, aber auch von Wild, Kälbern und Ferkeln. Das sardische Nationalgericht schlechthin, das auf keinem Fest fehlen darf, ist **porcheddu,** die sardische Variante des Spanferkels. Damit das *porcheddu* langsam und schonend gart und seine unverwechselbare Geschmacksnote gewinnt, werden die Spieße nicht über die Feuerstelle gehängt, sondern seitwärts entlang dieser aufgestellt; das Feuer wird mit aromatischen Macchia-Hölzern, vor allem Wacholder, geschürt. Bei diesem sehr langsamen und zeitintensiven Garvorgang, bei dem die Haut immer wieder mit Fett beträufelt wird, wird die Außenhaut köstlich knusprig und das Fleisch innen besonders zart.

Käse

Als drittes Grundnahrungsmittel ist Käse aus der sardischen Küche nicht wegzudenken, sowohl pur als auch als Zutat oder Gewürz. Überdies stellt die Käseherstellung eine wichtige Säule der Wirtschaft dar, denn sardischer **Pecorino (Schafskäse)** wird weltweit exportiert. Die Palette reicht von Frisch- und Weich- über Hartkäse bis hin zu solch geschmacks- und geruchsintensiven Herausforderungen wie **casu marzu;** bei dieser Spezialität verwandeln kleine Fliegenmaden einen oben geöffneten Pecorinolaib in einen cremeartigen, streichfähigen und quicklebendigen „Gaumenkitzel". Der für manchen sicher eher zweifelhafte Hochgenuss ist nach langer Zeit des Verbotes nun auch Nichtsarden legal zugänglich. Denn seit die Fliegen ihre Larven im Labor unter strenger Lebensmittelkontrolle, also bakteriell unbedenklich, in den Käse legen dürfen, kann man den Würmerkäse wieder ganz offiziell verkaufen.

Pecorino sardo

Vom würzig-pikanten *pecorino romano,* der schon während der römi-

schen Besatzung hergestellt wurde, kann man mit Gewissheit sagen, dass er der **bekannteste sardische Schafskäse** ist. Mindestens drei bis sechs Monate gelagert, isst man ihn *dolce* (jung) bzw. *semi-stagionato* (halbreif) zum Brot oder zum Abschluss eines Menüs. Nach acht Monaten Lagerung reibt man ihn als Hartkäse wie Parmesan über die Pasta.

Der kulinarische Siegeszug des Pecorino rund um die Welt nahm seinen Anfang in der Toskana, wohin einst sardische Hirten auswanderten oder verschleppt wurden. Auf Sardinien stellen ihn Hirten oft noch nach Art ihrer Vorväter her. „Pecorino sardo" nennt sich der **ausschließlich auf der Insel produzierte Käse,** für den Schafsmilch zusammen mit Lab im Kupferkessel aufgekocht und anschließend von Hand in runde Körbchen gedrückt wird. Nachdem die Kugeln einige Tage an der Luft getrocknet sind, werden sie in Salzlake getunkt und abschließend noch einmal mit Salz eingerieben.

Der *dolce sardo* bietet im Vergleich zum kräftigen *pecorino sardo* eher eine zarte, weiche und milde Käse-Alternative. Den Gipfelpunkt aller sardischen Käse-Köstlichkeit erreicht aber der lange gelagerte, geräucherte und pikante **fiore sardo.** Er wird in geringer Stückzahl in kleinen Formen bis höchstens vier Kilo hergestellt.

Süße Köstlichkeiten

Als letzter Gang eines sardischen Festmahls werden meist *dolci* („Süßigkeiten") gereicht, von denen die **sebadas** die wohl köstlichste Kalorienbombe und zugleich bekannteste Süßspeise der Insel sind. Für den Genuss dieser runden, mit Frischkäse gefüllten Pfannkuchen, die mit bitterem Honig übergossen und in reichlich Fett ausgebacken werden, lohnt es sich sogar, eine zweiwöchige Nulldiät auf sich zu nehmen!

Mit dem **bitteren Honig,** dem *miele amaro,* werden aber nicht nur *sebadas,* sondern beinahe alle Feinbackwaren versüßt. Aus Tonara stammt der wohlschmeckende *torrone,* ein Gemisch aus Haselnüssen oder Mandeln und Honig. In Oristano sollte man unbedingt *amaretti* kosten, ein süß-bitteres Mandelgebäck, und in Ozieri die legendären *suspiros,* die „Sardischen Seufzer" – ein Konfekt aus Zucker und Eiweiß, Mandeln und Zitronensaft.

Wie bei Brot, Fleisch und Käse gilt auch bei Süßigkeiten: **Auf die Region kommt es an.** Ob *aranzada* (kandierte Orangenschalen mit Mandeln und Honig) in der Gegend um Nuoro, *pirichittus* (Bällchen aus Zucker, Ei, Olivenöl und Zitronensaft) im Campidano oder *copulettas* (ein Gebäck aus Honig, Marmelade und Mandeln) in der Gallura: Um sich durch die köstliche kulinarische Vielfalt zu futtern, heißt das allerbeste Rezept: Einfach alles ausprobieren!

Urzeitliche Mythologie und christliche Symbolik – das sardische Gebildebrot

Schöpferischer Höhepunkt der sardischen Brotkultur ist das Gebildebrot. Aus einem Teig aus Mehl und Wasser sowie je einer Prise Salz und Backpulver werden mit ruhiger Hand, Schere, Messer, Skalpell und anderen Feinwerkzeugen kleine Kunstwerke von zauberhafter Schönheit gefertigt. Obwohl nicht zum Verzehr gedacht (aber essbar!), werden sie dennoch nur aus dem besten Mehl hergestellt. Denn die filigranen Kunstwerke sind Opferbrote, und ihr reines Weiß symbolisiert Unschuld, Liebe und Glück. Die unglaublich detaillierten Figürchen wie Tauben, Rosen oder Eicheln und deren Anzahl auf den meist girlanden-, kreis-, stern- oder kranzförmigen Kunstwerken entstammen der uralten Mythologie der Sarden. Obwohl oft christlicher Zahlensymbolik folgend, vermutet man den Ursprung der Opferbrote in nuraghischer oder gar vornuraghischer Zeit. Jede Region, jedes Dorf entwickelte dabei im Laufe der Jahrhunderte eigene Formen und Figuren. In zahlreichen Dörfern werden die Gebildebrote noch heute zu bestimmten Anlässen wie Geburt, Hochzeit, Ernte oder hohen Feiertagen wie Ostern hergestellt. Oft sind Form und Technik noch bekannt, aber die ursprüngliche Bedeutung des Gebildes ist verloren gegangen.

Die Erhaltung und Pflege der außerhalb Sardiniens praktisch unbekannten Brotkunst und deren einzigartiger Formenvielfalt hat sich die in Nuoro lebende Künstlerin *Luisa Monne* zum Lebensziel gemacht. Für ihre kleine aber feine *pasticceria artigiana*, die sie in der Altstadt von Nuoro betreibt, begann sie, nach alten Rezepten, Formen und Hestellungstechniken zu suchen. Schnell wurde daraus eine Leidenschaft, die sie zu ausgedehnten Forschungsreisen durch ihre Heimat veranlasste. Heute ist Frau *Monne* die bekannteste Brotkünstlerin Sardiniens. Ihre nationalen und internationalen Ausstellungen wie im Brotmuseum von Ulm haben nicht nur das sardische Gebildebrot außerhalb der Insel bekannt gemacht, sondern vor allem auch die Aufmerksamkeit der Sarden selbst wieder auf diese uralte, allmählich aus dem Alltag verschwindende Tradition gelenkt. Auch die jüngere Generation pflegt nun wieder mehr und mehr die Traditionen ihrer Väter und Großväter. Viele junge Paare verschenken zu ihrem großen Tag wieder aufwendig gearbeitete Hochzeitsbrote an ihre Gäste. Wer sich selbst eines dieser zerbrechlichen wie zauberhaften Kunstgebilde schenken möchte, muss rechtzeitig vorbestellen.

● **Pasticceria artigianale di Luisa Monne,** Via Tola 22, 08100 Nuoro, Tel. (0784) 35 542.

Wein – der göttliche Tropfen

Sardiniens Weine sind meist jenseits der Insel unbekannt. Zu Unrecht. Denn Liebhabern offenbart sich Sardinien als ein üppig bestellter Weingarten, in dem zahlreiche Reben reifen, die den Vergleich mit anderen Italienweinen wie etwa dem beliebten aus der Toskana nicht zu scheuen brauchen. Doch gleich welcher Herkunft und Farbe, eines haben sie gemeinsam: sie sind es mehr als wert, endlich entdeckt zu werden.

Weinkellereien

Die meisten sardischen Weinbauern haben sich in einer **cantina sociale,** einer genossenschaftlich organisierten Kellerei, zusammengeschlossen. Obwohl dies eine gewisse Produktionsmenge garantiert und neue Vertriebswege erschließt, sind viele der Kellereien zu klein, um den internationalen Markt bedienen zu können. So ist es, von großen Produzenten wie Sella & Mosca abgesehen, nur vor Ort möglich, die herrlichen Weine Sardiniens zu kosten und kaufen. Am besten natürlich direkt beim Erzeuger!

Klassifizierung und Gütesiegel

Wie in ganz Italien werden auch die Weine Sardiniens geprüft und klassifiziert. Wichtigste Kriterien für die Vergabe der höchsten Qualitätssiegel DOC und DOCG sind Mindestalkoholgehalt, Farbe und Bukett sowie die Ertragsbeschränkung.

Weißweine

Vermentino di Gallura (DOCG)

Sardiniens bislang **einziger DOCG-Wein** und König unter den sardischen Weißweinen. Höchste Qualität produzieren die Vermentinodörfer Tempio, Berchidda und Monti sowie die exklusive private Tenute Capichera nahe Arzachena. Der Wein atmet das Aroma der Blumen und den Granit der Gallura. In der Farbe zeigt er sich schlohgelb mit einem flüchtigen grünlichen Funkeln, im Geschmack ist er trocken und weich, das Bukett duftet leicht blumig. In der Region um Alghero keltert man Vermentino unter dem Namen *Aragosta* (DOC), inselweit wird Vermentino di Sardegna (DOC) angebaut. Man kredenzt ihn zu Vorspeisen von Meeresfrüchten, Krustentieren und *primi piatti*. Er erreicht um die 14 % vol.

Vernaccia di Oristano (DOC)

Dante und *Boccaccio* priesen bereits diesen aristokratischen Tropfen, den

> **Was bedeutet was?**
> - **IGT:** Indicazione Geografica Tipica.
> - **VQPRD:** Vini di Qualità Prodotti in Regione Determinata.
> - **DOC:** Denominazione di Origine Controllata, Qualitätswein aus einem bestimmten Anbaugebiet.
> - **DOCG:** Denominazione di Origine Controllata Garantita. Mit dem DOCG-Siegel werden nur absolute Spitzenweine gekürt.

Wein und Öl

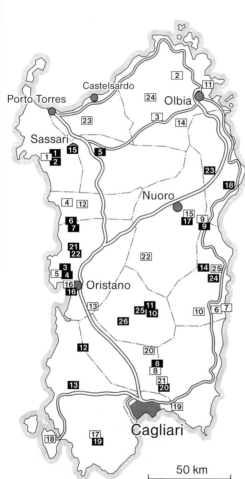

Die wichtigsten Weinkellereien
1. Arzachena
2. Alghero
3. Berchidda
4. Bosa/Flussio
5. Cabras
6. Cardedu
7. Cardedu
8. Dolianova
9. Dorgali
10. Jerzu
11. Mancini
12. Modolo
13. Mogoro
14. Monti
15. Oliena
16. Oristano
17. Santadi
18. S'Antioco
19. Selargius
20. Senorbi
21. Serdiana
22. Sorgono
23. Sennori
24. Tempio Pausania
    Tortoli

Die wichtigsten Olivenöl-Produzenten
1. Alghero
2. Alghero
3. Cabras
4. Cabras
5. Codrongianus
6. Cuglieri
7. Cuglieri
8. Dolianova
9. Dorgali
10. Gesturi
11. Gonnosfanadiga
12. Iglesias
13. Ilbeno
14. Ittiri
15. Oristano
16. Oliena
17. Orosei
18. Santadi
19. Serdiana
20. Seneghe
21. Seneghe
22. Siniscola
23. Tortoli
24. Tuili
25. Ussaramanna

wahrscheinlich die Punier auf Sardinien einführten und den man heute hauptsächlich auf den fruchtbaren Lehmböden der Tirsoebene rund um Oristano anbaut. Sein vornehmer, **schwerer, trockener Geschmack** lässt eine leicht bittere Note zurück. Er präsentiert sich bernstein- bis goldfarben mit einem Bukett, das ein leiser Hauch Mandelblüte umgibt. Der *Vernaccia* von Oristano darf sich rühmen, einer der edelsten Dessertweine Italiens zu sein. Man genießt ihn zu *bottarga di muggine,* dem Rogen der Meeräschen, der ebenfalls rund um Oristano aufgetischt wird. Nach fünf bis zehn Jahren Lagerung erreicht er zwischen 15 und 18 % vol.

Malvasia di Bosa (DOC)

In der Planargia rund um Bosa wird dieser zarte und zugleich volle, reife Weiße mit seinem charakteristischen **ätherisch-aromatischem Bukett** kultiviert. Man nennt ihn Sardiniens „weiblichsten Wein". Seine Farbe schillert von gelb bis golden, trocken kommt er zu Fisch oder süß zum Dessert auf den Tisch. Nach mindestens drei Jahren Lagerung erreicht er 14 bis 17 % vol.

Nuragus di Cagliari (DOC)

In der südlichen Inselhälfte, insbesondere in der Gegend um Cagliari und im Campidano gedeiht die wahrscheinlich **älteste Traube Sardiniens.** Mit seinem frischen, trockenen bis

Die Hochprozenter: Eisendraht und Liebestrank

Aus den dunkelpurpurnen, fleischigen Beeren der Myrte – dem der Venus geweihten heiligen Strauch und Symbol für Liebe und Schönheit – wird der **Mirto,** Sardiniens beliebtester Likör, gebrannt. Nachdem die weißen Blüten der ein bis zwei Meter hohen Myrte von Juni bis August ihre Pracht entfaltet haben und im Herbst zu Beeren von wildem, bitterem Geschmack herangereift sind, werden sie im Winter gesammelt und mit Zucker oder besser mit Honig und Alkohol angesetzt. Rot oder weiß wird der süßliche *Mirto* als Aperitif geschätzt sowie zur Verdauung gereicht.

Filu e' Ferru ist der legendärste unter den hochgeistigen Klaren Sardiniens. Übersetzt bedeutet der Name dieses überall auf der Insel produzierten Tresterbranntweines „Eisendraht". Die etwas „unkulinarische" Bezeichnung stammt aus dem 19. Jahrhundert, als den sardischen Schnapsproduzenten solch unerquickliche Auflagen erteilt wurden, dass sie sich fortan genötigt sahen, am Steuereintreiber vorbei heimlich zu brennen – und zwar unterirdisch. Dazu wurde ein Erdloch ausgehoben, mit Falltüren versehen und diese wiederum mit Erdreich getarnt. Einziger Fingerzeig zum Wiederauffinden des Weingeistes war ein Eisendraht, mit dem man die unsichtbare Destille kennzeichnete. *Filu e' Ferru* dient sowohl als Rachenputzer wie als Magenaufräumer und hilft zuweilen auch gegen Sorgen und Liebeskummer.

herben Geschmack und dezent fruchtigen Bukett präsentiert sich der oft als „Vermentino des Südens" bezeichnete Wein strohgelb mit grünlichem Schimmer. Man genießt ihn entweder als Aperitif oder zu Fisch, Krustentieren und weißem Fleisch. Sein Alkoholgehalt ist vergleichsweise moderat, er erreicht „nur" 11 % vol.

Moscato

Auch diese Rebsorte sollen schon die Römer mitgebracht haben. Wie die Nuragus-Rebe wird sie rund um Cagliari und im Campidano angebaut, aber auch in der Gallura gekeltert. Dort, im Norden, stellt man aus ihr den einzigen DOC-Sekt Sardiniens her. Der Moscato schmückt sich mit goldgelber Farbe und einem duftenden, reifen Bukett. Mit seinem **fruchtigen, kräftigen Aroma,** süßlich und schwer, passt dieser typische Dessertwein hervorragend zu *dolci* und pikantem Käse. Er erreicht 13 bis 15 % vol.

Torbato/Semidano/Moscato

Nur um Alghero wird die aus Spanien stammende **Torbato-Traube** angepflanzt, aus der Sella & Mosca ihren hervorragenden kräftigen und sehr intensiv duftenden *Terre Bianche* keltert. Der weiße **Semidano,** den einst wohl schon die Phönizier auf die Insel brachten, fiel im 19. Jahrhundert weitgehend der Reblaus zum Opfer und ist heute nur noch selten anzutreffen. Nur um die beiden Orte Sorso und Sennori findet man den **Moscato,** aus dem man u.a. einen feinen DOC-Dessertwein keltert.

Weinkarte Sardinien

Wer sich für die Weine Sardiniens näher interessiert, dem leistet die unter www.sardinienshop.de auf Englisch oder Italienisch erhältliche Spezialkarte **„Carta dei vini della Sardegna",** die sämtliche Traubenarten, Anbaugebiete und Produzenten mit Adresse und jeweiligem Weinangebot zeigt, beste Dienste. Wer nicht lange warten, sondern gleich probieren möchte, der kann sich aus dem gut sortierten Angebot des Sardinien-Spezialisten *Oscar Reisen* schon einmal ein paar Probeflaschen bestellen.

Rotweine

Cannonau di Sardegna (DOC)

„Dir, Inselwein, weihe ich meinen Körper und meine Seele", besang der Dichter *Gabriele D'Annunzio* den *Nepente di Oliena,* den aus der berühmtesten Traube der Insel gekelterten besten Cannonau-Wein. Rubinrot funkelnd, sanft, voll und schwer, mit einer dezent harzigen Note, wird dieser Inbegriff aller sardischen Weine von **trocken bis süffig** zu würzigem Käse, Braten und Wildbret gereicht.

Seine klassischen Anbaugebiete befinden sich bei Oliena, Dorgali und Jerzu in der Provinz Nuoro. Ein Jahr gelagert erreicht er etwa 13,5 % vol., als trockener *superiore naturalmente secco* mit 15 % vol. muss er zwei Jahre einkellern, der süße *superiore naturalmente dolce* mit 13 % vol. reift mindestens zwei Jahre in Kastanien- und Eichenholzfässern.

Sardische Sprachen und Dialekte

Monica (DOC)

Die Rebsorte spanischer Herkunft baut man besonders bei Cagliari und Oristano an. In der Farbe schillernd rubinrot, zeichnen den Charakterwein mit dem freundlichen Namen sein **weicher und samtiger Geschmack** und ein intensives Aroma aus. Man reicht ihn trocken zu *primi piatti,* zu geröstetem Fleisch vom Schaf oder Rind und süß zum Dessert. Er erreicht 11 % vol.

Carignano

Der berühmte Carignano ist in seiner charakteristischen Farbe granatrot, manchmal auch kirschfarben und im Geruch weinig und würzig, im Geschmack **trocken, weich und ausgeglichen.** Die Carignano-Traube wird in 15 Gemeinden im Gebiet des Sulcis in der Provinz Cagliari kultiviert. Mit Carignano werden die Kultweine *Terre Brune* und *Rocca Rubia* kreiert.

Mandrolisai (DOC)

Roséfarben oder leuchtend rot, mit einem **leicht bitteren Nachgeschmack,** keltert man diesen Wein ausschließlich in der eng begrenzten Region der Barbagia Mandrolisai rings um Sorgono aus der Cannonau-, Monica- und Bovale-Sardo-Traube. Die Rarität ist *der* Geheimtipp unter Sardiniens Weinen, vor allem als Mandrolisai Superiore. Er kommt zu *primi piatti* und rotem Fleisch auf den Tisch. Nach zwei Jahren Lagerung erreicht er 11 bis 12 % vol.

Girò/Nasco

Der von den katalanischen Besatzern importierte **Girò** wird nur noch um Cagliari kultiviert und dort zum *Girò di Cagliari DOC* verarbeitet. Der bei den Römern einst weit verbreitete, tiefrote und schwere **Nasco** findet sich nur noch im Süden der Insel, vorwiegend im Campidano und um Cagliari.

Sardische Sprachen und Dialekte

Die historischen Wurzeln

Sardisch ist eine **eigenständige Sprache.** Mit dem Italienischen ist sie zwar verwandt, doch steht sie dem antiken Latein um viele Jahrhunderte näher als ihre moderne italienische Schwester, was sich im Vergleich besonders anschaulich nachvollziehen lässt. So bedeutet „Haus" auf Latein „domus", auf Sardisch „sa domu", aber auf Italienisch „la casa"; oder „Welt", lateinisch „mundus", sardisch „mundu" und italienisch „mondo".

Wie beim Rätoromanischen und Provenzalischen handelt es sich auch beim Sardischen um eine **altromanische Sprache,** die – bildhaft und eigentümlich, manchmal beinahe archaisch – sogar noch über einige Wortstämme aus der vorindogermanischen Epoche verfügt, so z.B. „Nur" in „Nurra", „Nuoro" oder „Nuraghe". Die grundlegenden wissenschaftlichen Standardwerke, das Wörterbuch „Dizionario Etimologico Sardo" und „Das

Sardische Sprachen und Dialekte

ländliche Sardinien im Spiegel der Sprache", legte der Münchner *Max Leopold Wagner* (1880–1962) vor.

Lokale Dialekte und Mundarten

Das Sardische ist eng mit der wechselhaften Geschichte der Insel verbunden. So haben selbst Wörter aus phönizischer und byzantinischer Zeit überdauert. In Alghero spricht man bis heute einen katalanischen Dialekt, auf San Pietro und in Calasetta auf Sant' Antioco hat sich eine ligurische Mundart erhalten, die die Einwanderer vom Festland im 16. Jahrhundert mit auf die Inseln brachten. Und in der Gallura klingen im Gallurese korsische und toskanische Wörter an.

Im abgeschiedenen Zentralsardinien überlebten dagegen die **archaischen, ursardischen Dialekte** Nuorese und Barbaricino, welche man wiederum in diverse Mundarten einzelner Dörfer unterteilt. Noch bis weit ins 20. Jahrhundert hinein konnten sich etwa ein in Tonnara im Gennargentu-Gebirge Gebürtiger und ein keine 50 Kilometer entfernt lebender Einwohner von Mamoiada in der Barbagia Ollolai nur mit größter Mühe verständigen.

Im Südwesten der Insel wird Campidanese gesprochen, in Sassari Sassarese, und Logudorese im übrigen Nordwesten Sardiniens. Letzteres gilt gewissermaßen als **Hochsardisch,** sofern man angesichts der Zersplitterung in die zahlreichen verschiedenartigen Mundarten überhaupt von einer sardischen Hochsprache reden kann. Zwar erschien Sardisch bereits 1395 in der *Carta de Logu* der *Eleonora von Arborea* erstmals als Schriftsprache, doch dank der Fülle an Dialekten gelang es bis heute nicht, sich in irgendeiner Form auf eine inselweit **verbindliche Sprachregelung** zu einigen. Auch der Versuch von *Grazie Deledda* misslang, die 1891 schrieb: „Bald werde ich zwanzig sein. Mit dreißig will ich mein großes Ziel erreicht haben; aus mir selbst heraus eine Literatur zu schaffen, die rein und ausschließlich sardisch ist." Doch ihre sardischen Zeitgenossen akzeptierten die schriftstellerische Arbeit einer Frau nicht und verweigerten ihr die Hilfe beim Sammeln überlieferter Gedichte und Gesänge. Sie schrieb schließlich ihre in die Weltliteratur eingegangenen Romane in Rom und auf Italienisch.

Die Wiederbelebung der sardischen Sprachen

Mit zunehmender Einflussnahme von Schule und Medien befand sich Sardisch, wie andere Minderheitenspra-

Sardisches Wörterbuch

Wer sich für die sardische Sprache näher interessiert oder auch nur eben mal kurz was übersetzen will, für den ist das unter **www.ditzionariu.org** zu findende Wörterbuch sehr hilfreich. Es beschreibt in Sardisch, Italienisch und Englisch die einzelnen Begriffe und zeigt die Übersetzung in mehreren Sprachen an, darunter auch auf Deutsch.

chen auch, beständig auf dem Rückzug. Ende der 1980er Jahre beherrschte nur noch ein Sechstel aller Schüler ihre Muttersprache, obwohl der Regionalrat bereits 1981 beschlossen hatte, ihr eine – wiewohl unverbindliche – gleichberechtigte Stellung neben dem Italienischen zuzugestehen.

Inzwischen widmet man sich der sardischen Sprache mit ihren zahlreichen Dialekten wieder sehr intensiv. **Heimatverbände, Folkloregruppen und Initiativen** setzen sich für ihren Erhalt, die Pflege und Förderung ein. Wenngleich die Kinder natürlich mit Italienisch eingeschult werden, beherrschen sie noch die Sprache ihrer Väter und Vorväter – oder lernen sie wieder.

Sardischer Separatismus

Freiheit von kolonialer Ausbeutung und Unterdrückung, Selbstbestimmung und kulturelle Eigenständigkeit lauten auch auf Sardinien die Schlagworte, die gegen einen vereinnahmenden, zentralistisch organisierten Einheitsstaat ins Feld geführt werden. Anders als bei ähnlichen separatistischen Regionalbewegungen in Europa hüllte sich der sardische Separatismus aber nie in ein ethnisches, geschweige denn völkisches Gewand, um damit die Abspaltung vom Staat zu erkämpfen.

Dazu standen sich die Inselbewohner selbst lange Zeit allzu fremd gegenüber. Ob nun Raubzüge gegen römische Unterdrücker und spanische Großgrundbesitzer geritten wurden oder Banditen die piemontesischen und italienischen Behörden zum Narren hielten, stets handelte es sich um spontane Einzelaktionen, die immer sozial motiviert waren und nur in den seltensten Fällen von sardischem Nationalismen ideologisch überfrachtet wurden.

Eine erstmals größere, im gewissen Sinne identitätsstiftende Gemeinschaft bildete im Ersten Weltkrieg die legendäre *Brigata Sassari*, die einzige Truppenabteilung im italienischen Heer mit regionaler Beschaffenheit. Durch die prägenden Erlebnisse im Schützengraben zusammengeschweißt, ging aus ihren Reihen nach dem Krieg die *Associazione Nazionale Combattenti Sardi* („Nationalgesellschaft sardischer Soldaten") hervor. Hierbei handelte es sich um die Vorläuferin der Sardischen Aktionspartei, dem *Partito Sardo d'Azione* (PSd'A), die seit ihrer Gründung 1921 in Oristano bis heute für die Geschicke Sardiniens von Bedeutung ist. Einer ihrer Gründerväter war der aus einer Hirtenfamilie im südsardischen Gerrei stammende *Emilio Lussu* (1890–1975), der bereits als Offizier in der *Brigata Sassari* gekämpft hatte und bis Ende des Zweiten Weltkriegs ihr radikaler, charismatischer Führer blieb.

Wenn sich die PSd'A in den 1920er Jahren auch als ein recht bunter Haufen entpuppte – von Sozialisten und Liberalen über Nationalisten und Separatisten bis hin zu Royalisten versammelte die Partei alle möglichen Strömungen – so wurden doch die sardischen Autonomiebestrebungen zum ersten Mal in einen parteipolitischen Rahmen gegossen. Der Wunsch nach mehr Unabhängigkeit vom italienischen Staat einte die unterschiedlichen Gesellschaftsentwürfe. Bei den Wahlen zum römischen Parlament auf Sardinien wurde sie noch im Gründungsjahr mit fast 30 Prozent zur stärksten politischen Kraft.

Unter den Faschisten wurde die PSd'A verboten und nach dem Zweiten Weltkrieg

Die sardische Gesellschaft heute

Betrachtet man Sardinien-Fotografien aus den 1960er Jahren, blickt man auf **archaisch anmutende Bergdörfer** mit schmalen, schmutzigen Gassen zwischen Behausungen aus Feldsteinen oder ungebrannten Ziegeln, die von einem getrockneten Gemisch aus Schlamm und Stroh oder zerborstenen Dachpfannen notdürftig bedeckt wurden. Auf dem Marktplatz, der nichts weiter als eine Aussparung zwischen den ärmlichen Hütten darstellte, duckten sich mit gebeugten Rücken und schwarz vermummt wie die Krähen, von jung bis uralt, die Dorffrauen. Daneben ritt ein Ziegenhirte auf seinem

erneut gegründet, nun ohne *Emilio Lussu*, der sich mitsamt dem linken Parteiflügel von der PSd'A trennte und eine neue, sozialistische sardische Aktionspartei gründete, die später im *Partito Socialista Italiano* (PSI), der Sozialistischen Partei Italiens, aufging. Auch die Kommunisten standen der PSd'A weiterhin skeptisch gegenüber, kollaborierte sie doch mit der christdemokratischen *Democrazia Cristiana* (DC), den Christdemokraten, die im rückständigen, ländlich-katholischen Sardinien den größten Teil der politischen Ämter und Sitze innehielten.

Diese Zusammenarbeit mit den Konservativen und das Scheitern des Industrialisierungsplans trugen mit dazu bei, dass sich viele Sarden von der PSd'A nicht mehr vertreten fühlten und sich ab Mitte der sechziger Jahre neue, radikalere Unabhängigkeitsbewegungen gründeten. Ihr Spektrum reichte von katholisch über sozialistisch und revolutionär bis hin zum bewaffneten terroristischen Kampf. Schließlich setzte sich parallel zum wachsenden sardischen Selbstbewusstsein auch in der Aktionspartei der radikale separatistische Flügel durch. Er forderte die Vergesellschaftung der Produktionsmittel und eine totale Autonomie für Sardinien, was sich allmählich zugunsten der Partei in den Wahlen auswirkte. 1984 gewann die PSd'A 15 Prozent aller Stimmen und entmachtete zusammen mit den Sozialisten und Kommunisten erstmals die *Democrazia Cristiana*. *Mario Melis* von der Aktionspartei, von dem viele sagen, er sei der erste Politiker auf Sardinien gewesen, der tatsächlich zum Wohl der Insel agierte, wurde zum Regionalpräsidenten gewählt.

Der Ruf nach mehr Autonomie ist seitdem nicht leiser geworden, aber ein radikaler separatistischer oder gar gewalttätiger, terroristischer Weg stand nie im Sinn der überwältigenden Mehrheit der Sarden. Politische, wirtschaftliche und kulturelle Selbstbestimmung in einem föderalen System ja, Abspaltung nein, lautet die Devise. Dass die PSd'A seit Mitte der 1990er Jahr unter zehn Prozent Stimmenanteil sank, bedauern viele, andere betrachten den Umstand positiv als ein Zeichen der fortschreitenden Integration in den italienischen Staat.

DIE SARDISCHE GESELLSCHAFT HEUTE

knöchernen Esel die holprige, ungepflasterte Gasse bergan, welche sich beim nächsten Regen wieder in stinkenden Morast verwandeln würde.

Radikaler Übergang zur Moderne

Seit solchen Aufnahmen sind noch keine vierzig Jahre vergangen. Um so dramatischer verdeutlichen sie den **gesellschaftlichen und kulturellen Wandel,** den Sardinien in dieser kurzen Zeitspanne vollzog. Aus einer nach uralten Regeln, überwiegend in großen Familienverbänden organisierten Hirten- und Kleinbauernkultur mit dem „Padrone" als unumschränktem Herrscher über den Clan wurde das Land in radikal kurzer Zeit in die Moderne katapultiert. Industrie-, Dienstleistungs- und Wissensgesellschaft – die patriarchalische Struktur mit der Großfamilie als Grundlage konnte diesen gewaltigen Sprung nur im Einzelfall überleben.

Seitdem existieren die verschiedenen Zeitepochen und die **vielfältigsten Wirklichkeiten** auch auf der lange Zeit vergessenen Insel nebeneinander: Eine zutiefst katholische, erzkonservative, wenn nicht gar rückständige Gesellschaft geht mit einem emanzipierten, konsumorientierten Lebensstil nach norditalienisch-amerikanischer Art eine beileibe nicht unproblematische Verbindung ein.

Sardinien bewegt sich heute im **Spannungsfeld** zwischen den unverrückbar strengen sozialen Riten und

Regeln der Urgroßväter und der von Unverbindlichkeit geprägten hedonistischen Kultur der westlichen Informationsgesellschaft. Dem groben Cord des Hirten steht der das feine Tuch des Geschäftsmannes gegenüber, der archaischen *pinedda* (Hirtenhütte) ohne Strom und Wasser die glasfaserverkabelten Finanzpaläste. Während in vielen Bergdörfern und Köpfen noch der seit Jahrhunderten gültige Verhaltenskodex das Zusammenleben bestimmt, pulsiert gleichzeitig in den urbanen Zentren nach dem Motto „Erlaubt ist, was gefällt" die enttabuisierte, schnelllebige Warengesellschaft.

Technisierung und Urbanisierung

In der Anbetung des Götzen Auto, Fußballmanie und Vernarrtheit ins *cel-*

Die sardische Gesellschaft heute

lulare (Handy), das neben der Familie offensichtlich wichtigste soziale Bindeglied, stehen die Sarden den Festlandsitalienern in nichts nach. Ebenso im Drang nach den eigenen vier Wänden, was sich in einem seit Jahren ständig wachsenden **Bauboom** zeigt. Rings um die alten Dorfkerne mit ihren krummen Häusern und Gassen wachsen moderne Flachdachbetoneigenheime Etage für Etage. Oft dauert ihre Fertigstellung allerdings Jahre, da die Arbeitsemigranten oft nur in ihrem Sommerurlaub am Häusle für die Rente bauen, andere, wenn wieder Geld in der Kasse ist. Um die Städte schießen gesichts- wie trostlose **Neubauviertel** auf, in denen man schon vor Fertigstellung ohne viel Fantasie die sozialen Spannungen der Zukunft erblickt. Hier stranden die Söhne und Töchter der Hirten und Bauern auf der – oft genug erfolglosen – Suche nach Arbeit und Vergnügen.

Denn **Hauptfaktoren der anhaltenden Landflucht** sind neben einengendem Moralkodex, schlechter Verkehrsanbindung und fehlender Infrastruktur die teils horrende Arbeitslosigkeit und damit verbundene Perspektivlosigkeit der jungen Generation. Dem Boom der Städte und Küsten steht ein offensichtlich unaufhaltsames Ausbluten des Landes gegenüber. Bereits jetzt wohnen von den rund 1,7 Millionen Einwohnern der Insel über 400.000 allein im Großraum Cagliari, während in manchem Bergdorf fast nur noch Alte und Kinder anzutreffen sind.

Die sardischen Frauen

Ganz augenfällig anders als bei ihren italienischen Nachbarn ist dagegen die Stellung der sardischen Frau. Zwar bleibt wie überall auch bei ihnen vornehmlich den jungen berufstätigen Sardinnen die Aufgabe, die Auseinandersetzung mit den althergebrachten Strukturen zu führen. Diese allerdings sind auf Sardinien **weit weniger patriarchalisch** als in anderen mediterranen Kulturen. Zwar ist auch auf Sardinien nach wie vor die Rolle der Frau als Hüterin von Haus und Nachwuchs das Schicksal der meisten Sardinnen. Auch wenn junge Paare neue Wege suchen und ausprobieren – viel Unterstützung von Männerseite im Haushalt gibt es dabei auch im 21. Jahrhundert noch nicht.

Andererseits wurde die Souveränität der Frau schon von alters her in der sardischen Gesellschaft besonders hoch geachtet und das weibliche Geschlecht als ebenbürtig angesehen und respektiert. Diese Auffälligkeit erklärt sich aus dem Umstand, dass der sardische Mann als Hüter der Herde für viele Monate im Jahr durch die Berge zog, also fern von Familie und Dorfgemeinschaft war. So mussten die Frauen den Alltag schultern und die **öffentlichen Belange der Gemeinschaft selbstständig organisieren.** Und so ist es noch heute so, dass in den Gemeinden Sardiniens mehr (auch von Männern) gewählte Bürgermeisterinnen anzutreffen sind als männliche Kollegen.

Ebenso auffällig wie interessant ist in dem Zusammenhang auch, dass es in der sardischen Sprache kein Wort für „Vergewaltigung" gibt. Man wird es nicht erleben, dass ein sardischer Mann eine Sardin chauvinistisch als Objekt betrachtet und behandelt. Und wenn doch, dann wird sich eine Sardin derart zu wehren wissen, dass er so schnell wohl kein zweites Mal auf die Idee kommt.

Der **gesellschaftliche Aktionsradius** einer Sardin ist längst nicht so begrenzt, wie es scheint. Viele Läden und Geschäfte, Restaurants und Hotels werden von Frauen gemanagt. Auch im Mittelbau von Wirtschaft, Po-

litik und Verwaltung haben sie sich ihren Platz erobert. Nur die oberste Spitze ist noch weitestgehend eine Männerdomäne.

Das deutliche Selbstbewusstsein der jungen Mädchen drückt sich auch in den Dörfern nicht zuletzt in überraschend offenem Lebens- und freizügigen Kleidungsstil aus. Was jedoch nicht bedeutet, dass sie die tradierte **Sexualmoral** abgeschüttelt hätten. Stolz und verführerisch trifft man sie nicht selten, oben ohne am Strand jedoch niemals! Und während ihre Brüder, ohne Sanktionen befürchten zu müssen, Lebenserfahrungen bei den leichtlebigen Touristinnen sammeln können, ist dies einer Sardin nur in der offiziellen Ehe möglich. Weil die Töchter erst mit der Eheschließung in ein selbstbestimmtes Leben eintreten, wird häufig noch sehr jung geheiratet. Andererseits ist es frappierend zu erleben, wie öffentlich voreheliche Abenteuer auf Parkplätzen ausgelebt, wie offen Seitensprünge und Nebenverhältnisse von Mann und Frau gelebt werden. Und wie diskret und vorsätzlich „blind" sich die Anderen dazu verhalten.

Festhalten an Traditionen

Die alten Bräuche und Traditionen finden bei den jungen Menschen noch immer erheblichen Anklang und stehen keinesfalls im Gegensatz zu *cellulare* (Handy), Multimedia und Internet. Die Treffen der örtlichen Trachtengruppen sowie der Musik- und Gesangsvereine, der *gruppi folk,* eröffnen den Jugendlichen ganz im Gegenteil eine willkommene und oft auch die einzige Gelegenheit, ohne häuslichen Rechtfertigungsdruck einander begegnen und miteinander flirten zu können, weshalb sie sich regen Zulaufs erfreuen. Und wenn zum *ballu tundu* unter dem traditionellen Hirtenkostüm dann plötzlich ein Handy klingelt, ist das kein Widerspruch, sondern zeigt vielmehr die vielfältigen Realitäten an, die im heutigen Sardinien zwar nicht immer reibungslos, aber doch einigermaßen verträglich nebeneinander bestehen.

Frauenrechte gestern und heute: die jungen Sardinnen profitieren vom Kampf ihrer Mütter

Der Norden

Felsverwitterungen in der Gallura

Gigantengrab bei Arzachena

Einsame Landkirche in der Gallura

Gallura

Überblick

Landschaft und Natur

Durch die zwölf Kilometer breite Straße von Bonifacio ist die Gallura im äußersten Nordosten Sardiniens von Korsika getrennt. Im Westen bildet ihre Grenze der Coghinas-Fluss, der bei dem Badeort Valledoria in den Golf von Asinara mündet. Im Osten endet sie wenige Kilometer südlich der Hafenstadt Olbia, und im Süden wird sie vom mächtigen, fast 1400 Meter hohen Limbara-Massiv begrenzt.

Die **Nordostküste** der Gallura mit mondänen Ferienzentren wie der Costa Smeralda zeigt sich zerlappt mit vielen Buchten in allen Größen. Hotels und Feriensiedlungen sind dezent in die Landschaft eingepasst. Der extrem zergliederte **Norden** der Gallura zwischen den viel besuchten Urlaubsorten Santa Teresa di Gallura, Palau und dem Maddalena-Archipel macht der beständig wehende Maestrale-Wind zu einem der besten Surfspots am Mittelmeer. An der wenig besiedelten **Nordwestküste** der Region finden sich einige naturbelassene Bilderbuchbadebuchten und -strände, die unter Naturschutz stehen.

Die innere Gallura ist eine wilde, beinahe urweltliche Landschaft aus dichter Macchia und grauem Granit, die nicht nur auf Sardinien, sondern im gesamten Mittelmeerraum ihresgleichen sucht. Hinter einem türkis funkelnden Meer mit den kleinen und kleinsten Inselchen des Maddalena-Archipels erstreckt sich ein abenteuerlicher Flickenteppich aus Wasser und Land, den tiefe Einschnitte, verträumte Buchten und herrliche Sandstrände zieren; landeinwärts schwingen sich zerklüftete Granitfelsen auf.

Granit ist das typische Gestein der Gallura. Wind und Wasser haben von Hirten genutzte Felshöhlen *(concheddas)* hineingetrieben oder ihn zu bizarren Figuren *(tafoni)* geformt, wie man sie besonders eindrucksvoll am Capo d'Orso bei Palau und am Capo Testa bei Santa Teresa di Gallura vorfindet.

Über den Hochebenen im **Landesinneren** mit dem Granitstädtchen Tempio Pausania im Zentrum neigen sich die Bergkämme des Limbara-Massivs mit seinen zahllosen Korkeichen gegen Südosten. Hier modelliert der beständig von Frankreich herüberwehende Maestrale aus dem grauen Fels immer neue skurrile Gebilde.

Kultur und Geschichte

Überall in der Landschaft liegen *stazzi* verstreut, die für die Gallura charakteristischen Kleinbauernhöfe. Man findet sie nur hier, wie die Region insgesamt eher **untypisch für Sardinien** ist. „Unsardisch", behaupten manche Einwohner anderer Regionen. In der Tat spricht man hier einen ligurisch-toskanisch-korsisch gefärbten, für andere Sarden unverständlichen Dialekt. Die im 17. Jahrhundert in die Region eingewanderten Korsen sollen ihn mitgebracht haben.

Der **Name der Gallura** soll von den Galliern herrühren. Eine andere Theorie besagt, er leite sich von *gallo* (Hahn) ab, dem Wappentier der pisanischen *Visconti* ab, die im späten Mittelalter über die Landschaft herrschten. Dagegen spricht aber, dass der Begriff *Gallul* oder *Gallura* schon um das Jahr 1000 auftaucht, also lange vor der Zeit pisanischer Hegemonie und korsischer Ansiedlung.

Tourismus

Heutzutage findet eine sich alljährlich im Sommer wiederholende Einwanderung statt. Seit Anfang der 1960er Jahre der Ismaeliten-Prinz *Karim Aga Khan* den wilden Liebreiz der galluresischen Küste für sich entdeckte, die mondäne Costa Smeralda erschuf und Sardinien damit auf die touristische Landkarte setzte, kommen **Sonnenanbeter aus ganz Europa** an den nordöstlichen Inselzipfel, der dank seiner ursprünglichen Schönheit eine der beliebtesten Ferienregionen Sardiniens ist.

Olbia ⟡ V/C3

Die 46.000-Einwohner-Stadt verbindet Sardinien durch den großen Fährhafen und den Airport mit dem Rest der Welt. Sie ist das nördliche Tor zur Insel, der wichtigste touristische Hafen und Flughafen und zugleich ein berauschender Auftakt, mit dem Sardinien seine Besucher willkommen heißt. Während man noch in den **Golf von Olbia** einfährt, mit Blick auf die Stadt am Scheitel der Bucht, mischt sich bereits ein Hauch von Myrte und Rosmarin unter den Salzwasserduft.

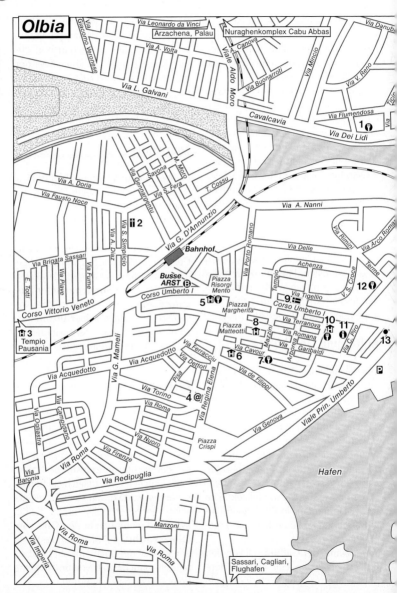

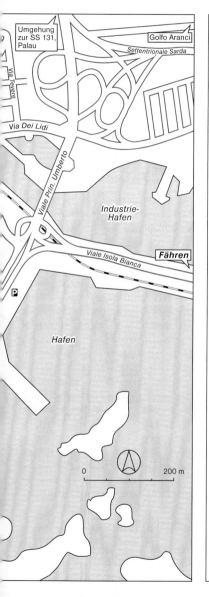

- 1 Osteria Compai Guianni
- 2 Chiesa San Simplicio
- 3 B&B Ciro's House
- 4 Internetpoint Malesa
- 5 Gallura (Hotel und Restaurant)
- 6 Hotel Cavour
- 7 Da Paolo
- 8 Hotel Terranova
- 9 Chiesa San Paolo
- 10 Hotel Centrale
- 11 AAST Tourist-Information
- 12 Trattoria Sperrittu
- 13 Rathaus

Rechter Hand taucht die markante Felstafel des Capo Figari auf, und im Süden erhebt sich aus dem dunkelblau glitzernden Wasser der 600 Meter hohe, fast senkrecht abstürzende Felsblock der **Isola Tavolara** (s.u.), die den Golf im Süden einfasst. „Vor uns sahen wir den großen Höcker der Insel Tavolara", beschreibt der englische Schriftsteller *D. H. Lawrence* 1919 diesen Anblick, „deren großartige, wuchtige Gestalt mich fesselte. Man meint, die Insel gehöre zum Festland, so dicht ist sie vorgelagert. (...) Es ist merkwürdig, wie wenig diese Küstenlandschaft zur Welt unserer Tage gehört."

Geschichte

Olbia, die „Glückliche", wie die Griechen die Stadt nannten, war schon in punischer Zeit als Hafen bekannt. Die nachfolgenden Römer nutzten ihn zum Verschiffen von Erz und Getreide, bis er in den Wirren der Völkerwanderung – nun mit dem Namen Fausania – niederging und verlassen wurde. Jahrhunderte später entwickelte sich in der Richterzeit unter dem Judikat Gallura in der Hafenstadt neues Leben. Im 11./12. Jahrhundert wurde die **Kirche San Simplicio** errichtet, Olbias herausragendes historisches Bauwerk. Die Pisaner tauften die Stadt in Terranova („Neuland") um, und so hieß sie mit Unterbrechungen bis ins 20. Jahrhundert hinein. Erst 1939 wurde sie wieder in „Olbia" umbenannt.

Damals war Olbia längst ein **wichtiger Verkehrsknotenpunkt.** Schon Ende des 19. Jahrhunderts wurde es Endpunkt einer Bahnlinie aus Cagliari, 1930 kamen die ersten großen Fähranleger im Hafen dazu, und spätestens mit der Erschließung der Küstenregion nördlich der Stadt durch *Karim Aga Khan* in den 1960er Jahren verwandelte sich das abgeschiedene Nest mit nahezu menschenleerem Hinterland in den wirtschaftlichen Dreh- und Angelpunkt einer ganzen Region.

Olbia heute

Die Stadt ist dank Fischerei, Miesmuschelzucht und Lebensmittelindustrie eine blühende Handels- und Hafenstadt und das **Einkaufszentrum der Gallura.** Um dem wachsenden Verkehr Herr zu werden, hat man in den letzten Jahren nicht nur eine vierspurige Umgehungsstraße gebaut, sondern auch im Zentrum und am Hafen ein atemberaubendes Gewirr von neuen Tunneln, Kreisverkehren, Hochstraßen etc. errichtet. Jetzt fließt der Verkehr, doch wer z.B. aus der Stadt nach Golfo Aranci fahren will, wird angesichts der verwirrenden Verkehrsführung und Vielfalt der Möglichkeiten den Weg kaum sofort finden. Wer Richtung Süden will, gelangt inzwischen direkt vom Hafen auf die neue Umgehungsstraße, die vierspurige SS 131 Richtung Siniscola/Nuoro, ohne das Stadtzentrum durchfahren zu müssen.

Sehenswertes

Wer sich Olbia anschauen will, fährt Richtung „Centro" (nicht in den Hafentunnel einfahren!) und parkt auf einer der Parkflächen entlang der Viale Umberto am Hafen. Dort entsteht derzeit direkt an der alten Mole Brin das Gebäude für das **Museo Archeologico,** dessen Eröffnung für 2006 geplant ist. Von der Straße führt der als hübsche gepflasterte Fußgängerzone gestaltete und von Läden, Boutiquen und Cafés gesäumte **Corso Umberto** sanft bergan zur Piazza Margherita, dem lebhaften Herzen der Altstadt. Unterwegs lohnt sich ein Blick in die kleine Via Cagliari, wo man nur wenige Meter vom Corso entfernt die erhöht liegende **Chiesa San Paolo** mit ihrer bunten Majolikakuppel erblickt. Sie ist jedoch nicht zu verwechseln mit der **Basilika San Simplicio,** der bedeutendsten Sehenswürdigkeit der Stadt. Diese dreischiffige romanische Kirche, die im 11. und 12. Jh. aus dem grauen Granit der Gallura errichtet wurde und damit einer der ältesten Sakralbauten der Insel ist, liegt etwas außerhalb des Zentrums nördlich des Bahnhofs. Im Inneren der Kirche entdeckt man an den Seitenwänden Meilensteine der antiken Römerstraße nach Kalaris, dem heutigen Cagliari. Sonst bietet die Stadt wenig Sehenswertes, dafür aber gute Gelegenheiten zum Shopping.

Praktische Tipps Olbia

Post und Telefon

- **Vorwahl: 0789**
- **PLZ: 07026**

Internet

- **Internetpoint Malesa,** Via Regina Elena 58, E-Mail: info@internetpointmalesa.com.

Information

- **AAST,** Via Catello Piro 1, Tel. 21 453, Fax 22 221, Mo–Sa 9–13 Uhr und 16–18.30 Uhr.

Essen und Trinken

- **Ristorante Gallura,** Corso Umberto 145, Tel. 24 648. Das Hotel-Restaurant ist nicht gerade günstig, bietet aber im kleinen, romantischen Gastraum exquisiteste Gallura-Küche, die der Koch täglich neu entwirft. Erlesene Weine, feine Desserts.
- **Osteria Compai Giuanni,** Via dei Lidi 15, Tel. 58 584. Traditionsreiches, niedliches kleines Lokal. Auf der Speisekarte überwiegend Frittiertes und Geschmortes, vor allem Fisch. Aber auch Gerichte aus dem Inselinneren wie Lammbraten mit Oliven oder hausgemachte Salsiccia.
- **Da Paolo,** Via Cavour 22, Tel. 21 675. Nahe des Corso gelegenes, bei den Einheimischen beliebtes Lokal mit gemütlichem Gastraum und empfehlenswerter Küche (bes. Fisch).
- **Sperrittu,** Via delle Terme 10, Tel. 21 599. Kleine Trattoria in der Altstadt, in der *Gavino* sich ganz auf die vielfältige Meeresküche aus frischesten Zutaten konzentriert.

Aktivitäten

- **Bootscharter:** Sardina Yachting, Via Colombo 4, Tel. 27 756, Web: www.sardinia-yachting.it.
- **Surfen:** Windsurf Olbia, Via Torino 21, Tel./Fax 22 937.

Strände

- **Spiaggia Pittulongu:** Der gut besuchte Hausstrand von Olbia liegt wenige Kilometer außerhalb an der von Hotels gesäumten Straße nach Golfo Aranci. Schöne Bucht mit feinem weißen Sand.
- **Lido del Sole:** 4 km südlich, ebenfalls in Hafennähe, schmaler Strand auf einer Landzunge an der Lagune von Padrongianus. Direkt an der Mündung des Flusses dehnt sich der stilvolle Hotelkomplex Baia del Sole aus.
- **Le Saline:** In südöstlicher Nachbarschaft zum Lido del Sole. Schmaler langer Dünenstrand, dahinter liegen Lagunen und das Feriendorf Le Vecchie Saline.

Olbia

Einkaufen

● **Warnung!** Die bei vielen Urlaubern beliebten riesigen **Shoppingzentren Auchan** im Süden Olbias Richtung San Teodoro und **Iperstanda** im Norden Richtung Palau sind während der Saison auch bei **Diebesbanden** vom Balkan sehr angesagt. Trotz Wachpersonals auf den Parkplätzen werden Autos aufgebrochen und verschwinden ganze Wohnwagen. Deshalb das Auto nie allein lassen und Hänger sichern!

Feste

● **15. Mai: San Simplicio.** Große Prozession zu Ehren des frühchristlichen Märtyrers Sankt Simplicius.
● **15. August: Sagra del Pesce e Calamaro.** Fest der Meeresfrüchte mit vielen Leckereien.

Notfälle

● **Carabinieri,** Via D'Annunzio 1, Tel. 21 221.
● **Polizia Stradale,** Viale Aldo Moro, Tel. 58 000.
● **Guardia Medica,** Via Canova, Tel. 55 24 41.
● **Krankenhaus** *(Ospedale Civile)*, Via Aldo Moro 2, Tel. 55 22 00.
● **Pronto Soccorso,** Tel. 55 22 39.

Unterkunft

● **Hotel Centrale***,** Corso Umberto 85, Tel. 23 017, Fax 26 464, Web: www.hotelcentraleolbia.it; zentral an der Haupteinkaufsstraße, nach hinten ruhig, mit angenehmer Atmosphäre (83 €).
● **Hotel Gallura***,** Corso Umberto 145, Tel. 24 648, Fax 24 629; wenige Schritte von der Piazza Margherita entfernt, rustikal eingerichtete, traditionsreiche Herberge (75–85 €).
● **Hotel Terranova***,** Via Garibaldi 3, Tel. 22 395, Fax 27 255, Web: www.hotelterranova.it; in stiller Seitenstraße der Altstadt nahe der zentralen Piazza gelegen. Freundliches, gepflegtes Haus mit 21 Zimmern, teils mit Balkon und kostenpflichtiger Gästegarage (50–110 €).
● **Hotel Cavour***,** Via Cavour 22, Tel. 20 40 33, Fax 20 10 96, Web: www.cavourhotel.it; 21 gepflegte Zimmer in restauriertem Altbau mit einladender Dachterrasse in zentraler Altstadtlage. Gegenüber das gute Ristorante Da Paolo (75–90 €).
● **B&B Ciro's House,** Via Aspramonte 7, Tel. 24 075, Web: www.bbolbia.com; Zimmer mit und ohne Bad (50–82 €).

Camping

● Olbia selbst besitzt keine Campingplätze, die nächsten befinden sich bei Cugnana (10 km nördlich) und Porto della Taverna (15 km südlich).

Mietwagen

● **Thrifty,** am Flughafen Olbia-Costa Smeralda, Tel. 66 003.
● **Autonoleggio Gallura,** Viale Aldo Moro, Tel. 51 518.

Verkehrsverbindungen

● **Zug:** Stazione FS, Via Giacomo Pala, kostenloses Info-Tel. 89 20 21. Der Bahnhof befindet sich unweit der zentralen Piazza Margherita (tägl. mehrfach Golfo Aranci, Sassari, Chilivani, Porto Torres, weiter nach Süden Richtung Oristano, Cagliari, Umsteigen in Chilivani).
● **Bus:**
ASPO, Info-Tel. 55 38 00, Web: www.aspo.it. Die Stadtbusse sind orange. Linie 2 fährt zum Flughafen, Linie 9 zum Hafen, Linie 4 zum Stadtstrand Pittulongu, Linie 5 nördlich bis Porto Rotondo, südlich bis Porto Istana.

Stazione ARST, Corso Umberto, wenige Schritte von der Piazza Margherita bei der Stazione FS, kostenloses Info-Tel. 800-86 50 42. Tägl. 4–10 x nach Arzchena, Palau, Siniscola, Nuoro, Budoni, San Teodoro, Tortoli, Tempio Pausania u.a., 1–3 x tägl. nach Dorgali, Galtelli, Bosa, Bono, Budduso, Mores, Nule, Sassari, Ala dei Sardi, Pozzomaggiore.

Turmo Travel: ab Piazza Crispi, Flughafen, Hafen Info-Tel. 21 487. Verbindungen: Olbia – Flughafen Alghero über Sassari, S.T. Gallura – Olbia – Cagliari über Nuoro, Oristano. Die Strecke Olbia Flughafen – S.T. Gallura nur in der Saison. „Fly & Bus"-Service mit auf HLX und easyJet abgestimmten Busse.
● **Taxi:** am Bahnhof: Tel. 51 596; am Flughafen: Tel. 69 150; am Fährhafen: Tel. 24 999.

- **Flughafen:**

Der **Aeroporto Olbia-Costa Smeralda**, Info-Tel. 56 34 44, Web: www.geasar.it, liegt am südl. Stadtrand ca. 4 km vom Zentrum. Anfahrt ausgeschildert. Taxistand und Busstopp vor dem Flughafen. Keine direkte Busverbindung zum Hafen (Linie 2 nach Olbia Zentrum, Linie 9 von Olbia Zentrum zum Hafen).

Mietwagenstation mit allen Gesellschaften in separatem Gebäude außerhalb des Flughafens; Meridiana Tel. 69 300, HLX Tel. 19 91 92 692 (24 Std.).

- **Fährhafen:**

Stazione Marittima, Isola Bianca, Tel. 28 888. Der neu angelegte Fährhafen liegt am Ende der Isola Bianca, ca 2 km vom Zentrum entfernt. Counter der Fährgesellschaften sowie ARST-Bustickets, Informationen, Läden und Café im neuen Hafengebäude.

Taxistand und Busstopp liegen direkt vor dem Gebäude.

Fährgesellschaften: Tirrenia Tel. 20 71 00, Moby Lines Tel. 27 927, Lloyd Sardegna Tel. 25 714, Grandi Navi Veloci Tel. 20 01 26.

Um das Capo Ceraso

☞ V/D3

Die stark befahrene SS 125 Orientale Sarda folgt der zergliederten Küstenlinie nach Süden Richtung San Teodoro. Durch die Halbinsel Capo Ceraso vom leicht verschmutzten Golf von Olbia abgeschirmt, bieten die südlich des Kaps gelegenen Strände karibische Badewannenqualität.

Porto Istana und Porto San Paolo

Die Küste bei Porto Istana schmückt sich mit kleinen, fantastischen **Stränden** zwischen malerischen Felsgruppen mit schneeweißem Sand, kristallklarem Wasser und grandiosem Tavolarablick. An einer so zauberhaften Küste haben sich neben eleganten Privatvillen längst gehobene Bungalowsiedlungen, schöne Ferienanlagen und gehobene Hotels ausgebreitet. Auch das benachbarte Porto San Paolo, von dessen Mole die Ausflugsschiffe zur Isola Tavolara und Isola Molara starten, wächst ständig weiter. Beides sind gepflegte Urlaubsorte mit viel Grün und blühenden Gärten; fürs leibliche Wohl sorgen zahlreiche Bars, Cafés, Restaurants und Pizzerien. Die Orte sind dank der hervorragenden Ankermöglichkeiten besonders bei Bootsbesitzern beliebt und im Sommer sehr voll.

Essen und Trinken

- **Il Portolano,** Via Molara 11, Tel. 40 670; ein kleines Restaurant direkt am Strand mit vorzüglichen Fischgerichten.
- **Cala Junco,** Via P. Nenni 8-10, Tel. 40 260; das im „Espresso" erwähnte Lokal von *Antonio* und *Gavina* legt den Schwerpunkt auf die Küche der inneren Gallura, also besonders Fleisch (Wild) und Pilzgerichte; serviert wird auf der schönen beschatteten Terrasse.

Aktivitäten

- **Centro Sub Tavolara,** Via Molara, 4, Porto San Paolo, Tel. (0789) 40 360, Fax 40 186, Web: www.centrosubtavolara.com; Tauchschule und -station der erfahrenen Profitaucher *Stefano Cellini* und Sohn *Andrea*. Neben Schule, Service und Geräteverleih Spezialkurse zu UW-Fotografie, UW-Archäologie, Meeresbiologie, Wracktauchen.

Unterkunft

- **Hotel San Paolo***,** Via del Faro 78, Porto San Paolo, Tel. (0789) 400 01, Fax 406 22. Gepflegtes Haus in zentraler Lage zwischen Piazzetta und Strand (NS 90-110 €, HS 230-260 €).

- **Park Hotel****,** Tel. (0789) 36 003, Fax 36 689. Bildschöne Anlage in sieben Hektar großem, gepflegtem Parkgelände mit tollem Pool nur wenige Schritte vom Bilderbuchstrand. 76 komfortable, stilvoll gestaltete Zimmer in reizvollen Bungalows, alle mit Terrasse (NS 115–155 €, HS 170–210 €).
- **Borgo di Campagna***,** Loc. Trudda, Tel./Fax (0789) 41 321, Web: www.borgodicampagna.it. Hotel im Landhausstil an Golfplatz mit 10 Zimmern und 5 separaten Bungalows ca. 4 km vom Strand; Anfahrt: von SS 131 Ausfahrt „Trudda", dann links Richtung „La Castagna" (NS 70–90 €, HS 110–140 €).

Porto della Taverna

Die beliebte Bucht zeigt sich mit herrlichem Sandstrand vor türkisblauem Wasser und einem überwältigenden Blick auf die majestätische Isola Tavolara. Zwei Strandbars schenken Kaffee und Eisgekühltes aus. Im Wasser liegt in Sichtweite vor der Tavolara das verrostete Wrack eines vor Jahren gesunkenen Tankers, heute ein geschätztes Tauchobjekt. An den Hängen rund um die halbmondförmige Bucht klettern Ferienhäuser hinauf, oberhalb liegt an der Zufahrt von der SS 125 zum Strand die schöne Anlage des Camping Tavolara. In der Saison verwehrt eine Sperre Wohnmobilen die Zufahrt zum großen Strandparkplatz.

Aktivitäten

- **Porto Taverna Diving Club,** am Strand gelegen (mit Tauch- und Surfschule), Tel. (0789) 51 259, Fax 54 137.

Camping

- **Camping Tavolara***,** Loc. Porto Taverna, Tel. (0789) 40 166, Fax 40 000, Web: www.

camping-tavolara.it. Von Eukalyptus beschattete Terrassenanlage oberhalb der Bucht; mit Restaurant, Bar, Tennisplatz, Bungalowvermietung, ganzjährig geöffnet.

Isola Tavolara

Knapp 600 Meter hoch, vier Kilometer lang und einen Kilometer breit thront das **gewaltige Kalksteinplateau** über dem Golf von Olbia. Hinter, genauer unter seinen fast senkrecht zum Meer abfallenden, zerrissenen Wänden verbirgt sich im Osten, durch ein militärisches Sperrgebiet abgeschirmt, eine U-Bootbasis der Nato. Im Westen läuft die Landzunge **Spalmatore di Terra** in einem kleinen Sandstrand flach aus. Zwei Restaurants kredenzen Speis' und Trank, und im Mini-Hafen legen nach zwanzigminütiger Überfahrt die Ausflugsboote von Porto San Paolo an. Eines davon, das „La Corona", betreibt Signora *Maddalena,* eine direkte Nachfahrin des legendären „Königs der Tavolara". Dieser, ein Korse namens *Guiseppe Bartoleoni,* ließ sich zu Beginn des 19. Jh. auf der unbewohnten Tavolara nieder und begrüßte den König *Carlo Alberto* bei einem Besuch der Insel stolz mit: „Der König der Tavolara grüßt den König von Italien", woraufhin dieser ihm belustigt die ganze Tavolara schenkte. Die Schenkung ließ sich der pfiffige Korse schriftlich geben, betrachtete das Dokument als Gründungsurkunde seines Reiches und nannte sich fortan „Paolo I.". Das Grab des Königs kann man auf dem kleinen Inselfriedhof besuchen.

Seit 1994 wird hier alljährlich im Juli ein Festival des Italienischen Films abgehalten.

●**Ausflugsboote** zu Tavolara und Molara: in der Saison tägl. mehrmals ab Porto San Paolo; Tavolara ca. 10 €, Rundfahrt Tavolara/Molara ca. 16 €.

Isola Molara

Die kleine, 200 Meter hohe Schwester der Tavolara ist unbewohnt. Das Dorf **Gurguray,** dessen grasüberwachsene Ruinen noch zu erahnen sind, wurde wegen der gefürchteten Sarazenenüberfälle bereits im Mittelalter verlassen. An der Nordseite der macchiabestandenen Granitinsel liegen kleine Buchten mit hübschen Sandstränden.

Die Halbinsel von Golfo Aranci ⚐V/D2-3

Archäologische Funde nördlich von Olbia

Eine bedeutende prähistorische Hinterlassenschaft ist der Nuraghenkomplex von **Cabu Abbas** auf dem Monte Colbu nördlich von Olbia, von dem aus man einen herrlichen Blick auf den Golf von Olbia hat.

●**Anfahrt:** vom Zentrum Olbia SS 125 Richtung Palau fahren, dann gleich nach der Brücke links in die Via dei Lidi, dann Via Mincini rechts und geradeaus auf schmaler Teer-

Grandiose Kulisse: die Isola Tavolara mit dem Strand La Cinta

straße weiter bis Chiesa Nostra Signora Cabu Abbas (schöne Picknickmöglichkeiten). Ab der Kirche geht es zu Fuß den Pfad durch die Macchia bergauf bis Su Casteddu (ca. 30 Min. Gehzeit.

An der Straße (s.p. 82) von Olbia nach Golfo Aranci liegt direkt unterhalb der Straße gegenüber dem Hotel Pozzo Sacro das sehr schön erhaltene nuraghische **Brunnenheiligtum Pozzo Sa Testa.** Der Eingang zum Heiligtum, zu dessen unterirdischer Quelle 17 Stufen hinabführen, ist jedoch leider nicht hier. Um dorthin zu gelangen, fährt man von Olbia erst Richtung Golfo Aranci, dann im Kreisgewirr Richtung Spiaggia Pittulongu und dann wiederum im undurchschaubaren Chaos der neu angelegten Straßen Richtung Industriehafen Cala Saccaia. Gleich am Anfang der Via Madagaskar liegt der Parkplatz, von dem ein Fußpfad zum Eingang führt. Wer die Beschreibung nicht nachvollziehen kann, folge (so gut wie möglich) dem kleinen braunen Schild „Pozzo Sa Testa". Geöffnet täglich 9.30–12.30 und 17–19 Uhr.

Golfo Aranci

Eine herrliche Panoramastraße führt von Olbia entlang der Küste nach Golfo Aranci. Unterwegs passiert man neben Olbias beliebtem Stadtstrand Pittulongu weitere bildschöne **Badestrände** wie Cala Banana, Spiaggia Bianca oder Cala Sassari, zu denen jeweils kurze Stichstraßen – meist holprige Staubpisten – hinabführen.

Seitdem im Zusammenhang mit dem Bau der Eisenbahnlinie 1882 ein Hafen angelegt und 1960 die Kais für die Fährschiffe der Staatseisenbahn *Ferrovie dello Stato* (FS) errichtet wurden, entwickelte sich das winzige Fischernest zum **stark frequentierten Hafenort.** Entlang der Hauptstraße entstanden Bars, Cafés, Souvenirläden, Restaurants, Supermärkte und manches mehr, was jedoch praktisch ausschließlich zur Versorgung der ankommenden und abfahrenden Fährpassagiere diente. So belebte sich der 2000-Seelen-Ort im Rhythmus der an- bzw. ablegenden Autofähren. Jede ankommende Blechlawine verstopfte für eine halbe Stunde die Straßen. Danach erstarb das Leben weitgehend wieder. Nun ist man mit der Anlage einer Uferpromenade, eines kleinen romantischen Fischerhafens, der Eröffnung einladender Hotelanlagen und Ferienhäuser und Ähnlichem erfolgreich bemüht, das bislang wenig charmante Erscheinungsbild und unattraktive Hafenimage abzustreifen und Gäste länger am Ort zu halten.

Längst gelungen ist dies rings um den **Golfo di Marinella,** nur wenige Kilometer entfernt. Dort bestimmen Hotels, Feriendörfer, Marinas und mehr mitsamt einer umfassenden touristischen Infrastruktur längst das Bild. Optisch dominiert hier der enorme Hotelkomplex Abi d'Oru die Bilderbuchbucht mit ihrem breiten weißen Sandstrand.

Einzige Sehenswürdigkeit von Golfo Aranci ist das etwa 300 Meter südöstlich des Bahnhofs liegende **Pozzo Sacro Milis.** Das aus dem 2. Jh. v. Chr. stammende nuraghische Brunnenheiligtum ist fast zehn Meter tief und unerschlossen.

Information

- **Centro Servizi,** Via Libertà 131, 07020 Golfo Aranci, kostenloses Info-Tel. 800-23 60 14, Fax (0789) 61 41 63, Web: www.centroservizi-sardegna.com; bietet alle touristischen Dienstleistungen und Service von Unterkunft, Exkursionen und Führungen bis zum Babysitter.

Strände

- Direkt am Ort findet man die gut ausgestatteten **Prima Spiaggia** und **Terza Spiaggia.**

An der Spitze des als Naturreservat ausgewiesenen Capo Figari liegen die einsame **Cala Moresca** (ausgeschildert) und die **Cala Greca,** zu der vom Fährhafen eine ca. 1,5 km lange Piste führt. Entlang der Küstenstraße Richtung Olbia liegen mehrere schöne, sanft geschwungene und bislang kaum erschlossene Sandstrände, in deren Umfeld jedoch neue Bungalowsiedlungen den Kern zu neuen Urlaubsorten legen: zunächst **Spiaggia S'Abba de Sa Pedra,** dann **Spiaggia Bianca, Cala Sassari, Cala Banana** und **Spiaggia Bados.**

Unterkunft/ Essen und Trinken

- **Hotel Margherita****,** Via Libertà 91, Tel. 46 912, Fax 46 851, Web: www.hotelmargherita.com. Gepflegtes Haus mit angenehmer Atmosphäre, 24 Zimmer; 400 Meter vom Fährhafen direkt am Strand; Schöner Pool mit Meerblick (NS 121–176 €, HS 163–239 €).
- **Hotel Gabbiano Azzurro***,** Via dei Gabbiani, Tel. (0789) 46 929, Fax 61 50 56. Moderner Hotelkomplex auf den Klippen über der Spiaggia Terza mit fantastischem Blick auf den Golf (NS 155 €, HS 240 €).
- **Hotel King's**,** Via Libertà 233, Tel. (0789) 46 075, Fax 46 400, Web: www.kingshotel.it. Netter Familienbetrieb in eher schmucklosem Gebäude, dafür sehr preiswert (NS 55–60 €, HS 75–90 €).
- **Albergo La Lampara**,** Via Magellano 3, Tel. (0789) 61 51 40, Web: www.albergolampara.it. Charmante kleine Herberge mit zehn Zimmern (NS 62–70 €, HS 70–105 €, Frühstück 5 €).
- **Ristorante Manzoni,** Via dei Caduti 14, Tel. 46 859. Kleines, schlicht eingerichtetes Restaurant beim Fischerhafen, in der die Familie *Manzoni* beste Küche auf Basis frischester Fische und Meeresfrüchte bietet. Der Gastraum ist klein, deshalb besser vorbestellen!

Verkehrsverbindungen

- **Zug:** Stazione FS, Tel. 46 910, nahe Fährhafen, 6 x tägl. nach Olbia und von dort weiter (s. Kap. Olbia).
- **Bus:** ARST-Busse ab Fährhafen 8 x tägl. nach Olbia und von dort weiter (s. Kap. Olbia); in der Saison auch tägl. mehrmals Palau, Tempio, Santa Teresa di Gallura, Siniscola, Nuoro und 2 x tägl. Sassari. Die Abfahrt der Busse ist auf die Ankunft der Fähren abgestimmt.
- **Fähren:** Sardinia Ferries: Tel. 46 780 (nach Livorno und Civitavecchia), FdS: Tel. 46 910 (nach Civitavecchia); Tirrenia: Tel. 20 71 00 (nach Fiumicino).

Porto Rotondo

Auf der weit vorspringenden Landzunge, die den Golfo di Marinella nordwestlich begrenzt, liegt das 1967 von den venezianischen Adelsbrüdern *Luigi* und *Niccolo delle Rose* aus der Taufe gehobene Porto Rotondo. In Nachahmung und Anlehnung an das benachbarte Porto Cervo an der Costa Smeralda ist diese schicke, wenn nicht luxuriöse Villensiedlung mit dem großen eindrucksvollen Jachthafen und den noch eindrucksvolleren Jachten darin ein im Sommer trubeliger Amüsiertreff der feinen italienischen Gesellschaft und dem sie begleitenden Hofstaat. Um all diese Schönheiten zu bestaunen und an einem der netten

DIE HALBINSEL VON GOLFO ARANCI

Plätze wie dem zentralen **Piazzetta San Marco** einen Espresso zu nehmen, lohnt sich ein kleiner Bummel durch den mondänen Ferienort.

Für motorisierte Besucher ist jedoch am Ortseingang Schluss. Vom großen Parkplatz führt ein kurzer Fußmarsch hinunter zum Hafen. Von Porto Rotondo verläuft eine Straße weiter hinaus bis zur **Punta del Volpe,** von wo man einen umwerfend schönen Blick hat. An der Strecke liegen mehrere Buchten und Strände, darunter die **Spiaggia Ira.**

Westlich von Porto Rotondo schneidet der geschützte **Golfo di Cugnana** tief ins Land. Hinter **Marina di Portisco** am nördlichen Buchtende beginnt die legendäre Costa Smeralda.

Aktivitäten

- **Ira Diving Club,** Loc. Punta Asfodeli, Via S. Simplicio 15, Tel (0789) 20 60 70, Web: www.iradivingclub.com.

Strände

- **Spiaggia Marinella** am Scheitel des Golfo di Marinella. Der belebte, sehr breite Sandstrand ist komplett mit Bars und Spiel- und Spaßmöglichkeiten eingerichtet. Einen guten Teil nimmt der Hotelkomplex Abi D'Oru ein.
- **Spiaggia Ira,** Porto Rotondo. Nach *Ira von Fürstenberg* benannter kleiner Strand in der Nachbarbucht westlich vom Jachthafen.

Unterkunft

- **Hotel Sporting*******, Tel. (0789) 34 005, Fax 34 383, Web: www.sportingportorotondo.it. Exquisite Anlage auf einer kleinen Landzunge zwischen Jachthafen und Meer. 30 Wohngelegenheiten in ausgesuchtem Ambiente, umgeben von parkartigem Garten

und mit kleinem, feinem Strand. Exzellentes Restaurant, Meerwasserpool und andere kleine Kitzel für die anvisierte Klientel (NS 242–759 €, HS 704–1221 €).
- **Hotel San Marco****, Piazzetta San Marco, Tel. (0789) 34 110, Fax 34 108. Exklusives Hotel direkt an der zentralen Piazetta San Marco wenige Schritte vom Jachthafen. Alles, vom Ambiente über Service bis zur Atmosphäre und den Preisen, *superiore*. Paradiesischer Garten, Pool mit Wasserfall, tolle Dachterrasse (NS 140–260 €, HS 200–420 €).
- **Agriturismo Monti Tundu,** Loc. Casagliana, SS 125 km 327,5, Tel. (0789) 61 30 72, Web: www.montitundu.com; ca. 10 km nördlich von Olbia Richtung Arzachena und Palau. Bildschön gestaltetes Anwesen im alten *stazzu gallurese* inmitten der paradiesischen Natur mit herrlichster Aussicht hinab ins Tal. Bei *Gianni Spolittu* gibt es neben 10 Zimmern von schlichter, aber stilsicherer Eleganz auch beste Gallurakü̈che (DZ 55 €, 3-Bettzimmer 75 €, 4-Bettzimmer 90 €, in der HS nur mit Halbpension).
- **B&B Lu Aldareddu,** Loc. Plebi, SS 125 bei km 327,9 links, Tel. 333-22 49 389, Web: www.lualdareddu.com; 4 Zimmer in ausnehmend geschmackvoll ausgestattetem alten *stazzo* mit charmanter, feinsinniger Gastgeberin *Rita* in herrlich ruhiger grüner Lage, geöffnet Mai bis Sept. (75–100 €).

Camping

- **Camping Cugnana***,** Loc. Cugnana, Tel. (0789) 331 84, Fax 333 98, Web: www.campingcugnana.it, geöffnet 1.5.–30.9. Einziger Campingplatz weit und breit. Ebenes, von Bäumen beschattetes Gelände mit umfangreicher Ausstattung. Der Platz entwickelt sich mit festen Mietbungalows immer mehr zum *villagio*. Auf dem Platz selbst gibt es einen riesigen Swimmingpool, ganz in der Nähe mehrere zu Fuß oder mit dem kostenlosen Minibus-Shuttle des Platzes erreichbare schöne Badebuchten. In der Saison Busse nach Olbia, Porto Cervo und Porto Rotondo.

Costa Smeralda   ♪ V/C2

Die Costa Smeralda, die „Smaragdküste", zwischen dem Golf von Cugnana und dem Golf von Arzachena ist nur ein winziger Zipfel der Insel, ganze 5000 Hektar von insgesamt 24.089 Quadratkilometer groß und nur 55 Kilometer von 1850 Kilometern Küste lang. In geographischer Hinsicht ist sie also verschwindend klein, für die Entwicklung Sardiniens jedoch von herausragender Bedeutung.

Die Entwicklungsgeschichte der Smaragdküste

Entdeckung und Erschließung

Noch 1960 fand sich dort, wo sich wenige Jahre später Königshäuser, Popstars und andere moderne Märchenwesen dieser Welt zum Stelldichein trafen, nichts außer Natur zwischen den aufragenden Granitbergen der Gallura und dem kristallklaren, von smaragdgrün bis azurblau schimmernden Meer, an dessen verlassenen Küsten sich zahllose sanft geschwungene Buchten ins Land drängten.

Dieses unberührte Paradies entdeckte der legendäre Multimilliardär und religiöses Oberhaupt aller Ismaeliten dieser Welt, der damals 20-jährige **Karim Aga Khan,** während einer Kreuzfahrt und verlor sein Herz an diese jungfräuliche Schönheit. So will

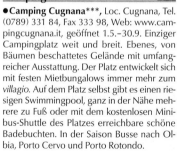

Strand mit allem Komfort an der Costa Smeralda

es wenigstens die Schöpfungslegende der Costa Smeralda. Weniger romantisch liest sich die Wahrheit. 1958 traf sich *Aga Khan* mit einer Gruppe von Bankiers, Pressebaronen und Geschäftsleuten in London, um die Gründung einer Zeitungsverlagsgruppe in Ostafrika zu organisieren. Anlässlich eines Essens, bei dem einer der Anwesenden von Sardinien erzählte, beschloss man den gemeinschaftlichen Erwerb von Land auf dieser vergessenen Insel. Mit dabei waren neben *Aga Khan* u.a. der milliardenschwere irische Bierbrauer *Patrick Guinness* und der italienische „Mineralwasserkönig" *Mentasi*.

Ihr Plan, die für Pfennigbeträge den Hirten von Arzachena abgekauften 55 Kilometer Traumküste mit ihren 82 Stränden zwischen der Cala Razza di Giunco und der Bucht von Porto Quato, aufzuwerten, führte 1962 zur Gründung des **Consorzio Costa Smeralda,** das mit der Erschließung und Verwaltung der Kunstwelt beauftragt wurde und noch heute über das eingetragene Warenzeichen „Costa Smeralda" wacht. 1962 wurde einigen illustren Architekten (darunter *Luigi Vietti, Antonio Simon* und *Jacques Couëlle*) der Auftag erteilt, für umgerechnet gut 150 Millionen Euro auf 3000 Hektar Luxusherbergen nebst Jachthäfen und einem pittoresken Fischerdorf zu errichten.

Die gestohlene Küste?

So kam, wie geplant und erhofft, alles, was in der Welt Rang und Namen hatte, an das Stück die Gallurküste im Norden Sardiniens. Ob *Mick Jagger* oder englisches Königshaus, ob Fiat-Chef *Agnelli* oder Medienzar *Berlusconi*, alle zelebrierten an der Costa Smeralda das luxuriöse *dolce far niente*.

Bald sprachen Gegner des *consorzio* und geneppte Sarden von der **„costa rubata",** der „gestohlenen Küste", von „modernem Kolonialismus" und von „Ausverkauf der Heimat". Befürworter argumentierten dagegen, der Prinz habe mit dem Projekt Arbeit und Wohlstand und damit den Fortschritt auf die Insel gebracht.

Beides stimmt. Die Costa Smeralda hat in etwa so viel mit Sardinien und den Traditionen seiner Bewohner zu tun wie Disneyland France mit Paris und der Kultur der Franzosen. Andererseits brachte die Ankunft der Luxusgäste, für die das *consorzio* eigens die Fluggesellschaft Alisarda gründete und den Airport Olbia-Costa Smeralda baute, den Tourismus nach Sardinien. Dazu wurde der an der Smaragdküste neu kreierte so genannte **„neosardische" Baustil,** der eigentlich gar keiner ist, sondern nur Stilelemente der unterschiedlichsten Mittelmeerkulturen gefällig vereint, zum architektonischen Leitfaden der weiteren Erschließung Sardiniens.

Ökodorf für Multimillionäre

Dem Konsortium an der Costa Smeralda ist es weitgehend gelungen, die Sünden des modernen Tourismus mit ihrer Betonierung der Landschaft und Verschmutzung der Umwelt zu verhindern. Unter den wachsamen Augen des allmächtigen Konsortiums, ohne dessen Einverständnis kein Baum gefällt und kein Haus gebaut werden darf, enstand eine **bis ins winzigste Detail reglementierte Kunstwelt** mit der damals teuersten Kläranlage der Welt. Gebaut werden durfte ausschließlich mit einheimischen Materialien. Kein Gebäude durfte die Wipfel der Bäume überragen, keine TV-Antenne sichtbar sein. Auch wollte man das Gebiet nicht zu einem Milliardärsghetto mit Stacheldraht, Sheriffs und scharfen Hunden machen. Die Costa Smeralda ist im Prinzip für jedermann offen und zugänglich. Natürlich dürfen Privatgrundstücke nicht betreten werden, und wo *Berlusconi*, Olivetti-Boss *Benedetti* oder Formel-1-Playboy *Briatore* wohnen, ist auch mit sehr breitschultrigen Herren zu rechnen. Ansonsten stellt an der Costa Smeralda ganz schlicht das Geld die unsichtbare Mauer dar.

Verbot für Wohnmobile

An der Costa Smeralda sind alle innerörtlichen Straßen für Wohnwagen und -mobile gesperrt. Die Durchgangsstraßen sowie die Stichstraßen zum Meer sind aber frei passierbar.

Die Smaragdküste heute

1995, als sich der nun 59-jährige *Aga Khan* von seiner Begum *Salima* trennen musste, verabschiedete er sich auch von der Smaragdküste. 51 Prozent der Costa Smeralda gingen in den Besitz der amerikanischen Hotelkette Sheraton über, die die Luxushotels unter dem Signet „The Luxury Collection" vermarktete und teilweise in die Kataloge der Pauschalreiseanbieter brachte. Der Spagat zwischen distinguiertem Hyperluxus und Vermarktung zur reinen Gewinnmaximierung gelang nicht. Mit *Aga Khan* verabschiedete sich auch mehr und mehr die internationale Geldaristokratie. Im Juli 2003 wechselte die piekfeine „Luxuskollektion" erneut den Besitzer. Heute hat die amerikanische „Colony Capital", die „Starwood Hotels and Resorts Worldwide" betreibt, das Sagen über die sechs Luxushotels und die dazugehörige Infrastruktur.

Auch wenn die Smaragdküste nicht mehr die Traumkulisse der 1970er und 80er Jahre ist, als das Hotel Cala di Volpe James-Bond-Kulisse war, das englische Königshaus im Hotel Pitrizza abstieg und die Beatles einflogen – die Küste ist immer noch das **teuerste Pflaster Sardiniens.** Immerhin, so hört man, plant der langjährige Model-Erforscher und Rennstallbesitzer *Briatore,* der an der Costa den Club mit dem sinnfälligen Namen „Billionaire" betreibt, seine Gäste zukünftig mit der gleichnamigen privaten Fluglinie an Ort und Stelle zu schaffen.

Der „normale" Sardinienurlauber wird es auch bis auf weiteres dabei belassen müssen, ehrfurchtsvoll die kolossalen Jachten samt Hubschrauber und Hostessen im Hafen von Porto Cervo und die Auslagen von Armani, Versace oder Dior zu bewundern und im Il Portico an der Piazzetta von Porto Cervo den teuersten Espresso seines Lebens zu nehmen.

Obwohl vom *consorzio* ungern gelitten, wird heutzutage die gesamte Küste zwischen Olbia und Palau als „Costa Smeralda" bezeichnet. Zwar liegen die schicken Ferienorte Porto Rotondo im Süden oder Baia Sardinia im Norden bereits außerhalb des Konsortiumsbesitzes und sind also nicht mehr offiziell „Smaragdküste" – viel preiswerter sind sie deshalb aber nicht.

Praktische Tipps zur Costa Smeralda

Post und Telefon

- **Vorwahl:** 0789
- **PLZ:** 07020

Information

- **Consorzio Costa Smeralda,** Piazzetta del Cervo, Casa 1/a, Porto Cervo, Tel. 93 50 00, Fax 93 51 00, Web: www.consorziocostasmeralda.com. Büro der Verwaltung, die von der Müllabfuhr bis zum Hauskauf für alles an der Costa Smeralda zuständig ist.

Strände

Alle Strände sind **für jedermann zugänglich.** Von der Hauptstraße gehen kleine Straßen oder Staubpisten zu ihnen ab, oft muss man auch einen kleinen Fußmarsch einkalkulieren, einige sind sogar nur mit dem Boot zu erreichen (Boote starten im Hafen von Porto Cervo).

- **Cala Liscia Ruia:** mit 600 Metern längster und einer der schönsten Strände der Costa Smeralda. Zwischen Portisco und Halbinsel Capriccioli; kurz nach der Abzweigung von der SS 125 Richtung Capriccioli rechts abbiegen. 2 km Schotterpiste führen zum felsumrahmten Traumstrand. Keine Einrichtungen.
- **Cala di Volpe:** zartrosa schimmernder Sandstrand, nahebei das gleichnamige Luxushotel (vor der Halbinsel von Capriccioli).
- **Spiaggia La Celva und Nachbarstrände:** sanft geschwungene Traumbuchten mit breitem, feinsten Sandstrand; gegenüber der Cala Liscia Ruia am südlichen Ende der Halbinsel Capriccioli.
- **Cala del Principe:** romantische Bucht mit breitem Sandstrand zwischen Felsklippen; 300 m vor Capriccioli links Richtung Romazzino abbiegen. Nach 1,5 km rechts. An der Schranke parken und zu Fuß weiter. Nach ca. 250 m rechts den kleinen Weg nehmen, nach weiteren 350 m ist man am Strand.

Cala di Volpe

Von Portisco nach Norden Richtung Porto Cervo führt die Küstenstraße durch unverbaute Natur. Wie Perlen auf einer Schnur reihen sich von rötlichen Trachytfelsen eingerahmte kleine Badebuchten aneinander, zu denen Staubpisten von der Straße abführen.

Einer gestrandeten Mondsichel gleich liegt das **Luxushotel Cala di Volpe** in der gleichnamigen Bucht, mit einem zartrosa schimmernden Strand unbestritten eines der schönsten Gestade der Smaragdküste. Die Edelherberge darf sich in mehrfacher Hinsicht als Wiege der Costa Smeralda rühmen. Es war die erste Anlage, die *Aga Khan* an der menschenleeren Küste errichten ließ, diente allen weiteren Bauwerken als Vorbild und ist damit die Urmutter des so genannten „neosardischen Baustils". Architekt war *Jacques Couëlle*, damals einer der berühmtesten Baumeister der Welt. „Eine Architektur, die aus der Erde kommt", lautete sein Prinzip, dessen Umsetzung – das barbaricinische Bergdorf Oliena stand Pate – ihm exzellent gelang. Mit Türmen, Bögen und verschachtelten

Mauern wirkt das ocker- und karminfarbene Anwesen wie die mittelalterliche Burg eines sardischen Edelmanns.

Unterkunft

Hotels zum Bestaunen
● **Hotel Cala di Volpe*****, Loc. Cala di Volpe, Porto Cervo, Tel. 97 61 11, Fax 97 66 17. Berühmtestes Hotel der Costa. In dezent wertvollem Understatement gehaltener Komplex im Stil eines mittelalterlichen Schlosses. In der Hochsaison zahlt man für die ausnehmend schönen Zimmer Fantasiepreise (NS 900–2200 €, HS 1900–2500 € pro Tag).
● **Hotel Romazzino*****, Loc. Romazzino, Porto Cervo, Tel. 97 71 11, Fax 97 76 14. Die Zweite im Bunde der drei legendären Costa-Grazien. Burgähnliche Nobelherberge in einzigartiger Parkanlage an der Spitze einer Landzunge auf der Halbinsel von Capriccioli (NS 900–3400 €, HS 2000–4500 €).

Hotels zum Übernachten
● **Hotel Nibaru****, Loc. Cala di Volpe, Porto Cervo, Tel. 96 038, Fax 964 74, Web: www.hotelnibaru.it. Verspielte, stilvoll angelegte und ausgestattete sienafarbene Anlage. Für die Lage und Service vergleichsweise günstig (NS 106–140 €, HS 160–230 €).
● **Hotel Piccolo Golf***, Loc. Cala di Volpe, Tel. 965 20, Fax 96 565, Web: www.ilpiccologolf.com. Kleines, charmantes Komforthotel mit 17 stilvollen Zimmern und sehr freundlichem Service, das Ganze eingebettet in parkartigen Garten. Ohne Restaurant (NS 73–132 €, HS 120–233 €).
● **Villa Sopravento**, Loc. Sottovento, Tel. 94 717, Fax 90 73 80. Für die Costa fast eine „Billigabsteige" (NS 60–90 €, HS 90–150 €).

Porto Cervo

Vorbei am Pevero Golf Club, natürlich eines der schönsten Greens der Welt, führt die Straße nach Porto Cervo. Das vom italienischen Stararchitekten *Luigi Vietti* geschaffene **„städtische" Zentrum der Smaragdküste** erstreckt sich malerisch an den Hängen um eine tiefe Bucht. Es wirkt fast wie ein gewachsenes Fischerdorf, nur dass in den Läden nicht frischer Fisch und Gemüse, sondern Mode von *Biagiotti* und *Versace* auf betuchte Kundschaft wartet. Zwischen zierlichen Rundbögen und weißen, pastell- und sienafarbenen, grob verputzten Häusern mit schiefen Dächern verstecken sich kleine Plätze und schlängeln sich granitgepflasterte Gassen, über deren Mäuerchen Ginster quillt und Bougainvilleen ranken.

Porto Cervo ist **autofreie Zone.** Von den großen Stellflächen (für Wohnmobile verboten) am alten Hafen, der auch als Ausgangspunkt für Boote zu den umliegenden Badebuchten dient, führt eine Holzbrücke über einen schmalen Meeresarm zur zentralen Piazza mit schönen Cafés und Restaurants. In der Marina eine Bucht neben dem alten Hafen dümpelt eng an eng eine Armada von Luxusjachten.

Oberhalb fügt sich die von *Michele Busiri Vici* erbaute **Kirche Santa Maria di Stella Maris** harmonisch in die Landschaft. Das ganz im organischen Smeraldastil modellierte, schneeweiß leuchtende Kirchlein birgt in seinem eher schlichten, aber wirkungsvollen Inneren einige besonders erlesene Kostbarkeiten. Die wertvolle Orgel aus dem 16. Jahrhundert stammt aus Neapel, das mittelalterliche Kruzifix aus Deutschland, als Weihwasserbecken dient eine Riesenmuschel aus Polynesien. Größte Kostbarkeit ist die (schwer gesicherte) „Madonna Dolorosa" von *El Greco*. Das unbezahlbare

Porto Cervo mit der Kirche Stella Maris

Kunstwerk ist eine kleine Aufmerksamkeit des Hauses *Thyssen* als Dankeschön für die Genesung eines erkrankten Familienmitgliedes.

- **Gottesdienste:** 15.5.–15.9. Sa 18, 19 und 20 Uhr, So 11, 18, 19 und 20 Uhr, sonst nur Sa 18 Uhr, So 11 und 18 Uhr, Info *Don Raimondo Satta*, Tel. 92 001.

Essen und Trinken

- **Ristorante Il Pomodoro,** Piazza Cervo, Porto Cervo, Tel. 92 207. Nicht nur dank seiner für diesen Küstenstrich gemäßigten Preise ist die „Tomate" ein kulinarischer Tipp.
- **Ristorante Gianni Pedrinelli,** Loc. Piccolo Pevero, Tel. 92 436. Wer zur Costa-Szene zählen möchte, der reserviere einen Tisch bei *Gianni*. Frische „einfache Küche" im schlichten weißen Ambiente.

Nachtleben

- **Il Portico,** Piazetta in Porto Cervo, Tel. 35 898. Cocktailbar und *stazione chic* im arabisch-marokkanischen Stil mit illuminierten Wasserspielen.
- **Billionaire,** Loc. Golfo Pevero, Tel. 94 192, geöffnet 22–4 Uhr. Das Etablissement gehört dem Formel-1-Manager *Flavio Briatore*, das handverlesene Publikum ist entsprechend hochkarätig (Eintritt: 200 €).
- **Sopravento Club/Sottovento Club,** Sottovento Tel. 92 443, Sopravento Tel. 94717. Die Kultclubs an der Costa! Berühmte, sich direkt gegenüber liegende Discos an der Straße nach Porto Cervo. In beiden trifft man, so man es an der strengen Gesichtskontrolle vorbei schafft, viele VIPs, Promis und willige Sternchen. Sopravento ist ganzjährig geöffnet (Eintritt ca. 30 €).

- **Mantra Sky Club,** Loc. La Dugna, Tel. 32 852, Web: www.mantraclub.it. Zwischen Golfo di Marinella und Porto Rotondo liegt der ultimative Treff der Techno- und House-Szene, in dem auch schon mal Fiat-Erbe *Luca Agnelli* auflegt. Veranstaltet auch Open-air-Partys.

Aktivitäten

- **Pevero Golf Club,** Tel. 96 072. 18-Lochplatz auf der Halbinsel Capriccioli mit fantastischem Meeresblick. Für jedermann offen. Rundkurs ab 50 €.
- **Cervo Tennis Club,** Tel. 93 16 12. Sieben Plätze, davon fünf mit Flutlicht, zum Hotel Cervo gehörend.
- **Exkursionen:** Gallura Explorer, Loc. Abbiadori, Tel. (03489) 29 11 29, Web: www.galluraexplorer.it/ (Jeep- und Mountainbike-Exkursionen).
- **Bootsausflüge/Bootsverleih/Angeln:** Marinasarda, Anleger am Strand, Tel. 92 475. Badeboote zu den kleinen vorgelagerten Inselchen und einsamen Stränden, an denen FKK gepflegt wird. Proviant nicht vergessen!

Notfälle

- Medizinische Versorgung beim **Servizi Medici Costa Smeralda,** Via Porto Vecchio, Tel. 945 77.

Unterkunft

- **Hotel Balocco****,** Tel. 915 55, Fax 915 10, Web: www.hotelbalocco.it. In tropischen Garten eingebettetes reizvolles Hotel mit zwei Pools und herrlichem Blick über Porto Cervo und die Bucht, ohne Restaurant (NS 130–160 €, HS 180–368 €).
- **Hotel Piccolo Pevero***,** Loc. Golfo Pevero, Tel. 945 51, Fax 926 83, Web: www.piccolopevero.it. Gepflegtes, für die Lage preiswertes Haus im Stazzo-Stil nur wenige Schritte vom gleichnamigen Bilderbuchsandstrand (NS 67–82 €, HS 93–145 €).

Verkehrsverbindungen

- **ARST-Busse** fahren mehrmals tägl. nach Arzachena, Baia Sardinia, Cannigione u. Olbia.
- **Taxi,** Tel. 92 250.

Liscia di Vacca

Der Nachbarort Liscia di Vacca, ganz im Norden der eigentlichen Costa Smeralda, erweist sich als **kleines Dorf** mit Jachthafen, das mit dem Pitrizza über eines der exklusivsten und teuersten Hotel Sardiniens verfügt sowie mit der als Nuraghen-Ruine gestalteten Diskothek Ritual über die heißeste Adresse im ohnehin illustren Costa-Nightlife. Westlich von Liscia di Vacca endet das schillernde, mondäne Reich des *Consorzio Costa Smeralda*.

Essen und Trinken

- **Rosemary's,** Tel. 91 185, von der Irin *Susanne Aymé* (der ersten Frau, die auf Sardinien eine Schanklizenz erhielt) betriebenes Restaurant mit „Multikulti-Küche" und heimischen Zutaten. Sehr schöne Terrasse. Für den Schicki-Ort angenehm normale Besucher und gelassene Stimmung.

Unterkunft

- **Hotel Pitrizza*****,** Loc. Liscia di Vacca, Tel. 93 01 11, Fax 93 06 11. Sechs traumhafte Villen ducken sich zwischen Fels, Strand und Blumenkaskaden, in denen gerne auch mal die englische Königin oder der Herrscher von Brunei samt Hofstaat absteigt (NS 600–2400 €, HS 2400–3200 €, Frühstück 65 €).

Baia Sardinia

Westlich schließt sich am Golf von Arzachena Baia Sardinia an, ein vom Konkurrenzunternehmen *Consorzio Baia Sardinia* errichteter **beliebter Ferienort** mit zahlreichen Herbergen und Quartieren der oberen Kategorie. Im Sommer versinkt er in einer Blechlawine, und der 200 Meter kurze Strand verschwindet unter Sonnenschirmen und Badegästen. Wer sich in mediterranem Trubel wohl fühlt und zum gelungenen Urlaub den nächtlichen Diskogang zählt, ist hier richtig. Am Ortseingang liegt, gut getarnt oberhalb der Straße, die im bizarren Ruinenstil gehaltene Costa-Kultdisco Ritual.

Essen und Trinken

- **La Vecchia Costa**, Loc. La Punga, Tel. (0789) 98 688; äußerlich eher unscheinbar, dafür aber in Sachen Preis-Leistung sicher die beste Adresse in der Gegend und deshalb immer voll. Hier mischt sich Costa-Chic mit Campern und Einheimischen. Abends rechtzeitig kommen, denn trotz weitläufiger Räumlichkeiten und Freiterrassen sind die Tische immer schnell belegt. Von Pizza und Spaghettiteller bis zum Mehrgänge-Schlemmermenü ist alles problemlos zu haben – und alles einfach richtig gut! Ganzjährig tägl. geöffnet.

Nachtleben

- **Ritual**, Loc. la Crucitta, Tel. 99 032. Traditionsreiche Kultdisco im Ruinenstil am Ortseingang oberhalb der Straße. Die Disco selbst ist in einer Naturhöhle und in aus dem Fels gesprengten Grotten untergebracht, in denen in sich der Saison die Nachtschwärmer der Costa ihr Stelldichein geben. Ab 22.30 Uhr Einlasskontrolle.

Aktivitäten

- **Aquadream**, Tel. 99 511, geöffnet 11.6.–11.9. tägl. 10–19 Uhr, Erwachsene 18 €, Kinder 12 €. Sehr weitläufiges Spaßbad mit Riesenwasserrutschen, Hüpfwiesen und derlei Attraktionen mehr.
- **Gokart**, Pista dei Campioni, an der Straße Richtung Arzachena, Tel. 98 999. Schön angelegte Kart-Bahn.

Unterkunft

- **Hotel La Bisaccia****, Tel. 99 002, Fax 99 162, Web: www.bajahotels.it. Schöne Anlage mit zehn Villen und Haupthaus in Hanglage (NS 170–340 €, HS 230–414 €).
- **Hotel delle Vigne***/Rena Bianca****, Via Mucchi Bianci, Tel. 95 00 60, Fax 95 00 63, Web: www.renabianca.com. Unspektakuläres und äußerlich schlichtes, aber preislich günstiges Familienhotel (NS 50–100 €, HS 106–150 €).
- **Hotel La Jacia**, Tel. 99 810, Fax 99 803, Web: www.hotellajacia.it. Charmant verschachtelt angelegte Bungalowanlage mit verblüffend günstigen Preisen. Halle, Bar, Restaurant und Pool im Zentrum, die kleinen, ansprechend stilvoll eingerichteten Bungalows drumrum im Grünen. Das nah gelegene Aquadream ist für Gäste kostenlos (NS 48–55 €, HS 68–95 €).
- **B&B La Murichessa**, Loc. Vaddimala, Tel. 347-14 96 421, Web: www.lamurichessa.it. Stille, Schönheit, Charme. Mit viel Fantasie und Geschmack gestaltetes Anwesen auf einem Hügel im Hinterland der Costa. Der Charme der Besitzerin, Frau *Annalisa Dal Forno*, spiegelt sich in den Zimmern wider. 2 km zum Strand Cala dei Ginepri. Anfahrt: kurz vor Arzachena gleich nach der Gärtnerei Sgaravatti und dem Restaurant La Vecchia Costa links kleine Straße zwischen zwei Holzhändlern (DZ 50–90 €, superiore 60–105 €, 3-Bettzi. 70–125 €, ganzjährig geöffnet).

Das Hinterland der Costa Smeralda ♫ V/C2

San Pantaleo

Das Bergdorf San Pantaleo liegt nur wenige Kilometer von der feinen Küste entfernt inmitten einer **grandiosen Landschaft** aus Granitbergen und skurril verwitterten Tafoni-Felsen, die zum Schönsten gehören, was die Gegend um die Costa Smeralda zu bieten hat. Der Abstecher lohnt! Fährt man von Portisco in Richtung San Pantaleo, erreicht man nach kurzer Fahrt das Pilgerkirchlein **Santa Chiara,** an dem sich schöne Picknickplätze mit Ausblick finden. Knapp 500 Meter weiter biegt links eine einspurige Straße zu den **Fonti San Pantaleo** ab. Folgt man dem Schild, erreicht man nach wenigen Minuten ein unscheinbares Gebäude. Hier kann man für 5 Cent pro Liter das exzellente **San-Pantaleo-Mineralwasser** direkt aus der Quelle in Kanister füllen (tägl. 8.30–12.30 und 15–18 Uhr). Auf Passhöhe wartet neben einer Madonna im Tafonifels ein herrlicher Blick auf San Pantaleo und die Granitzacken der Punta Cugnana. Das freundliche Dorf selbst gruppiert sich um die einladende, autofreie Piazza mit Bäumen, Kirche und Bar.

Unterkunft

- **Hotel Rocce Sarde***,** Loc. Milmeggiu, Tel. (0789) 65 265, Fax 65 268, Web: www.roccesarde.it. Malerische Anlage in 5-Sterne-Alleinlage auf einem Fels in der Gallura-Granitlandschaft mit umwerfender Aussicht auf die Küste (NS 140–180 €, HS 192–270 €).
- **Hotel Sant'Andrea***,** Via Zara 43, Tel. (0785) 65 205, Fax 65 298, Web: www.giagonigroup.com. Einladendes, stilvolles Haus mit nur 14 Zimmern, Pool und ausgezeichnetem Restaurant (NS 90–104 €, HS 128–160 €).

Arzachena

Die geschäftige Kleinstadt Arzachena ist das **Einkaufs- und Verwaltungszentrum** der Costa Smeralda.

Bereits vor dem Ortseingang liegt, von der Küste/Cannigione kommend, links der Straße die **Nuraghe Albucciu.** Ihr gegenüber findet man das Büro der Coop Lithos, die die Eintrittskarten verkauft und alle inzwischen eintrittspflichtigen archäologischen Stätten in und um Arzachena betreut. Die Coop hält eine hilfreiche Karte mit deren genauer Lage bereit.

Neben dem Lithos-Infocenter führt ein Feldweg (Tor wieder verschließen!) zum zwei Kilometer entfernten nuraghischen **Tempietto Malchittu,** einer Kultstätte aus dem 2. Jahrtausend v. Chr. mit ungewöhnlichem elliptischen Grundriss.

Die Hauptstraße weiter bergauf Richtung Zentrum erreicht man die **Piazza Risorgimento** mit der Kirche **Santa Maria della Neve,** dem schmucken Rathaus, einem plätschernden Wasserspiel und netten Straßencafés. Unterwegs weist ein kleines Schild rechts in einer Gasse den Weg zum wenige Minuten entfernten **„Funghi",** einem gigantischen Fels in Pilzform, der zu den eindrucksvollsten Tafoni-Felsen der Gallura gehört. Vom zentralen Platz führt der Corso Garibaldi schnurgerade hinauf zum **Belvedere,** auf dem die freundlich in Pastelltönen ausgemalte Chiesa Santa Lucia thront.

Folgt man der Durchgangstraße weiter Richtung Palau (nach der Piazza Risorgimento geht es nun wieder steil berab), kommt man zum modernen Museumsneubau von Arzachena.

Post und Telefon

- **Vorwahl:** 0789
- **PLZ:** 07021

Information

- **Ufficio Turismo,** Via Firenze 2/Palazzo Municipale, Tel. 84 93 88, Fax 82 049.

Das Hinterland der Costa Smeralda

Karawanserei für Zwei (plus Kids)

Die wohl außergewöhnlichste Unterkunft auf Sardinien und eine der verführerischsten steht in *Veronicas* 14.000 m² großem Privatreich, das sie sich in wunderbar stiller Lage unweit der schillernden Costa Smeralda geschaffen hat. Zwischen malerischen Granitfelsen und urwüchsigen Olivenbäumen erhebt sich majestätisch ein prächtiges marokkanisches Rundzelt, so wie es dort die Stammesführer zu haben pflegen. Mit viel Feinsinn und Gespür fürs Detail hat die Gastgeberin das Himmelszelt mit Holzfußboden, orientalischen Teppichen, Doppelbett etc. in eine entzückende Oase aus 1001 Nacht verwandelt. Zur Luxussuite wird die zauberhafte Unterkunft durch ein geräumiges Bad mit Warmbrause und Spül-WC, eine kleine Küche mit Kühlschrank, ein luftiges Esszimmer und auch ein schattiges Wohnzimmer mit Diwan-Hängematte zur Siesta – das alles à la nature, unter freiem Himmel! Naturfreunden wird das Herz überlaufen! Zikaden zirpen, Vögel zwitschern, der Abendwind säuselt in den Bäumen. Wer fleißige Ameisen nicht scheut und auch mal eine Wanderspinne unbehelligt ihre Wege wandern lassen kann, der kann bei *Veronica* logieren wie Wüstenscheich zum Campingpreis. Übrigens: Das Klima in so einem Wüstenhaus ist besser als im Steinhaus, denn nachts kühlt es angenehm ab. Ideal auch für Familien mit Kindern, denn für diese hält *Veronica* ein extra Kinderzelt bereit.

● **Veronica Rickert,** 07021 Arzachena, Loc. Litarru, Tel. (0789) 81 014, Fax 84 09 26, Web: www.veronicaszelt.de, 450 € pro Woche (Juli/August 550 €) inkl. Bettwäsche, Handtücher und sämtlicher Nebenkosten. Aufgebaut von Ostern bis Anfang Oktober.

● **Centro Informazioni/Coop Lithos,** Parkplatz Nuraghe Albucciu, Mobil-Tel. 335-21 76 849. Hier gibt es Tickets für alle fünf prähistorischen Sehenswürdigkeiten; mit Mengenrabatt: 1 Monument 2,50 €, 2 kosten 4,50 €, 3 gibt's für 6,50 €, 4 für 7 € und alle 5 für 8,50 €. Öffnungszeiten: Malchittu, Albucciu, Coddu Vecchiu tägl. 9–19 Uhr, Li Lolghi u. Li Muri tägl. 10–13 u. 15–19 Uhr.

Essen und Trinken

● **La Vecchia Arzachena,** Corso Garibaldi, Tel. 83 105. Etwas versteckt gelegenes, untouristisches *ristorante,* in dem *Lorenzo Cidda* gute, einfache Gerichte auf den Tisch bringt.
● **Locanda Luigi & Flavio** (s. Info-Kasten).

Museum

● **Museo di Scienze della Terra e dell'Uomo,** Via Mozart 1, Tel. 84 01 06. Mo–Sa 9–13 Uhr). Heimatmuseum, das vor allem Ur- und Frühgeschichte zu den Großsteingräbern und prähistorischen Funden aus der Umgebung zeigt.

Unterkunft

● **Hotel Albatros***,** Viale Costa Smeralda 28, Tel. 83 333, Fax 84 00 64, Web: www.albatrosclubhotel.com. Stilvolles Hotel der gehobenen Mittelklasse (NS 69–110 €, HS 120–200 €).
● **Hotel Casa Mia***,** Viale Costa Smeralda, Tel. 82 790, Fax 83 291, Web: www.hotelcasamia.it. Äußerlich eher schlichtes Hotel am Ortsausgang Richtung Küste; saubere, preisgünstige Zimmer, aufmerksame Betreiber und auch bei den Einheimischen beliebtes, gutes Restaurant (52–140 €).
● **B&B Coddu Ecchiu,** Loc. Coddu Vecchiu, Tel. 339-67 34 935, Web: www.codduecchiu.com. Still gelegener und einladend schön gestalteter und eingerichteter historischer *stazzo* mit drei Zimmern und Garten für max. acht Personen. Zum Meer/nach Cannigione 14 km, nach Arzachena 5 km.

Verkehrsverbindungen

● **FdS-Schmalspurbahn,** vom Kleinbahnhof ca. 1 km nordwestlich des Ortes verkehrt der

Trenino Verde vom 22.6.–11.9. 2 x tägl. auf der Strecke Palau – Tempio; von dort Anschluss nach Sassari, Sorso und Alghero. Kostenloses Info-Tel. 800-46 02 20.
- **ARST,** tägl. zahlreiche Verbindungen nach Olbia/Zentrum, Palau, Santa Teresa di Gallura, Tempio, Costa Smeralda u.a.
- **Turmo-Travel-Busse,** ab Viale Dettori, Juni–Sept. 6 x tägl. nach Olbia/Flughafen, Palau/Hafen und Santa Teresa di Gallura.
- **Taxi,** Piazza Risorgimento, Tel. 829 00.

Prähistorische Monumente um Arzachena

Coddu Vecchiu

Das bedeutendste und schönste der urzeitlichen Relikte von Arzachena ist das Tomba Giganti Coddu Vecchiu. Das vollständig erhaltene **Gigantengrab** aus dem 2. Jahrtausend v. Chr. ziert eine gewaltige Eingangsstele; in dem zehn Meter langen, mit mächtigen Granitplatten bedeckten Grab fand eine ganze Sippe Platz. Am Grab gibt es neben einem Parkplatz mit Picknickgelegenheit und Ticketbüro auch eine kleine Bar unter Bäumen.

- **Anfahrt:** von Arzachena Straße Richtung Sant'Antonio, nach 2,8 km rechts Richtung Luogosanto. Nach zwei weiteren Kilometern links einspurige Teerstraße; geöffnet tägl. 9–19 Uhr.

Li Muri und Li Lolghi

Nicht ganz so gut erhalten, aber auf jeden Fall sehenswert ist das auf einem kleinen Hügel gelegene **Gigantengrab Li Lolghi.** Seine (zerbrochene) Eingangsstele misst 3,75 Meter in der Höhe und ist 2,45 Meter breit, die Decksteine der Grabkammer sind nicht mehr vorhanden.

Locanda di Flavio & Luigi – kulinarische Offenbarung in einsamer Natur

Fährt man am Coddu Vecchiu das Teersträßlein weiter, erreicht man nach kurzer Fahrt erst die in Rekonstruktion befindlichen Nuraghe La Prisciona und kurz danach einen großen Parkplatz unter riesigen Olivenbäumen. Hier beginnt das Reich von *Luigi* und *Flavio*. Die beiden sind eine wahre Offenbarung inmitten der herrlich stillen Galluranatur. Sie betreiben in der ehemaligen, von *Flavio Fabbri* in langjähriger Arbeit bildschön gestalteten ehemaligen Schule eine Locanda, deren Küche zum Besten gehört, was auf Sardinien zu haben ist. Denn hier kocht *Luigi Bergeretto* aus Rom, ein wahrer Magier seines Faches. Wer erlebt, mit welcher Inbrunst er seine erlesenen Zutaten auf der Insel zusammensucht und mit welch leuchtenden Augen er erzählt, was es heute in seiner Küche geben wird, der hat schon eine Vorahnung dessen, was er auf den Teller zaubert. Es werden ausschließlich einheimische Zutaten der besten und frischesten Art verwendet.

Wer sich einmal wirklich etwas Gutes tun oder ganz Besonderes gönnen will, der muss einfach bei Luigi & Flavio einkehren – man wird diese kulinarische Endeckungsreise nie vergessen! Zwei wunderschön und sehr stilvoll eingerichtete Zimmer bieten Unterkunft für all diejenigen, die nach so viel köstlichem Essen und erlesenem Wein einfach bleiben wollen. Im Sommer wird im Garten *Luigis* Erfindung „Mareturismo" angeboten: Für einen Festpreis gibt es im Freien an Tischen und Bänken unter alten Olivenbäumen leckeren Fisch und Meeresfrüchte vom Grill sowie Brot und Wein, so viel man möchte.

- **La Locanda di Flavio & Luigi,** Zona Capichera, Tel. (0789) 80 863. Ganzjährig geöffnet, im Sommer in der auf 40 Personen limitierten Locanda unbedingt voranmelden (Locanda 40–60 €, Mareturismo 30 €).

Einen kleinen Spaziergang entfernt von Li Lolghi liegt eine der seltenen Hinterlassenschaften der im 4. bis. 3. Jahrtausend in der Gallura verbreiteten Arzachena-Kultur (s. auch Kap. „Kultur und Gesellschaft" und „Geschichte"), die **Nekropole Li Muri.** Die von einer Mauer umgebene Grabstätte besteht aus einem Steinkreis, in dem einst der Hirtenkönig aufgebahrt wurde und nach seiner Skelettierung oder auch Verbrennung in ein steinernes Kistengrab gegeben wurde. Kleinere Steinkisten dienten zur Aufbewahrung der Opfergaben.

- **Anfahrt:** von Arzachena der Straße Richtung Luogosanto folgen, nach 4,7 km links in die einspurige Teerstraße; dieser 1,5 km folgen. Aus Richtung Coddu Vecchiu ist das Grab über eine knapp zwei Kilometer lange Staubpiste zu erreichen. Zur Nekropole Li Muri an der Weggabelung ca. 200 Meter nach bzw. vor Li Lolghi den Feldweg bergauf nehmen (am besten zu Fuß!), an zwei Bauernhöfen vorbei.

Zu Gast bei Peter Gabriel

Wer einmal in einem der 22 Zimmer von *Peter Gabriels* (Ex-Frontmann der Rockband Genesis) in 12 ha Land eingebetteten Privathotel Li Capanni logieren möchte, kann versuchen, ein Zimmer zu erhalten. Doch die Chancen sind schlecht, denn meist ist das ganze Anwesen für Privatfeiern wie Hochzeiten etc. gebucht. 2005 war es komplett nur für Privatgesellschaften reserviert.

- **Li Capanni,** Loc. Micalosu, Tel. (0789) 86 041, Fax 86 200, Web: www.licapanni.com (ab ca. 300 € p.P., Wochenpreis für das ganze Hotel ca. 35.000 €).

Golfo di Arzachena ♪ V/C2

Cannigione

Am Westufer des sich fjordartig tief ins Land drängenden Golfo di Arzachena liegt das ehemalige Fischerdorf Cannigione. Vor wenigen Jahren noch ein etwas verschlafener Urlaubsort am Rande der Costa Smeralda, ist Cannigione heute **eine der touristischen Boomtowns** im Norden der Insel. Ganze Siedlungen von neuen, weitläufigen Ferienhausanlagen umringen den alten Ortskern am Hafen. Zu Dutzenden kreisende Baukräne signalisieren, dass der Bauboom ungebrochen ist. So wird aus dem im Winter kaum 2000 Seelen zählenden Cannigione im Sommer eine turbulente Touristenhochburg mit Zehntausenden von Einwohnern. Entsprechend engmaschig und vielgestaltig ist denn auch die touristische Infrastruktur des Ortes: Supermärkte, Restaurants, Banken, Tankstellen, Cafés, es fehlt an nichts. Auch die AAST Arzachena hat ihr Büro nach Cannigione verlegt.

Post und Telefon

- **Vorwahl: 0789**
- **PLZ: 07020**

Informationen

- **AAST,** Via Lungomare Andrea Doria, (Ortsausgang Richtung Palau), Tel./Fax 89 20 19; geöffnet Mo–Fr 9–12 und 15–18 Uhr, in der Saison auch Sa/So.

Essen und Trinken

- **Oasis,** an der Straße nach Baia Sardinia, Tel. 98 808; Restaurant/Pizzeria mit vielen einheimischen Gästen, immer voll und Stimmung, gutes Preis-Leistungsverhältnis.

Aktivitäten

- **Tauchen/Surfen:** La Compagnia dell' Avventura, Camping Isuledda, Tel. 86 253. Tauchschule, Surfen und Wasserski sowie Verleih von Surfbrettern, Kanus und Mountainbikes.
- **Surfen/Segeln:** La Sciumara, am Ortsausgang Richtung Arzachena, Handy 338-39 05 706. Nette Leute, englisch-/deutschsprachig.
- **Tagesausflüge mit dem Motorboot** zu den Inseln des Maddalena-Archipels.

Strände

- **Spiaggia Tanca Manna:** seichte Bucht mit feinem, weißen Sandstrand, im Anschluss an die Isuledda-Landzunge Richtung Palau.

Unterkunft

- **Hotel Stelle Marine****,** Loc. Mannena, Tel. 86 305, Fax 86 332, Web: www.hotelstellemarine.com. Reizvoll verschachtelte Hotelanlage, die sich 300 Meter oberhalb des Strandes Tanca Manna an den Hang schmiegt. Herrlicher Blick auf den Golf, großer Pool, tolle Restaurantterrasse, alle Zimmer mit Meerblick (nur mit HP oder VP buchbar, mit HP NS 140–220 €, HS 280– 350 €).
- **Hotel Micalosu***,** Loc. Micalosu, Tel. 86 326, Fax 86 329, Web: www.hotelmicalosu.it. Architektonisch gelungene neue Anlage im neosardischen Stil, eingebettet in einen großen Park mit ebensolchem Pool (NS 100–140 €, HS 160–220 €).

Camping

- **Centro Vacanze Isuledda****** (2 km nördlich von Cannigione), Tel. 86 003, Fax 86 089, Web: www.isuledda.it, geöffnet 1.4.–15.10. Einer der schönsten Plätze Sardiniens! In malerischer Lage auf einer vom Golf umspülten Felszunge gelegen, bietet er drei Kilometer Strand, entweder als langes Sandband in Puderzuckerqualität oder in Form kleiner, durch Fels unterbrochener Separées. Büsche und Bäume spenden Schatten. Sehr gute Ausstattung. Restaurant, Minimarkt, Disco, kleiner Hafen.

- **Villagio Camping Golfo di Arzachena****** (2 km südlich von Cannigione), Tel./Fax 88 101, Web: www.campingarzachena.com, geöffnet 1.4.–31.10. Mit Eukalyptus bestandener, terrassenförmiger Platz, nicht direkt am Meer. Mini-Markt, Bar, Restaurant, Pool, Disco. 30 schöne Einzimmer-Appartements.

Verkehrsverbindungen

- **ARST-Busse,** tägl. zahlreiche Verbindungen nach Olbia, Palau, Santa Teresa und Tempio.
- **Turmo Travel-Busse,** tägl. nach Palau, Santa Teresa und Olbia/Flughafen.

Palau ⌕ V/C1

Folgt man der Panoramastraße entlang der Küste weiter Richtung Norden, erreicht man den Hafenort Palau. Dieser besitzt keine besonderen Sehenswürdigkeiten, ist aber dennoch **einer der beliebtesten Ferienorte** der Gallura. Der Grund dafür erschließt sich schnell, wenn man vom Capo d'Orso, der Punta Sardegna oder einem anderen Aussichtspunkt einen Blick hinab auf die atemberaubend schöne Kulisse wirft: zerklüftete Küste, weiße Sandstrände und blaues Meer mit den vorgelagerten, zum Nationalpark erklärten Inseln des Maddalena-Archipels. Hier offenbart sich die ganze landschaftliche Schönheit der Gallura. Rings um Palau in alle Richtungen wuchernde neue Ferienanlagen zeigen, dass die Beliebtheit dieses Ortes ständig steigt.

Palau selbst ist vom ständigen **Fährverkehr nach La Maddalena** geprägt. Einen internationalen Touch erhält Palau durch die US-Marinesoldaten und ihre Familien, die auf der kleinen Isola

Santo Stefano stationiert sind. Denn dort liegt, strengstens abgeschirmt und überhaupt top secret, die Heimatbasis der 6. amerikanischen Flotte.

Zwischen dem hektischen Hafen und der riesigen Marina, wo sich Sportjachten zu Hunderten drängeln und die Ausflugsboote im Dutzend zur Nationalpark-Rundfahrt ablegen, liegt ein großer **Parkplatz.** Hier parkt man am besten, wenn man mit dem Fahrrad zu den Inseln Maddalena und Caprera übersetzen will.

Capo d'Orso

Etwa fünf Kilometer östlich von Palau thront auf einem markanten Felskap hoch über dem Meer majestätisch der berühmte Felsenbär. Das „Bärenkap" ist einer der im buchstäblichen wie übertragenen Sinn landschaftlichen Höhepunkte Sardiniens und **Wahrzeichen der Gallura.** Folgt man der Ausschilderung, gelangt man zu einer Gruppe von Häusern unterhalb des Kaps. Am Ende der Sackgasse führt links ein Pfad erst durch Gebüsch, dann über Stock und Stein durch eine Felslandschaft mit fantastischen Steinfiguren bergauf. Schließlich erreicht man den Gipfel mit dem riesigen Bärenfels, von dem aus sich eine umwerfende Panoramasicht über den Archipel von Maddalena und das blaue Meer bis hinüber nach Korsika mit den *falaises,* den berühmten weißen Felsen von Bonifacio, eröffnet.

Punta Sardegna

Nicht minder eindrucksvoll ist der Ausblick von der Punta Sardegna, die sich westlich von Palau weit ins Meer hinaus schiebt. Auf dem höchsten Punkt thront ein wuchtiges Fort, das **Fortezza Monte Altara**. Bis vor kurzem noch militärisches Sperrgebiet, steht die Festung nun jedermann zur Besichtigung offen. Der Weg hinauf lohnt, die Aussicht ist grandios! Und folgt man der Stichstraße nach Porto Rafael, kommt man an sagenhaft schönen **Villen** vorbei. Wer hier hält, darf nicht versäumen, am zentralen Kreisverkehr der Villensiedlung zu parken und die Treppe bis zur Cala Inglese hinabzusteigen. Dort liegt mit dem La Perla Blu ein ausgezeichnetes und von der Aussicht einmaliges Fischrestaurant. Noch umwerfender ist die Lage von La Mitraglietta, der Bar des Hauses, „südseelike" auf einer *terrazze sul mare* zwischen malerischen Granitfelsen und kleinen Strandseparées über dem kristallklaren Wasser. Davor schaukeln die Segeljachten in der sanften Dünung. Romantischer geht es kaum mehr.

● **Fortezza Monte Altara,** Tel. (0789) 81 537, 1.4.–15.10. 9–12 und 15–19 Uhr, Juli/August 9–12 und 16–20 Uhr, sonst nach Anmeldung.

Der Strand am Camping Isuledda

Praktische Tipps Palau

Post und Telefon
● **Vorwahl: 0789**
● **PLZ: 07020**

Information
● **AAST,** Via Nazionale 109, Tel. 70 95 70, Fax 73 66 55; tägl. 8–13 und 16–20 Uhr.

Essen und Trinken
● **Da Franco,** Via Capo d'Orso. 1, Tel. 70 95 58, Web: www.ristorantedafranco.it. Ein Tempel der Kochkunst. Das 1961 eröffnete Restaurant ist eine Institution auf Sardinien. Beste Küche zum gehobenen Preis, wegen des Andrangs in der Saison besser (auch online möglich) vorbestellen und pro Nase ca. mindestens 50 € mitbringen!
● **Trattoria Da Robertino,** Via Nazionale 20 (hinter der Kirche links), Tel. 70 96 10. Einfach und gut, hervorragende Fischgerichte, die Portionen reichlich, der Preis vernünftig. In der Saison unbedingt reservieren!
● **Ristorante La Gritta,** Loc. Porto Faro, 2 km nördlich von Palau, Tel. 70 80 45. Köstliche *antipasti*, Fischspezialitäten, ausgewählte *dolci* und erlesene Weine bei ganz hervorragendem Service.

Aktivitäten
● **Tauchen:** Nautilus, Via Roma 12, Tel./Fax 70 90 58.
● **Segeln:** Vela Mare Club, auf dem Camping Capo d' Orso, Tel. 70 70 02.
● **Reiten:** Cavalieri di Sardegna, Capo d'Orso/Cala di Lepre, Handy 0330-86 27 94.
● **Bootsausflug:** Zahlreiche Boote unternehmen Tagesausflüge zu den Stränden und unbewohnten Eilanden im Maddalena-Archipel.
 M/B Ausonia, tägl. ab 10.15 Uhr zu den Inseln Spargi, Budelli, Santa Maria, Razzoli.
 Elena Tour, Tel. 73 93 07, tägl. 10.45 zu den Inseln La Maddalena, Spargi, Budelli, Santa Maria, Caprera.
● **Bootsverleih:** Zahlreiche Verleiher an der Mole der Marina. Es ist alles zu haben vom kleinen Gummiboot bis zur großen Segeljacht mit Skipper.

Strände

In und um Palau hat man die Wahl zwischen Fels und Sand. Östlich des Jachthafens verläuft ein schmaler Strand, an den sich eine felsige Uferlinie mit darin eingestreuten winzigen Sandmulden anschließt.
- Am westlichen Ortsrand liegt die breite feinsandige **Spiaggia Sciumara**, mit 500 Metern der längste und auch schönste Strand bei Palau.
- Östlich beim Camping **Baia Saraceno** liegen traumhaft schöne Bilderbuchstrände mit eingesprenkelten Tafonifelsen.
- **Spiaggia Le Saline:** Östlich von Palau unterhalb des Capo d'Orso liegen mehrere schöne Sandstrände in der Bucht.
- **Spiaggia Porto Faro:** felsumrahmte kleine Sandbuchten in Porto Faro (2 km nördlich von Palau), seicht ins Wasser abfallend.
- Außerdem gibt es kleine Sand- und Felsbuchten zwischen gewaltigen Granitbrocken an der Kapspitze von **Punta Sardegna**.

Feste

- **1. August: Mostra del Dolce Sardo e dei Vini.** Messe und Markt zu sardischen *dolci* und Wein.

Notfälle

- **Carabinieri,** Via Nazionale, Tel. 70 95 03.
- **Guardia Medica,** Via Galatea, Tel 70 93 96.

Unterkunft

- **Hotel Excelsior Vanna***,** Via Capo d'Orso 100, Tel./Fax 70 95 89. Angenehme Adresse oberhalb der Straße zum Bärenkap, mit himmlischer Sicht bis zur Isola Maddalena (NS 55-70 €, HS 95-120 €, Frühstück 8 €).
- **Hotel La Roccia***,** Via dei Mille 15, Tel. 70 95 28, Fax 70 71 55, Web: www.hotellaroccia.com. Kleineres, neu renoviertes Hotel zwischen imposanten Granitfelsen in zentraler, aber ruhiger Lage 200 Meter vom Hafen; schöne Zimmer von schlichter Eleganz, teils mit großer Terrasse und tollem Blick über die Stadt (NS 75-90 €, HS 95-120 €).
- **Hotel Villagio Altura***,** Porto Rafael, Tel. 70 96 81, Fax 70 96 55, Web: www.hotelaltura.it. Schönes, im neosardischen Stil angelegtes Minidorf mit tollem Pool und Meeresterrasse; umwerfender Ausblick (NS 45-65 €, HS 80-110 €).
- **Hotel Serra**,** Via Nazionale 17, Tel. 70 95 19, Fax 70 97 13. An der Hauptstraße gelegen, daher recht laut, dennoch ausgesprochen beliebt, nicht nur wegen des günstigen Preises (NS 42 €, HS 45 €).

Camping

- **Camping Capo d'Orso***,** Loc. Le Saline, (ca. 6 km östlich des Zentrums), Tel. 70 20 07, Fax 70 20 06, Web: www.capodorso.it, geöffnet 1.5.-30.9. Vom Meer umspülter, terrassierter Platz mit allem Komfort und schönem Strand in traumhafter Lage zu Füßen des Capo d'Orso. Restaurant, Pizzeria, Bar, Mini-Markt, Tennis, Surf-, Segel- und Tauchschule.
- **Camping Baia Saraceno***,** Loc. Punta Nera (am westlichen Ortsrand), Tel. 70 94 03, Fax 70 94 25, Web: www.baiasaraceno.com, geöffnet 1.3.-30.10. Landschaftlich reizvoll zwischen Granitfelsen gelegener Platz an fantastischer Küste mit kleinen Sandstränden und Tafonifelsen; mit einem der wenigen offiziellen FKK-Bereiche auf Sardinien. Vermietung von Bungalows und einfachen Mini-Bungalows *(tukul);* Restaurant, Pizzeria, Wassersportgeräte. Hunde sind verboten!
- **Camping Acapulco,** Loc. Punta Palau, Tel. 70 94 97, Fax 70 63 80, Web: www.camping-acapulco.com, geöffnet 1.3.-30.10. Schön in die Gallura-Landschaft integrierter Platz am Golf von Sciumara mit Blick auf Porto Rafael/Punta Sardegna und La Maddalena. Einladende Bungalowsiedlung im mexikanischen Stil mit reizvollen *tukuls* und Restaurant. Wenige Fußminuten zur Spiaggia Sciumara. Sehr freundliche Leitung.

Verkehrsverbindungen

- **FdS-Bahnhof:** Trenino Verde (Abfahrt direkt am Hafen), 22.6.-11.9. tägl. Palau – Tempio. Abfahrt 9.50/19 Uhr, Ankunft Tempio 11.35/20.30 Uhr, zurück ab Tempio 17 Uhr, Ankunft Palau 18.30 Uhr; Info: Bahnhof Palau, Tel. 70 95 02.
- **Fähren** *(traghetti):* Linie Palau – La Maddalena: Vom Hafen verkehren rund um die Uhr Fähren von fünf Gesellschaften. Da sie ver-

setzt fahren, geht also am Tag alle 10-15 Min., ab 20 Uhr alle 20-30 Min. und zwischen 12 und 4 Uhr stündlich eine Delcomar-Fähre. Tickets kauft man am jeweiligen Schalter in der *stazione marittima* (dort auch ARST-Busschalter). Nicht-Einheimische müssen auf den Fahrpreis 1 € Nationalpark-Zuschlag entrichten. Info: Saremar Tel. 70 92 70, Tremar Tel. 73 90 032, Enermar Tel. 19 97 60 001, Maddalena Ferry Tel. 73 54 68, Delcomar Tel. 73 10 94.

Fähren zum Festland/nach Korsika: Mit Enermar Palau – Genua und Palau – Porto Vecchio (Korsika) – Genua. Mit Linea Lauro Juni – Sept. Palau – Napoli.

●**Busse:** ARST und Sunlines ab Hafen ca. 15 x tägl. nach Santa Teresa und Olbia Hafen und Flughafen über Cannigione, Arzachena, S. Pantaleo. Turmo-Travel vom 5.6.-20.9. 6 x tägl. nach Olbia Flughafen und Santa Teresa.

●**Taxi:** am Hafen, Tel. 70 92 18.

La-Maddalena-Archipel ♫ V/C1

Sieben Hauptinseln und weitere 53 Eilande bilden den Maddalena-Archipel. Die zerklüfteten, mit winzigen Buchten geschmückten und meist schutzlos der Sonne ausgesetzten Felsen im Meer aus grauem Granit und rotem Porphyr sind die höchsten Gipfel einer vor langer Zeit untergegangen Landverbindung mit Korsika: die Inseln La Maddalena, Caprera, Santo Stefano, Spargi, Razzoli, Budelli und Santa Maria, ferner Winzlinge wie Soffi, Nibani, Mortorio, Le Camere, Capuccini sowie all die vielen namenlosen Landtupfen im kristallklaren Wasser.

Aufgrund ihrer Schönheit wurden sie 1997 **zum Nationalpark erklärt.** Zu seinem Schutz unterliegt der gesamte Archipel zu und unter Wasser und zu Lande strengen Reglementierungen. So ist es z.B. strikt verboten, die berühmte Spiaggia Rosa auf der Isola Budelli zu betreten, da die Massen der Besucher drohten, den einmaligen, rosa schimmernden Korallensand gänzlich in Tüten wegzuschleppen. Nur die beiden großen Inseln Maddalena und Caprera dürfen mit dem Auto befahren werden. Ständig bewohnt ist nur La Maddalena.

Geschichte

Nachdem Piemont 1767 vom Archipel Besitz ergriffen hatte, wurde das von korsischen Hirten gegründete Dorf Villamarina, wie La Maddalena in jener Zeit hieß, zu einem Militärhafen ausgebaut. 1793 scheiterte der Versuch Frankreichs, sich die begehrten, da strategisch günstig gelegenen Inseln einzuverleiben. Hier kämpfte auch der junge *Napoleone Bonaparte*, der sich mit den Verteidigern der Insel sein erstes Gefecht lieferte und verlor.

1803-04 operierte der englische Admiral *Nelson* mit seiner Flotte von La Maddalena aus, 1887 erweiterte das italienische Königreich den Hafen zu einem seiner bedeutendsten Flottenstützpunkte, und auch heute noch **prägt die Kriegsmarine das Bild.** Auf der Isola Santo Stefano ist die 6. US-Flotte stationiert.

La Maddalena

La-Maddalena-Stadt

Fast alle der 12.000 Bewohner des Archipels leben in La Maddalena, dem

La-Maddalena-Archipel

Hauptort der Insel. Anders als das etwas gesichtslose Palau zeigt sich La Maddalena als charmante Kleinstadt mit südländisch-pittoreskem Flair. An den Hängen klettern granitgepflasterte Treppen zwischen den Häusern mit ihren geraniengeschmückten, schmiedeeisernen Balkonen hinauf.

In den Gassen zwischen der von Palmen beschatteten **Piazza Umberto I.** beim Fähranleger, der reizvollen **Piazza Garibaldi** mit dem Rathaus im Herzen der Altstadt und der **Piazza Principe Tommaso** am romantischen Fischerhafen herrscht ständig buntes Treiben. Zahlreiche Cafés, Bars und Restaurants locken die flanierenden Einheimischen, Touristen und Soldaten. Straßenmusikanten und fliegende Händler verleihen dem historischen Zentrum seinen mediterranen Charme. Besonders schön ist ein Bummel entlang der palmengesäumten Uferpromenade zum alten **Fischerhafen Cala Gavetta,** von dem am Tage die Ausflugsboote ihre Fahrt durch den Nationalpark und zu den unbewohnten Inseln mit ihren unberührten Badestränden starten.

An der von der Piazza Garibaldi nur wenige Schritte entfernten Piazza Maddalena ragt die **Pfarrkirche Santa Maria Maddalena** auf, neben der das **Museo Diocesano** u.a. Handschriften von *Nelson* ausstellt.

Inselumrundung

Ob mit dem Auto oder mit dem Fahrrad: Eine Fahrt auf der *strada panoramica,* die rings um die Insel führt und ihrem Namen alle Ehre macht, ist Pflichtprogramm. Schöne, wunderschöne und umwerfende Aussichten auf verträumte Badebuchten zwischen malerisch verwitterten Granitfelsen, duftende Macchia, aus der bizarr verwitterte Tafonifelsen ragen, alte Forts und Festungen und unglaubliche Fernsichten auf das mit blendend weißen Segeln betupfte Meer begleiten einen auf der *panoramica* auf Schritt und Tritt. Vom Fährhafen aus in nordöstlicher Richtung erreicht man nach ca. einem Kilometer das **archäologische Schiffs-Museum Nino Lamboglia,** das ein in den 1950er Jahren vor der Isola Spargi geborgenes römisches Schiffswrack aus dem 2. Jahrhundert v. Chr. ausstellt.

Nach etwa fünf Kilometern schließt sich der herrliche, von Felsen umrahmte Strand der **Cala Spalmatore** an. Mit Trattoria und Disco herrscht hier in der Hochsaison reger Betrieb. Es folgt die schmale Bucht von **Porto Massimo,** dessen kleines Sandband die Gäste des Edelhotels Cala Lunga belegen.

Im äußersten Inselnorden zweigt von der *panoramica* eine Stichstraße zur schmalen, vom Wind gezausten Landzunge **Punta Abbatogia** ab, die neben einem einfachen Campingplatz herrliche Bademöglichkeiten an der wilden Baia Trinita zwischen Granitfelsen und Dünen bietet.

Blick vom Capo d'Orso nach La Maddalena

Auch einen Abstecher zur **Guardia Vecchia** sollte man nicht versäumen. Auf der mit 146 Meter höchsten Erhebung im Herzen der knapp 20 Quadratkilometer großen Insel thront als „Alte Wacht" das im 19. Jahrhundert erbaute Forte Vittorio. Der Name klingt zwar romantischer, als es die Realität offenbart (die versperrte Guardia Vecchia wird als militärische Funkstation genutzt), dennoch ist die Anfahrt nicht vergebens. Im Schatten von Pinien auf der sonst nahezu kahlen Insel eröffnet sich eine herrliche Aussicht auf die Dächer von La Maddalena und über das Meer.

Ebenso großartige Panoramablicke auf in Felsklötze eingebettete Sandflecken und das azurblaue Meer hat man über die in vielen Kurven und Kehren von der Guardia Vecchia aus zur **Cala Nido dell'Aquila** verlaufende Strecke. Von dort gelangt man über den alten Fischerhafen zum Fährhafen zurück.

Post und Telefon

- **Vorwahl: 0789**
- **PLZ: 07024**

Information

- **AAST,** Piazza Barone de Geneys, Tel. 73 63 21, Fax 73 66 55.
- **Nationalparkverwaltung,** Via Giulio Cesare 7, Tel. 79 021, Fax 72 00 49, Web: www.lamaddalenapark.it.

Essen und Trinken

- **Trattoria La Grotta,** Via Principe di Napoli 2, Tel. 73 72 28. Aus einer Matrosenkneipe hervorgegangene, familiengeführte Trattoria

mit 45-jähriger Tradition; in rustikalen Gewölben kommt delikate Meeresküche auf den Tisch.
- **Al Faone,** Via Ilva 10, Tel. 73 83 02. Traditionsreiches, bereits 1920 von vier Schwestern eröffnetes und heute von *Gianmario Degortes* und Sohn geführte „antica trattoria isolana" in einer Gasse neben der Pfarrkirche. Sehr gute Meeresküche korsisch-galluresischer Prägung zu vergleichsweise zivilen Preisen im reich bebilderten rustikalen Gastraum oder auch im lauschigen Hinterhof.
- **Locanda del Mirto,** Loc. Punta della Gatta, Tel. 73 90 56. Ein Haus in Alleinlage an der *strada panoramica,* in dem exzellente Spezialitäten aus Land und Meer serviert werden. Im Juli/August reservieren!

Aktivitäten

- **Ausflugsboote** starten vom Fischerhafen Cala Gavetta zu den Stränden auf den unbewohnten Eilanden des Maddalena-Archipels. Consorzio Flotta del Parco, Info und Buchung Tel. 73 53 19.
- **Jacht-Charter:** Nido d'Aquila, Via Aspromonte 15, Tel. 73 10 18.
- **Vermietung:** Fratelli Cucci, Via Amendola 30, Tel. 73 85 28; Motorjachten, Schlauchboote, Roller, Auto, Motorräder.
- **Segelschule:** Arci Velago, Loc. Mongiardino, Tel./Fax 73 67 02.
- **Tauchen:** Aquadiving Center, Villaggio Porto Massimo, Tel. 73 53 85, Fax 73 71 45.

Fest

- **21./22. Juli: Festa Santa Maria Maddalena,** La Maddalena. Eindrucksvolle Prozession mit Sport- und Folkloreprogramm.

Museum

- **Museo Archeologico Navale Nino Lamboglia,** Loc. Mongiardino (kurz vor der östlichen Inselspitze an der *strada panoramica),*

Tel. 79 06 60. Museum für Unterwasser-Archäologie, geöffnet Di–So 8.30–13.30 Uhr, in der Hochsaison auch länger.

Notfälle

- **Carabinieri,** Via Magnaghi, Tel. 73 69 43.
- **Krankenhaus** *(Ospedale Civile)*, Via Magnaghi, Tel. 79 12 00.

Unterkunft

- **Hotel Nido d'Aquila***,** Loc. Nido d'Aquila, Tel. 72 21 30, Fax 72 21 59, Web: www.hotelnidodaquila.it. Ca. 2 Kilometer westlich, ruhig und malerisch zwischen Felsen und dem Meer gelegen. Freundliche, von der Familie *Malaguti* nun schon in der dritten Generation geführte Herberge mit eigenem Bootssteg und gutem Restaurant (80–134 €).
- **Hotel Il Gabbiano***,** Via Giulio Cesare 20, Tel. 72 25 07, Fax 72 24 56. Ungefähr anderthalb Kilometer westlich vom Ort an der Küste auf einem kleinen Kap, mit herrlichem Blick auf das Meer (NS 67–73 €, HS 77–83 €).
- **Locanda Da Raffaele*,** Loc. La Ricciolina, Tel. 73 87 59. Preiswerte kleine Unterkunft mit Trattoria östlich von La-Maddalena-Stadt (45 €).

Camping

- **Camping Abbatoggia**,** Loc. Abbatoggia – Strada Ornano 5, Tel./Fax 73 91 73, Web: www.campingabbatoggia.it; geöffnet 1.6.–15.9. Für Naturburschen: Ein einfacher, preiswerter Platz, einsam auf der fast immer windigen bis stürmischen Landzunge in wildromantischer Natur gelegen, mit Markt, Bar und Pizzeria.
- **Camping Il Sole,** Loc. Moneta, Tel. 72 77 27. Einfacher Platz ohne Schatten, mit Sanitäreinrichtungen, nahe der Brücke zur Insel Caprera (geöffnet Juni bis Sept.).

Im Fischerhafen
Cala Gavetta auf La Maddalena

Verkehrsverbindungen

- **Fähren nach Palau** siehe Ortsbeschreibung Palau.
- **Bus:** Bis zu 12 x tägl. wird die Linie Nido d'Aquilia – Casa Garibaldi bedient, 4 x tägl. die Linie Colonna Garibaldi – Case Ornano; Turmotravel Info-Tel. 73 76 08.
- **Taxi:** Via Amendola, Tel. 73 65 00.

Caprera

Wie grün ist die Isola Caprera im Vergleich zu La Maddalena! Unterhalb der 212 Meter hohen, wilden Granitzacken des Monte Teialone dehnt sich dicht wuchernd die Macchia aus. In den Niederungen rauscht ein Meer von Pinien, unter deren Schatten spendenden Kronen links und rechts der Straße lauschige Picknickplätze zur Rast einladen. Der Monte Telaione im Herzen der Insel lässt sich problemlos erwandern, im Süden befinden sich einige winzige Sandstrände. Dort unterhält der Nationalpark ein *Centro di Educazione ambientale del Parco Nazionale*, zu dem das **Museo Geo-Mineralogico-Naturalistico** und das **Centro Ricerca Delfini** gehören. Das Museum widmet sich der außergewöhnlich vielfältigen Geologie des Archipels, das Delphinzentrum dem Schutz und der Erforschung der stark gefährdeten Delphinschulen im Meer zwischen Ligurien, der Toscana und Sardinien.

- **Centro Ricera Delfini,** Loc. Stagnali, Tel. 72 78 97.
- **Museo Geo-Mineralogico,** Loc. Stagnali, Tel. 72 00 44; geöffnet Mai–Sept. tägl. 9.30–13 und 15.30–19.30 Uhr, Okt.–April Sa/So 10–12.30 und 15.30–17.30 Uhr.

Casa Garibaldi

Doch weder Pinienwälder noch Strände, weder Delphine noch Mineralien lassen tagtäglich Scharen von Italienern über den 500 Meter langen Damm von La Maddalena nach Caprera wallfahren. Es ist die Casa Garibaldi, die die Massen lockt, der Familien- und Alterssitz *Guiseppe Garibaldis* (1807–1882); jeder echte italienische Patriot muss ihn mindestens einmal im Leben besucht haben. Und davon gibt es eine Menge. Das merkt man spätestens dann, wenn man erlebt, mit welch tiefer, geradezu religiöser Ehrfurcht Italiener wie Sarden gleichermaßen den „heiligen Bezirk" betreten und wie viele Tränen im Sterbezimmer und am Grab *Garibaldis* fließen.

Rund um das großzügige Anwesen des „Löwen von Caprera" (siehe Exkurs) mit der von ihm im italienischen Landhausstil des 19. Jahrhunderts erbauten Casa Bianca im Zentrum veranstaltet man ein enormes Spektakel. Wenn nicht gerade mit viel Tamtam und Tschingderassabumm Rekruten vereidigt werden, treiben die Fremdenführerinnen während der obligatorischen geleiteten Besichtigung die viel zu großen Gruppen eine nach der anderen durch die engen Kammern und Zimmer. Sie spulen dabei zwischen den Krückstöcken und antiken Rollstühlen des im Alter schwer von Arthritis geplagten Volkshelden nach Automatenart immer wieder denselben Text ab. Dem alten Hausherrn, der sich auf seinem Ruhesitz der Schafzucht und dem Olivenanbau widmete und Capreras Pinienwald pflanzen ließ, hätte das Brimborium um seine Person ganz gewiss wenig gefallen.

Im Innenhof steht man ergeben vor der knorrigen Pinie, die *Garibaldi* hier eigenhändig gepflanzt haben soll, im Stall verneigt man sich vor dem Grabstein des legendären Schimmels Marsala, auf dem der Lieblingsheld des Risorgimento nach der Landung der Tausend 1860 in Palermo einritt. Das Sterbebett des „Löwen" daselbst in der Casa Bianca ist hinter Glas vor allzu ehrfurchtsvollen Berührungen geschützt. Durch den Garten geht der Pilgerzug zu den Sarkophagen der *Garibaldi*-Familie und der **Grabstätte des Nationalhelden,** die – der Wesensart *Garibaldis* sicher gebührender – eine schlichte, nur grob behauene Granitplatte abdeckt.

Achtung: Auf dem gesamten Gelände des Museums herrscht strengstes **Handyverbot!** Beim ersten Klingeln wird man von sehr bösartig reagierenden Führerinnen rigoros hinausgeworfen! Merke: das Casa Garibaldi ist Mekka, Pilgerstätte und Heiliger Gral zusammen!

●**Compendio Garibaldino – Casa Museo di Garibaldi,** ganzjährig geöffnet Di–So 9–18.30 Uhr.

Porto Puddu ♪ IV/B1

Die durch einen Damm und das gänzlich von einem Campingplatz eingenommene Eiland Gabbiani zweigeteilte Bucht von **Porto Puddu** (auch **Porto Pollo**) und **Porto Liscia** zeichnet

Giuseppe Garibaldi – Abenteurer und Volksheld

Der Mann mit dem „rotgoldenen Seidengelock", der „Löwe von Caprera", wie *Garibaldi* genannt wurde, erblickte am 4. Juli 1807 in Nizza das Licht der Welt. Damals gehörte die Stadt zum piemontesischen Königreich Sardinien. Als Freiheitskämpfer und ungestümer Geist schloss er sich 1833 der republikanisch nationalstaatlichen Bewegung *Giuseppe Mazzinis* an und musste bereits ein Jahr später nach einem gescheiterten Aufstand für die nationale Einheit und Selbstständigkeit Italiens ins Exil nach Südamerika fliehen. 1848 kehrte er zurück in den Norden Italiens, um dort gegen die Österreicher zu kämpfen. Zusammen mit *Mazzini* verteidigte er 1849 die Republik Rom gegen französische und bourbonische Truppen, ging nach dem Scheitern abermals ins Exil, reiste als Segler und Abenteurer um die halbe Welt und kehrte erst 1854 nach Piemont zurück.

1859 kämpfte der Haudegen siegreich gegen die Österreicher und wurde 1860 – legendär – der Befehlshaber der „Landung der Tausend" auf Sizilien. Mit seinem auf 30.000 Anhänger angewachsenen Freiwilligenkorps eroberte Garibaldi diese größte Mittelmeerinsel, vertrieb die über das Königreich Neapel-Sizilien herrschenden Bourbonen und trug so entscheidend mit zur Einigung Italiens bei. Das *Risorgimento* („Wiederaufblühen"), die Schaffung eines italienischen Nationalstaats, wurde dann 1861 vollzogen.

Mit Hilfe einer glücklichen Erbschaft hatte er bereits fünf Jahre vorher Grund und Boden auf Caprera erworben und baute auf der Insel in bezaubernder Lage seine schneeweiße Casa Bianca. Der Sinn für das Schöne spielte im Leben des feurigen Tausendsassas eine entscheidende Rolle. Er liebte die Schönheit der Natur ebenso wie die der Frauen, die ihn selbst im Alter noch in Scharen umwarben. Als er sechzig war, gebar ihm seine 41 Jahre jüngere zukünftige Ehefrau *Francesca* eine Tochter.

Im selben Jahr, 1867, zog er aus, um gegen den französisch besetzten römischen Kirchenstaat zu kämpfen, drei Jahre später stritt er noch einmal gegen die Preußen. Danach ließ sich der schon zu Lebzeiten gefeierte Volksheld, behindert durch ein zerschossenes Bein und von Arthritis gequält, endgültig als Ruheständler auf Caprera nieder. Sein Sterbebett in der Casa Bianca ließ er nordwärts drehen, so dass er zum Lebewohl am 2. Juni 1882 noch einmal auf das Meer hinausblicken konnte.

Garibaldi-Denkmal an der Casa Garibaldi

sich durch einen endlos scheinenden, weißen, watteweichen Sandstrand aus. Dahinter erstreckt sich herrlichste Dünennatur mit Strandhafer und zartrosa schimmernden Strandnelken, deren Wurzeln die Sandberge vor Verwehungen bewahren.

Denn der Maestrale bläst stetig und kräftig, weshalb Porto Puddu zu den **besten Surf-Spots Europas** zählt. Während die Sonnenanbeter windgeschützt in den Dünen liegen, ist die türkisfarbene Bucht links und rechts des Damms zur Isola Gabbiani mit zahllosen bunten Segeln betupft. Hier dreht sich alles ums Surfen.

Maßbrett vom Meister – ein „iboard" von Rainer Gierig

Wo sich so viele Surfer aus aller Welt versammeln wie in Porto Pollo, da ist auch geballtes Surf-Know-how vorhanden. Ob Hobbysurfer oder Profi: Wer kein Brett von der Stange möchte, sondern ein für sich und auf seine individuellen Bedürfnisse maßgeschneidertes, wer von neuen Horizonten und Herausforderungen auf einem perfekt auf Person, Fahrstil und sonstige speziellen Bedürfnisse abgestimmtem Shape träumt, der ist in Porto Pollo richtig, denn hier erfüllt der Meister des custom made, *Rainer Gierig*, diesen Traum. Immerhin 25 Jahre persönliche Erfahrung und Tests an einem der besten Surfspots Europas bieten die Gewähr, das jeder sein Idealbrett erhält. *Rainer* übernimmt dafür die Garantie.

●**Beratung, Planung, Ausführung:** *Rainer Gierig*, Loc. Capannaccia, 07020 Palau, Tel. (0789) 70 40 65, Fax 70 51 70, Web: www.iboards.de.

Normalurlauber, die nicht 48 Stunden am Tag „Sports & Fun" haben müssen, fühlen sich angesichts der geballten Übermacht an durchtrainierten Körpern hier sicher öfter einmal als schlappe Zaungäste. Denn so intensiv man und frau hier surft und kitet und joggt und boardet und wavet und ridet, so gern zeigt man sich auch – „bella figura" allüberall.

Auf den Parkplätzen unmittelbar vor dem Damm, auf denen offiziell Parkverbot für Wohnmobile besteht, stehen dicht an dicht die Basisstationen der Windbrettfahrer ohne festen Wohnsitz, Reisemobile aller Art.

Das östliche Ufer der Bucht von Porto Puddu geht in den langen Sandstrand an der **Costa Serena** über (Anfahrt auch über Punta Sardegna möglich), die jedoch vom gleichnamigen riesigen Villagio beherrscht wird. Richtung Westen folgt der Strand von **Valle dell'Erica** (s. Ortskap. Santa Teresa).

Praktische Tipps Porto Puddu

Essen und Trinken

●**La Rose del Vento.** Hier trifft man sich nach dem Surfen, Reiten, Skaten bei Pizza und Pasta. Und damit man beim Schlemmen den Sport nicht vergisst, gibt es gleich nebenan noch einen Tennisplatz mit Flutlicht und Reitplatz.

Aktivitäten

●**Surfen:** Windsurf Village, Tel. (0789) 70 40 75, Web: www.windsurfvillage.it (siehe auch „Unterkunft"). Surfschule und Katamaran-/Mountainbikeverleih.
●**Tauchen:** Tritone Subdiving, Tel. (0360) 36 74 16, Web: www.tritonesubdiving.com, im Windsurf Village.

- **Fahrrad-, Mountainbike-Touren und -Verleih:** Gallura Bike Point, 07020 Luogosanto, Via Grazia Deledda 10, Tel. (079) 65 90 13, Web: www.gallurabikepoint.com, Bike-Notruf Mobil-Tel. 340-61 68 504. Die Adresse für Radfahren auf Sardinien! Wer sein eigenes Bike nicht mitschleppen, nicht auf eigene Faust die schönsten Bikerouten entdecken oder auch einfach nur Gleichgesinnte treffen will, der ist bei *Anja* und *Alessandro* bestens aufgehoben. Beim Gallura Bike Point erhält man nicht nur diverse Radtypen und radsportliches Equipment, sondern auch gut ausgearbeitete und gut geführte Touren, Bed & Bike, Fly & Bike, Lady-bike usw. Eine Reparaturwerkstatt und ein inselweiter Bike-Notruf mit Reparaturservice vor Ort runden das lückenlose Rad-Rundum-Angebot der beiden ab. Ganzjährig geöffnet!

Unterkunft

- **Hotel Le Dune***,** Loc. Porto Pollo, Tel. (0789) 70 40 13, Fax 70 41 13, Web: www.hotelledune.it. Etwas „gewollte" Architektur in schöner Natur mit angenehm unprätentiös gehaltenem Innengestaltung; Apartmentdorf, tolle Restaurantterrasse mit Blick bis Korsika (NS 70–80 €, HS 90–115 €).
- **Windsurf Village,** Web: www.windsurfvillage.it. Der Treff der „surferisti internazionale"! Seit 15 Jahren unter der sicheren Leitung des Schweizers *Thomi,* bietet das Dorf auf dem Hügel nebst 70 Wohneinheiten und toller Aussicht alles zu den entscheidenden Themen „Surfen & Kiten" und „Après S & K". Appartement für 2–6 Personen pro Woche 280–1490 €.

Camping

- **Camping Isola dei Gabbiani***,** Loc. Porto Pollo, Tel. (0789) 70 40 19, Fax 70 40 77, Web: www.isoladeigabbiani.it, geöffnet

Surferparadies Porto Puddu

21.3.–31.10. Traumhafte Lage auf dem durch einen Damm mit dem Festland verbundenen Eiland Gabbiani. Die Anlage dehnt sich mit allem Komfort und sämtlichen Einrichtungen über das gesamte Inselchen aus. Beliebter Anlaufpunkt für Sportler. Mit Surf-Schule und Tauchbasis.

- **Camping Arcobaleno*****, Loc. Porto Pozzo, Tel. 75 20 40, Fax 75 21 17, Web: www.campingarcobaleno.com, geöffnet 1.5.–30.9. Sehr weitläufiger ebener Wiesenplatz am schmalen Meeresarm bei Porto Pozzo direkt am schönen Sandstrand. Eukalyptusbäume spenden Schatten, ein kleiner Fluss fließt durch die Anlage in einen Lagunensee.

Santa Teresa di Gallura ⌁ IV/B1

Hotels, Restaurants, Pizza, Pasta, Discos und Shops mit Kleidung, Kitsch, Kunsthandwerk und Touristentrödel – so lässt sich das 4200 Einwohner zählende Santa Teresa am besten beschreiben. Seit den 1960er Jahren ist der nördlichste Ort der Insel dank seiner zauberhaften Lage zwischen verwitterten Granitfelsen und einzigartigen Stränden vor einem türkisfarben funkelnden Meer ein quirliges und **beliebtes Ferienzentrum;** seit einigen Jahren ist der Ort das am schnellsten wachsende Urlaubszentrum Sardiniens. In der Saison platzt Santa Teresa aus allen Nähten. Trotz Sperrung des gesamten Ortskerns und aller Zufahrten zu den umliegenden Stränden und zum Capo Testa für LKW, Wohnmobile und Caravans während der Saison herrscht hier ständiges Verkehrschaos.

Die Lage Santa Teresas auf einer vom Meer umspülten und oft windgepeitschten Landzunge hoch über dem Meer ist pittoresk, der Ort selbst weniger. 1808 wurde er von *König Vittorio Emanuele I.* zur Bekämpfung des Schmuggels zwischen dem nahen Korsika und Sardinien gegründet. Im monotonen Schachbrettmuster angelegt, ziehen sich die Straßen schnurgerade bergauf zur **Piazza San Vittorio** mit der gleichnamigen schlichten Kirche. Nur wenige Schritte entfernt liegt die große **Piazza Vittorio Emanuele** mit zahlreichen Bars und Cafés, in denen man sich allabendlich trifft. Von der zentralen „Showbühne" des Orts führt die zur Fußgängerzone umgestaltete und von Souvenirshops gesäumte Via XX. Settembre zur **Aussichtsterrasse Piazza Libertá.** Der hoch über dem Meer gelegene Platz eröffnet zur Linken einen Blick hinab auf den bildschönen **Stadtstrand Rena Bianca.** Rechts ragt auf einem vorgelagerten Felskliff der wuchtige **Torre Longosardo** auf, der die Einfahrt zum Hafenfjord bewacht.

Die Umgebung der Stadt bestimmen immer weiter die Hänge hinauf und in die Macchia hinein wuchernde, überwiegend im verspielten neosardischen Stil gestaltete Feriendörfer, reizvolle Residenzen und geschmackvoll angelegte Apartmentanlagen.

Neuestes Aushängesschild der Stadt ist der völlig neu gestaltete **Porto Turistico** mit einer Therme inklusive Wellness-Center sowie Bars, Cafés und Restaurants. Einen zauberhaften Blick auf den tiefen Hafenfjord, die Marina und die Stadt hat man von der Straße, die auf der Ostseite der Hafenbucht zum neuen, malerisch angelegten Jachtclub hinabführt.

Praktische Tipps
Santa Teresa di Gallura

Post und Telefon
- **Vorwahl:** 0789
- **PLZ:** 07028

Information
- **AAST,** Piazza Vittorio Emanuele 24, Tel. 75 41 27, Fax 75 41 85, Web: www.regione.sardegna/aaststg.

Essen und Trinken
- **Ristorante Canne al Vento,** Via Nazionale 23, Tel. 75 42 19. Eine Institution auf Sardinien! Im eher unauffälligen Gebäude des gleichnamigen Hotels wird im nüchtern gehaltenen Gastraum seit vielen Jahren höchste Qualität gereicht, weshalb sich hier traditionell die Feinschmecker gerne treffen.
- **La Stalla,** Loc. Marazzino (SS 133 Richtung Palau), Tel. 75 15 14. Exzellente sardische Küche auf der *terrazza panoramica*.
- **La Lampara,** Via Perini 6 (gegenüber Tunnel zum Hafen), Tel. 74 10 93. Hervorragende (Meeres-)Küche aus frischesten Zutaten, speziell Fisch, Austern und Krustentiere. Besonders erfreulich: Hier wird noch großer Wert auf Service gelegt.

Aktivitäten
- **Tauchen:** Diving Center Capo Testa, Loc. Capo Testa, Tel./Fax 75 15 19, Web: www.capotestadiving.de (unter deutscher Leitung).
- **Surfen/Wasserski:** Circolo Nautico, Loc. Capo Testa, Tel. 75 58 28; Surfschule, Bootsverleih, Paragliding.
- **Bootsausflüge:** Consorzio delle Bocche, Piazza Vittorio Emanuele, Tel. 75 51 12. Tägl. Rundfahrten durch das Maddalena-Archipel.
- **Bootsverleih:** Capo Testa Yachting, Porto Turistico, Tel. 74 10 60, Web: www.capotestayachting.com; Motor-, Segelboote.
- **Fahrradverleih:** Via Maria Teresa, Tel. 75 50 80; Mountainbikes, Tandems und Motorräder.
- **Reiten:** Centro Ippico, Loc. La Testa, Via Lombardia 3, Tel. 340-85 14 708, Web: www.sardinienreiter.de. Deutschsprachiges Reitzentrum von *Steffi* und *Marco*.

Strände
Achtung: Die Zufahrt zu sämtlichen Stränden in der Umgebung von Santa Teresa di Gallura sind von Mai bis September für Wohnmobile gesperrt.
- **Rena Bianca** (Stadtstrand): 300 Meter feinster weißer Sand in malerischer Bucht unterhalb der Stadt; im Sommer heillos überfüllt.
- **Spiaggia La Marmorata:** bildschöne mondsichelförmige Felsbucht mit feinem weißen Sand östlich der Stadt. Die Bucht wird von riesigen Feriensiedlungen, darunter Club Med, beherrscht. Der Strand verfügt dementsprechend über sämtliche Serviceeinrichtungen.
- **Cala Sambuca:** kleine abgelegene Strandbucht, nur über eine sieben Kilometer lange Staubpiste zu erreichen und entsprechend wenig besucht.
- **Valle dell'Erica:** schöne felsumrahmte Strandbucht und kleinere Kiesbuchten zwichen Felsen in beschaulich ruhiger Lage nahe Porto Pozzo.
- **Capo Testa:** mehrere winzige, aber bildschöne kleine Badebuchten zwischen den Felsmassen. Besonders schön der idyllische Sandstrand im Valle di Luna.
- **Baia Santa Reparata:** 200 Meter langes Sandband am Damm zum Capo Testa. Beliebt bei Starkwindsurfern; mit Tauchschule.
- **Rena Maiore:** einer der schönsten Strände Sardiniens. Herrlicher weißer Sandstrand in zauberhafter Lage ca. acht Kilometer südlich in der geschützten Cala Vall'Alta zwischen Dünen, Macchia, Pinien und romantischen Felsklippen. Einzige Einrichtung: die skurrile, aus Schwemmholz und Treibgut errichtete Bretterbar.

Fest
- **12. Juli: Sagra del Pesce.** Fischerfest mit Meeresspezialitäten und viel Wein.

Notfälle

- **Carabinieri,** Via Monte Bandera, Tel. 75 41 22.
- **Guardia Medica Turistica,** Via Carlo Felice, Tel. 75 40 79.
- **Krankenhaus,** Via Carlo Alberto, Tel. 75 57 70.

Unterkunft

- **Grandhotel Corallaro****, Loc. Rena Bianca, Tel. 75 54 75, Fax 75 54 31, Web: www.hotelcorallaro.it. Erstes Hotel am Platze in ruhiger und doch zentraler Lage zwischen Ortskern und Strand. Alle Zimmer mit TV, Klimaanlage, Telefon und Minibar (NS 87–98 €, HS 120–210 €).
- **Hotel Da Cecco***, Via Po 3, Tel. 75 42 20, Fax 75 56 34, Web: www.hoteldacecco.com. Farblich außergewöhnlich gestaltetes, komfortables Haus mit herzlicher Atmosphäre und gutem Restaurant in zentraler Lage. Tolle Aussicht über Stadt und Meer bis Korsika (NS 64–72 €, HS 72–105 €).
- **Hotel Miramare***, Piazza della Libertà 6, Tel. 75 41 03, Fax 75 46 75. Tolle Lage unmittelbar an der Aussichtsplattform der Piazza mit Blick auf Hafen und Meer (NS 60–70 €, HS 70–110 €).
- **Pension Scano**,** Via Lazio 4, Tel./Fax 75 44 47. In einer stillen Seitenstraße gelegen, nur wenige Schritte vom Ortskern entfernt; mit Restaurant (NS 40–55 €, HS 45–70 €, Frühstück 5 €).
- **B&B Santa Teresa,** Via Nazionale 72, Tel. 338-68 08 576, Web: www.bedbreakfastsantateresa.com. Einfache, saubere Unterkunft mit 1-, 2- und 3-Bettzimmern ohne Bad nahe dem Hafen. 50–70 €, bei Reservierung 20% Rabatt.
- **Agriturismo Saltara,** Loc. Saltara, Tel. 75 55 97, Web: www.agriturismosaltara.com. Der seit 1800 bestehende *stazzo* von Signor *Occhioni* im Hinterland des Traumstrands Rena Maiore bietet neben zwei einfachen Bungalows mit Doppelbett traditionelle Galluraküche mit Produkten aus eigener Herstellung, die weit über die Grenzen Santa Teresas hinaus berühmt ist. Reservierung obligatorisch! Ganzjährig geöffnet; 60–95 € nur mit Halbpension.

Camping

- **Camping La Liccia***, km 66 an der Straße nach Castelsardo, Tel. 75 51 90, Fax 75 55 57, Web: www.campinglaliccia.com; geöffnet 1.5.–30.9. Ca. 7 km südwestlich des Ortes auf einem Hügel über dem nahen Traumstrand Rena Maiore gelegener, von junger Coop geführter Platz. Langsam spenden die erst vor wenigen Jahren angepflanzten Bäume und Büsche Schatten. Mit Bar, Restaurant, Bungalowvermietung. Zur Küste muss man durch eine Ferienhaussiedlung den Hügel hinab.
- **Camping Gallura***, Loc. Li Luccianeddi, Tel./Fax 75 55 80. Ein großes ebenes, baumbestandenes Gelände am äußersten Rand der Stadt. Unattraktive Lage an lauter Ausfallstraße Richtung Castelsardo gegenüber Gewerbegebiet weitab vom Meer und kilometerweit vom Zentrum entfernt.

Verkehrsverbindungen

- **Fähren** nach Bonifacio/Korsika: Moby Lines, Tel. 75 14 49; je nach Saison 4–10 x tägl., Saremar, Tel. 75 55 70, je nach Saison 3–4 x tägl.
- **Busse:** ab Piazza Bruno Modesto, kostenloses Info-Tel. 800-85 50 42.

  ARST-Busse 5 x tägl. nach Olbia/Zentrum und Hafen und 5 x tägl. nach Sassari.

  Turmo-Travel-Busse 6 x tägl. nach Olbia Flughafen, 1 x tägl. nach Cagliari, Tel. 21 487.

  Digitour-Busse 2 x tägl. nach Alghero/Flughafen Fertilia, Tel. 27 07 56.

  Sardabus 2 x tägl. nach Tempio Pausania, Tel. 68 40 87.

  Badebusse in der Saison ab Piazza San Vittorio zu den umliegenden Stränden. Saison-Fahrplan bei der AAST erhältlich.
- **Taxi:** Piazza San Vittorio, Tel. 75 42 86.

Rund um Santa Teresa

⤴ IV/B1

Chiesa del Buon Cammino

Kurz bevor die Straße aus Palau Santa Teresa erreicht, weist ein braunes Schild den Weg zur Landkirche Chiesa del Buon Cammino. Fährt man am Stadion vorbei und biegt unmittelbar dahinter rechts ab, gelangt man nach wenigen Metern zu der kleinen Kirche, die eine schöne Kreuzkuppel überspannt. Nicht die *chiesa* selbst ist den kurzen Abstecher wert, sondern vor allem die hier stehenden uralten **Olivenbäume.** Unter ihren ausladenden Kronen bietet sich Gelegenheit zu Picknick und Siesta in stiller Abgeschiedenheit. Leider steht auch hier, wie praktisch überall um Santa Teresa, ein Wohnmobil-Verbotsschild.

Capo Testa

Das Wichtigste zuerst: Die **Zufahrt** zum Capo Testa, immerhin eins der bedeutendsten Naturschauspiele Sardiniens, ist von Juni bis Ende September für alle größeren Fahrzeuge, also Caravans und Wohnmobile, gesperrt. Diese müssen auf dem großen Platz bei der Post (Ecke Via E. di. Arborea/Via Berlinguer) parken und den zwischen dem Parkplatz und dem Kap pendelnden Shuttlebus nehmen (15.6.–15.9. 3 x tägl., einfach 0,70 €).

Cimitiero dei sassi, „Friedhof der Steine" – diesen Spitznamen gaben die Sarden den **bizarren Felsgärten** am windumtosten Capo Testa, das insgesamt zum *parco naturale* erklärt und mit angelegten Pfaden, Hinweistafeln und Picknickplätzen versehen wurde. Das „Kopf-Kap", vier Kilometer westlich von Santa Teresa gelegen, zählt zum Schönsten und Abenteuerlichsten, was die Gallura zu bieten hat. Die fantastischen Formen, die Wellen und Wind dem grauen Granitgestein beigebracht haben, bezeichnet der wissenschaftliche Sprachgebrauch trocken als „Wollsackverwitterung". Aber was ist schon ein Wort gegen die sagenhaften Spielarten der Natur? Das Capo Testa wirkt, als hätten titanische Hände die Granitformationen aus Tonnen von Knetmasse modelliert. Ein steinerner Wundergarten, bevölkert von märchenhaften Figuren: Menschen, Tiere, Riesen, Kobolde, Feen und Fabelwesen aus Granit, zwischen denen im Frühling ein Teppich von rosa-lila Blumen erblüht.

Man erreicht das auf einer Halbinsel gelegene Capo Testa von Santa Teresa aus über einen schmalen Damm, der auf beiden Seiten von den Spiagge di Due Mari geziert ist, die besonders bei heftig blasendem Maestrale mit oft meterhohen **Wellen** Extremsurfer magisch anlocken, und folgt der Straße durch einen kleinen Ort bergan bis zu ihrem Ende am Parkplatz vor dem Kap. Rostige Eisengatter erinnern daran, dass das gesamte Gelände früher militärisches Sperrgebiet war. Heute schlängeln sich **schmale Trampelpfade** durch die steingewordene Wildnis hinunter zur tosenden Brandung oder hinauf zum Leuchtturm.

Rund um Santa Teresa

Wer gutes Schuhwerk anhat, kann das Kap in etwa vier Stunden **umwandern,** gelegentliche Kraxelpartien über die Felsen oder Badepausen in einer der idyllischen Minibuchten wie der Cala Spinosa inklusive.

Valle di Luna

Ein Spazierweg von mittlerer Länge und großartiger Schönheit führt von der Straße ins berühmte Valle di Luna. Der **„Eingang"** dazu ist jedoch nicht ganz einfach zu finden: Auf dem ersten Parkplatz am Capo Testa auf der (bei Anfahrt) rechten Straßenseite parken, dann ein Stück zurücklaufen und auf die nun rechte Straßenseite (Hangseite) achten. Der Pfad beginnt bei einem schmalen, leicht zu übersehenden Spalt zwischen zwei hüfthohen Felsblöcken (Markierung mit rotem Pfeil auf Fels) Ein schmaler Trampelpfad führt hier ins dichte Buschwerk hinein, und nach etwa 15 Minuten durch die vom Zirpen der Zikaden erfüllte Macchia erreicht man, vorbei an Relikten antiker Steinbrucharbeiten, das atemberaubend schöne Valle di Luna, einst legendäres Ziel aller Hippies, Mondsüchtigen und anderer spirituell durchstrahlter Wiedergänger.

Zwischen den ausgewaschenen Spalten und Klippen, unter den meterhoch übereinandergetürmten Felsblöcken und in den Höhlen des sich zum Wasser hin öffnenden „Mond-Tals" ließen sich seit den 1960er Jahren Hippies und Rucksacktouristen nieder. In Windeseile verbreitete sich der Ruf des sagenhaften „Valle", speziell der **rauschhaften Vollmondfeste,** wenn sich – mit ordentlich Marihuana in der Birne – nachts der steinerne Vorhang auftat und über dem Wasser Frau Luna im glitzernden Silbergewand die Bühne betrat.

Als jedoch die Mond- und Drogenanbeter sowie ihr stinkender Unrat überhand nahmen, räumten die Carabinieri 1984 in mehreren Großrazzien das Tal und erließen ein striktes Campingverbot. Zwar haust ganz offensichtlich wieder der eine oder andere Späthippie in einer der zahlreichen Grotten und Höhlen des Tals. Doch das Gesamtbild bestimmen nun eher normale Badegäste, die mit einem gut gefüllten Picknickkorb und Schnorchel einen Familien-Badetag in allerschönster Galluranatur und kristallklarem Wasser verbringen.

Von Santa Teresa nach Badesi Mare

⌕ IV/B1
⌕ III/D2

Die Westküste der Gallura zwischen Santa Teresa und Badesi Mare ist praktisch unbesiedelt, ihre Natur weitgehend unberührt. Zwischen grandiosen Felsklippen und Steilküsten liegen verstreut, oft hinter herrlichen Pinetas und breiten Dünengürteln, zahlreiche Strände von oft berückender Schönheit. Besonders attraktiv ist der Abschnitt zwischen der Cala Vall'Alta und Vignola Mare, der deshalb seit kurzem insgesamt unter **Naturschutz** gestellt wurde. Jeder Strand in diesem Gebiet besitzt nun einen angelegten und ausgeschilderten, mit Infotafeln versehenen Pfad *(sentiero natura)*. Informationen und Pläne zu dem zauberhaften Küstenabschnitt gibt es in der Saison in einer Info-Hütte am Parkplatz von Vignola Mare.

Von Aglientu bis Vignola Mare

Den Auftakt und gleichzeitig einen der Höhepunkte der Strände und Pfade bietet die **Spiaggia Rena Maiore** mit dem Sentiero Maiore, der rings um die Paradiesbucht und über die imposanten Klippen der anschließenden Steilküste hinüber bis zur Nachbarbucht **Spiaggia Rena Matteu** führt. Die Strandbucht und ihre Besonderheiten wird wiederum vom Sentiero Matteu erschlossen. Wenige Kilometer weiter folgt die bildschöne, einsame **Spiaggia Montirussu** am gleichnamigen Kap, die auf gleich zwei Naturlehrpfaden durchstreift werden kann. Die folgende **Spiaggia Li Littorani,** ein zauberhafter Sandstrand mit eingesprenkelten Felsen, wird vom als Rundweg angelegten Sentiero Tuvatu erschlossen. Über diesem Badeparadies bietet der in die Natur eingebettete Campingplatz Marina delle Rose Naturliebhabern und Ruhebedürftigen einen idealen Standort. Der Ort Vignola Mare, nicht mehr als eine Handvoll Häuser, zwei Campingplätze, zwei einfache Hotels, ein großer Stellplatz für Wohnmobile und ein kilometerlanger Sandstrand, erfreut sich bei Surfern und Kitern großer Beliebtheit.

Ob in der Saison mit dem Touristenzüglein oder per Rad oder Fuß – der Weg von der Siedlung hinaus zum **Torre Vignola** und weiter bis zur **Chiesa S. Silvestro** auf der Punta de li Francesi ist bei jedem Wetter und in jeder Jahreszeit schön.

Unterkunft/ Essen und Trinken

● **Hotel Gioca in Birdi***,** Loc. Stazzareddu, Tel. (079) 65 71 011, Fax 65 71 012, kostenloses Info-Tel. 800-23 85 30, Web: www.bluhotels.it. Neu erbautes weitläufiges Village in Alleinlage auf einem Hügel mit großartiger Aussicht auf Küste und Meer. Sehr gepflegte und freundlich geführte Anlage mit großem Pool, geräumigen Zimmern und umfangreichem Sport- und Freizeitangebot. Zum Strand in der Cla Piscinas 1,5 km zu Fuß, per

Der Hafen von Santa Teresa ist einer der sichersten Sardiniens

Rad oder Hotelshuttle (NS 50-90 €, HS 90-150 €).
- **Hotel Torre Vignola*****, Via del Fiume 1, Loc. Vignola Mare, Tel. (079) 60 30 03, Fax 60 31 49. Unmittelbar am breiten Strand und gewissermaßen das erste Hotel am Platz, aber recht schlicht und einfach gehalten. Mit Strandbar (NS 50-55 €, HS 55-65 €).
- **Hotel Mare Chiaro****, Via del Fiume 6, Tel./Fax (079) 60 20 20. Direkt gegenüber vom Torre Vignola und etwas schlichter und preiswerter als dieses. Ebenfalls mit Strandbar (NS 45 €, HS 65 €).
- **La Multa Bianca,** Loc. Lu Naragu, an der SP 200, km 18, Tel. (079) 68 30 07. Bei *Minnena* gibt es sardische Gerichte, oft kreativ abgewandelt, in herzlicher Atmosphäre und rustikalem Ambiente.

Camping

- **Camping Baia Blu La Tortuga******, Loc. Vignola Mare, Tel. (079) 60 20 60, Fax 60 20 40, Web: www.baiaholiday.com, geöffnet 1.4.-30.9. Mit allem Komfort ausgestattete Anlage unmittelbar am Strand in einer Pineta. Restaurant, Bar, Supermarkt, Tennis, Windsurf- und Tauchschule. Im Sommer sehr voll; mit Animationsprogramm.
- **Camping Saragosa*****, Loc. Vignola Mare, Tel. (079) 60 20 77, Fax 60 20 37, Web: www.campingsaragosa.it, geöffnet von Ostern bis 30.9. Gegenüber vom Baia Blu gelegener, behindertengerecht ausgestatteter Platz im lichten Pinienwald hinter dem Strand mit Tauch- und Surfschule, Restaurant, Bar und Markt.
- **Camping Marina delle Rose*****, Loc. Naracu Nieddu (an der Straße nach Valledoria/Castelsardo), Tel. (079) 60 20 90, Fax 60 20 88, Web: www.marinadellerose.com, ganzjährig geöffnet. Großer, einsam gelegener, schön in die Natur eingebetteter *campeggio ecologica* in sanfter Hanglage in schattiger Pineta, über der Spiaggia Li Littorani mit vorgelagertem Korallenriff. Keine Animation, keine Disco stört den Freund von Ruhe und Erholung. Im Sommer separater Wohnmobil-Stellplatz mit Ver- und Entsorgungseinrichtungen und Strom. Von allen Plätzen hat man einen tollen Blick auf Strand und Meer.

Costa Paradiso

Von Vignola Mare aus führt die Straße im Hinterland der Küste nach Süden. Kurz vor dem Abzweig zur kleinen Feriensiedlung Portobello di Gallura erblickt man bei km 49 rechts der Straße ein kleines weißes Häuschen mit der Aufschrift „Formaggio sardo". Hier verkauft der in den Bergen bei Tempio Pausania wohnende Hirte *Mario Usai* seinen selbst gemachten **Pecorino Sardo,** naturreinen Käse, darunter auch den raren *fiore sardo* von allerbester Qualität.

Wenige Kilometer weiter weist ein Schild „Costa Paradiso" vielversprechend Richtung Küste. Folgt man ihm, gelangt man nach einigen Kilometern zu einer (fast immer offenen) Schranke. Dahinter liegt eine riesige **Feriensiedlung** namens „Costa Paradiso". Nach dem kleinen Zentrum mit Supermarkt, Post und weiteren Einrichtungen führt die Straße in engen Serpentinen steil hinab zur Küste. Ringsum bedecken erdbraun gehaltene Ferienhäuser die Hänge. Unten angekommen, steht man vor einer sagenhaften Kulisse aus bizarren roten Klippen, die ihrem Namen vollauf gerecht wird und jedem Fantasy- oder Science-Fiction-Film als Kulisse dienen könnte.

Einige Kilometer weiter biegt direkt vor dem Restaurant Il Geranio (gutes Essen, super Aussicht!) eine Stichstraße ab, die nach knapp vier Kilometern an einem wunderschönen Stück Küste mit weißem Sandstrand, roten Klippen, grüner Pineta und tiefblauem Meer endet. Oberhalb dieses bis vor

kurzem noch völlig einsamen Miniparadieses hat der französische Konzern Pierre & Vancances die Feriensiedlung Cala Rossa in die Landschaft gestellt.

- **Formaggi e Carni da Mario Usai,** Loc. La Samisedda, km 49, Tel. (079) 65 66 95.
- **Il Geranio,** Loc. Casabraga, Tel. (079) 68 14 06. Großes Restaurant in Alleinlage mit hervorragender innovativer Mittelmeerküche und überaus freundlichem Personal. Der eigentlich herrliche Blick hinab zur Küste ist leider zugewachsen.

Isola Rossa

Vom kleinen Dorf Paduledda führt eine Stichstraße steil hinab zum kleinen Ferienort Isola Rossa, benannt nach dem ihm malerisch vorgelagerten roten Felseiland. Vor wenigen Jahren noch ein eher beschaulicher Fleck, hat sich Isola Rossa mit der großen neuen Marina und gleich mehreren neuen Hotelanlagen in kurzer Zeit zu einem beliebten und im Sommer vielbesuchten Ferienort entwickelt. Zahlreiche Bars, Cafés, Restaurants und Discos lassen im Sommer keine Langeweile aufkommen. Dann locken da noch die beiden Strände – direkt beim Ort ein schmales Sandband, und etwa zwei Kilometer entfernt die herrliche **Baia Trinità** mit dem Superstrand Sa Marinedda zwischen roten Felsen und hinter weißen Dünen mit mehreren Strandbars. Auch hier wird es im Sommer brechend voll. In der Vor- und Nachsaison wird Isola Rossa aber wieder zum verschlafenen Fischernest, das ein einsamer Torre überragt und vor dessen zerklüfteten Porphyrklippen sich die Wellen zum schrillen Schrei der Möwen gischtend brechen.

Unterkunft

- **Hotel Torre Ruja****, Via Tanca della Torre, Tel./Fax 69 41 55, Web: www.delphina.it. Ebenso exklusive wie schöne Anlage mit 112 stilvoll eingerichteten Zimmern über dem Ort und Aussicht auf den Torre und das Meer. Umfangreiche Ausstattung mit Wellnesscenter, Restaurantterrasse, zwei tollen Pools, darunter ein Meerwasserbecken, und vielem mehr (NS 150–210 €, HS 250–290 €).
- **Hotel Corallo***, Via Lungomare 36, Tel. (079) 69 40 55, Fax 69 41 11, Web: www.corallo.20m.com. Gepflegtes Haus mit etwas spartanisch eingerichteten und deshalb teils etwas „kahl" wirkenden Zimmern in zentraler Lage mit schönem Blick auf Hafen und Meer (NS 50–105 €, HS 80–155 €).
- **Hotel Il Gabbiano***, Via Vigna Vecchia 12, Tel./Fax 69 40 51, Web: www.hotel-gabbiano.it. Zweckmäßig eingerichtetes Haus in der zweiten Reihe mit 17 Zimmern (NS 72 €, HS 112 €).
- **Hotel Vitty***, Via Lungomare 11, Tel./Fax (079) 69 40 05. Gegenüber vom Hotel Corallo direkt am Wasser, die Zimmer sind etwas einfacher, das Restaurant serviert Meeresspezialitäten (NS 65 €, HS 80 €).

Innere Gallura

Granit, Kork und Wein – das ist der Dreiklang der Inneren Gallura. Ob man die wilden, vom Wind „rasierten" Hochflächen bei Sant'Antonio nimmt, die dürren Viehtriften mit klaffenden Granitbrüchen um Luogosanto, die bizarren Granitzacken um Aggius, die urwaldartigen Korkeichenwälder um Calangianus oder die Weingärten von Monti und Berchidda an den Südflanken des Monte Limbara – die Gallura

INNERE GALLURA

abseits der Küste ist voller landschaftlicher Abwechslung und spannender Ausflugsziele. Im doppelten Sinne Höhepunkt dieser außergewöhnlichen Landschaft ist das mächtige, quellenreiche **Monte-Limbara-Massiv,** das mit der 1263 Meter hohen Punta Balistreri nach Gennargentu und Supramonte dritthöchste Gebirge Sardiniens. Zu seinen Füßen thront inmitten endloser Korkeichenwälder das Gallurastädtchen Tempio Pausania, ein granitenes Idyll mit sprudelnden Mineralquellen.

Tempio Pausania   ⌖ IV/AB3

Wer mehr von der galluresischen Lebensart und ihren Traditionen erfahren möchte, der muss hinauf nach Tempio Pausania in 600 Metern Höhe am Fuße des Monte Limbara. Am schönsten ist es, mit dem Trenino Verde anzureisen. Dann empfängt einen das Granitstädtchen, das dank seiner erfrischenden Luft und sprudelnden Mineralquellen bei den Sarden als **Luftkurort** beliebt ist, mit seiner reizvollen Altstadt bereits am denkmalgeschützen **Bahnhof** mit 60 Jahre alten Gemälden aus dem sardischen Landleben. Schöpfer dieser folkloristischen Werke ist der aus Sassari stammende Künstler *Giuseppe Biasi,* der 1949 wegen Sympathisantentums mit den Mussolinifaschisten hingerichtet wurde.

Vom Bahnhof geht es bergauf zum Largo XXV Aprile, an den der **Parco della Rimembranza** angrenzt. Hier erinnert das **Museo Bernardo de Muro** an den aus Tempio stammenden Bariton (1881–1955), der an den Opernhäusern der ganzen Welt Karriere machte. Weiter bergauf gelangt man zur Piazza Don Minzotti und mitten hinein in das malerische granitgraue Gassengewirr der Altstadt. Aus Granit ist auch die alte Markthalle an der **Piazza Mercato,** in der die Stadt eine neue Touristen-Info mit sehr freundlichem Personal eingerichtet hat. Von hier sind es nur einige Schritte bis zur zentralen **Piazza Gallura,** über der sich das imposante Rathaus erhebt. Noch imposanter ist die **Kathedrale San Pietro,** die einige Schritte entfernt an der gleichnamigen Piazza aufragt. Die im 13. Jh. errichtete Kirche besitzt einen der höchsten Kirchtürme Sardiniens, ein Portal aus dem 15. Jh. sowie farbenprächtige gotische und barocke Mosaiken in der Fassade. Der Marmoraltar und das Chorgestühl stammen aus dem 14./15.Jh.

Der Kathedrale gegenüber liegt das in seiner Schlichtheit sehr reizvolle romanische Kirchlein **Oratorio del Rosario,** das ein aragonesisches Portal besitzt. Im Inneren findet man einen üppigen Barockaltar.

Von der Piazza San Pietro führt die als Fußgängerzone schön gestaltetete und von zahlreichen kleinen Geschäften gesäumte **Via Roma** quer durch die Altstadt zur Piazza Italia.

Viale della Fonte Nuova

Die Quellen, denen Tempio Pausania seinen Ruf als Kurort verdankt, liegen etwas außerhalb. Hinter dem Largo de Gasperi führt Tempios Flaniermeile, die Viale della Fonte Nuova, von Granitbänken und jahrhundertealten Steineichen gesäumt, zur sprudelnden **Fonte Nuova** (die auch Funtana Noa genannt wird). Hier flaniert und trifft sich allabendlich halb Tempio Pausania zur großen *passeggiata*. Man schwatzt, poussiert und genießt den herrlichen Blick auf die wild am Horizont aufragende Granitzackenkulisse bei Aggius.

Fonte Rinaggiu

Nur ein viertelstündiger Spaziergang trennt die Funtana Noa von der Lieblingsquelle der Tempiesi, der Fonte Rinaggiu. In einem Schatten spendenden Wäldchen etwa einen Kilometer außerhalb des Stadtzentrums plätschert die Quelle aus einer doch deutlich zu monumental geratenen Einfassung. Drumherum herrscht meist ein mächtiger Trubel – eben Picknick auf sardisch. Jeder schleppt Kanister mit sich, um an der Quelle das mineralhaltige Wasser zu zapfen. Wer keinen hat, kann auch vor Ort einen kaufen. Wer kein Wasser braucht, der kann hier **Sardiniens größten Holunderbusch** bewundern, der mit seinen 8 Metern Höhe schon einem ausgewachsenen Baum gleicht.

Umgebung

Zwei Kilometer nördlich von Tempio zweigt von der SS 133 rechts ein Weg zur **Nurgahe Majori** ab (ausgeschildert). Der drei Meter hohe Steinturm

Das Fischerdörfchen Isola Rossa

TEMPIO PAUSANIA

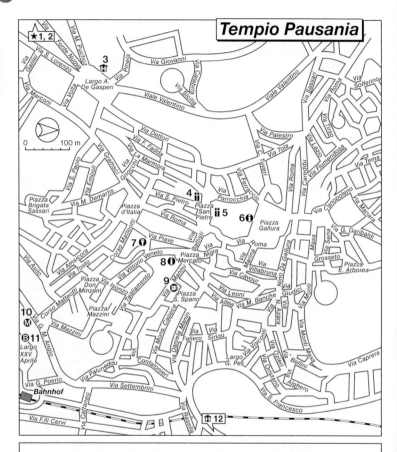

- ★ 1 Fonte Nuova (Brunnen)
- ★ 2 Fonte Rinaggiu (Quelle und Therme)
- 🏨 3 Petit Hotel
- ⛪ 4 Oratorio San Pietro
- ⛪ 5 Cattedrale San Pietro
- ℹ 6 Rathaus und Pro Loco Tourist-Information
- 🍴 7 Trattoria Gallurese, Trattoria Mamma Rosa
- ℹ 8 Ufficio Turistiche
- ☕ 9 Caffè Gabriel
- Ⓑ 10 Busbahnhof
- Ⓜ 11 Museo Bernardo de Muro
- 🏨 12 Albergo Carma

ist eine der wenigen Nuraghen in der Gallura.

Post und Telefon

- Vorwahl: 079
- PLZ: 07029

Information

- **Pro Loco,** Piazza Gallura 2 (am Rathaus), Tel./Fax 63 12 73, geöffnet Mo–Sa 10.30–13 und 16.30–19.30 Uhr.
- **Ufficio Turistiche,** Piazza Mercato 3, Tel. 63 90 08 00, Fax 63 90 080; geöffnet im Sommer tägl. 9–13 und 16–20 Uhr, sonst 10.30–13 und 16–18 Uhr.

Essen und Trinken

- **Il Giardino,** Via Cavour 1, Tel. 67 14 63. Traditionsreiches, bei den Einheimischen sehr beliebtes Lokal mit rustikalem Gastraum und schattigem Innenhof inmitten der Altstadt nahe dem Rathaus.
- **Trattoria Gallurese,** Via Piave 4, Tel. 63 21 44. Hier servieren Mamma Rosa und ihre Söhne traditionelle Gallurakliche im kleinen Gastraum mit einladend sympathischer Atmosphäre.
- **Golden Gate,** Straße Richtung Sassari. Der Geheimtipp von Tempio für Liebhaber der Meeresküche.

Einkaufen

- **Kunsthandwerk:** *Mario Satta,* Via Puccini 10. Der Künstler verarbeitet Kork in bester Monte-Limbara-Qualität zu Kunsthandwerk und dekorativen Gebrauchsgegenständen.
- **Wein:** Cantina Gallura, Via Val di Cossu 9 (Ortsausgang Richtung Calangianus), Tel. 63 12 41, Web: www.cantinagallura.it. Herausragender Vermentino di Gallura DOCG, außerdem Ladas, Piras und der berühmte Moscato di Tempio; Mo–Fr 8–12 und 14–18 Uhr.
- **Käse:** *Mario Usai,* Loc. Muntesu, Tel. 63 30 79; bester Pecorino direkt vom Hirten.
- **Pasta:** Da Tonina, Via Sassari 6, Tel. 63 32 80, *pasta fresca* aus eigener Herstellung.
- **Antiquario Casa della Nonna,** Zona Industriale, Tel. 67 00 88, Web: www.casadellanonna.it. Riesiges Antiquariat, in dessen fünf Sälen auf 2000 m² es historische Tische, Stühle, Schränke, Sofas etc. in Massen gibt. Toll für jeden Freund derartiger Dinge und verflucht schade, dass man so selten im LKW in Urlaub fährt ...

Fest

- **9./10. August: Carrasciali Tempiesu – der Karneval in Tempio,** Info: www.carnevaletempiese.com. Auf Sardinien sagt man, die Einwohner Tempios hätten den Carneval schon in der DNA, also im Erbgut, gespeichert. So ist der „Carrasciali Tempiesu", der alljährlich mit Beteiligung von bis zu 50.000 Zuschauern unter der Leitung des mystischen Karnevalkönigs „Gjolgju" stattfindet, eines der ältesten und größten Spektakel dieser Art auf Sardinien. Er beginnt am „giovedi grasso", am „Fetten Donnerstag", mit dem Einzug von „Sua Maestà Re Giorgio", „Seiner Majestät König Gjolgju", in die Stadt und endet am „marti grasso", dem „Fetten Dienstag". Am Sonntag findet der große Umzug statt, an dem sich Gruppen aus ganz Sardinien beteiligen. Neben alten traditionellen Masken, Wesen und Figuren kommen ständig neue Fantasiegestalten hinzu. Denn jeder kann mitmachen und das Wichtigste ist immer der Spaß. Seit 1997 gibt es im August eine Sommerausgabe des Karnevals.

Museum

- **Museo Bernardo De Muro,** im Parco della Rimembranza, Tel. 67 99 52, geöffnet Mo–Fr 8–14 und 16–19, Sommer ab 16.30 Uhr.

Notfälle

- **Carabinieri,** Viale Don Sturzo 37, Tel. 63 11 07.
- **Polizia,** Via Settembrini 15, Tel. Tel. 67 04 59.
- **Krankenhaus** (Ospedale Civile), Via Grazia Deledda 19, Tel. 67 82 00.
- **Pronto Soccorso,** Tel. 63 14 77.

Unterkunft

- **Petit Hotel***,** Piazza de Gasperi 9/11, Tel. 63 11 34, Fax 63 17 60, www.petit-hotel.it. Äußerlich schmuckloses, innen zweckvoll ge-

Via Roma – die Flaniermeile
in der Altstadt von Tempio Pausania

staltetes Stadthotel mit leicht angestaubtem Charme in zentraler Lage am Rande der Altstadt. 40 geräumige Zimmer, teils mit Aussicht auf die Granitzacken von Aggius. Restaurant im Haus (85 €).
● **Albergo Carma*,** Via Fosse Ardeatine 14, Tel. 67 06 85, Fax 67 08 00. Preiswertes, einfaches Gasthaus, dennoch mit allen Annehmlichkeiten. Behindertengerecht ausgestattet (36 €, nur Halbpension).
● **Agriturismo Stazzo La Cerra,** Loc. Stazzo La Cerra, Tel. 67 09 72, Web: www.agriturismolacerra.it. Malerisch gelegener, ökologisch geführter Hof der Familie *Pesenti*. Nach baubiologischen Gesichtspunkten errichtetes Gästehaus mit fünf Zimmern und Selbstversorgerküche. Bei Halbpension kommen Bioprodukte des Hauses auf den Tisch.

In Spazierweite entfernt ragt der Monte Pulchiana, der größte Granit-Monolith Europas, auf. Anfahrt: ca. 13 km nördlich von Tempio an der S 133 bei km 12,5 abbiegen, dann folgt noch 1 km Piste.

Aggius   IV/A3

Kaum 8 Kilometer, aber unendlich viele Kurven von Tempio entfernt, liegt direkt unterhalb der grandiosen Granitzackenkette am steilen Hang das reizvolle Dörfchen Aggius. Es bietet nicht nur ein malerisches Ortsbild, ein neues und besonders sehenswertes **Museo etnografico,** einen guten Spezialitätenladen, gleich mehrere Teppichwebereien (darunter ein ISOLA-Pilotzentrum) und die seit 22 Jahren stattfindende große **Teppichausstellung** „Mostra del Tappeto Aggese", sondern auch die zwar kurze, aber wunderschöne *Strada panoramica,* die an malerischen Teichen vorbei durch das imposante Felschaos hinter und über dem Dorf führt. Von Tempio kommend, bietet am Anfang der Umgehung der **Larghetto Santa Degna,** idyllisch in malerischen Terrassen aufgestaute kleine Teiche samt plätschernden Kaskaden, sehr schöne Picknick- und Bademöglichkeiten. Ein reizvoller Spazierweg führt zum nahen „Bellevue".

Atemberaubend auch das **Valle della Luna,** das sich kurz vor Ende der Umgehungsstraße urplötzlich vor einem öffnet (nicht zu verwechseln mit dem Valle di Luna am Capo Testa). Das weite, von Granitgebirgen umgeben Hochtal wird nicht umsonst auch *Piano dei Grandi Sassi,* „Ebene der großen Steine", genannt. Die fantastische, fast unwirkliche Welt aus gewaltigen Felsgebilden ist einzigartig. Am fotogensten ist sie bei Sonnenauf- bzw. -untergang, am eindrucksvollsten in einer klaren Vollmondnacht.

Information

●**Pro Loco,** Largo Andrea Vasa, Tel. 62 03 06.

Museum

●**Museo Etnografico,** Via Monti di Lizzu 6, Tel. 62 10 29, Web: www.museomeoc.com, geöffnet tägl. 10–13 und 16.30–20.30 Uhr, Mo/Mi/Fr 17–23 Uhr.

Einkaufen

●**Terra Sarda,** Via Roma 55, Tel. 62 01 37. Kunsthandwerk und Köstlichkeiten der Gallura von Wein, Käse, Schinken bis Olivenöl und Dolci.
●**Webarbeiten:** Laboratorio Tessile Artigianale, Via Li Criasgi, Tel. 62 02 99.

Unterkunft/ Essen und Trinken

●**Agriturismo Il Muto di Gallura,** Loc. Fragia (vom Ort 1 km südl. Richtung Tempio), Tel./Fax 62 05 59, Web: www.mutodigallura.com. „Il Muto de Gallura", „Der Stumme der Gallura", nannte der Schriftsteller *Enrico Costa* den blutigen Rächer in seinem gleichnamigen Roman, der von der furchtbaren Vendetta zwischen den Familien *Vasa* und *Mamia* aus Aggius erzählt. Heute verbirgt sich hinter dem Namen ein besonders schöner Agriturismo, der neben stilvoll-rustikalen Zimmern im Haupthaus und in malerischen Bungalows eine ausgezeichnete Küche bietet. Ob Pasta, Wurst, Fleisch, Käse, Wein oder Öl, alles ist selbstgemacht und von allerbester Qualität; die Portionen sind üppig. Es werden eintägige Trekkingtouren zu Pferd ins nahe Valle della Luna und mehrtägige zur Costa Paradiso oder ins Monte-Limbara-Gebirge angeboten. Wer bei *Paolo* isst, kann mit dem Wohnmobil oder Zelt auch auf dem Gelände übernachten (B&B ab 35 €, HP 70 €, VP 80 €, Menü, auch vegetarisch, 18–35 €).

Monte Limbara IV/B3

Südlich von Tempio windet sich die von uralten Pinien gesäumte SS 392 durch dichten grünen Korkeichen- und Nadelwald gen Oschiri. Nach ca. acht Kilometern folgt der beschilderte Abzweig zum höchsten Gallura-Gipfel, der 1362 Meter hohen Punta Balistreri im Limbara-Massiv. Bei atemberaubendem Ausblick auf die Berge und die Dächer von Tempio schnaufen die Wanderer und auch die Autos dank zehn Prozent Steigung über die folgenden sechs Straßenkilometer die **vielen Serpentinen** bis zur Ansiedlung Vallicciola auf 1000 Meter hinauf.

Oberhalb verjüngt sich das Sträßlein, und die Kurven werden noch steiler. Elektrosmogsensible aufgepasst: Auf dem Balisteri-Gipfel ragt ein derartiger Wald aus **Funk- und Sendemasten** von Militär, Radio und Fernsehen auf, dass sich die Offiziellen veranlasst sahen, ein Warnschild anzubringen, das vor allzu langem Aufenthalt warnt. Doch man bleibt schon von alleine nicht lange, denn es beschleicht einen hier irgendwie das dringende Gefühl, dass man durch die geballte Strahlkraft der Sender und Empfänger einfach verdampft werden könnte.

Schaut man aber nach rechts, erblickt man hinter dem Marienstandbild Madonna della Neve eine unberührte Gebirgslandschaft. Vom Aussichtspunkt beim Standbild mit fantastischer Fernsicht führt ein Weg zur nahen **Kapelle Santa Maria della Neve,** bei der eine Quelle sprudelt und Tische und Bänke zum Picknick genutzt werden können. Von der Kapelle laden verschiedene Wanderpfade zum ausgiebigen Spaziergang und zur Gipfelumrundung ein. Feste Schuhe sind dafür jedoch Voraussetzung.

Lago di Coghinas und Umgebung   ♪ VIII/A1

Richtung Süden turnt die SS 392, vorbei an der aus gleich sieben Quellen sprudelnden Fonte di Monti mit allerbestem Trinkwasser, in endlosen Kurven und Kehren durch die grünen Ausläufer des Limbaramassivs hinab zum weitläufigen, 1926 angestauten Lago di Coghinas. Am Westufer nördlich von Tula ist das Ufer besonders schön. Dort bieten angelegte Parkplätze und eine neue Ufer-Panoramastraße, die sich reizvoll am See entlangschlängelt und beim Gelände des (seit Jahren geschlossenen) Segelzentrums Sa Pramma endet, schöne Picknick- und Bademöglichkeiten. Auf dem Weg dorthin passiert man die einsam in der Landschaft liegende, bildschön aus rotem Stein erbaute **Kirche Nostra Signora di Castro** (ausgeschildert), von deren Terrasse sich ein großartiger Ausblick auf den See und den dahinter aufsteigenden Monte Limbara bietet.

Strada del Vermentino

Fährt man vom Stausee in Richtung Osten, erreicht man nach wenigen Kilometern die Strada del Vermentino. Sie führt zu den beiden berühmten Vermentinodörfern Berchidda und Monti, deren **Kellereien** einige der besten DOCG-Weißweine Sardiniens keltern.

Berchidda

Das freundliche Weindorf Berchidda klebt oberhalb der Straße am Hang. Übernachtungsgelegenheit bietet ein schöner kommunaler Campingplatz, Einkaufsmöglichkeit für besten *vino* die **Cantina Giogantinu.** Direkt daneben offeriert die Käse-Coop besten Pecorino, und wenige Schritte entfernt das auf ganz Sardinien bekannte Familienunternehmen RAU delikate Dolci Sardi. Der Gipfel der Genüsse ist jedoch das neue **Museo del Vino,** das hoch über dem Dorf liegt (Anfahrt ausgeschildert). Der Besuch ist jedem Weinliebhaber dringend angeraten. Denn hier kann man sich nicht nur im Museum informieren, sondern in der im Museum integrierten *enoteca* alle Weine Sardiniens – das sind ungefähr 150 – kosten und kaufen (wenn man's denn noch schafft). Das junge Personal ist ebenso sachkundig wie freundlich. Und der Fährhafen Olbia ist nur einen Klacks entfernt. Der ideale Ort also, um vor der Rückfahrt noch einmal ordentlich einzuladen von den zu Hause nur schwer erhältlichen sardischen Göttertropfen.

Unterkunft

- **Sos Chelvos***,** Via Umberto I 52, Tel. (079) 70 49 35, Fax 70 49 21. Nette kleine, preiswerte Herberge mit 19 Zimmern und Restaurant am Ortseingang (NS 37 €, HS 44 €, Frühstück 3 €).
- **Nuovo Limbara**,** Via Coghinas 1, Tel. (079) 70 41 65. Empfehlenswerte Trattoria mit ebenso guter wie preiswerter „cucina tradizione berchiddese" und einigen sauberen Gästezimmern (NS 39 €, HS 45 €, Frühstück 3 €).

Einkaufen

- **Wein:** Cantina del Giogantinu, Via Milano 30, Tel. (079) 70 41 63, Web: www.giogantinu.it, geöffnet Mo–Fr 8–12 und 15–18 Uhr.
- **Dolci:** RAU, Via Alghero 11/13, Tel. 70 41 53.
- **Käse:** Caseificio La Berchiddese, Via Milano 20, Tel. 70 41 69.

Museum

- **Museo del Vino** (Weinmuseum), Tel. (079) 70 45 87, Web: www.museodelvino.net, Di–So 9–13 und 15–19 Uhr, im Sommer 16–20 Uhr.

Poesie der Natur – zu Gast bei Fabrizio de André

Der 1940 in Genua geborene und als „Bob Dylan Italiens" gefeierte Sänger und Poet *Fabrizio De André* (1940–1999) erwarb 1975 nahe Tempio die Tenuta Dell' Agnata und widmete sich fortan neben der Musik und Poesie auch der Landwirtschaft. Seit seinem Tod führt seine Familie das 75 Hektar große Anwesen. Das riesige Gelände hat sich vom Bauernhof in ein märchenhaftes, ökologisch orientiertes Paradies mit eigenem Olivenanbau, wunderbarem Swimmingpool, kleinem Botanischem Garten und – einzigartig auf Sardinien – eigenem (künstlichen) See verwandelt. Im vollständig von Efeu überwucherten Haupthaus und am romantisch direkt am Pool gelegenen Gästehaus bieten zehn erlesen schlicht eingerichtete Zimmer Platz für Urlaub der besonderen Art. Auch wer nicht in Agnata wohnt, kann das Anwesen des Künstlers besuchen. Im Restaurant des Hauses wird auch Nicht-Hausgästen ausgesucht delikat bereitete Galluraküche serviert.

Ob Zimmer oder Restaurant – Voranmeldung ist obligatorisch (NS 55–70 € p.P., HS 65–95 € p.P., Menü ca. 35 €, ganzjährig geöffnet).

- **Anfahrt:** Auf der Straße von Tempio nach Oschiri biegt man nach ca. sechs Kilometern beim Schild „S. Bachisio" rechts auf die einspurige Teerstraße ab, in ein einsames Tal hinein. Nach ca. vier Kilometern wird die Straße zur Staubpiste, bis zum Parkplatz sind es dann noch drei Kilometer. Von dort führt ein von Wein überrankter grüner Tunnel hinauf zum Eingang.
- **L'Agnata di De André,** Loc. Agnata, Tel. (079) 67 13 84, Fax 63 41 25, Web: www.agnata.it.

Kork

Ungefähr 25 Jahre lang muss die immergrüne Korkeiche *(Quercus suber)* wachsen, bis zum ersten Mal eine Ernte möglich ist, und nur alle acht bis zehn Jahre dürfen die Bäume geschält werden. Rostrot leuchtet danach ihr nackter Stamm; nach spätestens neun Schälungen ist der Baum verbraucht.

Die Korkernte ist ein mühsamer Vorgang von Hand und ein langfristiges Geschäft, dennoch lohnt es sich. Kork ist das wichtigste Exportgut der Insel, die wiederum den wichtigsten Korkproduzenten Italiens darstellt. 80 Prozent der italienischen Korkproduktion stammt aus Sardinien, insbesondere aus der Gallura, wo rund um Tempio Pausania die größten sardischen Korkeichenwälder gedeihen.

Im weltweit einzigartigen Forschungslabor für Kork, der *Stazione Sperimentale del Sughero*, studiert und analysiert man die dicke Rinde der Korkeiche zur Verbesserung von Qualität und Gebrauch; in Tempios Nachbarort Calangianus befindet sich die einzige Fachschule für Korkverarbeitung in ganz Italien. Allenorts an den Straßen und auf den Betriebsgeländen liegen die Borken in großen Haufen zum Trocknen gestapelt.

Es dauert über mehrere Monate und benötigt die gesamte Hitze des Sommers, bis der Kork weiterverarbeitet werden kann. Neben Souvenirs, wie Postkarten, Schalen und Schächtelchen, werden aus ihm besonders Tapeten und Isolierstoffe, Wand- und Bodenbeläge, aber auch Schuhsohlen hergestellt. Ausschließlich die Spitzenqualität hat die Ehre, als Verschluss auf einer Weinflasche zu landen oder als Sektkorken eine Flasche mit Schaumwein zu krönen.

073s Foto: jh

Monti

Rund 20 Kilometer östlich liegt Monti, das zweite wichtige Vermentinodorf der Gallura. Hier offeriert die **Cantina del Vermentino** ihr Spitzentröpfchen Funtanaliras für weniger als 5 €, das in Deutschland, wenn überhaupt zu erhalten, mindestens das Dreifache kostet. Allein deshalb lohnt sich der Weg. Auch Monti besitzt einen hübschen Campingplatz, der jedoch wegen seiner steilen Hanglage für Wohnmobile und Caravans ungeeignet ist. Wer in Monti weilt, sollte die kurvenreiche Straße Richtung Ala dei Sardi hinauffahren und dann, nach ca. sieben Kilometern, zur **Chiesa San Paolo** abbiegen. Sechs Kilometer führt der Weg durch eine vollkommen menschenleere Gegend hinab zum einsamen, still und idyllisch gelegenen Eremitenkirchlein. Unterwegs öffnen sich fantastische Blicke auf die Küste um Olbia. An der Kirche spendet eine Quelle bestes Trinkwasser, der hoffentlich mitgebrachte Picknickkorb Brot, Käse und Vermentino, und die Bäume Schatten für die Siesta danach.

Einkaufen

- **Wein:** Cantina del Vermentino, Via San Paolo 2, Tel. (0789) 44 631, Web: www.vermentinomonti.com, geöffnet Mo–Fr 8.30–12 und 14.30–17.45, Sa 8.30–12.15 Uhr.
- **Keramik:** Ceramica Gallurese, Via Risorgimento 14, Tel. 44 223.

Unterkunft/ Essen und Trinken

- **Ristorante/Camping La Pineta*,** Via San Paolo, Tel. (0789) 44 495, Web: www.tiscali.it/pinetasard, geöffnet 1.6.–30.9. Schön im Wald gelegener terrassierter Platz mit guten Sanitäranlagen, wegen der sehr steilen Waldwege jedoch nicht für Wohnmobile und Gespanne geeignet. Beim Platz liegt das ganzjährig geöffnete Ristorante La Pineta.
- **Agriturismo Il Vermentino,** Loc. San Giovanni, Via Conca Saraighina, Tel. (0789) 44 101. Ganzjährig geöffneter Agriturismo in Alleinlage mit exzellenter Küche und jeweils einem 1-, 2- und 3-Bettzimmer. Verkauf von eigenen Produkten wie Wein, Mirto, Salami.

Fest

- **Sagra del Vermentino:** großes Weinfest am ersten Wochenende im August.

Time in Jazz – wo sich Wein und Musik vermählen

Jährlich **im August** verwandelt sich das Weindorf **Berchidda** für einige Tage in eine einzige große bunte Bühne, auf der sich nationale und internationale Größen des Jazz die Ehre geben und aus ganz Italien die Fans in Scharen herbeieilen. Dass das kleine Galluradorf zum zentralen Austragungsort von „Time in Jazz", immerhin einem der bedeutendsten Jazzfestivals Italiens, werden konnte, verdankt es dem 1961 in Berchidda geborenen berühmten Jazztrompeter *Paolo Fresu,* der es 1999 ins Leben rief und nach wie vor als Festivaldirektor fungiert und natürlich auch selbst auftritt. Zu dem Großereignis verkehren von Olbia spezielle Shuttlezüge nach Berchidda. Nicht nur in Berchidda selbst, sondern auch in den umliegenden Orten wie Monti und Oschiri finden Konzerte statt.

- **Info/Programm/Tickets:** Assoc. Time in Jazz, Via Nulvara 2, 07022 Berchidda, Tel. (079) 70 30 07, Web: www.timeinjazz.it.

Anglona und Turritano

Landschaft und Kultur

Strand, so weit das Auge reicht, verläuft im sanften Halbrund von Isola Rossa bis zum pittoresken Zentrum der Anglona, Castelsardo. Hinter der breiten, fruchtbaren Mündungsebene des Coghinas mit dem lebhaften Urlaubsort Valledoria im Mittelpunkt steigt die Anglona zu einem von weiten Gemüsefeldern geschmückten, welligen Hügelland an. Über baumlose, stumpfe Kuppen mit saftigen Weiden baut es sich allmählich zum stattlichen Mittelgebirge auf. Hier lohnen *domus de janas,* Kirchen und Kastelle einen Besuch. Schmale Landstraßen führen in zahllosen Serpentinen in die Bergwelt hinauf zu den abgelegenen Orten Perfugas, Nulvi und Osilo, die in ländlicher Abgeschiedenheit eine schöne Alternative zum Trubel an der Küste bieten.

Lautes und vergnügliches Strandleben findet man an der ausgedehnten Bucht zwischen Castelsardo und Porto Torres, wo von Eden Beach über Marina di Sorso bis Platamona Lido ein rund 20 Kilometer langes Sandband den Golf von Asinara ziert. Die Kehrseite: Auf den oft schön gelegenen Strandparkplätzen offerieren nun im Sommer afrikanische Prostituierte ihre Dienste, die Parkflächen gleichen teils Müllhalden, und die Zahl der Diebstähle und Autoaufbrüche steigt.

Von hohen Dünen, Wacholderheide und Pinienwäldern gesäumt, lockt die so genannte „sardische Riviera" Campingurlauber und am Wochenende Sassaresi in Scharen an.

Die Provinzhauptstadt Sassari, die zweitgrößte Metropole und zugleich „heimliche Hauptstadt" Sardiniens, ist auf schnurgerader Strecke in kürzester Zeit zu erreichen. Rund um Sassari dehnt sich die dicht besiedelte, flunderflache und im Sommer vor Hitze flirrende Landschaft des Turritano aus.

Valledoria und Umgebung ⌕ III/D2-3

Valledoria

Wirklich schön kann man es nicht nennen, das Örtchen, das einst Ampurias hieß. Aber das Schwemmland rings um die Kleinstadt ist fruchtbar, und die Einkaufsmöglichkeiten sind gut und günstig. Dass Valledoria heute ein besonders beliebter Ferienort ist, hat es dem Rio Coghinas zu verdanken, der hier in den Golf von Asinara mündet und dabei zahllose **Bilderbuchstrände** bildete. Die Massen der Badelustigen, die im Sommer in Valledoria einfallen, verleihen dem dann quicklebendigen Städtchen mit seinen zahlreichen Vergnügungseinrichtungen ein spezielles Flair. Wie turbulent es hier im Sommer zugeht, zeigt der separate Fußgänger- und Radfahrerweg,

Strand so weit das Auge reicht – die Spiaggia di Sorso

der aus Valledoria zum nahen **San Pietro di Mare** hinausführt; eine in Sardinien äußerst seltene, aber hier notwendige Einrichtung. Denn zu dem malerischen Kirchlein über der von Dünenwällen und Sandstränden gesäumten Coghinas-Mündung pilgert allabendlich alles, was sich bewegen kann. Selbst bei schlechtem Wetter oder im Winter fährt man wenigstens einmal täglich hier heraus, um in eine der Bars zu gehen oder einfach den herrlichen Blick auf das Meer, den Stand und das am Horizont aufragende Castelsardo zu werfen. Am Südende der Bucht liegt die kleine, bislang noch relativ ruhige Ferienhaussiedlung La Ciaccia.

Post und Telefon

- **Vorwahl: 079**
- **PLZ: 07039**

Essen und Trinken

- **Rigoletto,** Corso Europa 77 (nahe Rathaus) Tel. 58 23 64; von außen eher unscheinbar, wird hier neben leckerer Pizza vor allem Fisch serviert. Hervorragend: *antipasti di mare*.
- **Locanda del Mare,** am Strand von Ciaccia, Tel. 58 41 44, Web: www.lalocandadelmare.com. Zu der Panoramaterrasse direkt am Meer gibt es eine gute Küche, besonders Fisch, und dazu vier sehr schön im sardischen Stil eingerichtete Komfortzimmer (53–83 €).

Aktivitäten

- **Kanu- und Kajaktouren:** Vom Camping La Foce bietet *Vittorio* organisierte Kanu- und Kajakausflüge auf dem fisch- und vogelreichen Coghinas an. Es stehen drei Touren zur Auswahl. Die kürzeste führt bis zur Straßenbrücke Ponte du Baduboi (3 Std.). Zwei Stunden mehr paddeln muss, wer weiter bis zum Lago di Casteldoria will und auf dem See bis zur Ponte Veccio. Die Fahrt flussaufwärts bis zu den heißen Thermalquellen von Casteldoria dauert mit Badepause sechs Stunden. Wer lieber auf eigene Faust los möchte, kann sich ein Einerkajak oder Doppelkanu ausleihen. New Kayak Sardinia, *Vittorio Marras,* Camping La Foce, Tel./Fax (079) 58 29 00, mobil 338-12 58 403, Web: www.newkayaksardinia.it.

Unterkunft

- **Hotel Anglona***,** Loc. San Pietro a Mare, Tel. 58 21 43, Fax 58 29 03. Eines der schönsten Hotels am Ort. Reizvoller Bau in absoluter Toplage über dem Strand und der Coghinasmündung mit grandiosem Ausblick. Sehr große, schön gestaltete Terrasse (NS 45–55 €, HS 60–70 €).
- **Hotel Sole e Mare**,** La Ciaccia, Via Colombo 38, Tel. 58 41 04. Kleine, ruhige Herberge mit 18 Zimmern und Restaurant (NS 44 €, HS 55 €).
- **B&B La Locanda,** Tel. (079) 58 26 43, Web: www.sardinia-inn.com. Nette, im Wäldchen gelegene Unterkunft mit individuell gestalteten Zimmern mit Bad, einladender Terrasse und Pool ca. 300 Meter vom Strand bei San Pietro de Mare.

Camping

- **La Foce***,** Via Ampurias 1 c.s., Tel. 58 21 09, Fax 58 21 91, Web: www.foce.it, geöffnet 15.5.–30.9. Große, schön an der Coghinasmündung gelegene Anlage. Boote bringen die Gäste kostenlos zum schönen Dünenstrand. Im Sommer oft Jugendgruppen. Mit Pool, Bar, Markt, Restaurant, Bungalowvermietung, Tennis, Surf- Tauchbasis, Kanu-, Kajakverleih.
- **Valledoria International***,** Via La Ciaccia 39, Tel. 58 40 70, Fax 59 40 58, Web: www.campingvalledoria.com, geöffnet 15.5.–30.9. Großer, gut ausgestatteter, von Pinien und Wacholder reizvoll beschatteter Platz drei Kilometer außerhalb direkt am Strand. Mit Bungalowvermietung, Tennis, Moutainbike-Verleih, Disco, Spielplatz, Restaurant; deutschprachige Rezeption.
- **Camping Baia dei Ginepri**,** Tel. 58 43 73, Web: www.baiaginepri.it, geöffnet 15.6.–15.9. Neuer, angenehmer Platz neben dem

Valledoria International. Stellplätze unter Walcholder und Pinien; einfacher, kleiner und naturbelassener als die beiden großen Konkurrenten.

Die Thermen von Casteldoria

Durch die fruchtbare Schwemmlandebene des Coghinas führt die Straße in das Dorf **Santa Maria Coghinas**. An dessen kleinem Friedhof vorbei geht es mit Sicht auf die Ruine des Casteldoria zu den Thermen. Ein Kurhotel wurde ans Ufer des sich hier zu einem kleinen See ausweitenden Coghinas gebaut und nach Jahren des Leerstandes und Verfalls nun endlich doch eröffnet. Wer will, kann die Heilkraft der 70 °C heißen, schwefelhaltigen Quellen mittels eines von vielstimmigem Froschgequake begleiteten Schlammbads testen.

Unterkunft

- **Hotel Montiruju*****, Loc. Terme di Casteldoria, Tel. 58 57 25, Fax 58 54 00, Web: www.montirujuhotel.com. Einsam am Berg über der Coghinas-Ebene nahe den Thermen gelegenes, ruhiges Hotel mit familiärer Atmosphäre. Mit Swimmingpool (52–65 €).
- **Hotel Termo*****, Via Gramsci, Tel. (079) 58 04 54, Fax 58 09 198, Web: www.hoteltermo.it. Direkt an den heißen Quellen, sehr ruhig gelegenes, neues kleines Kurhotel mit zwei Pools, Sauna u.a. (NS 70–90 €, HS 96–118 €).

Viddalba

Weit unaufgeregter als Valledoria wirkt das wenige Kilometer landeinwärts gelegene Viddalba. Neben der größeren Beschaulichkeit gibt es vor allem zwei Gründe, dorthin zu fahren. Zum einen das neue **Museo Archeologico** der kleinen Gemeinde, das Fundstücke aus der Bronze- bis zur Römerzeit zeigt. Zum anderen vermietet hier der Autor des leider vergriffenen Buches „Sardinien – Märcheninsel im Mittelmeer", *Walter Kuppel,* der seit 1986 mit seiner Frau *Renate* hier lebt, mit der **Fluchtburg** wohl eines der außergewöhnlichsten Ferienhäuser auf Sardinien. Die liebevoll gestaltete Unterkunft liegt in 550 Metern Höhe im ganze acht Einwohner zählenden Örtchen Giagazzu. Von der Terrasse hat man eine großartige Fernsicht. Daneben begleitet der Sardinienkenner *Walter* gerne Haus- und andere Gäste auf ein- oder mehrtägigen Ausflügen in die Bergwelt der Barbagia.

Museum

- **Museo Archeologico,** Via G.M. Angioy, Tel. 58 05 14, geöffnet Juni-Sept. tägl. 9–13 u. 16–21 Uhr, Okt.-Mai 9–13 u. 15–19 Uhr.

Einkaufen

- **Keramik:** Coop Aurora, Via Lavatoio 13, Tel. 58 33 03.

Unterkunft

- *Walter u. Renate Kuppel,* Li Galdani, Tel. (0039) 34 88 12 10 58, Web: www.sardinien-gallura-ferienhaus.de (Haus unter Castel Doria 17–29 €, Fluchtburg 17–24 €).

Castelsardo III/C3

Im Mittelalter von der genuesischen Adelsfamilie *Doria* als Festung gegründet und unter spanischer Herrschaft wichtiger Militärstützpunkt, ist Castelsardo heute trotz fehlender Strände ei-

CASTELSARDO

ner der schönsten Anziehungspunkte in der Region. Malerisch vom Meer umspült, hockt das Fünfeinhalbtausend-Einwohner-Städtchen mit seinen mittelalterlichen Granithäusern auf einem mächtigen Felsklotz, auf dem sich als krönender Abschluss das namensgebende **Castello dei Doria** aus dem 12. Jahrhundert erhebt. Unterhalb des Kastells werden in den verwinkelten Gassen der Hauptstadt der traditionellen sardischen Korbflechterei zahlreiche Korbwaren in überlieferten Mustern aus Zwergpalmblättern, Stroh, Binsen oder Schilfrohr angeboten.

Die Unterstadt

Den Wagen parkt man am besten unterhalb der Altstadt am Lungomare (Uferstraße) in Richtung des neuen, die ganze Bucht füllenden Jacht-Hafens und spaziert aufwärts vorbei an Souvenirshops und Kunsthandwerksläden mit Korb- und Korkwaren, Keramiken und stilvollen Webteppichen zur zentralen **Piazza del Popolo**. Von hier führen steile Treppen hinauf bis zum Burgberg und in die historische Altstadt mit ihren oft nur handtuchbreiten, verwinkelten Gassen.

Die Altstadt

Das von der Landseite her durch den Burgberg verdeckte *centro storico* zu Füßen des Kastells ist für den Autoverkehr gesperrt. Verwinkelte Kopfsteinpflastergassen mit geraniengeschmückten Granithäuschen, in deren Eingängen Frauen auf den Treppen sitzen und Körbe und Schalen flechten, führen zum **Castello dei Doria**. Mit seinen trutzigen Mauern hoch auf dem Felsklotz gelegen, ist das im 12. Jh. errichtete, restaurierte Kastell wahrhaftig eine Sehenswürdigkeit. Von seiner Aussichtplattform eröffnet sich nämlich ein herrlicher Rundblick über die gesamte Nordwestküste hinweg.

Innerhalb seiner Mauern ist ein sehenswertes **Kunsthandwerksmuse-**

um *(Museo dell'Intreccio)* untergebracht. Es werden klassische sardische Korbflechtereien ausgestellt: Boote und Reusen, Korbwaren für Landwirtschaft, Viehzucht und vieles mehr, darunter die *fassoni,* die berühmten Schilfboote vom Stagno di Cabras.

Dem Meer zugewandt, schmiegt sich unterhalb der Burgmauern die spätgotische **Kathedrale Sant'Antonio Abate** (16. Jh.) an den Fels. Weithin sichtbar leuchtet ihre mit bunter Majolika verzierte Kirchturmkuppel. Zur wertvollen Inneneinrichtung gehören ein holzgeschnitztes Chorgestühl aus der ersten Hälfte des 17. Jahrhunderts, goldverbrämte Seitenaltäre, eine reich verzierte Barockkanzel von 1727 und – als schönstes Juwel – das Altarbild „Madonna mit Kind und Engeln" des unbekannten Meisters von Castelsardo aus dem 15. Jahrhundert.

Lu Lunissanti

Seit dem Mittelalter ist die Kirche Santa Maria delle Grazie auf dem Burgberg Castelsardos Ausgangspunkt der berühmten Festa di Lunissanti. Am Montag vor Ostern versammelt sich der Prozessionszug hinter dem in der Kirche aufbewahrten Cristu Nieddu („Schwarzer Christus"), dem ältesten Kruzifix Sardiniens. Mit verhülltem Gesicht und in weiße, Ku-Klux-Klan-artige Gewänder gehüllt, stimmen die *apostuli* und *cantori* der Confraternita di Castelsardo im Castellanese-Dialekt monotone mittelalterliche Chorgesänge an. Singend zieht die Prozession bis zum Stadtrand und wird, etwa 1 Stunde später, im 10 Kilometer entfernten Tergu fortgesetzt, wo sie in der Benediktinerabtei Santa Maria di Tergu nach einem Gottesdienst und anschließendem Picknick fürs Erste endet. Höhepunkt der Feierlichkeiten ist jedoch der sehr eindrucksvolle nächtliche dreistündige Umzug durch die dann nur von flackernden Fackeln romantisch-gespenstisch erleuchteten Gassen der Altstadt von Castelsardo, wo er kurz vor 24 Uhr am Ausgangspunkt endgültig endet.

Praktische Tipps Castelsardo

Post und Telefon

- Vorwahl: 079
- PLZ: 07031

Info

- **Pro Loco,** Piazza del Popolo, Tel./Fax 47 15 06.

Essen und Trinken

- **Fofo,** Via Lungomare Anglona 1, Tel. 47 01 43. Das dem Hotel Riviera angeschlossene Restaurant ist weit über die Regionalgrenzen hinaus für seine exzellenten Fisch- und Meeresfrüchtespezialitäten bekannt.
- **La Guardiola,** Piazza Bastione 4, Tel. 47 04 28. Auf dem Burgberg speist man unterhalb des Kastells entweder im mittelalterlichen Gewölbe oder auf der Terrasse mit grandiosem Ausblick ins Tal. Besonders empfehlenswert: Antipasti von Meeresfrüchten.

Einkaufen

- Schöne, original sardische Korbflechtereien, Keramiken und Teppichwaren findet man im **ISOLA-Pilotzentrum,** Via Roma 104, Tel. 47 14 13.

Hoch über dem Meer – der Turm der Kathedrale Sant'Antonio Abate

Korbflechterin im ISOLA-Laden von Castelsardo

Museen

- **Museo dell'Increccio Mediterraneo/Castello dei Doria,** Via Marconi, Tel. 47 13 80; geöffnet tägl. 9.30–13 Uhr, zusätzlich Nov.–Feb. 15.–17.30 Uhr, März 15.–18.30 Uhr, April/Mai 15.–19.30 Uhr, Juni 15.–20.30 Uhr, Juli–Sept. 9.–24 Uhr; Okt. 15.–18.30 Uhr; Okt.–März Mo geschlossen.

Unterkunft

- **Hotel Riviera***,** Lungomare Anglona 1, Tel. 47 01 43, Fax 47 13 12, Web: www.hotel-riviera.net. Am kleinen Stadtstrand an der Durchgangsstraße Richtung Porto Torres in Hafennähe. Dennoch ruhig: Die komfortabel und modern ausgestatteten Zimmer sind schallisoliert (NS 50–140 €, HS 60–195 €).
- **Hotel Castello***,** Lungomare Anglona 15, Tel. 47 00 62, Fax 47 91 63. An der Uferstraße Richtung Porto Torres. Geräumige, freundliche Zimmer, große Restaurantterrasse (NS 60–65 €, HS 70–75 €, Frühstück 5 €).
- **Pensione Pinna**,** Lungomare Anglona 7, Tel. 47 01 68. Nicht leise, da an der Durchgangsstraße bei einer Tankstelle gelegen. Einfache, gepflegte Zimmer teils mit Balkon. Das Restaurant lockt mit köstlicher Hausmacherkost (NS 45–50 €, HS 50–55 €, Frühstück 5 €).
- **B&B Lemon Tree,** Loc. Lu Bagnu, Via Torino 1/a, Tel. 25 95 061, Fax 25 92 241. 2 DZ mit Bad und Frühstücksterrasse zum Meer direkt an der Küste beim Profiskipper *Matteo*, der seine Gäste auch gerne mit auf einen Törn im Golf der Insel Asinara mitnimmt.

Jugendherberge

- **Ostello della Gioventù Golfo dell'Asinara,** Via Sardegna 1, Loc. Lu Bagnu (ca. 2 km westlich der Stadt), Tel. 58 70 08, Fax 58 70 08, geöffnet Ostern und 1.6.–15.9; B&B 12 €, 2- bis 3-Bettzimmer 16 €, 4-Bettzimmer 14 €.

Verkehrsverbindungen

- **ARST-Busse:** 5 x tägl. ab Piazza Pianedda nach Sassari über Vignola, Sedini, Sorso und Sennori; Tel. 26 39 200.

- **Sunlines Busse:** 3 x tägl. nach Porto Torres und Olbia (City, Hafen, Flughafen) über Valledoria, Luras und Aggius.
- **Cassita Autobus:** Linie nach Porto Torres und Olbia.
- **Sardabus:** Linie nach Nulvi und nach Castelsardo und Tempio.

Die innere Anglona ♪ III/CD3, VII/CD1

Landkirche Santa Maria di Tergu

Die pisanische Kirche Santa Maria di Tergu im nur 530 Einwohner zählenden Dorf **Tergu** ist den etwa zehn Kilometer langen Abstecher über eine kurvenreichen Nebenstrecke von Castelsardo in Richtung Nulvi wert. Einsam liegt das Anfang des 13. Jahrhunderts von Benediktinermönchen erbaute romanische Kirchlein auf einem Felsplateau nahe dem Dorf. Die Fassade aus grob behauenen Quadern von rotem Trachyt und weißem Kalkstein ist mit Säulen und Rundbögen verziert, der archaisch anmutende Innenraum ist, nur durch wenige schmale Fensterschlitze erhellt, in Dunkelheit getaucht.

- **Info Kirche:** Tel. (079) 47 60 06 *(Don Pola)*.

Der Elefanten-Fels

Wählt man von Castelsardo aus die Route Richtung Perfugas, wartet dort, wo die SS 200 und die SS 134 aufeinandertreffen und ein etwas verschlungenes Verkehrskreuz bilden, unmittelbar am linken Straßenrand der bekannte und viel fotografierte **Roccia dell'Elefante** auf einen Besuch. Der rund zehn Meter hohe, zu einem skurrilen Elefanten verwitterte Trachytfels, der seinen Rüssel weit über die Leitplanke schwingt, birgt mehrere *domus de janas,* Felskammergräber aus der Ozieri-Kultur. Direkt gegenüber des Elefanten hat die Forstverwaltung im Wäldchen oberhalb der Straße ein Picknickgelände angelegt. Am Parkplatz zum Fels bieten Händler Käse und Liköre feil und ein armer Esel steht zum Schaufotografieren herum.

Sedini

Vom *Elefante* aus schraubt sich eine seit Jahren offiziell gesperrte, aber bislang problemlos zu befahrende Panoramastraße kurvenreich und atemberaubend schön in die Bergwelt der Anglona hinauf. Leider wurde die Straße nun auf etwa halber Strecke durch eine Sperre unpassierbar gemacht. Wie lange diese von den Einwohnern Sedinis hingenommen wird, bleibt jedoch abzuwarten.

Zwischen zwei fast senkrecht abstürzenden Kalksteinsplateaus klemmt in einer Schlucht das malerische Dörfchen Sedini. Seine große Attraktion ist das **Domus Sa Rocca,** ein mächtiger, direkt an der Durchgangsstraße gelegener und von Felskammern durchlöcherter Kalkfels am Ortsausgang

Roccia dell'Elefante – der Felselefant bei Castelsardo

Richtung Bulzi, in dem man Grabkammern aus der Ozieri-Zeit und damit aus der Urzeit der Besiedlung Sardiniens entdeckte.

●**Museo Domus Sa Rocca:** Tel. (079) 58 85 81, Juni–Sept. tägl. 10–13 und 15–20 Uhr, sonst auf Anfrage.

Ein lohnendes Ausflugsziel ist auch das wunderbare **Valle de Silanos** mit seinen gewaltigen Kalkwänden, in dem man inmitten stillster Natur die **Klosterruine S. Nicola di Silani**, einen romanischen Sakralbau aus dem 12. Jh., und die romantisch gelegene kleine **Chiesa San Pankrazio** findet (ab Sedini 45 Min. Fußweg). Ein wunderbarer Picknickplatz mit Parkplatz, Quelle und grandioser Aussicht bietet sich, wenn man das steile Sträßlein rechts neben dem Sa Rocca hinabfährt.

●**Information/Führungen:** Coop Setin, Largo Anchita, mobil 349-35 95 663, Web: web.tiscali.it/sedini; Führungen zu den Monumenten in und um Sedini sowie Trekking zu Fuß und Pferd und Höhlenexkursionen.

Landkirche San Pietro di Simbranos

Südlich des Ortes Bulzi, zu dem sich von Sedini eine grandiose Serpentinenstrecke hinabwindet, liegt im Talgrund in absoluter Einsamkeit die bilderbuchschöne pisanische Landkirche San Pietro di Simbranos. Die architektonische Perle im Zebrastreifenmuster aus rotbraunem Trachyt und weißem Kalk wurde im 11. Jh. errichtet und Anfang des 13. Jh. von Benediktinermönchen aus Montecassino erweitert. Über dem Grundriss in Form eines lateinischen Kreuzes erhebt sich eine mit eleganten Halbsäulen und Blendbögen reich verzierte Fassade. Die idyllisch gelegene Kirche ist auch ein toller Ort für ein romantisches Landpicknick im Schatten alter Bäume. Steintisch, Bank und Trinkwasserhahn sind vorhanden.

Perfugas

Nahebei verfügt das 2500 Einwohner zählende Städtchen Perfugas im Herzen der Anglona gleich über mehrere interessante Sehenswürdigkeiten. Im Ortskern beeindruckt in der dreischiffigen **Pfarrkirche Madonna degli Angeli** (16./ 17. Jh.) das wertvolle, frisch restaurierte Retablo (Altarbild) di San Giorgio der Maler *Jaime* und *Pedro Serra* aus dem Jahr 1361.

Am Platz vor dem Gotteshaus liegt das hervorragend erhaltene nuraghische **Brunnenheiligtum Pedrio Canapoli** (13.–7. Jh. v. Chr.). Während einer Brunnenaushebung wurde der *pozzo sacro* bereits 1923 entdeckt, jedoch wieder zugeschüttet und erst Mitte der 1970er Jahre wieder freigelegt. Vom oberirdischen Vorraum mit Sitzbänken und Opferaltar führt eine Treppe aus perfekt behauenem Kalkstein in den Brunnenschacht zur heiligen Quelle hinab. Leider ist das nuraghische Kleinod durch eine überdimensionierte, an einen Hochsicherheitstrakt erinnernde Umzäunung abgesperrt, was den Blick behindert und den Genuss erheblich schmälert.

Die Votivgaben aus dem Brunnenheiligtum sind im **Museo Archeologico e Paleobotanico** („Archäologisch-paläobotanisches Museum") am Stadtrand ausgestellt. Darüber hinaus birgt das Museum die 1980 rund um Perfugas gehobenen sensationellen Funde – altsteinzeitliche Werkzeuge, die eine 150.000-jährige Besiedlung Sardiniens belegen. Im Hof sind Stücke des versteinerten Waldes von Martis (s.u.) zu besichtigen.

●**Museo Archeologico e Paleobotanico**, Via Nazario Sauro, Tel. (079) 56 42 41; geöffnet Okt.–Mai Di–So 9–13 u. 15–19 Uhr, Juni–Sept. 9–13 u. 16–20 Uhr. Zur Besichtigung des verschlossenen Brunnenheiligtums und der Pfarrkirche wendet man sich an das Museumspersonal.

Unterkunft

●**Hotel Domo de Janas*****, Via Lamarmora 37, Perfugas, Tel. (079) 56 40 07. Einziges Hotel am Platz, zehn gepflegte Zimmer, mit Restaurant (46 €).
●**Pensione Anglona***, Via G. Leopardi 12, Tel./Fax 56 42 42. Familie *Pani* bietet vier einfache DZ und zwei 3-Bettzimmer. Im familiären Hausrestaurant kommt saisonale und regionale Küche auf den Tisch (DZ ca. 45 €).

Einkaufen

●**Käse:** Coop Pastori Perfughesi, Via N. Sauro 6, Tel. 56 40 86; Pecorino Perfughese, Provolone, Fioretto, Caprino u.a. Spezialitäten.
●**Wein:** Cantina San Marco, Via Cavallotti 5, Tel. 56 46 26.

Nulvi

Mit seinen 3200 Einwohnern wirkt Nulvi, der zentrale Ort der Inneren Anglona, fast schon städtisch. Wer vorbeikommt, kann einen Blick in die bereits um 1300 errichtete und 1605 in öffentlicher Abstimmung von „Santa Maria del Fiore" in „Beata Maria Vergine Assunta" umgetaufte **Pfarrkirche** werfen; dort zeigt das „Museo Diocesano Madonna Assunta" seine Schätze. Mit über 70 Nuraghen, darunter der besonders eindrucksvolle **Nuraghe Irru** mit seinem „pozzo sacro", einem Brunnenheiligtum aus dem 10. Jahrhundert v. Chr., ist die Umgebung von Nulvi besonders reich an steinernen Zeugen. Information zu den archäologischen Stätten erhält man bei der Pro Loco.

Museum

●**Museo Diocesano**, Tel. 347-11 51 987, Web: www.diocesitempio-ampurias.it, Juli–Okt. 9–12.30 u. 16–20 Uhr, Eintritt frei.

Einkaufen

●**Käse:** Coop San Pasquale, SS 127 km 95,3, Tel. (079) 57 64 99, Web: www.formaggisanpasquale.com. Pecorino in DOC-Qualität, auch Fiore Sardo, sowie Spezialitäten der Region wie Grananglona oder Nugurbi.
●**Anglona Sapori**, Via Velio Spano 5, Tel. (0795) 78 040, Web: www.anglonasapori.com. Spezialitäten aus der Anglona; von Pasta über Öl, Käse, Schinken, Brot und Wein bis zu Mehl und Likör, vieles aus Bio-Anbau.

Fest

●**14. August: „Sa Essada de Sos Candhaleris"**, der „Umzug der Candelieri". Sehr eindrucksvolle, seit 1200 als Dank für eine überstandene Pestepidemie abgehaltene Prozession, bei der die „gremi" riesige Votivbilder mit sich tragen.

Unterkunft

●**Hotel Piccolo Mondo****, Corso Vittorio Emanuele 129, Tel. (079) 57 62 62. Einfaches Haus mit kleinem Restaurant am Ortsausgang Richtung Laerru (27–33 €).

Der versteinerte Wald von Martis

Das 750-Seelen-Örtchen Martis bietet eine besondere Sehenswürdigkeit: die **Foresta Pietrificata,** einen vor Jahrmillionen versteinerten Wald. Ein schmales Asphaltband führt rechts von der Hauptstraße hinunter in das liebevoll angelegte Gelände im freundlichen Tal des kleinen Rio Carrucana. Dort liegen zahllose steinerne, Riesenamphoren ähnelnde Gebilde im Gras – Überreste eines Waldes, der in Urzeiten im See versank und dessen Holz sich in Siliciumdioxid umwandelte. Man sollte sich von einem Besuch nicht allzu viel versprechen. Wüsste man nicht, dass es ein „versteinerter Wald" ist, könnte man die aufgehäuften grauen Röhren auch für abgekippten Schutt halten. Wer den Steinwald besucht, kann die Gelegenheit nutzen und sich die malerisch auf einem Hügel östlich des Ortes aufragenden Ruinen der spätromanischen **Chiesa San Pantaleo** anschauen.

Osilo

Das von der Lage her schönste Anglona-Dorf ist zweifellos Osilo, das in 673 Metern Höhe wie ein Rabennest auf dem Gipfel eines Berges hockt. Von allen Himmelsrichtungen winden sich Straßen in das Bergdörfchen mit seinen grauen Granithäuschen und engen Gassen. Über dem Ort liegt die düstere Ruine des **Castello dei Malaspina,** zu dem man ruhig hinaufspazieren sollte. Der Panoramablick von dort ist ebenso schön wie der vom ausgeschilderten Bellevue, zu dem nahe der Kreuzung eine schmale Teerstraße führt. Die Krönung aller Osilo-Fernsichten genießt man jedoch von der zwei Kilometer entfernten Wallfahrtskirche **Nostra Signora di Bonaria** aus.

Danach sollte man sich beim Bummel durch die Gassen Osilos die alten Frauen in ihren farbenfrohen Trachten und die traditionellen Muster der Decken- und Teppichwebarbeiten bewundern; und auch einen Laib des inselweit gerühmten Pecorino di Osilo kann man hier erwerben.

Einkaufen

- **Teppiche/Webarbeiten:** Maria A. Manca, Via Vittorio Emanuele 23a, Tel. 42 641.
- **Käse:** Az. Agricola Bia e Carru, SS 127, km 3,3, Tel. (079) 42 538. Bei Roberto Chessa und seinem Vater Gavino gibt es den berühmten Pecorino di Osilo in bester Qualität.

Fest

- **14.–16. Aug.:** Cavalcata Osilese. Reiter- und Trachtenumzug mit traditioneller Pferdeshow.

Das Bergdorf Osilo

Die Küste zwischen Castelsardo und Porto Torres

⇗ III/C3
⇗ II/B3

Südwestlich von Castelsardo läuft das Felskap nach dem Straßendorf **Lu Bagnu** mit einem kleinen Strand in die Küstenebene aus, die sich in einem weit geschwungenen Bogen bis nach Porto Torres zieht. Ein viele Kilometer langer Sandstrand ziert ohne Unterbrechung die so genannte „sardische Riviera". Die dicht befahrene Küstenstraße SS 200 folgt dem Verlauf der Bucht durch Pinienwälder in gebührendem Abstand. Stichstraßen zweigen von ihr ab zu mit Strandhafer geschmückten Dünen und feinstem Sandstrand, der seicht ins Wasser abfällt – ideal für Kinder!

Marina di Sorso

Einen ständig wachsenden Ferienort fast am Scheitel der Bucht stellt Marina di Sorso vor, das über einen schön angelegten, weitläufigen Campingplatz, einen wundervollen Dünenstrand, eine Strandbar sowie eine weniger schöne Betonpromenade samt Beton-Rollschuhbahn verfügt.

Camping

- **Camping Li Nibari***,** Loc. Marina di Sorso, Tel. 31 03 03, Fax 31 03 06, Web: www.campinglinibari.com; ganzjährig geöffnet. Der weitläufige Sandplatz erstreckt sich im Schatten von Pinien und Wacholder (Li Nibari = sardisch „Wacholder") in den Dünen, nur durch die SS 200 vom Strand getrennt. Der Platz wird von den Einwohnern der nahen

Stadt Sassari stark als Wochenendrefugium genutzt. Mit Pool, Tennis, Mini-Markt, Bar, Restaurant.

Sorso und Sennori

Wenige Kilometer im Landesinneren schmiegt sich das Örtchen Sorso, zu dem die Marina gehört, an die mit Weingärten und Olivenhainen bedeckten Berge. In dem Dorf, in das sich kaum mehr ein Badeurlauber verirrt, führt man ein beschauliches Leben.

> ### Die Alte Mühle am rauschenden Bach
>
> Abseits der Welt in einem idyllischen Bachtal auf dem Weg **zwischen Sennori und San Lorenzo** liegt sie fern aller Hektik, alles Lärms und alles mürbe machenden Alltags – **Il Mulino di Daniela.** Mit viel Liebe und Aufwand bildschön restauriert, bietet die alte Wassermühle aus dem 18. Jahrhundert nun eine selten schöne Ferienunterkunft: Eingebettet in 1 ha grünes, mit alten Bäumen bestandenes Land erwartet die Mühle ihre Gäste mit 200 m² Wohnfläche über drei Etagen. Zwei Schlafzimmer, ein weitläufiges Wohnzimmer mit offenem Kamin, eine große Terrasse, eine Küche, Bad etc. machen die Mühle zu einem Refugium, das problemlos 5–8 Personen beherbergen kann.
> Die Mühle ist übrigens beheizbar und damit ganzjährig geöffnet. Mindestaufenthalt 1 Woche (NS 580–900 €, HS 900–1200 €).
>
> ●**Info/Buchung:** *A. Liebert*, Terra Nuragica, Via Grazia Deledda 10, 07020 Luogosanto, Web: www.teranuragica.com, Tel. 340-61 68 504.

Auch Sennori, das sich oberhalb von Sorso am Berg ausdehnt, liegt bereits fernab vom Badetrubel. Fährt man von Sennori Richtung Osilo, gelangt man kurz nach Ortsende zum schneeweißen **Pilgerkirchlein San Giovanni,** an dem ein großer, von Olivenbäumen beschatteter Parkplatz zur Rast einlädt; von hier hat man einen wunderbaren Blick hinab auf die Bucht mit ihrem Endlosstrand. Eine kräftig sprudelnde Quelle spendiert dazu bestes Trinkwasser.

Post und Telefon

●Vorwahl: 079
●PLZ: 07037

Einkaufen

●**Wein:** Cantina Sociale Romagnia, Via Marina, Sorso, Tel. 35 01 18; Cannonau di Sardegna, Moscato di Sorso-Sennori, Vermentino di Sardegna (DOC und DOCG).

Tenute Dettori, SP 29, km 10, Sennori, Loc. Badde Nigolosu, Tel. (079) 51 47 11, Web: www.tenutedettori.it. Weingut der Familie *Dettori*, die sich der Pflege authentischer Weinkultur verschrieben hat; Kreationen sind u.a. Dettori Bianco, Tuderi, Tenores und Timbanta.

Unterkunft

●**Pensione Romagnia*,** Via Porto Torres 11, Sorso, Tel. 35 28 68. Eine Alternative zum Rummel an der Küste, nur 5 km vom Strand entfernt. Einfach, preigünstig, familiäre Atmosphäre (NS 41 €, HS 47 €, Frühstück 7 €).
●**B&B San Pantaleo,** Sorso, Piazza San Pantaleo 14, Tel. (079) 35 35 62, Web: www.piazzasanpantaleo.it. Drei reizvolle Zimmer bei *Cristina* und *Giovanni* in malerischem alten Gemäuer in zentraler Lage. Das gastfreundliche und selbst sehr reisefreudige junge Paar verleiht Fahrräder, holt am Flughafen ab, verkauft Olivenöl und hilft, wo immer es kann (42–56 €).

Platamona Lido

Platamona Lido ist der Hausstrand der Sassaresi. In der schönen Jahreszeit schiebt sich am Wochenende ein blecherner Lindwurm Stoßstange an Stoßstange die Küste entlang. Im Schatten von Pinien liegen die Wochenendhäuser der Sassaresi, Feriendörfer, Campingplätze und einige Hotels.

Unterkunft

● **Hotel Toluca***, Via Lido, Tel./Fax 31 02 34, Web: www.tolucahotel.it. Großes Mittelklassehaus mit 70 Zimmern im Pinienhain unmittelbar am Strand mit dem etwas angejahrten Charme der 1970er Jahre (NS 60–75 €, HS 75–95 €).

Camping

● **Camping Golfo di Asinara****, Loc. Platamona Lido, Tel. 31 02 30, Fax 31 05 89, Web: www.campingasinara.it. Geöffnet 1.4.–30.10. Schöne Anlage in den Dünen an der SS 200 mit Pinien und Eukalyptus. Disco (nur Juli/Aug.), Tennis, Beach-Volleyball, Bogenschießen, Fußballplatz, Surfschule, Kanuverleih, Pool, Bar, Restaurant, Markt.

Essen und Trinken

● **Il Pescatore**, Via Lido 1, Tel. (079) 31 00 60. Wenige Schritte vom Hotel Tocula direkt am Strange gelegene Trattoria, in dem die gastfreundliche Betreiberfamilie *Simonini* zum Rauschen der Wellen ebenso frische wie schmackhafte Meeresküche bereitet.

Porto Torres II/B3

Es genügen schon 21.000 Einwohner, um die im ersten vorchristlichen Jahrhundert von den Römern als Turris Libyssonis gegründete Hafenstadt zu einer der größten Sardiniens zu machen. Nach Cagliari und Olbia verfügt sie über den wichtigsten Fährhafen der Insel mit Verbindungen nach Genua, Nizza, Marseille und Toulon. Die Raffinerietürme der petrochemischen Industrie im riesigen Gewerbegebiet (Näheres unter „Wirtschaft und Beschäftigung"), das rege, turbulente Treiben im Hafen und der alltägliche Verkehrsstau bestimmen das Leben in der ehemaligen Hauptstadt des Judikats Torres.

Im Hafen endet die **Schnellstraße Carlo Felice,** die SS 131, die als vierspuriges Asphaltband von Süd nach Nord, von Cagliari bis Porto Torres, Sardiniens Orte miteinander verbindet – oder die Insel durchschneidet, wie *Freiherr Maltzan* von ihrem Bau im 19. Jahrhundert berichtet: „Der Geist des Particularismus stand damals noch auf seiner höchsten Blüthe, so dass die Cagliaritaner sich keineswegs freuten, nun ein bequemeres Verkehrsmittel zu erhalten, um leichter nach dem verhassten Sassari zu gelangen. Deshalb ging durch ganz Sardinien bei der Nachricht vom Bau dieser Landstraße ein Schrei des Entsetzens."

Basilika San Gavino

Zehn Minuten vom Hafen den pulsierenden **Corso Vittorio Emanuele II** hinaufspaziert, erhebt sich über dem kleinen Parco San Gavino die größte Sehenswürdigkeit der Stadt, die großartige Basilika San Gavino. Das bereits im 11. Jh. errichtete Gotteshaus ist die größte der an romanischen Kirchen reich gesegneten Insel und eine ihrer schönsten. Mit ihren beiden einander gegenüberliegenden Apsiden ist sie eines der **bedeutendsten romanischen Baudenkmäler Italiens.**

Der dreischiffige, durch halbrunde Bögen und Säulen gegliederte Innenraum besticht durch seine erhabene Schlichtheit. Ein Katafalk mit den hölzernen Statuen der christlichen Märtyrer Gavinus, Januarius und Protus befindet sich vor der Ostapsis. Die Figuren dieser Schutzheiligen der Stadt werden jedes Jahr am 3. Mai in einer prächtigen Prozession zur kleinen Kirche San Gavino a Mare transportiert.

Die römischen Ruinen

Aus der Antike haben sich römische Ruinen samt einer Therme in unsere Zeit hinübergerettet. Sie finden sich in der *zona archeologica* hinter den Bahngleisen in Richtung Industriezone. Eine Römerbrücke über den Riu Mannu ist ebenfalls gut erhalten. Zahlreiche Bodenfunde aus der *città romana di Turris Libyssonis* zeigt nahe der archäologischen Zone das **Antiquarium Turritano** (Di–So 9–20 Uhr).

Praktische Tipps Porto Torres

Post und Telefon

- Vorwahl: 079
- PLZ: 07046

Information

- **Pro Loco,** Piazza XX. Settembre 4 (zu Beginn des Corso Vittorio Emanuele II, links etwas versteckt), Tel. 51 50 00.

Essen und Trinken

- **Li Lioni,** Loc. Lioni, Tel. 50 22 86, 3 km außerhalb an der SS 131 nach Sassari. Delikate regionale Spezialitäten, zubereitet und serviert vom Vollblutsarden *Giovanni Pintus* und seinen Kindern. Fisch nur auf Vorbestellung!
- **Cristallo,** Piazza XX. Settembre 14, Tel. 51 49 09. Bei Familie *Schintu* kommt im großen, eher nüchtern gehaltenen Gastraum neben authentischer „cucina sarda" mit deftigen Fleischgerichten auch frische Meeresküche auf den Tisch.

Aktivitäten

- **Bootsausflug Nationalpark Isola Asinara:** Neben Stintino ist Porto Torres der einzige Ort, von dem aus Ausflüge auf die Nationalparkinsel Asinara angeboten werden. Vorbestellung obligatorisch. **Informationen:** Nationalpark-Verwaltung, Via Iosto 7, Tel. 50 33 88, Fax 50 14 15, kostenloses Info-Tel. 800-56 11 66, Web: www.parcoasinara.it. **Exkursionen** nach Asinara bietet u.a. Scoprisardegna, Via Parini 2, Tel./Fax. 51 22 09, www.scoprisardegna.com.
- **Angeln:** Star Pesca, Via Sassari 115, Tel. 51 34 58, Web: www.pescaturismo.com. Meeresangel-Tagestouren mit *Carlo* und *Settimia*.

Einkaufen

- **La Bottega Sarda,** Piazza XX Settembre 1, Tel. 51 48 34. Zum Reinlegen! Sardische Köstlichkeiten von Pecorino bis Pane.

Unterkunft

- **Hotel Torres****,** Via Sassari 75, Tel. 50 16 04, Fax 50 16 05, Web: www.albergotorres.com. Großer, äußerlich schmuckloser, aber komfortabel ausgestatteter Bau in zentraler Lage (62–70 €).
- **Hotel Elisa***,** Via Mare 2 (am Hafen), Tel. 51 32 60, Fax 51 37 68. Angenehmer Mittelklassekomfort (NS 68 €, HS 73 €).
- **Hotel Royal**,** Via Satta 8, Tel. 50 22 78. Kleine Herberge mit acht Zimmern wenige Schritte südöstlich vom Hafen (70 €, Frühstück 2,50 €).

Museum

- **Antiquarium Turritano,** Via Ponte Romano, Tel. 51 44 33; geöffnet Di–So 9–19 Uhr.

Verkehrsverbindungen

- **Zug:** Stazione FS, Via Fontana, (nicht zu verwechseln mit dem Hafenbahnhof Porto Colombo), Endstation der Hauptlinie Porto Torres – Sassari mit Anschluss nach Olbia/Golfo Aranci, Cagliari; 8–10 x tägl. nach Sassari, 1 x tägl. direkt nach Cagliari, Olbia und Oristano.
- **Bus:** Stazione Piazza Cristofero Colombo (am Hafen);

   ARST: zahlreiche Verbindungen nach Stintino und Sassari, mehrmals tägl. nach Alghero, Fertilia Flughafen, Castelsardo, Sorso, Sennori, 1x tägl. Lanusei u.a.

   PANI: 3 x tägl. nach Nuoro.

   Nuragica Tour: 4 x tägl. n. Olbia Flughafen.
- **Fähre:** Stazione Marittima, Capitanieria, Tel. 50 22 58.

   Tirrenia: ganzjährig tägl. nach Genua, Tel. 51 41 07.

   Grandi Navi Veloci: ganzjährig tägl. nach Genua, Tel. 51 60 34 (Achtung: Abfahrt ab Porto Industriale).

   SNCM: Mai–Sept. nach Toulon, Nizza Marseille, Agentur: Corso Vittorio Emanuele II 19, Tel. 51 44 77.

Monte d'Accoddi

Direkt an der vierspurigen SS 131 von Porto Torres nach Sassari liegt der prähistorische Altarberg Monte d'Accoddi. Die neun Meter hohe **Stufenpyramide** ist das einzige Bauwerk dieser Art im gesamten Mittelmeerraum; sie wurde deshalb von Pyramidenforschern wie *Thor Heyerdal* schon mit Ägypten und den Inkas in Verbindung gebracht. Die erst in den 1950ern freigelegte Kultstätte wurde etwa 3500 v. Chr. in der Ozieri-Kultur angelegt und während der Filigosa-Kultur um 2700 v. Chr. auf 9 Meter erhöht und mit einem zweiten Altar überbaut, zu dem eine 42 Meter lange aufgeschüttete Erdrampe hinaufführt. Das jüngste archäologische Zeugnis vom Leben am Monte d'Accoddi stammt aus der Bronzezeit; um 1800 v. Chr. fand hier ein Kinderbegräbnis statt.

- **Info:** Coop Thellus, Tel. 328-48 39 995, tägl. Okt.–März 9–16.30 Uhr, April–Sept. 9–20 Uhr.

Sassari ♪ VI/B1-2

Die mit 121.000 Einwohnern nach Cagliari **zweitgrößte Metropole**, zugleich Hauptstadt der gleichnamigen Provinz, dehnt sich zwischen weiten Olivenhainen auf einem nach Süden jäh abstürzenden Kalksteinplateau aus. Die ständige Konkurrentin von Cagliari und ewige Zweite hinter der Hauptstadt ist Universitätssitz und bedeutendes Handels-, Dienstleistungs-, Verkehrs- und Verwaltungszentrum für das gesamte Nordsardinien sowie politische Hochburg der Autonomisten und Separatisten. 1921 wurde hier die Partito Sardo d'Azione, die Sardische Aktionspartei, gegründet.

Geschichte

Im Mittelalter gründeten vor anhaltenden Piratenüberfällen geflohene Bewohner der Hafenstadt Turris Libyssonis (Porto Torres) im Landesinneren den Ort Tatthari, der dank seiner Lage nahe der Küste inmitten fruchtbarer Böden und durch den schwunghaften Handel genuesischer und pisanischer Kaufleute schnell zum wichtigsten Zentrum des Judikats Torres und zur reichsten Stadt Sardiniens aufstieg.

1294 erklärte sich Sassari zu einer vom Judikat unabhängigen, **freien Stadtrepublik.** Allerdings blieb man weiter von Genua abhängig. Nachdem die Insel 1297 an Aragon gefallen war, erhoben sich die Sassaresi 1323 gegen die genuesische Kolonialmacht, warfen den letzten genuesischen Vogt aus der Stadt und unterstellten sich dem spanischen König.

Ende des 18. Jahrhunderts entwickelte sich in Cagliari und Sassari eine von den Ideen der Französischen Revolution beflügelte demokratische Bewegung, die für die Freiheit der Sarden kämpfte. Unter dem Jubel der Bevölkerung zog 1796 der Anführer der **„sardischen Revolution",** *Giommaria Angioy* (1751–1808), mit seinem Heer in Sassari ein und setzte Gouverneur und Bischof gefangen. Die Bewegung scheiterte jedoch, die Stadt wurde zurückerobert und die Anführer des Aufstands hingerichtet.

1877 wurde das alte aragonische Kastell als Sinnbild der spanischen Unterdrückung abgerissen und die Stadtmauern geschleift. Vierzehn Jahre später gründete eine Gruppe republikanisch gesinnter junger Sassaresi die Tageszeitung „La Nuova Sardegna", die seitdem – mit Ausnahme ihres Verbots im Faschismus – ununterbrochen erscheint und heute eine der beiden großen Zeitungen Sardiniens ist.

Anreise

Die Anreise nach Sassari gestaltet sich nicht ganz einfach. Verpasst man die richtige Ausfahrt von der Superstrada zum Zentrum, gerät man in die namenlosen Industriezonen, deren Straßen nur Nummern tragen oder in das verwirrende Straßengeflecht und Verkehrsgewimmel der gesichtslosen Neubauviertel, deren Beschilderung sich nur Einheimischen erschließt. Am besten ist, man hält sich in Richtung Bahnhof (Stazione FS), in dessen näherer Umgebung sich auch Parkmöglichkeiten finden.

Die Altstadt sollte man lieber nicht mit dem Wagen, sondern zu Fuß erschließen, die schmalen Gassen im historischen Zentrum *(centro storico)* sind nur etwas für geübte Fiat-Cinquecento-Piloten.

Sehenswertes

Nur einen Katzensprung vom Bahnhof entfernt beginnt vor der Piazza Sant' Antonio und der 1707 fertiggestellten Kirche Sant'Antonio Abate mit schönem Barockaltar der **Corso Vittorio Emanuele II.** Die von alten Bürgerhäusern gesäumte schmale Einkaufs- und Promeniermeile zieht sich schnurgerade durch das historische Zentrum leicht bergan bis zur Piazza Azuni.

Rund um die Piazza Tola

Vom Bahnhof aus betrachtet links des Corsos lohnt ein Bummel zur Piazza Tola, an dessen Flanke sich der **Palazzo d'Usini** (16. Jh.) erhebt, eines

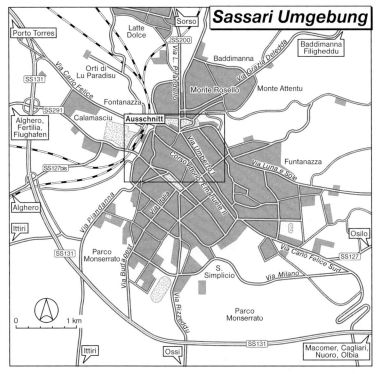

der wenigen erhaltenen Renaissancegebäude der Stadt. In der Mitte des rechteckigen Platzes, auf dem öfter ein Flohmarkt stattfindet, steht das Denkmal für einen bedeutenden Sohn Sassaris, den Historiker und Richter *Pasquale Tolas* (1800–74).

Wenige Schritte weiter bieten am **Largo Pescheria** Fischhändler lauthals ihre Ware feil. Nahebei findet man in den aus drei großen Gebäuden bestehenden **Markthallen** ein reichhaltiges Sortiment von frischem Fisch, Fleisch, Obst und Gemüse.

Der Dom

Rechts des Corsos beherrscht der majestätische Dom **San Nicola** die Altstadt. An der Stelle einer romanischen Basilika aus dem 13. Jahrhundert begann man im 15. Jahrhundert mit dem Bau dieses mächtigen Gotteshauses. So dominieren ihn heute aragonisch-katalanische Elemente des 15.

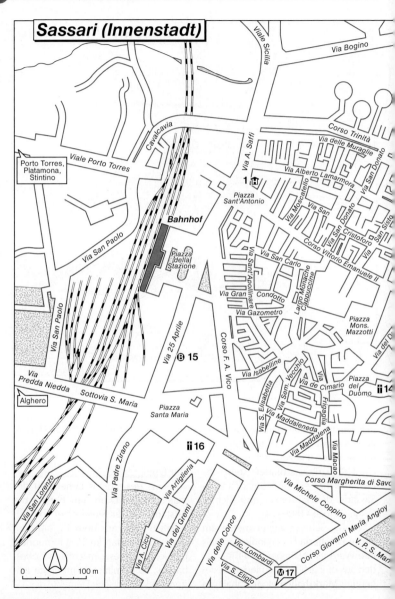

Legende S. 277, Übersichtskarte S. 273

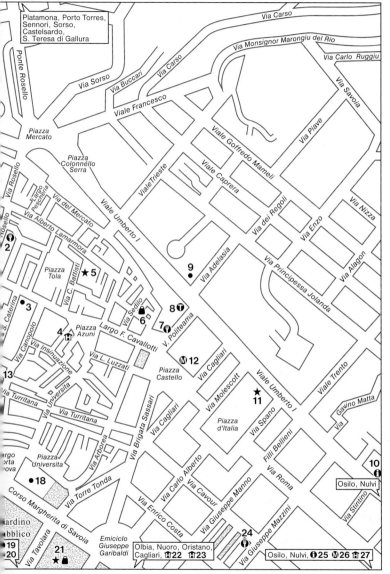

und 16. Jahrhunderts. Die reich verzierte Schmuckfassade im üppigen spanischen Barockstil setzte man dem Dom im 18. Jahrhundert vor. Den romanischen Campanile (13. Jahrhundert) stockte man ebenfalls im 18. Jahrhundert auf. Das Hauptschiff überspannen hohe Kreuzrippengewölben. Im Inneren darf man über den enormen marmornen Altaraufgang staunen, den als wertvollstes Stück das Hochaltarbildnis „Madonna del Bosco" (15. Jahrhundert) von Hand *Giovanni Marginottis* schmückt.

Direkt hinter der Kirche ist seit 1900 im schön restaurierten **Palazzo Ducale** vom Ende des 18. Jahrhunderts das Rathaus und die Stadtverwaltung untergebracht.

Rund um die Piazza Castello

Der Corso Vittorio Emanuele II. mündet in die von Geschäften und Boutiquen flankierte dreieckige **Piazza Azuni** mit dem Marmordenkmal des Historikers *D.A. Azuni* (1749–1874). Daran schließt sich als Nahtstelle zwischen Altstadt und Neustadt die von modernen Gebäuden umringte **Piazza Castello** an. Nur noch ihr Name erinnert an das aragonische Kastell aus dem 14. Jahrhundert, das 1877 abgerissen wurde. In Haus Nr. 9 erfährt man im **Museo Storico della Brigata Sassari** alles Wissenswerte über die im Ersten Weltkrieg glorreiche sardische Brigade Sassari.

● **Museo Storico della Brigata Sassari,** Piazza Castello 9, Tel. Tel. 23 33 03; geöffnet Mo–Fr 8–16.30 Uhr, Eintritt frei.

Piazza d'Italia

Über Arkadengänge ist die Piazza Castello mit der Piazza d'Italia verbunden. Der von Palmen beschattete und von schmiedeeisernen Laternen beleuchtete, exakt einen Hektar große Platz befindet sich bereits außerhalb des historischen Stadtkerns. Eine Seite des großen Platzes nimmt die monumentale klassizistische Prachtfassade des 1873–80 erbauten **Palazzo della Provincia** ein. Seinen Sitzungssaal zieren die Fresken „Die Ausrufung der Republik Sassari" und „Der Einzug *Giommaria Angioys* in Sassari", die an die Proklamation der freien Stadtrepublik 1294 und den Triumph des Helden der „sardischen Revolution" gegen die Feudalherrschaft erinnern. Im Zentrum der Piazza kleckern die Tauben dem Denkmal für *König Vittorio Emanuele II.* von 1899 auf den Kopf.

Archäologisches Museum

Oberhalb der Piazza beginnt die geschäftige **Via Roma,** an der die **AAST-Tourist-Information** und das herausragende **Museo Nazionale G.A. Sanna** liegen. Das aus der Sammlung des Geschäftsmannes *Sanna* entstandene Museum ist nach dem Archäologischen Nationalmuseum in Cagliari das wichtigste seiner Art auf Sardinien. In seinen großzügigen Sälen sind bedeutende Funde der Inselgeschichte ausgestellt – von der Jungsteinzeit über die Nuraghenkultur, die phönizische, punische und römische Epoche bis zum Hochmittelalter. Eine ethnographische Sammlung und eine Pinakothek sind angeschlossen.

●**Archäologisches Museum G. A. Sanna,** Via Roma 64, Tel. 27 22 03, geöffnet Di–So 9–20 Uhr.

Universität

Der Rückweg Richtung Bahnhof bietet sich über den Corso Margherita di Savoia an. Er streift die Parkanlage des **Giardino Pubblico,** eine kleine grüne Oase inmitten der lärmenden Stadt, an der das **culleziu** („Kollegium") liegt, wie die Sassaresi ihre altehrwürdige Universität nennen. 1617 ging sie aus einem Jesuitenkolleg hervor, und ist Zeit ihres Bestehens ein politischer Brennpunkt im Unabhängigkeitsstreben Sardiniens. 1921 wurde in Sassari die Partito Sardo d'Azione, die Sardische Aktionspartei, gegründet, und wenn das *culleziu* mit rund 8000 Studenten auch kleiner als die Universität von Cagliari ist, so ist sie doch als Schmiede der sardischen Politiker-Elite die unangefochtene Nummer eins. Alle berühmten Köpfe stammen aus Sassari und studierten hier: die beiden italienischen Staatspräsidenten *Antonio Segni* und *Francesco Cossiga* sind gebürtige Sassaresi, die beiden bedeutendsten Präsidenten der Autonomen Region Sardinien, *Saddu* und *Melis,* sind Kinder der Stadt, und auch der legendäre Generalsekretär der italienischen Kommunisten, *Enrico Berlinguer* (1922–1984), erblickte hier als Spross einer Adelsfamilie das Licht der Welt.

ISOLA-Ausstellung

Gegenüber der Universität unterhält im Padiglione dell'Artigianato Sardo, einem Pavillon im Stadtpark, die ISOLA eine sehenswerte Dauerausstel-

- 1 Hotel Giusy
- 2 L'Assassino
- 3 Kino Quattro Colonne
- 4 B&B Casa Chiara
- 5 Palazzo d'Usini
- 6 Bäckerei Sassu
- 7 Il Castello
- 8 Teatro Verdi
- 9 Kino Moderno
- 10 AAST-Touristinformation
- 11 Palazzo della Provincia
- 12 Museo Storico della Brigata Sassari
- 13 Palazzo Ducale
- 14 Duomo San Nicola
- 15 Zentr. Busbahnhof
- 16 Santa Maria di Betlem
- 17 Museo F. Bande
- 18 Universität
- 19 Da Gesuino
- 20 Rest. Il Giamaranto
- 21 ISOLA-Ausstellung und Einkaufen
- 22 Hotel Grazia Deledda
- 23 Frank Hotel
- 24 L'Antica Hostaria
- 25 AAST-Touristinformation
- 26 Museo Nazionale Sanna
- 27 Hotel Leonardo da Vinci

lung. Sie bietet einen umfassenden Überblick über das reiche **traditionelle Kunsthandwerk** der Insel – herrliche Keramiken, Flecht- und Webarbeiten. Sonderausstellungen und ein Verkaufsraum runden das Angebot ab.

● **Padiglione dell'Artigianato Sardo,** Giardini Pubblici, Tel. 23 01 01, geöffnet Mo–Sa 9–13 und 17–19.30 Uhr, im Sommer 16.30–20 Uhr.

Santa Maria di Betlem

Fast schon am Bahnhof zurück, liegt an der kahlen, staubtrockenen Piazza Santa Maria eine der ältesten Kirchen der Stadt, die von einer gewaltigen Kuppel überwölbte Santa Maria di Betlem. Im Auftrag des Richters *Costantino* wurde sie Anfang des 12. Jahrhunderts als Gotteshaus für ein Benediktinerkloster außerhalb der alten Stadtmauern erbaut. Im 13. Jh. übernahmen Franziskaner Kloster und Kirche. Das pisanische Portal sowie der gesamte untere Teil ihrer Fassade stammen aus jener Zeit. 200 Jahre später wurde der Sakralbau im aragonisch-gotischen Stil modifiziert.

In seinem mit Barockaltären und Barockkanzel prunkvoll ausgestatteten Innenraum werden die *candelieri* aufbewahrt – die neun baumhohen, zwei- bis dreihundert Kilo schweren Holzkerzen der neun sassaresischen *gremi* (Zünfte). Alljährlich werden sie zum **Fest „I Candelieri"** an Mariä Himmelfahrt am 14. August hervorgeholt und reich dekoriert, um im Rahmen einer feierlichen Prozession von der Piazza Castello über den von zahllosen Menschen gesäumten Corso Vittorio Emanuele II. bis nach Santa Maria di Betlem getragen zu werden. Der Brauch geht auf das Jahr 1528 zurück, als eine furchtbare Pestepidemie im August unverhofft endete und die Sassaresi der Mutter Gottes zum Dank mit großen Kerzen durch die Straßen zogen.

Cavalcata Sarda

Jeden vorletzten Sonntag im Mai findet in den Straßen Sassaris der **größte und farbenprächtigste Umzug** in ganz Sardinien statt: die Cavalcata Sarda. Aus allen Regionen und Ortschaften der Insel finden sich Folkloregruppen in ihren jeweiligen Trachten ein, zu Fuß, zu Pferd und auf üppig geschmückten Ochsenkarren. Das Fest wird begleitet von viel Musik, Reiterturnieren, Tanz- und Gesangswettbewerben. Erstmals veranstaltete man den stundenlangen fröhlichen Umzug 1899 zu Ehren des italienischen Königs. Seit 1951 steht diese Art „Leistungsschau" sardischer Folklore und Volkskunst wieder auf dem Programm und ist aus dem sardischen Festkalender nicht mehr wegzudenken.

Praktische Tipps Sassari

Post und Telefon

- **Vorwahl:** 079
- **PLZ:** 07100

Das archäologische Museum G.A. Sanna

Information

- **AAST** (Stadt-Information), Viale Umberto 72, Tel. 23 35 34, Fax 23 75 85, Web: www.regione.sardegna.it/aastss; Mo–Do 9–13.30 und 16–18 Uhr, Fr 9–13.30 Uhr.
- **Informationsbüro,** Via Roma 62, Tel./Fax 23 17 77; Mo–Fr 9–13.30 Uhr, Mo–Do 16–18 Uhr.

Essen und Trinken

- **L'Antica Hostaria,** Via Cavour 55, Tel. 20 00 66. Im „Alten Gasthaus" nur das Beste. Ausgewählte pikante *pecorini* aus Villanova Monteleone und Siamanna, erlesene Weine und eine Auswahl der köstlichsten *dolci sardi*.
- **Il Giamaranto,** Via Alghero 69, Tel. 27 45 98. Bei den Brüdern *Gianni* und *Amedeo* wird im schlicht, aber elegant gestalteten Ambiente eine breite Palette von Inselspezialitäten angeboten, die von „Culurgiones à la Ogliastra" über „Burrida Cagliaritano" bis „Agliata all Algherese" reicht. Alles stets aus frischen Zutaten vom Markt zubereitet.
- **L'Assassino,** Via Ospizio Cappuccini 1, Tel. 23 50 41. Die alteingesessene und sehr beliebte Trattoria im Herzen der Altstadt serviert in einem romantischen Gewölbe Herzhaftes nach Sassari-Art wie z.B. Leber vom Grill oder Kutteln.
- **Da Gesuino,** Via Torres 17g, Tel. 27 33 92. Traditionelle, sehr preiswerte Gerichte nach Sassari-Art, z.B. *monzette* (Schnecken, in grüner Sauce), *fettine di asinello alla sassarese* (süß-saure Lammstelze), *cordula di agnello* (mit Pilzen servierte Innereien vom Lamm).
- **Il Castello,** Piazza Castello 6/7, Tel. 23 20 41. *Centralissimo* neben dem Teatro Verdi gelegen, vom Guide Michelin und „Espresso" ausgezeichnet und bei den besser verdienenden Sassaresen sehr beliebt, gibt es hier drinnen und draußen gehobene Küche auf Basis regionaler Produkte.

Unterhaltung und Aktivitäten

- **Kino:** Moderno, Viale Umberto I 18, Tel. 23 67 54 sowie Quattro Colonne, Corso Vittorio Emanuele II 62, Tel. 23 63 69.
- **Theater:** Teatro Civico, Corso Vittorio Emanuele, Tel. 23 21 82, Teatro Verdi, Via Politea-

ma, Tel. 23 94 79, sowie Teatro Smeraldo, Via G. D'Annunzio 6, Tel. 25 11 33.
- **Discos:** Sergeant Pepper, Via Giorgio Asproni 20, Tel. 28 28 075 (Disco-Pub, öfter auch mit Live-Musik, Restaurant), Meccano, Via Carlo Felice 33.
- **Bar:** Old Company, Via Amendola Giovanni 49a, Tel. 20 04 23.

Einkaufen

- Frischer Fisch in **Les Halles,** Via del Mercato. Darüber hinaus Fleisch, Obst und Gemüse, Brot und Blumen. Um die Ecke befindet sich der **Largo Pescheria.** Jeden Montag bis Freitag verkaufen hier die Fischer morgens an kleinen Ständen ihren frischen Fang. Außerdem Obst und Gemüse, Kräuter und Kleider.

Auf der Cavalcada Sarda in Sassari

- **Markt auf der Piazza Tola,** montags bis freitags am Morgen. Stände mit Kleidung sowie Haushaltswaren, Obst und Gemüse.
- **Letzer Sonntag im Juli und Aug.: Mercatino dell' Antiquariato,** Piazza Santa Caterina; Antiquitäten- und Flohmarkt.
- **Faine bei Sassu,** Via Usai 17, Tel. 23 64 02. Die jahrhundertealte sassaresische Spezialität *faine* kauft man in der Bäckerei Sassu. Nach altem genuesischen Rezept wird das Wasser- und Kichererbsenmehl-Gemisch in großen Formen im Ofen gebacken, daraufhin in schmale Streifen geschnitten und tüchtig mit schwarzem Pfeffer bestreut. Köstlich!
- **Keramik:** Ceramiche d'Arte Silecchia, Via L. Pirandello 24, Tel. 25 06 71. Gefäße, Skulpturen im Archeo-Arte-Stil.
- **Artigianato Sardo,** Via Matteotti 24a, Tel. 21 01 23. Gut sortiertes, original sardisches Kunsthandwerk zu seriösen Preisen.
- **Goldschmuck:** Laboratorio d'Arte Salaris, Via degli Astronauti 1c, Tel. 29 16 75. Filigraner Schmuck nach traditionellen Vorlagen.
- **Holzmöbel:** Artigiana Legno, Predda Niedda Nord, Straße 5, Nr. 64, Tel. 26 26 46. Massive Möbel mit aufwendigen Schnitzarbeiten.

Feste

- **Vorletzter Sonntag im Mai: Cavalcata Sarda.** Eines der größten und schönsten Trachtenfeste Sardiniens mit stundenlangem Umzug von Folkloregruppen im Zentrum.
- **14. August: I Candelieri.** Abendliche Leuchterprozession von der Piazza Castello über den Corso Vittorio Emanuele II zur Kirche Santa Maria di Betlem.

Museen

- **Archäologisches Museum G. A. Sanna,** Via Roma 64, Tel. 27 22 03. Di–Sa 9–18 Uhr, So 9–13 Uhr.
- **Museo Storico della Brigata Sassari,** Piazza Castello 9, Tel. 23 31 77. Mo–Fr 8–16.30 Uhr, Sa 8–13 Uhr, Eintritt frei.
- **Padiglione dell'Artigianato Sardo,** Giardini Pubblici, Tel. 23 01 01. Mo–Sa 9–13 u. 16.30–19.30 Uhr.
- **Museo Etnografico Francesco Bande,** Via Muroni 44, Tel 23 65 72, Web: www.museobande.com, geöffnet 10–12 u. 17–20 Uhr,

Eintritt frei. Das dem berühmten Akkordeonspieler gewidmete Museum zeigt zahlreiche Kostüme und Musikinstrumente.
- **Museo geomineralogico „Aurelio Serra"**, Via Enrico de Nicola 2, Tel. 22 93 50, geöffnet Mo–Fr 9–13 u. 15–18 Uhr, Eintritt frei.

Notfälle

- **Carabinieri,** Via Rockefeller 54, Tel. 21 84 44.
- **Polizia,** Via Carlo Felice 6–10, Notfall-Telefon 27 41 00.
- **Guardia Medica,** Via Oriani 8, Tel. 20 62 222.
- **Krankenhaus** *(Ospedale Civile),* Via E. De Nicola, Tel. 20 61 000.
- **Universitätsklinikum,** Viale San Pietro, Tel. 22 82 11.
- **Nacht-Apotheke,** Via Brigata Sassari 2, Tel. 23 32 38.

Unterkunft

- **Hotel Grazia Deledda****,** Viale Dante 47, Tel. 27 12 35, Fax 28 08 84, Web: www.hotelgraziadeledda.it. Großer Komplex und das erste Haus Sassaris, etwa zehn Minuten von der Altstadt entfernt. Alles vom Feinsten zu vergleichsweise erschwinglichen Preisen (85–104 €, Frühstück 8 €).
- **Hotel Leonardo da Vinci***,** Via Roma 79, Tel. 28 07 44, Fax 28 57 233, Web: www.leonardodavincihotel.it. Das elegante Haus nahe der Altstadt steht an stilvoller Ausstattung dem Grazia Deledda in nichts nach; jedoch kein Restaurant (81–103 €, Frühstück 12 €).
- **Frank Hotel**,** Via A. Diaz 20, Tel./Fax 72 64 56, Web: www.frankhotel.com. Etwa zehn Minuten vom Stadtzentrum gelegen, vergleichsweise ruhig (75 €, Frühstück 10 €).
- **Hotel Giusy**,** Piazza San Antonio 21, Tel. 23 33 27, Fax 23 94 90. Einfaches Hotel in zentraler Lage nahe dem Bahnhof (42 €).
- **B&B Casa Chiara,** Vicolo Bertolinis 7, Tel. 20 05 052, Web: www.casachiara.net. Im 2. Stock eines historischen Palazzo in der Altstadt nahe Piazza Azuni einladende, großzügige 1-, 2- und 3-Bettzimmer. Zwei Bäder und große Gemeinschaftsküche (30 € p.P.).
- **Il Gatto e la Volpe,** Caniga, Loc. Monti di Jesgia 23, Tel. 31 80 012, Web: www.ilgattoelavolpebandb.com. 3 DZ und Miniappartements westlich von Sassari in schönster Natur bei *Marcello* und *Maridda.* Guter Service. Exkursionen, Segelboot, Mountainbikes. Abholung bei An-/Abreise (22 € p.P., Miniappartement 25 € p.P.).

Verkehrsverbindungen

- **Zug:** FS (Normalspur), Piazza Stazione, Info Tel. 26 27 57, Tickets Tel. 26 03 62. Züge nach Porto Torres, Olbia, Oristano, Cagliari.

  FdS (Schmalspur), Piazza Stazione, Tel. 26 27 57. Fahrplanmäßige Züge nach Alghero, Sorso und Nulvi.
- **Stadtbus:** ATP, 11 innerstädtische Linien (Linie 1–8 im Rundverkehr), 12 in die Vororte und nähere Umgebung (Vorortbusse Abfahrt Via Tavolara an den Giardini Pubblici). Info: Via Caniga, Tel. 26 38 047.
- **Überlandbus:** Abfahrt aller Überlandlinien vom neu eröffneten zentralen Busbahnhof direkt neben dem Bahnhof in der Via XXV Aprile.

  ARST: mehrmals tägl. nach Alghero, Argentiera, Badesi, Castelsardo, Olbia, Porto Torres, Santa Teresa di Gallura, Stintino, Valledoria, Bosa, Budoni, Nuoro, San Teodoro und Siniscola. Kostenloses Info-Tel. 800-86 50 42.

  FdS: mehrmals tägl. nach Alghero, Castelsardo, Fertilia, Olbia, Palau, Porto Torres, Sorso Marina, Tempio Pausania und Bosa. Info-Tel. 24 13 01.

  Logudoro Tours: 1 x tägl. nach Porto Torres und über Ardara, Ozieri, Pattada nach Orune.
- **Flughafen-Busse Alghero/Fertilia:**
  ARST Linie Q 760 11 x tägl. ab Via XXV Aprile, Fahrtdauer ca. 30 Min.
- **Flughafen-Busse Olbia/Costa Smeralda:**
  Nuragica-Tour-Busse 3 x tägl. (in der Saison von Juni–Sept.).
- **Taxi:** 24-Std. Funktaxi, Tel. 25 39 39. Taxistände: Emiciclo Garibaldi (Tel. 23 46 30), Piazza Azuni (Tel. 23 47 34), Piazza Stazione (Tel. 26 01 50).

Nurra

Landschaft und Kultur

Die Nurra zwischen Stintino im Norden, Porto Torres im Osten und Alghero im Süden bildet den **Nordwestzipfel Sardiniens** und ist landschaftlich ausgesprochen abwechslungsreich. Im äußersten Nordwesten beschließen im Halbrund die Isola Asinara und die Halbinsel Stintino den Golf von Asinara. Die **Isola Asinara** ist als Nationalpark ausgewiesen, während die **Halbinsel Stintino** Scharen von Urlaubern mit Südseestränden verführt. Unterhalb des Capo del Falcone bei Stintino schmückt sich ein schneeweißer Sandstrand mit einem von kristallklar über hellblau bis ultramarin funkelnden Meer, weshalb das ehemalige Fischerdorf heute zu den beliebten Urlaubsadressen gehört.

Flache Äcker und Viehtrifte prägen die trockene, eintönige, nahezu menschenleere Ebene südlich der Halbinsel, und der Wind fegt ungehindert über sie hinweg. Die spröden, einsamen **Nurra-Berge** riegeln das Flachland zum Meer hin ab. Wenige, winzige Bademöglichkeiten mit Kies oder gelegentlich sogar eine Bucht mit braunem Sand verstecken sich in den Felsen der Steilküste. Dank der Erzvorkommen in den Nurra-Bergen wurden hier bereits in der Antike zahlreiche Minen ausgebeutet, die Wälder wurden gerodet, und die Böden versteppten. Ein Anziehungspunkt in den von dürrer Macchia bestandenen Hügeln ist die verlassene Bergwerkssiedlung **Argentiera** zwischen hohen Abraumhalden und einem kleinen Strand.

Kartenatlas Seite II, VI **LANDSCHAFT UND KULTUR** Nurra

Südöstlich laufen die Nurra-Berge sanft in eine fruchtbare, mit endlosen Weingärten und Olivenhainen bestandene, grüne Schwemmlandebene aus. Vom steilen Kalksteinkliff des **Capo Caccia** mit der märchenhaften Grotta di Nettuno, der bekanntesten Tropfsteinhöhle Sardiniens, bis nach Alghero dehnen sich wie mit dem Zirkel gezogene verträumte Buchten und Strände aus. Sie bevölkern sich zusehends in Richtung der „spanischen Stadt" **Alghero.** Aufgrund ihrer pittoresken spanischen Architektur, dank der landschaftlich reizvollen Umgebung sowie wegen des reichhaltigen Kultur- und Freizeitangebotes verdoppelt sich jeden Sommer ihre Einwohnerzahl.

Im Süden verläuft in vollkommen unberührter Natur zwischen Alghero und Bosa eine wildromantische, menschenleere Steilküste, in deren unzugänglichen Klippen riesige Gänsegeier nisten. Wer die Augen offen hält, kann die gewaltigen Vögel in den Aufwinden kreisen sehen. Östlich der „spanischen Königin" baut sich gegen den Logudoro/Meilogu hin eine bizarre Welt der Tafelberge auf.

Vor Anker in einer verschwiegenen Bucht am Capo Caccia

Die Halbinsel Stintino ⌗ II/A2-3

Wie ein leicht gebogener Arm greift die Halbinsel zusammen mit der Isola Asinara (s. auch Exkurs) und dem winzigen Eiland Piana in die Fluten und schirmt so den Golf von Asinara vom offenen Meer ab. Dabei wirken die Meerengen zwischen den Inseln als natürlicher Filter, so dass das Wasser, das vom offenen Meer in den Golf einströmt, sehr sauber ist. Vor einem blendend weißen Bilderbuchstrand nimmt es traumhafte Südseefarben an – von glasklar über smaragdfarben bis zum tiefen Königsblau.

Auf dem Weg nach Stintino

Der Weg von Porto Torres nach Stintino, den vor allem im August die meisten der zahlreichen, überwiegend italienischen Badegäste auf die attraktive Halbinsel nehmen, ist weniger schön. Von Porto Torres westwärts geht es durch ein großes Industriegebiet an einer Raffinerie und dem Windkraftwerk der ENEL vorbei. Ein paar Rotoren drehen sich weithin sichtbar im flachen, vom Wind ausgedörrten Land. Im Flecken **Pozzo San Nicola,** eigentlich nur eine Kreuzung mit einigen Häusern, zweigt die Straße nach Norden zur Halbinsel ab.

Stintino

Wie gemalt dehnt sich das ehemalige Fischerdorf Stintino zwischen zwei engen Einbuchtungen auf einer Landzunge aus. Die Gassen im 1885 gegründeten Ort sind blumengeschmückt und verlaufen streng rechtwinklig, da Stintino am Reißbrett geplant wurde. 1885 mussten die 45 Bauern- und Fischerfamilien, die auf der Isola Asinara lebten, einer neuen riesigen Strafanstalt weichen. Von der italienischen Staatsgewalt wurden sie in das eigens aus diesem Anlass errichtete Stintino zwangsumgesiedelt.

Die Einwohner widmen sich heute noch der Fischerei, obwohl der Tourismus auch auf der Halbinsel längst Einzug gehalten hat. Das 1200 Köpfe zählende Stintino mit dem kleinen Fischer- sowie einem windgeschützten Sporthafen ist ein **beliebter Ferienort**. In beiden Häfen dümpeln vorwiegend Jachten begüterter Festländer, aber auch einige Fischerboote können sich noch behaupten. Ferienhauskolonien, Hotels, Supermärkte, Sportanlagen, Bars, Restaurants und Diskotheken ziehen sich von Stintino durch die dürre Macchia bis zur mit Ferienhäusern zugebauten Schieferfelsklippe des **Capo del Falcone** hinauf. Von dort genießt man eine wundervolle Aussicht auf Insel und Golf von Asinara.

Pelosa-Strand

Unterhalb des Kaps erstreckt sich auf über 300 Metern die mit Strandhafer und in den Dünen mit knorrigem Wacholder „behaarte" Schönheit der **Spiagga della Pelosa** („die Behaarte"). Wahrhaftig ein paradiesischer Strand, mit dem Pelosa-Türmchen als reizvollem Blickfang im seichten, glitzernden Wasser. So viel Schönheit lockt Geld, und Geld lockt Schönheit. So ist „die Behaarte" im Sommer rappelvoll von Menschen mit „bella figura" in knapper Badebekleidung und solchen mit angegrauten Schläfen und großen Jachten. Einen Golfplatz gibt es auch schon, und die beiden Häfen der Stadt sind bis auf den letzten Platz mit schmucken Jachten belegt, während nicht nur die Strandparkplatz-Gebühren unerbittlich steigen.

Post und Telefon

- **Vorwahl: 079**
- **PLZ: 07040**

Information

- **Pro Loco,** Via Sassari 77, Tel. 52 00 81, Web: www.infostintino.com/.

Essen und Trinken

- **Silvestrino,** Via Sassari 14, Tel. 52 30 07. Das Hotel-Restaurant ist das beste am Platze; hier bereitet Efisio exquisite Meeresküche.
- **Da Antonio,** Via Marco Polo 14, Tel. 52 30 77. Da Antonio ist etwas preisgünstiger als Silvestrino, aber qualitativ gleichwertig. Beste Meeresküche im charmant gemütlichen, stilvoll rustikalen Gastraum.

Aktivitäten

- **Tauchen:** Asinara Diving Center, Porto dell' Ancora, Tel. 52 70 00, Web: www.asinaradivingcenter.it.
- **Golf:** Golf Club, Via XXI Aprile 8, Tel. 368-31 04 303.
- **NLP Isola Asinara Stintours,** Via C. Colombo 39, Tel. 52 31 60, Web: www.stintours.com. Bei gutem Wetter tägl. Asinara-Exkursionen, Abfahrt ca. 9 Uhr Porto Nuovo/Stintino, Rückfahrt ca. 17 Uhr.
- **Surfen:** Windsurfcenter, Loc. L'Approdo, Tel. 52 70 06.
- **Segeln/Bootsverleih:** Vela Idea, Porto dell' Ancora, Tel. 335-78 13 666.
- **Reiten:** Mannegio Li Nibari, Loc. Preddu Nieddu-Scoglietti, Tel. 338-77 37 677.

Fest

- **Regata della Vela Latina,** Ende August. Regatta mit traditionellen kleinen Segelbooten, wie sie schon von *Kolumbus* benutzt wurden. Großes Rahmenprogramm.

Museum

- **Museo della Tonnara,** im Hafen Porto Mannu, Tel. 51 22 09 15; geöffnet Mai bis 15. Okt. tägl. 17–24 Uhr. Gezeigt werden Exponate zum historischen Thunfischfang.

Notfälle

- **Carabinieri,** Loc. Le Vele, Tel. 52 31 21.
- **Guardia Medica,** Loc. Pozzo San Nicola, Tel. 53 40 02.

Unterkunft

Die Halbinsel Stintino verfügt über eine Fülle an großen Hotelresorts und Feriendörfern für Pauschalurlauber. Im Ort selbst gibt es nur drei Unterkunftsmöglichkeiten.

- **Hotel Silvestrino***,** Via Sassari 14, Tel. 52 30 07, Fax 52 34 73, Web: www.silvestrino.it. Traditionsreiches, 1950 eröffnetes Haus in zentraler Ortslage, Gebäude und Zimmer würde etwas mehr Geschmack nicht schaden, dennoch in der Saison oft ausgebucht (NS 60-88 €, HS 80-135 €).
- **Hotel Geranio Rosso***,** Via XXI Aprile 4, Tel. 53 32 92, Fax 52 32 93. Freundliches, gut ausgestattetes Haus mit 15 Zimmern in zentraler Lage, mit Restaurant (NS 60-80 €, HS 80-105 €).
- **Hotel Lina**,** Via Lepanto 30, Tel. 52 30 71, Fax 52 31 92. Web: www.linahotel.it/. Kleines, von außen unscheinbares, innen nett eingerichtetes Hotel mit 10 Zimmern mit Blick auf den malerischen Porto Minori unter freundlicher Leitung (NS 60-66 €, HS 76-86 €).
- **B&B Porto Vecchio,** Via Tonnara 69, Tel. 52 32 12, Web: www.bbstintino.com. Zentrale Lage am Alten Hafen, drei ordentliche, zweckmäßig möblierte Zimmer mit Bad, nette Frühstücksterrasse (35-70 €).

Durch die Nurra-Berge ♢ VI/A1-2

Von Porto Torres oder dem Flecken Pozzo San Nicola nach Westen Richtung Argentiera beherrschen dürre Weiden und ausgetrocknete Felder das Land. Im Dörfchen **Palmadula** finden sich mitten in der Einöde eine Post, eine Tankstelle und die einzige Einkaufsmöglichkeit weit und breit.

Argentiera

Ein schmales Asphaltband schlängelt sich von Palmadula durch das karge, baumlose Hügelland zur verlassenen Bergwerkssiedlung Argentiera – der **Silberstadt**. Seit der Römerzeit förderte man Silber am Capo dell'Argentiera, dem westlichsten Vorsprung Sardiniens. 1963 waren die Minen unwiderruflich erschöpft und Argentieras Schicksal damit besiegelt. Zerbröseln-

Die weißen Esel und schweren Jungs der Isola Asinara

Den weißen Eseln, den *asini bianchi*, verdankt die Isola Asinara ihren Namen. Die Langohren mit dem weißen Fell leben nur hier auf der als Nationalpark streng naturgeschützten Insel. Auf über 400 Meter Höhe steigt die Isola Asinara an. In den zerklüfteten, steil ins Meer hinabstürzenden Granitfelsen brüten über der Gischt Korallenmöwen und Kormorane – in einer von Menschenhand unberührten Natur.

1885 wurde auf dem Eiland ein Gefängnis in Betrieb genommen, die angestammten Bewohner siedelte man auf die Halbinsel Stintino um. Grund für die Standortwahl des Hochsicherheitsgefängnisses war, wie auf Alcatraz, neben der Insellage die starke Strömung, die es unmöglich machte, von hier das Festland zu erreichen.

Nach langjährigen, zähen Bemühungen um die zukünftige Nutzung wurde die Insel 1997 zum Nationalpark erklärt. 1999 wurde das Gefängnis endgültig geschlossen.

Die zauberhafte Insel darf nun täglich von maximal 300 Personen (im Rahmen einer Führung) besucht werden. Schiffe fahren nur von Porto Torres und Stintino (Stintino – Fornelli tägl. 9, zurück 19 Uhr, Porto Torres – Cala d'Oliva zurück 18 Uhr). Voranmeldung ist obligatorisch! Zwischen den Sehenswürdigkeiten auf der Insel verkehrt ein kleiner Elektrozug. An den Stationen Fornelli, La Reale und Cala d'Oliva können Fahrräder geliehen werden. Ausgewiesene Badestrände sind die Cala dei Detenuti und die Cala Sabina.

●**Info/Anmeldung:** Ente Parco Nazionale dell'Asinara, Via Iosto 7, 07046 Porto Torres, Tel. (079) 50 33 88, Fax 50 14 15, kostenl. Info-Tel. 800-56 11 66, Web: www.parcoasinara.it (mit Ticketbestellung).

In **Stintino:** Stintours, Lungomare Colombo, Tel. 52 31 60.

In **Porto Torres:** Servici Turistici, Via Ettore Sacchi, Tel. 50 13 38.

Durch die Nurra-Berge

de Mauern und einstürzende Holzbauten mit zerborstenen Dächern bilden die gespenstisch-romantische Kulisse. Da, wo einst das Erz ausgewaschen wurde, verrotten pittoresk die alten Förderanlagen. Willkommen im Wilden Westen Sardiniens!

Seit einigen Jahren kommt allmählich wieder Leben in die **kuriose Geisterstadt:** Anstelle von *minieros* lassen sich inzwischen Touristen nieder. Immer mehr der alten Bergarbeiterwohnungen werden restauriert und zu hübschen Apartments ausgebaut. Mit seiner Bar, der Bushaltestelle und einer offenen Telefonkabine ist Argentiera an die Zivilisation angeschlossen. Unterhalb der malerischen Ruinen lädt ein kleiner brauner Kiesstrand zum geruhsamen Aufenthalt ein.

Porto Palmas

Die gottverlassene nördliche Nachbarbucht von Argentiera bietet zwar keine festen Behausungen, aber dafür den **schöneren Strand.** Von Felsen umrahmt, malt ein breites weißes Sandband eine Mondsichel ins Land. Eine einfache Strandbar serviert Pizza und Bier. Die rumpelige Wohnwagenansammlung am Hang hinter dem Strand ist kein Campingplatz, sondern Privatgelände. Rechts von der Bucht führt eine holprige Sandpiste den Hü-

Verlassene Bergwerksanlage in Argentiera

gel hinauf am einsamen Steilufer entlang. Nur einige Wildzelter und Wohnmobile haben sich – trotz des offiziellen Verbots – über dem Meeressaum in schattenlosen Senken und Sandmulden im Gestrüpp einquartiert.

Porto Ferro

Völlig unberührt ist die Bucht von Porto Ferro, etwa zehn Kilometer südlich vom Capo dell'Argentiera. Von Felsen gesäumt und den beiden Sarazenentürmen Torre Negra und Torre Bantile Sale malerisch flankiert, zieht sich ein fantastischer Sandstrand über etwa einen Kilometer in sanftem Halbrund vor Dünen, Pineta und Macchia entlang; es gibt keine touristischen Einrichtungen. Vom Parkplatz am Ende der kleinen Stichstraße führt ein Trampelpfad durch die Macchia zur Bucht hinunter.

Unterkunft/Essen

●**Agriturismo Finagliosu,** Palmadula, Loc. Finagliosu, Tel. (079) 53 04 74, Web: www.tiscali.it/finagliosu. Bei *Gavino* gibt es 4 DZ, ein 3-Bettzimmer und zwei Appartements mit je vier Betten in ebenso einsamer wie herrlicher Lage über der Steilküste mit wunderbarem Ausblick (31–33 € p.P. mit Frühstück, Menü am Abend 21 €).

Aktivitäten

●**Reiten:** Maneggio Porto Ferro (nördlich in der Bucht von Porto Ferro), Mobil-Tel. 347-81 61 829.

Lago di Baratz

Im Rücken der Bucht liegt der kleine Baratz-See, der **einzige natürliche See Sardiniens.** Es handelt sich um das Ende der einst tief in das Land eingreifenden Meeresbucht von Porto Ferro, die jedoch verlandete und den Lago Baratz vom Meer abschnitt. Seit neuestem führen beschilderte Spazierwege um den See, und ein Natur-Erlebniszentrum informiert über die Besonderheiten des 1125 ha großen Naturschutzgebietes und bietet Führungen an.

●**Info:** CEEA, Via dei Fenicotteri 25, Tel. (079) 53 30 97, Web: www.ceebaratz.it (Mo–Fr 9–17.30 Uhr).

Santa Maria La Palma

Zwischen dem im Sommer hoffnungslos überfüllten Alghero und dem praktisch menschenleeren Porto Ferro liegt inmitten der von weiten Olivenhainen, Obstplantagen und Weinfeldern bedeckten Ebene Santa Maria La Palma. La Palma ist weniger ein Ort, sondern setzt sich aus zahlreichen verstreut und ruhig in den Plantagen und Weinfeldern liegenden Gehöften zusammen, die häufig Unterkunft in Form von Agriturismo oder Bed & Breakfast offerieren. Auch ein großer, sehr gut ausgestatteter Wohnmobil-Platz und ein (nirgends verzeichneter) Campingplatz bieten alternative Stellplätze.

Einkaufen

●**Wein:** Cantina Sociale Santa Maria La Palma, Tel. (079) 99 90 08, Web: www.santamarialapalma.it. Weinverkauf, Ausstellung und

---

Auf 654 Stufen über die Escala di Cabirol zur Grotta di Nettuno geführte Besichtigung. Hier werden der weiße Aragosta (der mit dem Krebs) sowie der rote Bombarde hergestellt; geöffnet Juni-Sept. Mo–Sa 8–13 Uhr u. 15.30–20 Uhr, Aug. auch So, Okt.-Mai Mo–Fr 7.30–13 Uhr u. 14.30–17.30 Uhr.

Agriturismo

● **Agave,** Loc. Gutierrez, Tel. (079) 99 91 04, Web: www.agriturismoagave.com. Weitläufige, in üppiges Grün eingebettete Anlage am Fuße des Monte Doglia mit fünf individuell eingerichteten charmanten Zimmern sowie angegliedertem B&B (350 m entfernt). Die ausgezeichnete Küche bei Familie *Piras* ist besonders erwähnenswert, sie steht auch Gästen, die hier nicht übernachten, offen (B&B 19–32 € p.P., HP 33–45 € p.P., Menü 16–22 €).

● **Agriturismo Le Tre Grazie,** Tel./Fax (079) 53 31 88, Web: www.letregrazie.it. Ruhig gelegenes Gehöft mit biologischem Anbau, das u.a. Gemüse, Olivenöl, Eier, Fleisch und Honig produziert. 4 DZ mit Bad, weitere 3 DZ in separat gelegenen 1-Raumhäuschen (B&B 25–40 € p.P. , HP 45–60 €).

● **Lamon,** Loc. Zirra, Tel. (079) 99 91 63, Web: www.agriturismolamon.it. Vier Zimmer mit Bad und Stellplätze für Camper und Wohnmobile bietet *Elia Lamon* auf seinem ganzjährig geöffneten Hof (B&B 25–30 €, Stellplatz 12,50 €).

● **Saride,** Loc. Corea, Tel./Fax (079) 91 90 37, Web: www.saride.too.it. Fünf Zimmer mit Bad, zwei Appartements und Campingmöglichkeit auf dem Hof von *Rita Degortes,* 2 km bis zum Strand Porto Ferro (B&B 26–28 €).

Capo Caccia ♐ VI/A2

Ungefähr zehn Kilometer weiter südlich am Ende der Bilderbuchbucht von Porto Conte beginnt die zerklüftete Steilküste, deren Ende das 168 Meter hohe Capo Caccia krönt. Vom Meeresspiegel steigt die Straße, vorbei an einigen verstreut über dem Wasser

thronenden Hotels und Feriensiedlungen, zum **zerklüfteten Kalksteinkap** hinauf.

Grotta di Nettuno

In seiner meerzugewandten grandiosen Steilküste verbirgt sich eine der schönsten Tropfsteinhöhlen Sardiniens, die Grotta di Nettuno, zu der man auf zwei unterschiedlichen Wegen gelangt. Im Hafen von Alghero starten **Ausflugsboote** und setzen einen nach etwa einstündiger Überfahrt mit fantastischen Ausblick auf die Küste direkt an dem praktisch in Meereshöhe liegenden Höhleneingang ab; bei bewegter See eine wackelige Angelegenheit. Wem die Anfahrt von Alghero zu

CAPO CACCIA

> **Sperrung der Grotte**
>
> An Tagen mit **hohem Seegang,** und die sind nicht selten, ist es weder mit dem Boot noch zu Fuß möglich, an die Höhle zu gelangen. Selbst der Eingang zur Escala del Cabirol bleibt dann verschlossen.

lang und der Abstieg über die Treppe zu beschwerlich ist, der kann auch in der **Cala Dragunara** (ausgeschildert) an Bord gehen, die man bei der Anfahrt mit dem Auto zum Capo Caccia passiert. Ebenso eindrucksvoll wie die Anfahrt über das Meer ist der Fußweg zur Neptunshöhle. Vom Parkplatz mit Bar in 110 Meter Höhe führen die 654 Stufen der **Escala di Cabirol,** der „Rehleiter", durch die senkrechten Felswände nach unten bis auf Meereshöhe. Schwindel erregend ist der Blick hinab auf die Wellen, die tief unten gegen die Klippen rollen. Schweißtreibend ist der Aufstieg zurück. Besonders ab Nachmittag, wenn die Sonne die nackten Felsklippen aufheizt, weshalb man eine gewisse Kondition für den Weg mitbringen sollte.

Auf der windabgewandten Seite glitzert das Wasser wie ein Sternenmeer in den winzigen Einbuchtungen. An der Luv-Seite schlägt mit Brausen und Tosen die Gischt an scharfe Felskanten. Im durchlöcherten Kalkstein nisten Tausende Möwen, deren schrilles Kreischen von den Felswänden als hallendes Echo zurückgeworfen wird.

CAPO CACCIA

Tipp: Kurz vor dem Ende der Straße aufs Kap bietet ein Parkplatz rechts der Straße Gelegenheit anzuhalten und die wenigen Schritte bis zur lotrecht ins wild schäumende Meer abfallenden Abbruchkante zu gehen. Der Blick in die dortige **Cala Inferno** ist sensationell, aber auch sehr gefährlich. Kinder unbedingt an der Hand führen!

Im Inneren der Neptunsgrotte

Nur schwach vom Tageslicht erhellt, rundum in einen bläulich-grünen Dämmer getaucht und von wunderlichen Pflanzenverkrustungen eingerahmt, funkelt in der Eingangshalle zur Grotta di Nettuno der **Lamarmora-See**. Im Anschluss geht es hinunter in die märchenhafte Zauberwelt weißer, gelber und orangefarbener Kristalle und Tropfsteine.

Die Krönung im **Reggia-Saal** ist eine elf Meter hohe, majestätische Tropfsteinorgel, die sich vom Höhlengrund bis zur Decke erhebt. Filigran verästelte, exzentrische Kristallgebilde funkeln im flirrenden Licht-und-Schatten-Spiel. Wie Silberlametta hängt Sinter von der Höhlendecke herab. Dazwischen ragen in dieser Welt aus Tausendundeinernacht in den Reflexen des Seewassers gebrochene magische Figuren empor: dicke Buddhas und lanzenbewehrte Ritter, Prinzessinnen mit goldenen Kronen, Zwerge und Gnome. Ein sardisches Fantasia – das Wunderreich des Meeresgottes Neptun.

Am Eingang zur Neptunshöhle

- **Besichtigung (nur im Rahmen einer Führung):** tägl. stündliche Führungen, April–Sept. 9–19 Uhr, Okt. 9–18 Uhr, Nov.–März 9–14 Uhr.
- **Boote ab Alghero:** Navisarda (im Hafen), Tel. 95 06 03, Web: www.navisarda.it/. Dauer 2,5 Std.; 1.4.–31.5. u. 1.10.–31.10. tägl. 9, 10, 15, 16 Uhr, 1.6.–31.9. zusätzlich 11, 12, 14, 17 Uhr.
- **Boote ab Cala Draguna** (kurz vor dem Kap links): Dauer 2 Std.; 1.6.–30.9. tägl. zwischen 9.30 u. 18.30 Uhr jeweils zur halben Stunde.
- **FdS-Bus** ab Alghero (Via Catalogna), 1. Juni–30. Sept. 3x tägl., Tel. 95 01 79.

Strände

- **Spiaggia del Porticciolo:** kleine lauschige Sandbucht zwischen Felsen im Norden vom Capo Caccia. Durch den nahen Campingplatz im Sommer aber sehr voll.

Unterkunft

- **B&B Da Anna Rita,** zona Arenosu 20, Tel. 347-30 30 246, Web: www.babannarita.com. 2 km außerhalb von Fertilia am Fuße des M. Doglia im Naturpark gelegenes gepflegtes Gebäude mit zwei frei stehenden „Vilettas" mit FeWo für bis zu 4 Personen, 2 DZ ohne, 1 DZ mit Bad (23-33 € p.P.).

Naturpark Capo Caccia

Das gesamte Kap und die umliegenden Gewässer, darunter die Bucht von Porto Conte, stehen als „area marina protetta" unter besonderem Schutz. Im Naturpark gelten in verschiedenen Zonen unterschiedlich starke Einschränkungen. So darf z.B. die Kernzone Isola Piana weder betreten noch betaucht werden. Detaillierte **Informationen** zum Naturpark erhalt man bei:

- **A.M.P. CapoCacciaA – Isola Piana,** Loc. Tramariglio, SP 55, km 8,0, Tel. (079) 99 85 51, Web: www.ampcapocaccia.it/.

Porto Conte, Fertilia

Camping

- **Camping Torre del Porticciolo*****, Loc. Torre del Porticciolo, Tel. 91 90 07, Fax 91 92 12, Web: www.torredelporticciolo.it. Geöffnet Ostern bis 30.9. Weitläufiges Gelände an der einsamen Küste zwischen Argentiera und dem Capo Caccia inmitten von macchiabestandenen Hügeln. Behindertengerechte Ausstattung, Restaurant, Pizzeria, Bar, Supermarkt, Tennisplatz, Wäscherei, Segelbootverleih, Reitmöglichkeit, toller Pool. Anfahrt aus Richtung Alghero: SS 127 westlich Richtung Porto Conto/Capo Caccia. Am Abzweig zum Capo Caccia rechts nach Norden abbiegen. Nach 2 km Stichstraße links zum Torre del Porticciolo.

Porto Conte ⌕ VI/A2

Landschaftliches Juwel und Summe aller Schönheiten der Region ist die Bucht von Porto Conte. Von feinstem Sandstrand und dichtem Eukalyptus- und Pinien-Urwald gesäumt, öffnet sich die kreisrunde Perle nach Süden zum Meer, eingefasst von der Punta del Giglio und den steil abstürzenden Felsen des wild-zerklüfteten Capo Caccia.

Die Bucht von Porto Conte

Die gesamte Bucht von Porto Conte und das Capo Caccia sind wegen ihrer großartigen Natur zur *Area marina protetta* ernannt worden. Rings um die von den malerischen Turmstümpfen des Torre del Tramariglio und El Faro bewachten Bucht mit ihrem kristallklaren Wasser zieht sich ein schneeweißer, feinsandiger Puderzuckerstrand. Folgt man dem kleinen Schild „Spiaggia Mugoni", gelangt man zu einem sehr schönen Wiesenparkplatz mit Duschen und WC (keine Übernachtung im Wohnmobil möglich) direkt hinter dem Strand. Hier gibt es auch eine kleine, „provisorisch" anmutende Strandbar. Die westliche Seite des Strandes beherrscht der große Komplex des Baia di Conte, die östliche die reizvolle Feriensiedlung Maristella.

Aktivitäten

- **Tauchen:** Porto Conte Marine Diving Center, km 48 c/o Centro Nautico, Tel. (079) 94 21 22, Web: www.divingportoconte.it.

Fertilia ⌕ VI/A2

Man merkt es schnell, dass dieser Ort weder gewachsen noch sardisch ist. Name und Baustil lassen schon die Richtung ahnen – Fertilia kommt vom ital. „fertilità", was „Fruchtbarkeit" heißt, und Anlage und Architektur des Ortes sind unübersehbar monumental faschistisch. Tatsächlich siedelte *Mussolini* 1930 in der sumpfigen Ebene Bauern aus Venetien und Dalmatien (damals italienisch!) an, um diese trocken zu legen und auf diese Weise in fruchtbares Ackerland zu verwandeln. *Mussolini* ist tot, aus dem Malariasumpf ist ein blühender Garten, aus Fertilia im Gegensatz zum nahen Alghero ein ruhiger und preiswerter Urlaubsort geworden.

Der **alte Ortskern** entlang der von Arkaden gesäumten, abrupt am Meer in der **Piazzale San Marco** samt imposanter Freitreppe endenden Hauptstraße **Via Pola** erinnert mit seiner Großspurigkeit noch stark an den Gründungsvater.

Einzige weitere Sehenswürdigkeit Fertilias ist die antike **Römerbrücke**, die sich mit 13 verfallenden von ursprünglich 24 Bögen in den träge dahinfließenden Abfluss des **Stagno di Calik** hinausschiebt und in dessen Mitte à la Avignon endet.

Die wirkliche Attraktion Fertilias sind jedoch seine **Strände.** Der größte und längste beginnt unmittelbar am südlichen Ortsrand und zieht sich viele Kilometer lang hin, um als Lido di Alghero eben dort zu enden.

Praktische Tipps Fertilia

Post und Telefon

- **Vorwahl: 079**
- **PLZ: 07040**

Information

- **AAST-Touristinfo,** am Flughafen einige Kilometer nördlich des Ortes, Tel. (079) 93 51 24.

Essen und Trinken

- **Da Bruno,** an der Straße nach S. Maria La Palma, Tel. 93 06 86. Das dem Hotel Fertilia angeschlossene Restaurant ist eines der besten in der gesamten Region. Berühmt sind die nach traditioneller Art zubereiteten Spezialitäten mit Fisch und in der Gegend erlegtem Wild. Rechtzeitig reservieren!
- **Acquario,** Via Pola 34, Tel. 93 02 39. Die Alternative zu Da Bruno! Exzellente Küche, besonders Fisch.

Aktivitäten

- **Segeln:** J. & B. Sailing School, Spiaggia Le Bombarde, Tel. 336-59 44 04.

Flughafen Alghero/Fertilia

Mit der Aufnahme von ganzjährigen täglichen Flügen der Billiglinie Ryan Air ist der kleine Flughafen Fertilia eine neue, wenn auch noch kleine touristische Drehscheibe geworden. Informationen zum Flughafen, den Flügen und allen Dienstleistungen erhält man im Internet unter **www.algheroairport.com.**

Wichtige Rufnummern:
- **AAST Tourist-Information,** Tel. 93 51 24, tägl. 8.30–19.30 Uhr.
- **Ryan-Air-Büro,** Tel. 93 52 82.
- **Ticket Office** (alle Airlines), Tel. 93 60 51.

Verkehrsanbindung mit Bus (saisonal unterschiedlich):
- **Stadtbus:** Linie AA nach Alghero/Piazza Mercede, auf Ankunft/Abflug der Flüge von/nach Fertilia abgestimmte Busverbindungen.
- **ARST:** tägl. ca. 10 x nach Sassari/zentraler Busbahnhof und 3 x tägl. nach Stintino, Tel. 26 39 206.
- **Logudoro Tours:** 2 x tägl. nach Cagliari/zentraler Busbahnhof über Macomer, Oristano, Tel. 28 17 28 (dieser Bus fährt 30 Min. nach Ankunft des Ryan-Air-Flugs aus London).
- **Redentours:** 2 x tägl. nach Nuoro/Viale Sardegna über Macomer, Ottana, Tel. (0784) 30 325.
- **Digitur:** 2 x tägl. nach S.T. Gallura über Porto Torres, Castelsardo, Valledoria, Tel. 27 07 56.
- **Turmo Travel:** 2 x tägl. nach Olbia/Hafen über Sassari, Tel. (0789) 21 487.
- **Taxi** (24 Std.): Flughafen Tel. 93 50 35, Alghero Stadt Tel. 98 92 028 (die einfache Fahrt nach Alghero (ca. 10 km) kostet ca. 20 € und ist damit viel zu teuer; zum Vergleich: ARST-Bus 1 €).

- **Surfen:** North West Windsurfing, Spiaggia Le Bombarde, Tel. 98 65 67.
- **Wassersport: F&P Centro Nautico,** Spiaggia Punta Negra, Tel. 328-05 73 615; Surfen, Segeln, Kanu, Kajak und mehr.

Unterkunft

- **Hotel Fertilia***,** an der Straße nach S. Maria La Palma, Tel. 93 00 98, Fax 93 05 22. Geschmackvoll und bequem ausgestattete Zimmer, einen knappen Kilometer vom Wasser entfernt (NS 65 €, HS 85 €).
- **Hotel Light Blue***,** Loc. Arenosu 1, Tel./Fax 93 20 35, Web: www.hotellightblue.it. Einladender, gut ausgestatteter und freundlich geführter Neubau, eingebettet in einen weitläufigen Garten mit Pool und Palmen, Eukalyptus und Feigen. 13 Zimmer, zwei Terrassen mit Blick in den Garten, 800 m zum Meer (NS 60–76 €, HS 86–98 €).

Jugendherbergen

- **Hostal de Alquer***,** Via Parenzo, Tel./Fax 93 04 78, Fax 93 20 39. Neue, adrette Jugendherberge (Ausweis erforderlich!) mit einfachen, aber sauberen Unterkünften in zahlreichen locker verteilten Pavillons (B&B 16 €, Familienzimmer 18 €, DZ 20 €).
- **Ostello dei Giuliani*,** Via Zara 1, Tel 93 00 15, Fax 93 03 53. Alte, sehr einfache (von manchen Lesern als zu einfach) empfundene Unterkunft mit 7 Zimmern/25 Betten ohne weiteren Komfort (25–30 €).

Camping

- **Camping Calik***,** SS 127 km 33,2, Tel./Fax 93 01 11, Web: www.campeggiocalik.it. Geöffnet Ostern bis 30.9. Großer Platz mit Eukalyptusbäumen am Stagno di Calik; mit malerischer Aussicht auf die alte Römerbrücke. Zum Meeresstrand geht es über die Straße. Supermarkt, Restaurant, Bar, Bootsanleger an der Lagune.
- **Camping Nurral***,** SS 291 km 33,2 Straße Richtung Flughafen, Tel. 93 04 85, Fax 93 06 46, ganzjährig geöffnet. Schön begrünter Platz, mit Bar, Restaurant, Tennis, Bungalowvermietung.

Strände um Fertilia

Fertilias Schokoladenseite sind die großen und kleinen Traumstrände und Badebuchten, die sich Richtung Westen zwischen dem Ort und der Punta Giglia aneinanderreihen. Fährt man die SS 127 Richtung Capo Caccia, zweigt etwa zwei Kilometer nach Fertilia links eine einspurige Teerstraße Richtung Küste ab. Direkt am Abzweig liegt ein großer, schöner Stellplatz für Wohnmobile. Das Sträßlein führt zu der eleganten Anlage des Hotels dei Pini, vor dem sich halbmondförmig die **Spiaggia Bombarde** ausdehnt. Der karibisch anmutende Korallenstrand, dessen Name an die Bombardierung Algheros im Zweiten Weltkrieg erinnert, verfügt über allerlei Vergnügungseinrichtungen und ist, wie man an der Größe der Parkflächen sieht, in der Saison entsprechend frequentiert.

Fährt man das Sträßlein weiter, erreicht man kurz darauf die kleine, bis auf zwei provisorische Strandbars bislang noch unverbaute **Spiaggia Lazzaretto**, an die einst die Verwundeten der Bombardierung evakuiert wurden. Der Sandstrand eröffnet einen herrlichen Ausblick über die Bucht hinüber nach Alghero. Vom Hauptstrand führen kleine Trampelpfade durch die mannshohe Macchia zu pittoresken, von Felsen umrahmten Badebuchten.

Stilles Idyll mit Bar –
Spiaggia Lazzaretto im Herbst

Das Sträßlein führt weiter nach Maristella an der Bucht Porto Conte und trifft dort wieder auf die Hauptstraße zum Capo Caccia.

Nuraghe Palmavera

Wenige Hundert Meter hinter dem **Abzweig zu Le Bombarde** wartet direkt neben der Straße zum Capo Caccia zwischen sanft aufsteigenden Weingärten und üppig blühendem Oleander der Complesso Nuragico Palmavera auf Besucher. Auch wenn die namensgebende und vielfotografierte Palme, die einst malerisch aus dem zentralen Nuraghenturm herauswuchs, aus Denkmalschutzgründen entfernt wurde, ist die sehr gut erhaltene Wehranlage einen Besuch wert. Um die beiden in der Mitte liegenden Türme gruppieren sich die Fundamente von über 50 Rundhütten.

●**Info:** Coop SILT, Tel. (079) 98 00 40, geöffnet April–Okt. tägl. 9–19 Uhr, Nov.–März tägl. 9.30–16 Uhr; stündlich geführte Besichtigungen (Dauer 45 Min.).

Unterkunft

●**Hotel dei Pini******, Loc. Le Bombarde, Tel. 93 01 57, Fax 93 02 59, Web: www.hoteldeipini.it. Elegantes Komforthotel, eingebettet in üppiges Grün direkt an einem der schönsten Strände Sardiniens. Umfangreiche Sport- und Freizeiteinrichtungen, aufmerksamer Service. Eine wirklich tolle Adresse! (NS 100–150 €, HS 174–302 €).

Nördlich von Alghero ⤴ VI/A2

Weingut Sella & Mosca

Nördlich von Alghero dehnt sich hinter dem Stagno di Calik eine fruchtbare Ebene mit fetten Böden aus. Bis zum Horizont erstrecken sich Weingärten, ja regelrechte Plantagen überziehen, soweit das Auge reicht, in alle vier Himmelsrichtungen das Land. Sie gehören zum Weingut Sella & Mosca, dessen Kellereien man besichtigen kann. Anders als die in Sardinien meist gemeinschaftlich betriebenen Wein-Kooperativen und Winzergenossenschaften befindet sich die Tenuta Sella

& Mosca seit ihrer Gründung 1889 in privater Hand.

Das Weingut von internationalem Ruf erstreckt sich über imposante 650 Hektar und keltert eine erlesene Palette vollmundiger Tropfen. Der berühmteste Rote des Hauses ist der aus der Cannonau-Traube gewonnene, sanfte, schwere **Anghelu Ruju.** Er wurde nach dem nahe dem Gut in den Weinfeldern liegenden *domus de janas,* einer eindrucksvollen Felsgräber-Anlage aus der Ozieri-Kultur, benannt. Das **gutseigene Weinmuseum** zeigt Wissenswertes zur Nekropole Anghelu Ruju (s.u.) und informiert natürlich ausführlich über die Geschichte rund um den Weinbau in der Region. In der Bodega kann man die edlen Tropfen kosten und selbstverständlich auch käuflich erwerben. Ein geführter Rundgang (Dauer ca. 1,5 Std.) durch die unterirdischen Gewölbe schenkt Einblick in die Kellereien.

●**Tenuta Sella & Mosca,** Loc. Riani, Tel. 99 77 00, Web: www.sellaemosca.com, an der SS 42 Richtung Porto Torres, km 11. Öffnungszeiten Bodega: Mo-Sa 8.30-13 u. 15-18.30 Uhr, im Aug. tägl. 8.30-20 Uhr; Führung Museum/Weinkeller: 1.6.-15.10. Mo-Sa 17.30 Uhr, sonst auf Anfrage.

Nekropole Anghelu Ruju

Unweit des Weinguts liegt die Nekropole Anghelu Ruju mit 38 *domus de janas.* Die **labyrinthische Totenstadt** der Ozieri-Kultur stammt aus der Zeit um 3000 v. Chr. Entweder über einen in den Fels getriebenen Korridor oder über einen Schacht erreicht man die Vor- und Hauptkammer der Grabstätte, von der weitere Sektionen abgehen. Es sind noch sehr gut Schemen von Stiermotiven und falschen Türen zu sehen.

●**Nekropole Anghelu Ruju,** ca. 9 km nördlich von Alghero an der SS 291 Richtung Porto Torres/Sassari. Geöffnet April-Okt. tägl. 9-19 Uhr, Nov.-März 9.30-16 Uhr.

Alghero VI/A2

Am Ausgang einer fruchtbaren Schwemmlandebene am Zusammenfluss mehrerer Wasseradern in den Stagno di Calik liegt Alghero, die **„spanische Stadt"**. Auch wenn der „stolzen Spanierin", die jahrelang in Sachen Besucherzahlen unangefochten die Nr. 1 auf Sardinien war, in den letzten Jahren mit den boomenden Urlaubsorten Palau und Santa Teresa di Gallura ernsthafte Konkurrentinnen herangewachsen sind, so hat Alghero von seiner Anziehungskraft nichts eingebüßt. Die Stadt besitzt eine **hervorragende touristische Infrastruktur;** so verfügt sie etwa über die meisten Hotels der gesamten Insel, Superstrände gleich im Dutzend, und der Flughafen Fertilia, auf dem die Billigflieger von RyanAir landen, liegt auch ganz in der Nähe.

Die intakte, bildschöne Altstadt, die zahlreichen Bars, Restaurants und Cafés, die vielen Geschäfte, die traditionellen Handwerksbetriebe, der große Hafen, die zahlreichen Ausflugsziele in der Umgebung – all das sucht auf

Sardinien nach wie vor seinesgleichen. So steigen die Bettenzahlen und Preise immer weiter, und im Sommer gesellen sich zu den 40.000 Einwohnern gut und gerne noch einmal so viele Gäste. Wer dann kein Bett gebucht hat, der ergattert auch keines mehr.

Geschichte

Über den Zeitpunkt der Stadtgründung existieren verschiedene Theorien; der Großteil der Historiker nimmt jedoch an, dass das Fischerdorf auf einer meerumspülten Felszunge in der ersten Hälfte des 11. Jahrhunderts von der mächtigen genuesischen Adelsfamilie *Doria* ausgebaut und anschließend befestigt wurde. Auch über die Herkunft des Stadtnamens herrschen unterschiedliche Auffassungen. Eine besagt, der mittelalterliche lateinische Name **„L'Alguerium"** (sardisch „s'Alighera", katalanisch „l'Alguer") leite sich von den Algen ab, die hier an den Strand gespült wurden.

Dank ihrer hervorragenden Lage nahm die Stadt bald eine wichtige Rolle im Seehandel ein und war deshalb ebenso begehrt wie heiß umkämpft. Nach der Schlacht von Porto Conte 1353, bei der die Katalanen mit Hilfe der Venezianer die Genuesen besiegten, gelangte Alghero in **aragonisch-katalanische Hand.** Im Jahr darauf wurde es offiziell dem Königreich von Aragon unterstellt. Sarden und Genuesen wurden vertrieben, das damalige Alguer mit Katalanen besiedelt und im spanischen Prunk umgebaut.

> **Souvenirs aus Korallen**
>
> Überall in der Altstadt von Alghero bieten Schmuckläden und Juweliere echte Korallen an. Vom Kauf sollte man jedoch unbedingt Abstand nehmen. Die auch als „Blumentiere" bekannten, bildschönen Unterwasserbewohner sind **vom Aussterben bedroht.** Die einzigen Korallenbänke Sardiniens bei Alghero und Bosa sind bereits schwerst geschädigt, jegliche Entnahme wird streng bestraft, und die Einfuhr von Korallen nach Deutschland ist durch das Artenschutzabkommen verboten!

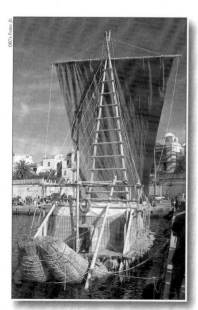

Schilfboot im Hafen von Alghero

Über 400 Jahre lang unterlag die Stadt spanischen Einflüssen. Ein seltenes, einzigartiges Schmuckstück entstand, in dem man noch heute mit Stolz die überlieferte **katalanische Mundart** pflegt, Paella auf den Tisch bringt und die Straßenschilder zweisprachig schreibt.

Lido di Alghero

Unmittelbar im Anschluss an den großen Sporthafen, in dem Hunderte von Jachten dümpeln, beginnt der **Stadtstrand** Lido di Alghero. Der breite, feinsandige Hausstrand der Algheresi zieht sich über mehr als sechs Kilometer nach Norden bis Fertilia. Er bietet im Stadtbereich sämtliche klassischen Strandvergnügungen: Baden, Beach- und Volleyball, Surfen, Strandbars und Restaurants in quicklebendiger mediterraner Atmosphäre. Je weiter man aber in Richtung Fertilia fährt, desto beschaulicher geht es zu. Anstelle von Bars und Hotels säumen nun Dünen und weite Piniengürtel den Strand.

Rund um den Hafen

Da die gesamte mittelalterliche Altstadt für den Autoverkehr gesperrt ist, stellt man seinen Wagen am besten auf den großen Parkflächen am Sporthafen ab. Von hier aus sind es nur wenige Schritte bis zur wuchtigen **Bastione della Maddalena,** durch die man die Altstadt betritt. Eine Gedenktafel an der Bastion erinnert an den Nationalhelden *Giuseppe Garibaldi,* der 1885 im Hafen ankerte und im selben Jahr seinen Grund und Boden auf der Isola Caprera erstand.

Nach dem Nationalhelden benannt ist die lange, schnurgerade, stets verkehrsreiche und im Sommer meist verstopfte **Via Garibaldi,** die parallel zum Strand verläuft und an der sich zahlreiche Bars und Hotels befinden.

Die Altstadt

Wer zur Altstadtbesichtigung seine Schuhsohlen schonen möchte, hat die Möglichkeit, den **Trenino Catalano** („Katalanisches Züglein") zu besteigen. Alle 30 Minuten dreht die touristische Elektro-Bummelbahn eine Runde durch das *centro storico,* untermalt von einer Stimme vom Band, die die Fahrgäste über die schönsten Sehenswürdigkeiten aufklärt. Das „animalische" Alternativprogramm zum Zug bestreitet „Il Cocchio", die **Pferdekutsche,** die vom Hafen aus durch die romantischen Gassen der Altstadt zuckelt. So imposant die Wehrmauer auch ist, die das ins Meer vorspringende Felsplateau, auf dem Algheros Altstadt liegt, schützend umschließt: Das historische Zentrum selbst ist nicht besonders groß. Es lässt sich bequem in zwei bis drei Stunden **zu Fuß** in allen seinen Ecken und Winkeln erkunden.

- **Trenino Catalano:** Start am Hafen alle 30 Min., mit Haltestellen an der Bastion, Piazza Sulis, Piazza Civica. April-Juni u. Sept. 10-13 und 15.30-21 Uhr, Juli/Aug. 10-13 und 16.30-23 Uhr, Tel. 336-69 18 36.
- **Kutschfahrten** ab Hafen, April-Juni 10-21 Uhr, Juli bis 15.9. 16.30-18.30 Uhr; Reservierung Tel. 95 25 46; Dauer ca. 30 Min.

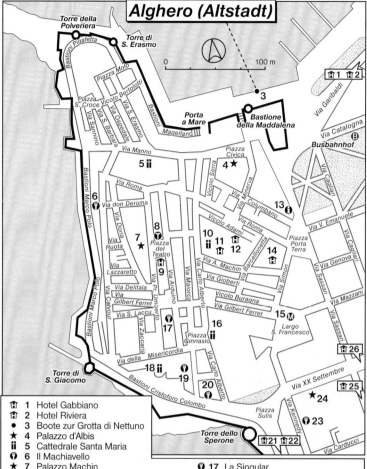

Alghero (Altstadt)

- 🏨 1 Hotel Gabbiano
- 🏨 2 Hotel Riviera
- ● 3 Boote zur Grotta di Nettuno
- ★ 4 Palazzo d'Albis
- ⛪ 5 Cattedrale Santa Maria
- 🍴 6 Il Machiavello
- ★ 7 Palazzo Machin
- 🎭 8 Theater
- 🏨 9 App. Alghero Relax
- ⛪ 10 Chiesa San Francesco
- 🏨 11 Hotel San Francesco
- 🏨 12 B&B Mamajuana
- ℹ 13 Touristinformation
- 🏨 14 B&B Aigua
- Ⓜ 15 Torre San Giovanni (Museo Vitale)
- ⛪ 16 Chiesa San Michele
- 🍴 17 La Singular
- ⛪ 18 Chiesa della Misericordia
- 🍴 19 Al Tuguri
- 🍴 20 La Lepanto
- 🏨 21 Hotel Villa Las Tronas
- 🏨 22 Hotel El Balear
- 🍴 23 Trattoria Maristella
- ★ 24 Aquarium
- 🏨 25 B&B Attico Bauhaus
- 🏨 26 Hotel Pensione Normandie

Um die Piazza Civica

Gleich hinter dem Hafen und der Bastione della Maddalena bildet gewissermaßen die blumengeschmückte schmale Piazza Civica mit Straßencafés und schönen Palazzi das Vorzimmer der Altstadt. Der prächtigste Palazzo ist der im 16. Jahrhundert im aragonesisch-gotischen Stil errichtete Palazzo d'Albis, der zeitweise dem Vizekönig Sardiniens als standesgemäße Bleibe diente.

Chiesa San Francesco

Ein Kleinod gotisch-katalanischer Baukunst findet sich in der Via Carlo Alberto. Die **Klosterkirche San Francesco** aus der zweiten Hälfte des 14. Jahrhunderts wurde im 16./17. Jahrhundert umgebaut und erweitert. Sehenswert sind das gotische Presbyterium mit herrlichem Sternengewölbe und der Marmorhochaltar aus dem 18. Jahrhundert.

Die Kirche ist Teil eines Franziskanerklosters, zu dessen Schmuckstücken der romanische Sandstein-Kreuzgang mit 22 Säulen zählt. Zum Kloster gehört auch ein kleines Hotel, das einzige im historischen Zentrum (siehe „Unterkunft").

●**Chiesa San Francesco,** Tel. 97 92 58, tägl. 7.30–12 und 16.30–19.30 Uhr.

Die Kathedrale

Wenige Schritte entfernt erhebt sich am Piazza Duomo die **Kathedrale Santa Maria** mit ihrem markanten achteckigen Glockenturm. Ab 1552 wurde sie im späten katalanisch-gotischen Stil auf einem Vorgängerbau aus dem 14. Jahrhundert errichtet, was beinahe 200 Jahre in Anspruch nahm; erst 1730 wurde sie fertig gestellt und geweiht.

Der imposante marmorne Barock-Hochaltar stammt aus dem 18. Jahrhundert. In der Apsis lohnt ein Blick auf fünf gotische Kapellen mit Kreuzrippengewölbe.

Im Dom lädt das **Diözesanmuseum** mit seinen zahlreichen wertvollen sakralen Kunstgegenständen aus der Zeit, als Alghero bedeutender Bischofssitz war, zu einem Besuch ein.

Wer kann, der sollte nicht versäumen, den **Turm der Kathedrale** zu erklimmen, denn die Aussicht über die Dächer der Altstadt von dort oben ist die Mühe wert.

●**Museum für religiöse Kunst,** Tel. 97 33 041, Web: www.algheromuseo.it, tägl. außer Mi. April–Nov. 10–13 Uhr, zusätzlich April–Juni und Sept./Okt. 17–19 Uhr, Juli 18–19 Uhr, Aug. 19–22 Uhr.
●**Kathedrale Santa Maria,** tägl. 7–13 und 15.30–18.30 Uhr, Führungen mit Turmbesteigung Juli/Aug. Di/Mi/Sa 18–21 Uhr, Tel. 97 92 22.

Um die Via Principe Umberto

Beim Spaziergang durch die engen, teils von Schwingbögen überspannten Gassen mit im gotisch-katalanischen Stil erbauten Häusern verdient der **Palazzo Machin** in der Via Principe Umberto 11 einen Blick. Der in der ersten Hälfte des 17. Jahrhunderts vom Bischof von Alghero, *Ambrogio Machin,* errichtete Palazzo zeichnet sich durch sein schönes Renaissance-Portal aus.

Nicht minder sehenswert ist die 1662 erbaute **Chiesa della Misericor-**

dia am Südende der Gasse. Der außen schlichte Sakralbau mit schönem Kirchturm im spanischen Kolonialstil birgt im Inneren einige kostbare flämische Gemälde sowie ein wertvolles spanisches Kruzifix aus dem 16. Jahrhundert.

- **Chiesa della Misericordia,** Mo–Sa 10–11.30 und 15.30–19 Uhr, So 16.30–19 Uhr, Tel. 97 95 95.

Nahebei leuchtet die bunte Majolika-Kuppel der **Kirche San Michele** über den Altstadtdächern. Die 1612 über einem älteren Bau errichtete Barockkirche wurde erst 1765 von Jesuiten fertiggestellt. Den Innenraum ziert eine prunkvolle Kanzel aus vergoldetem Holzschnitzwerk.

- **Chiesa San Michele,** tägl. jeweils 30 Min. vor der Messe, Tel. 97 92 34.

Nur einen Steinwurf entfernt öffnet sich der große **Largo San Francesco,** in dessen Mitte sich der wuchtig gedrungene **Torre San Giovanni** erhebt. In seinem wehrhaften Gemäuer hat sich das **Museo Virtuale** eingerichtet, in dem man mittels interaktiven Systemen in Algheros (Kunst)Geschichte zurückreisen und historische Ansichten erleben kann.

- **Museo Virtuale,** Torre S. Giovanni, Tel. 97 34 045, Web: www.itineranet.com.

Am Stadtstrand von Alghero: Baden vor historischer Kulisse

Pintadera – Italienisch lernen in Alghero

Eine spanische Stadt auf Sardinien zum Italienischlernen? Aber ja, denn hier bietet Pintadera – als da wären die gebürtige „Algheresi" *Angela* und die Deutsch-Amerika-Italienerin *Nicola* – Sprachkurse der etwas anderen Art. Unterrichtet wird in einer Wohnung im Herzen der Altstadt. Den beiden Gründerinnen und ihren fünf Sprachlehrern ist sehr daran gelegen, nicht nur die „Lingua Italiana", sondern auch die „Cultura Italiana" zu vermitteln.

Angeboten werden Lingua-Basiskurse auf **drei Niveaus:** Lingua A für Anfänger, Lingua B (Mittelstufe) und Lingua C für Fortgeschrittene. Man kann sich für eine Woche oder länger einschreiben. Die Kurse beginnen jeweils montags und haben höchstens sechs Teilnehmer. Speziell für Urlauber gibt es den einwöchigen „AllegraMente"-Kurs, der neben einigen Grundkenntnissen besonders die praktischen Seiten des Alltags in Sprache und Aktion, also z.B. „Wie bestelle ich einen Kaffee?" oder „Wie kaufe ich auf dem Markt ein?", vermittelt.

Neben der Sprache bietet Pintadera auch **Kochkurse,** bei denen man gemeinsam mit dem Koch der im selben Gebäude befindlichen Trattoria Al Refettorio, *Cristiano Andreini*, die Geheimnisse der italienisch-sardisch-katalanischen Küche ergründet.

Bei allen Kursen besteht kein starres Korsett, sondern stehen immer die Teilnehmer und deren individuelle Bedürfnisse und Wünsche im Mittelpunkt.

●**Centro Mediterraneo Pintadera,** Vicolo Adami 41, 07041 Alghero, Tel. (079) 91 70 64, mobil 328-88 57 367, Web: www.pintadera.info.

Auch im wenige Schritte entfernten **Torre Porta Terra** auf der gleichnamigen Piazza zeigt das darin neu eingerichtete **Touristenzentrum** mit seinen (realen) Ausstellungsstücken einen lebendigen Einblick in die Geschichte der Stadt.

●**Touristenzentrum,** Torre Porto Terra, Coop Itinera, Tel. 97 34 045.

Die **Piazza Sulis** am Südende der Altstadt belebt sich erst in den Abendstunden, wenn sich halb Alghero mit Blick auf den mächtigen **Torre dello Sperone** in den Bars und Restaurants trifft und im warmen Licht der untergehenden Sonne zur *passeggiata* über den Lungomare Dante aufbricht.

Praktische Tipps Alghero

Post und Telefon

●**Vorwahl: 079**
●**PLZ: 07041**

Information

●**AAST,** Piazza Porta Terra 9, Tel. 97 90 54, Fax 97 48 81, Web: www.infoalghero.it. April–Okt. Mo-Sa 8-20 Uhr, So 9-13 Uhr, Nov.-März Mo-Sa 8-14 Uhr.
●**AAST-Büro Flughafen Fertilia**, Mo-Sa 8.30-14.30 u. 15.30-20.30 Uhr, So 8.30-14.30 u. 16-21 Uhr.

Essen und Trinken

●**La Lepanto,** Via Carlo Alberto 135, Tel. 97 91 16. Im edlen Marmorambiente und von Klaviermusik untermalt, serviert Küchenchef *Moreno Cecchini* köstlichen Fisch und Meeresfrüchte nach katalanischer Art mit Tomaten und Zwiebeln, *all'algherese* variiert.
●**Trattoria La Singular,** Via Arduino 45, Tel. 98 20 98. Mitten in der Altstadt, in einem Tonnengewölbe, wählt man zwischen der

Küche des Meeres, z.B. im Ofen gegarte Goldbrasse, und Deftigem vom Land wie *animelle e cervella fritte* (gebackenes Bries und Hirn) oder Lamm aus der Pfanne.

●**Il Machiavello,** Via Cavour 7 bzw. Bastioni Marco Polo 57, Tel. 98 06 28. In der beliebten Osteria mit den zwei Eingängen mitten in der Altstadt kocht man ohne viel Schnickschnack. Neben feinem Fisch wie gegarter Goldbrasse oder Schwertfisch vom Grill oder Deftigem wie *ragu d'asino* (Eselsragout) gibt es freundliches Personal und gute Laune.

●**Al Tuguri,** Via Maiorca 113, Tel. 97 67 72. Einer der Gourmettempel Sardiniens, klein und sehr fein. Etwas für ganz besondere Anlässe. Entsprechende Garderobe und Vorbestellung sind dringend angeraten. Dafür bietet der aus Nuoro stammende Chef *Benito Carbonella* exquisite Küche ab 40 € aufwärts.

●**Maristella,** Via F. Kennedy 9, Tel. 97 81 72. Gut und günstig! Seit 1978 serviert *Caboni* in der kleinen Trattoria nur wenige Schritte von der Altstadt das, was seine Frau *Simonic* kocht. Und weil das ebenso preiswert wie gut ist, verkehren hier viele Einheimische, um „all algherese" zubereitete *spaghetti vongole, risotto pescatora* oder *pesce spada al mirto* zu speisen.

Aktivitäten

●**Aquarium,** Via XX Settembre 1, Tel. 97 83 33, Web: www.aquariumalghero.it. Hier können auch Nicht-Taucher einen Blick in die Unterwasserwelt Sardiniens werfen. Geöffnet tägl. Mai 10–13 u. 15–20 Uhr, Juni/Okt. 10–13 u. 16–21 Uhr, Juli/Sept. 10–13 u. 17–23 Uhr, Aug. 10–13.30 u. 17–0.30 Uhr, Nov.–April Sa/So 10–13 u. 15–20 Uhr.

●**Bootsausflüge** zum Capo Caccia/Grotta di Nettuno: Navisarda, Tel. 95 06 03. Im April, Mai, Okt. 9, 10, 15 Uhr, Juni–Sept. stündl. zwischen 9 und 17 Uhr ab Hafen.

●**Jachtcharter:** Windcharter, Loc. Bonaria, Tel. 95 30 57, Web: www.windcharter.it.

●**Motorboot-Verleih:** Alghero Nautica, Via Deledda 12, Tel. 97 67 02.

●**Surfen:** Alghero Holidays Club, Via Lido 14, Tel. 95 24 83 (auch Wasserski).

●**Kanu:** Ocean Tribe, Camping Mariposa, Tel. 347-22 27 513.

●**Tauchen:** Centro Immersioni Alghero, Via Garibaldi 45, Tel. 95 24 33, Web: www. nautisub.com.

●**Motor- und Fahrradverleih:** Cicloexpress, Via Garibaldi, Tel. 98 69 50, Web: www.cicloexpress.com.

●**Mountainbike-Touren:** MTB Porto Conte, Via Catalogna 28, Tel. 95 29 92 (mit Verleih).

●**Exkursionen:** Coop SILT, Via Lamarmora 14, Tel./Fax 98 07 50, Web: www.coopsilt.it.

Strände

●**Lido di Alghero,** 6 km langes Band von feinem weißen Sand. Im Bereich des Stadtteils Lido sehr lebhaft. Richtung Fertilia ruhiger.

●**Cala Speranza,** langer, einsamer Sandstrand 8 km südl. in Richtung Bosa mit gemütlichem Bretterbuden-Restaurant.

Einkaufen

●**Süßigkeiten:** Bon Bons, Via Einaudi 21 (in der Neustadt). Hier pflegt *Maria Mura* die katalanische Zuckerbäcker-Tradition. Die Klassiker unter den lokalen Süßigkeiten sind *Anicini* – ein süßer Traum mit Anis –, die mit Zucker glasierten *Ous de Bucaccia* und *Menjar Blanc* (Blätterteigstückchen).

●**Markthalle,** Via Cagliari 13 (Ecke Via Mazzini), Mo–Sa 7–13 Uhr. Großes Fisch- und Fleischangebot sowie Obst und Gemüse.

Feste

●**1. Augustwoche: Nostra Signora della Mercede.** Farbenprächtige Prozession mit anschließendem großen Fest zu Ehren der Stadtheiligen.

●**3./4. Sept.: Festa di San Francesco.** Lampenprozession durch die Stadt.

Notfälle

●**Polizia,** Via della Merdece 7, Tel. 800- 31 61 77.

●**Carabinieri,** Via D. Minzoni, Tel. 98 68 27.

●**Krankenhaus:** Ospedale Civile, Via Don Minzoni, Tel. 99 62 33.

Unterkunft

●**Hotel Villa Las Tronas****,** Lungomare Valencia 1, Tel. 98 18 18, Fax 98 10 44, Web:

www.hotelvillalastronas.it. Auf einer Felszunge im Renaissancestil erbautes Schlösschen, in dem früher die italienische Königsfamilie logierte. Fünf Minuten Fußweg zur Altstadt (NS 210–360 €, HS 280–430 €).
- **Hotel Riviera***, Via F.lli Cervi 6, Tel. 95 12 30, Fax 98 41 19, Web: www.hotelriviera-alghero.com. Wenige Minuten vom Hafen entfernt am Stadtstrand. Von außen schlichter viergeschossiger Neubau, innen mit allem Komfort (NS 85–90 €, HS 100–130 €).
- **Hotel El Balear***, Lungomare Dante 32, Tel. 97 52 29, Fax 97 48 47, Web:www.hotelelbalear.it. Im Süden vom *centro storico* an der Steilküste. Freundliches Haus mit großer Restaurantterrasse zum Meer (NS 77–85 €, HS 85–103 €, Frühstück 6 €).
- **Hotel San Francesco****, Via Ambrogio Machin 2, Tel./Fax 98 03 30, Web: www.sanfrancescohotel.com. Einfache Zimmer im ehemaligen Franziskanerkloster im Herzen der Altstadt. Frühstück gibt es im romantischen Kreuzgang des Klosters mit Blick in den idyllischen Innenhof! Unbedingt rechtzeitig reservieren (NS 65–80 €, HS 75–90 €).
- **B&B Aigua,** Via Ambrogio Machin 22, Tel. (englisch) 339-59 12 476, Web: www.aigua.it. Zwei rustikal eingerichtete Zimmer und eine Suite in historischem Palazzo aus dem 18. Jahrhundert in zentraler Altstadtlage (30–37 € p.P., Suite 35–40 € p.P.).
- **B&B Mamajuana,** Vicolo Adami 12, Tel. 339-13 69 791, Web: www.mamajuana.it. 3 DZ und 1 EZ mit Gemeinschaftsbad in historischem Palazzo in zentraler Altstadtlage, schlicht, aber geschmackvoll eingerichtet (NS 40–60 €, HS 60–80 €).
- **B&B Attico Bauhaus,** Via Sassari 177, Tel. 347-43 33 807, Web: www.bed-and-breakfast-alghero.it. Gepflegte, nüchtern modern möblierte 2 DZ und ein Appartment mit Bad in Dachwohnung mit Aussicht aufs Meer, kontinentales Frühstück (NS 45–65 €, HS 55–75 €).
- **Alghero Relax,** Piazza del Teatro, Tel. 91 70 64 oder 328-88 57 367, Web: www.alghero-relax.info. Einladend geräumiges, sehr wohnlich und komfortabel ausgestattetes Appartment mit Küche, Schlafzimmer, Bad, Terrasse und Blick aufs Meer. Die Besitzerin *Nicola* ist Deutsche und vermittelt in Alghero auch andere, teils sehr schöne B&B oder möblierte Zimmer (60–90 €).

Camping

- **Camping La Mariposa***, Via Lido 22, Tel. 95 04 80, Fax 98 44 89, Web: www.lamariposa.it. Geöffnet Ostern bis 30.10. Unmittelbar am langen Stadtstrand, 2 km vom Zentrum entfernt, daher stets gut besucht. Schatten spenden Pinien und Eukalyptus, mit Bar und Minimarkt.

Verkehrsverbindungen

- **FdS-Schmalspur-Bahnhof,** Via Don Minzoni, im Stadtteil Alghero Lido, Tel. 95 07 85. Tägl. 10 x nach Sassari.
- Alle **Busse** verkehren ab Bus-Terminal Via Catalonga (am Stadtpark).

ARST: tägl. nach Sassari, Porto Torres, Macomer, Ittiri, Bonorva, Villanova Monteleone, Sella und Mosca; gebührenfreies Info-Tel. 800-86 50 42.

FdS: tägl. nach Sassari, Bosa, Ittiri, Porto Conte, Porto Ferro, Chiesi, Villanova Monteleone, Sella und Mosca, Capo Caccia, Info-Tel. 95 04 58.

Turmo-Travel: 1 x tägl. über Sassari nach Olbia/Hafen, Info-Tel. (0789) 21 487.

Redentours: 2 x tägl. nach Nuoro, Info-Tel. (0784) 30 325.

- **Taxi,** Via Vittorio Emanuele, Tel. 97 53 96.
- **Flughafen Alghero/Fertilia,** siehe entsprechenden Info-Kasten bei Fertilia.

Östlich von Alghero ⤷ VI/B2-3

Von Alghero in östliche Richtung lohnt sich eine Fahrt zur Felskammer-Nekropole Santu Pedru und ein Tagesausflug in die faszinierende Welt der Tafelberge nach Ittiri, eventuell mit Weiterfahrt nach Thiesi und Torralba in das Tal der Nuraghen (siehe unter „Logudoro").

Schon bald hinter der Stadt steigen über der Ebene die ersten bizarren Kalkstein- und Trachyttafeln auf. Die Straße schlängelt sich durch schmale Täler mit Feldern und saftigen Weiden, Obstbäumen und blühendem Ginster. Ihre Fruchtbarkeit verdankt diese schöne Landschaft allein dem Stausee Lago di Cuga.

Nekropole Santu Pedru

Einige Kilometer vor dem See biegt links von der SS 127 bis die Straße nach Olmedo ab. Auf dieser gelangt man nach ungefähr drei Kilometern zur Nekropole Santu Pedru. Die 1905 entdeckte **Totenstadt aus der Ozieri-Kultur** (um 3000 v. Chr.) liegt am Fuß eines Hügels fast unmittelbar an der Straße.

Ein 15 Meter langer Felsgang führt über einen Vorraum in das größte der unterirdischen Felskammergräber, das **Palastgrab** von Santu Pedru. Es ist mit zwei Säulen und angedeuteten Türrahmen ausgeschmückt – ein Zeichen für den Glauben an ein Leben nach dem Tod, den die Angehörigen der Ozieri-Kultur pflegten – und war wohl das Grab eines Stammesfürsten. Die übrigen sehr engen und kleinen Backofengräber gruppieren sich, einem Atrium ähnlich, um das Palastgrab.

● **Info:** Coop SILT, Tel. (079) 95 32 00. Die Nekropole ist immer offen. Beim Besuch Taschenlampe nicht vergessen!

Ittiri

Auf Höhe des Lago di Cuga zweigt die SS 131 bis Richtung Ittiri von der SS 127 bis ab. Die Straße steigt an und klettert mit Ausblick in tiefe Schluchten das Felsplateau hinauf, auf dem zwischen Kalkfelsen und Gesteinsbrocken inmitten karger Weiden der 9000-Einwohner-Ort Ittiri liegt.

Vor den Häuschen hocken auf Schemeln uralte Männer und winken den seltenen Gästen zu, die sich hierher verirren. Ittiri ist bekannt für seine **schönen Webarbeiten,** die teils noch auf alten Holzwebstühlen kunstvoll hergestellt werden: Decken aus weißem *(fanugas)* oder farbigem *(fressadas)* Leinen und grober sardischer Wolle, Wollteppiche sowie filigrane Stickereien.

Einkaufen

● **Webarbeiten:** Coop S'Ispola, Via Matteotti 42; Decken, Teppiche, Stickereien.
● **Käse:** Coop LAIT, Loc. Camedda, Tel. (079) 44 05 09; hier gibt es u.a. die lokalen Spezialitäten Fiori di Canneddu, Pecorino Coros und Dolce Paulis.
● **Olivenöl:** F.lli Pinna, Via Umberto 133, Tel. (079) 44 25 51; Olio Sardegna, Via Marini 20, Tel (079) 44 40 74.

Unterkunft

● **Hotel Coros***,** Corso Vittorio Emanuele 179, Tel. (079) 44 25 88, Fax 44 42 47. Herberge mit zehn einfachen, ordentlichen Zimmern an der Durchgangsstraße (NS 50 €, HS 62 €).

Die Tafelberge um Ittiri

Östlich des Städtchens steigt die Straße weiter an und schraubt sich höher und höher in immer kargere Gefilde hinauf. Ringsum breitet sich eine absolut menschenleere, atemberaubende Landschaft aus lotrecht abbrechenden Tafelbergen aus. Wie ein **Mini-Ausgabe des Death Valley,** nur dass die bizarren Tafelberge von Ittiri nicht rot, sondern kalkweiß leuchten.

Endlose Stille und Leere, kein Haus weit und breit. Nur zum Bidighinzu-Stausee hinab zeichnen sich weit in der Ferne als weiße Fleckchen einige wenige Bauernhäuser ab.

Weiterreise

● Von hier bietet sich eine Fahrt ins Tal der Nuraghen an (siehe Kapitel „Logudoro und Meilogu").

Rund um Villanova Monteleone

Panoramafahrt zur Cantoniera Scala Piccada

Eine Tour von Alghero aus, die der über Ittiri an Schönheit nicht nachsteht, ist die Schlängelpartie über Villa-

ÖSTLICH VON ALGHERO

nova Monteleone und Monteleone Rocca Doria. Nachdem man die grüne, weinschwere Küstenebene in südostwärts verlassen hat, erklimmt die SS 292 in abwitzigen Kurven und Kehren die rasch ansteigenden Berge.

Nach etwa zehn Kilometern Fahrt eröffnet sich auf der Passhöhe an der **Cantoniera Scala Piccada** bei 350 Metern über dem Meeresspiegel eine wahrhaftig überwältigende Aussicht über die nahezu gesamte Nurra. Vom Capo Marargiu im Süden kurz vor Bosa schweift der Blick über Alghero, das Capo Caccia und die Nurra-Berge hinweg zum Golfo dell'Asinara.

Durch üppigen Korkeichenwald nimmt die Straße nun Kurs auf Villanova Monteleone. Kurz vor dem Ort wartet zwischen km 29 und 30 auf der linken Seite die frei zugängliche, von der Gemeinde vorbildlich restaurierte **Nekropole Puttu Codinu,** die aus neun Felskammergräbern besteht, auf einen Besuch.

● **Nekropole Puttu Codinu,** Di–So 8.30–12.30 u. 15.30–19.30 Uhr, im Winter nachmittags 13.30–17.30 Uhr.

Villanova Monteleone

Malerisch schmiegt sich das 2700 Einwohner zählende Dorf an die Hänge des Monte Santa Maria. Im 14. Jahrhundert gegründet, hat es sich bis heute im historischen Kern zwischen Winkeln und Treppchen zahlreiche alte Häuser mit rauen Kalkstein- und Trachytfassaden bewahrt. Das **Kunsthandwerk** des Ortes genießt einen hervorragenden Ruf, insbesondere Webteppiche aus grober Schafwolle, Schnitzereien und Flechtarbeiten.

Auch die schmucke **Dorfkirche San Leonardo da Limoges** lohnt einen Blick. Sie stammt ursprünglich aus dem 16. Jahrhundert und wurde Ende des 18. Jahrhunderts umgebaut. Im Inneren birgt sie zwei schöne Altäre aus dem 17. Jahrhundert.

Einkaufen

● **Käse:** Coop Allevatori Villanovesi, Via Su Laccheddu 51, Tel. (079) 96 05 76. Bester Käse in großer Auswahl.
● **Coop Artigianato,** Via Nazionale 71, Tel. (079) 96 04 74; ISOLA-Pilotzentrum.

Aktivitäten

● **Reiten:** Centro Ippico Badde Lattosa, Via Sandro Pertini 40, Tel. (079) 96 07 00. Exkursionen durch die großartige und menschenleere Bergwelt, u.a. zum Lago di Temo.

Unterkunft

● **Palazzo Minerva,** 13 km südlich am Monte Minerva, Tel./Fax (079) 96 00 05. Eine tolle Adresse für Freunde der Ruhe und Natur! Alter, reizvoll von Pinien umgebener restaurierter Gutshof in großartiger, unberührter Alleinlage in völliger Einsamkeit am Monte Minerva. Zehn geräumige 2- und 4-Bettzimmer mit Bad, wunderbare Panoramaterrasse, hervorragende Küche (DZ 75–105 €).
● **B&B Su Cantaru,** Via G. Spano 15, Tel. (079) 96 06 24. 2 DZ und 1-Bettzimmer im 1. und 2. Stock eines schön restaurierten Hauses aus dem 18. Jahrhundert, alle mit Bad und stilvoll im sardischen Stil eingerichtet, Küche und Frühstücksraum vorhanden (25–35 € p.P.).

Panoramastraße von Alghero nach Bosa

↗ VI/A2 – X/B1

Ein ausnehmend schöner Küstenabschnitt schließt sich südlich an Alghero an. Die Panoramastrecke zwischen Alghero und Bosa an der Steilküste entlang ist eine der **eindrucksvollsten Achterbahnfahrten,** die Sardinien zu bieten hat. Auf 47 Kilometern ist ein Asphaltband in die rötlich oder bräunlich leuchtenden Felsen gesprengt.

Letzte Bademöglichkeit vor Bosa bietet acht Kilometer nach Alghero die schöne **Cala Speranza,** über deren Sandband sich das Ristorante La Speranza mit Bar zwischen die Macchia duckt.

Etwa auf halber Strecke zwischen Alghero und Bosa biegt landeinwärts ein schmales, aber gutes Teersträßlein ab, um erst in wilden Serpentinen steil den Hang hinaufzuklettern und dann einige Kilometer hoch am Hang entlang durch wildromantische Einsamkeit auf eine Hochfläche zu führen, auf der nach sechs Kilometern der **Parco Archeologico Nuraghe Appiu** erreicht wird. Das weitläufige Gelände mit Besucherzentrum, Gigantengräbern, Steinkreisen, Nuraghe und Nuraghierdorf mit etwa 200 Hütten ist ei-

Von Alghero nach Bosa

nen Abstecher wert – besonders wegen der herrlich stillen Natur, in die es eingebettet liegt, und der einfach umwerfenden Aussicht, die sich von der Abbruchkante hinab auf die wilde Küste über die Riviera del Corallo zum Capo Caccia eröffnet.

Immer wieder klettert die Straße auf Passhöhen hinauf, wo kleine Parkbuchten und Aussichtspunkte eine überwältigende Aussicht auf das Meer und die schroffen Berge gewähren. Tief unten liegen wie kleine Inseln in den Trachyt- oder Tuffsteinklippen winzige Badebuchten mit Kies oder Sand. Meist sind sie nur über einen halsbrecherischen Trampelpfad zu erreichen.

●**Parco Archeologico Nuraghe Appiu,** Di–So 8.30–12.30 u. 15.30–19.30 Uhr, im Winter nachmittags 13.30–17.30 Uhr.

Essen und Baden

●**La Speranza,** Loc. Poglina, Tel. (079) 91 70 10. Hier gibt es nicht nur ausgezeichnete Meeresküche, sondern es ist auch einfach schön, sich zum kühlen Bier auf die Terrasse über dem Strand zu setzen und die Gegend zu genießen.

Unter Geiern

Wer mit offenen Augen die Strecke von Alghero nach Bosa fährt, wird sie unweigerlich über sich kreisen sehen: die mächtigen *entulzus*, wie die Sarden die Gänsegeier nennen. Rund 100 Exemplare dieser riesigen Vögel nisten in den unzugänglichen Steilwänden des Capo Marargiu direkt über dem Meer. Hier finden die mittlerweile sehr seltenen Vögel noch ideale Lebensbedingungen.

Gänsegeier wiegen zwischen 6,5 und 12 kg und haben eine Spannweite bis zu 285 cm. Sie können bis zu 40 Jahre alt werden und ernähren sich vorwiegend von Aas. Wer diese riesigen Flugtiere in freier Wildbahn oder gar aus nächster Nähe erleben will, sollte sich in Bosa an die Coop Esedra wenden. Sie organisiert von sach- und ortskundigen Guides geführte Exkursionen in Kleingruppen, bei denen man mit Jeep und zu Fuß bis nah an die Horste herangeführt wird und die eindrucksvollen Flugriesen hautnah in freier Wildbahn beobachten kann. Besonders spannend ist dies im Juli/August, wenn die Jungvögel ihre ersten Flugversuche unternehmen. Ein unvergessliches Erlebnis!

●**Esedra Escursioni,** 08013 Bosa, Corso Vittorio Emanuele 64, Tel. (0785)-37 42 58, Mobil-Tel. 348-15 44 724, Web: www.esedrasardegna.it.

Unglaubliche Serpentinen und ein ebensolcher Ausblick: die Panoramastraße zwischen Alghero und Bosa

DER WESTEN

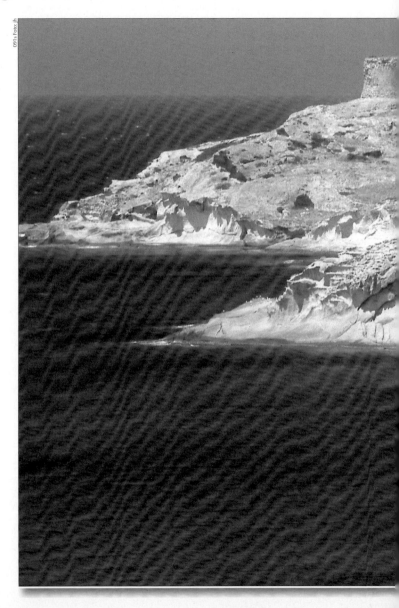

Der Westen

Küstenpanorama
mit dem Torre Argentina bei Bosa

Fischer auf dem Temo in Bosa

Pecorino – am liebsten ein ganzes Rund

Planargia und Marghine

Landschaft und Kultur

Wo der **Temo** sich seinen Weg durch die dunklen Gesteine der Vulkantafeln gebahnt hat und sich schließlich ins Mittelmeer ergießt, liegt **Bosa,** das vielen als die schönste sardische Küstenstadt gilt. Das geruhsame mittelalterliche Kleinod, das gerade erst dabei ist, vom Tourismus wach geküsst zu werden, liegt nicht direkt an der Küste, sondern ein Stück landeinwärts am breit und träge dahinströmenden Fluss, in dessen geschütztem Tal sich dank des Temowassers üppig blühende Felder und Gärten ausbreiten.

Umgeben von den schroffen und fast menschenleeren, nur zur kargen

Weide taugenden Hochflächen der **Planargia,** erinnert bei der kurvenreichen Fahrt hinab das plötzliche Erscheinen der fruchtbaren Flussmündung und des Städtchens mit seiner von Palmen gesäumten Uferpromenade an eine einladende Oase. Tatsächlich ist das charmant ursprünglich gebliebene Städtchen Bosa die einzige Ansiedlung an der wild zerklüfteten, oft kaum zugänglichen Steilküste im mittleren Westen Sardiniens.

Im Süden des Mündungstals des Temos erhebt sich der Gebirgszug des **Monte Ferru,** der die Planargia gegen die Arborea begrenzt.

Schier endlose Schafweiden und vereinzelte windzerzauste Korkeichen bestimmen das Gesicht des **Altopiano della Campeda,** in welche die Planargia im Osten übergeht. Am Südrand der basaltenen Hochebene liegt die Käsehochburg Macomer, die eine stattliche Anzahl gut erhaltener Nuraghen umgibt. Vereinzelte winzige Ortschaften finden sich an den Hängen der **Marghine-Bergkette.** Die Catena del Marghine bildet, wie das Wort besagt (*marghine* = Rand), den Abschluss der Hochebene, zugleich die Grenze zwischen den ehemaligen Provinzen Nuoro und Sassari und schenkt der Landschaft darüber hinaus ihren Namen. Im Nordosten mündet sie in die Catena del Goceano. Die kleinen Orte Burgos und Bono bilden Ausgangspunkte für Wanderungen in den schönen Waldgebieten des Goceano.

Bosa ⌔ X/B1

Die knapp 9000 Einwohner zählende Stadt im weinschweren grünen Mündungstal des **Temo** gleicht einem soeben erwachenden Dornröschen. Zwei Kilometer von der Marina entfernt, schlummert es landeinwärts über dem Fluss – ein Unikum in Sardinien: Es ist die einzige unmittelbar an einem Wasserlauf erbaute Stadt, so wie der Temo den einzigen überhaupt schiffbaren Fluss auf der Insel vorstellt, wenn auch nur auf seinen letzten acht Kilometern.

Dank seines etwas morbiden, doch original erhaltenen malerischen historischen Zentrums gilt Bosa vielen als die **schönste Stadt Sardiniens.** Am palmengesäumten Temo-Ufer, dem Lungotemo, mit den bröselnden Fassaden ehemals herrschaftlicher Palazzi, umhüllt den Ort eine fast afrikanisch anmutende Atmosphäre. Eine Reihe kleiner blauer Fischerboote dümpelt im träge dahinfließenden Wasser. Reusenmacher flechten Fischreusen aus Palmenstielen nach althergebrachter Handwerkskunst, wie man sie nur noch in Bosa beherrscht. Am jenseitigen Ufer wartet die morsche Giebelgalerie der seit langem geschlossenen Gerberei Sas Concas auf bessere Zeiten. Ein Teil der alten Gerberei wurde restauriert und für Besucher als Museum geöffnet.

Wenige Schritte von dem Industriedenkmal entfernt überspannt in mehreren Bögen die **Ponte Vecchio** den Temo, die schon die alten Römer erbauten und über die noch immer der Verkehr Richtung Altstadt rollt.

Geschichte

Der Sage nach soll *Calmedia,* die Tochter des legendären *Sardus Pater,* Bosa gegründet haben. So wurde die Stadt in der römischen Epoche denn auch Calmedia genannt. Doch war die Gegend schon zu nuraghischen Zei-

Palmenpromenade Lungotemo in Bosa

ten besiedelt, und auch die Phönizier ließen sich hier nieder. Die mittelalterliche Stadt entstand nach dem Bau des Genueserkastells Malaspina im 12. Jahrhundert. Noch heute thront es über den Dächern von Bosa. Die alten Stadtmauern rund um das Altstadtviertel Sa Costa hat man indes schon im 19. Jahrhundert geschleift.

Die Altstadt Sa Costa

Bevor man sich durch die engen Gassen von Sa Costa auf den Weg hinauf zur Burg macht, um die herrliche Aussicht auf das schilfgeschmückte Temo-Tal, die Weingärten und Olivenhaine zu genießen, lohnen der Blick auf die mächtige Kathedrale dell'Immacolata aus dem 18. Jahrhundert und ein Bummel über die Flaniermeile der Kleinstadt, den mit Granitkieseln gepflasterten Corso Vittorio Emanuele.

Cattedrale dell'Immacolata

Die Brücke überschritten, stößt man gleich am Nordufer auf die **Cattedrale dell'Immacolata.** Ihr Bau geht ursprünglich auf das 16. Jahrhundert zurück, Anfang des 19. Jahrhunderts wurde sie rekonstruiert. Im Inneren ist das Gotteshaus reich ausgeschmückt und bemalt, insbesondere die prächtigen Deckengemälde und das geschnitzte Chorgestühl verdienen Beachtung.

Am Corso Vittorio Emanuele

Links in den Corso Vittorio Emanuele eingebogen, befindet man sich bereits mitten in Bosas guter Stube. Einst stolze, in die Jahre gekommene *pallazi* umgeben das holprige Pflaster des Corso. Ein paar Cafés und Galerien, kleine Läden und Boutiquen halten die Türen geöffnet und bieten ihre Waren feil, darunter das uralte Kunsthandwerk, für das Bosa berühmt ist: die filigranen **filet di Bosa,** hauchzarte Filetstickereien.

Für Besucher mit Hang zu Öl und Wein besonders interessant ist die **Vecchio Mulino,** eine uralte Ölmühle, die man schön restauriert hat und die nun als musealer Raum für Verkostung und Verkauf von lokalen Spezereien wie Olivenöl, Honig oder Malvasia di Bosa dient. Übrigens ist es die besonders milde und säurearme, doch herrlich fruchtige Olivensorte namens „Bosana", die aus ihr gewonnene Öle zu preisgekrönten Spitzenprodukten macht.

Einen Augenblick sollte man am Corso auch der **Chiesa del Rosario** und ihrer riesigen Uhr von 1875 schenken. Nahebei hat das Rathaus der Stadt in einem alten Kloster seinen Sitz. Die dem Kloster angegliederte **Carmine-Kirche** wurde 1779 im Stil des piemontesischen Barocks erbaut und verfügt über eine schöne hölzerne Innenausstattung. Auf dem Corso findet man auch das **Casa Deriu.** Das

---

Mit dem Auto in Bosa

Den Wagen parkt man am besten in der Neustadt oder am Südufer in der Nähe der Flussbrücke. Das *centro storico* ist **für Autos gesperrt.**

kleine Museum erinnert an den Maler *Melkiorre Melis,* der hier 1889 das Licht der Welt erblickte.

Gegenüber vom Casa Deriu widmet sich im **Casa Atza** eine Ausstellung dem ebenfalls eng mit Bosa verbundenen Künstler *Antonio Atza.* Neben Werken des 1925 in Bauladu geborenen Künstlers zeigt die Ausstellung auch Arbeiten des in Parma geborenen und 1924 in Bosa verstorbenen Künstlers *Emilio Scherer,* aus dessen Hand wertvolle Wand- und Deckengemälde der Kathedrale und anderer Kirchen der Stadt stammen.

Auf dem Weg zum Kastell

Oberhalb vom Corso geht es durch Torbögen, über Treppen und Winkel immer steiler bergan. Im **Gassengewirr** lassen sich schummrige Werkstätten, winzige Läden und Geschäfte oder auch eine kleine Osteria entdecken, die den vollmundigen Weißwein Malvasia di Bosa kredenzt.

Da und dort kann man den Frauen bei der Herstellung der *filet* zuschauen, wenn sie ihre Stühle vor die Häuser gestellt haben, sich über große Holzrahmen beugen und der mühseligen Stickerei widmen. So lässt sich manch eines dieser zarten, ungemein zeitintensiven Arbeiten – Deckchen, Schals und Tücher – gleich am Produktionsort erstehen.

Bosas lebhafte Hauptstraße: der Corso Vittorio Emanuele

Castello Malaspina

An der Mündung des Temo ist Zeit kein rares Gut. Möchte man in Italien etwas gemütlich angehen lassen, heißt es: „Facciamo come fanno a Bosa" – „machen wir es wie die Leute in Bosa". Das Castello Malaspina wurde schließlich auch nicht in einem Tag errichtet. Baubeginn war im Jahr 1112 unter dem genuesischen Graf *Malaspina,* im 14. Jahrhundert wurden die Burgmauern von den Aragoniern verstärkt.

Der gewaltige Torre di Malaspina, die Burgkapelle und die Umfassungsmauern haben sich bis heute erhalten. Darüber hinaus wird das Kastell schon seit Jahren **aufwendig restauriert.** Wie gesagt, man hat Zeit in Bosa, und sollte das trutzige Bauwerk wegen *ricostruzione* wieder einmal verschlossen sein, war es den schweißtreibenden Aufstieg trotzdem wert. Ein Trampelpfad führt um die Anlage herum, von dem sich ein wundervoller Ausblick über die verschachtelten roten Dächer von Bosa und das grüne Tal des Temo eröffnen.

● **Castello Malaspina,** April–Okt. 10–12.30 Uhr, April–Juni zusätzlich 16–18.30 Uhr, Juli–Sept. 17–20 Uhr, Okt. 16–18 Uhr.

Museo Etnografico „Stara"

Außerhalb der Altstadt im neuen Teil der Stadt findet man das städtische Museo Etnografico „Stara", das aus der Privatsammlung des Möbelhändlers und Gründers *Luigi Stara* hervorging.

Kirche San Pietro Extramuros

Von der alten Römerbrücke unterhalb des *centro storico* kann man in einem kurzen Spaziergang in östlicher Richtung über die Via Sant'Antonio Abate durch Weinreben und Artischockenfelder aus dem Städtchen hinaus zur still gelegenen Kirche San Pietro Extramuros gehen.

Das 1073 aus rotem Trachytgestein erbaute kleine Gotteshaus, das später teils im gotischen Stil umgestaltet wurde, ist einer der **ältesten romanischen Sakralbauten Sardiniens.** Wer das schmucklose, doch in seiner Schlichtheit anmutige Kirchlein verschlossen antrifft, kann sich an den Bauernhof in der Nachbarschaft wenden. Dort wird der Schlüssel verwahrt.

Bosa Marina

Mit kleiner Hafenmole und einem Sarazenenturm auf der Isola Rossa liegt Bosa Marina an der Mündung des Temo, keine zwei Kilometer von der Altstadt entfernt. Ein fast ebenso langer, sehr breiter brauner **Sandstrand** schwingt sich um die Bucht, bis die Steilküste beginnt. Von den Einheimischen wird er am Wochenende gerne besucht, nicht nur, weil sie dem Sand Heilwirkung nachsagen. Strandbars sorgen für das leibliche Wohl und eine Surfschule für die körperliche Ertüchtigung.

Der palmengesäumte Temo ist Sardiniens einziger schiffbarer Fluss und die reizvolle Kulisse von Bosa

Praktische Tipps Bosa

Post und Telefon
- **Vorwahl:** 0785
- **PLZ:** 08013

Information
- **Pro Loco,** Via Azuni 5, Tel./Fax 37 61 07, Web: www.infobosa.it. Das Büro liegt wenige Schritte von der Piazza Gioberti entfernt und hält gut sortiertes Infomaterial bereit. Auch deutsch sprechendes Personal.

Internet
- **Internet-Point:** WebCopy, Via Gioberti 12, Tel. 37 20 49, E-Mail: web.copy@tiscali.it.

Museen
- **Casa Deriu,** Corso Vittorio Emanuele (Palazzo Uras), Tel. 37 70 43, 1.9.–30.6. Di–So 11–13 u. 17–20 Uhr, Juli/Aug. 12–13 u. 19–23 Uhr.
- **Casa Atza,** Corso Vittorio Emanuele 72, Tel. 36 80 00, 10–13 u. 16–19 Uhr.
- **Casa Museo Conciaria,** Via delle Conce 13, Tel. 329-41 44 921, tägl. 10–13 u. 16–23 Uhr.
- **Museo Etnografico „Stara",** Via Republicca 10, Tel. 37 34 59, Besichtigung nur auf Anfrage.

Essen und Trinken
- **Mannu,** Viale Alghero, Tel. 37 53 06. Das Restaurant des gleichnamigen Hotels ist zwar schlicht eingerichtet und liegt nicht besonders schön, es ist aber das Beste am Ort. Was hier Signore *Giancarlo Mannu* und seine Schwester *Rita* auf den Tisch zaubern, gehört ohne Frage zur lukullischen Oberklasse! Da die Preise auch noch stimmen, ist es besonders von Einheimischen gern besucht. Wohnmobilreisende: Wer bei *Mannu* einkehrt, kann gleich auf dem ruhigen Hotelparkplatz hinterm Haus die Nacht über stehen bleiben!
- **Borgo San Ignazio,** Via Sant'Ignazio 33, Tel. 37 46 62. In einer schmalen Altstadtgasse

unterhalb des Kastells werden in dem gemütlichen kleinen Gastraum regionale Spezialitäten serviert.
- **Sa Pischedda,** Via Roma 2, Tel. 37 30 65. Das Restaurant bietet empfehlenswerte lokale Küche, besonders Fisch, im großen Saal oder auf der Panoramaterrasse über dem Temo mit Blick auf die Altstadt samt Kastell.

Aktivitäten

- **Schmalspurbahn:** Mit dem Trenino Verde kann man vom 2.7.–28.8. jeden Sa und So 2 x von Bosa nach Tresnuraghes (Fahrtdauer 45 Min.) und Macomer (1,45 Std.) fahren; gebührenfreies Info-Tel. 800-64 02 20, Stazione Macomer, Tel. (0785) 70 001.
- **Exkursionen:** Esedra Escursioni, 08013 Bosa, Corso Vittorio Emanuele 64, Tel. (0785) 37 42 58, mobil 348-15 44 724, Web: www.esedrasardegna.it. Mountainbiking, Trekking, Exkursionen zu den Gänsegeiern
- **Reiten:** Centro Campu e'Mare, an der Straße nach Bosa Marina, Tel. 37 31 42.
- **Tauchen:** Bosa Diving Center, Via Colombo 2, Tel. 37 56 49, Web: www.bosadiving.it.
- **Bootsfahrt:** Malesh, Tel. 328-49 15 501. Auf dem Temo von Bosa Marina nach Bosa (1 Std., mit Kirchenbesichtigung 2 Std.), in der Saison tägl. ab Kai an der Temomündung.

Malvasia di Modolo

Auch unter den alten Männern von Bosa, also unter den kritischsten Kennern, ist es unbestritten: Den besten Malvasia di Bosa machen die Brüder *Porcu* – im nahen Modolo. Der Abstecher zu den „Schweinebrüdern" lohnt sich, nicht nur wegen ihres Malvasia, sondern auch der großartigen Aussicht wegen, die man von dem hoch über dem Temotal gelegenen Dorf aus genießt.

- **Azienda vinicola Fratelli Porcu,** Loc. Su e Giagu, Tel. (0785) 35 420, Web: www.fratelliporcu.it.

- **Auto-/Motorrad-/Fahrrad-Verleih:** Euro-Service, Via Azuni 23, Tel. 37 34 79.

Einkaufen

- **Filetstickereien:** Coop. Sa Pigulosa, Corso Garibaldi, Tel. 37 45 63.
- **Goldschmuck:** Laboratorio Orafo, Corso Vittorio Emanuele 84, Tel. 37 31 48.
- **Wein:** Battista Columbu,Viale Marconi 1, Tel. 37 33 80. Hier gibt es Malvasia aus eigener Herstellung.
- **Il Vecchio Mulino,** Via Solferino 12, Tel. 37 20 54 (siehe „Altstadt").

Feste

- **Im Februar: Giolzi.** Der Karneval von Bosa ist bekannt für seine Sinnlichkeit.
- **29. Juli: Festa die Santi Pietro e Paolo.** Regatta zu Ehren der Heiligen *Peter* und *Paul* zum Kirchlein San Pietro Extramuros. Anschließend wird gefeiert und gefuttert.
- **1. Sonntag im August: Sagra di Santa Maria del Mare.** Farbenprächtige Bootsprozession mit umfangreichem Festprogramm.
- **2. Sonntag im September: Festa di Nostra Signora di Regnos Altos.** Mehrtägiges Straßenfest mit Fackelprozessionen und Gottesdiensten im Freien. Abends Folkloreprogramm auf dem Corso Vittorio Emanuele und der Piazza Umberto.

Notfälle

- **Polizia,** Piazza Carmine, Tel. 37 33 66.
- **Carabinieri,** Via Brigata Sassari, Tel. 37 31 16.
- **Guardia Medica,** Viale Italia, Bosa Marina, Tel. 37 46 15.
- **Krankenhaus** *(Ospedale),* Viale Italia, Bosa Marina, Tel. 37 31 07.

Unterkunft

- **Mannu Hotel***,** Viale Alghero 14, Tel. 37 53 07, Fax 37 53 08, Web: www.mannuhotel.it. Äußerlich schlichtes Stadthotel zwischen Altstadt und Bosa Marina unter der freundlichen Leitung der Familie *Mannu*. 20 komfortable Zimmer und vier Suiten zum günstigen Preis, dazu exzellentes Hausrestaurant. Die Familie *Mannu* betreibt auch den

überaus reizvoll gelegenen Agriturismo S'Abbadruce (65–80 €, Frühstück 5 €).
- **Al Gabbiano***, Viale Mediterraneo, Loc. Bosa Marina, Tel. 37 41 23, Fax 37 41 09. Alteingesessenes Haus mit moderner Ausstattung, wenige Schritte vom Strand (NS 62–78 €, HS 78–82 €).
- **Hotel Sa Pischedda***, Via Roma 2, Tel. 37 30 65, Fax 37 70 54. Sieben sehr einladende Zimmer im prächtigen historischen Palazzo von 1865 gegenüber der Altstadt an der Römerbrücke; stilvolles, in „Veronelli" und „Slow Food" lobend erwähntes Restaurant (NS 45–65 €, HS 65–85 €, Frühstück 6 €).
- **Albergo diffuso Corte Fiorita***, Via Lungo Temo de Gasperi, Tel. 45, 37 70 58, Web: www.albergo-diffuso.it. „Albergo diffuso" bezeichnet ein sympathisches Konzept: Um das Haupthaus Le Palme wurden in den maximal 200 m entfernten historischen Palazzi I Gerani und Le Conce Räume liebevoll restauriert und werden als außergewöhnliche Hotelzimmer oder Ferienwohnung angeboten (NS 60–80 €, HS 90–105 €, Suiten 85–165 €).
- **B&B Loddo Gonaria**, Via Martin Luther King, Tel. 37 37 90. Die freundliche Signora *Gonaria* bietet in ihrem „casa tradizionale" in ruhiger Lage ein DZ und ein 3-Bettzimmer mit antiquarischer Möblierung; besonders charmant das DZ mit dem Opabett; nur Nichtraucher, keine Tiere (24–30 € p.P.)
- **B&B Sa Domo e Madalena**, Via Allende 19, Tel. 37 60 82. Im alten Kern Sa Costa direkt am Temoufer gelegenes Haus mit drei schlicht, aber stilvoll eingerichteten DZ, zwei davon mit Bad (25–50 € p.P.)

Jugendherberge

- **Ostello Malaspina**, Via Sardegna 1, Bosa Marina, Tel./Fax 37 50 09, ganzjährig geöffnet (Bett 10,50 €, Frühstück 1,60 €).

Camping

- **Camping Turas***, Loc. Turas (von Bosa Marina aus südlich nach Turas, dann ca. 1,5 km ein schmales Tal landeinwärts), Tel. 35 92 70, Fax 37 73 10, geöffnet 1.6.–30.9. Einfach ausgestatteter grüner Rasenplatz mit vereinzelt stehenden Bäumen im Bachtal. Moderne Sanitäreinrichtungen und Bar; Hundeverbot.

Verkehrsverbindungen

- **Abfahrt** am Busterminal Piazza IV. Novembre (Neustadt).

FdS-Busse fahren mehrmals tägl. nach Alghero, Macomer Nuoro und Suni.

ARST-Busse fahren mehrmals tägl. nach Sassari, Oristano, 1 x tägl. Olbia.

Das Umland von Bosa ↗ X/B2

Flussio

Im südlichen Temo-Tal ist das Örtchen Flussio mit seinen stolzen 300 Einwohnern einen Abstecher wert. Es ist berühmt für seine Flechtarbeiten aus Affodill, die man dort aus privater Hand erwerben kann. Im April sind überall die Stiele dieses Liliengewächses zum Trocknen ausgelegt. Einen Katzensprung von Flussios Hauptstraße entfernt liegt die **Cantina della Planargia,** die den berühmten Malvasia-Wein keltert, außerdem einen Malvasia-Sekt, einen Grappa und einen Mirto della Planargia.

Einkaufen

- **Wein:** Cantina Soc. della Planargia, in Flussio, Va Nuova 8, Tel. (0785) 34 886. Der DOC-Malvasia der Coop gilt als der beste; die Cantina produziert auch Olivenöl. Führungen Di, Do, Fr 10–13 Uhr.

Die Hochebene von Campeda ♪ XI/C2

Östlich geht die Planargia in die kaum besiedelte basaltische Hochebene (*altopiano*) von Campeda über. Endlose Weideflächen mit wenigen, windschiefen Korkeichen bestimmen das kreuz und quer von Trockensteinmäuerchen durchzogene Land. Es dominieren Schaf- und Weidewirtschaft, Viehzucht und Käseherstellung.

Macomer

Mit 11.500 Einwohnern ist die Käsehochburg am Südrand des Altopiano della Campeda für sardische Verhältnisse schon fast eine Metropole. Zahlreiche Nuraghen in der nahen Umgebung belegen, dass sie bereits in vorgeschichtlicher Zeit besiedelt war. Als **wichtiger Verkehrsknotenpunkt** wurde Macomer von den Karthagern befestigt. Von den Römern wurde es anschließend Macopsisa getauft. Mit dem Bau der Superstrada Carlo Felice und der Eisenbahn im 19. Jahrhundert stellte die Stadt ihre Bedeutung als zentrales Verkehrskreuz im Inneren Sardiniens abermals unter Beweis. Es siedelte sich sogar etwas Industrie an, im Hirtenland selbstredend im Meiereigewerbe. Neben seiner Funktion als Verwaltungszentrum der Region ist Macomer heute das Zentrum der sardischen Pecorino-Produktion.

Im Stadtzentrum lohnt die im ausgehenden 16. Jahrhundert im gotisch-katalanischen Stil erbaute **Kirche San Pantaleo** einen kurzen Besuch. Sonst verfügt das sympathische, jedoch schmucklose Städtchen über keine Sehenswürdigkeiten.

Wer auf den Zug warten muss, kann sich das kleine **Heimatmuseum Le Arti Antiche** anschauen. Führungen bietet die Coop Esedra, auch zu den archäologischen Stätten Nekropole Filigosa, Nuraghe Santa Barbara und den Tamuli in der näheren Umgebung.

Post und Telefon
- **Vorwahl: 0785**
- **PLZ: 08015**

Aktivitäten/Einkaufen
- **Coop Esedra,** Corso Umberto 225, Tel. (0785) 70 475, Web: www.esedrasardegna.it. Trekking, Exkursionen, Vogelbeobachtung, archäologische Führungen, Hirtenessen u.a.
- **Käse:** Consorzio Tutela Pecorino Romano, Corso Umberto I 266, Tel. 70 537, Web: www.pecorinoromano.com. Größter Pecorino-Hersteller Sardiniens.

Feste
- Im Juni findet eine große Käsemesse, die **Mostra Regionale Pecorino Sardo** statt.

Museum
- **Le Arti Antiche,** Corso Umberto 225, Tel. 70 475; Mo–Sa 10–12 u. 16–20 Uhr.

Unterkunft
- **Hotel Su Talleri***,** Via Cavour 2, Tel. 71 422, Fax 71 491. Gepflegtes Komforthotel mit neun Zimmern und Restaurant (42 €).
- **Hotel Marghine**,** Via Vittorio Emanuele, Tel./Fax 70 737. Ordentliche Mittelklasse mit angeschlossenem Restaurant (70 €).

Verkehrsverbindungen
- **Zug:** Macomer ist ein wichtiger Eisenbahn-Verkehrsknotenpunkt für Sardinien, von der

FdS-Schmalspurstrecke Nuoro – Macomer hat man Anschluss an die FS-Hauptstrecke Olbia – Oristano – Cagliari oder nach Sassari. Die beiden Bahnhöfe liegen nahe dem nördlichen Ortseingang an der Piazza Due Stazioni, Tel. 71 175.

FS-Normalspur: mehrmals tägl. nach Cagliari, Oristano, Sassari, Porto Torres, Olbia.

FdS-Schmalspur: Fahrplanmäßige Verbindung 7–9 x tägl. nach Nuoro. Vom 2.7.–28.8. am Sa und So Trenino Verde nach Bosa Marina; Info-Tel. 72 358.

● **FdS-Busse** tägl. ab Piazza Due Stazioni nach Bosa, Cuglieri, Ottana, Sedilo.

Nuraghen rund um Macomer

In der Umgebung von Macomer findet sich eine Reihe interessanter Sehenswürdigkeiten, denn die Region weist eine Fülle archäologischer Stätten auf. Um nur die wichtigsten der zahlreichen Nuraghen zu nennen: Succoronis, Ruiu, Santa Barbara, Perra Oddetta, Sa Maddalena, Santa Maria, Su Tilibirche und viele mehr.

Santa Barbara und Ruiu

Am schönsten und besten erhalten ist die imposante Nuraghe Santa Barbara. Im Norden Macomers steht sie in einem erst jüngst geschaffenen Besichtigungsareal bei km 145 unmittelbar neben der SS 131. Ihre äußere Bastion besteht aus vier um den Hauptturm herum gruppierten Türmen, die durch dicke Mauern miteinander verbunden sind. Vom ehemals dreigeschossigen, mächtigen Mittelturm sind nur noch zwei Stockwerke erhalten. Trotzdem ist er stolze 15 Meter hoch.

In der Nähe der **Nuraghe Ruiu** (auch Monte Muracu genannt), etwa drei Kilometer nördlich von Macomer, wurden in der in einen Berghang gebauten **Felskammernekropole Filigosa** Keramiken aus der frühen Bronzezeit gefunden.

Zona Archeologica di Tamuli

Etwa sieben Kilometer westlich von Macomer liegt nahe der Straße nach Santulussurgiu am Monte Sant'Antonio eine einsame Landschaft, die sehr interessante archäologische Stätte von Tamuli. Sie zeigt neben einem Nuraghen, Gigantengräbern und Resten eines Dorfes die **sechs Menhire „perdas marmuratas"** von Tamuli, oder, wie die Sarden sie nennen, die „sei baitili". Drei dieser steinernen Zuckerhüte sind „mammellati", also mit Busen versehen, denn sie weisen an der entsprechenden Stelle jeweils zwei kleine Knubbel auf, was sie eindeutig weiblich macht. Die drei anderen ohne Busen sind entprechend als männlich anzusehen. Gemeinsam, so wird vermutet, stellen die sechs fotogenen Steinwesen das sich ewig regenerierende Leben dar.

Nuraghe und Kirche Santa Sabina

Im Süden des Altopiano della Campeda zieht an den Hängen der Catena del Marghine die SS 129 Traversale Sarda von Bosa nach Nuoro ihre Bahn. Unterhalb der Abbruchkante der Hochebene liegen östlich von Macomer, dem Dorf Silanus gegenüber, im flachen Land direkt nebeneinander die Kirche und die Nuraghe Santa Sabina. Diese einzigartige Begegnung der Prähistorie mit dem Christentum zählt

DAS BERGLAND DES GOCEANO

zu den beliebtesten Fotomotiven Sardiniens.

Unmittelbar neben der Nuraghe Santa Sabina steht die gleichnamige frühromanische Kuppelbau-Kirche. Sie wurde erst im 11. Jahrhundert errichtet, in ihrer einfachen Form gleicht sie jedoch viel eher einem Sakralbau aus frühchristlicher Zeit.

Von der SS 131 erreicht man den Komplex am schnellsten, wenn man bei km 143 auf die SS 129 abbiegt.

Für manchen ein magischer Ort – Kirche und Nuraghe Santa Sabina

Nach rund sieben Kilometern erblickt man das reizvolle Ensemble auf dem freien Feld.

Das Bergland des Goceano ♪ XI/CD1

Bolotana

Am Osthang der Marghine-Bergkette liegt das Dorf Bolotana wie in einem Amphitheater, das sich zum weiten Tal des Tirso hin öffnet. Es bietet sich als Ausgangspunkt für Wanderungen in die urwüchsigen Wälder an, die sich mit herrlichen Stein- und Korkeichen über den Marghine zur Catena del Goceano hin ausdehnen.

Punta Palai

Durch herrlichen Stein- und Korkeichenwald, den gelegentlich sogar Eiben zieren, kann man von Bolotana aus auf schmalem Weg durch den geplanten Naturpark zur 1200 Meter hohen **Punta Palai** wandern. Von ihrer Spitze schweift der Blick vom Golfo di Oristano über ganz Nordwestsardinien hinweg bis nach Korsika.

Info

●**Pro Loco,** Via Stazione 5, 08011 Bolotana, Tel. (0785) 42 361, Web: www.prolocobolotana.it.

Einkaufen

●**Handgewebte Teppiche:** Coop S'Iscaccu, Via Baddesalighes 10, Tel. 43 612.

Fest

●8.-10. Mai und 5.-7. Oktober: **Festa di San Bachisio.** Seit 200 Jahren begangenes Volksfest mit Folklore, Kunsthandwerk-Markt, religiösen Ritualen und Prozession zum Pilgerkirchlein San Bachisio.

Unterkunft

●**Hotel Su Bardosu***, S.P. 17, Tel. (0785) 432 89. Gepflegtes, einfaches Haus mit sieben Zimmern (41 €, Frühstück 4 €) und gutem Restaurant.

Villa Piercy

Von Bolotana ist es nicht weit zum **Botanischen Garten** der Villa Piercy bei **Badde Salighes.** Das „Tal der Salweiden" ist eine grüne Oase mit Steineichen, Wacholdern und uralten Eiben, die zu den ältesten Europas zählen, sowie klaren Quellen, die im Sommer die Sarden zu Hunderten zum „Familiensport Picknick" anlocken. Die grüne Oase mit vielen seltenen einheimischen und importierten Pflanzen wurde 1880 vom englischen Ingenieur *Benjamin Piercy* angelegt. Der Konstrukteur der Eisenbahnlinie zwischen Cagliari und dem Inselnorden wurde für seine Arbeit teilweise mit Grund und Boden entlohnt.

Unterkunft

●**Badde Rosa***, Loc. Minadorzu, Tel. (0785) 42 355. Das abgelegene *albergo-ristorante* mit seinen 24 Zimmern ist zugleich Ausbildungsstätte des sardischen Hotel- und Gaststättenverbandes; das garantiert auch im 1-Sternehaus hohe Qualität, denn ob Kellner, Koch oder Zimmerservice, hier bemüht sich jeder, so gut er nur kann (nur Halb- oder Vollpension, HP ca. 28 € p.P., VP ca. 35 € p.P.).

Das Kastell von Burgos

Einen wörtlichen Höhepunkt in den Bergen des Goceano bildet das **Castello del Goceano** in Burgos. Hoch über dem 1100-Einwohner-Flecken thront die 1127–29 erbaute Burg mit beinahe vollständig erhaltenem Mauerring und sorgfältig restauriertem Mittelturm, von dem man eine grandiose Aussicht über die Bergkuppen des Goceano und die Tirso-Ebene genießen kann.

Unterkunft

●**B&B Le Ortensie,** Via Carducci 7, Tel. (079) 79 01 47, Web: www.leortensie.it. Drei zweckmäßig möblierte Zimmer (2 DZ, 1 EZ) im historischen Ortskern (28 € p.P.).

Fest

●**6. November: Festa di San Leonardo** in Burgos. Volksfest mit Folklore- und Kulturprogramm.

Bono

Die „Hauptstadt" des beinahe menschenleeren Goceano ist das ganze 4000 Einwohner zählende Bono. In 540 Metern Höhe liegt das Dorf zu Füßen des eindrucksvollen Monte Rasu (1258 m). Es ist der Geburtsort von *Giommaria Angioy* (1751-1808), dem Anführer der Sardischen Revolution gegen den Feudalismus. Berühmt wurde der aufsässige Ort im Jahr 1796 durch die Vertreibung der piemontesischen Truppen, die Bono überfallen hatten. Jedes Jahr am 31. August erinnert die **Festa di San Raimondo** an die Ereignisse.

In der wahrscheinlich im 15. Jahrhundert erbauten **Chiesa di San Raimondo** wird eine beachtenswerte Statue des Heiligen Francesco aufbewahrt. Sie stammt aus dem Franziskanerkloster am Monte Rasu, zu dem ein herrlicher Wanderweg führt (s.u.).

Feste
●**8./9. Mai: San Gavino.** Prozession und Landfest an der Kirche San Gavino.
●**24./25. Juni: Sagra di San Giovanni.** Nachtprozession mit dem Ritus „Sas Funtanas".
●**31. Aug.: Festa di San Raimondo.** Trachtenfest und Reiterwettspiele in Erinnerung an die Vertreibung piemontesischer Truppen 1796 aus dem Dorf.

Unterkunft
●**Hotel Monterasu****, Corso Angioy 25, Tel. (079) 79 01 74, Fax 79 07 08. Ordentliche, freundliche Herberge mit Restaurant (36 €).

Foresta di Burgos

Folgt man aus Bono der Provinzstraße Richtung Bonorva, gelangt man kurz hinter dem **Passo Uccaidu** in 1042 Metern Höhe, der auf einer atemberaubenden Serpentinenstrecke erklettert wird, den Foresta di Burgos. Hier auf der Hochfläche liegt in einer wie ein englischer Park anmutenden Landschaft das gleichnamige Gestüt. Unter der Ägide des *Istituto Sardo per l'Incremento Ippico* in Ozieri versucht man auf dem Gut die Rückzüchtung einer ursprünglich sardischen Pferderasse.

Wanderung zum Monte Rasu

Ausgangspunkt ist der **Passo Uccaidu** an der Straße von Bono Richtung Bonorva. Von dort zweigt ein unwegsames Sträßlein nach links zum Gipfel des Monte Rasu ab. Für den Aufstieg (30 Min.) wird man mit einem fantastischen Panoramablick über Kork-, Stein- und Flaumeichen-Wälder, Bergkuppen und Hochflächen belohnt. Zu ihrem Schutz wurde schon 1886 der Staatsforst Goceano gegründet.

Nach einem Abstieg vom Gipfel in südwestliche Richtung bietet sich an einem Wegekreuz ein Abstecher links bergab zur 935 Meter hoch gelegenen **Fattoria Giannasi** an. Das Landgut ging einst aus einem Franziskanerkloster hervor. 1233 eröffnet, war es die erste Niederlassung der Franziskaner in Sardinien. Das Kloster kann man nicht mehr besichtigen, die Statue des Heiligen Franziskus steht in der San-Raimondo-Kirche in Bono (Wanderweg ca. drei Stunden hin und zurück).

Uno, due, tre – das sardische Spiel „Sa Murra"

Manchmal sieht man eine Gruppe von zwei oder vier Männern aufgeregt mit den Händen fuchteln und laut und wild durcheinander rufen – sie spielen das uralte Spiel „Murra". Sie spielen es stundenlang, und oft erhitzt es die Gemüter so sehr, dass es immer wieder zum Ausbruch von Gewalt unter den Spielenden kommt und es deshalb auf öffentlichen Festen verboten ist.

Doch das Spiel ist fast so alt wie die Zivilisation, wurde es doch schon unter den Pyramiden Ägyptens und später unter dem Namen „Miciatio" von den römischen Legionären gepflegt. Auf Sardinien gilt Sa Murra als **ältestes und sardischstes aller Spiele.**

Sa Murra wird eigentlich zu zweit gespielt. Dabei zeigen sich die „Murradores" jeweils eine Hand und an derselben eine bestimmte Anzahl an Fingern, während gleichzeitig einer der Spieler eine Zahl zwischen 1 und 10 voraussagt. Hat der Spieler die richtige Fingerzahl erraten, erhält er einen Punkt. Sieger ist, wer zwei von drei Runden gewinnt.

Das hört sich einfach an, ist es aber nicht. Denn es wird sehr schnell und in ständig wechselnden Konstellationen gespielt, was höchste Konzentration verlangt. Denn meist sind es 2er-Mannschaften, die gegeneinander antreten. Auf Sardinien werden seit einigen Jahren richtige **Murra-Turniere** ausgetragen. 1998 fand auf Anregung von *Fabrizio Vella* die erste gesamtsardische Meisterschaft im Bergdorf Urzulei statt, an der u.a. Mannschaften aus Seneghe, Ollolai, Bortigiali, Lula, Gavoi und Oniferi teilnahmen. An der letzten, sechsten Meisterschaft nahmen bereits 78 Spielerpaare teil. Derzeitige Meister sind *Salvatore Orru* und *Cristiano Puddu* aus Jerzu.

Ebenfalls in Urzulei hat sich 2001 zum Schutz und zur Pflege des Spiels die **„Sociu po su Jocu de sa Murra"** gegründet, die neben regionalen Meisterschaften auch internationale Turniere organisiert.

●**Info:** Sociu po su Jocu de sa Murra, *Roberto Mulas*, Web: www.samurra.it, E-Mail: sociu@samurra.it.

Arborea

Der Garten Eden Sardiniens

Zwischen dem kargen, fast menschenleeren Hirtenland der Planargia im Norden und dem ebenso menschenleeren, unwirtlichen Gebirge des Iglesiente im Süden dehnt sich die Region Arborea aus. Schlagader dieses von der Natur bevorzugten Teils von Sardinien an der Westküste ist der **Fiume Tirso,** der im Osten der Insel bei Budduso entspringt und bei Oristano ins Meer mündet. Der wasserreiche Fluss, der am Ostrand der Arborea den großen Stausee Lago Omodeo speist, hat in seinem Mündungsdelta eine weite, fruchtbare Ebene ausgebildet.

Dank der fetten Böden und dem Wasser des Tirso, der auch im Sommer genügend Wasser führt, um die großen Felder und Plantagen zu bewässern, entwickelte sich die Arborea zum **landwirtschaftlichen Zentrum Sardiniens.** Zusammen mit den unter *Mussolini* trockengelegten, nun überaus ertragreichen ehemaligen Sümpfen um das blühende Landwirtschaftsstädchen Arborea und der riesigen, bis nach Cagliari reichenden Kornkammer des Campidano ist der mittlere Westen Sardiniens der Garten Eden der Insel, wo Milch und Honig fließen.

Die an der Tirsomündung gelegene, von großen und fischreichen Lagunen umgebene **Provinzhauptstadt Oristano** ist durch das Leben und Wirken der Richterin und sardischen Volksheldin *Eleonora von Arborea* auch historisch ein herausragender Ort in der

Geschichte des kleinen Volkes der Sarden. Den Nordwestteil der Region nimmt die endlos leere und unfruchtbare Basalthochebene des **Altopiano di Abbasanta** ein, die nur von Hirten mit ihren Schaf- und Ziegenherden durchwandert wird, welche die begehrte Milch für das Käsezentrum Macomer liefern.

Der gesamte mittlere Westen Sardiniens ist touristisch noch wenig oder gar nicht erschlossen, obwohl er über eine Anzahl von besonders bedeutenden Sehenswürdigkeiten verfügt. Dazu gehören archäologische Stätten wie Santa Cristina mit einem der eindrucksvollsten Brunnenheiligtümer Sardiniens und die mächtige Nuraghe Losa. Römische Relikte sind die antiken Thermen von Fordongianus und die punisch-römische Metropole Tharros auf der Sinis-Halbinsel. Diese breite Landzunge ist darüber hinaus berühmt für ihre unberührten Reiskornstrände, das Fischerstädtchen Cabras für seine hervorragenden Fischlokale.

Die Nordküste der Arborea ♪X/AB2-3

Die Straße, die von Bosa über Tresnuraghes Richtung Süden führt, verlässt, nachdem sie das Tal des Temo durchquert hat, die Küste und führt weitab vom Meer durch das Landesinnere. Nur zwei Stichstraßen führen an dem etwa 30 Kilometer langen Küstenabschnitt zwischen Bosa und dem kleinen Badeörtchen Santa Caterina di Pittinurri, an dem die SS 292 wieder die Küste erreicht, hinaus zu dem wildromantischen, absolut einsamen Meeressaum. Die gesamte Küste wurde hier dank ihrer unberührten Natur und seltener Flora zur *riserve naturali* erklärt und damit geschützt.

Punta di Foghe und Capo Nieddu

Von Tresnuraghes führt eine elf Kilometer lange schmale Stichstraße bis zum vorspringenden Felskap **Punta di Foghe,** auf dem malerisch der vom Wind zernagte Sarazenenturm Torre di Foghe thront. Nördlich und südlich des Turms erblickt man, soweit das Auge reicht, nichts als großartige Felsküste, an der man auf stundenlange Entdeckungstouren gehen kann, ohne einer einzigen Menschenseele zu begegnen. Am Wehrturm führt ein schmaler Pfad durch die Macchia steil hinab in die Mündungsbucht des Riu Mannu, an der ein kleiner kieseliger Strand zum Baden einlädt.

Eine Fußstunde vom Capo di Foghe entfernt liegt das **Capo Nieddu,** das ebenfalls von einem Sarazenenturm beherrscht wird. Zum Kap führen drei Geländepisten hinaus. Wer mit dem Auto dorthin möchte, nimmt am besten den kürzesten Weg, der etwa zwei Kilometer vor S. Caterina di Pittinurri von der SS 292 Richtung Meer abzweigt. Auch die wilde, teils aus schwarzem Basaltfels bestehende Steilküste am Capo Nieddu ist ein absolut einsames Stück Land, an dem man nichts als Stille findet, nur vom ewigen

Rauschen der anbrandenden Wellen durchbrochen. Und da wir uns an der Westküste befinden – Achtung Romantiker – kann man abends herrliche Sonnenuntergänge erleben. Siedlungen, Versorgungseinrichtungen, Unterkunftsmöglichkeiten oder ähnliche Annehmlichkeiten der Zivilisation sucht man hier allerdings vergebens.

Santa Caterina di Pittinurri

Die erste richtige Siedlung an der Küste südlich von Bosa ist der kleine Ort Santa Caterina di Pittinurri, an dem die SS 292 wieder zur Küste zurückkehrt. Der bescheidene Badeort, der zu Füßen eines Sarazenenturms um die kleine namensgebende Kirche S. Caterina entstand, wird heute von zwei Feriensiedlungen dominiert und ist ohne Sehenswürdigkeiten und optisch nicht gerade reizvoll. Hörenswert ist das hübsche Glockenspiel, das täglich um zwölf Uhr mittags von der Kirche ertönt.

Schön ist die umliegende Küste, die hier besonders buchtenreich ist. Zwischen den weißen Klippen und Kalkfelsen findet man kleine, einsame Sand- und Kiesbuchten. An den felsigen Abschnitten siedelt eine artenreiche Unterwasserflora und -fauna, weshalb der Ort bei Tauchern beliebt ist. Im Norden schließt sich menschenleere Felsküste Richtung Capo Nieddu an. Im Süden beginnt die Halbinsel Sinis mit ihren Badestränden.

Is Cornus

Die bedeutendste Sehenswürdigkeit von Santa Caterina di Pittinurri ist die **Ausgrabungsstätte** Is Cornus, etwas südlich des Ortes. Vermutlich im 5. Jahrhundert v. Chr. wurde hier eine wichtige punische Siedlung errichtet, die im Zweiten Punischen Krieg 215 v. Chr. von den Römern erobert und zum Handelsstützpunkt ausgebaut wurde. Auf dem Gelände finden sich auch frühchristliche Spuren wie die Reste einer Basilika mit Friedhof aus dem 4. Jahrhundert, die vermutlich zu einer Klosteranlage gehörten. Die einst blühende Stadt wurde wegen der ständigen Piratenüberfälle im 9. Jahrhundert aufgegeben.

Wer das einsam liegende, unbeaufsichtigte Gelände besichtigen will, fahre zwischen Santa Caterina di Pittinurri und S'Archittu etwa bei km 25 von der SS 292 in die östlich abzweigende, beschilderte Geländepiste. Nach ca. 1,5 Kilometern parken und ca. 500 Meter zu Fuß weitergehen.

Post und Telefon

- **Vorwahl: 0785**
- **PLZ: 09073**

Essen und Trinken

- **La Baia,** Via Scirocco 20, Tel. 38 91 49. Das Restaurant des Hotels La Baia bietet zu original sardischer Küche von der einladenden Terrasse aus einen grandiosen Ausblick auf die Küste.

Nachtleben

- **Disco:** Il Drago. Riesendisco etwas außerhalb am nördlichen Ortsrand (nur während der Hauptsaison).

Unterkunft

- **Hotel La Baja****,** Via Scirocco 20, Tel. 38 91 49, Fax 38 90 03, Web: www.hotellabaja.it.

Äußerlich eher weniger ansprechendes, innen jedoch ganz neu und sehr schön gestaltetes und eingerichtetes Hotel in exponierter Alleinlage auf einer Landzunge hoch über der Steilküste. Großartiger Blick aufs Meer und unvergessliche Sonnenuntergänge! *Belissima per vino con amore!* (NS 36–41 €, HS 41–64 €).

●**Hotel la Scogliera****, Corso Alagon, Tel./Fax 38 231, Web: www.hotel-lascogliera.it. Hotel mit sieben hellen und weitläufigen, modern möblierten Zimmern, alle mit Meerblick. Insgesamt etwas willkürliche Ausstattung. Mit großer, leider etwas kahler Strandterrasse, Pizzeria und Restaurant. Mit wenig Aufwand und Gefühl für Stil wäre viel mehr daraus zu machen! (50–60 €).

Rund um S'Archittu

S'Archittu ist eine kleine Urlaubssiedlung aus Feriendörfchen und -häuschen im neosardischen Stil. Doch auch die verspielte Architektur der Gebäude, die kleine Piazza mit gastronomischen Einrichtungen und die schönen Gärten, in die sie eingebettet sind, vermögen dem künstlichen Ort kein besonderes Flair einzuhauchen. In der Hochsaison herrscht zwar allerhand Trubel, davor und danach gleicht S'Archittu jedoch einem Geisterdorf.

Hübsch ist der 200 Meter lange Sandstrand von S'Archittu. Wer den Abstecher macht, sollte sich unbedingt den Namensgeber der Siedlung anschauen. **S'Archittu** ist ein mächtiger, sieben Meter hoher Felsbogen, den die Brandung aus dem weißen Kalkstein der Steilküste ausgehöhlt hat. Der malerische Felsbogen ist nicht nur selbst sehr fotogen. Auch die Jünglinge, die vom hohen Bogen spektakulär ins Meer springen und bei den Zuschauern, besonders bei den jungen weiblichen, Punkte sammeln, sind ein gutes Motiv. Man erreicht den Fels in wenigen Minuten, wenn man am Ende der Straße den Trampelpfad an der reizvollen Felsküste entlang geht.

Post und Telefon

●**Vorwahl: 0783**
●**PLZ: 09070**

Unterkunft/
Essen und Trinken

●**S'Istella,** Corso Amiscora 3, Tel./ Fax 38 484. Zehn Zimmer am südlichen Ende der kleinen Promenade. In der Hochsaison nicht ganz ruhig, da das Restaurant sehr beliebt ist. Erst unter Bäumen speisen, dann in der zum Haus gehörigen Open-Air-Disco tanzen, so mag es das fast durchweg jüngere Publikum (ca. 53 €).

●**B&B Andrea & Valentina,** Loc. Torre del Pozzo, Corso Josto, Tel. 333-65 53 931, Web: www.bnbandreaevalentina.it. Die beiden sympathischen Geschwister *Andrea* (Ökonomie-Student) und *Valentina* (ausgebildete Tänzerin) vermieten drei charmant eingerichtete Zimmer mit Etagenbad, Meeresterrasse und toller Aussicht auf das 100 Meter entfernte Meer (26 € p.P.).

Aktivitäten

●**Tauchen:** Scubawave, Vico delle Mimose 5, Tel. 96 78 362, Web: www.scubawave99.com.
●**Surfen:** Is Benas Surfclub, Via Lungomare 1, Tel. 38 434, Web: www.revolt.it/isbenas. Surfschule, -club und -Verleih mit Unterkunft.
●**Reiten:** Maneggio Cornus, Loc. Cornus, Tel. 41 09 19.
●**Kajakverleih:** am Felstor S'Archittu.

Is Arenas

In einem etwa zwanzigminütigen Spaziergang zu erreichen ist der südlich von S'Archittu gelegene, **kilometerlange, herrliche Sandstrand Is Arenas**. Mit dem Auto folgt man südlich von S'Archittu den Campingplatzschildern, die von der Hauptstraße nach Oristano Richtung Küste weisen. Direkt an der Abfahrt liegt der **Campingplatz Europa**. Folgt man der Stichstraße weiter, gelangt man nach kaum zwei Kilometern zum **Campingplatz Is Arenas** und dem direkt daneben gelegenen Platz **Nurapolis**. Auch sie liegen unmittelbar hinter dem herrlichen naturbelassenen Sandstrand und dem ausgedehnten Dünengürtel, der sich hinter ihm landeinwärts erstreckt.

Besonders schön und ruhig hinter dem breiten Dünengürtel liegt der **Camping Nurapolis**. Der naturbelassene, direkt hinter den Stranddünen im schattigen Wäldchen gelegene Platz ist der älteste der drei und wird von der in Sachen Umweltschutz sehr engagierten Cooperativa Nurapolis betrieben, die gemeinsam mit der Cooperativa ENIS im Supramonte von Oliena ein Vorreiter in Sachen naturverträglichem Tourismus auf Sardinien

Cooperativa Turistica

Der Kooperativen-Gedanke ist auf Sardinien sehr weit verbreitet. In den verschiedensten Bereichen trifft man auf selbstorganisierte Gruppen, die Hotels, Campingplätze, Restaurants, Exkursionsangebote, Kunsthandwerksmanufakturen, Agriturismo, Tauchschulen und vieles anderes gemeinsam aufgebaut haben. Auch landwirtschaftliche Produkte werden von Kooperativen gemeinsam vertrieben, archäologische Stätten gepflegt und vieles andere mehr. Ursache hierfür ist die hohe Arbeitslosigkeit besonders unter den jungen Sarden, die diese veranlasste, ihr Schicksal selbst in die Hand zu nehmen und sich eine Existenz aufzubauen. Heute sind aus den Jugendlichen oft bereits gestandene Väter und Mütter geworden, so dass die Kooperativen die Lebensgrundlage für zahlreiche Familien darstellen.

Ähnlich wie in Deutschland wurden die ersten Coops auch auf Sardinien oft von der älteren Generation misstrauisch beäugt und als rauschgiftrauchende Kommunen mit Gruppensex diffamiert. Nach gut 20 Jahren Praxis hat sich das Ansehen vollständig gewandelt. Die Gemeinden haben die Vorzüge des Gedankens erkannt und unterstützen Neugründungen. Die etablierten Einrichtungen sind wie z.B. im Falle des Restaurants der Coop Enis bei Oliena dank der sehr guten Küche und seines besonderen Flairs einer der beliebtesten Treffpunkte der Einwohner aus den umliegenden Dörfern geworden.

Pioniere des Kooperativen-Gedankens waren die Coop Enis und die Coop Sinis, die beide vor gut 20 Jahren starteten und noch heute zusammenarbeiten. Nicht nur das Geldverdienen steht im Vordergrund, sondern auch die Entwicklung und Förderung des ökologischen Bewusstseins. So bemüht sich Enis beispielsweise außerhalb der Saison, sardischen Schulklassen die Problematik und

ist. Der Platz wird in der Saison vorwiegend von jungen Leuten besucht und ist dann mit Disco & Co. nicht eben der leiseste. Ruhebedürftigere sollten besser auf den Campingplatz Europa ausweichen, der ebenfalls von der Coop Sinis geführt wird.

Aktivitäten

• **Exkursionen:** Coop Turistica Sinis, Camping Nurapolis, Narbolia, Tel. (0783) 52 283, Fax 52 255, Web: www.coopsinis.it. Die Coop ist stark im Umweltschutz engagiert und bietet entsprechend ausgerichtete Unternehmungen wie Trekking, Tauchen, Reiten, Mountainbike-Touren, Tier- und Pflanzenkunde fast überall auf Sardinien an.
• **Golf:** Is Arenas Golf & Country Club, Narbolia, SS 292 (km 113,4), Tel. 52 036, Fax 52 235, Web: www.isarenas.it (18-Loch-Platz, ganzjährig geöffnet).
• **Surfen und Bootsausflüge:** Camping Nurapolis.

Camping

• **Camping Nurapolis***,** Is Arenas SS 292, Tel. (0783) 52 283, Fax 52 255, Web: www.nurapolis.it, ganzjährig geöffnet. Am sechs Kilometer langen, traumhaften und unberührten Sandstrand Is Arenas. Naturbelassener, von der Coop Sinis geleiteter Platz im

Wichtigkeit des Umweltschutzes nahe zu bringen, oder Sinis, die ökologisch besonders wertvolle Halbinsel Sinis zu schützen. Auch bei den großen Natur- und Nationalpark-Projekten auf Sardinien sind die beiden Coops sehr engagiert und setzen sich für deren Realisierung ein.

Die Cooperativa Sinis startete vor gut 20 Jahren mit dem Campingplatz Nurapolis. Heute haben sich die Aktivitäten der 15 Mitglieder weit ausgedehnt. So betreiben sie in Santa Caterina di Pittinurri das Hotel La Baja und seit 2003 auch den vom Vorbesitzer in die Pleite geführten Campingplatz Europa. .

Besonders vielfältig ist jedoch das Angebot an Ausflügen und Aktivitäten, die die Coop Sinis anbietet. Der Bogen spannt sich von Bootsausflügen auf die Vogelschutzinsel Mal di Ventre über pflanzen- und tierkundliche Exkursionen, Kräuter-, Koch- und Heilkurse bis zu ein- oder mehrtägigen Expeditionen durch abgelegene, unzugängliche Naturschutzgebiete wie zu den Geiern am Monte Ferru, auf die wilden Hochplateaus der Giara oder durch die grandiose Wüstenlandschaft der Costa Verde. In der Vor- und Nachsaison werden auch Reit-, Töpfer- Korbflecht-Kurse angeboten.

Ignazio Porcedda, einer der Gründer der Coop Sinis, war viele Jahre auch der Vorsitzende der *Associazione Italiana Guide Ambientali Escursionistiche* (GAE), unter deren Dach sich inselweit zahlreiche Anbieter und Kooperativen zusammengeschlossen haben. Alle Mitglieder der GAE sind geprüfte, ausgebildete Führer, die im Winter regelmäßig an selbst organisierten Weiterbildungen teilnehmen und neben italienisch meist entweder deutsch, englisch oder französisch sprechen. Die GAE ist darüber hinaus der hoffentlich erfolgreiche Versuch junger Sarden, das ewige Misstrauen untereinander und die traditionelle Zersplitterung ihres Volkes zu überwinden und im Interesse ihrer Insel und deren Bewohner gemeinsame solidarische Strukturen zu schaffen.

lichten Pinien- und Eukalyptuswald hinter dem Stranddünenwall. Gut ausgestattet mit Bar, Pizzeria, Restaurant, Mini-Markt, Tennisplätzen, Surf- und Tauchangebot etc. Abends gibt es auf der Freiluftbühne Unterhaltung wie Disco, Livemusik, Theater etc. Der Platz ist bei jungen Menschen besonders beliebt. Wer nachts Ruhe haben will, sollte sich wegen der Disco nicht zu nahe am zentralen Gebäude platzieren. Am Strand liegt eine einfache, nicht zum Camping gehörende, romantische Strandbar mit Robinson-Feeling.
- **Camping Is Arenas*****, Is Arenas SS 292, Tel./Fax (0783) 52 284, 1.4.–30.10. Direkt neben Nurapolis gelegener großer Platz im Küstenwald mit umfangreicher Ausstattung.
- **Villaggio Europa*****, Loc. Torre del Pozzo, Tel./Fax 38 058, 1.5.–30.9. Der seit neuestem von der Coop Sinis übernommene Platz bietet schöne Stellplätze direkt am Strand; mit Pool, Bar, Ristorante, Bungalowvermietung.

Halbinsel Sinis ♪ XIV/A1-2

Kurz vor Riola Sardo, im Hinterland von Is Arenas, zweigt von der SS 292 eine Straße nach Westen ab, die auf die vorgelagerte Halbinsel Sinis führt. Die große Landzunge, die Stagno di Cabras vom Festland abtrennt, ist flach und sehr kahl. Ohne schützende Bäume kann der Wind ungehindert vom Meer über Sinis fegen. So ist die ungeschützte Außenküste ein Stück sich selbst überlassener, steppenartiger Natur geblieben. Nur an der von flachen Kuppen etwas geschützten Inlandsseite bedecken Weizen- und Weinfelder das Land. Die Unberührtheit der Halbinsel sowie ihre besondere Flora und Fauna machen sie zusammen mit den riesigen fisch- und vogelreichen *stagni* zu einer ökologisch besonders wertvollen Zone. Über 50 Vogelarten, darunter sehr seltene wie Flamingos oder Eisvögel, hat man an den Lagunen gezählt. Deshalb ist ein Großteil der vom Menschen bislang fast unberührten Außenküste sowie die gesamten Feuchtzonen der Strandseen als *area marina protetta* geschützt und dem 700 km² großen **Naturpark Sinis-Montiferru** eingegliedert worden. Das hat zu großen Veränderungen für die bislang praktisch unerschlossene Region geführt. Auf der Halbinsel Sinis, bis vor kurzem noch ein Mekka für Wohnmobil-Reisende, ist jetzt jegliches Wildcampen flächendeckend verboten. Die ehemaligen Stellflächen an den **Reiskornstränden** Is Arutas und Mari Ermi sind komplett für den Verkehr gesperrt, und sogar das Mitnehmen eines Tütchens „Reiskörner" vom Strand ist mittlerweile strikt verboten. Aus den provisorischen Bretterbudenbars mit Notstromaggregat wurden genormte Gebäude in Grau. Auch die Anfahrt zur größten Attraktion der Halbinsel, der **Römerstadt Tharros**, ist nun im Weiler San Giovanni di Sinis beendet. Von den großen, neu angelegten Parkflächen mit Bars unmittelbar hinter dem Ort verkehrt nun ein Elektrozug hinauf zum Eingang der antiken Stadt.

Putzu Idu und Su Pallosu

Fast schnurgerade führt die Stichstraße von Riola Sardo hinaus an die Küste von Sinis. Nachdem sie die schmale Landbrücke zwischen den Vogelparadiesen Stagno Sale Porcus und Stagno de is Benas, in denen auch Flamingos

und zahlreiche Reiher heimisch sind, überquert hat, gabelt sich die Strecke. Geradeaus kommt man zu dem kleinen Weiler **Putzu Idu**, der mit seinen staubigen Straßen und wenigen Gebäuden inmitten der kahlen Umgebung etwas von einer abgetakelten Filmkulisse hat. Viel Grund, hierher zu fahren, gibt es nicht. Ist man da, lädt auf dem schmalen Streifen zwischen Meer und Lagune ein langer, parallel zur Straße verlaufender Sandstrand mit ebensolchen Parkflächen zum Baden ein.

Etwa einen Kilometer nordwestlich von Putzu Idu liegt die kleine Feriensiedlung **Porto Mandriola.** Von hier aus kann man einen Spaziergang zum Leuchtturm und Sarazenenturm auf dem **Capo Mannu** unternehmen, das mit seinen teils skurril geformten Felsklippen, in denen Vögel nisten, die Nordwestspitze der Halbinsel bildet.

Biegt man an besagter Gabelung an der Stichstraße von Riola Sardo nach rechts ab, erreicht man den winzigen Weiler **Su Pallosu**. Er besteht aus ein paar Ferienhäuschen sowie einem Hotel und wirkt außerhalb der Hochsaison ebenso vergessen wie Putzu Idu. Landschaftlich reizvoll ist dagegen die große, vom Wehrturm Sa Rocca Tunda überragte **Bucht Su Pallosu,** zwischen deren malerischen Klippen sich mehrere hübsche kleine Sandstrände verstecken. Der schönste von ihnen ist ein von Felsklippen umrahmtes Sandband mit Dünengürtel, das man er-

Marina Protetta Area Sinis

Die **Schutzzone** ist in drei verschiedene Zonen augeteilt, wobei Zone 1 nur mit Erlaubnis betreten werden darf und Zone 2 nur mit Einschränkungen. Im gesamten Park ist jede Entnahme von Pflanzen, Tieren, Steinen oder auch von Sand am Strand strikt verboten! Es wird kontrolliert und es wird teuer (eine Tüte Reiskornsand macht mindestens 160 €)! Um die außergewöhnlichen Besonderheiten der Küstennatur kennen zu lernen, kann man die angelegten Naturpfade entlangwandern. Noch interessanter und lehrreicher ist die Teilnahme an einer der geführten Touren. Von der Coop Peninsula Sinis werden halb- und ganztägige Touren zu den Themen „Natur" und „Archäologie" angeboten. Das Consorzio Mediterranea bietet mehrstündige thematische Ausflüge z.B. zu den Fischern in Cabras, zu den Vogelparadiesen in den Stagni oder ein „Slow walking", bei dem man sich den Pflanzen und Tieren auf dem Wege mit aller Muße widmet. Ausgangspunkt ist immer das Centre Casa di Seu.

Info/Anmeldung:
- **Marina Protetta Area (MPA),** Via Tharros (Museo Civico), 09072 Cabras, Tel. (0783) 29 00 71, Web: www.areamarinasinis.it.
- **Consorzio Mediterranea,** Loc. Seu, Centre Casa di Seu, Tel./Fax (0783) 80 19 41.
- **Coop Peninsula dei Sinis,** Via Puccini 9/a, Tel. (0783) 37 00 19, Web: www.peninsuladisinis.it.

reicht, wenn man vor dem Hotel Su Pallosu links abbiegt. Der hier häufig wehende Wind macht den Strand zu einem Treff für Surfer, Kiter und Wellenreiter, die hier ideale Bedingungen vorfinden.

Post und Telefon

- **Vorwahl:** 0783
- **PLZ:** 09070

Aktivitäten

- **Freizeit- und Sportaktivitäten** wie Boots- und Angelausflüge, Trekking, Moutainbiking, Freeclimbing, Wind- und Kitesurfen, Wellenreiten, Kanu: NaturaWentura, Lungomare Mandriola, Tel./Fax 52 197, Web: www.capomannu.it.
- **Tauchen:** Diving Club, Lungomare Putzu Idu, Tel. 348-69 40 743.
- **Bootsausflüge:** Isidoro, Lungomare Putzu Idu, Tel. 22 323; Ausflug zur Vogelinsel Mal di Ventre und Bootsverleih.
- **Reiten:** Centro Equestre, Su Pallosu, Tel. 52 021.
- **Flamingobeobachtung:** Centro del Fenicottero Rosa, Loc. Marina di San Vero Milis (Stagno Sale Porcus), Tel. 52 200. Das Flamingozentrum mit einem Museum veranstaltet Pferdeausflüge sowie Foto-, Vogel- und Pflanzenexkursionen in dem 325 Hektar großen Vogelschutzgebiet Oasi di Sale Porcu.

Unterkunft/ Essen und Trinken

- **Hotel Da Cesare****, Putzu Idu, Tel. 52 095, Fax 52 015. Kleiner Neubau mit zehn Zimmern direkt am Strand. Restaurant mit guter

Der Reiskornstrand Is Arutas

Auswahl besonders an Meeresfrüchten (NS 80–95 €, HS 95–105 €, Frühstück 10 €).
- **Hotel Su Pallosu*****, Su Pallosu, Via Sa Marigosa 4, Tel./Fax 58 005, Web: www.supallosu.it. Dreistöckiges Gebäude in Rosa mit 27 zweckmäßig eingerichteten Zimmern, alle mit tollem Meerblick; mangels nennenswerter Alternativen sind Restaurant und Bar des Hauses der allabendliche Treff im Ort (NS 58–70 €, HS 88 €).
- **B&B Cuccurru Mannu,** Loc. S'Anea Scoada, Via Su Cuccuru Mannu 6, Tel. (0784) 20 53 23. 100 m vom Strand und 300 m vom Stagno gelegene adrette Villa in reizvollem großen Garten mit Gartenterrasse und drei Zimmern, zwei davon mit Bad; Zimmer etwas kahl, aber dafür teils im OG mit Balkon und Meerblick (22–25 € p.P.).
- **Agriturismo Sa Zenti Arrubia,** Loc. Sa Rocca Tunda, Via Zenti Arrubia 4, Tel./Fax (0783) 58 010, Web: www.zentiarrubia.it. Beim freundlichen graubärtigen Fischer und „Capo" *Mimmo,* seiner Frau *Carmen* und den Kindern *Nicola* und *Angelo* sowie Haushund *Picasso* gibt es delikate (Meeres)Küche, alles immer superfrisch; leider ist *Mimmo* kein Innenarchitekt, was man den sechs Zimmern doch irgendwie ansieht; *Angelo* betreibt eine Reitschule, mit *Nicola* kann man zum Fischen fahren (30–55 € p.P.).

Mari Ermi und Is Arutas

Die Straße, die ganz Sinis von Nord nach Süd durchquert, verläuft auf der Inlandsseite der Halbinsel. Von der schnurgeraden Rennpiste zweigen zwei Stichstraßen ab, die zu den berühmten Reiskornstränden führen. Von Norden kommend, endet die erste nach fünf Kilometern am **Strand von Mari Ermi.** Das Sandband selbst ist lang und schön, aber völlig schattenlos. Da es wie die gesamte Außenküste naturbelassen ist, werden Teile davon gelegentlich von angeschwemmten Algen bedeckt. Im Sommer wird der Strand von den Einheimischen viel besucht. Dementsprechend groß sind die Parkflächen. In der Vor- und Nachsaison wirkt die Szenerie gottverlassen.

Noch schöner und im Sommer gastronomisch besser versorgt, aber ebenso stark besucht wird der **Strand Is Arutas,** zu dem die zweite Stichstraße hinausführt. Die schneeweißen Quarzkörnchen des Strandes sind von malerischen Felsklippen und Steilufern umrahmt. Direkt hinter dem langen Strand erstreckt sich eine weite Fläche, die durch ein Mäuerchen abgetrennt ist. Was einst Autofahrern als Park- und Wohnmobilisten als Stellplatz diente, ist nun nicht mehr zu befahren. Neue, geteerte Parkflächen stehen jetzt hinter den ebenfalls neu angelegten Strandbars zur Verfügung.

Camping
- **Camping Is Aruttas*****, Tel. (0783) 22 074, Fax 22 071, Web: www.spinnakervacanze.com, 1.5.–30.9. Relativ neuer, von herangewachsenen Bäumen und Sträuchern beschatteter kleiner Platz auf dem Hügel hinter dem Strand. Mit Bar und Markt.

San Salvatore

Bevor man auf die Südspitze der Sinis-Halbinsel hinausfährt, sollte man einen kurzen Halt in San Salvatore einlegen. Der von einer hohen Mauer umgebene Wallfahrtsort an der Kreuzung mit der Straße nach Cabras ist in mehrfacher Hinsicht interessant. So diente das aus einem kleinen Kirchlein und noch kleineren Pilgerhäuschen bestehende Minidorf im Puppenstubenformat so manchem Western als **Film-**

HALBINSEL SINIS

kulisse für ein mexikanisches Dorf. Die freundlichen und lustigen Betreiber der kleinen, etwas rumpeligen, aber netten Bar am Eingang zum Gelände tragen denn auch stilecht riesige Sombreros.

Interessant auch die mitten im „Dorf" gelegene **Kirche San Salvatore.** Denn unter dem unscheinbaren, turmlosen Kirchlein aus dem 18. Jahrhundert liegt das **Hypogäum San Salvatore.** Der unterirdische zentrale Raum mit Scheingewölbe und die umliegenden Kammern wurden schon seit grauer Vorzeit als Kultstätte benutzt. Von den steinzeitlichen Nuraghiern stammt der noch vorhandene heilige Brunnen. Die Kultstätte wurde von den Römern in ihrer heutigen Form ausgebaut und mit frühantiken Wandzeichnungen versehen. Die ersten Christen, die sich in dem Versteck heimlich zum Gottesdienst versammelten, statteten die Gemäuer dann mit einem Altar aus. Die Zeichnungen an den Wänden stammen aus dem 17. Jahrhundert, als die Spanier die Katakombe als Gefängnis nutzten.

Leben in das ansonsten meist völlig einsame San Salvatore mit seinen winzigen Pilgerhäuschen kommt jeweils am ersten Sonntag im September, wenn das traditionsreiche **Barfuß-Rennen Corsa degli Scalzi,** besser bekannt unter dem Namen **Sagra di San Salvatore,** unter großer Teilnahme der Bevölkerung begangen wird.

●**La Corsa degli Scalzi/Sagra di San Salvatore,** 1. So im September (Näheres siehe unter „Cabras/Feste").

Unterkunft

●**Hotel Sinis Vacanze Sa Pedrera***,** an der Straße von Cabras nach Sinis (km 7,5), Tel. (0783) 37 00 18, Fax 37 00 40. Die wohl schönste der raren Unterkunftsmöglichkeiten auf der Halbinsel Sinis. Einladender, ruhig in liebevoll gestaltetem Garten gelegener, haziendaartiger Neubau mit nur 14 Zimmern. Mit Pianobar und Tennisplätzen. Gut und empfehlenswert ist auch das Restaurant (NS 57-85 €, HS 97-122 €).

San Giovanni di Sinis

Der einladendste Ort auf der Halbinsel ist der winzige Weiler San Giovanni di Sinis auf der weit ins Meer hinausreichenden Landzunge Capo San Marco ganz im Süden von Sinis. Eine Handvoll Häuschen entlang der Straße zwischen dem offenen Meer und dem Stagno Mistras, dazwischen staubige, sandige Straßen und Wege – mehr hat das Fischerdorf auf den ersten Blick nicht zu bieten. Auf den zweiten aber schon, und so ist es kein Nachteil, dass man nun sein Auto auf einer der neu angelegten Parkflächen abstellen und den Rest des Weges nach Tharros zu Fuß oder mit der kleinen Elektrobahn zurücklegen muss.

Denn neben dem neu angelegten Informationszentrum zur *area marina protetta,* das über die Besonderheiten des Naturparks informiert, hat das Winzdorf noch anderes Sehenswertes zu bieten. Zuallererst ist das die frühchristliche **Chiesa San Giovanni di Sinis,** die nicht nur das älteste, sondern auch fraglos eines der schönsten Gotteshäuser auf der mit Kirchen wahrlich gesegneten Insel Sardinien ist. Der winzige Sakralbau wurde im 5. Jahr-

hundert als byzantinischer Kuppel-Zentralbau begonnen und im 9. Jahrhundert mit einem Lang- und Querschiff versehen.

Ein paar Schritte entfernt von der Kirche liegt am Ufer des Stagno Mistras auf einem Hügel eine Gruppe malerischer alter Fischerhütten aus Schilf. Die traditionelle Bauweise mit Schilf findet man auch an der Außenküste, zu der es von der Kirche ebenfalls nur wenige Schritte sind. Vor den vereinzelt umherstehenden Häuschen und Schilfhütten erstreckt sich ein einladender Sandstrand mit ein paar gastronomischen Einrichtungen.

Achtung Surfer: An der Funtana Meiga ca. ein Kilometer vor San Giovanni di Sinis führt eine Piste (schlecht ausgeschildert) zur Küste. Der Ort selbst ist wenig reizvoll und ohne Strand, aber der Spot ist bei Mistral (aber auch nur dann) einer der besten Sardiniens.

Post und Telefon

- Vorwahl: 0783
- PLZ: 09072

Unterkunft/Essen

- **Sa Pedrera,** Tel. (0783) 37 00 18. Familie *Meloni* bietet drinnen und draußen zum Rauschen des Meeres gute Küche mit Fisch und Fleisch zu günstigem Preis.

Die Kirche San Giovanni di Sinis

Halbinsel Sinis

Fischerhütte aus Schilf
in San Giovanni di Sinis

●**B&B Da Luca e Scooter,** Via Marco Polo 22, Tel. 39 13 36, Web: www.bbls.it. Drei ordentliche Zimmer, jedoch nur mit Dachlukenfenstern ohne Ausblick, und ein gemütlicher Aufenthaltsraum bei *Luca* und dem aus Deutschland stammenden *Scooter* (25 € p.P. im August 30 €).

Tharros

Das weitläufige Ausgrabungsgelände, das sich auf der schmalen Landzunge des Capo San Marco erstreckt, war einst die größte und bedeutendste phönizisch-römische Hafenstadt Sardiniens. Gegründet wurde sie von den Phöniziern zwischen dem 11. und 8. Jahrhundert v. Chr. Später erweiterte man sie zur wichtigen Hafen- und Handelsstadt. Im 3. Jahrhundert v. Chr. wurde sie von den Römern besiedelt und weiter ausgebaut. Das Ende der blühenden Metropole kam im 11. Jahrhundert, als sie wegen der ständigen Sarazenenüberfälle endgültig aufgegeben werden musste. Als Ersatz wurde in sicherer Lage die Stadt Oristano gegründet.

Jahrhundertelang war Tharros unter dem Schutt der Zeit und der wuchernden Macchia vergraben. Erst 1851 wurde es von englischen Hobbyarchäologen entdeckt. Die umfangreichen Ausgrabungen, die seit 1956 stattfanden, haben erst Teile der Stadt wieder freigelegt. Noch immer liegen drei Fünftel von ihr vergraben oder sind, wie die gesamte imposante Hafenanlage, durch den Anstieg des Wasserspiegels im Meer versunken.

Sehenswertes

Dennoch bietet ein ausgiebiger Spaziergang durch das weitläufige Ausgrabungsgelände, das sich über 2,5 Kilometer erstreckt, einen lebendigen Eindruck vom urbanen Leben und Treiben der alten Phönizier und Römer, da der Grundriss der Stadtanlage praktisch vollständig erhalten ist. Man begegnet dabei Patriziervillen, verschiedenen Tempeln, dem Theater, entdeckt Thermen, Bodenmosaiken, Straßen und mehr. Um die Struktur der gesamten Anlage und der einzelnen Bauwerke überblicken zu können, empfiehlt es sich, den am Eingang angebrachten Lageplan genau zu studieren oder gleich die Broschüre zu erstehen, die einen exakten Stadtplan mit der Beschreibung der einzelnen Ortsteile und Bauwerke enthält.

Eines der wichtigsten archäologischen Zeugnisse auf dem Gelände ist der **Punische Tempel** im Tempelbezirk. Das 350 v. Chr. errichtete Gebäude mit seinen imposanten Ausmaßen ist eines der bedeutendsten Beispiele der punischen Architektur. Sehenswert und gut erhalten ist auch das zentral gelegene **Amphitheater** mit dem davor gelegenen Forum, zwei Thermen mit ihrem ausgeklügelten Wasser- und Heizsystem, sowie verschiedene Bodenmosaike.

Hervorragend erhalten ist auch die gepflasterte Nord-Südstraße mit Abwasserkanal, die aus dem Stadtzentrum schnurgerade auf den Hügel Su Murru Mannu hinaufführt. Oben liegt eine **phönizische Brandopferstätte,** in der man über 3000 Urnen mit Überresten von (geopferten?) Kindern fand. Bei dem Thopet sind auch die Reste einer nuraghischen Siedlung zu erkennen, die beweisen, dass die exponiert gelegene Landzunge bereits lange vor Ankunft der Phönizier besiedelt war. Einen schönen Überblick aus der Vogelperspektive über die Anlage genießt man von dem auf dem höchsten Punkt der Landzunge errichteten spanischen Wehrturm aus, den man besteigen kann.

Nach dem Rundgang durch Tharros kann man einen kleinen Spaziergang bis zum Leuchtturm an der Spitze des **Capo San Marco** unternehmen. Der Ausblick ist herrlich, und unterwegs trifft man auf eine phönizisch-punische Nekropole sowie die Nuraghe Baboe Cabitza.

● **Info:** Coop Peninsola del Sinis, Tel. (0783) 29 00 71, Web: www.penisoladelsinis.it.
● **Öffnungszeiten Tharros und Chiesa San Giovanni di Sinis:** tägl. 9–19 Uhr, in der Nachsaison 9–17 Uhr.

Cabras ⇗ XIV/B1

Stagno di Cabras

Das kleine Fischerdorf Cabras liegt direkt am Ufer der mit 2300 Hektar größten Lagune der Region, dem Stagno di Cabras. Der flache See, eines der **fischreichsten Gewässer ganz Italiens,** hat in der Geschichte des Ortes von Beginn bis heute eine entscheidende Rolle gespielt. Sein Fischreichtum war die Lebensgrundlage für die Einwohner und machte ihn zum begehrten Objekt. Über die Spanier, die ihn im 17. Jahrhundert okkupierten, gelangte er in den Privatbesitz eines Bankiers aus Genua, der ihn wiederum 1853 an den Adeligen *Don Efisio* aus Oristano verkaufte.

Das Recht, auf dem See zu fischen, wurde nun nur an wenige Personen vergeben und die Fangquote strengstens reglementiert. Um die anderen Fischer, die auf den *stagno* als Lebensgrundlage angewiesen waren, am Schwarzfischen zu hindern, wurde die Lagune von Bewaffneten penibel bewacht. Die ständigen Auseinandersetzungen zwischen den zugelassenen Fischern und ihren illegalen Kollegen gipfelte 1978 in dem Mord an einem der bewaffneten Wächter. Kurz darauf verschwand der Besitzer des *stagno* spurlos. Sein Schicksal ist bis heute ungeklärt. Nach diesen Vorkommnissen verkauften seine Angehörigen den See an die Regierung der Autonomen Region Sardinien, die das alte Recht wiederherstellte und allen Einwohnern von Cabras erlaubte, vom Reichtum der Lagune zu profitieren.

Wichtigster Schatz des Stagno di Cabras ist die *muggine,* die Meeräsche, die, auf verschiedene Arten zubereitet, eine Köstlichkeit der regionalen Küche darstellt. Noch wichtiger als der Fisch selbst, der zum Laichen in die flachen Lagunen kommt, sind jedoch seine Eier. Aus ihm wird die Spezialität **Bottarga di Muggine** zubereitet, die rar, sehr begehrt und deshalb sündhaft teuer ist. Der „sardische Kaviar" wird entweder getrocknet, gepresst und in fein geschnittenen Scheiben serviert oder ungepresst als Pulver in verschiedenste Speisen wie z.B. Spaghetti alla Bottarga gemischt.

Sehenswertes im Ort

Meeräsche, aber auch Aal und andere Fischarten aus dem See sind der wichtigste Bestandteil der **berühmten Küche des Ortes.** Cabras gilt als der Ort Sardiniens mit den besten Fischgerichten und -lokalen. Selbst aus der fernen Hauptstadt Cagliari fährt man extra zum Speisen hierher.

Interessant ist auch der Besuch des kleinen **Stadtmuseums** (*Museo Civico*) von Cabras. Neben zahlreichen Bodenfunden, besonders aus Tharros, kann man hier die eigentümlichen **Schilfboote Is Fassonis** betrachten, mit denen die Fischer schon in grauer Vorzeit auf den Lagunen fischten. Die aus Schilfbündeln zusammengeschnürten, vorne spitz zulaufenden, hinten dagegen wie abgeschnitten wirkenden Boote haben bei manchen Forschern die spannende Theorie aufkommen lassen, dass Sardinien in grauer Vorzeit mit Südamerika und Ägypten Kontakt gehabt haben muss. Im Museum ist auch die Naturpark-Verwaltung untergebacht.

●**Museo Civico,** Via Tharros 121, Tel. 29 06 36, tägl. 9–13 und 16–20 Uhr, in der Nebensaison 9–13 und 15–19 Uhr.
●**Naturpark-Verwaltung:** Tel. 29 00 71, Web: www.areamarinasinis.it.

Die originalen Fassonis von Cabras, die man heute nur noch selten im aktiven Dienst sieht, kann man bei der volksfestartigen, feuchtfröhlichen und nicht ganz ernst gemeinten Regatta Is Fassonis erleben, die alljährlich am 24. Mai auf dem *stagno* stattfindet.

Praktische Tipps Cabras

Post und Telefon

●**Vorwahl:** 0783
●**PLZ:** 09072

Information

●**Pro Loco,** Via Risorgimento, Tel. 39 71, Web: www.prolococabras.it.

Mit dem Schilfboot über das Mittelmeer

(vom Expeditionsleiter *Dominique Görlitz*)

Am 22. Mai 1999 startete im Hafen von Alghero das Schilfboot Abora auf eine wissenschaftliche, aber auch abenteuerliche Reise. Es segelte auf den Spuren vorzeitlicher Seefahrer, die lange vor den Griechen oder Phöniziern das Mittelmeer befuhren und Handel mit entfernten Ländern betrieben.

Archäologische Funde deuten an, dass zwischen den frühen Kulturzentren im Mittelmeer ein reger Austausch stattgefunden hat, der vermutlich auch über den Atlantik vollzogen wurde. Beeindruckendster Beleg für diese Kontakte ist die Verbreitung der Herzmuschelkeramik, die von der prähistorischen Ozieri-Kultur auf Sardinien bekannt ist und an den großen Inseln sowie den Küsten des zentralen und westlichen Mittelmeers in Erscheinung tritt. Eine dieser Wanderungsrouten führte von Sardinien über Korsika und die Balearen bis nach Spanien. Zur Bestätigung dieser Hypothese führte die Besatzung der Abora diese Schilfbootexpedition durch, um die Segelfähigkeit dieser prähistorischen Wasserfahrzeuge zu erforschen. In drei Jahren Vorbereitungszeit konnte sie auf Sardinien ein 17 Tonnen schweres Schilfboot bauen, das nach vorgeschichtlichen Felsbildern aus Nordafrika ausgerüstet wurde.

Die Abora sollte ursprünglich das gesamte Westmittelmeer überqueren. Doch die 46-tägige Expedition, die von Sardinien über Korsika und Elba in die toskanische Hafenstadt Piombino führte, lehrte die Besatzung, dass das Mittelmeer sehr viel schwerer zu befahren ist, als zuvor angenommen. Drehende, stürmische oder gänzlich ausbleibende Winde erschwerten das Vorankommen des wissenschaftlichen Teams, das mit dem zwei Jahre alten Schilfkörper dennoch fast 650 Kilometer zurücklegte. Auch wenn das Experiment vorzeitig in Piombino beendet wurde, hat die Abora den schwierigsten Navigationsweg der ursprünglich geplanten Expeditionsroute zurückgelegt.

Auf der Basis der gewonnenen Erfahrungen möchte das Expeditionsteam ein neues, verbessertes Schilfboot konstruieren, das wieder auf Sardinien gebaut werden soll. Die Abora II wird auf eine neue Reise geschickt, um von einem geeigneten Startort aus die Straße von Gibraltar zu erreichen. Damit soll der experimentelle Beweis angetreten werden, dass Segler bereits seit der ausgehenden Steinzeit das Mittelmeer regelmäßig überquert und den Seeweg auf den Atlantik entdeckt haben. Kulturelle Parallelen diesseits und jenseits der Straße von Gibraltar legen dafür eindeutig Zeugnis ab.

● **Literaturtipp:** *Dominique Görlitz*, Schilfboot Abora – Segeln gegen den Wind, DSV-Verlag.

Das Schilfboot Abora im Hafen von Alghero

Essen und Trinken

- **Zia Belledda,** Via Amiscora 71, Tel. 29 08 01. Klein, aber fein. Ausgezeichnete, für die Qualität sehr preiswerte familiäre Trattoria. Im gemütlichen Gastraum mit Wohnzimmeratmosphäre kommen Köstlichkeiten aus Lagune und Meer auf den Tisch, die *Belledda* nach alten Hausrezepten zubereitet. Das Ergebnis überzeugt rundum und war dem italienischen Restaurantführer „Gambero Rosso" eine lobende Erwähnung wert.
- **Il Caminetto,** Via C. Battisti 8, Tel. 39 11 39. „Einfache" Küche aus der Kochkünstlerhand der Brüder *Canu*. Die „cucina tradizionale" des Hauses, Gerichte aus stets fangfrischem Fisch und Meeresfrüchten, veranlassten die *Accademia Italiana della Cucina,* das Restaurant auszuzeichnen.

Einkaufen

- **Fisch und Bottarga:** Tradizioni Nostrane di Spanu, Via Carducci 20, Tel. 39 11 61; Antichi Sapori Sardi della Vecchia Ancora, Via Roma, Tel. 39 21 14.
- **Vernaccia-Wein:** Azienda Attilio Contini, Via Genova 48, Tel. 29 08 06, Web: www.vinicontini.it, Mo–Fr 8.30–13 u. 15–18 Uhr.
- **Fassonis** (kleine, handgefertigte Schilfboot-Modelle): Su Pinnighi, Via Garibaldi 109, Tel. 39 22 36.
- **Keramik:** *Angelo Scianella,* Corso Italia 207, Tel. 29 02 57.
- **Launeddas** (handgefertigte sardische Hirtenflöten): *Salvatore Carta,* Piazza Ravenna 20, Tel. 29 06 33.

Feste

- **La Corsa degli Scalzi/Sagra di San Salvatore,** 1. Sonntag im September. Große, eindrucksvolle Prozession im Laufschritt, bei der etwa 500 junge, ganz in Weiß gekleidete Männer barfuß die Holzstatue des Heiligen Salvatore von der Kapelle San Salvatore auf Sinis über 12 Kilometer nach Cabras tragen. Das traditionelle Rennen erinnert an die Begebenheit, dass die Einwohner von Cabras einst vor herannahenden Sarazenen ihren Heiligen in höchster Eile in Sicherheit bringen mussten. Am darauffolgenden Sonntag wird die Statue wieder zurücktransportiert. Im Anschluss an die kräftezehrende Zeremonie gibt es die ganze Woche über Musik und Tanz, dazu überaus opulentes Essen mit viel Fisch und Vernaccia-Wein, was der *sagra* den Beinamen „Fressfest" eingetragen hat.
- **Santa Maria Assunta,** 24. Mai. Großes Fest zu Ehren der Dorfheiligen mit buntem Rahmenprogramm, u.a. einer lustigen Regatta mit Fassonis und viel leckerem Fisch und Vernaccia-Wein.

Unterkunft

- **Hotel Villa Canu***,** Via Firenze 7–9, Tel. 29 01 55, Fax 39 52 42, Web: www.villacanu.com. Einladendes, in schön restauriertem alten *casa campidanese* eingerichtetes Hotel mitten in der Altstadt. Besonders schön ist die Terrasse im Obergeschoss. Die 24 Zimmer liegen überwiegend um den stillen Innenhof gruppiert. Kein Restaurant, zum Dinieren empfiehlt sich das 150 Meter entfernte Il Caminetto (NS 76 €, HS 90–120 €).
- **Hotel El Sombrero**,** Corso Italia 26, Tel. 29 06 59, Fax 29 03 02. Zentral im Ort, aber ruhig im großen Parkgelände gelegener, haziendartiger Bungalowbau; 14 geräumige Zimmer, teils mit, teils ohne Klimaanlage (NS 50–55 €, HS 62–69 €).
- **B&B Sa Reposada,** Via Bellini 43, Tel. 39 22 54, Web: www.sareposada.it. Zwei stilvoll à la casa tradizionale eingerichtete DZ in kleiner Villa in ruhiger Lage am östlichen Ortsrand (26 € p.P.).
- **B&B Il Nido,** Via Toscana 71, Tel. 29 05 90, Web: web.tiscalinet.it/ilnido. Das „Nest" liegt sehr ruhig am Ende einer Sackgasse und verfügt über drei rustikal eingerichtete Zimmer, davon eines mit Whirlpool und Sitzecke (27–35 € p.P.).

Oristano

↗ XIV/B1-2

Die Einwohner der anderen bisherigen drei Provinzhauptstädte bezeichnen ihre unauffällige kleine Schwester oft spöttisch als „zu groß geratenes Bauerndorf". Oristano, das von fruchtbaren Feldern der Tirsomündung umgeben ist und an die ebenso ertragreiche Ebene des Campidano grenzt, ist das **wichtigste landwirtschaftliche Zentrum Sardiniens.** Mit nur 32.000 Einwohnern war es bis zur Neugliederung Sardiniens in nun acht Provinzen die kleinste und jüngste der vier Provinzhauptstädte, wie die gleichnamige Provinz Oristano die kleinste der Insel war, die erst 1974 aus der Taufe gehoben wurde.

Zwar ist Oristano die ländlichste und unaufgeregteste unter den Hauptstädten, aber verstecken braucht sich der Ort an der Mündung des Tirso darum nicht. Nicht in Sassari, sondern hier in Oristano wurde 1921 die Sardische Aktionspartei gegründet. Und die blühendste Epoche der sardischen Geschichte, als die Insel im 13. und 14. Jahrhundert in vier weitgehend selbstständige Judikate gegliedert war, ist tief mit Oristano verbunden. Als Zentrum des Judikats Arborea war sie Heimatstadt der großen Richterin *Eleonora von Arborea,* unter deren Führung sie auch am längsten auf Sardinien ihre Selbstständigkeit gegen die spanischen Kolonisten verteidigen konnte. Heute ist Oristano eine weder vom Tourismus noch von der großen Inselpolitik berührte, sympathisch unspektakuläre kleine Stadt.

Die großen Pläne, Oristanos Rolle als Hauptstadt standesgemäßer auszufüllen, sind vorerst gescheitert. Der für Millionen Euro erbaute neue Tiefseehafen, der das gleichfalls neu im nahen Ottana erbaute große Industriewerk mit Rohstoffen beliefern sollte, bleibt praktisch ungenutzt, weil das Werk im Inland eine Totgeburt war. Von den versprochenen 12.000 Arbeitsplätzen sind kaum 2000 geblieben, und diese sind ebenfalls durch Schließungsabsichten wegen Unrentabilität akut bedroht. Die neuen Pläne, Industrie anzusiedeln und den Hafen auszubauen, wofür der fischreiche, 900 Hektar große Stagno di Santa Giusta größtenteils zugeschüttet werden soll, scheinen angesichts der abgeschiedenen Lage an der Westküste und der landwirtschaftlichen Struktur der Region gleichfalls zum Scheitern verurteilt zu sein.

So wird das Städtchen Oristano das bleiben, was es war und ist – ein charmantes, zu groß geratenes Bauerndorf ohne spektakuläre Sehenswürdigkeiten und große Touristenströme, aber mit einem anziehenden, unverfälschten Flair.

Geschichte

„Portant a karrus sas perdas de Tharrus", lautet ein geflügeltes Wort auf Sardinien, „Auf Karren bringen sie die Steine von Tharros". Dies ist wörtlich zu verstehen; die Gründung Oristanos erfolgte im Jahr 1070, als die Einwohner von der antiken Römerstadt auf der Sinis-Halbinsel nach 1800 Jahren ihren Ort endgültig verließen, um an einer vor Piratenüberfällen sicheren Stelle eine neue Bleibe zu errichten. Als Baumaterial dienten ihnen die Steine aus Tharros. Der **Komplettumzug einer ganzen Stadt** erfolgte unter dem Richter *Oncorrus di Arborea,* der dem selbstständigen Judikat Arborea vorstand. Besonders begünstigt durch die fruchtbare Umgebung und die geschickte Leitung ihrer Richter, stieg die Hauptstadt des Judikats schnell zu einem blühenden Gemeinwesen auf.

Zum Zentrum des sardischen Selbstbewusstseins und Unabhängigkeitskampfes wurde Oristano, nachdem die Insel im 14. Jahrhundert als Lehen an den König von Aragon fiel, der die Inselbevölkerung massiv unterdrückte und mit eiserner Faust regierte. Ebenso zahlreich wie erfolglos waren die Volksaufstände gegen die spanische Willkürherrschaft. Unter der Führung ihrer Richterin *Eleonora von Arborea,* die die unkoordinierten Splittergruppen des Widerstands erfolgreich vereinte, konnten sich das Judikat Arborea und die Stadt Oristano am längsten die Freiheit bewahren. Die von den Sarden als goldenes Zeitalter empfundene Regentschaft der Volksheldin *Eleonora* (Näheres siehe Exkurs) war auch die Blütezeit der Stadt. Unter der bis in das 18. Jahrhundert andauernden spanischen Fremdherrschaft, verbunden mit Pestepidemien und diversen Überfällen, verlor sie aber ständig an Bedeutung.

Erst unter den Piemontesern entwickelte sie sich mehr und mehr zu einem landwirtschaftlichen Handelszentrum. Mit der Trockenlegung immer größerer Teile des sumpfigen und malariaverseuchten Schwemmlands der Tirsomündung, die unter *Mussolini* ihren Abschluss fand, wurde die Stadt Oristano das, was sie heute noch ist – ein vergleichsweise wohlhabendes und lebendiges, aber dennoch angenehm beschauliches Landwirtschaftsstädtchen, das vom Tourismus noch weitgehend unangetastet und somit authentisch sardisch geblieben ist.

Anfahrt und Parken

Wenig beschaulich ist der Verkehr, der sich auf der Durchgangsstraße Via Cagliari quer durch die Kleinstadt wälzt. Von den aus der ganzen Provinz zum Arbeiten, Ein- und Verkaufen sowie für Amtsgänge in die Hauptstadt strömenden Menschen völlig zugeparkt und von zahlreichen Ampeln behindert, quält sich ein **ewiger Blechwurm** durch die Straßen. Da es in der Altstadt, die zum Teil zur Fußgängerzone umgestaltet wurde, ebenso wenige Parkmöglichkeiten gibt, sollte man sein Auto am besten gleich auf der großen Parkfläche am Stadion *(campo sportivo)* abstellen, zu dem auf der Höhe der Piazza Mannu die Viale del Cimitero von der Via Cagliari abzweigt. Von dem Parkplatz, an dem Wohnmobilisten auch eine Station zur Entsorgung finden, sind es nur wenige Schritte bis zur beschaulichen Altstadt.

Altstadt

Viele und großartige Sehenswürdigkeiten besitzt Oristano nicht. Dennoch

Oristano

lohnt sich ein Bummel durch das alte, freundlich gestaltete und von verkehrsfreien Einkaufs- und Flanierstraßen geprägte Zentrum.

Der Dom

Von der Piazza Mannu führt die Via Vittorio Emanuele zu Oristanos herausragender baulicher Attraktion, dem Dom. Wie alle kulturhistorisch interessanten Bauten der Stadt stammt

- 1 Hotel Mistral
- 2 Coco + Dessi
- 3 Hotel Villa delle Rose
- 4 Da Gino
- 5 La Torre
- 6 Hotel Mistral 2
- 7 Craf
- 8 Lola Mundo
- 9 B&B Palazzo Corrias
- 10 B&B Eleonora
- 11 B&B l'Arco
- 12 Pro Loco Touristinformation
- 13 Hotel Duomo
- 14 Piccolo Hotel
- 15 Forchetta d'Oro
- 16 Hotel I.S.A.
- 17 Il Faro

Oristano

auch das gewaltige Gotteshaus aus der Zeit des unabhängigen Judikats Arborea. Begonnen wurde der imposante Kuppelbau 1228 unter dem Richter *Marianus*. Sein heutiges Aussehen ist das Ergebnis mehrfacher Um- und Ausbauten.

Der älteste Teil ist der untere Bereich des Glockenturms und die gotische **Capella del Rimideo,** in der sich bemerkenswerte Marmorfragmente der Chorschranke erhalten haben. Aus dem 16. Jahrhundert stammt die **Capella dell'Archivietto.** Das restliche Innere des Doms datiert auf die im 18. Jahrhundert erfolgte Umgestaltung im barocken Stil. Wertvollste Ausstattungsstücke sind eine lebensgroße Marienstatue aus dem 14. Jahrhundert und der Domschatz im Kapitelsaal, bestehend aus kostbaren mittelalterlichen Kunstwerken und Kircheninventar wie Gesangsbüchern aus dem 13. bis 15. Jahrhundert.

Die Außengestaltung des Doms mit ausladender Freitreppe ist, wie der frei stehende, achteckige Glockenturm, im 19. Jahrhundert im klassizistischen Stil gestaltet worden. Bei genauerem Hinsehen erkennt man unterhalb der mit Majolikaziegeln geschmückten Zwiebelhaube des Turms bizarre Masken, die an den Karneval von Oristano erinnern. Der stille, teils begrünte Domplatz wird vom Bischofspalast und dem Gebäude des Seminario, des Priesterseminars, begrenzt.

Innenansicht des Doms von Oristano

San Francesco und Pinakothek

Dem Dom schräg gegenüber erblickt man am Ende der Via Duomo die Kuppel der Chiesa San Francesco, die fotogen von einer hochaufgeschossenen Palme dekoriert wird. Sie war einst die Kirche eines Klosters aus dem 14. Jahrhundert. Von der Klosteranlage und der dazugehörigen gotischen Kirche ist nichts geblieben. Der heutige Sakralbau ist ein 1838 erbautes Werk des Architekten *Gaetano Cima* aus Cagliari. Im ansonsten recht schmucklosen Inneren der Kirche ist das von den Sarden verehrte Nikodemus-Kruzifix aus dem 14. Jahrhundert zu bestaunen, das als Sardiniens bedeutendstes Werk gotischer Plastik gilt. Seine Herkunft und sein Erschaffer sind unbekannt. Vermutet wird, dass es aus der Hand eines katalanischen Künstlers stammt.

An der Kirche San Francesco vorbei führt der Weg zur **Pinacoteca,** die wenige Schritte weiter in der Via San Antonio liegt. Die in einem schön sanierten ehemaligen Mädchenheim untergebrachte Pinakothek stellt Werke sardischer Künstler aus. Der stille, von Galerien umrahmte Innenhof, in dem auch die erwähnte erstaunlich hohe Palme wächst, ist eine einladend kühle Oase der Ruhe, in der sich ein alter Brunnenschacht öffnet.

Um die Piazza Eleonora d'Arborea

Nördlich vom Dom führt die kleine Via Eleonora mitten hinein ins Herz von Oristano, die lang gestreckte Piazza Eleonora d'Arborea. Der einladende Platz wird dominiert vom Denkmal der namensgebenden Volksheldin, die von einem hohen Sockel überlebensgroß auf ihre Kinder herabblickt. Das Eleonora-Denkmal ist von Bänken umgeben, die ebenso wie die gemütlichen Bars und Cafés am Platz zum Verweilen einladen.

Die Piazza ist Oristano pur. Viel freundliches Leben, jedoch von nervöser Hektik keine Spur. Auf der Piazza herrscht geschäftiges Treiben von Menschen, die in die breite Fußgängerzone und Einkaufsmeile **Corso Umberto** hinein- und aus ihr herausströmen. Ebenso gibt es aber die beharrliche Ruhe der Alten, die auf den Bänken und Mäuerchen sitzen, und die Jugendlichen, die sich mit und ohne Vespa auf der Piazza und in den Cafés zum Flirten treffen. Hinter dem Denkmal beschattet eine mächtige Palme den schönen, verkehrsfreien Platz, der zur Rechten vom ockergelben **Palazzo Communale**, im 17. Jahrhundert Teil eines Klosters und jetzt Rathaus, und zur Linken vom imposanten **Justizpalast** begrenzt wird.

Die Wehrtürme Oristanos

Der breite, von Läden, Shops, Geschäften, Bars und Cafés gesäumte Corso Umberto führt schnurgerade zur großen **Piazza Roma** am Rande der Altstadt. Der große, von Banken und Einkaufszentren beherrschte Platz ist vom Verkehr überflutet und deshalb nur auf der begrünten Altstadtseite mit den dortigen Straßencafés einladend. Auf dem Platz erhebt sich der **Torre di Mariano IV.**, ein zinnenbestandener Wehrturm, der auch unter den Namen **Torre San Cristofero** oder **Porto Manna** in manchen Stadtplänen vermerkt ist. Der zur Stadtseite hin offene Wehrturm ist Teil der Stadtbefestigung, die der Richter *Marianus II.* 1291 erbauen ließ. Ein weiteres Relikt der Stadtmauer, den gedrungen bulligen **Torre di Portixedda,** findet man auf der Piazza Mariano, zu der von der Piazza Eleonora die breite Via Lamarmora führt.

In der Via Parpaglia

Kulturhistorisch und stadtgeschichtlich Interessantes verbirgt sich in der Via Parpaglia, einer Seitenstraße der Via Lamarmora nördlich der Piazza Martini. Gleich am Beginn weist ein an einem Haus angebrachtes Schild auf den **Palazzo di Eleonora** hin, das Wohnhaus der berühmtesten Tochter

Arborea
ORISTANO

Die Kuppel des Doms von Oristano

der Stadt. Das alte, mit reich verzierten Fensterrahmen geschmückte, aber etwas verwahrloste Haus aus der Frührenaissance ist jedoch nachgewiesenermaßen nicht das Haus der Richterin. Wo dieses lag, ist ebenso unbekannt wie der Ort ihres einstigen Regierungssitzes.

So ist das ebenfalls in der Straße gelegene **Antiquarium Arborense** das lohnendere Ziel. In dem modernen Museumsbau sind zahlreiche Funde der Vor- und Frühzeit aus der Region zusammengetragen und chronologisch geordnet ausgestellt. Besonders zahlreich sind die Exponate aus der nahen phönizisch-römischen Stadt Tharros. Im oberen Stockwerk findet man eine Sammlung von Tafelbildern aus dem 15. und 16. Jahrhundert sowie wechselnde Ausstellungen.

Nachdem man die überschaubaren Sehenswürdigkeiten von Oristano besucht hat, sollte man nicht versäumen, sich durch die vielen kleinen Einkaufsstraßen treiben zu lassen. Proviant einkaufen lohnt sich, denn das Angebot ist vielfältig, und in Oristano gibt es keinerlei „Touristenaufschlag". Auch essen kann man hier besonders gut; die Stadt besitzt für ihre Größe ungewöhnlich viele empfehlenswerte Restaurants.

Praktische Tipps Oristano

Post und Telefon

- **Vorwahl:** 0783
- **PLZ:** 09170

Information

- **Pro Loco,** Via Vittorio Emanuele 8, Tel. 70 621.

Internet

- **Internet-Point:** Search, Via Cagliari 288, Tel. 70 144.

Essen und Trinken

- **Da Gino,** Via Tirso 13, Tel. 71 428. Bei den Einheimischen sehr beliebte Trattoria nahe der Piazza Roma. Einfache, aber sehr gute, frisch zubereitete Pasta, Fisch- und Fleischgerichte. Kulinarischer Höhepunkt ist Languste alla Gino.
- **Craf,** Via del Castro 34, Tel. 70 669. Kleine Trattoria in einem Gewölbe mitten in der Altstadt. Im rustikalen Gewölbe mit frei gelegten Ziegeln kommen vorwiegend Fleischspezialitäten des Monte Ferru, meist mit köstlichen Pilzen angerichtet, auf den Tisch.
- **Cocco & Dessi,** Via Tirso 31, Tel. 30 07 20. Traditionsreiches Lokal in einem historischen Gebäude mit neu angebautem, üppig begrüntem Glaspavillon. Ausgezeichnete und abwechslungsreiche Küche.
- **Il Faro,** Via Bellini 25, Tel. 70 002. Eines der besten Restaurants der Stadt. Elegante Ausstattung im Jugendstilinterieur. Fantasievolle sardische Küche, in Oristano natürlich viel frischer Fisch wie *anguidda incasata* (Aal sardisch) oder *spigola lessata all'oristanese* (Wolfsbarsch auf Oristano-Art). Dazu ein gut sortiertes Weinangebot.
- **Forchetta d'Oro,** Via Giovanni XXIII 2, Tel. 30 27 31. Klassisches, bei den Einheimischen wegen seiner ebenso guten wie preiswerten Küche beliebtes Lokal im Zentrum mit Schwerpunkt Fisch/Meeresfrüchte.
- **La Torre,** Via Roma 52, Tel. 30 14 94. Der Besitzer des auf der Piazza Roma gelegenen, von den Einheimischen gern besuchten Ristorante ist aus Nuoro, was sich in seinem Angebot widerspiegelt. Neben Barbagia-Küche gibt es auch Fischgerichte und Pizza.
- **Lola Mundo,** Piazza Corrias, Tel. 30 17 32. Beliebter Jugendtreff mitten in der Altstadt. Modernes Ambiente und öfter Livemusik.

Unterhaltung und Aktivitäten

- **Theater:** Via Parpaglia 11, Tel. 78 886.
- **Kino:** Viale Diaz 1, Tel. 21 20 20.
- **Reiten:** Soc. Oristanese di Equitazione, Loc. Sa Rodia, Tel. 30 06 93.
- **Fliegen/Fallschirmspringen:** Aero Club, Loc. Fenosu-Flughafen, Tel. 73 511.
- **Paragliding:** Francesco Cubeddu, Via Monsignor Coconi 1, Tel. 70 467.
- **Fahrradverleih:** Ciclo Sport Cabella, Via Busacchi 2, Tel. 72 714.

Einkaufen

- **Markthalle:** Via Mazzini. Hier gibt es alles, was Land, Lagunen und Meer der Arborea hervorbringen.
- **Antiquitätenmarkt:** Piazza Eleonora d'Arborea (1. So im Monat).
- **Kunsthandwerk:** ISOLA-Laden, Piazza Eleonora d'Arborea 18, Tel. 76 90 03.
- **Keramik:** Coop Maestri d'Arte, Via Olbia, Tel. 53 81 03.
- **Dolci Sardi:** Dolciario Piredda, Via Laconi 34, Tel. 73 694.
- **Käse:** Caseificio Cuozzo, Via Cagliari 25, Tel. 21 24 41.
- **Wein:** Cantina Sociale della Vernaccia, Loc. Rimedia, Via Oristano 149, Tel. 33 155.
- **Pasta/Teigwaren:** Via Figoli 87, Tel. 78 292. Frische Pasta sowie Malloreddus, Sebadas und andere Inselspezialitäten.

Fest

- **Sartiglia di Oristano,** Faschings-Sonntag und -Dienstag. Berühmtes, seit 1600 begangenes, farbenprächtiges Turnier, bei dem in historische Kostüme gekleidete und maskierte Reiter versuchen, im Galopp einen aufgehängten Stern mit einer Lanze zu durchbohren. Es wird vermutet, dass sich *sartiglia* vom lateinischen *sors* („Glück") herleitet und mit dem Wettkampf das kommende Ernteglück vorhergesagt werden soll. Das Fest wird neuerdings im Urlaubsmonat August wiederholt.

ORISTANO

Museum

- **Antiquarium Arborense,** Via Parpaglia 37, Tel. 79 12 62. Eine umfangreiche Sammlung von nuraghischen Bodenfunden aus der Arborea und von Exponaten aus der phönizisch-römischen Stadt Tharros auf Sinis. Geöffnet tägl. 9–14 und 15–20 Uhr.

Notfälle

- **Krankenhaus,** V. Rockefeller 1, Tel. 31 73 05.
- **Guardia medica,** Tel. 74 333.
- **Pronto soccorso,** Tel. 31 72 13.
- **Carabinieri,** Via Loffredo 13, Tel. 31 04 01.
- **Polizia,** Via d'Arborea 4, Tel. 21 421.

Unterkunft

- **Hotel Duomo****,** Via Vittorio Emanuele 34, Tel. 77 80 61, Fax 76 35 36, Web: www.hotelduomo.net. Ein Hort der Gastlichkeit! Mit dem neu eröffneten Duomo hat die Stadt nun endlich ein kleines, romantisch-charmantes Firstclass-Haus. Untergebracht in einem herrlich restaurierten Palazzo aus dem 16. Jahrhundert mit Blick auf den Dom, bieten die dezent ausgestalteten 10 Zimmer Ruhe und Behaglichkeit in zentraler Lage. Das Hausrestaurant serviert typische Küche aus den nahen Bergen des Monte Ferru, woher der Besitzer *Salvatore Pippia* stammt. Für seinen Charme und die Klasse ist das Duomo sehr günstig (90–110 €).
- **Hotel Mistral 2****,** Via XX. Septembre 34, Tel. 21 03 89, Fax 21 10 00. Am Rande der Altstadt ruhig gelegenes, modernes, aber auch etwas steriles Haus, eher Kategorie internationales Businesshotel als romantische Urlaubsherberge; mit Pool und gutem Restaurant (85–95 €).
- **Hotel Mistral*****,** Via Martiri di Belfiore 2, Tel. 21 25 05, Fax 21 00 58. Ruhig am Rande der Altstadt gelegenes Hotel. Modern und unaufdringlich gestaltet, ebenfalls mit deutscher Leitung (66–72 €).
- **Piccolo Hotel****,** Via Martignano 19, Tel. 71 500. Kleines, einfaches Familienhotel, das sich in einem Gässchen in der Altstadt nahe dem Dom versteckt (53 €, Frühstück 2,60 €).
- **Villa delle Rose,** Piazza Italia 5, Tel. 31 01 01, Fax 31 01 01. Mittelklassehotel mit 18 Zimmern in zentraler Lage ca. 10 Fußminuten nördlich der Altstadt (55–80 €).
- **B&B Palazzo Corrias,** Piazza Eleonora 4, Tel. 78 194. Wie eine Opernkulisse mutet die historische Ausstattung dieser Wohnung an. Im 1. Stock des Palazzo aus dem 18. Jahrhundert betritt man eine andere Welt: Deckengemälde, hohe Räume, schwere Samtvorhänge, kristallene Kandelaber, originale antike Möblierung – schlafen und logieren wie *Donna Corrias,* deren Gatte *Giuseppe* sich den Palast einst vom berühmten sardischen Architekten *Gaetano Cima* errichten ließ. Das Gebäude zählt zu den bedeutenden historischen Monumenten Sardiniens (3 DZ, *stanza Rosa* 60 €, *camera Rotonda* 70 €, *camera Donna Enna* 80 €).
- **B&B Eleonora,** Piazza Eleonora 12, Tel. 70 435, Web: www.eleonora-bed-and-breakfast.com. Die charmante Gastgeberin *Paola* bietet drei große Zimmer mit Garten und Parkplatz in einem prachtvollen historischen Palazzo in zentraler Lage (Fußgängerzone) (50–70 €).
- **B&B Arco,** Vico Ammirato 12, Tel. 72 849, Web: www.arcobedandbreakfast.it. *Paola* heißt auch die Gastgeberin im Arco, das ebenfalls in zentraler, sehr ruhiger Lage in einem historischen, stilvoll ausgestatteten Haus 2 DZ bietet (60 €).

Verkehrsverbindungen

- **Bahnhof,** Tel. 72 270. Ca. 1,5 km östl. der Altstadt an der Piazza Ungheria. Tägl. u.a. Verbindungen nach Cagliari, Olbia, Sassari, Carbonia, Iglesias.
- **ARST-Busbahnhof,** Tel. 71 776. Am Altstadtrand an der Hauptstraße Via Cagliari 102. ARST-Busse in fast alle Orte der Provinz.
- **Stadtbusse:** Stevelli, Tel. 35 71 83. Fünf farbige Linien verkehren in der Stadt und den umliegenden Orten, wie z.B. die *linea azzurra* nach Marina di Torre Grande.
- **Logudoro Tours,** 2 x tägl. zum Flughafen Alghero, Tel. (079) 28 17 28.
- **Fara Viaggi,** tägl. zu den Flughäfen Cagliari und Alghero sowie nach Olzai über Ghilarza und Sedilo, Tel. 72 883.
- **Taxi,** Piazza Roma, Tel. 70 280, Bahnhof Tel. 74 328.

 **ORISTANO**

Marina di Torre Grande

Oristanos Sommerfrische, Seebad und Amüsierviertel ist der kleine Ort Marina di Torre Grande, der etwa neun Kilometer westlich der Stadt am Eingang zur Halbinsel Sinis liegt und auf einer breiten, schnurgeraden Straße schnell zu erreichen ist. Seinen Namen verdankt das Naherholungsgebiet der Oristanesen dem wuchtigen, weiß getünchten *torre,* der das Zentrum der Siedlung bildet.

Die kurze Fahrt hinaus an die Küste lohnt sich. An dem sehr schönen **langen Sandstrand** zieht sich eine malerisch von Palmen beschattete Strandpromenade entlang. Diese wiederum wird von Bars, Cafés, Restaurants und kleinen Läden gesäumt. Das alles zusammen ergibt eine sehr angenehme Atmosphäre eines lebendigen *lidos* ohne jede Hektik. Dazu finden nur wenige Fremde hierher. Luxus und Wucherpreise sind hier unbekannt, man bleibt weitestgehend unter Einheimischen.

Essen und Trinken

● **Il Pescatore,** Via Mille Lire, Tel. (0783) 32 20 54. Nahe der Marina direkt am Strand gelegenes Fischlokal, in dem *Medda* und *Mancosu* in rustikalem Ambiente den eigenen Fang servieren. Mit herrlichem Blick auf Strand und Meer, besonders von der Strandterrasse.
● **Da Giovanni,** Via Colombo 8, Tel. (0783) 22 051. Gegenüber vom Torre Grande gelegenes, sehr gutes Restaurant, in dem von Meisterhand hervorragende Fischgerichte und Meeresfrüchte gezaubert werden. Mal probieren: *sogliola alla burro* („Seezunge in Butter").

Aktivitäten

● **Segeln, Surfen, Fahrradverleih:** Eolo, Lungomare Eleonora di Arborea, Tel. 380-70 24 459, Web: www.eolowindsurf.com.
● **Tauchen:** Aquateam, Via Stella Maris, Tel. 30 34 55.
● **Reiten:** Club Ippico La Palma, an der Straße von Oristano nach Marina di Torre Grande, Tel. (0783) 33 113.

Camping

● **Spinnaker****,** am Ortseingang links, dann der Straße 1 km folgen, Tel. 22 074, Fax 22 071, Web: www.spinnakervacanze.com, ganzjährig geöffnet. Großer Platz im Pinienhain direkt am Sandstrand. Umfangreiche Ausstattung mit zahlreichen Bungalows, Pool, Restaurant etc. Leider ausgesprochen arrogante Rezeption und für Wohnmobile und Caravans nur wenige wirklich taugliche Stellplätze.
● **Camping Torre Grande**,** am Ortseingang, Tel./Fax (0783) 22 228; geöffnet 1.5.–30.9. Ebener, meist von Einheimischen besuchter Platz im schattigen Pinien- und Eukalyptushain mit Restaurant/Pizzeria.

Verkehrsverbindungen

● In der Saison verkehrt von Oristano zwischen 8 und 24 Uhr ein **Stadtbus** *(linea azzurra)* im 30-Minuten-Takt.

Santa Giusta

Den fünf Kilometer südlich von Oristano an der Ausfallstraße gelegenen Vorort Santa Giusta muss man durchqueren, wenn man weiter in Richtung Süden will. Das langgezogene Straßendorf liegt direkt am großen Stagno di Santa Giusta, an dem sich in einem lichten Eukalyptuswäldchen zwischen Lagune und Straße nette Picknickplätze für eine kleine Rast anbieten.

Ebenfalls direkt an der Durchgangsstraße liegt, etwas erhöht auf einem

Eleonora d'Arborea – Kämpferin für die Freiheit

Die auf ganz Sardinien als Volksheldin tief verehrte *Eleonora d'Arborea* wurde 1340 als Tochter des Herrschers über das Judikat Arborea, Richter *Marianus IV.*, geboren. Damals war Sardinien in vier Judikate aufgeteilt, die von einheimischen Adeligen regiert wurden und weitgehend unabhängig waren. Deshalb wird die Zeit von den Sarden als ihre „Goldene Epoche" bezeichnet. Die Spuren der um das Jahr 1000 geschaffenen, etwa gleichgroßen Judikate finden sich in etwa in den Grenzen der heutigen Provinzen wieder. Die Grenzen der *curatorie*, der einzelnen Verwaltungsgebiete der Judikate, spiegeln sich in den Grenzen der historischen Landschaften.

Nachdem *Papst Bonifax III.* 1297 Sardinien und Korsika als Lehen an *Jakob von Aragonien* vergab, versuchte dieser, die Macht der Richter zu brechen, um sie selbst zu übernehmen. Die Sarden wehrten sich mit zahlreichen blutigen Volksaufständen gegen den drohenden Verlust ihrer Unabhängigkeit. Bei einem dieser Aufstände verlor *Eleonoras* Bruder *Ugone II.* 1383 sein Leben. *Eleonora* übernahm seine Position und wurde de facto die Regentin über das Judikat Arborea. Erfolgreich organisierte sie den Widerstand gegen die Aragonesen. Es gelang ihr, die untereinander verfeindeten Judikate im Abwehrkampf zu einen und ihrem Judikat für weitere 20 Jahre die Unabhängigkeit zu bewahren. Erst acht Jahre nach *Eleonoras* Tod durch die Pest verlor auch die Arborea nach der Niederlage in der Schlacht von Sanluri 1409 und dem Friedensschluss von San Martino 1410 als letztes Judikat die Freiheit.

Größter Verdienst der *Eleonora von Arborea* war jedoch die Ausarbeitung und Einführung der Carta de Logu 1391, des

ersten verbindlichen Zivil- und Strafgesetzbuches auf Sardinien, das auf den traditionellen sardischen Kodizes und Traditionen beruhte. Die eigenständige und fortschrittliche Rechtsprechung, die die sardischen Besonderheiten berücksichtigte, wurde von den Aragoniern übernommen, auf die ganze Insel ausgeweitet und blieb bis 1827 in Kraft. Das Original der Carta de Logu wird heute in der Universitätsbibliothek von Cagliari gehütet. Als eine der bedeutendsten Personen in der sardischen Geschichte wird *Eleonora von Arborea* von den freiheitsliebenden Sarden als Freiheitskämpferin und Volksheldin verehrt.

kleinen Hügel, die berühmte romanische **Kathedrale Santa Giusta.** Der in seiner äußerlichen Schlichtheit und den klaren Formen wirkungsvolle Sakralbau ist eine der größten und schönsten pisanischen Kirchen Sardiniens. Der dreischiffige, innen etwas schmucklose Bau wurde 1135 errichtet. Dabei verwendete man Steine und Säulen aus den antiken Römerstädten Tharros auf Sinis und Othoca, dessen Lage man heute nicht mehr kennt. Korinthische und ionische Säulenkapitelle zeugen von deren Plünderung als Baustofflager. Unter dem Chor verbirgt sich eine romanische Krypta mit sehenswerten Kreuzgewölben.

Feste

●**La Regatta de Is Fassonis,** Mitte August. Ebenso lustig wie volkskundlich interessant ist die Regatta auf dem Stagno di Santa Giusta. Denn der nicht ernst gemeinte Wettkampf auf dem Wasser wird in archaischen Fassonis (siehe auch Kapitel „Cabras") ausgetragen. Diese eigentümlichen, aus Schilfbündeln zusammengeschnürten Boote werden dabei von einem traditionell ganz in Weiß gekleideten Mann im Stehen mit einer langen Stange bewegt. Rund um das heitere Spektakel, bei dem so mancher Teilnehmer zum Vergnügen der Zuschauer unfreiwillig baden geht, findet natürlich das obligatorische Volksfest statt.

Arborea und Umgebung ♫ XIV/B2-3

Die fruchtbare Ebene von Arborea

Ganz gleichgültig, wo man sich auf Sardinien aufhält, der Name Arborea begegnet einem allerorten in den Supermärkten mit der *latte di Arborea*, der „Milch von Arborea". Der Grund dafür liegt nahe. Gerade einmal sieben Meter über dem Meeresspiegel liegt die Kleinstadt Arborea inmitten einer flunderflachen Landschaft südlich von Oristano. Bis Anfang der 1930er Jahre war das Gebiet ein einziger riesiger, lebensfeindlicher Sumpf, durchsetzt von zahlreichen Tümpeln und Strandseen, in denen die Malariafliege hauste. Erst in den 1930er Jahren wurde begonnen, das Gebiet systematisch zu entwässern, um es als landwirtschaftliche Anbaufläche zu nutzen.

Das üppig grüne Gebiet erinnert weit mehr an die fruchtbare Poebene als an das ansonsten so wasserarme, verbrannte Sardinien. Schnurgerade und im rechten Winkel durchziehen die Kanäle und Straßen die Küstenniederung. Dazwischen grasen glückliche Kühe auf saftigen Weiden, mächtige Traktoren fahren emsig hin und her. Hier stehen stattliche Gehöfte, denen man ansieht, dass ihre Besitzer nicht notleidend sind. Das Gebiet ist das landwirtschaftlich ertragreichste der gesamten Insel.

Die Schatten spendende
Pineta di Arborea

Arborea

Mitten in dieser landschaftlich monotonen, aber wohlhabenden Region liegt das umtriebige Landwirtschaftsstädtchen Arborea, das gerade einmal 3000 Einwohner zählt. Wie das Land ringsum ist auch sein merkantiles Zentrum **streng geometrisch angelegt.** Es wurde erst 1928 unter *Mussolini* aus dem Boden gestampft und zum Andenken an den Duce „Mussolina" getauft. Besiedelt wurde es mit etwa 4000 Kolonisten aus Venetien. Sardisches wird man in Arborea deshalb auch kaum finden. Sehenswürdigkeiten besitzt Arborea genauso wenig wie ein historisches Zentrum. Hübsch anzuschauen ist einzig die mit prachtvollen Blumenrabatten gestaltete **Piazza Ausiliatrice,** an der auch die Kirche steht. Doch der Ort eignet sich sehr gut, um in den zahlreichen Geschäften frisches Obst, Gemüse und leckere Produkte aus der *latte di Aborea* einzukaufen.

Spiaggia di Arborea

Durch die weite Küstenebene ziehen sich Stichstraßen zur Küste hinaus. Egal, welche man davon nimmt, immer enden sie an einem schönen, endlos langen Sandstrand, der fast auf

seiner gesamten Länge von der **Pineta di Arborea** gesäumt wird. Das Pinienwäldchen ist ein herrlicher Picknickplatz mit Meerblick; es wird von den Einwohnern der Umgebung ausgiebig genutzt. Ausländische Urlauber finden bislang kaum den Weg hierher.

Einzige Siedlung ist die betuliche **Colonia Marina** – ein paar Häuser mit Bars und Restaurant, die von den Oristanesen am Wochenende gerne als Ausflugsziel besucht werden.

Praktische Tipps
Arborea und Umgebung

Post, Telefon, Info

- **Vorwahl: 0783**
- **PLZ: 09092**
- **Info:** www.arboreaarboreino.it

Fest

- **Cristo Retendore**, 20. Juli in Arborea. Prozession mit Volksfest und vielen Spezialitäten der Region.

Unterkunft/
Essen und Trinken

- **Villagio Ala Birdi*****, Strada al Mare 24, Tel. 80 500, Fax 80 10 86, Web: www.alabirdi.it. Weitläufige und ständig weiter wachsende Ferienanlage in sehr schöner Alleinlage in der Strandpineta. Das Resort ist für sein Reitzentrum bekannt. Zur Anlage gehören u.a. das **Il Castello****** (80–186 €), das **Le Torri****** (70–170 €), das **Fortezza***** (68–160 €) und das **Bungalowdorf Villini***** (63–154 €). Umfangreiche Ausstattung und zahlreiche Sport- und Freizeitangebote: Swimmingpool, Tennisplatz, drei Restaurants, Pizzeria, zwei Bars, Ponyclub für Kinder, großes Reitzentrum, Fahrrad- und Surfbrettverleih sowie Exkursionen per Pferd, Mountainbike, Boot und Bus.

- **Il Canetto****, Strada al Mare 26, Tel. 80 05 61. Direkt am Strand bei der Colonia Marina gelegenes Pizzeria-Ristorante mit schönem Meeresblick. An Wochenenden ein beliebtes Ausflugsziel für die Oristanesen. Das Haus vermietet auch einige Zimmer (42–46 €).
- **Gallo Bianco**, Piazza Maria Ausiliatrice 10, Tel./Fax 80 02 41. Freundliche kleine Herberge mit neun Zimmern an der zentralen Piazza (42–46 €).

Camping

- **Camping S'ena Arubia*****, Strada al Mare 29, Tel./Fax 80 20 11 (1.6.–30.10). Einfacher, preiswerter, aber schön in der herrlichen *pineta* gelegener Platz, überwiegend von sardischen Dauercampern belegt; mit Restaurant.

Bergcamping Sennisceddu

Westlich der fruchtbaren Ebene von Arborea ragt der erloschene Vulkan Monte Arci auf, der in der 812 Meter hohen Punta Trébina Longa gipfelt. In dem landschaftlich wie geologisch gleichermaßen interessanten Gebiet liegt in 700 Metern Höhe in dichtem Stein- und Korkeichenwald einer der wenigen Campingplätze im Inneren Sardiniens. Einst von der Coop Sinis gegründet, dann wegen Pachtstreitereien mit der Gemeinde jahrelang geschlossen, ist der wunderschöne, im Sommer herrlich schattige Platz Sennisceddu nun wieder in Betrieb. Etwas Acht geben sollte man beim Aufstellen des Zelts wegen des oft scharfkantigen Obsidians („vulkanisches Glas"). Die einzelnen Stellplätze sind mit dem Auto problemlos über kleine Serpentinen zu erreichen. Für Reisemobile ist es dagegen ungeeignet. Die sanitären Anlagen sind sauber und in gutem Zustand. Ganzjährig geöffnet. Mit Restaurant, Bar, Bungalowvermietung (4-Pers.-Bungalow 40–60 €).

- **Camping Sennisceddu****, Loc. Sennisceddu, Tel./Fax (0783) 93 93 07, Web: www.sennisceddu.camping.it.

Marceddi ⌕ XIV/A3

Nach Süden hin wird die fruchtbare Ebene von Arborea von den beiden großen Lagunen Stagno di Marceddi und Stagno di San Giovanni begrenzt, die sich bei dem Fischernest Marceddi tief ins Land hineinschieben. Eine Handvoll schlichter Häuschen, eine Bar, ein Fischlokal, eine *pineta* und viel Ruhe, mehr hat Marceddi nicht zu bieten. Bei dem Ort überspannt jedoch ein aus Pontons zusammengesetzter langer Damm die Lagune. Die Staumauer wird als provisorische Brücke genutzt, die auf der Weiterreise entlang der Küste nach Süden den großen Umweg über Terralba erspart. Die Fahrspur ist jedoch sehr schmal, so dass sie nur von PKW und nur in einer Richtung befahren werden kann.

Essen und Trinken

● **Da Lucio,** Via Sardus Pater 34, Tel. (0783) 86 71 30, Do Ruhetag. Ein echter Geheimtipp im Nirgendwo! Nur einheimische Kenner wissen von diesem kleinen, unscheinbaren *ristorante* im abgelegenen, weltvergessenen Weiler Marceddi und kommen von weit her, um in der einfachen Gaststube Muscheln, Aal, Meeräsche, Bottarga oder sonstige absolut fangfrische Spezialitäten des Meeres zu genießen, die *Lucio,* der eigentlich *Christiano Putzolu* heißt, in so hervorragender Weise zuzubereiten vermag, dass er Einzug in den „Espresso" hielt.

Cuglieri ⌕ X/B2

Fährt man im Norden der Region auf der SS 292 von Bosa Richtung Oristano, durchfährt man auf fast schnurgerader Straße weit abseits der Küste die karge Basalthochfläche der Planargia. Bei dem Bergstädtchen Cuglieri beginnen die bewaldeten Hänge des Monte Ferru anzusteigen. Die kleine Stadt mit ihren 3500 Einwohnern ist das Zentrum des Bergmassivs, das den südlichen Abschluss der Planargia bildet.

Bereits die Anfahrt nach Cuglieri, das zwischen ausgedehnten Olivenhainen in luftiger Höhe malerisch am Hang klebt, ist sehr reizvoll. Hat man sich auf kurvenreicher Strecke zu ihm hinaufgeschraubt, taucht man in eine reizvolle Bergstadt ein, deren graue Bruchsteinhäuser und schmale Gassen viel Flair verströmen. Wenigstens einen Zwischenstopp und den Bummel durch das verwinkelte Zentrum des Örtchens sollte man nicht versäumen.

Parkgelegenheit findet man an der auf dem Scheitelpunkt gelegenen, platzartigen Kreuzung im Ort. Von hier aus sind die Sehenswürdigkeiten in und um Cuglieri ausgeschildert. Ein interessantes Ziel ist die mächtige, doppeltürmige und von einer Kuppel überspannte **Kathedrale Santa Maria della Neve,** die sich am Ortsrand auf dem höchsten Punkt, dem Colle Bardosu, erhebt. Der Anstieg ist steil und schweißtreibend, wird aber mit einer überwältigend schönen Fernsicht, der sich von dem Platz vor der Kathedrale eröffnet, mehr als belohnt. Die äußerlich klassizistisch und innen barock gestaltete Kathedrale ist bis auf eine bemalte Steinplastik nicht sonderlich bemerkenswert. Die Plastik aus dem 15. Jahrhundert zeigt die *madonna delle neve*, die „Schneemadonna".

Dank der Privatinitiative des Olivenbauern *Giorgio Zampa* hat in Cuglieri das **Museo dell'Olio** eröffnet. In einer alten Ölmühle von 1937 wird dem gerühmten Olivenöl des Monte Ferru ein Denkmal gesetzt.

Praktische Tipps Cuglieri

Post und Telefon

- **Vorwahl: 0785**
- **PLZ: 09073**

Information

- **Pro Loco,** Corso Umberto I. 111 (an der Durchgangsstraße), sehr häufig geschlossen.

Unterkunft/ Essen und Trinken

- **Albergo Desogos**,** Via Cugia 6, Tel./Fax 39 660. Einzige Unterkunftmöglichkeit im Ort. Das von den Einheimischen viel besuchte Restaurant im Haus ist ein kulinarisches Highlight. Hervorragende lokale Küche im gemütlichen Gastraum mit offenem Kamin. Schlemmen, süffeln, schlafen – die Besitzerinnen vermieten zehn einfache Zimmer (30–36 €).
- **Meridiana,** Via Littorio 1, Tel. 39 400. Kleines, aber exzellentes *ristorante* mit kreativer regionaler Meeresküche, die zu Recht im stengen „Michelin" Erwähnung fand. Entsprechend hohe Menüpreise.

Eine himmlische Oase – die Sorgente Sant Antioco

Ob Sie kühles Quellwasser suchen, einen lauschigen Picknickplatz, ein ruhiges Plätzchen für die Siesta – die Sorgente Sant Antioco bietet alles das und noch mehr. Zu dieser bislang in keinem Reiseführer genannten Oase führen sowohl von Cuglieri als auch von Sennariolo ausgeschilderte Nebenstraßen. Wer von Cuglieri kommt, passiert dabei das Bergdorf Scano di Montiferro, in dem ein 20.000 m² großer Vogelpark auf Besucher wartet.

Man mag es gar nicht glauben, wo man nach etwa 10 Kilometer Fahrt so gelandet ist: inmitten der Natur ein stilles, immergrünes Idyll mit malerischer Pilgerkirche und allerschönsten Picknickplätzen. Dazu eine starke Quelle (bis 200 l/sec), die kaskadenartig durch einen kleinen schattigen Park mit Tischen und Bänken über Stufen glucksend hinabplätschert und herrlich frisches Trinkwasser liefert. Unterhalb der Kaskaden kann man das köstliche Nass aus Wasserhähnen zapfen. Dazu führt von dieser paradiesischen Oase ein angelegter und ausgeschilderter „Mühlenweg" bergab zu gleich mehreren alten romantischen Wassermühlen (Länge ca. 3,2 km, Dauer ca. 2 Std.).

- **Unterkunft:** B&B La Meridiana del Sole, Largo Vitt. Emanuele 24, in Scano di Montiferro, Tel. (0783) 32 90 27, Web: www.lameridianadelsole.supereva.it. Drei sardisch schlicht und stillvoll eingerichtete DZ, eines davon im Gewölbe; *Angelo* hält für seine Gäste auch Mountainbikes bereit (25 € p.P.).
- **Vogelpark:** Parco degli Uccelli, Loc. Codiles, Tel. (0785) 32 582, Di–So 9.30–13 u. 16.30–20 Uhr.

- **B&B Casa Margherita,** Corso Umberto 140, Tel. (070) 66 83 10. Im alten Haus der Familie *Busonera* drei mit original alten Möbeln und schmiedeeisernen Betten reizvoll ausgestattete Zimmer, davon zwei mit Bad; schöner Frühstücksraum, tolle Panoramaterrasse mit Blick zum Meer (NS 30 €, HS 35–38 €).

Museum

- **Frantoio Oleario „Zampa",** Corso Umberto 68, Tel. (0785) 39 820, Besichtigung nur nach Anmeldung.

Einkaufen

- **Olivenöl:** Az. Agraria biol. *Giorgio Zampa*, Via Vescovo Canu 18, Tel. 39 820. Das herrliche „Pirastu Pintu" der Kategorie *medio fruttato* von Signor *Zampa* wurde mehrfach preisgekrönt.
- **Käse:** Coop Pastori Cuglieri, Rione Sa Serra, Tel. 39 763.

Fest

- **Santa Maria della Neve,** 3.–7. August. Großes, buntes Landfest zu Ehren der Schneemadonna mit folkloristischem Rahmenprogramm.

Monte Ferru ⌕ X/B2-3

Die Weiterfahrt von Cuglieri Richtung Santulussurgiu erfolgt auf einer landschaftlich besonders reizvollen Route. In Kurven und Kehren geht es durch dichte Steineichenwälder, die die feuchten Nord- und Westhänge bedecken, hinauf in das Massiv des Monte Ferru, des Eisenbergs, der ein Überbleibsel vulkanischer Tätigkeit ist. Das kleine, in seinen Höhenlagen unbesie-

delte Gebirge gipfelt in dem 1050 Meter hohen, kahlen **Monte Urtigu,** den man bei km 9 von dem nahe der Straße still im Schatten der Bäume gelegenen Picknickareal Rifugio la Madonnina aus in einer schönen kleinen Wanderung erkunden kann.

In den Wäldern und Felsregionen des Monte Ferru finden noch zahlreiche selten gewordene Tiere und Pflanzen ein ungestörtes Refugium. Bei Wanderungen oder Moutainbiketouren kann man hier noch Mufflons begegnen oder mächtige Gänsegeier *(grifonis)* kreisen sehen, die dem alten Vulkan den Beinamen Volcano di Grifoni eingebracht haben. Von Nahem kann man die gewaltigen, im Monte Ferru einst ausgestorbenen und nun wieder angesiedelten Vögel in einer Voliere unterhalb des Monte Urtigu betrachten, in der sie gehegt und gepflegt werden.

Neben Naturliebhabern, Wanderern und Mountainbikern ist das Gebiet des Monte Ferru auch für Gourmets eine besonders interessante Region. Denn hier wird **Sardiniens bestes Olivenöl** gepresst. Dazu gibt es hier mit dem frei laufenden und halbwilden, wegen seines rötlichen Felles so genannten **„Bue Rosso"** eine Art sardisches Hochlandrind, dessen Fleisch von besonders hoher Güteklasse ist. Mit den Früchten der Gärten, den Pilzen der Wälder und vielen anderen naturbelassenen Köstlichkeiten, die in den bodenständigen, ausgezeichneten Restaurants, die man in den traditionsbewussten Orten rings um den Monte Ferru findet, zubereitet werden, ist diese kleine Region für Interessierte an „enogastronomia" eine ganz besonders spannende Gegend.

San Leonardo di Siete Fuentes

Nach der Passhöhe Punta Arancola (878 Meter) schwingt sich die Straße von Cuglieri nach Santulussurgiu kurvig die Osthänge des Monte Ferru hinab und erreicht nach 16 Kilometern eine Kreuzung. Von hier lohnt sich ein kurzer Abstecher Richtung Norden nach San Leonardo de Siete Fuentes, insbesondere in der heißen Jahreszeit. Denn hier findet man in einem alten, schattigen parkartigen Gelände **zahlreiche Quellen** mit kristallklarem Wasser, die dem Weiler seinen Namen gaben. Die Bezeichnung „San Leonardo" im Namen brachten die Mönchsritter des Johanniterordens mit, die im 13. Jahrhundert an dieser Stelle ein Kloster und ein Hospital errichteten. Grund dafür waren die Quellen, deren Wasser man wunderbare Wirkung zusprach. Vom ehemaligen Kloster übrig geblieben ist nur die kleine, fast fensterlose romanische Kirche aus dem 12. Jahrhundert, die später gotisch umgestaltet wurde und direkt neben dem Quellpark liegt.

Heute wird das reine Nass in einer nahe des Parks gelegenen kleinen Fabrik in Flaschen gefüllt und als **Mineralwasser „Siete Fuentes"** bis nach Kanada exportiert. Dass das Quellwasser, wie die Sarden fest glauben und es

Olivenbäume am Monte Ferru

deshalb kanisterweise mit nach Hause nehmen, Heilkraft besitzt, versucht man mit einer wissenschaftlichen Untersuchung zu untermauern, die besagt, dass das milde, salzarme „Siete Fuentes" exakt dieselbe mineralische Zusammensetzung habe wie das der berühmten Pilgerorte Lourdes und Fatima. Aber nicht zur körperlichen Genesung, sondern zur seelischen Erquickung in Form der sardischen Breitensportart Familien-Picknick pilgern die Einheimischen im Sommer gerne in die herrlich erfrischende Oase.

Unterkunft/ Essen und Trinken

- **Hotel Malica****, Via Macomer 55, Tel./Fax (0783) 55 07 56. Kleine Herberge mit Restaurant (45 €).

Fest

- **Fiera Regionale del Cavallo,** 1. So im Juni. Größter Pferdemarkt Sardiniens mit Volksfest, Reiterspielen und allem rund ums Pferd vom Zaumzeug bis zum Sattel. Der Himmel für Freunde der großen Vierbeiner.

Santulussurgiu

Etwa sechs Kilometer südlich der Quellen von Siete Fuentes liegt am steilen Hang des Monte Ferru das Bauerndorf Santulussurgiu. Die Häuser des 3000-Einwohner-Städtchens scheinen sich wie Schuhkartons übereinander zu stapeln. Bekannt ist Santulussurgiu als **das Pferdezentrum Sardiniens.** Traditionell widmet man sich hier nicht nur der Zucht, sondern auch der Herstellung von hochwertigem Zubehör wie Sätteln, Zaumzeug etc.

Überhaupt ist der freundliche Ort für seine intensive Pflege alter Traditionen und Kunsthandwerke bekannt. Das Angebot ist vielfältig und reicht von Webarbeiten mit dem lokaltypischen Körnermuster über Schmiedekunst bis zu Holzschnitzerei. Auch die *canti sardi,* die eigenartig und mystisch klingenden polyphonen Chorgesänge, pflegt man hier noch.

Eine der letzten und eine der besten der einst zahlreichen Schmieden, die das legendäre sardische Hirtenmesser Sa Resolza nach wie vor in aufwendiger Arbeit von Hand herstellen, ist die traditionsreiche **Messerschmiede Vittorio Mura & Figli.** Die Schmiede liegt direkt an der Durchgangsstraße am Ortsausgang Richtung Seneghe. Wer Qualität zu schätzen weiß, für den ist so ein Messer ein wunderbares Erinnerungsstück.

- **Coltelleria Vittorio Mura & Figli,** Viale Azuni 29, Tel. 55 07 26, Mo-Fr 10-13 und 16-19 Uhr.

Ebenfalls sehenswert ist das **Museo della Tecnologia Contadina** von Santulussurgiu.

- **Museo della Tecnologia Contadina,** Via Deodato Meloni 2, Tel. 55 06 17. Besichtigung auf Anfrage.

Post und Telefon

- **Vorwahl: 0783**
- **PLZ: 09075**

Information

- **Pro Loco,** Via Santa Maria 40, Tel. 55 10 34, Fax 55 09 74.

Kartenatlas Seite X

MONTE FERRU

Essen und Trinken

- **La Bocca del Vulcano,** Via Alagon 27, Tel. 55 09 74, Web: www.laboccadelvulcano.it. Vielfältige, bodenständige Küche ohne viel Brimborium aus frischen Zutaten der Region. Was *Battista Congiu* auf den Tisch zaubert, war der *Accademia Italiana della Cucina* ein Extralob wert.

Aktivitäten

- **Trekking:** Centro Documentazione Trekking Sardegna, Via Alagon 27 (im Restaurant La Bocca del Vulcano), Tel./Fax 55 09 74.

Einkaufen

- **Pferdezubehör:** *Giovanni Spanu,* Via dei Monti 1, Tel. 55 08 94. Geöffnet (9–12 u. 16–19 Uhr.
- **Käse/Milchprodukte:** Azienda G. Antonio Borrodde, Viale Azuni, Tel. 55 12 02 (u.a. Käsespezialität *casizolu*).
- **Dolci Sardi:** Panificio Pische & Serra, Via Santa Maria 36, Tel. 54 443.
- **Feuerwasser:** Distillerie Lussurgesi, Via delle Sorgenti, Tel. 348-15 49 788.

Fest

- **Sa carrela 'e Nanti,** an den letzten drei Karnevalstagen. Traditionsreiches Spektakel rund um das Pferd mit halsbrecherischen Rennen, bei dem maskierte Reiter in Paaren durch die enge Hauptstraße galoppieren.

Unterkunft

- **Sas Benas***,** Piazza San Giovanni, Tel. 55 08 70, Fax 55 21 00. Auf drei historische Gebäude im verwinkelten Orskern verteilte 13 geschmackvoll mit antiken Möbeln versehene Zimmer; Appartements teils mit, teils ohne Bad (41–62 €). Das romantische 3-Sterne-Restaurant Sas Benas bietet im alten Gewölbe authentische Küche mit Rezepten und Produkten der Region.
- **Antica Dimora del Gruccione***,** Via Michele Obinu 39, Tel. 55 20 35, Fax 55 20 36. „Albergo diffuso" mit acht zauberhaft im traditionellen sardischen Stil gestalteten Zimmern und Appartements im restaurierten historischen Haupt- und Nebenhaus im alten Ortskern. Die Unterkünfte können teils als Hotel oder auch als eigenständige Ferienwohnung mit Selbstversorgung gebucht werden. Entzückender Innenhof, ein kleines Idyll! (50–76 €).
- **B&B La Casa del Sole,** Vico Montiferru 2, Tel. 55 10 42. *Leonarda* bietet 1 DZ und 1 EZ im romantischen elterlichen Bruchsteinhaus; besonders schön die Terrasse mit Blick auf die Berge des Monte Ferru.

Cascata Sos Molinos

Wer durch das Auf- und Absteigen in den engen, steilen Gassen von Santulussurgiu ins Schwitzen gekommen ist, für den wartet vor den Toren des Städtchens eine wunderbare Naturdusche. Etwa 500 Meter nach der kleinen Brücke, an der die Straße nach Bonarcado die kleine **Schlucht des Riu Molinos** überquert, erblickt man links einen Felsblock mit der Aufschrift „Cascata" und daneben eine kleine Parkmöglichkeit. Schon der Blick vom Parkplatz hinab in die wildromantische Minischlucht des Riu Molinos ist von großem Reiz.

Neben dem Fels führt ein zugewachsener und deshalb etwas versteckter, schmaler Trampelpfad steil in die Schlucht hinab. Nach etwa zehn Minuten über Stock und Stein durch dichten Wald steht man plötzlich vor dem kleinen **Wasserfall** von karibisch anmutender Schönheit. Aus dschungelartig dichtem Grün stürzt sich der „Mühlenbach" aus zwölf Metern hinab und bildet eine schöne, von rund gewaschenen Sitzfelsen umrahmte Naturbadewanne.

Am Monte Ferru

Bonarcado

Am Ortseingang des Bauerndorfs Bonarcado, acht Kilometer südlich von Santulussurgiu, lohnt die byzantinische **Basilica di Nostra Signora di Bonarcado** einen Besuch. Der schlichte Zentralbau mit dem Grundriss eines griechischen Kreuzes aus dunklem Basaltstein stammt aus dem 12. Jahrhundert. An der Fassade erblickt man einige eingefügte Majolikamedaillons. Im fast lichtlosen Inneren wird die Terrakottafigur der *Signora di Bonarcado* aufbewahrt, zu deren Ehren alljährlich am 18. September das gleichnamige Kirchweihfest stattfindet. Neben der Basilika stehen einige Pilgerhütten, eine Quelle spendet frisches Wasser.

Unterkunft

● **Sa Mola*****, Via Giardini, Tel. (0783) 56 588, Fax 56 580, Web: www.samola.it. In stiller Lage zwischen Olivenbäumen im sardischen Stil eingerichtete, gepflegte Appartement-Bungalows auf dem weitläufigen Gelände eines Herrenhauses von 1831 mit historischer Ölmühle. Besonders schön die Hotelzimmer im Haupthaus, in dem einst der reiche Müller wohnte. Gutes Restaurant mit sardischen Spezialitäten (z.B. Wildschweinragout, hausgemachtes Brot, eigenes Olivenöl). Anfahrt über einen unbefestigten Weg (2-Bett-Appartement/DZ 80–112 €).

Einkaufen

● **Marcelleria Sassu**, Via Torino 1, Tel. 56 495. Eine der beiden einzigen autorisierten Metzgereien, die das Fleisch im Monte Ferru noch heimischen „Bue Rosso", einer uralten, von den Nuraghiern als heilig verehrten langhornigen Rinderrasse mit außergewöhnlich feinem Fleisch, verkaufen dürfen (die zweite ist in Cabras). Wenn schon ein Steak, dann hier!

Seneghe

Vier Kilometer westlich von Bonarcado liegt das bescheidene, unauffällige Bauerndörfchen Seneghe inmitten großer Olivenhaine, die die Hänge der Südausläufer des Monte Ferru bedecken. Seneghe ist ein einfaches sardisches Dorf, dessen Besuch sich jedoch in mehrfacher Hinsicht lohnt. Grund Nr. 1 ist das **exzellente Olivenöl**, das man hier produziert und dem Ort den Beinamen „Città del Olio" eingetragen hat. Seine Krönung erreicht das „Gold des Monte Ferru" im vielfach prämierten Olivenöl der **Azienda Cosseddu**. Ihr „Sartos" gewinnt im „Concorso Nazionale Premio Ercole Olivario", was immerhin so etwas wie die Oscar-Verleihung im italienischen Olivenöl-Business ist, seit Jahren immer wieder Gold- und Silbermedaillen. Obwohl sie ihre nur begrenzt verfügbare Köstlichkeit (produziert werden nur ca. 15.000 Liter) heute in Delikatessengeschäfte bis nach Japan liefern, kann jedermann bei der überaus gastfreundlichen Cosseddu direkt Öl kaufen. Die Söhne *Bruno* und *Gianni* kümmern sich ums Geschäft, Signora Mamma begleitet Sie gerne die wenigen Schritte vom Wohnhaus zum Öllager, wo man neben 0,25- und 0,5-Liter-Flaschen auch 5-Liter-Kanister erwerben kann.

Grund Nr. 2 eines Besuches von Seneghe ist das Hinweisschild „S'Iscala", das einen auf 11 Kilometern erst zwei-, dann einspuriger Teerstraße hinauf in ein herrliches Waldgebiet an der 896 Meter hohen **Punta Mandronisca** mit zahlreichen Quellen und einladenden Picknickplätzen führt. Am Ende der Stichstraße liegt die Landkirche La Madonnina, vor der aus man einen sagenhaften Panoramablick hinab auf die Küste hat.

Essen und Trinken

- **Al Bue Rosso,** Piazzale Montiferru 3. In der Osteria kann man bei *Doloretta* und *Francesca* im rustikalen Gastraum einer ehemaligen Käserei zu günstigem Preis Spezialitäten aus dem Monte Ferru probieren, darunter auch das besonders schmackhafte, aber ansonsten kaum erhältliche Gerichte aus dem Fleisch der Montiferru-Rinderrasse „Bue Rosso".

Einkaufen

- **Olivenöl:** *Azienda Agr. Cosseddu,* Via Josto 13, vom Dorf kommend die Straße Richtung Milis, dann an der Carabinieri-Station parken und die kleine Gasse Via Josto nach der Kaserne hineingehen. Nach ca. 20 m rechts am Eckhaus klingeln (kein Namensschild!). *Bella piccola signora* wird Ihnen öffnen. Bitte Siesta respektieren!
- **Dolci Sardi:** *Lidia Fenu,* Via XXIV Maggio 15, Tel. 54 431 (traditionelles Brot und Panadas auf Vorbestellung).
- **Enogastronomia:** Corso Umberto 141b, Tel. (0783) 54 450, Web: www.enogastronomiamontiferru.com; Mo–Fr 8.30–13 u. 15.30–19 Uhr. Bei *Salvatore Porchedda* gibt es alles an Köstlichkeiten aus dem Monte Ferru, was das Genießerherz begehrt – Pecorino, Öl, Salami, Honig, *dolci, liquori, pane,* Pasta und mehr.
- **Musikinstrumente:** *Raymond Usai,* Via Aragona 17, Tel. 54 095. Handgefertige Musikinstrumente aller Art, die der Meister auch gerne vorführt.

Aktivitäten

- **Trekking, Moutainbiking, Führungen:** Benthos, Via Lamarmora 15, Tel. (0783) 54 562, Web: www.benthosardegna.com. Exkursionen mit dem ortskundigen *Raimondo Cossa* besonders im Gebiet Monte Ferru, aber auch Sinis, Costa Verde und an anderen Küstenabschnitten.

Santuario Santa Cristina ⟋ XI/C3

Südlich von Seneghe beginnt die weite, im regenlosen Sommer staubige Ebene des Tirso, die von den umliegenden Höhen aus gesehen etwas den Eindruck einer afrikanischen Steppenlandschaft erweckt. In die weite Flussebene liegen eingestreut einige Bauerndörfchen, die weder optisch noch touristisch erwähnenswert sind, aber gute Einkaufsmöglichkeiten für landwirtschaftliche Produkte und Vernaccia-Wein bieten. Nach Westen wird das Gebiet des Monte Ferru von der menschenleeren, kargen Hochebene des **Altopiano di Abbasanta** begrenzt. Auch hier im struppigen Weideland ist für den Reisenden außer karger Natur nichts zu entdecken.

Mitten in der monotonen Ebene, durch die die Schnellstraße SS 131dir. verläuft, liegt mit dem Santuario Santa Cristina jedoch eine der **spektakulärsten archäologischen Stätten** der ganzen Insel. Unübersehbar, mit großen Hinweistafeln bei Km 115 von der Autobahn ausgeschildert, ist die Abfahrt zu dem außerordentlich interessanten Gelände. Auf dem von einer Kooperative liebevoll gepflegten Areal sind gleich mehrere Attraktionen vereint. Als Erstes betritt man einen weiten, malerisch von niedrigen Pilger-

Santuario Santa Cristina

häuschen gesäumten Platz, an dem die kleine **Wallfahrtskirche Santa Cristina** aus dem 12. Jahrhundert steht, an der jährlich am 10. Mai ein großes Pilgerfest stattfindet. Rechts von dem Platz führt ein Weg in einen lichten Wald aus uralten, knorrigen Olivenbäumen, in denen sich ein nuraghisches Dorf versteckt.

Die spektakulärste Attraktion ist aber das nuraghische **Brunnenheiligtum Santa Cristina,** das links des zentralen Platzes in einer von Korkeichen bestandenen Wiese liegt. Der 3000 Jahre alte *pozzo sacro,* („heilige Brunnen") ist in seiner komplizierten Konstruktion derart perfekt ausgeführt, dass man sich nicht vorzustellen vermag, wie dies ein steinzeitliches Volk leisten konnte. Das unterirdische Heiligtum hat bis ins Detail die Form eines gigantischen weiblichen Geschlechtsorgans, auch wenn andere verdruckst von einem Schlüsselloch oder Ähnlichem schreiben. Im Boden öffnet sich ein dreieckiges, von oval geschwungenen Mauern eingefasstes Loch, an dessen Vorderseite eine Treppe mit 25 Stufen durch einen Gang hinab zum runden Brunnen führt. Über diesem ragt gebärmuttergleich ein flaschenförmiges Gewölbe auf, das am oberen Ende in einer kleinen runden Öffnung endet, durch das Licht auf das Wasser des Brunnens fällt.

● **Öffnungszeiten Santa Cristina:** Mai–Sept. tägl. 8.30–23 Uhr, Okt.–April 8.30–21 Uhr.

- **Öffnungszeiten Museo Palazzo Atzori** (Via Nazionale 127, Tel. (078) 55 54 38), in dem u.a. auch Bodenfunde von Santa Cristina zu sehen sind: Sommer 9-13 u. 16.30-19.30 Uhr, Winter 9-13 u. 15-17.30 Uhr.
- **Archäologische Führungen:** Coop Archeotour, Loc. Santa Cristina, Tel./Fax (0785) 55 438.

Fordongianus ♪ XI/C3

Von Paulilatino, nördlich von Santa Cristina, führt eine Straße schnurgerade durch die Ebene zum Tirso, der auch im Hochsommer viel Wasser führt. Direkt an der lebensspendenden Ader liegt das unauffällige Dorf Fordongianus. Am Rande des Ortes findet man römische Thermen, die einen Abstecher lohnen. Im Dorf selbst, das fast vollständig aus rotem Trachitstein erbaut ist, entdeckt man einige schöne alte Palazzi. Besonders erwähnenswert ist die **Casa Aragonese,** ein spätgotischer Bau direkt neben der Dorfkirche. Der wie auch die Therme Romana von der Coop Forum Traiani betreute Palazzo mit katalanischen Bogenfenstern, welcher als Kulturzentrum und Bücherei dient, ist auch für Touristen zu besichtigen.

Terme Romana

Direkt nach der Brücke über den Tirso führt am Ortseingang von Fordongianus links hinab zum grünen Ufer des Rio Tirso und an ihm entlang unter der Brücke hindurch zu der antiken Therme. Am neu gestalteten Ufer hat die Gemeinde eine kleine nette Holzbar und Skulpturen aufgestellt. Schon beim Aussteigen bemerkt man die Hitze und den stechenden Geruch der 60 Grad heißen, **schwefelhaltigen Quellen.** An ihnen errichteten die Römer ihr Forum Trajani, eine bedeutende Siedlung an der Grenze zum „Barbarenland", wie die Römer die Barbaria nannten. Um die heißen Quellen legten sie Thermen an, die in Teilen, wie z.B. einem Wasserbecken vor einem Bogengang, noch gut erhalten sind. Unterhalb des eingezäunten archäologischen Geländes haben die Einwohner später ein weiteres großes Becken angelegt, in dem sie das heiße Wasser sammeln und bis heute zum Wäschewaschen nutzen.

Vom alten Römerbad etwas flussabwärts spaziert, kommt man zu den um 1800 am Ufer erbauten **Bagni Termali Comunale,** in denen man auch heute noch die Wonnen des hier etwa 43 °C heißen Wassers genießen kann.

Praktische Tipps Fordongianus

Info

- **Info Terme Romana/Casa Aragonese:** Coop Forum Traiani, Via Doria 7, Tel. (0783) 60 157, Web: www.forumtraiani.it, Okt.-März Di-So 9-13 und 14.30-17 Uhr, April-Sept. Di-So 9-13 und 15-19 Uhr.
- **Thermalbad Termali Comunale:** 8-10 und 15-17 Uhr, Eintritt 3,50 €, Infos/Karten am Kiosk der Terme Romana oder Casa Aragonese.

Das Brunnenheiligtum Santa Cristina

Essen und Trinken

● **Su Montigu,** Via Carlo Alberto della Chiesa, Tel. (0783) 60 018. Familiäres Haus von *Mario Murgia,* der aus regionalen und saisonalen Zutaten derart köstliche Meeres- und Wildgerichte zaubert, dass sie der *Accademia Italiana della Cucina* als beispielhafter Hort für die Pflege traditioneller Küche gilt.

Unterkunft

●**B&B Pischinas,** Via Pietro Pippia 6, Tel. 60 147. *Filomena Murga* vemietet drei gastliche Zimmer (1 DZ, 1 EZ, 1 3-Bettzimmer) mit Frühstücksraum, Waschmaschine u.a.; nur Nichtraucher (22 € p.P., DZ 40 €).

Ghilarza   ♪ XI/B2

An der Gabelung der Superstrada Carlo Felice liegt am Südrand des Altopiano di Abbasanta Ghilarza. Mit 4600 Einwohnern ist das verkehrsgünstig gelegene Städtchen der größte Ort der Gegend und dementsprechend das bevorzugte Einkaufszentrum für die Bewohner der Umgebung. Sehenswert in Ghilarza selbst ist die **Casa Gramsci,** in der der berühmte Gründer der Kommunistischen Partei Italiens *Antonio Gramsci* (siehe Exkurs) seine Jugendzeit verbrachte. Das Haus, in dem der in Italien und auf Sardinien in Ehren gehaltene *Gramsci* die Zeit von seinem 8. bis 17. Lebensjahr verbrachte, zeigt neben vielen seiner Habseligkeiten Dokumente, Fotos, Bücher und anderes aus dem Leben des Theoretikers.

●**Casa Gramsci,** Corso Umberto 36, Tel. 54 164, Web: www.casagramscighilarza.org. Geöffnet Fr–So 10–13 u. 16–19 Uhr, Eintritt frei.

Nuraghe Losa

Die mächtige Nuraghe liegt außerhalb von Ghilarza direkt an der Gabelung der Schnellstraße und ist sehr gut ausgeschildert. Der Bau zählt zu den am besten erhaltenen Sardiniens und ist eines der bedeutendsten Werke der prähistorischen Nuraghierkultur. Der etwa 13 Meter hohe, zweigeschossige Mittelturm aus gewaltigen Basaltblöcken wurde um 1000 v. Chr. erbaut und in der Folgezeit (8.–7. Jahrhundert v. Chr.) von einer Bastion mit dreieckigen Innenräumen umgeben, die wiederum von zwei Mauerringen umlaufen werden. Vor der steinzeitlichen Festung liegen auch die Fundamente eines nuraghischen Rundhüttendorfes und eine Nekropole mit Gräbern aus der römischen Epoche. Losa war von der Bronzezeit bis zum Eisenzeitalter und dann wieder vom 5. bis zum 7. Jahrhundert n. Chr. bewohnt.

Der Hauptturm kann bestiegen werden. Von oben eröffnet sich ein weiter Blick über die umliegende Ebene.

●**Parco Archeologico del Losa,** Coop Paleotour, Tel. (0785) 54 823; geöffnet tägl. 8–18.30 Uhr.
●**Anfahrt:** von der SS 131 nach Nuoro bei km 124 gut ausgeschilderte Abfahrt.

Praktische Tipps Ghilarza

Info

●**Pro Loco,** Piazza Gramsci, Tel. (0785) 52 551.

Einkaufen

●**Käse:** Coop Allevatori, Via Tirso 12, Tel. 52 150.

Rund um den Lago Omodeo

♫ XI/CD2-3

- **Wurst und Salami:** *Onali Ignazio,* Loc. Auru, Tel. 52 441.
- **Dolci Sardi:** Panificio Meloni, Via Meilogu 3, Tel. 53 605.

Unterkunft

- **Hotel Su Cantaru**,** Via Monsignor Zucca 2, Tel. 54 523, Fax 56 43 87. Ruhig am Ortsende Richtung Lago Omodeo gelegenes, adrettes Haus mit Bar und Restaurant (53 €).

Mit über 20 Kilometern Länge ist der vom Tirso gespeiste Lago Omodeo, der sich wenige Kilometer westlich von Ghilarza zwischen dem Altopiano di Abbasanta und der Barbagia di Ollolai ausdehnt, nicht nur Sardiniens, sondern auch ganz Italiens größter Stausee. Bei seiner Einweihung 1924 war er gar der größte Europas. Erst sein Wasser ermöglichte die intensive

Antonio Gramsci – Kommunist aus Überzeugung

Geboren wird *Gramsci* 1891 im Örtchen Ales bei Oristano als Kind eines kleinen Beamten. 1898 zieht er mit seinen Eltern nach Ghilarza, wo er die Volksschule und anschließend das Gymnasium in Santulussurgiu besucht. Als sein Vater kurz darauf wegen angeblicher Unterschlagung Arbeit und Einkommen verliert, muss die mittellose Familie in bitterer Armut leben. Um das Überleben zu sichern, muss der kleine *Antonio* mit zwölf Jahren bereits zehn Stunden täglich arbeiten. Nach dem Abitur, das er 1911 in Cagliari ablegt, zieht *Gramsci* nach Turin, wo er ein Stipendium an der Universität erhält.

1913 tritt er in die PSI, die Sozialistische Partei Italiens, ein. Aus akuter Geldnot muss er sein Studium der Philosophie und Geschichte 1915 abbrechen und sich als Journalist der PSI-Zeitung „L'Ordine Nuovo", die er mitbegründet, am Leben halten. Sein stark von der Revolution in Russland geprägtes Engagement für eine Räte-Demokratie führt 1921 zur Spaltung der PSI. *Gramsci* gründet als führender Theoretiker mit dem linken Flügel die Kommunistische Partei Italien (KPI) und wird Mitglied des ZK sowie ihr Generalsekretär. 1924 wird er zum Abgeordneten ins Parlament gewählt.

Nach der Machtübernahme durch die Faschisten wird *Gramsci* im November 1926 als einer der führenden Köpfe der kommunistischen Idee in Italien verhaftet. Nach einem Jahr Verbannung auf die Insel Ustica vor Palermo wird er von einem Sondergericht *Mussolinis,* der öffentlich gefordert hatte, diesem Gehirn für zwanzig Jahre die Funktion zu untersagen, exakt zu 20 Jahren, vier Monaten und fünf Tagen Kerkerhaft verurteilt. Im Gefängnis beginnt er sein theoretisches Hauptwerk, die *Quaderni del Carcere,* die „Gefängnishefte", die erst 1975 ungekürzt veröffentlicht werden. Gesundheitlich schwer gezeichnet – *Gramsci* leidet an Tuberkulose, Gicht, Herzproblemen und einem Nervenleiden – wird er 1933 in ein Krankenhaus verlegt. 1937 wird er todkrank endgültig aus der Haft entlassen und stirbt wenige Tage darauf im Alter von 47 Jahren in Rom.

Rund um den Lago Omodeo

Landwirtschaft im Mündungsbereich des Tirso.

San Pietro di Zuri

Bei der Aufstauung des Sees versank so manches im Wasser, so etwa ein versteinerter Wald und das Dorf **Zuri**. Gerettet wurde von Zuri, das oberhalb des Sees neu entstand, nur die kleine Kirche San Pietro di Zuri, die in Einzelteile zerlegt und an anderer Stelle wieder aufgebaut wurde. Von dem sehr fotogenen, im Original 1291 ganz aus rot leuchtendem Trachyt erbauten Kirchlein, das nun beschaulich still am Dorfrand liegt, eröffnet sich eine tolle Aussicht hinab auf den großen Stausee und über ihn hinweg auf die Berge des Gennargentu-Massivs. Das Kirchlein selbst zeigt neben floralen und figuralen Motiven an der Außenfassade im Inneren die Darstellung des sardischen Rundtanzes Ballu Tundu.

Tadasuni

Direkt oberhalb der 70 Meter hohen und 280 Meter langen Brücke, über die die Straße nach Bidoni führt, liegt das 200-Seelen-Dorf Tadasuni. In dem unscheinbaren Flecken verbirgt sich eines der interessantesten Museen Sardiniens. Zu verdanken hat es dies seinem Pfarrer *Giovanni Dore,* der im Laufe seines Lebens eine einzigartige Sammlung von über 450 traditionellen, überwiegend sardischen Musikinstrumenten zusammengetragen hat. Durch die ethnologisch überaus be-

---

Ruhe, Friede, Erholung – das Dominariu de Mandera Edera

Mitten im touristischen Nirgendwo im Dreieck zwischen Ghilarza, Santulussurgiu und San Leonardo di Siete Fuentes ist mit dem Dominariu de Mandera Edera auf 30 ha zwischen Flaum- und Korkeichen eine luxuriöse Oase für die Sinne entstanden, wie sie stilvoller und distinguierter kaum sein könnte. Im weitläufigen naturparkartigen Areal finden sich im Schatten uralter Eichen locker in die Natur eingestreute Gebäude mit acht geräumigen Suiten und vier Zimmern. Dazu ein zentrales Hausrestaurant ausschließlich für Hausgäste (max. 28), das starken Wert auf gesunde Ernährung und sardische Kochtradition legt und das sich seine Zutaten aus dem großen Biogarten holt oder selbst produziert. Ein Reitplatz mit Reithalle und hauseigenen Pferden, ein Solarium und solarbeheiztes Schwimmbad mit In- und Outdoorbereich runden das Angebot ab – alles von Meisterhand nach sardischer Manier liebevoll gestaltet und harmonisch in die Natur integriert. Absichtlich wurde der Anfahrtsweg naturbelassen, um bereits vor Ankunft das Gefühl der Verlangsamung zu vermitteln, um so sanft auf diese Welt des gehobenen Genießens und Ausruhens einzustimmen.

●**Mandera Edera****,** Loc. Mandera Edera, 09071 Abbasanta, Tel. 340-23 82 317, Web: www.manderaedera.it, DZ 70–90 €, HS 120–180 €, Suiten 80–104 €, HS 140–210 €).

deutende Instrumentensammlung des privaten **Museo degli Strumenti Musicali** führt der sympathische *Don Giovanni* höchstpersönlich und erklärt seine teilweise sehr seltenen Schätze, allerdings nur auf Italienisch.

● **Museo degli Strumenti Musicali,** Via Adua 7, Tel. (0785) 50 113. Besichtigung nur nach Voranmeldung Mo–Fr 9–12 u. 16–18 Uhr.

Sedilo

Im Norden des Lago Omodeo, wo die SS 131 in einem Tunnel einen Bergrücken unterquert, liegt das kleine Bauern- und Hirtendorf Sedilo. Das Gemeindegebiet von Sedilo war bereits in prähistorischer Zeit dicht besiedelt, wie die zahlreichen archäologischen Stätten um den Ort herum zeigen. Dazu gehört auch die schöne, markant auf einer Anhöhe thronende **Nuraghe Santa Barbara** westlich von Sedilo, die von einem Parkplatz an der Superstrada über einen Fußweg erreichbar ist (Abfahrt direkt von der SS 131).

Sant'Antine und S'Ardia

Während Sedilo selbst weniger bemerkenswert ist, ist es das **Santuario di San Constadino** mit der Wallfahrtskirche Sant'Antine umso mehr. Das einfache, von Pilgerhäuschen *(cumbessias)* umgebene Wallfahrtskirchlein liegt außerhalb des Dorfes in exponierter Hanglage über dem See. Das Santuario ist eine der bedeutendsten Wallfahrtskirchen Sardiniens. Hier findet am 6. und 7. Juli mit der spektakulären S'Ardia eines der atemberaubendsten Spektakel statt. Zehntausende strömen dann nach Sedilo, um das **wildeste aller Reiterfeste** zu verfolgen. Bei den halsbrecherischen Hetzjagden um die Wallfahrtskirche versucht eine Verfolgergruppe in wilder Hatz, dem fliehenden „sa pandela matzore", dem nur durch zwei Gardisten unterstützen Fahnenträger, dieselbe abzunehmen. Acht Tage später (15. Juli) wird die Ardia wiederholt, dann jedoch zu Fuß.

Die historischen Wurzeln des gefährlichen Spektakels, das seit Jahrhunderten zu Ehren des römischen Kaisers *Konstantin* stattfindet, liegen im Jahr 312. Vor der Schlacht gegen seinen Konkurrenten *Maxentius* erschien dem Heerführer *Konstantin* ein Engel, der seine Reiter unter dem Christenkreuz versammelte und den berühmten Satz sprach: „In hoc signo vinces", „Unter diesem Zeichen wirst du siegen." Und *Konstantin* siegte. Dass der heilige *Konstantin*, seines Zeichens Schutzpatron bei Unfällen, bei der S'Ardia nicht immer ganz bei der Sache zu sein scheint, zeigen die tödlichen Zwischenfälle, die es bei der wagemutigen Hetzjagd immer wieder gibt.

Die restliche Zeit des Jahres liegt das Kirchlein mit zahlreichen teils amüsanten, teils bizarren Votivgaben zum Dank für mehr oder minder heil überstandene Unfälle einsam und still über dem See.

● **Info:** www.santuantinu.it.

Der Süden

Dünen an der Costa Verde:
die Sahara Sardiniens

Die Marina von Buggeru

An der Piazza Municipio in Iglesias

Iglesiente und Sulcis

Der karge Südwesten Sardiniens

Die Veränderung der Landschaft könnte drastischer nicht sein als auf der Weiterfahrt aus den vor Fruchtbarkeit strotzenden Ebenen der Arborea in das Gebiet des Iglesiente und Sulcis. Egal ob über die Behelfsbrücke am Stagno di Marceddi oder auf der regulären Straße über Terralba, auf beiden Wegen nach Süden sieht man sich unvermittelt aus dem Garten Eden in eine mehr als karge, lebensfeindliche Welt versetzt, die geprägt ist von sonnendurchglühten, nur von struppiger Macchia dünn bedeckten Bergflanken und endloser Leere.

Das **Iglesiente-Gebirge** bildet den nördlichen Teil Südwestsardiniens und erstreckt sich von der Costa Verde im Norden parallel zur Campidano-Ebene bis an die Südküste bei Pula. Hauptstadt der Region ist das sehr charmante ehemalige Bergbaustädtchen Iglesias. Das **Sulcis-Gebirge** verläuft hingegen entlang der Küste vom Golf von Gonessa im Westen bis zum weit vorspringenden Capo Spartivento an der Costa del Sud. Sein urbanes Zentrum ist die von *Mussolini* aus dem Boden gestampfte, wenig reizvolle Kohlestadt Carbonia.

Die beiden Gebirgsregionen, die durch die langgezogene, weite Ebene des Campidano zwischen Oristano und Cagliari quasi vom Rest Sardiniens abgeschnitten sind und zusammen den Südwestzipfel der Insel bilden, sind selbst für das arme Sardinien un-

terentwickelt. Weit abgelegen von den großen Fährhäfen und Touristenzentren im Norden, dämmern sie im Abseits des Besucherinteresses und dem Lauf der Zeit. Die kahlen, zerrissenen Gebirge, auf deren nacktem Fels kaum mehr als anspruchsloses Dornengestüpp existieren kann, sind nur extrem dünn besiedelt und ohne nennenswertes Gewerbeaufkommen.

Die alte Goldgrube Sardiniens

Die Abgeschiedenheit der Region ist allerdings ein Ergebnis jüngerer Zeit. Einst waren die beiden Gebirge das prosperierende wirtschaftliche Zentrum Sardiniens, deren Reichtum Fremde von weither auf die Insel lockte. Die Ersten, die über das Meer kamen, waren die Phönizier. Die frühen Eroberer führte ein in den Bergen des Iglesiente und Sulcis schlummernder Schatz über das Meer, der demjenigen, der ihn in den Händen hielt, nicht nur Reichtum bescherte, sondern auch Macht und Überlegenheit. Der begehrte Stoff waren die zahlreichen verschiedenartigen **Erzvorkommen** in den kambrischen Kalken und vulkanischen Gesteinen der Gegend, mit deren Abbau und Gewinnung bereits die Nuraghier begonnen hatten.

Blei und Zink, Silber und Kupfer, Eisen und Kohle lockten auch die Römer, Pisaner und Spanier in die Region, die sich allesamt an den Bodenschätzen bereicherten. Mit der nach Rohstoffen hungernden Industriellen Revolution des 19. Jahrhunderts brach über Sardiniens Südwesten ein Heer von Glücksrittern herein, die sich in der Hoffnung auf schnellen Reichtum mit Spitzhacke und Schaufel wie Maulwürfe in die Berge wühlten. Ihnen folgten große Industrieunternehmen, darunter auch deutsche Firmen wie Krupp, die die Minen systematisch ausbeuteten. Über Jahrhunderte hinweg war der Südwesten Sardiniens eine wahre Goldgrube.

Ob als Sklaven der Römer oder als Arbeiter der großen Minengesellschaften, den Sarden selbst blieb vom Reichtum kaum etwas. Als die Vorkommen ausgebeutet waren und die Erschließung neuer Stollen unrentabel wurde, gingen die Minenbesitzer fort. Zurück blieben die arbeitslosen Bergarbeiter. Auch der großangelegte Plan *Mussolinis,* die leider minderwertigen

Ausgedient:
Bergbaurelikte an der Costa Verde

Die Nordküste des Iglesiente

Braunkohlevorkommen des Sulcis und Iglesiente zum wichtigen Energielieferanten für sein tausendjähriges Reich zu machen, scheiterten kläglich. Ende der 1960er Jahre fand mit der Schließung der letzten Gruben die lange Erfolgsgeschichte des Bergbaus endgültig einen traurigen Abschluss, und die seit der Antike heißbegehrte und prosperierende Region versank in völlige Bedeutungslosigkeit.

Landschaft und Kultur

Doch obwohl das Auge in der endlosen Einöde und monotonen Trostlosigkeit der Landschaft des Iglesiente und Sulcis oft vergebens einen freundlichen Halt sucht, ist eine Fahrt in den abgelegenen Südwesten keinesfalls uninteressant. Denn es ist genau diese unendliche Leere und Kargkeit, die der Region eine ganz außergewöhnliche, ja fast **mystische Atmosphäre** verleiht. Verstärkt wird der unwirkliche Eindruck durch die zahlosen Spuren, die der Bergbau in der nun beinahe entvölkerten Bergwelt zwischen der Arborea und der Costa del Sud hinterließ. Gespenstische Geisterdörfer, gähnende Schächte, verfallene Förderanlagen, vergessene Wege, überwucherte Schienenstränge, verrostete Loren und vieles mehr aus der Geschichte des Erzabbaus sieht man allerorten. Aber auch steinerne Zeugnisse der zahlreichen Fremden, die sich an den Bodenschätzen bereicherten, wie etwa den Tempel von Antas oder die Römerstadt Nora, findet man hier.

Landschaftlich hat Südwest-Sardinien ebenfalls Spektakuläres zu bieten. So die bis vor kurzem als Straßentunnel genutzte Naturtropfsteinhöhle Grotta di Sa Giovanni, die kolossalen Klippen an der Steilküste bei Masua rings um den großartigen Pan di Zucchero oder die Strände der heißen Costa del Sud. Vor allem aber ist die grandiose Wüstenei der bislang völlig unberührten Costa Verde mit ihren riesigen Dünen und fantastischen Sandstränden erlebenswert, die mit ihrer außergewöhnlichen Flora und Fauna eines der wertvollsten ökologischen Refugien ganz Italiens darstellt.

Der Region vorgelagert sind mit der Isola di San Pietro und der Isola di Sant'Antioco zwei sehr unsardische, weil von Fischern aus Ligurien besiedelte Inseln.

Information

● **Consorzio Turistico del Sud Ouest Sardo L'Altra Sardegna,** 09010 Nuxis, Via San Pietro, Tel./Fax (0781) 95 70 21, Web: www.sardegnadelsudovest.it. Informationen zum gesamten Gebiet des Iglesiente und Sulcis.

Die Nordküste des Iglesiente ♪ XIV/A2-3

San Antonio di Santandi

Der Weg durch den äußersten Nordwestzipfel des Iglesiente ist sozusagen die Ouvertüre zu dem, was noch kommen wird. Von San Nicolo Arcidano südlich von Terralba führt die Straße durch unbewohntes, kuppiges Land hinaus zur Küste nach San Antonio di Santandi am Eingang zum weit ins Meer vorspringenden **Capo di Frasca.** In dem aus einigen Häusern und zwei einfachen Straßenbars bestehenden Weiler, der irgendwo im Nirgendwo liegt, kommt man auch an, wenn man über die Behelfsbrücke von Marceddi kommt. In den Bars treffen sich die Bauern und Trucker dieses gottverlassenen Winkels von Sardinien. Der Eindruck, hier am Ende der Welt gelandet zu sein, wird verstärkt durch die Kampfjets, die öfter mal über den Ort donnern. Die gesamte Landzunge am Capo di Frasca ist leider militärisches Sperrgebiet und das Meer davor Abwurfplatz für NATO-Bomben.

Torre dei Corsari

Weiter Richtung Süden schlängelt sich die kleine, holprige Straße kurvenreich durch unbewohntes Land an der Küste entlang. Einer der beiden Orte am Küstenabschnitt zwischen der Costa Verde und dem Capo di Frasca ist die Feriensiedlung Villagio Torre dei Corsari am Südende des Superstrandes **Is Arenas s'Acqua e s'Ollastu** beim kleinen Küstendorf **Porto Palma**. Die *spiaggia* wäre eigentlich ein Traum: ein kilometerlanger und bis zu 30 Metern breiter, goldgelber Sandstrand, hinter dem der Wind prachtvolle Dünen aufgetürmt hat. Es gibt kaum Grün, keinen Schatten, nur goldglänzenden Sand – der Fleck gibt einen ersten, eindrucksvollen Vorgeschmack auf die Costa Verde. Leider wird die Idylle dieses kleinen Strandparadieses häufiger durch den Lärm der NATO-Bomber empfindlich gestört. Wenn sie nicht fliegen, ist es wirklich schön hier.

Die beiden bescheidenen Feriensiedlungen sind jedoch eine der raren Möglichkeiten zum Tanken und Einkaufen in dieser Region. Hinter Porto Palma führt die kleine Küstenstraße weiter durch unbewohntes Land zur Costa Verde.

Unterkunft

● **La Caletta***,** Loc. Torre di Corsari, Via A. Doria, Tel. (070) 97 70 33, Fax 97 71 73, Web: www.lacaletta.it. Neue, etwas anonyme Hotelanlage mit guter Ausstattung inkl. Pool, Tennisplatz, Bar und tollem Panorama-Restaurant (NS 85–103 €, HS 110–134 €).
● **Hotel Sabbie d'Oro**,** Loc. Torre dei Corsari, Tel. (070) 97 70 74, Fax 97 70 74, Web: www.hotel-sabbiedoro.it. Nettes *villagio* im Reihenhausstil in absolut grandioser, einsamer Lage. Einfache Zimmer mit ebenerdiger Terrasse direkt über dem weißen Sandstrand (NS 47–63 €, HS 63–90 €).
● **Ostello della Torre,** Tel./Fax (070) 97 71 55. Hostel mit 17 1- bis 6-Bett-Zimmern mit und ohne Bad (16–20 € p.P.).

Guspini und Umgebung ♪ XVIII/B1

Guspini

Von Terralba aus erreicht man über die SS 126 das Städtchen Guspini weit im Hinterland der Costa Verde. Der Ort ist mit seinen fast 14.000 Bewohnern schon eine der ganz großen Ansiedlungen im Iglesiente und dank seiner Lage zwischen der Kornkammer Campidano und dem Gebirgsstock

Guspini und Umgebung

Ein Haus im Baum – die Casa del Poeta

Auf der Straße von Sant'Antonio di Santadi nach Torre dei Corsari gibt es ein kurviges Straßenstück mit starker Steigung. Direkt an dessen Ende befindet sich auf der linken Seite ein Müllcontainer, rechts zwei einzelne Häuser. Hier muss man rechts abbiegen auf einen kleinen Feldweg. Nach ca. einem Kilometer gabelt sich der Weg. Man folgt dem kleinen Hinweisschild nach links zur „Casa del Poeta" und stößt dann auf eine Freifläche, wo man den Wagen abstellen kann. Hält man sich dort links, gelangt man nach ca. 150 Metern zum „Haus des Poeten", einem enormen Wacholderbaum, unter dessen weit ausladendem Kronendach die beiden Rentner aus Guspini, *Efisio* und *Orlanda*, eine Art Haus mit mehreren Zimmern errichteten, das sie über 40 Jahren lang pflegten und im Sommer bewohnten. Die beiden haben leider nicht mehr die Kraft, sich um den Baum zu kümmern, so dass das Haus langsam einwächst. Der Abstecher lohnt sich aber auf jeden Fall. Von der Terrasse dieses märchenhaften Naturhauses schaut man dann die Dünen herab auf Strand und Meer.

des Monte Arcuentu ein lebhaftes Einkaufstädtchen. Außer der Kirche San Nicola di Mira, ein spätgotischer Sakralbau aus dem 15. Jahrhundert mit einer zinnenbekrönten Fassade, gibt es in Guspini wenig zu sehen.

Information

- **Pro Loco**, Via San Nicolò 17, 09036 Guspini, Tel. (070) 97 03 84, Web: www.prolocoguspini.it.

Unterkunft/Essen

- **Agriturismo Sa Tella**, Loc. Sa Tella, Tel. (070) 97 41 88, Web: www.agriturismosatella.it. Coop-Azienda in idyllischer Alleinlage auf 270 ha Wald und Feld. Unterkunft findet man in sieben Zimmern mit Bad, ebenso gute wie üppige haus- und handgemachte „cucina sarda" im *ristorante* (27–35 € p.P., Menü 18–27 €).
- **Agriturismo La Quercia**, Loc. Sibiri – Riu Martini, Tel. (070) 97 56 035, Web: www.turismolaquercia.it. Etwas südlich bei Gonnosfanadiga am Fuße des Monte Linas gelegener Komplex in stiller Alleinlage; *Paola Pani* hat zehn Doppelappartements mit Bad (B&B 50–55 €).

Arbus

Auch der nur fünf Kilometer weiter westlich, ebenfalls an der SS 126 gelegene Ort Arbus ist an sich keine Reise wert, wäre da nicht das **Museo Coltello Sardo**, das das sardische Messer ehrt. In einer historischen Schmiede werden in vier Sälen Messer vom 16. Jahrhundert bis heute gezeigt, darunter auch das im Guinness-Buch der Rekorde verzeichnete größte Messer der Welt, 80 Kilo schwer und 3,35 Meter lang. Gründer des Museums ist der in Arbus geborene Messermacher, Bildhauer, Maler und Schauspieler *Paolo Pusceddu*, der nebenan die Coltelleria Arburesa betreibt.

- **Museo Coltello Sardo**, Via Roma 15, Tel. (070) 97 59 220, Web: www.museodelcoltello.it, Mo–Fr 9–12.30 u. 15.30–19 Uhr, Sa/So nach Anmeldung, Eintritt frei.

Unterkunft

- **Meridiana***, Via Repubblica 172, Tel. (070) 97 58 283, Fax 97 56 447, Web: www.wels.it/hotelmeridiana. Modernes, gepflegtes Gebäude am Ortsrand unter sehr freundlicher Leitung, 26 Zimmer meist mit schöner Aussicht und kleinem Pool (NS 63–68 €, HS 68–75 €).

Einkaufen

- **Messer:** Coltelleria Arburesa, Via Roma 15, Tel./Fax (070) 97 59 220, Web: www.arburesa.it; Via Repubblica 227, Tel. (070) 97 56 228 (die Werkstatt von *Paolos* Bruder *Francesco Pusceddu*).

Montevecchio

Von Guspini und von Arbus führen jeweils schmale Nebenstraßen gen Westen zur Costa Verde, die sich in dem kleinen, fast verlassenen Bergwerksort Montevecchio treffen. Der „Alte Berg" ist **Bergbaugeschichte** pur. Bis in die 1960er Jahre wurden hier in einer der größten Minenanlagen Europas Silber, Zink und Blei gefördert. Jetzt bestimmen verfallene Förderanlagen, verlassene Schächte, überwucherte Abraumhalden und morbide Palazzi das Bild. Nach Jahrzehnten des Verfalls wird nun im Rahmen eines EU-Projektes versucht, aus den Überbleibseln eine Art **Industriemuseum** zu kreieren. Ein sichtbarer Erfolg ist die seit 1994 in Montevecchio jährlich im Sommer stattfindende „Biennale del Coltello Sardo", die aus ganz Sardinien Hersteller und aus der ganzen Welt Freunde, Sammler und Liebhaber der ebenso schönen wie edlen und hochwertigen Messer anlockt.

Information/Führungen

- **IGEA Spa,** Tel. (0781) 49 13 00, Fax 49 13 95, Web: www.igeaminiere.it, im Sommer 9, 10.30, 12, 15.30 u. 17 Uhr, im Winter 9, 10.30 u. 12 Uhr.

Unterkunft

- **B&B La Miniera Fiorita,** Loc. Montevecchio, Tel. (070) 97 31 81, Fax 97 59 825, Web: www.laminierafiorita.com. Restauriertes historisches Bergwerksgebäude am Ortsrand mit großartiger Aussicht und bildschöner Inneneinrichtung. Die acht Zimmer mit alten Holzmöbeln und schmiedeeisernen Betten, Bad und Veranda oder Balkon bieten allesamt eine wunderbare Aussicht, das Hausrestaurant sehr gute lokale Küche; Vorbestellung erwünscht (64–70 €).
- **Agriturismo 'Aquila,** Loc. Is Gennas, Tel. (070) 97 58 316. 7 km nach Montevecchio in Richtung Küste in vollkommener Einsamkeit gelegener Agriturismo mit rustikal eingerichteten Zimmern (insgesamt 12 Betten); ab Abzweig ca. 2,5 km unbefestigte Piste (B&B 22–45 € p.P., Menü 21–30 €).

Costa Verde   XVIII/A1

Anfahrt

Von Montevecchio führt eine schmale und holprige, aber geteerte Straße knapp 20 Kilometer kurvenreich durch die absolute Einsamkeit einer mehr als kärglichen Macchia, um an der Bucht Cala Campu Sali die Küste zu erreichen. Von hier führt die Strecke südwärts am Meer entlang zu der Feriensiedlung **Marina di Arbus.** Die Handvoll neuer Gebäude, die sich wenig anziehend am kahlen Hang hinaufziehen, sind der letzte Vorposten der Zivilisation vor der einsamen Küste.

Wenige Kilometer südlich von Marina di Arbus endet die kleine Teerstraße und wird zu einer Geländepiste, die über gut acht Kilometer steile Passagen und zwei Bachfurten zum einzigen Haus inmitten der sardischen Sahara führt, dem **Hotel Le Dune** an der Mündung des Riu Piscinas. Die zweite

Möglichkeit, mit dem Fahrzeug hierhin zu gelangen, führt südlich von Arbus von der SS 126 über die verfallene Bergbausiedlung **Ingurtosu**. Diese Strecke führt durch den Geisterort und durch ein Haus hindurch (die angekündigte Höhenbeschränkung – 3,4 m breit, 2,6 m hoch – ist falsch, es kommen auch große Wohnmobile und Reisebusse durch!) und ist bis hinab ins Tal des Riu Piscinas sehr gut ausgebaut. Erst auf den letzten Kilometern wird sie zu einer schmalen und extrem miserablen, nervenzerrüttenden Rüttelpiste.

Ganz im Süden der Costa Verde führt eine dritte, durchgehend **geteerte Stichstraße** von der SS 126 zur Küste hinaus. Das schmale Sträßlein biegt zwischen Kilometer 72 und 73 an dem braunen Hinweisschild „Is Arenas" ab und führt 16 Kilometer durch völlige Einsamkeit bis zur Küste. Nach etwa zehn Kilometern erreicht man eine Kreuzung. Hier muss man dem Schild „Scivu" folgen. Richtung Is Arenas führt der Weg zu einem gottverlassenen Hochsicherheitsgefängnis, an dessen Schranke ungemütliches Wachpersonal jeden unwirsch anweist, wieder zu verschwinden.

Leider haben sich trotz des strengen Naturschutzstatus' der „Grünen Küste" nun die ersten Vorposten der „Tourismuszivilisation" eingeschlichen. So gibt es nun etwa zwei Kilometer landeinwärts an der Piste Richtung Ingurtosu einen **Campingplatz.** Dafür ist direkt am Strand in der Saison nun das Parken mit Wohnmobil offiziell verboten und das Übernachten sowieso. PKW müssen zahlen. Dafür hat die Gemeinde jetzt eine kleine touristische Infrastruktur geschaffen. Vom Parkplatz führt ein Bohlenweg durch

Das Le Dune – ein Hotel wie eine Fata Morgana

Egal ob man aus Richtung Marina di Arbus oder durch die Berge von Ingurtosu kommt: Plötzlich sieht man sich in einer goldglänzenden Sandwüste, vor der sich das azurblaue Meer aufspannt. Inmitten dieser fantastischen Kulisse liegt völlig einsam und allein ein haziendaartiger, äußerlich unscheinbarer Gebäudekomplex, der mit seinen ockerbraunen Mauern fast mit der Umgebung verschmilzt. Darin untergebracht ist das Hotel Le Dune, das wegen seiner einzigartigen Lage, aber auch wegen seiner genauso außergewöhnlichen wie erlesenen Innenausstattung eine der exklusivsten Adressen ganz Sardiniens ist.

Schon der Eingang ist etwas ganz Besonderes. Tritt man durch die Tür, so steht man am Anfang eines langen, fensterlosen Gewölbetunnels, der wie ein Minenschacht ins Innere hineinführt. Das innen rustikal mit Bruchsteinmauern und schlichten, aber eindrucksvollen Balkendecken gestaltete Hotel ist mit wertvollen antiken Möbeln aus dem 17. und 18. Jahrhundert bestückt. Es hat nur 25 Zimmer, die sehr geschmackvoll ausgestattet sind. Eine mit einem großen Schilfdach beschattete Terrasse, auf der inmitten dieser Sandwüste traditionell zubereitete Speisen serviert werden, eine dem Strand zugewandte Bar und der nur 100 Meter von der Fata Morgana Le Dune entfernte herrliche, endlose Sandstrand mit kristallklarem Wasser verwandeln die Herberge in eine mehr als komfortable Oase in der Wüste.

den tiefen Sand bis zum Meer. Links und rechts des Weges stehen Holzhütten mit Toiletten, Umkleidekabinen, Duschen sowie Sonnenschirm- und Liegestuhlverleih. Und mitten in der „Sandwüste" macht während der Saison eine Strandbar auf, die Eisgekühltes anbietet.

Einst war das Gebäude im Besitz der Bergwerksgesellschaft, die bei Ingurtosu Minen unterhielt und die Erze am Strand von Piscinas am heutigen Hotel verschiffte. Von den Bergen brachte man den Abbau mit einer Lorenbahn herab, deren Schwellen man noch auf dem Fahrweg erkennt – und spürt! Beim Hotel stehen, wie in der Filmkulisse eines Western, verrostete Loren inmitten des Sandes. 1985 wurde das Gebäude vom italienischen Kultusministerium wegen seiner kulturhistorischen Bedeutung zum Nationaldenkmal erklärt. Der Komplex setzt sich aus dem alten Mineralerzdepot, der Fabrikation und dem Pferdestall zusammen. Die drei Gebäudeteile sind durch einen lauschigen Innenhof miteinander verbunden, in dem archäologische Fundstücke aus der punischen und römischen Epoche zu sehen sind.

Angesichts der abgeschiedenen Lage, die den Transport aller Waren und Güter über miserable Geländepisten erzwingt, kann das Drei-Sterne-Haus keine billige Unterkunft sein. Aber einmal im Le Dune residiert zu haben, ist ein Erlebnis, das man so schnell nicht vergessen wird.

●**Hotel Le Dune*****, Via Bau 1, 09030 Ingurtosu-Piscinas, Tel. (070) 97 71 30, Fax 97 72 30, Web: www.leduneingurtosu.it. Das Hotel bietet auch Ausflüge in Sachen Botanik, Geologie und Mineralogie sowie in die historischen Bergbaugebiete zu Fuß, zu Pferd oder im Jeep an (nur HP oder VP möglich! DZ HP in der NS 90–110 €, HS 130–170 €).

Camping

●**International Camping Costa Verde****, Marina di Arbus, Tel./Fax 97 70 09, Web: www.campingcostaverdesardinia.it, geöffnet 1.6.–30.9. Kleiner, einfacher Platz in terrassierter, teils steiler Hanglage; ca. 500 m bis zur Küste, tolle Aussicht auf dieselbe.

●**Camping Sciopadroxiu*****, Straße Ingurtosu – Piscinas, Tel. 340-57 24 310, Web: www.campingsciopadroxiu.com, ganzjährig geöffnet. Etwas für Freunde von Ruhe und Natur! Landschaftlich herrlich still und einsam gelegener Platz mit schattigen Stellplätzchen im lichten Eukalyptushain, Vermietung von Mini-Appartements und Bar/Ristorante. Großartige Aussicht hinab auf die 2 km entfernte Küste und Dünen bei Piscinas.

Landschaft und Natur

Sardiniens „Grüne Küste" ist ein ganz außergewöhnliches Refugium. Von der Zivilisation noch fast völlig unberührt, dehnt sich dieses Kleinod der Natur auf 30 Kilometern bis zum Capo Pecora aus. Bislang weitgehend wegelos und sich selbst überlassen, hat sich eine intakte Wüstenwelt erhalten. Besonders spektakulär sind die bis zu 50 Meter hohen **Wanderdünen,** die sich in ihrem Hinterland, insbesondere im Tal des Riu Piscinas, aufhäufen.

In dieser glühenden Welt aus Sand können sich nur einige anspruchslose **Pflanzen** halten. Neben Binsenbüscheln oder Stranddisteln sind es vom Wind skurril verformte Mastixbüsche und Zedernwacholder, die sich in den Sand krallen. Dort, wo Bäche etwas Wasser spenden, blühen Tamarisken und Oleander, oder es rauschen Schilfbündel mitten in der Wüste.

Zu den seltenen, akut bedrohten **Tierarten,** die die Costa Verde bevölkern, zählt neben dem *cervo sardo*, dem Sardischen Hirsch, die Meeresschildkröte *Caretta caretta*, die an dem endlos langen wie breiten Sandstrand der Costa Verde einen der letzten unberührten Plätze in Europa findet, um ihre Eier abzulegen.

Verhaltensregeln zum Naturschutz

Die vielen seltenen Pflanzen und Tiere machen die Costa Verde zu einem einzigartigen, aber **sehr sensiblen Naturreservat,** das als das bedeutendste ganz Italiens gilt. Obwohl es sich von selbst verstehen sollte, dass man in diesem geschützten Paradies die zu seiner Erhaltung unerlässlichen Ge- und Verbote beachtet, soll hier noch einmal darauf hingewiesen werden.

●**Wildes Campen** ist strengstens verboten.
●Zum Schutz der überaus empfindlichen **Dünenvegetation** sollte man darauf verzichten, quer durch die Dünen zu wandern.
●Keinesfalls darf man mit Motocrossrädern oder anderen geländegängigen **Fahrzeugen** abseits der Pisten fahren.
●Während der Eiablagezeit der **Meeresschildkröten** gilt an Teilen des Strandes ein besonderer Schutz.

Ingurtosu

Der Ort Ingurtosu wurde Mitte des 19. Jahrhunderts vom englischen Lord *Brassey* gegründet, mit dem Ziel, in der abgelegenen Region Blei, Silber und Zink abzubauen. Es entstand ein richtiges Dorf mit Geschäften, Post, Schule und eigenem Krankenhaus. Für sich selbst ließ der Lord die prächtige

Villa Idina errichten, die wieder schön restauriert ist und die man auf der Fahrt hinab zum Le Dune durchfährt. Bis zu 1200 Menschen lebten in Ingurtosu. In den 1970ern wurde die Mine dann geschlossen, der Ort vollständig verlassen und zur verfallenen Geisterstadt. Doch abgedeckte Abraumhalden und neu restaurierte Gebäude zeigen, dass nach über 30 Jahren das Leben nach Ingurtosu zurückgekehrt ist. Denn Ort wie Minenanlagen sollen Teil des großen **Parco Geominerario** werden, der zahlreiche historische Bergbauhinterlassenschaften an der Südwestküste umfasst.

Fluminimaggiore und Umgebung ♢ XVIII/AB2

Fluminimaggiore

Etwa auf halber Strecke zwischen Arbus und Iglesias liegt an der SS 125, die sich auf über 50 Kilometern durch die einsame Berglandschaft des Iglesiente windet, das Bergbaustädtchen Fluminimaggiore, erst Anfang des 18. Jahrhunderts gegründet, als reiche Vorkommen an Zink, Nickel, Kobalt und Blei in den Bergen um den Ort abgebaut wurden.

Obwohl die Minen in den 1950er Jahren endgültig geschlossen wurden, ist Fluminimaggiore keine Geisterstadt geworden, sondern ein lebendiges Bergstädtchen mit 3000 Einwohnern geblieben, dessen Läden und Geschäfte günstige Einkaufsmöglichkeiten bieten. In dem freundlichen Ort, der sich mit vielen *murales*, ebenso großen wie schönen Wandbildern an den Hausfassaden ziert, ist eine alte Wassermühle zum **Antico Mulino ad Acqua Licheri,** einem netten kleinen ethnographischen Museum hergerichtet worden.

Post und Telefon
- **Vorwahl:** 0781
- **PLZ:** 09010

Information
- **Punto Informazioni,** Via Vittorio Emanuele 225, Tel./Fax 58 09 90, Web: web.tiscalinet.it/startuno, Mai-Okt. Mi-Mo 10-13 u. 18-21 Uhr, Nov.-April 10-13 u. 16-19 Uhr. Mit Mountainbikeverleih.

Unterkunft
- **B&B L'Orchidea,** Via Antonio Aru 13, Tel. 58 01 34. Ruhiges Haus am Ortsrand mit herzlicher familiärer Atmosphäre und drei sehr geräumigen Zimmern (2 DZ, 1 3-Bettzimmer), jedoch ohne Bad (20-25 € p.P.).
- **Agriturismo Rocce Bianche,** Loc. Bidderdi, (zwischen Arbus und Fluminimaggiore), Tel. (070) 97 56 127, Web: www.bidderdi.it. *Stefano Cavallo* (spricht etwas englisch) und seine vom Hund bis zur Großmutter sehr gastfreundliche Familie bieten neben richtig gutem Essen preiswerte Unterkunft in zweckmäßig eingerichteten Bungalows mit Bad (NS 21-28 €, HS 30-40 €).

Aktivitäten
- **Exkursionen:** Societa Start Uno, Via Vittorio Emanuele 225, Tel./Fax 58 09 90. Fuß- und Fahrradexkursionen zu historischen Bergbauanlagen, Höhlen sowie thematische Touren zu Mineralogie, Botanik u.v.m.

Einkaufen
- **Messer/Lederwaren:** Sarda Stiles, Corso Amendola 13, Tel. 58 08 53, Web: www.sardastiles.com.

Fest

- **Sagra della Capra,** 15. Aug. Großes Fest mit Prozession; viel Folklore zu Ehren der Ziege, die auch in essbarer Form angeboten wird.

Museum

- **Museo Etnografico Antico Mulino ad Acqua Licheri,** Piazza Gramsci, Tel. 58 09 90, Öffnungszeiten wie Punto Informazioni.

Grotta Su Mannau

Die Tropfsteinhöhle liegt etwa fünf Kilometer südlich von Fluminimaggiore. Von der SS 126 weist ein Hinweisschild auf den Abzweig hin, der schmal und kurvenreich nach zwei Kilometern an einer Bar endet. Hier ersteht man das Ticket für die „Höhle des Ungeheuers", die zu Fuß in wenigen Minuten erreicht ist. An der Bar beginnen auch beschilderte Wanderwege, die durch herrliche Natur in 25 Minuten zu römischen Gräbern und in 90 Minuten zum **Tempio di Antas** führen.

Von dem weit verzweigten, fast acht Kilometer langen Höhlensystem sind zwar nur wenige Hundert Meter zu besichtigen. Die jedoch sind mit ihren **prachtvollen Tropfsteinformationen,** wie die von weißen Eiszapfengirlanden ausgeschmückte Sala Bianca, und mit den dunklen **Höhlenseen** wie dem Lago de Stenasellus, in dem eine endemische Krebsart lebt, durchaus den Besuch wert. Zu sehen gibt es dabei auch den Sala Archeologica, in dem man zahlreiche tönere Votivlampen aus der Nuraghierzeit entdeckte.

Die Societa Su Mannau bietet auch vier- bis achtstündige Exkursionen durch die für Besucher normalerweise unzugänglichen Bereiche der weit verzweigten Höhle an. Die dazu erforderliche Ausrüstung wird gestellt.

- **Öffnungszeiten:** Ostern bis 31. Okt. tägl. 9.30–18.30 Uhr, sonst nach Vereinbarung.
- **Societa Su Mannau,** Via Vittorio Emanuele 81, Fluminimaggiore, Tel./Fax 58 01 89, Web: web.tiscali.it/grottasumannau.

Tempio di Antas

Etwas südlich der Höhle erreicht man den Tempio di Antas, der etwa neun Kilometer südlich im üppig grünen Tal des Riu Antas liegt. Von der SS 126 führt eine kurze Stichstraße zu der **antiken Tempelanlage,** die auf einer kleinen Anhöhe liegt. Belebt nur vom Zirpen der Zikaden, ragen die Säulen des Tempels in unberührter Natur auf.

Der römische Tempel wurde im 3. Jahrhundert v. Chr. auf einem punischen Tempel aus dem 6. Jahrhundert v. Chr. errichtet. Es wird vermutet, dass das Heiligtum zu der bedeutenden Römerstadt Metallica gehörte, die bisher noch nicht entdeckt wurde. Interessant ist, dass der Antas-Tempel nicht, wie bei den Römern üblich, nach Osten ausgerichtet ist, denn er wurde unter Einbeziehung wesentlicher Elemente eines punischen Kultbaus errichtet, die eine Nordwestausrichtung haben. In der Kultstätte verehrten erst die Punier ihren Gott der Fruchtbarkeit Adon Sid Addir Babai, anschließend die Römer Sardopastoris Fanum, den Gott der Sarden.

Am Tempel beginnt ein einladend schöner **Wanderpfad,** der erst zu römischen Gräbern führt und nach einer

Stunde die Grotta Su Mannau (siehe oben) erreicht.

●**Info:** Coop StartUno, Tel. 347-81 74 989; geöffnet Mai–Okt. tägl. 9.30–19 Uhr, Nov.–April Fr/Sa/So 9.30–17 Uhr.

Monte Linas

Östlich von Fluminimaggiore ragt das Massiv des Monte Linas auf, das im 1236 Meter hohen **Punta Perda de sa Mesa** gipfelt. Die unberührte Bergregion ist ein sehr interessantes und abwechslungsreiches Wandergebiet. Ihm schließt sich südlich eine menschenleere Region an, die sich bis nach Domusnovas, östlich von Iglesias, erstreckt. Das Gebiet durchziehen zahllose Pisten und Wege, die einst für die zahlreichen Minen hier angelegt wurden. Heute sind sie alle geschlossen und die Umgebung eine unglaublich einsame, aber faszinierende Landschaft mit zahlreichen Hinterlassenschaften des Bergbaus. Die Pisten sind befahrbar, aber ohne jegliche Beschilderung. So muss man schon mit einem guten Orientierungssinn ausgestattet sein, wenn man hier mit dem (Allrad-)Auto oder dem Mountainbike unterwegs ist. Es ist beispielsweise möglich, vom Tempio di Antas auf Geländepisten quer durch diese bizarre Welt bis zu der spektakulären Grotta di San Giovanni zu fahren. Zur Tropfsteinhöhle, die bis vor wenigen Jahren noch als Straßentunnel benutzt wurde, gelangt man jedoch auf sichererem Weg über das östlich von Iglesias gelegene Städtchen Domusnovas.

Monte Marganai

Den südlichen Teil des Gebirges nimmt der Monte Marganai ein. Inmitten des waldreichen, menschenleeren Massivs versteckt sich in 750 Metern Höhe eine ehemalige Forststation, die die rührige Cooperativa Linasia in ein kleines Idyll verwandelt hat. Ein 9000 Quadratmeter großer **botanischer Garten** versammelt viele Pflanzen Sardiniens, darunter zahlreiche Endemiten. Das **Museum Casa Natura** zeigt Mineralien und archäologische Funde aus der Umgebung. Gästezimmer bieten Gruppen wie Einzelreisenden komfortable Unterkunft in stiller Natur. Die Coop veranstaltet Mountainbike- und Trekkingtouren sowie Exkursionen zu alten Bergwerksanlagen im menschenleeren Gebirge. Nicht weit davon wurde die auf dem Gelände der verlassenen Mine San Giovanni gelegene Grotta di Santa Barbara der Öffentlichkeit zugänglich gemacht.

Führungen durch das Minengelände und die Höhle sowie zahlreiche andere historische Bergwerksanlagen in der Umgebung bietet die IGEA SpA.

●**Cooperativa Linasia,** Foresta Demaniale Marganai/Loc. Case Marganai, Tel. (0781) 20 061, Web: web.tiscalinet.it/linasia; Anfahrt: von der SS 126 Fluminimaggiore – Iglesias beim Weiler Case Lenzu Richtung San Benedetto und im Ort weiter 4 km Richtung Loc. Mamenga, dort dann nach 2 km „Casa Marganai".
●**Botanischer Garten:** geöffnet Mai–Sept. Di, Do, Sa, So 9–12 u. 16.30–19.30 Uhr, Okt.–April Sa/So 9.30–13 Uhr.
●**IGEA SpA,** Grotta Santa Barbara, Tel. (0781) 49 13 00, Web: www.igeaminiere.it, ganzjährig Führungen um 9, 10.30 u. 12 Uhr.

Die Bucht von Buggeru ♪ XVIII/A2

Portixeddu

Zwei Kilometer nördlich von Fluminimaggiore biegt nach Westen eine Straße in Richtung Küste ab, die sich, teilweise in den nackten Fels gesprengt, in wilden Kurven aus den kahlen Bergen des Iglesiente in das grüne Tal des Riu Mannu hinabschwingt. Der Übergang von der ausgeglühten, lediglich mit dürrer Macchia überzogenen Berglandschaft in das üppige Grün des fruchtbaren Tals könnte drastischer nicht sein. Nach etwa sechs Kilometern erreicht die Straße schließlich Portixeddu. Mit seinem kleinen Campingplatz, einem idyllisch gelegenen Hotel und zwei (nur in der Saison geöffneten) Restaurants ist Portixeddu ein geruhsamer, netter Ort ohne jegliche Hektik.

Ihre Existenz hat die Siedlung der traumhaften **Spiaggia di Portixeddu** zu verdanken, die sich über mehrere Kilometer erstreckt. Parallel zu dem herrlichen Sandstrand zieht sich ein breiter Dünengürtel, der von Schatten spendendem Wachholder und Pinien bestanden ist. Der wunderschöne Fleck war einst ein ausgedehnter wilder Campingplatz. Wegen des zurückgelassenen Unrats der Wildcamper sah sich die Gemeinde gezwungen, das Treiben zu unterbinden und den Dünengürtel einzuzäunen. Die Schilfrohrzäune, die sich hinter dem Strand

kilometerweit entlangziehen, sollen hingegen verhindern, dass der ständige Westwind den Sand auf die Straße weht. Kilometerlang ist auch der Parkstreifen, der die unmittelbar hinter dem Strand verlaufende Straße nach Buggeru begrenzt. Bevölkert ist der Strand jedoch nur im Hochsommer, und dann auch nur von den Einheimischen. Nur wenige ausländische Touristen finden bislang den Weg in diese abgelegene Ecke. Auf Teilen des Parkstreifens am Strand und bei der Pizzeria San Nicolo am Südende des Sandbandes sind **Stellplätze für Wohnmobile** ausgewiesen.

Von Portixeddu führt eine Stichstraße hinaus zum einsamen **Capo Pecora,** das ca. vier Kilometer nördlich ins Meer vorspringt und einen großartigen Panoramablick auf den Golfo del Leone und die dahinter liegende Berglandschaft freigibt.

Unterkunft

●**Hotel Sardus Pater***,** Loc. Portixeddu, Tel. (0781) 54 949, Fax 54 949, Web: www.hotelsarduspater.it. Neu eröffnetes Hotel in Hanglage hoch über der Bucht; Restaurant und Rezeption getrennt von den 14 modern ausgestatteten Zimmern, die motelartig in zwei Reihenhäusern angeordnet sind. So hat man von jeder Terrasse eine herrliche Panoramasicht auf die Strandbucht (NS 70–78 €, HS 84–95 €).

●**Hotel Golfo de Leone**,** Loc. Caburu de Figu (bei Portixeddu), Tel. (0781) 54 923, Fax 54 952, Web: www.golfodelleone.it. Hotel mit 14 Zimmern in wunderbar stiller Alleinlage landeinwärts im grünen Tal des Riu Mannu; mit gutem Restaurant, leider etwas hellhörig gebaut. Sehr freundlicher Familienbetrieb. Zum schönen Dünensandstrand ca. 2 km (NS 45–65 €, HS 65–80 €).

Camping

●**Camping Ortus de Mari*,** an der Küstenstraße, Tel./Fax (0781) 54 964 (25.5.–30.9.). Ruhiger, naturbelassener Platz im lichten Eukalyptushain, ca. 500 m vom Strand entfernt. Enten, Hühner und anderes Kleingetier erfreuen die Kinder, der Grillplatz, die nette Bar und der sympathische, deutsch sprechende Besitzer Herr *Mula* die ganze Familie.

Reiten

●**Maneggio Cabus de Figus,** Tel./Fax (0781) 54 943, Web: www.cavalloweb.de. Die vom Schweizer Reitlehrer *Ernest Saxer* und seiner Partnerin, der Reittherapeutin *Maggie Roduner,* betriebene Maneggio-Farm bietet neben Reitferien mit Reitkursen auch Sternritte und ein- oder mehrtägige Trekkingtouren durch die Bergwelt des Iglesiente an. Highlights sind die siebentägige Trekkingtour auf einem 170 km langen historischen Trail und die ebenfalls siebentägige Exkursion „Trilogie der Elemente", die in das einzigartige Naturparadies Costa Verde führt. Nur Cabus de Figus hat die Erlaubnis, mit Pferden an der Costa Verde unterwegs zu sein.

Buggeru

Von Portixeddu führt die Straße am Strand entlang nach Süden und klettert am Ende der *spiaggia* die steilen Küstenklippen hinauf. Von oben eröffnen sich prächtige Aussichten aufs Meer. Nach einigen Kilometern erreicht man das kleine Bergarbeiterdorf Buggeru, das sich zwischen gewaltigen, senkrecht aufragenden Küstenklippen in ein enges Tal duckt. Als Erstes erblickt man von Abraumhalden umgebene, gespenstisch verlassene Bergwerksanlagen, die sich den steilen

Die Spiaggia Portixeddu

Abhang hinaufziehen. Zum Ortskern führt von der Durchgangsstraße eine schmale Straße hinab.

Buggeru, einst ein wichtiger Erzhafen, ist heute ein abgelegenes, freundliches Idyll. Vor dem Ort spannt sich zwischen den Felswänden ein überbreiter, feiner Sandstrand, der dank der guten Windverhältnisse bei Surfern sehr beliebt ist. Ein Teil der *spiaggia* ist allerdings einer viel zu großen **Marina** zum Opfer gefallen, die Sportboote und Touristen in die Abgeschiedenheit von Buggeru locken soll. Das soll auch als Teil des neuen *Parco Geominerario* die **Galleria Henry** in der ein Kilometer vom Ort entfernten, 1865 eröffneten Mine Planu Sartu.

Über dem Strand wurde ein kostenpflichtiger, gut ausgestatteter Wohnmobilstellplatz angelegt (mit Strom, Wasser, Entsorgung). Daneben bieten im Sommer die zwei Bars weiteren Service mit Duschen und Toiletten und dem Verleih von Wassersportgeräten und Sonnenschirmen.

Information

●**Pro Loco**, Via Roma 41, Tel. (0781) 54 522, Web: www.buggeru.com.

Museum

●**Galleria Henry,** IGEA SpA,Tel. (0781) 49 13 00 (im Sommer tägl. 9, 11, 16.30 u. 18.30 Uhr Führungen, sonst auf Anfrage).

Essen und Trinken

●**Da Natalino,** Via Diaz 36, Tel. (0781) 54 359. Einladendes Restaurant mit guter Küche an der Straße zum Hafen. An den Wänden erzählen alte Fotos und Gemälde von der Vergangenheit Buggerus als Erzhafen und Bergbauort.

Golfo di Gonessa ♪ XVIII/A2-3

Von der Cala Domestica nach Masua

Nach Buggeru beginnt eine der landschaftlich eindrucksvollsten Küsten Sardiniens mit dem saubersten Wasser. Etwa einen Kilometer südlich von Buggeru zweigt eine kurze Stichstraße ab, die zur **Cala Domestica** führt. Dort wartet in einsamer Natur ein Stellplatz für Wohnmobile und ein von Dünen gesäumter breiter Sandstrand, der malerisch von Felsklippen flankiert wird. Ruinen zeugen von den Zeiten, als die Bucht noch als Erzverladehafen diente.

Ein **Tipp:** Klettern Sie am rechten Ufer der Bucht auf dem fast zerstörten Felspfad durch das dortige in den Fels gehauene große Loch. Dahinter verbirgt sich zwischen den Klippen eine intim kleine, aber zauberhaft schöne Nebenbucht mit feinstem Sandstrand.

Südlich der Cala Domestica verlässt die Straße die Küste und führt durch einsames Bergland mit verlassenen Bergwerksanlagen und -siedlungen wie **Acquaresi** und **Montecani** weiter Richtung Süden. Kurz bevor die Panoramastraße Masua erreicht, führt sie erst in Serpentinen steil hinauf, um dann schnurgerade und mit schwindelerregendem Gefälle hinab in den Ort zu führen. Das kleine, aus einer Handvoll Häusern bestehende **Masua** klebt an einem steilen Hang. Tief unter ihm öffnet sich die kleine Bucht **Porto Flavia,** zu der eine Stichstraße hinabführt. Seit der schrittweisen Stilllegung der Minenanlage ist das 1924 eröffnete, nach der Tochter des leitenden Ingenieurs benannte Bergwerk zu besichtigen. In zwei in den Berg getriebenen Schächten wurde das abgebaute Blei, Zink, Silber und Quarz mittels Förderbändern direkt aus den senkrecht abfallenden Küstenklippen heraus auf die unten ankernden Frachter verladen. Vor dem alten Erzhafen ragt überaus malerisch und fotogen der kolossale Monolith **Pan di Zucchero** wie ein Gigantenzahn 132 Meter weiß aus dem blauen Meer.

Praktische Tipps
- **Wohnmobilstellplatz Lisci Graziella,** Tel. 360-20 91 78 (mit Bar, Wasser), am Strandparkplatz Bar mit Kiosk, Duschen, Toiletten, Verleih von Kanu und Strandzubehör, Tel. (0781) 58 03 83.
- **Porto Flavia,** IGEA SpA, Tel. (0781) 49 13 00, im Sommer tägl. 9, 10.30, 12, 16 u. 17.30 Uhr, im Winter 9, 10.30 u. 12 Uhr.

Nebida

Hinter Masua steigert sich die Strecke zu einem fantastischen Küstenklippenspektakel. Die senkrecht abfallenden Felswände der Steilküste zwischen Masua und Nebida sind von majestätischer Pracht. Höhepunkt des grandiosen Naturschauspiels ist der vom Meer umspülte Felsklotz des **Pan di Zucchero,** auf den sich von der Panoramastrecke aus immer wieder eindrucksvolle Ausblicke ergeben.

Das Bergdorf Nebida liegt hoch über dem Meer. Der unscheinbare Ort besitzt eine Sehenswürdigkeit der ganz besonderen Art: sein **Belvedere.** Vom Parkplatz an der Durchgangsstraße (Schild „Belvedere") geht man zu Fuß die kleine, gesperrte Straße entlang, die sich kreisförmig um den Fels herumwindet. Wo der Weg den Blick auf das Meer freigibt, liegt das malerische Belvedere mit einem umwerfend schönen Blick auf den Golfo di Gonnesa und den Pan di Zucchero.

Auf halbem Weg um den Berg, genau dort, wo die Aussicht aufs Meer und hinüber zum Pan di Zucchero am allerschönsten ist, liegt die **Bar/Ristorante/Pizzeria Al '906 Operaio.** Der Clou: Die Bar selbst liegt im Fels, im ehemaligen Sprengstofflager der alten Mine, die Toiletten im alten Zündermagazin. Vor der Grottenbar spannt sich eine Panoramaterrasse auf, die für mich mit zum Schönsten gehört, was Sardinien an Sitzgelegenheiten zu bieten hat: Hier (am besten zu zweit) am Abend bei einem Glas Wein zu sitzen und *il sole* glühend über dem Zuckerhut im Meer versinken zu sehen – das ist schon eine kleine beschwipst romantische Glücksgefühlsträne wert.

Unterkunft/Essen
- **Pan di Zucchero**,** Via Centrale 365, Tel./Fax (0781) 47 114, Web: www.tiscali.it/albergopandizucchero. Äußerlich unscheinbares Haus am steilen Hang an der Durchgangsstraße mit 14 einfachen, aber ordentlichen Zimmern. Von den meerzugewandten Zimmern grandioser Ausblick auf die Steilküste um den Pan di Zucchero. In der **Trattoria** vielseitiges Angebot, das von *riso al pecatora* über Pferdesteak bis zur süßen Verführung *sebadas* reicht (45–50 €).
- **Al '906 Operaio,** Bar/Ristorante/Pizzeria, Tel. (0781) 47 170.

Fontanamare

Südlich von Nebida senkt sich die Küstenstraße allmählich hinab in das kuppige Hügelland und an den weiten Golfo di Gonessa. An ihm erstreckt sich ein endlos langer Sandstrand mit Dünengürtel und *pineta,* der bislang weitgehend unerschlossen ist.

Am Südende des Golfs liegt Fontanamare, eine ehemalige Bergbausiedlung, die den Einwohnern des nahen Iglesias als beliebtes Naherholungsziel dient. Allabendlich versammeln sich auf dem großen Parkplatz direkt über dem langen Sandstrand **Spiaggia Fontanamare** Jung und Alt, um auf dem Mäuerchen zu schmusen, am Strand zu angeln oder spazieren zu gehen und dabei den Sonnenuntergang über dem Meer zu genießen. Im Sommer herrscht tagsüber und an den Wochenenden beschauliches Strandleben mit Familienpicknick.

Iglesias ⌕ XVIII/A2-3

Von Iglesias' Hausstrand Fontanamare sind es nur 15 Kilometer bis zum urbanen Zentrum des Iglesiente, der Bergarbeiterstadt Iglesias. Der 30.000-Einwohner-Ort liegt inmitten einer waldreichen Hügellandschaft am Fuße des Colle di Buon Cammino. Der Abstecher nach Iglesias ist ein lohnendes Unterfangen. Das lebendige, vom Tourismus noch gänzlich unberührte Städtchen besitzt ein gewachsenes historisches Zentrum mit viel Flair. Die sehr charmante Altstadt weist einige Sehenswürdigkeiten, vor allem aber viele schöne, von kleinen Geschäften gesäumte Gassen sowie lauschige Plätze mit Bars und Cafés auf. Prächtige Palazzi, zahlreiche Sakralbauten, Reste einer imposanten Stadtmauer mit Wehrtürmen und ein über der Altstadt thronendes Castello zeugen vom einstigen Reichtum der Stadt, den ihr der einst prosperierende Bergbau in der Umgebung gebracht hat.

Die Geschichte des Bergbaus um Iglesias

Bereits die Phönizier schürften im Gebiet des heutigen Iglesias nach wertvollen Erzen. Die Römer gründeten hier ihre Stadt Metallica, deren genaue Lage heute unbekannt ist. Die **Blütezeit** von Iglesias begann im 13. Jahrhundert, als es unter pisanischer Herrschaft im Besitz des Grafen *Ugolino Donoratico della Gherardesca* war. Die ergiebigen Silberminen in der Umgebung brachten ihrem Herrscher so großen Wohlstand, dass er seine Stadt von einer mächtigen Wehrmauer mit 20 Türmen schützen ließ. Pisa verlieh dem Ort daraufhin das Stadtrecht, das auch das Zunftleben und die Ausbeutung der Erzminen regelte. Die wohlhabende Silberstadt prägte eigene Münzen und hatte eine eigene Verfassung. Zahlreiche Arbeiter vom italienischen Festland strömten in das sardische Eldorado, um in seinen Minen zu arbeiten.

Der **Niedergang** der Stadt begann, als die spanischen Aragonier Sardinien eroberten und die Stadt von Villa

Ecclesia in Iglesias umtauften. Bereits Mitte des 15. Jahrhunderts waren die Silberminen weitgehend erschöpft und wurden geschlossen. Einen **zweiten Aufschwung** erlebte Iglesias noch einmal in der Mitte des 19. Jahrhunderts, als man mit dem Abbau von Blei, Zink und anderen Erzen begann. Grund dafür war das 1859 erlassene Gesetz, das die Grund- und Minenbesitzer enteignete und alle Bodenschätze des Iglesiente verstaatlichte. Ein wahrer Goldrausch lockte Tausende von Glücksrittern in die Region, die, nun mit einer staatlichen Schürfkonzession ausgestattet, mit Schaufel und Spitzhacke ihr Glück versuchten.

Eine **letzte kurze Blüte** erlebte die Stadt in der Zeit des Faschismus, als die Region Bodenschätze und Energie für *Mussolinis* Tausendjähriges Reich liefern sollte. Nach dem Zweiten Weltkrieg verloren die Minen ihren Schutz im abgeschotteten Markt des nach Selbstversorgung strebenden Faschistenstaates und mussten mit den Weltmarktpreisen konkurrieren. In einem jahrzehntelangen Prozess wurde Bergwerk um Bergwerk geschlossen. Heute werden nur noch in einigen wenigen Gruben Blei und Zink gefördert.

Bergbau live kann man heute in der stillgelegten **Miniera Monteponi** bei Iglesias erleben, die einst eine der größten Blei- und Zinkminen Europas war. Das Betreten des Geländes ist nur im Rahmen einer Führung möglich.

● **IGEA SpA,** Tel. (0781) 49 13 00, Web: www.igeaminiere.it; Führungen Sommer tägl. 9, 10.30, 12, 15.30 u. 18.30 Uhr, Winter Sa/So 9, 10.30, 12 u. 17 Uhr.

Rund um die Piazza G. Sella

Lange war die Altstadt von Iglesias dem Verfall preisgegeben, und viele leer stehende Gebäude prägten ihr Bild. In den letzten Jahren wurde jedoch mit großem Aufwand die Altstadt saniert.

Hat man sein Auto am Stadion geparkt (was zu empfehlen ist), erreicht man über die große Viale Valverde die geräumige Piazza G. Sella. Auf der zwischen Altstadt und neuem Viertel gelegenen Piazza erhebt sich das Denkmal des piemontesischen Bergbauingenieurs *Sella,* der dem Platz sei-

In der Altstadt von Iglesias

nen Namen gab. Rings um das belebte Areal liegen zahlreiche Bars und Cafés, die viel italienisches Flair vermitteln. Auf der der Altstadt abgewandten Seite des Platzes erhebt sich der Monte Altari, auf dem Reste der alten Stadtmauer und die Ruine des **Castello Salvaterra** zu sehen sind.

Von der etwas kleineren Piazza Oberdan direkt neben der Piazza G. Sella führt die Via Gramsci zur kleinen **Piazza Mercato,** auf der regelmäßig ein Markt abgehalten wird.

Die Altstadt

Piazza Lamarmora

Von den Plätzen G. Sella und Oberdan führt der breite **Corso Matteotti** direkt hinein in die verwinkelte, mittelalterliche Altstadt. Der von Läden, Bars und Geschäften gesäumte Corso ist die Einkaufs- und Flaniermeile der Stadt. Er führt, wie auch die parallel verlaufende, von schönen Bürgerhäusern gesäumte Via Cagliari, schnurgerade auf die zentrale Piazza Lamarmora im Herzen der Altstadt. Auf ihr erblickt man das Brunnendenkmal Su Maimone, das dem mythischen Wassergottwesen *Maimone* gewidmet ist. Von dem lauschigen Platz gehen zahlreiche, von schönen alten Palazzi gesäumte, enge Gassen in alle Richtungen ab.

Rund um die Piazza Municipio

Über die Via Sarci und die intim kleine, überaus gemütliche Piazza Picchi ist man in wenigen Schritten auf der großen Piazza Municipio („Rathausplatz") angelangt. Um den zentralen Altstadtplatz gruppiert sich ein harmonisches Bauensemble aus teils nur handtuchbreiten, schmucken alten Palazzi, dem historischen **Palazzo Comunale** (19. Jahrhundert), dem **Bischofspalast** (18. Jahrhundert) und der romanisch-gotischen Kathedrale Santa Chiara. Der **Duomo Santa Chiara** ist der Bedeutendste der insgesamt zehn Sakralbauten in der Altstadt. Er wurde im 13. Jahrhundert errichtet. Seine dem Platz zugewandte Hauptfassade ist im romanisch-gotischen Stil ausgeführt, während der Innenraum von der spanischen Gotik mit steilen Kreuzrippenbögen geprägt ist.

●**Öffnungszeiten Duomo Santa Chiara:** tägl. 7–13 und 16–20.30 Uhr.

Neben dem gegenüberliegenden **Palazzo Communale,** dem Rathaus, findet man in der Via Pullo die kleine Kirche **S. Michele,** auch **Sacro Monte** genannt, und einige Schritte weiter auf der kleinen Piazza S. Francesco die Kirche **San Francesco,** einen Bau aus dem 13. bis 15. Jahrhundert im Stile der spanischen Gotik. Von der Piazza S. Francesco führt die kurze Via B. Zecca auf die Piazza Manzoni, an der die im 14. Jahrhundert erbaute romanisch-gotische Kirche **Chiesa delle Grazie** steht.

Verlässt man die Piazza Municipio nicht nach Süden, sondern über die Via Verdi, erreicht man nach wenigen Schritten die Piazza Collegio, die, wie praktisch jeder Altstadtplatz, seine Kir-

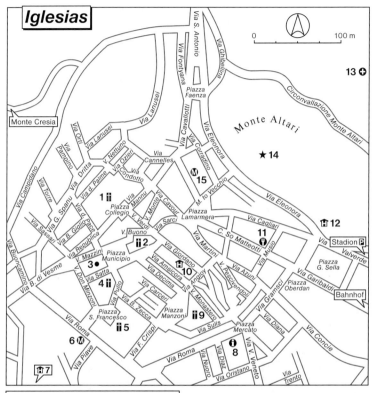

- ii 1 Chiesa del Collegio
- ii 2 Kathedrale Santa Chiara
- • 3 Rathaus
- ii 4 S. Michele
- ii 5 San Francesco
- Ⓜ 6 Museo dell' Arte Mineraria
- 🏨 7 B&B Le Due Anfore
- ❶ 8 Pro Loco Touristinformation
- ii 9 Chiesa delle Grazie
- 🏨 10 B&B La Babbajola
- ❶ 11 Gazebo Medievale
- 🏨 12 Hotel Artu
- ✚ 13 Krankenhaus
- ★ 14 Castello Salvaterra (Burgruine)
- Ⓜ 15 Museo Entografico

che hat. Hier ist es die Jesuitenkirche **Chiesa della Purissima,** auch **Collegio** genannt, die 1578 errichtet wurde.

Über den Dächern von Iglesias

Hinter der Piazza Collegio ragt der **Monte Cresia** auf, der die Stadt im Nordwesten begrenzt. Auf ihm steht die kleine Kirche **Chiesa di Buon Cammino,** zu der sich der kurze Spaziergang lohnt. Die Kirche ist kaum erwähnenswert, wohl aber der schöne

Ausblick von dem 329 Meter hohen Hügel über die verschachtelten Dächer der Altstadt. Wer den Weg hinauf nicht scheut, wird dabei an der Via Campidano, von der der Weg auf den Hügel abzweigt, noch längere, gut erhaltene Teilstücke der alten Stadtbefestigung betrachten können.

Mineralien- und Bergbaumuseum

Die Museen von Iglesias stehen ganz im Zeichen der jahrhundertelangen Bergbaugeschichte der Stadt. Das Bedeutendste ist das große **Museo Arte Minerario** in der Via Roma 45 im Istituto Tecnico Minerario. Es zeigt zahlreiche Mineralien und Fossilien, die man in den Bergwerken des Iglesiente fand. Daneben gibt es noch verschiedene Werkzeuge der Minenarbeiter, Bergwerksmaschinen, Karten, alte Urkunden, historische Aufnahmen und mehr zum Thema Bergbau zu sehen. Das kleine **Museo Etnografico** der Stadt findet man in der Via Cannas.

●**Museo Arte Minerario**, Via Roma 45, Tel. 35 00 37, Web: www.museoarteminerario.it, geöffnet Mo-Sa 8.30-13.30 Uhr, Eintritt frei. Umfangreiche und sehenswerte Sammlung von Mineralien, Versteinerungen, bergbaulichen Geräten und prähistorischen Funden.
●**Museo Etnografico**, Via Cannas, Tel. 41 662, geöffnet Mi-Sa 10-12 Uhr.

Praktische Tipps Iglesias

Post und Telefon

●**Vorwahl:** 0781
●**PLZ:** 09016

Information

●**Pro Loco,** Via Roma 10, Tel./Fax 31 170, Web: www.prolocoiglesias.it, Mo-Fr 10-12 u. 17-20 Uhr, So 18-20 Uhr.

Essen und Trinken

●**Ristorante Gazebo Medievale,** Via Musio 21, Tel. 13 08 71. Ausgesucht gute sardische Küche in malerischen mittelalterlichen Gewölben am Rande der Altstadt. Bei den Einheimischen sehr beliebt.

Aktivitäten

●**Exkursionen:** Pentumas, Piazza Martini 6, Tel. 335-38 20 47. Exkursionen zu alten Bergwerksanlagen, archäologischen Stätten und zu spannenden Naturplätzen in den Foresta die Margiani wie etwa in die Schlucht des Riu Cannisoni zum 70 m hohen Wasserfall.
●**Tauchen:** Diving Trekking Sardegna, Via Sette Fratelli 38, Tel. 31 929. Tauchexkursionen an der unzugänglichen Steilküste zwischen Masua und Nebida.

Einkaufen

●**Gold-/Silberschmuck:** ISOLA-Pilotcenter der Coop Sant'Eligio, Via Cattaneo/Ecke Via Pintus, Tel. 25 90 64.
●**Markt:** Via Gramsci an der Piazza Mercato.
●**Keramik:** Ceramiche Artistiche, Via Satta 23, Tel. 41 615.
●**Olivenöl:** La Valle dei Lecci, Via Corsica 17u, Tel. 24 73 85.

Feste

●**Corteo Storico Medievale,** 10.-13. August. Großes Mittelalter-Kostümfest in der Altstadt, das mit der Processione Candelieri, einem eindrucksvollen Lichterumzug, endet.

Notfälle

●**Carabinieri,** Via Valverde 34, Tel. 42 501.
●**Polizei,** Via Regione, Tel. 27 43 50.
●**Krankenhaus,** Via S. Leonardo 1, Tel. 39 21.
●**Guardia Medica,** Via. S. Leonardo, Tel. 22 389.

Kartenatlas Seite XVIII

DOMUSNOVAS UND UMGEBUNG

Unterkunft

●**Hotel Artu***,** Piazza Sella 15, Tel. 22 492, Fax 32 449, Web: www.hotelartuiglesias.it. Äußerlich unscheinbarer Zweckbau, innen zwar gepflegtes, doch einrichtungsmäßig deutlich in die Jahre gekommenes Stadthotel am Rande der Altstadt (NS 72, HS 82 €).
●**Hotel Leon D'Oro***,** Corso Colombo 72, Tel. 33 555, Fax 33 530. Etwas entfernt von der Altstadt an der Straße Richtung Villamassargia gelegen. Äußerlich einfacher Zweckbau, innen schlicht, aber elegant. Inkl. Pool und empfehlenswertem Restaurant mit regionalen und lokalen Spezialitäten (NS 70, HS 90 €).
●**B&B Le Due Anfore,** Via Mameli 2, Tel. 338-45 03 538. Geschmackvoll im sardischen Stil eingerichtete Zimmer (2 DZ, 1 EZ) mit Garten und Grillstelle (25 € p.P.).
●**B&B La Babbajola,** Via Giordano 13, Tel. 347-61 44 621. Zwei Zimmer in zentraler Altstadtlage (25 € p.P.).

Verkehrsverbindungen

●**FS-Bahnhof,** Via Garibaldi, Info-Tel. 42 041. 5 x tägl. nach Cagliari.
●**Busbahnhof,** Via Oristano (am Stadtpark), Tel. 39 800. Tägl. FMS-Busse nach Cagliari, Carbonia, Carloforte und in zahlreiche andere Orte im Südwesten Sardiniens; kostenloses FMS-Info-Tel. 800-04 45 53.
●**Taxi,** am Bahnhof, Tel. 33 235.

Domusnovas und Umgebung XVIII/B2-3

Domusnovas

Von Iglesias erreicht man in kurzer Fahrt nach Osten über die schnurgerade SS 130 den Bauernort Domusnovas am Rande des breiten, fruchtbaren Tals des Riu Cixerri. Das 6500-Seelen-Dorf war im Mittelalter von einer umlaufenden Stadtmauer und einer Burg geschützt und besitzt noch einen reizvollen Ortskern mit engen Gassen und den beiden Kirchen **Vergine Assunta** (18. Jahrhundert) und der im 13. Jahrhundert erbauten **Santa Barbara.**

Grotta di San Giovanni

Lockender als der Ort ist die **Grotta di San Giovanni,** die etwas nördlich liegt. Ein Schild weist den Weg zur Höhle durch Domusnovas zur kleinen Teerstraße, die mitten hinein in das menschenleere historische Bergbaubebiet führt, das sich zwischen dem Monte Marganai und dem Monte Linas bei Fluminimaggiore ausdehnt. Nach drei Kilometern hat man die Grotta di San Giovanni erreicht.

Das Außergewöhnliche an der etwa einen Kilometer langen Tropfsteinhöhle ist, dass sie bis vor kurzer Zeit als **Straßentunnel** benutzt wurde. Nun ist sie für den Verkehr gesperrt (aber beleuchtet) und kann zu Fuß in ca. 15 Minuten durchwandert werden.

Am anderen Ende erreicht man ein Bachtal in herrlich stiller Natur, in der ein sehr idyllischer Picknickplatz eingebettet liegt.

Wer mit dem Auto auf die **andere Höhlenseite** möchte, muss nun von Domusnovas Richtung Siliqua fahren. Gleich nach dem Ortsende im Kreisverkehr dem Schild „Margiana" folgen. Nach sechs Kilometern neuer, breiter Teerstraße links am Schild „Grotta di San Giovanni" abbiegen. Kurz vor dem Höhleneingang zweigt rechts eine Schotterpiste ab, die nach zehn Kilometern den Giardino Monte Linasia erreicht.

Essen und Trinken

- **Perd e Cerbu,** am südlichen Höhleneingang bei Domusnovas, Tel. 71 914. Gute regionale Küche.

Parco Regionale del Monte Linas-Oridda-Marganai

Hinter der Grotta di San Giovanni beginnt der praktisch menschenleere, großartige Parco Regionale del Monte Linas-Oridda-Marganai, der sich auf über 22.000 ha Fläche zwischen Domusnovas, Villacidro, Fluminimaggiore und Gonnosfanadigas rings um das Monte-Linas-Massiv ausdehnt.

In dieser absolut einsamen, ungemein faszinierenden Berglandschaft liegen **zahlreiche aufgelassene Bergwerke** wie die Mine **Malacalzetta,** die Blei-Zinkmine **Baraxiutta** oder die große Anlage **Sa Duchessa.** Die ganze Region steckt voller Relikte, die der hier seit vielen Jahrhunderten betriebene Bergbau hinterließ. Das Meiste ist sich selbst überlassen und zugewachsen oder eingestürzt. Zu den Überresten gehört auch ein Netz von Wegen und Pisten, die jedoch weder beschildert noch mit dem PKW befahrbar sind. Wer sich hier bewegt, der sollte einen guten Orientierungssinn und am besten Karte und Kompass haben. Besser ist es, sich an eine der Kooperativen der Region zu wenden, die Exkursionen anbieten. Problemlos ohne Guide kann man auf einem der markierten Wege wandern, die in dem Gebiet unmittelbar nördlich der Grotta di San Giovanni angelegt wurden.

Unterkunft

- **Agriturismo Perda Niedda,** Tel. (0781) 71 326, Web: www.agriturismo-perdaniedda.com. Biologisch betriebener Hof in herrlicher Alleinlage inmitten der Wälder im Parco Regionale. Bietet sehr gute Küche und verkauft auch eigene Produkte wie Honig, Mirto, Käse, Schinken, Gemüse u.a. Auch geführte Reitexkursionen und Trekkingtouren werden angeboten. 12 Mini-Appartements für 2–4 Pers. (B&B 26–28 €, Menü 22–25 €).

Gonnesa

Der kleine Ort südlich von Iglesias hat mehrere interessante Ausflugsziele in seiner Umgebung zu bieten. Eines davon ist die **Pineta Is Bangius** in der Nähe des Weilers Nuraxi Figus mit der Protonuraghe und schön angelegten Picknickplätzen. Nicht weit entfernt davon liegt das *altopiano* **Murru Moi,** auf dem sich zahlreiche archäologische Stätten, darunter Großsteingräber, Brunnenheiligtümer und Menhire finden.

Neueren Datums sind die verlassenen Bergwerkssiedlungen und Geisterdörfer **Monte Onixeddu, Seddas Moddizzis** und **Norman.**

Kaum vier Kilometer von Gonessa entfernt spannt sich an der Küste zwischen Fontanamare und Tonnara der **Plag'e Mesu** auf, ein langer und wunderschöner Sandstrand.

Information

- **Pro Loco,** Via 1. Maggio 6, Tel. (0783) 36 537.

Unterkunft

- **Hotel Frau***, Via delle Pace 99, Tel. (0781) 45 104. Kleines einfaches Haus mit sieben Zimmern ohne Bad, 32–35 €.
- **Domus de Amigas,** Paola Delussu, Via dei Partigiani 12, Tel./Fax (0781) 36 319, Web: www.domusamigas.it. Zentrale einer *ospitalità diffusa*, die etwa 20 teils sehr schön gelegene B&B rings um Gonessa vermittelt.

Südlich von Domusnovas

Villamassargia

Inmitten der fruchtbaren Felder im Tal des Riu Cixerri liegt etwa vier Kilometer südlich von Domusnovas das Bauerndorf Villamassargia. Der Ort ist bekannt für seine zentral gelegene, schön von Palmen flankierte **Chiesa della Vergine del Pilar,** die aus dem 13. Jahrhundert stammt. Die Kirche gilt als ein besonders schönes Beispiel der toskanischen Romanik auf Sardinien. Ebenfalls bekannt sind die schönen Handwebereien von Villamassargia, die von Teppichen über Gobelins bis zu Vorhängen reichen und heute noch von vielen Familien und einer Kooperative gefertigt werden.

- **Webarbeiten:** Laboratorio Artigianato Anna Segreto, Via Caronia 2, Tel. (0781) 74 064, Web: web.tiscali.it/dittaannasegreto. Die kunstvollen Webarbeiten von *Anna Segreto* sind zwischenzeitlich weit über Sardinien hinaus bekannt und begehrt. Hier kann man bei der Meisterin persönlich einkaufen oder auch bestellen.

Besonders bemerkenswert ist der außerhalb des Ortes gelegene **Parco Naturale S'Ortu Mannu,** ein ganzer Wald uralter **Olivenbäume.** Darunter befindet sich die berühmte **Sa Reina,** die „Königin", die etwa 1100 Jahre alt sein soll und mit ihrem an der Basis sagenhafte 16 Meter Umfang messenden Stamm der größte Olivenbaum im gesamten Mittelmeerraum sein soll.

Castello di Acquafredda

Etwa 15 Kilometer weiter östlich liegt bei Siliqua das Castello di Acquafredda. Die auf einem einsam aus der Flussebene aufragenden Vulkanberg gelegene Burg eröffnet eine herrliche Aussicht über die weite Campidano-Ebene. Der Aufstieg zu den Ruinen des alten pisanischen Grenzkastells dauert nur gut zehn Minuten und lohnt sich besonders zum Sonnenuntergang. Seit einiger Zeit wird das Castello von einer Coop betreut, was bedeutet, dass es nun Eintritt kostet und Öffnungszeiten hat, dafür aber auch der Weg hinauf zum Kastell gepflegt und dessen morsche Gemäuer gesichert und erhalten werden; außerdem verfügt das Ganze nun über schön angelegte Picknickplätze, eine Bar und einen Mountainbike-Verleih.

- **Info:** Coop Antarias, Via Iglesias 4 in Siliqua, Tel. 349-15 64 023, Web: wwwtiscalinet.it/antarias, Winter tägl. 9–17 Uhr, Sommer tägl. 9–19 Uhr.

Carbonia ♪ XXII/B1

Südlich des breiten Tals des Riu Cixerri, der bei Iglesias entspringt und bei Villaspeciosa in Sardiniens größte Ebene, den Campidano, einmündet, beginnt das Sulcis-Küstengebirge. Sein urbanes Zentrum ist die 32.000 Einwohner zählende Stadt Carbonia, die am Nordrand des Gebirges liegt.

Geschichte

Wie das nahe Iglesias ist auch Carbonia, die **Kohlestadt,** ganz ein Kind des Bergbaus, jedoch ein weit jüngeres als ihre Schwester im Iglesiente, ja sogar beinahe eine Stadt ohne Geschichte. Denn ihr Gründervater war *Mussolini,* der Carbonia zwischen 1936 und 38 aus dem Boden stampfen ließ, um hier die Bergarbeiter anzusiedeln, die für sein „Tausendjähriges Reich" die hiesige Braunkohle gewinnen sollten. Der Plan ging gründlich schief, weil die Qualität der Braunkohle von Carbonia viel zu schlecht war, um sie wirtschaftlich sinnvoll nutzen zu können.

1950 wurde die letzte Kohlenmine geschlossen, und Carbonia versank in einer grauen Depression, so dass viele der zugewanderten Arbeiter wieder auswanderten. Zurück geblieben ist die ehemalige Bergarbeiterstadt, die im Gegensatz zum charmanten Iglesias alles andere als eine Schönheit ist. **Planmäßig angelegt** mit symmetrischen, schnurgeraden Straßen, die von schlichten, monotonen Wohnblocks gesäumt sind – das alles ist für Reisende wenig verlockend.

Sehenswertes

Will man in Carbonia eine Sehenswürdigkeit nennen, so ist das die große, mit Granit gepflasterte **Piazza Roma,** um die sich die öffentlichen Gebäude in der protzigen Bauweise des Faschismus gruppieren. Das kleine **Museo Archeologico** von Carbonia stellt Exponate aus der an prähistorischen Fundstellen reichen Umgebung wie z.B. aus der phönizisch-punischen Siedlung auf dem nahen Monte Sirai aus. Die Exponate reichen von der Jungsteinzeit bis zur römischen Epoche. Interessant ist die Möglichkeit, die antike Siedlung vom Monte Sirai multimedial zu besichtigen.

●**Museo Archeologico Villa Sulcis,** Via Napoli 4, Tel. 69 11 31, Web: www.sardinia.net/carbonia, geöffnet Di–So 9–13 u. 15–19 Uhr.

Praktische Tipps Carbonia

Post und Telefon

●**Vorwahl: 0781**
●**PLZ: 09013**

Information

●**Pro Loco,** Via Marconi 12, Tel. 67 16 27.

Essen und Trinken

●**Bovo Da Tonino,** Via Costituente 18, Tel. 62 217. Nette, bei den Einheimischen beliebte Trattoria, deren gute Küche mit viel Fisch im Guide Michelin Erwähnung findet.

Aktivitäten

●**Circolo Avventura,** Via Roux 149, Tel. 67 08 20, Fax 67 05 28. Trekking, Freeclimbing, Survival, Canyoning.

Einkaufen

- **Sardische Produkte:** Fior di Sardegna, Via Piazza Matteotti 22, Tel. 61 050. Wein, Öl, Käse, aber auch Skulpturen, Messer, Masken.

Museen

- **Museo di Paleontologica e Speleologica Martell,** Via Campania 61, Tel. 64 382, geöffnet Di–So 9–13 u. 15–19 Uhr. Über 700 Fossilien sowie Funde aus den zahlreichen Höhlen der Umgebung, die auch in Bildern und Modellen dargestellt sind.

Verkehrsverbindungen

- **Bahnhof,** Via Roma 28a, Tel. 61 672. Tägl. zahlreiche Verbindungen nach Cagliari.
- **Busbahnhof,** Piazza Stazione, Tel. 67 43 74. Tägl. Verbindungen u.a. nach Iglesias, Cagliari, Teulada.

Monte Sirai

Etwa vier Kilometer nordwestlich von Carbonia ragt nahe der SS 126 beim Dorf Sirai ein 190 Meter hoher **Tafelberg** aus der Landschaft, der Monte Sirai. Der natürliche Wachposten war schon zur Nuraghierzeit besiedelt. Um 650 v. Chr. errichteten die Phönizier auf ihm eine Festung zur Überwachung ihrer wichtigen Erzminen im Sulcis. Ihnen folgten die Karthager, die die Festung zu ihrem wichtigsten militärischen Posten im Südwesten Sardiniens ausbauten. Sie wurden schließlich von den Römern verdrängt, die die Anlage in einen zivilen Ort umwandelten. Aufgegeben wurde die römische Stadt während des Krieges zwischen *Sextus Pompeius* und *Octavian* im Jahr 38 v. Chr.

Nach der Entdeckung der antiken Stätte begannen 1963 umfangreiche Ausgrabungsarbeiten auf dem Berg, bei denen die Fundamente der großen Anlage freigelegt wurden. Zu sehen ist heute die rings um das Plateau verlaufende ehemalige Festungsmauer, eine Nekropole, eine phönizische Brandopferstätte sowie Straßenzüge mit Häuserfundamenten. Wichtigster Bau ist die 60 mal 300 Meter große Akropolis, deren Fundamente man beim Parkplatz der Anlage findet.

Leider ist die gesamte Anlage noch weitgehend unbeschildert, so dass sich der Laie schwer tut, mit den vielen Fundamenten und Mauerresten etwas anzufangen. Jedem erschließt sich jedoch der Fernblick, der sich in alle Himmelsrichtungen eröffnet.

- **Area Archeologica di Monte Sirai,** an der SS 126 nahe Sirai, Tel. (0781) 64 044, geöffnet: Juni–Sept. Di–So 9–13 u. 16–20 Uhr, Okt.–Mai Di–So 9–17 Uhr.

Unterkunft/
Essen und Trinken

- **Tanit,** Loc. Sirai, Tel. 67 37 93, Web: www.tanit.tv. Großer Komplex am Fuße des Monte Sirai mit Hotel (14 DZ) und Restaurant und einem kleinen Privatmuseum mit antiken Mühlen, denen die Leidenschaft des Padrone *Pietro Frongia* gilt.

Das Hinterland von Carbonia ♫ XXIII/C1

Narcao

Etwa 13 Kilometer östlich von Carbonia liegt der kleine Ort Narcao. Die Geschichte des 3000-Seelen-Ortes illustrieren teilweise ausgesprochen schöne Murales im Dorf, die überwiegend die Arbeit der Minenarbeiter zum Thema haben.

Unterkunft

●**B&B Sa Domu Rosa,** Fraz. Terraseo, Via Trieste 18, Tel. (0781) 95 61 05. Zwei geschmackvoll ausstaffierte DZ mit Bad im Nirgendwo; das Schönste ist, wie der Ortsname schon ahnen lässt, die Terrasse und die Aussicht von derselben (23–26 € p.P.).

Um den Monte Atzari

Sehr schön und einen Besuch wert ist der waldreiche **Parco di Monte Atzari,** der etwas westlich des Ortes aufragt. In der von den Einheimischen gern besuchten, mit schönen Picknickgelegenheiten ausgestatteten Naturoase findet man auch die schön und still gelegene Ausflugsgaststätte La Pineta, in der es sich gut speisen lässt.

Nördlich des Monte Atzari beginnt ein heute fast menschenleeres, ehemaliges Bergbaugebiet, in dem man viele verfallene Überreste von Minen wie z.B. ein gewaltiges Viadukt der alten Grubenbahnen findet, das bei Narcao ein Tal überspannt. Auf dem Weg zu der im Wiederaufbau befindlichen Miniera Rosas, die man über einen Abzweig bei Terrubia auf einer schmalen Piste erreichen kann, liegt inmitten einsamer Natur das sehr gut ausgestattete 4-Sterne-Sporthotel Rosas.

Unterkunft/Aktivitäten

●**Sporthotel Rosas********, Loc. Terrubia, Tel. (0781) 95 94 01, Fax 95 94 02. Hotelkomplex mit 66 Zimmern mit sehr umfangreicher Ausstattung. Oft von Leistungssportlern als Trainingslager genutzt. Zahlreiche Sportmöglichkeiten wie Tennis, Reiten, Schwimmen, Gewichtheben usw., Aktivitäten wie Jeep-Exkursionen, Trekking und Freeclimbing (NS 36–98 €, HS 51–144 €).

Nuxis

Östlich von Narcao liegt an der SS 293, die von Giba quer durch den Sulcis nach Siliqua führt, das kleine Dorf Nuxis. Hierher verirrt sich kaum ein Tourist, obwohl es durchaus seine Besonderheiten zu bieten hat. An erster Stelle steht das **Centro die Ecoturismo Culturale Letizia** von *Elia Fanutza,* das sich ganz der Entwicklung des ökologischen Tourismus und der Pflege alter Traditionen verschrieben hat. Außerdem bietet das Zentrum inmitten einer intakten Natur am Ortsrand zahlreiche Aktivitäten an. Dazu gehören u.a. Exkursionen zu Pferd und Esel, Pilz-Kräuterexkursionen, Koch- und Backkurse sowie Olivenkunde. Besucher können auch an der Weinlese und Olivenernte teilnehmen.

Vor allem aber bietet Letizia eine hervorragende traditionelle Küche, die allein den Abstecher nach Nuxis lohnt. Hier wird in rustikalem Ambiente alles, was die Natur der Umgebung hervorbringt, bestens und frisch zubereitet, unter anderem herrliche Pilze aus der großen, urwaldartigen **Foresta Is Cannoneris,** in der noch der seltene Sardische Hirsch beheimatet ist.

●**Centro di Ecoturismo Culturale Letizia,** Via San Pietro 12, Tel. (0781) 95 70 21, Fax 95 74 65. Anfahrt aus Richtung Giba von der Hauptstraße die dritte Straße links, dann rechts in die Via Cagliari bis Ende zur Via San Pietro und schließlich die erste Straße links.

Unterkunft

- **B&B Laura,** Via San Pietro 90, Tel. (0781) 95 70 56. Bei *Laura* und *Salvatore* warten zwei einfache, aber nette Zimmer mit Bad auf Gäste. Zum Centro Letizia sind es nur ein paar Schritte, also ideal, um dort zu tafeln und dem Wein zuzusprechen und dann bei *Laura* in die Kissen zu sinken (25–28 € p.P.).

Ein ebenso stilles wie schönes Ausflugsziel ist die kleine **Chiesa S. Elia** südlich von Nuxis. Fährt man die kleine Straße an der Ortskirche und dem Friedhof von Nuxis vorbei weiter geradeaus, erreicht man nach rund drei Kilometern eine Gabelung. Geradeaus gelangt man bald zu dem idyllisch auf einem einsamen Hügel gelegenen Landkirchlein.

Fährt man an besagter Gabelung links, erblickt man nach ca. 800 Metern ein Schild **„Pozzo Sacro".** Hier verbirgt sich in der Macchia 20 Meter neben der Straße ein schönes, sich selbst überlassenes unterirdisches Brunnenheiligtum aus der Nuraghierzeit. Von dort führt das Sträßlein weiter hinauf in die einsame Bergwelt des 1041 Meter hohen **Monte Nieddu.**

Die Südwestküste des Sulcis   ♪ XXII/A1-B3

Portoscuso und Porto Vesme

Der gesamte Küstenabschnitt westlich von Carbonia zwischen dem Capo Altano und dem Damm zur Isola di Sant'Antioco ist touristisch kaum interessant. Ganz im Norden dieser Küste liegt **Portoscuso,** ein kleiner, bescheidener Fischerort mit einer kleinen Marina. Um wenigstens den einen oder anderen Reisenden anzulocken, hat man eine alte Thunfischfangstation etwas aufgemöbelt und versucht, sie als Attraktion zu preisen. Besonders aber der schöne, von roten Porphyrklippen malerisch eingerahmte **Sandstrand** belebt langsam etwas den Fremdenverkehr. Bereits zwei Hotels hoffen auf zahlende Gäste. Dass diese sich zahlenmäßig auch zukünftig im kleineren Rahmen halten werden, liegt zum einen an der für die große Mehrheit der „Olbia-Ankömmlinge" doch zu weit abgelegenen Ecke, und zum anderen an den **Industriewerken** wie einem Aluminiumwerk und einem Ölkraftwerk im nahen Porto Vesme, deren Schlote wenig attraktiv in den azurblauen Himmel ragen und dunkle Wolken pusten.

Dennoch dürfen Portoscuso und Porto Vesme in keinem Sardinien-Reiseführer fehlen. Denn von hier aus pendeln im schnellen Takt die Fähren hinüber nach Carloforte auf der Isola di San Pietro. Deren Besuch lohnt sich allein schon, um in einem der Restaurants von Carloforte die auf unterschiedlichste Art zubereitete Inselspezialität Thunfisch zu speisen.

- **Fähre Porto Vesme – Carloforte:** Saremar, Informationen am Counter im Hafen, Tel. (0781) 50 90 65, Web: www.saremar.it. Tägl. 12–18 x zwischen 6 und 22 Uhr, von Juni–Sept. auch Nachtfahrten. Bei starkem Andrang (nur in der Hauptsaison) werden erst nur Platzkarten ausgegeben, die dann zum Kauf des eigentlichen Tickets berechtigen.

Unterkunft/ Essen und Trinken

- **La Ghinghetta****, Loc. La Caletta, Via Cavour 26, Tel. (0781) 50 81 43, Fax 50 81 44. Für besondere Abende und Anlässe. Mit nur acht Zimmern kleine, aber feine Herberge in einem restaurierten, romantischen alten Fischerhaus, deren exzellente Küche auf ganz Sardinien ein Begriff ist. Bei *Ivaldo Vacca* gibt es Köstlichkeiten wie „carpaccio di tono rosso con gelato di olive e acetato balsamico caramellatico" (120–135 €).
- **Hotel Don Pedro***, Via Vespucci 15, Tel. (0781) 51 02 19, Fax 51 00 39, Web: www.tiscali.it/hoteldonpedro. Nüchterner Zweckbau direkt am Hafen mit einladender Restaurantterrasse und Blick auf den Hafen (NS 60–73 €, HS 73–83 €).

Porto Botte und Porto Pino

Auch die Küste südlich vom Straßendamm zur Isola di Sant Antioco bis zum Capo Teulada ist für viele Reisende nicht besonders attraktiv. Der flache Küstenabschnitt ist von **zahlreichen stagni** (flachen, verschilften Strandseen) geprägt und vom Fremdenverkehr vollständig unberührt. Die einzigen beiden Siedlungen an dieser Küste sind der Fischerweiler Porto Botte am Stagno di Porto Botte und das sehr hübsch inmitten einer ausgedehnten Lagunenlandschaft gelegene Ferienörtchen Porto Pino.

Porto Botte ist kaum mehr als eine Reihe von Fischerhäuschen am langen, aber leider überwiegend mit Seegras bedeckten Sandstrand mit Blick auf die wenig attraktiven Industriewerke von Sant'Antioco.

Porto Pino dagegen ist nicht nur hinsichtlich seiner Lage eigentlich recht reizvoll, sondern es besitzt auch einen endlos langen Bilderbuchstrand, hinter dem sich eine nicht minder schöne, Schatten spendende *pineta* entlangzieht. Der dazugehörige Ort ist allerdings weniger romantisch. Um die riesige Parkfläche im „Zentrum" gruppiert sich eine Hand voll Häuser, die meist als Bar, Restaurant oder Locanda dienen.

Von Porto Pino kann man über den Stagno de Is Brebeis hinüberschauen auf das militärische Sperrgebiet, das nicht nur die ganze Halbinsel am Capo Teulada umfasst, sondern auch die einmaligen wüstenartigen Strände der Spiaggia Sabbie Biance, an denen die NATO Landemanöver und Wüstenkrieg übt. Doch die Militärs haben sich bewegt und wenigstens einen Teil dieser **fantastischen Wüstenwelt** aus schneeweiß glänzenden Stränden und Dünen geöffnet, sodass man jetzt auch in einem einst gesperrten Teil Sommer, Sonne und Strand genießen kann. Das hat Porto Pino einen sichtbaren Aufschwung beschert. Alles wurde neu gestaltet und netter angelegt und die gewisse Trostlosigkeit, die noch vor einigen Jahren über dem Ort mit seinen Paradiesstränden lag, ist verschwunden. Sogar ein hochelegantes 4-Sterne-Resort hat eröffnet. Nur wenn auf dem riesigen Übungsgelände Krieg gespielt wird (überwiegend im Herbst und Winter) und Panzerkanonen mit Schiffsartillerie und Düsenjets um die Wette donnern, dann kehrt wieder das Gefühl der Trostlosigkeit und Verlassenheit nach Porto Pino zurück.

Unterkunft/ Essen und Trinken

- **Porto Pino Club****, Loc. Porto Pino, Tel. (0781) 96 72 08, Fax 96 72 11, Web: www.mobygest.it. Neu und sehr weitläufig angelegtes luxuriöses Villagio im arabisch-neosardischen Stil mit vielen weißen Bögen über Palmen und Pools; alles mit viel Stil und Hochglanz, sicher nicht jedermanns Kragenweite (95–330 €).
- **Cala dei Pini***, Porto Pino, Tel. (0781) 96 70 14, Fax 96 70 37, Web: www.caladeipini.com. Großes, in der schönen Strandpineta gelegenes Hotel; von den Zimmerbalkonen herrlicher Blick auf die Bucht, Lagune und Strände (NS 66–70 €, HS 90–138 €).
- **L'Antica Locanda Rosella**, in Giba ca. 7 km östlich von Porto Botte an der SS 195, Via Pricipe di Piemonte 135, Tel./Fax (0781) 96 40 29. Seit 50 Jahren ist die Locanda ein Synonym für gutes Essen. Gut auch im Sinne von authentisch, denn Licia Pennisi bereitet noch Gerichte aus der traditionellen Sulcis-Küche zu, die man heute nur noch sehr selten und wenn, dann nur privat bekommt. Die Gerichte sind oft einfach wie „Su Mazzamurru", eine ebenso kräftige wie köstliche Brot-Tomatensuppe mit Käse- und Fleischeinlage, zu der frisches, selbst gebackenes Brot gereicht wird. Wer bei Rosella beim Wein die Zeit vergisst, kann sich in eines der 7 DZ im Hause einquartieren (55 €).

Camping

- **Camping Sardegna*, Porto Pino, Tel. 96 70 13, Web: www.campingsardegna.com, geöffnet 15.5.–30.9. Sehr einfach ausgestatteter, schlauchförmiger Platz. Landschaftlich sehr reizvoll zwischen Lagune und drei Kilometer langem super Strand gelegen. Mit Restaurant.

Isola di Sant'Antioco ♪ XXII/AB2-3

Die etwas anderen Inseln

Die beiden Inseln Isola di Sant'Antioco und Isola di San Pietro bilden gemeinsam den der Südwestecke Sardiniens vorgelagerten Archipel von Sulcis. Mit einer Fläche von 109 Quadratkilometern und etwas mehr als 13.000 Einwohnern ist Sant'Antioco etwa doppelt so groß wie die gut 7000 Einwohner zählende Insel San Pietro.

Gemeinsam ist den beiden Inseln, dass sie mit Sardinien wenig gemein haben. Denn beide waren lange Zeit praktisch unbewohnt und wurden erst spät von ligurischen und genuesischen Fischern besiedelt. So ist auf den beiden Eilanden so ziemlich alles anders als auf Sardinien – die Bauweise, die Mentalität ihrer Bewohner, ihre Musik und ihre Küche. Alles ist eine interessante Mischung aus genuesischen, ligurischen und afrikanischen Elementen. Denn die Zuwanderer kamen nicht direkt aus ihrer Heimat, sondern hatten zuvor lange Zeit als Fischer die afrikanische Insel Tabarka bewohnt. Dort ständigen Piratenüberfällen ausgesetzt, erhielten sie 1738 von *König Carlo Emanuele III.* die Erlaubnis, auf die bis dahin bedeutungslosen Inseln überzusiedeln.

Landschaftlich sind sich die beiden Inseln ähnlich. Beide sind vulkanischen Ursprungs und haben eine teilweise faszinierend schöne Steilküste, in die einige wenige Sandstrände ein-

Isola di Sant'Antioco

gesprenkelt sind. Rein zum Baden muss man also nicht auf die Inseln reisen. Strände findet man auf Sardinien in größerer Anzahl und schönerem Ambiente. Das Innere der Inseln ist flach oder leicht kuppig, überwiegend von Macchia und Weinfeldern bedeckt und wirkt insgesamt etwas monoton. Dennoch haben Sant'Antioco und San Pietro jeweils ihre Attraktionen und Sehenswürdigkeiten, die wenigstens einen Tagesausflug wert sind.

In Sant'Antioco-Stadt

Geschichte

Ein drei Kilometer langer Damm verbindet die Insel Sant'Antioco mit dem Festland. Aufgeschüttet haben ihn schon die Phönizier, um das in den Minen des Sulcis und Iglesiente geschürfte Silber und Blei in den Hafen von Sant'Antioco zu bringen, wo es verschifft wurde. Die geographisch und strategisch günstige Lage der Insel veranlasste die Phönizier auch, sie als Sprungbrett für ihre Einfälle in das Reich der Sarden auszubauen. Im 8. Jahrhundert v. Chr. gründeten sie an der geschützten, Sardinien zugewandten Küste den Handelsort Sulci, der von den ihnen folgenden Karthagern weiter ausgebaut wurde. Unter den Römern, die ab 238 v. Chr. auf die Insel kamen, wurde Sant'Antioco zum wichtigen militärischen und wirtschaftlichen Stützpunkt. Allen Herrschern war eines gemein: Sie bauten den Hafen der Insel ständig weiter aus.

Der Hafen brachte Sant'Antioco jedoch nicht nur Arbeit und Wohlstand, sondern weckte auch die Begehrlichkeiten der Piraten. Die ständigen Sarazenenüberfälle bewirkten, dass die Insel ab dem 13. Jahrhundert an Bedeutung verlor, weil immer mehr ihrer Bewohner abwanderten. Über Jahrhunderte praktisch unbewohnt und völlig bedeutungslos, wurde Sant'Antioco erst wieder in der Zeit des italienischen Faschismus eine wichtige Rolle zuteil. Um die großen Bodenschätze des Sulcis und Iglesiente, die *Mussolinis* Reich autark machen sollten, zu verschiffen, wurde der Hafen massiv ausgebaut. Die großspurigen Pläne scheiterten aber ebenso wie *Mussolini* und sein Reich. Zurückgeblieben ist ein viel zu großer Hafen, um den sich etwas Industrie angesiedelt hat.

Sant'Antioco-Stadt

So ist der erste optische Eindruck, den man bei der Fahrt über den Damm von Sant'Antioco erhält, wenig vorteilhaft. Links und rechts flaches, im heißen Sommer muffelndes, algenhaltiges Wasser und voraus eine Kulisse aus Industriewerken. Dennoch hat die Stadt Sant'Antioco eine **hübsche kleine Altstadt.** Die Attraktion der Insel und Stadt sind jedoch die Hinterlassenschaften der antiken Herrscher.

Das Auto parkt man am besten unten am Hafenkai, der so ausgedehnt ist, dass man hier immer genügend Platz findet. Vom Lungomare führt die Via Giuseppe Garibaldi direkt hinauf in die kleine Altstadt, die sich den Hang hinaufzieht. Nach einigen Hundert Metern trifft sie auf die zentrale, reizvoll von Palmen begrünte **Piazza Umberto,** die ein beliebter Treff der Einheimischen ist. Von dem dreieckigen Platz geht die große Einkaufsstraße Corso Vittorio Emanuele ab, die in die Via Roma übergeht.

Sant'Antiocos schönster Ort ist die fast auf dem höchsten Punkt der Altstadt gelegene **Piazza di Gasperi,** zu der vom Umberto-Platz mehrere Straßen und Gassen hinaufführen. An dem sehr reizvollen Platz erhebt sich die **Basilika Sant'Antioco,** die auf dem Fundament eines im 6. Jahrhundert angelegten, frühchristlichen Gotteshauses erbaut wurde. Der aus grauem Granit errichtete Kuppelbau ist nach dem christlichen Märtyrer *Antiocos* benannt, dessen Gebeine in dem Sarkophag gleich am Eingang ruhen sollen. Im rechten Querschiff führt eine Treppe hinunter zu einem System gut ausgeleuchteter unterirdischer Kammern und Gänge, die den Fels, auf dem die Kirche steht, wie einen Schweizer Käse durchlöchern. Wenige Schritte oberhalb der Basilika ragt die kleine, 1812 von den Savoyern errichtete **Festung Su Pisu** auf dem höchsten Punkt der Stadt auf, von der aus sich ein atemberaubender 360-Grad-Rundfernblick über Inseln und Meer auftut.

Archäologische Sehenswürdigkeiten

Spektakulärer als Sant'Antioco-Stadt sind die antiken Fundstätten, die etwas außerhalb der heutigen Stadt an der Straße nach Calasetta liegen. Zu ihnen führt von der Piazza Gasperi die Via Necropoli. Wer sie direkt mit dem Auto ansteuern will, fährt einfach der Ausschilderung nach Calasetta nach. An dem weitläufigen archäologischen Feld, das eine punische Nekropole, ein phönizisches Thopet sowie ein Archäologisches und ein kleines Ethnographisches Museum umfasst, steht ein großer Parkplatz zur Verfügung.

Punische Nekropole

Auch an dieser Stelle ist auf den ersten Blick wenig Sensationelles zu entdecken. Doch der Fels ist von ei-

ISOLA DI SANT'ANTIOCO

nem Gewirr aus Gängen und Kammern durchzogen, die über viele Jahrhunderte in den weichen Tuffstein gegraben wurden. Begonnen mit dem unterirdischen Höhlensystem und Friedhof haben die Punier. Weitergegraben haben dann die Römer und schließlich die ersten Christen. Da in dem Gewirr von Gängen Gefahr besteht, sich zu verirren, kann die Anlage nur im Rahmen einer Führung betreten und besichtigt werden. Zu sehen gibt es zahlreiche Grabkammern, in denen teils noch punische Tote in Hockstellung und römische in Liegestellung verblieben sind.

Phönizische Brandopferstätte

Das **Thopet,** eine phönizische Brandopferstätte, liegt etwas unterhalb der Nekropole. In dem weitläufigen Gelände wurden über 3000 Urnen mit den sterblichen Überresten von Tieren und Menschen entdeckt. Die meisten der menschlichen Toten waren Kinder, die dem schauerlichen phönizischen Kult, jeweils immer das Erstgeborene den Göttern Tanit und Baal zu schenken, zum Opfer fielen. Neuere Forschungen behaupten jedoch, dass die Kinder nicht geopfert wurden, son-

Gasse in Sant'Antioco-Stadt

dern eines natürlichen Todes gestorben seien. Die heute auf dem Gelände stehenden Urnen sind Nachbildungen. Die Originale werden, wie auch die meisten der 1500 hier gefundenen steinernen Stelen, im Archäologischen Museum in Cagliari aufbewahrt.

Archäologisches Museum

Einige Originale sind auch in dem Museum am Eingang zur Nekropole zu sehen. Neben Urnen und Stelen sind auch hier zahlreiche Grabbeigaben wie Keramikarbeiten, Spangen, Schmuck, Öllampen, Amphoren, Figuren und vieles mehr ausgestellt, was man in den Höhlenkammern und auf dem Thopet fand.

Nebenan zeigt die kleine ethnographische Sammlung **Su Magasinu 'E Su Binu** traditionelle Geräte u.a. aus Küche, Landwirtschaft und Fischerei vergangener Jahrhunderte.

Achtung: Alle Einrichtungen können nur im Rahmen einer Führung besichtigt werden, die die Coop Archeotur anbietet.
- **Archeotur,** Via Foscolo 4, Tel. 84 10 89, Web: www.archeotur.it, Führungen tägl. 8.30-19 Uhr (im Winter bis 18 Uhr).
- **Catacombe di Sant'Antioco Martire,** Tel. 83 044, geöffnet Mo-Sa 9.30-12 u. 15.30-18 Uhr, So 15.30-18 Uhr.
- **Festung Su Pisu,** geöffnet tägl. 8.30-19 Uhr, Eintritt frei.

Post und Telefon

- **Vorwahl: 0781**
- **PLZ: 09017**
- **Post:** Piazza Umberto 1.

Information

- **Pro Loco,** Piazza Repubblica 31a, Tel. 82 031.

Essen und Trinken

- **Il Cantuccio,** Viale Trento 16, Tel. 82 166. *Salvatore Cuccus* Prinzip ist: Alles muss gut, aber auch bezahlbar sein. Sein nahe der zentralen Piazza gelegenes *ristorante* bietet gute, ligurisch-afrikanisch eingefärbte Inselküche, und das zum anständigen Preis. Deshalb ist es mit das beliebteste Lokal der Insel und immer gut besucht.

Aktivitäten

- **Führungen zu den antiken Stätten/Museen:** Archeotur, Via Foscolo 4, Tel. 84 10 89, Web: www.archeotur.it. Führungen tägl. 9-13 u. 15.30-19 Uhr (im Winter bis 18 Uhr).
- **Bootsausflüge:** Solkando Solki, im Hafen, Tel. 84 11 05.
- **Tauchen:** Deep Vibration – Centro Sub, c/o Hotel Capo Sperone, Tel. 80 90 13.

Einkaufen

- **Reproduktionen phönizischer und römischer Artefakte:** Lo Scarabeo, Via Foscolo 4 und Via Castello 11, Tel. 84 10 89.
- **Webarbeiten:** Coop S. Antioco Martire, Lungomare Vespucci 30, Tel. 82 085.
- **Dolci Sardi:** Dolceria Regina Margherita, Via R. Margherita 147, Tel. 83 601.
- **Wein:** Cantine Sardus Pater, Via Rinascita 46, Tel. 83 055, Web: www.cantinesarduspater.com. Vermentino, Carignano und Monica; geöffnet Mo-Fr 10-12 und 15-17 Uhr.
- **Fisch:** Coop Albatros, Via C. Colombo 98, Tel. 80 00 83. Frischer Fisch, natürlich besonders Thunfisch.

Feste

- **Sagra di S. Antioco Martire,** 15 Tage nach Ostern und 1. August. Große Prozession unter Teilname von Trachtengruppen aus ganz Sardinien, in der die Figur des heiligen Antioco mitgeführt wird.

Notfälle

- **Carabinieri,** Via Rinascita 2, Tel. 83 122.
- **Polizia,** Via Roma, Tel. 82 062.
- **Guardia Medica,** Via della Rinascita, Tel. 83 591.

ISOLA DI SANT'ANTIOCO

Unterkunft

- **Hotel Eden***,** Piazza Parrocchia 15, Tel. 84 07 68, Fax 84 07 69, Web: www.albergoleden.com. Sehr reizvoll und ruhig am höchsten Punkt der Altstadt bei der Basilika gelegenes, gepflegtes Hotel mit einladendem Gewölberestaurant. Der Clou: Am Eingang in das Lokal erwartet den Gast die Grotta Punich, eine antike Felskatakombe (65–80 €).
- **Hotel del Corso***,** Corso Vittorio Emanuele 32, Tel. 80 02 65, Fax 82 378, Web: www.hoteldelcorso.it. Ein einladendes, kleines, zentral gelegenes Hotel (NS 70 €, HS 80–92 €).
- **B&B Rosa dei Venti,** Via Goceano 30, Tel. (0781) 82 80 10, Web: www.rosaventi.it. Frühstück unter Palmen! Drei sehr gepflegte und geschmackvoll eingerichtete Zimmer mit Bad in schöner Villa mit herrlichem mediteranen Garten (35–55 € p.P.).
- **B&B Berenice,** Via Petrarca 16, Tel. 84 06 25, Web: www.beenicebb.it. Die gastfreundliche Familie *Sulas* offeriert drei moderne, unaufdringlich schlicht und schön arrangierte DZ mit Bad im 1. Stock mit separatem Eingang (25–40 € p.P.).

Capo Sperone

Von Sant'Antioco-Stadt führt eine gut befahrbare Teerstraße nach Süden hinaus bis zum Capo Sperone, dem südlichsten Zipfel der Insel. Erst geht die Fahrt entlang der 200 Meter langen **Spiaggia Canisoni** an der Ostküste zur kleinen Feriensiedlung **Maladroxia**. Dann steigt die Straße an und klettert kurvig hinauf zum Sarazenenturm **Torre Canai,** von wo aus sich ein toller Panoramablick über die Steilküste und den weiten Golfo di Palmas bis hinüber zum Capo Teulada eröffnet. Auch bei der Weiterfahrt Richtung Capo Sperone hat man immer wieder das herrliche Küstenpanorama um das Südkap der Insel vor Augen.

Die Straße endet nach 18 Kilometern am Capo Sperone, an dem einsam die gleichnamige, architektonisch gelungene Hotelanlage liegt. Das Schauspiel der wilden, senkrecht ins Meer abstürzenden Küstenklippen am Kap ist unbedingt den Abstecher wert.

Unterkunft

- **Hotel Capo Sperone***,** Loc. Capo Sperone, Tel. (0781) 80 90 00, Fax 80 90 15. Von der Architektur und der Lage her sehr schöne, weitläufige Anlage im Hazienda-Stil. Völlig einsam und ebenso still gelegen sind die Bungalows, eingebettet in einen parkartigen Garten. Bademöglichkeiten in Felsbuchten am Kap (NS 52–62 €, HS 62–92 €).
- **Hotel Maladroxia***,** Loc. Maladroxia, Tel. 81 70 12, Fax 80 90 55, Web: www.hotelmaladroxia.com. Ca. 7 km außerhalb am Hang über einem langen schönen Sandstrand gelegener charmanter Neubau mit Restaurant, herrlicher Panoramaterrasse und ebensolchem Blick über Strand und den Golfo di Palmas (52–88 €).
- **Hotel La Matta**,** Via Nazionale 119, Tel. 82 81 02, Fax 80 13 75, Web: www.hotel-lamatta.com. Nach 20 Jahren Arbeit im Hotelgewerbe entschloss sich Signore *Lamatta,* sich seinen Lebenstraum zu erfüllen und sein elterliches Haus in ein stilvolles und gastfreundliches Hotel mit persönlichem Charme zu verwandeln – es ist ihm sehr gut gelungen. Acht schön gestaltete Zimmer mit Balkon in zentraler Lage, nur die Bäder sind etwas arg „aufgeregt" gefliest (50–90 €).

Calasetta

Ganz im Norden der Insel liegt das kleine ehemalige Fischerdorf Calasetta, von dem aus die Fähre hinüber zur benachbarten Insel San Pietro verkehrt. Calasetta ist der touristische Hauptort der Insel, da er über einige hübsche Sandstrände verfügt. Die regelmäßige Anlage des Ortes mit seinem **Schachbrettmuster** lässt erahnen, dass Calasetta nicht natürlich gewachsen, sondern am Reißbrett entworfen wurde. Es wurde 1770 gegründet, als auf der kaum bewohnten Insel ligurische und genuesische Fischer angesiedelt wurden. Trotz des nüchtern wirkenden Grundrisses hat der Ort durchaus seinen Charme – nicht zuletzt durch die vielen Urlauber, die Lebendigkeit in seine Straßen und Gassen bringen. Am Abend flaniert man die Via Roma entlang und füllt die weitläufige Piazza Municipio und die Bars und Restaurants.

Badestrände um Calasetta

Die Strände liegen sämtlich südlich des Ortes. Um dorthin zu gelangen, muss man Calasetta einmal durchfahren, was besonders für Wohnwagengespanne oder große Gefährte angesichts der schmalen Straßen und 90-Grad-Kurven nicht ganz einfach ist.

Unmittelbar hinter dem Ortsausgang liegt die **Spiaggia Sottotorre**, die als einer der schönsten Badestrände der Insel gilt. Fährt man die schmale Küstenstraße weiter, erreicht man als Nächstes die **Spiaggia Salina,** einen etwa 300 Meter langen, ringsum von Wachholder umwachsenen Sandstrand mit Dünengürtel. Kurz darauf folgt die gut 500 Meter lange **Spiaggia Grande,** ein feinsandiger, weißer Sandstrand, der sich reizvoll in eine malerische Bucht schmiegt. Kurz hinter dem Strand wird die Straße zur staubigen Schotterpiste, die rings um die ganze Insel führt.

Post und Telefon

- **Vorwahl: 0781**
- **PLZ: 09011**

Information

- **Pro Loco,** Lungomare C. Colombo, Tel./Fax 88 534, Web: www.prolococalasetta.it/.

Essen und Trinken

- **Da Pasqualino,** Via Roma 99, Tel. 88 473. Beliebte Trattoria mit sehr guter traditioneller *cucina alla Calasettana,* in der man deutlich die ligurisch-afrikanischen Einflüsse bemerkt.

Aktivitäten

- **Boots-, Surfbrett- und Kanuverleih, Wasserski:** Nolamar, Lungomare, Colombo, Tel. 81 00 30.
- **Boots- und Motorrollerverleih:** Marine Sifredi, am Hafen, Tel. 85 44 37.
- **Tauchen:** Centro Sub Scuba Dream, Via Palestro 148, Tel. 338-45 05 269.
- **Reiten:** Maneggio Tupei, Tel. 81 00 25.
- **Discos: Aquarium,** an der Spiaggia Grande, und **Satchmo,** an der SS 126 ca. 4 km vor Calasetta.

Einkaufen

- **Wein:** Cantina Sociale, Via Roma 134, Tel. 88 413.
- **Sardische Produkte:** Sardegna Market, Via Roma 110, Tel. 89 90 00.

Museum

- **Museo d'Arte Contemporanea,** Via Savoia 2, Tel. 88 443, geöffnet Mai–Sept. Di–So 9–13 u. 17–20 Uhr, Okt.–April Di/Mi 9–13, Do–So 9–13 u. 15–18 Uhr. 109 Werke von 103 europäischen Künstlern der Gegenwart mit Schwerpunkt Konstruktivismus und Abstrakte Malerei.

Unterkunft

- **Hotel Luci del Faro***,** Loc. Mangiabarche, Tel. 81 00 89, Fax 81 00 91, Web: www. hotelucidelfaro.com. Ca. 4 km außerhalb gelegene, architektonisch sehr schöne, elegan-

ISOLA DI SANT'ANTIOCO

te und ruhige Anlage an der Spiaggia Grande. Umfangreiche Ausstattung mit Swimmingpool, Tennisplatz, Surfstation, Busservice zu den Stränden u.v.m. (NS 84–140 €, HS 140–205 €).
● **Hotel Cala di Seta***, Via Regina Margherita 61, Tel. 88 304, Fax 88 72 04. Modernes, nüchternes Gebäude in zentraler Ortslage mit 17 Zimmern (NS 55–70 €, HS 65–130 €).
● **Hotel Bellavista****, Via Panoramica, Tel./Fax 88 211, Web: www.calasettabellavista.it. Kleines Hotel mit 12 Zimmern beim Torre über der Spiaggia Sottotorre mit bester Aussicht auf die Insel San Pietro. Im Haus ein gutes Restaurant (NS 65–75 €, HS 70–80 €).

Camping

● **Camping Tonnara****, Loc. Cala de Saboni, Tel. 80 90 58, Fax 80 90 36 (1.4.–30.9.).

Fischerboot im Hafen von Calasetta

An der Bucht Cala Sapone gelegener, leicht abfallender Platz. Stellplätze durch Hecken begrenzt. Gute Ausstattung mit Bar, Pizzeria, Restaurant, Supermarkt, Tennis-, Volleyballplatz u.a. An der Bucht kleiner, von Felsriffen umrahmter Sandstrand.
● **Camping Le Saline****, Via Le Saline, Tel. 88 615, Fax 88 489, Web: www.campinglesaline.com, ganzjährig geöffnet. Ca. 2 km außerhalb, oberhalb des Sandstrandes Spaggia Salina. Im Eingangsbereich hübsch angelegter, üppig begrünter Hangplatz mit Panoramablick auf die Isola di San Pietro. Ordentlich mit Bar, Restaurant, Supermarkt, Tennisplatz ausgestattet, die Sanitärgebäude wirken etwas ungepflegt. Am Strand Boots- und Surfbrettverleih sowie Wasserski.

Verkehrsverbindungen

● **Fähre Calasetta – Carloforte** (Isola di San Pietro): Saremar, Tel. (0781) 88 430, Web: www.saremar.it. Tägl. ca. 7–13 x, von Juli bis Sept. zusätzliche Nachtfahrten.

Isola di San Pietro

♪ XXII/A1-2

Nur durch den schmalen Meereskanal Canale de Colonne von der Insel Sant' Antioco getrennt, ragt die Isola di San Pietro aus dem Meer. Sie trägt nur einen nennenswerten Ort auf ihrem Rücken, das schmucke Fischerörtchen Carloforte. Von dort führt eine kleine Straße die Küste entlang nach Norden bis zur Landspitze La Punta, eine weitere Strecke weist nach Westen zum Capo Sandalo, und zwei Verbindungen erreichen an der Punta delle Colonne die Südspitze und später an der Bucht La Caletta die Südwestküste.

Das Inselinnere ist, ähnlich wie auf Sant'Antioco, überwiegend monotones, von Macchia überzogenes, kuppiges Hügelland. Die Küste ist jedoch ausgesprochen sehenswert. Sie besteht ringsum überwiegend aus senkrecht aufragenden, höchst **imposanten Felsklippen.** Sie sind, wie die ganze Insel, meist erstarrte Lava und in Formen und Farben überaus sehenswert. Dazwischen liegen eingestreut ein paar kleine, versteckte Buchten mit Sandstränden. Vor allem sind es die grandiosen Panoramen, die man von den zahlreichen Aussichtspunkten entlang der Küstenlinie genießen kann und die eine Fahrt über die Insel wenigstens zu einem sehr schönen Tagesausflug machen.

Sehr reizvoll ist auch das romantische Fischerstädtchen Carloforte, das viel Charme und Atmosphäre versprüht.

Carloforte

Egal, ob man mit der Fähre von Porto Vesme oder von Calasetta nach San Pietro übersetzt, man erreicht jeweils den Hauptort Carloforte, in dem mit etwa 6000 Einwohnern fast die gesamte Inselbevölkerung wohnt. Schon die Annäherung vom Wasser lässt erahnen, dass das **beschauliche Städtchen** eine Menge Charme hat. Vor einer mit Palmen gesäumten Uferpromenade stapeln sich die pastellfarbenen Dächer malerisch den Hang hinauf. Durch die dicht gedrängten Häuser klettern verwinkelte, stille Pflastergassen von der Promenade bergan bis zum Castello, das über dem Ort thront. Der freundliche Eindruck wird verstärkt, wenn man von der Hafenpromenade in eine der Gassen tritt.

Geschichte

Das reizvolle und gepflegte Ortsbild spiegelt sich auch in den ausgespro-

---

Wanderkarte „Isola di San Pietro"

Wer sich länger auf der Insel aufhalten oder sie per Rad oder Roller abseits der beiden existierenden Straßen erkunden will, dem sei die 2005 erschienene „Carta escursionistica Isola di San Pietro" empfohlen. Diese GPS-taugliche mehrfarbige Wanderkarte im **Maßstab 1:25.000** zeigt neben Stränden, Tauchstellen, dem LIPU-Vogelreservat und sonstigen Sehenswürdigkeiten der Natur jedes Haus und jeden Pfad, auch Wege für Mountainbiking. Erhältlich ist sie vor Ort oder im Internet unter www.sardinienshop.de.

chen schön gestalteten Straßenschildern wider. Alle Schilder sind dreisprachig, also auf Ligurisch, Sardisch und Italienisch. Carloforte wurde erst 1738 **von ligurischen Fischern gegründet,** die seit dem 15. Jahrhundert auf der tunesischen Insel Tabarca siedelten. Dort waren sie ständigen Piratenüberfällen ausgesetzt. Als 1798 über 800 von ihnen in die Sklaverei verschleppt wurden, wandten sie sich an ihren König, den Savoyer *Carlo Emanuele III.* Er erteilte ihnen die Erlaubnis, sich auf der Insel San Pietro niederzulassen. Als Dank benannten sie ihre neue Heimat nach ihrem Gönner Carloforte („starker Carlo"). Die Verschleppten kamen nach fünf Jahren schließlich frei und brachten aus ihrer Gefangenschaft ein Marienbildnis mit in die neue Heimat, das seither als Madonna della Schiavo von den Insulanern sehr verehrt wird.

Der Thunfischfang

In Carloforte ist so ziemlich alles anders als auf Sardinien. Schon die zahlreichen bunten Fischerboote, die malerisch im kleinen Hafen schaukeln, zeigen, dass die Einwohner keine Sarden sind – Sardiniens schönster Fischerort ist eindeutig ein ligurisches Städtchen. Nach wie vor ist die Haupteinnahmequelle der Bewohner neben dem Tourismus der Fischfang, insbesondere der Thunfischfang. Die großen Fische ziehen regelmäßig in Schwärmen durch die Meerenge zwischen San Pietro und der kleinen vorgelagerten Isola Piana. Dort werden sie abgefangen und in der berühmt-berüchtigten **Mattanza** erlegt. Die Fische werden mittels Netzen gezwungen, in immer kleinere Kammern zu schwimmen. Die letzte Kammer ist die so genannte *camera de la morte,* die „Todeskammer", in der die mächtigen, oft meterlangen Tiere mit Keulen erschlagen werden.

Die Mattanza, bei der sich das Meer tatsächlich vom Blut der Fische tiefrot verfärbt, ist einerseits eine jahrhundertealte Tradition, anderseits ein schrecklich anzusehendes **blutiges Spektakel.** Dementsprechend heftig ist es umstritten und absolut nichts für schwache Nerven. Ohne Frage gäbe es heute wesentlich zivilisiertere Formen des Fangs.

Das Ergebnis der Mattanza bildet jedenfalls die Grundlage für die gastronomische Spezialität von Carloforte; der Thunfisch kommt in den Restaurants in zahlreichen, wirklich köstlichen Zubereitungsarten auf den Tisch.

Sehenswertes

An klassischen Sehenswürdigkeiten hat Carloforte nichts vorzuweisen, aber der Ort ist insgesamt sehr attraktiv. Von der Hafenpromenade führt die mit großen rosa Marmorplatten gepflasterte Geschäfts- und Flaniermeile zur zentralen **Piazza Repubblica,** an der die schlichte, hübsche, gelbweiß gekalkte **Kirche San Carlo Borromeo** aufragt und von Bäumen beschattete Bänke zum Verweilen einladen.

Hinter dem Platz geht es bergauf. Stille und verwinkelte Gassen führen hinauf zum alten **Castello-Viertel,** das mit seinen teils weiß gekalkten Trep-

pen und blauen Fensterläden fast griechisches Flair verströmt. In der alten Festung ist das Stadtmuseum untergebracht, das in sechs Sälen u.a. aus der Besiedlungsgeschichte der Insel und vom Thunfischfang erzählt.

Post und Telefon

- **Vorwahl:** 0781
- **PLZ:** 09014

Information

- **Pro Loco,** Corso Tagliafico 2 (an der Hafenpromenade), Tel./Fax 85 40 09, Web: www.prolococarloforte.it.

Essen und Trinken

- **Da Nicolo,** Tel. 85 40 48. Zwischenzeitlich berühmtes Restaurant des „Fernsehstars" *Luigi Pomata*. Sechsmal nahm der sympathische 29-Jährige an der Kochshow „Alla Prova del Cuore" teil, in der beim italienischen TV-Sender RAI 1 Profiköche um die Wette kochen – sechsmal hat er den Sieg und damit den Titel „Bester Koch Sardiniens" nach Hause getragen. Die preisgekrönte Küche beherrschen vor allem vielerlei fantasievolle Thunfischgerichte: *antipasto del tonnorotto,* also nach Thunfischfängerart, *tonno arrosto con salamoiz,* Thunfisch gebraten mit einer Tomaten-Petersilien-Knoblauchsoße, oder *tonno à la Carlofortino,* geschmort mit Tomate, Weißwein, Lorbeer und Essig. Achtung: Im Sommer ist Nicolo an der Hafenpromenade (Corso Cavour 32) zu finden, im Winter in der kleinen Gasse dahinter (Via Dante 32) in einem lauschigen Gewölbe.
- **Dau Bobba,** Loc. Segni, Straße zur Saline, Tel. 85 40 37. Das rustikale und schlicht eingerichtete Haus des aus Genua stammenden *Giorgio Parenti,* in dem einst Thunfisch fabrikmäßig verarbeitet wurde, serviert mit Blick auf Saline und rosa Flamingos insulare Meeresküche um den Thunfisch herum. Sehr gut und in zahlreichen Fachmagazinen gelobt, entsprechend hochpreisig.
- **La Cantina,** Via A. Gramsci 34, Tel. 85 45 88. Im Gegensatz zu den beiden vorgenannten eine erfrischend preiswerte Adresse. Hier bereiten die Brüder *Giampaolo* und *Giacomo* im winzigen Gastraum bodenständige mediterrrane Hausmannskost zu, die von einfachen „melzane al forno" über „pasta carlofortina con tonno e pomodori" bis zur „cassuli con aragosta" reicht. Lecker!
- **L'Oasis,** Via Roma 95, Tel. 85 54 71. Auch hier dominiert natürlich Thunfisch, und das preiswert.

Aktivitäten

- **Tauchen:** Ara Tabarca Diving, Corso Cavour 38, Tel. 85 55 26. Auch Kanu-Exkursionen zu den Grotten an der Steilküste.
- **Bootsausflüge:** Cartur, Corso Tagliafico 13, Tel. 83 42 44. Bootstouren rings um San Pietro und zum Pan di Zucchero an der atemberaubenden Steilküste bei Masua.

Luigi, berühmter Fernsehkoch und stolzer Chef des Da Nicolo

- **Bootsverleih:** Sifredi, Marina Carloforte, Tel. (0781) 85 44 37; Motor-, Schlauch-, Segelboote.
- **Segelschule:** Jacht Club, Loc. Bubbo, Tel. 85 64 57.
- **Meeresangeln:** Coop La Triglia, Via Dante 5, Tel. 88 932.
- **Auto-, Roller- und Fahrradverleih:** Di-Be, Via Roma 18, Tel. 85 49 32; auch geführte Ausflüge und Exkursionen.

Museum

- **Museo Civico,** Via Cisterna del Re 24, Tel. 85 58 80; geöffnet Juni-Sept. Di/Mi 17-21 Uhr, Do-So 9-13 u. 17-21 Uhr, Okt.-Mai Di/Mi 9-13 Uhr, Do-So 9-13 u. 15-19 Uhr.

Urige Gasse in Carloforte

Einkaufen

- **Webarbeiten:** Rosso di Mare, Via Pastorino 1, Tel. 38 26 964; bietet auch Korallenschmuck an, von dessen Kauf jedoch zum Schutz der stark gefährdeten Riffe unbedingt Abstand genommen werden sollte).
- **(Thun-)Fisch:** Silverio, Lungomare Battelieri.
- **Markthalle:** Via XX. Septembre 48.

Fest

- **Fiesta di San Pietro,** 29. Juni. Das größte Inselfest. In einer Prozession von farbenprächtig geschmückten Fischerbooten wird die Statue des Apostels Paulus durch den Hafen gefahren. Das ganz unsardisch leichte und temperamentvolle Fest auf der Piazza Pegli wird begleitet von Tanz und Musik, Feuerwerk und viel Fisch, vor allem *tonno*.

Unterkunft

- **Hotel Hieracon***,** Corso Cavour 63, Tel. 85 40 28, Fax 85 48 93, Web: www.hotelhieracon.cjb.net. Das wohl schönste Hotel am Platze. Prachtvoller alter Jugendstil-Palazzo am Hafen mit wunderbar authentischer Ausstattung und lauschigem Palmengarten. Eine wahrlich stilvolle Unterkunft (NS 68-83 €, HS 83-98 €).
- **Hotel California**,** Via Cavallera 15, Tel. 85 44 70, Fax 85 55 39, Web: www.hotelcaliforniacarloforte.it. Einfache Herberge mit nur neun schlichten, aber adretten Zimmern (44-85 €).
- **B&B Creusa de Ma,** Loc. Banchi, Tel. 392-85 71 156, Web: www.chefacarloforte.com. Eine spezielle Adresse auf der Insel der Kochkunst. Hier kann man nicht nur ein Zimmer finden, sondern in der Vor- und Nachsaison auch einwöchige Kochkurse besuchen, bei denen man unter Anleitung von „Cheffe" *Chiara* die Geheimnisse der traditionellen „cucina mediterranea carlofortina" erfährt. Schöne Villa mit 2 DZ und einem 3-Bettzimmer mit Bad und direktem Ausgang in den Garten in ruhiger Alleinlage zwischen Oliven und Kakteen am Rande der Stadt 500 m vom Strand entfernt (B&B 40-60 € p.P.).
- **B&B Il Ghiro,** Tel. Via Solferino 1, Tel. 85 50 79. Nur wenige Schritte vom Hafen entfernt

in zentralster Lage in der historischen Altstadt an der Piazza Repubblica. Der „Siebenschläfer" bietet 2 DZ in einem restaurierten historischen Gebäude aus dem 18. Jahrhundert (25 € p.P.).

Verkehrsverbindungen

● **Fähre Carloforte – Porto Vesme und Carloforte – Calasetta** (Isola di Sant'Antioco): Saremar, Tel. (0781) 85 40 05, Web: www.saremar.it.

Nach Porto Vesme stündlich zwischen 7 und 21 Uhr, von Juli–Sept. auch Nachtfahrten; Fahrzeit ca. 30–40 Min.

Nach Calasetta tägl. ca. 10–13 x, von Juni–Sept. 8–14 x und zusätzlich Nachtfahrten (Fahrzeit ca. 30 Min.).

Ausflugsziele auf San Pietro

Der Norden

Von Carloforte führt eine fünf Kilometer lange Stichstraße zum nördlichsten Punkt der Insel, **La Punta.** Von dem felsigen Landvorsprung, vor dem die Mattanza stattfindet, hat man einen herrlichen Ausblick über die vulkanischen Küstenklippen, die von tiefschwarz bis dunkelrot in allen möglichen Farben leuchten. Am Kap liegt eine stillgelegte Thunfischanlage, davor die winzige Isola Piana, auf der der Fang heute verarbeitet wird. La Punta eignet sich nicht zum Baden, dafür um so mehr für ausgiebige Spaziergänge entlang der einsamen Klippenküste.

Der Westen

An die Westküste führt eine 14 Kilometer lange, kurvenreiche Stichstraße quer über die kaum 200 Meter hohe Montagna di Ravenna zum **Capo Sandalo.** Die Strecke endet an einem Leuchtturm, der auf den über 100 Meter senkrecht aufragenden Klippen steht. Der Ausblick vom Turm auf die grandiose Steilküste ist einmalig schön. Vom kleinen Parkplatz kurz vor dem Leuchtturm kann man durch die wilde Felsszenerie ans Meer zur **Cala Fico** hinabklettern. In den oft windumbrausten Klippen leben und nisten zahlreiche Vogelarten, darunter auch der sehr seltene Eleonorenfalke (siehe Exkurs im Kap. Ogliastra), weshalb das gesamte Capo Sandalo zwischen der Punta di Caporosso und der Punte della Berra zur „Oasi LIPU", zum **Vogelschutzgebiet** des Vogelschutzbundes LIPU erklärt wurde und von diesem überwacht wird.

Der Süden

Ebenso schön wie die Tour an die Westküste ist der Abstecher an die Südspitze zur **Punta delle Colonne,** zu der eine etwa sieben Kilometer lange Straße führt. Le Colonne sind zwei gewaltige, überaus malerisch aus dem Meer aufragende Felsnadeln. Die Südspitze mit Blick auf die beiden Felsen ist nur zu Fuß in ca. 15 Minuten zu erreichen. Das Auto muss man an der Bushaltestelle, ca. einen Kilometer bevor die Küstenstraße auf die im Inland verlaufende Strecke trifft, stehen lassen. Dann geht es rechts einen Weg hinein, vor dem Tor eines Bauernhofes dann links einen Trampelpfad hinab zum kleinen Sandstrand **Spiaggia Bobba.** Am Strand folgt man rechts einem zementierten Fußweg weiter bis zu den markanten Felsnadeln.

Fährt man die Straße an der Punta delle Colonne vorbei, gelangt man zu der Bucht **La Caletta,** wo die Straße endet. Die abgelegene, von roten Trachytfelsen eingerahmte Sandbucht, ist San Pietros beliebtester Badeplatz. Eingeschränkt wird das reizvolle Landschaftsbild der Bucht jedoch von einem verfallenen Hotel und einer unschön zersiedelten Ferienanlage. Hier liegt auch der einzige Campingplatz der Insel.

Unterkunft

● **Hotel Galman***,** Loc. Bellavista, Tel. (0781) 85 20 88, Fax 85 20 77, Web: www.carloforte.it/hotelgalman. An der Straße nach La Caletta. Still gelegene Herberge mit Bar, Restaurant und Reitmöglichkeit (NS 51–72 €, HS 62–103 €).
● **Albergo Paola***,** Loc. Tacca Rossa, Tel. (0781) 85 00 98, Fax 85 01 04. An der Straße Richtung La Punta. Ruhig gelegene Unterkunft mit 21 Zimmern und schönem Ausblick auf das nahe Sardinien. Mit Bar und Restaurant (NS 40–70 €, HS 75–100 €).

Camping

● **Camping La Caletta***,** Loc. La Caletta, Tel./Fax (0781) 85 21 12 (Juni–Sept.). Einfach ausgestattetes, etwa 300 Meter hinter dem Strand von La Caletta gelegenes Gelände mit Eukalyptusbäumen und Restaurant. Wegen Süßwassermangels werden die Duschen mit Meerwasser betrieben.

Costa del Sud ♪ XXIII/CD3

Als „Küste des Südens" wird der Abschnitt zwischen dem Capo Teulada und dem Capo Spartivento, manchmal auch noch bis zu den östlich davon gelegenen großen Urlaubsresorts von Santa Margherita di Pula, bezeichnet. Der Name klingt vielversprechend und er hält es auch, wenigstens in großen Teilen. Der Küstenabschnitt ist landschaftlich außerordentlich reizvoll und abwechslungsreich. Er ist auf seiner gesamten Länge fast unbesiedelt und bislang vom Tourismus noch weitgehend verschont geblieben. Einziger größerer Ort ist Teulada, etwa zehn Kilometer im Hinterland gelegen. Langsam wird die malerische Süd-Küste jedoch entdeckt, und die ersten Hotelanlagen sind bereits gebaut.

Dass die Behörden gegen Bausünden sehr wohl vorgehen können, wenn sie wollen, zeigt der Fall der Luxusherberge **Baia delle Ginestre** beim Capo Teulada. Nach langen gerichtlichen Auseinandersetzungen und mehreren ignorierten Abrissmahnungen wegen unzulässig nahen Bauens am Meer rückten im Juni 2001 im Schutze der Polizei die Bagger an. Kaum hatte der Letzte der verdutzten Hotelgäste das Gebäude eiligst verlassen, wurde die Anlage niedergerissen. Bleiben durfte nur das Kerngebäude, das nun aus einer großen Betonwüste herausragt.

Die **Fahrt entlang der Küste** ist, abgesehen von den wenigen missglückten Hotelbauten, außerordentlich reizvoll. Hat man das als NATO-Truppenübungsplatz missbrauchte Capo Teulada hinter sich gelassen und bei Porto Teulada die Küste erreicht, schwingt sich die Straße die stark zerlappte Küste entlang. Die Fahrt geht oft steil und immer kurvenreich hinauf, um sofort wieder ebenso kurvig hinab in eine der zahlreichen kleinen Buchten zu führen. Von den Höhen eröffnen sich wunderbare Aussichten auf das tief unten schimmernde Meer, die schroffen Felsen und über die tief eingekerbten Buchten, an deren Ende meist ein kleiner Sandstrand goldgelb leuchtet.

Herzstück der besonders heißen, häufig vom glühenden afrikanischen Wüstenwind Scirocco gestreiften Costa del Sud ist die Traumbucht Baia Chia mit ihren fantastischen Sandstränden und hohen Dünen. Deren leuchtendes Goldgelb mit dem von Türkisgrün bis Azurblau in allen Tönen schimmernden Meerwasser macht die Bucht zum Postkartenidyll.

Porto Teulada

Im Westen der Costa del Sud führt die Straße von Teulada durch das Tal des Riu de Monti zum Meer hinaus. An seiner Mündung liegt einsam und allein der kleine Fischerhafen Porto Teulada, an dessen Mole eine Handvoll Boote dümpeln. Mehr hat Porto Teulada nicht zu bieten. Von hier hat man aber eine schöne Aussicht auf das weit ins Meer hinausragende **Capo Teulada.** Das militärische Sperrgebiet, das die gesamte Landzunge umfasst, beginnt wenig westlich des Weilers hinter dem wuchtigen Sarazenenturm Torre Budello. Auch der einzige Campingplatz im Westen der Costa del Sud liegt landschaftlich sehr reizvoll, aber leider auch unmittelbar am Truppenübungsplatz. Die Grenze zum Sperrgebiet verläuft quer über den schönen Sandstrand und die Gebäude im hinteren Teil sind bereits Militärbesitz. Still und schön ist es hier nur,

wenn die NATO-Truppen nicht üben. Wenn doch Übungen anstehen, was allerdings schwerpunktmäßig im Herbst und Winter geschieht (worauf jedoch wiederum kein Verlass ist), dann ist auch nachts mit erheblicher Lärmbelästigung zu rechnen. Besonders schlimm ist es, wenn Kriegsschiffe mit ihren schweren Geschützen in die Klippen ballern.

Unterkunft

●**Agriturismo Fenu,** Loc. Sa Tuerra, Tel. (070) 92 83 013 (ganzjährig geöffnet). Landschaftlich schön u. einsam gelegener Hof mit fünf Doppelzimmern und einem Einzelzimmer mit Bad, ohne Restaurant. Auf dem Gelände gibt es auch eine **Campingmöglichkeit** (DZ 24–36 € p.P., Campen 8–11 €).

Camping

●**Camping Portu Tramatzu**,** Loc. Tramatzu, Tel. (070) 92 83 027, Fax 92 83 028, geöffnet Ostern bis 31.10. Landschaftlich schön gelegener Platz in leicht terrassierter Hanglage direkt am ebenso schönen Sandstrand. Mit gutem Restaurant, Schilfbar, Motorboot-, Kanu- und Surfbrettverleih, deutsche Leitung.

Capo Malfatano

Etwa zehn Kilometer östlich von Porto Teulada bieten die kleinen Sandstrände unterhalb des **Torre Piscinni,** zu denen man von der Straße ca. 100 Meter zu Fuß absteigen muss, schöne Bademöglichkeit. Kurz darauf erreicht die Straße das schmale, weit vorspringende Capo Malfatano, auf dessen äußerster Spitze malerisch ein Sarazenenturm hockt. Vom Scheitelpunkt der Küstenstraße bietet sich ein wun-

derbarer Ausblick über die tief eingeschnittene Bucht von **Porto di Malfatano,** an der sich ein gut 600 Meter langer, blendend weißer Sandstrand entlangzieht. Vom Strand, den man mit dem Auto kurz vor dem Weiler Sa Perda Longa über eine kurze, staubige Geländepiste erreicht, ergibt sich wiederum ein herrlicher Blick auf das Capo Malfatano.

Chia

Der östliche Abschluss der Costa del Sud und ihr unangefochtener Höhepunkt ist die herrliche Traumbucht **Baia Chia,** zu der von der Küstenstraße mehrere kurze Geländepisten hinausführen. Am Ufer ziehen sich einige wunderschöne Sandstrände entlang, die nur in der Hochsaison stärker frequentiert sind. Dahinter haben die Winde den Sand zu einer wüstenartigen Landschaft mit bis zu 30 Meter hohen Dünen aufgehäuft, die sich weit in die Bucht hineinziehen. Ergänzt wird das Strandparadies durch den **Stagno di Chia,** eine Lagune, die nur durch den breiten Sandstrand vom Meer abgetrennt ist.

Vor dem langen Bilderbuchstrand funkelt türkisgrünes, kristallklares Wasser, das kinderfreundlich flach abfällt. Im Meer liegen malerische Felsinsel-

Bullige Badegäste
an der Costa del Sud

chen, die man dank des seichten, höchstens brusttiefen Wassers auch zu Fuß erreichen kann. Die Baia Chia ist ein echtes Badeparadies, aber auch einer der **heißesten Punkte Sardiniens**. Deshalb Vorsicht beim Sonnenbaden! Der oft glühend heiße Sand intensiviert die starke Einstrahlung zusätzlich.

Wer sich die Mühe macht, vom Strandparkplatz beim Camping Torre Chia den kurzen Weg zum Sarazenenturm **Torre Chia** hinaufzusteigen, wird mit einem einmalig schönen Ausblick auf die Traumstrände belohnt.

Noch ist die Baia Chia ein fast unbebautes Naturparadies. Hinter dem Dünengürtel liegt inmitten schönster Natur bislang nur eine sehr einladende Strandbar mit Restaurant. Das auch bei 40 Grad im Schatten ebenso tadellos livrierte wie perfekt arbeitende Personal lässt keinen Zweifel – die „Oase in der Wüste" gehört zum etwas landeinwärts gelegenen exklusiven Viersterne-Hotel Chia Laguna.

Aktivitäten

- **Surfen:** Surfpoint Baia Chia, am Strand von Baia Chia mit Tauchcenter.
- **Tauchen:** Diving Center Chia Laguna, Handy 330-92 45 61.

Unterkunft

- **Grand Hotel Chia Laguna******, Loc. Chia/ Domus de Maria, Tel. (070) 92 391, Fax 92 30 141, Web: www.lemeridien-chialaguna. com. Sehr große, bildschöne und elegante Anlage mit allem, was das Urlauberherz begehrt: Pools, Tennis, Squash, Surfclub, Wasserski, Kanu, Catamaran, Reiten, Fitness-, Beautycenter u.v.m. Ca. 700 m vom Strand entfernt (NS 254–754 €, HS 314–934 €).
- **Hotel Il Gabbiano*****, Loc. Chia/Is Tramazzeddus, Tel. 92 30 226, Fax 92 30 160, Web: www.hotelilgabbiano.net. Schmucke kleine Hotelanlage am Stagno di Chia nur wenige Schritte vom Strand entfernt mit nur 24 Zimmern in separaten Bungalows (NS 90–100 €, HS 145–165 €).
- **Albergo Su Giudeu****, Loc. Capo Spartivento, Tel. (070) 92 30 260 2, Fax 92 30 002. In einen schönen Garten eingebettete, einladende Herberge samt gutem Restaurant in herrlich ruhiger Alleinlage mit Blick auf die Lagune (NS 73–99 €, HS 99–120 €).

Camping

- **Camping Torre Chia*****, Loc. Chia/Domus de Maria, Tel. (070) 92 30 054, Fax 92 30 055, Web: www.campeggiotorrechia.it (1.6.–30.9.). Schöner, baumbestandener Platz mit umfangreicher Ausstattung fast direkt am Traumstrand. Mit Bar, Restaurant, Pizzeria, Supermarkt, Tennisplatz, Bungalowvermietung. Die exklusive Lage schlägt sich sichtbar im sommerlichen Andrang nieder. Deshalb besser rechtzeitig reservieren!

Das Hinterland der Costa del Sud

Landschaftlich nicht weniger reizvoll als die Küstenstraße ist die im Hinterland durch die absolute Einsamkeit verlaufende SS 195, die Teulada mit Domus de Maria verbindet und zwischen Chia und S. Margherita di Pula wieder auf die Küstenstraße trifft.

Teulada

Das kleine, mäßig geschäftige Zentrum der Costa del Sud liegt etwa zehn Kilometer von der Küste entfernt zu Füßen einer überaus kargen Berglandschaft im üppig grünen Tal des Riu de Monti. Die knapp 5000 Einwohner leben nach wie vor überwiegend von Landwirtschaft und Viehzucht. Tourismus gibt es in dem unauffälligen Städtchen nicht. Urlauber kommen meist nur zum Einkaufen von der nahen Costa del Sud hierher. Das öffentliche Leben spielt sich auf der zentralen **Piazza Fontana** ab, auf der es sich beschaulich sitzen lässt.

Post und Telefon
- **Vorwahl: 070**
- **PLZ: 09019**

Information
- **Pro Loco,** Piazza Mazzini 8, Tel. 92 70 032.

Aktivitäten
- **Tauchen:** Diving Center Mari del Sud, Piazza Repubblica 4, Tel. 92 71 056.

Einkaufen
- **Markt,** im Zentrum auf der Straße am Ufer des Riu di Monti.
- **Käse:** Coop L'Agropastorale, Loc. Is Truiscus, Tel. 92 71 256; Coop Matteu, Loc. Matteu, Tel. 92 70 003.
- **Dolci Sardi:** Il Mandorlo, Via N. Bixio 6, Tel. 92 70 308.

Unterkunft
- **Hotel Sebera**,** Via San Francesco 8, Tel. 92 70 876, Fax 92 70 020. Kleine, preiswerte Herberge mit zehn Zimmern nahe der zentralen Piazza. Im Haus ein elegantes und gutes Restaurant (52 €).
- **Agriturismo Sa Tiria,** Loc. Sa Tiria S.S. 195, km 67,5, Tel./Fax (070) 92 83 704, Web: www.satiria.it. Sehr gepflegter Agriturismo in stiller Natur mit acht geräumigen, einladend gestalteten Zimmern mit Bad und Terrasse. Im Restaurant kommt das frisch auf den Tisch, was die Familie *Ledda* auf dem biologisch ausgerichteten Hof anbaut und züchtet (24–41 € p.P., Menü 22–50 €).
- **B&B Tuerra,** Loc. Tuerra, Tel./Fax 92 72 051, Web: www.paradisola.it/satuerra. *Cetti* (spricht gut deutsch) aus Mailand und ihr Mann *Efisio* aus Teulada bieten zwischen Teulada und dem Meer in reizvollster Alleinlage auf 15.000 m² Grund am kleinen Rio Launaxi zwischen Zitronen- und Orangenbäumen 3 DZ, davon eins mit Bad, die beiden anderen teilen sich eins. *Cetti* ist begeisterte Pferdenärrin und betreibt das Centro Ippico Monte Idu, sodass hier Freunde des Reitsports besonders gut aufgehoben sind (20–30 €).
- **B&B Su Mendulau,** Via Amiscora 28, Tel. 92 70 080, Web: www.sumendulau.it. Signora *Lai* bietet ein DZ mit Bad, Sitzecke und Frühstücksraum (22–28 € p.P.).

Grotta Is Zuddas

Von Teulada führt eine Nebenstraße durch die einsamen Sulcis-Berge in das 20 Kilometer entfernte Santadi. Auf der Strecke versteckt sich etwa sechs Kilometer vor Santadi am Hang des einsamen Monte Meana die Grotta Is Zuddas, die „Borstenhöhle". Ihren Namen verdankt die erst in den 1970er Jahren entdeckte *grotta* ihren ebenso vielfältigen wie außergewöhnlichen **Tropfstein-Formationen.**

Gleich am Eingang erblickt man die Überreste eines *Prolargus Sardus,* eines vor 400 Jahren ausgestorbenen Nagetiers, das nur auf Sardinien und Korsika heimisch war. Im ersten Saal gibt es einen Wasserfall und am Boden einen versteinerten Strom aus Kalziumkarbonat. Durch den Orgelsaal mit korallenartigen Tropfsteinbildungen sowie einer mächtigen Säule und dünnen, schneeweißen Kristallnadeln gelangt man in den großartigen Theatersaal, der sowohl durch seine Dimen-

DAS HINTERLAND DER COSTA DEL SUD

Iglesiente und Sulcis

sion wie durch seine schönen Tropfsteine fasziniert. Höhepunkt ist der letzte Saal. Die Wände und Decken der **Salla delle Eccentriche** bedecken überaus seltene, skurrile Gewächse, die, jeder Schwerkraft zuwider, scheinbar völlig planlos gewachsen sind. Bei der Höhle betreibt eine Cooperative ein einladendes Restaurant.

● **Führungen:** Coop Monte Meana, Tel. 95 57 41, geöffnet April-Sept. tägl. 9.30-12 u. 14.30-18 Uhr; Okt.-März Mo-Sa Führungen 12 u. 16 Uhr, So 9.30-12 u. 14.30-17 Uhr.

Santadi

Den Weg in das unspektakuläre Städtchen Santadi im fruchtbaren Tal des gleichnamigen Flüsschens würde trotz seines kleinen **Archäologischen Museums,** dem volkskundlichen **Museo Sa Domu Antiga** und dem farbenfrohen Fest **Matremonia Mauretano** wohl kaum einer finden. Wäre da nicht die Cantina di Santadi, die Weinenthusiasten aus aller Welt anlockt. Denn in ihren Kellern reift ein Rotwein, der inzwischen in Kennerkreisen geradezu Kultstatus erreicht hat. Es ist der **Terre Brune.** Von dem begehrten Roten wird weit weniger produziert, als verkauft werden könnte. Das treibt den Preis in die Höhe; eine Flasche ist, wenn überhaupt, unter 30-40 € kaum zu bekommen. Aber das Weingut stellt auch noch manch andere hervorragende Weine her, so dass sich der Besuch auf jeden Fall lohnt.

● **Museo Archeologico,** Via Umberto 1, **Museo Sa Domu Antiga,** Via Mazzini 37, beide Tel. 95 59 55. Geöffnet: Juni-Sept. Di-So

Bosco San Pantaleo

Kurz nach Ortseingang von Santadi markiert ein brauner Wegweiser „Bosco di San Pantaleo" den Weg zu einem überaus erquicklichen Ausflugsziel und Naturidyll – dem Wald von San Pantaleo. Acht Kilometer fährt man auf guter Straße bergauf, dann hat man die alte Forstkaserne mitten im Wald erreicht. Gegenüber liegt eine malerische alte ehemalige Wassermühle am rauschenden Bach, die nun das einladende Ristorante Su Cuccumeu (Loc. Bosco Pantaleo, Tel. (0781) 95 58 22) beherbergt, das sich ganz der Philosophie der „enogastronomia" verschrieben hat. Vor der Mühle stehen große Stell-/Parkplätze unter Bäumen zur Verfügung. Hier lässt es sich im Schatten großer alter Laubbäume und am Ufer des plätschernden Baches herrlich Picknick machen und Siesta halten. Von hier aus führen verschiedene angelegte und markierte Wanderwege durch den herrlichen Bergwald, u.a. auch hinauf auf die umliegenden Bergspitzen wie die 979 Meter hohe Punta Sebera. Kurz nach der Forststation wird die Straße zur Geländepiste, die weiter in die einsamen Berge bis zur vier Kilometer entfernten Passhöhe hinaufführt und dann weiter auf allerdings immer schlechter werdendem Weg bis zum WWF-Reservat „Monte Arcosu".

9-13 u. 16-20 Uhr, Okt.-Mai Di-So 9-13 u. 15-18 Uhr.

Post und Telefon

● **Vorwahl: 0781**
● **PLZ: 09010**

Essen und Trinken

● **Trattoria Mauritania,** Via Veneto 11, Tel. 95 54 55. Ungekünstelte und schmackhafte Küche aus Wald und Meer bei *Benito* in einladendem, rustikalem Ambiente. Spezialität des Hauses: *agnello all' Mauritania*.

Unterkunft

- **B&B Casa S'Andriana,** Loc. S'Andriana 3, Tel. 95 5107. Einladenes Haus in idyllischer Alleinlage mit drei modernen, freundlichen DZ, zwei davon mit Bad (23 € p.P.).

Einkaufen

- **Wein:** Cantina Santadi, Via Su Pranu 12, Tel. 95 01 27, Web: www.cantinadisantadi.it. Neben dem Kultwein Terre Brune auch andere sehr gute DOC-Weine, etwa Rocca Rubia oder den weißen Nuraghus Villa Solaris.
- **Olivenöl:** Azienda Agricola Olea Sardegna, Loc. Is Pinnas, 25. Die kleine Azienda, deren Öl im gesamtitalienischen Wettbewerb 2002 den 1. Preis in der Kategorie „mittelfruchtig" gewonnen hat und deshalb sehr begehrt ist, findet man wie folgt: An der Cantina Sociale und Latteria vorbei; kurz danach große Kreuzung, hier rechts; dann nach ca. 1,5 km die schmale Teerstraße rechts rein und weiter ca. 1 km bis zum Weiler Is Pinnas; dort nach *Massimo Palmas* (Tel. 0781-95 01 77) fragen. Wem das zu umständlich ist: Beim Ethnologischen Museum in Santadi (an der Straße Richtung Cantina Sociale) gibt es im Hinterhof eine sehr empfehlenswerte, weil noch vergleichsweise preiswerte Verkaufsstelle für „prodotti tipici sardi". Dort gibt es auch das Olivenöl, wenn es nicht mal wieder wegen starker Nachfrage ausverkauft ist.

Fest

- **Matrimonio Mauritano,** 1. Sonntag im August. Große, bunte, nach uralten Riten begangene „Maurische Hochzeit". Das Fest erinnert an die Zeiten, als der Südwesten Sardiniens von den Mauren beherrscht wurde.

Nekropole Montessu

Kurz hinter Villaperuccio biegt links von der Straße nach Narcao eine schmale Stichstraße ab, die an einem archäologischen Gelände endet. Die herrlich gelegene Anlage umfasst einen ganzen Hügel, in dem sich mehr als 40 **domus de janas, Felskammergräber** verschiedenster Bauart, befinden. Das weitläufige, einen geschützten Talkessel umfassende Gelände, das zu den großartigsten Felsgräberanlagen der Insel zählt, kann man über Stunden auf schmalen Pfaden durch die stille Natur durchstreifen. Oft steht man dann unvermittelt vor Felsgräbern der unterschiedlichsten Art und Größe. Die größten und spektakulärsten sind die beiden sich auf getrennten Hügeln gegenüberliegenden und über den Talkessel hinweg „anblickenden" der Muttergöttin und dem Stiergott geweihten Königsgräber „Tomba Sa Cresiedda" und „Tomba Sa grutta de is procus", deren imposante, weithin sichtbare Eingänge die Form eines Gesichtes ergeben.

- **Nekropole Montessu:** Tel. (0781) 84 10 89, geöffnet tägl. 9–13 und 14.30 Uhr bis Sonnenuntergang.

Santa Margherita di Pula XXIII/D3

Östlich von Chia beginnt das, was in den Karten als Santa Margherita di Pula eingezeichnet ist. Dabei handelt es sich jedoch weniger um eine Ortschaft, sondern um eine endlose Aneinanderreihung von etwa einem Dutzend Hotelanlagen und Urlaubsresorts, die sich allesamt in dem Eukalyptus- und Pinienwald verstecken, der sich zwischen Straße und Strand an der ebenso endlosen **Spiaggia Santa Margherita** entlangzieht. Viele der weitläufigen, meist in parkartige Gärten eingebetteten Anlagen sind von gehobenem oder luxuriösem Format. Die Unterkünfte kann man bei Sardinien-Spezialisten wie Oscar Reisen oder dem SARD-Reisedienst wochenweise buchen.

Post und Telefon

- Vorwahl: 070
- PLZ: 09010

Unterkunft

- **Hotel Costa dei Fiori****, an der SS 195, km 33, Tel. 92 45 333, Fax 92 45 335, Web: www.costadeifiori.it. Elegante, halbkreisförmig um den Swimmigpool angelegte kleinere Hotelanlage im neosardischen Baustil. Sehr umfangreiches Sport- und Freizeitangebot (NS 128–323 €, HS 291–433 €).
- **Hotel Mare e Pineta***, an der SS 195, km 33,8, Tel. 92 08 361, Fax 92 08 359, Web: www.hotelflamingo.it. Still und schön in der Pineta gelegene, für die örtlichen Verhältnisse recht preiswerte Anlage mit umfangreichem Sport- und Freizeitangebot (NS 130 €, HS 145 €, Frühstück 16 €).
- **Hotel Sa Launedda****, SS 195, km 34,7, Tel. 92 09 596, Fax 92 45 356. Kleine Herberge mit nur sieben Zimmern, Bar und Restaurant (60–100 €).

Camping

- **Camping Flumendosa****, an der SS 195 bei km 33,8, Tel. 92 08 364, Fax 92 49 282 (ganzjährig geöffnet). Ein einfacher, aber netter Platz zwischen den gehobenen Hotels und Ferienanlagen im schönen Pinien-, Eukalyptus- und Zypressenhain direkt am Strand. Ohne Restaurant, aber dafür mit netter, kleiner Bar.
- **Camping Cala D'Ostia****, Loc.Cala d'Ostia, Tel./Fax 92 14 70 (geöffnet 1.4.–30.9.). Meist von Dauercampern aus Cagliari belegter, einfacher Platz im lichten Pinien- und Eukalyptuswald. Mit Bar, aber ohne Restaurant. Das Ufer am Platz ist steinig, oft algenbelastet und wenig attraktiv.

Pula ⌘ XXIII/D2-3

Der kleine, etwa drei Kilometer von der Küste entfernt liegende Ort bietet eigentlich nichts Besonderes. Ab Juni strömt jedoch halb Cagliari nach Pula, um in den Open-Air-Discos und Clubs die Nacht zum Tag zu machen. Zu ihnen gesellen sich vergnügungssüchti-

---

Das Forte Village – ein Paradies aus Luxus und Licht

Schon der Hausprospekt zeigt, dass das Forte Village nicht einfach ein gewöhnliches Resort der gehobenen Kategorie ist. Denn dieser ist kein Prospekt, sondern ein aufwendig gestalteter Bildband im Cinemascope-Breitwandformat, der seinen Leser in eine märchenhafte Bilderwelt entführt und in Luxusträumen schwelgen lässt. Tatsächlich ist das Forte Village eines der berühmtesten Resorts dieser Welt; es wurde mit vielen Preisen ausgezeichnet. Wer durch das Tor des „Dorfes" tritt, findet sich in einer üppig blühenden mediterranen Parkanlage wieder, in der sich neben acht eleganten Hotels so ziemlich alles findet, was schön ist und Spaß macht. Ein Rundgang durch diese heile Welt voll Luxus und Licht hat etwas von einem Märchen aus Tausendundeiner Nacht. Dennoch ist das Forte Village kein abgeschotteter Tempel, sondern für jedermann offen. Wer sich einmal wie eine Prinzessin oder Ölscheich fühlen will, sollte sich für einige Tage in einem der Hotels einbuchen und in einer der immerhin 18 gastronomischen Einrichtungen verwöhnen lassen – es wird nicht billig, dafür aber unvergesslich sein.

- **Forte Village Resort,** Santa Margherita di Pula, SS 195, km 39,6, Tel. (070) 92 171, Fax 92 12 46, Web: www.fortevillageresort.com

ge Urlauber aus den zahl- und bettenreichen Anlagen in Santa Margherita di Pula.

Zu sehen gibt es neben der zentralen, großzügig angelegten **Piazza del Popolo**, deren Cafés und Bars zum Sehen und Gesehenwerden genutzt werden, das **Archäologische Museum** mit Funden aus der nahen Römerstadt Nora und das **Heimatmuseum.**

Praktische Tipps Pula

Post und Telefon

- **Vorwahl:** 070
- **PLZ:** 09010

Information

- **Pro Loco,** Piazza del Popolo/Centro Culturale Casa Frau, Tel. 92 45 250, Fax 92 45 250, Web: www.prolocopula.it.

Aktivitäten

- **Golf:** Is Molas Golf Club, SS 195/km 30,6, Tel. 92 41 013. Ca. 600 ha großer 18-Loch-Platz beim Is Molas Golf Hotel.
- **Reiten:** Circolo Ippico Su Tintioni, Loc. Su Tintioni, Tel. 92 41 185.
- **Tauchen:** Fra.Lo.Mar, Porto Calaverde, SS 195, km 37,8, Tel. 92 10 82.
- **Radtouren:** Dolcevita Bike Tours, Viale Segni 16, Tel. 92 09 885, Web: www.dolcevitabiketours.it.

Museum

- **Museo Civico „Giovanni Patroni",** Corso Vittorio Emanuele 67, Tel. 92 09 610, geöffnet im Sommer tägl. 9–20 Uhr, im Winter tägl. 9–18 Uhr.
- **Museo Norace,** Via Nora 83–85, Tel. 92 08 299, geöffnet Di–So 9.30–13 u. 17–20 Uhr, Juli/Aug. 9.30–13 u. 17–24 Uhr, Eintritt frei.

Unterkunft

- **Is Molas Golf Hotel****,** Loc. Is Molas, Tel. 92 41 006, Fax 92 41 002, Web: www.ismolas.it. Luxuriöse Anlage in ruhiger Lage etwas im Hinterland. Mit umfangreicher Ausstattung und einem 18-Loch-Golfplatz (NS 120–235 €, HS 200–360 €).
- **Albergo Quattro Mori*,** Via Cagliari 10, Tel. 92 09 124. Sehr einfache, aber adrette Herberge in einem netten Haus mit Garten, einer Bar und nur neun Zimmern, alle ohne Bad (34 €).
- **B&B Domus de Nora,** Via San Raimondo 29, Tel. 335-42 69 01, Web: www.domusdenora.com. *Stefania* spricht fließend englisch, weiß viele gute Tipps für Untenehmungen in der Umgebung und bietet in ruhiger Lage am Ortsrand drei schöne DZ (18–30 € p.P.).
- **B&B Villa Alberta,** Viale Antonio Segni 56, Tel. 92 45 447, Web: www.villa-alberta.com. 3 DZ mit guter Ausstattung auf Hotelniveau in zentraler, aber ruhiger Lage mit Garten (30–40 € p.P.).
- **B&B Bea,** Loc. Casa, Tel. 349-09 07 549, Web: www.beabedandbreakfast.it. Bei Villa S. Pietro in einen großen, üppig grünen mediterranen Garten eingebettete Villa mit gastfreundlichen Besitzern sowie 3 DZ mit Bad (22–28 € p.P.).

Nora

Die große Attraktion von Pula ist die antike Römerstadt Nora, die vier Kilometer entfernt am Meer auf dem Capo di Nora liegt. Die Fahrt an die Küste führt über eine kleine, von blühendem Oleander gesäumte Straße. Diese endet auf weitläufigen Parkplätzen am Beginn des Kaps. Hier erblickt man eine kleine, unauffällige Kirche, die direkt hinter dem hübschen Sandband der **Spiaggia di Nora** steht. Es ist die im 11. Jahrhundert im französisch-provenzalischen Stil errichtete **Kirche Sant'Efisio,** die jährlich im Mai Ziel der größten Prozession ganz Sardiniens ist (siehe auch Exkurs im Ortskapitel zu Cagliari).

Auf dem Weg zur antiken Stadt Nora passiert man den Eingang des **Aquariums Laguna di Nora.** Die wie der gegenüberliegende Strand viel von sardischen Schulklassen und Jugendgruppen besuchte Anlage ist ein von einer Fischerkooperative angelegter kleiner Naturpark, der in Aquarien nicht nur die Flora und Fauna des Meeres vor Sardinien, sondern auch heimische Pflanzen und viele Tiere zeigt. Angeboten werden zusätzlich Schnorcheltauchen und Kanutouren in der artenreichen Lagune rund um Nora.

● **Aquarium Laguna di Nora,** 300 m vor Eingang zur römischen Stadt, Tel. (070) 92 09 544, Web: www.lagunadinora.it. Führungen: Juni–Aug. tägl. 10, 11.30, 17 u. 18.30 Uhr, Sept. 10, 11.30, 16 u. 17.30 Uhr.

Wenige Schritte weiter beginnt das weitläufige, archäologische Gelände von Nora, das in exponierter Lage die gesamte Landzunge am Capo di Nora bedeckt.

Die römische Stadt Nora

Es war eine schwere Sturmflut, die 1889 auf dem Capo di Nora die älteste und bedeutendste antike Stätte Sardiniens teilweise freilegte. Gegründet wurde Nora bereits um 1000 v. Chr. von den Phöniziern als idealer Stützpunkt, da das weit vorspringende Kap gleich drei natürliche Häfen bot. Aus der phönizischen Epoche ist heute kaum noch etwas erhalten, da die Römer, die die blühende Hafenstadt 240 v. Chr. übernahmen und zum Sitz ihres Statthalters machten, sie fast vollstän-

Das unscheinbare Kirchlein Sant'Efisio

dig überbauten. Der wichtigste Fund aus der Phönizierzeit ist die berühmte Stele von Nora, in deren Inschrift erstmals der Name Sardinien genannt wird.

Die Römer errichteten auf den phönizischen Mauern eine neue Stadt, die zu einer der wichtigsten Handels- und Hafenstädte aufstieg und ihren Höhepunkt im 2. und 3. Jahrhundert n. Chr. erlebte. Angelockt von ihrem Reichtum, wurde Nora zunehmend zum Ziel von Piraten. Mit dem Einfall der Vandalen nach Sardinien verlor es immer mehr an Bedeutung und wurde wahrscheinlich Ende des 4. Jahrhunderts n. Chr. aufgegeben.

In den 1960er Jahren wurde die antike Stadt systematisch freigelegt. Mit etwas Fantasie entsteht bei einem Rundgang durch die weitläufige Anlage vor dem inneren Auge die Römerstadt neu, denn ihre Grundanlage ist praktisch vollständig erhalten. Gepflasterte Gassen und Straßen führen durch Wohnviertel zum zentral gelegenen **Amphitheater,** vor dem sich das Forum öffnet. Hinter dem Theater liegen die großen Zentral-Thermen. Auf der Westseite der Landzunge befindet sich das **Patrizierviertel** mit weiteren Thermen und eindrucksvollen Bodenmosaiken. Am südlichen Ende des Hafenbeckens liegen die Brunnen und Zisternen.

Am Ende der Punta e su Coloru südlich des Adelsviertels betritt man den **Tempelbezirk** mit dem Äskulap-Tempel. Punischen Ursprungs ist noch der Tanit-Tempel im Eingangsbereich und die Brandopferstätte an der äußersten Spitze des Kaps bei dem 1580 von den Spaniern errichteten Sarazenenturm. Die vielfältigen Funde aus Nora sind im Archäologischen Nationalmuseum in Cagliari und in geringerer Menge im kleinen Museo Archeologico di Pula zu sehen.

●**Aera Archeologica di Nora,** Tel. (070) 92 09 138, geöffnet tägl. 9 Uhr bis 1 Std. vor Sonnenuntergang, Führungen ca. jede Stunde.

Fest

●**Sagra di Sant'Efisio,** 1.–4. Mai. Sardiniens größtes Fest, an dem Trachten- und Folkloregruppen aus allen Teilen der Insel teilnehmen. Überaus bunt und erlebenswert (siehe auch Exkurs im Ortskapitel Cagliari).

Unterkunft

●**Hotel Baia di Nora****,** Loc. Su Gunventeddu, Tel. (070) 92 45 551, Fax 92 45 600, Web: www.hotelbaiadinora.com. Große, wunderschön in eine weitläufige, blühende Parklandschaft eingebettete Luxus-Anlage di-

---

La Notte dei Poeti – die Nächte der schönen Musen

Eines der eindrucksvollsten Sommerfestivals auf Sardinien ist die seit nunmehr 13 Jahren stattfindende Veranstaltungsreihe „La Notte dei Poeti" in der antiken Römerstadt Nora. Im antiken Amphitheater finden dann von Mitte Juli bis Mitte August in milder Nacht vor der prachtvollen Kulisse des vom Mond beschienenen Meeres unterm funkelnden Sternenzelt zahlreiche Konzerte, Lesungen, Theateraufführungen, Tanzdarbietungen und andere künstlerische Events statt.

●**Info/Programm/Tickets:** Ufficio Le Torri, Via Corinaldi, Tel. 9208373, Web: www.lanottedeipoeti.it.

rekt am Strand von Nora mit Prachtblick auf das Capo di Nora. Der Clou: ein schneckenförmiger Pool, in dessen Mitte eine Bar Drinks direkt am wasserumspülten Tresen serviert (NS 280 €, HS 350 €).
●**Hotel Su Gunventeddu****, Loc. Su Gunventeddu, Tel. (070) 92 09 092, Fax 92 09 468, Web: www.sugunventeddu.com. Angenehme, von einem Garten umgebene kleine Herberge mit nur neun Zimmern direkt am Strand mit empfehlenswertem Restaurant (NS 52–64 €, HS 74–86 €).

Sarroch ♪ XXIII/D1-2

Östlich von Pula führt die Straße, teils vierspurig ausgebaut, bis in die gut 20 Kilometer entfernte Inselhauptstadt Cagliari. Die Küste ist auf diesem Abschnitt touristisch völlig uninteressant, weil sie überwiegend von **Industriekomplexen** wie den Raffinerieanlagen von Sarroch dominiert wird.

Riserva di Monte Arcosu ♪ XXIII/CD1

Das 1987 vom WWF initiierte Reservat Monte Arcosu ist eines der eindrucksvollsten Refugien Sardiniens. Das fast 4000 Hektar große Gebiet erstreckt sich im östlichen Sulcis zwischen Siliqua und Capoterra in einer völlig unbesiedelten und praktisch weglosen Region, die zu den unberührtesten der ganzen Insel zählt.

Das WWF-Projekt Monte Arcosu ist die einzige Naturschutzzone Sardiniens, bei der die Ideen und Belange des Naturschutzes beispielhaft und kompromisslos verwirklicht werden konnten. Es ist das Herzstück des bereits ausgewiesenen, aber bislang nur in Teilen realisierten Naturparks Sulcis, der einmal praktisch die gesamte urwüchsige Gebirgsregion umfassen soll. Das unberührte, in seiner Landschaft, Tier- und Pflanzenwelt außergewöhnliche und besonders vielfältige Refugium ist ohne Frage für Naturfreunde eines der interessantesten Ziele auf Sardinien.

Die Landschaft

Die Naturoase zwischen dem Monte Genna Spina (971 Meter) im Westen, dem Monte Zafferanu (353 Meter) im Osten, dem Monte Arcosu (948 Meter) im Norden und dem Monte Lattias (1086 Meter) im Süden ist einerseits ein überaus raues, zerklüftetes Bergland, andererseits aber quellenreich und von zahlreichen Bergbächen wie dem Rio Guttureddu und Rio Sa Canna durchzogen. Geologisch dominierend sind granitene und metamorphische Gesteine, die oft einzigartige Strukturen bilden. Enge und sehr tief eingeschnittene, feuchtgrüne Täler, bewaldete Felshänge und nackte Kammregionen wie die vom Monte Lattias, von Su Scavoni und von Sa Sperrimas liegen dicht beieinander und bilden ein eindrucksvoll artenreiches kleines Paradies.

Die Flora

Dank der sehr geringen Anzahl von Brandstiftungen in diesem menschen-

RISERVA DI MONTE ARCOSU

leeren Gebiet konnte sich eines der unversehrtesten Waldgebiete Sardiniens erhalten. Die Hänge bedecken Steineichenwälder, aber auch Korkeichen und Erdbeerbäume. Im dichten Unterholz gedeihen verschiedene Farne und zahlreiche Pilzarten. In den feuchten Tälern findet man Oleander, Erlen, Weiden, Königsfarn und Erika. Auf Lichtungen und an den Waldrändern gedeihen Waldrebe, Efeu, Roter Fingerhut und verschiedene Gewürzkräuter wie die Bergminze. Die außerordentlichsten Bäume sind die seltene Eibe in den Taleinschnitten des Monte Lattias, der Nesselbaum, von dem majestätische Exemplare in den Tälern des Rio Sa Canna und des Baccu Perdosu zu finden sind und der Lorbeer, der nur an einigen Stellen im Sa Canna-Tal anzutreffen ist.

Die Kleinflora ist etwa zu zehn Prozent endemisch. Zu ihr zählen neben dem Sardischen Gefleckten Aaronstab, der Sardischen Lilie, dem Kleinen Safran, Wollkraut und Korsischem Ginster und vielem mehr auch über zwanzig Orchideenarten, darunter extrem seltene.

Die Fauna

Auch die Fauna des Reservats zeigt sich sehr artenreich. In der **Vogelwelt** sind neben bekannten Arten wie Eichelhäher und Drossel sowie Ringeltaube und Rebhuhn auch zahlreiche seltene wie Turmfalke, Sperber und der Goldadler anzutreffen. Auch **Reptilien** wie verschiedene Natternarten oder die Sardische Eidechse finden hier gute Lebensbedingungen. Der interessanteste Vertreter der Amphibien ist der Sardische Laubfrosch, der der Fische der Aal. Vertreter der **Säugetiere** sind Wildschwein, Marder, Wildkatze, Damhirsch und andere. Besonders hervorzuheben ist der mittlerweile extrem seltene und vom Aussterben bedrohte Sardische Hirsch, zu dessen Arterhaltung das Reservat eingerichtet wurde.

Monte Arcosu: die alte Wassermühle, ein beliebtes Ausflugslokal

Praktische Tipps

Anfahrt und Öffnungszeiten

Zum Schutz des Sardischen Hirschen sind Teile des Areals während der Brunftzeit vom 15. August bis zum 30. September für Besucher gesperrt. Außerhalb dieser Zeit ist der Zugang nur samstags und sonntags gestattet. Mit einer Erlaubnis der Parkverwaltung ist es möglich, im Gebiet des Perdu Melis zu zelten.

Zu erreichen ist der Parkeingang über einen Abzweig von der Küstenstraße beim Weiler La Maddalena. Durch Capoterra hindurch führt die Strecke bis zur kleinen, alleinstehenden Kapelle S. Lucia. Dort muss man erst die Landstraße nach Santandi nehmen, um nach ca. 500 Metern rechts in eine Geländepiste abzuzweigen, die in das Tal des Rio Guttureddu hineinführt und nach etwa zehn Fahrminuten das Besucherzentrum am Eingang erreicht.

Wandern im Reservat

Im Reservat existieren sieben angelegte Pfade von unterschiedlicher Länge. So wird derjenige, der eher einen kleinen Spaziergang unternehmen will, ebenso Möglichkeiten finden wie derjenige, der das Gebiet in einer ausgedehnten Tageswanderung durchstreifen will:

- Sentiero Natura **Sa Canna** (Naturlehrpfad), Länge ca. 3 km, Dauer ca. 90 Min.
- Sentiero Natura **Su Bacinu** (Naturlehrpfad), Länge ca. 2 km, Dauer ca. 60 Min.
- Sentiero **Sa Rocca Lada**, Länge ca 6 km, Dauer ca. 2,5 Std.
- Sentiero **Genna Strinta – Peppi Meloni**, Länge ca. 10 km, Dauer ca. 3,5 Std.
- Sentiero **Marroccu**, Länge ca. 13 km, Dauer ca. 4 Std.
- Sentiero **Is Frociddus**, Länge ca 24 km, Dauer ca. 6 Std.
- Sentiero **Perdu Melis**, Länge 21 km, Dauer ca. 5 Std.

Genauere Informationen und Wegbeschreibungen sind im Besucherzentrum erhältlich.

Besucherzentrum

Umfassende Informationen zum Naturpark und den Wandermöglichkeiten erhält man im Besucherzentrum Perdu Melis am Eingang des Parks, an dem sich neben einem Damhirschgehege ein Schildkrötenzentrum um diese gefährdete Spezies kümmert.

Information/ Exkursionen/Anmeldung

- **WWF Monte Arcosu,** Tel. (070) 96 87 14, 15.6.–14.8. tägl. 8–19 Uhr, 1.10.–14.6. 9–18 Uhr, während der Hirschbrunft vom 15.8.–30.9. geschlossen, Eintritt 3 €, Führungen So 11 u. 15 Uhr, Gruppen nach Anmeldung.
- **WWF/Coop Il Caprifoglio,** Via Umberto I. 15, 09020 Uta, Tel./Fax (070) 96 87 14, Web: www.ilcaprifoglio.it.

Unterkunft

- **Hotel Rosa***,** Via Venezia 47, in Capoterra, Tel. (070) 72 20 16, Fax 72 21 99. Kleine saubere Herberge mit nur zehn Zimmern, Bar und Restaurant (72 €).
- **Hotel Mallei*,** Via Vittorio Emanuele 2, in Capoterra, Tel. (070) 72 10 17. Einfache, sehr preiswerte Unterkunft mit sieben Zimmern und Bar (27 € ohne, 30 € mit Bad).
- **Gästehaus Sa Canna,** mit 24 Betten und Küche zur Selbstversorgung. Nur nach Voranmeldung!

Cagliari

⌕ XX/AB2-3

Der Nabel der Insel

Sardiniens Hauptstadt liegt ganz im Süden der Insel am großen Golfo di Cagliari, der sich zwischen dem Sulcisgebirge im Westen und dem Sarrabus im Osten tief in die Landmasse hineinschiebt. Seit seiner Gründung ist Cagliari das **politische, ökonomische und kulturelle Zentrum** Sardiniens, in dem alle Fäden zusammenlaufen. Hier haben das Parlament und die Regierung der Autonomen Provinz ihren Sitz, von hier aus wird die Insel verwaltet. Hier hat sich die meiste Industrie angesiedelt und unterhält jede Institution oder Firma der Insel ihre Zentrale. An der Universität lernen über 30.000 Studenten, und die bedeutendsten Kulturschätze werden in den Museen der Stadt aufbewahrt.

Die Probleme der Boomtown

Nach Cagliari zieht es auch Bewohner aus dem armen Hinterland, die sich in der Stadt ein besseres Leben versprechen. Ebenso viele junge Sarden, die der Enge ihres Dorfes und der Engstirnigkeit der traditionellen Gesellschaftsordnung entfliehen wollen. Der **massive Zuzug** in die Boomtown lässt Cagliari aus allen Nähten platzen. Hatte es 1961 noch gerade 180.000 **Einwohner,** sind es heute fast **240.000.** Über 400.000 der insgesamt 1,6 Millionen Inselbewohner, also jeder vierte, lebt im Großraum Cagliari.

Mit dem stürmischen Wachstum wuchsen auch die Probleme. Arbeits-

losigkeit und ihre sozialen und finanziellen Konsequenzen sind der Nährboden für **Kriminalität, Alkoholismus, Prostitution und Drogen.** Mit geschätzten 10.000 Heroinsüchtigen und den meisten Drogentoten pro Einwohnerzahl hält Cagliari die traurige Spitzenposition unter allen italienischen Städten.

Doch die Zuzügler brachten ebenso ihre Bräuche wie die regionale Küche mit und machten Cagliari so zum **kulinarischen Zentrum** Sardiniens. Verwaltung, Industrie und Tourismus schaffen Arbeitsplätze und Wohlstand, Maler, Schriftsteller, Musiker, Bildhauer und Kunsthandwerker eine vitale, weltoffene Atmosphäre.

Erste Impressionen

Cagliari ist eine in vielerlei Hinsicht **widersprüchliche Stadt,** deren Charakter man schwer definieren kann. Kommt man auf dem Landweg nach Cagliari, präsentiert sie sich als modernes und pulsierendes europäisches Zentrum mit den typischen gesichtslosen Vorstädten und wuchernden Gewerbezonen. Dass man weiteres Wachstum erwartet, zeigen die riesigen, bereits von zahllosen unbeschilderten Straßen labyrinthisch durchzogenen Brachen bei Capoterra, auf de-

Fischerboote im Hafen von Cagliari

nen sich zukünftig Industrie und Gewerbe ansiedeln sollen.

Nähert man sich der Stadt vom Meer her, erblickt man „ein nacktes, bernsteinernes Juwel, das sich plötzlich, wie eine Rose, aus der Tiefe der breiten Bucht öffnet", wie der Engländer *D. H. Lawrence* Cagliari 1919 beschrieb. Gleich einer Fata Morgana taucht ihre Silhouette aus dem Dunst auf. Aus den welligen Linien der aufsteigenden Hügel tritt ein braungelblicher Fleck hervor. Je näher man kommt, desto deutlicher erkennt man Kuben, die sich wie Kartons übereinander gestapelt erheben und die Stadt formen. Um sie herum glänzen riesige, flache Lagunen, die das alte Cagliari von zwei Seiten umschließen. Die rosa schimmernden Wolken auf den Wasserflächen sind Flamingoschwärme aus dem nahen Afrika.

Europa oder Afrika?

„Südlich von Rom beginnt Afrika", sagt der Florentiner Schriftsteller *Indro Montanelli*, „nördlich davon Europa". Liegt Sardinien an sich bereits weit südlich von Rom, so findet man seine Hauptstadt ganz unten an der Afrika zugewandten Südküste. Nicht Rom oder Neapel, nein, Tunis ist Cagliaris nächstgelegene Metropole. Die Hauptstadt Sardiniens, so *D. H. Lawrence,* ist „verloren zwischen Afrika und Europa und nirgends hingehörig".

Cagliari ist der **Schmelztiegel der Rassen und Kulturen,** die sich im Laufe der Geschichte auf Sardinien niederließen. Es ist der Kristallisationspunkt, in dem sich alle Facetten der Mittelmeerinsel widerspiegeln. Sardische Tradition und überliefertes Brauchtum finden sich hier ebenso wieder wie polyglotte Modernität und internationale Konformität. Cagliari ist eine ebenso schöne wie eigenartige und spannende Mischung aus maurischem, iberischen und römischen Erbe, aus Genua und Algier, Barcelona und Palermo. Eine uralte, quicklebendige Stadt am Schnittpunkt zweier Welten. Ein Ort, an dem sich Europa und Afrika begegnen.

Die ungeliebte Hauptstadt

Sowenig eindeutig sich Cagliari den Kontinenten und Kulturen von Afrika und Europa zuordnen lässt, so wenig eindeutig ist ihr Status. Von Beginn an war Cagliari die **Stadt der Kolonisten und Eroberer,** die von hier aus die Unterdrückung der Insel und Ausbeutung ihrer Reichtümer organisierten. So ist die Metropole zwar die Hauptstadt Sardiniens, aber nicht die der Sarden. Sie sehen in ihr nach wie vor das Zentrum von Fremdherrschaft, in der heute die Abgesandten vom Kontinent aus dem fernen Rom residieren. Und ihre Bewohner werden vom restlichen Sardinien als arrogant und hochnäsig empfunden.

Geschichte

Die Cagliaritaner behaupten stolz, ihre Stadt sei älter als Rom. Als *Romulus* 753 v. Chr. Rom gründete, sei ihr

Grund schon mehr als 1000 Jahre bewohnt gewesen. Zu beweisen sucht man dies mit den vorgeschichtlichen Bodenfunden, die man gemacht hat.

Die Antike

Die dokumentierte Geschichte Cagliaris beginnt im 8. Jahrhundert v. Chr. mit dem antiken Seefahrervolk der **Phönizier,** die an der Mündung des Mannu einen Handelsstützpunkt gründeten, den sie „Karali" („felsiger Ort") nannten. Den Phöniziern folgten die **Punier,** unter deren Herrschaft sich die Stadt dank ihres geschützten Hafens und ihrer günstigen Lage nahe der fruchtbaren Campidano-Ebene und den erzreichen Gebirgen des Iglesiente und Sulcis zu einem wichtigen Handelszentrum entwickelte.

Als nächstes kamen die **Römer,** die 238 v. Chr. unter der Führung des Konsuls *Tiberius Gracchus* Cagliari einnehmen konnten und sie zur Hauptstadt ihrer neu eroberten Provinz machten. Die lange römische Periode, unter der die Stadt ihren Höhepunkt an Bedeutung und Wohlstand erlebte, gelangte mit den ständig zunehmenden Sarazenenüberfällen, denen Cagliari seit 455 n. Chr. ausgesetzt war, zu ihrem Ende.

Das Mittelalter

Nach dem Untergang des Römischen Reiches übernahm **Byzanz** die Herrschaft. Die Einwohner verließen jedoch die Küste, und die Stadt verfiel. Die Byzantiner verlegten die Stadt schließlich ins Landesinnere. Um das Jahr 1000 wurde Cagliari eine freie Stadt und im 11. Jahrhundert die Hauptstadt des größten und mächtigsten der vier Verwaltungsbezirke Sardiniens, des Judikates Cagliari.

Das Ende des Judikates kam 1258, als es den **Pisanern** gelang, die Stadt zu erobern. Zu ihrer Verteidigung gegen die Genuesen errichteten sie das Castello, die mächtige Festung auf dem Hügel über dem Hafen, das noch heute die Altstadt dominiert. Unter den Pisanern erlebte Cagliari eine erneute Blütezeit, in der auch die heutige Grundanlage der Stadt mit den vier Quartieren Marina, Castello, Stampace und Villanova entstand.

1324 gelang es den **Spaniern,** die Stadt einzunehmen. Unter der Herrschaft von *König Peter IV. von Aragonien* errichteten sie in der Stadt und auf der ganzen Insel ein drakonisches Unterdrückungssystem, das die Einwohner Cagliaris mit den ihnen auferlegten Steuern gnadenlos auspresste und jeden Widerstand blutig abwehrte. „Foras los Sards", „Sarden raus" hieß es unter ihnen, wenn die Sarden das Castello bei Sonnenuntergang zu verlassen hatten. Jeder, der dem Befehl nicht Folge leistete, wurde ohne Erbarmen von den hohen Festungsmauern hinabgeworfen. Unter der Knute der Spanier erlebte die Stadt einen drastischen Niedergang und versank zunehmend in Bedeutungslosigkeit.

Die Neuzeit

Das spanische Terrorregime endete erst 1720, als die Insel und die Stadt an das Königreich **Savoyen-Piemont** fielen und Cagliari Residenzstadt wurde. Als 1798 *Napoleon* das Königreich Piemont besetzte, verlegte dessen König *Carlo Emanuele IV.* seinen Regierungssitz 1799 und zwischen 1806 und 1814 nach Cagliari.

Ab dem 19. Jahrhundert verlor Cagliari seine militärische Bedeutung. 1862 wurden die Stadtbefestigungen geschleift und die vier Stadtviertel auch verwaltungstechnisch zusammengelegt. Im Zweiten Weltkrieg wurde die Stadt als wichtiger Hafenort und Militärposten mehrfach schwer bombardiert. Seit 1949 ist Cagliari **Regierungssitz der Autonomen Region Sardinien.**

Mit dem Auto in Cagliari

Der Verkehr im Großraum Cagliari ist dicht und das Gedränge heftig. Die Ein- und Aufallstraßen sind mehrspurig und bilden ein Gewirr aus Über- und Unterführungen, Kreisverkehren und Kreuzungen. Doch die Ausschilderung ist ausgezeichnet, der Verkehrsfluss meist tatsächlich fließend, und so muss man vor dem Moloch Cagliari wenig Bange haben. Folgt man stoisch den Schildern und lässt sich durch das ewige Gehupe und Gedränge nicht aus der Ruhe bringen, landet man mit ziemlicher Sicherheit ohne Umwege auf der großen **Via Roma,** die vor der Altstadt am Hafen entlang führt.

Keinesfalls sollte man den Versuch machen, **mit dem PKW in die Altstadt** vorzudringen. Die Straßen sind eng, beidseitig meist völlig zugeparkt und wer einmal hineingeraten ist, gerät ganz schön ins Schwitzen, bis er aus dem Gassengewirr wieder herausgefunden hat. Parkmöglichkeiten findet man dort sowieso keine. Deshalb sollte man am besten gleich auf den großen Stellflächen am Hafenkai (Via Roma) parken oder auf dem Parkplatz am Ende der Via Bonaria.

Trenino turistico Cagliaritano

Wer nicht auf eigenen Füßen die Stadt durchstreifen will, der kann mit dem kleinen „Trenino turistico" benutzen, der auf zwei Linien (rot-blau und weiß) zu den Sehenswürdigkeiten durch die Altstadt fährt. Ca. 45 Min. geht es auf der rot-blauen Strecke durch die Altstadtquartiere, rund 1 Stunde dauert die Fahrt mit der weißen Linie, die bis zum Stadtstrand Poetto hinausführt. Abfahrt rote Bahn: Piazza del Carmine, weiße Bahn: Piazza Yenne.

● **Info:** Trenino Cagliaritano, Via Crispi 19, Tel. 65 55 49, Web: www.trenino.it, Juni–Sept. tägl. 11–12 u. 17–19.30 Uhr, Okt.–Mai nur Sa ab 16.30 Uhr u. So 11–12 Uhr.

Die Altstadt

Die Altstadt von Cagliari ist nicht groß und kann ohne Probleme zu Fuß erkundet und durchwandert werden, ohne öffentliche Verkehrsmittel in Anspruch nehmen zu müssen. Das historische Zentrum gliedert sich in **vier Quartiere.** Der bedeutendste der vier historischen Stadtteile ist das Viertel Castello. Um das zentrale alte Machtzentrum gruppieren sich die drei an-

Stadtplan vordere Umschlagklappe

DIE ALTSTADT
Cagliari

deren Stadtteile wie ein Kleeblatt. Zwischen dem Hafen und dem Kastellhügel erstreckt sich die Marina, das alte, malerische Hafenviertel. Westlich des Castello liegt Stampace, östlich das Quartier Villanova.

An der Via Roma

Die wichtigste Straße Cagliaris ist die vielspurige Via Roma, die sich am Eingang zur Altstadt zwischen der Piazza Matteotti und der Piazza Amendola erstreckt. Der Verkehr auf der Promeniermeile zwischen dem Hafen und dem Marina-Viertel ist immer dicht. Der autoüberflutete Boulevard ist die Schlagader Cagliaris, über den ohne Unterlass neues Blut in die Inselmetropole fließt. Hier strömen die Menschen zur **Stazione Marittima,** dem Fährhafen, zur **Stazione Ferroviaria,** dem Bahnhof, und zur **Stazione Autolinee,** dem zentralen Busbahnhof.

Zwischen der Piazza Amendola und der Piazza Matteotti säumen herrschaftliche Palazzi die Via Roma. Unter ihren klassizistischen Prachtfassaden verläuft ein langer, breiter Arkadengang. Die Arkaden sind die obligatorische **Flaniermeile,** die in keiner Stadt des Südens fehlen darf. Hier reihen sich Bars und Cafés aneinander, dazwischen kleine Boutiquen und große Kaufhäuser und Kinos. Hier bummelt man, trifft sich zum Plausch, liest Zeitung, diskutiert, flirtet, tratscht, bespricht Geschäfte oder schaut der Wiedersehensfreude und dem Abschiedsschmerz im gegenüberliegenden Fährhafen zu.

Piazza Matteotti

Am westlichen Ende der Via Roma, der Piazza Matteotti, fluten aus der Stazione Ferroviaria, dem **Hauptbahnhof,** und der benachbarten Stazione Autolinee, dem zentralen **Busbahnhof,** täglich viele Tausende aus allen Winkeln Sardiniens in das Geschäfts- und Verwaltungszentrum. Die Piazza Matteotti ist dennoch eine kleine Oase im Meer der Autos und Fußgänger. Angenehm ruhig und mit Schatten spendenden Palmen bestanden, lässt es sich auf den Parkbänken angenehm verweilen. Auf dem Platz findet man

Bummel durch die Arkaden der Via Roma

auch den Pavillon der **Stadtinformation.** Das markanteste Gebäude an der Piazza Matteotti ist der elegante **Palazzo Communale,** dessen schneeweiße Marmorfassade im neokatalanischen Stil dem von Palmen und Magnolien beschatteten Platz spanisches Kolorit verleiht.

Piazza Amendola

Das östliche Ende der Via Roma ist dagegen von der Welt des internationalen Business geprägt. Rings um die Piazza Amendola bestimmen die modernen Glasfassaden der Banken und des **Palazzo Consiglio Regionale,** der Provinzregierung, das Bild.

Marina-Viertel

Lukullische Genüsse

Gleich hinter der Front der klassizistischen Schmuckfassaden der Via Roma beginnt das Marina-Viertel. Nur wenige Schritte von der repräsentativen Flaniermeile entfernt, trifft man auf eine andere Welt. Die Gassen sind eng und dämmerig, die Häuser ohne Farbe, der Putz bröckelig und vergilbt. Doch das alte Fischer- und Matrosenviertel ist voller Leben. Aus geöffneten Türen und Fenstern dringen Musik und Stimmengewirr, vor allem aber eine bunte Mischung unwiderstehlicher appetitlicher Düfte. Die Marina ist der **lukullische Mittelpunkt der Stadt,** der „Bauch" Cagliaris. „Andai a Casteddu pro pappai", zum Essen nach Cagliari gehen, ist ein geflügeltes Wort auf der Insel. Nirgendwo sonst gibt es so viele Trattorien und Restaurants.

Die inselweit bekannte Fressmeile Cagliaris ist die schmale **Via Sardegna,** die das Viertel auf seiner ganzen Breite durchzieht. Von der einfachen, preiswerten Trattoria bis zum eleganten Gourmetrestaurant ist hier alles zu finden, was die sardische und italienische Küche zu bieten hat. In der Mittagszeit, wenn die Angestellten, Handwerker und Geschäftsleute in die Marina zum Essen kommen, ist hier kaum ein freier Platz zu finden.

Sehenswürdigkeiten

Einzige bauliche Sehenswürdigkeiten im Marina-Viertel sind zwei Kirchen. Die 1580 erbaute, von einer Kuppel gekrönte **Chiesa Sant'Agostino** in der Via Baylle ist Sardiniens einzige Renaissancekirche. In ihrer unterirdischen Kapelle wurden einst die Gebeine des heiligen Augustinus von Hippo vor ihrer Überführung nach Pavia aufbewahrt.

Ebenfalls sehenswert ist die **Chiesa Sant'Eulalia** in der Vico del Collegio, in der auch das **Museo del Tesoro di Sant'Eulalia** untergebracht ist. Es zeigt frühchristliche Öllampen und Holzstatuen aus dem 17. und 18. Jahrhundert, antike Kirchenschriften, Kirchensilber aus dem 16. und 17. Jahrhundert und anderes. Die meisten der ausgestellten Exponate stammen von den archäologischen Ausgrabungen, die man unter der Kirche besichtigen kann.

●**Museo del Tesoro di Sant'Eulalia,** Vico del Collegio 2, Tel. 66 37 24, geöffnet Juli–Sept. tägl. 10–13 u. 16–21 Uhr, Okt.–Juni Di–So 10–13 u. 17–20 Uhr.

Am Largo Carlo Felice

Im Westen wird das Marinaviertel vom breiten Boulevard Largo Carlo Felice begrenzt, der von der Via Roma sanft aber stetig bis zur Piazza Yenne ansteigt. Die von Bäumen beschattete Prachtmeile säumen Banken, elegante Boutiquen und große Geschäfte.

Die im Schnittpunkt zwischen den Vierteln Marina, Castello und Stampace gelegene **Piazza Yenne** ist reizvoll mit Palmen bestanden, unter denen Bänke zum Pausieren einladen. Auf dem Platz ragt die Statue von *Carlo Felice* auf, der mit dem Bau der quer durch Sardinien führenden heutigen Schnellstraße SS 131 begann und ihr den Namen gab. Um den Platz liegen einige kleine Buchläden, Kioske, Cafés und Bars.

Castello-Viertel

Direkt hinter der Piazza Yenne erblickt man den mächtigen **Torre dell'Elefante,** der den Beginn des Castello-Viertels markiert. Der wuchtige Wehrturm ist Teil des wehrhaften **Kastells,** das trutzig die Altstadt dominiert. Noch heute trennen wie damals die wuchtigen Mauern und Türme der pisanischen Festung das alte Adels- und Re-

Die Piazza Yenne

gierungsviertel von den anderen Vierteln ab.

Abgeschlossen und argwöhnisch bewacht von dem Torre dell'Elefante und dem Torre San Pancrazio, ist das Castello-Viertel eine isolierte Welt für sich. Wie ausgestorben wirken die engen Gassen. Die hohen Patrizierhäuser, aus deren Türen und Hinterhöfen muffig-morbider Geruch entströmt, verwandeln sie in düstere Schluchten. Verfall und Armut sind unübersehbar. Die mittelalterliche Stadt, einst Wohnstatt der Mächtigen und Reichen, ist heute ein **Problemviertel,** bewohnt von Alten und Armen. Doch die Bemühungen um die Sanierung des ehemaligen Adels- und Regierungsviertels machen sichtliche Fortschritte.

Torre dell'Elefante

Von der Piazza Yenne führt eine schmale Gasse direkt zum Elefantenturm, durch den man „Su Casteddu", wie die Sarden das Castello-Viertel nennen, betritt. Der 1305 von den Pisanern errichtete Festungsturm ist wie der 1307 errichtete Torre di San Pancrazio am Eingang zur Citadella dei Musei ein bedeutendes Beispiel mittelalterlicher Militärarchitektur. Der winzig kleine weiße Elefant an seiner spiegelglatten Außenmauer ist das heimliche Wahrzeichen von Cagliari. Seine Bedeutung ist unklar.

Das heimliche Wahrzeichen Cagliaris an der Fassade des Torre dell'Elefante

Der Dom Santa Maria im Castello-Viertel

●**Torre dell'Elefante/Torre di San Pancrazio:** Sommer Di–So 9–13.30 u. 15.30–19.30 Uhr, Herbst 10–17.30 bzw. 9–16.30 Uhr (bei Einbruch der Dunkelheit).

Terrazza Umberto

An den Mauern des Castello nach Osten entlang erreicht man den Balkon Cagliaris. Die **Bastione de Saint Remy** liegt in der südwestlichen Ecke des Viertels über der Piazza Constituzione sowie über dem Marina und dem Villanova-Viertel. Kommt man von Westen über die Einkaufsstraße Via Manno, führt eine imposante Marmorfreitreppe durch die hoch aufragenden Mauern der Bastion hinauf auf die Terrazza Umberto I. Die Terrasse ist ein weiter, ausgesprochen schöner Platz mit Palmen, schmiedeeisernen Kandelabern und zahlreichen Parkbänken, auf dem sich sich Jung und Alt gleichermaßen gerne treffen. Spielende Kinder, pausierende Studenten, Mütter mit Kleinkindern, alte Herren und anderes buntes Volk verwandeln den ruhigen, verkehrsfreien Platz in eine angenehme Oase inmitten des hektischen Großstadtgewühls.

Von der Terrasse eröffnet sich ein herrlicher Blick über die gesamte Altstadt hinaus auf den weiten Golfo degli Angeli, die riesigen Lagunenseen rings um Cagliari sowie die Neubauviertel im Osten und Westen. Besonders am Abend, wenn eine leichte Meeresbrise die drückende Sommerhitze etwas mildert, versammelt sich auf der Terrazza halb Cagliari, um etwas durchzuatmen und den wunderbaren Sonnenuntergang zu genießen.

Um den Dom

Weiter an der Mauer nach Norden entlang gelangt man auf die Piazza Alberto. Der kleine Platz wird bewacht vom Denkmal des Heiligen Franziskus. Hinter der Statue erhebt sich auf der Piazza Palazzo majestätisch der **Duomo Santa Maria.** Die beiden mit einer Freitreppe miteinander verbundenen kleinen Piazzas im Zentrum des Viertels umgibt das schönste Architekturensemble Cagliaris. Restaurierte, prachtvolle Patrizierpaläste umrahmen die Kathedrale, deren reich gegliederte Marmorfassade sich blendend weiß vom tiefen Blau des Himmels abhebt. Zu den herrschaftlichen Adelspalästen an der Piazza Palazzo gehört der **Königspalast** links der Kathedrale, in dem heute die Präfektur residiert, der

Palazzo di Citta, das alte Rathaus, sowie der protzige **Palazzo Regio,** einstiger Sitz der spanischen und piemontesischen Vizekönige, 1769 von *Carlo Emanuele III. von Savoyen* zu seiner heutigen Form umgestaltet.

●**Palazzo Regio,** Tel. 40 921, geöffnet tägl. 9.30–13 u. 16–19 Uhr, Eintritt frei.

Der zwischen dem 12. und 13. Jahrhundert im pisanischen Stil errichtete und mehrfach umgebaute **Dom** ist das herausragende architektonische Bauwerk der Stadt. Überaus prachtvoll zeigt sich die frisch restaurierte und gereinigte, überreich verzierte Marmorfassade aus dem 17. Jahrhundert. Zu der prunkvollen Innenausstattung gehört ein Tryptichon des Flamen *Gé-*

rad David und das Mausoleum von *Martin II. von Aragonien*. Besonders sehenswert ist die Krypta, unter deren mit 600 verschiedenen Steinrosetten geschmückten Barockgewölbe 300 Grabkammern ruhen. Wertvollstes Stück des Doms ist die 1159-62 gefertigte Kanzel von *Guglielmo,* eines der bedeutendsten Werke der romanischen Plastik auf Sardinien. Die prunkvolle Marmorkanzel stammt aus der Kathedrale von Pisa.

●**Dom:** geöffnet Di-So 10-13 u. 16.30-19.30 Uhr; Eintritt frei. Keine Besichtigung während der Gottesdienste.

Museumskomplex
Citadella dei Musei

Von der nördlichen Stirnseite des Domplatzes führt die Via Martini schnurgerade zum geographischen und kulturellen Höhepunkt Cagliaris, der Citadella dei Musei. Vorbei am Torre di San Pancrazio führt der Weg durch die Porta Arsenale auf die Piazza Arsenale mit dem Museumskomplex. Der Kulturtempel an der höchsten Stelle der Altstadt, dem Colle di San Michele, ist wirkungsvoll in die alten Mauern und Bastionen der Zitadelle eingefügt. In der weitläufigen Anlage aus neuzeitlichem Beton und historischem Mauerwerk versammeln sich die bedeutendsten Kulturschätze Sardiniens.

Es ist vor allem das **Museo Archeologico Nazionale,** das die Besucher in Scharen auf die Museumszitadelle lockt. Hier wird die umfangreichste und wertvollste Sammlung an historischen Funden aus dem an archäologischen Stätten überreichen Untergrund Sardiniens präsentiert. In chronologischer Reihenfolge lassen sich dabei von der Zeit der prähistorischen Kulturen wie den Nuraghiern über die Ära der Phönizier und Punier bis zur Römerzeit sämtliche frühen Epochen Sardiniens durchwandern. Seine wertvollsten Schätze sind ohne Frage die atemberaubend schönen *bronzetti,* 15-30 Zentimeter große Bronzefiguren, die man in Gräbern und Brunnenheiligtümern der Nuraghier fand. Die starke Magie der ebenso filigranen wie ausdrucksstarken steinzeitlichen Meisterwerke sind für sich allein den Besuch Cagliaris wert.

Weiterhin sind in der Zitadelle folgende Museen untergebracht: die **National-Pinakothek,** die neben Werken aus der Spätgotik und Renaissance, darunter die größte Sammlung katalanischer Tafelbilder des 15. und 16. Jahrhunderts außerhalb Spaniens, auch eine herausragende Sammlung sardischer Goldschmiedekunst des 19. Jahrhunderts beinhaltet, das **Museum Siamesischer Kunst** mit einer wertvollen Sammlung fernöstlicher Kunstwerke aus dem 11. bis 19. Jahrhundert sowie das **Wachsfigurenkabinett** mit 23 anatomischen Modellen, die der Florentiner Wachsbildner *Clemente Susini* 1803 für die Universität anfertigte. Von der Universität in die Museumszitadelle umgezogen ist die **Collezione Sarda Luigi Piloni,** eine ehemals private Sammlung historischer Land- und Geländekarten, von Gemälden, Trachten und anderen Dingen sardischen Ursprungs mehr.

Stadtplan vordere Umschlagklappe

- **Museo Archeologico Nazionale (Archäologisches Nationalmuseum),** Tel. 68 40 00, Di–So 9–20 Uhr.
- **Collezione Sarda Luigi Piloni,** Tel. 67 57 627, Di–So 9–13 u. 16–19 Uhr.
- **Museo delle cere anatomiche di Clemente Susini (Wachsfigurenkabinett),** Tel. 67 57 627, Di–So 9–13 u. 16–19 Uhr.
- **Museo Etnografico Collezione d'Arte Siamese (Museum Siamesischer Kunst,** Tel. 65 18 88, Di–So 9–13 u. 15.30–19.30 Uhr.
- **Pinacoteca Nazionale (National-Pinakothek),** Tel. 68 40 00, Di–So 9–20 Uhr.

Stampace-Viertel

Römische Hinterlassenschaften

Von der Citadella dei Musei führt nach Westen die Porta Regina Maria Christina hinaus aus dem rings um das Castello laufenden Mauerring zum alten Weststadtteil Stampace, dem Viertel Cagliaris mit den frühesten Spuren der Stadtgeschichte. Die älteste archäologische Stätte ist die punisch-römische Nekropole **Tuvixeddu** an der großen Ausfallstraße Viale Trieste Richtung Oristano. Der vom Häusermeer der Stadt umschlossene Kalkhügel ist mit unzähligen Grabkammern durchlöchert, die zwischen dem 7. und 3. Jahrhundert v. Chr. angelegt wurden. Doch die Nekropole ist leider etwas vernachlässigt und eingezäunt – eine Besichtigung ist nur im Rahmen einer Führung möglich (Tel. 60 51 81).

Einzusehen, wenngleich zurzeit nur durch ein Eisengitter, ist dagegen die berühmte **Grotta della Vipera** am südlichen Fuß des Tuvixeddu-Hügels. Das römische Felsengrab ist die letzte Ruhestätte von *Atilia Pomptilla*, der Gattin des nach Sardinien verbannten Römers *Cassius Phillipus*. „Lilien betauen dein Gebein, o Pomptilla! Im dichten Gesträuch blühen die Rosen, singen die Nachtigallen", beginnt die in den Fels gemeißelte Hymne, die der Edelmann seiner Geliebten widmete.

- **Grotta del Vipera,** Viale S. Avendrace, Tel. 67 76 400, geöffnet Di–So 10.30–13 Uhr.

Das bedeutendste Bauwerk aus der Römerzeit ist das imposante **Amphitheater,** das am Westhang des Castellohügels aus dem Fels herausgemeißelt wurde. Bis zu 20.000 Zuschauer, was der damaligen Gesamtbevölkerung Cagliaris entsprach, fanden in dem größten Bauwerk, das die Römer auf Sardinien hinterließen, Platz. Das Freilufttheater verfügte einst über raffinierte Technik wie einen unterirdischen Kanal, der das für Boots- und Meerszenen benötigte Wasser lieferte. Heute dient die antike Arena wieder ihrem alten Zweck. Im Sommer treten in der bezaubernden Kulisse sardische Künstler und internationale Stars auf.

- **Amphitheater,** Via S. Ignazio, Tel. 65 29 56, Web: www.anfiteatroromano.it, Führungen ca. alle 30 Minuten: Sommer 9.30–13.30 Uhr, So zusätzlich 15.30–17.30 Uhr, Winter 9.30–13.30 Uhr, So zusätzlich 10–16 Uhr.

Botanischer Garten

Unterhalb des Amphitheaters liegt der **Orto Botanico,** der kleine Botanische Garten. In dem 1866 angelegten Park wachsen neben zahlreichen einheimischen und endemischen Pflanzen auch Gewächse, Büsche und Bäume aus fernen Ländern wie Japan, China, Mexiko oder Australien. Vom südlichen Ende des Gartens führt die kleine Via Tigellio zu der **Casa di Tigellio,** den Ruinen einer römischen Patriziervilla aus dem 2.-4. Jahrhundert v. Chr., in der der sardische Dichter und Sänger *Tigellius* gewohnt haben soll. Zu sehen sind noch Reste des Atriums, Säulen und Mosaikfragmente.

●**Orto Botanico:** Viale S. Ignazio, Tel. 67 53 522, geöffnet Ende März bis Ende Okt. 8-13.30 u. 15-19 Uhr, Nov. u. Febr. nur 8-13.30 Uhr, Führungen jeden zweiten und vierten So im Monat um 11 Uhr.
●**Casa di Tigellio,** Via Tigellio. Die Ruinen können nur im Rahmen einer Führung besichtigt werden; Tel. 60 51 18 31.

Die Kirchen von Stampace

Südöstlich vom Botanischen Garten ragt die Kirche **San Michele** auf. Der Bau aus der zweiten Hälfte des 17. Jahrhunderts zählt zu den schönsten Beispielen barocker Architektur auf Sardinien. Besonders sehenswert ist das mit kostbaren Stukkaturen ausgeschmückte Innere und der prunkvolle Hochaltar. Ebenfalls in der Via Azuni steht die **Chiesa Sant'Anna,** ein freistehender Kirchenbau aus dem 18. Jahrhundert, der sich reizvoll mit zwei Türmen und mehreren Kuppeln schmückt.

Unter den mehr als 50 Kirchen der Stadt ist noch die **Chiesa di Sant'Efisio** in der kleinen Via S. Efisio bemerkenswert. Die einschiffige Kirche mit spätbarocker Fassade ist äußerlich eher unscheinbar und wird deshalb von Besuchern kaum beachtet. Für die Cagliaritaner und Sarden ist sie aber von großer Bedeutung. Denn in ihr wird die Staute des heiligen Efisio aufbewahrt, der zu Sardiniens größtem Fest, der Sagra di Sant'Efisio (siehe Exkurs) aus der Kirche geholt und in einer prachtvollen Prozession nach Pula und wieder zurück getragen wird. Bei der Kirche führt eine Tür in einen unterirdischen Raum mit einer punischen Zisterne, den man für den Kerker des Märtyrers Efisio hält. In der Cripta di San Restituta, die Puniern und Römern und bis ins 17. Jahrhundert Christen als Kultstätte diente, wird die Marmorstatue der heiligen Restituta aus dem 5./6. Jahrhundert aufbewahrt.

●**Chiesa San Michele,** Via Ospedale 2, Tel. 65 86 26, geöffnet Mo-Sa 7-11 u. 17-20.30 Uhr, So 7-11 u. 18-20.30 Uhr.
●**Chiesa/Cripta di Sant'Efisio, Cripta San Restituta,** Via S. Efisio, Tel. 67 76 400, geöffnet: Di-So 9-13 u. 15.30-19.30 Uhr.

Villanova

Es war der spanische Prinz *Alfonso D'Aragon,* der 1324 Cagliari zwei Jahre lang vergeblich belagerte. So entschloss sich der spanische Thronfolger schließlich, auf dem Hügel gegenüber des unbezwingbar erscheinenden Castellos einfach eine neue Gegenstadt, Villanova, zu errichten. Heute ist das östliche Stadtquartier das **vorrangige Geschäfts- und Büroviertel** Cagliaris. Hier brummen nicht nur die Geschäfte, sondern auch der Autoverkehr. Seine mittelalterlichen Straßen, angefüllt von Hektik, Lärm und Gedränge, erleiden tagtäglich den Verkehrskollaps.

Chiesa San Saturno

Inmitten dieses mediterranen Gewimmels liegen zwei Sakralbauten von herausragender Bedeutung. Die eine, die Chiesa San Saturno auf der Piazza San Cosima, ist die älteste Kirche Sardiniens und zählt zu den bedeutendsten frühchristlichen Bauten im gesamten Mittelmeerraum. Die **römisch-byzantinische Basilika** aus dem 5./6. Jahrhundert wurde 1089 im romanisch-provenzalischen Stil mit drei Schiffen umgestaltet.

Über einen Grundriss in Form eines griechischen Kreuzes spannt sich eine mächtige Kuppel. Ihre runden Formen und die eckigen Kuben des fensterlosen Mauerwerks sind derart miteinander verwachsen, dass sie der Kirche das Aussehen einer organisch gewachsenen Skulptur verleihen, die so gar nicht zu dem Gewimmel um sie herum passen will.

● **Basilica di San Saturno,** Piazza S. Cosimo, Tel. 20 10 302, geöffnet Mo–Fr 9–13 Uhr.

Santuario di Bonaria

Entspannung und Ruhe dagegen umgibt das Santuario di Bonaria, das sich nahe der Küste an der Straße hinaus zum Stadtstrand Poetto auf einem Hügel erhebt. Die Wallfahrtsstätte ist die mit Abstand wichtigste Pilgerstätte Sardiniens, die täglich viele Hundert Sarden besuchen, da hier die hölzerne Statue der Jungfrau Maria von Bonaria, der Schutzheiligen Sardiniens, aufbewahrt wird.

Die Legende, die sich um die Heilige rankt, lautet folgendermaßen: Im Jahr 1370 soll das Meer eine Holzkiste am Fuße des Bonaria-Hügels angeschwemmt haben. Als man sie öffnete, fand man darin die Marienstatue. Kaum hatten sie die Mönche des Klosters oben auf dem Hügel in ihre Kirche gebracht, begann die Muttergottes Wunder zu wirken. Wie ein Lauffeuer verbreitete sich die Nachricht von der wundertätigen Maria von Bonaria über die Insel, und seither strömen die Menschen aus allen Ecken Sardiniens herbei. 1870 wurde die Jungfrau von Bonaria von *Papst Pius IX.,* der anlässlich der 500-Jahrfeier ihrer Auffindung der Wallfahrtsstätte einen Besuch abstattete, heilig gesprochen und schließlich 1907 von *Papst Pius X.* zur Schutzpatronin von Sardinien erhoben. Zwar sind Experten der Meinung, die Holzfigur könne gar nicht 1370 angespült worden sein kann, weil sie aus dem 15. Jahrhundert stamme, aber der Glaube versetzt bekanntlich Berge. Und so wird die Bonaria mit einem großen Fest geehrt. Alljährlich am 24. März, dem Tage ihrer Heiligsprechung, findet zu ihren Ehren eine große Prozession statt.

Dominierendes Gebäude des großen Klosterkomplexes ist die mächtige **Basilica di Bonaria,** die 1704 unter Leitung eines Piemonteser Baumeisters im barocken Stil errichtet wurde. Die farbenprächtigen Bilder auf den Seitenflügeln des eindrucksvollen Hauptaltars sind Werke des sardischen Künstlers *Antonio Mura*. Die kolossale Freitreppe, die zu der Basilika hinaufführt, wurde erst 1970 anlässlich eines Papstbesuches angefügt.

Links neben der Basilika ist die 1324 vom spanischen Thronfolger *Alfonso D'Aragona* während der Belagerung Cagliaris errichtete **Wallfahrtskapelle** zu sehen. In der schlichten Kirche wird neben einer Madonna aus dem 13. Jahrhundert die hölzerne Figur der Nostra Signora di Bonaria aufbewahrt. Im hinteren Bereich der Kirche zeigt ein kleiner Raum zahlreiche Krücken, die von der wundertätigen Madonna angeblich Geheilte zurückließen.

Auch das kleine **Museo Marino,** das in einem Seitenraum am Eingang der Wallfahrtskirche untergebracht ist, strotzt vor Votivgaben, die Seeleute ihrer Schutzheiligen zurückließen. Über einen Korridor – hier steht die Kiste, in der die Madonna einst angelandet sein soll – gelangt man in den stillen Kreuzgang mit Zisterne. Ihm schließt sich der nicht zugängliche Bereich des Klosters an.

Zugänglich dagegen ist der Friedhof **Cimitero Monumentale di Bonaria,** der unweit der Wallfahrtsstätte an der Piazza Cimitero liegt. Das große Gelände ist eine grüne Oase der Ruhe inmitten der hektischen Stadt. Bei einem Spaziergang kann man viele schöne, teils aufwendige bis pompöse Grabmale betrachten.

- **Santuario/Basilica di Nostra Signora di Bonaria,** Viale Bonaria, Tel. 30 17 47, Web: www.nsdibonaria.it, geöffnet tägl. April-Okt. 6.30-12 u. 17-19.30 Uhr, Nov.-März 6.30-12 u. 16-18.30 Uhr.
- **Museo Marino,** geöffnet tägl. 9-11.30 u. 17-18.30 Uhr.
- **Friedhof,** Viale Cimitero, Tel. 30 02 05, geöffnet tägl. 8-13, Di u. Do auch 14.30-17.30 Uhr, Nov.-März nur 14.30-17.30 Uhr.

Praktische Tipps

Post und Telefon

- **Vorwahl:** 070
- **PLZ:** 09100
- **Post:** Piazza del Carmine 27.

Information

- **AAST (Stadt-Information),** Pavillon auf der Piazza Matteotti am Bahnhof, Tel. 66 92 55, Fax 66 07 19, Web: www.aast.ca.it. Okt.-März Mo-Sa 9-13.30 u. 15-18 Uhr, April-Sept. Mo-Sa 8.30-19.30 Uhr.
- **AAST-Informationsbüro** in der Stazione Marittima im Hafen, Tel. 66 83 52. Tägl. 15-18 Uhr und am Morgen jeweils für 1 Std. bei Ankunft einer Fähre.

Essen und Trinken

- **Flora,** Via Sassari 47, Tel. 66 47 35. Der Inhaber *Beppe Deplano* stammt aus der Barbagia. Die Herkunft spiegelt sich in der exzellenten Küche des bäuerlich eingerichteten Familienbetriebs wider, der seit Jahren zu den besten der Stadt zählt.
- **Trattoria Crackers,** Corso Vittorio Emanuele 195, Tel. 65 39 12. Ungewöhnlich, aber delikat ist die Küche der Familie *Cinus,* die aus einer gelungenen Mischung sardischer und piemontesischer Kochkunst besteht. Das Angebot ist von Risotti und Pasta über Fisch bis Wild sehr abwechslungsreich.
- **San Crispino,** Corso Vittorio Emanuele 190, Tel. 65 18 53. Von drei Brüdern betriebenes Lokal. An massiven Tischen speist man Spezialitäten wie *cozze e orziadas,* grillte Seeanemonen, *culingione a spighitta,* Teigtaschen mit einer säuerlichen Kartoffelfüllung, Minze und Käse oder *braciola ai funghi,* gegrilltes Eselfleisch mit Pilzen.
- **Trattoria Ci Pensa Cannas,** Via Sardegna 35, Tel. 66 78 15. Einfache, traditionelle Trattoria in verschlungenem Gewölbe, in der sich die Bewohner der Umgebung treffen. Gemütliche, kontaktfreudige Atmosphäre und ebenso gute wie preiswerte sardische Hausmannskost.
- **Trattoria Da Lillicu,** Via Sardegna 78, Tel. 65 29 70. Eine Institution im Marinaviertel.

Im oft rappelvollen Gewölbe treffen sich in herzlicher Atmosphäre Einheimische und Besucher. Die vielfältige Küche ist so delikat wie preiswert.
- **Trattoria Gennargentu,** Via Sardegna 60c, Tel. 65 82 47. Freundliches, helles Restaurant mit sympathischem Flair, in dem es gute sardische Küche zu anständigen Preisen gibt.
- **Antica Hostaria,** Via Cavour 60, Tel. 66 58 70. Elegantes, prächtiges, mit sardischen Kunstwerken und Möbeln ausgestattetes Restaurant. *Antonello* und seine aus Südtirol stammende Frau *Lilli* bereiten oft nach alten, ausgegrabenen sardischen wie italienischen Rezepten kreierte Gerichte der geschmacklich wie preislich gehobenen Art.
- **Caffè Svizzero,** Largo Carlo Felice 6, Tel. 65 37 84. Eine der ältesten Adressen in Cagliari. Seit dem Anfang des vorigen Jahrhunderts Treffpunkt der Cagliaritaner am Largo Carlo Felice. Klassisches Grand Café mit überdachter Terrasse.
- **Antico Caffè,** Piazza Constituzione 10/11, Tel. 65 82 06. Traditionsreiches Kaffeehaus mit Terrasse an der Piazza Constituzione am Fuße der Terrazza Umberto. Feine hausgemachte *dolci sardi*. Leider ist die originale Jugendstileinrichtung mit dem letzten Wirt komplett verschwunden.
- **Caffè Libarium Nostrum,** Via S.Croce 33, Tel. 65 09 43. Niedlich kleines, mit historischem Inventar ausgestaltetes Café an der Wehrmauer des Castello-Viertels.
- **Da Serafino,** Via Lepanto 6, Tel. 65 17 95. Einfache, aber einladende und vor allem auch sehr preiswerte Trattoria unmittelbar an der Via Roma, in der *Serafino* „tipici piatti sardi di terra e di mare" anbietet. Ob „zuppa di cozze", „gnocchetti alla campidanese" oder „bistecce di cavallo" – alles wird immer frisch zubereitet.

Aktivitäten

- **Stadtführungen:** AAST Cagliari, Info-Pavillon an der Piazza Matteotti, Tel. 66 92 55.
- **Vogel-Exkursionen:** WWF, Via dei Mille 13, Tel. 67 03 08. Die riesigen, flachen *stagni*, die Lagunenseen, die Cagliari im Osten und Westen umschließen, sind einzigartige Ökotope. Das fischreiche Brackwasser ist Nist-, Brut- und Rastplatz zahlreicher Wasservögel, darunter seltene wie Kormorane, Reiher, und Flamingos.
- **Wandern und Bergsteigen:** Club Alpino Italiano (CAI), Via Piccioni 13, Tel. 56 25 53 67, Web: www.caica.sardegna.it.
- **Exkursionen:** Safari Sardegna, Loc. Baccalamanza, an der SS 195 zwischen Cagliari und Pula bei km 13,3; Tel. 72 79 094, Fax 72 78 142, Web: www.safarisardegna.com. Ausflüge und Exkursionen im gesamten südsardischen Raum mit Mountainbike, Schlauchboot, Jeep etc.
- **Mountainbiking:** Bike Club Sardegna, Via Costa 35, Tel. 41 779, Handy 328–97 66 845, Web: www.bikesardegna.it.
- **Tauchen:** Ocean Blue Diving, Loc. Kala e Moru (Straße nach Villasimius), Tel.78 60 86, Web: www.oceanblue-diving.com.
- **Yachtcharter:** Sardinia Yacht Charters, Via N. Sauro 1, Tel. 27 53 85.
- **Segeln mit Skipper:** Maby Mare, Via Rodi 43, Tel./Fax 48 98 95 (historischer Zweimaster von 1944).
- **Fahrradverleih:** Artrek, Corso Vittorio Emanuele 64, Tel. 66 66 80.

Unterhaltung

- **Internet-Café:** Bre@k Net, Corso Vittorio Emanuele 313, Tel. 65 52 62, Web: www.breaknet.it.
- **Kino:** Olimpia, Via Roma 81, Tel. 66 90 59; Cineworld, Viale Monastir 128, Tel. 27 76 002 (Komplex mit neun Kinos).
- **Theater:** Teatro Lirico (Stadttheater), Via Sant'Alenixedda, Tel. 40 82 230, Web: www.teatroliricodicagliari.it; Amphitheater, Via Anfiteatro, Tel. 40 82 230.
- **Puppentheater:** Teatro delle Mani, Via Flavio Gioia, Tel. 50 33 93.

Discos

- **La Rotondina,** am Stadtstrand Poetto, beliebter Treff, aber klein, deshalb schnell rappelvoll. Mo–Fr, Eintritt frei.
- **Il Lido,** am Stadtstrand Poetto, teure Nobeldisco, an deren Türsteher man oft nicht vorbeikommt. Eintritt 30 €, Mi frei.
- **Sa Illetta,** SS 195 in Richtung Pula, Open-air-Disco an der Lagune von Santa Gilla. Di

und Fr Livemusik, ab 0 Uhr wird aufgelegt. Wochenende nur für Clubmitglieder.
- **Go Fish,** Viale Marconi, kleine Club-Disco, Do und Sa Gay, sonst Hetero. Anfahrt: Viale Marconi Richtung Quartu Sant'Elena, dann bei Leuchtreklame „Gomme" abbiegen und um den Block.

Museen

Cittadella dei Musei
Näheres zu den Häusern des Museumskomplexes in der alten Zitadelle am Ende des Abschnitts zum Castello-Viertel (s.o.):
- **Archäologisches Nationalmuseum**
- **Collezione Sarda Luigi Piloni**
- **Museum Siamesischer Kunst**
- **National-Pinakothek**
- **Wachsfigurenkabinett**

Weitere Museen
- **Städtische Kunstgalerie** *(Galleria Comunale d'Arte)*, Largo Guiseppe Dessi, Tel. 49 07 27, Web: www.collezioneingrao.it. Geöffnet: Juni–Sept. Mi–Mo 9–13 u. 17–21 Uhr, Okt.–Mai 9–13 u. 15.30–19.30 Uhr. Umfangreiche Sammlung der bedeutendsten sardischen Künstler des 20. Jahrhunderts.
- **Sardisches Museum für Anthropologie und Ethnographie,** Citadella Monserrato, Tel. 67 54 645. Geöffnet: Mo–Fr. 9–12 Uhr nur nach Vereinbarung. Bunte Sammlung anthropologisch und volkskundlich interessanter Funde und Gegenstände.
- **Museum für Geologie und Paläontologie und Museum für Mineralogie L. Prunner,** Via Trentino 51 (Universität), Tel. 67 57 753. Geöffnet: Mo–Fr 9.30–13 Uhr; Besichtigung nur nach Vereinbarung.
- **Museum des Schatzes Sant'Eulalia,** Vico del Collegio 2, Tel. 66 37 24. Juli–Sept. Di–So 10–13 u. 16–21 Uhr, Okt.–Mai Di–So 10–13 u. 17–20 Uhr. Frühchristliche Öllampen und Holzstatuen aus dem 17. und 18. Jahrhundert, antike Kirchenschriften, Kirchensilber aus dem 16. und 17. Jahrhundert und mehr.
- **FdS-Eisenbahnmuseum,** Via Pompeo 1, Cagliari-Monserrato, Tel. 58 02 46. Geöffnet: Mo–Fr 9–13 Uhr. Allerlei historische Gerätschaften, Fahrzeuge u.a. aus der Geschichte der sardischen Schmalspurbahn.
- **FS-Eisenbahnmuseum:** Museo Ferrovie dello Stato, Via Sassari 24, Tel. 67 94 715. Geöffnet: Mo–Fr 9–13 Uhr nach Voranmeldung.

Einkaufen
- **Kunsthandwerk:** ISOLA-Läden, Via Bacaredda 176/178, Tel. 49 27 56, und Via S. Croce 37/41, Tel. 65 14 88. Sardisches Kunsthandwerk, vor allem Keramik und Schmuck.
- **Goldschmuck:** *Paola Asquera,* Via Sidney Sonnino 30, Tel. 66 35 63; La Siliqua, Via Lamarmora 41, Tel. 65 14 83.
- **Bronzetti** (handgemachte Nachgüsse nuraghischer Bronzefiguren): La Nuova Fucina, Via dei Carroz 22, Tel. 50 37 07.
- **Keramik:** *Stefania Aru,* Via Lamarmora 34, Tel. 66 27 83; Far Ceramica, Via Lamarmora 67, Tel. 65 977; *Emila Palomba,* Via Mameli 94, Tel. 65 07 72.
- **Sardische Spezialitäten:** Salumeria Pisu, Via Baylle 39. Romantischer kleiner Laden, verführerisch vollgepropft mit sardischen Spezialitäten aller Art, besonders Wurst; La Tavola degli Antichi, Via Barone Rossi 2b, Tel. 65 54 82. Quer durch den sardischen Korb der Köstlichkeiten.
- **Dolci:** Pasticceria Maurizia Pala, Via Napoli 66, Tel. 66 79 84. Von *Maurizia* aus Bitti handgemachte süße Verführungen mitten im Marina-Viertel; Pasticceria Delizia, Via Crispi 21, Tel. 65 62 11. Große Auswahl an exzellenten Dolci Sardi. Hier ordern auch viele Cafés von Cagliari ihre Ware.
- **Getränke:** Enoteca Zedda Piras, Via Ciusa 125. Hier kauft man in einem Meer von Flaschen vom Boden bis zur Decke seit 1845 nicht nur sardischen Wein, Schnäpse und Liköre, sondern auch Alkoholika aus aller Welt.
- **Wein:** Cantine Argiolas & C., Via Roma 56, Tel. 74 06 06. (Spitzenweine aus ganz Sardinien); Antica Enoteca Cagliaritana, Scalette S. Chiara/Piazza Yenne, Tel. 65 56 11.

Märkte

- **Mercato San Benedetto,** Via Cocco Ortu 50. Der größte Zentralmarkt der Stadt, hier gibt es alles frisch vom Spargel bis zum Tintenfisch. Buslinien 1, 3 6 und 7 bis Via Dante/Via Petrarca. Mo–Fr 7–14 Uhr, Sa 7–13.30 u. 16.30–19.30 Uhr, im Sommer 17–20 Uhr.

- **Markthalle:** Salita Santa Chiara 12 (über der Piazza Yenne).
- **Antiquitätenmarkt:** Piazza d. Carmine (4. So Im Monat) oder Viale Treno (jeden So).
- **Trödelmarkt:** Piazza Carlo Alberto (2. So im Monat) oder Piazza Galilei (3. So im Monat).
- **Flohmarkt:** Piazza Trento (So 8–14 Uhr).

Feste

- **Nostra Signora di Bonaria,** 24. März. Große Prozession mit Teilnehmern von der ganzen Insel zu Ehren der Schutzpatronin Sardiniens.
- **Sa Die de Sa Sardegna,** 28. April. Historisches Fest zum Sieg der Sarden 1794 über die Piemontesen und deren Vertreibung.
- **Sagra di Sant'Efisio,** 1.–4. Mai. Größtes Inselfest (siehe Exkurs).

Notfälle

- **Carabinieri,** Via Nuoro 9, Tel. 112.
- **Polizia,** Polizia Stradale, Tel. 40 40 40.
- **Pronto Soccorso,** Ospedale Brotzu, Via Peretti, Tel. 54 32 66 oder 53 95 94.
- **Guardia medica,** Via Talente 6, Tel. 60 95 002 (Ärztl. Notdienst Nacht/Feiertag).
- **Krankenhaus San Giovanni,** Via Ospedale 46, Tel. 66 32 37; Brotzu, Via Peretti 2, Tel. 54 32 66.
- **Krankenwagen,** Croce Rossa Italiana, Tel. 27 23 45.
- **Seenotrettung,** Guardia Costiera, Tel. 16 70 90 90; Capitaneria di Porto, Tel. 60 51 71.
- **Pannenhilfe,** ACI, Tel. 80 31 16.

Unterkunft

- **Hotel Regina Margherita****,** Viale Regina Margherita 44, Tel. 67 03 42, Fax 66 83 25, Web: www.hotelreginamargherita.com. First class in der Altstadt. Besonders schön die Terrasse mit Wasserfall und Tropengarten (170 €, Frühstück 10 €).
- **Hotel Mediterraneo****,** Lungomare Colombo 46, Tel. 34 23 61, Fax 30 12 74, Web: www.hotelmediterraneo.net. Gepflegte Luxusherberge mit entsprechend umfangreicher Ausstattung und Service zwischen der Wallfahrtskirche Santuario di Bonaria und der Küste. Zimmer mit schönem Blick auf das Meer. Kleine Gartenoase mit blühenden Sträuchern und Stauden (140–180 €).
- **Hotel Italia***,** Via Sardegna 31, Tel. 66 04 10, Fax 65 02 40. Großes, etwas abgewohntes Stadthotel mit 144 Zimmern ohne viel Flair, aber zentral gelegen und dafür relativ ruhig (70–90 €, Frühstück 6 €).
- **Hotel Quattro Mori**,** Via Gion Maria Angioy 27, Tel. 66 85 35, Fax 66 60 87, Web: www.hotel4mori.it. Neu renoviertes, kleines Hotel mit 21 freundlichen Zimmern in zentraler Lage nahe Piazza Matteotti/Bahnhof; prächtige Lobby, einladende Bar. Erstaunlich ruhig für die Lage (75 €).
- **Bundes Jack**,** Via Roma 75, Tel./Fax 66 79 70. Ordentlich ausgestattete Unterkunft mit Bar und Restaurant an der verkehrsreichen Hafenpromenade. 14 Zimmer (64–70 € ohne, 78–82 € mit Bad).

Wein und Hochprozentiges im Überfluss: die Enoteca Zedda Piras

Praktische Tipps

- **La Terrazza****, Via S. Margherita 21, Tel. 66 86 52, Fax 66 08 63, Web: www.laterrazahotel.com. Nette Herberge unter ebensolcher Leitung oberhalb der Piazza Yenne. 14 Zimmer (52 € ohne, 65 mit € Bad).
- **Albergo Palmas***, Via Sardegna 14, Tel./Fax 65 16 79. Einfache, saubere Herberge; 14 Zimmer mit Etagenbad, freundlicher Betreiber. Auf der besonders abends sehr belebten und deshalb dementsprechend lauten Fressmeile inmitten des verwinkelten Marinaviertels (35–40 €).
- **La Perla***, Via Sardegna 18, Tel./Fax 66 94 46. Einfache und preiswerte Unterkunft in der nachts sehr belebten Schlemmermeile Via Sardegna. Acht Zimmer mit Etagenbad. Im Haus keine Essensmöglichkeit (42 €).
- **Sardinia Domus**, Largo Carlo Felice 26, Tel./Fax 65 97 83, Web: www.sardiniadomus.it. *Valentino* bietet im ersten Stock einer eleganten alten Stadtvilla zwei Doppel- und ein Vierbettzimmer. Alle haben Klimaanlage, Bad, TV und ADSL-Anschluss! Gemeinsamer Wohn- und Frühstücksraum mit Kochnische (DZ 35 € p.P.).
- **B&B Elizabeth**, Via San Giovanni 58/60, Tel. 328-28 33 115, Web: www.elizabethbb.com. „Dalie", „Pegonie" und „Orchidee" heißen die drei wunderbar großzügigen und schlicht, aber stilsicher gestalteten Zimmer (2 DZ, 1 EZ) in dem historischen Haus im Stadtteil Villanova zu Füßen des Castello. Dazu ein einladender Frühstücksraum. Eine wirklich schöne Adresse! (30– 40 € p.P.).
- **B&B Rosso e Nero**, Via Savoia 6, Tel. 65 66 73, Web: www.tiscali.it/rosso.e.nero. Großzügige und elegante, durchgehend in den Farben Rot und Schwarz modern, aber wohnlich gestylte Unterkunft in zentraler Altstadtlage im Marina-Viertel; etwas für Designfans (35 € p.P., HP 10 €, VP 20 €).
- **B&B Donna Pomtilla**, Viale Trento, Tel./Fax 28 35 32, Tel. 347-14 64 21, Web: www.donnapomptilla.com. Großzügige, ebenso komfortable wie schön gestaltete Zimmer in der ehemaligen Sommerresidenz einer Patrizierfamilie im Stadtteil S'Avendrace. Das einladende Haus mit lauschigem Garten hat fast Hotelniveau, dazu „continental breakfast". 2 km bis zum Hafen, 10 km bis zum Flughafen, Bushaltestelle vor der Tür (DZ 70 €).
- **B&B Villino Cao**, Web: www.villacao.it. *Silvana* und *Fernando* bieten im Quartier Villanova in einer schönen, in einen herrlich blühenden Garten eingebetteten Villetta gegenüber dem Musikkonservatorium geschmackvoll eingerichtete Zimmer mit Bad. Die Betreiber sind sehr gastfreundlich und bemühen sich nach Kräften, Ihnen den Aufenthalt so angenehm wie möglich zu machen (46 €).
- **B&B Il Giardino**, Via Giardini 106, Tel. 339-87 03 078, Web: www.terranuragica.com. Niedliches, restauriertes Altstadthäuschen im Quartier Villanova unterhalb der Zitadelle, 5 Min. zur Via Roma. 2 DZ, zwei Bäder, eine Küche und *cortile* (Hinterhof), typisch sardische Einrichtung. *Roberta* (spricht gut deutsch) organisiert auch Natur- und Kulturführungen in und um Cagliari und Exkursionen hoch zu Pferd (37 € p.P.).

Verkehrsverbindungen

Flughafen Elmas

Der Flughafen liegt 8 km westlich der Stadt. **Busse von/zum Flughafen:**
- **ARST-Busse** im 30-Min.-Takt von/nach Stazione Piazza Matteotti und Terminal Ankunft (Fahrzeit ca. 15 Min., Tickets am Schalter oder Automat lösen, nicht im Bus!).
- **Taxi**, Tel. 40 01 01, bis Cagliari Zentrum ca. 15 €, Fahrzeit 15–20 Min.).
- **Flughafenauskunft:** Info-Counter, im Ankunftsterminal gegenüber der Eisdiele, Tel. 21 12 11 (tägl. 8.30–22.30 Uhr), Web: www.sogaer.it.

Fähren

Der Fährhafen liegt an der Via Roma. Tirrenia-Autofähren nach Genua, Civitavecchia, Neapel, Palermo, Trapani und Tunis. Außerdem Linea dei Golfi-Fähre nach Livorno.
- **Tirrenia-Informations- und Ticket-Büro,** direkt am Kai in der Stazione Marittima, Tel. 66 60 65.

FS-Züge

Der Bahnhof der italienischen Staatsbahn liegt direkt an der Piazza Matteotti/Via Roma. Tägl. Verbindungen u.a. nach Porto Tor-

Sagra di Sant'Efisio – das Fest der Feste

Cagliari am 1. Mai. Wo sonst Lärm und Gedränge die Straßen erfüllt, herrscht andächtige Ruhe. Zehntausende von Menschen harren in spannungsvoller Erwartung entlang der festlich herausgeputzten Wegstrecke, die die Prozession von der Altstadt hinaus an die Küste nach Pula nehmen wird. Aus allen Winkeln Sardiniens sind die Menschen in die Hauptstadt geströmt, um an Sardiniens größtem Fest, der Sagra di Sant'Efisio teilzunehmen.

Plötzlich kommt Bewegung in die Menge. Aus einer schmalen Seitengasse biegt schweigend eine Gruppe schwarzgekleideter Männer mit Brustschärpen ein – die Stadtväter. Ihnen folgt ein geschmückter, von bunt herausgeputzten Ochsen gezogener Karren. Hinter dem Wagen schreitet majestätisch der Bischof, umschwärmt von aufgeregten Ministranten. Weihrauchschwaden wabern betäubend durch die enge Straßenschlucht.

Die Menge drängt nach vorn zu der gläsernen Vitrine auf dem Wagen, die das Standbild des innig verehrten Sant'Efisio birgt. Die Menschen bekreuzigen sich ehrfürchtig und senken ihr Haupt. „In nume de su babu de su izu e ispiritu santu chi" – „Im Namen des Vaters, des Sohnes und des Heiligen Geistes", murmeln alte, schwarz verhüllte Mütterchen in tiefer Demut. Dann durchbrechen die ersten Rufe die andächtige Stille. „Sant'Efisio, hilf uns, heiliger Efisio, steh uns bei." Immer mehr stimmen in die Ausrufe ein. Der Zug kommt in den dichtgedrängten Menschentrauben zum Stehen. „Gebt ihn uns", skandiert die Menge. Tränen rinnen alten Frauen und gestandenen Männern über die Wangen. Mütter halten ihre Säuglinge und kleinen Kinder dem gläsernen Schrein entgegen. Hände recken sich flehend zum Standbild hinauf. Die Vitrine öffnet sich, und das hölzerne Ebenbild des Märtyrers und Stadtheiligen wird herausgereicht. Inbrünstig drücken sich Lippen auf die Figur, flehende Hände versuchen sie zu berühren. Schließlich verschwindet die angebetete Statue wieder in der schützenden Vitrine.

Der Zug setzt sich wieder in Bewegung, gefolgt von einer unüberschaubaren Menschenmenge, die für diesen großen Tag die wertvollen alten Trachten ihres jeweiligen Heimatortes angelegt hat. Die ersten Laute der *launeddas*, der Hirtenflöten, ertönen, und allmählich löst sich die angespannte Stimmung und wandelt sich in ein fröhliches Treiben. Die endlos lange Prozession zieht über die Scafa-Brücke aus der Stadt hinaus. 15 Kilometer führt der Zug zurück an die Stelle, wo der heilige Efisio als christlicher Märtyrer einst von den Römern hingerichtet wurde: zu der kleinen Kapelle Sant'Efisio bei Pula. Mit einem imposanten Feuerwerk findet die Feierlichkeit am dritten Tag ihren Höhepunkt, bevor die Statue wieder nach Cagliari zurückgetragen wird.

Die Verehrung des damaligen Centurios *Efisio* begann damit, dass er vom römischen Kaiser *Diokletian* im Jahr 303 mit dem Auftrag nach Sardinien geschickt wurde, das Christentum auf der Insel auszurotten. Doch kaum war er angekommen, nahm er selbst den christlichen Glauben an. Daraufhin wurde er von den Häschern des Kaisers gefangen, nach Nora nahe des heutigen Pula gebracht und dort zu Tode gemartert. Zum Schutzpatron Cagliaris wurde der von den Sarden verehrte Märtyrer und Heilige im Jahr 1656, als die Einwohner ihn in Gebeten anflehten, ihre Stadt vor der auf der Insel wütenden Pest zu bewahren. Tatsächlich verschonte der Schwarze Tod Cagliari, und seine Stadtväter gelobten feierlich, ihm zu Ehren jedes Jahr eine große Prozession abzuhalten. Seither wiederholt sich jedes Jahr der gleiche andächtige Zug nach Pula.

Die Prozession ist mehr als nur eine eindringliche Glaubensbekundung. Aus ganz Sardinien kommen Trachten- und Folkoregruppen in die Hauptstadt und verwandeln die *sagra* in eine einmalig bunte Präsentation traditionellen sardischen Brauchtums, wie man sie in einer solchen Dichte, Vielfalt und Abwechslungsreichtum bei keiner anderen Gelegenheit erleben kann.

ÖSTLICH DES STADTGEBIETES

res, Sassari, Olbia, Golfo Aranci, Oristano, Carbonia.
- **Kostenlose Bahnauskunft:** Tel. 84 88 88 088.

FdS-Schmalspurbahn

Der Bahnhof der sardischen Schmalspurbahnen liegt ca. 2 km vom Hauptbahnhof entfernt an der Piazza Repubblica, Busverbindung mit Linie Nr. 10 ab Piazza Yenne. Tägl. Verbindung nach Isili über Mandas.
- **FdS,** Piazza Repubblica, Tel. 491304, Web: www.ferroviesardegna.it.

Busse

- **ARST-Busse:** Ab dem zentralen Busbahnhof, Piazza Matteotti, Info-Tel. 800-86 50 42 (gebührenfrei), zahlreiche Verbindungen zu fast allen Orten in der Provinz Cagliari, außerdem tägl. Verbindungen in alle größeren Städte Sardiniens.
- **FdS-Busse:** Inselweit zahlreiche Linien in viele Orte, Info-Tel. 800-86 41 46 (gebührenfrei).
- **Turmo Travel:** ab Piazza Matteotti tägl. nach Santa Teresa di Gallura über Oristano, Nuoro, Siniscola, Olbia (Halt in Stadt/Hafen/Flughafen) Palau, Tel. (0789) 21 487.
- **FMS:** ab Stazione ARST in zahlreiche Orte im Südwesten, darunter Iglesias, Carbonia, Buggeru, Portoscuso, Sant'Antioco. Info-Tel. 800-04 45 53 (gebührenfrei).

Metropolitana Leggera

Bald wird **Cagliaris erste Metro** die beiden Verkehrsknotenpunkte Piazza Matteotti und Piazza Repubblica miteinander verbinden. Die neuen Schienen sind bereits verlegt, der Bahnhof auf der Piazza Repubblica wird derzeit dafür umgebaut. Bis Ende der Umbauarbeiten enden alle FdS-Züge an der Kreuzung Via Palestrina-Via Scano/Via Tuveri, ca. 1 km vor der Piazza Repubblica.

- **Logudoro Tours:** ab Stazione ARST zeitlich abgestimmt auf die RyanAir-Flüge 2 x tägl. zum Flughafen Alghero mit Stopp in Macomer und Oristano. Info-Tel. (079) 28 17 28.
- **Stadtbus:** In Cagliari verkehren 25 Linien der CTM innerhalb des Stadtgebietes und weitere neun Linien im Großraum. Zum Poetto-Strand verkehrt ab Piazza Matteotti die Linie PF (rot) und Linie PQ (grün). Ein einfaches Ticket kostet zw. 0,77 € (1,5 Std.) und 1,30 € (2 Std.). Tickets kauft man an Kiosken, in Bars und Tabakläden. Eine Übersichtsplan für die Tasche mit allen Strecken und Haltepunkten erhält man bei des Stadt-Information (AAST) oder direkt bei CTM, Viale Trieste, Tel. 20 91 210, Web: www.ctmcagliari.it.

Taxi

- Piazza Matteotti, Tel. 65 06 33; Piazza Yenne, Tel. 65 06 57; Largo Carlo Felice, Tel. 66 79 34. Funktaxis *(radio taxi)* erreicht man unter Tel. 40 01 01 oder 66 06 63.

Östlich des Stadtgebietes ♫ XX/B2-3

Quartu St. Elena und Poetto

Etwa sieben Kilometer östlich der Altstadt von Cagliari liegt Quartu St. Elena. Dort, wo in den 1950er Jahren noch das kleine Bauerndorf St. Elena lag, wuchert jetzt eine gewaltige Trabantenstadt, die mit ihren annähernd 70.000 Einwohnern in kürzester Zeit zur drittgrößten Stadt Sardiniens aufgestiegen ist. Die **wild wachsende Boomtown** mit viel Gewerbe und Industrie steht beispielhaft für die krassen Gegensätze Sardiniens zwischen Modernität und Tradition. Ihre Wohnblöcke spiegeln sich im 550 Hektar großen Stagno di Molentargius wider,

der wegen seiner außergewöhnlichen Flora und Fauna 1999 zum Naturpark erklärt wurde.

● **Parco Molentargius Saline,** Via Garibaldi 5, Führungen Tel. 67 10 03, Web: www.apmolentargius.it. Anfahrt von Cagliari über Viale La Palma, von Quartu S. Elena über Via Turati.

Bauernhausmuseum

Viel Sehenswertes hat der Moloch naheliegenderweise nicht zu bieten. Aber mitten im Meer der gesichtslosen Wohnblöcke liegt noch das alte Bauerndorf mit mittelalterlichen Kirchen und einem sehr interessanten ethnographischen **Museo Il Ciclo della Vita.** Die vielen Tausend Exponate illustrieren das frühere Alltagsleben auf einem typischen Hof eines wohlhabenden Campidanobauerns. Die von dem Hirten *Gianni Musiu* privat zusammengetragene Sammlung ist in einer eindrucksvollen Hofanlage aus dem 17. Jahrhundert mit 40 Zimmern, Ställen, Scheunen, Gesindeunterkünften u.v.m. untergebracht.

● **Museo Il Ciclo della Vita,** Via Eligio Porcu 271, Tel. 81 42 62, geöffnet 20. April–Sept. Di–So 9.30–13 u. 16–21 Uhr, Okt.–19. April Di–So 9–13 u. 16–19 Uhr.

Germanische Erlebnisgastronomie

Weiterhin erlebenswert in Quartu St. Elena ist das **Lokal "Zum Löweneck".** Sein Besitzer ist der Deutsche *Hans-Dieter Fellmann.* Die Sarden nennen ihn *Michele* und sein Löweneck "Da Michele". Und das ist nun seit mehr als 20 Jahren mit das beste deutsche Restaurant auf Sardinien. Wer also nach viel Pasta, Pecorino und Porcheddu zwischendurch mal Lust auf so richtig deftig Germanisches wie Löwenbräu und Leberwurst hat, der besuche das „ristorante tipico tedesco" Da Michele.

Doch das Restaurant bietet nicht nur gute deutsche Küche, sondern mit dem Original *Hans-Dieter* eine Erlebnisgastronomie der besonderen Art. Die Räumlichkeiten stecken voller Skurrilitäten wie einer „Hui-Maschine" oder der im Guinnessbuch der Rekorde vermerkten größten Schnupftabakmaschine der Welt.

● **Zum Löweneck/Da Michele,** Via Magellano 16, Tel. 81 17 19, Web: www.beerhouse.com, geöffnet Mo–Sa 19–1 Uhr.

Spiaggia di Poetto

Zwischen Quartu St. Elena, dem riesigen Stagno di Molentargius, kilometerlangen, flunderflachen Salinen und dem Golfo di Quartu zieht sich eine fast zehn Kilometer lange Sandnehrung die Küste entlang. Auf ihrer gesamten Länge erstreckt sich quasi mitten im urbanen Ballungsgebiet die Spiaggia di Poetto, der mit mindestens 100 Metern **breiteste Strand Sardiniens,** der zugleich noch einer der längsten ist. Das westliche Ende des Superstrandes ist Cagliaris Erholungs- und Amüsierviertel. Zahllose Bars, Restaurants, Hotels, Discos, Nachtclubs und andere Einrichtungen verwandeln hier den Strand während der Badesaison Tag und Nacht in eine turbulente Vergnügungsmeile, während direkt dahinter im stillen Stagno Molentargius friedlich große Schwärme von Flamingos brüten. Je weiter man den Strand Richtung Villasimius hinausfährt, desto ruhiger wird es. Im östlichen, Cagliari abgewandten Abschnitt findet man auch im turbulenten August fast noch so etwas wie Ruhe und Abgeschiedenheit.

Post und Telefon
- **Vorwahl: 070**
- **PLZ: 09045**

Information
- **Centro Informazioni Turistiche,** Via Melibodes 1 (Straße Richtung Villasimius ganz am Ende des Poetto-Strandes), Tel. 83 51 77, Fax 83 50 17, geöffnet 15.6.-15.9. tägl. 9-13 u. 16-20 Uhr, sonst Mo/Di/Fr 9-13 u. 15-19 Uhr.

Essen und Trinken
- **Il Pentagono,** Lungo Lago Simbirizzi, Tel. 83 08 79. Traditionsreiches, von fünf Brüdern geführtes Lokal beim Stagno di Simbirizzi mit fünf schön ausgestatteten Galsträumen und einem reizvollen Garten. U.a. werden vielfältig zubereite, frische Muscheln aus dem Sibirizzi-See serviert.
- **Albachiara,** Viale Golfo di Quartu 23 (am Poetto-Strand), Tel. 81 05 95. Exzellente Küche, vor allem Fisch und Meeresfrüchte auf alle denkbaren Arten zubereitet. Das Ristorante ist so weit in den Sand hineingebaut, dass die Wellen beinahe bis ans Fenster heranbranden.

Aktivitäten
- **Tauchen:** Morgan Diving Center Porto Turistico Marina di Capitana, Tel. 80 50 59.
- **Surfen:** Windsurfing Club, Porticciolo Marina Piccola, Tel. 37 26 94.
- **Segeln:** Yacht Club, Porticciolo Marina Piccola, Tel. 37 03 80.
- **Exkursionen:** GAL Monte Genis, Via Mascagni SN, Tel. 76 10 86, Trekking in Südost-Sardinien.

Einkaufen
- **Wein:** Cantina di Quartu, Via Marconi 489, Tel. 82 6033, Web: www.cantinadiquartu.it. U.a. Moscato, Naca, Malvasia di Cagliari u. Monica di Sardegna als DOC-Weine.
- **Frische Muscheln:** zahlreiche Stände an der Küstenstraße Richtung Villasimius.

Unterkunft
- **Grand Hotel Quattro Torri****,** Via Leonardo da Vinci 1/3, Loc. S'Oru E Mari (an der Straße nach Villasimius), Tel. 86 021, Fax 86 02 510. Luxusherberge am Strand mit umfangreicher Ausstattung, Sport- und Freizeitangebot (NS 80-116 €, HS 116-130 €).
- **Gardenia**,** Via Trento 14, Tel. 81 10 30, Fax 81 46 28. Einfache kleine Pension mit sieben Zimmern ohne Restaurant (46 €).
- **B&B Baia dei Pescatori,** Via Bellaria 11, Loc. S. Andrea, Tel. 89 00 18, Web: www.baiadeipescatori.it. Auf halbem Weg von Cagliari zum Poetto-Strand direkt am Ufer in einen mediterranen Garten eingebettete hübsche Villa der Engländerin *Annemarie Groundwater* mit 3 DZ mit Bad und reizendem Meerblick (25-35 € p.P.).
- **B&B Stella di Mare,** Via Volturno 8, Loc. Stella di Mare 1, Tel. 328-82 95 07, Web: www.travelweb.it. 2 DZ und ein EZ mit Gemeinschaftsbad in einer schön und ruhig gelegenen, in üppiges Grün eingebetteten weißen Villa 100 m vom Strand entfernt (25-30 € p.P.).

Camping
- **Camping Pini e Mare**,** Loc. Capitania, km 12,3 (9 km östl. an der Straße nach Villasimius), Tel./Fax 80 31 03, ganzjährig geöffnet. Cagliari und Quartu St. Elena am nächsten gelegener Platz. Hügeliges, terrassiertes Gelände im lichten Pinienwald direkt an der besonders am Wochenende stark befahrenen Straße nach Villasimius.

Schlemmen in Maracalagonis

In dem kleinen, unscheinbaren Dorf Maracalagonis nordöstlich von Cagliari findet gelegentlich ein einmaliges Erlebnis für die Sinne statt. In einer typischen Hofanlage eines reichen Campidano-Bauern veranstaltet der Präsident der Vereinigung der sardischen Folkloregruppen, *Prof. Vincenzo Atzeri*, ein ungemein eindrucksvolles und üppiges **Gastmahl** nach alter sardischer Tradition, das man so schnell nicht wieder vergessen wird.

Im Eingangstor geht man über am Boden verstreute Myrtenzweige, die durch die Füße gebrochen werden und damit ihren betörenden Duft verströmen. Mit Handschlag und einem Gläschen wird der Gast vom in festliche Trachten gekleideten Empfangskomitee begrüßt. In dem idyllischen Innenhof reihen sich lange Tafeln auf, an denen während des stundenlangen Mahls in milder Nacht geschlemmt und getrunken wird. Auf den Tisch kommen nur beste, selbstgemachte sardische Spezialitäten.

Immer wieder treten während der und zwischen den in Zeremonien präsentierten und vom trachtengekleideten Personal servierten Gängen **Tanz- und Gesangsgruppen** auf, darunter auch der schwergewichtige Professor höchstpersönlich. In einem langen Nebengebäude mit mächtigen Weinfässern kann man zuschauen, wie die später servierte Pasta von Hand zubereitet, wie Körbe geflochten, eine *launedda* (Hirtenflöte) gebaut oder filigrane Figuren aus Teig geformt werden. Zum Abschluss des sinnenbetörenden Traums wird man vom Padrone persönlich mit einem kräftigen Handschlag verabschiedet. Nicht erschrecken, er greift dabei doch sehr heftig zu!

- **"Banchetto e spettacolo tradizionale"**, jeden Do für 45 € p.P.
- **Information und Anmeldung:** *Vincenzo Atzeri*, Via Cagliari 5, 09040 Maracalagonis, Tel./Fax (070) 78 90 54.
- **Unterkunft:** Hotel Il Saraceno***, Loc. Torre delle Stelle, Tel. 78 60 12, Fax 72 67 12. Die nächste Gelegenheit, sich nach dem Festmahl wohl zu betten. 15 komfortable Zimmer (NS 72 €, HS 103 €).

DER OSTEN

Der Osten

Pineta und Strandsee
an der Spiaggia Budoni

Die Kirche San Giacomo
an der Piazza del Popolo in Orosei

Die imposante Flanke des Monte Albo

Baronie

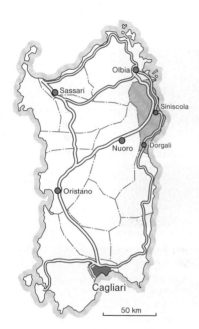

Landschaft und Kultur

Die Baronie erstrecken sich südlich des Golfs von Olbia bis zum Südende des Golfs von Orosei. Mit ihren herrlichen Traumstränden, die sich mal in Form schneeweißer Sandbänder über viele Kilometer ausdehnen und sich dann wieder als winzige Flecken zwischen gewaltige Felskathedralen klemmen, zeigt sich die Küste außerordentlich abwechslungsreich.

Geschichte

Ihren Namen erhielten die Baronie nach zwei im 15. Jahrhundert von der spanischen Krone zu Baronen ernannten Feudalherren, deren Ländereien die Baronia di Posada in der Mündungsebene des Fiume di Posada und die Baronia di Galtelli e Orosei am Golf von Orosei waren. Im Lauf der Zeit dehnte sich der Begriff „Baronie" auf den gesamten Küstenstrich aus.

Als 1960 der Ismaelitenprinz *Karim Aga Khan* auf einem Segel-Turn Sardinien für sich entdeckte, galt seine anfängliche Leidenschaft nicht der heutigen Costa Smeralda. Zunächst beabsichtigte er, den Küstenabschnitt südlich von Olbia bis San Teodoro als seinen irdischen Garten Eden einzurichten. Die Hirten verkauften jedoch nicht. So musste Aga Khan nach Norden an die Costa Smeralda ausweichen, und das Land blieb noch lange Zeit unberührt.

Anfang der 1980er Jahre setzte die Entwicklung dafür dann um so lebhafter ein. Zusammen mit der Gallura stieg die Region rasch zum beliebtesten und am häufigsten besuchten Urlaubsziel in Sardinien auf.

Sonne, Sand und Meer

Die Beliebtheit der Region erstaunt nicht: Dort, wo die granitenen Hochebenen der Gallura in das sanftere Hügelland der Baronie übergehen, schmücken Strände den Meeressaum, die nicht nur insel- und italienweit zu den schönsten zählen, sondern überhaupt zum Schönsten gehören, was die Natur in Europa je zu verschenken hatte. Vor dem im heiteren Farbenspiel kristallklar über türkis bis tiefblau leuchtenden Meer laden wie mit Puderzucker bestäubte **Buchten** und **Endlosstrände** zum Ausspannen ein. Wer im Hochsommer reist und sich ein bisschen Aberglauben bewahrt hat, sollte sich rechtzeitig vorher eine Wunschliste machen. Beim Anblick der unzähligen Sternschnuppen, die mit langem Schweif ihre Streifen ans Firmament malen, kommt man mit dem Wünschen sonst vielleicht nicht mehr hinterher.

Touristischer Rummel

Die weniger gute Nachricht lautet: diesen Traum haben freilich nicht nur drei oder vier Urlauber für sich entdeckt, weshalb das stark boomende sardische Arkadien zwischen Anfang Juli und Ende August **ausgebucht** ist und man sich frühzeitig um eine Bleibe kümmern sollte. Von Olbia schieben sich in der Hochsaison auf der SS 125, der Strada Orientale Sarda, neben dem Lastverkehr zahllose Feriengäste in ihren Wagen Richtung Süden, um Quartier zu beziehen im quirligen San Teodoro, im Campingparadies Budoni, im romantischen Posada, in den beliebten Urlaubsorten Santa Lucia und La Caletta, im mittelalterlichen Orosei oder im Bergstädtchen Dorgali mit seinem Badeort Cala Gonone zu Beginn der imposanten Steilküste im Nationalpark Golf von Orosei. Dort finden sich zwischen den zerklüfteten Kalksteinwänden, die die gewaltigste Steilküste des Mittelmeers bilden, traumhafte Robinson-Crusoe-Strandbuchten, die nur mit dem Boot zu erreichen sind.

San Teodoro ↗ IX/C1

Seit Anfang der 1980er Jahre machte San Teodoro einen erstaunlichen Wandel durch. Vom verschlafenen Fischernest entwickelte es sich zum Ferienzentrum Nummer eins an Sardiniens Nordostküste. Rummelig, jugendlich, lebhaft und verstopft bis zum Fußgängerstau in den alten Dorfkern hinein zeigt es sich im Sommer, wenn die Festlandsitaliener in ihren Lieblingsurlaubsort strömen, um tagsüber am Strand zu rösten, sich abends Pizza, Pasta und der *passeggiata* hinzugeben und nachts dem Disco-Trubel zu frönen. Nicht dass San Teodoro deshalb kein schöner Ferienort mehr wäre. Über die so genannte „Urlaubsmaschine" wurde in den letzten Jahren zwar nicht viel Gutes berichtet, doch blieb dabei zumeist unerwähnt, dass sich der Ort im Vergleich zu anderen europäischen Spitzenreitern in der Sonne- und Strand-Beliebtsskala seinen Charakter halbwegs bewahren konnte. In dem 2800-Einwohner-Dorf steht bis heute kein Haus, das höher als drei Stockwerke ist.

Zwischen den Neubauvierteln und der Anfang der 1990er Jahre erbauten neuen *piazza* erinnern an das ehemalige Fischerdorf in erster Linie noch die kleine Kirche und die unvergängliche Bar Centrale, die wie vor dreißig Jahren an der alten *piazza* steht – inzwischen eben im Glitzerlook.

Spiaggia La Cinta

Verantwortlich für den Besucherboom ist hauptsächlich La Cinta, der Strand des Orts. Das ist nämlich nicht einfach ein Strand: La Cinta ist eines der breitesten, feinsten, längsten und schönsten Sandbänder ganz Sardiniens. Es dehnt sich zwischen kristallklarem Meer und dem riesigen, von rosa Flamingos bevölkerten Lagunensee Stagno di San Teodoro bis hinüber zur anderen Uferseite der Bucht und der weit vorspringenden Punta Sabbatinu aus. Eine halbe Stunde Fußmarsch von den Strandbars auf Ortshöhe entfernt finden sich selbst in der Hochsaison noch fast leere Strandabschnitte.

Die Schönheit dieser Küste mit ihren Buchten und der vorgelagerten Tavolara kann man erst so richtig würdigen, wenn man sie aus der Vogelperspektive betrachtet. Dazu bietet ein kleiner Rundflug vom *aviosuperficie,* dem direkt an der Lagune gelegenen **Ultraleichtflugplatz,** Gelegenheit. Man kann entweder mit den Betreibern und erfahrenen Piloten *Salvatore* oder *Fritz* aus Deutschland eine unvergessliche Runde drehen oder gleich den Führerschein für diese winzigen Flugapparate erwerben.

Praktische Tipps San Teodoro

Post und Telefon
- **Vorwahl: 0784**
- **PLZ: 08020**

Info
- **Ufficio Turistico,** Piazza Mediterraneo 1, Tel./Fax 86 57 67, Web: www.santeodoroturismo.com.

Internet
- **Internet-Point,** Via San Francesco 9.

Essen und Trinken
- **Alba Chiara,** Via del Tirreno 29, Tel. 86 70 39. Die freundliche Bedienung serviert an der Straße zum Strand auf einladender Terrasse Fisch über Pizza bis Fleisch anständige Kost zu zivilen Preisen. Viel junges Volk.

Aktivitäten
- **Tauchen:** Atmosphere Diving Center, Via Sardegna, Tel. 86 51 30.
- **Fliegen:** Aviosuperficie, Loc. Nuragheddu an der SS 125 Richtung lu Impostu bei km 293, GPS-Koordinaten: N 40°48'12"/09°39' 58", Tel. 347-37 01 567, Web: www.santeodoroulm.it. UL-Charter, -Kurse, -Rundflüge, Verleih von Fahrrad, Motorrad, Jeep.
- **Surfen:** Wet Dreams, Via Sardegna, Tel./Fax 85 20 15; Shop, Schule, Verleih.
- **Bootsverleih:** Sarda Nautica, Loc. Puntaldia, Tel. 86 42 13.
- **Golf:** Golf Club Puntaldia, Loc. Punta Sabatino, Tel. 86 44 77.

Museum

- **Museo Civiltà del Mare,** Via Sardegna, Straße zum Hafen, Tel. 86 60 10, geöffnet Mo–Fr 10–13 u. 16.30–19 Uhr. Meeresmuseum mit Aquarium, das sich besonders der Flora und Fauna der Schutzgebiete Parco Marino di Tavolara, Capo Codacavallo und Stagno di San Teodoro widmet.

Nachtleben

- **Ripping Club,** Via Sardegna 15, Tel. 86 60 09. Traditionsreiche, noch immer angesagte Disco am westlichen Ortsausgang.
- **Ambranight,** beliebte Disco an der Cala d'Ambra, Tel. 86 90 03.
- **Pata Pata,** Loc. Agrustos, Tel. (0784) 75 05 879. Beliebtes Disco-Village mit Samba-Salsa-Karibik-Feeling.

Strände

- **La Cinta:** Über 3 km langer, strahlend weißer Strand. Kein Schatten, kaum Schutz vor Wind. Service-Einrichtungen, Bootsverleih, Surfschulen etc. und Strandbars befinden sich auf Höhe des nördlichen Ortseingangs. Je weiter man sich von dort entfernt, desto ruhiger wird es.
- **Cala d'Ambra:** Schöne kleine Bucht mit feinem Sand im südöstlichen Ortsgebiet. Im Sommer sehr voll.
- **Spiaggia d'Isuledda:** 2 km südöstlich. Lauschige Bucht mit Puderzuckerstrand und kleinem Lagunensee. Entweder von der Cala d'Ambra aus zu Fuß über die Felsnase Isuledda zu erreichen, oder mit dem Wagen über eine Holperpiste kurz nach dem südlichen Ortseingang (ausgeschildert).

Notfälle

- **Carabinieri,** Via Bologna, Tel. 86 57 22.
- **Guardia Medica,** V. Sardegna, Tel. 86 61 04.

Fast schon karibisch: der Strand La Cinta mit der Isola Tavolara

SAN TEODORO

Unterkunft

- **Hotel Onda Marina*****, Via del Tirreno 24, Tel. 86 57 88, Fax 86 60 85, Web: www.hotelondamarina.it. Geräumige Zimmer mit schönem Meerblick. Das Restaurant ist empfehlenswert. Nur wenige Schritte zum Strand (NS 73-93 €, HS 109-165 €).
- **Hotel L'Esagono*****, Via Cala d'Ambra 141, Tel. 86 57 83, Fax 86 60 40, Web: www.esagonohotel.it. Schönes Bungalowdorf östlich vom Ortskern in der Ambra-Bucht über dem Strand. Im Juli/Aug. nachts in der Bucht viel Betrieb durch die Disco Ambranight (NS 48-63 €, HS 68-108 €).
- **Hotel Scintilla*****, Via del Tirreno, Tel. 86 55 19, Fax 86 55 65, Web: www.hotelscintilla.com. Großzügiger Neubau mit angenehmer Atmosphäre. Zu Fuß zehn Min. vom Ortskern, 2 Min. zum Strand (NS 64-80 €, HS 98-148 €, Frühstück 7 €).
- **Hotel Bonsai*****, Via Golfo Aranci, Tel. 86 50 61, Fax 86 70 81, Web: www.hotelbonsai.com. Nettes Haus mit zehn Zimmern, Innen- Außenpool, Sauna und Fitnessraum direkt am La Cinta. Ganzjährig geöffnet (NS 68-78 €, HS 88-150 €).
- **Agriturismo Li Scopi*****, Loc. Li Scopi (Straße Richtung Padru), Tel. 86 56 24, Fax 86 62 93, Web: www.agriturismoliscopi.com. Reizvoll und ruhig gelegen zwischen Olivenbäumen und Korkeichen nördlich von San Teodoro, 2 km bis zum La-Cinta-Strand. Zehn sehr charmant rustikal sardisch gestaltete Zimmer, alle mit Terrasse. Hausgäste können das Essen im Zimmer bzw. auf der Terrasse einnehmen (NS 60-70 €, HS 90 €).
- **B&B Casa delle Rose**, Via Rinafiggiu 1, Tel. 86 59 37, Web: www.calacavallo.it/. Sehr zentral, aber dennoch ruhig in einen großen Garten eingebettetes Haus mit drei im typischen Gallurastil gestalteten DZ; zum Strand 800 m (25-45 €).

Camping

- **Camping La Cinta*****, Via del Tirreno, Tel./Fax 86 57 77, Web: www.campingsanteodoro.com, geöffnet 1.5.-15.10. Am Ortseingang und gleichzeitig direkt am La-Cinta-Strand gelegen, könnte der schöne, schattige Platz mit guten Sanitäreinrichtungen und Bar (ohne Restaurant) dreimal so groß sein und wäre in der Hochsaison dennoch voll.
- **Camping Cala d'Ambra*****, Loc. Cala d'Ambra, Tel./Fax 86 56 50, geöffnet 1.6.-30.9. Schmaler Platz mit Bar und Restaurant im Schatten von Eukalyptusbäumen am Kiesstrand (Sandstrand beginnt gleich hinter dem Platz). Anfahrt mit Gespann und Wohnmobil etwas schwierig, da sie auf in der Saison sehr vollen Sträßchen quer durch den Ort führt.

Verkehrsverbindungen

Das lange bei San Teodoro fehlende Teilstück (Tunnel und Brücke) der vierspurigen SS 131 ist seit Frühjahr 2005 fertig gestellt. Der Fernverkehr kann also nun von Olbia bis Cagliari auf vier Spuren durchrauschen. Die bisherige durch San Teodoro führende Umfahrung ist damit überflüssig und der Ort so stark entlastet.

Ausflug nach Padru/Monte Nieddu

Wer einmal dem sommerlichen Trubel entkommen will, der sollte die Küste verlassen und hinein in die Berge der Baronie fahren. Beste Gelegenheit dazu bietet Padru, das, obwohl nur 15 km von der Ferienküste entfernt, auch im August Ruhe und Entspannung in herrlich frischer Bergluft garantiert. Denn im Ort führt eine neue, noch in keiner Karte verzeichnete so genannte „strada turistica" zweispurig hinauf in die einsamen Granitberge des zum Naturpark erklärten Monte Nieddu. Unterwegs passiert man gleich drei bildschön mit Naturstein gefasste Quellen, die alle bestes Trinkwasser spenden. Nach gut 10 km endet diese wunderbare Spazierstraße in knapp 600 m Höhe an der „Fonte Sas Pantamos", an der angelegte Parkplätze schönste Gelegenheit für ein Bergpicknick in stillster Natur mit grandiosem Panoramablick bieten.

Capo Coda Cavallo ♪ IX/CD1

Nördlich von San Teodoro ragt das Capo Coda Cavallo schmal und weit in das Meer hinaus. Bis zur Spitze des „Pferdeschwanzes" zieht sich eine schmale Teerstraße, die nach sieben Kilometern bei der schön gelegenen Feriensiedlung Villagio Coda Cavallo endet. Unterwegs biegen Stichstraßen zu den herrlichen Stränden der Mondsichelbucht **Cala Brandichini** und zur **Spiaggia Salinedda** mit Feriendorf und Bootsanleger ab. Die Fahrt hinaus zur Spitze lohnt sich allein wegen der großartigen Aussicht auf die zerlappte Küste und hinüber zu den Inseln Molara und Tavolara. Am besten ist die Stimmung abends!

Camping

- **Camping Cala Cavallo***, Loc. Capo Coda Cavallo, Tel. (0784) 83 41 56, Web: www.calacavallo.it, geöffnet 1.6.–30.9. Sehr schön gelegener und gut ausgestatteter Platz ca. 100 m vom kleinen, aber feinen Sandstrand mit grandioser Tavolara-Kulisse. Mit Bungalowvermietung, Bar, Pool, Restaurant, Tennis, Supermarkt, Boccia, Spielplatz und Bootsanleger.

Marina di lu Impostu

Nur durch eine Felsnase voneinander getrennt, schließt sich im Süden der Traumstrand von Marina di lu Impostu (Porto Brandinchi) an – eine seichte, bogenförmig geschwungene Südseebadewanne vor blendend weißem Sand, mit dem gewaltigen Felsklotz der Tavolara im Hintergrund.

Schauspieler wie *Götz George* und *Hansjörg Felmy* haben sich bereits in den 1970er Jahren in den Hügeln gegenüber der Marina di lu Impostu niedergelassen.

Essen und Trinken

- **Lu Impostu,** Marina di lu Impostu (Porto Brandinchi), Tel. 86 40 76. Traumhafter Blick auf den Strand, Meer und Tavolara. Man serviert dem sehr schicken Publikum hausgemachte italienische Küche, Fischspezialitäten sowie einige galluresische Gerichte. Besser vorbestellen!

Aktivitäten

- **Golf:** Golf Club Puntaldia, Loc. Puntaldia, Tel. 86 44 77. Auf 800.000 m² ist der 9-Loch-Anlage am Hotel Due Lune in Puntaldia, einer der schönsten sardischen Plätze.

Unterkunft

- **Hotel Due Lune****,** Loc. Puntaldia, Tel. 86 40 75, Fax 86 40 17, Web: www.duelune.com. In atemberaubender Lage zwischen nördlichem Ende des Stagno di San Teodoro und der karibisch anmutenden Brandinchi-Bucht steht die exklusive Edelherberge den besten Hotels an der Costa Smeralda nicht nach (NS 200–314 €, HS 400–530 €).

Ottiolu und Agrustos

Zwischen den beiden touristischen Hochburgen San Teodoro und Budoni liegen die kleinen Ferienorte Ottiolu und Agrustos. Dass die Namen vielen nicht bekannt sind, liegt daran, dass sie nur über eine **Nebenstraße** zu erreichen sind, die Ortsunkundige nicht kennen. Doch auch für Durchreisende ist diese Straße eine sehr zu empfehlende Alternative, weil sie im Gegensatz zur Hauptstraße direkt an der Küste entlangführt und dabei viele schöne

Ausblicke auf Küste und Meer sowie Badegelegenheiten bietet und in Budoni wieder auf die SS 125 Orientale zurückführt. Das direkt an der Küste gelegene **Ottiolu** besitzt eine große Marina, einen schönen Sandstrand, das große Villagio Tahiti mit Karibikflair und dazu zahlreiche Shops, Bars und Restaurants. **Agrustos** besteht vor allem aus Ferienhäusern, die sich Jahr für Jahr immer weiter den Hang hinaufziehen.

Unterkunft

- **Villaggio vacanze Tahiti,** Loc. Agrustos, Tel. (0784) 84 60 30, Fax 84 63 21, Web: www.tahiti.it. Ausgedehnter Komplex wenige Meter vom Strand mit 2- bis 5-Bettbungalows und „molto animazone" für 24-Std.-Spaßurlaub à la Ibiza. Mit umfangreicher Ausstattung und Angeboten vom Tanzkurs bis zur Gokart-Bahn (wer's mag: Wochenpreis ca. 270–850 €).

Budoni IX/D1

Budoni hat sich in den letzten Jahren zu einem der beliebtesten Ferienorte an der Ostküste Sardiniens entwickelt. Das zeigen die ausgedehnten Ferienhaussiedlungen, die sich wie Vororte rings um den alten Ortskern gruppieren. Der Grund ist wahrlich nahe liegend: Nur wenige Schritte, und man steht an der **Cala di Budoni,** einem Strand, der sich blendend weiß und puderfein von Horizont zu Horizont erstreckt. Hinter diesem Traum liegt ein breiter Dünengürtel, der von einer schönen *pineta* gesäumt ist.

Zu diesem Superstrand führen alle paar Kilometer Stichstraßen oder staubige Pisten hinaus. Meist enden sie an einer einfachen, einladenden Strandbar, die nach Sonnen- und Meerbad mit Jukebox, eisgekühlten Getränken und Pizza lockt. Besonders einladend ist die Bar La Cappanizza ganz am Südende der Bucht an der weniger überlaufenen **Spiaggia Mare e Pineta** mit ihrem malerischem Lagunensee. Gleich mehrere Campingplätze, zahlreiche Shops, Restaurants und andere touristische Einrichtungen bei vergleichsweise moderaten Preisen machen Budoni zu einem Urlaubsort mit ständig wachsendem Publikum.

Praktische Tipps Budoni

Post und Telefon

- **Vorwahl: 0784**
- **PLZ: 08020**

Information

- **Pro Loco,** Via Nazionale 138, Tel./Fax 84 40 50.

Strände

- Bei Ottiolu in der nördlichen Bucht führt ein sanft geschwungenes langes Sandband vom Jachthafen zur Felsnase Punta Li Cucutti. Der Strand ist bewirtschaftet, Surfen, Segeln und Tauchen wird angeboten.
- **Cala di Budoni:** Mehrere Stichstraßen führen von der Provinzstraße zum Wasser. An deren Ende bestehen Parkmöglichkeiten, nahebei je eine Strandbar. Südlich vom kleinen Strandsee in der südlichen Bucht, noch vor Taunella, hinter dem Strand ein schöner Pinienwald mit Picknick-Möblierung.

Unterkunft

Die Bucht von Budoni ist ein Camper-Paradies. Hotels und Pensionen sind Mangelware, um so mehr Clubs, Apartmentsiedlungen und Feriendörfer gibt es.

- **Hotel Solemar****, Via Trento 1, Tel./Fax 84 40 81. Schlichte Mittelklasse zu vernünftigen Preisen (NS 42–50 €, HS 50–80 €).
- **Pensione da Giovanni Guida****, Via Nazionale, Tel./Fax 88 40 37. Winzige Pension mit sieben Zimmern und kleinem, urigen Restaurant (39–41 €).
- **Agriturismo Sos Rios**, Loc. Sos Rios, Tel. 0784 (82 61 32), Web: www.sosrios.it. 4 DZ mit Bad ca. 14 km von Budoni in herrlich einsam, still und romantisch in den Bergen gelegenem Hof, ideal für Zivilisationsflüchtlinge mit Hang zu den einfachen Dingen des Lebens wie natürlichem, gutem Essen und einem Schoppen Wein. Der ganzjährig geöffnete Familienbetrieb verkauft auch eigene Produkte wie Wein, Käse, Salami, Honig, Marmelade u.a. Sehr kurvenreiche Anfahrt über Brunella.
- **B&B Olivastro**, Loc. Limpiddu, Tel. 86 10 68. Drei zweckmäßig eingerichtete DZ mit Meerblick 3 km außerhalb von Budoni in ruhiger Lage. Da der Padrone als Hobby seinen Garten und die „cucina tradizionale" pflegt, logiert man bei Familie Pidia nicht nur im gepflegten Grün, sondern kann die Kochkünste im *ristorante* des Hauses ausprobieren (25–40 € p.P.).

Camping

- **Camping Salamaghe*****, Loc. Marina, Tel. 84 41 77, geöffnet 1.6.–15.9. Nahe d. Ortszentrum an der Stichstraße zum Strand dehnt sich das flache, mit Pappeln bestandene Gelände aus. Ca. fünf Min. zum Strand. Mit Bar, Restaurant, Minimarkt, Tennis und Pool.
- **Camping Pedra 'e Cupa*****, SS 125, km 278,2, Tel./Fax 84 40 04, Web: www.pedraecupa-camping.com, geöffnet 1.6.–30.9. Etwa 1 km südlich von Budoni dehnt sich der freundliche Platz bis zum Strand aus. Eukalyptusbäume und vor dem Strand eine kleine *pineta* spenden Schatten. Bar, Selbstbedienungs-Restaurant, Mini-Markt, Tennis, Pool.

Tanaunella

Am Südende der Bucht von Budoni schiebt sich die Punta dell'Asino ins Meer. An ihrem landseitigen Hang liegt das kleine Dorf Tanaunella, das langsam von den Touristen entdeckt wird. Zum einen bedeckt die Landzunge die herrliche **Pineta Sant'Anna**, zum anderen besitzt sie ein überaus reizvolles Ufer mit wunderbaren Stränden, kleinen Buchten und eingesprenkelten Felsgruppen. Zu der Pineta führt eine Stichstraße, die auf einem großen Parkplatz endet. Im Schatten des lichten Wäldchens, das zu den schönsten Pinetas der Insel zählt, verstecken sich Sanitäranlagen, eine nette Bar und diverse Verleiher von Wassersportartikeln. Besonders schön ist ein Spaziergang rings um die Landzunge. Es lohnt sich!

Cala di Budoni, fast schon ein karibisch anmutendes Badeparadies

Camping

- **Camping Sa Marina*****, SS 125 (3 km südlich von Budoni), Tel. 83 71 61, Fax 83 71 71, Web: www.samarina.com, geöffnet 1.6.–15.9. Der große Platz reicht von der SS 125 bis zum Meer, leider nur ein kleiner Strand. Eine *pineta* spendet Schatten. Mit Bar, Restaurant, Mini-Markt, Tennis, Kino und Bootsanleger.

Posada ↗ IX/D2

Von Budoni streift die Küstenstraße Richtung Posada Piniengürtel, in denen sich vor dem schmalem Strand Villen und Wochenendhäuser verbergen. Einmal um die Landnase Punta la Batteria herum, folgt in der weiten Schwemmlandebene von Posada bereits das nächste Badeparadies. Landeinwärts hockt inmitten der grünen Mündungsebene hoch auf einem eindrucksvollen Kalksteinfelsen die Ruine des **Castello della Fava**, der „Bohnenburg", unter dem das Dorf Posada mit einem malerischen Gewirr von Winkeln, Gassen, Treppen und Torbögen am Felsen klebt. Der vermutlich im 4. Jahrhundert gegründete Ort ist nicht nur wegen seiner herrlichen Strände eine Reise wert.

Sehenswertes

Castello della Fava

Die Altstadt liegt am Fuß der Burgruine mit ihrem wie eine Bohnenstange weithin sichtbaren, viereckigen

Turm. Das Castello della Fava (geöffnet tägl. 9–13 und 15.30–19.30 Uhr) wurde im 12. Jahrhundert wahrscheinlich von Genuesern erbaut und diente als Festung gegen sarazenische Piratenüberfälle. Eine Sage erklärt den kuriosen Namen: Während einer der zahlreichen Belagerungen durch arabische Piraten sahen sich diese, just im Moment des entscheiden Angriffs, vom Kastell herab mit frischen Bohnenschalen beschmissen. Da sie nun annahmen, die umzingelten Einwohner müssten heimliche Versorger haben, gaben sie die Belagerung auf.

Der Strand von Posada

An der Mündung des **Fiume di Posada** dehnt sich vor einer weitläufigen *pineta* ein feiner weißer Sandstrand von karibischer Schönheit aus. Das Posada-Flüsschen durchschneidet ihn mit zahlreichen Armen, die munter dem glasklaren Meerwasser entgegenplätschern, so dass man zwischen salzigem und süßen Nass wählen kann. Nach Süden hin schwingt das kilometerlange Sandband vor kleinen Strandseen und Tümpeln im sanften Rund um die gesamte Bucht bis La Caletta. Das allerschönste Stück Strand von Posada findet man, wenn man, von Budoni kommend, etwa drei Kilometer vor dem Ort kurz vor der Auffahrt auf die SS 131 nach links dem Schild „Pineta e mare" folgt. Nach gut einem Kilometer Teerstraße und einem Stück Piste gelangt man zur noch völlig unerschlossenen **Riviera dei Pini,** mit einer wunderbaren Pineta nebst eingesprenkelten kleinen Rasenplätzchen und einem herrlichen Sandstrand an einem kleinen Lagunensee, der sich erst am Horizont verliert. Ein Stück unberührtes Badeparadies.

Praktische Tipps Posada

Post und Telefon
- **Vorwahl: 0784**
- **PLZ: 08020**

Feste
- **Madonna del Soccorso,** 1. So im April. Große Trachtenprozession mit Folkloregruppen.

La Fava – die Bohne

Wer sich „la lingua italiana", diese wunderbare Sprache aller Schnulzen, Opern und großen Gesten, aneignen oder sein vorhandenes Wissen aufstocken will, für den bietet die in der romantischen Altstadt von Posada zu Füßen des Castello di Fava in einem alten Gasthaus beheimatete **Sprachschule SunStudies** die beste Gelegenheit. Unterrichtet wird in sechs Leistungsstufen in kleinen Gruppen. Einziger Nachteil: Der Blick aus dem Fenster des „Klassenzimmers" hinab auf Strand und Meer könnte verdammt leicht die Gedanken von Subjekt, Prädikat und Objekt abschweifen lassen.

- **SunStudies,** Via Nazionale 2, Tel. 362-50 17 24, Web: www.sunstudies.de.

Wie in den Fels gebaut:
die Altstadt von Posada

Strände

- **Riviera dei Pini:** ca. 3 km nördlich von Posada geht bei km 271,2 von der SS 125 eine 1,2 km lange Sandpiste ab zum menschenleeren Strand an der Mündung des Fiume di Posada (Schild „Pineta e Mare"), mit Pinienhain, hinten Süßwasser, vorne Meer, und anschließend einem kilometerlangen Strand (keine Einrichtungen).
- Südlich von Posada führt ein von der Straße nach La Caletta abzweigender Weg zum Wasser hinunter. Eine Holzbrücke überspannt den Fluss und führt hinüber zum wunderschönen Strand, der sich rechts und links der Mündung hinzieht. Besonders anziehend ist der südliche Teil mit seiner Pineta im Hintergrund und der netten Restaurant-Bar Sa Tiria.

Unterkunft/ Essen und Trinken

- **Hotel Corallo***,** Loc. Montelongu, Via Londra 1, Tel./Fax 81 20 30, Web: www.hotelcorralloposada.it. Sehr freundliche kleine Herberge auf einem Gartengrund mit einer Fläche von 3000 m² 800 m vom Strand entfernt im idyllischen Nirgendwo zwischen Posada und La Caletta. Die jungen Betreiber *Renata* und *Piero* legen Wert darauf, mit ihrem Haus einen Platz für einen Urlaub der „anderen" Art zu bieten. Hier begegnet man Reiki-Meistern und Mönchen, es gibt Kurse über Bachblüten und zur Farbtherapie oder auch Feldenkrais und Meditation. Nichts muss, alles kann in einer außerordentlich ruhigen, inspirierenden Atmosphäre gemacht werden. Während *Piero* kocht, widmet sich *Renata* der Realisierung der „anderen" Art des Urlaubs (NS 53–55 €, HS 55–65 €).
- **Hotel Sa Rocca***,** Piazza Eleonora d'Arborea 30, Tel. 85 41 39, Fax 85 41 66. Hoch in der Altstadt malerisch am Ende der befahrbaren Straße gelegen, genießt man von den meisten Zimmern sowie vom Restaurant aus einen grandiosen Meerblick. Die Zimmer sind geschmackvoll-elegant eingerichtet (45–50 €, Frühstück 7 €).
- **Hotel Donatella***,** Via Gramsci, Tel. 85 45 21, Fax 85 44 33. Propere, moderne Anlage an der Straße zum Strand Richtung La Caletta (NS 55 €, HS 70 €).
- **B&B I Gerani,** Via Mameli 7, Tel./Fax 85 44 15, Web: www.bbsardegnaigerani.it/. Drei solide, helle DZ in Mama *Danielas* ruhig am Ortsrand in einem großen Garten gelegenen Haus mit angenehm familiärer Atmosphäre (DZ 46–64 €).
- **B&B La Posada del Cavallo,** Loc. Gappotto, Tel. 85 41 16, Web: www.posadacavallo.it. Der Himmel für Reiturlaub! Mehr als nur eine Unterkunft, denn die Besitzer legen Wert auf die Verbindung von Tradition, Gastfreundschaft und Leidenschaft für Pferde. Zu den sechs gemütlichen, individuell gestalteten DZ gibt es eine große „maneggio" mit rassigen *cavalli Anglo Arabo Sardo,* die auf 25 ha fast frei leben (DZ 60–100 €).
- **Sa Tiria,** Loc. Su Tiriarzu, Tel. 85 41 54, ab 20 Uhr. Einladend unter Pinien direkt am Strand bei der Holzbrücke gelegenes Ristorante-Pizzeria-Bar mit gemütlicher Terrasse. Tolle Lage und Atmosphäre!

Schlemmen mit Aussicht

Wer mal so richtig schwelgen will in sardischen Köstlichkeiten, der sollte sich einen Tisch bei Manasai reservieren. Dort gibt es praktisch ausschließlich Selbstgemachtes von allerbester Qualität, vom *pane carasau* über die *pasta fresca* bis zu den *dolci*. Und das Ganze noch mit Blick hinab auf die Küste zwischen La Caletta und Santa Lucia. Ob Wurst, Käse, Marmelade oder in Olivenöl eingelegte Antipasti, vieles gibt auch zum Mitnehmen.

- **Agriturismo Manasai,** Straße von Siniscola nach S. Lucia, Tel. Tel. 329-42 29 343, Web: www.manasi.it, ganzjährig geöffnet, Menü ca. 25 €.

Von La Caletta nach Santa Lucia ⌕ IX/D2

Ein kilometerlanger Strand zieht sich von La Caletta vor einer Kette von Dünen und dichter *pineta* bis zum Südende der Bucht nach Santa Lucia. Zahlreiche Stichpisten führen von der Küstenstraße zum Wasser, kurz vor Santa Lucia mündet der Riu Siniscola ein. Naturgemäß ist das herrliche Sandband nahe den Ortschaften stärker bevölkert, auf halber Strecke trifft man jedoch kaum einen Menschen mehr.

La Caletta

Der kleine, zu Siniscola gehörende Badeort mit dem wohlklingenden Namen La Caletta hat eine **erstaunliche Entwicklung** durchgemacht. Es ist so lange nicht her, dass hier nicht viel mehr als eine Hand voll Häuser im struppigen Brachland hinter dem sich weitgehend selbst überlassenen Strand lagen, zu dem kaum ein Tourist den Weg fand. Dann entstand mit gewaltigen Mengen an Beton eine riesige Marina, die scheinbar viel zu groß für den 500-Seelenweiler war. Doch der Plan ging auf, und heute ist das Hafenbecken voll mit Fischerbooten und großen und kleinen privaten Jachten, Hotels und Restaurants wurden gebaut, Läden und Eisbuden eröffnet, und nun zählt La Caletta über 2000 ständige Bewohner. Zwar ist das sichtlich planlos und schnell gewachsene La Caletta sicher kein pittoresk romantischer Fischerort, aber das anfänglich doch eher hässliche Entlein hat sich zu einem ansehnlichen, im Sommer viel besuchten Badeort entwickelt.

Unterkunft/ Essen und Trinken

● **Hotel L'Aragosta***, Via Ciusa 11, Tel. (0784) 81 00 46, Fax 81 05 76, Web: www.laragostahotel.com. Elegantes Komforthotel mit stilvoller Ausstattung, auch das Restaurant ist empfehlenswert (NS 70–90 €, HS 90–130 €).
● **Hotel Sardinia****, Via Milano, Tel./Fax (0784) 81 00 60. Uriges Hotel in ruhiger Lage direkt am Kanal, nur zwei Min. Fußweg zum Strand (62 €).
● **Boutique del Gelato,** Via N. Sauro, Tel. 81 06 18. Nicht zu Unrecht nannten *Natalina* und *Mauro* ihre Bude Boutique und nicht Eisladen. Denn was die beiden, die 20 Jahre in Bochum eine Eisdiele betrieben, an Eisspezialitäten kreieren, hat tatsächlich mehr mit „Alta Moda" als mit Ware von der Stange zu tun. Unter wenigstens 30 verschiedenen Sorten finden sich neben Klassikern wie „Das kleine Schwarze" (Schokolade) auch sündhaft verführerische Geschmackskitzler wie „Lemon Rouge", eine zarte Komposition aus Zitrone und Himbeer. *Natalina* und *Mauro* haben sich in den Ruhestand begeben, nun wird die Boutique von den Kindern geführt – auf gleich hohem Eisniveau!

Santa Lucia

Ein *torre aragonese* (Sarazenenturm) mit kleiner Promenade am Meeressaum und ein kleiner Fischerhafen zieren den Badeort Santa Lucia, der mit einem winzigen historischen Dorfkern aufwarten kann. Zum Baden geht es an den etwa fünf Kilometer südlich gelegenen Puderzuckerstrand **Spiaggia S'Ena e sa Chitta** mit herrlichen Dünen und urig verformten Wacholderknorren. Hierhin führt von Santa Lucia

SINISCOLA

ein mit Picknickplätzen und Ruhebänken angelegter Spazierweg durch den Wald und an einem wunderschönen Stück Küste entlang. Einfach toll!

Essen und Trinken

- **Trattoria Mamma Mia,** an der Piazza, Tel. (0784) 81 90 94. Leckere Pizza und Pasta zu sehr zivilen Preisen gibt es bei *Giorgio* und *Maria*, die lange in Schorndorf gelebt haben und so nicht nur die deutsche Sprache, sondern auch die Essgewohnheiten kennen. Jüngst völlig abgerissen und neu aufgebaut, bietet die allseits beliebte Trattoria drinnen und draußen in gemütlicher Atmosphäre auf einfachen Holzbänken gutes Essen und gute Laune.

Camping

- **Camping Selema***,** Viale dei Pini, Tel./Fax (0784) 81 90 68, Web: www.selemacamping.com, geöffnet Ostern bis 15.10. Schöner Platz in schattiger Pineta auf Sandboden unmittelbar am Strand, etwa 200 m vom Ort entfernt. Restaurant, Bar, Mini-Markt, Tennis und Bootsverleih.
- **La Mandragola**,** Viale dei Pini, Santa Lucia, Tel./Fax (0784) 81 91 19, Web: www.mandragola-villaggio.com, geöffnet 1.5.–30.9. Im dichten Pinienhain auf Sandboden direkt am Strand, neben dem Camping Selema. Mit Restaurant, Bar, Mini-Markt.
- **Camping Cala Pineta***,** Loc. Mandras, Tel./Fax (0784) 81 91 81, Web: www.calapineta.it, geöffnet 1.5.–15.10. Schön in der leicht hügeligen Pineta von Mandras direkt am Ufer (Felsklippen und Kies) gelegener Platz. Mit Restaurant, Tennis.

Siniscola ♫ IX/D2

Das **Verwaltungs- und Versorgungszentrum** der Region liegt rund sechs Kilometer vom Meer entfernt zu Füßen der Monti Remule und des weißen Kalksteingebirges Monte Albo. In die 10.000-Einwohner-Stadt fährt man, um seine Einkäufe zu tätigen, sich mit Behörden zu streiten, zur Oberschule zu gehen oder abends eine *passeggiata* zu unternehmen. Man bleibt unter sich, in das unspektakuläre Kreisstädtchen verirrt sich kaum ein Tourist.

Post und Telefon

- **Vorwahl: 0784**
- **PLZ: 08029**

Essen und Trinken

- **Trattoria La Scarpetta,** Via Trieste 11, Tel. 87 90 63. Neben einer kleinen, guten Karte mit Nudeln, Fisch und Fleisch gibt es täglich eine Spezialität. Sehr schönes Ambiente, nette Bedienung, einheimische Gäste, zivile Preise – eine wirklich angenehme Adresse!

Einkaufen

- **Olivenöl:** Frantoio Chieddà, Loc. Tanca Altara, Tel. 87 77 17, Web: www.ottidoro.com.
- **Dolci:** Mulargia, Via De Gasperi 84, Tel. 87 72 05.
- **Käse:** Caseificio L'Armentizia, Loc. Su Manganu, Tel. 87 80 56.
- **Sardisches Brot:** Pane Carasau, Pau, Via Conteddu 63, Tel. 87 87 62.

Notfälle

- **Guardia Medica,** Via Matteotti 20, Tel. 20 70 18.
- **Polizia,** Piazza S. Stefano 1, Tel. 87 10 00.
- **Carabinieri,** Via Isalle 1, Tel. 87 85 93.

Unterkunft

- **B&B Lucores,** Loc. S'Alapathu, Tel. 347-69 10 899, Web: www.lucores.it. Zu Gast beim Künstler: Der junge Besitzer und Maler *Gianluca Carta* hat sein etwas außerhalb von Siniscola gelegenes Haus samt Garten mit seinen Bildern, Skulpturen und Arrangements in eine Art kleines Privatmuseum verwandelt. Zum anregenden Kunstgenuss gibt es 2 DZ und ein 4-Bettzimmer mit zwei Bädern; auch Fahrräder (25–33 € p.P.).

Das Hinterland von Siniscola ⤴ IX/C3

Der Monte Albo

Keine zehn Kilometer Luftlinie vom Meeressaum entfernt erhebt sich der Gebirgszug des Monte Albo, des „Weißen Berges" auf über 1000 Meter. Das Sträßlein, das von Siniscola über fast 40 Kilometer nach Lula führt, gehört zu den **schönsten Panoramastrecken** Sardiniens, auch für sportliche Radler, denn sie ist fast autofrei.

Von Siniscola geht es in endlosen Serpentinen den Monte Albo hinauf. Bei der Kreuzung an der Kapelle Sant' Anna geht es links weiter Richtung Lula. Von hier aus verläuft die schmale und völlig einsame, aber sehr gut befahrbare Straße unterhalb der schroffen Felsgipfel des Monte Albo entlang. Gleich wohin man schaut, der Ausblick ist grandios. Hinter dem schönen Aussichtspunkt an der Guardia Forestale senkt sich die Straße sanft durch Eichenwälder hinab nach Lula.

Unterkunft

● **Hotel Sant'Anna****, Loc. Sant'Anna, Tel. 89 00 35, Fax 89 00 37. Einsam gelegenes Hotel mit herrlichem Blick auf die Berge des Monte Albo. Im Restaurant des Hauses kommt authentische sardische Küche auf den Tisch, weshalb sich am Wochenende viele Einheimische zum Essen einfinden (55–65 €).

Am Fuß des Monte Albo bei Lula

Das Hinterland von Siniscola

Mehr als ein Grund zu feiern – die Sagra di San Francesco

„Die Kirche San Francesco erhebt sich in den Bergen von Lula. Laut einer Legende ist sie von einem Banditen erbaut worden, der seines umherirrenden Lebens überdrüssig war und versprach, sich der Justiz zu stellen". So berichtet *Grazia Deledda* in ihrem 1903 veröffentlichten Roman „Elias Portolu" über die bedeutende Wallfahrt in Lula. Seitdem hat sich nicht viel geändert. Noch heute pilgern die Gläubigen zu Fuß den weiten Weg zur abgeschiedenen Wallfahrtskirche hinauf, wo sie von den jedes Jahr neu gewählten ehrenamtlichen Klostervorstehern, den *priores*, empfangen und mit Su Filindeu, einer Gemüsesuppe nach Hirtenart mit viel Käse, und Su Zurettu, gefülltem Schafsmagen, verköstigt werden.

Die *priores*, erläutert die *Deledda* ihren Lesern, „werden jedes Jahr unter den Nachkommen des Gründers oder der Gründer der Kirche ausgelost. Alle Nachkommen, die sich für Verwandte des San Francesco ausgeben, bilden zur Zeit des Festes und der Novene eine Art Gemeinschaft und erfreuen sich bestimmter Privilegien." Die *priores* sind aber auch verpflichtet, Tage vor dem Fest die Kirche und die umgebenden *cumbessias* (Pilgerunterkünfte) herzurichten, Brennholz herbeizuschaffen und für Annehmlichkeit zu sorgen. Danach kann die Novene beginnen, die neuntägige Andacht in Vorfreude auf ein riesiges Abschlussfest.

Heutzutage werden allerdings schon während der neun Tage nicht nur Messen gefeiert, sondern es finden Pferderennen, Dichter-Wettbewerbe, Chor-Gesänge und ausgelassene Tänze statt, begleitet von üppigen Festessen. Traditionell stellt die Sagra di San Francesco ein Einhergehen von religiösen Gebräuchen, Geselligkeit und florierendem Kleingewerbe dar. Vom überlieferten Warenaustausch ist zwar nur noch ein kleiner Kunsthandwerksmarkt übrig geblieben, dafür fällt das Abschlussgelage am zehnten Tag umso großzügiger aus. Nach kurzer Wanderung lassen sich die Pilger im Schatten von Olivenbäumen zum ausgiebigen Schlemmen nieder und verspeisen zum schweren Cannonau-Wein Unmengen knusprig gebratener Lämmer und Spieß-Ferkelchen.

Lula

Inmitten der Einsamkeit liegt auf 520 Metern Höhe das Hirtendorf Lula unterhalb der beiden höchsten Monte-Albo-Spitzen, der Punta Catirina und dem Monte Turuddo, beide 1127 Meter hoch. Dass der kaum 1800 Einwohner zählende Ort schon in der Jungsteinzeit besiedelt war, bekunden zahlreiche Nuraghen und *domus de janas*.

Berühmt ist Lula wegen seiner **Sagra di San Francesco,** der neuntägigen Wallfahrt (1.–9.5.) zur nahen Chiesa di San Francesco am Monte Creia. Zu der schneeweiß aus der Landschaft leuchtenden Pilgerstätte, die mit ihren umlaufenden Mauer wie ein Minidorf wirkt, gelangt man, wenn man von Lula aus hinab Richtung SS 131 fährt.

Aktivitäten

● **Exkursionen:** Coop Janna e Ruche, Via Quattro Mori, Tel. 333-84 64 983. Zu Fuß oder auf dem Pferd durch die Bergwelt des Monte Albo.

Unterkunft

- **Agriturismo Montalbo,** Loc. Valverde, Tel. (0784) 41 66 35, Web: web.tiscali.it/agriturismomontalbo. Einfach, aber wunderbar gelegen. Sechs Zimmer, davon zwei mit Bad. Zelten möglich. Auf den Tisch kommen fast nur eigene Produkte (B&B 19–22 €).

Vom Capo Comino nach Orosei
♪ XI/D3
♪ XIII/D3

Capo Comino

Südlich von La Caletta bildet das vorspringende Capo Comino **Sardiniens östlichste Landmarke.** Anstelle von Obstplantagen und Wein bedecken nun struppige Macchia und rotbrauner Fels das leere Land. Beim Casa Capo Comino biegt eine Straße von der SS 125 ab, die zum Kap hinausführt. Nach ca. einem Kilometer weisen Parkplätze und eine Bar auf den schönen **Strand** der Salina Manna hin. Das schmale Sträßlein führt weiter bis zum Leuchtturm. Danach wird es zur immer schlechter werdenden Geländepiste, die über Stock und Stein und durch zu öffnende (und wieder zu verschließende!) Weidetore schließlich nach ca. vier Kilometern am Nordende der Spiaggia Berchida endet. Diese Piste ist jedoch eher für Allrad- als für Normal-PKW geeignet und auch nicht ausgeschildert, sodass man Ortskenntnisse haben muss.

Salina-Manna-Bucht

Vom Parkplatz bei der Bar Il Moletto sind es nur wenige Minuten durch blühenden Oleander und durch die Sandberge der Dünen hinab zum Strand der Salina-Manna-Bucht. An dem **wunderbaren Sandstrand** herrscht auch in der Hochsaison noch erstaunliche Ruhe, in der Vor- und Nachsaison ist man hier praktisch allein. Nur das Kreischen der Möwen klingt vom vorgelagerten Eiland Isola Rùio herüber.

Spiaggia Berchida

Vom Capo Comino ist es nicht mehr weit bis zur Spiaggia Berchida, einem der schönsten Strände der Insel. Je nach Jahreszeit ist die Geländepiste dorthin schlecht bis katastrophal zu befahren. Doch ist man durchgerüttelt endlich angelangt, spannt sich vor dem ungläubigen Auge ein in allen Blautönen schimmerndes, kristallklares Meer und ein blendend weißer Sandstrand von Horizont zu Horizont. In seiner Mitte mündet der kleine Riu Berchida und bildet im Frühjahr und Herbst einen kleinen **Lagunensee.** Die Bucht von Berchida ist vom Umweltverband Lega Ambiente als besonders schützenswert eingestuft worden. Es ist deshalb strikt verboten, in das Dünengelände hineinzufahren (wer das ignoriert, wird saftig zur Kasse gebeten!). **Parken** darf man nur auf der ausgewiesenen Parkfläche, an der in der Saison zwischenzeitlich auch ein paar mobile Buden die immer zahlreicheren Badegäste versorgen.

Anfahrt

Etwa 20 km südlich von Posada weist bei km 242 ein Schild nach links zum Agriturismo Su Meriacru, den man nach ca. 1,5 Kilometern breiter Rüttelpiste erreicht. Links bei den Pferden kann man parken, rechts durch ein kleines Gartentor hinein in das kleine Paradies von *Giancarlo* und seiner Familie (vgl. „Unterkunft"). Danach wird die Piste schmaler und noch schlechter. Besonders in der Nachsaison und bei Regengüssen ist die dann ausgefahrene Strecke mit tiefen Wasserlöchern für Normalfahrzeuge kaum mehr zu passieren. Nach drei Kilometern und viel Staub ist alles vorbei, und man steht am diesem paradiesischen Stück Sardinien.

Essen und Trinken/ Aktivitäten/Camping

● **Agriturismo Su Meriacru,** Loc. Berchida, Tel. (0784) 81 40 14 (geöffnet Ostern–Okt.). Hier hat der ebenso rundliche wie rührige *Giancarlo* mit viel Liebe zum Detail inmitten der im Sommer ausgeglühten Landschaft ein kleines Paradies geschaffen. Schattige Pfade führen den Besucher zur niedlich kleinen Bar (hier ist alles klein!), auf deren Terrasse man neben eisgekühlten Getränken auch Brot, Käse, Schinken, Oliven u.a. aus eigener Herstellung erhält. Am Abend gibt es im hinteren Bereich des Geländes auf langen Tafeln und Bänken unter ausladenden Ästen alter Eichen und unter freiem, von Sternen übersäten Himmel *piatti tipici sardi*: also Gnocchi, Ravioli, *zuppa, arrosti di porcetto allo spiedo, pecora bollita e gustosissimi formaggi* und mehr. Man sollte sich unbedingt zeitig anmelden! Auf dem Gelände liegen verstreut vier sehr schöne Zeltplätzchen. Der Reitstall der Anlage offeriert Strandausflüge und Exkursionen zu Pferde.

Parco Naturale Biderrosa

Fünf traumhafte Robinson-Crusoe-Buchten, die der Spiaggia Berchida durchaus ebenbürtig sind, schließen sich südwärts im **Naturpark Biderrosa**

an (zehn Kilometer nördlich von Orosei). Nur 80 Autos dürfen täglich die fünf bildschönen, naturbelassenen Strände in dem 300 Hektar großen Naturschutzgebiet ansteuern. Nach einem verheerenden Waldbrand wurde die Hügelkette über viele Jahre hinweg mit viel Mühe aufgeforstet. Der herrliche Wald und die weißen Sandbänder stehen unter der strengen Aufsicht der Forstbehörde. Mein Tipp: Für mich ist der dritte Strand der Schönste!

●**Zutrittskarten** erhält man für 10 € pro PKW ausschließlich beim Pro Loco in Orosei zwischen 8.30 und 11.30 Uhr; Fahrrad 2 €, Fußgänger Eintritt frei.

Cala Ginepro

Richtung Orosei folgen weitere wundervolle Sandstrände und felsumrahmte Badebuchten, an denen nun mit Hotels, Ferienhäusern, Villen, Restaurants und Bars eine touristische Infrastruktur zur Verfügung steht, die keinen Wunsch offen lässt. Felsnasen ragen ins seichte Wasser hinein und bilden natürliche Molen, welche die Buchten quasi in Separees unterteilen.

Eine dichte Pineta dehnt sich in der Cala Ginepro bis zum von Liegestühlen und Sonnenschirmen bunt betupften Strand hin aus. Unter den schattigen Fächern der Pinien erstreckt sich der Camping Cala Ginepro, einer der größten Plätze Sardiniens. In direkter Nachbarschaft befinden sich drei große luxuriöse Hotelkomplexe.

Su Meriacru am Berchida-Strand

Unterkunft

●**Club-Hotel Torre Moresca****, Loc. Cala Ginepro, Tel. (0784) 91 230, Fax 91 270. Mit 90 Zimmern und 90 Appartements, Tennis, Schwimmbad, Bar, Restaurant, Eisdiele, Wäscherei, Spielhölle, Läden etc. gleicht es eher einer Ortschaft als einer Hotelanlage (NS 100–130 €, HS 150–250 €).
●**Club-Hotel Cala Ginepro****, Loc. Cala Ginepro, Tel. (0784) 91 047, Fax 91 222. Insgesamt 136 Zimmer (NS 130–190 €, HS 140–210 €, Frühstück 10 €).

Camping

●**Camping Cala Ginepro****, Loc. Cala Ginepro, Tel. (0784) 910 17, Fax 913 62, Web: www.campingcalaginepro.com (1.5.–31.10.). Ein besonders schönes Plätzchen! Großer und gepflegter, ebener Platz im lichten Wald direkt am Strand unter kompetenter und netter Leitung. Umfangreiche Ausstattung mit Restaurant, Bar, Markt, Segel-, Surfbrett- und Kanuverleih; Vermietung von Bungalows.

Cala Liberotto

Der lange Dünenstrand in der von Feriensiedlungen umringten Cala Liberotto ist meist gut bevölkert. Ein Surf-Center bietet in der Saison Surfunterricht und Katamaransegeln an. Liegen und Sonnenschirme des Hotels Tirreno stehen im Sand, dahinter Pineta, lauschige Bars und Restaurants.

Unterkunft

●**Clubhotel Tirreno****, Loc. Cala Liberotto, Tel. (0784) 99 00, Fax 91 132. Weitläufige Appartementhotel-Anlage unter Schweizer Leitung in schöner, von viel Grün umgebener Lage wenige Schritte vom Strand. Zahlreiche Sport- und Freizeitangebote. Badelandschaft mit Riesenpool und 80-m-Wasserrutsche, Tennis, Disco, Kinderwelt u.a. – ideal für entspannten Familienurlaub. Mindestaufenthalt 1 Woche, Appartement für 2–6 Personen (ca. 51–116 € p.P./Tag).

Urlaub im „Rosenhaus"

Sie heißen klangvoll Casa La Rosa, Casa Oleandri oder Le Ginestre und sind oft verlockend schön. Viele der Privathäuser, die sich zwischen Cala Ginepro und Fuile e Mare in reizvoller Küstennatur verstecken, werden von ihren Besitzern auch vermietet. Interessenten können sich an Signor *Dessena* wenden. Er wohnt vor Ort und vermittelt die Unterkünfte. Er kennt „seine" Häuser und deren Besitzer genau und legt großen Wert auf ein gutes Preis-/Leistungsverhältnis.

●**Agenzia Dessena,** Loc. Sos Alinos, Tel. (0784) 91 084, Fax 91 237, Web: www.dessena.com. Signor *Dessena* spricht deutsch.

Camping

●**Camping Sa Prama**,** Loc. Cala Liberetto, Tel./Fax (0784) 91 072, Web: www.saprama.it, ganzjährig geöffnet. Von einer netten Coop geführter, einladender kleiner Platz im Pinienwald in leichter Hanglage. Vergleichsweise preisgünstig und mit angenehm familiärer Atmosphäre (man trifft sich alle Jahre wieder!), weshalb wohl auch gerne Familien aus Deutschland, Österreich und der Schweiz hier sind. Vom Platz geht es durch ein Tor zum Sandstrand.

Porto Sos Alinos und Fuile 'e Mare

Es folgen die Feriensiedlungen und Appartement-Anlagen in der Bucht von **Porto Sos Alinos.** Durch Pineta führen Stichstraßen zu kleinen, durch Felsnasen voneinander abgeschirmten Bade-Separees. Villaggi, Hotels und Wochenendhäuser breiten sich so weit nach Süden aus, dass Sos Alinos unterdessen mit **Cala Fuile 'e Mare** zusammengewachsen ist. Fuile 'e Mare bietet sich zum Baden weniger an, in der kleinen Bucht mit feinem, leicht grauen Sand mündet ein Bach, der in der Sommerhitze gelegentlich ziemlich müffeln kann.

Unterkunft

●**Hotel Villa Campana****,** Loc. Fiule 'e Mare, Tel. (0784) 91 068, Fax 91 312. In herrlichem Park gelegene, zum Komfort-Hotel umgebaute stilvolle alte Villa. Zimmer mit Meerblick, 150 m zum Strand (114–144 €, HS 155–180 €, Frühstück 13 €).

●**Hotel Biderrosa***,** Sos Alinos, Loc. Su Ponte sa Mela, Tel. 91 177, Fax 91 92 40, Web: www.hotelbiderrosa.it. Freundlicher, haziendaartiger Neubau in ruhiger Lage mit *albergo* und empfehlenswertem *ristorante*. 12 geräumige, geschmackvoll und zurückhaltend eingerichtete Zimmer (NS 60–90 €, HS 90–160 €).

●**Hotel S'Ustiarvu**,** Loc. Sos Alinos, Tel. (0784) 91 236, Fax 91 91 28. Kleineres Haus (zehn Zimmer) mit Restaurant und Pizzeria. Seit über 20 Jahren von Familie *Carta-Ruggiu* geführt. Leider nicht ganz ruhig, da an der Straßenkreuzung nach Cala Liberotto gelegen (NS 56–70 €, HS 90 €).

Camping

●**Camping Porto Sos Alinos*,** Loc. Sas Linnas Siccas (in der Bucht von Porto Sos Alinos), Tel. (0784) 91 236, Fax 91 91 28, Web: www.portososalinos.it, geöffnet 15.4.–15.11. Einfacher Platz in einer Pineta, etwa fünf Minuten zum Strand. Wegen der engen Anfahrt und der steilen Hanglage für Gespanne und Wohnmobile eher ungeeignet. Dafür bieten *Roberto* und *Camilla* viel Aktiv- und Extremsport wie z.B. Canyoning, Freeclimbing und als Highlight Bungeejumping, darunter den wahnsinnigen 210-m-Todessprung für verkappte Selbstmörder und sonstige, die eine „wirklich starke Erregung empfinden" wollen (siehe Exkurs „Bungee mortale").

Orosei

♪ XIII/D1

Mit 5000 Einwohnern ist Orosei im Vergleich zu anderen sardischen Ortschaften groß. Das reizvolle Städtchen, das dem schönen Golf an der mittleren Ostküste seinen Namen lieh, liegt im üppig blühenden, weinschweren Cedrino-Tal wahrhaftig in einem riesigen Obst- und Gemüsegarten.

Nur schwer mag man sich vorstellen, dass dieses fruchtbare Land noch bis Ende des 19. Jahrhunderts durch die Überschwemmungen des Cedrino eine gefürchtete Malaria-Hölle war.

Orosei besitzt einen schönen Altstadtkern, den schmale, verwinkelte Gassen und viele alte, teils nur grob verputzte Bruchsteinhäuser zieren. Mit seinen malerischen Kirchen und Kapellen und einem sechs Kilometer langen Sandstrand ist es immer eine Reise wert. Langsam erwacht das Städtchen und der bislang touristisch praktisch völlig brachliegende Superstrand aus seinem Dornröschenschlaf. Leider, muss man sagen, denn fährt man hinaus nach Marina di Orosei, stören gleich zwei neue, viel zu groß geratene Vier-Sterne-Anlagen den Blick, darunter das monströse 330-Zimmer-Clubhotel Marina Beach, das wie eine bizarre Fata Morgana wirkt.

Sehenswertes

Rund um die Piazza del Popolo

Als Ausgangspunkt zum Erkunden des *centro storico* bietet sich die lauschige Piazza del Popolo an. Am Rand der kleinen Parkanlage mit Sitzbänken unter schattigen Palmen befindet sich die Tourist-Information, hinter der man über eine Freitreppe zur barocken Pfarrkirche **San Giacomo** aus dem 18. Jahrhundert und der benachbarten **Kapelle Santa Croce** gelangt. Gegenüber am Platz steht das schlichte Oratorio del Rosario, von dem aus eine Treppe zur **Piazza Sas Animas** und der gleichnamigen Kapelle Sas Animas mit schöner barocker Rückfront führt.

Sant'Antonio Abate

Von hier aus sind es nur noch wenige Schritte zur Perle des Städtchens. An der Piazza Sant'Antonio erhebt sich die ehemalige Klosterkirche Sant' **Antonio Abate** aus dem 15. Jahrhundert. In der Einfriedung befinden sich Pilgerhütten, die heute als Wohnungen genutzt werden, ebenso der pisanische Turm in der Nachbarschaft.

Ein **geführter historischer Rundgang** *(itinerario storico),* den der Pro Loco anbietet, verbindet die einzelnen Sehenswürdigkeiten Oroseis miteinander. Bei den Führungen lassen sich darüber hinaus noch manche Kirchen besichtigen, die ansonsten verschlossen blieben.

Praktische Tipps Orosei

Post und Telefon

- Vorwahl: 0784
- PLZ: 08028

Information

- **Pro Loco,** Piazza del Popolo 12, Tel. 99 83 67, Fax 99 73 03, Web: www.proloco-orosei.com, geöffnet April/Mai tägl. 9–12 Uhr, Mai–Sept. 9–12.30 u. 15.30– 20.30 Uhr,

Okt.–März Mo, Mi u. Fr 10–12 Uhr. **Historische Rundgänge** durch Oroseis Altstadt; vorher nachfragen, da die Führungen vom Besucheraufkommen abhängen.

Essen und Trinken

- **Su Barchile,** Via Mannu 5, Tel. 98 879. Überregional bekannt für seine Fischspezialitäten. Schöne schilfgedeckte Terrasse.
- **La Taverna,** Piazza Sas Animas, Tel. 99 83 30. Beliebtes Lokal im historischen Palazzo in der Altstadt, gute sardische Küche. Besonders schön ist es unter den Platanen auf der Piazza. In der Saison reservieren!

Aktivitäten

- **Tauchen:** Orosei Diving Center, Via Satta 31, Tel./Fax 91 201, Web: www.oroseidivingcenter.it.
- **Exkursionen:** Keya Tour, Centro Escursioni, Tel. 98 295, Handy 348-65 30 682, Web: www.keya-sardegna.it. Trekking, Höhlenerkundung, Canyoning, Sea-Kajak, Jeeptouren mit Hirtenessen, Natur-/Kultur-Trips. Mit engagierter deutschsprachiger Begleitung.
- **Wassersport:** Centro Nautico Orosei, Via Michelangelo 4, Handy 338-78 78 539. Bootsausflüge, Segeln, Segelschule, Hochseeangeln, Wasserski, Wakeboard- und Kanuverleih.

Strände

- Ein kilometerlanger, sehr breiter Strand von feinem weißen Sand erstreckt sich von der Marina di Orosei, der vorgelagerten Strandsiedlung der Stadt, nach Süden bis zum Beginn der Steilküste. Eine Pineta und ein langer Brackwasserarm, der Stagno Su Petrosu, verlaufen hinter dem Strand. Auf Holzbrücken gelangt man über den Stagno, eine Schotterpiste zweigt rechts ab und läuft parallel zum Strand. Am Ende der Piste liegt eine große neue Marina, die den Strand in zwei Hälften zerschneidet. Südlich davon setzt sich der feine Sand mit der **Cala di Osalla** fort.
- Nördlich von Orosei liegen in den durch Felsvorsprünge abgetrennten Sandbuchten Fuile'e Mare, Cala Sos Alinos, Cala Liberetto, Cala Ginepro die meisten Ferienhäuser, Hotel- und Bungalowanlagen der Region. Naturstrände im Naturpark Biderosa (Eintrittskarten über den Pro Loco in Orosei).

Feste

- **Letzter Sonntag im Mai: Nostra Signora del Mare.** Bootsprozession mit geschmückten Fischerbooten auf dem Cedrino. Das farbenfrohe Fest zieht zahlreiche Besucher an. Es findet zur Erinnerung an die wundersame Errettung Oroseis vor einem verheerenden Gewittersturm statt. Nachdem die Madonnenstatue feierlich über die Dorfstraßen getragen wurde, rudert man sie in einer langen Schlange von mit Oleanderblüten und Stechpalmenzweigen geschmückten Booten auf dem Cedrino bis zur Kirche Santa Maria an der Flussmündung. Dann wird gefeiert.
- **Ab dem zweiten Sonntag im September: Nostra Signora del Rimedio.** 18-tägiges Fest um die gleichnamige Wallfahrtskirche mit religiösen Veranstaltungen, traditionellen Gesängen und Tänzen.

Notfälle

- **Carabinieri,** Via Olbia, Tel. 98 722.
- **Polizei,** Via del Mare, Tel. 98 726.
- **Guardia Medica,** Via A. Gramsci, Tel. 99 80 96.

Unterkunft

- **Hotel Maria Rosaria****,** Via G. Deledda 13, Tel. 98 657, Fax 98 596, Web: www.hotelmariarosaria.it. Äußerlich unscheinbares, innen angenehmes Stadthotel, zentral gelegen, renoviert (NS 80–100 €, HS 110–170 €).
- **Hotel Su Barchile***,** Via Mannu 5, Tel. 98 879, Fax 99 81 13, Web: www.subarchile.it. Das kleine Hotel mit zehn Zimmern liegt in einer ruhigen Altstadtgasse. Komfortabel, stilvoll und unaufdringlich ausgestattet. Empfehlenswertes Restaurant (NS 62–80 €, HS 90 €).
- **Hotel S'Ortale***,** Via S'Ortale, Tel. 99 80 55, Fax 99 80 56. Etwas größer als das Su Barchile. Freundliche Atmosphäre, mit Restaurant, wenige Minuten von der Altstadt entfernt (NS 60–70 €, HS 65–90 €).
- **B&B L'Airone Azzurro,** Via Nazionale 13/15, Tel. 320-67 90 818, Web: www.aironeaz-

zurro.com. Zwei geräumige DZ und ein EZ in ehemaligem Klostergebäude aus dem 17. Jahrhundert im historischen Zentrum von Orosei. Mit oasenartigem, zauberhaft stillem und grünem Innenhof, in dem sich die Anwohner aus den ihn umschließenden Häusern am Abend treffen – eine sehr schöne Möglichkeit, in Kontakt mit den Menschen zu kommen! (30–32 €).

Einkaufen

- **Olivenöl:** Oleificio S. Chisu, Loc. Gherghetennore 1 (Straße Richtung Hafen/Cala di Osalla), Tel. 99 94 11.
- **Dolci:** Nanni, Via Nazionale 214, Tel. 98 591.
- **Pane Carasau:** *Maria Chessa,* Via Luther King.
- **Webarbeiten:** *Luigia Picca,* Loc. Sa Mattanosa, Tel. 91 064.
- **Keramik:** *Frau Ceramiche,* Via Nazionale 41, Tel. 99 92 09.

Galtelli ♫ XIII/D1

Neun Kilometer westlich von Orosei liegt der 2300-Einwohner-Ort zu Füßen des Monte Tuttavista, der sich als gewaltiger Kalkklotz über der Ebene erhebt.

In dem hübschen Dorf im Tal des Cedrino siedelte *Grazia Deledda* die Handlung ihres 1926 mit dem Nobelpreis prämierten Romans „Schilf im Wind" an. Im **Parco Letterario Deleddiano** kann man auf den Spuren ihres Schaffens wandeln und Originalschauplätze kennen lernen, darunter das Haus der Schwestern *Pintor*. Den Schlüssel gibt es beim einem Verwandten der Damen schräg gegenüber des Hauses.

Im 12. Jahrhundert war Galtelli Bischofsstadt und Verwaltungssitz für den Südteil des Judikats Gallura, später für die Baronie. In der **Kathedrale** aus dem 13. Jahrhundert haben sich eindrucksvolle Fresken erhalten.

Das um 1700 erbautes **Herrenhaus Sa Domo e sos Marras,** heute ein liebevoll gestaltetes volkskundliches Museum, veranschaulicht in Wohnräumen mit Originalmobiliar sowie in den Werkstätten des Schmiedes, des Sattlers und des Winzers die ländliche Lebensart in vergangenen Zeiten. Sehr lebendig ist die Vergangenheit bei der alten Dame *Teresa Monne* an der zentalen Piazza Parrochiale. Ihre Wohnung ist wie ein volkskundliches Museum, und sie lässt gegen eine kleine Spende (die sie übrigens dringend für Medikamente braucht) gerne Besucher in ihre Welt herein.

- **Museo Etnografico Sa Domo e sos Marras,** Via Garibaldi 12, Tel. 90 472, geöffnet Mai–Okt. 10–13 u. 16–20 Uhr.

Post und Telefon

- **Vorwahl:** 0784
- **PLZ:** 08020

Information

- **Pro Loco,** Via Garibaldi/Casa Marras (im Museum) Tel. 328-02 07 322. „Itinerario Deleddiano"-Führungen: Pro Galte, Via S. Pietro 7, Tel./Fax 90 140 (auch Verkauf von lokalen Produkten und Kunsthandwerk).

Unterkunft

- **Hotel Bellavista****, Via Nazionale 1, Tel./Fax 90 140. Kleine Herberge mit acht schlichten, gepflegen Zimmern und aufmerksamer, hilfsbereiter Leitung, großem Garten und tollem Blick auf den Tuttavista (NS 21–50 €, HS 21–60 €).

Die Grotta di Ispinigoli und der Karst des Supramonte

Die Verkarstung des Kalksteins

650 Millionen Jahre sind seit dem Entstehen der Grotta di Ispinigoli vergangen. Ihre Entstehung verdankt sie – wie die gesamte sardische Unterwelt – insbesondere dem Regen, der sich in jener fernen Zeit täglich kübelweise über das damals subtropische Sardinien ergoss. Kohlensäurehaltig, grub der Regen in den **anfälligen Kalk** haarnadelfeine Risse, durch die er in das porös gewordene Erdreich eindrang.

Unterhalb der Erdoberfläche erweiterten sich die Ritzen infolge chemischer Prozesse allmählich und bildeten im Verlauf vieler Jahrmillionen ein weitverzweigtes Netz von Wasseradern aus. Je weiter es anwuchs, desto mehr Niederschläge beanspruchte dieses **unterirdische Labyrinth** für sich, bis schließlich ganze Bäche und Flüsse in ihm verschwanden. Oben vertrocknete das Land, der Kalkgrund verkarstete, und die unterirdischen Bäche und Flüsse ließen dort, wo sie sich weiter in unergründliche Tiefen vorgruben, trockengefallene Hohlräume zurück. Auf diese Weise „unterkellerten" sie im Lauf von Jahrmillionen stockwerkweise das gesamte Kalksteinmassiv an der mittleren sardischen Ostküste.

Grotta di Ispinigoli – die Perle des Karsts

Die 400 Meter über dem Meeresspiegel im Bauch des Supramonte liegende, riesige Grotta di Ispinigoli ist nur ein winziger Bruchteil der bis heute nahezu unerforschten Unterwelt des sardischen Karsts. Ende des letzten Jahrhunderts entdeckte ein Hirte auf der Suche nach einem verlorenen Lamm zufällig den Eingang zur Höhle. Seitdem wird sie sorgfältig untersucht und ist seit 1974 auch für Besucher zugänglich. Mit über 280 Stufen windet sich ein schmales Treppchen, an senkrechten Wänden und abenteuerlichen Vorsprüngen vorbei, in die Tiefe. Einige Male heißt es dabei: Vorsicht, ducken und den Kopf einziehen!

Nach erfolgreichem Abstieg tief unten im Saal angelangt, eröffnet sich dem Auge ein einzigartiges Bild. Kleine Röhrchen (Sinterfahnen) schweben wie versteinerte, vom Höhlenwind verwehte Spaghetti unterhalb der Felsdecke. Daneben hängen mächtige **Stalagtiten** herab. **Stalagmiten** wachsen ihnen vom Höhlengrund in mannigfaltigen Formen entgegen, und im Zentrum des Saals prangt vom Boden bis zur Decke der zweitgrößte Tropfstein der Welt. „Ispinigoli" („Stachel im Rachen") heißt der berühmte, gewaltige Stalagnat. Um seine 38 Meter Höhe und zwei Meter Durchmesser zu erreichen, benötigte er mindestens 400.000 Jahre. Heute wächst er nicht mehr, die Höhle ist fossil.

In ihrem Nordostwinkel gähnt ein finsteres Loch. Nur ein Absperrgitter und eine Gedenktafel weisen auf den Abgrund hin, in den 1965 ein Forscher über 40 Meter hinabstürzte. **„Abisso delle Vergini"** („Jungfrauenabgrund") taufte man die tiefe Spalte, in der man phönizischen Armschmuck, Silberringe und auch Menschenknochen fand. Ein düsterer Felsschacht führt über den Jungfrauenabgrund in weitere Tiefen hinab, wo in der unergründeten Höhle San Giovanni noch heute der Fluss gurgelt, der vor Millionen Jahren auch die Ispinigoli-Grotte durchfloss.

●**Agriturismo Rubinu,** an der Straße von Galtelli nach Dorgali, Tel. 90 061, Web: www.rubinu.it. Biologisch geführer Hof in schöner Lage am Fuße des Monte Tuttavista mit tollem Ausblick, fünf Zimmer, im Restaurant köstliche Küche der Baronie, auch Verkauf von Orangen, Mandeln, Pampelmusen u.a aus Bio-Anbau; auch B&B möglich (20–25 € p.P.)

Monte Tuttavista

Von Galtelli führt eine schmale und teils steile, aber gute Teerstraße hinauf auf den Hausberg Monte Tuttavista. Nach gut zehnminütiger Fahrt erblickt man direkt in einer Kurve einen kleinen Parkplatz, von dem der Trampelpfad zum nahen **Felstor Petra Istampata** losgeht. Der kurze Weg lohnt sich, denn das 30 Meter hohe Felsloch ist gigantisch! Televisione naturale, TV total!

Einige Serpentinen weiter passiert man einen schön im schattigen Wald angelegten Picknickplatz mit Tischen, Bänken und Wasserhahn. Die Straße endet kurz unterhalb des Gipfels auf einem befestigen Parkplatz. Von hier aus sind es nur noch wenige Minuten Spaziergang hinauf bis zum **Gipfel.** Auch dieser Weg ist lohnend, denn auf dem 806 Meter hohen Gipfel steht ein zehn Meter hohes Kruzifix des Direktors der Madrider Akademie der Schönen Künste, Prof. *Terron Manrique*. Doch das alles ist nichts verglichen mit dem, was der Name „Tuttavista" schon erahnen lässt – der Rundumpanoramablick vom Tuttavista ist schlicht umwerfend! Hier steht man über der Welt und all ihrer lächerlichen Kleinkariertheit.

Von Orosei nach Dorgali

♪ XIII/D1
♪ XIII/C1

Tropfsteinhöhle Ispinigoli

Ungefähr 15 Kilometer von Orosei Richtung Südosten biegt bei km 32,6, von der SS 125 ausgeschildert, eine Straße zum Monte S'Ospile mit der Grotta di Ispinigoli ab (siehe Exkurs).

●**Führungen** jeweils zur vollen Stunde April/Mai 9–12 und 15–17 Uhr, Juni 9–12 und 15–18 Uhr, Juli/Aug. 9–13 und 15–18 Uhr, Sept. 9–12 und 15–18 Uhr.

Unterkunft

●**Hotel Ispinigoli***,** Loc. Ispinigoli, Tel. 95 268, Fax 94 293, Web: www.hotelispinigoli.it. Ca. 5 Min. mit dem Auto vom Osalla-Strand entfernter Neubau, von dessen komfortablen Zimmern man einen herrlichen Ausblick auf den Monte Tuttavista genießt. Das gute **Restaurant** bietet Spezialitäten des Meeres und der Berge sowie sagenhafte 600 (!) verschiedene Weine (NS 70–95 €, HS 75–110 €).

Cala Cartoe/Caletta Osalla

Biegt man an der Stichstraße zur Höhle nicht rechts in Richtung Ispinigoli ab, sondern fährt geradeaus weiter, erreicht man nach fünf Kilometern eine Gabelung. Rechts geht es zur bislang praktisch noch unerschlossenen Cala Cartoe, an deren Sandstrand in der Saison eine einfache Bar öffnet. Links geht es weiter bis zur abgelegenen Caletta Osalla, die neben einem kleinen, feinen Sandstrand als Versorgung den Agriturismo Osalla mit „cucina tipica" besitzt. Von der schmalen Straße zur Küste biegt etwa auf halber Strecke ein kleiner Weg ab, der über den Monte Iveri hinüber zum vielbesuchten **Badeort Cala Gonone** führt. Dieser einspurige ehemalige Köhlerweg, der sich in steilen Serpentinen zur Passhöhe hinaufschraubt, um dann auf der anderen Seite noch steiler hinabzuführen, ist neben dem Straßentunnel südlich von Dorgali die einzige Zufahrt nach Cala Gonone, aber nur für PKW geeignet.

Essen und Trinken

- **Agriturismo Osalla,** Loc. Osalla, Tel. (0784) 96 377, Web: www.aziendesardegna.com/agriturismoosalla.htm. Einziges Gebäude am Strand der Bilderbuchbucht. Keine Zimmer, nur Essen auf Vorbestellung. Hier auf der einfachen Terrasse am Abend bei Wein und Prosciutto und *salsiccia, ravioli, gnochetti* usw. das Leben genießen, das ist ein Erlebnis, wie man es im Urlaub gerne hat. Tipp: Man kann bis zum kleinen Hafen von Orosei fahren und von dort auf einem kurzen Pfad um das Felskap herumlaufen zur Osallabucht. Sonst 12 km Stichstraße via Grotta Ispinigoli.

Dorgali ⌒ XIII/C1

Keine 20 Kilometer von Orosei entfernt, beschließt Dorgali die Baronie im Süden. Inmitten des klassischen Cannonau-Anbaugebietes mit Hängen voller Weinreben steigt das Granitstädtchen mit 8000 Einwohnern terrassenförmig an der Felswand des Monte Bardia hinauf.

Neben dem berühmten Cannonau-Wein genießt der Ort einen herausragenden Ruf für sein Olivenöl, seinen delikaten Pecorino und sein Kunsthandwerk: Schmuck, Keramik, Leder- und Holzarbeiten sowie kunstvolle Teppichwebereien. Zum anderen hat sich der Ort dank seiner günstigen Lage zu einer Art sardisches Adventure-Center entwickelt, in dem sich Anhänger aller (**Extrem-**) **Sportarten** treffen.

Das alte Zentrum ist mit seinen geduckten grauen Granithäusern, zwischen denen enge und steile Gassen hindurchführen, für den Autoverkehr denkbar ungeeignet. Selbst die Hauptstraße Via Lamarmora, an der sich das Leben abspielt, ist so eng, dass man sowohl oberhalb als auch unterhalb des *centro storico* breite Umgehungsstraßen angelegt hat.

Obwohl Dorgali keine wirkliche Sehenswürdigleiten vorweisen kann, ist es stets gut besucht. Denn in den kleinen Läden kann man gut einkaufen und in den Bars die trotz vieler Touristen erstaunlich authentischen Atmosphäre dieser reizvollen sardischen Bergstadt genießen. Einen Besuch wert ist neben der **Kirche Santa Caterina** mit ihrem Holzaltar aus dem 17. Jahrhundert das **Archäologische Museum,** das Funde aus der nuraghen- und höhlenreichen Umgebung Dorgalis zeigt.

- **Museo Archeologico,** Via Lamarmora, Tel. 92 72 00, geöffnet Mai/Sept./Okt. tägl. 9-13 u. 15.30-18 Uhr, Juni-Aug. 9-13 u. 16-19 Uhr, Nov./Dez. 9.30-13 u. 14-16.30 Uhr.

Trekking im Supramonte di Dorgali/Gola Su Gorruppu

Es ist die Lage am Fuße des mächtigen Supramonte-Massivs, das Dorgali zum

Trekkingzentrum der Insel macht. Das schroffe und weitgehend wegelose Gebirge mit seinen unzähligen Schluchten, Grotten und Höhlen, in denen sich einst die *banditi* verborgen hielten, ist ein einzigartiges Betägigungsfeld für Trekking und Climbing aller Schwierigkeitsgrade. **Freeclimber** versuchen sich an den senkrecht abfallenden Felswänden, die am Golf von Orosei die gewaltigste Steilküste des Mittelmeerraumes ausbilden. Biker sehen den über 1000 Meter hohen Straßenpass Genna Silana als Herausforderung, die Mountainbiker die fantastische Codula di Luna.

Eines der herausragendsten Ziele in der Umgebung Dorgalis ist die kolossale **Schlucht Gola Su Gorruppu,** zu deren Eingang man mit dem Auto nur von Dorgali aus gelangt. Es gibt zwei Anfahrtsmöglichkeiten, die sich auf halber Strecke treffen (siehe Route 1 und 2). Die Stichstraße endet etwa dort, wo bis zu den Unwettern 2004 die Brücke s'Abba Arva war. Sie wurde damals weggespült und auch der Eingang zur Schlucht wurde durch die Kraft der Wassermassen völlig neu „gestaltet", sodass auch Einheimische ihre Schlucht kaum wiedererkannten.

Der Cedrino-Stausee mit Blick auf den Supramonte

Baronie
DORGALI

- **Route 1:** Man wählt die untere Ortsumgehung Richtung Tortoli. Am Ortsende (direkt nach dem sehr steilen Stück) führt rechts eine kleine Straße ab, gut 11 km in das Tal des weltabgeschiedenen Riu Flumineddu hinein.
- **Route 2:** Man fährt auf der SS 125 weiter und ca. 1,5 km nach dem Cala-Gonone-Tunnel rechts die schmale Teerstraße hinab ins Flumineddu-Tal (auf beiden Routen dem Schild „Hotel Sant'Elene" folgen.) Nach gut 10 km endet die Straße bei der ehemaligen Brücke s'Abba Arva. Nun geht es zu Fuß zum Schluchteingang weiter. Von der zerstörten Brücke führt auch ein gut ausgeschilderter Wanderpfad (ca. zwei Std. Laufzeit) hinauf zum Monte Tiscali (s. Kapitel Oliena).

Praktische Tipps Dorgali

Post und Telefon
- **Vorwahl:** 0784
- **PLZ:** 08022

Information
- **Pro Loco,** Via Lamarmora 183, Tel. 96 243.

Oase am frischen Wasser

An und um die Naturoase, die die starke Quelle „S'Abba Frisca" *(aqua fresca)* bildet, hat der Besitzer der dortigen alten Mühle, Sign. *Adolfo Bartolomeo Secci,* eine sehr schöne Mischung aus Naturkunde- und volkskundlichem **Museum** angelegt. Draußen führen Naturlehrpfade durch die artenreiche Flora und die parkartige Anlage mit Wasserspielen, in der Mühle zeugen historische Gerätschaften vom Leben in alter Zeit.

- **Parco museo S'Abba Frisca,** Loc. Littu, Straße nach Cartoe, Tel. 335-65 69 072, geöffnet Juni–Sept. 9–12 u. 16–19 Uhr, im Winter nach Anmeldung.

Essen und Trinken
- **Colibri,** Via Gramsci 14, Tel. 96 054. Alteingesessenes Restaurant mit klassischer Barbagiaküche, die vom Guide Michelin einen Stern erhalten hat.
- **Sant'Elene,** Loc. Sant'Elene, Tel. 94 572. Sehr schön zwischen Weinreben und Olivenbäumen im stillen Tal des Riu Flumineddu gelegenes Hotelrestaurant mit herrlichem Panoramablick. Gleiche Anfahrt wie zur Gorruppu-Schlucht.

Aktivitäten
- **Exkursionen/Trekking:** Coop Ghivine, Via Lamarmora 69e, Tel./Fax 96 721, Web www.ghivine.com; Soc. Genargentu, Via Lamarmora 204, Tel. 94 385, Web: www.gennargentu.com.

Strände
- **Cala Cartoe:** Stille kleine Bucht mit rund 200 Metern Sandstrand. Tagsüber ein bisschen Badebetrieb. Von Dorgalis nördlichem Ortseingang auf der SS 125 ca. 5 km Richtung Orosei. Dann rechts in die beschilderte Nebenstraße Richtung Grotta di Ispinigoli, am Abzweig zur Höhle weiter geradeaus, bald darauf an der Kapelle San Giovanni vorbei, dann durch Viehweiden hinunter zum Strand. Juli/Aug. mit kleiner Strandbar.
- **Caletta Osalla:** Der der Cala Cartoe benachbarte südliche Abschnitt des kilometerlangen Sandbandes, das bei Orosei beginnt.
- **Cala Sisine, Cala di Luna, Cala Mariolu:** Zu den östlich von Dorgali gelegenen kleinen Buchten siehe unter „Cala Gonone".

Einkaufen
- **Wein:** Cantina Sociale, Via Piemonte 11 (an der oberen Umgehungsstraße, ausgeschildert), Tel 96 143, Web: www.csdorgali.com. Mo–Fr 8–13 und 15.30–20 Uhr, Sa 8–13 Uhr.
- **Olivenöl:** Cooperativa Olearia, Via Fleming 4. Mo–Fr 9–13 u. 15.30–19 Uhr, Sa 9–13 Uhr.
- **Pecorino:** Coop Dorgali Pastori, Circonvallazione Nord, Tel. 96 517. Mo–Fr 9–13 und 16–19 Uhr, Sa 9–13 Uhr.
- **Messer:** *Luciano Spanu,* Via Grazia Deledda 17, Tel. 94 045.

- **Keramik:** Serafina Loddo, Via Lamarmora 242, Tel. 96 327.
- **Teppiche/Webarbeiten:** Angelina Carta, Via Lamarmora 128, Tel. 96 421. Signora Angelina und ihre Töchter fertigen besonders schöne Stücke nach traditionellen Vorlagen in Handarbeit.
- **Dolci:** Maura Fancello, Via Sardegna 8, Tel. 94 736.

Notfälle

- **Polizei,** Corso Umberto 45, Tel. 94 214.
- **Pronto Soccorso,** Via Umberto, Tel. 96 521.
- **Carabinieri,** Via Lamarmora 50, Tel. 96 114.

Unterkunft

- **Hotel Cedrino***,** Loc. Iriai, Tel. 94 043. Strahlend weißes Komfort-Hotel im neosardischen Stil. Neun Zimmer mit Blick in die einsame Bergwelt (67–77 €).
- **Hotel Il Querceto***,** Via Lamarmora 4, Tel. 96 509, Fax 95 254, Web: www.ilquerceto.com. Kurz vor dem nördl. Ortseingang rechts, in einem blühenden Garten, mit Tennisplätzen und Kinderspielplatz. Kunstwerke von *Efisio Pisani* schmücken die Räume. Die Zimmer sind stilvoll und komfortabel. Das Restaurant genießt für seine Spezialitäten des Meeres und aus den Bergen einen hervorragenden Ruf; auch vegetarische Gerichte (80–120 €).
- **Hotel Sant'Elene**,** Loc. Sant'Elene, Tel./Fax 94 572. Einladendes, allein auf einem kleinen Hügel zwischen den Weinbergen im Tal des Riu Flumineddu an der Straße zum Eingang der Gola Su Goruppu gelegenes Hotel mit günstigen Preisen und mehrfach ausgezeichneter Küche, nachts wunderbar ruhig; Anfahrt gut ausgeschildert (47–65 €).
- **B&B Golloi,** Via E. Fermi, Tel./Fax 92 90 89, Web: www.golloi.it. Drei helle, geräumige und unaufdringlich möblierte DZ und zwei 4-Bettzimmer mit Bad in modernem Neubau; auch HP möglich (26–30 € p.P.).
- **B&B Valverde,** Loc. Oroviddo, Tel. 368-74 29 936. 3 DZ mit Terrasse (zwei mit Bad) in einem Gebäude, das in einem großen Olivenhain am Rand von Dorgali liegt (23–28 €).

Archäologische Stätten bei Dorgali

↗ XIII/C1

Nuraghier-Dorf Serra Orrios

Wählt man kurz vor Dorgalis nördlichem Ortseingang die Straße nach Nordwesten Richtung SS 129 und SS 131, überquert man zunächst den Stausee des Cedrino und gelangt drei bis vier Kilometer später zum nuraghischen Dorf Serra Orrios, das rechter Hand, durch eine Mauer vor neugierigen Blicken geschützt, an der Straße liegt. 70 Ruinen und Fundamente von Hütten aus den Jahren 1200 bis 900 v. Chr. kann man auf dem ausgedehnten Gelände entdecken. Damit ist Serra Orrios die **größte nuraghische Siedlung.** Sie besitzt zwei kleine Tempel mit ungewöhnlichem Grundriss, aber erstaunlicherweise keine einzige Nuraghe. Zahlreiche Grabungsfunde aus dem Dorf sind im Museum in Dorgali ausgestellt (s.o.).

- **Info:** Coop Ghivine, Tel. 96 721. Besichtigung nur mit Führung: ganzjährig tägl. 9, 10, 11, 12 Uhr, Nov.–Feb. zusätzlich 14, 15, 16 Uhr, März–Juni/Okt. 15, 16, 17 Uhr, Juli/Aug. 16, 17, 18 Uhr.

Gigantengrab Sa Ena e' Thomes

Fährt man von Serra Orrios weiter auf der Straße in Richtung Norden, überquert die SS 129 und nimmt Kurs auf die Superstrada SS 131, erreicht man nach etwas mehr als drei Kilometern hinter der SS 129 das Gigantengrab Sa

Ena e' Thomes. Vom Parkplatz an der Straße führt ein etwa 500 Meter langer Trampelpfad zur Fundstelle (das Eisengatter bitte wieder schließen).

Erst 1977 entdeckte man die elf Meter lange Grabstätte, die wahrscheinlich schon aus der Frühzeit der Nuraghenkultur stammt. Ihre sehr gut erhaltene, sieben Tonnen schwere Stele besteht aus einem einzigen imposanten Granitblock und gibt in dem einsamen Hügelland vor den sich im Hintergrund dunkel erhebenden Bergen ein bildschönes Fotomotiv ab.

Im Norden des Nationalparks Golfo di Orosei ⤴ XIII/DC1-2

Auf einer Länge von 40 Kilometern bildet der Golf von Orosei die weiteste Einbuchtung der sardischen Ostküste. Von Land her beinahe unzugänglich, ragt hier die **gewaltigste Steilküste** im gesamten Mittelmeerraum aus dem Meer – ohne Frage einer der landschaftlichen Höhepunkte Sardiniens. Bis zu 400 Meter hoch erheben sich die Ausläufer der im Nationalpark Golfo di Orosei unter Naturschutz gestellten, leicht nach Osten geneigten Kalksteintafel des Supramonte-Massivs nahezu senkrecht aus dem Meer.

Bäche und kleine Flüsse haben in Millionen Jahren tiefe Felsschluchten (codule) in den Kalk gegraben und münden in wundervollen Sandbuchten, die die Steilküste unterbrechen, ins Meer. So verbergen sich zwischen zerklüfteten Felswänden **winzige Badebuchten** wie die Cala di Luna, Cala Sisine und einige mehr. Diese kleinen Paradiese kann man nur in anstrengenden Wanderungen oder mit Ausflugsbooten erreichen.

Cala Gonone

Cala Gonone ist nur durch eine Stichstraße mit Tunnel und anschließenden endlosen Serpentinen bergab zu erreichen. Es besitzt keinen natürlichen Strand, und wegen der hohen Berge geht die Sonne bereits sehr früh unter. Trotz dieser eigentlich eher ungünstigen Lage und Vorraussetzungen ist Cala Gonone eines der wichtigsten **Ferienzentren** an der Ostküste Sardiniens. In den 1960er Jahren noch eine ärmliche Ansammlung von Fischerhütten, ist der Ort heute ein sich die steilen Hänge hinauf fressendes Konglomerat aus Hotels, Ferienwohnungen, Bars, Restaurants und sonstigen touristischen Dienstleistern, das selbst in der Vor- und Nachsaison noch gut besucht ist, und ein Mekka für Aktivtouristen jeglicher Couleur. Einziger Grund für diesen kometenhaften Aufstieg ist die hier beginnende, sagenhaft schöne **Steilküste** des Nationalparks Golfo di Orosei, zu deren Attraktionen auch die Grotta del Bue Marino, die „Höhle des Meerochsen", zählt. Diese extrem seltene Robbenart ist seit der touristischen Erschließung der Höhle leider endgültig verschwunden und heute nur noch bei der griechischen Insel Kefaloniá in einigen wenigen Exemplaren anzutreffen. In Cala Gonone hat man der Robbe mit dem wisenschaftlichen Namen *Monachus monachus* nun das **Museo della Foca monaco** gewidmet, das sich nicht nur dem Meerochsen, sondern der außergewöhnlichen maritimen und terrestrischen Flora und Fauna des Golfes von Orosei insgesamt widmet.

Post und Telefon
- **Vorwahl: 0784**
- **PLZ: 08020**

Information
- **Ufficio Informazioni,** Viale Bue Marino (Str. Richtung Cala Fuili), Tel. 93 696.

Museum
- **Museo della Foca monaco,** Viale Bue Marino 1 (im Centro di Educazione Ambientale), Tel. 92 00 49, geöffnet tägl. 9.30–12.30 u. 16.30–23.30 Uhr.

Essen und Trinken
- **Aquarius,** Lungomare Palmasera 34, Tel. 93 428. Betrieben von einer Deutschen, die es mit ihrer sardischen Küche zu Recht in den Guide Michelin gebracht hat.

Aktivitäten
- **Bootsausflüge** zur Grotta del Bue Marino und zu den Badebuchten an der Steilküste. Info: Cala Gonone Charter, im Hafen, Tel. 93 737, Web: www.calagononecharter.com.
- **Tauchen:** L'Argonauta, Via dei Lecci 10, Tel./Fax 93 046, Web: www.argonauta.it.
- **Angeln:** Pescaturismo MS Delfino, Tel. 93 330, Web: www.sardegnapescaturismo.com.
- **Wassertaxi:** Cielomar, P.le del Porto - Box No. 6, Tel. 92 00 14, Web: www.cielomar.it. Wassertaxi, Abholservice für Trekker, Climber, geführte Touren u.a.
- **Mountainbiking:** Prima Sardegna, Lungomare Palmasera 32, Tel. 93 367 (auch Trekking, Freeclimbing, Kayaking).

Strände
- **Cala Gonone:** grobkörniger, aufgeschütteter Sandstreifen am südlichen Ortsende.
- **Cala Fuili:** die erste der kleinen Traumbuchten entlang der Steilküste nach Süden. Etwa 2 km südlich von Ort, eingebettet zwischen Felswänden. Im Sommer recht voll, da mit dem Auto erreichbar. Keine Einrichtungen.
- **Cala di Luna:** mondsichelförmige Bucht in Felsdomen mit ausgewaschenen Höhlen hinter feinstem weißen Sand. Entweder mit dem Boot oder in ca. zweieinhalb Stunden Fußmarsch zu erreichen (s.u). Mit Restaurant und Bar.

Unterkunft
- **Hotel Costa Dorada****,** Via Lungomare Palmasera 45, Tel. 93 332, Fax 93 445, Web: www.hotelcostadorada.it. Ruhig, romantisch, malerisch. Von wildem Wein umrankt, schmiegt sich das über mehrere Ebenen erbaute Hotel an den Hang. Großzügig bemessene Zimmer in unaufdringlicher Eleganz, von den oberen Etagen mit wundervollem Meerblick. Minikreuzfahrten im hauseigenen Boot, Transfer vom/zum Hafen/Flughafen. Der Besitzer, Herr *Mulas,* spricht fließend deutsch (NS 100–130 €, HS 130–180 €).
- **Hotel Miramare***,** Piazza Giardini 12, Tel. 93 140, Fax 93 469, Web: www.htlmiramare.it. 1955 eröffnet und damals das allererste Hotel entlang der Strada orientale, ist das von der Familie *Mulas* betriebene, geschmackvoll eingerichtete Haus noch immer eine gute Adresse. 36 Zimmer, teils mit toller Aussicht (NS 75–90 €, HS 105–135 €).
- **Hotel Pop***,** Via Marco Polo, Tel. 93 185, Fax 39 158, Web: www.hotelpop.com. An der Straße zum Hafen, also nicht die ruhigste Lage. 16 modern ausgestattete Zimmer und gutes Restaurant (NS 46–80 €, HS 80–98 €, Frühstück 4 €).
- **Hotel Cala Luna***,** Via Lungomare, Tel. 93 133, Fax 93 162. Freundliches, ganz neu von 2 auf 3 Sterne „hochrenoviertes" Haus mit vielen jungen Gästen und hilfsbereiten Betreibern an der Uferpromenade (NS 68–78 €, HS 85–105 €).
- **Piccolo Hotel**,** Via C. Colombo, Tel. 93 232, Fax 93 235. Nomen est omen, das „Klei-

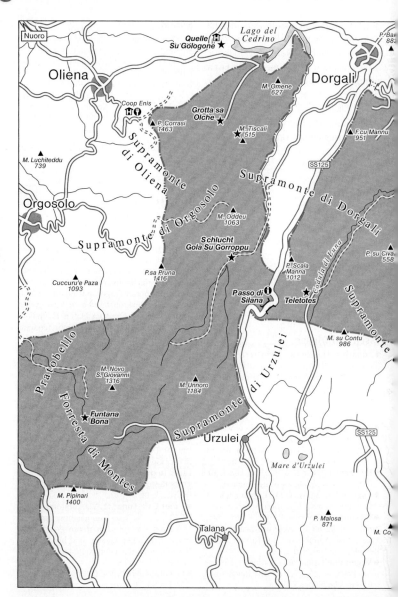

ne Hotel" an der Durchgangsstraße zum Hafen vermietet nur 13 Zimmer. Im Sommer etwas laut, dafür ordentlich und preisgünstig (NS 31–41 €, HS 44–51 €).

● **App. Acacia & La Ginestra,** Tel. 93 332, Fax 93 445, Web: www.acaiacalagonone.com. Gut ausgestattete, schön und ruhig gelegene Ferienwohnungen mit prächtigem Ausblick auf den Golf. **Der Tipp: Wenn Sie bei der Ankunft diesen Reiseführer vorlegen, erhalten Sie 10 % Rabatt!**

● **Agriturismo Nuraghe Mannu,** Loc. Pranos (ca. 2 km oberhalb vom Ort), Tel. 93 264, Web: www. agriturismonuraghemannu.com. Schöne ruhige Lage mit Meerblick. Vermietung von 4 DZ mit Bad. Außerdem etwas Platz für Zelte. Führungen auf dem Hofgelände zur Nuraghe Mannu. Sehr nette Betreiber (B&B 21–26 € p.P., Camping 7–8 € p.P., Menü ca. 20 €).

● **B&B Bue Marino,** Viale Bue Marino, Tel./Fax 93 233, Web: www.bedandbreakfastcalagonone.com. Drei in der Möblierung etwas beliebig wirkende DZ mit Bad am Ortsstrand.

● **B&B Sos Ozzastros,** Via Vasco da Gama 7, Tel./Fax 93 145. 3 DZ mit Meerblick in zentraler, nur wenige Schritte vom Strand gelegener eleganter Villa im mediterranen Stil (30–45 € p.P.).

Camping

● **Camping Cala Gonone******, Tel. 93 165, Fax 93 255, Web: www.campingcalagonone.it, 1.4.–31.10. Leicht abfallendes, pinien- und wacholderbestandenes Terrain, etwa 10 Min. vom Strand. Mit Schnellrestaurant, Bar, Tennis.

● **Wohnmobil-Stellplatz,** Viale Bue Marino, Tel. 92 00 52, Mai–Sept. Großer und schöner, sehr gut ausgestatteter Platz (Strom, Wasser, Ver- und Entsorgung etc.) in terrassierter Hanglage über dem Ort an der Straße zur Cala Fuili. Für Wohnmobile viel besser geeignet als der Campingplatz.

GOLFO DI OROSEI

Am Eingang zur Grotta del Bue Marino

Cala di Luna, Grotta del Bue Marino, Grotta del Fico

Anfahrt mit dem Ausflugsboot

Einer der besten Gründe für einen Besuch von Cala Gonone ist ein Ausflug zur den **Traumbuchten Cala di Luna, Cala Sisine,** zur **Grotto del Bue Marino** und zur erst seit neuestem zugänglichen **Grotta del Fico.** Wer kein eigenes Boot hat und sich keins leihen will, ist auf die zahlreichen Boote angewiesen, die vom Hafen aus verkehren. In der Hochsaison sind diese ebenso voll wie teuer. Einsamkeit à la *Robinson Crusoe* findet man hier nur noch in der frühen Vor- und späten Nachsaison. Man kann mit dem Boot entweder nur in eine der Badebuchten fahren und dort nen Strandtag verbringen oder das Baden mit einer Höhlenbesichtigung verbinden.

Grotta del Bue Marino

Unterwegs zur Cala di Luna bietet sich die Besichtigung der Grotta del Bue Marino an, der Mönchsrobben Höhle. Etwa zwölf Kilometer schippern die Boote an den kolossalen Felsabstürzen des Golfs von Orosei entlang, um die Besucher zum Eingang der Tropfsteinhöhle zu bringen, in der noch bis vor einigen Jahren die seltene Mönchsrobbe eine Zuflucht fand.

Seit 1954 ist die Grotta del Bue Marino erschlossen. Ein Pfad führt eine halbe Stunde lang durch das unterirdische Reich bis zum **Sala della Spiaggia delle Foche** („Mönchsrobbenstrand-Saal"). Dort vereinen sich das Süßwasser aus einem Höhlensee und das Salzwasser aus dem Meer und bilden von der Schneeschmelze an bis in den Frühsommer hinein einen rauschenden Wasserfall.

Cala di Luna

Von der Grotta del Bue Marino tragen einen die Boote weiter, an zerklüfteten, turmhoch aufsteigenden Felswänden vorbei zur Cala di Luna, der **„Mondbucht",** die sich zwischen steil emporragende, gewaltige Felsendome zwängt. Hinter ihrem zuckerweißen Sandstrand springt aus der von Oleanderbüschen geschmückten Schlucht Codula di Luna ein Bach hervor.

Auf der anderen Seite schlängelt sich ein schmaler Pfad in ein Wäldchen hinein, wo inmitten des idyllischen Grüns ein Restaurant samt Bar auf Gäste wartet.

● **Ausflugsboote:** Die Badefahrt zur Cala di Luna kostet ca. 11 € p.P., die kombinierte Fahrt Cala di Luna/Grotta del Bue Marino 20 €. Zu den weiter entfernten Buchten Cala Sisine und Cala Mariolu werden 20–25 € fällig. In der Saison tägl. 4–6 x Cala di Luna/Grotta del Bue Marino, 1–2 x Cala Sisine/Mariolu. In der Vor- und Nachsaison fahren die Boote erst ab zehn Personen; man meldet sich also am Schalter an und wartet, bis zehn zusammen sind. Info: Nuovo Consorzio Trasporti Marittimi, Cala Gonone, Via D. Millelire, Tel. 93 302.

Grotta del Fico

Seit 1957 bekannt, aber erst seit Sommer 2003 auf einer Länge von 1,2 Kilometern erschlossen und für die Öffentlichkeit zugänglich ist die Grotta del Fico, in der einst der sardische Eremit *Padre Forreddu* hauste und die Mönchsrobben ihre Jungen zur Welt brachten. Auch die **„Feigenhöhle"** ist nur per Boot zu erreichen. Sie zählt mit ihrer fantastischen Tropfsteinmärchenwelt, zu der auch der eindrucksvolle „Spaghettiwald" gehört, zu den schönsten unterirdischen Reichen der an Höhlen so reichen Insel. Zum sieben Meter über dem Meeresspiegel gelegenen Eingang führt eine eiserne Leitertreppe hoch.

Auf der SS 125 durch den Supramonte

Südlich von Dorgali beginnt unmittelbar am Abzweig nach Cala Gonone der eigentliche Nationalpark Golfo di Orosei, dessen Außengrenze die Strada Orientale Sarda (SS 125) auf ihrem Weg in die Ogliastra nun eine ordentliche Strecke begleitet – oft an Schwindel erregenden Abgründen entlang mit Blick auf die zerissenen Kalkwände und -türme des Supramonte-Massivs. Über insgesamt 30 Kilometer schraubt sich die Panoramastraße von Dorgali in vielen Kurven und Kehren zur **Passhöhe Genna Silana**. Die einzigen Ge-

---

Wanderung zur Cala di Luna

Start ist die **Cala Fuili** am Südende der Bucht von Cala Gonone, wo die asphaltierte Küstenstraße endet. Stufen führen hinunter zum in die hohen Felswände gezwängten Strand. Unten geht es wenige Schritte taleinwärts in die Schlucht, wo man nach einem Linksschwenk einem Schlängelpfad den gegenüberliegenden Hang hinauf folgt.

Nach ungefähr fünf Minuten folgt man an einer Weggabelung dem grünen Pfeil, der auf einen Stein gemalt ist. Fortan ist der Wanderweg durchgehend mit dem Pfeil sowie der Aufschrift „per Cala di Luna" markiert. Er verläuft parallel zur Küste etwas landeinwärts. Hat man die **Grotta Oddoana** erreicht und passiert anschließend ein kleines Tal, sieht man vom nächsten Hang aus bereits die Cala di Luna, zu der man steil absteigt, um über die Schlucht des Riu Codula di Luna zum Strand zu gelangen.

Die Strecke ist einfach zu finden und zu gehen und auch für Ungeübte geeignet, aber weitgehend schattenlos. Deshalb genügend Wasser mitnehmen! Die Wanderung dauert zwei Stunden einfach. Wer den Rückweg mit dem Boot machen will (Mai– Sept.), sollte sich vorher in Cala Gonone nach der Fahrzeit erkundigen oder vom Wassertaxi abholen lassen.

bäude auf dem 1017 Meter hohen Pass sind das Hotel Genna Silana, eine kleine Bar und der Informationspunkt der Società Gorropu. Ein Besuch lohnt, denn die netten Trekkingspezialisten *Sandra* und *Francesco* bieten nicht nur geführte Exkursionen und detailliertes Infomaterial etc. zu den Trekkingtouren der Umgebung, sondern auch Spezialitäten aus dem Bergdorf Urzulei sowie ein Nachtlager für bis zu vier Personen. Ideal für die, die den auf Passhöhe beginnenden schönen Wanderweg hinab zur Gola Su Gorruppu nehmen und am Abend zurückkommen.

●**Info:** Soc. Gorropu, Via Sa Preda Lada 2, 08040 Urzulei, Tel. 347-42 33 650 *(Franco)*, Tel. 333-85 07 157 *(Sandra)*, E-Mail: francescomurru@virgilio.it, Tel./Fax (0782) 64 92 82, Web: www.gorropu.com. Geführte Wandertouren mit botanischem, archäologischem oder fotografischem Schwerpunkt, Trekking, Canyoning, Höhlenforschen, Kräuter-Kochkurse u.a. (B&B 20–23 €).

Unterkunft

●**Hotel Genna Silana****, SS 125, Tel. (0784) 95 120. Neun Zimmer im ganz neu aufgebauten Gebäude mit gigantischem Bergpanoramablick. Nachts kolossal einsam und den Sternen unglaublich nah (33–36 €, Frühstück 3–6 €).

Das Tal des Riu Fiumineddu

Etwa neun Kilometer nach Dorgali biegt von der Straße hinauf zum Pass bei km 196 eine schmale Teerstraße ab, die in vielen Kurven hinabführt in das abgeschiedene Tal de Riu Fiumineddu. Nach gut zwei Kilometern erreicht man das einladende kleine Hotel Monteviore. Das einem alten Landgut nachempfundene Haus bietet nicht nur gehobenen Komfort in absoluter Einsamkeit und zehn Zimmer mit herrlichem Blick auf die schroffen Berge des Supramonte, sondern auch eine ausgezeichnete Regionalküche.

●**Hotel Monteviore*****, Loc. Monteviore, Tel./Fax (0784) 96 293 (NS 55–68 €, HS 68–85 €).

Gola Su Gorruppu

Bei der Fahrt hinauf zum Pass sollte man nicht versäumern, bei der verlassenen Cantoniera Bidicolai einen kurzen Halt einzulegen. Denn von hier eröffnet sich der Blick nach Westen auf den gegenüberliegenden, von senkrecht aufragenden Felswänden umrahmten Eingang der Gola Su Gorruppu. Mit bis zu 500 Meter hohen Felswänden ist sie **eine der tiefsten Schluchten Europas** und eine *der* Attraktionen im Supramonte. Tipp für Fotografen: Morgens ist das Licht am besten.

Steineichen, Erdbeerbäume und Wacholder schmücken den Eingang zur kilometerlangen Schlucht, wo sich der Fiumineddu in grauer Vorzeit einen Weg durch das poröse Gestein gegraben hat. Bis zu 500 Meter hoch ragen links und rechts Felswände senkrecht in den Himmel empor, im Geröllbett blüht Oleander.

Zwischen den majestätischen Felsen muss man im engen Canyon in einigen Passagen von einem gewaltigen Gesteinsbrocken zum nächsten hüpfen, über haushohe Steinlawinen und kleine Felsbecken klettern, in denen sich Wasser gesammelt hat, bis sich auf einmal die Schlucht so verengt, dass ein Weiterkommen nur noch für erfahrene Bergsteiger möglich ist.

Umso mehr freuen sich Wildschweine, Rebhühner, Ringeltauben und die seltenen Gänsegeier, die im zweiten, unzugänglichen Abschnitt der Gola Su Gorruppu von Wanderern oder gar Jägern unbehelligt bleiben.

Die gut elf Kilometer lange Anfahrt zum Schluchteingang erfolgt mit dem Auto von Dogali aus durch das Flusstal (s. dort) oder zu Fuß vom Passo Genna Silana hinab. Die gewaltigen Unwetter im Winter 2004 haben den Eingang zur Schlucht völlig umgestaltet. Die genannte Brücke wurde weggespült, sogar hausgroße Felsblöcke wurden durch die sintflutartigen Wassermassen bewegt.

●**Führungen** in die Schlucht bietet u.a. die Soc. Gorropu an, die auf der Passhöhe Genna Silana einen Trekking-Infopunkt unterhält. Dort beginnt auch ein Wanderweg zur Schlucht.

Wanderung
durch die Codula di Luna

Hinter der Passhöhe Genna Silana geht es sanft abwärts in Richtung **Urzulei,** auf dessen Gemeindegebiet eine beliebte Wanderstrecke beginnt: der fünfstündige Abstieg durch die Codula di Luna zur idyllischen Robinson-Crusoe-Sandbucht **Cala di Luna** (s.o.) im Herzen der Steilküste. Durch die vom Riu Codula di Luna tief eingeschnittene Felsschlucht *(codula)* klettert man unterhalb hoher Felsnadeln durch uralten Kalkstein und vom Bach glattgeschliffenen Granit, in dem sich, besonders im ersten Abschnitt, zahlreiche Wannen und schöne Wasserfälle gebildet haben.

Der Einstieg erfolgt über die SS 125, von der bei km 172, 1 eine Stichstraße Richtung Küste abzweigt (braunes Schild „Teletotes"). Nach elf Kilometern Fahrt durch fantastische Gebirgswelt erreicht man die Loc. Teletotes. Ab hier geht es zu Fuß weiter. Die Wanderung bis zur Küste führt durch eine eindrucksvolle Gebirgswelt: turmhohe Felswände, bizarre Felsverwitterungen, vom Wasser spiegelglatt geschliffene Granitplatten, dunkle Grotten, ein Eldorado für Auge und Fotolinse. Die Schlucht fällt zwar nur flach ab, erfordert aber dennoch etwas Kondition und bei Nässe Trittsicherheit. Wer von der Cala di Luna per Boot zurück nach Cala Gonone will: vorab nach den Fahrzeiten erkundigen! Man kann sich bis zum Parkplatz Teletotes bringen oder von der Bucht abholen lassen (Hol- und Bringservice für Trekker, Climber und Biker bietet Cielomar, Tel. 92 00 14, Web: www.cielomar.it).

Zum weiteren Verlauf der SS 125 durch den Supramonte finden Sie Informationen im folgenden Kapitel „Ogliastra".

Ogliastra

Die sardischen Dolomiten

Gebirge bilden Barrieren. Nicht nur verkehrstechnisch, auch mental. Sie versperren den Blick auf das, was hinter ihnen liegt und verleihen diesem einen Hauch von Geheimnis. So fordert es nach wie vor auch dem modernen Reisenden eine Portion Pioniergeist ab, die Herausforderung anzunehmen und auf Sardiniens schönster Gebirgspanoramastrecke den Supramonte südlich von Dorgali zu überklettern. Wer es wagt, entdeckt die Ogliastra, die zum Schönsten zählt, was Sardinien besitzt.

Die kleine historische Region wird im Norden vom Supramonte di Baunei begrenzt und im Süden von der verbrannten und menschenleeren Einödnis Salto di Quirra. Im Westen, landeinwärts, geht sie irgendwo zwischen Seui und Sadali ohne klare Grenzen in die Barbagia di Seulo über.

Der außergewöhnliche Reiz dieser Region ist die unmittelbare Nachbarschaft von Meer und Strand und einer unberührten Berglandschaft, die mit zahlreichen Superlativen wie dem tiefsten Karstloch Europas, der grandiosesten Panoramastraße oder der schönsten Höhle vielfältige spektakuläre Ausflugsziele bietet. Aktivisten aller Art, seien es Wanderer, Kletterer, Mountainbiker oder andere Freizeitsportler, finden in der unberührten, kaum besiedelten Bergwelt ein ebenso einmalig schönes wie abwechslungsreiches Betätigungsfeld.

DIE SARDISCHEN DOLOMITEN

Ogliastra

Das Land hinter den Bergen, dessen klangvoller Name sich von „Oleaster", der wilden Olive, ableitet, vereint auf vergleichsweise kleinem Raum so ziemlich alles, was die Natur der Insel hervorgebracht hat. Gleich einem kolossalen Amphitheater von tief gestaffelten Bergketten und Gebirgszügen umrahmt, öffnet sich zum Meer hin eine fruchtbare Ebene mit blühenden Gärten.

Die Strände der Küstenebene

Zwischen dem Golf von Orosei, an dem der Supramonte mit bis zu 300 Meter hohen Felswänden senkrecht ins Meer stürzt, und dem gottverlassenen Salto di Quirra, zieht sich ein endloses goldgelbes Sandband die Küstenebene von Tortolì entlang. Die **wunderbaren Strände** der Ogliastra sind im Norden angenehm belebt und im Süden fast völlig unbesiedelt und paradiesisch einsam.

Touristische Zentren sind der kleine Küstenort Santa Maria Navarrese sowie das für seine roten Felsen und die historische Schmalspurbahn berühmte Arbatax. Der besondere Charme der Ogliastra-Badeorte ist dem Umstand

Blick auf Baunei
und das Altopiano Su Golgo

zu verdanken, dass sie zwar einerseits mit Hotels, Campingplätzen, Restaurants usw. über eine gute touristische Infrastruktur verfügen, andererseits im Gegensatz zu den stark frequentierten Urlaubsorten der Baronie auch in der Hochsaison nie zu überfüllten, lärmenden Rummelplätzen werden, sondern angenehm lebhaft und dennoch beschaulich bleiben.

Urbaner Mittelpunkt der Region ist das Städtchen Tortolì, das wie das benachbarte Barisardo noch wenig vom Tourismus berührt ist. Eingebettet in die kleine, von üppigen Feldern und Gärten bedeckte Küstenebene, ist Tortolì ein unspektakuläres Städtchen, das mit Bahnanschluss sowie Flug- und Seehafen als Verkehrszentrum fungiert und zahlreiche Supermärkte, Läden und Geschäfte aufweist.

Die Berge der Ogliastra

Direkt hinter dieser verlockenden Badeküste bestimmt eine urwüchsige, überaus abwechslungsreiche Berglandschaft das Bild. In dieser **einmaligen Gebirgskulisse** liegen zahlreiche gut erschlossene und dennoch nie rummelige Auflugsziele, darunter die **Grotta Su Marmuri,** eine der, wenn nicht *die* schönste Tropfsteinhöhle Sardiniens bei Ulassai. Bis in die Höhenlagen grün und teils dicht bewaldet sind die Berge rings um das Bergstädtchen Lanusei. Dunkle Nadelwälder und plätschernde Bergbäche rufen Erinnerungen an deutsche Mittelgebirge wach.

Rings um Ulassai bestimmen die „tacchi" und „tonneri" genannten, spektakulären Felsformationen mit ihren senkrecht abfallenden Kalkwänden das Bild, zu deren Füßen struppige Bergdörfchen wie Schwalbennester am Hang kleben. Nur von Maccia, Fels und Geröll bedeckt sind die steilen instabilen Flanken der tief in den Berg eingefrästen Taleinschnitte nördlich von Ulassai, wo vor Jahren schwere Bergrutsche die Dörfer Gairo und Osini zu Geisterdörfern gemacht haben.

Herrliche Ausflugsziele sind die **Scala di San Giorgio,** zu der von Osini aus eine Serpentinenstraße hinaufführt sowie das **Altopiano Su Golgo,** auf dessen wilde Hochfläche sich von Baunei ein Sträßlein hinaufwindet.

Feucht und grün dagegen zeigt sich die weite, von Gipfeln umrahmte Hochebene, in die sich der verzweigte Stausee Lago Alto del Flumendosa einbettet. Eine der wunderbarsten Gegenden der Insel ist die unbesiedelte Bergregion südlich des großen Sees mit dem Naturpark Foresta di Montarbu um die eindrucksvolle Felsnadel des 1293 Meter hohen Monte Perda Liana, in der man von schroffen, nackten Felswänden bis zu quellenreichen, dichten Wäldern die unterschiedlichsten Landschaftsformen findet.

Robinsonbucht am Golfo di Orosei: die Cala Mariolu

Kartenatlas Seite XIII, Übersichtskarte Seite 484   GOLFO DI OROSEI

Im Süden des Nationalparks Golfo di Orosei ♪ XIII/CD2-3

Auf der SS 125 nach Süden

Schon der Auftakt einer Reise in die Ogliastra ist mehr als spektakulär. Denn die gut 50 Kilometer lange Strecke zwischen Dorgali und Lotzorai ist eine der schönsten Panoramastraßen Sardiniens. Gleich hinter den dicht bevölkerten Stränden der Baronie windet sich die Straße in ungezählten Kurven hinauf in die schroffe Welt der Hirten. Jede Kehre überrascht mit neuen Aussichten auf die karstzerfressenen und von Wasserläufen zerfurchten Gebirgsrücken. Bis auf 1017 Meter windet sich die Straße durch wilde Bergpanoramen hinauf.

Urzulei

Etwa neun Kilometer nach der Passhöhe Genna Silana ragt ein ungewöhnliches, bunkerartiges Gebäude aus der einsamen Landschaft, die Bar Domu S'Orcu. Gegenüber des Gebäudes führt eine abenteuerlich in den Fels gesprengte Straße auf eine wilde Hochebene und endet dann beim Nuraghen Lovotzai in der Bergeinsamkeit. Die Straße hinab nach Urzulei biegt etwas weiter Richtung Süden von der SS 125 ab. Das **Bergdorf** zu Füßen der 1025 Meter hohen Punta Is

GOLFO DI OROSEI

Gruttas hat sich nicht nur sein urwüchsiges Ortsbild bewahrt, sondern auch einige alte (Kunst-)Handwerke und Bräuche wie das archaische Fingerspiel „Sa Murra" (siehe entsprechenden Exkurs).

- **Gruttas,** Loc. Giustizieri, Tel. (0782) 64 80 08.

Post und Telefon

- **Vorwahl:** 0782
- **PLZ:** 08040

Essen und Trinken

- **La Ruota,** Via San Giorgio 14, Tel. 64 90 94. Restaurant mit guter regionaler Küche.

Unterkunft

- **B&B Santu Jorghi,** Via Roma 21, Tel./Fax 64 92 06, Web: www.santujorghi.it. *Giovanna* und *Pasqualina Serra* bieten direkt neben der Kirche im alten Dorfzentrum 3 DZ, zwei davon mit Bad (20–25 € p.P.).

Einkaufen

- **Flechtwaren:** Agnese Cavia, Tel. 64 92 31.
- **Webarbeiten:** Artessile, Via S. Satta 6, Tel. 64 92 53, Web: www.artessile.com.
- **Hirtenmesser:** Tore Lorrai, Via Grazia Deledda 22, Tel. 64 92 75.

Von Urzulei nach Baunei

Die SS 125 führt von Urzulei weiter durch die Einsamkeit einer hochalpinen Landschaft und senkt sich dann hinab zum **Mare d'Urzulei,** einer von halbwilden Kühen, Pferden, Ziegen und Schweinen bevölkerten Hochfläche, auf der sich nach ausgiebigeren Regenfällen periodisch ein weiter, kaum knöcheltiefer Teich bildet. Bei km 175 biegt ein Schotterweg zur Käserei Gruthas ab, die wunderbaren Ziegenkäse verkauft.

Wenig später führt der Weg über den **Genna Sarbene,** einen schmalen Gebirgsgrat, kaum breiter als die Straße selbst. Nur ein kleiner Rastplatz mit Tischen und Bänken unter Tannen findet hier noch Platz. An dieser Stelle gibt der **Belvedere Genna Ramene** aus fast 700 Metern Höhe einen fantastischen Panoramablick auf die Ogliastra frei, die sich vor dem Betrachter wie ein kolossales, von der Natur geschaffenes Amphitheater ausbreitet. Tief unten erstreckt sich die Bühne, die fruchtbare Küstenebene von Tortolì mit gold schimmernden Stränden. Im Osten bilden Meer und Himmel eine tiefblaue Kulisse. Die Tribüne sind die

Picknick in der Area Sosta Monte Lopene

Unterwegs auf der SS 125 von Urzulei nach Baunei weist ein Holzschild auf eine der schönsten Picknickstellen Sardiniens hin. An der Area Sosta Monte Lopene darf man einfach nicht vorbeifahren. Denn geht man vom Parkplatz in den lichten, aromatisch duftenden Kiefernwald hinein, steht man plötzlich in einem ganz entzückenden kleinen Picknickparadies mit liebevoll angelegten Tischen und Bänken und zwei gemauerten Feuerhäuschen zum gefahrlosen Grillen. Der Knaller dieses Plätzchens ist jedoch die Felspartie, die hinter dem Picknickbereich aufragt. Stufen und Treppen führen hinauf aus die Felsnadeln, und wer sie erklimmt, wird mit einem sagenhaft schönen Ausblick über die umliegenden, schwarzblau schimmernden Berge und Gipfel der Ogliastra und hinab auf die Küstenebene belohnt, den er so schnell nicht wieder vergisst.

hinter- und übereinander gestaffelten Berge, die die Küstenebene im Halbkreis umschließen. Von dem Aussichtspunkt windet sich die Straße, gegen Steinschlag von langen Galerien geschützt, über das Dorf Baunei hinab in die Küstenebene.

Baunei

Das Bergdorf Baunei klebt eindrucksvoll am steilen Hang, malerisch vom 669 Meter hohen Monte Oro überragt. Der struppige Ort, durch dessen engen Kern sich die SS 125 schlängelt, ist eine für Sardinien außergewöhnliche Gemeinde. Die Einwohner haben sich dem unseligen Einfriedungsgesetz von 1820, das zu der Zersplitterung der Sarden untereinander führte, mit Erfolg widersetzt und bewirtschaften die der Kommune gehörenden Ländereien bis heute überwiegend kollektiv.

Das **intakte Gemeinschaftsgefühl** der Bewohner kann man besonders bei ihrer alljährlichen Prozession Ende Juni erleben, bei der die gesamte Einwohnerschar zum gemeinsamen Picknick hinauf zu der auf dem Hochplateau Su Golgo gelegenen Wallfahrtskirche San Pietro pilgert, das direkt hinter und hoch über dem Dorf liegt.

Post und Telefon

- **Vorwahl:** 0782
- **PLZ:** 08040

Essen und Trinken

- **Trattoria Pisaneddu,** an der SS 125 nördl. von Baunei, Tel. 61 06 04. Ruhig gelegenes Haus mit rustikalem Gastraum, in dem gute, abwechslungsreiche Küche geboten wird.

Einkaufen

- **Teppiche/Webarbeiten:** Rosanna Moro, Via Orientale Sarda 32, Tel. 61 52 69.
- **Hirtenmesser:** Battista Usai, Via Serra Enna, Tel. 61 02 84.
- **Goldschmuck:** Sa Nacarra, Via Roma 10, Tel. 61 09 56; u.a. sehr schöne (Ehe-) Ringe.
- **Pane Carasau:** Coop. Monte Ferru, Via orientale 316, Tel. 61 09 38.

Feste

- **Sagra di San Pietro,** 29. Juni. Große Landprozession, bei der ganz Baunei in Trachten zu der Wallfahrtskirche San Pietro auf das Altopiano Su Golgo hinaufpilgert, um dort ihren Heiligen, den Apostel Petrus, ausgiebig zu feiern.

Hochebene Su Golgo

Die wildromantische Basalthochebene Su Golgo ist nicht nur die herausragende Sehenswürdigkeit von Baunei, sondern zählt zu den naturräumlich eindrucksvollsten Gebieten Sardiniens überhaupt. Die völlig unbesiedelte Hochfläche *(altopiano)*, die schon dem Steinzeitvolk der Nuraghier als Kultort diente, bietet in unberührter, wilder Natur nicht nur Wanderern, Radfahrern und Reitern ein weites Aktionsfeld, sondern auch spektakuläre Naturphänomene, die zu den Superlativen Sardiniens zählen.

Anfahrt

Der rund zehn Kilometer lange Weg hinauf nach Su Golgo ist nichts für ängstliche Beifahrer. Gegenüber der Dorfkirche führt eine schmale, geteerte Straße extrem steil und in abenteuerlichen Serpentinen durch die Felswand hinauf. Nach etwa drei Kilometern ist das schwierigste Teilstück geschafft und das über 800 Meter hohe Plateau erreicht. Entschädigt für die Mühen wird man mit einer spektakulären Aussicht hinab auf die Küste.

Nach etwa vier Kilometern erreicht man eine Kreuzung, an der ein Schild den Weg zum etwa fünf Kilometer entfernten **Restaurant Su Golgo** weist, wo links eine kurze Schotterpiste hinauf zum *ristorante* führt, von dessen Terrasse man eine tolle Aussicht über die Hochebene genießt. An der Stelle biegt rechts Richtung Osten ein Feldweg ab, der nach ca. 1,2 Kilometern bei der idyllischen **Bar Su Porteddu** auf einem Naturparkplatz endet (in der Saison kostenpflichtig, Übernachten im Wohnmobil erlaubt), von dem aus der einmalig schöne Wanderweg hinab an die Küste zur Paradiesbucht **Cala Goloritze** führt (hinab ca. 1 Std., zurück ca. 1,5 Std.).

Fährt man an der Kreuzung nun auf unbefestigter Piste geradeaus weiter, kommt man nach kurzer Fahrt zur **Pilgerkirche San Pietro**, wo die befahrbare Straße endet. Zwischen Restaurant und Kirche erblickt man einen Reitplatz und die Gebäude der **Coop Goloritze**, die nicht nur Exkursionen anbietet, sondern auch Zimmer zum Übernachten und ausgezeichnetes Essen. Wer auf Su Golgo essen will, der ist meiner Meinung nach im **Restaurant Il Rifugio** derzeit klar besser bedient als bei den benachbarten Pionieren vom Su Golgo, bei denen die jahrelange Monopolstellung leider zu steigenden Preisen und sinkender Qualität geführt hat.

Sehenswertes

Das Restaurant Il Rifugio ist ein idealer Ausgangspunkt für Ausflüge über die felsübersäte, von alten Eichen und Olivenbäumen bestandene und von zahllosen Karstklüften, -grotten und -löchern durchzogene Hochfläche, auf dem noch Adler, Mufflons und Falken, darunter der sehr seltene Eleonorenfalke (siehe Exkurs) heimisch sind.

Ein sehr schöner Spaziergang führt vom Restaurant zu der kleinen Wallfahrtskirche **San Pietro di Golgo,** die von kleinen Pilgerhütten und uralten, fantastisch knorrigen Olivenbäumen umgeben ist. Vor dem Pilgerkirchlein steht der einzige Menhir Sardiniens, der ein Gesicht besitzt.

An der Wegegabelung ca. 1,5 Kilometer vor der Wallfahrtskirche rechts erreicht man nach wenigen hundert Metern **As Piscinas,** drei natürliche Tümpel, die sich malerisch in der von Felsbrocken übersäten Landschaft verstecken und den Tieren der Hochebene als Tränke dienen.

Links daran vorbei führt ein Fußweg zu *Su Sterru,* dem „Abgrund", wie die Sarden den sagenhafte 295 Meter (!!) senkrecht in den Fels reichenden Höllenschlund **Voragine di Golgo** nennen. Obwohl nach einem Absturz nun durch ein umlaufendes Eisengeländer etwas gesichert, ist hier dennoch allerhöchste Vorsicht geboten! Kinder unbedingt an die Hand nehmen!

Essen und Trinken/ Camping/Aktivitäten

● **Ristorante Golgo,** Mobil-Tel. 337-81 18 28, Web: www.golgotrekking.it. Zum Abendes-

Kartenatlas Seite XIII, Übersichtskarte Seite 484   **GOLFO DI OROSEI** Ogliastra

Der Eleonorenfalke – das erste unter Schutz gestellte Tier der Welt

Seinen Namen verdankt er *Eleonora von Arborea*, die wegen ihres Kampfes für die Freiheit der Sarden und wegen ihres Gesetzeswerkes, der Carta de Logu von 1392, bis heute als „Mutter Sardiniens" verehrt wird. In diesem fortschrittlichen Werk, das 400 Jahre lang seine Gültigkeit behielt, wurden auch die Falken der Insel unter strengen Schutz gestellt.

Der Eleonorenfalke, ein außergewöhnlich rasanter und wendiger Flieger, besitzt eine Spannweite von einem Meter und ist dunkelbraun gefärbt. Er brütet in Europa nur auf trockenen Mittelmeerinseln in den steilen Felswänden an der Küste. Eines der wenigen Brutgebiete auf Sardinien ist neben der Insel San Pietro die südliche Steilküste am Golf von Orosei. Dort kann man den geselligen, in Gruppen brütenden und jagenden Falken gut beobachten. Seine Jagdtechnik ist außergewöhnlich.

Da der Zugvogel, der im April aus seinen Winterquartieren von Madagaskar und in Ostafrika zurückkehrt, sich neben Insekten vor allem von Kleinvögeln ernährt, brütet er erst im August. Dann zum Herbstzug der Kleinvögel steht für die jungen Falken genügend Nahrung zur Verfügung. Gejagt wird von den Altvögeln der Brutkolonie gemeinsam. Dabei bilden sie über dem Meer regelrechte Sperriegel, indem sie gegen den Wind auf der Stelle fliegen. Wie mit einem Netz können sie dann die mit dem Wind nach Süden ziehenden Kleinvögel ohne viel Aufwand geradezu einsammeln.

sen ist eine Voranmeldung erforderlich. Das Haus bietet auch eine **Zeltmöglichkeit.** Herrliche Terrasse. Ostern bis Okt. mittags und abends geöffnet. Das *ristorante* wird von der Coop turistica Golgo betrieben, die auch ein- oder mehrtägige Trekkingtouren, Jeep-Exkursionen und andere Aktivitäten anbietet.
● **Il Rifugio/Centro Escursioni Golgo,** Tel./Fax (0782) 61 05 99, Web: www.coopgoloritze.com. Neben Exkursionen zu Fuß, mit Jeep, Pferd oder Mountainbike (auch Verleih) bietet die Coop auch sechs einfache und gepflegte 2- bis 4-Bettzimmer mit Bad in stillster Natur (45–55 €) und das bessere Essen als das Golgo.

Sa Pedra Longa

Die zweite Sehenswürdigkeit um Baunei, die eindrucksvolle Felsnadel Sa Pedra Longa, ist, ebenso wie das Altopiano Su Golgo, nur über eine sehr steile Anfahrt zu erreichen. Etwa einen Kilometer südlich von Baunei zweigt von der SS 125 eine befestigte Straße zur Küste ab, die nach rund vier Kilometern mit teils extremem Gefälle und abenteuerlichen Serpentinen wunderschön direkt an der Felsnadel gelegene Parkplätze erreicht. Dort lädt ein idyllisch mitten in das Felschaos hineingebautes Restaurant samt Bar zum Verweilen auf der schilfbedeckten Terrasse ein.

Einige Kehren vor dem Parkplatz an der Bar erblickt man (bei aufmerksamem Hinsehen) direkt in der Kurve einen nach Süden abzweigenden Trampelpfad, auf dem man in gut einer Stunde auf landschaftlich wunderbarem Weg nach Santa Maria Navarrese gehen kann. Oberhalb der Bar führt ein Pfad (beim Dieseltank) in Richtung

Santa Maria Navarrese

Norden hinab zu einem einsam am Fuße der kolossalen Steilwände gelegenen Gehöft (blaue Markierung, ca. 1 Std.). Dieser Pfad ist gleichzeitig auch der Einstieg zum legendären **"Selvaggio Blu",** der in neun Tagesetappen nach Cala Gonone führt, jedoch wegen extremer Passagen nur von geschulten Alpinisten und Kletterern und am besten unter der Führung eines einheimischen Guide zu begehen ist.

Der Lido delle Rose ist ein besonders schönes Stück Strand

Santa Maria Navarrese ⤴ XIII/D3

Der beschauliche Küstenort Santa Maria Navarrese ist ein Ortsteil von Baunei, jedoch weit bekannter und besuchter als das Hirtendorf in den Bergen. Seine Bekanntheit verdankt es vor allem seiner landschaftlich ausgesprochen schönen Lage am Schnittpunkt zwischen der gewaltigen, unberührten Steilküste am Golf von Orosei und den herrlichen Sandstränden der Ogliastra, die direkt vor dem Dorf ihren Anfang nehmen und sich nach Süden bis zum Horizont erstrecken.

So entwickelte sich Santa Maria Navarrese zum **beliebtesten Badeort der**

SANTA MARIA NAVARRESE

Ogliastra. Sein besonderer Reiz ist einerseits die gute touristische Infrastruktur mit Restaurants, Campingplätzen, Hotels und abwechslungsreichen Stränden mit kristallklarem Wasser. Andererseits ist Santa Maria Navarrese auch ein idealer Ausgangspunkt für Bootsausflüge an die fantastische Steilküste und ihre Traumbuchten, für Exkursionen und Trekkingtouren durch den wilden Supramonte di Baunei sowie für Ausflüge in die Ogliastraberge um Lanusei.

Sehenswertes im Ort

Gegründet wurde S. M. Navarrese im 11. Jahrhundert von der Tochter des Königs von Navarra, die ihm auch den Namen gab. Anlass dazu war ein Schiffbruch, den die Spanierin auf dem Rückweg aus dem Heiligen Land an dieser Stelle erlitt und gelobte, bei Rettung an dieser Stelle eine Kirche zu stiften. Das schlichte Kirchlein ist auch die Sehenswürdigkeit des Orts. Es liegt unmittelbar über dem Hauptplatz eingebettet in eine schöne, Schatten spendende Parkanlage, die eigentlich die größere Attraktion bietet. Denn hier wurzeln gigantische, fantastisch **knorrige Olivenbäume,** die einen Stammumfang von mehreren Metern und mehr als 1000 Jahre auf dem Buckel haben, womit sie zu den ältesten Europas zählen. Das fotogene Kirchlein selbst ist ein kleiner, weiß gekalkter, schmuckloser Bau ohne Turm, der von einem Holzdach überspannt wird.

Lido delle Rose

Schon der Blick vom Parkplatz hinab auf den sanft geschwungenen Hauptstrand Lido delle Rose ist wunderbar. In sanftem Schwung zieht sich das goldene Band im Schatten von lichten Pinien und Olivenbäumen bis zum malerischen spanischen Wachturm aus dem 17. Jahrhundert auf einer kleinen Landzunge. Direkt hinter dem Strand säumen prachtvoll blühende Oleanderbüsche die kleine Promenade, und im Schatten der Bäume versteckt sich die beliebte **Strandbar L'Olivastro.** Dem Strand schließen sich südlich weitere kilometerlange Sandstrände an, an denen mehrere Campingplätze liegen. Das Gegenstück zur Strandbar L'Olivastro ist die **Panoramabar Belvedere Sa Cadrea,** die ganz am Ende der Straße durch den Ort hoch oben neben der Aussichtsterrasse „Belvedere" liegt und eine unglaubliche Aussicht über Dorf, Hafen und Meer eröffnet. Links neben der idyllischen Bar beginnt der Wanderweg zur Felsnadel Pedra Longa.

Praktische Tipps Santa Maria Navarrese

Post und Telefon
- **Vorwahl: 0782**
- **PLZ: 08040**

Information
- **Pro Loco,** Viale Plammas 9, Tel./Fax 61 55 37.

SANTA MARIA NAVARRESE

Kirchgang in Santa Maria Navarrese

Essen und Trinken

- **Tancau,** Spiaggia Tancau, Tel. 61 53 58. Gehobenes Fischrestaurant mit schöner Terrasse und Prachtaussicht auf den Strand sowie abwechslungsreicher Mittelmeer-Küche.
- **L'Olivastro,** Lido delle Rose, Tel. 61 55 13. Einladende Strandbar unter der enorm ausladenden Krone eines gewaltigen Olivenbaums direkt hinter dem Strand mit Blick auf die roten Felsen von Arbatax.
- **Belvedere Sa'Cadrea,** Via Perda Longa 23, Tel. 61 51 12. Bar in großartiger Lage mit umwefender Aussicht. Ein Muss für jeden, der im Ort weilt. Anfahrt: Hauptstraße immer geradeaus, dann an der Pizzeria Il Pozzo rechts die steile Stichstraße hoch bis ans Ende.

Aktivitäten

- **Tourist Service:** Costa Orientale, Via Lungomare 16, Tel. 66 96 96, Web: www.costa-orientale.it. Exkursionen zu Fuß, Boot, Pferd, Yacht-Charter, Autoverleih, Ferienwohnungen, Transferservice uvm. Man spricht deutsch.
- **Bootsausflüge:** Consorzio Ogliastra Trasporti Marittimi, im Hafen, Tel. 62 80 24. Zur Cala Mariolu, Cala Sisine, Cala di Luna und Grotta del Bue Marino an der Steilküste im Golf von Orosei mit Badeaufenthalt und Höhlenbesichtigung. Abfahrt 9 Uhr, Rückkehr ca. 18 Uhr.
- **Tauchen:** Nautica Centro Sub, Via Monte Oili 3, Tel./Fax 61 55 55. Einziges Tauchzentrum in der Ogliastra mit vollständigen Unterlagen zu den Unterwasserhöhlen am Golf von Orosei.

Strände

- Der **Lido delle Rose** ist der Hauptstrand. 200 Meter grobsandiger bis feinkiesiger Strand mit Bar, Boots-, Surfverleih direkt im Ort. Er endet an einer malerischen Gruppe roter Porphyrfelsen. Südlich davon beginnt die **Spiaggia Tancau,** ein kilometerlanger Sandstrand mit schattiger Pineta, Camping, Wohnmobilstellplatz, Restaurant u.a.
- Die bilderbuchschönen, nur über das Wasser zu erreichenden Strandbuchten wie die **Cala Mariolu, Cala Sisine, Cala di Luna oder die Cala Goloritze** an der Steilküste sind in der Hochsaison stark frequentiert. In der Vor- und Nachsaison sind sie jedoch wenig besucht. Als einzige der Traumbuchten verfügen die Cala di Luna und die Cala Sisine saisonal über eine Bar mit Restaurant. Besonders spektakulär ist die **Cala Goloritze** mit ihrem Felsbogen, dem weißen Sand und dem Punto Caroddu, einer 100 Meter hohen Felsnadel. Das Übernachten in den Buchten ist verboten!

Unterkunft

- **Hotel Nicoletta***,** Via Lungomare, Tel. 61 40 45, Fax 61 42 40, Web: www.hotelnicoletta.info. Neues, sehr charmantes kleines Hotel mit 28 Zimmern unter aufmerksamer Leitung in zentraler Lage. Das sehr gute

Hausrestaurant Lungomare ist ca. 100 m entfernt und bietet einen tollen Blick über den kleinen Hafen; ganzjährig geöffnet (NS 55–62 €, HS 70–110 €).
- **Santa Maria*****, Via Plammas 30, Tel. 61 53 15, Fax 61 53 96, Web: www.albergosantamaria.it. Gepflegte, am Hauptplatz gelegene Pension mit einladender Restaurantterrasse (NS 62–89 €, HS 90–125 €).
- **Mediterraneo*****, Via Lungomare, Tel. 61 53 80, Fax 61 54 28, Web: www.albergomediterraneo.it. Schlichter, dreistöckiger Bau in Gartenlage, 50 Meter von der Spiaggia Tancau, mit nettem, deutsch sprechenden Padrone (HP NS 86–106 €, HS 126–166 €).
- **Ostello Bellavista**, Via Pedra Longa, Tel./Fax 61 40 39, Web: www.ostelloinogliastra.com. Eine tolle Adresse! Nach Jahren des Leerstandes ist die fantastisch schön hoch über dem Ort beim Belvedere gelegene Herberge wieder eröffnet. Offiziell noch als eine Art Jugendherberge geführt, bietet das von einem sehr freundlichen Paar geleitete Bellavista jedoch Hotelstandard zu günstigem Preis. Vor allem aber bieten die Zimmer nach vorne raus neben einer Terrasse einen absolut traumhaften Ausblick. Im Hausrestaurant wird sehr gute sardische Küche zubereitet (B&B 20–30 € p.P.).

Malkurs auf dem Camping

Auf dem **Camping Mare Blu** bietet die deutsche Malerin *Michaela Obendorfer* in der Saison Malkurse an. Der Kurs findet im Freien auf dem Campingplatz statt. Malen am Strand, im Schatten unter Pinien oder auch an der Bar. Die Kurse finden zweimal am Tag statt, individuelle Wünsche werden gerne berücksichtigt.

- **Info/Anmeldung:** Camping Mare Blu, Web: www.mal-etwas-andres.de, E-Mail: campingmareblu@gmx.net.

Camping

- **Camping Mare Blu*****, Via Tancau, Tel./Fax 61 50 41. Freundlicher, von einer Coop geführter Platz im schattigen Pinienhain direkt an Superstrand. Gute Sanitäranlagen mit kostenlosen Duschen. In der Bar treffen sich auch gerne die Einheimischen. Wegen der eng stehender Bäume ist das Gelände für große Wohnmobile nicht geeignet.
- **Camping Solemar*****, Via Tancau, Tel. 61 53 84. Dem Mare Blu landeinwärts gegenüber gelegener Platz mit Schatten spendendem Eukalyptusbestand und Restaurant. In der Hochsaison wird es abends laut, da dann die Disco des Platzes geöffnet hat.
- **Camper Service Costa Orientale**, Via Tancau, Tel. 66 93 54 (15.5.–30.9.). Wohnmobilstellplatz direkt am Anfang der Spaggia Tancau unmittelbar am Strand gelegen. Vorne schattenloser, geteerter kleiner Platz, im hinteren Bereich großer Naturplatz unter Eukalyptusbäumen. Mit Dusche, Strom, Waschmaschine, Ver-/Entsorgung, Fahrrad- und Sonnenschirmverleih, 24 Std. bewacht.

Im Norden der Küstenebene ⤴ XIII/D3

Lotzorai

Fährt man auf der SS 125, nun in der Ebene praktisch kurvenfrei, durch die fruchtbare Küstenebene weiter Richtung Tortolì, durchquert man das kleine Bauerndorf Lotzorai. Der Straßenort hat nichts Sehenswertes zu bieten. Es ist jedoch ein **günstiger Einkaufsort,** da die umliegenden Bauern ihre Früchte in Geschäften und an Straßenständen anbieten. Interessant für Reisende ist Lotzorai darüber hinaus wegen seiner drei nebeneinander im Pinienhain am herrlichen Sandstrand gelegenen Campingplätze und dem Restaurant L'Isolotto, das zu den besten der Region gehört.

Post und Telefon
- Vorwahl: 0782
- PLZ: 08040

Essen und Trinken
- **L'Isolotto**, Via Ariosto 6, Tel. 66 94 31. Äußerlich unscheinbar, aber eines der besten Restaurants der Region. Ausgezeichnete hausgemachte Antipasti und Pasta, hervorragend zubereiteter Fisch in vielen Variationen.

Camping
- **Camping Le Cernie***, Lido delle Rose, Tel. 66 94 72, Fax 66 96 12, Web: www.campinglecernie.it, ganzjährig geöffnet. Gemütlicher Platz im Pinienwald direkt am Strand, mit sehr guten Sanitäranlagen und Motorboot-, Segelboot-, Fahrradverleih. Der Besitzer ist leidenschaftlicher Taucher.
- **Camping Cavallo Bianco***, Tel. 66 91 10, Fax 66 81 77, Web: www.campeggiocavallobianco.com, 1.4.–15.10. Freundlicher Familienplatz im Pinienwald mit Restaurant.
- **Camping Iscrixedda***, Tel. 66 94 61, Fax 66 97 01, Web: www.campeggioiscrixedda.com, Ostern bis 30.9. In der Ausstattung der komfortabelste Platz, grüne, üppig blühende, fast parkartige Anlage mit Palmen und sehr guten Sanitäranlagen, Bar und viel besuchter Pizzeria. Fahrradverleih, beaufsichtigter Spielplatz.

Girasole

Auch das wenige Kilometer weiter ebenfalls an der SS 125 gelegene Dorf Girasole hat selbst nichts vorzuweisen, was den Halt lohnen würde. Sein Trumpf ist der grandiose, von einem Dünengürtel gesäumte Superstrand **Spiaggia di Girasole** mit Schatten spendender Pineta, zu dem eine gut zwei Kilometer lange holprige Straße hinausführt. Der endlos lange, noch völlig unverbaute und außerhalb der Hochsaison einsame Strand hat mit seiner Lagune, dem Stagno di Tortolì, den Dünen, Pinien und dem kristallklaren Wasser fast karibische Qualität. Er ist besonders bei Wohnmobilreisenden beliebt, die hier einen neu angelegten Stellplatz finden.

Unterkunft
- **Hotel L'Ulivo***, Loc. Sa Cruxi, Tel. (0782) 66 89 56, Fax 66 90 66, Web: www.hotelulivo.com. Bildschöne, elegante, haziendaartige Anlage mit nur zehn Zimmern, die für ihren Charme und Stil einen vierten Stern verdient hätte. Eingebettet in eine zauberhaft angelegte Parklandschaft. Mit Pool, Panoramaterrasse, American Bar und Restaurant mit *cucina tipica* (NS 60–66 €, HS 74–86 €).
- **Agriturismo I Mandorli**, Tel. (0782) 64 67 87, Web: www.imandorli.com. Rustikal schlicht, aber schön eingerichtete Zimmer mit Veranda 7 km landeinwärts beschaulich in stiller Alleinlage zwischen Meer und Bergen mit herrlichem Blick über die Küstenebene und auf die Bergzacken (B&B 28–40 € p.P., HP +20 € p.P., Menü 28–30 €).

Tortolì ♪ XVII/D1

Mit rund 9000 Einwohnern ist die Stadt Tortolì der größte Ort der Ogliastra. Eingebettet in die weite, einst malariaverseuchte Küstenebene, die durch Entwässerung zu einem üppig blühenden Garten mit ertragreichen Feldern gemacht wurde, ist Tortolì das **Einkaufzentrum** und mit Flughafen und Seehafen im benachbarten Arbatax der Verkehrsknotenpunkt der Region, in das täglich Tausende aus der ganzen Ogliastra strömen, um in den zahlreichen Geschäften ihre Besorgungen zu machen.

Dementsprechend turbulent und chaotisch ist der Auto- und Fußgängerverkehr, der sich durch die engen Straßen im alten Ortskern wälzt. Hier wird man kaum einen Parkplatz finden. Zudem sind die engen, meist **völlig verstopften Verkehrswege** fast durchweg Einbahnstraßen, in denen man sich schnell verstricken kann. Wer nichts zu erledigen hat und auch keinen Bummel machen möchte, benutzt deshalb besser die neue Umgehungsstraße. Zum Einkaufen eignen sich auch die am Rande der Stadt an der Straße nach Arbatax errichteten großen Supermärkte und Einkaufszentren.

Sehens- und Erlebenswertes

Ein Bummel durch Tortolì ist trotz fehlender Sehenswürdigkeiten durchaus zu empfehlen. Die Läden und Geschäfte sind zahlreich und vielgestaltig und die kleine Piazzetta mit Cafés und Brunnen, auf der man sich trifft, sprüht vor mediterranem Leben. Verlässt man die Einkaufsstraßen, gerät man in stille Winkel mit engen, von niedrigen Häuschen gesäumten Gassen, in denen Hektik und Nervosität Stille und Gemächlichkeit weichen.

Praktische Tipps Tortolì

Post und Telefon
- **Vorwahl:** 0782
- **PLZ:** 08041

Information
- **Pro Loco,** Via Mazzini 7, Tel./Fax 62 28 24.

Essen und Trinken
- **Da Lenin,** Via San Gemiliano 19, Tel. 62 44 22. Nicht zu übersehen, da auf viele Felsen gesprüht, ist das von Signor *Lenin,* der, ebenfalls unübersehbar, Kommunist war, gegründete Restaurant. Heute serviert sein nach dem ersten Kosmonauten Gagarin *Juri* getaufter Sohn in angenehmem Ambiente gute, schwerpunktmäßig maritime Gerichte.

Einkaufen
- **Wein:** Cantina Sociale Ogliastra, Via Baccasara 36, Tel. 63 228.
- **Gebäck:** Pastificio Artignano Secci Virgina, Via Piemonte 11, Tel. 62 21 56.
- **Skulpturen:** Italo Utzeri, Via Dante 9, Tel. 62 25 89.
- **Teppiche:** Tessile d'Autore, Via Pirastru 10, Tel. 62 48 11.
- **Olivenöl:** Oleificio Usai, Via Generale Toxiri, 20, Tel. 40 154.
- **Sardische Produkte:** Sa Buttega, Via Monsignor Virgilio 46a, Tel. 62 00 20. Alles von *vino* und *liquori* bis *dolci*.

Notfälle
- **Carabinieri,** Via Cedrino 1, Tel. 62 30 22.
- **Polizia,** Via Grazia Deledda, Tel. 62 33 92.
- **Medizinische Versorgung:** Ambulatorio Guardia Medica Turistica, Via Mons. Virgilio, Tel. 62 48 50.

Unterkunft
- **Hotel Victoria****,** Via Mons. Virgilio, Tel. 62 34 57, Fax 62 41 16, Web: www.hotel-victoria.it. Großer, gelber Neubau an der vielbefahrenen Straße nach Arbatax mit umfangreicher Ausstattung. Ruhiger Innenhof mit Swimmingpool und Galeriegängen (NS 96–100 €, HS 108–118 €).
- **Hotel Splendor**,** Viale Arbatax, Tel./Fax 62 30 37. Einfache und preiswerte, ordentliche Herberge (NS 40–45 €, HS 40–55 €).
- **Hotel Dolce Casa*,** Via Sarcidano, Tel. 62 34 84. Kleine und einfache familiäre Herber-

ge mit nur sieben ordentlichen Zimmern, Garten, Bar, Restaurant (68 €).
●**B&B La Conchiglia,** Via Parigi 5, Tel. 66 70 40, Web: www.bbconchiglia.com. *Maria Farris* vermietet drei sehr geräumige Zimmer (zwei mit Bad) mit moderner „Versandhauskatalogmöblierung" 500 m vom Strand (20–35 € p.P.).

Verkehrsverbindungen

●**Bus:** Die Busstation liegt am nördl. Ortsausgang bei einer Tankstelle. Zahlreiche Verbindungen, u.a. nach Cagliari, Nuoro, Olbia, Porto Torres, Muravera, Macomer. Vom 15.6. bis 15.9. tägl. **Strandbusse** zum Lido di Orrì.
●**Bahn:** Der Schmalspurbahnhof der FdS liegt an der Straße Richtung Lotzorai.
●**Flughafen:** Flug-Auskunft Tel. 62 43 00. Am Ortsrand südlich von Tortolì.

Versteckte Strände – Spiaggia di Ponente und Spiaggia Basaura

Sie sind fast unbekannt, doch beide haben ihre ganz besonderen Reize: die Spiaggia di Ponente und die Spiaggia Basaura. Erstere ist nicht einfach zu finden, denn die Straße zum Strand führt zunächst verwirrend durchs Industriegebiet am Hafen von Arbatax. Am besten dem Schild „Coop Pescheria" folgen, dann landet man auf dem kilometerlangen Sandband zwischen dem Meer und einem schmalen Arm des Stagno di Tortolì. Wer den Weg gefunden hat, auf den wartet nicht nur die Fischerei-Coop mit frischester Ware, ein Wohnmobil-Stellplatz in schattiger Pineta mit dem freundlichen Bar-Restaurant La Capanina, sondern auch ein endloser Sandstrand mit Blick auf die Isola Ogliastra und die Steilküste im Golf von Orosei.

Der zweite Strand ist weniger schwer zu finden. Man fährt die links und rechts von meterhohem Schilf gesäumte Straße Richtung Flughafen und dann anstatt rechts zum Abfertigungsgebäude weiter geradeaus zur Küste. Dort ist ein großer Parkplatz direkt am Strand mit Bar und im Sommer beliebter Open-Air-Stranddisco. Das Besondere an diesem Platz: Die Start- bzw. Landebahn liegt direkt hinter dem Strand, so dass die Flugzeuge nur meterhoch über die Köpfe der Badenden donnern und man den Passagieren zulächeln kann. Nicht gerade leise, aber so was sieht man nicht alle Tage.

Arbatax ♪ XVII/D1

Von Tortolì führt eine fünf Kilometer lange, schnurgerade Straße hinaus an die Küste zum kleinen Hafenort mit dem klangvollen Namen Arbatax. Berühmt ist die 500-Seelen-Gemeinde dank der **Roten Felsen** des weit ins Meer vorspringenden Capo Bellavista, auf denen der Ort liegt und die eines der Wahrzeichen Sardiniens sind.

Gegründet wurde der Ort einst von genuesischen Fischern, seinen klangvollen Namen gaben ihm die **Araber,** die den Ort „Arba at Ashar" nannten, was so viel wie „Der 14. Turm" heißt.

Vom Fischerort ist am Hafen nur noch wenig zu spüren, heute beherrscht ein **Industriehafen** das Bild, in dem die Firma *Intermare Sardo* teils gigantische Ölplattformen zusammenschweißt. Daneben lockt die neue Marina immer mehr Bootstouristen an.

Attraktiv ist Arbatax im **alten Ortskern,** der sich mit seinen Häuschen zu Füßen des imposanten Leuchtturms

Die Roten Felsen von Arbatax

am Hang des Capo Bellavista anschmiegt – dieses trägt seinen Namen zu Recht. Wer bis zum Leuchtturm hinaufsteigt, wird mit einer wunderbaren Rundumaussicht belohnt.

Für die Meisten der Hauptgrund, nach Arbatax zu kommen, sind jedoch der niedliche **Trenino Verde,** eine historische Schmalspurbahn, die vom Hafen aus ihre Fahrt hinauf in die Ogliastraberge beginnt, und die berühmten **Roten Felsen** von Arbatax – die sich jedoch als ein zwischen einem riesigen und trostlos staubigen Parkplatz und dem Meer eingequetschtes Felschen aus rotem Porphyr entpuppen; etwas enttäuschend für den Besucher. Schön, ja romantisch ist es hier nur am späten Nachmittag, wenn man wie die einheimischen Liebespaare auf dem Mäuerchen am Parkplatzrand sitzt und das sanfte Abendlicht genießt.

Schmalspurbahn Trenino Verde

Ganz anders verhält sich das mit dem Trenino Verde. Eine Fahrt mit dem rumpeligen Schmalspurbähnlein gehört zweifellos zu den schönsten Erlebnissen in der Ogliastra. Denn in Arbatax beginnt die **schönste und spektakulärste Strecke** aller Schmalspurbahnstrecken Sardiniens. Sie führt aus er Küstenebene in unendlichen Kurven hinauf in die eindrucksvolle Berglandschaft der Ogliastra und schlängelt sich noch deutlich kurvenreicher durch diese hindurch bis nach Mandas. Ideal für einen Tagesausflug ist der Abschnitt von Arbatax bis zum Bergdorf Sadali, den man problemlos auch mit kleinen Kindern unternehmen kann (Näheres siehe im nachstehenden Exkurs).

Sehenswert ist auch die nostalgisch-museale Einrichtung des *ufficio* im kleinen Bahnhof, in dem neben dem modernen Handy auch Originales aus den Anfängen der Bahn wie ein uriger Ticker zu sehen ist, der jedem Museum zur Ehre gereichen würde.

Mit dem Trenino Verde von Arbatax in die Barbagia

Ideal für einen Tagesausflug mit der urigen sardischen Schmalspurbahn ist die Strecke von Arbatax zum Bergdorf Sadali (siehe Kapitel „Barbagia"). In Arbatax kann man sein Auto gut auf dem nur wenige Schritte vom Bahnhof entfernten Parkplatz an den Roten Felsen abstellen. Der Beginn in der Küstenebene ist nicht sehr spektakulär, erst vor Lanusei wird es richtig interessant. Die teilweise fantastisch kurvenreiche Fahrt durch die grandiose Bergwelt der Ogliastra und Barbagia di Seui dauert gut 3,5 Stunden (einfache Fahrt). Abfahrt in Arbatax um 8, Ankunft in Sadali 11.08 Uhr.

Dort kann man gut zu Mittag essen und dann z.B. mit dem Shuttlebus zu der wunderschönen Zona Grotta Is Janas (siehe unter „Sadali") fahren. Alternativ bietet sich ein gemütlicher Spaziergang durch Sadali zum kleinen Wasserfall mit antiker Mühle und dem netten Museo Sa Omu e Zia Cramella an. Rückfahrt ab Sadali um 16.43 Uhr, Ankunft in Arbatax um 19.50 Uhr.

● **Information:** Pro Loco im Bahnhof Arbatax, Tel. (0782) 66 72 85, oder Servizi Turistici Philia in Sadali, Tel. (0782) 59 90 04, Web: www.grottesadali.it. Ticket hin und zurück 18 €. Die Kleinbahn verkehrt tägl. vom 19. Juni bis zum 11. Sept.

Strände und Feriensiedlungen

Die Strände und touristischen Einrichtungen von Arbatax liegen einige Kilometer außerhalb südlich des Capo Bellavista in den Ortsteilen San Gemiliano und Porto Frailis. Beide Siedlungen sind reine Urlaubsresorts mit zahlreichen Feriendörfern, Hotels, Campingplätzen und Restaurants und in der Saison entsprechend stark frequentiert.

San Gemiliano

Die Ansiedlung liegt südlich des Kaps an einem langen, breiten Sandstrand, an den unmittelbar der überwiegend von Italienern und Sarden besuchte Camping Sos Flores liegt.

Porto Frailis

Porto Frailis ist die größere und touristischere Siedlung. Es besitzt eine hübsch von Felsen begrenzte Bucht mit Sandstrand, um die sich der sehr schöne Campingplatz Telis, das wunderschöne Hotel La Bitta und die exklusive Ferienanlage Villagio Telis gruppieren. Besondere Erwähnung verdient das kleine, aber feine Hotel La Bitta, eine der besten Adressen und schönsten Unterkunftsmöglichkeiten Sardiniens. Auch wer sich die Zimmerpreise nicht leisten kann, sollte die verspielte Architektur des Hauses und den tollen Blick auf die Bucht bei einem Abendessen (hervorragende Küche) oder bei einem Kaffee genießen.

Strände

Sehr reizvoll und entprechend in der Saison gut besucht ist der **Lido di Or-**

ri, ein feiner, von malerischen Felsgruppen durchsprenkelter Sandstrand, an dem ein paar nette Bars und der große, gut ausgestattete und schön gelegene Wohnmobilstellplatz Tanca Orri beim Bauern (Tel. 348-73 51 779) zum Bleiben einladen. Vom Lido di Orri führt ein schmales Teersträßlein weiter bis nach Barisardo. Folgt man ihm, gelangt man zur **Spiaggia Is Scoglius Arrubius** und **Spiaggia Musculedda,** zwei sehr einladenden Sandstränden. Schließlich kommt man zur umwerfend schönen **Spiaggia Cea,** bei der aus dem kristallklaren Wasser pittoreske rote Felsskulpturen ragen und wo ebenfalls ein Stellplatz für Wohnmobilisten liegt.

Praktische Tipps Arbatax

Post und Telefon

- Vorwahl: 0782
- PLZ: 08041

Information

- **Pro Loco,** Via Lungomare (am Bahnhof am Hafen), Tel. 66 76 90 (auch Ticketverkauf für den Trenino Verde).

Bootsausflug mit Sergio

Absolutes Pflichtprogramm ist ein Bootsausflug zur Steilküste am Golf von Orosei und den dort gelegenen Bilderbuchbuchten und -stränden. Dorthin fahren vom Hafen Arbatax täglich Ausflugsboote. Wer den Tagesausflug unternehmen möchte, der ist bei *Sergio* auf seiner „MY Helios" viel besser aufgehoben als auf den großen Booten des *consorzio,* auf denen man sich manchmal mit 100 oder noch mehr Mitfahrern drängelt.

Sergio nimmt höchstens 25 Personen mit, so dass man sich auf dem Sonnendeck richtig ausstrecken kann. Dazu kann die wendige „Helios" an Stellen wie Felsengen, Höhlen u.a. anlanden oder sogar hineinfahren, die mit den großen Booten gar nicht erreichbar sind. Vor allem aber ist es die Gestaltung des Tagesausfluges, die eine Bootsfahrt mit *Sergio* zum besonderen Erlebnis macht. Bei dem Tausendsassa ist es immer lustig und sehr familiär. Dazu gibt es Badepausen und ein frisch an Bord zubereitetes opulentes Mittagessen *al mare* mit Wein und Espresso. Dort, wo selbst die „Helios" nicht mehr weiterkommt, steigt man auf das motorisierte Schlauchboot um und fährt im Husarenritt auf der Welle in Meereshöhlen hinein. Man unternimmt einen Abstecher auf die Vogelinsel Isola di Oglistra und manches mehr. Kurzum: Man merkt, dass *Sergio* und sein kochender „Leichtmatrose" *Tonino* mit Liebe zu ihrer Arbeit und Heimat, mit Herz und Seele dabei sind.

- **MY Helios:** Marina Arbatax, Tel. (0789) 0782-66 75 22, mobil 368-75 463 84, Web: www.heliosturismo.it. Erwachsene 45 €, Kinder von 5–10 Jahren 23 € all inclusive. Abfahrt im Porto Turistico von Arbatax 8 Uhr, Rückkehr gegen 18.30 Uhr. Gruppen ab zehn Personen können auch individuelle Ausflüge vereinbaren wie z.B. Nacht- oder Angelfahrten. Wandergruppen bis 30 Pers. bringt *Sergio* zum Startpunkt nach Su Golgo und holt sie in der Cala Goloritze mit dem Boot ab. Mit seinem neuen „Maxi-Gommone", einem 10-m-Speedschlauchboot, kann er nun auch bis zu den für die „Helios" zu weit entfernten Buchten Cala Sisine, Cala Biriola und Cala Luna sowie zu den Höhlen Grotta Turchese und Grotta del Fico fahren.

Essen und Trinken

- **Sa Cortiggia,** Via Bellavista 1, Tel. 66 73 12. Restaurant an der Hauptstaße mit großer Terrasse inklusive schönem Meeres- und Hafenblick. Zimmervermietung.
- **La Peschiera,** bei der Coop Peschiera S. Giovanni, Tel. 66 44 15. Einfaches Lokal, zu dem kaum Touristen finden, in dem die Coop Pescatori Tortolì jedoch frischeste und beste Meeresküche zu zivilen Preisen serviert. Ein echter Tipp für Freunde von Fisch, Muscheln und sonstigen Meeresfrüchten, die man hier auch direkt bei den Fischern kaufen kann.
- **Il Faro,** Loc. Porto Frailis, Tel. 66 74 99. Hier stimmt alles: die Lage direkt am Strand, die große Terrasse, der professionelle Service und vor allem die hervorragende Küche und die Preise.

Aktivitäten

- **Wassersport:** Velamare, Spiaggia di Ponente, Handy 338-42 28 788, Web: www.velamarearbatax.it. Bootsverleih, Wasserski, Waterscooter, Segel- und Surfschule u.a.
- **Reiten:** Centro Equitazione, Via Bellavista, Tel. 66 71 65.
- **Tauchen:** Mediterranea Dive Center, Via Lungomare 46, Tel./Fax 66 78 80.

Einkaufen

- **Fisch, Muscheln, Meeresfrüchte:** Coop La Peschiera, Via Lungomare, Tel. 66 44 15 (9-13 u. 15-18 Uhr).

Fest

- **Stella Maris,** 2. Sonntag im Juli. Große, bunte Bootsprozession zu Ehren der Madonna del Mare, umrahmt von allerlei Spektakel mit üppigem Essen und Trinken. Die Fischer verteilen gegrillten Fisch ans Volk.

Unterkunft

- **Hotel La Bitta****,** Loc. Porto Frailis, Tel. 66 70 80, Fax 66 72 28, Web: www.arbataxhotels.com. Wunderschöne, verspielte Architektur im neosardischen Stil. Das romantische Märchenschloss liegt, eingebettet in einen parkartigen Garten, unmittelbar über dem Strand von Porto Frailis. Hervorragende Küche und herrlicher Meerblick von der Restaurant-Terrasse. Jedes der 40 Zimmer ist anders gestaltet, alle sind einmalig schön. Die Ausstattung, der Service sowie das vielfältige Sport- und Freizeitangebot sind gleichfalls viersternig (NS 144-204 €, HS 230-280 €).
- **Villagio Saraceno***,** Loc. San Gemiliano, Tel. 66 73 18, Fax 66 76 21. Ein Minidorf mit Hotel und Bungalows in weitläufiger, parkartiger Anlage direkt am Sandstrand. Umfangreiche Ausstattung mit Swimmingpool, Tennis usw. Zentrale Piazza mit Bar, Restaurant, Läden, Kiosk u.a. Großes Sport- und Freizeitangebot (75-160 €).
- **Il Vecchio Mulino***,** Via Parigi, Tel. 66 40 41, Fax 66 43 80, Web: www.tiscali.it/ilvecchiomulino. 15 sehr schöne Zimmer in angenehmer Anlage im Haziendastil an der Straße zur Baia Porto Frailis. Mit gutem Restaurant (NS 70-90 €, HS 110-130 €).

Camping

- **Camping Telis***,** Loc. Baia Porto Frailis, Tel. 66 71 40, Fax 66 72 61, Web: www.campingtelis.com (ganzjährig). Sehr gepflegtes, mit erkennbarer Liebe in eine fast tropisch üppige grüne Oase verwandeltes, steiles Terrassengelände im Eukalyptushain beim Hotel La Bitta. Umfangreiche Ausstattung mit Fahrrad-, Mofaverleih, Tauch- und Surfschule etc. Das Ufer unter dem Platz ist teils felsig, teils kiesig mit eingestreuten, kleinen Sandzonen.
- **Camping Sos Flores***,** Loc. San Gemiliano, Tel./Fax 62 36 71, Web: web.tiscali.it/sosflores (Ostern bis 30.9.). Großer, ebener Platz direkt hinter dem langen Sandstrand, der durch in Reihen gepflanze Eukalyptusbäume und Pappeln strukturiert ist. An der Bar in der Saison abends Livemusik und Tanz unter freiem Himmel, deshalb möglichst entfernt davon einen Platz suchen.
- **Camping Orri***,** Loc. Spiaggia di Orri, Tel. 62 46 94, Fax 62 46 85, Web: www.campingorri.it (1.5.-30.9.). Großer, ebener Platz im lichten Mischwald direkt hinter dem langen, an dieser Stelle extrem breiten Orri-Strand samt Lagune. Vermietung von Bungalows, gute Ausstattung mit Pizzeria, Bar, Supermarkt, Tennis-, Volleyballplatz etc.

Kartenatlas Seite XVII

BARISARDO

- **Camping Cigno Bianco***,** Loc. Orri, Tel. 62 49 27, Fax 62 45 65, Web: www.cignobianco (1.6.–30.9). Einst Teil vom Camping Orri, wurde der „Weiße Hirsch" wegen Familienstreitigkeiten von diesem abgetrennt und wird nun als separater Platz betrieben, was auch die ungewöhnliche gemeinsame Einfahrt erklärt.

Barisardo   XVII/C1

Von Tortolì führt die SS 125 nach Süden fast schnurgerade durch die Obstplantagen, Gemüse- und Weinfelder der Küstenebene in das unaufgeregte Landwirtschaftsstädchen Barisardo. Nach etwa acht Kilometern zeigt links ein kleines Schild **Altopiano di Taccu** an. Fährt man die schmale und steile Straße mit ihren vier scharfen Serpentinen hinauf, steht man auf einem Parkplatz über den „Niederungen" der Welt inmitten stiller Natur. Wunderschön! Etwas weiter erblickt man bei km 135 östlich der Straße **Sa Limba'e Bue,** vier bis zu vier Metern hohe, majestätisch aus der Wiese aufragende Menhire.

Historisch hat sich Barisardo aus vier heute zusammengewachsenen Siedlungen entwickelt, was noch die Struktur mit vier Kirchen und vier Ortsteilen erkennen lässt. Die schützenden Hügel und Hochebenen, die Barisardo umgeben, verschaffen dem Ort ein besonders mildes Klima und seinen Einwohnern üppige, **ertragreiche Felder** und Plantagen. Die Früchte werden an zahlreichen Straßenständen, aus Hauseingängen oder Garagen heraus direkt vom Erzeuger verkauft.

Das breite, preiswerte Angebot und die belebte, aber im Vergleich zu Tortolì gemächliche, bäuerliche, vom Tourismus noch wenig verfälschte Atmosphäre in den Straßen und Gassen von Barisardo regen zu einem kleinen Einkaufsbumel oder zu einer Pause in einer der einfachen Straßenbars an. Oft kann man sich mit den aufgeschlossenen und freundlichen Einwohnern auch auf Deutsch unterhalten, da viele in Deutschland oder der Schweiz gearbeitet haben.

Barisardo selbst ist ohne besondere Sehenswürdigkeiten. Sein Hauptanziehungspunkt ist die vier Kilometer entfernte kleine Küstensiedlung Marina di Bari, die meist jedoch wegen ihres markanten Torre, eines malerischen Sarazenenturms, kurz Torre di Bari genannt wird.

Praktische Tipps Barisardo

Post und Telefon

- **Vorwahl: 0782**
- **PLZ: 08042**

Essen und Trinken

- **Principe d'Ogliastra,** Via Parrochia 3 (Gasse zur Pfarrkirche), Tel. 28 263. Lauschiges, kleines Restaurant mit romantischem Hinterhof, in dem man beschaulich unter Zitrusbäumen sitzen und speisen kann.
- **Orchidea Blu,** Via Tortolì 66, Tel. 29 233. Einladendes Restaurant und Pizzeria mit eleganter Innenausstattung, sehr freundlichem Personal und abwechslungsreichen Fischgerichten.

Feste

- **San Giovanni,** 2. So. im Juli. Religiöses Fest mit der beeindruckenden Zeremonie Su Nenniri, bei der Körbe mit Getreide und Blu-

TORRE DI BARI

men dem Meer geopfert werden und sich christliche und heidnische Rituale mischen.
- **Nostra Signora di Monserrato,** 8. Sept. Großes Fest zu Ehren der Stadtheiligen mit Prozession, Dichterwettstreit, *ballo sardo* und Folklore auf der Piazza Chiesa vor der Pfarrkirche Vergine di Monserrato.

Unterkunft

- **Mirella**,** Corso Vittorio Emanuelle, Tel. 29 638. 15 solide, preiswerte Zimmer unter deutscher Verwaltung mit und ohne Bad. Nettes kleines *ristorante* im Haus (ohne Bad 30–35 €, mit 42–45 €, Frühstück 5 €).
- **Belvedere*,** Via Galilei, Tel. 29 313. Das preiswerte, von einem sehr gastfreundlichen deutsch-sardischen Ehepaar betriebene Haus verfügt über neun einfache, angenehme Zimmer mit und ohne Bad, einen schönen Obstgarten und eine von Wein überwucherte Terrasse. Hier gibt es deutsches Frühstück (27–32 €).

Torre di Bari ⌁ XVII/D1

Die kleine Siedlung mit dem eigentlichen Namen „Marina di Bari", die sich im Wesentlichen auf eine Handvoll Gebäude entlang der Uferstraße beschränkt, ist für diejenigen, die Badeurlaub mit Ruhe und Muße verbringen wollen, ein perfekter Standort. Denn einerseits gibt es eine gute touristische Infrastruktur mit Hotels, Campingplätzen und Restaurants, andererseits ist das Angebot an Unterkünften, auch wenn in den letzten Jahren manch neue *albergo* entstanden ist, nach wie vor zu begrenzt, als dass der Ort und vor allem der lange Strand je überlaufen sein könnten.

Die bilderbuchschönen **Sandstrände,** die sich nördlich und südlich von dem fotogen auf einer kleinen Landzunge thronenden Wehrturm jeweils bis zum Horizont erstrecken, sind so weitläufig, dass man auch im August hier garantiert noch ein stilles Plätzchen für sich finden wird. Das nahe Barisardo mit seinen Geschäften, Banken, Supermärkten, Shops und Läden ist ideal, um sich mit allem Notwendigen zu versorgen. Schließlich ragen hinter Barisardo die Ogliastraberge auf, die zahlreiche lohnende Ziele für einen Tagesausflug bieten.

Praktische Tipps Torre di Bari

Post und Telefon
- **Vorwahl: 0782**
- **PLZ: 08042**

Strände
- Der Hauptstrand **Spiaggia di Bari** ist ein wunderschöner, sanft geschwungener Sandstrand, der sich nördlich und südlich vom Torre di Bari jeweils kilometerweit erstreckt.
- Ihm schließt sich südlich die **Spiaggia Tramalitza** an, ein einsamer, unerschlossener, endlos langer Sandstrand mit Pineta, an dem auch im Hochsommer nur wenige Badegäste zu finden sind. In der Saison versorgen einfache Strandbars und Pizzerien die überwiegend einheimischen Gäste. Anfahrt über einen Abzweig von der Nebenstraße von Barisardo nach Marina di Gairo.
- Nördlich davon liegt der versteckte, meist nur von Einheimischen frequentierte Strand **Marina di Cea,** ein 600 Meter langer, weißer Sandstrand mit malerischen roten Felsklippen, Dünen und Wachholderbüschen. In der Hochsaison sorgt eine einfache Rosticceria für das leibliche Wohl. Anfahrt von der Stichstraße nach Torre di Bari ca. 1 km vor dem Ort links 2 km schmale Stichstraße.

Unterkunft
- **Hotel La Torre****,** Via della Torre 1, Tel. 28 03 0, Fax 29 577, Web: www.hotelatorresardegna.it. Idyllisch in eine üppig grüne, oasenartige Parkanlage eingebettete, verwinkelte Anlage im neosardisch-maurischen Stil. Mit lauschigen Arkadengängen, Atrium mit Wasserspielen, Pool, Tennisplatz u.v.m. direkt an der Strandpromenade. Der freundliche Familienbetrieb bietet exzellenten Service und eine ebensolche Küche. *Walter Mameli,* der Chef, spricht ein wenig deutsch (NS 90–140 €, HS 160–200 €).
- **Hotel Domus de Janas**,** Via della Torre, Tel./Fax 29 361, Web: www.domusdejanas.com. Der an der Strandpromenade liegende Neubau mit angenehmen, hellen Zimmern wurde vom ehemaligen Betreiber des legendären Camping Domus de Janas, Signore *Amaduzzi,* übernommen und mit viel Kreativität, Geschmack und Grün zu einer einladenen Adresse umgestaltet (NS 62–70 €, HS 70–100 €).
- **Baia Azzurra***,** Via delle Torre, Tel. 28 987, Fax 28 985, Web: www.hotelbajazzurra.com. Neuer und deshalb insgesamt noch etwas kahl wirkender, aber architektonisch angenehmer Hotelkomplex mit 21 Zimmern (NS 70–82 €, HS 102–130 €).

Camping
- **Camping L'Ultima Spiaggia****,** Loc. Planergia, Tel. 29 363, Fax 28 963, Web: www.campingultimaspiaggia.it (1.4.–30.9.). Riesiges, ebenes Gelände am südlichen Strand mit eigener asphaltierter Anfahrtsstraße. Als Vier-Sterneplatz sehr komfortabel ausgestattet. Großes Sport- und Freizeitangebot mit Open-Air-Disco, Tennisplatz, Surfschule, Kletterwand samt Kursangebot, Bogenschießen, Fahrradverleih, Reitzentrum etc.
- **Camping Marina***,** Viale della Pineta 21, Tel./Fax 29 969, Web: www.campingmarina.

Im Hotel La Torre in Torre di Bari

it, Ostern bis 30.9. Der ehemalige Camping Domus de Janas wurde von den neuen Betreibern umgestaltet und modernisiert. Es gibt jetzt ein geradezu luxuriöses Sanitärgebäude mit Waschbecken aus Naturstein (!) und einige Mietbungalows im hinteren Bereich des ganz am Nordende des Strandes allein für sich gelegenen Platzes; dafür wurden leider die herrlichen gigantischen Bougainvillea und andere reizende Pflanzenecken des Vorbesitzers entfernt. Mit Restaurant, Tauchschule, Mountainbike-Verleih u.a. Bemerkenswert: Strom gibt es an allen Plätzen umsonst!
● **Camping La Pineta****, Loc. Planargia Tel. 29 372 (10.3.–10.10.). Kleiner terrassierter, baumbestander Platz 300 m vom Strand kurz vor dem L'Ultima Spiaggia mit freundlicher Leitung. Gute Sanitäranlagen.

Cardedu/ Marina di Gairo ♫ XVII/D2

Die Ogliastraküste südlich von Barisardo ist bis zum Capo Sferracavallo praktisch unbesiedelt und unerschlossen. Die Küstenlinie ist landschaftlich außergewöhnlich schön und abwechslungsreich. Zwischen großen und kleinen Buchten ragen rote Porphyrfelsen und bizarre Klippen aus dem azurblauen Meer, weit schöner als die berühmten von Arbatax. Die einzige Straße, die zu diesem abgelegenen Küstenabschnitt führt, zweigt in Cardedu von der SS 125 ab und schlängelt sich, parallel zur Küste fünf Kilometer lang über die Hügel bis zum Capo Sferracavallo. Auf der kurvenreichen, schmalen Panoramastraße eröffnen sich wunderschöne Ausblicke auf die unberührte Küstenlandschaft.

Einzige Siedlung ist der unscheinbare Weiler Marina di Gairo, um den sich mehrere Feriendörfer angesiedelt haben. Hinter dem Ort ist das einzige Zeugnis menschlicher Tätigkeit die einsame, stillgelegte Hotelanlage Su Sirboni, die mit ihren aus der Macchia aufragenden eierförmigen Gebäuden ziemlich bizarr und unwirklich wirkt.

Die Straße endet in einem tief eingeschnittenen Bachtal, in das sie steil hinunterführt, auf dem Parkplatz des **Campings Coccorrocci**. Der klangvolle Name hält, was er verspricht. Camper, die die Stille der Natur zwischen Wacholder, Myrthe, Ginster und duftenden Kräutern suchen, sind hier am richtigen Platz. Coccorrocci ist der abgelegenste Campingplatz an Sardiniens Küste. Ein kleiner Bach hat sich tief in den Fels der Küstenklippen hineingefressen und an seiner Mündung eine kleine, üppig und artenreich bewachsene Ebene ausgebildet, die der Camping belegt.

Praktische Tipps
Marina di Gairo

Strände

● Von der SS 125 zweigt in Cardeddu eine Stichstraße zu den ineinander übergehenden Stränden **Spiaggia Scogliera** (1 km) und **Spiaggia Pineta Museddu** (2 km) ab. Beide sind sehr schön und ruhig, von einer breiten Uferpromenade gesäumt und überwiegend von Einheimischen besucht. Museddu hat, wie der Name andeutet, eine schöne Pineta, in der sich eine Handvoll einfacher Bars und Pizzerien verstecken.
● Bei Marina di Gairo liegt die **Spiaggia Sa Pedra Pera**, ein langer Sandstrand, an dem sich einige Feriendörfer angesiedelt haben.

- Bei Su Sirboni führt eine kurze Piste hinunter zur **Baia di Gairo,** einer idyllischen kleinen Sandbucht zu Füßen eines malerischen Felskaps aus rotem Porphyr.
- Die **Spiaggia Coccorrocci** ist ein von malerischen Porphyrfelsen eingerahmter, sanft geschwungener Kiesstrand direkt vor dem Campingplatz. Die Coccorrocci-Bucht ist bei Surfern als Starkwindrevier bekannt und beliebt.

Einkaufen

- **Wein:** Cantina Perda Rubia, Via Nazionale, Tel. (0782) 61 53 67, Web: www.perdarubia.it. Hier gibt es den legendären Perda Rubia, den „letzten wahren Cannonau", wie der Winzer und Rechtsanwalt Signor *Mereu* betont. Er wird noch wie vor „von Hand gemacht" und jahrelang in Eichenfässern gelagert. Hier sollte man zugreifen, denn der Perda Rubia ist selbst auf Sardinien nicht überall zu bekommen.
- **Vitivinicola Alberto Loi,** SS 123, km 124, Tel. (0782) 75 807. Weingut der aus Jerzu stammenden Winzeramilie *Loi,* die sich seit drei Generationen dem Verfeinern der Cannonau-Rebe widmet. Der edelste, mehrfach prämierte Tropfen: Alberto Loi Riserva.

Unterkunft

- **Club Hotel Corte Bianca****,** Loc. Foddini, Tel. (0782) 24 001, Fax 24 054. Elegantes Resort in bester und ruhiger Lage, nur durch den Park und Pinienwald vom herrlich feinen Sandstrand getrennt. Die 53 großzügigen, bildschön gestalteten Zimmer gruppieren sich im Halbkreis um die zentrale Poollandschaft. Gepflegtes Panorama-Restaurant mit großer Terrasse, im Sommer viele Angebote und Animation (NS 80–180 €, HS 180–200 €).

Camping

- **Camping Coccorrocci*****, Marina di Gairo, Tel./Fax (0782) 24 147, Web: www.campingcoccorrocci.it (ganzjährig geöffnet). Von einer Coop betriebener Platz in einsamer, wunderschöner Natur direkt am 2 km langen Kiesstrand. Ausgestattet mit guten Sanitäranlagen, Bar, Pizzeria, Restaurant mit sardischer Küche. Metzgerei und Lebensmittelladen nur in der Saison. Im Angebot desweiteren Exkursionen zu Fuß oder mit dem Pferd in die nahen Berge. Ausflugstipp: Ca. 45 Fußminuten vom Platz entfernt liegen am Monte Ferru an der Quelle Su Accu E Axina paradiesisch schöne Miniwasserfälle und herrliche Badetümpel zwischen malerischen roten Felsen. Das Ganze ist als *monumenti naturali* geschützt, es darf aber gebadet werden. An der Rezeption nach dem genauen Weg fragen!

Lanusei ⌕ XVII/C1

Was für die Küstenebene der Ogliastra Tortolì ist, ist für das Hinterland die kleine Bergstadt Lanusei. Der mit gut 6000 Einwohnern mit Abstand größte Ort im Bergland ist das Verwaltungs- und Versorgungszentrum und ein Verkehrsknotenpunkt. Seine würfelförmigen Häuser staffeln sich in 600 Metern Höhe am Berghang übereinander.

Die Einkaufs- und Flaniermeile der Kreishauptstadt ist der **Corso Roma.** Ober- und unterhalb der engen Durchgangsstraße klettern steile, verwinkelte Gässchen teils recht abenteuerlich den Hang hinauf und hinab. Die Attraktion von Lanusei selbst ist der herrliche Panoramablick, den man von hier aus hinab auf die Küstenebene und das Meer genießen kann. Vielfältige Prachtblicke eröffnet auch die Straße, die sich kurvenreich und teils steil von Tortolì nach Lanusei hinaufwindet. Besonders schön ist die Fahrt nach Lanusei mit der **Schmalspurbahn,** die abseits aller Straßen im Schneckentempo bergan schnauft und dabei schöne Aussichten eröffnet.

Bosco di Selene

Das viel besuchte Ausflugsziel von Lanusei sind die herrlichen, dichten Kastanien- und Steineichenwälder, die den Ort mit einem tiefgrünen Gürtel umschließen. Besonders schön und interessant ist der alte Steineichenwald Bosco di Selene, der nördlich der Stadt den Berghang bedeckt. Der Wald ist ein einnehmend schönes Revier für Spaziergänge in erfrischender Bergluft. Durch den tierreichen, teils parkartigen Wald führen **angelegte Wanderwege** zu schattigen Picknickplätzen. Ein besonders sehenswertes Ziel ist dabei ein mitten im Wald zu Füßen einer steilen Felsnadel gelegener **Parco Archeologico** mit Gigantengrab, Brunnenheiligtum und einem Nuraghierdorf (Di–So 10–13 und 14–18 Uhr).

Für Urlauber, die sich im Sommer etwas abseits der belebten, nur 20 Kilometer entfernten Badeküste einquartieren möchten, empfiehlt sich das landschaftlich wunderschön am Beginn des Waldes gelegene **Hotel Villa Selene.** Hier kann man der Hitze und dem Sommerdunst der Küstenebene entfliehen und in erfrischender Bergluft die grandiose Aussicht genießen.

Praktische Tipps Lanusei

Post und Telefon

- **Vorwahl: 0782**
- **PLZ: 08054**

Information

- **Pro Loco,** Via Umberto 30, Tel. 42 241.

Essen und Trinken

- **La Rotonda,** Piazza Mameli, Tel. 42 984. Einfaches, aber einladendes Lokal mit klassisch italienischer und sardischer Küche zum herrlichen Ogliastra-Wein.
- **Il Capriccio di Murghioni,** Via Roma 118, Tel. 41 571. Beliebte Pizzeria an der belebten Hauptstraße.

Fest

- **Sagra delle Ciliegie,** Ende Juni. Großes Kirscherntefest mit Umzug, Musik und Folklore und der Präsentation lokaler Produkte und Kunsthandwerk.

Notfälle

- **Krankenhaus,** Via Ospedale, Tel. 49 02 11, 24-Std.-Notdienst-Tel. 49 02 30.
- **Guardia Medica,** Via Monsignore Virgilio, Tel. 49 02 72.
- **Carabinieri,** Via Umberto 61, Tel. 42 122.
- **Polizia,** Via Corosa, Tel. 47 051.

Museum

- **Museo Diocesano dell'Ogliastra,** Via Roma, 106, Tel. 42 158 (tägl. nach Anmeldung, Eintritt frei). Bunte Sammlung zur Geschichte der Ogliastra, die von Fossilien über Archäologie und Religion bis zum Faschismus und Zweiten Weltkrieg reicht.

Unterkunft

- **Hotel Villa Selene***,** Loc. Coroddis, Tel. 42 471, Fax 41 214, Web: www.hotelvillaselene.net. Weitläufige, in großen Garten eingebettete Anlage in stiller Alleinlage am Anfang des Bergwaldes Bosco Selene. Mit Swimmingpool, Tennis- und Sportplatz, Bocciabahn. Die Innenausstattung ist leicht angejahrt, aber die Aussicht auf die Küstenebene und das Meer ist großartig. Der freundliche Familienbetrieb mit guter, abwechslungsreicher Küche verfügt über eine eigene Quelle mit bestem Trinkwasser. Angeboten werden auch zahlreiche Aktivitäten wie Trekking, Jeep-Exkursionen, Angeln, Bogenschießen oder Reiten (78–103 €).

- **Hotel Belvedere*****, Corso Umberto 24, Tel. 42 184, Fax 48 20 50. Zentral an der lauten Durchgangsstraße gelegen. Dafür von der Bar und den der Straße abgewandten Zimmern eine einmalige Aussicht hinab auf die Küstenebene und das Meer, die dem Hotelnamen alle Ehre macht (60–80 €).

Jugendherberge

- **Ostello La Nuova Luna,** Via Indipendenza 35, Tel. 41 051, Fax 48 03 66, Web: www.lanuovaluna.it, 1.3.–31.10. Ebenso einladende wie preisgünstige Jugendherberge mit vier 4- bis 7-Bettzimmern und 3 DZ mit Bad. Küche für Selbstkocher und Grillplatz, schöne Terrasse (Mehrbettzimmer p.P. 14,50–15,60 €, DZ 37 €).

Verkehrsverbindungen

- **FdS-Schmalspurbahn:** Bahnhof am westlichen Ortsausgang, Tel. 42 659. Vom 19.6.–11.9. 2 x tägl. Trenino Verde nach Arbatax und Mandas.
- **ARST-Busse** nach Cagliari, Nuoro, Sassari, Porto Torres, Olbia, Macomer u.a. Info-Tel. 40 272.
- **FdS-Busse** nach Olbia, Macomer, Tortolì, Muravera, Sassari und Porto Torres. Info-Tel. 42 659.

Arzana ♪ XVII/C1

Der Name des sieben Kilometer nördlich von Lanusei gelegenen Bergdorfs leitet sich von „Arthana" ab, was soviel wie „kühle Brise" bedeutet. Der knapp 3000 Einwohner zählende Ort liegt, umgeben von Terrassenfeldern mit Obst und Wein, in 672 Metern Höhe am Hang des Monte Idolo und bietet damit im Sommer angenehmes Klima und beste Panoramasicht.

Dass die kleine, stille Sommerfrische in den Bergen bereits seit der Steinzeit besiedelt war, zeigen die zahlreichen historischen Funde in seiner Umgebung. Zu seinen Sehenswürdigkeiten, die alle in der näheren und weiteren Umgebung von Arzana liegen und schöne Wanderziele darstellen, zählt die **Nuraghieranlage Ruinas,** ein steinzeitlicher Bergbauernort mit dem **Belvedere Bruncu Evane,** der eine tolle Aussicht eröffnet. Weitere archäologische Stätten bei Arzana sind die in 1103 Metern Höhe gelegene **Nuraghe Unturgiadore** und das steinzeitliche Thermalbad **Is Bagnus.**

Der große, wildreiche **Wald Teddei**, in dem sich auch Mufflons tummeln und der sich zwischen dem Dorf und dem Lago Alto del Flumendosa erstreckt, ist ein schönes Revier für kleine und große Wanderungen. Unter anderem finden sich in ihm die ältesten Eiben Europas und der malerische Wasserfall **Cascata Candellazzu.**

Praktische Tipps Arzana

Post und Telefon

- **Vorwahl: 0782**
- **PLZ: 08040**

Information

- **Pro Loco „Siccaderba",** Via Sardegna 55, Tel. 37 290.

Unterkunft/ Essen und Trinken

- **Hotel Su Murru***,** Piazza Roma 1 (mitten im Dorf), Tel. 37 665, Fax 37 348, Web: www.hotelmurru.com. Das Haus von Herrn Murru, der eigentlich in Berlin lebt und gut deutsch spricht, ist in mehrfacher Weise einladend. Die Zimmer sind schön; die sardischen Tep-

piche und Vorhänge stammen aus der Kunstweberei Su Marmuri im nahen Ulassai. Das Personal ist gastfreundlich und hilfsbereit. In der ersten Etage gibt es eine gemütliche Terrasse und einen stillen Leseraum, im Sommer steht ein Shuttle-Service zur 30 Automin. entfernten Badeküste zur Verfügung (51–65 €).
●**Albergho Da Danilo****, Via Eleonora di Arborea, Tel./Fax 37 393. Einfache und preiswerte, aber ordentliche Herberge mit 17 Zimmern und Restaurant (32 €).
●**B&B Serra Anna Maria**, Via V. Emanuele 61, Tel. 65 387. Zwei freundliche DZ in zentraler, dennoch ruhiger Lage (25–35 € p.P.).
●**La Pineta**, Via Don Orione 13, Tel. 37 435. *Lina* und *Cesare* legen Wert auf heimische Bergküche aus heimischen Zutaten wie „cinghiale ai porcini", Wildschwein mit frischen Waldpilzen.

Um den Lago Alto del Flumendosa ♂ XVI, XVII/BC1

Etwa fünf Kilometer nordwestlich von Lanusei erreicht die Straße eine von Bergen umrahmte Hochfläche, in der sich höchst malerisch der große, weitverzweigte Stausee Lago Alto del Flumendosa ausdehnt. Südlich erhebt sich über dem einsamen See der 1232 Meter hohe Gipfel des Cuccuru e Mufloni, nördlich der 1372 Meter hohe Monte Orguda. Im Westen erblickt man am Horizont die blauen Gipfel des mächtigen Gennargentu-Massivs.

Monte Perda Liana

Einen einmalig schönen Panoramablick über den See und das Gebirgspanorama hat man von der kleinen Forststraße, die kurz nach der Schmalspurbahn-Station von Villagrande südlich am Beginn des Sees von der Hauptstraße abzweigt. Die schmale, aber geteerte und sehr gut befahrbare Straße ist eine der **schönsten Strecken** im Inselinneren Sardiniens. Sie führt 40 Kilometer durch völlig einsame Bergnatur. Die Verkehrsteilnehmer, mit denen man hier rechnen muss, sind Kühe, Schafe, Ziegen oder Schweine. Andere Autos begegnen einem nur selten. So ist die kleine, kurvige Straße auch ideal für Radfahrer.

Erst führt sie am südlichen Seeufer entlang, dann geht es bergauf zu einem Aussichtspunkt, von dem sich ein Prachtblick über den See auftut. Kurven- und aussichtsreich führt sie nach Süden weiter durch verschiedenste Landschaften und an den schönsten Felsformationen der *tacchi* und *tonneri* entlang. Besonders markant sind der berühmte **Monte Perda Liana** (1293 Meter), der jedem Western gut als Kulisse zu Gesicht stünde. Zum Fuß der markanten Felsnadel führt von einem Parkplatz mit Picknicktisch in gut 20 Minuten ein angelegter Pfad hinauf. Die Luft ist hier herrlich frisch, der Blick grenzenlos. Unweit erhebt sich der **Monte Tonneri** (1323 Meter), der Namensgeber für diese ungewöhnlichen Felsgestalten. Auf etwa halber Strecke erblickt man westlich der Straße die verwitterte **Nuraghe Ardasai**, die wie eine graue, steinzeitliche Ritterburg nahe der Straße auf einem Fels thront.

Wildwestkulisse – der Monte Perda Liana

Kartenatlas Seite XVI, XVII **UM DEN LAGO ALTO DEL FLUMENDOSA** Ogliastra

Unterkunft/
Essen und Trinken

● **Albergo*/Ristorante Il Nido dell'Aquila,** Loc. Su Settili, an der SS 389 bei Villanova Strisaili, Tel./Fax (0782) 30 180. Reizvoll in stiller Alleinlage über dem Flumendosa-Stausee gelegen. Neun Zimmer mit prächtigem Seeblick (41 €). Im Restaurant werden vielfältige Spezialitäten der Ogliastra serviert.

Foresta de Montarbu

Namensgeber für den dichten, alten Bergwald, der dank seiner außergewöhnlichen Artenvielfalt und Schönheit ein besonders geschützter Naturpark ist, ist der 1304 Meter hohe Gipfel des Montarbu. Bevor man diesen quellen-, bach- und tierreichen Wald erreicht, biegt eine kleine Straße westlich Richtung Gennargentu ab, die jedoch bald zu einer für normale PKW unpassierbaren Piste wird.

Der herrliche Wald ist ein beliebtes, weil außerordentlich schönes Wandergebiet. Mit der Schmalspurbahn ist er über die inmitten der Bergeinsamkeit

gelegenen Stationen „Ussassai" oder „San Gerolamo" am besten zu erreichen. Ohne an einem einzigen Haus vorbeizukommen, erreicht die Spazier- und Panoramastraße nach rund 40 Kilometern zwischen Ussassai und Seui schließlich die Hauptstraße nach Lanusei.

Villagrande Strisaili

♪ XIII/C3

Umgeben von den weit über 1000 Meter hohen Berggipfeln des Monte Idolo, Monte Suana, Monte Orguda und Monte Isadalu liegt das Bergdorf Villagrande Strisaili in 670 Metern Höhe windgeschützt nördlich des Lago Alto del Flumendosa in einer wald- und wasserreichen Gegend. Nach Osten öffnet sich ein wunderbarer Ausblick über die allmählich abfallenden Berge und Hügel bis zur Küste.

Die zahlreichen Quellen und Bergbäche bilden die Grundlage für die für sardische Verhältnisse großen und artenreichen Wälder, die die Berghänge um das knapp 4000 Einwohner zählende Bergdorf bedecken. Ihr malerischer Mix aus Stein- und Flaumeichen, grauem Granitfels, duftender Macchia, Erdbeerbäumen, Erlen, Stechpalmen und Weidengewächsen, rotem Porphyrgestein und kleinen Wasserläufen lädt zu ausgiebigen Spaziergängen und Wanderungen durch unberührte Bergnatur ein. Besonders schön ist der quellenreiche Wald **Bosco di Santa Barbara** um den 1241 Meter hohen Monte Idolo, den man durchquert, wenn man von der SS 389 nach Villagrande Strisaili abbiegt. Neben der hübschen kleinen Pilgerkapelle Santa Barbara liegt in dem Wald die gleichnamige Ausflugsgaststätte, die meist nur Einheimische aufsuchen.

Das Hirtendorf selbst hat neben einigen eindruckvollen *murales* wie dem riesigen Wandbild, das den Besucher am Ortseingang begrüßt, selbst keine Sehenswürdigkeiten zu bieten. Es besitzt jedoch eine gute Infrastruktur mit Läden, Restaurants und Unterkunftsmöglichkeiten und eignet sich deshalb gut als **Station für Ausflüge** in die Umgebung.

Villanova Strisaili

Zu Villagrande Strisaili gehört der vier Kilometer entfernte Ortsteil Villanova Strisaili, der im Gegensatz zum Hauptort nicht historisch gewachsen ist. Für Besucher interessant ist die einladende **Badestelle Bau e Mela** am Flumendosa-Stausee, zu der etwa ein Kilometer nördlich des Orts von der SS 389 eine kleine Straße hinabführt, die ein Stück am Ufer des Sees entlanggeht und nach vier Kilometern endet.

Praktische Tipps
Villagrande Strisaili

Post und Telefon
● Vorwahl: 0782
● PLZ: 08049

Essen und Trinken
● **Il Bosco**, Loc. Santa Barbara, Tel. 23 505. Schön im dem teils parkartigen Bosco S. Bar-

bara bei der kleinen gleichnamigen Landkirche gelegenes Restaurant mit guter Küche. Bei dem Kirchlein nette Picknickgelegenheiten.

Unterkunft

- **La Strega****, Via Grazia Deledda 148, Tel. 30 242, Fax 30 0 90. Kleine, ordentlich ausgestattete Herberge mit 12 Zimmern, Bar und Restaurant (46–67 €).
- **B&B Sa Mangaliana,** Via C. Battisti 145, Tel. 32 738, Web: www.samangaliana.com. Drei ebenso charmante wie preiswerte DZ (15–25 € p.P.).

Einkaufen

- **Brot/Dolci:** Panificio Tonello, Via Cesare Battisti 201, Tel. 23 27 30. Vielfach mit Preisen ausgezeichnete lokale Brotspezialitäten wie *pistoccu* und *ghattulis, culurgionis, dolci* und mehr.

Feste

- **Ziegenmarkt** und **Sagra Is Gathulisi** Anfang August.

Talana ♪ XIII/C3

Weitab anderer Ortschaften liegt das kleine Bergdorf Talana etwa 30 Kilometer nördlich von Lanusei zwischen Villagrande und Urzulei. Das Dorf hockt über einer kleinen, wilden Hochebene zwischen dem waldbedeckten Berg Padente Mannu und der Serra Longa. Der Ausblick vom Dorf ist herrlich und reicht nach Süden bis zum Capo Bellavista, nach Osten bis an die Küste bei Arbatax. Im Westen begrenzt das Gennargentumassiv den Blick, zu dem auch der höchste Berg der Gemeinde, der 1508 Meter hohe Genziana gehört. Im Dorf selbst ist die Pfarrkirche Santa Marta bemerkenswert, jedoch weniger wegen ihrer Architektur. Sie wurde in fast 80-jähriger Arbeit gemeinsam von allen Bewohnern erbaut.

Die Umgebung von Talana ist einerseits rau und steinig, andererseits quellenreich und voller kleiner Wasserläufe, immer aber sehr einsam. In der unberührten Bergwildnis um Talana finden sich zahlreiche archäologische Stätten, darunter mit dem **Odrollai** (1173 m), dem 1214 Meter hohen **Bruncu Tortari** und dem **Bruncu Pisu Cerbu** (1348 m) einige der höchstgelegenen Nuraghen Sardiniens. Bemerkenswert ist auch der etwa einen Kilometer vom Ort entfernte Nuraghenkomplex **Bau e Tanca** wegen der symmetrischen Anordnung seiner einzelnen Gebäude.

Praktische Tipps Talana

Post und Telefon

- **Vorwahl: 0782**
- **PLZ: 08040**

Information

- **Pro Loco,** Via Nuoro 17, Tel. 64 68 62.

Einkaufen

- **Schinken:** Antonio Muggiaru, Via Vittorio Emanuele 42, Tel. 64 66 29. Hier gibt es den bekannten, delikaten luftgetrockneten Schinken aus Talana, dem zu Ehren am 1. So im August sogar die *sagra di prosciutto* stattfindet, direkt beim Erzeuger.

Unterkunft/ Essen und Trinken

- **Albergo Sant Efisio*****, Loc. Sant Efisio, Tel./Fax 64 69 21, Web: www.hotel-santefisio.com. 4,5 km nach Lotzorai an der Straße

nach Talana allein gelegene, weitläufige gutshofartige Anlage mit großem Garten und zehn Zimmern. Im Hotel und Restaurant ist alles sardischer Herkunft, was der Besitzer besonders betont. Wohnmobile können nach dem Essen auf dem Platz unter Bäumen die Nacht verbringen (NS 62–73 €, HS 73–85 €).
●**Albergo Tegas****, Via Nuoro 5, Tel. 64 66 07, Fax 62 20 01. Einfache Herberge mit Restaurant (41 € ohne, 47 € mit Bad, Frühstück 2,50 €).

Gairo Vecchio ♪ XVII/C1

Fährt man von Lanusei auf der SS 198 Richtung Seui, erreicht man als Erstes das Bergdorf Gairo, genauer gesagt, **Gairo Sant'Elena.** Hervorgegangen ist es aus Gairo Vecchio, auf das man einige Kehren tiefer trifft. Das alte Gairo musste 1951 nach schweren Unwettern geräumt werden, da wegen des instabilen geologischen Untergrunds die ganze Bergflanke in Bewegung geriet und insgesamt abzurutschen drohte. Gleiches gilt für das auf der anderen Talseite genau gegenüberliegende Osini Vecchio, das nun ebenfalls ein Geisterdorf ist. Dass der Berg lebt, zeigt auch der Name „Gairo", der sich aus den griechischen Begriffen „ga" und „roa" zusammensetzt, die zusammen soviel wie „die Erde, die fließt" bedeuten.

Auch die Straße, die sich teilweise in abenteuerlichen Serpentinen durch die steilen Flanken der von tiefen Schluchten zerfurchten Berge zieht, zeigt unmissverständlich, dass sich der Berg bewegt. Immer wieder liegt herabgestürztes Geröll auf der Fahrbahn, ziehen sich tiefe Risse durch den Asphalt oder ist die Straße tief abgesackt. Vorsichtige Fahrweise ist hier deshalb vonnöten.

Hinter dem verlassenen Dorf wird die Strecke besonders eindrucksvoll. In unglaublichen Haarnadelkurven windet sie sich Schwindel erregend hoch über der Schlucht des Riu Padru entlang. Kurz hinter Gairo Vecchio erreicht man eine Gabelung, die entweder nach Süden Richtung Jerzu zurück zur Küste oder westlich Richtung Ussassai ins Innere der Insel führt. Beide Strecken sind sehr reizvoll.

Unterkunft

●**B&B Iliana Trekking,** Via dei Trifoni 2, Tel. (0782) 74 639. Was für Naturfreunde; drei Zimmer (1 EZ, 1 DZ, 1 3-Bettzimmer) mit Gemeinschaftsbad in Gairo Taquisara. Ideal für Trekking in der intakten Bergwelt zwischen Gairo und Ulassai. Im Sommer Anreise mit der Schmalspurbahn möglich (17–25 €).

Ossini/Ulassai ♪ XVII/C1

Nimmt man die Straße nach Jerzu, erreicht man erst das verlassene Ossini Vecchio und kurz darauf das neue **Ossini.** Hier biegt eine schmale Teerstraße ab, die sich in fantastischen Serpentinen steil zur **Scala di San Giorgio** hinaufwindet. Kurz nach der spektakulären Felsklamm ist die Hochfläche erreicht und man kann noch viele Kilometer weiter durch die einsame Natur

Ulassai

vorbei an Nuraghen und anderen archäologischen Stätten fahren (ideales Wander- und Fahrradgebiet, tolle Picknickgelegenheiten), bis man an ein nur im Sommer geöffnetes Ausflugslokal kommt, wo die Straße auch endet.

Wenige Kilometer nach Ossini erreicht man das Bergdorf **Ulassai,** das wie ein Schwalbennest am Felshang klebt und von einer gewaltigen Felsnase drohend überschattet wird. Die Gegend um Ossini und Ulassai ist mit ihren großartigen Felsstöcken der *tacci* und *tonneri* und ihren imposanten Bergpanoramen sicher der schönste Teil der Ogliastraberge.

Wer durch die Gassen von Ulassai bummeln will, sollte nicht versäumen, an dem alten Waschplatz bei der Kirche vorbeizuschauen. Dort hat der berühmte sardische Künstler *Costantino Nivola* die **La Fontana che suona,** einen „singenden Brunnen", installiert.

Santa Barbara

Rings um den Ort erheben sich gewaltige *tacchi*, von Steineichen bedeckte Hochflächen aus Kalkfels, deren Ränder senkrecht abfallen. Besonders eindrucksvoll ist diese Landschaft nach längeren Regenfällen, wenn sich kleine Flüsse wie Mini-Niagarafälle über die Abbruchkanten in die Tiefe stürzen. Solche **Wasserfälle** sind z.B. der **Lecorci,** der nur 300 Meter von Ulassai entfernt liegt, oder der **Le Quarci,** der sich bei der sieben Kilometer entfernten einsamen Landkirche **Santa Barbara** auf einer Breite von 70 Metern schäumend in den 100 Meter tiefen Abgrund stürzt. Leider fällt er im Sommer immer trocken.

Die kleine Pilgerkirche ist über eine schmale, gut befahrbare und landschaftlich ungemein schöne Straße zu erreichen. Sie führt beim Sportplatz talabwärts durch eine einsame Felslandschaft und endet nach etwa sieben Kilometern bei dem Kirchlein samt schönen Picknickplätzen.

Grotta Su Marmuri

Die Höhle ist ein weiteres Highlight der Ogliastra. Die riesige, 30 bis 50 Meter hohe Tropfsteinhöhle ist eine der schönsten Sardiniens. In der größten bislang auf der Insel entdeckten, auf 1000 Meter begehbaren Höhle wachsen in den imposanten Hallen gewaltige Tropfsteingebilde. Mehrere Seen verwandeln sie in ein wahrlich märchenhaftes unterirdisches Reich – unbedingt sehenswert!

Wanderung zu Tacchi und Tonneri

Leichte Rundwanderung auf gut beschildertem Weg:

- **Dauer:** ca. 2,5 Std.
- **Beginn/Ende:** Parkplatz der Coop Tessile Su Marmuri an der Straße zur Höhle.
- **Anfahrt:** Ab Ulassai dem Schild „Grotta Su Marmuri" folgen, dann ca. 100 m hinter dem Ortsende Schild „Coop Su Marmuri".

Sie sind die Visitenkarte der Ogliastra-Berge, die ebenso eindrucksvollen wie ausdrucksstarken *tacchi* und *tonneri*, unvermittelt aufragende, zerklüftete Felstürme, -nadeln und Hochebenen aus Kalkstein mit senkrecht abfallenden Wänden. Eine der eindrucksvollen Landschaften dieser Art sind die großartigen Bergformationen rund um Ulassai, die zu den schönsten Panoramen Sardiniens zählen. Wer ihren Anblick nicht nur von Ferne genießen, sondern sie auf Schusters Rappen entdecken und durchstreifen will, dem sei die kleine Rundwanderung von Ulassai zum 957 m hohen Monte Tisiddu empfohlen.

Der Weg zu dem mächtigen Gebirgsstock zwischen Ulassai und Jerzu beginnt an der Weberei Coop Tessile Su Marmuri an der Straße zur Höhle. Erst geht es neben dem Haus mit Hilfe einer kleinen Leiter über den Zaun, dann steil bergauf direkt auf die Felswände zu. Beim Schild „Bruncu Matzeu" kann man entweder geradeaus oder, damit es eine Rundwanderung wird, kurz danach links durch die Felsen (Steinmännchen) zu einem Pfad gehen, der durch den Steineichenwald bis zum höchsten Gipfel des Monte Tisiddu führt, dem 957 m hohen **Monte Matzeu.**

Vom Gipfel eröffnet sich ein grandioser Rundblick bis zum Gennargentu-Massiv. Wenige Schritte links vom Aussichtspunkt führen in einer Felsrinne Stufen hinab zu einem Waldweg, der, einmal ganz um den Gipfel herumführend, zurück zum Schild „Bruncu Matzeu" führt. Von dort wie gehabt zurück bis zur Weberei.

Nach dem Ausflug sollte man bei der Coop Su Marmuri die kunstfertigen Handwebereien anschauen. Die Mitglieder geben auch gerne Auskunft zu dem beschriebenen Wanderweg.

Die **Anfahrt zur Höhle** ist schon ein Erlebnis für sich. Die gut ausgeschilderte Straße führt erst etwas durch das Dorf und klettert dann am westlichen Ortsrand schmal und steil in extremen Serpentinen eine fast senkrechte Felswand hinauf. Oben am Parkplatz mit netter Bar und Pizzeria angekommen, erwartet den Besucher eine grandiose Aussicht auf die Landschaft der *tacchi* und *tonneri*. Der Eingang der Höhle liegt über dem Parkplatz; zu ihm führt eine steile Treppe. Neben dem Parkplatz führt eine einspurige Straße hinauf (der erste Kilometer ist extrem steil und schmal!) zur Hochfläche, die man auch über Ossini/Scala San Giorgio erreicht; oben bieten sich herrliche Aussichten, idyllische Picknickgelegenheiten sowie zahlreiche Wander- und Mountainbike-Routen.

● **Besichtigung** nur mit Führung (Dauer ca. 1 Std.) durch die Coop Su Bullicciu, Tel./Fax 79 859, tägl. Mai–Juli u. Sept. 11, 14, 16, 18 Uhr, Aug. 11, 13, 15, 17, 18.30 Uhr, Okt. 11, 14.30 Uhr.

Praktische Tipps Ulassai

Post und Telefon

● **Vorwahl: 0782**
● **PLZ: 08040**

Information

● **Pro Loco,** Corso V. Emanuele, Tel. 79 318.

Aktivitäten

● **Trekking/Exkursionen:** Piccola Coop Progetto Eden, Corso Vittorio Emanuele 2, Tel. 79 383. Touren in die Bergwelt um Ulassai.

Einkaufen

● **Webarbeiten/Teppiche,** Coop Tessile Su Marmuri, Via Dante 1 (an der Straße zur Höhle), Tel. 79 076, Web: www.sumarmuri.it.

Fest

● **Sagra di Santa Barbara,** 3. So. im Mai. Landprozession zur kleinen Kirche Santa Barbara mit anschließendem Dorffest.

Unterkunft/ Essen und Trinken

● **Hotel Su Marmuri**,** Ulassai, Corso Vittorio Emanuele 20, Tel. 79 003, Web: www.hotelsumarmuri.com. Einfache, preiswerte und vor allem auch „bevölkerungsnahe" Herberge mit 15 netten Zimmern (12 DZ, 6 EZ); Transfer von/zum Bahnhof in Lanusei. Unten im Haus eine typisch sardische Bar, wo man sich trifft, trinkt und Karten spielt. Wer hier keinen Kontakt findet ... (EZ 25 €, DZ 50 €).

Exkursionen mit dem Quad

In Ulassai bietet *Olinto Fantozzi* geführte Exkursionen mit den sehr geländegängigen Quads an. Die halbtägigen Touren beginnen ca. 8.30 Uhr, führen zu den bekannten und versteckten Attraktionen in der Region Ossini und Ulassai und schließen ein gemeinsames Mittagessen à la Ogliastra unter freiem Himmel ein. Der sehr ortskundige *Olinto* organisiert aber auch Touren nach individuellem Wunsch, die dann auch in weiter entfernte Gegenden des Gennargentu führen können.

● **Info/Anmeldung:** *Olinto Fantozzi*, Via Garibaldi 6, 08040 Ossini, Tel. (0782) 79 776, Web: www.escursioniinogliastra.it, E-Mail: info@escursioniinogliastra.it, 15.4.–15.10. tägl. fünfstündige Touren (8–13 oder 15–20 Uhr, 100 € pro Quad/2 Pers., Führerschein ist vorzulegen, Helm ist Pflicht).

- **B&B Santa Lucia,** Ossini, Via Marconi 15, Tel. 333-47 44 523, Web: www.bed-and-breakfast-santalucia.com. *Maria Serra* vermietet im Dorfzentrum drei einfach möblierte, aber wohnliche DZ mit und ohne Bad und toller Aussicht. Die kinderfreundliche Familie *Serra* hilft auch gerne mit Tipps weiter und hält für ihre Gäste Infomaterial wie Karten etc. bereit. Auf Wunsch auch Abendessen (22 € p.P.).

Jerzu ♫ XVII/C1-2

Landschaftlich anders, aber nicht minder einnehmend ist die Lage des Bergdorfes Jerzu. Links und rechts beflankt von den beiden *tacchi* Porcu e Ludu und Troiscu und im Westen von dem eindrucksvollen Bergzug Corongiu begrenzt, liegt es in 500 Metern Höhe auf einer kleinen Terrasse am steilen Hang. Von Jerzu eröffnet sich ein wunderbarer Ausblick weit über die Küstenebene und das blaue Meer.

Autofahrer aufgepasst: Die Ortsdurchfahrt ist besonders eng und teils mit kurzen, aber extremen Steigungen versehen. Da am Tag die Straße von parkenden Autos zusätzlich verengt wird und sich dazu allabendlich die ganze Gemeinde auf der meist chaotisch zugeparkten Flaniermeile trifft, ein Durchkommen überaus beschwerlich. So wird der Verkehr zu bestimmten Zeiten einbahnig durch den Ort geführt. Deshalb sollten besonders Reisende mit großen Fahrzeugen sehr aufmerksam auf die Beschilderung achten!

Über den Wolken – das Rifugio Sant'Antonio

Wer von Jerzu die Straße nach Escalaplano nimmt, dem verspreche ich ein wirklich eindrucksvolles Naturerlebnis. Denn die kaum befahrene Straße führt auf 50 Kilometern (bis zur Küste bei Muravera auf 90 Kilometern) durch eine unglaublich schöne, unendlich einsame sardische Berglandschaft, in der die Zeit einfach stehen geblieben scheint. Teils verläuft die Fahrbahn auf dem schmalen Berggrat, links und rechts geht es steil hinab. Die Aussichten und Bergpanoramen sind einzigartig. 10 Kilometer nach Jerzu liegt das Rifugio Sant'Antonio in idyllischster Bergnatur. Bei dem Kirchlein bieten sich wunderbare Picknickplätze, eine gefasste, überdachte Quelle liefert bestes Trinkwasser. Hier schlagen auch manche Trekker und Freeclimber ihr Zelt für die Nacht auf. Das Beste: Am Hang gegenüber dem Idyll um das Kirchlein wartet das einzigartig schön gelegene, kleine charmante Hotel Rifugio d'Ogliastra mit ausgezeichneter sardischer Küche auf Gäste. Hier logiert und speist man wahrlich wie im Himmel!

- **Hotel Rifugio d'Ogliastra,** Loc. Sant'Antonio, Tel. 320-60 63 728, Web: www.rifugiodogliastra.net (42–74 €).

Der Cannonau-Wein von Jerzu

Seit kurzem trägt Jerzu den stolzen Beinamen „Città del Vino" („Weinstadt"). Die Bezeichnung „Stadt" ist angesichts des Dorfcharakters mit 3400 Einwohnern zwar etwas hoch gegriffen, der Wein von Jerzu dagegen wird mehr als zu Recht herausgestellt. Der Cannonau di Jerzu, der seit der Antike auf den steilen, sonnendurchglühten Hängen der Gemeinde gedeiht, ist einer der besten Cannonau-Weine Sardiniens. Apropos: Das Wort „Cannonau", dessen korrekte Schreibweise eigentlich „Canonau" lautet, stammt vom griechischen „kanonìzo" ab, was soviel wie „Währung" heißt. Eine Flasche Cannonau ist also wie bares Geld.

Kosten und kaufen kann man diesen herrlichen, schweren Rotwein in der Genossenschaft **Antichi Poderi di Jerzu,** zu der sich die Weinbauern zusammengeschlossen haben. Der Clou: Wer den Wein offen (sfuso) kauft, kann ihn wie an einer Tankstelle von Zapfsäulen direkt in Kanister oder sonstige Behältnisse füllen. Bezahlt wird, was die Liter-Anzeige anzeigt. Dieser Weinhimmel liegt südlich außerhalb des Orts über der Straße, die zur Küste hinabführt. Die neuen, großen Gebäude sind unübersehbar.

●**Cantina Sociale Antichi Poderi di Jerzu,** Via Umberto 1, Tel. 70 028, Web: www.jerzuantichipoderi.it. Juni–Sept. tägl. 8–20 Uhr, Okt.–Mai tägl. 8–13 u. 15–18 Uhr. Angeboten werden neben weißen Vermentinoweinen und Roséweinen (90 % Cannonau, 10 % Pascale e Monica) fünf herrliche Rote: der Cannonau DOC, Cannonau DOC 13,5, Cannonau DOC Riserva, Cannonau DOC Riserva Speciale sowie der Dessertwein Cannonau Pardu Dolce.

Praktische Tipps Jerzu

Post und Telefon
●**Vorwahl:** 0782
●**PLZ:** 08044

Information
●**Pro Loco,** Corso Umberto 198, Tel. 71 311.

Essen und Trinken
●**Genna Crexia,** Loc. Genna Crexia, Tel. 70 779. Ca. 5 km außerhalb von Jerzu am Pass Genna Crexia bei der Abzweigung von der SS 125 nach Jerzu gelegen. Ristorante/Pizzeria mit guter Küche, vor allem aber herrlicher Aussicht.

Fest
●**Sagra del Vino,** zwischen 1. und 2. So. im August. Einwöchiges, buntes Weinfest zu Ehren des Königs der sardischen Rotweine, dem Cannonau di Jerzu. Und davon gibt es natürlich reichlich.

Unterkunft
●**Hotel Sul Rio**,** Via A. Mereu, Tel. 70 032. Einfache, neben einer Tankstelle an der lauten Ortsdurchfahrt gelegene Herberge mit nettem Besitzer. Empfehlenswert ist das Restaurant im Haus, das zum Cannonau di Jerzu vielerlei Leckereien aus der sardischen bzw. Ogliastraküche offeriert (42–62 €).
●**Albergo Da Concetta*,** Corso Umberto 111, Tel. 70 224. Einfache, äußerlich etwas rumpelige Herberge an der lauten Hauptstraße. Die Trattoria ähnelt einer Bar, ist aber gut. Im Haus wird auch Cannonau verkauft (NS 40–46 €, HS 42–52 €).

Sarrabus

Der Südostzipfel Sardiniens

Die Küstenlinie

Südlich an die Ogliastra schließt sich eine Region an, die voller extremer Widersprüche und Gegensätze ist. Direkt hinter den herrlichen Stränden und der fruchtbaren Küstenebene der Ogliastra kommt man in in das sardische Nirwana, die menschenleere Welt der sonnenverbrannten **Salto di Quirra.** Durch das selbst für sardische Maßstäbe extrem karge Hügelland führt die SS 125 weit abseits der praktisch strandlosen, sich selbst überlassenen Küste durch das parallel zur Küste verlaufende Tal des Riu di Quirra.

Nach 50 Kilometern gottverlassener Einsamkeit erreicht man das breite Tal des Riu Flumendosa und die beiden kleinen Landwirtschaftsstädtchen Villaputzu und Muravera. Beim Torre di Porto Corallo bei Villaputzu beginnt ein touristisch fast noch unberührter, aber schöner Küstenabschnitt, der sich bis zum markanten **Capo Ferrato** hinzieht. Hier findet man zwischen fisch- und vogelreichen Lagunen und dem Meer kilometerlange Sandstrände, an denen man zumeist nur einigen Einheimischen begegnet.

Die Szenerie wandelt sich schlagartig, wenn man das Capo Ferrato hinter sich gelassen hat. Südlich des Felskaps beginnt das endlos lange Sandband der **Costa Rei.** Die Königsküste ist so gegensätzlich wie ganz Südost-Sardinien. Während ihr nördlicher Teil wild

und nur wenig besucht ist, drängeln sich im Südteil am Monte Nai zahlreiche Ferienanlagen, die während der Saison von Tausenden Touristen belegt sind. So ist das aus dem Boden gestampfte Versorgungszentrum Costa Rei einer der seltenen Plätze auf Sardinien, an dem man mallorca-gleich deutschsprachige Schilder und Hinweistafeln sieht, die deutsche Wurst oder Ähnliches anpreisen.

Gleich hinter diesem Ballungsraum beginnt wiederum ein kleiner, aber landschaftlich höchst malerisch von Bergketten und Gipfeln umrahmter Küstenstrich mit wunderbaren Sandstränden und Buchten, an dem sich nur eine Handvoll Campingplätze findet. Dagegen ist das ganz im Süden am Capo Carbonara gelegene **Villasimius** eine bei Italienern sehr beliebte touristische Hochburg mit allem was das Urlauberherz begehrt: zahlreiche Hotels, Feriendörfer und Campingplätze, viele Einkaufsmöglichkeiten und Restaurants sowie bilderbuchschöne Traumstrände mit vielen Wassersport- und Freizeitmöglichkeiten. Besonders interessant ist die Küste um das Capo Carbonara für Tauchsportler. Denn das gesamte Meer zwischen der Punta Molentis und dem Capo Boi ist inklusive der unbewohnten Eilande Isola Serpentara und Isola dei Cavoli ein geschützter und daher besonders artenreicher maritimer Naturpark.

Die Küstenlinie zwischen Villasimius und dem urbanen **Ballungsgebiet von Cagliari** ist landschaftlich sehr schön. Die Straße führt unmittelbar über dem Meer entlang. Ständig klettert sie auf die Küstenklippen hinauf, von denen sich ein wunderbares Panorama bietet. Zwischen den felsigen Steilufern drängen sich kleine Buchten ins Land, an denen herrliche Sandstrände zum Baden einladen. Alle diese Buchten zwischen Villasimius und Cagliari sind jedoch von Hotelanlagen und Ferienvillen der betuchteren Hauptstädter zugebaut.

Die Berge des Inlands

Unmittelbar hinter der Küste beginnt das **Sarrabus-Gebirge,** das den gesamten Südostzipfel Sardiniens einnimmt. Das Gebirge ist praktisch menschenleer und ein Eldorado für expeditionsartige Trekkingtouren. Der überwiegende Teil wurde wegen seiner unberührten Naturschönheiten zum Schutzgebiet erklärt. Sein Herzstück ist der für sardische Verhältnisse mit Wanderwegen und Rastplätzen gut erschlossene **Parco Sette Fratelli.**

Westlich der Salto di Quirra und dem Sarrabus liegt die kleine Region **Gerrei.** Sie umfasst knapp ein Dutzend Bauern- und Hirtendörfchen und ist bislang von allen Fährnissen der Welt inklusive dem Tourismus unberührt geblieben. Hier kann man noch einem unverfälschten Stück Sardinien begegnen, das kaum jemand kennt.

Sa Foxi Manna/ Marina di Tertenia

♪ XVII/D2

Letzter Vorposten der Zivilisation vor der Salto di Quirra ist das unscheinbare Straßendorf **Tertenia** an der SS 125. Bei dem Dorf bietet sich für die nächsten 50 Kilometer nach Süden die letzte Gelegenheit, auf einer befestigten Straße die Küste zu erreichen. Die Gelegenheit sollte man nicht versäumen, da bereits die Fahrt zum Küstenort Sa Foxi Manna ein besonderes Erlebnis ist. Denn die kleine, gut asphaltierte Straße führt erst durch Weinfelder und Eukalyptushaine, dann durch wild zerklüftetes Bergland mit zackigen Felskämmen und Gipfeln kurvenreich hinauf zur Passhöhe Arcu de Sarrala de Susu am Fuße der 840 Meter hohen Punta su Scusorgiu. Hier öffnet sich ein wunderbarer Blick über die tief unten liegende Strandbucht.

Dann geht es wieder hinab durch Felder und Weinberge und durch eine kleine Ebene zu einem sanft geschwungenen Sandstrand, an dem die abgeschiedene Ferienhauskolonie **Sa Foxi Manna** liegt. Am Strand geht es sehr flach und deshalb kinderfreundlich in Wasser. Südlich der Kolonie geht der Strand in eine Felsküste aus malerischen Porphyrklippen über, zwischen denen sich kleine Sandbuchten und Kiesstrände einbetten. Einzige Unterkunftsmöglichkeiten in Sa Foxi Manna sind der am Nordende der Bucht unterhalb des Capo Sferracavallo gelegene, gleichnamige Campingplatz und das neue, sehr einladende Hotel Is Janas.

Unterkunft/Camping

●**Camping Capo Sferracavallo****, Loc. Tesonis, Tel. (0782) 90 065, Fax 90 91 35, Web: www.campingcaposferracavallo.it, geöffnet 1.4.–30.9. Gemeindeeigener, schön angelegter Platz mit viel Schatten spendendem Grün und reizvollen Rasenterrassen in sehr ruhiger Lage. Gute Ausstattung mit Sport- und Freizeitmöglichkeiten wie Tennis, Tauchen, Markt, Bar, Restaurant, Bungalowvermietung. Zum Strand etwa 400 Meter.

●**Hotel Is Janas*****, Marina di Tertenia, Loc. Sarrala, Tel. (0782) 90 90 05, Fax 90 91 56, Web: www.hoteljanas.it. Ruhe & Charme pur. Sehr einladendes, architektonisch gelungenes Haus im Landhausstil mit gepflegtem Pool. 1 km oder 3 Autominuten von der stillen Sandstrandbucht Foxi Manna. Das Restaurant des Hauses ist ebenfalls zu empfehlen. Zur herzlich-freundlichen Bewirtung gibt es gleich zwei Nuraghen in Sichtweite. Mit eigenen Reitpferden (NS 85 €, HS 100 €).

Salto di Quirra ♪ XVII/C3

Südlich von Tertenia beginnt die Welt der Salto di Quirra. Das mit Gipfeln zwischen 400 und 600 Metern Höhe mäßig bergige Gebiet ist weitgehend weglos und wird nur von der SS 125 durchschnitten. Diese verläuft über 20 Kilometer praktisch schnurgerade, so dass sich bei der Fahrt auf dem in der Sonne flimmernden Asphaltband durch die Ödnis fast zwangsweise so etwas wie das Gefühl einstellt, durch die Wüstenkulisse eines amerikanischen Roadmovies zu rollen.

Doch das Gefühl der Weite und Leere täuscht. Zeichen, dass die Salto di Quirra weniger leblos ist als sie er-

SALTO DI QUIRRA

scheint, sind die großen Lauschinstrumente auf den Gipfeln und überraschend breiten und guten Teerstraßen, die von der SS 125 in die Bergeinsamkeit hineinführen. Weit kommt man hier jedoch nie, denn alle Straßen enden am Schlagbaum von **militärischen Sperrgebieten.**

Eine der wenigen befahrbaren Wege ist die kleine Straße, die etwa sechs Kilometer südlich von Tertenia nach Westen Richtung Perdasdefogu abzweigt. Über diesen Ort kann man auch die Region um den höchsten Gipfel des Salto di Quirra, den 676 Meter hohen Monte Cardiga, erreichen, von wo man einen weiten Fernblick über die verglühte struppige Mondlandschaft hat.

Der einzige bewohnte Fleck zwischen Tertenia und Villaputzu ist der Weiler **Quirra.** Kurz vor dem Ort steht die kleine romanische **Chiesa San Nicolò** an der Straße, Sardiniens einzige Backsteinkirche, in deren beschaulichem Garten Picknickeinrichtungen zur Rast einladen. Östlich der Kirche ragen die Ruinen der Grenzfestung **Castello di Quirra** auf.

Cala di Murtas

Bei dem Weiler Quirra liegt ein verstecktes, völlig einsames Strandpara-

Sardinien pur:
Schafe, Steineichen, Steine

dies, die Cala di Murtas – die Myrten-Bucht. Direkt an der Straßenbar von Quirra biegt bei km 79,7 nach Osten ein schmales Sträßlein von der SS 125 ab, das hinab zur Küste führt. Nach ca. 400 Metern geht es an der Gabelung nicht links, sondern auf dem schmaleren Teersträßchen geradeaus. Achtung: Die Straße weist an mehreren Stellen nur durch unauffällige farbige Striche markierte sehr tiefe Senken auf, die bei zu hoher Gechwindigkeit sehr gefährlich sind! Deshalb vorsichtig fahren! Auf den letzten zwei Kilometern wird der Weg zur unbefestigten Geländepiste. Er endet schließlich in der Cala di Murtas, einer **einsamen Bucht,** die sich mit einem schönen, sauberen Sandstrand und kristallklarem Wasser zwischen dem Torre di Murtas und dem Capo San Lorenzo an der Mündung des Flumini Durci erstreckt.

Direkt hinter dem Strand wuchern aufgelockert Myrten- und Tamariskenbüsche, zwischen denen sich wunderbar lauschige und wohltuend Schatten spendende Lager- und Picknickplätzchen finden. Außer den wenigen Ortskundigen, die den Weg in das versteckte Strandidyll finden, ist man hier allein mit Mutter Natur, mit den Kühen und Ziegen, die am Morgen und Abend im Schwemmland hinter dem Strand weiden und mit ihrem Gebimmel die ansonsten unendliche Stille erfüllen.

Sollte der Zugang zur Cala di Murtas gesperrt sein, was ab und an vorkommt, dann übt das Militär dort Landemanöver.

Flumendosa-Tal XXI/D1

Die flirrende, für das Auge beinahe schmerzhafte verbrannte Monotonie der Salto di Quirra endet im breiten Tal, das der große Fiume Flumendosa in seinem Mündungsgebiet ausgewaschen hat. Sein auch im Sommer nicht versiegendes Wasser speist die großen Felder, Haine und Gärten, die die weite Flussebene in üppiges, wohltuendes Grün tauchen.

Bis in die 1950er Jahre war das weite Mündungsdelta noch Sumpfgebiet. Erst die **Entwässerung und Kanalisierung** verwandelte es in eine landwirtschaftlich nutzbare und ertragreiche Zone. Bis heute dauern die Drainagearbeiten an, wie man an den breiten Kanälen bei Villaputzu sehen kann, die das sumpfige Schwemmland direkt hinter dem Strand trockenlegen sollen.

Einerseits wird damit neues, bebaubares Land gewonnen, andererseits dem **ökologisch wertvollen Vogelparadies** der von schmalen Wasserarmen durchzogenen Flussmündung im wahrsten Sinne des Wortes das Wasser abgegraben. Trotz der umfangreichen Eingriffe konnte sich entlang der Küste zwischen der Mündung des Flumendosa bei Muravera und der des Riu Picocca beim Capo Ferrato eine von Lagunen, alten Wasserarmen und sumpfigen Ebenen geprägte Uferzone erhalten, die zahlreichen seltenen Pflanzen und Tieren, insbesondere Vögeln, noch einen idealen Lebensraum bietet.

Obwohl die gesamte Küste bis zum Horizont von einem wunderbaren

Sandstrand gesäumt ist, hat der Tourismus hier bislang nur in sehr bescheidenem Umfang Fuß gefasst. Die Küste ist, von einer handvoll einfacher Strandbars abgesehen, noch größtenteils völlig unverbaut und die Badegäste, die sich auf dem kilometerlangen Sandband verlieren, fast ausschließlich Bewohner aus den umliegenden Orten.

Villaputzu und Porto Corallo

Der von der Landwirtschaft geprägte Straßenort **Villaputzu** am Nordufer des Flumendosa ist ein unauffälliges 4000-Seelen-Städtchen mit guten Einkaufsmöglichkeiten, aber ohne touristische Sehenswürdigkeiten. Gerade ein einfaches Hotel bietet Unterkunft.

Den Versuch, der Gemeinde mit dem Tourismus neue Einnahmequellen zu erschließen, kann man an der Küste vor Villaputzu betrachten. Vor wenigen Jahren noch ein praktisch unberührter Fleck, hat man in Villaputzus „Seebad" **Porto Corallo** viel, ja zu viel in die touristische Infrastruktur investiert. Das geschah bislang weitgehend vergeblich und ohne Fingerspitzengefühl sowie viel zu groß dimensioniert.

So wurde im Hinterland ein weitläufiges Feriendorf hochgezogen. Besonders die **riesige Marina** mit Liegeplätzen für eine ganze Armada von Sportbooten und immensen Parkflächen liegen weitgehend verwaist. Auf den leeren Teerflächen vor dem Hafen üben Väter mit ihren halbwüchsigen Kindern das Autofahren und an den Molen der Marina dümpeln verloren ein paar bescheidene Ruder- und Motorboote. Für die Marina hat man ein großes Stück des Sandstrandes geopfert, der sich, nach wie vor unverbaut und kaum frequentiert, Richtung Süden bis zur Flumendosamündung hinzieht.

Post und Telefon

- **Vorwahl: 070**
- **PLZ: 09040**

Essen und Trinken

- **Su Talleri,** Porto Corallo, SS 195, km 32,0, Tel. 99 75 74. Etwas versteckt an der Straße von Muravera nach Tortoli bei der Abfahrt nach Porto Corallo. Bei den Einheimischen hoch geschätzt und viel von ihnen besucht, denn hier gibt es in schlichtem Ambiente Meeresküche der allerbesten Art. In der Saison besser Tisch bestellen!

Unterkunft

- **Albergho Seralapis*,** Piazza Marconi 8, Tel. 99 74 33. Mehrstöckiger Zweckbau in zentraler Lage von Villaputzu mit 16 einfachen Zimmern. Eine Bar und ein Restaurant im Haus (46 €).

Camping

- **Camping Porto Corallo***,** Loc. Porto Corallo, Tel. 99 70 17, Fax 99 77 800, Web: www.portocorallocamping.it (geöffnet Ostern bis 31.10.). Von einer Coop betriebener Platz in einem lichten Wäldchen unmittelbar hinter der neuen Marina. Ordentlich ausgestattet mit Pool, Tennisplatz, Bar, Restaurant und Bungalows. Am Platz kleiner Sandstrand am Nordende der Marina. Insgesamt wirkt der Platz etwas rumpelig und ist von seiner unattraktiven Lage her eher für die Durchreise und nicht für längeres Verweilen geeignet.

Muravera

Über eine lange Brücke erreicht man am südlichen Ufer des Flumendosa

FLUMENDOSA-TAL

den Ort Muravera. Wie das auf der anderen Seite des Flusses gelegene Villaputzu ist es von der Landwirtschaft bestimmt. Mit 5000 Einwohnern ist es nur etwas größer, bietet deutlich mehr Läden und Geschäfte und hat sich so zum **lebendigen Einkaufszentrum** der Region entwickelt. Dementsprechend ist auch der Verkehr, der sich auf der SS 125 quer durch den Ort schiebt. Auch Muravera hat, abgesehen von einigen Seitengassen mit kleinen, traditionell aus Lehm erbauten Häuschen, nichts zu bieten, was zu einem längeren Aufenthalt verlockt.

Um so mehr lohnt jedoch der **Abstecher an die Küste,** zu der von Muravera eine schnurgerade Stichstraße führt, die an einem Parkplatz endet. Am Platz liegen zwei einfache Strandbars, an denen sich die Jugendlichen des Ortes treffen. Vor dem Platz erstreckt sich ein langer, grobsandiger Strand.

Zwischen Muravera und Torre Salinas führt eine Stichstraße zur Küste hinaus. Vorbei am Restaurant Esagono verläuft sie auf einer herrlichen Palmenallee parallel zum wunderbar unberührten Bilderbuchstrand **Spiaggia San Giovanni.** Das kilometerlange Sandband setzt sich in nördlicher Richtung bis zur Flumendosa-Mündung fort.

Post und Telefon

- **Vorwahl: 070**
- **PLZ: 09043**

Information

- **AAST,** Via Macchiavelli 3, Tel. 99 30 760, Fax 99 31 286, gebührenfreies Info-Tel. 800-25 81 42, Web: www.aast.muravera.ca.it, geöffnet Mo–Fr 8–14 Uhr, Di/Mi zusätzlich 15–19 Uhr.

Essen und Trinken

- **Sa Forredda,** Via Roma, Tel. 99 33 976. Gute, abwechslungsreiche Küche von Pizza bis Schnecken; schöne, im Grünen gelegene Terrasse.

Aktivitäten

- **Reiten:** Centro Ippico del Sárrabus, Loc. S'Ollasteddu, Tel. 99 90 78.

Einkaufen

- **Webarbeiten:** Laboratorio Tessile Corona Barbarina, Via Roma 90, Tel. 99 31 092.
- **Fisch:** Coop. Pescatori S. Giovanni, Via dei Platani 9, Tel. 99 91 54.

Fest

- **Sagra degli Agrumi,** Anfang April. Fest der Zitrusfrüchte.

Notfälle

- **Carabinieri,** Via Europa 6, Tel. 99 30 522.
- **Polizei,** Via Roma 303, Tel. 99 30 524.
- **Krankenhaus,** Viale Riniscata, Tel. 60 97 753.
- **Guardia medica,** Tel. 60 97 737.

Unterkunft

- **Hotel Corallo***,** Via Roma 31, Tel. 99 30 502, Fax 99 30 298, Web: www.albergocorallo.it. Direkt an der Durchgangsstraße gelegenes, großes Zweckgebäude mit 48 großzügigen Zimmern. Einladend ist die Bar, in der sich auch Einheimische gerne treffen (NS 64–86 €, HS 90–100 €).
- **Hotel Sa Ferula*,** Piazza Liberta 3, Tel. 99 30 237. Einfache Herberge im Zentrum, ebenfalls direkt an der Durchgangsstraße. Aber ausgesprochen nette, sehr gastfreundliche Betreiber (52–62 €, Frühtsück 3 €).
- **B&B Luna e Limoni,** Via Roma 134, Tel. 99 30 703, Web: www.lunaelimoni.it. 1 DZ und eine großzügige Suite im Ortszentrum. Sehr freundlicher, gut englisch sprechender Betreiber, dem auch der nahe Stellplatz für Wohnmobile gehört (DZ 25–35 € p.P., Suite 28–38 € p.P.).

Camping

- **Camping Quattro Mori***,** Loc. Is Perdigonis, an der SS 125 bei km 58, Tel. 99 91 10, Fax 99 91 26, Web: www.4mori.it, Ostern bis 15.10.; Buchung in Deutschland: Tel. (07151) 18 798, Fax 51 221. Großer, parzellierter Platz im lichten Eukalyptus- und Mimosenhain direkt am Strand. Mit Tennisplatz, Bar, Restaurant, Bootsverleih und großem Kinderspielplatz. Beim Restaurant in der Saison Open-Air-Bühne mit abendlichem Tanz.
- **Camper Service Luna e Limoni,** Via Giardini s.n., Tel./Fax (070) 99 30 703, ganzjährig geöffnet, Web: www.camperservice-muravera.it. Großer ebener, neu angelegter und sehr gut ausgestatteter Womo-Stellplatz von Signore Pio, der gut englisch spricht, sehr gastfreundlich und hilfsbereit ist und schräg gegenüber wohnt. Der Platz liegt am Rande von Muravera in ruhiger Lage. Mit Ver- und Entsorgung, Dusche, Waschmaschine, Womo alles inkl. 12–14 €, nur Parken 5–6 €, Ver- und Entsorgung für Durchreisende 7–8 €, Waschmaschine 3 €, Okt. bis März alles inkl. 7 €.

Torre Salinas XXI/D2

Zehn Kilometer südlich von Muravera führt eine kurze Stichstraße von der SS 125 zur Küste nach Torre Salinas. Der wuchtige Sarazenenturm thront auf einem kleinen Felskap über der **Spiaggia Saline.** Sowohl nördlich des

Die „Goldene Wabe" – das Mekka für Mirto

Bresca Dorada, „Goldene Wabe", tauften *Enrico Diana* und *Paolo Melis* ihre 1985 am Fuße des Monte Liuru gegründete Imkerei mit über 800 fleißigen Bienenvölkern. 1988 begannen die beiden, für zahlende Gäste Essen anzubieten, das stets durch ein Gläschen nach dem geheimen Rezept von Großmutter selbst hergestellten Myrtenlikör abgerundet wurde. Der Anklang bei den Gästen war so groß, dass die beiden 1990 begannen, die ersten Flaschen mit ihrem Mirto abzufüllen. In kaum zwei Monaten waren die 1600 Flaschen ausverkauft. So kam die Produktion ins Rollen. 1990 wurden schon 10.000 Flaschen gefüllt und inselweit verkauft. Die Nachfrage wuchs Jahr für Jahr. Gleich geblieben ist die Qualität. Der Mirto und die anderen inzwischen ins Sortiment aufgenommenen Liköre und Schnäpse werden immer noch wie vom ersten Tag an ohne jeden Farbstoff und künstliche Aromen hergestellt. Der Honig, der neben Zucker verwendet wird, verleiht den Likören ihre samtene Süße und macht den entscheidenden „kleinen Unterschied". Bresca Dorada ist Gründungsmitglied der *Assoziazione Produttori Liquore Mirto di Sardegna Tradizionale*, die die Qualität des Myrtenlikörs kontrolliert und das Qualitätssiegel vergibt.

●**Anfahrt:** Man fährt die SS 125 in Richtung Muravera bis San Priamo. Hier biegt man rechts Richtung Castiadas ab. Nach wenigen Kilometern gelangt man zum Schild „Bresca Dorada", das zum Betrieb am Fuße des Monte Liuru führt. Angeboten werden die Spezialitäten Mirto di Sardegna, Mirto Bianco, Filu e Ferru, Limoncino, Fico d'India und Arangiu.

●**Bresca Dorada,** Loc Canne Frau, Tel (070) 99 49 163, Fax 99 49 219, Web: www.brescadorada.it.

Torre erstrecken sich mit dem Stagno di Saline als auch südlich mit dem Stagno dei Colostrai und dem kleinen Stagno di Feraxi weite, flache, sehr fisch- und vogelreiche Lagunen, die dem Küstenstrich ein ungewöhnliches Gepräge verleihen. Die beiden großen Lagunen werden von großen Betrieben zur intensiven Fischzucht genutzt. Der durch einen Kanal mit dem Meer verbundene Stagno dei Colostrai wird von großen Meeräschenschwärmen zum Laichen aufgesucht und dort für die sardische Spezialität Bottarga di Muggine, geräucherter und getrockneter Meeräschenrogen, gefangen.

Sonst findet man hier nur kilometerlangen Sandstrand, der sich fast immer weitgehend menschenleer bis zum Capo Ferrato erstreckt.

Unterkunft

●**Hotel Torre Salina****, Loc. Torre Saline, Tel./Fax (070) 99 91 22. Wenig ansehnlicher, eher an eine Lagerhalle erinnernder Backsteinbau direkt am Ufer mit sehr einfacher Einrichtung. Das Ganze macht einen etwas rumpeligen Eindruck, dafür ist es aber preiswert. Zimmer mit und ohne Bad (mit Bad 42–49 €, ohne 37 €).

●**B&B Così in mare come in cielo,** Tel./Fax 99 91 23, Web: www.torresalinas.com. Reizende Villa in paradiesischer Alleinlage wenige Meter vom Bilderbuchstrand entfernt, eingebettet in 2000 m² großen Garten. 2 DZ und ein 3-Bettzimmer mit Bad, viel Kunst im Haus, schöne Panoramaterrasse. Alles nur toll, mit 115 € pro Zimmer und Nacht jedoch teuer. Aber es geht um die Lage!

Camping

●**Camping Torre Salinas*****, Loc. Torre Salinas, Tel. (070) 99 90 32, Fax 99 90 01, Web: www.camping-torre-salinas.de (1.4.–15.10.). Kleiner, einladender Platz auf leicht ansteigendem Gelände im lichtem Eukalyptushain mit Bar, Restaurant und Tennisplatz. Der familiäre Platz wird von einem deutschen Ehepaar betrieben, das zahlreiche Freizeitaktivitäten organisiert, so z.B. Rundflüge oder Segeltörns.

Costa Rei ♪ XXI/D2

Wenige Kilometer südlich von Torre Salinas verlässt die SS 125 die Küste und biegt bei dem Weiler **San Priamo** nach Westen ab und führt quer durch das menschenleere Sarrabus-Gebirge nach Cagliari.

Die bisher etwas zeitraubende Weiterfahrt zur Costa Rei ist mit dem weitgehend abgeschlossenen Bau der neuen Schnellstraße von Muravera nach Cagliari Vergangenheit.

Die „Königsküste" ist eine gut zehn Kilometer lange, sanft geschwungene Bucht, die auf ihrer gesamten Länge von einem besonders breiten, blendend weißen Sandstrand gesäumt wird. Das Wasser vor diesem wunderschönen Badeparadies ist kinderfreundlich flach, kristallklar und schimmert in allen Blautönen.

Massentourismus an der Costa Rei

So schön dieser Bilderbuchstrand ist, so gegensätzlich sind die Meinungen und Ansichten über die Costa Rei. Während sie für viele der Traumstrand schlechthin ist, ist sie für andere das abschreckende Beispiel für Massentourismus auf Sardinien. Die Emotionen entzünden sich an dem **Urlaubszentrum Costa Rei,** das sich am Südende der Bucht den Hang des Monte Nai ausbreitet. In diesem Ort ist nichts historisch gewachsen, sondern alles neu und nur für Urlauber gebaut. In den zahlreichen Urlaubsresorts und privaten Ferienhäusern drängeln sich in der Saison Zehntausende von deutschen und italienischen Touristen. Das restliche Jahr wird der inmitten der macchiaüberwucherten Einsamkeit gelegene Retortenort zur Geisterstadt.

Die deutschen Besucher versucht man mit deutscher Werbung in Restaurants mit deutscher Küche oder zum Kauf in der deutschen Metzgerei zu locken, was sicherlich nicht jedermanns Sache ist. Andererseits bietet die Costa Rei alles an Einrichtungen, Sportangeboten und Vergnüglichkeiten, was zu einem gelungenen reinen Strandurlaub gehört.

Das Nordende der Bucht

Was an dieser Stelle überraschend klingen mag: Der Massentrubel beherrscht nur den Südteil des Superstrands. Der nördliche Teil ist praktisch unbesiedelt und unberührt. Hier kann man als Camper in wunderschöner Natur und am endlos langen Strand Ruhe und Erholung finden.

Capo Ferrato

Im Norden begrenzt das markante und sehr malerische Capo Ferrato die Bucht der Costa Rei. Auf der äußersten Spitze des felsigen Kaps hockt ein

Leuchtturm, zu dem ein Trampelpfad hinausführt. Der Spaziergang durch die wildromantische Einsamkeit bis zum Turm wird von einer grandiosen Aussicht über die gesamte Küstenlinie Südost-Sardiniens gekrönt.

Am Fuße des Kaps liegt **Porto Pirastu,** das im Wesentlichen nur aus dem gleichnamigen Campingplatz besteht. Nach Süden wird dieser Traumstrand von einer lichten Pineta gesäumt, zu der mehrere staubige Pisten hinausführen. Hier gehen an den Wochenenden die Sarden ihrem Volkssport Picknicken mit der Großfamilie nach.

Fantastisch breit und endlos lang – der Strand an der Costa Rei

Der erschlossene Süden der Costa Rei

Das Bild und die Atmosphäre wandeln sich drastisch, wenn man in den Südteil der Bucht zum Urlaubszentrum Costa Rei am Monte Nai kommt. Im Zentrum des nur aus Neubauten bestehenden Ortes liegt ein Service- und Einkaufszentrum mit Bank, Touristeninformation, Läden, Supermärkten u.v.m. Drumherum gruppieren sich Gebäude, die ebenfalls irgendwelche touristische Dienstleistungen im Angebot haben. Um das Zentrum herum liegen weitläufige Feriendörfer und zahlreiche private Urlaubsdomizile, die den Hang des Monte Nai hinaufklettern.

Sehenswert ist der Ort wahrhaftig nicht, aber er bietet alles, was man braucht (oder auch nicht). Allerdings nur im Sommer: Außerhalb der Saison ist alles geschlossen und die Feriensiedlung nur von einer Handvoll Menschen bewohnt.

Praktische Tipps Costa Rei

Post und Telefon
- **Vorwahl:** 070
- **PLZ:** 09043

Information
- **AAST,** Via Ichnusa, Tel./Fax 99 13 50; geöffnet nur in der Saison.

Essen und Trinken
- **L'Aragosta,** Via C. Colombo, Tel. 99 11 18. Vom Schweizer *Max Saurwein* seit nunmehr 30 Jahren betriebenes, empfehlenswertes Fischrestaurant mit schöner Terrasse.
- **Sa Cardiga e Su Pisci,** Piazza Sardegna 10, Tel. 99 11 08. Zentral am Shoppingzentrum gelegenes Restaurant, das dank seiner exzellenten Küche Eingang in den Guide Michelin gefunden hat.

Aktivitäten
- **Segeln:** Sporting Yacht Club, Villa Rey, Tel. 99 11 78.
- **Wassersport:** Centro Sport Nautici, Villagio Piscina Rei, Tel. 99 13 45 (auch Bootsausflüge).
- **Reiten:** Centro Equestre Iba Sa Cresia, Loc. Piscina Rei, Tel. 338-76 78 402.
- **Tauchen:** Centro Immersioni Sardegna, Viale delle Agavi, Tel. 99 13 99.
- **Trekking:** Centro GEA Luida, SP 97, km 5, Tel. 340-25 58 202. Pferdetrekking in das Sarrabus-Gebirge.

Unterkunft

Das Gros der Unterkunftsmöglichkeiten sind Bungalowanlagen und Feriendörfer, die über Sardinien-Reiseveranstalter wie Oscar Reisen oder Sard Reisedienst pauschal gebucht werden können, was preiswerter ist, als vor Ort auf die Suche zu gehen.
- **Hotel Albaruja***,** Via C. Colombo, Tel. 99 15 57, Fax 99 14 59, Web: www.albaruja.it. Gepflegte Bungalowanlage im neosardischen Stil in zentraler Lage mit umfangreicher Ausstattung und vielen Sport- und Freizeitangeboten (NS 98–126 €, HS 138–204 €).
- **B&B Artenatura,** Loc. Tuerra, Tel. 99 49 180, Fax 28 38 11, Web: www.artenatura.com. Stilvolles Haus in herrlicher Alleinlage nahe dem Capo Ferrato, dem man die Liebe der gastfreundlichen und kultivierten Besitzerfamilie *Grassi* zur Kunst ansieht und -fühlt. Der Hausherr war lange Zeit Leiter des Man-Ray-Zentrums in Cagliari. Drei einladende DZ, zwei mit Bad. Im reizvollen Garten steinzeitliche Gigantengräber, 5 km zum Meer (60–70 €, Mindestaufenthalt 1 Woche).

Camping
- **Camping Capo Ferrato**,** Loc. Costa Rei, Tel./Fax 99 10 12, Web: www.campingcapoferrato.it, Ostern–15.10. Kleineres, ebenes Gelände in zauberhafter Lage am Südende der Bucht bei den malerischen Klippen Scoglio di Peppino direkt hinter dem Strand mit lichtem Eukalyptus- und Mimosenbestand. Das Tollste an diesem Platz ist die ebenso gastfreundliche wie engagierte Familie *Fanni,* deren sehr gut deutsch sprechende Tocher *Patrizia* „Wirbelwind" alles managt und organisiert, sich für ihre Gäste immer etwas Neues und Überraschendes einfallen lässt und vor allem immer fröhlich, nett und hilfsbereit ist. Sehr beliebt, deshalb rechtzeitig buchen!
- **Camping Porto Pirastu****,** Loc. Capo Ferrato, Tel. 99 14 38, Fax 99 14 398, Web: www.portopirastu.net, 1.5.–30.9. Schöner großer Platz mit sehr guter Ausstattung in toller Alleinlage direkt am Nordende des Strandes zu Füßen des malerischen Capo Ferrato.
- **Camping Le Dune***,** Loc. Costa Rei, Tel. (070) 99 19 057, Fax 99 11 10, Web: www.campingledune.it. Ganz neu und regelmäßig angelegter, dadurch etwas steril wirkender Platz in ruhiger Alleinlage mit großen Sportanlagen etwa in der Mitte der Costa Rei.

Cala di Sinzias ⤳ XXI/D3

Nur einen Katzensprung südlich der Königsküste ändert sich das Bild erneut. Eben noch im Trubel des Costa Rei, liegt nun die **stille Bucht** Cala di Sinzias vor dem Besucher, die sich zwischen den kleinen Landvorsprüngen Punta Sant'Elmo und dem Monte Turno im sanften Schwung weit ausbreitet. Ihr Ufer schmückt sich mit einem tollen breiten Sandstrand, die kleine Ebene dahinter ist stilles, grünes Bauernland, in dem nur ein paar verstreute Gehöfte liegen.

Die bislang von Hotelbauten größtenteils verschont gebliebene Cala di Sinzias ist ein kleines Camperparadies,

denn unmittelbar hinter dem zwei Kilometer langen Strand liegt ein schöner Platz im Wäldchen. Gute und günstige Einkaufsmöglichkeiten bieten die Bauernhöfe, die ihre frischen Produkte ab Hof anbieten.

Wer nicht bleiben, sondern nur baden will: Am Südende des Strandes führt etwa 500 Meter hinter dem Campingplatz Limone Beach (hier rechts zur Straße Richtung Villasimius abbiegen) eine kurze staubige Piste bis zu einem Parkplatz, bei dem man einen ganz entzückenden Sandstrand mit kleiner Bar findet.

Hinter der Bucht staffeln sich Hügel, busenförmige Kegelberge und die massiven Gipfel des Sarrabus in einer ungemein eindrucksvollen Szenerie tief hintereinander. Den zauberhaftesten Blick auf dieses Naturschauspiel hat man übrigens von der Küstenstraße nach Villasimius, die hinter der Bucht aus dem Tal kurvenreich die ansteigenden Küstenklippen hinaufklettert. Das Panorama ist schlicht grandios und für Augen und Fotolinse gleichermaßen unbedingt wenigstens einen kleinen Stopp wert.

Post und Telefon

- **Vorwahl: 070**
- **PLZ: 09040**

Unterkunft

- **Hotel Sant'Elmo Beach****, Loc. Sant'Elmo, Tel. 99 51 61, Fax 99 51 40, Web: www.santelmo.it. Sehr großes und luxuriöses Hotelresort in zauberhafter Alleinlage zwischen Costa Rei und Cala di Sinzias. Service und Ausstattung sind dem Preis angemessen (nur wochenweise Buchung mit HP, NS 150–350 €, HS 260–500 €).
- **Hotel S'Obreschida****, Loc. San Pietro, Tel. 99 50 38, Fax 99 51 22, Web: www.sobreschida.it (NS 67–72 €, HS 90–110 €). *S'Obreschida*, auf Deutsch „Morgenröte", ist ein kleines, neu erbautes Hotel in Flamingopink mit nur sieben Zimmern auf einem alleingelegenen Hof. Die freundliche Familie *Bettoli* bietet nicht nur eine schöne, stille Unterkunft, sondern in ihrem Restaurant auch eine sehr gute, überwiegend aus den eigenen Produkten zubereitete, regionale Küche. Dazu kommt ökologisch angebauter Cannonau-Wein auf den Tisch. Neben dem Hotel bietet der Hof auch **Agriturismo** in 6 DZ und einem 3-Bettzimmer (B&B 35 €, HP 49–55 € p.P.) Anfahrt: ca. 1 km vor dem Abzweig zu den Campings westlich der Hauptstraße. 800 Meter zum Strand.

Camping

- **Camping Limone Beach****, Loc. Cala Sinzias, Tel. 99 50 06, Fax 99 50 26, Web: www.limonebeach.com, ganzjährig geöffnet. Nicht direkt am Strand gelegener, gut ausgestatteter Platz im schönen Wäldchen mit Swimmingpool, Tennis, Sportplatz.

Villasimius und Umgebung ♪ XXI/D3

Bei der Weiterfahrt nach Villasimius empfiehlt es sich, nicht die schnellere Hauptstraße durch das Landesinnere zu nehmen, sondern die landschaftlich wunderschöne **Küstenstraße.** Sie windet sich von der Cala di Sinzias auf gut zehn Kilometern hoch über dem Meer durch die einsame Steinwüstenei an den Ostflanken des Monte Macioni

Die Cala di Sinzias
zu Füßen des Sarrabus-Gebirges

und Bruncu Tiriarxiu. Die Ausblicke auf die Felsklippen der Steilküste sind wunderschön und abwechslungsreich. Zwischen den schroffen Felspartien drängen sich kleine, aber feine Badebuchten wie die Cala Porceddu ins Land. Besonders einladend ist die **Cala Pira,** zu der eine staubige Piste hinabführt. Unten wartet eine Schatten spendende Pineta, ein zauberhafter Sandstrand und eine idyllische Bar.

Hat man auf der Küstenstraße die letzte scharfe Kehre bei der Punta Molentis umfahren, geht es in ein Bachtal hinab und von dort schnurgerade an die Küste von Simius und das dortige Touristenzentrum Villasimius.

Ähnlich wie an der Costa Rei ballt sich auch hier der Urlauberrummel heftig. Im Unterschied zur Königsküste sind es in Villasimius jedoch besonders die wohlhabenderen Einwohner von Cagliari und Italiener, die den Ort und seine Stände bevölkern. Zu verdanken hat das eigentlich kleine und unauffällige, einige Kilometer von der Küste entfernt gelegene Villasimius seine Beliebtheit dem **Capo Carbonara,** das kilometerweit ins Meer hinausragt. Denn östlich und westlich des schmalen Felskaps haben die Meeresströmungen gleich eine ganze Kette von teils erlesen schönen Sandstränden angeschwemmt, die die Besucher in hellen Scharen anlocken.

Dementsprechend gut ist die touristische Infrastuktur mit zahlreichen großen und eleganten Hotelanlagen. Dazu besitzt das besonders saubere Meer um das Kap eine vielfältige Flora und Fauna. Der Bereich ist daher als **Area Marina Protetta di Capo Carbonara** besonders geschützt.

Villasimius

Vom kleinen Nest zur Touristenhochburg

Villasimius wurde erst 1812 als sicherer Ersatz für ein Küstendorf auf dem Capo Carbonara gegründet, dessen Bewohner die ständigen Piratenüberfälle Leid waren. Bis in die siebziger Jahre des 20. Jahrhunderts war Villasimius, das bis 1862 noch Carbonara hieß, ein bescheidenes und vergessenes Bauern- und Fischerdorf, in das sich kaum ein Fremder verirrte. Einer, der den Weg fand, war der umstrittene Philosoph und Schriftsteller *Ernst Jünger*. Der begeisterte Käfersammler weilte mehrfach in Villasimius. Hier schrieb er 1954 auch sein Buch „Am Sarazenenturm" nieder, das den Namen von Villasimius in aller Welt bekannt machte, allerdings wenig von dem Ort und der Region erzählt.

Heute hat Villasimius zwar nur 2500 Einwohner, platzt aber im Sommer aus allen Nähten. Die Auto- und Fußgängermassen, die die von Bars, Restaurants und Souvenirshops gesäumte, enge Ortsdurchfahrt bevölkern oder völlig verstopfen, kommen zumeist aus dem nahen Cagliari und aus den zahlreichen großen Hotelanlagen, Campingplätzen und Feriendörfern, die rings um Villasimius wie Pilze aus dem Boden schossen und die Immobilienpreise in schwindelnde Höhen trieben. Wegen der *passeggiata,* der allabendlichen Flanierrunde, ist die Durchgangsstraße im Sommer von 20.30 bis 1 Uhr für den Verkehr gesperrt.

Rundgang

Trotz des Rummels hat der alte Ortskern Charme. Besonders nett ist die zentrale **Piazza Gramsci,** auf der man sich zeigt und selbst schaut. Sehenswürdigkeiten besitzt Villasimius bis auf ein kleines, aber schön aufgemachtes **Archäologisches Museum** mit interessanten Unterwasserfunden nicht. Wenn man möchte, kann man zu dem Ort pilgern, wo einst *Ernst Jünger* logierte. Doch der Besuch der in einer Seitengasse gelegenen **Albergo Stella d'Oro** ist weniger wegen *Jünger,* sondern wegen der exzellenten Küche, die im dortigen Restaurant auf den Tisch kommt, zu empfehlen.

Sonnenaufgang auf der Punta Is Molentis

Die Punta Is Molentis an der Küste östlich von Villasimius ist einer der eindrucksvollsten Punkte an Sardiniens Küste, um den Sonnenaufgang zu erleben. Das unglaubliche Farbenspiel von Himmel und Meer ist einmalig und die Punta Molentis seit jeher ein Ort, von dem professionelle Fotografen das grandiose Schauspiel ablichten. Also, Fotoapparat oder Videokamera und ein Stativ nicht vergessen! Die Agentur La Via del Mare bietet von Villasimius aus etwa dreistündige Ausflüge zum Sonnenaufgang auf der Punta Molentis sogar inklusive Frühstück vor Ort an.

Spiaggia Simius und Portu Giunco

Von Villasimius führt eine schnurgerade Stichstraße hinab zur zwei Kilometer entfernten Küste an der Ostseite des Capo Carbonara. Dort liegen einige Hotels und die herrliche, überbreite **Spiaggia Simius,** die sich, von malerischen Klippen im Norden begrenzt, zum Kap im sanften Schwung hinauszieht. Dort, wo der Strandsee Stagno Notteri den Strand in eine Sandbrücke verwandelt, beginnt die vielbesuchte **Spiaggia di Portu Giunco.** Hinter diesem geradezu karibisch anmutenden Traumstrand samt einladender Bar liegt ein schattiges Wäldchen.

●**Anfahrt** über eine ca. 1,5 km lange, erst geteerte, dann staubige Piste, die kurz vor der Marina von der Straße zum Leuchtturm Richtung Osten abzweigt.

Capo Carbonara

Auf der Westseite des Kaps führt eine Straße hinaus bis zum Leuchtturm an der Spitze, die selbst militärisches Sperrgebiet ist und nicht betreten werden kann. Auf dem Weg kommt man an der großen, neuen Marina und einigen weitläufigen Ferienanlagen vorbei. Gleich nach dem Yachthafen lohnt sich der kleine Spaziergang zum **Forte Vecchio,** von dem man einen schönen Blick über den tief eingeschnittenen Golfo di Carbonara hat. Vom Parkplatz am Ende der Straße unterhalb des Leuchtturms genießt man eine tolle Aussicht hinaus zum unbewohnten und unter Naturschutz stehenden Eiland **Isola dei Cavoli,** das auf seinem Rücken ebenfalls einen Leuchtturm trägt.

Kurz vor dem Wendeplatz führt links eine staubige Piste etwa 500 Meter hinab zur **Spiaggia di Cava Manna,** an der ein schattiger Eukalyptushain zum Picknick einlädt. Der wenig besuchte Strand ist eher felsig und nur mit kleinen Sandflecken durchsetzt.

Praktische Tipps
Villasimius und Umgebung

Post und Telefon

- Vorwahl: 070
- PLZ: 09049

Information

- **Ufficio Turistico,** Piazza Giovanni XXII, (bei der Kirche S. Raffaele), Tel. 79 28 017, Web: www.villasimiusweb.com.

Essen und Trinken

- **Stella d'Oro,** Via Vittorio Emanuele 25, Tel. 79 12 55. Hier logierte und speiste 1954 *Ernst Jünger,* worauf der Betreiber noch immer sehr stolz ist. Seit 1926 wird das Lokal von der Familie *Gavino* geführt. Der Gastraum ist schlicht, der Atriumhof mit Springbrunnen idyllisch und das Essen ausgezeichnet. Das Haus ist bekannt und die Küche nicht eben billig, aber sehr beliebt. In der Saison deshalb besser vorbestellen.
- **Carbonara,** Via Umberto I. 60, Tel. 79 12 70. Gepflegtes Lokal direkt an der Durchgangsstraße nahe der Piazza Gramsci mit freundlichem, aufmerksamen Personal und guter, abwechslungsreicher Küche, vor allem vielerlei Fischspezialitäten.
- **La Pergola,** Loc. Su Lillu, an der Straße zur Foresta Minniminni, Tel. 79 16 96. Allein in stiller Natur gelegenes Restaurant mit großem Garten. Serviert wird neben Pizza ausgezeichnete sardische Küche von Porcheddu

über Pecorino bis Sebadas und bester Vernaccia-Wein. Anfahrt: kurz nach dem nördlichen Ortsende ausgeschilderter Abzweig Richtung Foresta Minniminni. Im Sommer Vorbestellung empfohlen.
- **Toma Toma,** Piazza Gramsci 1, Tel. 79 12 33. Die Bar ist *der* Treff schlechthin in Villasimius. Bei Kaffee, Bier und Cocktails genießt man es hier, zu sehen und gesehen zu werden.

Aktivitäten/Museum

- **Freizeitangebote:** La Via del Mare, Via Umberto 122, Tel. 79 10 09, Fax 79 10 24, Web: www.laviadelmare.com. Sämtliche touristischen Dienstleistungen vom Tranfer über Autoverleih, Ticketverkauf, Sportkurse, Unterkunft bis zu ein- oder mehrtägigen Bus-, Boots-, Wanderausflügen.
- **Segel-, Tauch- und Angeltörns:** Segelschiff „Harry S", Marina, Tel. 338-37 74 051, Web: www.harrystours.com (deutscher Betreiber).
- **Bootsausflüge:** Matilda, Marina Villasimius, Tel. 80 56 51. Tagesausflüge (10.30–17 Uhr) auf einem romantischen, alten 50-Fuß-Segelboot zwischen den unbewohnten, unter Naturschutz stehenden Inseln Cavoli und Serpentara mit Mittagessen.

Isola dei Cavoli Express, Via A. Volta 9, Tel. 79 03 59 (dreistündige Ausflüge zur geschützten Isola dei Cavoli).

Fiore di Maggio, Tel. 340-48 62 894. Tagesausflug in den *parco marino* und zur Leuchtturminsel mit üppigem Mittagessen; Abfahrt Hafen 10.30, Rückkehr ca. 17 Uhr.
- **Tauchen:** Tanka Village Diving Center, Tel. 79 54 64.
- **Angeln:** Onda Blu, Via Umberto 78, Tel. 79 04 01.
- **Museo Archeologico,** Via A. Frau, Tel. 79 30 290, 15.6.–15.9. Di–So 10–13 u. 21–24 Uhr, 16.9.–14.6. Fr/Sa/So 10–13 u. 17–19 Uhr, Di/Mi/Do 10–13 Uhr.

Nachtleben

- **Disco:** L'Una Bar, Via Vittorio Emanuele 5 (ab 18 Uhr); Lo Sciabecco-Fortesa, Loc. Su Pranu, Tel. 79 17 93 (mit Pizzeria).
- **El Peyote,** Loc. Santa Maria, Tel. 79 14 16.

VILLASIMIUS UND UMGEBUNG

Strände

- **Cala Pira:** Kleine Badebucht an der Ostküste unterhalb der Straße zur Costa Rei.
- **Riu Trottu:** Kleiner Sandstrand an der Mündung des gleichnamigen Baches auf der Südseite der Punta Molentis.
- **Spiagge di Manzunas:** Mehrere kleine Badestellen und Sandbuchten im Anschluss an die Riu-Trottu-Bucht Richtung Süden.
- **Spiaggia Is Traias:** Intime kleine Strandbucht zwischen malerischen Klippen gleich nördlich der Spiaggia Simius.
- **Spiaggia Simius/Spiaggia di Porto Giunco:** Kilometerlanger Superstrand mit Überbreite und Strandsee an der Ostseite des Capo Carbonara.
- **Spiaggia Cava Manna:** Winzige Sandbucht unterhalb des Sarazenenturms an der Ostseite des Capo Carbonara.
- **Spiaggia di Cala Caterina:** Kleine Sandstrandbucht an der Westseite des Kaps.
- **Spiaggia di San Stefano:** Längerer Sandstrand südlich der Marina im Golfo di Carbonara.
- **Spiaggia del Riso:** Kleiner Sandstrand mit eingesprenkelten Felsen vor dem Campingplatz.
- **Spiaggia di Cuccureddus:** Kleinere Strandbucht westlich der nur durch eine kleines Felskap von ihr getrennten **Spiaggia di Campulongu**.
- **Spiaggia di Campus:** Langer Sandstrand mit beliebter Bar an der Ostseite des Capo Boi an der Straße Richtung Cagliari.
- **Spiaggia di Capo Boi:** Kleinere Bucht auf der Westseite des Capo Boi an der Straße Richtung Cagliari.

Einkaufen

- **Biologische Produkte:** Azienda Agricola Piras, Via Marconi 10, Tel. 31 68 29.
- **Käse:** Caseificio Corvetto, Zona Pallaresus, an der Straße Richtung Costa Rei, Tel. 79 15 07.
- **Wein:** Bottega del Vino, Via Regina Margherita 30, Tel. 99 50 25.
- **Dolci Sardi:** Pasticceria Artigianale, Via Vittorio Emanuele 50, Tel. 79 12 87.
- **Fisch:** Peschiera Carboni, Via Roma 48, Tel. 79 14 00.
- **Webarbeiten:** Il Tappeto Sardo, Via Roma 5, Tel. 79 02 49.
- **Lederwaren:** Zoccoli, Via Umberto 44, Tel. 79 17 36.

Fest

- **Sagra della Madonna del Naufrago,** 2. So im Juli. Im Juli 1979 versenkte man vor der Isola dei Cavoli eine von dem bekannten sardischen Bildhauer *Pinuccio Sciola* gefertigte Steinskulptur der Inselheiligen Signora di Bonaria im Meer. Seither findet zum Jahrestag der Versenkung eine bunte Bootsprozession zum Ort der Versenkung statt. Anschließend wird im Ort ordentlich gefeiert.

Notfälle

- **Carabinieri,** Via Raffaello, Tel. 79 12 22.
- **Polizia,** Piazza Gramsci, Tel. 79 30 223.
- **Guardia medica,** Via Regina Elena, Tel. 79 13 74.
- **Seenotrettung/Strandwacht:** Tel. 15 15.

Unterkunft

- **Hotel Simius Playa****,** Via del Mare, Tel. 79 311, Fax 79 15 71, Web: www.simiusplaya.com. In einem prächtigen, bunt blühenden Garten mit Palmen und Pool eingebettet. Schickes und geschmackvoll eingerichtetes Hotel direkt an der wunderschönen Spiaggia di Simius. Mit ganz hervorragender Küche und idyllischer Restaurantterrasse (NS 110–120 €, HS 250–260 €).
- **Hotel Stella Maris****,** Loc. Campulongu, Tel. 79 71 00, Fax 79 73 67, Web: www.stellamaris.com. Elegante, architektonisch einladende schöne Anlage mit nur 43 Zimmern in toller Alleinlage zwischen Strand und Pineta mit der Kategorie angemessener Ausstattung. Von den Zimmern nach vorn, den zwei Pools und der Restaurantterrasse herrlicher Meerblick (NS 160–300 €, HS 300–400 €).
- **Hotel L'Oleandro***,** Strada Panoramica, Tel. 79 15 39, Fax 79 04 09. Freundliche Herberge mit nur neun Zimmern in sehr ruhiger Lage 600 Meter von einer Strandbucht an der Straße Richtung Costa Rei, sehr aufmerksames und freundliches Personal, gutes Hausrestaurant (NS 47–62 €, HS 70–90 €).

Zwischen Villasimius und Cagliari ♪ XX – XXI/BC3

Die nur gut 30 Kilometer lange Küstenstraße von Villasimius bis zum Großraum Cagliari ist landschaftlich sehr reizvoll. Die Straße führt fast immer direkt oberhalb der Küste entlang. Dabei klettert sie ununterbrochen, immer kurvenreich und manchmal auch steil die Küstenklippen hinauf und hinab. Zwischen den Steilküstenpartien liegen kleine Buchten mit Stränden, die jedoch fast alle mit Hotelanlagen sowie Villen und Ferienhäusern der Besserverdienenden aus Cagliari zugebaut sind.

Solanas

Von Villasimius führt die Küstenpanoramastraße über das markante **Capo Boi**. Oben bietet ein kleiner Parkplatz Haltemöglichkeit. Anhalten lohnt sich, die Aussicht auf das gegenüberliegende Capo Carbonara ist wunderbar.

Westlich vom Kap öffnet sich eine Bucht, die der Riu di Solanas ausgewaschen hat. In dem kleinen Tal liegt der stark vom Tourismus geprägte Ort Solanas. Er besitzt mit der **Spiaggia Solanas** den längsten und schönsten Badestrand zwischen Villasimius und Cagliari und ist in der Saison stark besucht. Besonders beliebt ist Solanas bei den Jugendlichen aus dem Großraum Cagliari, die sich hier nach Feierabend oder am Wochenende treffen. Beherrscht wird die Bucht von der Hotelresidenz Abbablu.

●**Albergo Stella d'Oro****, Via Vittorio Emanuele 25, Tel. 79 12 55, Fax 79 26 32. Zentral in einer Seitengasse nahe der Piazza Gramsci gelegene, traditionsreiche, familiäre Herberge mit lauschigem Atriumhof inkl. Springbrunnen, in der schon *Ernst Jünger* Quartier nahm (NS 45–60 €, HS 60–105 €).

●**Albergo Fiore di Maggio***, Loc. Campulongu, Tel./Fax 79 73 82. Die wohl preiswerteste Unterkunft im teuren Villasimius, mit 24 Zimmern angenehm klein und 100 m zum Meer. Dennoch gute Ausstattung mit Bar, Restaurant, Pool und Tauchzentrum (NS 50–70 €, HS 70–100 €).

Camping

●**Camping Spiaggia del Riso*****, Loc. Campulongu, Tel. 79 10 52, Fax 79 71 50, Web: www.villaggiospiaggiadelriso.it, 1.5.–31.10. Schön im lichten Pinienwald gelegen. Sehr großes, durch die Straße geteiltes Gelände mit umfangreicher Ausstattung wie z.B. Tennis, Surfbrett- und Bootsverleih. Direkt vor dem Platz ein kleiner, aber sehr malerischer Sandstrand mit bizarren Felsbrocken. Achtung Ruhebedürftige: In dem Teil mit der Rezeption befindet sich in der Saison eine laute Disco!

Wohnmobil-Stellplätze

●**Dumping System**, Loc. Campus, Tel. 349-61 69 104, Mai–Anfang Okt. Ebener Wiesenplatz direkt an der Straße mit vereinzelten jungen Bäumchen, die jedoch noch wachsen müssen, um wirklichen Schatten zu spenden. Ver-/Entsorgung, Strom, Waschmaschine, Sanitäranlage mit Duschen/WC.

●**Area Camper Gli Aranci**, Loc. Pranu Zinnigas, Mobil-Tel. 348-87 00 916, 1.6.–30.9. Großes, sehr schön und ruhig gelegenes, idyllisch von Oleanderbüschen, Olivenbäumen und Orangenbäumchen untersetztes Wiesengelände. Anfahrt: Ortsausgang Richtung Costa Rei erst Schildern „Zona Industriale" und „Foresta Minniminni" folgen, dann die Viale de Carrubi nehmen. Ver-/Entsorgung, Strom, Duschen, Grillplatz, kleine Bar. 200 m entfernt das einladende Restaurant La Pergola mit wunderschöner Terrasse.

Unterkunft/ Essen und Trinken

- **Residenz Abbablu*****, Via Piscina Bertula, Tel. (070) 75 06 62, Fax 75 06 63, Web: www.abbablu.com. Schön gelegene und gut ausgestattete Appartement-Anlage mit 2- bis 5-Bett-Appartements (nur wochenweise Buchung, 2-Pers.-App. 420–630 €).
- **B&B I Gigli**, Porto Sa Ruxi, Tel. 79 89 005, Web: www.sardiniabeb.com. 2 DZ mit Bad, Balkon und tollem Meerblick in der schicken Villa von Dr. (der Psychologie) *Adriana Ciccia* mit Swimmingpool, Tennisplatz, Treppe zum Strand (25–75 € p.P.).
- **Da Barbara**, Straße von Cagliari nach Villasimius, Tel. (070) 75 06 30. Das Nichtraucherlokal ist so ziemlich das Nonplusultra Sardiniens in Sachen Meeresküche! Für Kenner zählt das äußerlich unscheinbare Haus zu den Top Five der Insel. Entsprechend groß ist der Andrang, deshalb besser vorbestellen!

Torre delle Stelle

Wenige Kilometer westlich von Solanas liegt in einer kleinen, vom Sarazenenturm Torre de Su Fenugu überragten Bucht der Urlaubsort Torre delle Stelle. Praktisch der gesamte Ort ist eine einzige Ferienanlage mit Sport- und Freizeiteinrichtungen, Hotels, Restaurants und Villen, die die Hänge der Bucht dicht bedecken.

Aktivitäten

- **Tauchen:** Tauchschule Torre delle Stelle, casella postale 31, Tel. (070) 78 67 18, Fax 75 08 09, Web: www.manni-diving.net (von einem Deutschen betrieben).

Geremeas

Eine der wenigen noch **unberührten Badestellen** an dem Küstenabschnitt findet man in der kleinen Bucht zwischen Geremeas und der Cala Regina. Zwischen Straße und Meer liegt hier ein kleines, lichtes Eukalyptuswäldchen. Die Einfahrt ist mit einer ziemlich ramponierten, fast immer geöffneten Schranke versehen. Das einladende Wäldchen gehört einem Privatmann. Wenn er da ist, kostet es ein paar Cent Eintritt. Dafür kann man in dem reizvollen Gelände, durch das ein kleiner Bach fließt, wunderbar picknicken und am kleinen Kiesstrand baden. Auch das Übernachten mit dem Wohnmobil ist möglich.

Cala Regina

Etwa einen Kilometer weiter führt von der Küstenstraße ein Stichweg hinab zur Cala Regina. Oberhalb der Badebucht gibt es angelegte Parkmöglichkeiten. Die Bucht selbst ist ein kleiner, vom Torre Cala Regina überragter Kiesstrand und trotz seines königlichen Namens eigentlich nicht besonders attraktiv. Das Besondere an ihr ist, dass sie noch völlig unverbaut und naturbelassen ist. Wie lange noch, bleibt jedoch fraglich. In dem etwas landeinwärts gelegenen Bauerndorf Geremeas wurden bereits die ersten Ferieneinrichtungen gebaut.

Von Terra Mala nach Foxi

Westlich der Cala Regina ist der schmale Küstenstreifen zwischen Straße und Meer immer dichter mit Hotels, Restaurants, Ferienhäusern und anderen touristischen Einrichtungen bebaut. Hier sind bereits die Ausläufer des Ballungszentrums von Cagliari und Quartu St. Elena erreicht. Die Küste vor den praktisch nahtlos ineinander übergehenden Orten Terra Mala, Capitana, Sant'Andrea und Foxi, die bereits zu Quartu St. Elena gehören, besitzt keine nennenswerten Strände, ist teils unansehnlich und verschmutzt und zum Baden wenig geeignet. Einen Grund zum längeren Verweilen gibt es hier eigentlich nicht.

Unterkunft

• **Grand Hotel Quattro Torri******, Loc. S'Oru e Mari, Via Leonardo da Vinci 1/3, Tel. (070) 86 021, Fax 86 02 510. Elegante Luxusherberge mit umfangreicher Ausstattung und ebensolchem Sport- und Freizeitangebot (NS 80–116 €, HS 116–130 €).
• **Il Gambero****, Loc. Terra Mala, Tel./Fax (070) 80 32 16. Kleine, preiswerte Unterkunft mit Bar und Restaurant (42–47 €).

Camping

• **Camping Pini e Mare****, Loc. Capitana, km 123, Tel. 80 31 03, Web: www.tiscalinet.it/piniemare, ganzjährig geöffnet. Cagliari und Quartu St. Elena am nächsten gelegener Platz. Hügeliges, terrassiertes Gelände im lichten Pinienwald direkt an der besonders am Wochenende stark befahrenen Straße nach Villasimius.

Sarrabus-Gebirge

♢ XXI/DC2

Das Sarrabus-Gebirge erstreckt sich zwischen der Salto di Quirra im Norden, der Region Gerrei im Nordwesten sowie dem Großraum Cagliari im Südwesten und bedeckt somit den Großteil Südost-Sardiniens. Der Sarrabus ist ein granitenes Meer der Stille, überzogen von Macchia und dichten Wäldern aus Eichen, Erdbeer- und Mastixbäumen, zerfurcht von tief eingegrabenen Schluchten und durchflossen von glasklaren Bergbächen.

Das riesige Granitmeer ist **praktisch vollständig unbesiedelt** und weitgehend straßen- und wegelos. In dieser abgeschiedenen, nur schwer zugänglichen und von Menschen unberührten Bergnatur konnte sich eine außergewöhnlich reiche Flora und Fauna erhalten, zu der viele Arten gehören, die akut vom Aussterben bedroht sind.

Um den Lebensraum zu schützen, wurde ein Großteil des Gebirges zum **Naturpark Parco Sette Fratelli – Monte Genis** erklärt. Er umfasst ein praktisch menschenleeres Gebiet von rund 600 Quadratkilometern. Große Teile der artenreichen Oase, in der u.a. Geier, Adler, Wasserschildkröten, Wildkatzen und andere seltene Tierarten heimisch sind, sind nur zu Fuß zu erkunden. Herzstück des Naturparks ist die Region um den zweithöchsten Gipfel des Gebirges, den 1023 Meter hohen **Monte Sette Fratelli.** Im Gegensatz zu anderen Teilen der Region ist das Gebiet um die „Sieben Brüder" mit kleinen Straßen, angelegten Wanderwegen und idyllischen Picknickplätzen sehr gut erschlossen und deshalb für Ausflüge auf eigene Faust, auch mit der Familie geeignet.

Wanderungen in die anderen, wegelosen und menschenleeren Gebirgsregionen sollten dagegen nur erfahrene Bergwanderer auf eigene Faust unternehmen. Am besten aufgehoben ist man bei einer der Cooperativen, die die Wege zu den zahlreichen versteckten Naturschönheiten, archäologischen Stätten, Tierbeobachtungspunkten und anderen Zielen bestens kennen und viel Informatives zu berichten wissen.

Castiadas

Zentrum des Sarrabus ist der kleine Ort Castiadas. Das Dorf liegt über dem Tal des Riu Piseddu am Hang der dichtbewaldeten Foresta Acqua Callenti und ist von Solanas an der Süd- und Muravera an der Ostküste über eine gute Nebenstraße zu erreichen. Einzige Sehenswürdigkeit von Castiadas ist die 1956 geschlossene Strafkolonie **Colonia Penale**, die *Ernst Jünger* in seinem Buch „Am Sarazenenturm" beschrieb. Die Anlage wurde 1875 im klassizistischen Stil erbaut (geöffnet Juni-Okt. 9-13 u. 16-24 Uhr).

Interessanter ist Castiadas aber für all diejenigen, die die unzugängliche Welt des Sarrabus und seine Natur entdecken wollen. Denn hier hat die **Cooperativa Monte Sette Fratelli** ihren Sitz, die vielfältige, von geschulten und fachkundigen Guides geführte Exkursionen und Touren anbietet.

Information/Exkursionen

●**Coop Monte Sette Fratelli,** Piazza Centrale, Tel./Fax (070) 99 47 200, Web: www.montesettefratelli.com. Trekking, Exkursionen per Jeep oder zu Fuß zum Monte Sette Fratelli, in den Foresta Minniminni, Punta Ceraxia, Casteddu De Su Dinai, Hirsch-Beobachtungen, archäologische Stätten u.v.m.

Essen und Trinken

●**Le Vecchie Carceri,** Tel. (070) 994 71 71. Preiswerte und gute „cucina tipica" und Pizza im Zentrum nur wenige Schritte vom alten Straflager entfernt.

Einkaufen

●**Wein:** Cantina di Castiadas, in Olia Speciosa, Tel. (070) 99 49 004.

Unterkunft

●**Albergo Agritur*,** Loc. Maloccu, Tel./Fax (070) 99 49 244. Einfache, preiswerte Herberge mit acht Zimmern, Bar und Restaurant (NS 10-20 €, HS 25-40 €).
●**Agriturismo Marisa Zedda,** Loc. Monte Gruttas, Tel. (070) 99 49 145. 4 DZ, ein Drei- und ein Vierbettzimmer mit Bad und Restaurant in idyllischer, stiller Lage (21-30 €).
●**B&B Rosanna,** SP 20, Km 19,1, Loc. Masone Pardu Pod. 113, Tel./Fax (070) 99 47 158, Web: www.rosannabedandbreakfast.it. 3 DZ mit Bad in adrettem Neubau in Alleinlage. Für die Gäste stehen zwei Fahrräder bereit (30-40 € p.P.).

Parco Sette Fratelli

Schon die Anfahrt zum Parco Sette Fratelli ist ein Erlebnis. Von der Ostküste geht es südlich von Muravera auf der SS 125 landeinwärts. Erst führt die Straße noch schnurgerade durch die weite Ebene des Riu Sa Picocca. Nach etwa sieben Kilometern steht der vermeintliche **Nuraghe S'Oro** an der Straße. In Wirklichkeit handelt es sich dabei jedoch um keinen Originalnuraghen. Sie wurde anlässlich der Einweihung der Gebirgsstraße SS 125, die den Sarrabus von Ost nach West überquert, an dieser Stelle errichtet, damit der zur Eröffnung anwesende *Mussolini* bequem vom Auto aus einen Nuraghen zu sehen bekam.

Wenig später führt die Straße hinein in die **Gola di Cannas,** die felsige

SARRABUS-GEBIRGE

Schlucht des Riu Cannas. 20 Kilometer geht es in vielen Kurven auf gut zu befahrender Straße durch die Schlucht hinauf mitten hinein in die einsame Bergwelt des Sarrabus. Scheitelpunkt ist die Passhöhe Arcu e Tidu. Kurz nach der Passhöhe weist ein Schild „Parco 7 Fradis" auf eine kleine Asphaltstraße hin, die weiter bergauf zu einer ehemaligen Forstkaserne führt, die den Eingang zum Naturpark Sette Fratelli markiert. In dem Gebäude unterhalten die Park-Ranger einen **Info-Punkt,** in dem man sich über die Wanderwege sowie die Flora und Fauna informieren kann. Dort ist auch das **Museo del Cervo Sardo** untergebracht, das vor allem über den sehr seltenen Sardischen Hirschen informiert, von dem noch etwa 100 Exemplare in dem Schutzgebiet eine ihrer letzten Zufluchtsstätten haben (leider seit Jahren geschlossen).

Durch den Park selbst führt ein Gewirr von schmalen, aber guten Forststraßen, die man mit dem Auto befahren darf. Ein besonders idyllisches Refugium erreicht man, wenn man in das Sträßlein kurz hinter der Forststation links abbiegt. Es führt durch dichten Wald bergab und weiter ein lauschiges Bachtal entlang. Nach etwa vier Kilometern erblickt man, inmitten stiller Natur und imposanter Felsformationen, unter den mächtigen Kronen alter Eichen am plätschernden Bächlein zahlreiche wunderbar angelegte Picknickplätzchen mit Tischen und Bänken.

Bei der Kaserne beginnt auch ein markierter, einfach zu begehender Wanderweg (ca. zwei Stunden), der durch abwechslungsreiche Landschaft zu den eindrucksvollen Felsnadeln der „Sieben Brüder" *(sette fratelli)* führt, von denen die höchste, die Punta Sa Ceraxa, 1023 Meter erreicht.

● **Öffnungszeiten:** Der Parco Sette Fratelli ist nur tagsüber geöffnet, im Sommer tägl. 8–19 Uhr, im Winter tägl. 8–16.30 Uhr.

Information/Museum

● **Museo del Cervo Sardo,** Loc. Campuomu, in der Forstkaserne am Eingang zum Park, Tel. (070) 83 10 38 (das Museum ist wegen Umbau geschlossen).

Granitfels im Parco Sette Fratelli

Burcei

Der einzige Ort im eigentlichen Gebirge des Sarrabus ist das kleine Hirtendorf Burcei, das zu Füßen des höchsten Gipfels, der 1067 Meter hohen Punta Serpeddi liegt. Nach Burcei führt von der Passhöhe Arcu e Tidu an der SS 125 direkt gegenüber vom Abzweig zum Parco Sette Fratelli eine sieben Kilometer lange, gute Stichstraße hinauf. Das kleine, in 650 Metern Höhe gelegene und noch immer vom Hirtenleben geprägte 700-Seelen-Dorf wurde um 1600 von einer Gruppe Hirten aus der Barbagia gegründet. Doch auch Weinbauern finden hier in erstaunlich luftiger Höhe ihr Auskommen, wie die Weinberge rings um das Dorf beweisen.

Am Ortseingang zweigt von der Hauptstraße eine ausgeschilderte Geländepiste zur **Punta Serpeddi** ab, die bis auf den antennenbestandenen Berggipfel hinaufführt. Mit einem normalen PKW ist die zunehmend schlechter werdende Piste jedoch nicht befahrbar. Wer es auf sich nimmt, zu Fuß hinaufzusteigen (viel Trinkwasser mitnehmen!), wird für seine Mühen mit einem grandiosen Rundblick über halb Südsardinien belohnt.

Vom Arcu e Tidu in die Ebene

Von der Passhöhe Arcu e Tidu an der SS 125 geht es nach Westen kurvenreich bergab in die Ebene von Cagliari. Auf der ganzen Abfahrt hat man immer wieder wunderbare Aussichten auf das in der Hitze flirrende Ballungsgebiet rings um Sardiniens Hauptstadt.

Auf der der etwa zwölf Kilometer langen Strecke hinab in die Ebene kommt man an dem kleinen Weiler **San Basilio** vorbei.

Unterkunft

● **Hotel Village Burranca*****, Loc. San Basilio, an der SS 125 bei km 24, Tel./Fax (070) 75 80 91, Web: www.hvburranca.com. Am Berghang gebaute, komfortable Herberge mit rustikalem Kaminrestaurant. An der Grenze zum Naturpark gelegen, ist das Hotel ideal als Ausgangspunkt für Exkursionen in den Park. Das Haus bietet auch organisierte, von orts- und fachkundigen Guides **geführte Wanderungen** an.

● **Hotel Sant'Angelo*****, Loc. Monte Accutzu, SS 125, km 44,7, Tel. (070) 99 90 07, Fax 89 01 34, Web: www.santangelohotel.it. Einsam in den Bergen gelegener Neubau mit zehn schön gestalteten, geräumigen Zimmern. Das Restaurant des Hauses wird wegen seiner ausgezeichneten Küche und Spezialitäten auch viel von Nichtgästen besucht. Anfahrt über 2 km lange Piste (nur mit HP 50 € p.P.).

Gerrei ⌕ XX, XXI/BC1; XVI/AB3

Jenseits aller großen Straßen und Touristenrouten liegt versteckt hinter den einsamen Bergen des Sarrabus und der Mondlandschaft des Salto di Quirra die kleine historische Region Gerrei. Das bereits vom Steinzeitvolk der Nuraghier besiedelte und von den Römern „Gallila" genannte Gebiet ist ein bislang vom Tourismus und der Reiseliteratur übersehenes Stück Sardinien, das noch zum echten Entdecken und Erleben einlädt. Denn das nur aus einem knappen Dutzend Bauern- und

Hirtendörfchen bestehende Gerrei konnte sich die Unberührtheit seiner Natur und Kultur besonders gut bewahren.

Im Gerrei findet man zahlreiche traditionelle Handwerksbetriebe, zauberhafte Naturoasen, zu denen nur Einheimische finden, prähistorische und antike Stätten, Ruinen mittelalterlicher Festungen und manches mehr. Nicht finden wird man hier eine touristische Infrastruktur mit Hotels, Campingplätzen oder Ähnlichem. Unterkunft bieten nur ein paar Agriturismo-Betriebe, Auskünfte zur Region erteilen die Einheimischen oder das jeweilige Rathaus.

Von der Ostküste erreicht man die kleine Region am schnellsten über die SS 387, die von Muravera über San Vito durch das Tal des Riu Flumendosa nach Ballao und von dort weiter quer durch die Region bis nach San Nicolò Gerrei führt. Die Strecke durch die Berge des Gerrei ist sehr einsam und landschaftlich äußerst reizvoll.

Armungia

Als Erstes erreicht man von der Ostküste das kleine Dorf Armungia, das etwa zwei Kilometer westlich der SS 387 auf einem Plateau liegt. Vom Flumendosa-Tal führt eine kurvenreiche, steile Nebenstraße in den Geburtsort des bekannten Politikers und Schriftstellers *Emilio Lussu* (1890–1975) hinauf, dessen Leben in einem Raum des **Museo Domus de Ainas** vorgestellt wird. Zum Museum gehören auch der **Nuraghe Armungia**, der

einzigartig auf Sardinien, mitten im Dorf aus den kleinen, traditionellen Bruchsteinhäusern herausragt, und die **Bottega di Fabbro,** eine sehenswerte, orginalgetreu erhaltene Schmiedewerkstatt aus dem 18. Jahrhundert.

Das schönste Ausflugsziel der Gemeinde ist wohl der 130 Hektar große, alte **Steineichenwald Is Forreddas**, der vom Ort über eine Geländepiste zu erreichen ist. In dieser Naturoase findet man wirklich zauberhaft angelegte Wege, Picknickplätze und offene Hütten.

Information

● **Rathaus Armungia,** Tel. (070) 95 81 23 (Mo–Fr 9–14 Uhr).

Museum

● **Museo diffuso,** Piazza Municipio, Tel. (070) 95 89 149 (Museo Domus de Ainas, Bottega di Fabbro, Nuraghe Armungia), 1.4.–30.9. Mi 9–13 Uhr, Do 16–20 Uhr, Fr/Sa/So 9–13 u. 16–20 Uhr, 1.10.–31.3. Mi 9–13 Uhr, Fr/Sa/So 9–13 u. 15–19 Uhr.

Unterkunft/ Essen und Trinken

● **Antica Locanda del Carabiniere,** Via Emilio Lussu 137, Tel. (070) 95 82 40, Web: www.locandacarabiniere.it. Ein liebevoll, fast museal eingerichteteter B&B und Agriturismo in einer alten Carabinieri-Kaserne mitten im Dorf; dessen freundliche und hilfsbereite Betreiber bieten auch Exkursionen in die Umgebung an (DZ mit Frühstück 60 €, Dreibettzimmer 80 €).

Ballao

Sieben Kilometer nach dem Abzweig nach Armungia erreicht man auf der SS 387 das kleine Dorf Ballao. Der Ort liegt nahe einer malerischen Flussschleife im Flumendosa-Tal. Der kleine, wildromantische Wasserlauf bildet in seinem unberührten Tal natürliche Swimmingpools zwischen mächtigen Granitfelsen, die zum erfrischenden Bad einladen.

Etwa zwei Kilometer nordwestlich des Orts liegt im fossilienreichen Gebiet S'Om e Gianas die stillgelegte Mine **Corti Rosas,** die von der Straße Richtung Escalaplano über eine kurze Geländepiste zu erreichen ist. Die Ruinen werden derzeit restauriert.

Weit schöner ist die **Badestelle,** die man kurz danach an der Straße Richtung Escalaplano findet. Folgt man nach links dem Schild „Piscina Naturale", erreicht man nach 400 Metern über eine holperige Betonpiste **Corru'e Arenas.** Hier findet man einen toll gelegenen Naturpool, den der Flumendosa zwischen malerischen Felsen bildet. Ein winziger Sandstrand ergänzt dieses verborgene Naturidyll.

Fährt man weiter Richtung Escalaplano, weist nach etwa zwei Kilometern links ein Schild zur **Funtana Coberta,** einem sehr schönen und gut erhaltenen unterirdischen Brunnenheiligtum aus der Nuraghierzeit.

Tipp: Wer weiter Richtung Goni möchte, muss nicht den Umweg über Silius machen. Etwa zwei Kilometer hinter dem Brunnenheiligtum biegt links eine in vielen Karten nicht eingezeichnete und nur auf eigene Gefahr zu befahrende Straße nach Goni ab. Sie ist absolut einsam, ohne Probleme auch mit dem Wohnmobil befahrbar und landschaftlich herausragend schön.

Information

●**Rathaus Ballao,** Tel. (070) 95 73 19, Mo–Fr 9–14 Uhr.

Silius

Das Bauerndorf ist durch das spektakuläre Kartrennen Is Carruceddus bekannt geworden, bei dem sich jährlich am zweiten Sonntag im Juni die besten Fahrer Italiens in den engen Dorfgassen messen. Um Silius gibt es mehrere schöne Ausflugsziele. Etwa fünf Kilometer südlich liegt nahe der Straße nach San Nicolò Gerrei das mittelalterliche **Castello Sassai** auf einem Hügel. Die legendenumrankte Ruine aus dem 12. Jahrhundert, die auch unter dem Namen **Castello Orguglioso** bekannt ist, wird zurzeit restauriert. Eine Perle der Natur ist das fünf Kilometer vom Ort entfernte wildromantische, noch völlig unberührte Tal des **Riu Patendi,** der durch einen einsamen Urwald plätschert und dabei mehrere kristallklare kleine Seen bildet.

Information

●**Rathaus Silius,** Tel. (070) 95 90 06 (Mo–Fr 9–14 Uhr).

Unterkunft

●**B&B Giofranco Erriu,** Via Parrocchia 4, Tel. (070) 95 92 24. 2 DZ im 200 Jahre alten Haus im Dorfzentrum nahe der Kirche.

Goni/Necropoli Pranu Mutteddu

Von Silius führt nach Norden eine Straße durch unbewohnte Einsamkeit bis zum Dorf Goni. Kurz bevor man das abgelegene Dorf erreicht, weist ein Schild auf den 17 Hektar großen Parco Archeologico di Pranu Mutteddu hin. Die Necropoli Pranu Mutteddu ist eine der **bedeutendsten archäologischen Stätten Sardiniens.**

Tipp: Viele Besucher besichtigen nur den eingezäunten Bereich, in dem man u.a. ein Nuraghierdorf, die berühmten *perdas fittas*, bis zu zwei Meter hohe Menhire und mehrere sehr schöne Kreisgräber findet. Das schönste dieser Gräber wurde aus zwei mächtigen Findlingsblöcken herausgemeißelt und ist von zwei Steinkreisen umgeben. Folgt man jedoch dem ausgeschilderten Trampelpfad auf der gegenüberliegenden Straßenseite, gelangt man erst zu mehreren interessanten Grabstätten und schließlich zu einem Felshügel, der von zahlreichen *domus de janas* (Felskammergräbern) durchlöchert ist.

●**Necropoli Pranu Muttedu:** Tel. (070) 98 20 53, geöffnet März–Sept. tägl. 9–20 Uhr, Okt.– Febr. tägl. 9.30–16 Uhr.

Unbedingt einen Besuch wert ist auch die sehr gut erhaltene **Nuraghe Domu'e S'Orku,** die kurz vor Goni hoch über der Straße malerisch auf einem Gipfel thront. Wer den steilen Pfad von der Straße hinaufsteigt, wird mit einer herrlichen Aussicht auf den tief unten im Tal liegenden Lago Mulargia belohnt.

Information
●**Rathaus Goni,** Tel. (070) 98 20 70 (Mo–Fr 9–14 Uhr).

Einkaufen
●**Korkprodukte:** Laboratorio Artigiano del Sughero, Via Riu su Bau 30, Goni, Tel. (070) 98 20 38.

San Basilio

Das am westlichen Rand der Region Gerrei an der Grenze zur Region Trexenta gelegene Dorf San Basilio war bereits zur Römerzeit besiedelt. Relikte aus dieser Zeit sind die Reste der **Thermen,** die man zurzeit freilegt. Ebenfalls rekonstruiert wird die kleine, im 10. Jahrhundert erbaute und einst zu einem Kloster gehörende byzantinische **Kirche San Basilio.** San Basilios Naturoase ist die **Pineta Comunale,** ein stiller Pinienwald mit der quellenreichen Zona su Lacheddu.

Information
●**Rathaus San Basilio,** Tel. (070) 98 05 536.

Einkaufen
●**Webarbeiten:** Maria Maxia Chiara, Via Chiesa 8, Tel. 98 05 484.
●**Torrone und Süßigkeiten:** Pasticceria Porru, Tel. 98 05 316.
●**Käse:** Caseificio Cancedda, Via Umberto I. 21, Tel. 98 05 516.

San Nicolò Gerrei

San Nicolò Gerrei liegt im Zentrum der Region Gerrei und ist so etwas wie die Hauptstadt der Region. Das beschauliche Dorf liegt in 367 Metern Höhe eingebettet in eine waldreiche Hügellandschaft. Der Ort hat keine besonderen Sehenswürdigkeiten, dafür jedoch **gute Einkaufsgelegenhei-**

Kartenatlas Seite XVI, XX, XXI

ten und mit dem idyllischen Agriturismo Su Niu de S'Achili eine der seltenen Übernachtungsgelegenheiten in der Region.

Information

- **Rathaus San Nicolò Gerrei,** Tel. (070) 95 00 26, Mo–Fr 9–14 Uhr.

Einkaufen

- **Käse:** Consorzio Caseario del Gerrei, Via Roma, Tel. 95 00 00.

Unterkunft

- **Agriturismo Su Niu de S'Achili,** Loc. Su Niu de S'Achili, Tel./Fax (070) 95 03 16, Web: www.tiscali.it/agriturismoSNGerrei. Herrlich still und allein gelegenes, malerisches altes Gehöft mit preiswerten Zimmern. Ein Einzel- und ein Doppelzimmer mit, 2 EZ und 2 DZ ohne Bad. Im Restaurant beste Küche der Region aus frischen, oft selbst angebauten Zutaten (15–35 € p.P., Menü 21–26 €).

Foresta Demaniale Monte Genis e Monte Pardu

Etwa acht Kilometer östlich von San Nicolò Gerrei liegt auf dem höchsten Plateau des Gerrei in 502 Metern Höhe das kleine Bauerndorf **Villasalto**. Ein sehr schönes Ausflugsziel von dort ist die Foresta Demaniale Monte Genis e Monte Pardu, ein großes, wildes Waldgebiet rings um den 979 Meter hohen Monte Genis. In das bewaldete Berggebiet, in dem man noch Mufflons und mit etwas Glück sogar dem sehr seltenen Sardischen Hirsch begegnen kann, führt eine Geländepiste, die zwischen San Nicolò Gerrei und Villasalto gegenüber dem Abzeig nach Armungia nach Süden führt.

Die völlig wegelose und menschenleere Gebirgsregion des nördlichen Sarrabus zwischen dem Monte Genis und der 1067 Meter hohen Punta Serpeddi ist ein spannendes Revier für Bergwanderungen und Exkursionen. Bevor man jedoch auf eigene Faust in diese Unwegsamkeit aufbricht, sollte man sich vorher sehr genau informieren.

Information

- **Pro Loco,** Via Michelangelo 1 (im Rathaus), Tel. (070) 95 67 18.

Essen und Trinken

- **Da Perella,** Corso della Repubblica 8, Tel. 95 62 98. Beste, aus frischen Zutaten bereitete traditionelle Gerrei-Küche, die der Zeitung „La Stampa" einen Bericht wert war und in deren Mittelpunkt Fleisch, besonders Zicklein, steht.

Fest

- **Sagra della Capra,** 1. Junihälfte. Großes Dorffest mit Prozession und Rahmenprogramm, bei dem sich alles um die *capra,* die Ziege, dreht, von der hier viele Hirten leben.

Einkaufen

- **Traditionelles Brot:** Forno Artigiano Solinas, Via Ziu Antinu, Tel. (070) 95 62 09.
- **Holzschnitzereien und Möbel:** Scultura Artistica Alessandro Serrao, Corso Repubblica, Tel. (070) 95 67 24; L'Artigiana Paolo Maxis, Via Riniscata 14, Tel. (070) 95 62 09.

Das Inselinnere

Das Inselinnere

Der Königsnuraghe
Santu Antine bei Torralba

Rückkehr vom Einkauf
in der Altstadt von Ozieri

Schafe – ihr Gebimmel erfüllt das Inland

Logudoro und Meilogu

Landschaft und Kultur

Das stille Hirtenland des Logudoro und Meilogu im **Zentrum Nordwestsardiniens** umfasst eine Anzahl kulturhistorisch herausragender Sehenswürdigkeiten. Einige der wichtigsten Zeugnisse prähistorischer Zeit in Sardinien sind hier zu finden. So die Nekropole Sant'Andria Priu und der nach Su Nuraxi bedeutendste Nuraghenkomplex, Santu Antine im Tal der Nuraghen. Nördlich erheben sich die schönsten romanischen Sakralbauten der Insel, unter ihnen Santissima Trinità di Saccargia, die Perle aller Landkirchen Sardiniens.

Der **Logudoro,** der „Goldene Ort", ist ein uraltes Hirten- und Ackerland. Es erstreckt sich zwischen Ittiri im Westen und der Hauptstadt des Logudoro, dem Landwirtschafts-, Viehzucht- und Käsereizentrum Ozieri im Osten. Im Norden grenzt es an die Anglona und den Großraum Sassari, wo im Kirchendreieck mit Santissima Trinità di Saccargia, San Michele und Sant'Antonio gleich drei wundervolle romanisch-pisanische Kirchen zu finden sind. Ihre Linie setzt sich fort mit dem Schwarzen Dom in Ardara durch die weltabgeschiedene, weite Ebene, in der Sant'Antioco di Bisarcio steht, nach Ozieri, der Messerstadt Pattada und der Holztruhenstadt Budduso.

Im Südwesten geht der Logudoro in den **Meilogu** über, das „Mitteljudikat", wie die Region in ihrer Übersetzung heißt. Der Name bezeichnet die Lage der Landschaft innerhalb des weitläufigen einstigen Judikats Torres, zu dem

Logudoro und Meilogu im Mittelalter gehörten.

Die Region wird heute von der SS 131 Carlo Felice in einen West- und einen größeren Ostteil zerschnitten. Im Westen erheben sich über dem fruchtbaren Land kleine Vulkankegel und mächtige Tafelberge, im Osten der Schnellstraße laufen sie in ausgedehnten, von Hügeln umkränzten Ebenen aus.

Aufgrund der zentralen Lage am Schnittpunkt wichtiger Verkehrsverbindungen und dank ihrer fruchtbaren Böden waren die Berge und Täler, Hügel und Ebenen schon in vorgeschichtlicher Zeit besiedelt, wovon die **vielen prähistorischen Stätten** in diesem weiten Acker- und Weideland Zeugnis ablegen. Bei Mores liegt inmitten menschenleerer Viehtrifte einer der größten Dolmen im Mittelmeerraum, Sa Coveccada. Bei Torralba erhebt sich im Tal der Nuraghen der nach Su Nuraxi größte und am besten erhaltene Nuraghenkomplex Sardiniens, Santu Antine, und bei Bonorva verbirgt sich in einer Trachytwand die über 4000 Jahre alte Felskammer-Nekropole Sant'Andria Priu.

Traditionelle Hirtenhütte im Valle dei Nuraghi

Das sardische Kirchendreieck ⟶ VII/C2

Santissima Trintità di Saccargia

20 Kilometer südöstlich von Sassari liegt kurz hinter dem Abzweig von der SS 131 Carlo Felice an der SS 597 bei Codrongianus das grüne Tal des Riu Murroni. Hier steht die **schönste pisanisch-romanische Landkirche** Sardiniens, Santissima Trintità di Saccargia. Im schwarz-weißen Zebralook erhebt sich ihr graziler Glockenturm gleich neben der Landstraße; aus weißem Kalk und schwarzem Basalt sind auch ihr Kirchenschiff, ihre Bögen und die schlanken Säulen erbaut.

Kamaldulenser-Mönche gründeten hier Ende des 11. Jahrhunderts eine Abtei. Um sie herum ließen sich Bauern nieder und nannten die Ansiedlung Saccargia, was sich vermutlich von *s'accardza* („Kuhweide") herleitet.

Den **Innenraum** der Kirche zieren eine kostbare Kanzel mit vergoldeter Dekoration, wertvolle Fresken in der Apsis aus dem 13. Jahrhundert sowie ein Meer bunter Plastikblumen. Am schönsten zeigt sich der Bau im milden Abendlicht, wenn er von der tiefstehenden Sonne angestrahlt wird.

Hinter der Kirche wurde ein befestigter Parkplatz mit Sanitärhaus angelegt.

• **Besichtigung** tägl. 9–20 Uhr.

Sardiniens schönste Landkirche:
Santissima Trinità di Saccargia

Unterkunft

• **Hotel Funtanarena**, Via S'istradoneddu 8, Tel. (079) 43 50 48, Fax 21 61 79, Web: www.funtanarena.it. Altes restauriertes Landhaus in beschaulicher Alleinlage nahe der Straße nach Codrongianus mit neun stilvoll sardisch eingerichteten Zimmern. Gutes Restaurant im Haus, die wunderbare Gartenterrasse macht es auch für Tagesgäste zu einer einladenden Oase! (78–128 €).

San Michele und Sant'Antonio di Salvenero

Die Santissima Trinità di Saccargia bildet den ersten Punkt im berühmten sardischen Kirchendreieck. Nur wenige Kilometer südlich steht verkehrsumtost die kleine ehemalige Klosterkirche **San Michele di Salvenero** (1110–30) gefangen in einem labyrinthischen Straßenkreuz an der SS 597. An selbiger Kreuzung fristet gleich gegenüber neben einem E-Werk **Sant' Antonio di Salvenero** (1220–25) ihr Dasein. Die beiden pisanischen Landkirchen sind nur von außen zu besichtigen.

Meilogu ⟶ VII/C2-3

Thiesi

Sieben Kilometer südlich liegt in knapp 500 Metern Höhe das 3500-Einwohner-Dorf Thiesi auf einem gewaltigen Kalksteinklotz. Es schmückt sich mit grauen Granithäusern und gepflasterten Gassen, ist der nach Ozieri mit Abstand größte Ort in der Region und verfügt sogar über ein Hotel.

Feste

- **7.–9. Sept.: Nostra Signora di Seunis.** Wallfahrt mit Volksfest, Folklore, Pferderennen.
- **Im Dez.: Sagra della salsiccia e vino novello.** Ein Fest, bei dem es im wahrsten Sinne des Wortes um die Wurst geht, aber auch um den neuen Wein.

Unterkunft

- **Hotel Il Cavallino Rosso***,** Via Fratelli Chigine, Tel. (079) 88 66 43, Fax 88 97 10. Angenehmes Haus, mit angeschlossenem Restaurant (62–80 €, Frühstück 3 €).
- **B&B Sa Mesaluna,** Via Lamarmora 35, Tel. (079) 88 97 16, Web: www.samesaluna.it. Zwei freundlich gestaltete DZ in einem historischen Haus an einer kleinen Piazza in zentraler Lage nahe der Kirche (25 € p.P.).

Weiterfahrt

- Von Thiesi in Richtung Lago Bidighinzu und Ittiri tut sich eine atemberaubende Landschaft auf, eine Art Mini-Death-Valley aus bizarren, nahezu senkrecht in gähnende Schluchten abstürzenden Kalksteintafeln mitten in einem gottverlassenen Land. Die Beschreibungen hierzu finden Sie im Kapitel „Nurra"/„Östlich von Alghero".

Basilika San Pietro di Sorres

Ungefähr zwei Kilometer östlich von Thiesi klebt der keine 450 Köpfe zählende Ort **Borutta** am Hang des Monte Pelao, dem gegenüber sich in wundervoller Lage auf einer Kuppe die Kirche **San Pietro di Sorres** erhebt. Dieses Juwel unter den sardischen Sakralbauten ist eines der wenigen in pisanischer Zeit erbauten Klöster, die noch heute von Mönchen bewohnt sind – oder besser gesagt, wiederbevölkert wurden. Erst 1950 restaurierten Benediktinerbrüder aus Pisa den insgesamt vom Verfall bedrohten Klosterkomplex mit der wertvollen romanischen Kirche und zogen in die Anlage ein. Vor dem Kloster dehnt sich wie ein Aussichtsbalkon ein großzügig angelegter Parkplatz aus.

Der Baubeginn von San Pietro datiert im 11. Jahrhundert, vollendet wurde das Gotteshaus jedoch erst in den Jahren zwischen 1170 und 1190. Seine reich verzierte Fassade aus hellem Kalkstein und dunklem Trachyt wurde dabei nach dem Vorbild des Doms von Pisa gestaltet.

Der **Innenraum** der dreischiffigen, beinahe neunhundertjährigen Kirche zeichnet sich durch ein schwarzes Kreuzrippengewölbe aus – einzigartig für die pisanischen Sakralbauten dieser Epoche in Sardinien. Das dunkle Gewölbe kontrastiert mit schwarzweiß gestreiften Säulen. Sehenswert sind auch die gotische Kanzel aus dem 13. Jahrhundert und das Madonnenbildnis eines unbekannten einheimischen Künstlers, entstanden um 1400. Im Kreuzgang lassen sich Fresken aus dem Leben des heiligen Benedikt entdecken.

●**Besichtigung:** Di–Fr 8–12 Uhr und 15.30–18 Uhr, Tel. (079) 82 40 01, Web: www.sanpietrodisorres.it.

Bonorva/ Nekropole Sant'Andria Priu

Weiter südlich am Rand der Hochebene von Campeda verbergen sich bei **Bonorva** in einer Trachytwand die 20 *domus de janas* der 4000 Jahre alten Nekropole Sant'Andria Priu.

Die schön in der friedlichen Natur gelegene Grabanlage aus der Ozieri-Kultur ist überaus eindrucksvoll. Herausragend ist dabei das imposante, vorzüglich erhaltene **„Tomba del Capo"**, das Königsgrab. Ein in den Fels getriebener Korridor führt in einen mit Säulen verzierten, halbrunden Vorraum, an den sich die Grabkammern anschließen. Der Blick fällt auf die in den Boden gehauenen Schalen für Speise und Trank sowie die gemeißelte Scheintür. Sogar ein angedeutetes Dachgebälk kann man bestaunen. Vom Vorraum des insgesamt 250 Quadratmeter großen Häuptlingsgrabs erreicht man über den Hauptraum einen Altarbereich aus frühchristlicher Zeit, als es als versteckte Höhlenkirche genutzt wurde.

Ans Tageslicht zurückgekehrt, steht unmittelbar oberhalb des Häuptlingsgrabs auf einer Anhöhe eine merkwürdige Skulptur, die an eine – zugegebenermaßen stark verwitterte – Henry-Moore-Plastik erinnert. Zweifelsfrei wurde dieser eigenartige Fels von Menschenhand gestaltet, allein seine Bedeutung ist noch immer umstritten. Die vorherrschende Theorie lautet, es handele sich bei der Steinfigur um die Darstellung einer Stier-Gottheit, dem die Frühchristen womöglich den Kopf abschlugen.

●**Coop Costaval Sant'Andria Priu,** Via Luigi di Savoia, Tel. 348-56 42 611, Besichtigung im Sommer tägl. 10–13 und 15–19 Uhr, im Winter tägl. 10–13 u. 15–18 Uhr.

DAS TAL DER NURAGHEN

- **Museo Archeologico,** Piazza S. Antonio, Bonara, Tel. (079) 86 78 94. Gezeigt werden u.a. Funde aus Sant'Andria Priu. Öffnungszeiten wie die Nekropole.

Unterkunft

- **B&B Sa Domo Tua,** Via Roma 77, Tel. (079) 86 75 65. Zwei schlichte, ordentliche DZ und 1 EZ im Neubau (25–35 € p.P.).

Das Tal der Nuraghen ♪ VII/C3

Cabu Abbas, auf Deutsch etwa „Anfang des Wassers", hieß die gesamte Ebene am Nordfuß des Altopiano della Campeda in früheren Zeiten. Erst

Padre Padrone – der Schriftsteller Gavino Ledda

Der Schriftsteller kommt im Jahr 1938 als Sohn einer armen Hirtenfamilie in Siligo zur Welt. Mit sechs Jahren reißt ihn sein brutaler Vater nach nur einem Monat aus der Schule und schickt das Kind zum Schafehüten fort in die Einsamkeit der Berge des Logudoro und Meilogu. Von jungen Jahren an führt Ledda ein entbehrungsreiches Leben unter freiem Himmel, mit einer Schafherde und einem Hund als einzigen Begleitern.

Eine dürftige *pinedda* („Hirtenhütte") bietet ihm Schutz vor den Unbilden der Natur wie vor den wenigen Menschen, die dem angsterfüllten kleinen Hirtenknecht in der Einöde begegnen. „Kam ein Jäger vorbei, tat ich alles, um zu verschwinden," schreibt Gavino Ledda später in seiner Autobiographie „Padre Padrone – Mein Vater, mein Herr". „Und hatte ich keine Zeit mehr dazu, sprang ich ins Dickicht der Macchia, duckte mich hinter Felsbrocken oder Steinhaufen *(a issegus des sos crastos o de sas moridinas),* versteckte mich in den Höhlungen der Eichen *(intro de sas tuvas de sos chercos).* Manchmal lief ich sogar Gefahr, von den Hunden als Wild angesehen zu werden. Aber ich konnte mich nicht anders verhalten. Ich war nicht imstande, mit jemandem zu sprechen [...], da ich ja immer allein war und mich mit mir selbst wie mit der Natur nur schweigend

unterhielt, verlor das gesprochene Wort allmählich an Bedeutung."

Vor der sprachlosen, bedrohlichen Natur, vor der rohen Gewalt des gefürchteten Vaters, seines Ausbeuters und Patrons, vor dem unabdingbaren Gehorsam in einer archaischen Hirtengesellschaft, die nur Unterdrücker und Leibeigene, Herren und Knechte kennt, flieht *Ledda* als Zwanzigjähriger auf das Festland, erlernt dort beim Militär zunächst die italienische Sprache, danach Lesen und Schreiben und bringt seine Lebensgeschichte zu Papier.

Leddas Erstlingswerk „Padre Padrone" wurde ein unerwarteter Erfolg, vielfach ausgezeichnet und in zahlreiche Sprachen übersetzt. 1977 gewannen die Brüder *Taviani* mit der gleichnamigen Verfilmung des Romans die Goldene Palme der Filmfestspiele von Cannes. Damit waren die finsteren, mittelalterlich anmutenden Zustände, wie sie sich zwischen 1944 und 1960 in einem westeuropäischen Land ereigneten, nun weltweit bekannt. Die Einwohner von Siligo nahmen dem „Nestbeschmutzer" seine Veröffentlichung außerordentlich übel. *Gavino Ledda* ist mittlerweile nach Siligo zurückgekehrt, hat sich ein kleines Haus nur einen Steinwurf von seinem ehemaligen Elternhaus entfernt gebaut und unterrichtet Sprachwissenschaften an der Universität von Cagliari.

DAS TAL DER NURAGHEN

mit Aufkommen des Tourismus wurde das Gebiet werbewirksam in „Tal der Nuraghen" umgetauft. Die vielen prähistorischen Monumente belegen die frühe Besiedlung dieser fruchtbaren Region.

Torralba

Die besondere Attraktion des Dörfchens Torralba nahe der SS 131 ist das ebenso reizvoll wie informativ gestaltete **Museo della valle dei Nuraghi**,

Ein Stier? Rätselhaftes Relikt aus der Steinzeit an der Nekropole Sant'Andria Priu

das Funde aus der Nuraghe Su Antine ausstellt. Daneben beherbergt es wechselnde, stets sehr gut gestaltete und informative Ausstellungen über die landwirtschaftlichen Erzeugnisse der Region.

● **Museo della Valle dei Nuraghi,** Via Carlo Felice 143, Tel. (079) 84 72 98, Mai–Sept. tägl. 9–20 Uhr, Okt.–April 9–18 Uhr.

Nuraghe Santu Antine

Von Torralba ist es nicht mehr weit zum nach Su Nuraxi bedeutendsten Wehrbau aus nuraghischer Zeit, der Nuraghe Santu Antine. Weithin sichtbar thront der majestätische Megalithbau im Tal der Nuraghen nahe der SS

131. *Sa domu 'e su rei*, „Königshaus", tauften ihn die Sarden aufgrund seiner imponierenden Ausmaße.

Der aus gewaltigen Basaltquadern bestehende Mittelturm wurde wahrscheinlich schon im 12. Jahrhundert v. Chr. errichtet. Etwa 300 Jahre später umzogen ihn die Nuraghier mit einem dreieckigen Mauerring und drei Ecktürmen, von denen aus die Bogenschützen den nahenden Feind erspähen und die Verteidigung aufnehmen konnten. Die Wachtürme wurden durch Wehrgänge miteinander verbunden. Im hundert Quadratmeter großen Innenhof, welcher den Nuraghiern zugleich als Versammlungsort diente, lag der schützenswerte tiefe Brunnen mit dem kostbaren Wasser.

Vom Hof aus gelangt man in den **Mittelturm.** Bei einer ursprünglichen Gesamthöhe der Anlage von 23 Metern besaß er drei Stockwerke. Zwei davon sind bis heute erhalten, das dritte wurde im 19. Jahrhundert dem Bau von Schweineträknen geopfert. Den zentralen Raum im Herzen des Mittelturms umgibt ein Schießschartengang. Von ihm führt eine halsbrecherisch steile Wendeltreppe ins Obergeschoss hinauf. Hier findet sich ein weiterer Raum mit einer rundum laufenden steinernen Sitzbank und einem Fenster zum Hof. Vom zweiten Geschoss sind nur noch Reste der Außenmauern erhalten, es dient heute als Aussichtsplattform.

●**Besichtigung:** Mai–Sept. tägl. 8.30 Uhr bis Sonnenuntergang, Okt.–April tägl. 9–18 Uhr, Tel. (079) 84 72 98.

●**Coop La Pintadera,** Via Carlo Felice 143, Tel. (079) 84 71 45, Web: www.nuraghesantuantine.it. Infos, Führungen Museum und Nuraghe.

Nuraghe Oes

Kaum weniger eindrucksvoll ist der Nuraghe Oes. In Sichtweite zu Santu Antine erhebt er sich mit einem hervorragend erhaltenen Mittelturm im flachen Land. Ihre Besonderheit sind die anstelle eines Steingewölbes auf Kragsteinen liegenden Holzbohlen zwischen dem erstem und zweitem Geschoss.

Nur einen Steinwurf von den beiden Nuraghen entfernt steht die im 12./13. Jahrhundert erbaut romanische Kirche **Nostra Signora di Cabu Abbas** allein auf weiter Flur.

Westlich von Ozieri ♪ VII/D2-3

Dolmen Sa Coveccada

Zu den herausragenden archäologischen Denkmälern Sardiniens zählt der Dolmen Sa Coveccada drei Kilometer östlich der Ortschaft Mores. In tiefer Abgeschiedenheit versteckt sich inmitten von Schafweiden das monumentale, **größte megalithische Steingrab Sardiniens.**

Der auf das 3.–2. Jahrtausend v. Chr. zurückgehende Riesensteintisch bietet sich zum Picknicken an, allerdings eher unter als auf dem Dolmen. Mit drei senkrechten, schweren Wandplatten und einer wuchtigen Deckenplatte ist er insgesamt drei Meter hoch. Seine abgebrochene Deckenplatte maß einst 18 Quadratmeter und wog etwa 27 Tonnen. Somit ist dieses überirdische Hünengrab nicht nur der größte, schönste und berühmteste der ungefähr 50 sardischen Dolmen, sondern zugleich einer der größten im gesamten Mittelmeerraum.

Anfahrt

Die Anfahrt ist nicht ganz einfach: Östlich von Mores zweigt eine schmale Nebenstrecke nach Süden in Richtung Bono ab. Nach knapp vier Kilometern ist die Brücke über die Eisenbahngleise und den Riu Mannu erreicht. Gleich hinter der Brücke liegt rechts ein Parkplatz mit Hinweistafel zum Dolmen, auf dem man am besten sein Auto abstellt. Von hier geht man die Schotterpiste hinein. Nach 700 Metern erreicht man an einem Tor eine schlechte Piste, die links abzweigt. Hier hineingehen und das Tor wieder verschließen! Der Feldweg führt über eine kleine Anhöhe zu einem Gehöft, von dem man jenseits eines kleinen Taleinschnitts den Dolmen auf freiem Feld stehen sieht. Dann überquert man in der Talsenke einen kleinen Bach und steigt wieder bergauf zum Plateau, auf dem der Steintisch steht. Gehzeit ca. 30-45 Minuten (eine Strecke).

Unterkunft

●**Hotel Asfodelo***, Loc. Baddingusti (6 km nordöstlich), Tel. (079) 70 67 26. Der eine Stern täuscht. Das Asfodelo ist ein komfortables Mittelklassehotel inkl. Restaurant und behindertengerechter Ausstattung (57 €, Frühstück 2,50 €).

Ittireddu

Das keine 700 Köpfe zählende Örtchen zu Füßen des Vulkankegels Monte Lisiri bietet sich als Ausgangspunkt für Spaziergänge zu einigen schönen Hinterlassenschaften aus der grauen Vorzeit Sardiniens an.

Im **Museo Archeologico ed Etnografico** neben dem Rathaus sind über 5000 Jahre Kulturgeschichte des Landstriches untergebracht. Zu den sehenswerten Ausstellungsstücken gehören Grabungsfunde aus den Nuraghen und *domus de janas* der Umgebung. Außerdem gibt es in der Volkskunde-Abteilung herrliche Trachten, historische Gerätschaften, Werkzeuge und Produkte der traditionellen Landwirtschaft, des Handwerks und der Bäckerzunft.

In der Umgebung des Ortes liegen gleich mehrere interessante **archäologische Stätten,** die man auf einem kleinen Spaziergang erkunden kann. Ein gut einstündiger Gang führt zur Ruine der byzantinischen Kirche Chiesa Santa Elena, den *domus de janas* von Partulesi, 30 in einen roten Trachytfels getriebene Felskammergräber sowie zu den Resten der alten zweibogigen Römerbrücke Pont'Ezzu. Der zweite knapp einstündige Weg führt vorbei an dem byzantinischen Kirchlein Chiesa di Santa Croce aus dem 12. Jh. hinaus zur *zona archeologica* Nuraghe Funtana. Die genaue Wegbeschreibung erhält man beim Pro Loco in der Via Roma.

●**Museo Archeologico ed Etnografico,** Via San Giacomo 3, Tel. (079) 76 76 23. Geöffnet im Sommer 10-13 u. 16-19 Uhr, im Winter 15-18 Uhr.

Prunkvolles Altarbild im Dom von Ardara

Information

- **Pro Loco,** Via Europa 35, Tel. (079) 76 77 68.

Fest

- **25./26. Juli: San Giacomo.** Landfest und Prozession zur herrlich gelegenen Kirche San Giacomo.

Ardara

Auf den Spuren romanischer Gotteshäuser bietet sich entweder vom Kirchendreieck oder von Mores bzw. Ittireddu ein Abstecher nach Ardara an. Dem von Feldern und Weiden umgebenen, gerade 700 Einwohner zählenden Flecken sieht man heute nicht mehr an, dass er im Mittelalter die Hauptstadt des Logudoro war.

Zeugnis jener glänzenden Epoche legt der **Schwarze Dom** Santa Maria del Regno ab (tägl. geöffnet). Im Jahr 1107 wurde die massive schwarze Basaltkirche im pisanischen Stil erbaut. Im Inneren zieren uralte Fresken die Säulenkolonnen, die Kanzel stammt aus dem 15. und 16. Jahrhundert. Für den vor goldenem Prunk überbordenden Hochaltar schuf *Giovanni Murru* 1515 eines der schönsten und bedeutendsten Altarbildnisse Sardiniens.

Essen und Trinken

- **La Locanda,** Via Bachelet 12, Tel 40 01 31. Handfeste, gute Logudoroküche an der Straße von Ardara nach Sassari.

Sant'Antonio di Bisarcio

Sechs Kilometer östlich erhebt sich an der Straße nach Ploaghe mutterseelenallein in der weiten Ebene, auf einer niedrigen Anhöhe oberhalb eines Gehöfts gelegen, die romantisch verwitterte **pisanische Kirche** Sant'Antonio di Bisarcio. Im Gebälk des im 11./12. Jahrhundert aus rötlichem Gestein errichteten Sakralbaus nisten die Schwalben, und der Glockenturm ist teilweise eingestürzt.

Innen ist das Gotteshaus karg ausgestattet und strahlt doch einen eigentümlichen, faszinierenden Zauber aus. Die malerische Ruine wird von der Coop Ichnos betreut, ist allerdings auch außerhalb der genannten Zeiten zugänglich.

- **Info/Führungen:** Coop Ichnos, Tel. 329-26 69 437. Tägl. 9–13 u. 15.30–19.30 Uhr.

Ozieri

♫ VII/D2; VIII/A2

Von Sant'Antioco ist es nicht mehr weit nach Ozieri. Über den Flecken Chilivani, ein wichtiges Eisenbahnkreuz der Staatslinie FS Olbia – Sassari – Cagliari, gelangt man schnell in das Zentrum des Logudoro. Knapp 12.000 Einwohner zählt Ozieri, die **Käsehauptstadt** und sardische „Seufzer"-Metropole. Zu Ersterem wurde sie als (land-)wirtschaftliches Zentrum des Logudoro mit Vieh- und Milchwirtschaft und großen Käsereien, zu Letzterem durch die berühmten *sospiri di Ozieri*, die inselweit von Jung und Alt geliebten quietschsüßen **Bonbons.**

Die Oberstadt

Cattedrale dell'Immacolata

Im oberen Teil der Stadt thront die neoklassizistische Kathedrale. Das auf den Fundamenten eines gotisch-katalanischen Vorgängers im 19. Jahrhundert erbaute Gotteshaus birgt in der Sakristei das **wertvolle Altarbild** der Madonna di Loreto des unbekannten Meisters von Ozieri aus dem 16. Jahrhundert. Das in sieben Bildern die Kreuzigung Christi darstellende Retabel wurde nach dem Beispiel des Nikodemus-Kruzifixes in der Kirche San Francesco in Oristano geschaffen, damals Vorbild aller sardischen Meister.

La Genuina – autentici Salumi di Sardegna

Angewidert von den industriellen Herstellungsmethoden des italienischen Foodkonzerns Galbani, die er in dessen Fleischwerken auf Sardinien erlebte, begann der Arbeiter und Hirte *Salvatore Salis* 1950, für sich Fleisch und Wurst so „genuin", also unverfälscht, natürlich und schonend wie irgend möglich zu verarbeiten. Aus dem idealistischen Selbstversuch ist die kleine, aber feine Marke „La Genuina" hervorgegangen, unter deren Namen *Salvatore* und seine Frau *Maria Pintus* nach alten Methoden und Rezepten Fleisch- und Wurstwaren der höchsten Güte- und Geschmacksklasse herstellen. Ob geräuchert, getrocknet, gebraten, ob aus Wildschwein, Schaf oder Rind, ob *prosciutto*, *salsicca* oder *filetto*, jedes Stück wird ohne Rücksicht auf die Faktoren „Zeit" und „Geld" und ohne jegliche künstlichen Zusatzstoffe hergestellt. Was einzig und allein zählt, ist die jeweils natürlichste und schonendste, kurz die denkbar beste Methode.

Die Produkte von La Genuina sind vielfach ausgezeichnet und prämiert worden, jedoch auch vor Ort nicht einfach zu finden. Denn nur die besten Restaurants und einige wenige Spezialitätenläden auf der Insel bieten sie an. Doch in Ploaghe, dort, wo *Salvatore* einst seinen persönlichen „Slowfood"-Feldzug begann und seine „autentici Salumi di Sardegna" gegen die allmächtige Lebensmittelindustrie setzte, kann man im kleinen Laden bei Signora *Maria Pintus* persönlich diese raren Delikatessen kaufen. Um zu erfahren, wie Wurst und Schinken in „Wirklichkeit" schmecken, ist der Weg dorthin nie zu weit.

●**Azienda artigianale La Genuina,** Corso G. Spano 306, Ploaghe, Tel. (079) 44 92 23, Web: www.la-genuina.it.

Archäologisches Museum

Nicht weit entfernt ist im liebevoll restaurierten Kloster San Francesco aus dem 17. Jahrhundert ein archäologisches Museum untergebracht. In fünf Sälen sind neben Exponaten des frühen Mittelalters vor allem Funde aus der nahen **Grotta San Michele** ausgestellt. Nach der Höhle, in der man 1914 herausragende Zeugnisse der späten Jungsteinzeit zutage förderte, nennt man die Siedlungs-Epoche zwischen 3300 und 2500 v. Chr. seitdem Ozieri-Kultur.

Neben Käse und „Seufzern" ist die Stadt auch noch für ihre **Brotspezialitäten** bekannt. Davon berichtet die nahe dem San Francesco-Kloster gelegene **Antico Molino e Museu Galleu.**

In der historischen Mühle begann die Familie *Galleu* 1922 das für originales *pane* und echte Pasta unabdingbare *semola di grano duro* in feinster Qualität zu produzieren.

- **Antico Molino e Museu Galleu,** Tel. (079) 78 71 88, Web: www.galleu.it.
- **Museo Archeologico,** Piazza San Francesco, Tel. 78 51 052, Mo 9–13 Uhr, Di–Sa 9–13 u. 16–19 Uhr, So 9.30–19.30 Uhr.
- **Grotta San Michele,** Tel. 329-26 69 437, Führungen tägl. 9–13 u. 15.30–19.30 Uhr.

Gestrenger Blick über die Altstadt von Ozieri

Praktische Tipps Ozieri

Post und Telefon
- Vorwahl Ozieri: 079
- PLZ: 07014

Information
- **Tourist Info Point,** Piazza Garibaldi 42, Tel. 78 51 126, Fax 78 51 233. Führungen (Stadt, Museen, Grotta S. Giovanni, Basilica Sant'Antioco di Bisarcio u.a.).
- **Pro Loco,** Piazza Vittorio Emanuele II 10, Tel. 77 00 77.

Feste
- **Im Juni: Fogarones e Compares de Santu Juanne.** Großes Fest mit viel Folklore.
- **13. Nov.: Festa di Sant'Antioco di Biscario.** Fest an der Basilika mit den Sakralgesängen Gosos de Sant'Atiogu.

Notfälle
- **Carabinieri,** Via Martiri della Libertà 2, Tel. 78 70 14.
- **Krankenhaus** (Ospedale Segni), Via Cappuccini, Tel. 77 91 11.

Unterkunft/ Essen und Trinken
- **Hotel Il Mastino***,** Via V. Veneto 13, Tel. 78 70 41, Fax 78 70 59. An der Straße nach Chilivani. Großer, etwas in die Jahre gekommener Zweckbau, aber mit allen Annehmlichkeiten eines zeitgenössischen Mittelklassehotels (66 €).
- **B&B Monte Inni,** Loc. Monte Inni, Tel. 347-09 07 024, Web: www.monteinni.it. Großes, restauriertes altes Landhaus in stiller Natur am Fuße des Monte Inni 3 Min. südlich von Ozieri mit drei einladenden Appartements (1 Pers. 30 €, 2 Pers. 50 €, 3 Pers. 70 €).

- **Il Sipario,** Piazza Garibaldi, Tel 78 75 97. Sardische Küche und traditionelle *cucina ozierese*, wie etwa die Spezialität *maccarrones de ungias* und natürlich *sospiri*.

Einkaufen

- **Dolci:** Dolce Sardegna, Via Badde Aini 1, Tel. 78 78 94, Web: www.dolcesardegna.it. Allerbeste *amaretti, cospiri, copulette, papassini, caiambelline* und wie sie alle heißen.
- **Käse:** *Andrea Niedda*, Loc. Binzas de Mela, Tel. (079) 77 0481. Hier gibt's vom Hersteller die Ozieri-Spezialität *formaggi greviera*.
- **Safran:** Zafferano di Ozieri/*Antonella Dessena*, Loc. Suelzu, Tel. 347-87 37 235, Web: web.tiscali.it/antonelladessena. Von Hand gesammelter und verlesener Bio-Safran, eine nicht ganz billige Köstlichkeit.
- **Schokolade:** Bottega Cioccolato, Via Stazione 3, Tel. 77 11 14. Selbstgemachte *sospiri* und Schokolade, zum Reinlegen!

Verkehrsverbindungen

- **ARST-Busse** 2-3 x tgl. von der Piazza Garibaldi nach Tempio, Nuoro, Sassari, Olbia, San Teodoro, Mores, Pattada, Budduso, Ittireddu (Info-Tel. 77 03 31).

Das traditionelle Hirtenmesser ist für den sardischen Mann unverzichtbar

Östlich von Ozieri ♪ VIII/A2

Pattada

Die 15 Kilometer lange Fahrt von Ozieri nach Patada würde nicht weiter lohnen, wäre da nicht *sa resolza*, das **Sardische Hirtenmesser,** das in Pattada seit Generationen geschmiedet wird. In Pattada sind acht Messerschmiede tätig, darunter der berühmte *Raimondo Sistigu,* dessen Klingen weltweit begehrt sind. Wer von *Raimondo* ein originales *pattadesa* möchte, muss deshalb mit längeren Lieferzeiten rechnen.

Dem hat auch die Stadt Rechnung getragen und mit der in der alten Markthalle stattfindenden Messermesse **Mostra di Coltello** die altehrwürdige Tradition der Gemeinde geehrt.

Die „Glorreichen Acht" von Pattada:
- **Raimondo Sistigu,** Via Duca d'Aosta 83, Tel. 75 54 10.
- **Antonio Deroma,** Pizza V. Veneto, Tel. 75 40 40.
- **Fogarizzu,** Via E. Fermi, 5, Tel. 75 41 37.
- **Tonino Fogarizzu,** Via F. Crispi 6, Tel. 75 50 66, Web: www.fogarizzu.it.
- **Boiteddu e Mario,** Via Crispi 6, Tel. 75 50 66.
- **Salvatore Giagu e Maria Deroma,** Via Vittorio Emanuele 64, Tel. 75 59 18.
- **Salvatore Sotgiu,** Via Duca d'Aosta, Tel. 75 55 20.
- **Roberto Careddu,** Loc. Marmuradas 6, Tel. 75 55 48.

Unterkunft

- **Hotel La Pineta***,** Via Belvedere 1, Tel./Fax (079) 75 51 40. Das einzige Hotel am Ort mit 28 gepflegten Zimmern und Restaurant (60-70 €).

Budduso

Berühmt ist das von zahlreichen Steinbrüchen umgebene Städtchen Budduso wegen seines **Granits,** aus dem der Ort selbst und die zahlreichen Skulpturen im Ortsbild gefertigt sind. Der Stein wird in alle Welt exportiert und hat den Ort zu demjenigen mit dem höchsten Pro-Kopf-Einkommen auf Sardinien gemacht. Berühmt ist Budduso jedoch auch für seine traditionellen, mit üppiger Schnitzornamentik verzierten **Holztruhen und -schränke** aus Kastanien- oder Eichenholz, die auch heute noch von Meisterhand gefertigt weden.

Wenig bis gar nicht bekannt ist der **Nuraghe Loelle** an der Straße nach Bitti. Der Abstecher lohnt sich sehr, denn bei dem zwischen flechtenüberwachsenem Granitfels aufragenden

Sa Resolza – das sardische Hirtenmesser

Das Messer gehört zur Grundausstattung eines jeden Hirten und ist mehr als nur ein praktischer Gebrauchsgegenstand. *Sa resolza,* das Hirtenmesser, ist ein Stück sardische Identität und, wenigstens für den männlichen Teil der Welt, sicher eines der **attraktivsten Reiseandenken,** die man von der Insel mitbringen kann. Viele sardische Männer jedenfalls lieben und verehren es, tragen es immer bei sich und präsentieren es voller Stolz.

Das Hirtenmesser ist ein nicht feststehendes **Klappmesser.** Die klassisch geschwungene Klingenform ist dem lanzettförmigen Blatt der Myrte *(folle 'e murta)* nachempfunden. Der Griff wird aus hochwertigen Horn gefertigt.

Einst wurden die kunstvollen Messer in fast allen Hirtendörfern Sardiniens **von Hand geschmiedet.** Berühmt für seine Messer war das Dorf Pattada in Nordsardinien, das einst in Anspielung an die berühmteste Messerschmiedestadt Europas als das „Toledo Sardiniens" gerühmt wurde. Heute gibt es nur noch sehr wenige Meister, die die Messer nach alter Tradition mit Hammer und Amboss in aufwendiger Handarbeit schmieden. Ursprünglich wurden sie ausschließlich aus nicht rostfreiem Stahl gefertigt, der besonders scharf geschliffen werden kann. Heute werden sie auch rostfrei oder aus dem allerdings sehr teuren Damaszenerstahl gefertigt.

Der Preis für diese so schönen wie wertvollen Taschenmesser liegt je nach Ausführung etwa zwischen 40 und 800 € oder auf Wunsch auch mehr. Das original handgefertigte sardische Messer trägt auf der Klinge den Stempel des Messermeisters.

Geehrt wird das sardische Messer im Museo Coltello Sardo von Arbus (Web: www.museodelcoltello.it/).

Weitere Messerschmieden auf Sardinien

- **Santulussurgiu:** F.illi Mura di Vittorio, Viale Azuni 29, Tel. (0783) 55 07 26.
- **Tonara:** Sulis Carlo, Via Giovanni 2, Tel. (0784) 63 84 54.
- **Dorgali:** Spanu Luciano, Via Grazia Deledda 17, Tel. (0784) 94 045.
- **Guspini:** Furitto, Via Mazzini 173, Tel. (070) 97 41 25.
- **Arbus:** Coltelleria Arburese, Via Roma 15, Tel. (070) 97 59 220.

ÖSTLICH VON OZIERI

Nuraghenkegel findet man nicht nur ansehnliche Reste von zwei Gigantengräbern, sondern auch eine idyllische Picknickgelegenheit unter knorrigen Steineichen. Und dazu wunderbare Ruhe und eine zauberhafte Aussicht.

Einkaufen

● **Schnitzarbeiten/Holztruhen:** Falegnameria artigianale di *Giuseppe Satta*, Via della Madonnina, Tel. (079) 71 46 43. *Giuseppe Satta* war Schüler des legendären „Mastru Mimmu", der die Schnitzkunst zur Kunst erhob, und ist dessen würdiger Nachfolger.

Unterkunft

● **Hotel La Madonnina***,** Corso Antonio Segni 7, Tel. (079) 71 55 00, Fax 71 46 45, Web: www.albergolamadonnina.it. Modernes, natürlich aus Granit erbautes Gebäude in zentraler Lage mit Garten. 25 komfortable Zimmer ohne besonderen Charme (65 €).

Grillmeister im Einsatz

Barbagia

Das Dach der Insel

Uralte Hirtendörfer, das Bimmeln der Schafglocken über den Weiden, wuchernde Macchia und undurchdringliche Wälder, steile Felsen und kahle Berggipfel bestimmen das Antlitz des legendären Banditenlands und Mekka des Wandertourismus auf Sardinien. Die Barbagia ist das spröde, unzugängliche Herz der Insel, mit der Barbagia Ollolai südlich der Provinzhauptstadt Nuoro, der Barbagia Mandrolisai im Westen, der Barbagia Belvi im Zentrum und der Barbagia Seulo ganz im Süden der Region. Die Regionen umgeben das zentrale Gennargentu-Massiv, das sich bis über 1800 Meter über dem Meeresspiegel erhebt.

Landschaft und Natur

Barbagia, „Barbarenland", hatten die römischen Besatzer im 3. Jahrhundert v. Chr. die unwegsame, unkontrollierbare Gebirgsregion getauft. Wie ein Kranz umringt sie das über 1800 Meter hohe **Gennargentu-Massiv,** das Dach Sardiniens. Mit der Punta La Marmora als höchstem Gipfel der Insel reicht das schieferbedeckte Granitgebirge bis auf 1834 Meter hinauf. Doch reiht sich die Punta La Marmora beinahe unmerklich in die weiteren, fast ebenso hohen Kuppen der mondsichelförmigen Kammregion ein.

Westlich davon erstreckt sich die **Barbagia Mandrolisai** – eine aufsehenerregende, zerrissene Landschaft mit spitzen Felszacken und tiefen Schluch-

Majestätisch erhebt sich der Supramonte über dem Tal des Riu d'Oliena

ten, von Geröll und dichter Macchia übersät, die auf Höhe ihres historischen Zentrums Sorgono in sanfteres Hügelland übergeht. Die **Barbagia Belvi** mit ihrem Hauptort Aritzo umschließt als grüne Mittelgebirgsregion die waldreichen und lieblichen Südhänge der Monti del Gennargentu. Südlich davon dehnt sich die **Barbagia Seulo** aus. Steil aufragende Kalksteinplateaus und -türme *(tonneri* und *tacchi)* prägen ihr Bild. Nördlich des Gennargentu erstrecken sich die mit alten Eichen bewachsenen, granitenen Hochebenen der **Barbagia Ollolai.**

Rund um Bitti

↗ VIII/B3

Bitti und Su Romanzesu

Das freundliche **Bergdörfchen Bitti** schmiegt sich in im Sommer wunderbar luftigen 565 Meter Höhe in eine von grünen Hügeln umrahmte Senke. Berühmt-berüchtigt ist Bitti für seine uralte blutige Fehde mit dem benachbarten Bergdorf Orune, die sich einst an Weidestreitereien entzündete. Davon bekommt der Reisende zum Glück nichts mit, wohl aber von der vielfältigen Handwerkstradition, von dem berühmten Männerchor *Tenores di Bitti* und von dem besonders knusprigen *pane carasau*, für das Bitti inselweit bekannt ist. Ein einladender Platz, um Bitti und die umgebende unberührte, wildromantische Natur zu durchstreifen, ist das wunderschön gestaltete und eingerichtete **Hotel Su Lithu**. Der Betreiber, *Dario Giovanetti*, ist ein kunstsinniger und stilsicherer Mensch und ein sehr freundlicher und hilfsbereiter Gastgeber.

Bittis kleine Sehenswürdigkeit ist das nette **Museo della Civiltà Contadina e Pastorale** mitten im Ort, seine große das nuraghische **Brunnenheiligtum Su Romanzesu**. Es verbirgt sich nahe der Straße nach Budduso in umwerfend schöner, stiller Natur. Bei km 54 biegt eine schmale Teerstraße ab und führt durch lichte Korkeichenwälder nach 2,6 Kilometern zu einem Parkplatz mit Picknickgelände.

- **Complesso Nuragico Su Romanzesu,** 28.3.-25.10. Mo-Sa 9-13 u. 15-19 Uhr, So 9.30-13 u. 14.30-19 Uhr, 26.10.-27.3. Mo-Fr 8.30-13 u. 14.30-18 Uhr, So 9-17 Uhr.
- **Museo della Civiltà Contadina e Pastorale,** 28.3.-25.10. Di-So 9.30-12.30 u. 14.30-17.30 Uhr, 26.10.-27.3. Di-So 9.30-12.30 u. 15.30-18.30 Uhr, Di und Fr Mittag geschl.
- **Info/Führungen:** Coop Istelai, Via Mameli 57, Tel. (0784) 41 43 14, Web: www.coopistelai.com.

Unterkunft

- **Hotel Su Lithu****, Loc. Sa Pineta, Tel. (0784) 41 30 12, Fax 41 32 05, Web: www.sulithu.it. Alles bis in Detail einfach bildschön! Die Lage, ruhig am Hang über dem Ort, der verspielte Bau mit 14 zauberhaften Zimmern, der große Pool und ganz besonders auch das Restaurant, in dem „cucina tipica sarda" mit Raffinesse bereitet und mit Charme serviert wird (NS 100-130 €, HS 125-160 €).
- **Agriturismo Ertila,** Loc. Ertila (Straße Richtung Lodè), Tel. (0784) 41 45 58. 4 DZ mit Bad in sehr einsamer Lage. Der Hof von *Agostino* ist bekannt für sein ausgezeichnetes Essen, das praktisch ausschließlich aus eigener Produktion stammt, und seine Exkursionen zu Pferd oder mit Mountainbike (nur HP 45 € p.P., Menü 25 €).

Einkaufen

- **Pecorino:** Caseificio Aziendale, Loc. Gheletoma, Tel. (0784) 41 57 40.
- **Holzmöbel:** Raimondo Carzedda, Via Diego Mele, Tel. (0784) 41 43 95.
- **Traditionelles Brot/Pane Carasau:** Giulio Bulloni, Via Minerva 2, Tel. (0784) 41 51 82.
- **Keramik:** Terra Pintada, V. Brigata Sassari 74, Tel. 41 40 72, Web: www.terrapintada.com.
- **Prosciutto/Salsicca:** Salumificio Nurasé, Via Ispagniora 1, Tel. 348-69 25 126.

Fest

- **30. September: Sagra della Madonna del Miracolo**. Zahlreiche religiöse und folkloristische Veranstaltungen.

Orune

Von Nuoro kommend, erreicht man nach gut 20 einsamen Kilometern das **berüchtigte Bergdorf** Orune. Die Anfahrt führt durch menschenleeres, von Korkeichen bedecktes, felsiges Bergland von eindrucksvoller Schönheit. Das als Heimat notorischer Messerstecher und Viehdiebe verschriene Orune wird zumindest optisch seinem Ruf gerecht. Völlig schutzlos hockt es in 750 Metern Höhe abweisend wie ein Raubritternest in der Einsamkeit auf einem Berggipfel. Wegen der hier ständig kalt über die Bergrücken pfeifenden Winde trägt es auch den Beinamen „Dorf des Windes".

Orune gilt selbst bei abgehärteten Barbagia-Hirten als ein Platz, an dem nur die Zähesten verharren. Das raue

Bergdorf, dem *Grazia Deledda* ihren Roman „Liebe" widmete, ist auch heute noch eine **abgeschiedene Welt** für sich, in die sich mancher Sarde nicht hineintraut. Tatsächlich sind hier noch die alten sardischen Kodizes lebendiger als anderswo.

Davon bekommt der Besucher jedoch nichts mit. Ihn empfangen die als menschenscheu und eigentümlich geltenden Einwohner zwar zurückhaltend, aber freundlich und hilfsbereit.

Die Fahrt nach Orune lohnt nicht nur wegen einer grandiosen Fernsicht, sondern auch wegen des Pecorinos, der zu den besten Sardiniens zählt. Ein Erlebnis ist das **Dorffest De su Cossolu** („der Getrösteten"), das am ersten Montag im August beginnt und neun Tage andauert. Chorgesänge, Reiterumzüge, Prozessionen und Dichterwettbewerbe gehören ebenso dazu wie *dolci sardi* und reichlich Wein.

Unterkunft

- **Agriturismo Costiolu,** SS 389, km 10.3 (etwa auf halber Höhe zwischen Nuoro und Orune), Tel. (0784) 60 088, Web: www.agriturismocostiolu.com. Großes, ebenso schön wie einsam gelegenes Gehöft der Brüder *Costa*, deren Familie seit vielen Generationen hier lebte und arbeitete. Der aktive 100-ha-Hof produziert fast alles selbst und bietet neben 4 DZ und ausgezeichnetem Essen auch zehn Plätze für Agricamping, Exkursionen mit Pferd und Mountainbike, Kochkurse, Kurse zur Herstellung von Käse, zum Melken lernen und vieles andere (B&B 22–34 € p.P.).

Su Tempiesu

Su Tempiesu ist ohne Frage eines der schönsten Ausflugsziele in der Barbagia. Das **Brunnenheiligtum** liegt unendlich einsam in einem Bacheinschnitt vier Kilometer östlich von Orune. Der Pozzo Sacro Su Tempiesu aus der Zeit zwischen 1200 bis 800 v. Chr. ist das einzige nuraghische Brunnenheiligtum, dessen oberirdischer Aufbau mit spitzem Dreiecksgiebel aus präzise behauenen Trachytblöcken noch fast vollständig erhalten ist. Während Terrassierungsarbeiten an einem Steilhang wurde es 1953 zufällig entdeckt, jedoch erst 1986 vollends freigelegt und restauriert.

In seinem überdachten Vorraum lassen sich zwei grob aus dem Stein gehauene niedrige Sitzbänkchen mit jeweils einer kleine Nische darüber entdecken, die wohl als Ablage für Opfergaben dienten. Eine dritte Nische befindet sich über der in den Brunnenraum hinabführenden, ständig überfluteten Treppe. Die Quelle sprudelt auch heute noch, das Wasser strömt durch eine Ritze direkt in den Vorraum und fließt in einem kleinen Kanal ab.

Anfahrt

Die Anfahrt führt quer durch Orune zum Friedhof des Ortes. Von dort führt eine schmale und teils steile, aber gut befahrbare neue Gemeindestraße weiter bis zu einem neu erbauten Haus mit Bar und kleiner Ausstellung, in dem die Coop L.A.R.Co. auch die Tickets verkauft. Von hier führt ein zauberhafter, etwa ein Kilometer langer Pfad hinab bis zum Brunnenheiligtum. Unterwegs hat die rührige Coop Ruhebänke aufgestellt, Pinetas gebaut, Blumen und Pflanzen erklärt und manches mehr. So wird bereits der Weg

Von stolzen Hirten und ehrenwerten Banditen

„Phönizier, Römer, Pisaner, Spanier und Piemontesen. Dieses Volk wurde niemals wirklich vom Staat und im modernen Staat verstanden", schrieb der italienische Schriftsteller *Carlo Levi* 1963 über die Sarden. „Es blieb immer in sich eingeschlossen, eingegrenzt, abgesondert, mit seinem archaischen Lebensgesetz von Gerechtigkeit und Rache, mit seinem alten Hirtenberuf...".

Seit vor ungefähr 4000 Jahren Hirtenstämme nach Sardinien einwanderten, wird auf der Insel Vieh- und Weidewirtschaft betrieben. Mit der Inbesitznahme der Küsten durch die Phönizier im 9. Jahrhundert v. Chr. wurden die Hirten in das steinerne, unwirtliche Herz Sardiniens abgedrängt, das „Barbarenland", die Barbagia, der nicht die Sarden, sondern selbstherrliche Eroberer diesen Namen gaben. Schon Mitte des ersten vorchristlichen Jahrtausends entwickelte sich ein spontaner, unorganisierter **Widerstand** in Form von blutigen Raubzügen gegen die Okkupanten. Bereits unter römischer Herrschaft wurden aus den Hirten „fellbehangene Banditen". Seit dem Mittelalter formulierten die Herrschenden die Gleichung: „Sardischer Hirte ist gleich Bandit".

Eine gänzlich vom Fortschritt isolierte, von Ausbeutung und bitterem Unrecht einerseits sowie grenzenloser Gier und Willkür andererseits geprägte Gesellschaft, wie sie spätestens ab dem 14. Jahrhundert unter dem feudalen aragonischen Terrorregime Gestalt annahm, bereitete den Boden für das berühmt-berüchtigte sardische Banditentum. Missernten und Hungerkatastrophen, Malaria, Pest und Cholera bestimmten das Bild, während eine kleine Schicht *principales* ein üppiges Leben führte. Räubereien und Viehdiebstähle nahmen zu, und erste sardische Robin Hoods betraten die Szene, die die Bevölkerung zur Steuerverweigerung aufriefen und gewalttätig gegen Staatsdiener vorgingen.

Als Sardinien 1718 Savoyen-Piemont zugesprochen wurde, fanden die Norditaliener eine vom spanischen Feudalsystem völlig ausgeblutete und jeglicher Entwicklung beraubte, in archaischen Strukturen verhaftete Gesellschaft vor. Wie in vorgeschichtlichen Zeiten zogen die Hirten mit ihren Ziegen- und Schafherden über das Land, im ständigen Konflikt mit den Bauern, die sich durch die Wechselwirtschaft – ein Jahr Acker, ein Jahr Weide – an einer effektiveren Ausbeutung der Böden gehindert sahen.

Der *editto delle chiudende,* der **„Erlass zur Einfriedung",** schuf 1820 endlich neue Tatsachen, namentlich privaten Grundbesitz. Gemäß dem Erlass erhielt jeder Inselbewohner die Möglichkeit, das Land, welches er gerade bewirtschaftete, durch Umzäunung in seinen Besitz zu bringen. Bisher hatte freies Verfügungsrecht über Grund und Boden für Bauern wie für Hirten bestanden, und die Dorfgemeinden konnten gemeinschaftlich über Verteilung und Nutzungsrecht des Landes entscheiden. Mit dem neuen Erlass mussten die Hirten den neuen Grundbesitzern für ihre angestammten Weiden nun eine hohe Pacht bezahlen, die *mezzadria,* die viele an den Bettelstab brachte.

Ein Jahrzehnt Bürgerkrieg war die Folge. Hungernde Hirten rissen die *tancas,* die Steinmauern und Umzäunungen nieder oder ritten eine *bardana,* einen blutigen Raubzug gegen die neuen *padrones.* 1851 verhängte die piemontesische Staatsgewalt das Standrecht über die gesamte Barbagia, womit die Menschen einer ganzen Region automatisch zu Verbrechern erklärt wurden. Selbst das Beerensammeln wurde unter Todesstrafe gestellt. Die Hirten zwang man, sich die Bärte abzuschneiden, damit man sie leichter identifizieren konnte.

Von stolzen Hirten und ehrenwerten Banditen

Auf der Flucht vor den Strafbehörden erwies sich ihre Vertrautheit mit der rauen Bergwelt der Barbagia jedoch als entscheidender Vorteil. Trotz buchstäblicher Treibjagden gelang es den Häschern nicht, sie zu fassen. So wurden ihre Familien, selbst ganze Dörfer in Sippenhaft genommen. Aber die schweigen. *Omertà,* die **Schweigepflicht,** umhüllte die Hirtenkultur wie die Stille der Natur, in der sie wurzelte. Einen ehrenwerten Banditen verriet man nicht, gemäß einem uralten Rechtsempfinden, dem keine staatliche Jurisdiktion Rechnung tragen kann: dem Gesetz der Ehre.

Zur Klärung von Streitigkeiten benötigte man in den Dörfern ebenfalls keine staatliche Gerichtsbarkeit. *Vindicau,* geregelte **Selbstjustiz,** lautete der Grundsatz, nach dem der Familienrat zusammentrat und über Ehrverletzungen urteilte. Die verbreitetste aller Übeltaten, Viehdiebstahl, galt einerseits als Kavaliersdelikt, konnte andererseits aber eine jahrelange *disamistade,* einen Familienkrieg, nach sich ziehen. Denn mit der Vergeltung, die die Ehre der geschädigten Sippe wieder herstellte, wurde unmittelbar das Ehrgefühl einer anderen Sippe verletzt. Bis ins dritte Verwandtschaftsglied wurde eine *disamistade* über Generationen geführt. Nur die Kinder blieben verschont.

Von 1903 bis 1917 wurden in Orgosolo während eines **Familienkrieges** über fünfzig Menschen ermordet, womit das barbaricinische Bergdorf zu trauriger Berühmtheit gelangte. 1961 geriet das verrufene „Banditennest" abermals in die Schlagzeilen, als man in seiner Nähe die Leichen eines entführten englischen Journalistenpaares fand. Drei Tage darauf wurden zwei der Täter ermordet. Wiederum vierzehn Tage später erschoss *Graziano Mesina* – nachgewiesener fünfundzwanzigfacher Mörder und in den Augen vieler der letzte ehrenwerte Bandit auf Sardinien – *Andrea Muscau,* der vorher *Grazianos* Bruder *Giovanni* getötet hatte, den Mörder der englischen Journalisten. Eine Frage der Ehre – so oder so.

Anschließend herrschte **Krieg in Orgosolo.** Die *baschi blu,* vergleichbar mit der deutschen GSG 9, kam auf die Insel, außerdem 3000 Soldaten, Polizisten und Carabinieri. Es wurden Hubschrauber eingesetzt, Dörfer mit Panzerwagen umstellt, Frauen und Kinder nachts aus den Betten geholt und die Häuser durchsucht. „Es ist Krieg in der belagerten und überwachten Kolonie," berichtet der Augenzeuge *Carlo Levi.* „Auf den Ortsstraßen sind die Lastautos der Carabinieri voll von Bewaffneten, wie man beim Schein der Leuchtraketen sieht." „Eure Insel stinkt nach Leichen", bezichtigte

Barbagia-Hirte als Wandbild in Orgosolo

ein römischer Parlamentarier öffentlich die Sarden. Prompt erschien in der sardischen Tageszeitung „La Nuova" ein Leserbrief: „Unsere Insel stinkt nur deshalb nach Leichen, weil unsere Banditen keine Zeit haben, erst Brücken und Häuser zu bauen, in die man sie einbetonieren kann." Unterschrift: „G. M."

Entführungen sind eine neue Erscheinung auf Sardinien. Sie setzten mit der touristischen Erschließung ab Anfang der 1960er Jahre ein und bestimmten für Jahre die Schlagzeilen. Der aufsehenerregendste Fall war das Kidnapping der Kinder des deutschen TV-Journalisten *Dieter Kronzucker*. Bald darauf hielt das Verschwinden des Deutschen *Rainer Besuch* die Welt in Atem. Bis heute ist ungewiss, ob er seine Entführung nicht selbst inszeniert hat; einige Jahre später soll er in Südamerika gesehen worden sein.

Reiche Urlauber aus aller Welt brachten andere Sitten und eine andere Moral mit nach Sardinien. Spekulanten kauften ganze Küstenstriche auf, wo in den Häfen auf einmal luxuriöse Jachten dümpelten. Viele überlieferte Werte waren plötzlich in Frage gestellt. Die „ehrenwerten Banditen" traten hinter den Vorhang der Geschichte zurück und überließen von Geldgier getriebenen **Verbrechern mit weißem Kragen** und gewöhnlichen Kriminellen die Bühne.

1996 wurden im Rahmen einer gemeinsamen Großfahndung der sardischen und sizilianischen Polizei neben 21 Sizilianern auch ein Hirte aus Ottana verhaftet. Er entpuppte sich als der verlängerte Arm der mächtigen *Alcamo-Familie* aus dem sizilianischen Trapani, in deren Auftrag er auf Sardinien eine mafiose Struktur aufbauen sollte. Hinter den *Alcami* steht wiederum der berüchtigte sizilianische *Melodia-Clan*. Das zeitgenössische Verbrechertum hat nun auch auf Sardinien Einzug gehalten. Apropos, die Kriminalitätsrate ist im Verhältnis zur Einwohnerzahl seit einigen Jahren nurmehr halb so hoch wie im übrigen Italien.

hinab zu einem besonderen Naturerlebnis, das sich, unten am Brunnen angekommen, zu einem *finale furioso* steigert. Denn das leise plätschernde Brunnenidyll, an dem man meist völlig alleine ist, wird vom Monte Albo orchestriert, der sich jenseits des Tales wie gemalt schroff und weiß in das blaue Himmelszelt stemmt.

●**Info:** Coop L.A.R.Co., Corso Vittorio Emanuele 166, 08020 Orune, Tel. (0784) 27 67 16, Web: www.sutempiesu.it.

Nuoro ⌖ XII/B1

Die Stadt ist heute das unumstrittene urbane Zentrum der Barbagia und Hauptstadt der gleichnamigen Provinz. Auf der Nordseite des blühenden Riu d'Oliena-Tals gelegen, hockt das Häusermeer wie ein struppiges Rabennest auf einem breiten Bergrücken.

Geschichte

Die Stadt der Dichter und Denker

„Holdes und verbranntes Herz Sardiniens, umgeben vom Kranz der Berge, ausgetrocknet von Sonne und Vendetta", besang der Schriftsteller *Sebastiano Satta* (1867–1914) seine Heimatstadt Nuoro, die man nicht von ungefähr das **„Athen Sardiniens"** nennt. Bis auf *Gavino Ledda* brachte die Provinzhauptstadt alle wichtigen Literaten sowie viele bildende Künstler der Insel hervor. Neben *Sebastiano Satta* erblickten hier die Nobelpreisträgerin für Literatur, *Grazia Deledda* (1871–1936)

und der bekannte „Poet der Barbagia" *Salvatore Satta* (1902–1975) das Licht der Welt. Ferner sind *Maria Giacobbe*, die in ihrem „Tagebuch einer Lehrerin" ihre bedrückenden Erfahrungen in den Schulen der vergessenen Barbagiadörfer beschrieb, und der Bildhauer *Francesco Ciusa* (1883–1949) Kinder der Stadt.

Vom Bauerndorf zur Provinzhauptstadt

Im 12. Jahrhundert erstmals als „Nugoro" erwähnt und zum Judikat Torres gehörig, blieb das fast im geographischen Mittelpunkt Sardiniens gelegene Dorf über lange Zeit hinweg bäuerlich geprägt. Noch in der ersten Hälfte des 19. Jahrhunderts, als man Nuoro zur Stadt erhob, zählte der Bauern- und Hirtenflecken keine 4000 Seelen.

Erst im Zuge der **Ernennung zur Hauptstadt** der dritten sardischen Provinz 1927 setzten Wachstum und Entwicklung ein. In den 1950er und 60er Jahren gelangte die Stadt zu zweifelhaftem Ruhm. Sie diente als Ausgangspunkt der großen Banditen-Treibjagden in der unzugänglichen Bergwelt der Barbagia, die der Polizeipräfekt von Nuoro organisierte. Der berüchtigte *supercarcere*, das örtliche Gefängnis, erinnert an diese Zeit.

Nuoro heute

Zu Beginn des neuen Jahrtausends leben in der Provinzhauptstadt und Dienstleistungsmetropole Zentralsardiniens **35.000 Menschen.** Im klassischen Sinne schön kann man Nuoro nicht nennen. Nähert man sich der Stadt von Süden und erklimmt in steilen Serpentinen vom Tal aus den Bergrücken, auf dem sich die Häuser drängen, begrüßt einen zuerst der große, hässliche Betonkubus der Unfallklinik.

Die meisten anderen Gebäude der Stadt sind ebenfalls im wenig reizvollen „Novecento-Stil" der letzten Jahrzehnte gehalten, was eine schmeichelhafte Umschreibung für die **zweckmäßigen Betonwürfel** ist, die wegen der Raumnot auf dem Berg dicht aneinandergepresst und übereinandergestapelt wurden.

Sehenswertes

Auf den Spuren von Künstlern und Literaten

Von einer einladenderen Seite zeigt sich die Stadt, wenn man in das **alte Zentrum** gelangt ist. Schmale verwinkelte Gassen und niedere Häuschen mit kleinen Höfen und Gärten erinnern noch an das unscheinbare Bergdorf, das Nuoro einst war. Das Geburtshaus *Grazia Deleddas,* heute das **Museo Deleddiano,** liegt mitten im ältesten Viertel.

● **Museo Deleddiano,** Via Grazia Deledda 42, Tel. 25 80 88, 15.6.–30.9. tägl. 9–20 Uhr, 1.10.–14.6. tägl. 9–13 u. 15–19 Uhr.

Ein kleiner Bummel durch Nuoros Altstadtwinkel mit kleinen Granithäusern, an deren Fassaden man Zitate aus dem Werk *Deleddas* entdecken kann, führt an die **Piazza Sebastiano Satta.** Sie ist mit Steinskulpturen des Bildhauers *Costantino Nivola* (1911–1988) ge-

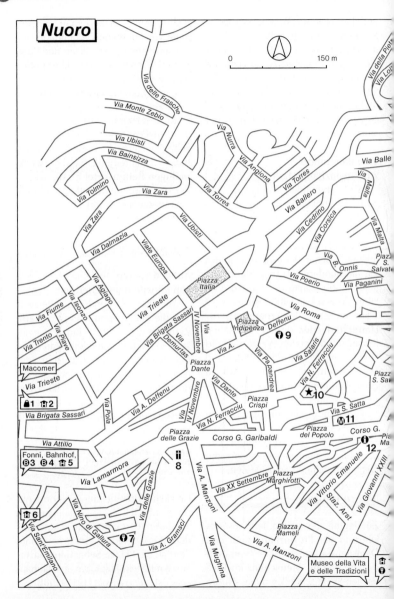

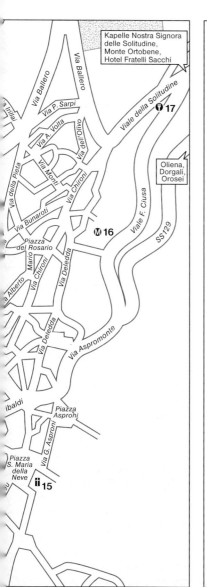

- 🔒 1 La Tavola degli Antichi
- 🏨 2 Hotel Paradiso
- 🅱 3 Busse ARST
- 🅱 4 Busse PANI
- 🏨 5 Hotel Sandalia
- 🏨 6 B&B Il Girasole
- 🍴 7 Il Rifugio
- ⛪ 8 Chiesa Nostra Signora delle Grazie
- 🍴 9 Trattoria La Locanda
- ★ 10 Pasticceria Luisa Mouue
- Ⓜ 11 Museo d'Arte della Provincia
- ℹ 12 Ufficio Turistico
- 🏨 13 Hotel Grillo
- 🍴 14 Trattoria Il Rifugio
- ⛪ 15 Cattedrale Santa Maria della Neve
- Ⓜ 16 Museo Deleddiano
- 🍴 17 Ciusa

schmückt, der dieses Werk dem Schriftsteller *Sebastiano Satta* widmete, welcher in einem Haus an der Piazza geboren wurde.

Die Sakralbauten Nuoros

In wenigen Schritten ist man von hier zum **Corso Garibaldi** gelangt. Die abends für den Autoverkehr gesperrte, mit großen Granitplatten gepflasterte Geschäftsstraße und Flaniermeile Nuoros zieht sich schnurgerade quer durch das Stadtzentrum. An ihrem Westende erhebt sich an der Piazza delle Grazie die moderne **Kirche Nostra Signora delle Grazie** mit marmorner Inneneinrichtung.

In ihrem Schatten steht nahebei das kleinere **Sanktuarium** Nostra Signora delle Grazie, das im 17. Jahrhundert unter dem Baumeister *Nicolao Ruju Manca* errichtet wurde. Die Trachytosette von 1300, die die Fassade ziert, stammt der Legende nach aus der ältesten Pfarrkirche Nuoros, Sant'Emiliano, die sich bis zu ihrem Abbruch in der Nähe befand.

Oberhalb der Piazza Mazzini, in die der Corso Garibaldi im Osten mündet, thront die **Kathedrale Santa Maria della Neve** mit Domkapitel und Priesterseminar an der gleichnamigen Piazza. Das 1853 geweihte Gotteshaus mit neoklassizistischer Fassade wurde dreischiffig auf dem Grundriss eines lateinischen Kreuzes erbaut. Das Kircheninnere ist schlicht gehalten.

Volkskundliches und Kunstmuseum

In einem historischen Palazzo aus dem 19. Jahrhundert in der Altstadt findet man das **Museo d'Arte,** das Kunstmuseum, das in mehreren Sälen wechselnde Ausstellungen von sardischen, italienischen und internationalen Künstlern zeigt.

●**Museo d'Arte della Provincia di Nuoro,** Via Sebastiano Satta 15, Tel. 25 21 10. Geöffnet: Di–So 10–13 u. 16.30–20.30 Uhr.

Das **Ethnographische Museum** oberhalb vom Justizpalast in der Via Mereu wurde schon mehrmals von Banditen besucht. So verkauft heute im *Museo della Vita e delle Tradizioni Popolari Sarde* anstelle einer netten Dame mit freundlichem Lächeln ein bärbeißiger Carabiniere die Eintrittskarten.

Dies sollte einen jedoch nicht hindern, Sardiniens größtes und schönstes volkskundliches Museum zu besuchen. Es schenkt einen außergewöhnlichen Einblick in das traditionelle Leben Sardiniens. Das 1976 eröffnete *Museo del Costume* („Kostüm-Museum"), wie es auch bezeichnet wird, besteht aus einem um zwei Innenhöfe angeordneten Komplex kleinerer Häuser, die in den unterschiedlichen regionalen Baustilen der Insel errichtet sind. Unter ihren Dächern sind bemerkenswerte Sammlungen prachtvoller Trachten, Schmuckstücke und Amulette, Möbel mit herrlichem Schnitzwerk, farbenprächtige Teppiche, Musikinstrumente sowie Karnevalsmasken aus der Barbagia untergebracht.

Einzigartig ist die Präsentation sardischer Brotbackkunst. Über 600 verschiedene Backwaren kann man bestaunen, vom einfachen *pane carasau* bis hin zu kunstvoll modellierten, filigranen Brot-Skulpturen. Ausstellungen zur Korbflechterei, Korkbearbeitung, Töpferei und Meierei vermitteln einen Eindruck von der traditionellen sardischen Handwerksarbeit.

● **Museo della Vita e delle Tradizioni Popolari Sarde,** Via Mereu 56, Tel. 25 70 35, geöffnet tägl. 15.6.–30.9. 9–20 Uhr, 1.10.–14.6. 9–13 und 15–19 Uhr.

Kapelle Nostra Signora della Solitudine

In Richtung von Nuoros Hausberg, dem knapp 1000 Meter hohen Monte Ortobene, erreicht man über die Viale Ciusa oder Viale della Solitudine am östlichen Stadtausgang die von dem in Nuoro geborenen Maler und Architekten *Giovanni Ciusa* nach dem Vorbild eines älteren Vorgängers 1959 entworfene und erbaute Kapelle Nostra Signora della Solitudine. In dem kleinen, von den Einheimischen kurz Sa Solitai genannte Kirchlein ruhen die sterblichen Überreste von *Grazia Deledda* in einem einfachen Steinsarg.

Monte Ortobene

Über sieben Kilometer schlängelt sich die Straße von „Sa Solitai" durch eine zerklüftete Granitlandschaft auf 955 Meter bis zum Gipfel im Osten Nuoros hinauf. Die frische Bergluft, schattige Steineichenwälder, kleine Quellen, reizvolle Lokale und vor allem die einzigartigen Panoramablicke auf die barbaricinische Bergwelt machen den **Hausberg der Nuoresen** zum beliebten Ausflugsziel.

Quasi zwischen Himmel und Erde schwebt auf seinem höchsten Punkt die 1901 von dem Bildhauer *Jerace* geschaffene, sieben Meter hohe **Bronzestatue des Redentore** („Erlösers"). Sein großer Zeh ist von den Gläubigen schon ganz goldig geküsst, denn dieser Kuss verspricht Kindersegen!

Sagra del Redentore

Die Erlöserstatue ist Ziel der großen **Trachtenprozession,** die den Höhepunkt der alljährlich am letzten Sonntag im August begangenen Sagra del Redentore darstellt. Tausende strömen aus allen Regionen der Insel herbei und ziehen in ihren lokalen Trachten von der Kathedrale in Nuoro zum Gipfel des Monte Ortobene, wo zu Füßen der Statue eine feierliche Messe abgehalten wird. Im Anschluss an den Umzug findet abends im Amphitheater ein großes Fest mit traditioneller Musik, Tänzen und einem Dichterwettbewerb statt.

Praktische Tipps Nuoro

Post und Telefon

● **Vorwahl: 0784**
● **PLZ: 08100**

Information

● **Ufficio Turistico** (Stadt-Büro), Corso Garibaldi, Tel. 35 877.

Essen und Trinken

● **Ciusa,** Viale F. Ciusa 55, Tel. 25 70 52. Wo man sie nicht vermuten und nie suchen würde, nämlich in einem äußerlich schäbigen Wohnblock am Rande des Zentrums, versteckt sich mit dem nach dem in Nuoro ge-

borenen Bildhauer *Francesco Ciusa* (1883–1949) benannten Lokals eines der besten Restaurants der Stadt.

●**Antica Trattoria Il Rifugio,** Via A. Mereu 28, Tel. 23 23 55. In einer Gasse nahe der Chiesa delle Grazie kommen in der authentischen Trattoria neben leckerer Holzofenpizza und Fischgerichten deftige *salsiccia*, in Öl eingelegtes Gemüse, *trippa alla paesana* („Kutteln nach Bauernart"), Pferdesteak und eine große Käseauswahl auf den Tisch.

●**Trattoria La Locanda,** Via Brofferio 61, Tel. 31 00 32. „Mangiare sano e genuino" ist das Motto dieser gehobenen Kochanstalt, wobei sich das „gehoben" an Idee, Anspruch und Qualität und weniger am Preis festmacht.

Köstliche Barbagia-Spezialitäten bietet das Geschäft „Tavola degli Antichi" in Nuoro

●**Canne al Vento,** Viale della Repubblica 66, Tel. 20 17 62. Das seit Jahren eines der führenden Ristoranti Nuoros ist nach *Grazia Deleddas* Roman „Schilf im Wind" benannt. Es wird überwiegend barbacinische Küche serviert, aber auch italienische.

Einkaufen

●**Delikatessen der Barbagia** bei La Tavola degli Antichi, Viale Trieste 70 (westlich der Piazza Italia), Tel. 23 51 10. In den rustikalen Räumlichkeiten läuft einem das Wasser im Mund zusammen: würzige *salsiccia*, aromatisch duftender Schinken, Pecorino, die Weine der Region, Olivenöl, *miele amaro* (bitterer Honig) und *dolci nuoresi* (Süßigkeiten nach Nuoreser Art).

●**Kunsthandwerk:** Arte Sarda Fancello, Via Trieste 64, Tel. 35 501 (direkt neben dem Delikatessenladen La Tavola degli Antichi; alles vom Teppich über Flechtkörbe und Goldschmuck bis Bronzetti).

- **Keramik:** Ceramica & Design, Piazza Dettori 4, Tel. 34 714.
- **Goldschmuck:** Creazioni Antonello, Via Malta 13, Tel. 39 008.
- **Lederwaren:** Arte Pelle, Via E. Sereni 5, Tel. 20 21 61.
- **Gebildebrote/Dolci:** Pasticceria artigiana *Luisa Monne*, Via Tola 22, Tel. 35 542.
- **Hirtenmesser:** *Gino Moledda*, Via San Nicolo 10, Tel. 39 089.

Fest

- **Letzter Sonntag im August: Sagra del Redentore.** Große Trachtenprozession (siehe oben).

Notfälle

- **Guardia Medica,** V. Deffenu, Tel. 24 40 848.
- **Krankenhaus** (Ospedale San Francesco), Via Mannironi, Tel. 24 02 37.
- **Carabinieri,** Via S. Onofrio 4, Tel. 32 171.
- **Polizia,** Via Veneto 4, Tel. 30 212.

Unterkunft

- **Hotel Sandalia***,** Via Einaudi 14, Tel./Fax 38 353. Gepflegter Neubau etwas außerhalb am Ospedale San Francesco. Die schöne Aussicht entschädigt für die Entfernung zum Zentrum (74 €, Frühstück 4 €).
- **Hotel Grillo***,** Via Monsignore Melas 14, Tel. 38 678, Fax 32 005. Zentral gelegenes, modernes Mittelklasse-Hotel nicht weit vom Busbahnhof und der Markthalle. Komfortabel und zweckmäßig ausgestattet (91 €).
- **Hotel Paradiso***,** Via Aosta 44, Tel. 35 585, Fax 23 27 82. Moderner, sachlicher Bau im Neubauviertel in der Nähe des Campo Sportivo (74–76 €).

Agriturismo Testone – wo man die Seele Sardiniens berührt

Wer Sardinien und die Sarden nicht kennt – hier wird er sie auf eine unvergessliche Weise kennen lernen. Der im Herzen der Barbagia weit von allen fremdartigen Einflüssen völlig einsam in denkbar schönster Barbagianatur gelegene Agriturismo Testone ist Sardinien pur. Hier kann man eintauchen in die archaische Welt der Hirten, Knechte, Herren und Banditen, wie sie die sardische Literatur-Nobelpreisträgerin *Grazia Deledda* („Schilf im Wind") in ihren Romanen ebenso eindringlich wie unvergesslich beschrieb. Denn das Anwesen der Familie atmet noch heute den authentischen Geist jener Zeit, als hier noch „Il Padrone" zu legendären Schlachtfesten lud.

Der Agriturismo von Padrone *Sebastiano Secchi* liegt auf dem Hochplateau Sa Serra zwischen Nuoro und Bitti. Mindestens eine halbe Autostunde benötigt man, um von hier zur 25 Kilometer entfernten nächsten Ortschaft zu gelangen. Doch es gibt eigentlich keinen Grund, dieses abgeschiedene Paradies zu verlassen. Denn zur Farm gehören 380 ha (!) Land mit Wäldern und Weiden, Gemüse- und Obstgärten, Kühe, Schafe, Schweine, Ziegen und Pferde sowie zwei angelegte kleine Seen für Forellen. Wer sich hier aufhält (Mindestaufenthalt 1 Woche), der hört das Herz Sardiniens schlagen und kann die sardische Seele atmen, spüren, fühlen. Vor allem aber auch riechen und schmecken, denn in Testone wird von der Milch über Käse, Honig, Joghurt, Schinken, Salami, Wein, Brot, Fisch und Fleisch alles nach biologischen Gesichtspunkten selbst produziert und den Gästen serviert.

- **Agriturismo Testone/Nuoro,** 08100 Nuoro, Loc. Sa Serra, Tel. (0784) 23 05 39, Web: www.agriturismotestone.com. Acht schöne DZ mit Bad, nur HP 45 €, Menü 23 €, ganzjährig geöffnet.

- **La Pineta*****, Via Verdi 29, Tel. 38 443. Kleine, neue Residenz mit 13 Zimmern in ruhiger Stadtrandlage.
- **B&B Casa Solotti Loc,** Monte Ortobene, Tel. 33 954, Web: www.casasolotti.it. *Mario Zizis Haus liegt in wunderbarer Alleinlage im Grünen im Riserva Naturale del Monte Ortobene und bietet neben einem beschaulichen Garten und toller Panoramaaussicht vier geräumige DZ (26–30 € p.P.).*
- **Il Girasole,** Via Santa Barbara 4, Tel. 38 681. Zwei helle, sardisch ausstaffierte DZ mit Bad und Balkon in zentraler Lage, von der man die Stadt problemlos zu Fuß erkunden kann (25–35 € p.P.).

Verkehrsverbindungen

- **FdS-Schmalspurbahn:** 5–7 x tägl. nach Macomer ab Bahnhof Via Lamarmora, Info-Tel. 70 001.
- **ATP-Stadtbusse:** verkehren auf 11 Linien; Tickets kosten 0,80 € (90 Min.) oder 1 € (150 Min.), das Tagesticket (gilt nicht für Monte Ortobene) 2 €. Die einfache Fahrt auf den Monte Ortobene (Linie 8) kostet 1 €. Info: ATP *(Azienda Trasporti Pubblici),* Via Montale 5, Tel. 35 195.
- **ARST-Busse:** ab Stazione Piazza Sardegna/ Viale Sardegna, kostenloses Info-Tel. 800-86 50 42. Tägl. nach Cagliari, Orosei, Olbia (Stadt/Hafen), Alghero, Porto Torres sowie in fast alle Orte der Barbagia und Gennargentu.
- **De-Plano-Busse:** 6 x tägl. nach Olbia Flughafen, Abfahrt Viale Sardegna, Tel. 29 50 30.
- **Redentour-Busse:** ab Viale Sardegna 2 x tägl. zum Flughafen Alghero/Fertilia, Info-Tel. 30 325.
- **Taxi:** Via Lamarmora Tel. 34 111, Corso Umberto Tel. 22 718.

Supramonte   ♫ XII, XIII/BC2

Landschaft und Natur

Im Erdmittelalter (Mesozoikum) vor 225 bis 65 Millionen Jahren entstanden durch die teilweise Überflutung Sardiniens und anschließende Flachmeerkalkbildung die leuchtend weißen, himmelwärts strebenden Kalksteinklippen des mit Schluchten, Spalten und Höhlen durchsetzten, wild zerklüfteten **Supramonte di Oliena.** Die durchschnittliche Höhe der Gipfel dieses alten Gebirges innerhalb des Nationalparks Golf von Orosei beträgt, nur unweit der Küste gelegen, 900 Meter. Die höchste Bergspitze, der Monte Corrasi, ragt 1463 Meter über dem Meeresspiegel auf.

Wegen seines Malm-Kalkgesteins schluckt der Supramonte jeden Regentropfen und leitet ihn in unterirdische Seen ab. So haben sich im Lauf von Jahrmillionen abenteuerliche **Karsterscheinungen** gebildet (Näheres zum Prozess der Verkarstung im Exkurs zur Grotta di Ispinigoli im Kapitel „Baronie"). Die mit hellen, steilen Felsnadeln gespickten Kalkwände sind von abgrundtiefen Schluchten *(codule)* durchbrochen, deren sommers oft trockengefallene Flussbetten wild wachsender, zartrosa bis dunkelrot blühender Oleander ziert. Die kargen, ausgedörrten Hochplateaus zeigen sich von Karstrissen, Spalten und gähnenden Schlucklöchern sowie unverhofft auftretenden Kratern (Dolinen) durchzogen.

Supramonte — Barbagia

Eine der größten Dolinen der Welt öffnet sich auf dem Campu Doinanicoro südöstlich des Bergdorfes Oliena. Auf der drei Quadratkilometer großen Hochebene *(campu)* gähnt mit 500 Metern Durchmesser und 200 Meter tiefen, senkrechten Wänden der Trichter **Su Suercone**. Einst handelte es sich um eine Höhle, doch steter Tropfen zermürbte die unterirdische Welt so lange, bis ihre Decke einstürzte und ein gewaltiger Schlund entstand. Tief unten auf seinem unzugänglichen Grund wachsen hundertjährige Steineichen, Eiben und Wacholderbäume.

Wandern im Supramonte

Wanderungen in der schroffen, zumeist weglosen Bergwelt des Supramonte sind wunderschön und erfreuen sich immer größerer Beliebtheit, sie sind jedoch **nicht ungefährlich.** Denn abgesehen von den Touristenrouten wie Monte Tiscali oder Gola Su Gorruppu sind die Pfade kaum oder gar nicht markiert und nur von erfahrenen Einheimischen zu finden. So muss man Jahr für Jahr mit großem Aufwand Wanderer suchen, die sich verlaufen haben und die ohne Ortskenntnisse und Wasser in der durchglühten Felswüstenei allein wenig Überlebenschancen hätten. Denn in der Wildnis die Orientierung zu behalten, setzt einige Erfahrung voraus. Ebenso benötigt man neben einer handfesten Ausrüstung ein Mindestmaß an Kondition, denn der Supramonte ist ein ausgewachsenes Gebirge!

Geführte Touren

Rund um den Supramonte bieten engagierte Kooperativen von erfahrenen Bergführern begleitete Touren an. Hier kommt man nicht nur sicher wieder zurück, sondern erfährt viel Interessantes zur Flora und Fauna am Wegesrand, zur Archäologie und Geschichte der Region und entdeckt versteckte Naturplätze, die nur Einheimische kennen. Besonders zu empfehlen sind die **GAE-Kooperativen,** deren Guides allesamt staatlich geprüft und sehr erfahren sind:

- **Barbagia Insolita,** Corso V. Emanuele 48, Oliena, Tel. (0784) 28 60 05, Fax 28 56 61, Web: www.barbagiainsolita.it.
- **Coop Turistica Enis,** Loc. Monte Maccione, Oliena, Tel. (0784) 28 83 63, Fax 28 84 73, Web: www.coopenis.it.
- **Soc. Gorropu,** Via Sa Preda Lada 2, Urzulei, Tel. 347-42 33 650, Tel/Fax. (0782) 64 92 82, Web: www.gorropu.com; mit Info-Punkt für Trekking auf dem Passo Genna Silana (s. Kap. Dorgali).
- **Soc. Gennargentu:** Via Lamarmora 204a, Dorgali, Tel./Fax (0784) 94 385, Web: www.gennargentu.it.

Oliena

Der 7500-Einwohner-Ort am Fuß des weißen Kalksteinmassivs des Supramonte ist berühmt für seinen vollmundigen Cannonau-Wein, seine mit üppigen floralen Mustern bestickten schwarzen Seidentücher und -schals – und allem voran für seine zauberhafte Lage. Franziskaner und Jesuiten begründeten einst den Weinbau in der Region. Darüber hinaus hinterließen sie Oliena fast ein Dutzend Kirchen, von denen jedoch nur die auf das 12.

Jahrhundert zurückgehende, unterdessen stark veränderte Pfarrkirche Santa Maria und die neue Pfarrkirche Sant' Ignazio di Loyola von 1734 erwähnenswert sind.

Dank seiner tollen Lage, seiner berühmten Erzeugnisse und der zahlreichen besonders schönen Ausflugs- und Trekkingziele rund um Oliena ist der freundliche Ort zu einem der beliebtesten und meistbesuchten Ziele der Barbagia geworden und besitzt eine besonders gute touristische und gastronomische Infrastruktur.

Die Cannonau-Traube von Oliena

Eingebettet in die von Steineichenwäldern bedeckten Steilhänge des Monte Maccione öffnet sich das Dorf nach Norden zum blühenden **Tal des Riu d'Oliena**. Dort gedeihen in üppigen Weingärten die Cannonau-Trauben, aus denen die örtliche Winzergenossenschaft den granatroten, vollen, weichen Nepente di Oliena und den rubinroten Lanaitto keltert. „Dir, Inselwein, weihe ich meinen Körper und meine Seele", besang schon der Dichter *Gabriele D'Annunzio* (1863–1938) die bekannteste sardische Traube.

- **Cannonau direkt vom Erzeuger:** Cantina Sociale Oliena, Via Nuoro 112, Tel. 28 75 09, Web: www.cantinasocialeoliena.it, Mo–Fr 8.30–13 u. 15.30–17.30 Uhr, Sa 8.30–12 Uhr.
- **Vini Golostai**, Via Nino Bixio 87, Tel. 28 84 17, Web: www.golostai.cjb.net

Der Cannonau von Oliena gilt vielen als der beste Sardiniens.

Wandern um Oliena

Dass sich Oliena in den vergangenen Jahren zum Zentrum für Trekking und Natur-Tourismus im Supramonte entwickelte, ist vor allem der **Coop ENIS** zu verdanken. Die Pioniere des Wanderns im Supramonte haben hoch über Oliena knapp unterhalb der Baumgrenze 1981 trotz Anfeindungen begonnen, eine alte Ruine zu einem **Gästehaus** umzubauen. Das Haus am Monte Macchione ist mittlerweile so etwas wie ein Hauptquartier für Trekking im Supramonte di Oliena geworden, und ENIS ein Mekka für Wanderer und Naturliebhaber.

Post und Telefon

- **Vorwahl: 0784**
- **PLZ: 08025**

Information

- **Presidio Turistico,** Via Gazia Deledda 32, Tel. 28 56 40, Fax 28 63 24, Web: www.oliena.it. Junges Büro mit freundlichem Personal und guten Informationsunterlagen. Gleichzeitig auch Zentrale für B&B in der Provinz Nuoro.

Essen und Trinken

- **CiKappa,** Via M. Luther King 24, Tel. 28 87 33. Ein Tempel der sardischen Küche! *Cenceddu* und *Kileddu* (daher der etwas eigentümliche Name CK) und nicht zu vergessen *Cenceddus* Frau und Köchin *Tonina* (!) sind mit ihrem *ristorante* eine der herausragenden Adressen der Insel. Ohne großes Trara und viel Eitelkeit, dafür mir jeder Menge Enthusiasmus und noch mehr Liebe zur eigenen Kultur kredenzen sie nicht nur in ihrem Lokal beste sardische Küche, sondern bemühen sich auf vielfältige Weise um den Erhalt der „cucina tipica" und auch deren Erforschung und Wiederentdeckung und -belebung bereits verloren gegangener Rezepte. Krönung ihres Wirkens ist das „menu Deleddiano", für das sie alle Werke der in Nuoro geborenen Nobelpreisträgerin *G. Deledda* nach Rezepten, Kochhinweisen und Gerichten durchge-

lesen haben und das Gefundene in teils aufwendiger Feldforschung wieder rekonstruiert und nachgekocht haben. Das literarische Menü, zu dem Cenceddu die passenden Stellen aus den Romenen rezitiert, gibt es jedoch wegen des großen Aufwands nur für Gruppen. Ein Besuch im CK lohnt sich jedoch immer, denn die Qualität ist Spitze! Höhepunkt des Lebenswerks wird das neue CK, das derzeit oberhalb von Oliena entsteht, und die von Cenceddu ins Leben gerufene sardische Kochakademie, die ihren Sitz im neuen Domizil erhalten wird.

● **Masiloghi,** Via Galiani 68, Tel. 28 56 96, Web: www.masiloghi.it. Wo sich guter Geschmack und gutes Essen symbiotisch vereinen! Außen wie innen wunderschön gestaltetes kleines, feines *ristorante* mit einer exzellenten Küche. Nicht ganz billig, aber allein das Ambiente ist es wert, hier einmal üppig zu tafeln. Wer möchte, kann beim „cheffe" auch gleich noch einige lokale Produkte wie Olivenöl, Honig oder *pane carasau* kaufen.

● **Sa Corte,** Via Nuoro Tel. 28 53 13. Das brandneue Haus ist außen wie innen einfach bezaubernd. Schon der Anblick lohnt den Besuch. Innen wird in stilvoll rustikalem Rahmen im kleinen Gastraum um den offenen Kamin sehr gute regionale Küche mit Pfiff serviert. Es macht Spaß, hier zu essen!

● **Agriturismo Guthiddai,** Loc. Guthiddai, Tel. (0784) 28 60 17, Web: www.agriturismo-guthiddai.com. Landgut ganz im Stile des nahen Edelhotels Su Gologone (s.u.). Haziendaartige Anlage in Alleinlage am Fuße des majestätischen Supramonte. Idyllischer, blumengeschmückter „horte olianesa", wie man den typischen Innenhof um Oliena nennt, ausgezeichnetes Essen, zauberhaft gestaltete Zimmer, kurz: ein mehr als gastlicher Ort (Menü ab 22 €).

Rast auf der Wanderung nach Tiscali im Supramonte di Oliena

Aktivitäten

●**Trekking/Exkursionen:** *Cooperativa Turistica Enis,* Loc. Monte Maccione, 28 83 63, Fax 28 84 73, Web: www.coopenis.it. Touren zur Gola su Gorroppu, durch das Tal von Lanaittu zum Nuraghierdorf Tiscali, zu den Höhlen Su Bentu und Sa Oche, zur Punta Carabidda, zum Monte Corrasi, in die Foresta Montes, in den Gennargentu u.v.m.; *Barbagia Insolita,* Corso V. Emanuele 48, Tel. 28 60 05, Fax 28 56 61, Web: www.barbagiainsolita.it. Touren im Gennargentu, Supramonte, nach Tiscali, zur Gola su Gorroppu, zur Foresta Montes und zum Monte Corrasi.

Einkaufen

●**Käse:** Coop Latteria Sociale Rinascita, Via Norgheri, Tel. 28 73 66.
●**Salami:** Salumificio Puddu, Loc. Orbuddai, Tel. 28 70 57.
●**Traditionelle Stickschals/-tücher:** *Maria Salis,* Via Vittorio Veneto 12b, Tel. 28 77 45.
●**Pasta:** La Spiga Dorata, Via Grazia Deledda 54, Tel. 28 55 14. Frische handgemachte Pasta in vielen Formen.
●**Dolci:** Dolci Tradizioni, Via Galani 66, Tel. 28 54 54.
●**Olivenöl:** Azienda Agr. Puligheddu, Piazza Collegio 5, Tel. 347-08 20 346.

Fest

●**8. September: N. Signora di Monserrato.** Volksfest mit Folklore und Cannonau-Wein.

Unterkunft

●**Hotel CiKappa***,** Via M. Luther King 24, Tel. 28 87 33, Fax 28 87 21, Web: www.cikappa.com. Kleines Hotel mit sieben schönen, rustikal ausgestatteten, preiswerten Zimmern (49 €). Zurzeit entsteht ein neues Hotel CK am Ortsrand oberhalb von Oliena.
●**Monte Maccione***,** Loc. Monte Maccione, Tel. 28 83 63, Fax 28 84 73. Die Zimmer der Coop ENIS sind einfach ausgestattet, haben aber auf dem Vordach eine weitläufige Terrasse und bieten einen fantastischen Panoramablick. Besonders nachts sehr schön! Man fühlt sich hier dem Himmel wahrlich sehr nahe (NS 42-48 €, HS 47-53 €).

●**Agriturismo Camisadu,** Loc. Camisadu (2 km südl. von Oliena an der alten Straße nach Orgosolo), Tel. 368-347 95 02. Der rustikale Hof von Signora *Fele* und Signor *Puggioni* liegt mit Blick auf die Felszacken des Supramonte-Gebirges in einem nach Myrte, Ginster und Zistrosen duftenden Garten. Es stehen drei DZ und ein Dreibett-Zimmer mit Gemeinschaftsbad zur Verfügung. Das Restaurant serviert leckere Hausmannskost der Barbagia (pro Person 21 € mit Frühstück, HP 39 €, VP 54 €).
●**B&B Fancello,** Via Monsignor Romero 5, Tel. 333-83 51 889. Neubau mit drei zweckmäßig eingerichteten DZ am Ortsrand Richtung Su Goilogone. Wer früh aufsteht, kann der freundlichen Gastgeberin Signora *Antonia Fancello* beim Backen von *pane carasau* zusehen (21 € p.P.).
●**B&B Musone,** Via G. Amendola 9, Tel. 28 56 52. Idyllisches Bruchsteinhaus in ruhiger Lage im Grünen zwischen alten Korkeichen am oberen Ortsrand. Herrlicher Blick über das Tal von Oliena und auf Nuoro; Pool-Benutzung; 2 DZ und 1 EZ (25-30 €).

Quelle Su Gologone

Etwa sechs Kilometer östlich von Oliena in Richtung Dorgali sprudelt an der Nordflanke des Supramonte-Massivs aus einer turmhohen senkrechten Felsklamm Sardiniens schönste und berühmteste Quelle, Su Gologone, hervor. Der Abzweig von der Provinzstraße nach rechts ist deutlich ausgeschildert, meint allerdings nicht die Quelle, sondern das **gleichnamige Hotel** Su Gologone nahebei. Für das anspruchsvolle Publikum, das hohen Komfort, perfekten Service und eine ausgesuchte Atmosphäre liebt, wurde die geschmackvolle Anlage nach Plänen des Künstlers *G. A. Sulas* im Stil eines traditionellen Bauerngutes erbaut. Das

Restaurant des Hauses genießt den Ruf, eines der besten der Insel zu sein.

Stoppt man nicht am Hotel, sondern bleibt weiter auf dem schmalen Asphaltband, gelangt man wenige Hundert Meter später zur **Quelle Su Gologone**. Im Pappel- und Eukalyptushain sind Parkplätze eingerichtet. Träge zieht der mit Schilf bewachsene kleine Fluss, zu dem sich die Quelle ausweitet, seiner Wege. Folgt man seinem Verlauf, gelangt man zur Quelle, die mit 300 Litern pro Sekunde aus der Felsklamm herausströmt.

Von Oleander umrahmt, sammelt sich ihr kristallklares Wasser in einem unergründlich tiefen Felsenbecken. Auf dem Grund des Teiches schimmern verlockend zahlreiche Münzen, wobei man von dem Versuch Abstand nehmen sollte, einige davon herauszufischen. Das Wasser ist zum einen viel tiefer, als es erscheint, und zum anderen herrschen in dem engen Felsspalt **gefährliche Strömungen.** Mehrmals kam es beim leichtsinnigen Versuch, ein paar Geldstücke herauszufischen, zu **tödlichen Unfällen.**

Über die Quelle wacht das auf einem Felsvorsprung stehende Kirchlein **Nostra Signora della Pietà,** davor lädt ein Park mit Weiden, Pappeln und Eukalyptusbäumen zum Rasten und Picknicken ein. Wohnmobilisten begrüßen die Gelegenheit, ihren Frischwassertank mit klarem Quellwasser zu füllen. Tagsüber herrscht in dieser Oase allerhand Betrieb, abends kehrt Ruhe ein, und nur der Gesang der Nachtigallen klingt noch durch das Rauschen der Bäume und des Wassers.

Unterkunft/ Essen und Trinken

● **Su Gologone Country Resort****,** Tel. (0784) 28 75 12, Fax 28 76 68, Web: www.sugologone.it. Nicht nur eines der berühmtesten Hotels Sardiniens, sondern auch eines der schönsten. Stilvolle, ebenso rustikale wie elegante weitläufige Anlage im Stile eines sardischen Landgutes, eingebettet in einen üppig blühenden Park. Wunderbare Lage in stiller Natur am Fuße des Supramonte. Sehr geschmackvolle Einrichtung mit sardischem Kunsthandwerk. Exklusiver Komfort mit Pool, Tennisplätzen, Fitnesscenter und Reitmöglichkeit. Das Restaurant mit wunderbarer Panoramaterrasse zählt zu den besten Sardiniens. Das Su Gologone ist eine Institution, die sich auch der Nicht-Hotelgast bei einem abendlichen Menü oder kühlen Getränk auf der idyllischen Bar-Terrasse gönnen sollte, wo sich auch die Trekking-Guides und Hirten der Umgebung treffen (140–220 €).

Valle di Lanaittu

Kurz hinter dem Hotel Su Gologone wird die Straße zur Geländepiste und windet sich hinauf (Schild „Loc. Turistica Lanaitu") in das verborgene, von hohen Felskämmen flankierte Hochtal Valle di Lanaittu. Im Tal wurde eine Art **Botanischer Garten** angelegt, der die Flora des Supramonte vorstellen soll. Nach gut sieben Kilometern und einstündiger Wanderung gelangt man zu einem einladenden Picknickplatz mit Tischen und Bänken (man kann auch mit dem Auto dorthin fahren). Nicht weit davon liegen die **Höhlen Grotta Sa Ocche** („Höhle der Stimme") und **Grotta Su Ventu** („Höhle des Windes". Beide können begangen werden, was jedoch nur in Begleitung eines kundigen Führers geschehen sollte, denn beide sind weit verzeigt und führen Wasser, was für Ortsunkundige **akute Lebensgefahr** bedeutet!

Unweit der Höhle Sa Ocche liegt das **Villagio nuragico Sa Sedda e' Sos Carros,** das eine der Aufsehen erregendsten steinzeitlichen Kultstätten mit heiligem Brunnen der Insel besitzt. Das erst jüngst freigelegte elipsenförmige Bauwerk mit übereinander angeordneten Wasserbecken sammelte das Wasser der Höhle, wobei es durch kleine Kanäle von einem Becken in das nächste lief. Ein großartiges Bauwerk, sehr sehenswert!

Nuraghierdorf Tiscali

Vom Parkplatz bei den Grotten führt der Weg (ab jetzt nur noch zu Fuß) erst langsam und bequem, dann immer steiler und schweißtreibender schließlich durch den mit Geröll übersäten Hang und die Felswüstenei hinauf zum Monte Tiscali. Der Pfad ist nicht immer eindeutig und für Ortsunkundige manchmal etwas verwirrend, aber durchweg markiert. Folgt man den Zeichen (meist kleine Pfeile auf dem Fels), erreicht man nach gut halbstündigem, landschaftlich beeindruckenden Marsch den nur handtuch-

breiten versteckten Zugang *Sa Curtiga de Tiscali* zur steinzeitlichen **Höhlensiedlung.** In der gewaltigen Höhle, dessen eingestürzte Decke nun die Sonnenstrahlen einfallen lässt, liegen die Reste eines 4000 Jahre alten Nuraghierdorfes (der Platz ist eintrittspflichtig, Geld nicht vergessen!).

Orgosolo

Stolz, misstrauisch und eigensinnig, mit einem völlig unverständlichen Dialekt, seien die Leute aus dem „Norden". So charakterisieren die anderen barbaricinischen Einwohner die Orgolesi. In der Tat zeigt sich das am Hang liegende Orgosolo in vielerlei Hinsicht düster und unzugänglich.

Geschichte

1903–17 starben in Orgosolo über 50 Menschen im Rahmen einer *disamistade* („Familienkrieg"), die durch eine Erbstreitigkeit zweier miteinander verwandter Sippen ausgelöst worden war. Anfang bis Mitte der 1950er Jahre erschütterten mehr als 30 Morde die Region. Raubüberfälle und Viehdiebereien waren an der Tagesordnung. 1961 schrieb das verrufene Banditendorf erneut traurige Schlagzeilen, als man in seiner Nähe die Leichen des entführten englischen Journalistenpaares *Townley* auffand (Näheres zur Geschichte des Ortes und zu den Hintergründen im Exkurs „Von stolzen Hirten und ehrenwerten Banditen").

Aber Orgosolos Geschichte wird mittlerweile nicht mehr nur als die Geschichte blutiger Verbrechen erzählt, sondern auch als eine bitterer Armut, Ausbeutung und Unterdrückung sowie als Geschichte des verzweifelten Widerstandes einer archaischen Hirtengesellschaft gegen den kolonisatorischen Drang des modernen italienischen Staatswesens.

Einen friedlichen Sieg errangen die Orgolesi 1969 im **Kampf um den Pratobello,** ihr gemeindeeigenes Weideland wenige Kilometer südwestlich des Dorfes. Die mit knorrigen alten Korkeichen bestandene Hochebene sollte zu einem Truppenübungsplatz der NATO umfunktioniert werden. Als die Soldaten und Panzer anrückten, stellte sich ihnen die gesamte Bevölkerung Orgosolos entgegen. Männer, Frauen und Kinder, Alte und Junge blockierten die Straßen und besetzten so lange die Weiden, bis die Armee den Rückzug antrat. So wurde der Pratobello zu einem Symbol des Widerstands für das geschundene Sardinien.

Orgosolo heute

Holprige, schmale Gassen durchziehen den Ortskern. Entlang der Hauptstraße reiht sich eine Bar an die andere. Davor sitzen Männer, von ganz jung bis uralt, weshalb es sich für Frauen empfiehlt, etwas Bedeckendes zu tragen, um die **Murales,** die be-

Mit dem Jeep
durch das Valle di Lanaittu

rühmten Wandbilder Orgosolos, zu besichtigen.

Lange mussten die Orgolesi für sensationslüsterne Touristen das Verbrechernest spielen. Im Auftrag geschmackloser Reiseveranstalter überfielen fellbehangene Banditen ausländische Reisebusse. Im Anschluss an den ergötzlichen Nervenkitzel gab es *porcheddu* für alle, danach besichtigte man Orgosolos Friedhof. „Erschossen von ...", „ermordet am ..." ist auf vielen Grabinschriften des kleinen *cimitero* zu lesen. Unterdrückung, Überlebenskampf und unermessliche Opfer – die tragische Geschichte Orgosolos soll kein touristischer Zirkus mehr sein!

Die Murales von Orgosolo

Dennoch braucht man keine Scheu zu haben, seinen Wagen unterhalb des alten Dorfzentrums am Friedhof abzustellen – dort gibt es die besten Parkmöglichkeiten. Man sollte Zeit mitbringen und nicht nur die Hauptstraße entlanggehen, sondern auch die Nebengassen durchstreifen. Denn das ganze Dorf ist eine einzige große Freilichtgalerie, die fortwährend mit immer neuen, meist auf aktuelle Ereignisse bezogenen **Wandbildern** ergänzt wird. Nicht weniger sehenswert sind auch die herrlichen **Trachten** von Orgosolo, die ebenso farbenprächtig und lebensfroh wie streng und abweisend sind und den Charakter der Orgolesi sehr gut widerspiegeln.

Post und Telefon

- **Vorwahl: 0784**
- **PLZ: 08027**

Aktivitäten

- **Exkursionen/Trekking:** Sandalion, Via Diaz 8, Tel. 40 32 98, Fax 40 11 70, Web: www.supramonte.com. Murales-Führungen, ein- oder mehrtägige Trekkingtouren, Jeep-Exkursionen, Hirtenessen u.v.m.
- **Reiten:** Equiturs, Loc. Monte Nieddu-Locoe, Sp 58, km 8,8, Tel. 339-70 18 522. Halbtages- und Tagesexkursionen durch den wildromantischen Supramonte di Orgosolo.

Einkaufen

- **Honig:** Den berühmten bitteren Honig (*miele amaro*) erhält man bei *Giuseppe Congiargiu*, Via Gramsci 14, Tel. 40 23 62.
- **Pane carasau:** Panificio Corrias, Via D'Azeglio 41, Tel. 40 23 27.
- **Käse:** Azienda Agr. Olettana, Loc. Olettana, Tel. 38 191. Pecorino, Crema und Ricotta aus unpasteurisierter Biomilch.

Unterkunft/Essen

- **Petit Hotel****, Via Mannu 1, Tel./Fax 40 20 09. Familiär geführte Herberge im Zentrum Orgosolos. Im angeschlossenen Restaurant gibt es herzhafte barbacinische Kost und offenen Hauswein aus dem Tonkrug (39 €).
- **Hotel Sa'e Jana****, Via E. Lussu, Tel. 40 24 37, Fax 40 24 37 8, Web: www.tiscalinet.it/saejana. Angenehmes Haus mit guter Barbagia-Küche (48 €). Zusätzlich Jeep-Exkursionen in den Supramonte.
- **B&B Manca,** Via delle Pace 1, Tel. 40 25 92. *Antonio* und seine Frau offerieren 3 DZ mit Bad und toller Aussicht in sehr ruhiger Randlage. Die Zimmer sind ländlich-bäuerlich möbliert und haben einen separaten Eingang (22–30 €).
- **La Terrazza,** Via Giovanni 34, Tel. 40 929. *Serafino Brotzu* bietet in seinem Terrassenrestaurant zur schönen Aussicht unverfälschte Barbagiaküche.

Pratobello und Foresta di Montes

Eine der schönsten Ausflugsrouten im Supramonte führt von Orgosolo aus hinauf auf den Pratobello und über ihn hinweg bis zu den Foresta di Montes, einem ebenso riesigen wie unberührten Berggebiet um den markanten Monte Novo San Giovanni. Kurz hinter Orgosolo zweigt von der Straße nach Mamoiada links eine schmale Teerstraße zum Pratobello ab. Nach

Murales – stummer Protest an der Hauswand

Die naiven politischen Wandbilder und Fassadenmalereien, für die einige Orte auf Sardinien heute berühmt sind, haben Unterdrückung, Ausbeutung und Ungerechtigkeit zum Thema. Seit Ende der 1960er Jahre schmücken sie bis zu drei Stockwerke hoch die Hauswände in den alten Dorfkernen von Orgosolo und Oliena, Villamar, Serramanna und vielen anderen Orten. Mit bunten Bildern und breiten Schriftzügen berichten sie als groß angelegte, kunstvolle „Graffitis" von der jahrtausendealten Problematik Sardiniens. Nach dem Vorbild mexikanischer Revolutionsbilder porträtierten sardische Studenten unter Anleitung solch renommierter Meister wie *Aligi Sassu* und jüngerer Künstler wie *Pinuccio Sciola* den sozialen und politischen Alltag auf dem Putz der Häuser.

Ihren Ursprung haben die *murales* nicht in Orgosolo, sondern in dem unbekannten Campidano-Dorf San Sperate, in dem *Pinuccio Sciola* wohnt und das sich auch heute mit zahlreichen Wandbildern schmückt. Standen anfänglich vom kritischen Geist der 68er-Generation inspirierte Themen wie Polizeistaat, soziale Ungerechtigkeit oder atomares Wettrüsten im Vordergrund, herrscht heute die Freiheit der Kunst. Die Themen, Stile und Motive der Bilder sind inzwischen ganz unterschiedlicher Natur.

So findet man heute in Orgosolo genauso Ex-Kanzler *Helmut Schmidt*, der wegen Stammheim als „Experte in Sachen Staatsmord" gebrandmarkt wird, wie die romantisierende Darstellung des Hirtenlebens oder Kunstwerke im Stile *Mirós* oder *Kandinskys*.

Es entstehen immer neue Wandbilder. Die alten jedoch verwittern zusehends, weil die kleinen Gemeinden keine finanziellen Mittel haben, die eindrucksvollen Kunstwerke vor dem Verfall zu bewahren.

Apropos Wandmalerei: Die durchnummerierten Strichkästchen, die oft in endloser Folge vor allem Betonwände zieren, sind keine Planquadrate für zukünftige *murales*. Sie dienen als Platzhalter für die Plakatierung der zahllosen sardischen und italienischen Parteien zur Wahl.

gut drei Kilometern weist ein Schild den Weg zum Campingplatz Supramonte, wo sich auch ein Restaurant und das Exkursionszentrum *Cultura e Ambiente* finden.

Auf der Hochfläche tritt der Wald zurück, und weite, von glucksenden Wasserläufen durcheilte und von zahllosen Kühen, Schweinen, Schafen und Ziegen bevölkerte **Weiden** bedecken das Hochland. Nach gut sechs Kilometern kommt eine Kreuzung: Rechts geht es zum Restaurant Ai Monti del Gennargentu, geradeaus zu den Foresta di Montes. Nach weiteren acht Kilometern durch dann immer dichter werdenden Hochwald und zauberhafte Bergnatur erreicht man eine Forstkaserne mit ebenso freundlicher wie hilfsbereiter Besatzung, bei der man das Auto abstellen sollte. Wohnmobile können hier die Nacht verbringen. Ab hier geht es auf Pisten und Geländepfaden hinein in die urwüchsige Bergwelt und hinauf zur 1082 Meter hoch gelegenen **Funtana Bona,** der „Guten Quelle". Über ihr ragt der 1316 Meter hohe Gipfel des malerischen Monte Novo aus den Wäldern in den Himmel. In dem Gebiet kann man tagelang wandern, ohne einer Menschenseele zu begegnen.

Praktische Tipps

●**Unterkunft/Essen und Trinken:** Hotel/Ristorante Ai Monti del Gennargentu***, Loc. Settiles (an der Straße von Orgosolo zum Pratobello) Tel./ Fax 40 23 74. Schöner Landgasthof auf dem einsamen Pratobello zwischen uralten Steineichen. Die Zimmer sind geschmackvoll und unaufdringlich eingerichtet. Es herrscht wundervolle Ruhe ringsum (65–80 €). Im Restaurant unverfälschte Barbagia-Küche. Auf der Karte sind herzhafte *antipasti* wie Schinken und Wildschweinwurst verzeichnet. Als Hauptgericht empfiehlt sich z.B. Braten vom Zicklein mit frischen Kräutern. Eine opulente Palette hausgemachter Schafskäse rundet die Schlemmerei ab.

●**Info/Unterkunft/Exkursionen/Camping:** Cultura e Ambiente, Tel. (0784) 40 10 15, Web: www.supramonte.net. Camping, B&B, Restaurant und Exkursionszentrum in wunderbarer Alleinlage, umgeben von flechtenüberzogenem Steineichenwald ca. drei Kilometer außerhalb von Orgosolo. Angeboten werden Trekking zu Fuß und Pferd, Mountainbiking, thematische Naturexkursionen u.a.

Barbagia Ollolai ♪ XII/B2

Mamoiada

An der Straße von Nuoro nach Fonni liegt in 650 Metern Höhe auf einer Hochfläche an den bewaldeten Kuppen der Barbagia Ollolai das abgeschiedene Hirtendorf Mamoiada. Schafzucht, Milch- und Käsewirtschaft sind die Haupteinnahmequellen der rund 2600 Einwohner.

Der Karnevalsumzug

Berühmt ist der Ort für seinen Umzug der dämonischen *Mamuthones* und *Issohadores* am Karnevalssonntag. „Caraseccare maccu, de peccados unu saccu, d'allegria fettu e margura" („Verrückter Karneval, ein Haufen Sünden, aus Fröhlichkeit gemacht und aus Bitterkeit"), schildert *Salvatore Camobosu* den Karneval in Mamoiada. Detailliertes zum Barbagia-Karneval und seinen Masken erzählt das ausgesprochen interessante **Museo della Mas-**

chera, das auch Karnevalsmasken, -figuren und -bräuche aus anderen Mittelmeerländern vorstellt.

●**Museo della Maschera Mediterranea,** Piazza Europa 15, Tel. (0784) 56 90 18, Web: www.museodellemaschere.it, geöffnet Di–So 9–13 u. 15–19 Uhr.

Es gibt zwölf **Mamuthones** und zehn **Issohadores.** Diese werden von festen Personen verkörpert, die nicht gewählt werden und diese Figuren nicht spielen, sondern „sind", so die Aussage eines der zwölf *Mamuthones*. Während des Umzugs bewegen sich die in ungegerbte, dunkle Schafsfelle und schwarze Holzmasken gehüllten *Mamuthones* in zwei langen Schlangen über die Hauptstraße. Die finsteren Gesellen schreiten langsam, mit schwerfälligem Gang und gebeugt von den mächtigen, teils über 50 Kilo schweren Glocken, die sie über den Schultern tragen. Ihnen folgen die leichtfüßigen, elegant kostümierten *Issohadores*, die mit ihren Lassos die plumpen *Mamuthones* einfangen.

Völkerkundler nehmen an, dass der Brauch auf einen phönizischen Wasserkult zurückgeht, wobei die dämonischen, schwarzen Gesichtsmasken den Regengott Maimone darstellen, auf den auch der Ortsname zurückgeht. Die Sarden haben eine andere Sichtweise. Für sie stehen die grimmigen, schwerfälligen *Mamuthones* für das sardische Volk. Die flinken *Issohadores* symbolisieren die fremden Eroberer, die die Sarden mit Stricken einfangen, verlachen und zum Vergnügen durch die Straßen treiben.

Information

●**Pro Loco,** Via Sardegna 15, Tel. (0784) 56 285, Web: www.mamuthonesmamoiada.it.

Einkaufen

●**Handgeschnitzte Masken:** *Ruggero Mameli*, Via A. Crisponi 19, Tel. 56 222, Web: www.mascheremameli.com. Der *maestro delle maschera* stellt in aufwendiger Handarbeit nach uralten Vorlagen traditionelle Masken der Barbagia her. Die signierten Kunstwerke sind eine der schönsten Erinnerungen, die man sich aus Sardinien mitbringen kann, aber nicht ganz billig. Kleine gibt es ab 35 €, die großen kosten 100 bis 250 €. Zum Kauf gibt's aus dem großen Holzfass vom Meister hauseigenen Wein.
●**Hirtenmesser:** *Paolo Pinna*, Via Curtone 2, Tel. 349-61 76 993.
●**Wein:** Cantina Puggioni, Via Nuoro 1, Tel. 20 35 16. Cannonau mit dem Mamuthone auf dem Etikett.

Essen und Trinken

●**La Campagnola,** Via Satta, Tel. 56 90 36. Elegantes, modernes „Sardo-design"-Restaurant, das man in Mamoiada so nicht vermutet. Dem erwählten architektonischen Geschmack steht die Küche nicht nach: 30 veschiedene Pizzas und lokale Spezialitäten warten auf Sie.

Unterkunft

●**B&B Sa Perda Pinta,** Loc. Boeli, Tel. 56 689. Das charmante, still und schön im Grün am Ortsrand an der Straße Richtung Nuoro gelegene Haus von Signora *Maria Giavanna* ist nach dem mit außergewöhnlichen Spiralmustern versehene Menhir aus der Zeit von ca. 1500 v. Chr. benannt, der im Garten steht. 3 DZ mit Bad (30 € p.P.).

S.S. Cosma e Damiano

Fünf Kilometer südwestlich von Mamoiada liegt auf einem Hügel das Santuario dei S.S. Cosma e Damiano.

Barbagia Ollolai

Cumbessias (Pilgerhütten) umringen die Wallfahrtskirche, an der eine üppige Quelle sprudelt und jährlich Ende September ein großes Volksfest mit viel Folklore und, besonders toll, einem der größten **Kunsthandwerksmärkte** der Insel stattfindet.

Orani

Orani ist eine einfaches, unspektakuläres Bergdorf, das jedoch mit einem ganz besonderen Leckerbissen aufwartet. Denn hier erblickte der in aller Welt berühmte Maler und Bildhauer **Costantino Nivola** (1911–1988) das Licht der Welt, dem der Ort in einem historischen Waschhaus ein außerordentlich sehenswertes **Museum** mit Werken des Künstlers, vor allem Plastiken, eingerichtet hat.

●**Museo Nivola,** Via Gonare 2, Tel. (0784) 73 00 63, geöffnet Juni–Sept. Di–So 9–13 u. 16–21 Uhr, Okt.–Mai nur bis 20 Uhr.

Monte Gonare

Eine der ältesten und bedeutendsten Wallfahrtskirchen Sardiniens erhebt sich auf dem Monte Gonare auf halbem Weg von Mamoiada nach Sarule. Der markante Gipfel auf 1085 Metern Höhe mit dem **Santuario Nostra Signora di Gonare** obenauf stellt ungefähr den geographischen Mittelpunkt der Insel dar. Zu Nostra Signora di Gonare führt eine kleine Straße hinauf, von wo sich eine grandiose Sicht auftut. Die dunkelgraue alte Schiefersteinkirche wurde angeblich auf Initiative des Richters *Gonario II. von Torres* erbaut, aus Dankbarkeit für seine Errettung vom Schiffbruch.

Das kleine Gotteshaus ist die am meisten besuchte Wallfahrtskirche Sardiniens. Jedes Jahr im September pilgern Tausende auf den Berg. Dann findet eine **neuntägige Kirchweih** statt, bei der neben Messen, religiösen und weltlichen Gesängen und Tänzen auch Folklore sowie Speis' und Trank nicht zu kurz kommen.

Gavoi

Hauptort der Barbagia Ollolai ist das freundliche Bergdorf Gavoi, das malerisch am Hang über dem schönen **Lago di Gusana** klebt. Sein besonderer Reiz speist sich jedoch nicht nur aus seiner Lage über dem weit verzweigten, von dichten Wäldern umrahmten See, sondern auch das pittoreske Ortsbild mit seinen von grauen Bruchsteinhäusern gesäumten engen Gassen trägt dazu bei. Bemerkenswert sind auch die 2500 Bewohner des Ortes, die als besonders freundlich und aufgeschlossen gelten und ganz offensichtlich auch besonders kreativ sind. So sind hier nicht nur alte Handwerke und Kunsthandwerker ansässig, sondern auch das private Spielzeugmuseum **Museo Jocos.** In der Bäckerei wird für mich mit das bese *pane carasau* der Insel hergestellt. Auch der Pecorino von Gavoi ist berühmt, und man findet schöne Unterkunft, dazu ein charmates *ristorante*. Auch wenn es abgelegen liegt, Gavoi ist immer eine Reise wert!

Post und Telefon

- **Vorwahl:** 0784
- **PLZ:** 08020

Information

- **Pro Loco,** Via Roma 132, Tel. 53 400, Fax 52 260.

Museum

- **Museo Jocos,** Via Repubblica 112, Tel. (0784) 52 158, Voranmeldung erbeten, Eintritt frei. Über 400 alte, oft selbst gefertigte Spielsachen und Instrumente, die der Besitzer *Angelo Loddo* im Laufe seines Lebens gesammelt hat.

Aktivitäten

- **Trekking/Exkursionen:** Barbagia No Limits, Via Cagliari 85, Tel. 52 90 16, Fax 52 91 91, Web: www.barbagianolimits.it.

Einkaufen

- **Goldschmuck:** Aurum, Via Roma 200, Tel. 52 175.
- **Schnitzmöbel/-truhen:** Falegnameria Artigiana, Via Roma 33, Tel. 52 000.
- **Hirtenmesser:** Lavra, Via Dante 4a, Tel. 52 156, Web: www.lavra.it.
- **Pane carasau:** Panificio Artigianato Murdeu, Via Roma 38, 08020 Gavoi, Tel. 53 353. Mit das Beste, das ich auf Sardinien kenne, hauchzart und delikat. Tipp: Mit ein bisschen Salz und frischem Rosmarin bestreut und etwas Olivenöl benetzt, dann im Ofen erwärmt – eine Köstlichkeit!
- **Sardische Produkte:** Cantina Garau, Via Roma 121, Tel. 52 102. Im kleinen Laden an der Hauptstraße des sympathischen *Cristian* gibt es sardische Spezialitäten aller Art. *Cristian* ist ausgebildeter Somelier, auf sein Weinurteil kann man sich also verlassen!

Essen und Trinken

- **Santa Rughe,** Via C. Felice, Tel. 53 774. Ebenso einladendes wie gastfreundliches *ristorante*, in dem Padrone *Franco Podde* im stilvollen Gewölbe von der leckeren Pizza bis zur typisch sardischen Bergküche alles frisch und sehr gut zubereitet.

Unterkunft

- **Hotel Gusana***,** Loc. Gusana, Tel. 530 00, Fax 521 78. Großes Haus mit Panoramaterrasse unmittelbar am Lago di Gusana. Zimmer etwas schlicht, jedoch mit Seeblick. Reiten, Tennis (64–68 €).
- **Hotel Sa Valasa**,** Loc. Sa Valasa, Tel. 534 23. Schönes Haus mit großem Grundstück direkt am Lago di Gusana, 3 km von Gavoi entfernt. Helle, freundliche Zimmer. Das Restaurant genießt ebenfalls einen guten Ruf (42 €).
- **Agriturismo Antichi Sapori da Speranza,** Via Cagliari 190, Tel./Fax 52 021. Sehr einladende Unterkunft in Dorflage, in der es neben Zimmern auch eine Fülle an Köstlichkeiten zu essen und zu kaufen gibt, die Signora *Speranza* und Familie selbst produzieren. Wer will, kann hier auch die Kunst des sardischen Kochens erlernen, Mamma *Speranza* ist darin Meisterin! (B&B 20–25 € p.P., HP 40 €, VP 55 €).
- **Sa Posada,** Viale Repubblica 121, Tel. 53 100. Familie *Lorella* bietet in ihrem neu erbauten Haus sechs mit Liebe und Gefühl gestaltete Zimmer mit Bad, die einem Hotel in nichts nachstehen. Dazu gibt es einen einladenden Aufenthaltsraum mit Küche, die benutzt werden kann (2 EZ mit Gemeinschaftsbad 28 €, 4 DZ mit Bad 50 €).

Gennargentu-Gebirge ♪ XII/B2-3

Landschaft und Natur

Die Gipfel des Gennargentu

Das zentrale Bergland ist das Herz Sardiniens. Mit der **Punta La Marmora** als seinem höchstem Gipfel – zugleich die höchste Bergspitze der Insel – reicht das schieferbedeckte Granitgebirge bis auf 1834 Meter hinauf. Im Gedenken an den berühmten Sardinienforscher *Alberto Graf von La Marmora* (1789–1863) wurde die ursprünglich „Perda Caprias" („Ziegenstein") genannte Punta La Marmora mit dem Namen des adligen Inselpioniers geehrt. Fast unmerklich reiht sich dieser höchste Punkt des Gennargentu-Massivs in die weiteren, beinahe ebenso hohen Granitkuppen der sichelförmigen Kammregion ein: Bruncu Spina, Punta Paulinu und Bruncu Allasu, an deren Hängen flechtenüberwachsene Geröllströme zu Tal ziehen.

Flora und Fauna

In den Felswänden der Berge nisten Turm- und Wanderfalken, Steinadler und Mäusebussarde. Mufflons und Wildpferde haben hier ihre Heimat, und an Menschen erinnern nur noch *pineddas* – Hütten, die sich die Hirten aus knorrigem Wacholdergehölz aufgebaut haben.

Aus den Senken steigen Nebelschwaden, benetzen Krüppelkiefern, Korsischen Ginster, Zwergwacholder und um die 360 duftende Kräuterarten, mit denen sich die stille Bergwelt schmückt. Primadonna dieser weiten, baumlosen Bergwelt, Wahrzeichen des Gennargentu und Nationalblume Sardiniens ist die *peonica salvatica*, die **Wilde Pfingstrose**. Wenn „Sa Rose 'e Monte", wie die Sarden die Botschafterin des Frühlings liebevoll nennen, ihre prachtvollen Blüten öffnet, muss auch im Gennargentu der Winter endgültig weichen. Dann überzieht das frische Grün der bunt blühenden Bergwiesen die Hänge. Fast fühlt man sich an deutsche Mittelgebirge erinnert. Überall sprudeln kleine Quellen hervor und rinnen kleine Wasserläufe glucksend über Wiesen und Wege.

Unterhalb von 1600 Metern schlagen Ahorn und Eibe, Flaum- und Steineiche und Wacholderbaum aus und um die Dörfer blühen Kastanien- und Nussbäume.

Nationalpark Gennargentu/ Golfo di Orosei

Bereits seit der faschistischen Ära streitet man erbittert um die Einrichtung eines Nationalparks rund um die Monti del Gennargentu. Doch selbst der allgewaltige Duce *Mussolini* scheiterte schon am Eigensinn der stolzen barbacinischen Bevölkerung. 1966 brachte die römische Regierung das Nationalpark-Projekt ein zweites Mal auf den Plan. Eine Rebellion war die Folge, unter dem Motto: „Rettet die Menschen, und nicht die Gänsegeier!"

Inzwischen sind wiederum 40 Jahre ins Land gegangen. Die Situation heute: Zwar ist der Nationalpark nun von der Republik Italien definitiv festgelegt und ausgewiesen, aber die Umsetzung vor Ort findet nicht statt. Es gibt den Nationalpark nur auf dem Papier. Damit können offensichtlich alle leben. Sicher auch der Besucher, denn

Pferde in den Monti del Gennargentu

die Region zwischen dem Golf von Orosei und den Gipfeln des Gennargentu ist in ihrer großartigen Urwüchsigkeit, ob mit ohne ohne Stempel und Verwaltung, wunderbare Realität.

Fonni

Aus der Barbagia Ollolai schrauben sich die Landstraßen Richtung Süden in vielen Kurven durch herrlichen Steineichen- und Kastanienwald ins Gebirge hinauf. Auf einer granitenen Hochebene unterhalb des zentralen Gennargentu-Massivs dehnt sich Fonni mit vielen Neubauten aus. 1000 Meter über dem Meeresspiegel gelegen, ist es die **höchste Ortschaft Sardiniens.**

Ein Skilift am Bruncu Spina bescherte der Hochburg der nordbarbaricinischen Weidewirtschaft einen bescheidenen **Wintertourismus.**

Die Milch wird von den Hirten heute nicht mehr mit dem Esel, sondern mit dem Fiat in die Molkerei transportiert, und auch der mühsame halbjährliche Wechsel zwischen den Sommeralmen und den Winterweiden wird nicht mehr zu Fuß, sondern mit dem Viehtransporter unternommen.

An den beschwerlichen Weidewechsel, der die Hirten einst vom Herbst bis zum folgenden Frühling von ihren Familien trennte, erinnert heute noch die **Sagra della Madonna dei Martiri,** ein großes Trachtenfest Anfang Juni.

Post und Telefon
- **Vorwahl:** 0784
- **PLZ:** 08023

Information
- **Pro Loco,** Via M. Spada, Tel. 57 333.

Aktivitäten
- **Reiten:** Soc. Ippica Fonnese, Via Falconi, Tel. 58 189.
- **Andelas,** Via Grazia Deledda, Tel. 57 004, Fax 58 93 66, Web: www.andelas.it. Trekking, Exkursionen, Angeln, Kanu, Mountainbiken und zahlreiche andere touristische Dienstleistungen.

Feste
- **Palio di Fonni,** 1. So im August. Großes Pferderennen, bei dem u.a. die *Sas Parillias,* akrobatische Kunststücke auf Pferden, vorgeführt werden.
- **Sagra Madonna dei Martiri,** 1. So im Juni. Große, traditionsreiche Trachtenprozession.

Unterkunft
- **Hotel Cualbu***,** Viale de Lavoro 19, Tel. 570 54, Fax 58 403, Web: www.hotelcualbu.com. Großes, buntes Komforthotel mit Pool, Wellnessbereich und Restaurant (70–80 €).
- **Hotel Il Cinghialetto***,** Via Grazia Deledda 115, Tel./Fax 75 660, Web: www.ilcinghialetto.it. Kleine, adrette Herberge mit sieben Zimmern im Zentrum mit Restaurant (70 €).
- **Hotel Sa Orte,** Via Roma 14, Tel. 58 455, Web: www.hotelsaorte.it. Neues Hotel mit angenehmer Atmosphäre in einem alten Bruchsteinhaus im historischen Ortszentrum. Geräumige 2- bis 4-Bettzimmer (60–100 €).
- **B&B Fonni,** Via Asproni 9–11, Tel. 58 277.

Die Bergwelt rund um Fonni

Monte Spada/Bruncu Spina

Etwa sieben Kilometer südlich von Fonni (Richtung Desulo) zweigt ein schmaler Asphaltweg ab, der fast bis zum Gipfel des 1595 Meter hohen Monte Spada führt. Die Fahrt hinauf durch die menschenleere, großartige Gebirgsnatur ist ein Erlebnis für sich. Die Straße endet an der Talstation eines Skilifts mit riesigen Parkflächen. Die skurrile **Wintersportanlage** läuft jedoch nur höchst selten. Denn meist liegt zu wenig Schnee und gibt es dann welchen, ist es sofort viel zu viel und die Straße hinauf kann mangels geeigneter Räumtechnik nicht frei gehalten werden. So ist das Ganze eher ein die Natur schädigender Schildbürgerstreich als eine vernünftige Infrastrukturmaßnahme zur Förderung des Tourismus. Aber wenn Brüssel Geld gibt, dann nimmt man es natürlich. Doch im Sommer kann man von der Talstation sehr schöne Wanderungen zu den umliegenden Gipfeln unternehmen, darunter auch auf die **Punta La Marmora;** Dauer hin und zurück ca. 5 Std., Schwierigkeit einfach bis mittel. Der Weg ist nicht markiert, aber deutlich zu erkennen. Neben geeignetem Schuhwerk und einer Regenjacke (nie vergessen: Man bewegt sich im Hochgebirge und das Wetter kann blitzartig umschlagen!), aber auch Sonnenschutz für Kopf und Augen gehört zu dieser Wanderung durchaus etwas Kondition ins Gepäck. Wichtig: Trinkwasser nicht vergessen, denn der Weg ist weitgehend ohne Schatten!

Essen und Trinken
- **Su Ninnieri,** Bivio Bruncu Spina, Tel. (0784) 57 729. Nach Komplettabriss des alten ist das neue Su Ninnieri nun wieder eröffnet. Ge-

GENNARGENTU-GEBIRGE

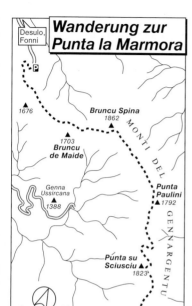

Wanderung zur Punta la Marmora

blieben sind die grandiose Lage allein inmitten der Bergwelt, die tolle Aussicht und die gute Bergküche.
- **Ristorante Miramontes,** Loc. Bruncu Spina, (Straße Fonni-Desulo), Tel. (0784) 57 311. In 1200 Meter Höhe auf dem Bruncu Spina gelegen. Hier kommt alles auf den Tisch, was Fonni und seine Berge hervorbringen: vom *prosciutto crudo locale* über *pane frattau* bis *porcetto, agnello, pecora, vitella e cinghiale* vom Spieß und natürlich *formaggio* von den Hirten aus Fonni.

Unterkunft

- **Agriturismo Parco Donnortei,** Tel. (0784) 58 575. Neu entstandener Agriturismo in denkbar schönster Lage. Zum reizvollen Komplex der Brüder *Michele* und *Daniele Serusi*, auf dem auch gezeltet werden kann, gehört auch ein 40 ha großer Tierpark mit so ziemlich allem, was auf Sardinien kreucht und fleucht, den der Besitzer gemeinsam mit der Universität Sassari zur Erforschung der Flora und Fauna der Berge unterhält. Auf dem Agriturismo gibt es auch noch eines der letzten Exemplare des berühmt-berüchtigten „cane fonnese", des Kampfhundes, den einst die Römer zur Sardenjagd auf die Insel gebracht hatten (s. auch entsprechenden Exkurs). Ausgezeichnete Bergküche in geschmackvoll rustikalen Ambiente, Campingmöglichkeit.

Complesso Nuragico Gremanu

Nahe der Schnellstraße von Nuoro nach Lanusei liegt mit dem Complesso Nuragico Gremanu eine bislang in der Reiseliteratur noch nirgends erwähnte **archäologische Stätte,** die jedoch für mich zu den spannendsten und eindrucksvollsten der Insel gehört. In dem weitläufigen Gelände findet man neben eindrucksvollen Gigantengräbern und einem Nuraghierdorf eine höchst interessante **Area Ceremoniale** mit Megarontempel, Brunnenheiligtum und Bronzegießerei. In dem in seinen Umrissen exakt einem Riesenphallus gleichenden Areal, das seinerzeit nur den Priestern zugänglich war, fertigten diese die filigranen Bronzefiguren, die dann als Grabbeigaben verwendet wurden. Von der Kultstätte führt ein Pfad den Hang hinauf zu der Quelle, deren Wasser in kleinen verdeckten Kanälen hinab ins Dorf und in den Brunnentempel geleitet wurde. Das Gelände ist frei zugänglich.

GENNARGENTU-GEBIRGE

- **Anfahrt:** Bei der Brücke Ponte Caravi die Schnellstraße verlassen, dann nach rechts wenden und 1 km bis zum kleinen Park- und Picknickplatz.
- **Info:** Tel. (0784) 59 12 24.

Desulo

In steilen Serpentinen windet sich von Fonni die Straße Richtung Desulo bergab, begleitet von einer atemberaubenden Aussicht auf die Bergwelt Sardiniens. Wie ein Schwalbennest hängt Desulo an den Steilhängen eines bewaldeten, tief eingeschnittenen Tals. Der knapp 3000 Einwohner kleine Ort in 888 Metern Höhe ist ein beliebtes Ausflugsziel der Sarden, denn in dem abgeschiedenen Hirtendorf werden nicht nur die alten **Traditionen** wie die Teppichweberei besonders intensiv gepflegt – so manche Frau trägt ihre herrliche Dorftracht auch im Alltag –, sondern in Desulo gibt es auch einen berühmten Männerchor und das **Museo Casa Montanaru**, in dem mehr über die herrlichen Trachten und die Traditionen des Bergdorfes, aber auch über das Leben des in Desulo geborenen Dichters *Antioco Casula* (1878–1957), der als der größte Lyriker der sardischen Sprache gilt, zu erfahren ist. Inselweit berühmt sind auch die besonders schmackhaften *salumi e salsicca di Desul*.

Desulo ist auch ein günstiger Ausgangspunkt für **Wanderungen** zur Punta La Marmora. Gegenüber vom Hotel Lamarmora führt ein Sträßlein mehrere Kilometer durch den Wald zu einem Parkplatz mit einer Schutzhütte in ungefähr 1500 Metern Höhe. Von dort geht es zu Fuß über einen Bergsattel in etwa ein bis zwei Stunden zum höchsten Gipfel Sardiniens.

Post und Telefon

- **Vorwahl:** 0784
- **PLZ:** 08032

Information

- **Pro Loco,** Via Lamarmora 89, Tel. 61 98 87.

Essen und Trinken

- **Su Filariu,** Loc. Su Filariu, Tel. 338-86 13 350. Einsam in Bergnatur gelegenes Ristorante/Pizzeria mit super Blick. Idealer Ausgangspunkt zum Wandern, mit Reitmöglichkeit.

Einkaufen

- **Salami/Wurst:** Salumificio Pisu Maria Teresa, Via Aldo Moro, Tel. 61 90 33.
- **Käse:** Formaggi Todde Basilio, Via Carmine 59, Tel. 61 96 80.
- **Traditionelle Möbel:** *Giovanni Maria Calaresu*, Via B. Sassari, Tel. 61 95 81. Mit traditionellem Schnitzwerk verzierte Stühle, Truhen, Schränke etc. aus Kastanie und Eiche.
- **Sardische Spezialitäten:** Tascusi, Via San Raffaele 6, Tel. 61 70 32. Das ganze Füllhorn an Köstlichkeiten der Berge.

Museum

- **Museo Etnografico Casa Montanaru,** Via Montanaru, Tel. 61 96 24. Eintritt frei, Besuch nach Anmeldung.

Unterkunft

- **Hotel Lamarmora***,** Via Lamarmora, Tel. 61 94 11, Fax 61 91 26. Ein sehr gepflegtes Haus, zentral an der Hauptstraße gelegen (36–51 €).
- **Hotel La Nuova*,** Via Lamarmora 45, Tel./Fax 61 92 51. Im Zentrum an der Hauptstraße gelegene, freundliche, einfache Herberge. Bad auf dem Flur (31 €).
- **Agroturismo Girgini,** Loc. Istidda, Tel. 310-52 09 679. Der Tipp für Trekker, Biker und Zivilisationsflüchtlinge. Der Hof von *Mario Tod-*

de und seiner ungarischen Frau *Elena Nagy* liegt abseits der Welt in totaler Einsamkeit nahe der Punta La Marmora mit tollem Blick auf dieselbe. Wanderern schnüren die beiden ein „pranzo al sacco", ein üppiges Picknick-Mittagessen zum Mitnehmen (B&B 25 € p.P., HP 50 €).

Passo Arco de Tascusi

Die Straße von Fonni nach Tonara führt über den 1245 Meter hohen Passo Arco de Tascusi, an dem eine große **Straßenkreuzung** bei manchem für Verwirrung sorgt. Rechts hinab führt eine offiziell gesperrte, aber bestens befahrbare Straße nach Tonara, links hinauf geht es in die Bergeinsamkeit. Nach einigen Kilometern Fahrt bergan lässt man die Baumgrenze hinter sich und erreicht einen riesigen Parkplatz mit gigantischer Aussicht, an dem der **Agriturismo S'Arena** Einkehr und Reitmöglichkeit bietet. Nach dem Platz wird die Straße schlechter, schmaler und immer steiler, um dann schließlich in etwa 1500 Metern Höhe an einer meist verschlossenen Berghütte zu enden. Von hier kann man ebenfalls auf die Punta La Marmora wandern.

Fährt man an der Kreuzung geradeaus weiter und an der kurz darauf folgenden zweiten Kreuzung erst links und dann sofort wieder rechts, dann ist man auf der zwar schmalen, aber sehr guten und vor allem wunderschönen **Bergstraße,** die durch die menschenleeren Berge bis zum **Passo Arcu Guddetorgiu** (1121 Meter) wenig südlich von Aritzo führt. Diese Route ist sehr viel kürzer und zeitsparender als die normale Route, die erst endlos kurvenreich hinab ins Tal verläuft und dann genauso kurvenreich über Belvi wieder hinauf bis Aritzo.

Tonara

Der 960 Meter hoch und von dichten Kastanien-, Mandel-, Haselnuss- und Eichenwäldern umgebene 2600-Einwohner-Ort Tonara ist berühmt für seinen **Torrone,** den leckeren „Türkischen Honig" Sardiniens. Zu Ehren der aus Nüssen und Honig hergestellten Süßigkeit begeht man am 21. April mit vielen bunten Trachten die **Sagra del Torrone.** Dann wird auf der zentralen Piazza dei Torroni das traditionelle Herstellungsverfahren der Süßigkeit vorgeführt, was stundenlanges Handrühren der zähen Masse bedeutet; anschließend wird zur Torrone-Probe gebeten. Und zu einem Gläschen Wein.

In Tonara wird auch der „Klang Sardiniens" hergestellt. Hier fertigen noch drei Handwerksbetriebe *is sonaggiargios,* die **Glöckchen,** mit denen praktisch alle Ziegen, Schafe und Kühe der Insel ausgestattet sind. In verschiedenen Größen und Varianten sind sie ein schönes Souvenir, mit dem man ein Stück Sardinien akustisch mit nach Hause nehmen kann.

Tonaras Dorfkern zieren einige steinerne und hölzerne Skulpturen, deren Aufstellung der Künstler *Pinuccio Sciola* aus San Sperate veranlasste. Wer eine gastfreundliche, herzliche Atmosphäre fern der touristischen Ströme liebt, dem sei die **Locanda del Muggianeddu** zu empfehlen. Die von *Mauro*

und *Tina* betriebene, liebevoll eingerichtete Gaststätte mit Herberge am nordwestlichen Ortseingang verfügt über eine vorzügliche Küche.

Information

- **Pro Loco,** Viale della Regione s.n., Tel. 338-93 36 986.

Einkaufen

- **Glocken:** *Sulis Carlo,* Via Giovanni XXIII 4/6, Tel./Fax (0784) 63 845, Web: www.campanacci.it.
- **Torrone:** Torronificio Pruneddu, Via Ing. Porru 5, Tel. (0784) 63 805, Web: www.pruneddu.it.

Unterkunft/Essen

- **Belvedere***,** Via Mons. Tore 39, Tel. 61 00 54, Fax 63 756. 12 Zimmer im gepflegten Neubau an der Hauptstraße für 52-54 € (Frühstück 6 €), im nahe gelegenen Belvedere** gibt es Zimmer für 47-48 €.
- **Ostello Il Castagneto**,** Via Muggianeddu 2, Tel. (0784) 61 00 055, Fax 61 01 49. Gästehaus in einmaliger Lage hoch über dem Dorf mit fantastischem Ausblick. Mit Zeltplatz, Pizzeria und deutsch sprechendem Betreiber (DZ 32 €, Bett im 8-Bettzimmer 11 €, Frühstück 1,60 €).
- **Locanda del Muggianeddu*,** Via Monsignore Tore 10, Tel./Fax (0784) 63 885. Reizende, freundliche Osteria. Die sieben Zimmer sind schlicht, aber geräumig und preiswert. Im Restaurant köstliche Bergküche, besonders die Pilzgerichte oder Kartoffelravioli mit Minze, Schnecken, Zicklein, Spanferkel und Hase (42-48 €, Frühstück 2 €).

Köstlichkeiten der Berge werden in der Locanda del Muggianeddu aufgetischt

Barbagia Belvi ♪ XII/B3

Die Barbagia Belvi erstreckt sich an den Südhängen des Gennargentu-Massivs. Mit ihren sanften Bergkuppen, lieblichen Tälern und tiefgrünen Wäldern gleicht sie weithin einer deutschen Mittelgebirgslandschaft.

Belvi

Das beschauliche Bauern- und Hirtendorf Belvi zählt gerade einmal 800 Einwohner und hat dem Besucher heute nicht viel Spektakuläres mehr zu bieten. Im 19. Jahrhundert allerdings war es eine kurze Zeit Anlaufpunkt für Glücksritter aus ganz Europa. Schon während der römischen Besatzung wurde im Gennargentu in zahlreichen Minen nach Edelmetallen gegraben (sard. *Genna Argentu* heißt „Silberpass"). Von geheimnisvollen Goldadern war lange die Rede. Anfang des 19. Jahrhunderts kamen deshalb Abenteurer aus ganz Europa hierher. Sie fanden jedoch kein einziges Körnchen.

Die Einheimischen widmeten sich währenddessen einem eher kühlen Geschäft. An der Punta Funtana Gongiada, in 1458 Meter Höhen, errichteten sie *case della neve* („Schneehäuser"), schaufelten im Winter Schneemassen hinein und pressten sie so lange, bis **riesige Eisplatten** entstanden. Über 2000 gezähmte Wildpferde waren ständig damit beschäftigt, die in nasse Jute verpackten Eisschollen über die so genannten Schneestraßen in die großen Städte und an die Küste zu transportieren, von wo aus sie bis nach Neapel verschifft wurden. Bis zum Einzug der Elektrizität stellte die Eisgewinnung für die südlichen Barbaricini ein lukratives Geschäft dar.

Unterkunft

●**Hotel L'Edera****, Via Roma, Tel. (0784) 62 98 98, Fax 62 95 19. Kleines, einfaches Hotel mit zwölf Zimmern im Zentrum (50–55 €).

Einkaufen

●**Schinken/Salumi:** Salumificio Belvi, Via Lamarmora 43, Tel. 62 98 55. Die Waren von *Marinella Meloni* gehören zu den besten im weiten Umkreis.

Museum

●**Museo delle Scienze Naturali,** Via Roma 17, Tel. (0784) 62 92 16. Naturkundliches Heimatmuseum zu regionaler Geologie, Flora, Fauna etc. Besuch auf Anfrage, Eintritt frei.

Aritzo

Zentrum der sardischen Eisindustrie war Aritzo, westlich der Punta Funtana Congiada. Steil am Berghang liegt die 800 Meter hohe, in dichte Kastanien- und Haselnusswälder eingebettete, **klassische Sommerfrische Sardiniens.** Im ersten vor Ort erbauten Hotel weilte schon der italienische *König Umberto I.* (1878–1900). Bereits seit jener Zeit ist Aritzo eine hoch geschätzte Sommerresidenz, in die die Sarden in der heißen Jahreszeit fliehen. Der Ort bildet außerdem einen viel besuchten Ausgangspunkt für Tagesausflüge zur Punta La Marmora.

Gegenüber von Aritzo ragt der markante, 905 Meter hohe **Monte Texile**

BARBAGIA BELVI

auf, der schon in Nuraghierzeit als Kultplatz diente. Eine kleine Wanderung auf den altarartigen Berg eröffnet eine wunderbare Fernsicht über die Berge der Barbagia Belvi.

Aritzo ist aber vor allem der Standort des **Hotels Sa Muvara.** Nicht nur die Anlage selbst aus einem üppigen Garten mit eigener Quelle ist anziehend, die Aussicht unübertrefflich und die Küche köstlich. Das Besondere ist der Hotelier, *Signor Ninni Paba*. Die Liebe zu seiner Insel und seiner Kultur ist im kleinsten Detail des Hotels zu finden. Herausragend ist die Küche des Hauses, denn hier wird fast alles noch selbst gemacht. Denn *Signore Paba* ist nicht nur Hotelier, sondern auch Besitzer von Schafen, Ziegen und Kühen. Seit 2005 bietet ein neuer, unauffällig in das Bestehende integrierter Hoteltrakt nun auch neben eleganten Juniorsuiten allerlei Möglichkeiten für Fitness und Wellness.

Miniera Funtana Raminosa

Einige Kilometer in Richtung Gadoni biegt von der Hauptstraße eine einspurige Teerstraße zur Miniera Funtana Raminosa ab. Die in einem tiefen Taleinschnitt gelegenen Anlagen der bedeutenden **Kupfermine,** an der schon die Nuraghier den Stoff für ihre Bronzetti-Figürchen schürften und die Ende der 1980er Jahre stillgelegt wurde, werden derzeit restauriert und für Besucher attraktiv gemacht. Die Fahrt zur Mine lohnt sich weniger wegen

dieser selbst, sondern vor allem wegen der wunderschönen wildromantischen Gebirgslandschaft, die man durchfährt. Gleich am Anfang der Strecke sprudelt unter einem großen Feigenbaum die Funtana Raminosa und spendet bestes Trinkwasser.

- **Info/Führungen:** Tel. (0781) 49 13 00, Führungen im Sommer 9, 11, 16, 18 Uhr, im Winter 9, 11, 15 Uhr.

Post und Telefon

- **Vorwahl:** 0784
- **PLZ:** 08031

Information

- **Pro Loco,** Corso Umberto I., Tel. 62 92 32.

Aktivitäten

- **Centro Servizi Turistici,** Via Monti 2, Tel. 62 94 42, Web: www.tiscali.it/censertur. Der ortskundige *Sergio Curelli* bietet ein- oder mehrtägige Trekking-, Bikingtouren und Jeep-Exkursionen in den unwegsamen Bergen des Gennargentu.
- **Hotel Sa Muvara** (s.u.), Trekking-Ausflüge zu Fuß, zu Pferd oder per Landrover sowie Kanu- und Kajaktouren.

Essen und Trinken

- **Sa Muvara,** Funtana Rubia, Tel. 62 93 36. Vorzügliche Barbagia-Spezialitäten, darunter *arrosti misti alla barbaricina* (gemischte Fleischplatte), *trota* (frische Forelle), außerdem *pigios, lisognas, pasticcios a s'Aritzese*. Was das ist? Köstlich!

Museum

- **Museo Etnografica di Aritzo,** Via Marconi, Tel. 62 98 03. Heimatkundliches Museum zum historischen Bauern-/Hirtendasein (Di–So 10–13 u. 15–18 Uhr, Sommer 16–19 Uhr).

Unterkunft

- **Hotel Sa Muvara****,** Funtana Rubia, Tel. 62 93 36, Fax 62 94 33, Web: www.samuvarahotel.com. Eines der besten Hotels im Inselinneren, am südlichen Ortsausgang in toller Alleinlage (130 €).
- **Hotel Castello**,** Corso Umberto 169, Tel./Fax 62 92 66. Einfaches, ordentliches und preiswertes Haus an der Hauptstraße (36–41 €).
- **La Capaninna,** Via A. Maxia 36, Tel. 62 91 21, Fax 62 91 21, Web: www.hotelcapannina.net. Im Ort gelegener Neubau mit 35 schlicht und gastlich möblierten Zimmern, meist mit schöner Aussicht (60–75 €).
- **Agriturismo Aradoni,** Loc. Aradoni, Tel. 62 98 41. Der 2 km außerhalb nahe der Straße nach Belvi gelegene, von üppigen Wäldern umgebene Agriturismo bietet sehr rustikalcharmante Zimmer mit Bad in fünf separaten malerischen Bruchsteinhäuschen und eine große zentrale Pinetta als *ristorante,* in dem den Gästen ausgezeichnete „cucina tipica aritzese" serviert wird. Ganz in der Nähe eine Haltestelle der historischen Schmalspurbahn „Trenino Verde".

Feste

- **Sagra delle Castagne,** letzter So im Okt. Großes und sehr beliebtes Fest rings um die Kastanie, zu dem Zehntausende in das Bergdorf strömen.
- **Rodeo di Aritzo,** Anfang Sept. Traditionelles Rodeo, bei dem die im Gennargentu eingefangenen Wildpferde im Rodeostadion von mutigen Männern geritten werden. Großes Spektaktel mit umfangeichem Rahmenprogramm.

In luftigen Höhen liegt Aritzo inmitten dichter Kastanienhaine

Barbagia Mandrolisai

♂ XII/A3

Die Barbagia Mandrolisai, westlich der der Barbagia Belvi gelegen, zeigt sich in ihrem nördlichen Teil rund um die Flecken Austis und Telti als eine spektakuläre, zerrissene Landschaft mit Felszacken und steilen Schluchten. Auf Höhe ihres historischen Zentrums Sorgono geht sie in ein sanftes Hügelland über.

An den sonnenverwöhnten Hängen westlich des Gennargentu-Massivs kultiviert man die Cannonau-, Monica- und Bovale-Sardo-Trauben, aus denen man den roséfarbenen oder leuchtend roten Mandrolisai-Wein keltert.

Sorgono

Sorgono ist der Endstation der FdS-Schmalspurlinie von Cagliari über Mandas. Vor allem aber ist es die Stadt des **Mandrolisai.** Da dieser Rotwein ausschließlich hier gekeltert wird und die Menge sehr begrenzt ist, ist er selbst auf Sardinien nicht überall erhältlich. Deshalb empfiehlt es sich, in der Cantina von Sorgono einen Vorrat der typischen Dreiviertelliter-Flaschen einzukaufen, am besten den vollmundigen Mandrolisai Superiore.

Post und Telefon
- Vorwahl: 0784
- PLZ: 08038

Information
- **Pro Loco,** Via IV. Novembre, Tel. 62 25 01.

L'Oasi in Teti – Eine Oase der wilden Genüsse

Am Morgen wandert *Luigi* durch Täler und Felder, Wiesen und Wälder, sammelt Kräuter, Pilze, Schnecken, wilden Spargel und was er sonst so je nach Jahreszeit findet. Mit seinen Schätzen bepackt, kehrt er zurück nach Hause, wo seine Frau *Anna Maria* aus den gesammelten Leckereien Gerichte zaubert, die *Luigi* seinen Gästen serviert. Das, was die beiden ihren Gästen bieten, ist so außergewöhnlich, dass man selbst die langen Anfahrten von der fernen Küste nach Teti zu *Luigis* kleiner Gourmet-Oase nicht scheut. Und die hat auch oft schon den „Porcino d'Oro" gewonnen, was nichts Geringeres als der „Oscar" der sardischen Küche ist! „La Nuova Sardegna" hat ihr eine halbe Seite gewidmet, die „Unione Sarda" gar eine ganze und das deutsche Fernsehen war auch schon da!

Bei *Luigi* gibt es keine feste Karte. Es wird ein Menü serviert, bestehend aus zehn bis 12 Antipasti, zwei *primi piatti*, zwei *secondi piatti*, *formaggio*, *frutta*, *dolce*, *digestivo* und natürlich dazu Mandrolisai-Wein. Wenn jemand das Besondere liebt und auch noch ein wenig italienisch versteht oder gar selber spricht, für den ist ein Besuch bei *Luigi* ein absoluter Höhepunkt. Bitte vorher reservieren!

- **Ristorante L'Oasi,** Via Trento 10, 08030 Teti, Tel. (0784) 68 211, Mo Ruhetag.

Einkaufen
- **Wein:** Cantina Sociale del Mandrolisai, Via IV. Novembre 20, Tel. 60 113, Web: www.mandrolisai.com (Mo–Fr 8–12 u. 14–17 Uhr, Sa 8–12 Uhr).

Unterkunft/ Essen und Trinken

- **Hotel Da Nino****, Via IV. Novembre 26, Tel./Fax 601 27. Großes Haus am südlichen Ortseingang, umrahmt von Weingärten, Wald und Wiesen. Das Restaurant ist eine Institution. Berühmt sind die *antipasti* in Form von eingelegtem Gemüse, Pilzsuppe sowie die Braten (65 €).

Verkehrsverbindungen

- **FdS-Schmalspurbahn:** 19.6.–11.9. Trenino Verde auf der Strecke Sorgono – Isili (Bahnhof ca. 3 km südlich vom Ort). Kostenloses Info-Tel. 800-46 02 20.

Barbagia Seulo ⌖ XVI/B1

Seui

Irgendwo bei dem kleinen Bergdorf Seui geht die Ogliastra im Osten in die Barbagia di Seui über. Nur gut 1600 Einwohner zählt das in 710 Metern Höhe an der SS 198 gelegene Straßendorf, das für seine besonderen Backwaren wie das *su pani de saba,* ein mit *vino cotto* hergestelltes Brot, bekannt ist. Durch den mittelalterlichen Ortskern führt der **Museumsweg.** Er liegt unterhalb der Durchgangsstraße und beginnt am alten spanischen Gefängnis, der **Casa Farci,** einem auffälligen Jugendstilgebäude, und endet am Rathaus. Die Casa Farci, die noch bis 1975 als Bezirksgefängnis diente, kann man ebenso besichtigen wie das nur wenige Schritte entfernte, an der Durchgangsstraße gelegene, urige **Museo civiltà contadina dell'emigrante e del minerario.**

- **Volkskundliches Museum:** Via Roma 241, Tel. 53 90 02, Juli/Aug. Di–So 10–12 u. 17–21 Uhr, Sept.–Juni Mi–Fr 9.30–13 Uhr u. 15.30–19.30 Uhr.

Dort erhält man auch Informationen zu den **historischen Bergbauorten** in der Umgebung wie der im 19. Jahrhundert stillgelegten Anthrazitmine San Sebastiano oder der Bergbausiedlung Fundu de Corogiu, deren Stollen 1959 geschlossen wurden.

Post und Telefon

- **Vorwahl:** 0782
- **PLZ:** 08030

Information

- **Pro Loco,** Via Stazione 67, Tel. 54 500.

Essen und Trinken

- **Trattoria Deidda,** Via Roma 72, Tel. 54 621. Authentische und dazu preiswerte Küche der Region. Mit frischen Produkten der Felder und Wälder von Seui von einer „Mamma" im besten Sinne zubereitet.

Unterkunft

- **Loc. Moderno*,** Via Roma 72, Tel. 54 621. Das zur Trattoria gehörige Gasthaus bietet 13 preiswerte, einfache, aber saubere Zimmer (31 €, Frühstück 3 €).
- **B&B Ponti 'e Bocci,** Via San Giorgio 163, Tel. 54 551. Zwei sehr preiswerte DZ und EZ in einem jüngst renovierten Gebäude im historischen Oberdorf nahe der Eisenbahnbrücke (15–18 € p.P.).

Sadali

Das kleine Dorf Sadali ist Station der Schmalspurbahn von Arbatax nach Mandas). Der Bahnhof liegt außerhalb des Orts wie auch die SS 198.

Barbagia Seulo

Die von Ferne unscheinbare Ortschaft am Rande der sehr kargen Hochebene Taccu di Sadali lohnt jedoch einen Abstecher. Fährt man durch Sadali hindurch, kommt man an eine steile Stichstraße, die zur **Kirche San Valentino** hinabführt. Rings um die kleine Kirche haben die Einwohner ein überaus reizvolles Ambiente geschaffen. Vor einer Natursteinmauer plätschert die wasserreiche Quelle **Cascata Sa Pischeria** aus dem dichten Grün über den Fels herab. Gegenüber erblickt man einen dschungelartig umwachsenen, entzückenden kleinen Wasserfall, der einen Teich speist. Über dem Wasserfall hockt die alte Mühle, deren Wasserrad sich noch immer dreht.

Neben diesem stillen Plätzchen ist es das kleine **Museum Sa Omu e Zia Cramella,** das zu einem Besuch nach Sadali lockt. Man erreicht das Bauernmuseum, wenn man die Straße an der Kirche links vorbei den Hang hinabfährt. Eingerichtet wurde es in privater Initiative und mit viel Liebe von Frau *Meloni* in ihrem elterlichen Haus. Die Tür steht fast immer offen, der Eintritt ist frei (Spenden sind willkommen!).

●**Museum Sa Omu e Zia Cramella,** Piazza Eleonora d'Arborea, Tel. 59 249, geöffnet Mai-Mitte Okt. So 10-13 u. 15-17 Uhr, Juni-Sept. tägl. 9-13 u. 15-19 Uhr.

Unterkunft

●**B&B Monte Granatico,** Via Roma 53, Tel. 329-74 29 199. Das gastfreundliche Paar *Battista* und *Veronica* bietet in ihrem im Ortszentrum „in posizione panoramica" gelegenen Haus vier einladende Zimmer, drei davon mit Bad.

●**Hotel S'Ilixi***,** Loc. Taccu Sui, Tel. (0782) 58 90 07, Fax 58 90 07, Web: www.hotel-silixi.com. Hotelneubau in umwerfend schöner Alleinlage zwischen Sadali und Seulo. 22 mit sardischen Möbeln einladend ausgestattete Zimmer, meist mit einmalig toller Aussicht über die Berge und die enormen Felswände der vom Riu Flumineddu eingefrästen Schlucht Is-Breccas. Ein Paradies für Wanderer und Naturliebhaber (70-80 €).

Zona Grotta Is Janas

Die eigentliche Attraktion von Sadali liegt außerhalb des Dorfes inmitten der Taccu di Sadali. Zu ihr gelangt man, wenn man von der SS 198 Richtung Seulo fährt und nach etwa einem Kilometer dem Schild „Zona Grotta Is Janas" folgt, das nach links in die Macchia weist. Nach genau 1,3 Kilometern endet die schmale, aber gut befahrbare Teerstraße inmitten der Einsamkeit auf einem weiten Parkplatz. Der Platz ist ein wahrer Geheimtipp. Denn die Zona Grotta Is Janas ist kaum bekannt, aber eine wunderschöne Oase, in der man den ganzen Tag und sogar **die Nacht verbringen** kann. Das Übernachten mit dem Wohnmobil ist ausdrücklich erlaubt.

Unterhalb des Platzes beginnt die Zona Grotta Is Janas, ein 500 Hektar großer Steineichenwald mit herrlich angelegten Pfaden und Picknickplätzchen. Zuerst gelangt man zur idyllischen Bar Is Janas mit Restaurant, auf deren blumenumrankter Terrasse neben Getränken und Snacks auch herzhafte Barbagia-Küche serviert wird.

Zur eigentlichen Höhle, der **Grotta Is Janas,** führt ein kurzer Pfad durch den Wald. Die drei Millionen Jahre alte Höhle gliedert sich in mehrere Säle, die von faszinierenden Tropfsteinskulpturen ausgeschmückt sind. Besonders eindrucksvoll sind Sa Omu is Janas, „das Haus der Feen" mit drei gewaltigen Stalagmiten und dem berühmten Stalagmit Su Para Impicau, der „Erhängte Mönch".

Die Höhle ist jedoch nicht alles. Folgt man dem Schild „Su Stampu de Su Turrunu", gelangt man, vorbei an einladenden, schattigen Rastplätzchen, auf einem Pfad durch den Wald hinab in eine überaus malerische kleine Schlucht, in der sich der kleine Rio Semuccu gurgelnd und plätschernd entlangschlängelt.

Vorbei an uralten Steineichen, die sich mit ihren Wurzeln in den nackten Fels krallen, geht es weiter durch eine senkrechte Felswand, in die Stufen gemeißelt sind, bis zum dschungelartig umwucherten Wasserfall, der wie eine Naturdusche in drei Metern Höhe aus einem Loch in der Felswand heraussprudelt. Folgt man dem Weg weiter, kommt man über bemooste Steinbrocken und plätschernde Rinnsale zu einer kleinen Hütte mitten im Wald mit einer gefassten Quelle und herrlichem Rastplätzchen.

Angelegt und gepflegt wird die zauberhafte Naturidylle von der Cooperative Philia. Ihr freundlicher, sehr engagierter und naturverbundener Leiter *Marcello Pilia* steht mit Tipps und Hinweisen gerne hilfreich zur Verfügung. Auf Wunsch führt er Kleingruppen zu versteckten Plätzen in der Umgebung.

●**Philia,** Via Lombardia 13, Tel./Fax 59 90 04, Web: www.grottesadali.it.

●**Öffnungszeiten der Höhle:** April/Mai, Sept./Okt. tägl. 11–13 und 15–17 Uhr, Juni bis Aug. 10.30–13 und 15–18.30 Uhr.

Post und Telefon

●**Vorwahl: 0782**
●**PLZ: 08030**

Essen und Trinken

●**Su Stori,** Piazza Venezia 4, Tel. 59 042. Herzhafte Hirten- und Bauernküche.
●**Is Janas,** Loc. Zona Grotta, Tel. (0782) 59 345. Idyllisch am Eingang zur Zona Grotta Is Janas gelegene Bar/Ristorante/Pizzeria. Neben Pizza auch Barbagia-Küche.

Feste

●**Santa Maria d'Itria,** erster So. im Juni. Buntes, fröhliches Landfest mit Trachtenumzug und viel Folklore.

Einkaufen

●**Liköre:** *Arba Battistina,* Via Po, Tel. 59 236. Selbstgemachter Mirto, Filu e Ferru u.v.m.

Verkehrsverbindungen

●Der Trenino Verde verkehrt in der Saison (19.6.–11.9.) 2 x tägl. auf der Strecke von Arbatax nach Mandas. Ab Bahnhof Shuttlebus zur Grotta Is Janas, Info-Tel. 59 90 04.

Sarcidano, Marmilla, Campidano und Trexenta

Das südliche Inselinnere

„Baumloses Hügel- und Flachland, im Sommer von der Sonne durchglüht und staubig, ein trübes, braungelbes Meer vertrockneter Natur", so oder ähnlich beschreiben Reiseführer meist die Region, die sich wie eine Art Bermudadreieck zwischen der Barbagia und Ogliastra im Norden bzw. Osten sowie dem großen Gebirge des Iglesiente im Süden und Westen ausdehnt. Die Beschreibung klingt wenig verlockend, ist aber nicht ganz falsch. Das Stück Binnenland ist überwiegend eine Landschaft ohne spektakuläre Gebirge und ohne herausragende Sehenswürdigkeiten. Eingesprenkelt in dieses **spröde Stück Erde** liegen verstreut kleine, unbekannte Dörfer und Landstädtchen, in denen die Geschichte kaum eine Spur hinterließ.

Der Sarcidano, die Marmilla, das Campidano und die Trexenta, die diese Region im Inselinneren bilden, sind eher ein sperriges Stück Sardinien und daher auf der touristischen Landkarte weitgehend *terra incognita*. Doch wer mit Muße reist und sich auf diesen Inselteil einlässt, wird sich der suggestiven Kraft, die diesen Landschaften entströmt, nicht entziehen können. Und einige **wenige bedeutsame Ziele** besitzt er doch, die sehenswert sind oder gar, wie die gewaltige Nuraghierfestung Su Nuraxi und die Giara di Gesturi mit ihren Wildpferden, zu den herausragenden Sehenswürdigkeiten Sardiniens zählen.

Sarcidano

↗ XVI/AB1

Südwestlich der Barbagia Belvi und der Barbagia Seulo liegt die Region Sarcidano, die sich in ihrer landschaftlichen Gestalt bereits in der **Taccu de Sádali,** einer leeren, mit niedrigen Steineichen, dornigem Gestrüpp und Feldern von **Feigenkakteen** überzogenen Hochebene ankündigt. Nirgends sonst auf Sardinien gibt es mehr Exemplare dieser Kakteenart. Das von den Sarden „Sa Ficu Mursica", „die Feige der Mauren", genannte Opuntiengewächs wurde von den Mauren aus Afrika nach Sardinien gebracht. Die Pflanze wurde als natürlicher Stacheldraht benutzt, um zwischen den Grundstücken Grenzen zu ziehen, aber die Sarden lernten auch die schmackhafte Frucht der Pflanze zu schätzen und bereiten daraus bis heute Marmelade und Süßspeisen.

Der höchste Berg des Sarcidano ist der 895 Meter hohe **Monte Coromedus,** der jedoch keinen spitzen Gipfel besitzt, sondern einen abgerundeten Bergbuckel, und deshalb nicht markant hervorsticht. Das größte Kalkplateau des Sarcidano und eines der größten Sardiniens ist die Hochebene **Santa Sofia.** Die Hochfläche nördlich von Villanovatulo ist absolut menschenleer und von einem großen Steineichenwald bedeckt, in den sich Wacholder und Hopfenbuchen einstreuen. Das einsame, wildreiche Gebiet, das praktisch sich selbst überlassen ist und deshalb noch einen intakten Ökokreislauf hat, ist sicherlich für Naturfreunde ein interessantes Refugium. Einst wurde die Hochebene kultiviert. Heute liegen die meisten Felder brach und sind versteppt. Besonders schön ist diese einsame Welt im Frühling, wenn sie von bunten Teppichen blühender Blumen überzogen ist. Im Sommer ist das Sarcidano jedoch eine verbrannte, struppige Landschaft in erdigen Brauntönen.

Das Flumendosa-Tal

Grün sind in der heißen Jahreszeit nur die Furchen, Täler und Schluchten, die die Flüsse in die für das Sarcidano typischen, wasserarmen Kalkplateaus eingegraben haben. Einer dieser tiefen Abgründe ist die Schlucht des Fiume Flumendosa, des mit 122 Kilometern zweitlängsten Flusses Sardiniens. Er entspringt im Massiv des Gennargentu und durchschneidet auf seinem Weg an die Westküste die Hochebene des Sarcidano. Dabei bildet er die tiefe, wildromantische **Schlucht Is Breccas** aus, die für zahlreiche seltene Pflanzen- und Vogelarten ein geschütztes Rückzugsgebiet ist. Bei Villanovatulo, wo der Fluss aus der Schlucht heraustritt, speist er den Stausee **Lago Medio del Flumendosa.**

- **Exkursionen ins Flumendosa-Tal:** Coop Valle del Flumendosa, Via Roma 46, Villanovatulo, Tel. (0782) 81 30 30, Fax 81 32 92. Im Angebot sind auch andere Kanutouren und Exkursionen im gesamten Sarcidano.

Isili

Wirtschaftlicher Mittelpunkt des Sarcidano ist das unscheinbare, 3000 Einwohner zählende Bauerndorf Isili, das außer Einkaufsmöglichkeiten wenig zu bieten hat. Nur die kunsthandwerklichen Web- und Kupferarbeiten, die in Isili eine lange Tradition haben, lohnen für Interessierte einen Bummel. Von der Kunst des Kupferschmiedens und des Webens erzählt das **Museo del Rame e del Tessuto,** das in einem alten Konvent untergebracht ist. Etwas außerhalb ist die zweifarbige **Nuraghe Is Paras,** übersetzt „die Mönche", sehenswert, den man kurz hinter dem Ortsausgang an der Straße von Isili nach Nurallao findet. Er ist der einzige Nuraghe Sardiniens, der aus weißen Kalksteinen erbaut wurde und mit seinem elf Meter hohen Turm einer der imposantesten der Insel.

Die Umgebung ist für Kletterer und Bergsteiger ein Leckerbissen. Noch ein echter Geheimtipp sind die imposanten, lotrechten Felswände, die der kleine **Riu Sarcidano** etwas nördlich des Orts in seiner wildromantischen Schlucht ausgeformt hat. In den zahlreichen Felsen bieten sich vielfältige Routen an, die bis zum Schwierigkeitsgrad 8 reichen.

Post und Telefon

- **Vorwahl: 0782**
- **PLZ: 08033**

Information

- **Presidio Turistico,** Piazza San Giuseppe 1, Tel. (0782) 80 20 17.

Museen

- **Museo del Rame e del Tessuto,** Piazza San Giuseppe 8, Tel. (0782) 80 26 41, geöffnet Di-So 10–13 u. 16–19 Uhr (der Eintritt gilt auch für Nuraghe Is Paras).
- **Nuraghe Is Paras,** Tel. (0782) 80 26 41, April-Okt. 9.30–12.30 u. 16–19 Uhr.

Essen und Trinken

- **Del Sole,** Via Vittorio Emanuele, Tel. 80 23 71. Einladendes Kellerrestaurant im Hotel del Sole mit abwechslungsreicher Küche und sympathischem Wirt.

Einkaufen

- **Webarbeiten:** Gruppo Tessitrici Ghiani, Via G. Garibaldi 24, Tel. 80 28 43.
- **Traditionelle Kupferwaren:** Luigi Pitzalis, Via Roma 8, und Piermario Muscu, Via Umberto I 34, Tel. 80 28 52.

Feste

- **Mostra del Mercato Isilese,** 6.–11. Aug. Bunte Markttage mit Rahmenprogramm.

Unterkunft

- **Hotel del Sole****, Via Vittorio Emanuele, Tel. 80 23 71, Fax 80 20 24, Web: www.hoteldelsole.com. Schmuckloser Bau, einfach, sauber und mit großem Kellerrestaurant (47 €, Frühstück 3 €).
- **Albergo Cardellino****, Via Dante 36, Tel. 80 20 04, Fax 80 24 38. Einfaches Haus mit 14 ordentlichen Zimmern; Restaurant (45 €).
- **Albergo Giardino***, Via Vittorio Emanuele, Tel. 80 20 14. Preiswerte Herberge beim Bahnhof, zehn Zimmer mit Etagendusche. Im Haus gibt es eine Bar und ein Restaurant (31–37 €, Frühstück 3 €).
- **Albergo Il Pioppo***, Via Vittorio Emanuele 79, Tel. 80 21 17, Fax 80 30 91, Web: www.ilpioppo.com/. Zentral an der Durchgangsstraße gelegen mit 19 ordentlichen Zimmern, Bar, Restaurant, spezieller Climber-Tarif! (36–38 €).

Nurri und Umgebung

Nurri

Ganz im Südosten des Sarcidano liegen die beiden Dörfchen Nurri und Orroli. Nurri hat einen malerischen alten Dorfkern und eine sehenswerte Dorfkirche. Die **Chiesa San Michele** besitzt neben einem Campanile aus dem 16. Jahrhundert ein prachtvolles Portal im Stile der katalanischen Gotik.

Orroli

Sechs Kilometer südlich von Nurri liegt am Rande des Riserva Naturale del Lago Mulargia der 3000-Seelenort Orroli. Hier hat mit dem **Museo Ristorante OmuAxiu** in einem 200 Jahre alten malerisch musealen Gebäudeensemble eine der ganz besonders einladenden Adressen eröffnet, um Küche und Kultur der Region kennen zu lernen. Denn in dem wahrlich entzückenden Gebäudekomplex mit idyllischem Innenhof mit Brunnen und Olivenbaum sind nicht nur das **Museo del Ricamo** und das **Museo Etnografico** untergebracht, sondern auch eine traditionelle Brotbäckerei, ein „albergo diffuso" und schließlich auch das rustikale *ristorante* mit ausgesucht guter „cucina tipica".

Die herausragende Sehenswürdigkeit von Orroli ist der **Nuraghenkomplex Arrubiu**. Um zu ihm zu gelangen, fährt man erst etwa sieben Kilometer Richtung Escalaplano, dann führt links eine schmale Teerstraße zum Nuraghen. Arrubiu ist fast unbekannt, aber eine der imposantesten Nuraghenfestungen Sardiniens und für mich so sehenswert wie das berühmte Su Nuraxi. Denn was die Dimensionen betrifft, steht sie diesem kaum nach, und im Gegensatz zu Su Nuraxi, das nur noch mit Führung zu besichtigten ist, kann Arrubiu noch selbstständig und ohne Zeitdruck entdeckt und durchstreift werden. Rund um den Mittelturm der Festung verläuft eine Wehrmauer mit fünf weiteren Türmen, die wiederum von einer Bastion mit sieben Türmen umgeben ist. Die eindrucksvolle Anlage wurde bis ins 5. Jahrhundert nach Chr. von den Römern genutzt und teilweise umgebaut. Sie unterhielten hier zeitweise eine Weinkellerei. Die großen Becken für die Trauben, die Sockel der Pressen und andere Vorrichtungen sind noch gut zu erkennen.

Unterkunft/ Essen und Trinken

- **Museo Ristorante OmuAxiu,** Via Roma 46, Tel. (0782) 84 50 23, Web: www.omua-

Sarcidano, Marmilla, Campidano und Trexenta

xiu.it. Ein *albergo diffuso* mit neun großzügigen, stilvoll ausstaffierten Zimmern und zwei Minisuiten (DZ 60–80 €, Menü 26–32 €).
● **B&B Domus Birdi,** Viale Giorgio Murgia 9, Tel./Fax (0782) 84 74 80, Web: www.domusbirdi.it. Vier elegant-charmante Zimmer in ruhiger Lage gegenüber dem Bahnhof des „Trenino Verde". Signora *Giovanna* bietet selbst gemachte Dolci und Brot an, Padrone *Piero* begleitet auf Wunsch gerne zu Exkursionen in der Umgebung (25–30 € p.P.).
● **Nuraghe Arrubiu,** Coop Is Janas, Tel. (0782) 84 72 69. Kleine, sympathische Bar, März–Okt. tägl. 9.30–13 u. 15–20.30 Uhr, Nov.–Febr. 9–13 u. 15–17.30 Uhr).

Laconi

Wenn man im Sarcidano überhaupt von Tourismus sprechen kann, dann ist sein Zentrum das kleine, sympathische Städtchen Laconi, das auf einem Hügel aus der wald- und nuraghenreichen Umgebung ragt. Als Ausflugsziel ist Laconi bisher wohl nur den Sarden, vor allem den Einwohnern des Großraums Cagliari und Schulklassen, bekannt, die gerne einen Kurztrip hierher machen.

Anziehungspunkt ist der weitläufige, 22 ha große **Parco Marchesi Aymerich.** Inmitten der herrlich grünen Oase mit jahrhundertealten Bäumen, zahlreichen Höhlen, plätschernden Quellen und einem Bach liegen die romantischen Ruinen des gotisch-katalanischen **Castello Aymerich** aus dem 15. Jahrhundert, in dem einst die sardische Volksheldin *Eleonora d'Arborea* gewohnt haben soll. An die alteingesessene Adelsfamilie *Aymerich* erinnert auch der an der Hauptstraße gelegene prächtige Palazzo aus dem 19. Jahrhundert. Der schön angelegte, blühende Garten der **Villa Aymerich,** dessen Eingang sich gegenüber vom Parco Aymerich befindet, ist nur in Gruppen nach Voranmeldung zu besichtigen.

Im Ortszentrum steht an einer hübschen Piazza die **Kirche Sant'Ignazio di Laconi.** Sie wurde einem 1701 in Laconi geborenen Kapuzinermönch geweiht, der wunderbare Kräfte gehabt haben soll und 1951 vom Papst heilig gesprochen wurde.

Der in Laconi geborene heilige Ignazio wird auf ganz Sardinien verehrt

- **Parco Marchesi Aymerich:** Juni tägl. 8–19 Uhr, Juli/Aug. tägl. 8–20 Uhr, Sept.–Mai tägl. 8–16 Uhr.
- **Museo della Parrocchia di Sant'Ignazio:** Tel. (0782) 86 90 27. Fr u. So 9–13 u. 16–19 Uhr.

Sehr interessant ist das **Museo delle Statue Menhir** in Laconi, Europas einziges Menhir-Museum. Es zeigt in sieben Sälen zahlreiche prähistorische Funde aus dem nahen Valle dei Menhir, darunter über 40 teils eindrucksvoll bearbeitete Menhire, die in der Zeit zwischen 2000 und 1800 v. Chr. gefertigt wurden.

- **Museo delle Statue Menhir,** Via Amiscora, Tel. (0782) 86 62 16, geöffnet im Sommer Di–So 9.30–13 u. 16–19.30 Uhr, im Winter Di–So 9.30–13 u. 16–18 Uhr.

Unterkunft/ Essen und Trinken

- **Hotel Sardegna***,** Corso Garibaldi 97, Tel. 86 90 33, Web: www.albergosardegna.it. 1927 eröffnetes und ganz neu renoviertes Hotel. Zehn komfortable Zimmer mit tollem Ausblick. Im Hausrestaurant legt *Maria Rita Fulghesu* Wert auf die Weiterführung der Traditionen ihrer Vorfahren und bietet handgemachte lokale Küche (55–60 €).
- **Agriturismo Genna e'Corte,** Loc. Stunnu, Tel. (0782) 86 91 35, Web: www.gennaecorte.it. 9 km außerhalb in *posizione di massima tranquillità* gelegenes Anwesen von *Giuseppe Manca,* auf dem neben zehn angenehmen Zimmern auch eine so preisgünstige wie ausgezeichnete Küche auf Gäste wartet (B&B 25–28 €, Menü 25–28 €).

Fest

- **Sant'Ignazio da Laconi,** 29.–31. Aug. Großes Dorffest zu Ehren des Heiligen Ignazio.

Marmilla ♪ XV/CD2-3

Landschaft und Natur

Dem Sarcidano schließt sich im Südwesten eine Landschaft an, die zu den **eigenartigsten der ganzen Insel** gehört. „Sardinien ist etwas anderes", schrieb der Vater der berühmten *Lady Chatterley, D.H. Lawrence,* in seinem Buch „Das Meer und Sardinien" beim Anblick der Marmilla. „Hügelkämme ohne Bedeutung, eine zauberhafte Landschaft drumherum und Raum zum Wandern, kein Ende, nichts Bestimmtes."

Ohne Bedeutung sind die Hügel der Marmilla aber keineswegs. Sie ragen als runde Kuppen aus der Ebene auf, die an üppige Busen erinnern. Die fantasieanregenden Vulkankegel waren es dann auch, die dieser eigentümlichen Landschaft ihren Namen gaben.

Außerdem ist die Region von den so genannten **giare,** Hochplateaus mit steil abfallenden Rändern, geprägt, die wie riesige Tische in der Landschaft liegen. Und zu Füßen des größten Tafelbergs, der Giara di Gesturi, liegt mit der Nuraghierfestung Su Nuraxi die eindrucksvollste und bedeutendste Hinterlassenschaft dieses rätselhaften steinzeitlichen Volkes auf ganz Sardinien. Ergänzt wird die imposante Anlage durch zahlreiche weitere Nuraghen, die die natürliche Festung der Giara di Gesturi wie ein Ring umschließen.

Die Welt der Tafelberge ist zwar in ihren geographischen Dimensionen klein, aber dennoch eine der sonderbarsten und magischsten Landschaften Sardiniens. Auf ihren vollkommen abgeschiedenen und windzerzausten Hochebenen konnte sich eine **urwüchsige Tier- und Pflanzenwelt** erhalten, wie die vom Wind skurril verformten und mit Basaltbrocken übersäten Stein- und Korkeichenwälder. Dazwischen öffnen sich alte Vulkanschlote sowie Senken, in denen sich das Regenwasser sammelt, um Sumpfwiesen und *pauli,* nur knöcheltiefe Teiche, zu bilden. Sie dienen den zahlreichen halbwilden und wilden Tieren als Tränke. Auch einige der letzten Herden von Wildpferden in Europa versorgen sich hier mit Wasser. Von den steilen Abbruchkanten eröffnen sich grandiose Panoramen über die in der Sommerhitze flimmernden Ebenen, die sich, von Buschwerk, Feldern und Baumreihen formenreich gegliedert, tief unten wie riesige Gemälde ausbreiten.

Barumini

Obwohl das unscheinbare, gerade einmal 1500 Einwohner zählende Bauerndorf Barumini selbst nichts Spektakuläres vorweisen kann, ist es einer der meistbesuchten oder zumindest durcheilten Orte Sardiniens. Denn rings um das Dorf liegen gleich drei besonders bemerkenswerte Sehenswürdigkeiten, von denen zwei zu den aboluten Highlights der Insel gehören.

Einen Katzensprung westlich von Barumini liegt das berühmte Su Nuraxi. Schließlich erhebt sich nördlich des Dorfes der größte und eindrucksvollste aller Tafelberge, die Giara di Gesturi.

Erstaunlicherweise hat Barumini, obwohl es noch im Mittelalter das Zentrum der Marmilla war, bis auf seine 1550 im spätgotischen Stil errichtete **Pfarrkirche Vergine Immacolata** nichts Besonderes vorzuweisen. Noch erstaunlicher ist, dass es trotz der benachbarten Besuchermagneten **keinerlei touristische Infrastruktur** besitzt. Ein kleiner Supermarkt, ein paar Bars an der zentralen Straßenkreuzung, ein kleines Hotel – mehr gibt es nicht. Ob die neu vor den Toren der Gemeinde entstandene, leicht zweifelhafte Attraktion „Sardegna en miniatura" etwas ändern wird, bleibt abzuwarten. Jedenfalls bietet die Umgebung Baruminis genug, um hier einige erlebnisreiche Tage zu verbringen.

Unterkunft/ Essen und Trinken

●**Hotel Sa Lolla***,** Via Cavour 49, Tel. (070) 93 68 419, Fax 93 61 107. Kleine Herberge in einem traditionellen südsardischen Bauernhaus mit nur sieben Zimmern. Gut ausgestattet mit Bar, Restaurant, Tennisplatz, Pool und Reitmöglichkeit. Im Restaurant traditionelle sardische Küche (NS 57–62 €, HS 62–67 €).
●**B&B Vecchio Mulino,** Via Repubblica 23, Tel. (070) 93 68 072. Signora *Figus* hat ein charmantes DZ im historischen Zentrum des Ortes anzubieten (21 € p.P.).
●**B&B La Casa del Rio,** Via Principessa Maria 17, Tel. (070) 93 68 141. Drei sehr preiswerte DZ mit Gemeinschaftsbad (18 € p.P.).

Las Plassas

Der 274 Meter hohe Vulkankegel Las Plassas ist der wohlgeformteste aller „Busenberge" der Marmilla. Schöne Rundungen weisen auch andere dieser markanten Berge auf, doch nur

Las Plassas besitzt auch eine hervorstehende Spitze. Diese bildet die ehemalige **Festung Las Plassas,** deren Ruinen sich auf dem Gipfel erheben. Die Burg war einst eine der wichtigsten Grenzfestungen des Judikates Arborea und eines ihrer Verwaltungszentren. Viel ist von der Anlage nicht geblieben, doch wer hinaufspaziert, hat einen schönen Blick aus der Vogelperspektive auf Su Nuraxi, das nördlich des Vulkans zu Füßen der Giara di Gesturi im freien Feld zu sehen ist.

Su Nuraxi

Der größte und wichtigste Nuraghenkomplex der Insel, der etwa einen Kilometer von Barumini entfernt an der Straße Richtung Tuili liegt, ist ohne Frage der **archäologische Höhepunkt Sardiniens.** Große, in der Saison meist mit vielen Reisebussen gut belegte Parkplätze weisen darauf hin, dass man die eintrittspflichtige Festungsanlage kaum allein durchstreifen kann. Nach einigen Unfällen, bei denen Kinder von den Mauern stürzten, ist der Zugang leider nicht mehr individuell möglich, sondern nur noch im Rahmen einer begleiteten Gruppe. Das kann den Genuss und die Bewegungsfreiheit zwar schmälern, den Rundgang durch den Komplex, der sich auf über 1000 Quadratmetern

Der „Busenberg" Las Plassas

ausdehnt, sollte man sich dennoch nicht entgehenlassen.

Wie die allermeisten Nuraghen wirkt auch Su Nuraxi von außen betrachtet eher unscheinbar. Die Dimensionen erschließen sich erst, wenn man durch die schmalen Gassen des irrgartenartig angelegten Dorfes vor der Festung streift oder durch die engen Wehrgänge im Inneren spaziert.

Entdeckt wurde die gewaltige Anlage von Su Nuraxi erst 1956 vom Professor für Archäologie *Giovanni Lilliu*, der in Barumini zur Welt kam. Der älteste Teil ist der aus gewaltigen, viele Tonnen schweren Basaltfelsen aufgeschichtete **Mittelturm** mit einem Durchmesser von zehn Metern, der etwa Mitte des 2. Jahrtausends v. Chr. errichtet wurde. Seine oberste Plattform befand sich in rund 19 Metern Höhe. Heute sind noch fast 15 Meter von ihm erhalten. Zu den verschiedenen Stockwerken des Turmes und auf seine Aussichtsplattform führen enge Treppen hinauf.

Um 1000 v. Chr. wurde die zentrale Nuraghe um einen Mauerring mit vier Ecktürmen erweitert, so dass eine fünftürmige, wehrhafte **Zitadelle** entstand. Im 9. Jahrhundert v. Chr. wurde die Festung ein zweites Mal mit einem **weiteren Mauerring** und darin integrierten Rundtürmen verstärkt. Nach Vollendung zeigte sich Su Nuraxi als ein Bollwerk auf drei übereinanderliegenden Ebenen: zehn Meter hoch der Außenring, 14 Meter hoch die Terrasse mit der Zitadelle und noch einmal fünf Meter darüber die oberste Plattform des Mittelturms.

Schießscharten in Doppelreihen, gewaltige Brüstungen und bis zu sechs Meter dicke Mauern beschützten das etwa 150 Häuser zählende, labyrinthisch verschachtelte **Rundhüttendorf** vor der Burg. Wie die Festung ist auch das Dorf in verschiedenen Phasen gewachsen. Die erste Anlage datiert auf ungefähr 1000 v. Chr. und liegt vollständig außerhalb der Mauern. Erst mit der Eroberung derselben wurden auch Häuser innerhalb des ersten Mauerrings errichtet. In manchen Hütten erkennt man noch heute Sitzbänke, Herde oder Backöfen, in einem der Häuschen sind sogar die Reste einer Pistazienölmühle zu sehen.

Über Jahrhunderte galt die Trutzburg Su Nuraxi als uneinnehmbar. Erst den Puniern gelang es schließlich um 600 v. Chr., Su Nuraxi nach langer Belagerung zu erobern. Besiedelt war die Anlage noch bis ins 14. Jh. n. Chr.

Information

- **Societa Ichnussa,** Su Nuraxi, Tel. (070) 93 68 510. Nuraghenkomplex geöffnet tägl. 9 Uhr bis eine Stunde vor Sonnenuntergang.
- **Ausstellung** geöffnet Juli-Sept. tägl. 10-13 u. 15-19 Uhr, Okt.-Juni Sa/So 10-13 u. 15-18 Uhr.

Unterkunft/ Essen und Trinken

● **Hotel Su Nuraxi*****, Viale Su Nuraxi 6, Tel./Fax (070) 93 68 519, Web: www.hotelsunuraxi.it. Direkt bei Su Nuraxi im Stile eines alten Gehöfts errichteter Neubau mit Panoramablick auf den Nuraghen und Las Plassas. Im Restaurant kommt sehr gute und abwechslungsreiche regionale Küche auf den Tisch, die die Hausherrin mit frischen, meist aus dem eigenen Garten stammenden Zutaten bereitet (80 €).

Parco Sardegna in miniatura

Nahe der Nuraghierfestung ist jüngst zwischen Barumini und Tuili auf freiem Feld eine neue Vergnüglichkeit entstanden. Der Parco Sardegna in miniatura zeigt auf einem zu Fuß oder per Boot durchstreifbaren 30.000 Quadratmeter großen Gelände zahlreiche Attraktionen Sardiniens **im Puppenstubenformat.** Hier ist das Capo d'Orso und die Nuraghe Losa ebenso anzuschauen wie die Menhire von Goni, der Dom von Sassari oder der Flughafen von Olbia. Die zurzeit 45 Modelle sind jedoch von mäßiger Qualität und eher ein Spaß für Kinder. Auch für Erwachsene sicher sehr interessant ist das *Villagio Nuragico,* ein originalgetreues **Nuraghierdorf,** das lebendig illustriert, wie die Ursarden etwa 2700 v. Chr. gewohnt und gelebt haben. Neu hinzugekommen ist ein kleiner Botanischer Garten.

Beim Gelände gibt es eine Bar, ein Restaurant, einen Videoraum sowie einen Shop für sardische Produkte und Kunsthandwerk.

● **Parco Sardegna in miniatura,** Tel. (070) 93 61 004, Web: www.sardegnainminiatura.it, geöffnet 24.3.–14.12. tägl. 9 Uhr bis Dämmerung, sonst Mo–Sa 10–16 Uhr, So 9–18 Uhr.

Giara di Gesturi

Mit einer Länge von 16 und einer Breite von bis zu sechs Kilometern sowie einer Fläche von mehr als 50 Quadratkilometern ist die Giara di Gesturi der größte aller Tafelberge in der Region. Der Weg hinauf auf die *giara* führt über das kleine Bauerndorf **Gesturi** etwa fünf Kilometer nördlich von Barumini. Ein kleines Schild weist den Weg zur schmalen Teerstraße, die sich durch das Dorf in vielen Kurven auf das Plateau hinaufwindet. Auf halber Strecke steht ein Informationszentrum für Besucher bereit. Hier wird in der Saison auch für die Weiterfahrt bis zum Parkplatz kassiert.

Auf der Hochfläche endet die Straße auf einem Parkplatz. Ab hier geht es nur noch zu Fuß, per Fahrrad oder mit

Nuraghierfestung Su Nuraxi

Schweinereien auf der Giara di Gesturi

Rangerhütte am Eingang
zur Giara di Gesturi

dem Pferd weiter. Denn die gesamte Giara di Gesturi ist **Naturschutzgebiet,** in dem jeglicher Autoverkehr verboten ist. Dies gilt auch, wenn die Schranke am Parkplatz offen steht. Das Verbot wird streng überwacht, auch nachts fahren die Parkwächter Streife. Auf vier Rädern dürfen mit Erlaubnis der Ranger nur Behinderte hineinfahren. Problemlos ist es dagegen, auf dem Parkplatz im Wohnmobil zu übernachten. Dies ist nicht nur wegen des Sonnenauf- und -untergangs besonders eindrucksvoll, sondern auch, weil sich nachts Wildpferde in unmittelbarer Nähe des Platzes einfinden.

Am Eingang unterhalten die Ranger der Coop Sa Jara Manna eine **Informationshütte,** bei der man in der Saison Fahrräder mieten kann, um damit die einzigartige Natur der Giara di Gesturi zu entdecken. Sämtliche Wege auf der Hochebene sind unbefestigte Geländepisten. Um mit dem Fahrrad die ganze Giara zu umrunden, benötigt man für die 33 Kilometer lange Strecke etwa drei Stunden.

Giara di Tuili

Obwohl das Plateau in allen Karten als „Giara di Gesturi" zusammengefasst wird und als einzige Zufahrt auf den

500 Meter hohen Tafelberg nur die Straße über Gesturi eingezeichnet ist, besteht es eigentlich aus mehreren Teilen: der Giara di Gesturi, der Giara di Tuili, der Giara di Setzu und der Giara di Genoni. Letztere umfasst den gesamten Westzipfel des Plateaus.

Die beschriebene Auffahrt bei Gesturi ist zwar der Hauptzugang zum Hochplateau, aber nicht der einzige. Fremden bislang praktisch unbekannt geblieben sind drei weitere Wege auf die Giara, die landschaftlich noch weitaus eindrucksvoller sind als die Straße bei Gesturi. Die erste Variante führt über das Dorf **Tuili** auf die Giara di Tuili. Der Abzweig von der Straße aus Barumini ist bei der Kirche durch ein kleines braunes Schild „Altopiano della Giara" gekennzeichnet. Auf dem 5,5 Kilometer langen Weg hinauf kommt man im Dorf an einem sehr schön gestalteten Brunnen vorbei, an dem farbige Relieftafeln aus Keramik allerlei Bräuche und Traditionen aus dem Leben der Sarden darstellen. Ein kurzer Halt zum genaueren Betrachten des Kunstwerkes lohnt sich.

Die Auffahrt durch eine so genannte *iscala,* einen Einschnitt am Rand des Tafelbergs, ist wesentlich steiler und alpiner als der Weg von Gesturi. Oben erwartet Sie ein absolut idyllischer Parkplatz mit phänomenaler Aussicht, eine niedliche Hexenhaus-Rangerhütte und ein netter **Picknickplatz,** der mit seiner Traumlage und Fernsicht bis zur Costa Verde sicher einer der schönsten der gesamten Insel ist. Tipp: Packen Sie einen Picknickkorb und folgen Sie vom Parkplatz links dem Weg an der Abbruchkante ein Stück; nach wenigen Minuten erreichen Sie ein mehr als entzückendes Plätzchen, in dessen Mitte sich ein malerisches Landkirchlein erhebt. Man möchte hüpfen vor Freude beim Anblick dieses Idylls!

Giara di Setzu

Die Giara di Setzu ist der kleinste, aber auch der wildeste und ursprünglichste Teil des Tafelberges. Ihre urwaldartige Natur ist beinahe surreal und in ihrer Symbiose aus Felsbrocken, knorrigen Kork- und Steineichen sowie urzeitlich anmutenden Wolfsmilchgewächsen von unbeschreiblicher Faszination.

Die Auffahrt zur Giara di Setzu führt durch das gleichnamige Dorf zwei Kilometer westlich von Tuili. Etwa 500 Meter hinter dem Ortsausgang Richtung Genuri weist ein kleines Holzschild mit der Aufschrift „Giara" den Weg. Die Straße auf die Giara di Setzu ist die mit Abstand steilste der vier Möglichkeiten. Teilweise sind die Steigungen extrem und die Kurven sehr eng. Vorbei an einem hübschen, „Sa Domu e S'Orcu" genannten *domus de janas* führt auch diese Zufahrt zu einer Rangerhütte. Die Parkgelegenheiten sind hier sehr begrenzt, aber die Aussicht ist umwerfend.

Der Weg setzt sich auf der Hochebene als Geländepiste fort und führt durch die wildromantische Natur bis zur Zufahrtsstraße aus Gesturi. Zwar ist das gesamte Plateau für Autos gesperrt, doch ältere Menschen oder Behinderte können mit Erlaubnis der

Die Wildpferde der Giara di Gesturi

Die Sarden nennen sie liebevoll *Is Quaddeddus*. Sie sind klein und erreichen kaum 1,20 Meter Schulterhöhe. Sie haben einen großen Kopf, einen langen Schwanz und eine ebensolche Mähne. Sie sind überaus genügsam, zäh und von enormer Ausdauer. Und sie sind uralt und einzigartig. Woher sie kommen, weiß niemand ganz genau. Es wird jedoch vermutet, dass sie ein Mitbringsel der Phönizier waren, die im 9. Jahrhundert v. Chr. auf Sardinien landeten.

Die Stürme der Zeit überlebt hat diese Pferderasse nur auf den *giare*, den Tafelbergen der Marmilla, die für sie gleichzeitig Gefängnis und letztes Rückzugsgebiet waren. Denn einerseits konnten die Pferde die Hochplateaus mit ihren steilen Abbruchkanten nicht verlassen, andererseits fanden sie auf den *giare* einen idealen, weil ungestörten Lebensraum. Zwar wurden sie zeitweise von den Hirten und Bauern der Umgebung als Nutztiere eingesetzt, die überwiegende Zeit waren sie sich jedoch selbst überlassen. Ihren Tiefstand erreichte die Population in den 1960er Jahren, als ihre Gesamtzahl auf etwa 150 Exemplare zurückging.

Nachdem die Giara di Gesturi unter strengen Naturschutz gestellt und die letzte Zufluchtsstätte der kleinen Pferde so vor der Zerstörung bewahrt wurde, erholten sich die Bestände erfreulicherweise. Heute beleben wieder etwa 700 Exemplare in 50 Herden die wildromantische Hochebene. Mit rund 17 Pferden pro Quadratkilometer und zahlreichen anderen halbwilden Vertretern wie Kühen, Schweinen und Ziegen ist die Hochfläche tierisch gut bevölkert.

Ranger diese Strecke auch mit dem PKW befahren.

Von dem Eingang über Setzu ist man auch zu Fuß recht schnell beim flachen Teich **Paulu Salle de Mengianu,** an dem sich wie in Safarifilmen von Schweinen über Stiere bis zu Wildpferden die Tiere der Giara einfinden. Diese Tränke ist ein idealer Beobachtungs- und Fotoplatz. Wenig weiter bietet eine *pinetta,* eine traditionelle Hirtenhütte, Gelegenheit zum Picknicken.

Information und Exkursionen

●Zum Schutz der einmaligen Natur der Giara hat sich die sehr engagierte **Coop Sa Jara Manna** gebildet. Sie stellt nicht nur die ausgebildeten Ranger, die an allen drei Eingängen wachen und sachkundige Informationen geben. Sie pflegt und unterhält auch die *pineddas,* die alten Hirtenhütten, und die Rast- und Picknickplätze auf der Giara. An den Eingängen bei Gesturi und Tuili verleiht sie Fahrräder. Darüber hinaus bieten die Coop geführte Exkursionen in kleinen Gruppen zu Fuß, mit dem Mountainbike oder auf dem Pferderücken an. Im Angebot sind des Weiteren thematische Exkursionen zur vielgestaltigen Tier- und Pflanzenwelt.

●**Informations- und Exkursionszentrum Sa Jara Manna,** SS 197 bei Km 44 (am südlichen Ortsausgang von Barumini gegenüber einer Tankstelle), Tel./Fax (070) 93 68 170, Web: www.sajaramanna.it, Handys Ranger: 360-64 69 54, 368-30 39 406, 374-25 91 007, Juni-Okt. 8-19 Uhr, Nov.-Mai 8-13 Uhr. Im Sommer unterhält die Coop auch am Eingang von Su Nuraxi eine Infostelle.

●Geführte Exkursionen bietet auch das **Centro Servici Jara** an, das bei Villasanta direkt an der Schnellstraße bei km 40,25 liegt. Dort gibt es neben Informationsmaterial auch ein Restaurant, einen Laden mit sardischen Spezialitäten sowie einen großen, schön im Olivenhain gelegenen Wohnmobil-Stellplatz mit Camperservice.

Centro Servizi Jara, SS 131/km 40,25, Tel./Fax (070) 93 64 277, Web: www.jara.it.

Unterkunft

●**B&B Casa Orru,** Via Fra Nicola 18-20, in Gesturi, Tel. (070) 93 69 012. Frau *Orru* bietet in ihrem Haus mit Garten im malerischen Dorfzentrum ein sehr wohnliches, mit antiken Möbeln ausgestattetes DZ mit Bad.
●**B&B Sanna,** Via Pascasi 13, in Tuili, Tel. (070) 93 64 066. Zwei freundliche DZ mit Bad in ruhig gelegener neter Villa (20 € p.P.).

Giara di Genoni

Die Anfahrt zu diesem unbekannten und deshalb wenig besuchten Teil der Giara führt über das Dorf Genoni. Kurz hinter dem Ortsausgang Richtung Nurcei biegt links eine kleine Straße ab, die nach 4,5 Kilometern einen Parkplatz erreicht. Von hier aus geht es nur zu Fuß weiter. Auf dem Weg hinauf wartet im Sommer mitten in der Natur am Fuße des Tafelberges das Gebäude der **Coop Sa Jara** mit Bar und Pizzeria/Ristorante; die Coop organisiert Exkursionen zu Fuß, mit dem Fahrrad oder Pferd auf der Giara di Genoni.

Information und Exkursionen

●**Coop Sa Jara,** Loc. Paulis, Tel. 328-67 69 324, Web: www.coopsajara.it.

Giara di Serri

16 Kilometer östlich von Barumini liegt die Giara di Serri. Das Hochplateau ist zwar nur gut vier Kilometer lang und höchstens einen Kilometer breit, hat keine Wildpferdchen und ist überwiegend steppenartiges Weideland. Sie trägt aber mit dem nuraghischen Heiligtum Santa Vittoria eine der wichtigs-

ten Kultstätten des Nuraghiervolkes auf ihrem Rücken.

Die Anfahrt zum Hochplateau führt über das verschlafene Bauerndorf **Serri,** dessen Kirche San Basilio drei sehr sehenswerte Holzaltare aus dem 17. Jahrhundert besitzt. Die schmale Teerstraße verläuft längs über die gesamte, teilweise nur „handtuchbreite" *giara* und endet an ihrer äußersten Westspitze auf einem großen Parkplatz.

Santa Vittoria

Vom Parkplatz führt ein kurzer Fußmarsch zum Villagio Nuragico Santa Vittoria, das sich auf der Westspitze des Hochplateaus ausdehnt. Gesicherte Erkenntnisse über die Anlage gibt es nicht, doch dass die Kultstätte von Serri für das Steinzeitvolk eine herausragende Rolle gespielt hat, gilt als sicher.

Man nimmt an, dass Santa Vittoria eine „entmilitarisierte" Zone war, eine Art **vorzeitliches Olympia,** wo die Nuraghier in Pilgerhäusern und Konferenzräumen friedlich Stammesfehden beilegten, in Werkstätten und Marktbuden Waren feilboten und im sportlichen Wettkampf ihre Kräfte maßen, um danach rauschende Feste zu feiern.

Im Zentrum der Anlage lag ein von Säulengängen umrahmter Bezirk, der das Heiligtum darstellt. Zu ihm pilgerten die Menschen aus allen Teilen Sardiniens, um der Erdmutter und ihrem Partner, dem Stiergott, zu opfern. Priesterinnen und Priester, Stammesfürsten mit ihren Damen, aristokrati-

sche Krieger, Bauern, Handwerker und Hirten, sie alle brachten den Gottheiten Opfer dar: Körbe voller Obst und süßer Brötchen, Teller mit Weizen und Gerste sowie Tiere. Das Herzstück des Heiligtums ist der unterirdische **Pozzo Sacro,** der heilige Brunnen. Über eine steile Treppe aus präzise behauenen Basaltquadern gelangte der Priester zum Allerheiligsten hinab.

Doch die Gaben legten die archaischen Wallfahrer am Vorplatz zum Brunnen auf einem Opferstein ab. Die nuraghischen Baumeister versahen den Altar mit einem Abfluss, damit es bei Tierschlachtungen nicht zur Verunreinigung des wertvollen Wassers kam. Den gesamten sakralen Bereich ummauerten sie außerdem mit einem dicken Steinring, so dass er von den Profanbauten im Tempelbezirk abgeschirmt war.

Heute ist das Brunnenheiligtum zwar ausgetrocknet, hat aber von seiner Magie nichts verloren. Diese wird durch die Stille dieses einsamen Orts hoch über der hitzeflirrenden Ebene noch verstärkt.

Direkt an der Abbruchkante des Basaltplateaus steht die kleine, unscheinbare **Kirche Santa Vittoria.** Bei ihr eröffnet sich eine grandiose Aussicht hinab auf die Ebene und ihre Felder, die durch die Linien der begrenzenden Mauern und Buschreihen wie ein riesiges Gemälde wirkt.

Göttlicher Ausblick: Die Kapelle Santa Vittoria auf der Giara di Serri

●**Santuario Nuragico Santa Vittoria,** Coop Oleandro, Tel. (0782) 80 61 56, geöffnet April-Okt. tägl. 9-13 u. 15-19 Uhr, Nov.-März tägl. 9-17 Uhr.

Unterkunft/ Essen und Trinken

●**Hotel Dedoni****, Via Marconi 50, Gergei (ca. 6 km westlich an der Straße nach Barumini), Tel. (0782) 80 80 60, Web: www.hoteldedoni.com. Ordentlich ausgestattete Herberge an der Durchgangsstraße gegenüber dem Rathaus. Im Restaurant des Hauses gibt es ausgezeichnete Gerichte der Region (46-52 €).

Einkaufen

●**Biologisches Olivenöl:** Oleificio Argei, Zona industriale, Tel. (0782) 24 03 41, Web: www.argei.it.

Giara di Siddi

Bislang praktisch unbekannt und in den meisten Karten überhaupt nicht vermerkt ist die Giara di Siddi am südwestlichen Rand der Marmilla zwischen den Orten Siddi und Villanovaforru. Auf ihrem Rücken verbergen sich zahlreiche Nuraghen und andere archäologische Relikte, darunter das 1500 v. Chr. erbaute **Gigantengrab Sa Domo s'Orcu,** das „Haus des Riesen", das zu den monumentalsten und bedeutendsten im gesamten Mittelmeerraum zählt.

Auf die Giara kommt man über die Straße von Siddi nach Gonnostramatza. Biegt man, auf der Hochfläche angekommen, beim Schild „Centro di Ristoro" rechts in den schmalen Betonweg ein, kommt man nach kurzer Fahrt zu dem Gigantengrab **Sa Domo s'Orcu.** Folgt man dem Hinweis „Centro di Ristoro", erreicht man die Bergstation des Sessellifts, der von Villanovaforru auf die Giara führt.

Museo Naturalistico del Territorio

An der Talstation des Sessellifts, der nur im Sommer läuft, liegt in einsamer Natur der architektonisch etwas an einen Wasserspeicher erinnernde Museumskomplex Museo Naturalistico del Territorio, den die umliegenden Gemeinden gemeinsam ins Leben gerufen haben und der 2001 mit einer Aufsehen erregenden Ausstellung mit Werken von *Goya, Miró, Dalí* und *Picasso* eröffnete. Neben dem Komplex wurden ein Geobotanischer Park und sogar einige Stellplätze für Wohnmobile (mit Strom) angelegt.

- **Museo Naturalistico del Territorio,** Tel. (070) 93 41 009, Web: www.sacoronaspa.it, geöffnet Mo-Fr 9-13 u. 15-19 Uhr, Sa/So 9-19 Uhr.

Villanovaforru

1969 entdeckte man auf dem Hügel **Genna Maria** am Rande der Giara bei Villanovaforru einen **Nuraghenkomplex** aus dem 2. Jahrtausend v. Chr. Obwohl er sich von seiner Bedeutung her mit dem berühmten Su Nuraxi messen kann, ist Genna Maria bislang kaum bekannt und dementsprechend wenig besucht. Die Anlage ist aber außerordentlich interessant, weil sie von ihren Bewohnern um 800 v. Chr. offensichtlich fluchtartig verlassen wurde. Dabei haben sie alles stehen und liegen gelassen, so dass man über 250.000 Bodenfunde bergen konnte. Viele der Funde aus Genna Maria sind im **Archäologischen Museum** in Villavovaforru ausgestellt. Das moderne, didaktisch sehr gut aufgebaute Museum, das die einzelnen Exponate auch mit englisch- und deutschsprachigen Tafeln erläutert, vermittelt einen sehr lebendigen Einblick in den Alltag der Nuraghier sowie die Vor- und Frühgeschichte der Marmilla.

- **Parco Archeologico Genna Maria,** Tel. 93 00 048, Öffnungszeiten wie Museum.
- **Museo Archeologico Genna Maria,** Viale Umberto 1, Tel. 93 00 050, April-Sept. Di-So 9.30-13 u. 15.30-18 Uhr, Okt.-März Di-So 9-13 u. 15.30-18 Uhr.

Unterkunft/ Essen und Trinken

- **Hotel Le Colline***,** Loc. Funtana Jannus, Tel. (070) 93 00 123, Fax 93 00 134. 20 Zimmer in stiller Alleinlage. Ein echter Geheimtipp ist das Restaurant mit sardischer Küche (70 €).

Siddi

Das kleine Bauerndorf Siddi, das der Giara ihren Namen verlieh, wartet mit gleich zwei Museen auf. Das **Museo delle Tradizioni Agroalimentari della Sardegna,** das sardische Museum für traditionelle Landwirtschaft, zeigt anschaulich Zyklen wie den Weg von der Olive zum Olivenöl, der Milch zum Käse oder des Korns zum Brot.

Das **Museo Ornitologico della Sardegna** zeigt in zwei Räumen 200 verschiedene Vogelarten. Das Museum ist in einer der seltenen, weitgehend erhaltenen und deshalb historisch wertvollen alten Krankenstation untergebracht, wie sie bis Mitte des 19.Jh. im ländlichen Sardinien häufig zu finden war.

- **Museo delle Tradizioni Agroalimentari della Sardegna,** Via Roma 2, Tel. (070) 93 41 028, geöffnet 16.6.-14.9. So 16-20 Uhr, 15.9.-15.6. So 9.30-13 Uhr.
- **Museo Ornitologico,** Piazza L. da Vinci, Tel. (070) 93 98 00, geöffnet Di-So 10-13 u. 16-19 Uhr.

Information

- **Pro Loco,** Via Sardegna 14, Tel. (070) 93 99 51.

Monte Arci

Zwischen den Tafelbergen und dem flachen Campidano ragt etwa 15 Kilometer nordwestlich der Giara di Gesturi der Monte Arci auf. Der in der 812 Meter hohen **Trebina Longa** gipfelnde ehemalige Vulkan war bereits in der Steinzeit ein bedeutender Ort und wahrscheinlich der ausschlaggebende Grund, warum die Marmilla eine solche Dichte von Nuraghen und anderen prähistorischen Stätten aufweist. Denn im Monte Arci fanden die Nuraghier Obsidian, das „schwarze Gold" der Steinzeit.

Nostalgisch logieren im romantischen „casa tipica"

Die Gemeinschaft **Sa Corona Arrubia** hat rings um die Giara di Siddi aus behutsam sanierten historischen Häusern eine Reihe von Unterkunftsmöglichkeiten geschaffen, die hinsichtlich Gebäude und Einrichtung allesamt mit zu den charmantesten der Insel zählen - absolut vorbildlich, anderen Inselgemeinden sehr zur Nachahmung empfohlen!

- **Casa Sa Domu e'Forru,** Vico Chiesa 4, in Collinas, Tel. (070) 93 86 159 (3 DZ, 2 Dreibettzimmer).
- **Casa Sa Domu de Zia,** Vico V. Emanuele 1, in Colinas, Tel. 347-35 17 596 (3 DZ, 3 EZ).
- **Casa Su Foxibi,** Piazza S. Sebastiano 1, in Colinas, Tel. (070) 93 04 155 (3 DZ, 3 EZ).
- **Casa Domu e'Luna,** Via Gioberti 4, in Lunamatrona, Tel. (070) 93 91 05 (3 DZ, 1 EZ).
- **Casa S'Antigu,** Via G. B. Tuveri 4, in Lunamatrona, Tel. (070) 93 91 85, Web: www.santigu.it (6 DZ).
- **Casa Berenice,** Via IV. Novembre 1, in Pauili Arbarei, Tel. (070) 93 98 81, Web: www.casaberenice.it (2 Dreibettzimmer).
- **Casa Su Boschettu,** Loc. Prenu Laccu, bei Pauli Arbarei, Tel. (070) 93 96 95 (6 DZ in idyllischer Alleinlage).
- **Casa Rinaldo,** Via Sardegna 36, in Villanovaforru, Tel. (070) 93 00 134 (1 DZ, 2 Dreibettzimmer, 1 Vierbettzimmer).
- **Casa Sa Muredda,** Vico S. Sebastiano, in Villanovaforru, Tel. (070) 93 31 142, Web: www.samuredda.it (3 DZ, 1 Dreibettzimmer).

Das nur von ein paar Forstwegen durchzogene Massiv des Monte Arci wurde wegen seiner unberührten Flora und Fauna zum **Naturpark** erklärt. Die artenreichen Wälder mit zahlreichen Bächen, in denen viele Tierarten, besonders Vögel, heimisch sind, sind ein herrliches Revier für ausgedehnte Wandertouren. Im Wald des Vulkans versteckt sich einer der sehr wenigen Campingplätze im Inselinneren.

●**Camping Sennisceddu****, Loc. Sennisceddu, Tel./Fax (0783) 93 92 81.

Campidano ♪ XIX/CD1-2

Die Hügellandschaft der Marmilla endet am Campidano, der **größten Ebene der Insel.** Sie zieht sich vom flachen Schwemmland der Tirso-Mündung bei Oristano quer durch ganz Südwestsardinien und endet an der Südküste bei Cagliari. Ökonomisch ist sie von großer Bedeutung, denn sie ist die Kornkammer der Insel. Touristisch ist die konturlose, monotone Ebene weniger interessant. Den Großteil des Jahres zeigt sie sich als vertrocknetes, staubiges, gelbbraunes Ackerland, in dem das Auge keinen Halt findet.

Eingestreut in das flache Land liegen kleine, unscheinbare Bauerndörfer, die wenig Interessantes zu bieten haben. So durchquert fast jeder die Ebene auf der Schnellstraße Carlo Felice, die wie die Bahnlinie das Campidano fast schnurgerade in seiner ganzen Länge durchzieht. Viel versäumt man dabei nicht. Ein paar Stationen gibt es aber auch im Campidano, die einen Abstecher lohnen.

Sardara

Einer der wenigen interessanten Orte ist die Kleinstadt Sardara, das etwa acht Kilometer südwestlich von Villanovaforru am Rande des Campidano liegt und mit fast 10.000 Einwohnern eine der größten Siedlungen der Region ist. Im Ort selbst ist die **Kirche San Gregorio** zu besichtigen. Das im 14. Jahrhundert erbaute Gotteshaus stellt ein schönes Beispiel für den Übergang von der Romanik zur Gotik dar. Der interessantere Sakralbau ist jedoch die kleine **Kirche Sant'Anastasia,** bei der sich ein nuraghisches Brunnenheiligtum aus dem 10. Jahrhundert v. Chr. befindet.

Post und Telefon

- Vorwahl: 070
- PLZ: 09030

Unterkunft/ Essen und Trinken

- **Eucalipti Terme***,** Loc. S.M. de Is Acquas, Tel. (0783) 60 037, Fax 60 51 42, Web: www. termesardegna.it. Neues, modernes *Centro Termale* mit allem, was man an Fitness, Beauty und Wellness heutzutage so braucht (90–106 €).
- **Hotel Terme di Sardara***,** Loc. Santa Maria (bei den Thermalquellen), Tel. 39 87 200, Fax 39 87 025, Web: www.termedisardra.it. Mit Thermalpool, Tennisplatz, Fitnesscenter, Reitmöglichkeit u.v.m. (NS 74–82 €, HS 84–92 €).
- **Sardara*,** Via Cedrino 5, Tel. 93 87 811. Einfache Trattoria, die auch acht schlichte Zimmer vermietet (40 €).

Museum

- **Area Archeologico Santa Anastasia/Museo Villa Abbas,** Piazza Liberta, Tel. 93 86 183, Web: www.coopvillabbas.sardegna.it, geöffnet 1.6.–30.9. Di–So 9–13 u. 17–20 Uhr, sonst 9–13 u. 16–19 Uhr.

Terme di Sardara

Auf ganz Sardinien bekannt und bei den Sarden sehr beliebt sind die Terme di Sardara, die etwa drei Kilometer außerhalb des Ortes an der Straße nach Pabillonis liegen. Die Heilkraft der heißen Mineralquellen wurde wahrscheinlich schon von den Nuraghiern genutzt. Ganz sicher badeten hier die Römer, die eine Therme errichteten. Viel zu sehen gibt es allerdings nicht mehr: Einen weitläufigen Eukalyptushain und die architektonisch wenig ansehnlichen Ruinen der Therme.

Etwa zwei Kilometer südlich der Quellen (über eine Geländepiste zu erreichen) liegt das **Castello Monreale,** eine ehemalige Grenzfestung des Judikates Arborea. Viel ist davon nicht mehr zu sehen. Wer dennoch auf den 268 Meter hohen Hügel steigt, wird mit der tollen Aussicht belohnt.

Sanluri

Verkehrsknotenpunkt und urbanes Zentrum des Campidano ist die direkt an der Schnellstraße SS 131 gelegene Kleinstadt Sanluri, die in der bewegten Historie der Sarden eine ganz besondere Rolle spielt.

Geschichte

Sanluri ist der Ort, an dem *Brancaleone,* der Witwer der Freiheitskämpferin *Eleonora d'Arborea,* 1409 den Aragoniern unterlag, womit der kurze Frühling der Freiheit für Sardinien beendet wurde. Der Besiegte flüchtete sich daraufhin in das nahe Castello di Monreale, das sich erst 70 Jahre später den Spaniern ergeben musste. In der berüchtigten Schlacht 1409 gegen die überwältigende Übermacht der Aragonier, die mit 15.000 Fußsoldaten und 3000 Reitern gegen nur 9000 unzureichend ausgerüstete Sarden antraten, fanden mehr als 5000 Einheimische den Tod. Der Rest wurde in die Gefangenschaft verschleppt. Der Ort des Gemetzels wird deshalb **S'Occidroxia,** „der Schlachterberg", genannt.

König Martin II. von Sizilien, der Anführer der Aragonier, so erzählt die Legende, wurde seines großen Sieges nicht lange glücklich. Er erlag wenig später im Castello di Sanluri auf dem **Schlachtfeld der Liebe** der süßen sardischen Rache. Er soll, so wird berichtet, in den Armen der betörenden *Bella di Sanluri,* einer glühenden Patriotin und ebensolchen Liebhaberin, im zu ekstatischen Liebesrausch dahingeschieden sein.

Sehenswertes

Das wuchtige, im 13. Jahrhundert erbaute **Castello di Sanluri** erhebt sich noch heute in alter Pracht trutzig über dem Ort. Die imposante Festungsanlage, die auch unter dem Namen Castello di Eleonora di Arborea bekannt ist, ist die am besten erhaltene Burg Sardiniens. Obwohl die Anlage mit ihren vier Wehrtürmen heute im Privatbesitz des Grafen *Villasanta* ist, kann sie in Gruppen besichtigt werden. Das **Museo Risorgimentale Duca d'Aosta** in ihren Mauern zeigt zudem die umfangreiche und wertvolle Privatsammlung des Schlossbesitzers. Besonders bemerkenswert sind dabei 400 Florentiner Wachsfiguren und -bilder aus dem 16. bis 19. Jahrhundert, die Denkmäler sowie historische Personen und Szenen zeigen.

●**Museo Risorgimentale E. F. Duca d'Aosta,** Via Villa Santa 7 (im Kastell), Tel. 93 07 105; nur Gruppen ab 25 Personen nach Anmeldung, So 9.45–13 u. 15.15–19.30 Uhr.

Gegenüber vom Kastell führt eine Pinienallee hinauf zum Kapuzinerkloster von Sanluri. In den Mauern des Konvents hat das **Museo Etnografico Dei Frati Cappuccini** seinen Sitz, das eine umfangreiche Sammlung zur 400-jährigen Geschichte des Kapuzinerordens auf Sardinien zeigt, darunter eine bemerkenswerte Sammlung von klösterlichen Arbeitsgeräten.

●**Museo Etnografico dei Frati Cappuccini,** Via Cappuccini 6 (im Kapuzinerkloster), Tel. 93 07 107, Web: www.museocappuccini.it. Geöffnet: tägl. 8.30–12 u. 15.30–19 Uhr.

Post und Telefon

●**Vorwahl: 070**
●**PLZ: 09025**

Information

●**Pro Loco,** Via Mazzini 74, Tel. 93 70 05.

Fest

●**Sa Battala,** Ende Juni. Historienfest zur Erinnerung an die Schlacht vom 30. Juni 1409, als die Sarden im Felde gegen den König von Aragon verloren, ihn jedoch im Bett besiegten. Dass dabei der Sieg öffentlich nachgespielt wird, ist eher unwahrscheinlich ...

Unterkunft

●**Hotel Mirage**,** Via Carlo Felice 464, Tel. 93 07 100, Fax 93 07 902. Einfache, am Ortsrand nahe der Schnellstraße gelegene Unterkunft mit 13 Zimmern. Im Haus Bar und Disco, aber kein Restaurant (40 €).

San Sperate

Ganz im Süden des Campidano liegt inmitten der Ebene das kleine San Sperate, das als **Künstlerdorf** bekannt ist. Der unscheinbare Ort ist die Geburtsstätte der weltbekannten sardischen Wandmalereien. Hier wurden Anfang der 1960er Jahre die ersten **murales** an die Häuserwände gemalt, für die heute das Barbagiadorf Orgosolo so bekannt und vielbesucht ist. Die Bilder von San Sperate verblassen im Wortsinne, da sich niemand um ihre Restauration kümmert. In letzter Zeit scheint man sich jedoch dem wichtigen Erbe wieder mehr bewusst zu werden, und so kommen vermehrt neue Bilder hinzu. Derzeit besitzt der Ort rund 220 Wandbilder (alle unter www.sansperate.net), weshalb er sich nun stolz „paese museo", „Museumsstadt", nennt.

Vater der politischen Wandbilder war der vom Geist der 68er-Unruhen angesteckte, sozialkritische Künstler **Pinuccio Sciola,** der später als Bildhauer weit über Sardinien hinaus bekannt wurde. Sciola gründete in San Sperate eine Steinmetz-Kooperative, in der unter seiner künstlerischen Anleitung ein gutes Dutzend arbeitsloser Arbeiter aus dem stillgelegten Steinbruch im benachbarten Dorf Serrenti das Steinmetzhandwerk erlernten. Das Gelände der Schule ist vollgestellt mit

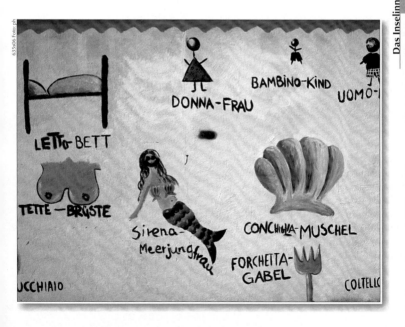

zahlreichen Skulpturen. Auch im kleinen Stadtpark und in anderen Teilen des Ortes sind Skulpturen zu sehen. *Pinuccio Sciola* ist selbst nicht mehr sehr aktiv, zeigt aber Besuchern gerne seine Werkstatt und seine Arbeiten. Der Abstecher nach San Sperate lohnt aber auch, weil es dort mit die besten Dolci ganz Sardiniens gibt!

- **Scultore Pinuccio Sciola,** Via E. Marongiu 21, Tel. (070) 96 00 353.

Unterkunft

- **Hotel Sagittario**,** Via Cottolengo 3, Tel. (070) 96 00 789, Fax 96 01 655. Kleine Herberge mit acht Zimmern, Bar und Restaurant (48–55 €).

Einkaufen

- **Dolci:** *Corronca,* Via Cagliari 101, Tel. 96 00 252; *Biscottificio Collu,* Via Roma 20, Tel. 96 00 162.

Trexenta ♫ XIX/D1

Zwischen der Marmilla, dem Campidano und dem Sarrabus dämmert im Abseits aller Weltengänge eine winzig kleine Region vor sich hin, die nur 30 Dörfer umfasst und deshalb Trexenta genannt wird. Das kleine Stück Sardinien ist landschaftlich wenig interessant, besitzt aber fruchtbares, von Feldern und Olivenhainen geprägtes Bauernland. Die für sardische Verhältnisse ertragreichen Böden machten die Region schon in der Vorzeit zu einer dicht besiedelten Zone.

Die Trexenta ist dank ihrer abgeschiedenen Lage ein Ort geblieben, in dem sich **altes Brauchtum und Traditionen** besonders gut bewahrt haben. Zu diesen mit Liebe gepflegten Kulturgütern zählt auch die spezielle, abwechslungsreiche Küche der Region, die ihre Existenz den guten Böden und dem daraus resultierenden Wohlstand der Trexentabauern verdankt.

Senorbi

Senorbi ist mit seinen 4000 Einwohnern die größte Gemeinde der Trexenta und deren Verkehrsknotenpunkt. Wie Strahlen laufen aus allen Himmelsrichtungen die Straßen auf Senorbi zu. Das beschauliche, mäßig umtriebige Landwirtschaftsstädtchen hat außer der kleinen, im 14. Jahrhundert im Stil der pisanischen Gotik erbauten **Kirche Santa Maria di Segolai** und einem Museum nichts Besonderes zu bieten. Das in einem malerischen, alten Gehöft untergebrachte **Museum Sa Domu Nostra** stellt die zahlreichen Funde aus, die man in den außergewöhnlich vielen archäologischen Stätten der Trexenta, wie z.B. in der punischen Nekropole Monte Luna, fand.

- **Museo Archeologico Sa Domu Nostra,** Via Scaledda 1, Tel. 98 09 071, geöffnet Di–So 9–13 u. 16–19 Uhr.

Der Monte Luna mit einer punischen Nekropole ist das herausragende Ausflugsziel von Senorbi. Hier hat die Gemeinde den schönen **Parco Monte Luna** angelegt, in dem sich eines der besten Restaurants von Sardinien versteckt. Der Gourmettempel Severino 2 ist das Restaurant des Sporting Hotel Trexenta.

Post und Telefon
- Vorwahl: 070
- PLZ: 09040

Essen und Trinken
- **Severino 2,** Viale Piemonte 7, Tel. 98 08 181.

Einkaufen
- **Wein:** Cantina Trexenta, Viale Piemonte 28, Tel. 98 08 863.

Unterkunft
- **Sporting Hotel Trexenta***,** Viale Piemonte, Tel. 98 09 383, Fax 98 09 386, Web: www.sht.it. Modernes Gebäude mit 32 Zimmern und guter Ausstattung: Swimmingpool, Sauna, Reitmöglichkeit (70 €).

Centro Allevamento Struzzi

Eine weitere durchaus interessante Sehenswürdigkeit bei Senorbi ist **Europas größte Straußenfarm,** die man etwa zwei Kilometer westlich des Ortes an der Straße nach Ortacesus findet. Hier kann man nicht nur kostenlos die langbeinigen Rennvögel aus dem fernen Australien betrachten, sondern auch die riesigen Eier der flugunfähigen Vögel kaufen. Nahe der Farm liegt die **Trexenta Caseificio,** die die Milch der umliegenden Bauernhöfe zu Käse wie der lokalen Spezialität *Savoiardi,* einem leichten, mozzarellaartigen Frischkäse, verarbeitet.

- **Trexenta Caseificio,** Loc. Bangius, Tel. 98 04 074.

Anhang

Literaturtipps

Belletristik und Reisebeschreibungen

- *Grazia Deledda:* **„Schilf im Wind"**, Manesse Verlag, Zürich. „Canne al Vento", so lautet der italienische Originaltitel, erzählt die Geschichte vom alten *Efix* und seinen drei Herrinnen in einem kleinen Dorf in Ostsardinien am Anfang des 20. Jahrhunderts. *Grazia Deledda*, 1871 in Nuoro geboren, veröffentlichte bis zu ihrem Tod im Jahr 1936 mehr als 30 Romane. 1926 erhielt sie für „Schilf im Wind" den Nobelpreis für Literatur.
- *D. H. Lawrence:* **„Das Meer und Sardinien"**, Diogenes Verlag, Zürich. Zehn Tage reiste der britische Schriftsteller im Jahr 1919 quer durch Sardinien, eine damals noch halbvergessene Insel fern der europäischen Zivilisation. *Lawrence'* Reisebeschreibung ist so präzise wie amüsant. Der Autor spart weder mit sarkastischen Worten über die „zivilisierten" Festländer noch über die „unzivilisierten" Sarden (zzt. leider nicht im Buchhandel erhältlich).
- *Gavino Ledda:* **„Padre Padrone"**, Fischer Verlag, Frankfurt/M. „Padre Padrone – Mein Vater, mein Herr" ist ein erschütternder Roman mit autobiographischem Hintergrund. 1938 kam *Gavino Ledda* als erster Sohn einer bitterarmen Hirtenfamilie in Siligo zur Welt. Mit sechs Jahren nahm ihn sein Vater nach nur einem Monat von der Schule und schickte ihn zum Schafehüten – ein schweres und einsames Leben inmitten der schweigenden Natur begann. Die Dorfbewohner von Siligo waren über *Leddas* Roman wenig erfreut. Weltweit wurde der Roman „Padre Padrone" aber ein großer Erfolg.
- *Carlo Levi:* **„Aller Honig geht zu Ende".** Der Arzt und Schriftststeller beschreibt zwei Reisen, 1953 und 1963, durch den Süden Sardiniens in die Barbagia, insbesondere in die „Banditendörfer" Orgosolo und Orune mit ihren uralten Sitten und Riten – eine Reise in eine Welt voller Magie und Gewalttätigkeit. *Levi* war Augenzeuge der Besetzung der barbaricinischen Hirtendörfer 1963 durch Carabinieri und italienische Soldaten.
- *Heinrich von Maltzan:* **„Reise auf der Insel Sardinien"**, Books on Demand. Endlich wieder erhältliche Reisebeschreibung von *Heinrich von Maltzan* aus dem Jahr 1868, die als amüsante und interessante Lektüre für unterwegs in jedes Reisegepäck gehört.
- *Salvatore Satta:* **„Der Tag des Gerichts"**, Insel Verlag, Frankfurt/M. *Salvatore Satta*, 1902 in Nuoro geboren, lebte als Juraprofessor auf dem italienischen Festland. Sein Roman beschreibt das bürgerliche Leben und die Geschichte seiner Heimatstadt Nuoro. Er wurde erst nach seinem Tod im Jahr 1975 veröffentlicht.

Sachbücher

- **„Eine Reise nach Sardinien"**, Hatje Canz Verlag. 1927 reiste der Deutsche **August Sander** drei Monate durch Sardinien. Von den eindrucksvollen Fotografien seiner Reise, eine Art

LITERATURTIPPS

Chronik der Sarden und ihrer Kultur, wurden die besten und eindringlichsten zusammengestellt und in diesem Fotoband erstmals veröffentlicht.

- **Entdeckungsreise durch Sardinien. Nuraghen und Naturerlebnis,** Books on Demand. Natur und Kultur Sardiniens aktiv erleben. Gemeinsam mit Autor *Andreas Stieglitz,* Sardinienkenner und Wanderführer, in 13 Tagesetappen die Insel, ihre einzigartige Natur und außergewöhnliche Kultur lebendig erfahren.
- **Cucina della Sardegna – Kulinarische Entdeckungen auf Sardinien,** Verlag Hugendubel. Kulinarisches für Sardinienfreunde: Großformatiges und sehr schönes, fast bibliophil aufgemachtes Buch, in dem die Autoren 15 ausgesuchte Restaurants der Insel in interessanten Texten und schönen Bildern vorstellen.

Nicht gerade preiswerter Spezialführer der Zeitschrift „Tauchen", der 30 der interessantesten Tauchplätze an Sardiniens Küsten in Text und Bild vorstellt. Im Anhang eine sehr informative Liste zu 128 Unterwasserpflanzen und -tieren, die typisch für die sardischen Gewässer sind.

- **Wandern auf Sardinien,** DuMont aktiv. Aktuell, handlich, übersichtlich. 35 gut ausgesuchte Touren und ausgesucht gute Touren für alle Schwierigkeitsgrade, abgewandert und beschrieben von *Andreas Stieglitz.* Jede Tour mit Schnellübersicht, Routenskizze und genauer Wegbschreibung.
- **Mountainbike Guide Sardinien/ Gallura,** Am-Berg-Verlag. Gründlich recherchierter Moutainbikeführer für den Norden Sardiniens. 21 Mountainbike- und neun Rennradtouren im benutzerfreundlichen Spiralbuch. Alle Touren mit farbiger Landkarte mit Routenverlauf und Orientierungspunkten, exakt ausgearbeiteten Wegebeschreibungen mit genauen Kilometer- und Höhenangaben.
- **Kletterführer „Pietra di Luna",** 4. stark erw. Aufl. 02. Der neue Führer für Klettern und Sportklettern, ausgearbeitet und verfasst von *M. Maurizio Oviglia,* dem Kletterpapst Sardiniens und ins Deutsche übertragen von Kletterfachmann und Fotograf *Ralf Glaser,* bei dem die deutsche Version auch direkt unter www.pietradiluna.de zu beziehen ist.

Sprachhilfen

- **Italienisch – Wort für Wort,** Kauderwelsch Band 22, Reise Kow-How Verlag. Sprechführer für Einsteiger, mit dem man dank der Wort-für-Wort-Übersetzung schnell anfangen kann, selbst einfache Sätze zu bilden. Der **Aussprachetrainer** auf Audio-CD ergänzt den Band, kann aber auch ohne Buch benutzt werden.
- **Kauderwelsch digital:** Italienisch – Wort für Wort, Reise Know-How. Die bewährten Kauderwelsch-Bände gibt es nun auch in einer digitalen Version für den PC daheim. Buch und Begleitkassette sind hier kombiniert.
- **Italienisch-Slang,** Kauderwelsch Band 97, Reise Kow How Verlag. Sprechführer für Fortgeschrittene, die neben dem Schulitalienisch auch die Umgangssprache kennen lernen wollen.

Wörterverzeichnis

alimentari	Lebensmittelladen
albergho	Herberge
area pic-nic	Picknickplatz
artigianato	Kunsthandwerk
altopiano	Hochebene
azienda	landwirtschaftliche Firma, Betrieb
badde (sard.)	Tal
biglietteria	Kartenverkaufsstelle
biglietto	Fahrkarte
cala	Bucht
campanile	Kirchturm
cantoniera	Straßenwärterhaus
capo	Kap
castello	Burg
centro storico	Altstadt
chiesa	Kirche
città	Stadt
coop	Kooperative
costa	Küste
cumbessias (sard.)	Pilgerhütten
distributore	Tankstelle
dolci	Süßigkeiten
Dolmen	tischförmiges Steingrab
domus de janas (sard.)	Feenhäuser (prähistor. Felskammergräber)
ENIT	Ente Nazionale Industrie Turistiche (Staatl. italienisches Fremdenverkehrsamt)
ESIT	Ente Sardo Industrie Turistiche (Staatl. sard. Fremdenverkehrsamt)
farmacia	Apotheke
fermata	Bushaltestelle
festa	Fest
fiume	Fluss
fonte	Quelle
foresta	Wald
funta(-na) (sard.)	Quelle
fraz. (frazione di comune)	Ortsteil
genna (sard.)	Gebirgspass
giara (sard.)	Tafelberg
giardino	Garten
golfo	Golf
grotta	Höhle
informazione turistiche	Tourist-Information
isola	Insel
ISOLA	Istituto Sardo Organizzazione Lavoro Artigianato (sardische Kunsthandwerksorganisation)
Loc. (località)	Ortschaft, Gegend
locanda	Herberge
lago	See
macelleria	Fleischerei
marina	Küstensiedlung
Megalith	roher, großer Steinblock prähistorischer Grabbauten
Menhir	unbehauene prähistorische Steinsäule
miele amaro	bitterer Honig
monte	Berg
municipio	Rathaus
Nekropole	Gräberstadt
oratorio	Kapelle
osteria	Gasthaus
palazzo	Gebäude, urspr. Palast
panificio	Bäckerei
parco	Park
parco naturale	Naturschutzgebiet
partito	Partei
passeggiata	abendlicher Spaziergang, Bummel
pastore	Hirte
pecorino	Schafskäse
pensione	Pension
pescheria	Fischhandlung
piazza	Platz
pinedda	sardische Hirtenhütte
pineta	Pinienhain
ponte	Brücke

porto	Hafen
pozzo sacro	Heiliger Brunnen
porcheddu (sard.)	Spanferkel
pronto soccorso	Erste Hilfe
pullman	Überlandbus
punta	Landnase, Bergspitze
Retabel	Altaraufsatz
ristorante	Restaurant
sagra	Kirchweih
salsiccia	Wurst
santuario	Wallfahrtsort
san/santa	Sankt
senso unico	Einbahnstraße
spiaggia	Strand
sorgente	Quelle
stagno	Strandsee
stazione	Bahnhof
Stele	aufrecht stehende große Steinplatte
strada	Straße
strada bianca	sehr schmales Sträßlein, oft Holperpiste
supermercato	Supermarkt
superstrada	Schnellstraße
tanca	Trockensteinmäuerchen
tenuta	Landgut
Tophet	Brandopferstätte
torre	Turm
trattoria	Gasthaus, Lokal
treno	Zug
trippa	Kutteln
uscita	Ausgang
valle	Tal
vitello	Kalb

Weinkellereien

(Legende zur Karte S. 187)

1: Arzachena
Tenute Capichera, Tel. (0789) 80 800,
Web: www.capichera.it
2: Alghero
Tenute Sella & Mosca,
Loc. I Piani, Tel. (079) 99 77 00,
Web: www.sellamosca.com
3: Berchidda
Cantina del Giogantinu, Tel. (079) 70 41 63,
Web: www.giogantinu.it
4: Bosa/Flussio
Cantina della Planargia,
Via Nuova 8, Tel. (0785) 34 886
5: Cabras
Azienda Attilio Contini, Via Genova 48/50,
Tel. (0783) 29 08 06,
Web: web.tiscali.it/contini
6: Cardedu
Cantina Perda Rubia,
Via Nazionale, Tel. (0782) 61 53 67,
Web: www. perdarubia.it
7: Cardedu
Vitivinicola Alberto Loi,
Via Nazionale, km 124,
Tel. (0782) 75 807,
Web: www.cantina.it/albertoloi
8: Dolianova
Cantine di Dolianova,
Loc. S'Esu, Tel. (070) 74 41 01
9: Dorgali
Cantina Soc. Dorgali, Via Piemonte 11,
Tel. (0784) 96 143,
Web: www. csdorgali.com
10: Jerzu
Antichi Poderi di Jerzu,
Via Umberto 1, Tel. (0782) 70 028,
Web: www.jerzuantichipoderi.it
11: Modolo
Azienda Flii. Porcu, Loc. Su Giacu,
Tel. (0785) 35 420,
Web: www.fratelliprorcu.it

12: Mogoro
SS 131, km 62, Tel. (0783) 99 02 85,
Web: www.ilnuraghe.it
13: Monti
Cantina del Vermentino,
Via San Paolo 1, Tel. (0789) 44 631,
Web: www.vermentinomonti.it
14: Olbia
Zona Industriale, settore 1,
Tel. (0789) 50 717,
Web: www.pieromancini.it
15: Oliena
Cantina Soc. di Oliena,
Via Nuoro 112, Tel. (0784) 28 75 09,
Web: www.cantinasocialeoliena.it
16: Oristano
Cantina Soc. della Vernaccia,
Via Oristano 149,
Loc. Rimedio, Tel. (0783) 33 155
17: Santadi
Cantina Santadi, Via Su Pranu 12,
Tel. (0781) 95 01 27,
Web: www.cantinadisantadi.it
18: Sant'Antioco
Cantina Sardus Pater, Via Rinascita 46,
Tel. (070) 80 02 74,
Web: www.cantinesarduspater.com
19: Selargius
Meloni Vini, Via A. Gallus 79,
Tel. (0782) 85 28 22,
Web: www.meloni-vini.com
20: Senorbì
Cantina della Trexenta,
Viale Piemonte 28,
Tel. (070) 98 08 863,
Web: www.cantina-trexenta.it
21: Serdiana
Argiolas, Via Roma 56/58,
Tel. (070) 74 06 06,
Web: www.cantine-argiolas.it
22: Sorgono
Cantina del Mandrolisai,
Corso IV. Novembre 20,
Tel. (0784) 60 113,
Web: www.mandrolisai.com

23: Sennori
Tenute Dettori, Loc. Badde Nigolosu,
Tel. (079) 51 47 11,
Web: www.tenutedettori.it
24: Tempio Pausania
Cantina Gallura, Via Val di Cossu 9,
Tel. (079) 63 12 41,
Web: www.cantinagallura.it
25: Tortolì
Cantina Sociale dell'Ogliastra,
Via Baccasara 36, Tel. (0782) 62 32 28,
Web: www.cantinasocialeogliastra.ii

Die wichtigsten Olivenöl-Produzenten

(Legende zur Karte Seite 187)

1: Alghero, Accademia Olearia,
Via de Muro, Tel. (079) 98 03 94,
Web: www.accademiaolearia.it
2: Alghero, San Giuliano Dom.
Manca, Via Carrabuffas 56,
Tel. (079) 97 72 15,
Web: www.sangiuliano.it
3: Cabras, Francesco Atzori,
Strada Prov. 4, km 2,50,
Tel. (0783) 29 05 76
4: Cabras, La Casa dell'Oliva,
Corso Italia 54, Tel: (0783) 29 07 57
5: Codrongianus, Tenute Soletta,
Loc. Signor'Anna, Tel. (079) 43 50 67,
Web: www.tenutesoletta.it
6: Cuglieri, Giorgio Zampa,
Via Vescovo Canu 18, Tel. 39 820
7: Cuglieri, S'Ulivariu 'e s'limbenia,
Via Canu 17, Tel. 328-72 23 363,
Web: www.santimbenia.it
8: Dolianova, Fattorie Enrico Loddo,
Corso Repubblica 81,
Tel./Fax (070) 74 07 15
9: Dorgali, Coop Olearia Dorgalese,
Via Fleming 4, Tel. (0784) 96 522

10: Gesturi, Giovanna Orru,
Via Fra Nicola 16,
Tel. (070) 93 69 036
11: Gonnosfanadiga,
Fattorie del Maestrale,
Loc. Terra Seduaris, Tel. (070) 97 99 132
12: Iglesias, La Valle dei Lecci,
Via Corsica 17u, Tel. (070) 24 73 18
13: Ilbono, Oleificio Paolo Demuru,
Via Roma 143, Tel. (0782) 33 459
14: Ittiri, Olio Sardegna,
Reg. Monte Coinzolu, Tel. (079) 44 40 74,
Web: www.oliosardegna.it
15: Oristano, Ditta Altea Illotto,
Via Giotto7, Tel. (0783) 70 306
16: Oliena, Coop Olivicoltori,
Via Norgheri, Tel. (0784) 28 74 70
17: Orosei, Oleificio S. Chisu,
Loc. Gherghetennore 1,
Tel./Fax (0784) 99 94 11
18: Santadi, Az. Olea Sardegna Piccola,
Loc. Is Pinnas 25, Tel. (0781) 95 01 77
19: Serdiana, Agriolas & C.,
Via Roma 56/58, Tel. (070) 74 06 06
20: Seneghe, Az. Agr. Cosseddu,
Via Josto 13, Tel./Fax (0783) 54 247
21: Seneghe, Pietro Mastinu,
Via Zoccheddu 7,
Tel. (0783) 54 533,
Web: www.oliosena.it
22: Siniscola, Frantoio Chieddà,
Loc. Tanca Altara,
Tel/Fax. (0784) 87 77 17,
Web: www.ottidoro.com
23: Tortolì, Oleificio Usai,
Via Generale Toxiri 20,
Tel. (0782) 40 154
24: Tuili, Azienda Porcu & Pinna,
Via Roma 13, Tel. (070) 93 64 415
25: Ussaramanna,
Oleificio Aurelio Podda,
Via IV Novembre 13,
Tel. (0783) 39 54 14

Die Reiseführer von Reise

Reisehandbücher
Urlaubshandbücher
Reisesachbücher
Rad & Bike

Algarve, Lissabon
Amrum
Amsterdam
Andalusien
Apulien
Athen
Auvergne, Cevennen

Barcelona
Berlin
Borkum
Bretagne
Budapest
Bulgarien
Burgund

City-Trips mit Billigfliegern
City-Trips mit Billigfliegern, Bd. 2
Cornwall
Costa Blanca
Costa Brava
Costa de la Luz
Costa del Sol
Costa Dorada

Dalmatien
Dänemarks Nordseeküste
Disneyland Resort Paris

Eifel
El Hierro
Elsass, Vogesen
England – Süden
Erste Hilfe unterwegs
Europa BikeBuch

Fahrrad-Weltführer
Fehmarn
Föhr
Formentera
Friaul, Venetien
Fuerteventura
Fußballstädte Deutschland 2006

Gardasee, Trentino
Golf von Neapel, Kampanien
Gomera
Gotland
Gran Canaria
Großbritannien

Hamburg
Helgoland
Hollands Nordseeinseln
Hollands Westküste
Holsteinische Schweiz

Ibiza, Formentera
Irland
Island
Istanbul
Istrien, Kvarner Bucht

Juist

Kalabrien, Basilikata
Katalonien
Köln
Korfu, Ionische Inseln
Korsika
Krakau
Kreta
Kreuzfahrtführer
Kroatien
Kroatien, Wohnmobil-Tourguide

Langeoog
Latium
La Palma
Lanzarote
Leipzig
Ligurien, Riviera
Litauen
London

Madeira
Madrid
Mallorca
Mallorca, Leben/Arbeiten
Mallorca, Wandern
Malta, Gozo
Mecklenb./Brandenb.: Wasserwandern
Mecklenburg-Vorp. Binnenland
Menorca
Montenegro
Motorradreisen
München

Norderney
Nordseeküste Niedersachsens
Nordseeküste Schleswig-Holstein
Nordseeinseln, Dt.
Nordspanien
Normandie
Norwegen

Ostfriesische Inseln
Ostseeküste Mecklenburg-Vorp.
Ostseeküste Schleswig-Holstein
Outdoor-Praxis

Paris
Polens Norden
Polens Süden
Prag
Provence
Provence, Templer
Provence, Wohnmobil-Tourguide
Pyrenäen

Rhodos
Rom
Rügen, Hiddensee
Ruhrgebiet
Rumänien, Moldau

Sächsische Schweiz
Salzburg
Sardinien
Sardinien, Wohnmobil-Tourguide
Schottland
Schwarzwald, südl.
Schweiz, Liechtenstein
Sizilien
Skandinavien – Norden
Slowakei
Slowenien, Triest
Spaniens Mittelmeerküste
Spiekeroog
St. Tropez und Umgebung
Südnorwegen, Lofoten
Südwestfrankreich
Sylt

Teneriffa
Tessin, Lago Maggiore
Thüringer Wald
Toscana
Tschechien

Umbrien
Usedom

Venedig

Wales
Warschau
Wien

Zypern

Know-How auf einen Blick

Edition RKH

Durchgedreht –
Sieben Jahre im Sattel
Eine Finca auf Mallorca
Geschichten aus dem
anderen Mallorca
Mallorca für Leib
und Seele
Rad ab!

Praxis

Aktiv Algarve
Aktiv Andalusien
Aktiv Dalmatien
Aktiv frz. Atlantikküste
Aktiv Gardasee
Aktiv Gran Canaria
Aktiv Istrien
Aktiv Katalonien
Aktiv Marokko
Aktiv Polen
Aktiv Slowenien
All inclusive?
Bordbuch Südeuropa
Canyoning
Clever buchen,
  besser fliegen
Clever kuren
Drogen in Reiseländern
Feste Europas
Fliegen ohne Angst
Frau allein unterwegs
Fun u. Sport im Schnee
Geolog. Erscheinungen

Gesundheitsurlaub
  in Dtl. Heilthermen
GPS f. Auto, Motorrad
GPS Outdoor
Handy global
Höhlen erkunden
Hund, Verreisen mit
Inline Skating
Inline-Skaten Bodensee
Internet für die Reise
Kanu-Handbuch
Kartenlesen
Kommunikation unterw.
Kreuzfahrt-Handbuch
Küstensegeln
Marathon-Guide
  Deutschland
Mountainbiking
Mushing/Hundeschlitten
Nordkap Routen
Orientierung mit
  Kompass und GPS
Paragliding-Handbuch
Pferdetrekking
Radreisen
Reisefotografie
Reisefotografie digital
Reisen und Schreiben
Reiserecht
Respektvoll reisen
Schutz vor Gewalt
  und Kriminalität
Schwanger reisen
Selbstdiagnose
  unterwegs
Sicherheit Meer
Sonne, Wind,
  Reisewetter

Spaniens Fiestas
Sprachen lernen
Survival-Handbuch
  Naturkatastrophen
Tauchen Kaltwasser
Tauchen Warmwasser
Trekking-Handbuch
Unterkunft/Mietwagen
Vulkane besteigen
Wandern im Watt
Wann wohin reisen?
Wein-Reiseführer
  Deutschland
Wein-Reiseführer
  Italien
Wein-Reiseführer
  Toskana
Wildnis-Ausrüstung
Wildnis-Backpacking
Wildnis-Küche
Winterwandern
Wohnmobil-Ausrüstung
Wohnmobil-Reisen
Wracktauchen
Zahnersatz, Reiseziel

KulturSchock

Familenmanagement
  im Ausland
Finnland
Frankreich
Islam
Leben in fremden
  Kulturen
Polen
Rumänien
Russland
Spanien
Türkei
Ukraine
Ungarn

Wo man unsere Reiseliteratur bekommt:
Jede Buchhandlung Deutschlands, der Schweiz, Österreichs und der
Benelux-Staaten kann unsere Bücher beziehen. Wer sie dort nicht findet,
kann alle Bücher über unsere **Internet-Shops** bestellen.
Auf den Homepages gibt es **Informationen** zu allen Titeln:

www.reise-know-how.de oder **www.reisebuch.de**

Die Reiseführer von Reise

Reisehandbücher
Urlaubshandbücher
Reisesachbücher
Rad & Bike

Afrika,
  Bike-Abenteuer
Afrika, Durch, 2 Bde.
Agadir, Marrakesch,
  Südmarokko
Ägypten
Ägypten/Niltal
Alaska & Kanada
Algerische Sahara
Äqua-Tour
Argentinien, Uruguay,
  Paraguay
Äthiopien
Auf nach Asien!
Australien, Osten
  und Zentrum
Australien – Handbuch
  für Auswanderer

Bahrain
Baikal,
  See u. Region
Bali und Lombok
Bali, die Trauminsel
Bangkok
Botswana
Brasilien
Brasilien kompakt

Cabo Verde
Chile,
  Osterinsel
China
Chinas Osten
Costa Rica
Cuba

Dominikanische
  Republik
Dubai,
  Emirat

Ecuador, Galapagos
El Hierro
Erste Hilfe unterwegs

Fahrrad-Weltführer
Florida
Fuerteventura

Gomera
Gran Canaria
Guatemala

Havanna
Hawaii
Honduras
Hongkong, Macau,
  Kanton

Indien Norden
Indien Süden
Iran

Jemen
Jordanien

Kalifornien und
  USA Südwesten
Kalifornien, Süden
  und Zentrum
Kambodscha
Kamerun
Kanada, USA
Kanadas Maritime
  Provinzen
Kanadas Osten,
  USA Nordosten
Kanadas Westen,
  Alaska
Kapstadt – Garden
  Route (Südafrika)
Kapverdische Inseln

Kenia
Kerala (Indien)
Kreuzfahrtführer
Krügerpark – Kapstadt
  (Südafrika)

Ladakh, Zanskar
Lanzarote
La Palma
Laos
Lateinamerika
  BikeBuch
Libyen

Malaysia, Singapur,
  Brunei
Marokko
Mauritius,
  La Réunion
Mexiko
Mexiko kompakt
Mongolei
Motorradreisen
Myanmar

Namibia
Neuseeland BikeBuch
New Orleans
New York City

Oman
Outdoor-Praxis

Panama
Panamericana,
  Rad-Abenteuer
Peru, Bolivien
Peru kompakt
Phuket (Thailand)

Qatar
Queensland
  (Australien)

Rajasthan (Indien)

San Francisco
Senegal, Gambia
Singapur

Sri Lanka
St. Lucia, St. Vincent,
  Grenada
Südafrika
Südafrika: Kapstadt –
  Garden Route
Südafrika: Krügerpark
  – Kapstadt
Sydney
Syrien

Taiwan
Tansania, Sansibar
Teneriffa
Thailand
Thailand – Tauch-
  und Strandführer
Thailands Süden
Tokyo, Kyoto,
  Yokohama
Transsib
Trinidad und Tobago
Tunesien
Tunesiens Küste
Türkei, Hotelführer

Uganda, Ruanda
USA, als Gastschüler
USA, Canada
USA Nordosten,
  Kanada Osten,
USA Süden
USA Südwesten,
  Kalifornien,
  Baja California
USA, Südwesten,
  Natur u. Wandern
USA, Westen

Vereinigte Arabische
  Emirate
Vietnam

Westafrika – Sahel
Westafrika – Küste
Wo es keinen Arzt gibt

Yucatán, Chiapas
  (Mexiko)

Know-How auf einen Blick

Edition RKH

- Abenteuer Anden
- Durchgedreht – Sieben Jahre im Sattel
- Inder, Leben und Riten
- Myanmar – Land der Pagoden
- Please wait to be seated
- Rad ab!
- Salzkarawane
- Südwärts durch Lateinamerika
- Taiga Tour
- USA – Unlimited Mileage

Praxis

- Aktiv Marokko
- All inclusive?
- Australien: Reisen/Jobben
- Australien: Outback/Bush
- Auto durch Südamerika
- Ayurveda erleben
- Buddhismus erleben
- Canyoning
- Clever buchen/fliegen
- Daoismus erleben
- Drogen in Reiseländern
- Dschungelwandern
- Expeditionsmobil
- Fernreisen, Fahrzeug
- Fliegen ohne Angst
- Frau allein unterwegs
- Früchte Asiens
- Fun u. Sport im Schnee
- Geolog. Erscheinungen
- GPS f. Auto, Motorrad
- GPS Outdoor
- Handy global
- Hinduismus erleben
- Höhlen erkunden
- Hund, Verreisen mit
- Indien und Nepal, Wohnmobil
- Internet für die Reise
- Islam erleben
- Kanu-Handbuch
- Kartenlesen
- Kommunikation unterw.
- Konfuzianismus erleben
- Kreuzfahrt-Handbuch
- Küstensegeln
- Maya-Kultur erleben
- Mountainbiking
- Mushing/Hundeschlitten
- Neuseeland: Reisen und Jobben
- Orientierung mit Kompass und GPS
- Paragliding-Handbuch
- Pferdetrekking
- Radreisen
- Reisefotografie
- Reisefotografie digital
- Reisen und Schreiben
- Reiserecht
- Respektvoll reisen
- Safari-Handbuch Afrika
- Schutz vor Gewalt und Kriminalität
- Schwanger reisen
- Selbstdiagnose unterwegs
- Shopping Guide USA
- Sicherheit Bärengeb.
- Sicherheit am Meer
- Sonne, Wind, Reisewetter
- Sprachen lernen
- Südamerika, Auto
- Survival-Handbuch Naturkatastrophen
- Tango in Buenos Aires
- Tauchen Kaltwasser
- Tauchen Warmwasser
- Transsib – Moskau-Peking
- Trekking-Handbuch
- Trekking/Amerika
- Trekking/Asien Afrika, Neuseeland
- Tropenreisen
- Unterkunft/Mietwagen
- USA Shopping Guide
- Volunteering
- Vulkane besteigen
- Wann wohin reisen?
- Was kriecht u. krabbelt in den Tropen?
- Wildnis-Ausrüstung
- Wildnis-Backpacking
- Wildnis-Küche
- Winterwandern
- Wohnmobil-Ausrüstung
- Wohnmobil-Reisen
- Wracktauchen
- Wüstenfahren

KulturSchock

- Ägypten
- Argentinien
- Australien
- Brasilien
- China, Taiwan
- Cuba
- Ecuador
- Familenmanagement im Ausland
- Golf-Emirate, Oman
- Indien
- Iran
- Japan
- Jemen
- Kambodscha
- Kaukasus
- Laos
- Leben in fremden Kulturen
- Marokko
- Mexiko
- Pakistan
- Peru
- Russland
- Thailand
- Türkei
- USA
- Vietnam

Wo man unsere Reiseliteratur bekommt:
Jede Buchhandlung Deutschlands, der Schweiz, Österreichs und der Benelux-Staaten kann unsere Bücher beziehen. Wer sie dort nicht findet, kann alle Bücher über unsere **Internet-Shops** bestellen.
Auf den Homepages gibt es **Informationen** zu allen Titeln:

www.reise-know-how.de oder www.reisebuch.de

Wenn dieses Buch Sie inspiriert: Wir arrangieren für Sie schöne Ferien auf Sardinien, exklusiv und individuell zusammengestellt, an allen hier vorgestellten Orten und auf Wunsch mit allem inklusive – von Reisetickets, Unterkunft und Leihfahrzeug bis hin zur Yacht.

≡ TURI**SARDA** ≡

Deutschland-Vertretung GmbH & Co. KG, Richardstr. 28, 40231 Düsseldorf, Tel. +49-211-229400-0, Fax 229400-29

Sard-Reisedienst

Ihr Inselspezialist mit **über 30** Jahren Erfahrung

und dem breitesten Angebot an
ausgesuchten Ferienhäusern, exklusiven Villen,
familienfreundlichen Feriendörfern und
romantischen Hotels

Reservierung von Fährpassagen,
Linien- und Charterflügen,
preisgünstigen Mietwagen.

Erwin-Renth-Str. 1 · 55257 Budenheim
Tel. 0 61 39 / 766 · Fax 14 88
www.sard.de / e-mail: info@sard.de

ANZEIGEN

Know How für Ihre Sardinien-Reise

Insel-Ferien individuell und pauschal
- Sardinien Aktiv - Golf Spezial vom Profi:

DER SARDINIEN-SPEZIALIST

Infos: Tel. 0821/50955-0 Fax 0821/158096
www.oscarreisen.de Mail info@oscarreisen.de

Ursula Kaup-Leopold
Sardegna GmbH

Vermittlung von privaten
Ferienhäusern in Sardinien

Rungestraße 11
81479 München
E-mail: villen@sardinien.de
Internet: www.sardinien.de
Tel. 089/749 86 60
Fax 089/749 86 610

Mit REISE KNOW-HOW gut orientiert in Italien reisen

Die Landkarten des **world mapping project** bieten gute Orientierung – weltweit.
- Moderne Kartengrafik mit Höhenlinien, Höhenangaben und farbigen Höhenschichten
- GPS-Tauglichkeit durch eingezeichnete Längen- und Breitengrade und ab Maßstab 1:300.000 zusätzlich durch UTM-Markierungen
- Einheitlich klassifiziertes Straßennetz mit Entfernungsangaben
- Wichtige Sehenswürdigkeiten, herausragende Orientierungspunkte und Badestrände werden durch einprägsame Symbole dargestellt
- Der ausführliche Ortsindex ermöglicht das schnelle Finden des Zieles
- Wasser abstoßende Imprägnierung
- Kein störender Pappumschlag, der den behindern würde, der die Karte unterwegs individuell falzen möchte oder sie einfach nur griffbereit in die Jackentasche stecken will

Derzeit über 100 Titel lieferbar (siehe unter www.reise-know-how.de), z.B.:
- **Gardasee** (1:70.000)
- **Friaul** (1:165.000)
- **Umbrien** (1:200.000)
- **Sizilien** (1:200.000)
- **Ligurien/Piemont** (1:250.000)
- **Sardinien** (1:200.000)

world mapping project
REISE KNOW-HOW Verlag, Bielefeld

Praxis –
die handlichen Ratgeber

Wer seine Freizeit aktiv verbringt, in die Ferne schweift, moderne Abenteuer sucht, braucht spezielle Informationen und Wissen, das in keiner Schule gelehrt wird. REISE KNOW-HOW beantwortet mit über 90 Titeln die vielen Fragen rund um Freizeit, Urlaub und Reisen in einer neuen, praktischen Ratgeberreihe: „Praxis".

So vielfältig die Themen auch sind, gemeinsam sind allen Büchern die anschaulichen und allgemeinverständlichen Texte. Praxiserfahrene Autoren schöpfen ihr Wissen aus eigenem Erleben und würzen ihre Bücher mit unterhaltsamen und teilweise kuriosen Anekdoten.

Rainer Höh:
Wildnis-Ausrüstung
Harald A. Friedl:
Respektvoll reisen
Jörg Gabriel:
Safari-Handbuch Afrika
Frank Littek:
Fliegen ohne Angst
Bernd Büttner:
Fernreisen mit dem eigenen Fahrzeug
Wolfram Schwieder:
Richtig Kartenlesen
Sven Bremer:
Radreisen Basishandbuch
Klaus Becker:
Tauchen in warmen Gewässern
M. Faermann:
Sicherheit im und auf dem Meer
Alexandra Albert:
Sprachen lernen im Ausland
M. Faermann:
Gewalt und Kriminalität unterwegs
J. Edelmann:
Vulkane besteigen und erkunden
Rainer Höh:
Wildnis-Küche
Helmut Herrmann:
Reisefotografie
Rainer Höh:
Orientierung mit Kompass und GPS

Kauderwelsch?
Kauderwelsch!

Die **Sprachführer der Reihe Kauderwelsch** helfen dem Reisenden, wirklich zu sprechen und die Leute zu verstehen. Wie wird das gemacht?

- Die **Grammatik** wird in einfacher Sprache so weit erklärt, daß es möglich wird, ohne viel Paukerei mit dem Sprechen zu beginnen, wenn auch nicht gerade druckreif.
- Alle Beispielsätze werden doppelt ins Deutsche übertragen: zum einen **Wort-für-Wort,** zum anderen in "ordentliches" Hochdeutsch. So wird das fremde Sprachsystem sehr gut durchschaubar. Ohne eine Wort-für-Wort-Übersetzung ist es so gut wie unmöglich, einzelne Wörter in einem Satz auszutauschen.
- Die **Autorinnen und Autoren** der Reihe sind Globetrotter, die die Sprache im Lande gelernt haben. Sie wissen genau, wie und was die Leute auf der Straße sprechen. Deren Ausdrucksweise ist häufig viel einfacher und direkter als z.B. die Sprache der Literatur. Neben der Sprache vermitteln die Autoren Verhaltenstips und erklären Besonderheiten des Landes.
- **Jeder Band** hat 96 bis 160 Seiten. Zu jedem Titel ist eine begleitende **Tonband-Kassette oder CD** erhältlich.
- **Kauderwelsch-Sprachführer** gibt es für über 90 Sprachen in **mehr als 160 Bänden**, z.B.:

Italienisch – Wort für Wort
Band 22, 128 Seiten
Italienisch Slang – das andere Italienisch
Band 97, 128 Seiten
Italienisch kulinarisch
Band 144, 144 Seiten

REISE KNOW-HOW Verlag, Bielefeld

Register

A

AAST 57
Aberglauben 175
Abholzung 128
Ackerbau 153
Acquaresi 386
ADAC 93
Adapter 46
Administration 148
Adressenangaben 13
Ärzte 55
Aga Khan, Karim 147, 213
Aggius 250
Aglientu 243
Agriturismo 83
Agrustos 459
Aktivitäten 66
Aleppo-Kiefer 123
Alghero 296
Altopiano di Abbasanta 327
Anghelu Ruju 296
Anglona 113, 256
Anglona, Innere 263
Anreise 28
Anreise, Auto 28
Anreise, Bahn 38
Anreise, Bus 42
Anreise, Flugzeug 39
Anreiserouten 28
Antipasti 47
Apotheken 55
Aragon 144
Arbatax 504
Arbeitslosigkeit 150
Arborea 114, 326, 354
Arbus 376
Archäologie 157, 209, 223

Arcu e Tidu 549
Ardara 565
Area Sosta Monte Lopene 494
Argentiera 286
Aritzo 607
Armungia 550
Armut 151
Arzachena 221
Arzachena-Kultur 139
Arzana 515
As Piscinas 496
Asinara 286
Autofahren 89
Autofähren 32
Autonomie 145
Autopanne 93
Autozug 39

B

Backofengräber 157
Badesi Mare 243
Bärenfels 226
Bahn 38, 95
Baia Chia 416
Baia Sardinia 219
Ballao 550
Ballu tundu 167
Banditen 576
Bankautomaten 51
Banken 52
Baratz-See 288
Barbagia 116, 572
Barbagia Belvi 607
Barbagia Mandrolisai 610
Barbagia Ollolai 596
Barbagia Seulo 611
Barisardo 509
Baronie 115, 454
Barumini 620
Basilika San Gavino 269

Basilika San Pietro di Sorres 559
Baunei 495
Bed & Breakfast 82
Bekleidungsvorschriften 62
Belvi 607
Berchidda 252
Bergbau 151, 388
Biderosa 470
Billig-Fluglinien 40
Bitti 573
Blumen 124
Bolotana 322
Bonarcado 362
Bono 324
Bonu-Ighinu-Kultur 139
Bosa 313
Bosco di Selene 514
Botschaften 25
Bottarga di Muggine 340
Brandstiftung 129, 132
Bräuche 164
Briefe 64
Brigata Sassari 146
Bronzetti 160
Brot 181, 185
Bruncu Pisu Cerbu 519
Bruncu Spina 602
Bruncu Tortari 519
Brunnenheiligtümer 158
Budduso 570
Budoni 460
Buggeru 384
Bungeejumping 74
Burcei 549
Bus 43, 98
Byzantiner 142

C

Cabras 339
Cagliari 428
Cala Cartoe 477
Cala di Budoni 460
Cala di Luna 486
Cala di Murtas 529
Cala di Sinzias 538
Cala di Volpe 216
Cala Domestica 386
Cala Fuile 'e Mare 472
Cala Ginepro 471
Cala Gonone 482
Cala Liberotto 471
Cala Regina 545
Calasetta 406
Caletta Osalla 477
Campeda 320
Campidano 117, 614, 632
Camping 85, 355
Cannigione 224
Cannonau 189
Cannonau-Traube 588
Cannonau-Wein 525
Canti sardi 167
Cantoniera Scala Piccada 306
Canyoning 70
Capo Coda Cavallo 459
Capo Caccia 289
Capo Carbonara 541
Capo Ceraso 207
Capo Comino 469
Capo di Frasca 375
Capo d'Orso 226
Capo Ferrato 535
Capo Malfatano 415
Capo Mannu 333
Capo Nieddu 327
Capo Pecora 385
Capo Sandalo 413
Capo San Marco 339
Capo Sperone 406
Capo Testa 241
Capo Teulada 415

Caprera 233
Carabinieri 66
Caravans 93
Carbonia 396
Carloforte 409
Casa Aragonese 365
Casa del Poeta 376
Casa Garibaldi 234
Cascata Sos Molinos 361
Casteldoria 259
Castello Aymerich 618
Castello del Goceano 323
Castello della Fava 462
Castello di Acquafreda 395
Castello di Sanluri 634
Castello Malaspina 316
Castello Orguglioso 551
Castello Sassai 551
Castelsardo 259
Castiadas 547
Casu marzu 183
Cavalcata Sarda 279
Caving 75
Centro Allevamento Struzzi 637
Chia 416
Chiesa del Buon Cammino 241
Chorgesänge 167
Cimitiero dei Sassi 241
Citadella dei Musei 438
Coddu Vecchiu 223
Codula di Luna 489
Colonia Marina 355
Colonia Penale 547
Cooperativa Turistica Sinis 330
Corsa degli Scalzi 336, 342
Corti Rosas 551
Costa del Sud 414
Costa Paradiso 244
Costa Rei 535
Costa Smeralda 213
Costa Verde 377

Cuglieri 356
Cumbessias 598

D

D'Arborea, Eleonora 352
Deledda, Grazia 162
De Su Cossolu 575
Desulo 604
Dialekte 190
Diebstahl 65
Dienstleistungssektor 156
Diplomatische Vertretungen 25
Dokumente, Diebstahl 66
Dokumente, Verlust 63
Dolci 184, 636
Dolmen 158
Dolmen Sa Coveccada 563
Domus de Janas 139
Domusnovas 393
Dorgali 478
Drachenfliegen 74
Drogen 89
Duomo Santa Maria 437

E

Editto delle chiudende 576
Einkaufen 43
Einreisebestimmungen 21
Elefanten-Fels 263
Elektrizität 46
Eleonorenfalke 497
Emanzipation 195
ENIT 17
EPT 17, 56
Erzvorkommen 373
Esel 286
ESIT 17, 56
Essen 47, 180
Esskultur 47

Europäische
Krankenversicherungskarte 54

F

Fähren 32
Fährlinien 34
Fahrrad 72
Fasching 175
Fassonis 340
Fattoria Giannasi 324
Fauna 53, 124
FdS-Schmalspurbahn 38, 96, 505
Feiertage 48
Feigenkakteen 615
Felsen, Rote 504, 505
Ferragosto 16
Fertilia 292
Feste 168, 175
Festtagskalender 172
Feuerquallen 54
Filu e'Ferru 188
Fisch 181
Fischerei 156
Fiume di Posada 463
Fiume Tirso 326
FKK 88
Flamingos 126
Flechtarbeiten 177
Fleisch 182
Flora 120
Flughäfen 41
Fluglinien 39
Flugschule 74
Flugzeug 39
Flumendosa-Tal 530, 615
Fluminimaggiore 381
Flüsse 108
Flussio 319
Fly & Drive 41
Folklore 164

Fonni 601
Fontanamare 388
Fonte Nuova 247
Fonte Rinaggiu 247
Fordongianus 365
Foresta de Montarbu 517
Foresta Demaniale
  Monte Genis e Monte Pardu 553
Foresta di Burgos 324
Foresta di Montes 594
Foresta Pietrificata 266
Forte Village 421
Fortezza Monte Altara 227
Fotografieren 50
Foxi 545
Frauen 195
Fremdenverkehrsämter 17
FS 38, 95
Fuile 'e Mare 472
Funghi 221
Funtana Bona 596
Funtana Coberta 551

G

GAE-Kooperativen 102, 587
Gairo Sant'Elena 520
Gairo Vecchio 520
Galeriegräber 158
Gallura 113, 200, 245
Galtelli 475
Gänsegeier 309
Garibaldi, Giuseppe 145, 234, 235
Gastronomie 47
Gavino Ledda 561
Gavoi 598
Gebildebrot 185
Gefängnisinsel 286
Geier 309
Geld 51
Genna Maria 630

Genna Sarbene 494
Genna Silana 487
Gennargentu-Gebirge 599
Genua 28, 29
Geographie 108
Geologie 108, 109
Geremeas 545
Gerichte 47, 180
Gerrei 549
Geschäfte 43
Geschichte 138
Gesellschaft 193
Gesteinsarten 109
Gesundheit 53
Getränke 53
Ghilarza 366
Giara di Genoni 627
Giara di Gesturi 623
Giara di Serri 627
Giara di Setzu 625
Giara di Siddi 629
Giara di Tuili 624
Giare 619
Gifttiere 53
Gigantengräber 158
Girasole 502
Goceano 322
Gola di Cannas 547
Gola Su Gorruppu 488
Gold 177
Golf 70
Golfo Aranci 209, 210
Golfo di Gonessa 386
Golfo di Arzachena 224
Golfo di Marinella 210
Golfo di Orosei 482
Goni 551
Gonnesa 394
Gotthard-Tunnel 28
GPS 58
Gramsci, Antonio 147, 367

Granit 110
Grotta del Bue Marino 486
Grotta di Ispinigoli 476
Grotta della Vipera 439
Grotta di Nettuno 289
Grotta di San Giovanni 393
Grotta Is Janas 612
Grotta Is Zuddas 418
Grotta Oddoana 487
Grotta Sa Oche 591
Grotta Su Mannau 382
Grotta Su Marmuri 522
Grotta Su Ventu 591
Guspini 375

H

Häfen 32, 33
Halbinsel Sinis 332
Halbinsel Stintino 284
Halbpension 84
Handwerk 176
Handy 78
Hauptstadt 428
Haustiere 55
Hirten 154, 576
Hirtenflöte 166
Hirtenmesser 177, 570
Höchstgeschwindigkeiten 89
Höhlen 75
Hotels 80, 81
Hunde 55

I

Ichnousa 109
Iglesias 388
Iglesiente 115, 372
Industrie 151
Informationsstellen 17, 56
Ingurtosu 380

Innereien 182
Instrumente 166
Internet 18
Is Arenas 329
Is Arenas d'Acqua 375
Is Arutas 335
Is Bagnus-Therme 515
Is Breccas 616
Is Cornus 328
Is Foreddas 550
Is Quaddedus 626
Isili 616
ISOLA 180
Isola Asinara 286
Isola di San Pietro 409
Isola di Sant'Antioco 401
Isola Molara 209
Isola Rossa 245
Isola Tavolara 209
Ispinigoli 477
Issohadores 176
Italienisch 190, 302
Ittireddu 564
Ittiri 306

J

Jahreszeiten 111
Janas 158
Jerzu 524
Judikate 142
Jugendherbergen 82

K

Kaffee 48
Kajak 69
Kamera 50
Kanu 69
Karnevalsumzug 596
Kartenverzeichnis 647

Karthager 141
Käse 183
Kassenbelege 43
Keramik 139, 178
Kinder 60
Kirchen 160
Kirchendreieck 558
Kleiderordnung 88
Kleidung 61
Klettern 71
Klima 16, 111
Kliniken 55
Kommunikation 75
Konsulate 25
Kooperativen 330
Korallen 178, 297
Kork 153, 179, 254
Korkeiche 123
Krankenhäuser 55
Krankenversicherungskarte 54
Kreditkarten 51, 66
Kriminalität 65
Kunst 157, 163
Kunsthandwerk 45, 156, 176, 180, 598

L

La Caletta 465
Laconi 618
Ladenschlusszeiten 43
La Fontana che suona 521
Lago Alto del Flumendosa 516
Lago di Baratz 288
Lago di Coghinas 252
Lago di Gusana 598
Lago Medio del Flumendosa 616
Lago Mulargia 617
Lago Omodeo 367
Lagunen 128
La Maddalena 229
Landflucht 195

Landkarten 58
Landschaften 113
Landwirtschaft 153
Lanusei 513
Las Plassas 620
La Punta 413
Last Minute-Flüge 41
Launedda 166
Lecorci 521
Lebenserwartung 49
Lebensmittel 44
Ledda, Gavino 163
Leder 179
Le Dune 378
Le Quarci 521
Lido delle Rose 499
Lido di Alghero 298
Likör 188
Li Lolghi 223
Li Muri 223
Liscia di Vacca 219
Literatur 163
Literaturtipps 640
Livorno 28
L'Oasi in Teti 610
Logudoro 116, 556
Lokale 46
Lotzorai 501
Lu Bagnu 267
Lula 468
Lu Lunissanti 261

M

Macchia 124
Macomer 320
Maddalena-Archipel 229
Mafia 65
Malacalzetta 394
Maladroxia 406
Mamoiada 596
Mamuthones 176
Maracalagonis 451
Marceddì 356
Mare d'Urzulei 494
Marghine 312
Mari Ermi 335
Marina di Arbus 377
Marina di Gairo 512
Marina di lu Impostu 459
Marina di Sorso 267
Marina di Torre Grande 351
Marmilla 117, 614, 619
Martis 266
Masken 179
Masua 386
Matremonia Mauretano 419
Mattanza 410
Mautgebühren 30
Medien 62
Medizinische Versorgung 54
Meeräsche 181
Meeresfrüchte 181
Meeresschutzgebiete 128
Megalithen 158
Meilogu 116, 556, 558
Menhire 158
Mentalität 168
Messer 177, 360
Mietwagen 95
Mirto 188, 534
Mittelalter 142
Mobiltelefon 78
Möbel 179
Molara 209
Monte Albo 467
Monte Arci 631
Monte Atzari 398
Montecani 386
Monte Coromedus 615
Monte Cresia 391
Monte d'Accoddi 271

Monte Ferru 358
Monte Gonare 598
Monte Limbara 251
Monte Linas 383
Monte Marganai 383
Monte Matzeu 522
Monte Ortobene 583
Monte Perda Liana 516
Monte Rasu 324
Monte Sette Fratelli 546
Monte Sirai 397
Monte Spada 602
Montessu 420
Monte Tiscali 592
Monte Tonneri 516
Monte Tuttavista 477
Monte Urtigu 359
Montevecchio 377
Monti 255
Moral 87, 197
Moscato 189
Mountainbiking 72
Mufflon 125
Murales 595, 635
Muravera 531
Museo Naturalistico del Territorio 630
Musik 166
Mussolini 147
Myrte 120

N

Narcao 397
Nationalpark
  Golfo di Orosei 482, 493
Naturpark Biderrosa 470
Naturpark Sette Fratelli 547
Naturpark Sinis-Montiferru 332
Naturschutz 88, 127
Naturschutzgebiete 135
Nebida 387

Nekropole Anghelu Ruju 296
Nekropole Pranu Mutteddu 551
Nekropole Santu Pedru 305
Neptunsgrotte 291
Niederschläge 112
Nora 422
Notfälle 63
Notrufnummern 63
Nulvi 265
Nuoro 578
Nuraghe Albucciu 221
Nuraghe Ardasai 516
Nuraghe Armungia 550
Nuraghe Arrubiu 617
Nuraghe Genna Maria 630
Nuraghe Is Paras 616
Nuraghe Majori 247
Nuraghe Losa 366
Nuraghen 140, 159
Nuraghen, Tal der 561
Nuraghe Oes 563
Nuraghe Palmavera 295
Nuraghe Ruiu 321
Nuraghe Santa Barbara 321, 369
Nuraghe Santa Sabina 321
Nuraghe Santu Antine 562
Nuraghe Unturgiadore 515
Nuraghier 140
Nuraghierdorf Tiscali 592
Nurra 113, 282, 617
Nurri 617
Nuxis 398

O

Obsidian 111, 139
Odrollai 519
Öffnungszeiten 63
Ogliastra 115, 490
Ökologie 127
Ökonomie 150

Ölbaum 121
Olbia 201
Oliena 587
Olivenöl 121, 187, 645
Omertà 577
Orani 598
Orgosolo 593
Oristano 343
Orosei 473
Orroli 617
Ortsnamen 13
Orune 574
Osilo 266
Ottiolu 459
Ozieri 566
Ozieri-Kultur 139

P

Padre Padrone 561
Palau 225
Palmadula 286
Pan di Zucchero 387
Pane e Coperto 48
Pane carasau 181, 573
Panne 93
Panoramastraße 308
Paragliding 74
Parco Archeologico
   di Pranu Muteddu 552
Parco Marchesi Aymerich 618
Parco Molentargius 449
Parco Monte Atzari 398
Parco Monte Luna 636
Parco Sardegna in miniatura 623
Parco Sette Fratelli 547
Parlament 148
Passo Uccaidu 324
Pattada 569
Paulu Salle de Mengianu 627
Pauschalreise 20

Pecorino 183
Perfugas 264
Petermännchen 54
Petra Istampata 477
Pferde 70
Pfingstrose 600
Pflanzenwelt 120
Phönizier 140
Picknick 241, 494
Pkw 21, 28, 89
Planargia 114, 312
Platamona Lido 269
Poetto 448
Politik 148
Portixeddu 384
Porto 64
Porto Botte 400
Porto Cervo 217
Porto Conte 292
Porto Corallo 531
Porto della Taverna 208
Porto di Malfatano 416
Porto Ferro 288
Porto Frailis 506
Porto Istana 207
Porto Liscia 234
Porto Mandriola 333
Porto Palmas 287
Porto Pino 400
Porto Pirastu 536
Porto Pollo 234
Porto Puddu 234
Porto Rotondo 211
Porto San Paolo 207
Portoscuso 399
Porto Sos Alinos 472
Porto Teulada 415
Porto Torres 269
Porto Vesme 399
Portu Giunco 541
Posada 462

Post 64
Pozzo sacro 158
Prähistorie 138
Pratobello 594
Preise 13
Privathäuser 472
Pro Loco 57
Protonuraghen 159
Provinzen 148
Prozession 447
Pula 421
Punta delle Colonne 413
Punta di Foghe 327
Punta Is Molentis 541
Punta La Marmora 602, 603
Punta Palai 323
Punta Perda de sa Mesa 383
Punta Sardegna 227
Punta Serpeddi 549
Putzu Idu 332

Q

Quaddeddus 626
Quartu St. Elena 448
Quellen 359, 590
Quellwasser 53

R

Radwandern 73
Regatta de Is Fassonis 353
Regionen 113
Reiseanbieter 19
Reiseandenken 45
Reisebüros 19
Reisebus 43
Reisedokumente 21
Reisekrankenversicherung 23
Reiseleiter 21
Reisemobile 30

Reisezeit 16
Reiskornstrände 332
Reiten 70
Religion 169
Republik 147
Restaurants 46
Riserva di Monte Arcosu 425
Risorgimento 145
Riu d'Oliena 588
Riu Fiumineddu 488
Riu Patendi 551
Riu Sarcidano 616
Roccia dell'Elefante 263
Rodeo 609
Römer 141

S

Sa Costa 314
Sa Covecadda 563
Sa Domo S'Orcu 629
Sa Ena e' Thomes 481
Sa Foxi Manna 528
Sa Pedra Longa 497
Sa Petra Istampata 477
S'Archittu 329
S'Ardia 369
Sa Resolza 177, 570
Sadali 611
Sagra del Redentore 583
Sagra di San Efisio 169, 447
Sagra di San Francesco 468
Sagra di San Salvatore 336
Saison 16
Salina-Manna-Bucht 469
Salto di Quirra 116, 528
Salzseen 125
Sa Murra 325
San Antonio di Santandi 374
San Basilio 552
San Francesco 468

REGISTER

San Gemiliano 506
San Giovanni di Sinis 336
San Leonardo di Siete Fuentes 359
Sanluri 633
San Michele 558
San-Michele-Kultur 139
San Nicolò Gerrei 552
San Pantaleo 220
San Pietro di Mare 258
San Priamo 535
San Salvatore 335
San Sperate 635
San Teodoro 455
Santa Barbara 423, 425
Santa Caterina di Pittinurri 328
Santa Giusta 351
Santa Lucia 465
Santa Margherita di Pula 420
Santa Maria Navarrese 498
Santa Maria di Coghinas 259
Santa Maria La Palma 288
Sant'Andria Priu 560
Sant'Antine 369
Sant'Antioco 403
Sant'Antonio Abate 473
Sant'Antonio di Bisarcio 565
Sant'Antonio di Salvenero 558
Santa Teresa di Gallura 238
Santa Vittoria 628
Santadi 419
Sant'Efisio 447
Santissima Trintità di Saccargia 558
Santuario Santa Cristina 363
Santu Pedru 305
Santulussurgiu 360
Sarazenen 142
Sarcidano 117, 614-615
Sardara 632
Sardisch 75, 190
Sardische Aktionspartei 147
Sarrabus 116, 526

Sarrabus-Gebirge 546
Sartiglia di Oristano 349
Sassari 271
Satta, Sebastiano 163
Schafe 154
Schafskäse 184
Schilfboote 340, 341
Schlangen 53
Schmalspurbahn 505
Schmuck 177
Schwarze Witwe 53
Sedilo 369
Sedini 263
Seen 108
Segeln 67
Sella & Mosca 295
Seneghe 362
Sennisceddu 355
Sennori 268
Senorbì 636
Separatismus 192
Serra Orrios 481
Seui 611
Sexualität 197
Sicherheit 65
Siddi 630
Silius 551
Sinis 332
Siniscola 466
Skorpione 53
Solanas 544
Sonneneinstrahlung 54
Sonnenschutz 54
Sorgono 610
Sorso 268
Souvenirs 45
Sozialstruktur 193
Spalmatore di Terra 209
Spanferkel 183
Spanier 144
Speisen 47, 180

Spezialitäten 180
Spiaggia Basaura 504
Spiaggia Bombarde 294
Spiaggia della Pelosa 284
Spiaggia di Arborea 354
Spiaggia di Poetto 449
Spiaggia di Ponente 504
Spiaggia Is Arenas 329
Spiaggia Is Arutas 335
Spiaggia La Cinta 456
Spiaggia Lazzaretto 294
Spiaggia Li Littorani 243
Spiaggia Mari Ermi 335
Spiaggia Montirussu 243
Spiaggia Rena Maiore 243
Spiaggia Rena Matteu 243
Spiaggia Simius 541
Sport 66
Sprache 75, 190
Sprachhilfen 641
Sprachkurs 302
S.S. Cosma e Damiano 597
Stagni 125
Stagno di Cabras 339
Stagno di Chia 416
Steineiche 122
Steinzeit 138
Stelen 158
Stickereien 177
Stintino 284
Strada del Vermentino 252
Strände 117
Straßenkarten 58
Straßennetz 90
Straußenfarm 637
Strom 46
Süßigkeiten 184
Su Golgo 495
Su Gologone 590
Sulcis 115, 372
Su Nuraxi 621

Su Pallosu 332
Supramonte 476, 478, 487, 586
Surfen 67, 236, 337
Su Romanzesu 574
Su Suercone 587
Su Tempiesu 575

T

Tabakwaren 44
Tacchi 522
Taccu de Sádali 612
Tadasuni 368
Tafelberge 306
Talana 519
Tal der Nuraghen 561
Tamuli 321
Tanaunella 461
Tankstellen 64, 92
Tanz 166, 167
Tauchen 68
Tavolara 209
Taxi 100
Teddei 515
Teigwaren 181
Telefonieren 76
Telefonkarten 77
Temperaturen 112
Tempietto Malchittu 221
Tempio di Antas 382
Tempio Pausania 246
Temo 313
Teppiche 176
Tergu 263
Terme di Sardara 633
Terme Romana 365
Tertenia 528
Teulada 417
Tharros 332, 338
Thermen 259, 365
Thiesi 558

Thunfisch 181, 410
Tiere 53, 124
Tiscali 592
Tonara 605
Tonneri 522
Tophet 160
Torralba 562
Torre Canai 406
Torre dei Corsari 375
Torre dell'Elefante 436
Torre delle Stelle 545
Torre di Bari 510
Torre Piscinni 415
Torre Salinas 533
Tortolì 502
Touren 104
Tourismus 131, 156
Touristinformationen 56
Trachten 164
Traditionen 164, 197
Trampen 101
Trebina Longa 631
Trekking 102
Trenino Verde 505, 506
Trexenta 614, 636
Trinken 47
Trinkgeld 79
Trinkwasser 53
Tropfsteinhöhlen 477, 522
Tuili 624
Turisarda 19
Turritano 113, 256
Tuvixeddu 439

U

Uhrzeit 79
Ulassai 520
Ultraleichtflugzeuge 74
Umweltschutz 127
Unabhängigkeitskampf 352

Unfall 93
Unità Sanitaria Locale 54
Unterkunft 79
Unterkunftsverzeichnisse 80
Urzulei 493

V

Valle della Luna 251
Valle de Silanos 264
Valle di Lanaittu 591
Valle di Luna 242
Valledoria 257
Vegetarier 180
Verhaltensregeln 50, 62, 87
Verkehrsmittel 89
Verkehrsregeln 91
Verkehrsschilder 91
Vermentino, Strada del 252
Versicherungen 23
Versicherungskarte, grüne 21
Verständigung 75, 190
Versteinerungen 266
Vertretungen, diplomatische 25
Verwaltung 148
Viddalba 259
Viehwirtschaft 153
Vignetten 30
Vignola Mare 243
Villa Piercy 323
Villagrande Strisaili 518
Villamassargia 395
Villanova Monteleone 307
Villanovaforru 630
Villaputzu 531
Villasalto 553
Villasimius 539, 540
Vindicau 577
Vittorio Emanuele II 145
Vorwahl 77, 79
Vulkane 110

W

Wald 128
Waldbrände 88, 129, 132
Wälder 122
Wallfahrten 170
Wandbilder 595, 635
Wanderdünen 380
Wanderkarten 58
Wandern 58, 102, 103
Wandmalereien 635
Wappen 149
Wasser 87
Wasserfälle 521
Wassermangel 87, 127
Wasserqualität 128
Wassersport 67
Weberei 176
Wein 186
Weinkellereien 186, 644
Weltkriege 146
Wetter 111
Wildpferde 70, 626
Wind 112
Wirtschaft 150
Wohnmobile 86, 93, 94
Wörterverzeichnis 642

Z

Zeitungen 62
Zollbestimmungen 22
Zona Grotta Is Janas 612
Zug 38, 95
Zuri 368

HILFE!

Dieses Reisehandbuch ist gespickt mit unzähligen Adressen, Preisen, Tipps und Infos. Nur vor Ort kann überprüft werden, was noch stimmt, was sich verändert hat, ob Preise gestiegen oder gefallen sind, ob ein Hotel, ein Restaurant immer noch empfehlenswert ist oder nicht mehr, ob ein Ziel noch oder jetzt erreichbar ist, ob es eine lohnende Alternative gibt usw.

Unsere Autoren sind zwar stetig unterwegs und versuchen, alle zwei Jahre eine komplette Aktualisierung zu erstellen, aber auf die Mithilfe von Reisenden können sie nicht verzichten.

Darum: Schreiben Sie uns, was sich geändert hat, was besser sein könnte, was gestrichen bzw. ergänzt werden soll. Nur so bleibt dieses Buch immer aktuell und zuverlässig. Wenn sich die Infos direkt auf das Buch beziehen, würde die Seitenangabe uns die Arbeit sehr erleichtern. Gut verwertbare Informationen belohnt der Verlag mit einem Sprechführer Ihrer Wahl aus der über 200 Bände umfassenden Reihe „Kauderwelsch".

Bitte schreiben Sie an:
Reise Know-How Verlag Peter Rump GmbH, Pf 14 06 66, D-33626 Bielefeld,
oder per E-Mail an: info@reise-know-how.de
Danke!

Kartenverzeichnis

Stadtpläne

Alghero Altstadt ... 299
Cagliari ... Umschlagklappe vorn
Iglesias ... 391
Nuoro ... 580
Olbia ... 202
Oristano ... 345
Sassari Innenstadt ... 274
Sassari Umgebung ... 273
Tempio Pausania ... 248

Wanderkarte

Wanderung zur Punta La Marmora ... 603

Übersichtskarten

Anglona/Turritano/Nurra ... Atlas VI
Arborea, Marmilla ... Atlas XIV
Bahnverbindungen ... 97
Barbargia (Süd)/Ogliastra ... Atlas XVI
Baronie ... Atlas VIII
Baronie (Süd)/Barbagia/Ogliastra (Nord) ... Atlas XII
Fährverbindungen ... 31
Gallura ... Atlas IV
Golfo di Orosei, Nationalpark ... 484
Iglesiente/Campidano ... Atlas XVIII
Iglesiente/Sulcis ... Atlas XXII
Nurra/Anglona (Nord) ... Atlas II
Planargia/Marghine ... Atlas X
Sardinien Übersicht ... Umschlagklappe hinten
Sarrabus/Cagliari ... Atlas XX
Wein und Öl ... 187

Neben den **Kartenverweisen in der Kopfzeile** steht hinter allen wichtigen Orten und Sehenswürdigkeiten ein Hinweis auf den **Kartenatlas,** so etwa ↗ **XVII/D1.** Dabei verweist die römische Zahl auf die Atlasseite, die Buchstaben und arabischen Ziffern geben das Planquadrat an, in dem der Ort zu finden ist – in diesem Falle also Atlasseite XVII, Planquadrat D1.

Die Autoren

Peter Höh, geb. 1956; nach der Berufsausbildung zum Drechslergesellen folgten zehn Wanderjahre durch die weite Welt. Nach dem Abitur auf dem 2. Bildungsweg und anschließendem Studium der Publizistik und Informationswissenschaften an der FU Berlin erlebte er 1989 hautnah den Fall der Mauer mit. Die ihm bis dahin vollständig unbekannte Welt jenseits des Eisernen Vorhangs, die sich damit schlagartig öffnete, veranlasste ihn, wieder auf Reisen zu gehen und darüber zu berichten. Ersten Veröffentlichungen über die „Neuen Bundesländer" im Verlag REISE KNOW-HOW 1990 folgten weitere Reisebücher zu verschiedenen Ländern und Regionen bei diversen Verlagen sowie zahlreiche Reportagen und Beiträge in Zeitungen und Zeit-

schriften. Im Verlag REISE KNOW-HOW sind von ihm der Wohnmobil-Spezialführer „Die schönsten Routen durch Sardinien" sowie die Reiseführer „Ostseeküste Mecklenburg-Vorpommern", „Mecklenburg-Vorpommern – Binnenland", „Rügen/Hiddensee" und „Insel Usedom" erschienen.

Kristine Jaath, geb. 1962, war das erste Mal schon als Kind auf Sardinien. Seitdem hat sich vieles ereignet und viel verändert, geblieben ist ihre Liebe zu der zweitgrößten, wundervollen Mittelmeerinsel. In Berlin und Rom studierte sie Germanistik, Religionswissenschaften und Italienisch, arbeitete anschließend mehrere Jahre beim Radiosender RIAS Berlin (seit 1990 DeutschlandRadio) und widmete sich danach ausschließlich der Reiseschriftstellerei. Sie schrieb Texte für zahlreiche Fotobildbände sowie Reiseführer über Deutschland, Italien und Polen. Im Verlag REISE KNOW-HOW sind von

ihr die Reiseführer „Hauptstadt Berlin" und „Nordpolen" erschienen.

BLATTSCHNITT I

Kartenatlas

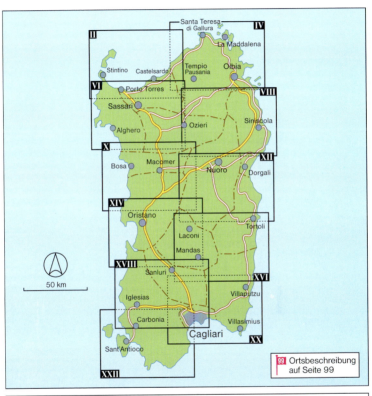

II CASTELSARDO, ISOLA ASINARA, NULVI, PERFUGAS,

Porto Torres, Stintino, Valledoria III

IV Arzachena, La Maddalena, Olbia, Palau,

Porto Cervo, S. Teresa Gallura, Tempio Pausania

VI ALGHERO, CAPO CACCIA, FERTILIA, OZIERI, PERFUGAS,

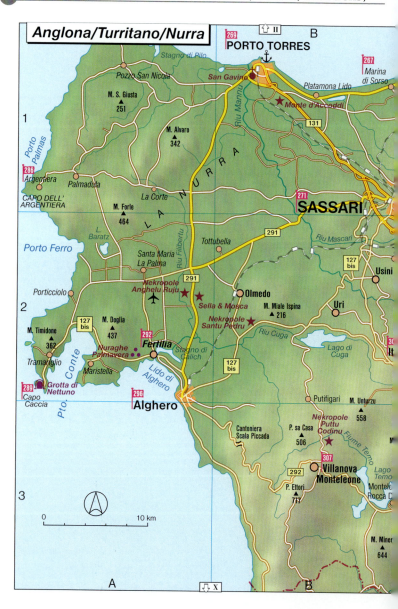

Porto Torres, Sassari, Villanova Monteleone VII

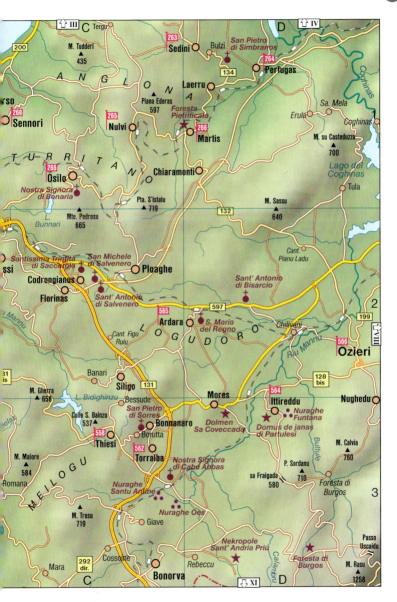

VIII BONO, BUDDUSO, BUDONI, ORUNE, OZIERI, POSADA,

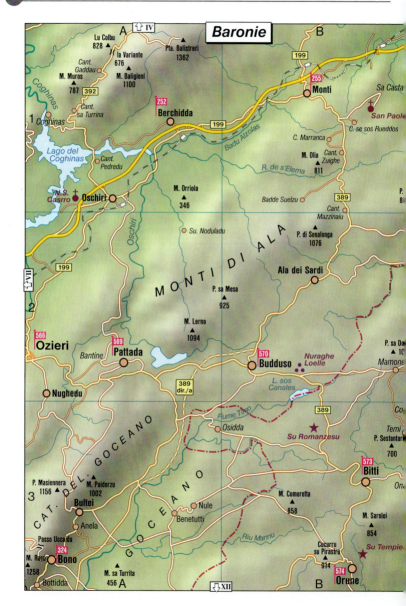

SAN TEODORO, S. LUCIA, SINISCOLA   IX

X BONO, BOLOTANA, BOSA, BURGOS, FLUSSIO, MACOMER,

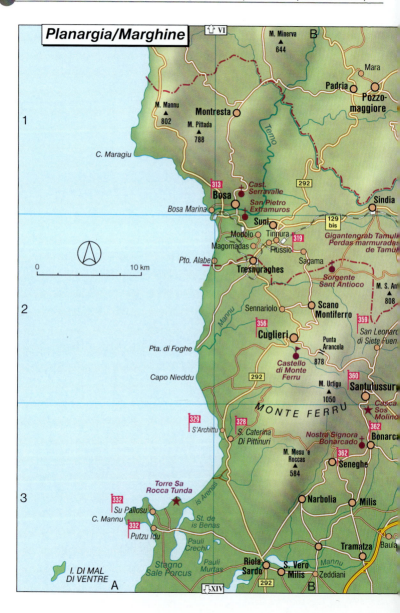

Santulussurgiu, Tresnuraghes

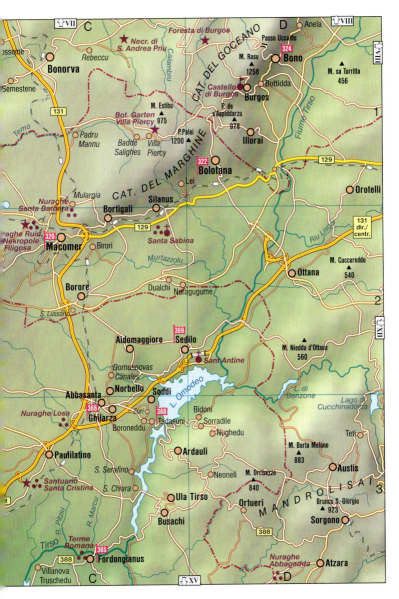

XII BOLOTANA, DORGALI, FONNI, NUORO, OLIENA, OROSEI,

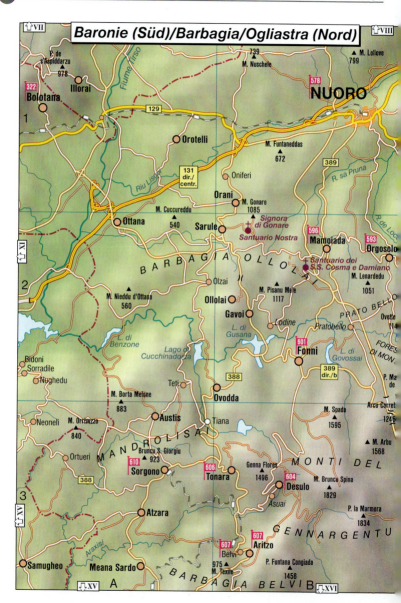

Urzulei, Villagrande Strisaili **XIII**

XIV ARBOREA, CABRAS, HALBINSEL SINIS, LACONI, ORISTANO,

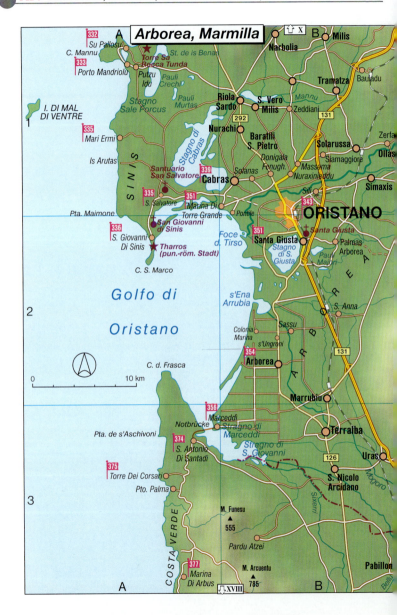

RIOLA SARDO, SARDARA, SORGONO

XV

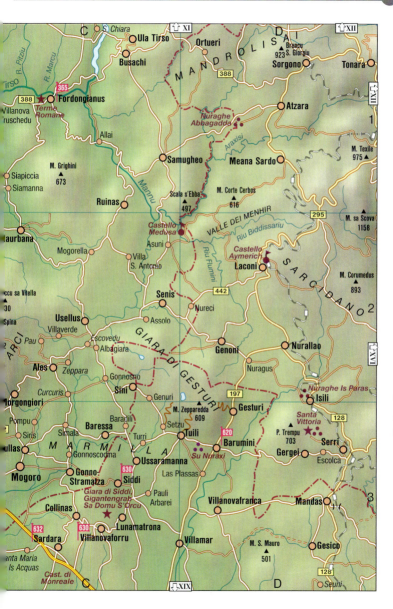

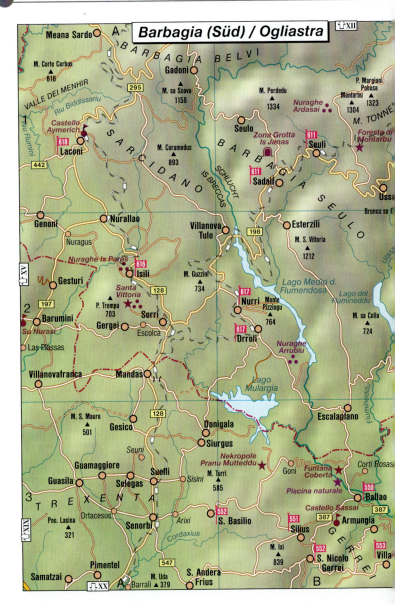

Silius, Tortoli XVII

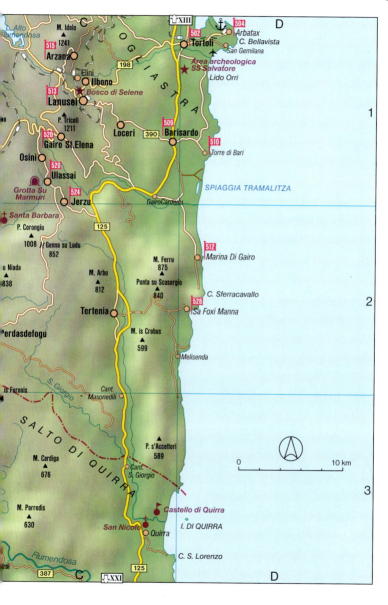

XVIII Buggerru, Cagliari, Carbonia, Costa Verde,

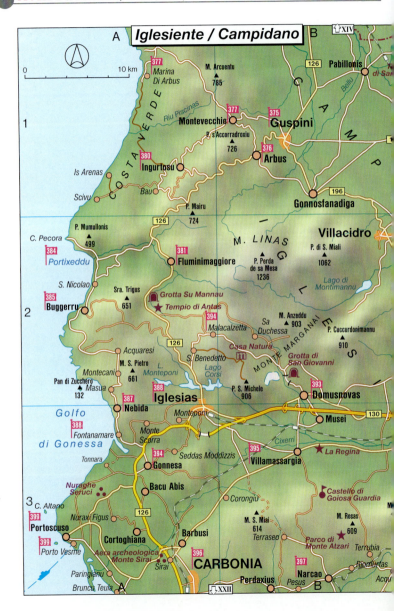

Guspini, Iglesias, San Sperate, Sanluri

XX CAGLIARI, COSTA REI, FLUMENDOSA-TAL,

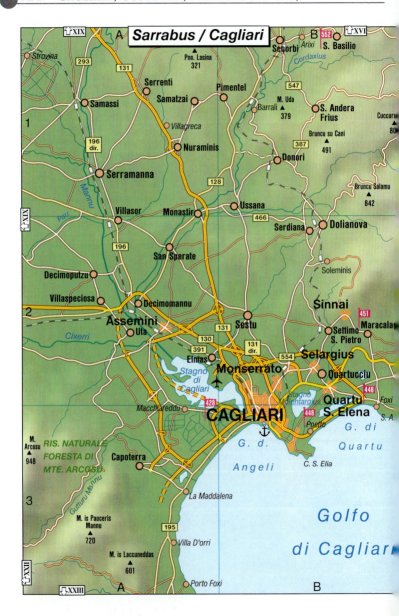

Quartu S. Elena, Villasimius

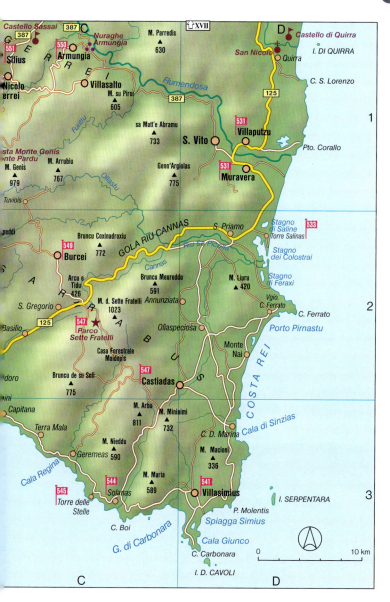

XXII Carbonia, Carloforte, Costa del Sud, Pula,

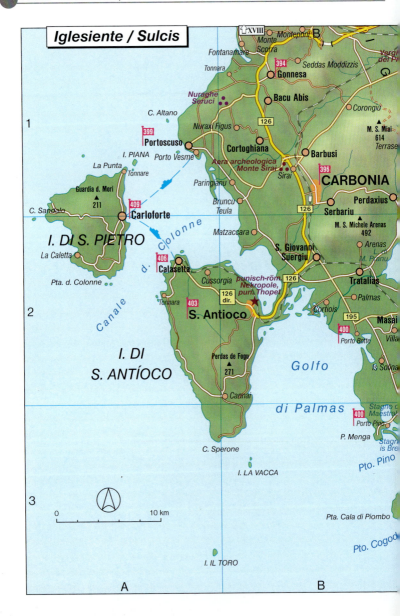

S. Antioco, Teulada, Villamassargia

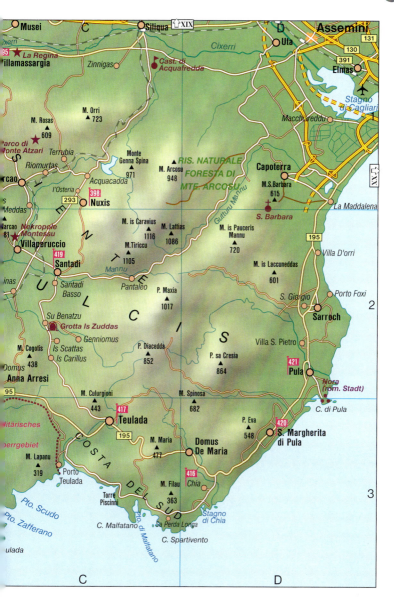

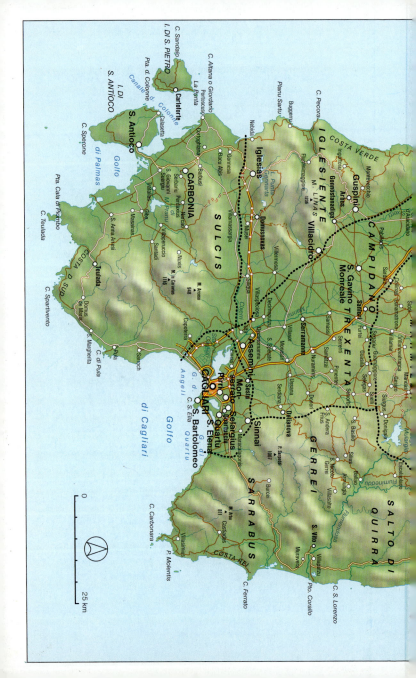